戦国古文書用語辞典

小和田哲男◆監修
鈴木正人◆編

東京堂出版

監修にあたって

小和田哲男

戦国時代の古文書・古記録さらには軍記物などを読んでいて、意味がわからない言葉にぶつかることがある。史料集によっては注がついているものもあるが、多くの場合、自分で辞書などを使って調べることになる。大抵は、『日本国語大辞典』や『日葡《にっぽ》辞書』などで解決するが、それでも解決しないということも少なくない。そのような場合、一字一句、漢和辞典や仏教語辞典などで調べることになり、ほんの数行を読み進むのに思わぬ時間を費やすことになる。「戦国時代の用語辞典のようなものがあればいいのに」と思っていたところである。

今回、鈴木正人編『戦国古文書用語辞典』が刊行されることになり、喜んで監修の任にあたることになった。それは、私自身が一番待ち望んでいた辞典でもあったからである。

本書の特徴の一つは、実際の用例を古文書や古記録などから引いている点である。武将が出した書状や公家たちの日記などから、その言葉がどのように使われていたかがわかるしかけになっている。また、軍記物や、戦国時代を対象とした編纂物にも使用例を求めており博捜ぶりは驚くほかない。

『大乗院寺社雑事記』『多聞院日記』などのメジャーな物から、軍記物でも『関八州古戦録』『甲陽軍鑑』のようによく知られたものだけでなく、『北越軍談』『奥羽永慶軍記』さらには『伊達正統世次考』といったあまり有名ではない史料からも使用例を拾っていて、具体的な意味を知ることができ、きわめて貴重である。

特徴の二つ目は、『武家名目抄』『式目抄』さらには『文明本節用集』や『軍用記』などといった中世・近世の用語集まで用語を拾っている点である。現代と同じ言葉でも、意味や使い方が違っていることがあり、その点もきちんと指摘されていて勉強になる。

なお、用語によってはどうしても意味がわからないというものもあり、その場合、本書で推測を交えているところもある。たとえば、「奥武者」という用語があるが、「表武者に対する語か」としている。これは『奥羽永慶軍記』に「奥武者に手合《てあわせ》して」という用例からの推測ということである。また、「平元」という用語についても、

『伊達天正日記』の「御虫気にて御帰候、則御平元にて候」とある用例から、「平復のことらしい」としている。どうしても、中世・近世の用語集にない言葉については推測していくしかないわけで、一つの方法論ということではないかと思われる。たくさんの用例を拾っていたからできたことといってよい。

ところで、本書の特徴のもう一つとして指摘しておきたいのが、地方の方言も拾っている点である。書状には方言そのものが書かれるという例は少ないが、軍記物などには、ある特定の地方でしか使われていない方言のような言葉も含まれていることであり、その解説もされていて興味深い。

また、用語の中には、現在使われていない諺もあって、意味が全くわからなかったり多少わかっても、意味の取りにくい諺もあったりして、これは、各種辞典類にも載っておらず、お手上げということがある。本書はそのような用語も多く取り上げていて、史料を読み進めていく上で手助けとなる。

改めていうまでもないが、戦国時代史に限らず、歴史研究において、史料は不可欠である。そして、その史料を読み込んでいくためには歴史用語を正しく知らなければならない。戦国時代は今から四〇〇年から五〇〇年前のことで、現代の用語と違う用語が当然のことながら多い。用語の意味がわからないことにはその史料を使いこなすことはできないわけで、のの意味からも用語辞典は歴史研究において無くてはならないものといってよい。

『古文書用字用語大辞典』という本があったが、古文書だけでなく、日記や軍記物なども含めた戦国時代だけの用語辞典は本書が初めてではないかと思われる。一〇〇〇〇語超を収録し、しかも、実際にどのようにその用語が使われているのか、用例も引用されているので、意味をつかみやすいという利点がある。

また、これだけ多くの用語が収録されていることによって、戦国時代の古文書・古記録や軍記物といった編纂史料に出てくる用語はほとんど網羅されているのではないかと思われる。そのため、戦国時代には、どの用語が使われていて、どの用語が使われていなかったかを知る目安にもなる。

最後に、本書の活用法について付言しておきたい。本書によって、戦国時代の用語を調べる手間がだいぶ省けるのではないかと思われる。わからない用語にぶつかったとき、その用語の項目を見れば、用例が引用されているので、即解決となる。そして、もう一つの活用法は、わからない用語を引くだけでなく、読み物としても楽しめるという点である。用例を読んでいくだけでも、戦国時代史に強くなること請け合いである。

はじめに

鈴木正人

この度の『戦国古文書用語辞典』の刊行によって、中世の古文書を読んでいる方々、特に地方において勉強されている方々に、とても簡便な辞書として重宝されることを願ってやまない。古文書の読解に四〇年以上取り組んできて、自身では全く気付かなかったが、地域で読みたいという有志の方に、中世古文書の解読指導に取り組むようになって初めて、手ごろな辞典類がないと先に読み進めないことを思い知った。そして、そのまま二〇余年も過ぎてしまった。私自身は、身の回りに『大漢和辞典』（大修館）、『日本国語大辞典』（小学館）など最低限の辞書類は所持している。でも、参加する生徒さん、実は私よりも皆さん御年輩の方々で私も恐縮すること多々あったが、辞書類が手元にないので、解釈に四苦八苦する姿を目の当たりにした。

古文書を学ぶと言っても、中世と近世、特に近世の地方《じかた》文書を読むのとは、中世文書は天地の差ほどある。近世だと『くずし字辞典』（東京堂出版）、『近世用語辞典』（新人物往来社）など充実した辞書類が揃っている。それは、地域史・地方史に興味を持って、実際に地方文書を読んでいる方々が多くいるからだろう。でも、戦国時代そのものに興味を抱いている人が多くいることは、ＮＨＫの大河ドラマが戦国時代を舞台にしたものが多いことでもよくわかる。しかし実際に、古文書を読んで戦国時代を語ろうとする人が少ないのも事実であり、それには、影写本のようなテキストや辞書類の不備、さらには講師の不足などがあろうと考える。

戦国時代の古文書は多岐にわたる。天皇・公家・僧侶・豪商・武将などなど。私の主催する勉強会では、当初は天皇の女房奉書なども読んでいたが、生徒の要望で最近は武将に絞って読んでいる。戦国武将の文書は、緊急を要するような文面や、事務手続きの類が多く、しかも右筆書きが大半で、比較的読みやすいというのも事実である。ただ、厄介なのは、どのような意味なのか、これぞといった辞書が手元にないと、理解できないことが多い。それは、東京という場所にいてもそうなのだから、まして地方では容易でないことは想像に難くない。それで戦国時代の古文書に興味を抱いている人たちの要望に応えたいという気持ちから、本書の刊行を思い立った。

古文書読解において、当時の用語を知っていれば、文字から判読できない時、用語が分かれば心強い。そういう意味で、手元に当時の用語を収録した辞典があれば、どんなにか便利であろうと実感した。

さて、戦国大名の書状を読んでいると、兎に角「充て字」が多く、難儀すること枚挙にいとまない。それは、この時代に限ったことではないが、やはり「充て字」との格闘は避けて通れない。そうであるなら、後身のためにも、本書ではできる限り「充て字」を掲載することにした。ところが、「充て字」との格闘以上に苦しめられるのは、用語の誤用、また、文字そのものの当人のミスが加わり解読が混迷するようになることである。

古文書と接して半世紀になろうとする私は学生時代から、手あたり次第古文書の摸写をしてきた。それが私の原点であり、勉強会でも生徒には摸写を必ず勧めている。筆順が追えるようになることが古文書を正確に読めるようになる近道で、急がば回れの諺の通りだと、しみじみと思う。

しかし、文字そのものが読めたとしても、当時の人が意味の通じない手紙を書いていることはあり得ないので、確認するための辞書類が手元にあればなあと歎息することは毎度のことであった。幸い、私は近くに大きな図書館があり、重宝したが、中世文書を読もうとする皆さん、特に、環境に恵まれていない方々に利用してほしいという気持ちで本書の編集に取り組んだ。

最後に、本辞書の刊行を機に戦国時代に興味を持つ人が増えることを願いながらも、皆さんが戦国の記録や戦国武将の手紙を読んで、当時の状況などが彷彿されるようになれば、本辞書を編集した当事者としては望外の幸せであり、当初の意図は達成される。

戦国古文書用語辞典

凡例

一、項目の順列は、『日本国語大辞典』に準じて配列した。

一、項立は、用例が歴史的仮名遣いの場合には、歴史的仮名遣いを採用した。

一、『日葡辞書』が出典の場合は、『日葡辞書』そのものに用例がないので、本書でも用例はない。同様に『文明本節用集』なども同じ扱いとした。また、『日葡辞書』は、多岐の分野にわたるため、史料や古文書を読む際に必要と思われるものに限定して採録した。

一、右の理由以外でも、出典のみで「用例」がないのは、長い年月をかけて採録してきたもので漏脱したのは、次の二点（「音墨《いんぼく》」「文緊《ぶんきん》」）である。

一、史料や出典名がないのは、『日本国語大辞典』から転用した。

一、古文書読解の手助けとしての役割を重視したが、異体字の量は膨大なので、単字としては採用しないこととした。ただし、熟語として、「呉見」のような場合は採録した。

一、「歩立」は「かちがた」と「かちだち」との両様の読みがあり、表わす意味が違うので、両者とも採用した。

一、「回忠・返忠・反忠」のように、どの表記にしても、意味に違いがないので、一括した。また、意味に相違がある場合は、①、②として、それぞれを採用した。

一、「的皪」のように、同じ熟語でも、「きらやか」と「きらきら」の両様の読みがある場合は、両方の項目を採用した。

一、「切懸」「切掛」は、名詞と動詞では意味が違うので、双方で採用した。

一、「比及」「頃及」は、「ころをひ」「ころほひ」の呼称があるが、現代仮名遣いに準じ、「ころおい」にした。その他も同様に、できるだけ現代仮名遣いを優先した。

一、「身が前」「身架」「身構」は、それぞれ別の意味を有するので、別々に採用した。

一、「剛弼」・「剛強」・「強者」は「しれもの」と訓み、意味はほぼ一緒なので、一括して採用した。同様の例は、同じ扱いにした。

一、「土貢」は、「どこう」でなく、「どくう」になっているのは、当時の発音を示している『日葡辞書』を優先したためである。

一、『時代別国語辞典・室町時代』にある用語は、歴史的仮名遣いになっているので、すべて現代仮名遣いに修正した。

一、多種の『節用集』に掲載されている語句は、用例がないので、必要最小限に留めた。

一、ワ行のヲで始まる「をくれ」「をこ」「をさをさ」などは、ア行の「オ」にまとめた。

一、配列上、「あおや」としたが、用例は「あをや」とあるので、項立は「あをや」とした。これに類するものは、同様の扱いをした。

一、「浅間敷」は、「あさましい」と、終止形で採録したが、「寠《あさま》しき」は、用例を優先して「あさましき」とした。

一、「あしあひ」は、「あしあい」のように、文頭以外のハ行は、ア行とした。

一、ダ行の「ヅ」を、ザ行の「ズ」にするのが通例だが、清音の「ツ」に意通する場合は、「ッ」「ヅ」を残した。

一、「武者溜（むしゃだまり）」「武者溜（むしゃだめ）」は、史料によって訓みが異なっている。当時の読み方がわかる場合は、両者とも項目を設けた。

一、「小納」のように「このう」なのか、「しょうのう」なのか、「こおさめ」なのか判定に苦しむ場合は、「音読み」を優先した。

一、古文書などで使用されるくり返しの記号は、平仮名の場合は「ゝ」に、カタカナの場合は「ヽ」、漢字は「々」に置き換えた。

一、別の訓《よ》みや参照が必要な場合、⬇の記号で参照する箇所を示した。ただ、同じ訓《よ》みでも「躰粧《ありさま》・分野・勢粧・消息・有様」のように複数の表記がある場合、最初の言葉で代表させた。例えば、⬇「躰《あり》粧《さま》」を参照

一、対義語を示す場合は、⇕の記号で示した。

あ　行

ああ【嗟呼】「嗚呼」とも。**物事に感じたときに発する声。**「嗟呼《ああ》天理の推す処将士慎みて思慮有べきにこそ」（北越軍談　中）

ああのもの【嗚呼の者】名声が聞こえていること。「文武その隠れなき嗚呼の者なり」（元親記）

あい【相】「総」**の充て字として用いる。相鉄砲、相人数など。**「佐（佐竹）・会（会津）相人数山能（山王）山へうちかけられ」「其上相てつほう《鉄砲》にてつるい《釣瓶》懸けさせられ候」（伊達天正日記）

あいうち【相討】一人の敵を味方二人で討つこと。「合戦せり合に、あひうちは非儀なり」（甲陽軍鑑　下）

あいうらない【相卜】①当面する事態に対処したり、情勢を認識したりするに当たって、占いやその他の方法によって事の成否などを判断すること。「阿州相残人質共、堅被相卜、至志智被相越之由尤候」（黒田家文書）**②選定する。**「及鉾楯候、上方之事一篇ニ中合、妻子人質悉相卜候」（真田宝物館蔵毛利輝元書状）

あいおと【合音】あらかじめ打ち合わせておいて、仲間の合図に用いる音響のこと。陣中などで、銃、笛、鐘、太鼓その他の音によって合図とするもの。合言葉に類したもの。

あいかかえ【相拘】①（年貢を）押えておくこと。「久我家雑掌申、（中略）年貢・諸公事物等、堅可拘候、若於他納者、二重成之上、可被加御成敗之由」（久我家文書）**②閉じ込めること。**「小谷之城雖可攻崩、山景〈＝谿〉之由候間、先相拘候、畢竟落居不可有程候」（津田文書）

あいがかり【相蒐・相懸】敵味方が双方同時に寄せあって、攻め懸かること。（日葡辞書）

あいがけ【相蒐】「相懸かり」**に同じ。**「爰等に待てや戦はん、相蒐にや向かはんと」（播州佐用軍記）

あいかべ【合壁】壁一重を隔てて隣りあうこと。また、その壁。「欲帰之時、有焼亡、寺近所藤井湯屋辺云々、只一宇焼失、湯屋は無為也、小家共合壁無為、不思儀也」（看聞御記）

あいかまえて【相構】①用心して。気を配って。②必ず。きっと。「只今奉行留守也、無人也、相構聊爾之沙汰不可存企、奉行一人罷下て可仰出之由」（政基公旅引付）

あいかわらず【不相易】「不相変」**に同じ。従来通りに。**「一、如御意、常栄不相易御代、無二可致奉公候、申上茂疎候」（毛利博物館蔵吉川元春起請文）

あいき【噫気】①吐き出す息。呼気。また、転じて風にも使う。②「曖気」**に同じ。げっぷ。おくび。**

あいきこえ【相聞】評判が耳に入ること。風聞。「百姓之内より国替之さたなと申出し、万如在仕者有之よし相聞候」（東京大学史料編纂所所蔵文書）

あ

あいぎす【胥議す】「胥」は「相」と同じ。相議すこと。「しょぎ」とも訓む。「小田原表に乱入せん事を胥議し」（関八州古戦録）　⬇「胥議《しょぎ》」を参照

あいきゅう【相給】「相知行」と同じ。中世、一か所の所領を複数の給人に与えること。紛争の原因になるので室町幕府法では先に下文をもらった者が知行することとした。ただし、給人の所領を後に寺社に寄進してしまった場合は、これを均分した。「一、寺社人給相給事（中略）至人給以後寄附之地者、先日給人与後日寺社、可均分之」（中世法制史料集）　⬇「相知行《あいちぎょう》」を参照

あいきわまり【相究り】困っていること。「とかく無人の由候条、人数に相究り申し候」（関原陣輯録）

あいぐす【相具】一緒に引き連れる。伴う。（日葡辞書）

あいこしらえ【相拵】構築する。用意すること。「城を四ツも五もかなめ、、、可《尓》被相拵儀、専要候事」（黒田家文書）

あいこと【相言】合言葉。かねて打合せておく合図の言葉のこと。「勝利の徳を物頭の衆によく仰含られ、あひことを覚《おぼえ》候へ」（甲陽軍鑑　中）

あいことば【相詞】互いに通じる符牒のこと。「公の曰、古法三日に限《かぎる》と云相詞《いうあいことば》さへ猶危し」（北越軍談）

あいことわる【相理】理由を説明すること。「対悪党可為異見候歟、無後悔候様、相理可申之旨候」（高野山恵光院文書）

あいささう【相支】①協力して防ぎ止める。互いに防ぎ戦う。（日葡辞書）②妨げる。じゃまする。「入山田より相支候由内々承候間、入山田百性五人召籠此趣曖候之処」（政基公旅引付）

あいじ【相持】引き分ける。「弓矢盛んなる甲・南の両家合体して、戦て相持《あいぢ》するなれば、公の辛労屢《しばしば》効なきに似たり」（北越軍談　中）

あいしゅ【愛酒】酒を好むこと。また、その人。「甲斐大和守拙宿にて寄合候、（中略）愛酒にて候間、良久酒宴共也」（上井覚兼日記）

あいしらい【あいしらひ】「あしらひ」に同。応対する。「合戦をいどむべからず、あいしらい」（十河物語）「相当に御あいしらい成され」（老翁物語）

あいしるし【合印】「合標」のこと。軍隊で敵と紛れぬための味方のしるし。相標。「一、あひ《合》しるし《印》、疑なく数を多き事。口伝」（甲陽軍鑑　下）

あいしろ【相城】城攻めの時、攻撃軍が戦略的に敵の城に向かい合ってつくる砦のこと。相陣。「河内高屋之城、由佐と四国衆楯籠、相城被取付候」（吉川家文書）「大坂表相城七ッ出来云々」（兼見卿記）

あいじん【相陣】合戦において敵の陣地に向かい合って造る砦のこと。相城。（黒田家文書）

あいすむ【相澄・相済】「相澄」は、「相済」の充て字。①決定すること。「輝元公は御城の詰の丸、秀頼公の御伽

成さる、に相澄み候」（関原陣輯録）②物事が終わること。きまりがつくこと。「大坂牢人致敗軍候、（中略）先以早速に相済申候条、大慶可被思召候」（島津家文書）

あいぜに【合銭・間銭】 中世、土倉（質屋）が取った利子の称。「一、松本大奥寺雑掌。（中略）被預置百貫文事、号合銭構先年徳政之儀、不可返弁之由申候」（親元日記）

あいそう【愛崇】 歓待、親愛、また慇懃さ。「愛崇もない」（日葡辞書）

あいそなえ【相備】 軍団がそれぞれ陣を張るときに、隣り合わせた陣を互いに呼ぶ称。「吾躬は三千余兵を率て上杉憲顕の相備となり」（北越軍談）

あいだ【間両日】 隔日。日を置いて。「斯くて、間両日《あいだ》を置き、又景勝、旗本を以て先を懸けられ」（武田三代軍記）

あいたい【靉靆】 ①眼鏡のこと。「遠目金《とおめがね》」とも。「象眼入鉄炮二挺、長サ一間程の靉靆《あいたい》六里これを見るを献ず」（駿府記）②たなびき、雲・霧などが広がること。（日葡辞書）

あいたしなむ【相嗜】 何かに備えてある品物を用意しておくこと。「知行所務以下入念、兵粮無断絶様ニ可相嗜候」（黒田家文書）

あいちぎょう【相知行】 「相給」に同じ。中世、一か所の所領を複数の給人に与えること。「相知行之村百姓公儀役者、地頭きりに可仕候、地頭非分を申、百姓欠落致候者、百姓へかかり候役儀其地頭可仕候」（慶長十五年掟書）　⬇「相給《あいきゅう》」を参照

あいつく【合属・合付】 「合属」は、「相付」の充て字。味方する。目をかける。与力のこと。「偖亦《さてまた》家門・侍隊将幷《ならび》に奉行頭人・合属《あいつき》の面々迄も」（北越軍談）　⬇「合属《ごうしょく》」を参照

あいづくろ【会津黒】 会津産の名馬の総称。「一、馬十一疋之内一疋は会津黒とて名馬也、秋山伯耆守、岐阜にをひて、信長公馳走被成」（甲陽軍鑑　中）

あいつめ【相詰】 攻め寄せること。「中納言かたへも其方次第ニ可相詰之由、以朱印被仰付候間」（黒田家文書）

あいつらなり【相践】 連携すること。誼を通ずること。「豊後面相残諸城、堅固相践候由、神妙候」（黒田家文書）　⬇「相践《あいふ》む」を参照

あいてがけ【相手掛】 それぞれの対戦の好敵手を選んで戦いを挑むこと。「勝頼公御備定はいづれもあひてがけの合戦なり」（甲陽軍鑑　下）

あいとう【相頭・合頭】 集会などの世話役やとりまとめ役などを共同で務める者のこと。「当年田楽頭ハ、大乗院門主ト同大乗院之住良家東林院、于時権別当合頭也、今度先例勘之処、門跡ト良家ト合頭是ニテ三ヶ度也」（多聞院日記）

あいとう【相当】 相手になること。喧嘩の相手となること。「即追其内一人搦取之処、為相当、其方領内商人田中方へ召籠段、言語道断次第候」（朽木文書）「喧嘩闘諍打擲刃傷殺害

之事、縦雖討父討子謹而令勘忍致注進、（中略）然而不能其儀或令相当或帯兵具寄懸於背御法族者」（六角氏式目）

あいどお【間遠】 期間や距離が隔っているさま。「将軍の陣あらけ靡いて後の御方あひ遠に成りければ」（太平記）

あいとる【相掇】「あいひろう」とも。掇は取・執に同じ。披露する。紹介する。述べること。「大坂罷帰候て、我等事も可相掇由ニ申候条、昨日罷着候」（吉川史料館蔵吉川広家書状）
➡「相掇《あいひろう》」を参照

あいなれ【相狎れ】 馴れる。慣れ親しむこと。「少しく長じ懸殊すと雖も、それ相狎れ、倶に形跡を忘じ」（一徳斎殿御事蹟稿）

あいにのぞむ【阨に臨む】 差し迫った危急に置かれること。「管領家の大軍に必至と囲まれ、嶺鯉《れいり》轍魚《てつぎょ》の阨《あい》に臨む」（北越軍談）

あいのかき【相の垣】「間《あい》の垣」の充て字。陣営と陣営との間の垣。（庄内陣記）

あいは【相端】 ある人・物の間で、あるいは中で。「二人の相端が悪い」（日葡辞書）

あいはかる【相擬】 図ること。「相計る」とも。「扶助ノ事ハ、彼方ヨリ相擬ハルヘキ旨著サル」（伊達家治家記録）
➡「擬《あざむき》」を参照

あいはたらく【相働】「働く」の改まった言い方。「近日下方より一途相働べきの由度々此方へ被申候」（政基公旅引付）

あいはて【相果】 死去すること。「謙信事、相果候由風説候、賀州より注進状共為被見遣之候」（黒田家文書）

あいはん【相判】 ①連帯で押す判のこと。連判。「松井相判之折紙持來之」（実隆公記）②二重売買などのため、同一物件につき二通以上の契約書が作成され、二人以上の権利主張者が存在すること。「一、田畠相判事、年号日付可任前後事」（長宗我部掟書）

あいばん【相番】 ①共に番を勤めること。また、その人。「禁裏外様番祗候、相番実宣卿」（言継卿記）②「相役」に同じ。「二番衆以申状言上、相番中島千世知行分、土御門野畠事、小田小五郎申給候由」（大舘常興日記）
➡「相役《あいやく》」を参照

あいひろう【相掇】
➡「相掇《あいとる》」を参照

あいびんやく【藍瓶役】 染物屋に課した年貢のこと。「従前々取来藍瓶役之事、雖為不入之郷可取之、猶難渋之輩者、可遂披露旨、被仰出者也」（京紺屋宛北條家朱印状写）

あいふむ【相践む】 領する。「勝頼舎弟仁科五郎幷《ならび》に小山田備中守相践《ふ》むの地なり」（惟任謀反記）
➡「相践《あいつらなり》」を参照

あいまろみ【相まろみ】 集結する。「大垣、関ケ原人数南宮山に相まろみ、一戦仕るべき」（関原陣輯録）

あいめやす【相目安】 訴訟で、原告が出した訴状に対して、被告が出す陳状のこと。「就捧尾崎常陸守目安、宮城四郎

兵衛以相目安遂糺明了」（豊島宮城文書）

あいやがて【相軀】 連絡を取り合っている。「伊丹之儀、兵粮於無之者、定落居必然候、仍両城相軀之由候」（細川家文書）

あいやく【相役】「相番」の②に同じ。自分と同じ役目。相番。同役。 ➡「相番《あいばん》」を参照

あいやり【相鎗】 一人の敵に対して味方二、三人が槍をもって戦うこと。「鎗をあはするに、あひ槍と云事はなく候」（甲陽軍鑑 下）

あいろ【相色・文色】 その状況に応じた優れた判断のこと。「其あいろ《相色》とは、先味方ふか入の時、手がらをやめて、其備《そなえ》中《じゅう》に、口を聞《きく》衆と相談申、早々引とる時、しんがりをいたせば、はやそれが手柄なり」（甲陽軍鑑 中）

あいわきまう【相弁】 承知すること。「当所務以下悉定納ニ可相弁候」（剣神社文書）

あえまぜ【雑韲】 魚肉などに鰹節をまぜた酒に浸した料理のこと。「御本膳 雑韲《あえまぜ》 屈輪鱻儀《くりみき》 御汁鶴」（甲陽軍鑑 下）

あおう【あおう】 高いところ。「少龍寺あおうをのほり《上》に引退き候」（桂岌圓覚書）

あおかわ【青皮】 青は「馬」のこと。青皮は馬の皮のこと。「江戸城に於て、公方台徳院殿へ三使御目見、進物人参二百斤、（中略）大鷹五十羽、青皮三十枚」（伊達家治家記録）

あおざむらい【青侍】 身分の低い若侍のこと。「青侍《あおざむらい》・随《ずい》身《じん》等義国を打落すに付て、郎従《ろうどう》怒て本所に馳向ひ」（北越軍談）

あおだ【箯輿・箉】「あんだ」とも。担架に似た一種の箯易寝台で、病人などを仰向けに乗せて運ぶもの。（日葡辞書）竹や木などを用いて編んだ粗末な釣り輿、進物の釣り台のように、日覆いがない。編み板。あんぽつ。「岩の懸《かけ》路《ち》を手輿《たごし》とやらん、またあをたとやらんいふに、乗せて舁《か》れたるが」（醒酔笑）

あおたか【青鷹】 三歳の鷹をいう。「長宗我部方ヨリ逸物、青鷹十六連、砂糖三千斤進上シケレバ」（信長記）

あおばもの【白歯者】 ①未婚の娘のこと。白歯娘。「白歯《あをば》者《もの》・夫嵐子《ぶあらしこ》迄も、君臣の義、忠不忠の道理」（北越軍談 中）②若武者のこと。「迫合したりし敵方の白歯者《あをはもの》一人引後れてや有けん」（関八州古戦録）

あおばもの【青葉者】 未熟者のたとえ。雑兵をいう。「其身の手柄を能聞候へば、せりあひ合戦なンどに追頸のしかもあを葉者を一人討ては鑓さきに血を付」（甲陽軍鑑）

あおや【あをや】「青屋」のこと。藍染業者を指し、藍染屋・紺掻《こんかき》・青屋坪立《あおやつぼたて》といって卑賤視された。また、穢多・非人の異称。「後には三条河原にて、あをやが手に渡りて、かうべをはねられて」（三河物語）

あおり【あおり】「障泥」「泥障」とも。馬腹の両脇を覆い、はねる泥を防ぐ馬具のこと。後には飾りとなり、晴天にも用いられた。「一疋は鞍を。あおりをさゝす、一疋はくつわ計肌背《はだせ》なり」（慶長記） ➡「泥章《あふり》」を参照

あかあし【赤足】 素足で。はだし。「誠日比者輿車にて御成候歴々の御上臈達、歩立赤足にて取物も不取敢御退座候」（信長公記）

あかき【明き】 物事が明らかな状態のこと。「しかもあかき備なれば名高き飯富兵部と聞及て見しり」（甲陽軍鑑　中）

あかげさ【赤袈裟】 勅許によって着用する赤色の僧衣のこと。「算主、堂達赤ケサ二帖返上之」（大乗院寺社雑事記）

あかし【あかし】 燈火。火ともし頃になって。「御あかし立候而葛西之両使被罷出候」（伊達天正日記）

あかぞなえ【赤備】 具足、指物《さしもの》、馬具などの武具をすべて赤い色にした軍勢のこと。また、武士も足軽も一様に赤い具足を着用した部隊のこと。武田信玄の家臣飯富兵部、徳川家康の臣井伊直政の軍が名高い。「此比《このごろ》は上野先方小幡赤備なり、少も余の色無之、具足、指物の事は申に及ばず、鞍、鐙、馬の鞭迄赤有つると聞」（甲陽軍鑑）

あがなう【購う・贖う】 埋め合わすこと。罪滅ぼすこと。「未だ微弱の齢《よわい》と云へども、父の勲功莫大なる購《あがない》て、氏康是に当城を預け」（北越軍談）「親《まのあた》り臣として君を弑《しい》するの罪、身に於て贖ふ」（北越軍談）

あかむしゃ【赤武者】 赤色の装束をつけている武者のこと。「三番に西上野小幡一党、赤武者にて入替懸り来」（信長公記）

あからさま【白地】 あからさまに。はっきりと。「乱妨に切殺されんよりは白地《あからさま》に口説《くどい》て頼むべし」（奥羽永慶軍記　下）
⬇「白地《はくち》」を参照

あがり【上がり】 湯上り。町の風呂に入り、湯上りの帰途のこと。「上意様御風呂いらせられ候、御あかり（上）右馬頭（田村清通）殿よりの使、町にて御めニか丶り申され候」（伊達天正日記）

あきかじし【秋加地子】 ⬇「秋成《あきなり》」を参照

あきぐに【空国】 統治者の存在しない国のこと。「道家も毛利も皆取たる国をすて上り申故、駿河、甲州、信濃、上野あき国也」（甲陽軍鑑）

あきじろ【空城】 守備する兵のいない城のこと。主人なき城のこと。明城に同じ。「国府の台の合戦には、此城の者共、残らず、下総へ行て、明城にて置きければ」（里見九代記）

あきたらず【厭足】 飽き足らず。「人質の小世倅《こせがれ》までも根伐《きり》にする共厭足《あきたら》ずと云へども」（北越軍談）

あぎと【嗇】 あご。「左の腕を簀子の下え指入《さしいれ》、猛犬の嗇《あぎと》を捽《ぐい》と握て聊《いささか》も働せず」（北越軍談）

あきなし【秋なし】 ⬇「秋成《あきなり》」を参照

あきなり【秋成】 「秋成銭」に同じ。秋の収穫物に対して課せられる年貢。「秋成銭」は「秋加地子」「秋なし」とも。「白石庄之山料足ハ、春成三貫百文（中略）秋成三貫百文、此内一貫五百文縁舜給之」（大乗院寺社雑事記）

あきなりせん【秋成銭】 ⬇「秋成《あきなり》」を参照

あきらかにする【諒】 照察すること。「次ニ一種進置候、諒

一儀迄候、委細御代僧善勝御口門ニ可有之」（西門院文書）

あきらめ【明】（買主などのために）弁明すること。「尚々無沙汰之時者、請人相共可致其明候、其時更一言子細不可申候」（根岸文書）

あきらめさた【明沙汰】中世、訴訟時に当事者が自身の立場が正当であることを弁明すること。「法金剛院領甲斐国稲積庄年貢事、御室御消息遣之、無殊子細者、早可令致明沙汰状」（保坂潤治氏所蔵文書）

あきらめもうす【明申】中世の売券に見える語。主として、法廷で、売主または請け人が買主のために、売買の正当なわけを説明すること。「万一不慮之煩出来候者、不日可明申、猶以不事行者、為請人可償申」（勧修寺文書）

あきり【足切】鷹の足にできた切り傷のこと。（鷹養性聞書）

あきれ【惘れ】びっくりすること。呆気に取られること。（日葡辞書）

あきれはて【咹果て】呆れること。「娘を敢なくも殺し置り。興さめ咹《あきれ》果て」（関八州古戦録）

あきれる【咹・惘】呆れること。「家人等大に力を落し、咹《あき》れて詞もなかりし」（関八州古戦録）「城中少しも弱りたる色もなければ、諸勢惘《あき》れて居たりけり」（奥羽永慶軍記　下）

あぐ【挙ぐ】攻め取ること。「**自ら挙ぐ**」は自落・自焼すること。「因って高清水も自ら挙がる、是《ここ》を以て将に磐手沢に向いて兵陣に及ばんとす」（伊達正統世次考）

あくぎゃく【悪逆】大宝律令では尊属親に対する重罪。中世には君主に対する重罪のこと。「悪逆を企《くわだつる》由、不須《ふしゅ》の罪甚し」（庄内陣記）

あくとう【悪党】①悪事をはたらく者の集団のこと。また、後には一人の場合にもいう。「京の立売へ悪党来り、巻物どもを見、（中略）女房蔵へ行く間に、巻物一つぬすみ」（醒酔笑）②中世、特に南北朝時代に活発な動きを示した、荘園の反領主的な荘民とその集団のこと。「悪党五十一人注進せられ上洛、国中地頭御家人等に仰て厳密に可召捕由御教書を成され」（峰相記）

あくとう【悪盗】①悪質な盗みこと。また、それをする人。盗人。「抑新見子今日被誅、父逐電、其家財等闕所云々、悪盗事露顕之故也」（実隆公記）②悪党②に同じ。「悪盗　アクタウ　又作悪党」（文明本節用集）

あくにち【悪日】陰陽家で、事を行なうのに悪い日をいう。運勢の悪い日。凶日。「アクニチ　アシイ　ヒ　〈訳〉不吉な日」（日葡辞書）

あくひょう【悪兵】弓を射ることの下手な兵のこと。「アクヒョウ　〈訳〉悪い弓兵」（日葡辞書）

あくみょう【悪名】①悪い噂のこと。評判。悪評。あくめい。（日葡辞書）②悪事をはたらいた者のこと。また、その悪事。「於寺家中被召仕候者之悪名候者（中略）任咎軽重可及其沙汰候」（福聚寺文書）

あぐむ【噁・啞・飽】物事を成し遂げることが困難なので困りはてること。事がうまくいかないこと。倦む。「釣閑、差当つて返答に噁《あぐ》み、高坂殿の由なき申しごと」（武田三代軍記）「善七郎に演説したりければ、其時、信長も大に啞《あぐ》み給ひ」（武田三代軍記）「兵粮《ひょうろう》・矢鉛子《やだま》亦卓散《たくさん》なれば、小田原勢攻飽《あぐみ》して虎口を窕《くつろ》げ、武田晴信を促し、両旗を以て陥れん事を評議する」（北越軍談）

あくめ【悪目】刀身にできる縦の裂け目のこと。（日葡辞書）

あくめい【悪名】「あくみょう」②に同じ。悪事を働いた者。また、その悪事のこと。「右六人の内三人は町屋へおり、行方しらずに罷越候、右之あくめい闕所之道具、見出し候山廻にほうびに出し申候」（梅津政景日記）

あくるあさ【詰朝】翌朝のこと。「詰朝《あくるあさ》定の刻限に至り、駿河入道朱傘に金の短冊の捺物を刺し」（北越軍談）

あくるあした【詰朔日】あくる日。「名望身に余れる慶事を修せらるべしとて、詰朔日《あくるあした》より三日の間、申楽《さるがく》を興行有て群臣に饗膳を賜ひ」（北越軍談）

あげ【上げ】あげ田のこと。高いところにある田。「上げを面にして各御陣取り候」（関原陣輯録）

あげがい【揚貝・揚螺・上貝】「あげかい」とも。味方の軍勢引揚げの合図に吹き鳴らす陣貝のこと。「しかる所に景虎の旗本よりあげ貝と覚て、静に貝音きこえて」（甲陽軍鑑）「地形不知案内の夜軍《よいくさ》、長追すべからずとて揚螺《あげかい》吹て人数を纏《まと》む」（北越軍談）

あけくれ【寅酉・旦暮】①「寅酉」は、「明け暮れ」の充て字。朝晩のこと。日々のこと。毎日。「只寅酉《あけくれ》淄徒《しと》の行法を修して九族の後世《ごせ》菩提をも弔《とむら》ひ」（北越軍談）②明け暮れ。「驚破《すは》や近習の小番の族旦暮《やからあけくれ》に落失《うせ》て行方を知らず」（北越軍談）

あげじょう【上鎖・揚鎖】押し上げて開く仕掛けの鎖のこと。「城迄追詰、町口をおし破り、あげぢやうの門ニかまへ御座候、彼あげぢやうを押やぶり申候」（水野日向守覚書）

あげすど【揚簀戸】両端を柱で支え、上へ突き上げて開くようにした竹の編み戸のこと。「長谷堂城より悉甲八百余、上簀戸を開き、城外へ打て出で」（会津陣物語）

あげせん【挙銭・上銭・揚銭】中世、利子をとって金銭を貸し出すこと。また、その金銭。こせん。「徳政法条々（中略）一、上銭事」（蜷川文書）

あげち【上地】「あげち《上知》」に同じ。知行地を没収すること。また、その土地。「景勝上げ地會津にて六十万石、蒲生藤三郎秀行に之を下さる」（玉露叢）

あげつち【擧土】城の土をあげて平場にしたところか。擧土門（安土門）のことか。「館をも守替らるへき由思はれ、擧土《あげつち》まで乗入らるといへとも」（伊達家治家記録）

あげつちもん【上土門】邸宅の単層門の一種。平安時代、屋上を平に厚板をふき重ねた上に土をあげて覆った門のこと。後世は、土の代わりに檜皮《ひわだ》などを用いて同様の形にしたものもある。**垜門《あずちもん》とも。**「大名の家づくり、吉良、石橋、渋川等をば先おきて、武衛、細川、畠山、山名、一色、六角は上土門を立にける」(応仁記)
➡「垜門《あずちもん》」を参照

あげてかぞうべからず【不可勝計】言うまでもない。「此表衆ハ、如右書付申付候へハ、昼夜の粉骨中々不可勝計候間、はちかた面へ一おとりかけ候て可然候」(浅野家文書)
➡「勝計《しょうけい》」を参照

あげどころ【上所】①手紙などの、相手の名あてを書く場所。また、その名あて。宛所《あてどころ》。じょうしょ。「上所鹿苑院可然、(中略)自蔭涼被白可然、然者上所蔭涼可然云々」(蔭涼軒日録) **②手紙などの名あての上に書く「謹上」「進上」などの語。じょうしょ。**「上所事、進上謹々上、恐礼也、謹上、等同之礼、謹奉、処凡卑之詞也」(書札礼)

あけのく【明退】城を開いて退去する。「敵城数多明退ニ付而、無由断罷通之由、被聞召候」(黒田家文書)

あげまき【総角・了角・東方結】①鎧の背の逆板《さかいた》に打ち付けた環に通してあげまきの結び方をした飾り紐。「我々如きは、敵の総角《あげまき》を見する程にては、多くは生きて、本国には帰るまじ」(武田三代軍記) **②いくさに使う旗竿の蝉口(旗の頭)の上結びつけたもの。**「一、旗竿は竹を根掘にして、(中略)蝉口に種子《しゅじ》[口伝]を書入、東方結《あげまき》をなす」(北越軍談 中) **③髪をあげまきに結った少年。少年。**「公了角《あげまき》の初より克《よ》く冊《かしづ》きまいらせ」(北越軍談)

あげまり【上鞠】蹴鞠の作法の一つ。鞠を低めに蹴りあげ、「かかり」の木の枝にも人にも当てないようにする、難しい蹴り方。貴人かその道の名人が務めた。「宮の御方御まりあそばす、あすか井中納言入だうあげまりあり」(御湯殿上日記)

あげる【扛る】揚げること。「楯を扛げる」は兵を揚げること。「甲・相の両家にだも、楯を扛《あげ》させ玉はざる良将たたる故」(北越軍談 中)

あげる【播げる】施すこと。「御腰物を拝領せしめ、面目を播げ畢んぬ」(性新公御自記)

あこ【下火】「下炬」とも。導師が炬《たいまつ》をもって死者を火葬にすること。「右引導師者　前妙心現保春清岳大和尚下火」(政宗記)

あごう【阿号】阿弥陀号の略。鎌倉初期、浄土宗、時宗で用いられるようになった称号。弁阿、然阿など。「誉号〈文阿号者、始自俊乗坊重源大徳矣〉」(忍辱雑記)

あごむ【あごむ】跨ぐこと。「高手小手の縄をはづして、番の者をあごみ越て、はしり出て」(三河物語)

あごをたつ【頤を樹つ】崇め讃える。「両三年の間、日本の主《ぬし》に成り玉はん事案の内なれば、適《あっぱれ》果報の大将哉《かな》と、貴賤頤《あご》を樹《た》て、其高標を仰ぎ望む」(北越軍談)

あごをとく【頤を解く】「頤」は食い扶持で、扶持を離れ

ることを云う。「小田原勢検鞭打《すてむちうち》て引入る。管領方頤《あご》を解き、若重《もしかさね》て推来《おしきた》らば」（北越軍談）

あさあさと【浅々と】 軽々しく。「此儀を安国寺あさゝゝと心得られ、」（関原陣輯録）

あさがけ【朝駆】 早朝、不意をついて敵陣に押し寄せること。⇳夜討ち。「平井奈良崎朝かけにふみつぶし」（浅井三代記）

あさがっせん【朝合戦】 早朝、合戦をすること。⇳夕合戦。「御代官として七千余の人数を我等におほせ付られ、笛吹峠へ向ひ、朝合戦に勝ち」（甲陽軍鑑）

あさぎ【浅青】「浅葱《あさぎ》」の充て字。**浅葱は薄い藍色。**「東の方より下浅青《すそあさぎ》に檜扇の旗さ、せ」（奥羽永慶軍記　上）

あさせ【浅湍】「浅瀬」に同じ。「己《おのれ》も手負ければ、戦場を伐《きり》抜《ぬ》け予《かね》て浅湍《あさせ》や知たりけん、さしもの酒田川を造作《ぞうさ》もなく馬打入」（北越軍談　中）

あさばん【朝番】 朝の間、勤務につくこと。「朝番、横山雅楽助」（蜷川親元記）

あさまし【浅猿】 浅ましいこと。（三好記）

あさましい【浅間敷】 良くないこと。「妙覚寺は浅間敷《あさましき》陣取りなり。近辺において何方《いずかた》か腹を切るべき館《やかた》、これあるべしと」（惟任謀反記）

あさましき【褄しき】 浅ましいこと。「姥か池と名付て褄《あさま》しき世語のためしは成にけり」（関八州古戦録）

あざむき【擬】 欺くの意。「はかる」とも訓む。「会津少将殿擬可申存分ニ候ハヽ、」（伊達家治家記録）

➡「相擬《あいはかる》」を参照

あざむく【紿く】 欺くこと。「虚空蔵山に伏せ、我が兵を紿《あざむ》き、来り進み、則ち佯《いつわ》り走り、以て我を誘ふ」（長国寺殿御事蹟稿）

あざわらって【嗤て】「嗤笑」とも。嘲笑する。「謙信嗤《あさはらつ》て氏政、晴信こそ大将なれ」（関八州古戦録）

あし【腨】「腨」は、脚のことか。「鉄砲ヲ以テ腨ヲ撃抜レ」。（伊達家治家記録）

あしあい【あしあい】 太刀の足緒を通す足金と足金との間の称。あしま。足間。「折紙也、上也、軍陣之時は、あしあひを、かもさきと云也」（甲陽軍鑑　下）

あしあし【足々・粗】 足並みの揃わぬこと。また、乱れること。「信長の旗先少も見えざるに、如此郡内へあしゝゝにて御退《のき》ある事」（甲陽軍鑑　下）「早除《のけ》とて、粗《あしあし》にしてのく実《げに》と」（三河物語）

あしうち【足打】「足打折敷」に同じ。「朝粥、北殿御うへにて参候、粥足打也、飯ごきに入」（石山本願寺日記）

あしうちおしき【足打折敷】 折敷に足を取り付けたもの。足打ち。足付き折敷のこと。単に「足付」とも。「次はう飯有之、至上池院相伴了、公卿各三方、殿上人以下足打折敷相交、中酒以後、秉燭被講候」（言継卿記）

あしお【足緒】 鷹の足に付ける紐緒のこと。一筋、二筋と数える。（伊達家治家記録）「小成田方へ御出也、御相伴衆伯

蔵軒(中略)、御あし《足緒》を三すし《筋》・小鼓か《皮》ハ上被申候」(伊達天正日記)

あしがる【足軽】 雑兵。歩卒。武士の発生とほぼ同時に現れたが、鉄砲の伝来により散兵戦が行われるようになると、戦国大名はいずれも大量に雇い入れ、鉄砲隊を組織し、足軽大将さえ設けた。「其故者、彼能足軽にて候、(中略)彼者などを押立候てこそ、豊州家之脚軽なども働候する程に」(上井覚兼日記)

あしがるいくさ【足軽軍】 歩卒の小競り合い。足軽同士で行なう小規模な戦闘。足軽合戦。「かけて三好長慶摂州上下衆相催し(中略)かはりかはり打て出日々の足軽軍やむときなし」(足利季世記)

あしがるかっせん【足軽合戦】「足軽軍《あしがるいくさ》」に同じ。

あしがるしゅう【足軽衆】 足軽の衆。足軽、また、その一団をいう。「三好方にも佐井戸小泉と云足軽衆討死す」(足利季世記)

あしがるをかける【足軽を懸ける】 足軽を用いて合戦を仕掛けること。野伏《のぶせ》懸け。「両陣の際足軽を懸け、言戦矢日次を送るに無隙」(富樫記)

あじきなし【魚端】 味気ない。「成田是を聞て魚端《あじきなし》とや思けん」(北越軍談)

あじくい【味食】「味口」に同じ。ぜいたくな物を食べること。「一、知行出ると有と、妻子に物をきせ、自分にも衣装をたしなみ、又は酒肴を調へ、振舞あぢ食をなす事有間敷候」(上杉家文書)

あじくち【味口】 味食《あじくい》に同じ。

あしげ【驄】 馬の毛色の名。栗毛・青毛・鹿毛の原色に後天的に白色毛が混じったもの。「岐阜中将信忠卿、驄《あしげ》の御馬、勝《すぐ》れたる早馬なり」(信長公記)

あししろ【足代】 次の攻撃に移るための足場のこと。(元親記) ➡「足代《あしろ》」を参照

あしじろ【足城】 本城から離れて造った補助的な城。枝《えだ》城《しろ》。出城《でじろ》。「浦部表在々所々揚火手、足城をかまへ楯籠のよしに候」(大友記)

あした【夙】 あした。早朝。「中にも武太助が女房十一歳の男子元日の夙《あした》に来り」(奥羽永慶軍記 下)

あしだ【足打】 大将以外の者の首実検の際、首を据えるもの。「一、首すへ物の事、大将の首は供饗、其以下或は足打、或は小角いづれにても縁を放し、板目にすゆべき事」(北越軍談 中)

あしだち【足立】 足場。「最上は左右ともに上るべき足立《あしだち》なし」(奥羽永慶軍記 上)

あしだまり【足溜】 ある行動をするための拠点。(室町殿日記)

あしつき【足付・脚付】 ①道具や器物に足が付いていること。また、その品。「早旦欲令退出之処、御抑留、仍尚令祗候有御斎〈予三方、高倉足付也〉」(二水記) ②「**足打折敷**」

の略。足の付いた折敷。「盆は公饗《くぎょう》、不然は足付か、鉋懸《かんなかけ》歟《か》、依テ時ニ何成共」（甲陽軍鑑 下）③金銭、費用のこと。要脚。「御仏事銭五百貫文に相定、（中略）雖然五百貫文之足付未定也」（蔭涼軒日録）④約束した物や金銭を相手に渡すこと。（北野社家日記）

あしとる【揥る】 足をとる。前後から示し合わせて敵を討つこと。「其の時に及んで重隆（岩城）、顕胤を撃ちて以て其の後に揥《あしと》ることを為せ」（伊達正統世次考）➡「踦角《きかく》」を参照

あしなか【足半・足中】 かかとにあたる部分のない短小な草履。鼻緒を前結びにするのが特色。軽くて走るのに便利で、武士などが好んで用いた。これに対して、普通の長さのものを長草履という。「奏者伊地知勘解由左衛門尉、御門迄出合被申候、足中あまうち迄はかれ候」（上井覚兼日記）

あしなが【足長】 戦いの際に、戦列が長く伸びすぎること。「昨日之かせん《合戦》も餘ニあし長ニ出候て、不覚取候之間、今日合戦一大事ニ候」（慶長二十年五月七日付大野治房書状）

あしなかばき【足半履】「足半」とも称し、草履の半分の長さで、駆けるのに便利な履物。中世の戦いに多く使用された。（庄内陣記）➡「足半《あしなか》」を参照

あしむけ【足向】 費用、料足を支給すること。金銭をある用途にさしあて、充当すること。「以諸庄反銭、会式方并後朝方、得業昇進方為足向、代々此儀也」（大乗院寺社雑事記）

あしょう【亜相】 大納言の唐官名。「命あるによって、紀陽亜相頼宣卿に仕え」（慶長記）

あしよわしゅう【足弱衆】 足が丈夫でないこと。また、そのような妻子、老人、婦女子などを言う。⇕足強《あしづよ》。（伊達家治家記録）「此方兄弟■《ママ》、幸侃足弱、可被及迷惑間」（島津家文書）「今度筑前守足弱衆之儀御馳走ニ付而御帰陣之事間、為如前々旨折帋被進候」（称名寺宛卜真斎信貞書状）

あしらい【会釈】 ➡「会釈《えしゃく》」を参照

あしらう【擬作】 あしらう。対応する。「左様の敵を擬作《あしらわ》んには、戦に嵩《かさ》を県《かけ》て」（北越軍談）➡「擬作《ぎさく》」を参照

あしろ【足代】「足場」に同じ。足を踏みたてる場所。立脚地。あしがかり。あしだち。あしど。「抑八幡鳥居造営、為足代当国木共被点云々」（看聞御記）➡「足代《あししろ》」を参照

あずかりじょう【預状】 中世・近世に、資財、文書等を他人から預かった証拠として、預かり主から預け主に出す受取状。中世には、徳政令の適用を避けるために、この文書形式を採ることが多かった。貸付証書。近世以後は、預かり証と言った。「久河彌介所へ遣、借銭之儀申調了、五貫文之預状、利八百、筆二百まて合て云々」（言継卿記）「買得分之田畠幷借遣米銭・質物・預状・永地之事、一切不可有改動」（仏光寺文書）➡「預状《あずけじょう》」を参照

あずかりめん【預免】 荘園の預所《あずかりどころ》に与えられた田地、あるいは在家。「行事免一宇　二百七十二、大蔵　預免一宇五十六、（中略）奥院預免三宇　一宇　八十五宇　一宇十四

一宇三百十七」（高野山文書）

あずかる【馮る】「預かる」の充て字。馮《たのむ》が一般的か。「（熱田）大宮司 馮《あつかり》給ひ、明の年迄御（をわします）」（三河物語）

あずけじょう【預状】 中世の文書形式。所領を預けたことの証拠として、預け主から預かり主に渡した。中世には、多く直轄領を部下に管理させるとき、一時的に預けておく形式で出され、恩賞としての意味をもった。「安芸守護武田信之預ケ状、安芸国可部庄西方之内品河跡之事、所預置也」（熊谷家文書） ➡「預状《あずかりじょう》」を参照

あずけもの【預物】 他人に預けてある品物。寄託物。戦乱が近くなると、自分の財産を守るために財産を寺社に預けた。その物品のこと。「あづけものの事、利平つきたらば、とくせいゆくべし」（上杉家文書）「預ヶ物乱妨物一切不可有糺明候、上様（織田信長）御物之事者慥之儀候者、預リ主ニ可相届置候」（天正十年八月十四日付豊臣秀吉書状）

あずちもん【垜門】 ➡「上土門《あげつちもん》」を参照

あせ【洑】 汗。汗を握る。「有は伯父《おじ》舅《しゅうと》・従弟《いとこ》舅《しゅうと》なれば、洑《あせ》を握る」（三河物語）

あだ【寇・讎・佗】 ①仇。「寇を報ずる」（南海通記）「稙宗君御息女を妻し玉ふ。然るに天文年中、公室に寇《あだ》し、終に退治せらる」（性山公治家記録）「祖父や父の讎を報ぜよ」（細川家記） ②無駄な。「遠矢に雨霰の如く射出しけるに、多分佗矢《あだ》はなかりける」（関八州古戦録）

あたかも【宛然・宛】 恰も。あたかも。「さる事宛然《あたかも》蜘蛛の子を散すか如し」（関八州古戦録）「羽箭乱発して宛《あたか》も雨の降が如し」（性新公関原御合戦記）

あたけ【安宅】「あたけぶね《安宅船》」の略。室町末期から江戸初期まで使用された大型軍船。「海賊衆（中略）小浜、あたけ一艘、小舟十五艘」（甲陽軍鑑）

あだし【婀娜】 徒・空。はかない。変わりやすい。「其故に長袖とて、婀娜《あだし》く花奢《きゃしゃ》なるを以て、出家をば俗も敬《うやま》ひ用るぞ」（政宗記）

あたま【天窗】 頭。「押続いて乗込みけるが、敵三人と渡し合せ、天窗《あたま》に刀創三箇所迄蒙り」（武田三代軍記）

あだや【化矢・徒矢・空矢・浮矢】 目標に命中しない矢。無駄な矢。「空矢」とも。（三好記）「雨の降る如く射出しける矢、更に浮矢《あだや》一つも無かりければ」（太平記）

あたらし【可惜】 惜しむ気持ち。残念だ。「明知〈＝智〉方にて御討死之由申候、未懸御目候へ共、諸事毎々御物語人にて御入候儘、あたらしき御事に候」（信長公記） ➡「可惜《あったら》」を参照

あたる【属・丁・当・中】「当る」に同じ。①～になって。「ここに皇統百有六世後奈良院の朝に属《あたっ》て、北越の元帥《げんすい》」（北越軍談） ②該当する。「覚範寺殿の二七に丁れり」（伊達家治家記録） 当たる。「丁邃古全盛之日者」（伊達家治家記録） ③鉄砲・矢などに当たること。「以不慮之仕合、於二俣中鉄砲

死去、無是非次第候」（諸州古文書五・武田信玄書状）

あつい【腆】 熱い。「面々も心に入て獵《かせぎ》申事、御祝着《しゅうちゃく》に被思召。凍《さむき》か腆《あつき》か昼夜ともに骨折《ほねおり》」（駿府記）

あついた【厚板】 厚い地の織物。経糸は練糸、緯糸は生糸を用いて地紋を織り出した絹織物。「御料人様への御音信は、一、厚板　百端　一、薄板　百端　一、緯白　百端　一、織紅梅　百端」（甲陽軍鑑　中）

あつかう【扱う・嗳う】「嗳」は「扱」に同じ。「あつかい」と使うことも。①両者の間に立って争いを止めさせる。仲裁する。調停する。「抑当山御寺納、就割符之儀、木上与学侶中、御間依格別我等申嗳、一途相済候様にと」（高野山文書）「和平の嗳ありといへとも」（庄内陣記）②**調停和議のこと。**「かの表の御扱《あつかひ》大形相調ふ」（元親記）「仍而山勘兵衛殿庄内御嗳之儀、御存分共依被仰達」（東京大学史料編纂所蔵秋月種長書状）

あづかる【罹・預】「罹かる」は、「預かる」に同じ。①～を受けること。「氏政父子の脛背《はからい》に罹《あづか》りけるを腹黒に思ひける故」（関八州古戦録）②**和議。**「其の段々の御分別の次第は、御あづかりを掛けらる丶様子、手引き御覧なさる丶」（川角太閤記）

あっしょ【押書】 契約状の一種で、契約の履行を保証するために、当事者の一方が、他方に渡すもの。「すゐがすゐまで御論あるまじく候、よて御〈＝後〉日のためにあつしよ状くだんのごとし」（青方文書）「就右御定法赤間関地下仁押書案文」（大内氏掟書）➡「押書《おさえがき》」を参照

あったら【可惜】「あたらし」とも訓む。勿体ないことにも。「爪牙の功臣四人迄被指置らるる事は可惜《あったら》一命を無下に棄損せらる丶」（関八州古戦録）➡「可惜《あたらし》」を参照

あっぱれ【適・天晴】「適」は、「天晴」と同じ。素晴らしい。「重々の内試巍々《ぎぎ》として、適《あっぱれ》比類《ひるい》なき軍政たり」（北越軍談）「天晴《あっぱれ》、気散じの御打物かな。誰々も見物せよ」（長国寺殿御事蹟稿）

あつまる【羅る】 集まる。「其関東国の将士各《おのおの》竭仰《かつごう》の首を傾け、階前庭上に駢《つど》ひ羅《あつま》り、社僧高らかに巻《かん》数《ず》を誦し」（北越軍談）

あつめる【鳩める】 集める。「東草艾、鳩朽撲」（伊達家治家記録）➡「羅《かえ》る」を参照

あてがい【宛行・擬・擋・当合・擬作・充行】 ①宛行は「充行」の当て字。所領・所職などを給与する。扶持、禄などの意。「為其褒美貳千石所付別帋在之宛行訖」（黒田家文書）②**対策。**対策を立てる。「可被及張陣之由候之条、及其擬候之処」。（東大史料編纂所所蔵文書）「擋」は（元親記）③**割り当てる。**「平場の合戦ならば、味方一人に上方勢十人当合《あてがひ》にても、先づ一応は切崩し」（武田三代軍記）④**陽動作戦をとる。**「秀吉に表裏を擬作《あてが》ふの仕方言語道断の振廻也」（関八州古戦録）⑤**防禦・防禦対応策のこと。**「いつれも其擬丈

夫ニ申付候、敵城普請等申付之由候」（細川家文書）⑥支払う。「然者鉄炮玉薬・兵粮以下之儀者、金子百枚・二百枚ほとの事余ニ安事ニ候、上洛之刻猶以其擬可仕候」（細川家文書）

➡「擬作《ぎさく》」を参照

あてくだす【宛下・充下】「あて《宛》おこなう《行》」に同じ。所領や俸給を処分し、給与する。特に、荘園のもとで、領主が荘民（作人）などに土地を給与する。田畑、米銭などの財産を門弟、子息に譲与、分配する。また、荘官職《しょうかんしき》、預所職《あずかりどころしき》などの諸職を与えること。「御分に一円に被宛下候上者、親候人も、又我らも其下にて可得扶持候」（高野山文書）

あてじょう【宛状・充状】「あてぶみ《宛文・充文》」に同じ。武将が家臣に領地を与えるときに、その証として下付する文書。「御料所若州富田楽音寺より申宛状遣之、堤新左被申之」（親元日記）

あてどころ【充所・宛所・当所】古文書学の用語。宛名《あてな》のこと。「あて所に名字、官まで書て御宿所とも進覧候とも人々御中とも進候共書事はつねの儀也」（大舘常興書札抄）

あてになる【中になる】信頼して頼りにすることができる。「此間敵相働之風聞必定に候はば、其方よりの番衆は中《あて》に成まじく候へども」（石山本願寺日記）

あてぶみ【宛文】①「充文《あてぶみ》」とも。中世、所領をあてがう際に発給する文書。宛行状（あておこないじょう・あてがいじょう）。「右件田地者、任先師長帳之旨所宛行于円寂房也、無他妨可被知行、仍相副本券五通、所放宛文如件」（高野山文書）「代々御宛状にも外河庄一円被宛行之、不見候事は、設雖可進事候」（大乗院寺社雑事記）②目上の人に書状を送る場合の書札礼の一つ。敬意を表すために、用件を知らせる当人に直接宛てるのではなく、その人の側近の下位の人に宛てて送り、その人から披露してもらうように仕立てた手紙。

あてらし【あてらし】浅はかなことを言う。山梨、長野県地方の古い方言。「甲州、信濃の下劣の詞に、てあさなる事をば、あてらき事かなんど申し候故」（甲陽軍鑑）「手あさなる事をば、あてらき事かなンと申候故」（甲陽軍鑑 下）

あと【跡】以前。従来。「跡とは違ひ、今は早、兄の備前此方に居ければ」（政宗記）

あとう【阿党】権力を持つ者におもねる。またその人。一味徒党。「晴氏・氏康が阿党を平げ、大樹の朦霧《もうむ》を挑《くじ》きまいらすべき」（北越軍談）

あとがき【跡書】披露文（宛文）による注進状のこと。「跡書　急度致言上候、今度無二御奉公申上、心底立御耳、御判頂戴之儀」（黒田家文書）

あとかた【跡形】根拠がない。根も葉もない。「剰範景被官人之小家、幷焼払山畢、結句語国之人、構要害由申上云々、無跡形次第也」（高野山文書）

あとしき【跡職】 知行者のいない土地の領有権のこと。「已上参千五百拾石　右跡職、永禄拾年迄当知行分幷与力・家来共以相加之」（土佐国蠹簡集残編）

あとしゅう【跡衆】 しんがりの軍。「卯刻被入御馬。御跡衆終日戦フ。酉刻敵敗北」（高白斎記）

あとぞなえ【跡備・後備】 本陣の後方の防備軍。後方の襲撃に備えるとともに、本軍の予備軍とする。後押えの軍。後詰め。のちぞなえ。後陣《ごじん》。「御出陣にをひては、御跡備をくろめ申べき覚悟にて、所望申処に」（甲陽軍鑑）

あとにかわらず【跡に替らず】 以前と変わらず。「数年楯をつきけれども、弾正事は跡に替らず田村への奉公なり」（政宗記）

あとのり【後乗・跡乗】 後陣となって城に乗り入れること。「愚耳旧聴記云（中略）雑兵五六百にて、跡乗をぞしたりける」（武家名目抄）

あとべ【跡辺】 後手。後の祭りの意か。「何事を申来るとも、跡辺ならんと申す」（政宗記）

あとやり【後槍】 戦場で、先頭に立って進みながらすぐには槍を入れないで、敵の前陣が乱れてから槍を入れること。⇕先槍。「年寄て先頭に進《すすみ》、若《わかく》して跡鑓を仕たる者も、又多候」（松隣夜話）

あない【按内・案内】 按内は、「案内《あない》」の充て字。①案内者。「時に重長が郎等に、玉虫対馬守とて按内者第一の者有けるが」（奥羽永慶軍記　上）②案の内。予想通りのこと。（黒田家文書）③様子、事情。「数日にして案内を知り」（南海通記）④あいさつ。挨拶をする。「此方無案内罷通候之条、小寺差留候、是非対彼者、存分可申分候」（大阪城天守閣蔵赤松義祐書状）

あながち【強ち】 あながち。「此段唯今強《あなが》チ申立ル義ニハ非ス」（伊達家治家記録）

あなづり【謾・慢】「あなづり」とも「あなどり」とも訓む。侮ること。「かさつにか、つて景勝を謾《あなづり》、柴田修理は故者放西楼に上りて是を見る。」（甲陽軍鑑　下）「大方手に入候へば、此比《このごろ》は、公方ヲ殊ノ外慢《あなどり》奉り、盃を始《はじめ》ては」（甲陽軍鑑　中）

あなづりがお【あなづりがほ】「侮顔《あなどりがお》」のこと。相手を馬鹿にしたような顔。様子。「皆勝千世殿をあなづりがほにぞ見えにける」（甲陽軍鑑）

あぶらおけ【油桶】 油を入れておく桶。また、古く婦人が常用の髪油を貯えておく桶。「一斗　油桶代　六升四合　吉書餅代」（大乗院寺社雑事記）

あふり【泥章】 ①泥章《あふり》は泥よけの馬具の一種。「此川を渡して一先づ遁ればやと思ひつ、、左右の泥章《あふり》を切落し、北上川に乗入けり」（奥羽永慶軍記　下）②泥障《でいしょう》。どろ。「島田に残しとどめて、馬強き者を泥障《でいしょう》を蹴放し」（奥羽永慶軍記　下）➡「障泥《あおり》」を参照

あぶりこ【焙籠（子）】 餅などを焼くのに用いる鉄の網ま

たは棒。あぶりだな。「鍛冶権守佳例あぶりこ、又火箸到来候間、弐十疋遣候」（石山本願寺日記）

あぶる【炙る】 火刑に処す。「旁以《かたがたもって》の事なれば、見ごりの為にあぶらるべしと申人多《おおし》」（甲陽軍鑑　下）

あぶれもの【溢者・猾者】 ①禄を失った者。「八反清水《はたしみず》二郎左衛門などといふ溢《あぶ》れ者ども一所に相集りぬ」（奥羽永慶軍記　下）②あぶれもの。アウトロー。「時々利觜を含で舌頭に懸ける故、素より腑調《ふてき》の猾者《あぶれもの》と云ひ」（北越軍談　中）

あぼうらせつ【阿防羅刹】 地獄で罪人を責める獄卒。「其有様たとへば阿鼻地獄の罪人を牛頭馬頭《ごずめず》、阿防羅刹《あぼうらせつ》が呵責するもかくこそあらめ」（奥羽永慶軍記　下）

あまざかる【天離る】 「鄙《ひな》」にかかる。空遠く離れた田舎の意。「九重の雲居《くもい》の砌《みぎり》を出て、天離《あまざか》る鄙《ひな》の長路《ながじ》に旅立玉ひ」（北越軍談）

あまた【許多・余多・居多】 許多は「きょた」とも訓む。数多《あまた》。（日新菩薩記）「公も亦之を栄とし、毎年黄金許多を遣して、日雙が資用を助く」（伊達正統世次考）「半袴、ひうち袋、色々余多《あまた》付けさせられ、御髪はちゃせんに、くれなゐ糸」（信長公記）「色部長実が手の者居多《あまた》討死」（北越軍談）
➡「居多《こた》」を参照

あまつさえ【臏・剰】 さらに。その上。「微勢を以て大軍の囲を打破り、臏《あまつさえ》逆臣の巨魁長尾俊景其余《そのよ》の武主《ものぬし》ども」（北越軍談）「此度の戦には老父も敵に推著《すいじゃく》を見せ、剰《あまつさえ》疵を負れしなれ、と折々嘲哢申されし」（北越軍談）

あまなう【嗜ふ】 「和ふ」とも。好むこと。「人を殺す事を嗜《あまな》はず、民の時を奪はず」（日新菩薩記）

あまねく【普く】 広く。（細川家記）

あまの【天野】 酒の名産地。天野山金剛寺（大阪府河内長野市天野町にある真言宗の寺。山号は天野山）でつくられた酒。中世以降品質のよいことで有名だった。銘酒の産地として三原・奈良などがある。（黒田家文書）

あまのり【紫菜】 紅藻類うしけのり科の海藻。アサクサノリの異称。甘海苔。「御菓子七種　釣柿《つりがき》　紫菜《あまのり》　寸金羹《すんきんかん》　蓬萊嶋　金柑《きんかん》　姫胡桃《ひめくるみ》」（甲陽軍鑑　下）

あまる【あまる】 雷が落ちる。落雷する。「大夕だちして神おどろおどろしうなる、あまるよしきこゆる」（御湯殿上日記）

あみする【網する】 網をかける。人を捕まえる。「悪禅師の首を獲《え》たり、此度の非常姦猾を泄《もら》さず、将軍家の仇を網《あみ》する事」（北越軍談）

あめやま【雨山】 副詞的に用いて、大いに、甚だ、の意。「天山」とも。「尚々申度事共雨山つもり申候」（黒田家文書）「此あひだ御こゝろづけども雨山申つくしがたく候」（日本書流全史下所収伊達政宗消息）

あや【綾】 綾織の絹地。縦糸に横糸を斜めにかけて模様を織り出す。「為歳暮之祝儀小袖五、之内綾一到来」（黒田家文書）

あやかし【あやかし】 船の難破しようとする時に出るとい

う怪物。海幽霊。転じて怪しいもの。「何《いずれ》もあやかしのつきたる勝頼公御備なり」（甲陽軍鑑　下）

あやかり【あやかり】 愚か者。馬鹿者。あやかし。「御馬の水付に取付ければ、あやかりめはなせとて、さいはいを取なをし給ひて」（三河物語）

あやし【恠し】「怪しい」に同じ。「大御所恠《あや》しく思し召され、彼者を召し御覧あるべきの由仰せあり」（駿府記）

あやしむ【異しむ】「怪しむ」に同じ。「長安（幸阿弥）の弟これを異《あや》しむ。一夜深更に及んで、数輩相具し、潜にこれを窺う」（駿府記）

あやぶむ【阽む】 危ぶむこと。「越兵の勇威に已《おの》が持《もち》の境を阽《あやぶ》み、賸《あまつさえ》佐竹・多賀谷に押へられて」（北越軍談）
➡「阽《ひる》む」を参照

あやまつ【僁つ】 過つ。間違って。「清涼殿の大床に徴して、雲中の怪鳥を僁《あやまた》ず射堕《いおと》し、御不予快然《ふよかいぜん》」（北越軍談　中）

あやまり【俁り】「誤り」の充て字。「此方ら申上候へば、却《かへって》而有俁《あやまる》に似たりと存知」（三河物語）

あらいごめ【洗米】 洗った米のこと。戦闘状況では、手間がかからず、兵粮として贈られた者は有り難い。「御月次被相調洗米送給候、頂戴満足候、弥御祈念頼存候」（厳島神社蔵毛利隆元書状）

あらかた【顕形】 あらかた。粗方。おおむね。「或は退い散らし遂に以て之を抜く。義房の逆心顕形《あらかた》に縁《よ》って也」（伊達正統世次考）

あらき【荒気】 いきどおり。立腹する。「晴信公の御人数そなへ立《たて》られ様を見申候て、あらき《荒気》仕るほど」（甲陽軍鑑　中）

あらぎ【荒儀】 荒々しい振舞のこと。「信長公あらぎなる大将のやうに申なし候へ共、右の段は聞《き》事なる事也」（甲陽軍鑑　下）

あらく【散く】 今いる場所から一定の距離をおいて遠ざかること。「門際へ詰よする事、更になく、門前を二十枚ばかりあらけ、弓鉄炮の足軽を段々に形義をたてたれば」（甲陽軍鑑）

あらく【散去く】 散り散りに。「あらく御引き候を、跡より付きしたがひ」（昔阿波物語）

あらけなく【あらけなく】 荒々しく。「腹を切候へとあらけなく宣ひて」（元親記）

あらけやぶる【散破】 戦いに敗れて散り散りになる。敵に追われて隊形がとける。「一陣、二陣あらけ破て、数騎の兵ども、思々にぞ成りにける」（太平記）

あらげる【苛る】「いらだつ」とも訓む。荒げる。苛立つ。「自身当国まで押来て輝虎に手痛く苛《あらげ》らる後、背をみする躰《てい》たらく」（北越軍談　中）

あらごと【荒言】 偽り言。「政宗ト太刀打シタルトテ、荒言スト云ヘリ」（伊達家治家記録）

あらしこ【荒子】 ①雑兵、せこ。（三好記）　②荒仕事を受け持つ下賤の男子。戦国時代から見え、下級の雑兵（足軽、中間、小者の下位）や土工、大工、台所使用人等を称した。「侍・中間・小者・アラシ子・人夫以下ニイタルマテ」。（伊達家治家記録）「信長勢悉敗軍して跡先もなく夜にげに仕り、川を引こすとて歩《かち》、あらしこ流死」（甲陽軍鑑）

あらしろ【粗城】臨時に設けた粗末な城。「去城四里而為塁トハ、本城ヲ去こと四里バカリヨソニアラ城ヲコシラエテ、堀ヲホリ屛ヲヌリ、ラングイサカモギヲヒクベシ」（六韜秘抄）

あらぜい【新勢・荒勢】まだ戦闘に加わっていない元気な軍勢。「新手」とも。「今朝の合戦は大内勢手を砕ぬ、当手の兵は荒勢にて、合力すべきよし仰下さるゝ上は、他人の軍を待べからず」（明徳記）

あらたむ【刷む】改める。「以刷舊跡云々」。（伊達家治家記録）

あらて【荒手・新手】「荒手」は、「新手」の充て字。新手の兵隊のこと。「新勢《あらぜい》」とも。「人のすくなき方の後より大勢かけ付て、荒手《あらて》を入替うちければ」（甲陽軍鑑）「下々の諸侍迷惑せしむへく候間、あらてを入替可被仰付ニ被相定候」（黒田家文書）

あらどり【鷙鳥】荒々しい鳥。猛鳥。鷲鷹の類。「猛獣の爪牙《そうが》を折《くじ》き、鷙鳥《あらどり》の羽翼を批《そが》れたるが如し」（北越軍談）

あらばたらき【荒働】力を必要とする激しい仕事。あらしごと。「地蔵峠合戦の時、任俠の余り公の下知を背き、無謀の荒働《あらばたらき》をなして」（北越軍談）

あらはに【あらはに】著しく。（老翁物語）

あらまし【粗・粗載・荒増】「粗」は大略のこと。①大方。ひととおり。一部始終。「御佳例の事等粗載《あらまし》たり」（伊達家治家記録）②**大まかな。大体は。**「申さるゝ処一理有て聞へ候得共、麁簡《そかん》荒増《あらまし》の思慮と申さんか」（左衛門佐君伝記稿）

あらまし【有増】大概。「上意之趣有増《あらまし》言上す」（庄内陣記）

あらむしゃ【暴武者】荒武者のこと。「坂東に其名高く、鬼孫太郎と異名を呼る、暴《あら》武者、常に朱具足を好んで、金の鹿の角打たる首鎧《かぶと》を着し」（北越軍談　中）

あらゆる【所有】あらゆる。すべての。「所有《あらゆる》軍配の術を知て盡すと云とも、愚《ぐ》魯《ろ》にして、只天文に在り」（北越軍談）

あらわす【験】「験」は、「顕」に同じ。表わす。「進覧候、誠ニ書状験迄候、恐々謹言」（吉川史料館蔵藤堂高虎書状）

ありあい【在合ひ】在り合わせのものであるの意。「月迫《つきせまり》萬事御取紛れ故に殘し給ふ、在合《ありあ》ひに任せられ、繻子一巻・片色一端贈遣さる」（伊達家治家記録）「味方は凶年不意に起《おこつ》て、当時在合《ありあ》う輩までなれば、兵術立処《たちどころ》に尽き」（北越軍談）

ありあいにうりわたす【有合に売り渡す】室町時代に行われた本銭返《ほんせんがえし》の一種。金銭の都合がつき次第買い戻すことができるという特約つきで売り渡すこと。「依有要用、有合売渡申田状事、（中略）当年己卯年より始候て、あり合に売渡申之処実正也」（香取文書纂）

ありあけ【有明】大きな揚弓のこと。「於備心安可被存候、

将又有明卅挺到来、祝着候」（北條氏直書状）

ありがお【有顔】 いかにも有りそうな顔つき、様子。有り気な様子。「よしや甲斐なき世に有顔も益なし」（三好記）

ありきたる【有来・在来】 今まで通り。従来通り。昔から現在まで存在する。元のままである。古くから伝えられて残っている。「対三郎衛門尉、礼節以下儀、可為如有來事」（蜷川文書）「但、年々落来分ハ、右之跡職ニ可准之、知行之内より年貢・私得分等諸事やりとり、互如有来たるべし」（土佐国蠧簡集残編）

ありぎは【有際】 ことごとく皆。区別なく。「夜昼と有ぎはもなく、酒もり仕られ候へば」（昔阿波物語）

ありさま【躰粧・分野・勢粧・消息・有様】 様子。状況のこと。「今日比日《このごろ》の日勢粧《ありさま》公武一統に豊臣家の膝を」（関八州古戦録）「城兵跡へ退き去んと弥騒立分野《ありさま》を見て左兵衛尉三の手の旗本の先備」（関八州古戦録）「美々しき粧《よそお》い、今更に引き替へ、愁苦辛勤の消息《ありさま》、譬《たと》へば、唐の玄宗・楊貴妃」（惟任謀反記）「松井田へ安中の間に着陣、近辺の躰粧《ありさま》を伺て」（関八州古戦録） ➡「躰粧《ていさま》」を参照

ありさまに【有様に】 ①あるがままに。「縦縁者・親類・智音たりといふとも、ひいきへんはなく有様尓可注進事」（黒田家文書） ②「あるように」と訓み、当然あるべき姿という意もあり。（伊達家治家記録）

ありさまをもって【以有様・以在様】 言い分を聞いて。「但坂新存分在之事候者、承候て以在様落居可申候」（肥塚恭典氏蔵黒田職隆書状）

ありすがた【有姿】 様子。有様。事の次第。「元右存知之有姿を貴所へ申入候へ」（政基公旅引付）「定而惣並申付候哉、雖然先規之有姿不存候間」（大徳寺文書）

ありたけ【有丈】 そこにあるものの全部を表わす。「装束之衆悉皆ありたけ何かに十七八人、其余皆以直衣、少々尻つみあけ也、あさまし、あさまし」（大乗院寺社雑事記）

ありづか【垤】 蟻塚。「大石小石集め来たるもの、群蟻の垤《ありづか》に入るに至り」（柴田合戦記）

ありつく【在付・有付】 目的地に無事到着する。安住する。居所を定める。「及寒気候之間、先、年内者其元被在付候様、尤候」（黒田家文書）「其の後、家を信長殿、内々御有付《ありつき》なさるべしと、おぼしめされ候」（川角太閤記）「他国幷他所之族、罷越当所仁有付之者」（近江八幡市所蔵文書）

ありてい【有躰】 偽りのない、正しい。本来の姿。「井上豊前守長々罷居候て、よく存知候条、何篇毎事可有御尋候、有体に可申上候」（毛利家文書）

ありのまま【有儘】 ありのまま。現に、見たままの状態。「有目」とも。「時分柄代物相調不成儀候条、先有儘進上申候」（東寺百合文書）

ありのみ【有実】 梨の実の異名。「御うしいよ殿、みん部卿ありのみ一御ふたまいらる」（御湯殿上日記）

ありはん【在判】 古文書の正本の写しや控えで、花押のしるしてあったことを示す語。ざいはん。「仍為後日沙汰勒状以進上如右、治承四年八月日　源貞弘　在判」（金剛寺文書）

ありふれたる【有触たる】 有り触れた。どこでも有るような。「有触たる小哥に様々の新作をましへ加へて」（関八州古戦録）

ありまい【在米・有米】 現にある米。現在手元にある米。在庫米。ざいまい。「毎年納置八木相積候時、高野惣山之内、堂塔伽藍、何成共於及破壊者、有米以三分二修理仕、三分一者慥可残置候」（高野山文書）

ありめ【有目】 ありのまま。現に、見たままの状態。また、一定の意図のもとに調査された情況、事態。「遂内検、任有目、可有支配事」（高野山文書）

ある【在る】「在る」は確定の意味を表わす。「特に田村・二本松家の裏《うち》に於て、必ず分離之在る有らん」（伊達正統世次考）

あるじとり【主取・主執】 奉公する。武士になる。身分を転換する。「一、門前之百姓等、新儀之主執不可在之事」（称念寺文書）「江島に有ながら、他人之主取致之事、令停止畢、号里被官儀者、当方御法度候条」（北条氏照掟書）

あるところ【有所】 存在する（有る）ところ。いるところ。「兼又貴老御達者之由、珍重存候、拙者有所之様子、生駒雅楽頭一段御懇候」（高室院宛北条宗仙書状）

あるまじく【有間布】 〜ない。することはない。「なお、、、やかて、、、下候間、床しく有間布候」（盛岡歴史文化館蔵・南部信直書状）

あるよう【有様】「当然あるべき姿に」の意。「境目等之儀被聞召届、有様《あるよう》に可被仰付間」（伊達家治家記録）

あわげ【淡気】 もう少し押しが弱い。力強くないこと。「北方事者、土持宮犬丸条々申子細等あわけに候といへとも、宜為公方御沙汰候哉」（東京大学史料編纂所蔵北郷時久書状）

あわす【嗑す・嗳す】 合わせること。「勝成牙を嗑《あわ》せて使を以つて催促すること三度の迫め合ひに」（左衛門佐君伝記稿）「其表總無事之儀、家康可取嗳之旨、従　関白殿被仰付候間」（伊達家治家記録）

あわせ【交】 谷の底。「先勢、谷の交《あわせ》に下《くだ》るを見」（播磨別所記）

あわせる【翕・勠】「翕」は、「合わせる」に同じ。（伊達家治家記録）　合わせること。「虚を見、釁《きん》を窺ひ、心を一にして力を勠《あわ》せ、大いに挙げて合戦を遂げば、」（長国寺殿御事蹟稿）

あわび【鰒】「鮑・蚫」に同じ。あわび。「近日可令上洛間、猶聞届可申付候、仍鰒十喉給之、祝着候」（浜田勝次氏所蔵文書）

あわもり【琉球酒】 泡盛のこと。「嶋津陸奥守使者到来、染絹百疋、琉球酒《あわもり》二壺これを献ず」（駿府記）

あわもりい【焼酒】 泡盛のこと。「嶋津陸奥守焼酒《あわもりい》二壺琉球酒、砂糖五桶を献ず」（駿府記）

あわや【吐嗟】 何か事が起ころうとする時や驚いた時に発することば。「丹後守が隊の者吐嗟《あはや》と云程《いうほど》こそあれ」（北越軍

談）

あんか【案下】手紙の脇付の一つ。（日葡辞書）

あんかん【安閑】のんびりとして静かなさま。安らかに静かに暮らすさま。「終日無来客、安閑」（実隆公記）

あんこつ【安骨】火葬後、白骨を拾って寺に安置すること。「山頭役者　奠湯　前妙心現大安松屋大和尚　取骨　傑山寺乾岫座元　安骨　光明寺陽室座元」（政宗記）

あんこん【暗昏・闇昏】日が暮れて暗くなること。また、日の暮れる頃。「今日当番四辻祗候、明日に被替候了、及闇昏四条所へ罷候てはなし候」（言継卿記）

あんざ【安座・安坐】落ち着いて座ること。くつろいで坐ること。また、あぐらを組んで楽に坐ること。「南面軒有大蜂巣、以外蜂起、（中略）蜂飛廻之間不及安座」（看聞御記）

あんし【暗士】統率を失った兵士たち。「陣中に法度なき、暗士・盲将の群集たれば、讒言の為す所と覚ゆるなり」（松隣夜話）

あんじき【あんじき】筵・菰・葦簀《よしず》・薄などで編んで柵の場から本陣上がり際まで、主人の出仕のために敷く。（甲陽軍鑑　下）

あんじゃ【案者】思慮分別に富む人。知恵の優れた者。「政宗幼少より見立給ひ、目近く使ひ給ふに、武勇の誉は言ふに及ばず。第一案者のものにて」（政宗記）

あんじゅう【案中】「あんちゅう」とも。「あん《案》の内《うち》」に同じ。思いのままになること。案利。「頃万方属御案中候之由共也」（上井覚兼日記）　➡「案中《あんちゅう》」を参照

あんしょ【案書】下書き。転じて「控え」にもいう。（関原陣輯録）「寔本望満足候、然而我等誓句御所望候、案書可給候」（小菅刑部少輔宛真田昌幸書状写）

あんせい【安靖】やすらか。平穏。「驚歎に勝《た》えざる也、早く安靖せ見（ら）れよ是願望耳《のみ》」（伊達正統世次考）

あんぜん【案前】推量していたことと違うこと。思いのほか。案外。慮外。「且又今度十三人六方方以外儀共也、当家無正躰者、為門跡以外珍事也、（中略）剰内者共悪行中勧可帳行事案前事也、可歎可歎」（大乗院寺社雑事記）

あんだ【箯輿】あんだ輿のこと。あんだは編板のことで、長方形の板を台とし、竹で編んだ縁をつけて竹でつるした輿。戦死者・負傷者を運ぶのに用いた。（南海通記）「原甚四郎は原美濃、度々の御用に立、三十度に及、あんだにのり、陣より国に帰ル」（甲陽軍鑑　中）　➡「箯輿《あおだ》」を参照

あんちゅう【案中】①思った通り（になる）。「五・六日の間に右御案中の様に罷り成り」（桂岌圓覚書）「属案中」で、平定する、平定できるの意。「右之両国、不日属案中候様、御馳走頼存候」（東京大学史料編纂所蔵大友義鑑書状）②予想通りである。「人吉迄中越候処、乍勿論空説、案中候」（慶応義塾図書館蔵島津義弘書状）　➡「案中《あんじゅう》」を参照

あんど【安堵】①中世、将軍や領主が所有の領有を承認す

ること。「〈訳〉かつて持っていた領地を自分のものにする」（日葡辞書）②「安堵状《あんどじょう》」の略。「去永徳二年十二月廿六日所給安堵紛失云々、而当知行之上者、領掌不可相違之状」（上杉家文書）③安心する。「右之　御意、先以致安堵候」（黒田家文書）

あんどげだいほう【安堵外題法】 中世の土地に関する訴訟手続制度。外題安堵を得た土地について、訴訟が起こった時は、訴えの理非はさておき、まず外題安堵を得ている者の知行を完了させるもの。「任安堵外題法、仰御使被沙汰付下地（中略）任御外題状、先沙汰付（中略）於理非者、追可有糺明之旨」（色部文書）

あんどじょう【安堵状】 土地所有の領有権を承認する文書形式の一つ。御教書形式を「安堵の御教書」、幕府が発行する「安堵の御奉書」、下文形式を「安堵の下文」という。

あんどぶぎょう【安堵奉行】 鎌倉・室町幕府の職制。所領の相続、旧所領の回復等の安堵に関する職務をつかさどる。安堵方。安堵奉行人。「太田康有記云建治三年三月廿九日備中前司行有被仰安堵奉行」（武家名目抄）

あんどぶぎょうにん【安堵奉行人】「安堵奉行」に同じ。

あんないけんみ【案内検見】 様子を探ること。調査、探索。「御辺何の用事有りて人の領地へは来るらん、定めて案内検見の為なるべし。遁さじと切つて懸る」（奥羽永慶軍記　下）

あんにもって【諒以】 ひとえに。「然者馬一疋糟毛幷太刀一腰進之候、諒以壱儀迄候」（東北歴史博物館蔵佐竹義昭書状）

あんねん【安然】 安心、内面的な安らぎ。（日葡辞書）

あんのうち【案之内】 ①考えの通り。計画通り。「嶋津一城ニ被取籠可被刎首儀、案之内与思召候条」（黒田家文書）②たやすいことだと思っている。「可被為刎首儀、案之内被思召候間、心易可存知候」（長国寺殿御事蹟稿）

あんばい【塩梅】 補佐する。「信長公、天下に棟梁《とうりょう》として、国家に塩梅《あんばい》として、歳久《とし》し」（惟任謀反記）

あんばいそっけつのしん【塩梅則闕之臣】 天子に近侍して補佐する臣下のこと。（伊達家治家記録）

あんもん【案文】 ①文書の草案。草稿。下書《したがき》。土代《どだい》。「御下知被成事、以評定落去事書、奉行書御下知案文、引付披露」（沙汰未練書）②文書の写し。原本（正文＝しょうもん）の複写。謄本。控え。案本⇕正文。「貞雄親元両人ニ被下之、御自筆之御書一通〈正文〉武庫《江》直ニ進置之、両人ハ案文ヲ写給畢」（親元日記）③中世訴訟法で、訴状・陳状に添えて提出した正文の写し。結審後、奉行が裏判を加えると正文と同じ効果を有した。具書。具書案。「一、問答事、先以件訴陳具書等案文、廻其手頭人、衆中能々可訓釈也」（沙汰未練書）④文章を考えること。「村上殿好《このみ》のごとく案文《あんもん》にて、熊野の牛王《ごおう》に起請をかき」（甲陽軍鑑　中）

あんり【案利】 ①安心する。安堵すること。「延引候之処、

志和地令落城、御案利之由御満足之至、乍恐奉察候」（東京大学史料編纂所蔵秋月種長書状）「仍庄内諸城無残所被属御案利、都城もあやうく罷成候処」（島津家文書）②思い通りになる。「今度於高来表隆信戦死、御案利之至候、随而存慮之旨為可申上」（東京大学史料編纂所蔵秋月種実書状）

いあく【帷幄】 本陣。本営。「屢《しばしば》、帷幄《いあく》の中にありと雖も、心を万方に賦《くば》り」（柴田合戦記）

いい【依違】 先例、手続き、慣習などに相違すること。「後宇多院無故、被寄東寺供僧中云々、依違之御沙汰、歎而有余」（東寺百合文書）「自来十八日可被開帳之由申請旨被聞召了、不可有依違者、天気如此、悉之以状」（大乗院寺社雑事記）

いい【異違】 普通と異なったこと。「凡辛酉・甲子・革命・革令、誠無天道之異違哉」（政基公旅引付）

いいかしぐ【炊く】 飯を炊く。（元親記）

いいつ【委一】「いいち」とも訓むヵ。委悉、詳細。「謀叛之企有る由、委一に言上に及ける」（庄内陣記）

いう【道ふ】 謂う。言う。云う。「抜懸《ぬけがけ》制禁の事、たとへ高名これ有と道《い》ふとも、軍法に背くの条、曲事たるべき事」（奥羽永慶軍記　下）

いうつ【遺欝・為鬱】「伊鬱」と同じ。心が晴れないこと。「逆徒の張本として仇《あだ》を構《かまえ》し旧悪、今以て公の遺欝《いうつ》たり」（北越軍談）「誠其後者久不申通候之条、伊鬱之処、預恩札候」（天文書札案）「久不申述候、為鬱至候、霜台（六角定頼）へ以書札礼申候」（天文書札案）

いえいりよめ【家入嫁】 聟入りのこと。「孫次郎は幼少より津野の家入嫁に云定めつる」（元親記）

いえしゅうぎ【家祝儀】 新しい家に移ったお祝いとしてその人に贈る品物。「一、西御方ヨリ家祝儀トシテ、サシ樽二荷、台物、鯛三、赤粥一荷送給了」（言経卿記）

いえつ【慰悦・怡悦・為悦・怡】 慰悦は、「怡悦」の充て字。非常な喜び。目上の好意による喜び。書状などで他人、特に目上に自分のよろこびをいう語。「遮面預使者条畏悦不浅之由、令啓了」（実隆公記）「薄紙払底候之条、誂令申候之処、無相違調令遣候事、為悦此事候」（貴理師端往来）「就出陣之儀、石清水御香水御巻数頂戴、并青銅五十疋給候、怡悦之至候」（離宮八幡宮文書）「愍書を辱《かたじけな》くす慰悦に勝《た》えず」（伊達正統世次考）「秀吉、日比《ひごろ》の本望、怡悦《いえつ》に堪へざるものなり」（惟任謀反記）　➡「怡悦《たいえつ》」を参照

いえべつ【家別】 ①一軒ごと。家ごと。毎と。戸別。「地下中家別并寺庵免田以下悉令支配、五百疋下行之外をば為地下致其償了」（政基公旅引付）②一軒ごとに課せられた税金。棟別《むなべつ》銭。（日葡辞書）

いえみ【家見】 新築したり、転宅したりした人の家に、その祝いを兼ねて新宅を見に行くこと。「裏松家見事、早旦ニ北畠黄門、中山宰相、伯卿、右金吾此四人三百疋ヅツ持向也」（教言卿記）

いえをうける【家を承ける】 家督を継承する。「綱宗未だ家を承けずし而戦死す」（伊達正統世次考）

いおう【已往・以往】「以往」は「已往」の意で用いることも。以前。過去。「示喩の如く其已往《いおう》通音を絶する耳《のみ》」（伊達正統世次考）「去年以往絶《はなは》だ奔走を為す、迺《すなわ》ち褒美す可しと雖も」（伊達正統世次考）「如来意者、其以往遥々不申承候」（大阪城天守閣蔵太田資正書状）

いおつ【違越】 定められたことに違反すること。「右背請文旨、雖為一事令違越者、不日可被改替所務職」（東寺百合文書）「法泉寺殿事書等之旨、不可有違越之儀状如件」（大内義興安堵状）

いか【奚】「奚」は、「如何」に同じ。どの程度。「侍大将にもなし置《おき》たらんに、仮令奚《たとえいか》ばかりの度量あり共、組下の諸士思ひ著《つく》事なるべからず」（北越軍談　中）➡「奚《なんぞ》」を参照

いか【圯下】 圯《つちばし》の下。土橋の下。（日葡辞書）

いかがわし【如何敷】 どういうことか。「尾崎坊一職当知行之処、自其方違乱之由候、如何敷候」（愛宕山尾崎坊文書）「両人動ニ而成共、一廉無之候へハ、如何敷候處、輝元自身被出馬」（黒田家文書）

いかでか【争か】 どうにかして。「他国の大将衆も御手際のよきこと計りは、争《いか》でか御坐候べき」（政宗記）

いかなる【奈何なる】 如何なる。どのような。「奈何なる剛敵堅隊成りとも、頽《くづ》れざる事を得ず」（左衛門佐君伝記稿）

いがめし【巍めし】「厳めし」に同じ。大きくおごそかである。普通より大きくがっしりしている。「汝曹這般《なんちこれら》の物を見て巍《いが》めしき躰たらく何事そや」（関八州古戦録）

いかめしやか【厳】 威勢があっておごそかなさま。「人馬、力を得、ひときはいかめしやかに、其の勢ひ甚だ以て夥し」（太閤記）

いかよう【何様】 とにかく。何様。「なにさま」とも。何か物事をほめたり、誇張したりするのに使う。「何様上着候剋、以面上可申伸候」（黒田家文書）

いかる【嗔・忿・恚・瞋・嗔・怒】 怒り。怒ること。「又其嗔《いかり》にも奉公人科《とが》の上中下によつてあそばし」（甲陽軍鑑　下）「鮭登典膳忿《いかり》て、是程の小城に日数を送る事、いひ甲斐なき次第なり」（奥羽永慶軍記　下）「己《おの》れ臆病者め、手伐《うち》にせんと恚《いか》らるゝ」（南海通記）「嗔」とも。「一、夫爰に瞋《いかれ》ば、万卒令躊躇程の所なるに」（甲乱記）

いかん【何麽】「如何」に同じ。「是而已《これのみ》を規矩《きく》とし玉ふ身として、何麽《いかん》ぞ一幡《ひとはた》の大将たらん勇士を、思慮なく妄《みだり》に撻《うち》玉ふ」（北越軍談）

いかんとなれば【如何となれば・所以者】 そのわけを申せば。「所以者、何世尊拈花迦葉微笑ノ時有付嘱ノ文」（桂川地蔵記）

いき【依俙】「依稀」の音通。彷彿、さも似ている様子。（日新菩薩記）

いぎ【異儀・違儀】「違儀」は、「異儀」に同じ。他と違った意見や議論。また、相手の期待したのとは反対の意志を表わすこと。「元興寺領事昔より召遣候処、当郷人夫事仰下され候に、違義を申候て、御使つけられ候事なげき申候間」（大乗院寺社雑事記）

いきあい【いきあひ】合戦などの時、息を調えるに用いる薬。息合の薬。「侍大将、馬ぞへの者持三食は、うちがひ、又は馬のいきあひ、水入筒、こしにさすなり」（甲陽軍鑑 下）

いきのびる【活延】生き延びること。「若王丸は溺死、豊島は辛き命活延《いきのび》、忍《おし》の城へ逃帰る」（北越軍談）

いきぶくろ【息袋】気息袋とも。陰嚢のことか。肺臓のことか。「寺川四郎右衛門（中略）三間ばかり跡へしさりて、色をわろくし機を取失子細は、いきぶくろをふまれての事也」（甲陽軍鑑 下）

いきみたま【生御霊・生見玉】両親のそろった者が、盆に親をもてなす作法。他出した息子や嫁した娘も集まり、親に食事をすすめる。「参内、依召也、若宮御方已下有御祝之儀いきみたま云々」（親長卿記）

いきみち【気脈】気持ちが通じ合う。「君臣の義、忠不忠の道理、誉れ臆病の気脈《いきみち》、綿密に教へ聴《きか》せ」（北越軍談 中）

いきゃく【違却・違格】①規式や道理に違うこと。また齟齬をきたすこと。「御出家の事にて無案内に候間、違却なることも可在之」（甲陽軍鑑）②すて除く。おとしはらう。「和睦以後縣田の城邑没落し、其の領地の堺境も亦違却無くんばあらず」（伊達正統世次考）

いきょう【異香】よい匂い。芳香が強く匂う。この世のものとは思えないほど。（日葡辞書）

いぎょう【異形】人や事物などが普通とは違った形で怪しい姿をしている。「武篇於有之者いげうゝゝゝ尓て何之やく尓も立申ましく候事」（黒田家文書）

いきょく【委曲】詳細に。「委細」に同じ。「委曲具難尽紙面、恐々謹言」（新撰類聚往来）

いきる【いきる】熱る。熅る。むしむしする。「此年（天文三）五月ヨリ八月迄イキル事無限」（妙法寺記）

いく【畏惧】「畏懼」の充て字。はばかり畏れ多い。「懇書を辱《かたじけな》くす畏惧《いく》に堪えず」（伊達正統世次考）

いくか【幾日】何日か。（枳園節用集）

いくきれ【幾きれ】陣詞で、敵の備えの数え方。味方のは、「幾隊」という。「味方の備は幾隊と云、敵のは幾きれと云」（北越軍談 中）

いくさ【師・陣・軍・帥】いくさ。軍。「師」も「いくさ」と訓む。「吾れ師《いくさ》に逢ふの模様、雑談《ざうだん》すべからざる事」（甲陽軍鑑）「輝虎武運之事者、大途師〈いくさ〉之時も、我与高名をとげ」（上杉家文書）「蜂起に軍を出して師《いくさ》を行ふ時は」（日新菩薩記）「其弓矢を取もの、習には、敵は不勢《ぶぜい》、味方は多《た》勢《ぜい》とも、すまじき陣《いくさ》もあり」（三河物語）「軍《いくさ》の勝負は未知候

へども、上野今日の一番首をとり候と申候へとて」（大友記）

いくさかどでいわい【軍門出祝】 戦場へ出発するに際して戦勝を祈願するために開く祝い。出征祝い。「文明十六年正月二日、軍首途祝とて太田垣参河守大将にて、山陣より下」（備前文明乱記）

いくさだいしょう【軍大将】 合戦で指揮をとる者。「その日のいくさ大将せし難波田が、あやなくうしろをみせ」（川越記）

いくさだち【軍立】「いくさだて」とも。軍勢の態勢を整えたり、作戦を立てたりすること。また、その陣立や作戦。（日葡辞書）

いくさのとき【師之時】「師」はイクサと訓じる。戦意。「輝虎武運之事者、大途師之時も、我与高名をとけ」（上杉家文書）

いくさば【師場】 戦場。いくさ場。「常陸介手柄故、佐竹義宣、師場《いくさば》を取返す」（北越軍談）

いくさはじめ【軍始】 戦争を始めること。開戦。「翌年《つぎのとし》軍《いくさ》始《はじめ》あらんとて、（中略）三河国吉良大浜へ推寄《おしよせ》」（信長記）

いくさひょうじょう【軍評定】 合戦の前に行われる作戦会議。「黒川には四天の宿藭をだ山の城に登城有て、軍評定なり」（蘆名家記）

いくさぶぎょうろくぐ【軍奉行六具】 軍奉行の重要な調度品。緥《ほろ》・決捨・箙《えびら》・鞭・扇・旗。「一、軍奉行六具刷《つくろい》調る事、第一緥《ほろ》、是針目刺一切の陀難を脱るる所以、第二決捨、

（以下略す）」（北越軍談　中）

いくそ【幾策】「幾策《いくそ》」は幾許《いくばく》の意の充て字。いくばくかの。「扶桑猿臂《えんび》旧将軍の神箭当時幾策《いくそ》の勲ぞ、と自賛に吟じて、中指は甲矢《はや》十四束有しを打つかひ、よつ引兵《ひょう》と放つ」（奥羽永慶軍記　上）

いくたび【幾回】 いく度。何度も。「幾回《いくたび》之を言うと雖も、其の地に引き去らる誠に痛患に堪えざる」（伊達正統世次考）

いぐち【井口】「いのくち」とも。中世の灌漑制で、河川など用水路から田地へ引く、用水の取入れ口のこと。「去三日四日之大水に、当所西田井之井口松尾之前高河原に成候」（東寺百合文書）

いくて【幾隊】 陣詞で、味方の備えの数え方。敵のは、「幾きれ」という。「味方の備は幾隊と云、敵のは幾きれと云」（北越軍談　中）

いくん【彝訓】 常法、守るべき常の教え。（関八州古戦録）

いげ【以下】「以下」を当時は「いげ」と訓んだ。「四国・中国の人数の事は申すにおよばず、くが衆・九鬼いげ《以下》も」（太閤さま軍記のうち）

いけぐち【生口】 ①証人。証言する人。「刃《は》向ふ敵をば伐倒し、臆する者をば生口《いけぐち》にし、余さず泄《もら》さず仕留《しとめ》たり」（北越軍談）②捕虜。「爰《ここ》にて生口《いけぐち》・分捕《ぶんどり》・斬獲《ざんかく》の首級を実検あり」（北越軍談）

いけだすみ【池田炭】 兵庫県川西市の特産品の一つ。市最

北部に位置する黒川地区は、良質のクヌギが入手しやすいことから、室町時代ごろから炭焼きが盛んに行われるようになった。それが、池田に集められ、池田炭の名で出荷された。(黒田家文書)

いけどる【擒】 ①生捕ること。「長篠との間三里余候、敵之備雖為節所、十八日押詰鉄炮放候、通路も不可合期候、却而擒候此節根切眼前候」(永青文庫蔵織田信長黒印状) ②捕虜になること。

いけなり【池成】 洪水などのため、田地が池状に冠水したもの。年貢を減免された。「一、同郷福富清遠名池成事、右、如同状者、毎年官物米伍升、可令免除云々矣」(高野山文書)

いけぶぎょう【池奉行】「池守」のこと。分水奉行《ぶんすいぶぎょう》。中世、寺院などにおける池水管理の責任者。「鹿田池堤の丑寅角に三井衛門作する下地在之、以外堤へ切り入るる間、池奉行　長芸英賀　池守長泉坊以下札をうち如本築く処」(法隆寺衆分成敗曳引)

いけりょう【池料】 中世、池水の使用に対する賦課料金。池役・井料。「不可取仕池料等公物」(高野山文書)

いけん【吴見】 意見。見解。吴は異の異体字。「定斟酌可被存候へとも、各御吴見之儀候間」(黒田家文書)

いげん【豎験】「威厳」の充て字か。威厳をもって。「信玄公一段御豎験《いげん》にて、勝頼公十七歳の御時、五郎左衛門を被遣」(甲陽軍鑑　中)

いご【誘語】 頼み談ずる。誘は託す。「其の余、使間を二本松・相馬等に遣わし、以て之を誘語《いご》す」(伊達正統世次考)

いご【違期】 所定の期日に遅れてしまうこと。「合期」の対。「倖已違期、尤可被精好、非指急用者可渡廻者也」「雑筆集」

いこう【息う】 憩う。休む。「去歳重病に依て他国えの出馬を黙《もだ》され、政事に息玉《いこい》ふが故」(北越軍談　中)

いこつ【豎骨】 医術の秘訣。医道の心得。「豎師《くすし》の病を直さんとて、薬をあたふるに、豎骨《いこつ》あしければ、其毒薬になりて、人を殺《ころす》を」(甲陽軍鑑　中)

いこまざお【生駒竿】 天正十五年、佐々成政が肥後国に封ぜられた時、生駒小千《おせん》に命じて肥後国で行なった検地の名称。「国中の田畑を検地すべしとて、生駒小千《をせん》と云ものに竿を打せ、是までは何町何反といひしを、何石と究めける、土俗伝へて生駒竿と云ふ、一反三百六十歩なり」(農政座右)

いざ【去来】 いくさをする前に発する勇まし掛け声。「武・相の境え発向し給へべき道路をも指塞《さしふさぐ》に付て、去来《いざ》さらば攻落せとて」(北越軍談)

いさい【委細・委砕】「委砕」は、「委細」の充て字。細かに。詳細。「巨細」とも。「無其儀候、委細之様子羽三左へ申渡候之間」(黒田家文書)「将軍義輝公の台聴に達せられんが為、委砕《いさい》書翰に戴《のせ》て」(北越軍談)「委細は面談之節可申達候、恐々謹言」(室町殿日記)

いさかい【闘諍】「闘諍」の充て字。争うこと。「雑多とは

村里をへだて、ややもすれば闘詳《いさかい》おこり」（松隣夜話）

いさぎよい【屑】潔い。「彼等鉄砲を屑《いさぎよ》しとせず、諸軍を巡りて之を制す」（左衛門佐君伝記稿）

いささかもって【聊以】後に打ち消しを伴って、少しも、全然の意。「不及力令在陣候、聊以維新私之分別ニあらす候事」（黒田家文書）

いざなう【唀】「誘」の充て字か。（うまくいくように）誘導する。話しを進める。「於向後丹五郎左・中八左より莵角候共、此方可相唀候」（長命寺文書）

いざなう【倡う】「倡《とな》える」とも訓む。誘う。「倉賀野え遣はし、秀景を諭《さと》し倡《いざな》ひ、竟《つい》に平井へ出仕なさしむ」（北越軍談）
➡「倡《とな》える」を参照

いさば【五十】「五十集」。魚類のこと。「かい《買》そめ《初》とて町江代物五十指越、米・鹽・あめ・おこし・米かい候」（伊達家治家記録）

いさめる【武る】諫める。「小軍が大軍にかさを懸られ、其《それ》に驚《おどろき》て武《いさめ》ば、物前にて勢いがぬくる者也」（三河物語）

いし【移徙】移動する。わたまし。「景虎公栃尾城より府城へ移徙《いし》玉ふの後」（北越軍談）

いじ【異事】普通と異なった事柄。非常の事態。変事。（文明本節用集）

いしうち【石打】石を投げつけること。武器、凶器として用いる場合にも遊戯として行なう場合にもいう。石投《いしなげ》。石合戦。印地《いんじ》。印地打《いんじうち》。「彼仁は聽而手負候て死候、右之衆皆々石打に被合候て、散々之式共也」（上井覚兼日記）

いしくも【いしくも】見事にも。けなげにも。いみじくも。「豊前守双眼に泪を浮べいしくも申たり」（関八州古戦録）

いしぐら【磊】石蔵とも。城郭の基礎とする。「御座所之御普請を、彼夜番日番を仕候人数ニ被仰付、磊重々ニつかせられ候て」（浅野家文書）

いしたたみ【石畳】市松模様。「真先に立たる旗差を馬より逆さまに打落す。其次に石畳の腰差したる武士同じく打落す」（奥羽永慶軍記　下）

いしつ【遺失・違悉】①物事を忘れてあとに残すこと。取落とすこと。忘れること。（文明本節用集）②うっかりまちがうこと。しくじり。過失。落ち度。（文明本節用集）「抑今日当座御短冊先取分季十首賦之間、予取違先賦恋雑、頗違失也」（実隆公記）

いしつ【委悉】細かな所まで、もれなく尽くすこと。委細。「中門幷東西仮屋委悉ニ及評定、猶預了、先例度々雖有之、大ニ非例也云々」（多聞院日記）

いしづき【石突】刀剣の鞘の末端部。また、それを包む金具。こじり。「十八歳の若者一人踏止まりて大長刀の石突《いしづき》を片手に提《ひっさ》げて」（奥羽永慶軍記　上）「長刀は何《いずれ》も石づきを先へなるやうに出ス。又吾前へはの《刃》なる様に可出」（甲陽軍鑑　下）

いしばし【石矼】「石橋」に同じ。（征韓録）

いしびや【石火矢】 ①大筒。大砲。「判官武功の勇将にして、石火矢を撃ち、半弓を射ち」(伊達家治家記録)「今夕、今井宗薫、石火矢玉重サ五、六百目を持ち来る。これ城中より政宗陣場にこれを打つと云々」(駿府記) ②石や鉄・鉛などを発射する大砲。「城内より石火矢を打せ、或は半弓或は砂を炒《いり》かけ湯をわかしかけ」(政宗記)

いしぶろ【石風呂】 蒸風呂の一種。石を焼いて蒸気を出す方法(温石＝おんじゃく)、海草などを焼いて蒸気を出す方法(塩風呂)などがある。かまぶろ。「阿弥陀寺と申し候処にて石風呂候て入り候了」(言継卿記)

いしゅ【意趣】 恨み。「新沼仕合の義も最上よりの助成故なり、彼是以て御意趣最上に究れり」(伊達家治家記録)

いしょ【移書】 他の人に知らせるために文書を回すこと。またその文書。うつしぶみ・ふれぶみ・まわしぶみ。「竊奉啓移書候」(武田三代軍記)

いじょう【囲繞】「いにょう」とも訓む。周りを取り囲むこと。「諸士左右前後を囲繞《いしょう》し、政宗謁言の礼終て」(関八州古戦録)(南海通記) 大切に守り育てるの意。「尓して後囲繞かつかう不尋常。成人の後義胤《よしたね》へ申けるは」(政宗記)

いじょう【威丈】 気丈夫のこと。「あまりくたひれ候てより、座内も立居難成躰ニ候、いしやう心も遠く成候て、こゝろほそくこそ候へ」(島津義弘書状)

いじょう【遺詔】「いしょう」とも。先帝の遺言。違勅。(文明本節用集)

いじょう【居城】 城主などが、日頃住んでいる城。「I jŏ〈イジョウ〉」(日葡辞書)(文明本節用集) ※「きょじょう」と読むよりは「いじょう」か「いじろ」がよいようだ。「松平之郷中を出させ給ひて、岩津に城を取せ給ひて、御意城(＝居城)としてすませ給ふ」(三河物語) ➡「居城《いじろ》」を参照

いじろ【居城】「居城〈いじょう〉」に同じ。「ある年武州松山の城を取持、己が居城《ヰジロ》は岩つき也」(甲陽軍鑑) ➡「居城《いじょう》」を参照

いしん【懿親】 親族の間柄。「与四郎殿某信長、結懿親致水魚之交之処」(武田三代軍記)

いずかた【何方】 どこでも。どこへでも。「他国へうせ《失》走族於在之者、先々相改、搦捕可出之旨、何方にても其領主々々ニ可申聞事」(島津家文書)

いずれ【朧】 何れ。孰れ。誰でも。「折節戦火急の期にて朧《いずれ》の者棄て退たらんも知らず」(北越軍談)

いずれへ【何へ】 どちらへも。何方《いずかた》へも。「駿河口・関東口・川中島・木曾口、何へも手当仕、四郎無人之由」(徳川黎明会所蔵文書)

いずれへん【何篇】「何分」に同じ。どの道。どちらにしても。「其村浦之体ニより可申候条、何篇公方へ上り可申物令」(長谷場文書)「武相之間迄も、可有御調儀候、何篇御越山火急ニ相極候」(里見義弘書状) ➡「何篇《なにへん》」を参照

いずれも【何】 いずれも。すべてのこと。誰でも。「尚々条々承候、子細共、何心得申候」（沢氏古文書）

いせぶね【伊勢船】 中世末期から近世中期にかけて伊勢地方を中心に造られた船型。のち安宅船や大型荷船として重用された。「いせ舟の艫はひだろとて」（九鬼流船具之書）

いせぶろ【伊勢風呂】 熱い風呂のこと。「伊勢風呂と申子細は、伊勢の国衆ほど熱《あつき》風呂を好《このみ》て、能《よく》吹申さるゝに付て、上中下共に熱風呂にすく《き》」（甲陽軍鑑 中）

いそう【異相】 普通と変わった人相または姿。「武辺の方には賢《かしこき》は利口者《りこうしゃ》と申ス。此人を心懸者《こころがけもの》、すね者いさう《異相》なる者とも名付て、よび候」（甲陽軍鑑 中）

いそがはしき【閙敷】「かまびすしき」とも。「さはがしき」とも。切羽詰まったとき。「左有とても急なる時抜ケぬと云フ事はなき物也、いそがはしき《閙敷》所にて、我しらずおつれば」（甲陽軍鑑 下）「いそがしき」とも訓む。「猶孝蔵主閙《いそがし》き中に、文共御遣り候事」（伊達家治家記録）

➡「閙敷《かまびすしき》」を参照

いそく【夷則】 陰暦七月のこと。（黒田家文書）

いそぐ【莅・併】 莅は、「急ぐ」の充て字。急ぐこと。「御使参りて内膳はおりさせ給へと申。莅《いそぎ》おりさせ給へと申せば」（三河物語）「其儀ならば急《いそぎ》可参とて、心有衆は大手へ併《いそぎ》参て」（三河物語）

いそぐ【忩】 急ぐ。「可有御心易候、忩候条、不能具候」（矢崎家文書）

いた【板】 板物は板を芯にして平たくたたんだ絹織物のこと。「當城仙臺御移徙に就て、態との使札、殊に見事の板百枚」（伊達家治家記録）

➡「板物《いたもの》」を参照

いたい【衣体】 僧体。僧侶。坊主。「所領百貫文給はり、日《ひ》来《ごろ》は相手を申す衣体あり」（政宗記）

いたか【居高・居鷹】 傲慢《ごうまん》なこと。思いあがったこと。（文明本節用集）（日葡辞書）

いたがわし【痛敷】 心が痛むこと。「然処不慮之仕合、痛敷御心中察入候」（豊臣秀吉書状）

いたく【遺託・遺托】 臨終に際してゆだね任したこと。死にぎわに言い残した頼み。「頼之以宗室之耆老、受先生主遺託以翼衛」（翰林葫蘆集）

いだく【捽く】「抱く」のこと。「この遺恨に依て何れも野心を捽き候」（元親記）

➡「捽《つか》む」参照

いたけ【移他家】 門口を廻って少額の施しをもらうような人たちのこと。「既去乙卯三月廿一、評定事終而、移他家・唱門師之類、對天十郎菟角不可有申事旨、被仰出處、重若大夫棒目安條曲事候」（北條家裁許朱印状写）

いたごし【板輿】 腰輿《ようよ》の一種。屋根や腰の両側を、板張りにした輿。軽装の遠行に用いた。「宗済僧都、隆済僧都、顕済等板輿体、御後参了」（満済准后日記）

いたす【輸す】 致す。「公彼が千里を遠しとせず輸《いた》す処の微意、

武事に篤き志を甚感じ玉ふ」（北越軍談　中）

いたずき【労き】 辛労する。また、病気のことも。

いたずらわざ【徒業】「いたずら《徒》ごと《事》」に同じ。①何の役にも立たないこと。無用な行為。②根拠のないこと。正しくないこと。③みだらなこと。（文明本節用集）

いただく【冊く】 戴く。「長兄晴景府城に見在し玉ひ、家内宿老是を冊《いただ》く」（北越軍談）➡「冊《かしづ》く」を参照

いたつ【已達】「以達」とも。一流に達したもの。悟道を極めた高僧。「さりとは文武共に已達《いたつ》の者也と云れし甲斐もなく」（甲乱記）

いだて【居館】 最も主要な建物。「焼はたらきあそばし候へ共、各《おのおの》居館《いだて》へ籠《こもり》、田頭《でんどう》へいでて、たてをつき申事」（甲陽軍鑑　中）

いたびき【板引】 漆塗りの板に蠟を引き、糊をつけて絹や綾の類を張り、よく乾かして引きはがすこと。また、その絹。「従正親町裾之裏板引事頼入由申て、入候のりの大十疋来候了」（言継卿記）

いたままつり【井霊祭】 新たに井を掘るなどした時、陰陽家を招き、井戸の神霊をまつる祭。「井霊御祭可然歟、其謂、此間此亭井凡人用之、可被清歟、然者井霊祭可然、可仰陰陽頭」（親長卿記）

いたみいる【痛入】 他人から寄せられた親切、好意、手厚い待遇などを、自分には勿体ないこととして恐縮すること。「松田宗喜暫来談、晩飡之中酒被振舞了、痛入者也」（言継卿記）

いたもの【板物】 板物一反《端》は、木の板を芯にして平たく畳んだ絹織物のことで板の物という。単に、「板」とも。「東昌寺御出、せんほう《懺法》有、ふせ《布施》一貫文、板物一たん」（伊達家治家記録）➡「巻物《まきもの》」を参照

いたわる【劬る】 労わる。「公鄭重に劬《いたわり》を玉ひ、府城の二《にの》郭《くるわ》に遷居しめ」（北越軍談）

いちあく【一悪】 片手で握ること。またその分量。「不以一悪忘其善」（文明本節用集）

いちあし【逸足】 急ぎ走ること。また、はや足。疾走。古くは馬がはや足で駆けることにいう。いつあし。「駿足イチアシ　馬」（文明本節用集）

いちい【一意】「一存」に同じ。私の気持ちです。「鳥屋鷹一居進之候、祝儀一意迄候」（仙台市博物館蔵　最上義光書状）

いちう【一宇】 すべて。残りなく。「秀吉公、御陣場は小田原一宇目の下なる山也」（政宗記）

いちえ【一会】 説法・仏事などの集まり。「今日於小川殿法華懺法在之、（中略）一会儀昨日両人同沙汰之」（満済准后日記）

いちえいちえ【一ゑ一ゑ】 一度迄は、「中納言殿之御届候事、一ゑ一ゑ迄は御尤に候」（関原陣輯録）

いちえん【一圓】 一切。一向に。「服部半蔵はだぬぎかけ廻り候へ共、こなた衆一圓きかす」（慶長記）

いちえんしょむ【一円所務】 中世、所領を支配し、他人の

介入を許さないこと。「若狭国太良保領家職事、以半済、為兵粮料所、被預置之処、被致一円所務云々」(東寺百合文書)

いちえんしんじ【一円進止】一円に支配し処分すること。また、その権限をもっていること。「彼庄無人数小所候、学衆一円進止之処候」(高野山文書)

いちえんちぎょう【一円知行】中世、領有する所領について、他人の支配を許さないで耕作し、収穫をあげるなど事実的支配を完全に行うこと。**一円領地**。「依為旧領之内、高野山一円御知行之上者、於向後者、不可奉成敵対」(高野山文書)

いちえんりょうち【一円領地】「一円知行」に同じ。「九条前関白家雑掌申、泉州日根野、入山田村事、為開発領主一円領知之処、号有地頭分、被及違乱云々」(政基公旅引付)

いちおう【一応・一往・一逢】「一往」は、「一応」の充て字。①一度行くこと。一度行なうこと。「抑自此谷、日根野に一往返事は不可然候条、如何可申哉」(政基公旅引付)②一度。一回。「雖然、今一往実相寺相共可被歎申」(東寺百合文書)③取合えず。「不便に就きて、拠《よんどころ》なき者、一往、合力を加ふべき事」(甲陽軍鑑)「然者同名中在一味、一逢之忠節、此時極候」(内閣文庫所蔵 古今消息集二)

いちおとな【一長】家老。「翌日御出陣候はんのところ、一《いち》長《おとな》の林新五郎」(信長公記)

いちがい【一雅意】①自分の一存で。「他の嘲をも恥じず、一雅意に其旨に任せ候」(老翁物語)②思い込む。「無詮議と一雅意に存じ候や」(老翁物語)「先年依詫言深長、令赦免候処、毎々一雅意之企、殊今度松浦表錯乱已来、逆心顕然之条」(慶応義塾図書館所蔵大友宗麟書状)

いちぎ【一儀】①一つの事柄。一件。話題とする事柄をさしていう。あの件。「仍木上様と御衆徒中、御一儀に付て、帥法へ御懇書」(高野山文書)②いささかの私の気持ち。寸志。「抑太刀一腰令進候、誠表一儀計候」(上杉家文書)「自是も、同一疋黒毛進之候、聊御一儀迄候」(東京大学文学部蔵二階堂照行書状)③道理。「両国共ニ以武篇之一儀、非物之数候」(津田文書)

いちぎにおよばず【一儀に及ばず】少しの議論もしない。異論を述べることもない。また、問題にしない。「於去年者、不及一儀之間、難及是非御沙汰候」(東寺百合文書)

いちぎょうをもちいる【一行を用いる】簡単に書き述べるの意。簡単な書信。「今に仰通せられすといへとも、一行を用ひらる」(伊達家治家記録) ➡「一行《ひとてだて》」を参照

いちぎをあらわす【一儀を表す】自分の気持ちを表わす。「是自り見来に随って青磁の香爐を贈呈す、寔に一儀を表する而已《のみ》」(伊達正統世次考)

いちぐさた【一具沙汰】鎌倉、室町幕府の訴訟法で、二件の訴訟をまとめて審理すること。**一具訴訟**。「与奪状とは、一具之沙汰事を本奉行申渡訴状也」(沙汰未練書)「乗真乗賢

兄弟相論不動〈堂〉預職事、此条或於私令相論之、或於公方及訴論間、一定之趣、伺衆儀、（中略）一具沙汰歟」（東寺百合文書）

いちごうしょかん【一業所感】 多くの人が同一の善悪の業で同一の果を感ずること。（庄内陣記）

いちごぶん【一期分】 ⬇「永領《えいりょう》」を参照

いちごりょうしゅ【一期領主】 その人の生存中だけ領有し、死後は総領に返還すべきもの。女子に多く用いられた。「真修院今御所御母病気、老体之間無憑、就其崇光院被下御恩地事、為一期領主之間、始終不相替可被閣云々」（看聞御記）

いちざいしょ【一在所】 一つの村。一つの村全体。一村の居住民。「若於違背之輩者、其一在所可被加御成敗者也」（黒田家文書）

いちざせん【市座銭】 市座に課す税。「神供自然闕如之時節、以彼市座銭可有償沙汰之旨、一味同心条々事」（春日大社文書）

いちじけつ【一字闕・一字欠】 天皇または高貴な人の名に敬意を表す意味で、文中にその字のある時、その前の一字分を空白にすること。一字空。単に「欠字」とも。他に、敬意の書札礼としては「平出《へいしゅつ》」「欠画《けっかく》」「台頭《たいとう》」などがある。

いちしちにち【一七日】 初七日のこと。「一七日の御仏事の以後又二七日三七日も精進の儀候旁々へ、長々精進候とて、魚物のもてなしなど互に音信事も候き」（本願寺作法次第）

いちじな【一字名】 ⬇「連歌字《れんがじ》」を参照

いちじに【一事に】 熱心に。熱心に（最上義光を）支持しているの意。「今度之事は（伊達）輝宗一事ニ可被引立由、入魂承候条」（伊達家治家記録）

いちじのこと【一字の事】 一字金輪法《きんりんほう》。一字金輪仏（真言密教の秘仏）を本尊として修する祈禱法。釈迦金輪と大日金輪がある。「一、計策文の認《したため》やう、一字の事、七仏《しちぶつ》の事、口伝有」（甲陽軍鑑　下）

いちじはいりょう【一字拝領】 君主の名の一字をいただいて、自分の名に付ける。「一字御免」とも。「一字拝領」（武家名目抄）

いちじゅつ【一術】 一てだて。一方策。「晴宗と我与《と》に通ずる者有り、常・大文字也、必ず一術有らんと謂う」（伊達正統世次考）

いちじょう【一定】 必ず。確かに。きっと。「彼は一定《いちじょう》政宗にてぞ有らんずらめ、政宗さへ討とれば、我命今に死すとも侮る事なし」（奥羽永慶軍記　下）

いちじりょうよう【一事両様】 中世の訴訟法において、事実と関係者の申し立てとの間に相違があること。「一事両様なる事与詞違目也」（沙汰未練書）

いちじるし【掲焉】 「けちえん」に同じ。著しいこと。「猪早太九刀刺して治まりたる事、武威の盛衰掲焉《いちじるし》」（北越軍談）⬇「掲焉《けちえん》」を参照

いちず【一途】①「一図」と同じ。専念すること。専ら相談することが大切である。「此節泉田・長江・遠藤・大松澤談合一途の義肝要たるへし」(伊達家治家記録)「いっと」を参照 ②決着する。「惟任日向守用所申付、自余へ差遣候、一途之間、森・河内城之方自身相越」(某氏所蔵文書)
➡「一途《いっと》」「一途《ひとみち》」を参照

いちずのぎにあらず【非一途之儀】今まで反目していた者でも。「具可聞届候、縦非一途之儀候共、不可処科之事」(京都大学総合博物館蔵武田勝頼血判起請文)

いちぜい【一勢】軍勢のこと。古河公方の発給文書に多く見られる。「陣労無比類候、然者、急可立一勢由、四郎方江被仰出候」(那須文書)

いちぞく【一族】伊達家では、家格の一つ。一門・一家・準一家・一族・宿老・着座・太刀上・召出・平士。「国分源三諱を知らず、世臣にして一族也」(伊達正統世次考)

いちだ【一朶】①花の一枝。また、一輪の花。「一本の木の枝、文書語」(日葡辞書) ②ひとかたまり。ひとつまみ。ひとむれ。「僧俗拈一朶、至者十余人」(蔗軒日録)

いちだいさく【一代柵】高木の並木を作り、適当に刈り込んで柵の代わりにしたもの。「城取の事（中略）一、城内の閑所《かんしょ》、高ク広キをもちゆる　一、横矢見様（三様）ノ事　一、いちだいしやく《尺木》の木の事」(甲陽軍鑑　下)

いちたて【市立】市に出かけること。また、その人。「其外市立の人々地下よりかくして各返し申て候由申送云々」(政基公旅引付)

いちどう【一道】「一道ノ事」とは、専ら心を用いるべきこと。状況に応じて内容は変わる。(伊達家治家記録)

いちどう【一同】同意すること。「各々是に一同して」(細川家記)

いちのくさ【一の草】草調儀の際に、味方の勢力の数により一の草（一番隊）・二の草（二番隊）・三の草（三番隊）に分け、段々に控えさせる。その一番隊は歩行で二三丁ほど先の敵城の近所まで夜の内に接近するのが役目。これを「草を入る」という。「一の草には歩立《かちだち》計りを二三丁も先へ遣はし、敵居城の近所迄夜の内より忍ばせけるを草を入ると名付」(政宗記) ➡「草《くさ》を入《いれ》る」を参照

いちのだい【一の台】正室。「一、一の台菊亭殿御息女　三十四歳」(太閤さま軍記のうち)

いちのみや【一の宮】①第一番目の皇子。②一国の神社のうちで、由緒があり第一位の神社として待遇されるもの。

いちばい【一陪】「倍」に同じ。元金の二倍。中世の一倍は今日の二倍のこと。「若於此名主職仁違犯煩申輩出来時者、以本銭一陪可弁沙汰候」(根岸文書)

いちはやく【逸隼く】いち早く。「責靡《せめなび》け玉ふべき工夫《くふう》なりしに、案の外晴信逸隼《いちはや》く着陣」(北越軍談)

あ

いちばんかっせん【一番合戦】 戦場で、数度の合戦のある時、その最初の合戦。順次に二の合戦、三の合戦という。「今日の一番合戦は、池田に仰付られたるぞと宣へば」（信長記）

いちばんくび【一番首】 戦場で、最初に打ち取った敵の首。次を二番首という。「軍の勝負は未知候へども、上野今日の一番首をとり候と申候へとて」（大友記）

いちばんこうみょう【一番高名】 一番槍、一番乗り、一番首など、他に先がけて手柄を立てること。「毛利家記云、隆景仰に、五郎兵衛は伯耆守が男也、（中略）両人共に、一番高名に成てけり」（武家名目抄）

いちばんぞなえ【一番備】 戦場で、敵の最も近くに位置する部隊。一番手。先陣。「桂川合戦事（中略）溝尾左兵衛等は一番備に居申し候」（籾井家日記）

いちばんて【一番手】 先陣で、第一番にくり出して敵に当たる軍隊。先陣。先鋒。「一番手の中よりも、心あけし者どもは、ぬけぬけに馳せ付て」（小松軍記）

いちばんやり【一番槍】 戦場で、槍をふるって最初に敵陣に突き入ること。また、その人。「一番鑓高名、太刀打、鑓下、長刀打高名、右之外手柄其時節見合を以加増或褒美可申付事」（長宗我部元親式目）

いちぶ【一分】 同様である。「さ様の者に下され候へば、二ケ国捨り申す一分に候条」（老翁物語）

いちぶのてき【一分の敵】 一人の敵。「いざや是より帰るべし。其上我々一分の敵にもあらず、落《おつる》はおとせ、者ども」（奥羽永慶軍記 下）

いちぶん【一分】 ①一身の面目。「扨て元親卿廿二歳より一分の弓矢取来り給ふとぞ」（元親記）②独力で。「三村を御放ち成され候はゞ、一分《いちぶん》として三村一家相果し」（桂岌圓覚書）③自分。「一分に取ては比類無き大忠と草刈（太郎左衛門重継）へ御褒美大形にあらず候」（老翁物語）

いちぼく【一僕】 一人の下男。召使。「松永弾正久秀、一僕《いちぼく》の身上に候を、三好修理大夫《しゅりのだいふ》匠作《しょうさく》とりたて」（太閤さま軍記のうち）

いちみょうじ【一名字】 一苗字の方。一族の方。「とミさハ《富沢》いかのかミ《伊賀守》一名字のかた三人まいり申され候」（伊達天正日記）

いちやかよう【一夜加用】 一晩勤めの給仕役。（宮師文書）

いちゅう【委注】 詳しく書き留めること。「撰定奏聞等遅参之間不見物、御前之儀不得才覚之間、不及委注」（言継卿記）

いちよう【一腰】 一本の太刀のこと。太刀の数え方。「ひとこし」とも。（日葡辞書）「及昏帥携一腰黒、向清三位入道許謝之云々」（実隆公記）

いちよう【一葉】 ①一枚の葉。②一艘の船のこと。（日葡辞書）

いちらん【一乱】 特に、応仁の乱をいう。「三条室町東北頬在所事、就一乱捨置之処、今度焼失畢」（親元日記）

いちりょうぐそく【一領具足】「一両具足」とも。平時には農耕に従事しているが、有事には軍務に服した在郷武

士。「此頃田地一町と言は、近代一両具足と言侍、壱人分の領地也」（清良記）

いちるい【一類】同じ仲間。一味。「悉刎首候、彼一類首到来候」（黒田家文書）

いちれつ【一列】同じ仲間。「是に依て七郷の土民ども一列して、此代官永く此所にあらば人のたねも有まじといひし」（奥羽永慶軍記　下）

いちれつうかがい【一列伺】武家時代、執政の家臣一同が将軍に謁して、政治の指令、裁断を請うこと。「一列伺事在之可為去廿一日候旨、雖被仰出之依御虫気延引」（斎藤親基記）

いちれんじうちわ【一蓮寺団扇】甲州一条小山の一蓮寺の門前に市がたち、そこで売られた団扇。一条の大団扇という。「足軽衆は、一蓮寺団扇一本宛との御定なり」（甲陽軍鑑　中）

いちろう【一臈】①六位蔵人の上首の者。極臈《ごくろう》。その下に、二臈、三臈などがある。②重役。重臣。一族。「右、沼田家一臈和田名字、卅ヶ年退轉之由候」（和田伊賀守宛猪俣邦憲判物）

いちわ【一和】仲直り。和睦する。「国分・松山一和してかねての味方を催し、大崎に使者を送り、有無の一戦を仕らん」（奥羽永慶軍記　上）　⬇「一和《いっか》」を参照

いつ【佚】休養する。「愈々佚《いつ》を以って労を待ち」（長国寺殿御事蹟稿）

いっか【一和】「いちわ」とも。人々が互いに折り合い円満であること。一致。「義継生害の后は政宗へ申寄り忠節なりしが、今又義重方へ一和したまひ」（政宗記）　⬇「一和《いちわ》」を参照

いっかい【一挾】一人前の。いっぱしの。「今年廿五歳にて一挾《かい》の瀬踏をし、傍の眼を驚かす。」（関八州古戦録）

いつかいつか【早晩々々】近々に。「早晩々々《いつかいつか》罷歸、小田原様體、御物語申度候」（伊達家治家記録）

いっかん【一看】ある書物を一見すること。また、ざっと読み通すこと。（日葡辞書）

いっかん【一翰】「ひとふで」とも。手紙のこと。（日葡辞書）

いっかんをていす【一簡を呈す】お手紙を差し上げます。「急度一簡を呈す、其れ以来音を嗣《つ》がず、意外に出《い》ず」（伊達正統世次考）

いっき【一揆】①中世における武士や農民の同志的な集団。鎌倉、南北朝時代の小領主たちの結合（白旗一揆・平一揆・上州一揆・武州一揆等）や室町時代の幕府や守護大名に対する地侍や農民、信徒たちの結合（土一揆・馬借一揆・徳政一揆・法華一揆等）などがある。「山村京の上下の一揆を引具して、うちまわり候」（祇園執行日記）②同意する。心を一にする。「房源の手を離れて一揆の党を立、南方にも属せず、佐竹にもよらず」（関八州古戦録）

いっきうちをしりぞかす【一騎打を退かす】 一騎で逃げること。「軍の中に乱れ入り、左へつきて、身方が原のきし道の一騎打を退かせられ候を」（信長公記）

いっきかけ【一騎かけ】 一騎だけで敵に突入すること。一騎駆。「其次第ニ一きかけニなされ、即時ニ可被討果候」（黒田家文書）

いっきだち【一騎立】 騎士が一騎ずつ別々に行くこと。「中には馬廻一騎立の馬上弸《つよゆみ》の者を大将に交へ」（北越軍談）

いっきとうせんび【一騎当千日】 夜討ちに良いとされる日。⇔八方悪日。「一、同く夜討に行吉《てだてよき》日の事。丙辰戊［辰戊］・庚［子辰戊］・壬［子午］、是を一騎当千日と云」（北越軍談 中）

いっきばら【一揆原・一揆曹】 九州では「いっきばる」と云う。一揆の同志的集団を言う。一揆の者たち。一揆衆。「一揆原根之無之事候間、手間入間敷と思召候」（黒田家文書）「彼一揆原所々籠楯之間、可攻死之処、種々依令侘言赦免候」（和田茂兵衛氏所蔵文書）「此度も一揆曹《いっきばら》を屑《ものかず》とし玉はざりし故」（北越軍談）

いっきまえ【一騎前】 一騎打のことらしい。「東原へ御出、御馬乗らせらる、次てに一騎前の術を試み玉ふ、御相手片倉小十郎」（伊達家治家記録）

いっきょ【一炬】 一本のたいまつ。「一炬の焦土」は、灰燼に帰すの意。「威ひ猛に罵《ののし》り、彼館《かのたち》を一炬《いっきょ》の焦土となして」（北越軍談）

いっきょく【一局】 和歌会で詠まれた歌を清書した歌巻を一局という。（「古文書時代鑑」続下所収島津義弘書状）

いつくしき【いつくしき】 いかめしい。端正である。「き《綺》ら《羅》のいつくしき者をよき人と申由をきけば」（甲陽軍鑑 下）

いっけんじょう【一見状】 ➡「証判《しょうばん》」を参照

いっけんま【一間々】 長さ一間半。「つな幕の外出事は、一方へ壱間々中《けんまなか》ツヽ、両方へ三間と可覚」（甲陽軍鑑 下）

いっこ【一己】 一人。各自。「北条丹後守申けるは、剛愎は一己々々《いっこいっこ》の稟性《りんしょう》なりと云へ共」（北越軍談 中）「元良始め一己の逆謀、一旦其罪を宥られ」（性山公治家記録）

いっこうにりのそなえ【一向二裏備】 陣立ての名称。一軍を敵の正面に向かわせ、もう一軍を敵の後陣の裏に回らせて敵を討つ陣形。「一向二裏の備というは、陰中陽の備をいふべし、縦へば、敵と戦を持つ時、一向は敵に向って戦を持ち、一分はひそかに敵の後陣のうらへ相向、是を一は向きて二は裏をなすの備という也」（兵法神武雄備集）

いっこくぜめ【一刻攻】 相手に時間的余裕を与えないで一気に攻めかける。「一時攻」とも。「所詮諸方に散乱せし日本勢一同にをしよせ、一刻攻に可仕候」（室町殿日記）

いっこくへいきん【一国平均】 中世、一国ぐらいの規模で干害のような自然現象や、合戦などの政治的事件が展開すること。⇔天下一同。「一国平均之干風損之年者申請上使可取沙汰申候」（政基公旅引付）

いっこんに【一献煮】「一喉煮」のことか。小魚をまるのままに煮た物。また、味噌汁で煮た吸物。一喉（いっこう・いっこん）は魚を数えるにいう語。「御五ッ目　舟《ふな》盛《もり》　小串《こさし》　一献煮《いっこんに》」（甲陽軍鑑　下）

いっこんりょう【一献料】酒宴のための費用。中世において、年貢催促などの手数料、礼銭などとして贈受されることが多かった。一献。「一献料公私に悉皆千疋進之、其内先五百疋持來」（政基公旅引付）

いっさつ【一札】単に書札という意味よりも、詫び状・降伏状・和睦状・和解状など重い意味で使われる。「北条一札之旨於相述者、其方儀、本知不及申、新知等可被仰付候」（真田宝物館所蔵・豊臣秀吉朱印状）

いっさん【逸散】一散。一目散に。「諸あふみを合せて逸散に乗ぬけ」（関八州古戦録）

いつしか【何時しか】どんな時にか、どんな時期にか。（日葡辞書）

いつしか【早晩】いつの間にか。「一門譜代の臣等、年来の旧恩を忘れ、早晩《いつしか》、敵に与みして」（武田三代軍記）

いっしき【一職・一色】他の支配を交えずに完全に自分の思うままに支配すること。一色。一円。「為扶助、播州完《宍》粟群一職遣之候、可全領知之状如件」（黒田家文書）「当寺参銭以下当知行無相違、如近年可為一職進退之状如件」（誓願寺文書）

いっしきしんたい【一式進退・一色進退・一職進退】中世知行制において、ある特定の所領、または土地収益権を一人で進止（思うままに支配）すること。「一向進止」とも。「然而破其儀而如以往毎年実検之地に可相定者、可為一色進退之地也」（政基公旅引付）「加納村之事、其方一職進退申付上、小物成・諸欠所給人共、糺明次第可申付者也」（坪内文書）

いっしつ【一失】一つの損失または失敗、欠点。⇔一得。「智者千慮必有一失」（文明本節用集）

いっしゅ【一炷】香をひとたきくゆらすこと。また、その香の一くゆり。線香にもいう。また、香の種類の数え方にもいう。いっちゅう。「鹿前者新米一献、浄水三献、沈水一炷」（蔭涼軒日録）

いっしゅいっか【一種一荷】礼法として、人に酒樽《とう》一つに酒肴一種類を添えて贈ることをいう。「一種一桶」とも。「今日左幕下被随身一種一荷」（後法興院政家記）

いっしゅかいし【一首懐紙】和歌一首を懐紙に書くときの書式。まず、「詠一首和歌」と端書を書き、次いで官位姓名、題歌の順に書く。または、初めに「詠……」として題字を書き、次に官位姓名、その次に歌を書く。歌は一般に三行三字（第三行目を三文字）の書式を用いる。のちに、初行を九文字、第二行を一〇文字、第三行を九文字、第四行を三文字とする形式が普通となる。ただし、飛鳥井《あすかい》家では三行五字の書式も行われた。

いっしゅく【一縮】 鎧《よろい》一揃え。またそれを身につけること。転じてそれを身につけている者。武者。一支具《いっしく》。「満安は肌に鎖帷子、上に鎧一縮して、四尺五寸の太刀に」（奥羽永慶軍記　下）「一縮《しゅく》よろひて馬に乗る」（醒酔笑）

いっしょ【一書】 手紙のこと。「一書令啓候、仍今度以御肝煎」（黒田家文書）「脚夫を馳せて以て一書を伊達兵部大輔実元に呈して」（伊達正統世次考）➡「一書《ひとつがき》」を参照

いっしょういっしょう【一笑一笑】 書簡などに用いて、お笑いあれの意の謙辞とする。「雖借鶯舌候、口之荊棘猶以繁茂候、一笑一笑」（実隆公記）

いっしょけんめい【一所懸命】 中世、一か所の所領を、命をかけて生活の頼みとすること。一所懸命の地。「此所帯に身命を売切たる故に一所懸命と書て、いのちをかくるとよめりなど云て」（北条五代記）

いっしょをあつ【一所を充つ】 本領の知行を安堵するほかに、さらに新しい知行を一所恩給することをいう。「何ぞ本領に於て違有らん乎《や》、更に一所を充つ可き之覚悟也」（伊達正統世次考）

いっしんになり【一身に成り】 自分一人が孤立する。「少しのことにわるく仕りなし候はゞ、一身に成り」（御家誡）

いっせき【一跡】 ①全遺産。遺跡。旧領。「以相目安、遂糺明了、然而、尾崎大膳討死ニ付而、彼一跡娘時宗ニ先段落着了」（豊島宮城文書）「一、屋代一跡右同前之事」（米沢市上杉博物館蔵上杉景勝起請文案）②家筋の続き。家系。血統。また、跡目。家督。「去月末より疫病云々、一跡断絶、彌一家之零済、愁傷愁傷」（言継卿記）

いっせつ【一節】 使者に与える一つのしるし。「君命召以三節、一節《いっせつ》以趍二節以走」（文明本節用集）

いっせんぎり【一銭斬】 戦国時代に行なわれた死刑。一銭でも盗んだ者には斬罪の厳刑を科した。「一銭切ト堅成敗之間、不可有聊爾云々」（鹿苑日録）

いっそう【一左右】 一つの命令。指図。通知。手紙。「まさに何れの時をか期せんと、酒田の一左右をぞ待にけり」（奥羽永慶軍記　下）

いっそうしだい【一左右次第】 何らかの通知があったならば、それに応じた行動を直ちに起こすさま。「上勢植田表へ手遣の一左右次第に」（元親記）

いっそく【一則】 「一条」に同じ。ひとすじ。「岐秀和尚へ御随身候て一則の結縁に預べきとの御事にて」（甲陽軍鑑）

いっそくをだす【一足を出す】 急いで走り出す。「一足を出て高城を差《さし》て遁出す」（庄内陣記）

いつぞや【日外】 何時《いつ》ぞや。いつだったか。「日外《いつぞや》、穴山殿、馬場美濃殿にとひ給ふ、遠州浜松の徳河家康背語《うわさ》に付て」（甲陽軍鑑　中）

いっそん【一樽】 樽、特に酒の入った樽を数える言い方。「前禰宜祐有出破子幷一樽、於芝居神宮寺賞翫了」（吉田家日次

記）

いったい【一矩】「一帯」の充て字か。そのあたり。「然して松田屋敷を一矩《たい》のせう士と成にけり」（関八州古戦録）

いったん【一反】長さの単位。六間（一町の十分の一）にあたるか。十一メートル。「両陣の先手足軽ども其の間一反ばかり相近付き」（奥羽永慶軍記　上）

いったん【一端】木綿・麻布・絹布、その他、これに類するものを数える言い方。（日葡辞書）

いったんばら【一旦腹】頑固者という意か。「御無用にて候と申すべきかと、胸に存じ候へど、大納言殿癖《くせ》として、一旦《いったん》腹《ばら》なる人なれば」（川角太閤記）

いっちゃく【一着】ひと決着する。ことが落着すること。「急度可為一着之間、豊・築行不可有余儀候」（問注所文書）

いっちょういっち【一張一弝】「弝」は「弛」の充て字。適度に厳格にし、適度に寛大にすること。「一城は攻殺してこそ一張一弝《ち》の法とも謂ひぬ」（関八州古戦録）

いっちょうぎり【一町切】その町の町人すべてを処罰すること。「一、銭定違犯之輩あらハ、其一町切に可為成敗」（石清水文書）

いってん【一天】一点に同じ。一時（今の二時間）を四刻に分った始めの一点。「ことごとく討れたり。辰の一天《いってん》より軍《いくさ》始り、未の刻に落城す」（奥羽永慶軍記　上）

いってん【一點】少しも。「佐竹・白川取逢被成候義、一點不存候」（北條氏康書状写）

いってんか【一天下】全世界。「一天四海」も同意。（日葡辞書）

いっと【一途】一つの方針、方法。また、その決定。「先注進仕候、未無御左右候、如何様一途被仰下候ぬと存候」（高野山文書）　➡「一途《いちず》」を参照

いっとう【一統】①まとまること。「於口付銭難渋之族、宿中之貴賤令一統、不撰人不肖、不可出伝馬之事」（芹沢文書）②一同。「武家も百姓も一統疱瘡はやり」（細川家記）

いっとうらい【一到来】一つの知らせ。また、一報、報告、伝言。「今一到来聞せられ候する由被仰渡候て可然之段、定候也」（上井覚兼日記）

いっとなき【無一途】事がはっきりしない。「無一途已前自然於出勢者、不可然」（上杉家文書）

いつに【早晩に】遅かれ早かれ。「当年始は早晩《いつ》に勝れて規模あるへき」（関八州古戦録）

いつぱ【いつぱ】「いうは」の促音。～と言うは。「才覚無双の童ありけるに、密に下知しける。その術といつぱ、山崎勝蔵山形を逐電して清水に行き」（奥羽永慶軍記　下）

いっぴつしょしゃ【一筆書写】一人の人が経文などを最初から最後まで書き終えること。「一筆書写法華経今日終功了、去八日自十八日今月至十二日書写結願了」（看聞御記）

いっぴつをしんとうす【一筆を進投す】お手紙を差し上げ

ます。「因って後日の為に、一筆を進投すること此の如し」（伊達正統世次考）

いっぷう【一封】 手紙。書状。「態呈一封候、仍信虎一昨日逝去之間」（竜雲寺文書）「付充〈人名〉以一封、投杖頭〈銭の意〉、以充紙筆之資云」（蔗軒日録）

いっぺん【一片・一辺・一篇・一遍・一反・一返】 ①「一遍」と同じ。一度に。「当日、西国の限り、一片に属すべきの旨、上意（信長の上意）を得奉るのところ」（惟任謀反記）「山県三郎兵衛相移、此表一辺本意可心易候」（一徳斎殿御事蹟稿）②一つにまとめる。統一。「信玄公四十一歳にて信濃国御一篇也」（甲陽軍鑑 下）③物事の始めから終わりまで。ひとわたり。一部始終。「陞座之語流読一遍了」（蔗軒日録）④副詞。そこらじゅう。ずっとひとわたり。一円。「去て美濃国一遍に被仰付、尾張国小真木山より濃州稲葉山へ御越也」（信長公記）

いっぽうむき【一方むき】 態度が決定したら。「一方むきに御座候はゞ、追々貴意を得べく候」（関原陣輯録）

いつもの【早晩】 いつもの。普段通り。「御懸付も如早晩《いつもの》に懸付給ふ」（三河物語）

いつわり【佯】 偽ること。「虚空蔵山に伏せ、我が兵を紿《あざむ》き、来り進み、則ち佯《いつわ》り走り、以て我を誘ふ」（長国寺殿御事蹟稿）

いで【従渠】 さあさあ。どうもどうも。何とどうも。「従《い》渠《で》々々軍を関左に発し北条一家の族」（関八州古戦録）➡「従渠《そのまま》」「従渠《よしよし》に」を参照

いでたち【出立】 よそおい。着付け。こしらえ。「己《おのれ》が被官の内に板垣武者出立《いでたち》を見知たる者ありて」（甲陽軍鑑 中）

いとじり【糸尻・居尻】「いとぞこ《糸底》」に同じ。陶磁器の底の部分。成形のときに糸でろくろから切り取った底部。「居尻　イトジリ　器底」（文明本節用集）

いとちゃわん【糸茶碗】「井戸茶碗」の充て字。高麗茶碗のこと。「秀吉公より賜はるよしの肩衝《かたつき》、しこや七つ台、高《こう》麗糸《らいいと》茶碗などいふ無量の道具たるべし」（奥羽永慶軍記 上）

いとま【晙】「暇《いとま》」の充て字。（三好記）

いとまあらず【遑あらず】 ～には及ばない。「此外班《はん》々の輩は記すに遑《いとま》あらす」（関八州古戦録）

いとり【居取】 席を占める。座っている。（町を）陣取っている。「町をば居取《いとり》にいたし、城と町との間に侍町《さむらいまち》あり」（信長公記）

いとん【委頓】 くじけること。力が抜けること。（文明本節用集）

いな【維那】 僧侶の行儀作法を取り締まる役。「諷経は陶首座、初首座、欲首座は維那の役なり」（政宗記）

いなかみち【田舎道】 田舎道一里は、六町《丁》。十里は六〇町（六・五キロメートル）である。「田舎道十里餘過て」（伊達家治家記録）

いなかめ【田舎目・鄙目】「京目」に対する用語。金・銀

の秤量単位の地域的名称の一種。一両を四匁五分とした「京目」に対し大内領などでは、一両を五匁で通用させた。「随而法阿弥為日牌黄金壹枚〈十両／田舎目〉、此内百疋之分、彼御使僧路用ニ進置候」（原邦長書状）「然間此度為御初穂料、黄金五両・鄙目被差登候之条、此御使ニ相渡申候」（神宮文庫所蔵龍大夫文書）

いなさ【否然】 どんな事が起こるかわからないために生じる曖昧さ、不確かさ。「否然が聞エヌ」。（日葡辞書）

いなじょう【否状】 事実を否定する書状のこと。「此状を右筆部屋にて右近（永井直勝）披見候て、否状をこし被申候。可懸御目とて御前へ持参」（慶長記）

いなばき【稲掃】 稲掃筵のこと。稲穀を扱うのに用いる筵《むしろ》。「道六間広く、両方に虎落《もがり》をゆひ、いな《稲》ばき《掃》を敷、其上に布をしき、其上に絹をしき」（甲陽軍鑑　下）

いなり【居成】 ①それまで居たところを動かず居ること。「江州ノ様、長浜城柴田御伊賀在之、曖ニテ筑前へ同心、則人質ヲ出シ、居ナリニテ無事」（多聞院日記）②形式上の住持、入寺しない住持をいう。⇕立成（たちなり・現住の住持になること）

いなる【唪る】 わめきたてる。大声でどなる。「美作守　弥《イヨイヨ》勝ニ乗テ、旗本ノ勢ヲ崩シ、懸《カヽ》レ懸レト下知シテイナリケル程ニ、皆孫助ナドガ討死セシ方へトカ、リ行」（信長記）

いにねまる【居にねまる】 座っているの意。「正月仕置之事一日、禮衆座《江》参候ていに子《ね》まり候ほと者《は》、皆々めし出し」（伊達家治家記録）

いぬ【犬】 ①忠実な部下のたとえ。「御普代の衆は、よくてもあしくても御家の犬にて、罷出ざるに」（三河物語）②野生のものの意。イヌタデ《蓼》・イヌギリ《桐》・イヌザン《山》ショウ《椒》など。（日葡辞書）

いぬあわせ【犬合】 犬を噛み合わせて勝負をきめる。「田むら《村》よりいな《猪》ハ《苗》代太郎衛門殿御越、源三郎方御しゅ《出》っし《仕》御申候、上意様犬合あそはされ候」（伊達天正日記）

いぬい【犬居】 尻餅をついた姿。「次第々々に弱り、犬居《いぬい》にがばと倒れ、終に首をとられけり」（奥羽永慶軍記　上）

⬇「尻居《しりい》」を参照

いぬじにん【犬神人】「いぬじんにん」、「つるめそ」とも。神人の一種。建仁寺、祇園社付近に住んでいた賤民。また、洛中の死屍、禁中の鳥や獣の死屍をも始末し、必要に応じて武力を提供したりした。その活動が目立つのは室町時代である。（書言字考節用集）「抑山訴事、以前畠山徒三四歟人以前被突鼻、免許雖被宥仰衆徒猶嗷訴、来十三日神輿入洛必定云々、洛中田楽神輿為供奉皆登山、犬神人等触仰云々」（看聞御記）

いぬばしり【犬走】 築地《ついじ》の外壁と溝との間の狭い空間。城の垣《かき》と堀との間にある狭い空き地。犬行《いぬゆき》とも。「土居の堀より内は武者ばしりと云也、外は犬ばしりと云」（築城記）

「城取の事（中略）一、廊下橋の事　同引橋《ひきはし》の事　口伝　一、武者走《ばしり》三段はがんぎ・あふさか・かさなり坂　一、おもてに一ッ　ニッは犬走と云」（甲陽軍鑑　下）

いぬもどし【犬戻し】 険阻な道をいうことわざ。「旅人の諺に云はく、「親知らず、子知らず、犬戻し、合子《ごうし》投げ、左靫《うつぼ》、これなり」（紀州御発向記）

いぬやま【犬山】 猟犬を山野に放って狩りをすること。「加江田内山の鹿倉にて犬山仕候、猪鹿二取候」（上井覚兼日記）

いねん【已念・意念】 已《すで》に念うこと。ちょっとした思念。（日葡辞書）気持ちや考え。思い。「比日互《ひごと》に音問を絶す、意念安からず」（伊達正統世次考）

いのこ【玄猪・亥子】「げんちょ」とも。**陰暦十月の節日の称。十月上旬の亥日。この日に「いのこもち」と称して餅を食う。**「十月玄猪之日、高野山坊中へ餅御振廻に成られ」（左衛門佐君伝記稿）「一、敵地へ夜討をなさんと思はば、桜槵《おうかん》に上り、二夜も三夜も篝火の勢を以て、敵陣の粧《さま》を克《よ》く見究《きわめ》て亥子の境を用いて討入べき事」（北越軍談　中）

いのこのもち【亥子餅】「いのこもち」に同じ。「夜来満福贈猪子之餅、諸徒亦皆喫之」（蔭涼軒日録）

➡「亥の日《いのひ》の餅」を参照

いのししむしゃ【猪武者】 血気盛んな若武者。「府君は血気盛んなる猪武者荒働き多きか故、五年已前長篠表の大敗」（関八州古戦録）

いのちとり【命掇】 命取り。「景綱も成実も不思議の命掇《いのちとり》、毒蛇の口を遁れたる心地して」（政宗記）

いのちをやむ【命を止む】 介錯して息の根を止めてやること。「直稙十七歳先《まず》自ら腹を截《き》る。持熙其の命を止む」（伊達正統世次考）

いのひのもち【亥の日の餅】「亥子餅《いのこもち》」に同じ。陰暦十月の亥の日、亥の刻に新穀で搗いた餅を食べて祝う。

いはい【違背】 命令・規則・約束などを守らずに背くこと。違犯《いぼん》。「若於違背之輩者、其一在所可被加御成敗者也」（黒田家文書）

いはい【日盃】「位牌」の充て字。「御芳札之趣則令披閲候、仍去比亡父日盃之代物相上申候處、御厳密御領納御神妙之至畏入奉存候」（西門院宛某胤之書状）

➡「日牌《いはい》」を参照

いはい【日牌】「日盃」に同じ。位牌のこと。「随而法阿弥為日牌黄金壹枚〈十両／田舎目〉、此内百疋之分、彼御使僧路用二進置候」（原邦長書状）

いばく【帷幕】 陣営。「大森の城より二里出張して、瓜の紋の帷幕《いばく》を打て、旗一流山風に翻し巍々《ぎぎ》しとて扣へたり」（奥羽永慶軍記　下）

いばくび【いば頸】「奪頸」か。**戦場でとった首級の売買をすること**（買頸）。**一説に他人の取った首級を奪って自分の功名とする。**「第一に武道をかざり候故、いば頸を仕ても、ひいき丶丶丶にさた申て」（甲陽軍鑑　下）

いはつかっか【衣鉢閣下】 手紙の脇付の一つ。僧侶に使う。「恐惶謹言　天正十三年乙酉　十二月十二日　昌　幸（花押）信綱寺　衣鉢閣下」（長野県信綱寺所蔵・真田昌幸判物）

➡「衣鉢《ゆう》」を参照

いばり【尿】 単に「ばり」とも。尿のこと。「いばりをする」。（日葡辞書）

いひ【異非】「異非ならざる儀」は、悪くないの意。「天下の聞え異非ならざる儀とも候」（関原陣輯録）

いぶかる【訝る】 怪訝に思う。「敵陣に逗留して居たりしを神梅の郷士等訝《いぶか》しく思けるにや」（関八州古戦録）

いぶぎょう【井奉行】 在地の灌漑用水に関することを取り扱う役人。「井普請之事、在所井奉行並為庄屋、無退転様、堅可申付」（長宗我部氏掟書）

いふく【畏伏】 おそれ従う。畏服。「七寸五分《くずわだ》肥後守以下、連々公の虎賁《こほん》に畏伏し」（北越軍談）

いぶつ【遺物】 死者などが残したもの。遺品。かたみ。ゆいもつ。「父若狭守為遺物刀一腰〈国重〉進上」（親元日記）

いぶり【異振】 悪い癖、悪い性根。（日葡辞書）

いぶん【以聞】 奏上すること。申し上げること。「管領は伊勢守貞陸を以て、公方に以聞《いぶん》する也」（伊達正統世次考）

いぶん【意分】 考え。意向。意見。存念。「尤其方存命之間、何篇、鎮賢存意之外、意分不可有之之事」（武雄市蔵龍造寺隆信書状）

いべつ【異別】 別のもの、違ったもの。（日葡辞書）

いへん【違変】 ①「違反《いへん》」とも。約束・契約を破ること。心変わりすること。変改。「急啓す、小国違変し下長井と相約し、去る廿日其の地を撃つ」（伊達正統世次考）②変わったところ。可笑しなところ。「一、今度被加上意、深重申談候条、誓印之条数、於無違変者、不可有別心疎略事」（尋憲記）

いほう【移封】 諸侯の領地を他へ移すこと。転封《てんぽう》。国替《くにがえ》。「以會津移封上杉景勝」（日本政記）

いぼう【嘶う】「嘶《いな》く」が普通か。動物のいななく声のこと。「茂りありけるが、基本にて、馬の高く嘶《いぼ》ふ声、二三度したりけり」（武田三代軍記）

いぼう【異妨】 妨げ。差し障る。「以前申し定むる如く、一点も異妨《いぼう》有ること無し」（伊達正統世次考）

いぼん【違犯】 規則や命令などを破ること、背くこと。（日葡辞書）「右、於違犯之輩者、速可処厳科者也、仍如件」（摂津国住吉郡平野郷宛、徳川家康禁制）

いまいまし【禁忌】 忌々しい。「姑《しばら》く滝山に在住たりしが、滝は落るの詞《ことば》ありて累壁に禁忌《いまいまし》とて、八王子に新城を築て遷れり」（北越軍談）

いまけ【居負】 戦わないうちに、情勢が不利になって負けてしまうこと。「其上金沢にをひて一合戦の勝負を頼み、時刻うつる其内に、居まけになる事出来る物ぞかし」（太閤記）

いましめ【警】誡め。戒め。「左様の族は、仮令高名する共、軍法の警《いましめ》に行われなん、磬控《かけひき》は時に因《よる》と云事、是等の義也」（北越軍談　中）

いましめさた【戒沙汰・誡沙汰】懲らしめの裁断、処置をとること。「今度奥州の振舞中々是非に及ばず、是を誡《いましめ》沙汰せずんば向後たれか上意をもおもくしたてまつるべき」（明徳記）

いましめとる【戒取】捕縛する。つかまえる。「去十二日称国方成敗、当庄之黎民繁多戒取候」（政基公旅引付）

いましめる【縛しめる】縛られる。（老翁物語）

いません【今銭】輸入または鋳造されたばかりの貨幣。「但百文之内過廿文者可撰之事、一破銭今銭者可撰之事」（政基公旅引付）

いまつき【新属】新しく麾下になった者。「敵方は申すに及ばず、麾下《きか》に降れる新属《いまつき》の面々」（北越軍談）

いまに【于今・爾今】「爾今」は「于今」に同じ。今になっても。今でも。今に。「何たる儀も無之候而、于今《いまに》口惜存候」（一徳斎殿御事蹟稿）「爾今《いまに》所持仕候」（左衛門佐君伝記稿）「互ニ無手透儘、存様ニ節々不申談、爾今御残多候」（宍倉安衛家文書）

いまやき【今焼】新しく焼かれた焼物。楽焼の類。「（天正十六年）御前にて小十郎（片倉）いまやき《今焼》被申候、近比之事ニ罷出候」（伊達天正日記）

いみじくも【艶じくも】いみじくも。まことにうまく。適切に。「忍・深谷・北武蔵の面々艶《いみ》じくも是を押へんと欲し」（北越軍談）

いみぞ【井溝】田などに水を通すために設けた溝。「於可任用水之使者、為土民之役可修固堤井溝者也」（文明十四年鈔庭訓往来）

いみな【諱】貴人の実名。諱字拝領は主従契約の一つの形である。（伊達正統世次考）

いむ【意霧】心の中の霧。晴れないこころ内。「其後双方実義の参差《しんし》覆蔵《ふくぞう》なく通達せしかば、互に意霧《いむ》を散じて元の如く和平を成せり」（北越軍談）

いむけ【射向】弓手の方向で、鎧の左側。「昌景も盔《かぶと》の吹返・射向《いむけ》の懸袖、鉄炮にて打砕かれ」（武田三代軍記）「無慙や六郎射向けの板より矢先白く、具足の引合《ひきあわせ》に射貫く」（奥羽永慶軍記　上）

いめい【威名】威勢があるという名声や評判。武名のほまれ。「威名赫々立功勲、入鎮邦家出輔君」（翰林葫蘆集）

いやしき【居屋敷】居住用の屋敷のこと。「書状披見候、山地居屋識《敷》自焼仕、罷退候処、其方手者、追討仕、首持参候」（大阪城天守閣所蔵豊臣秀長書状）

いやしめる【陋める】卑しめる。「五体不合期《ふごうご》なるを陋《いやし》められ、其望達せず」（北越軍談）

いよいよ【愈】いよいよ。ますます。「祝着至極存候、愈朝

暮之法事頼入之外、他心無御座候」（蓮華定院文書）

いよめずら【弥命】「弥珍《いやめずら》」に同じ。一段とすばらしい。「政宗を悉く悪口せられし事、今のやうにて弥命《いよめずら》なり。其時の返礼をし候はん」（奥羽永慶軍記　下）

➡「愈《まさる》」を参照

いらい【以来】 今後。「以来は天下の主にもなり給ふべき人と見申し候」（元親記）

いらい【倚頼】「依頼」に同じ。依頼する。「兼て倚頼之人々之外、敢て談ずることなければ」（庄内陣記）

いらかす【苛かす】 角が立つ。いらかす。「邦胤大に怒て眼を苛《いらゝ》け辱しめて叱られければ」（関八州古戦録）

いららぐ【いららぐ】 角を立てる。「我等は作り髯《ひげ》して眼をいらゝげ、臂を張りたる道具持ちという」（左衛門佐君伝記稿）

いらん【恚乱】 怒ること。（日州木崎原御合戦伝記）

いらん【違乱】 ①相違ないこと。「政宗よりの書付に、弾正三ヶ条の望、違乱有間敷事、若亦居城を立除なば」（政宗記）②事態を不服として異議を申し立てること。「御しやうぞくの事わるく候とて、いろいろいらん申され候」（北野天満宮目代日記）

いり【藺履】 いぐさのくつ。「安土辺の京侍、藺履《いり》を著《つけ》て駿き夸《ほこ》る公方家の旗本え会釈の格を以て謙信え擬作《あてがい》玉はば」（北越軍談　中）

いりあう【入合・入相】 進入すること。（黒田家文書）

いりあし【入足】 ある事に要する費用のこと。（東寺百合文書）

➡「入目《いりめ》」を参照

いりいり【入々】 山あいなどの奥まった場所。「安養寺越え辺まで相働、能登境谷々入々迄放火し」（信長公記）

いりかた【入方】 入用。出費。「如此取立給ひ、（能）役者彼是三万石余の入方なり」（政宗記）

いりくみ【入組】「懸組」に同じ。境界が入り組んだ地。「然而河尻与兵衛被遣之分与入組之儀、以年寄令相博、立堺目、全可有領知之状如件」（吉多助五郎氏所蔵文書）

➡「懸組《かけぐみ》」を参照

いりころし【煎殺し】 罪人を釜に入れて煮て殺す。釜煎の刑。「早々搦捕《からめとり》、上《かみ》の城戸《きど》にて見こらしみのため、彦助をいりころしあるべく候と仰出され」（甲陽軍鑑　下）

いりさく【入作】 自分たちの居住地にある出作地を、その地域の人は入作と呼んだ。

➡「出作《でさく》」を参照

いりたましい【入魂】 入れ知恵。「縦すくはれて入魂《いれたましい》を以てなり共、親兄弟の敵うつは手柄ならん」（甲陽軍鑑　下）

いりち【入地】 寺領・御供（供物）料所が、（大和国などの）入地となる。大名の領地化への過程で問題となった。「其外寺中従往古の領知幷御供所領和州国中有之入地以下、永代不可有異儀」（青蓮院文書）

➡「入領《いりりょう》」を参照

いりはりつけ【烙礫】 火あぶりの刑。「わが身なとも、いりはり《烙礫》付にもあがりて、うき名をながさんも目のまへなれ

ば、只今さしころし給へ」(三河物語)

いりみだれ【轇轕】 入り乱れる。「両軍頻《しきり》に轇轕《いりみだれ》て、さしもの甲州勢戦倦《うみ》て見へし」(北越軍談)

いりめ【入目】 入費。必要とする費用のこと。「入目可過候て、物毎に公界可かけ申候」(庄内陣記)「飯高永源・永安・曹源寺領当郷畠成定免・請詰・荒作・下作・未進利加免相・同入目以下事」(永源寺文書) ➡「入足《いりあし》」を参照

いりょう【井料・井析】 ①中世の灌漑制で、灌漑施設を利用する農民などが、用水の支配権を持つ荘園領主などに対して納入した使用料。灌漑のために領外の用地を利用した時や、分水の便を受けた時は、相当分の田地、米銭をもって代償とした。戦国大名や近世の大名も多くこれを踏襲した。「所詮他人之知行を通す上は、或替地、或は井料勿論也」(今川仮名目録) ②中世の灌漑制で、領主が領内の灌漑施設の修理などのために農民を使役する時、食糧費用として領主側が支給するもの。「一、米下行分(中略)井析四石五斗　神事米二石」(高野山文書)

いりょうせん【井料銭】 井料の②として支給する銭貨。「除二百五十文　当年より初之新井析銭」(東寺百合文書)

いりょうでん【井料田】 中世の灌漑制で、荘園内に設定された一定領域の田地。これから収穫された米を灌漑施設の整備時などに百姓、行事人などの食費、工事費に充てた。「一、山下分　自宗家御得分至　井析田　已上五十四丁七反大」(高野山文書)

いりょうまい【井料米】 井料の②として支給される米。「一、井料米者、段別二升宛之所役也、然而為地主一人令沙汰之条、甚以不可然」(西大寺文書)

いりりょう【入領】「入地」に同じ。他領と自領が混入している土地。「当寺往古以来知行分、和州国中有之入地・入領・同近年武士押領之地、幷徳政・地興」(青蓮院文書) ➡「入地《いりち》」を参照

いる【煎る】 いらだつ。怒りもだえる。「晴信公御腹をたゝせらるゝ様に仕りかけ、そこにて煎りてみだれ給ふ処を」(甲陽軍鑑　中)

いるい【倚類】「彙類」「遺類」(仲間)、「余党・残党」の充て字か。ここは、~を頼るの意。「小栗・伊作の辺より総州結城の郡に立越《たちごえ》、中務大輔氏朝に倚類《いるい》して、猶《なお》便宜《びんぎ》の兵を促し旗を揚ん」(伊達正統世次考)

いれい【違例】 病気であることを婉曲にいう。「天子(中略)御煩は御悩、(中略)将軍摂家(中略)御煩は御不例、或又御違例」(万言様之事) 病気。「我等の事違例《いれい》の心地に候。明日の軍は相止られ候へかし」(奥羽永慶軍記　下)

いれがえぜい【入替勢】 戦い疲れた者と交替する新鋭の軍勢。「助勢《すけぜい》」とも。「義弘討死仕て候はゞ、定て御大事出来るべし、急入替勢を給べきにて候」(明徳記)

いれたて【入立】 立て替えること。弁償をすること。「〈訳〉

銀や費用などの失われたものを補ったりもと通りにしたりすること」（日葡辞書）

いれにっき【入日記】 荷送りする商品に添えて入れる内容明細書。商品の在中目録。入帳《にゅうちょう》。「仍長唐櫃一請取之随入日記如此一通同整之」（親元日記）

いれひも【入紐】 土地などの境界などを決めること。「領知入紐支証には、奈良を南里、北里と号は、春日大鳥居のすくを北南に分也、（中略）神事方に入紐事不及是非」（大乗院寺社雑事記）

いろい【綺】 ➡「綺《いろう》」を参照

いろいごと【綺事・弄事】 争いごと。ものごと。いざこざ。いろい。「在所之事者、子息十郎方に申付候上者、御公事付候て、いろい事はあるまじく候」（高野山文書）

いろう【綺（綺）ふ】 綺は「綺」の充て字。関与する。干渉する。争う。もてあそぶ。「爰に於て進退迷惑し落涙を押へなから綺あたらしき申事に侍れ共、既に君臣五代の間」（関八州古戦録）

いろがわり【色代】「いろだい」「しきだい」とも訓む。①あいさつする。お世辞を言う。「何れも御見知《おみしり》を仰ぐと、色代《いろがわり》して申しければ」（北越軍談　中）「大名にもすへしと有しに片倉色代し強に辞し申ければ」（関八州古戦録）②おせじを言うこと。追従《ついしょう》。➡「色代《しきだい》」を参照

いろごころ【色心】 心理的なこと。（敵の）動きなど。「十六歳よりはじめ走廻仕付候へば、敵の色心をしつて、六人ひかへゐたる敵へちかく乗よせ」（甲陽軍鑑　中）

いろたち【色立】「いろだて」とも。他に対して自己の意志や態度を明確に表明すること。「備前児島内高畠色立、人質宇喜多方へ相渡由尤候」（黒田家文書）「修理亮勝家に対して、無二に色立《いろだて》の淵底《えんてい》を究む」（柴田合戦記）

いろなおし【色直】 色直の儀は、生まれた子に白装束を着せ、七日目または九日目の夜に色付きの衣服に着替えさせる習俗をいう。「三五郎いろなをしのしうきとして、たる・さかな、もくろくのことくをくりたまハり」（岡山大学附属図書館蔵池田輝政書状）

いろなり【色成】「いろ」は、米以外の農産物、「なり」は、田畑の出来高に応じて課せられる年貢の意。米の取れない畑地の年貢として綿・大豆・漆・雑穀などを米で納める年貢高に換算した量だけ納めること。「いろなし」とも。「彼開発之地、於末代出来畢、但為色成、毎年百疋永可収之」（徳川家康文書の研究所収鈴木重直宛徳川家康書状）

いろめく【得く】 色めく。目立つ。「白地に五星を画《えが》き、白き藤の丸の招き着たる馬標《うまじるし》僻易《へきえき》して得《いろめ》くとぞ見へし」（北越軍談　中）

いろをたつ【色を立つ】 味方する。但し、「色を立てる」は敵に回る。「就雑賀成敗、不日立色、可抽忠節之由、神妙候」（太田文書）➡「色《いろ》を立てる」を参照

いろをたてる【色を立てる】 自分の気持ちを表明すること。敵対すること。敵に回ること。「色立《いろたち》」に同じ。「人質を執り堅め、御敵の色を立てられ候」(信長公記)「竜造寺色を立候者、丈夫ニ人質以下於相卜者、元春・隆景渡海尤候」(黒田家文書)「対当家三好筑前守於相立色、可被成御入洛候」(大阪城天守閣蔵畠山高政書状)

いわたおび【岩田帯】 妊娠五か月目の女が体を守るために巻く帯。「しかも只ならぬ身の、人しれず肌に結ぶいはた《岩田》帯、心つくしの月にも程なく成り参らせ」(奥羽永慶軍記 下)

いわゆる【所謂】 世間一般に言われている。「此に所謂《いわゆる》三河与《と》、或は従兄弟《いとこ》、或は叔姪《おじおい》なる乎」(伊達正統世次考)

いわんや【矧】 いわんや。況や。「矧《いわんや》此一挙、飛龍の雲を攀《よじ》、猛虎の山に靠《よりかか》る威に」(北越軍談)

いんいん【殷々】 音が大きく響く様子。「大般若を読誦し、御神楽を奉ずれば、殷々《いんいん》たる梵音、玲々《ろうろう》たる鈴の音に無明煩悩の眠をさまして」(奥羽永慶軍記 下)

いんがい【員外】 物の数に入らないこと。(日葡辞書)

いんきゅう【引汲】「いんぎゅう」とも。対立する者の間で、紛争がある場合に、いずれか一方に好意をもち、その人の立場がよくなるように庇護したり援助したりすること。「太田持資殊《こと》に景長を引汲《いんきゅう》するに付《つき》て」(北越軍談)「所詮於寺門両方引汲輩在之間、きと不可事行事歟」(大乗院寺社雑事記)

いんけつ【殷血】 赤黒い血。「越前守持て開て是を払ふとて、殷血《いんけつ》に滑り仰姿《のけざま》に倒れしかば」(北越軍談 中)

いんげん【因言・威言】 高慢な物言い。威言だとほらを吹く。広言を吐く。「信玄きこしめし、我屋敷ばかりやかせざると、松田尾張ゐんげん《威言》申べき事必定也」(甲陽軍鑑 中)「旁《かたがた》の場数はいんげん《因言》に及ばぬ、人の存知たる儀なり」(甲陽軍鑑 下)

いんさつ【音札】 書札。手紙。書状。「南部口へ為鷹取使者就下向、即御音札示給事本望不少候」(東京大学文学部蔵小野寺輝道書状)

いんし【胤子】 跡継ぎ。嗣子。身分の高い人に使う。「上杉憲基胤子《いんし》なきに依て」(北越軍談)

いんじうち【印地打】 石合戦。端午の節句に行われた。「大八［真田幸村の次男］様［京にて五月五日印地打に而御遠行被成候］」(左衛門佐君伝記稿)

➡「石打《いしうち》」を参照

いんじしゅう【印地衆】 五月五日の節句に大勢の子どもが二手に分かれ小石を投げ合って勝負を競う無頼の徒のこと。「今日祇園会結構云々、(中略)此時分同時今日与白川イムチヲ沙汰出、以外大戦、白川者当座三人死、京者又両三人死、手負及数百人云々、侍所為制禁罷出処イムチ衆両方以外大勢、還而侍所ニ矢ヲ射懸間不及払、希代珍事也」(満済准后日記)

いんしゅ【堙種】 堙は湮の充て字か。堙種は根絶やしにするの意。「転《ころ》び臥《ふ》す人馬共を、泥中に蹈込《ふみこみ》々々堙種《いんしゅ》とし、錣《しころ》

を傾けて叫て蒐《かか》れば」(北越軍談)

いんじゅ【員数】 ①物の数。人数。(日葡辞書) ②検地によって確定した石高(貫高)のこと。「矢野知行今度出来分事、長岡ニ遣之候き、(中略)又、矢野本地相治分事、員数無相違、郷切仕、無申事候様候て可然候」(細川家文書)

いんしょ【音書】 人の消息を尋ねる手紙。書状。(日葡辞書)「御音書到来令披閲候、就今度立花表之儀、御警固」(村上河内守宛毛利元就書状写)

いんしょう【音章】「音書」「音信」に同じ。書状。「如先例、預御音章候、大慶之至候」(高野山成慶院文書所収伴野貞長書状)

いんじょう【引接】 霊を救うこと。(日葡辞書)

いんしん【陰森】 木の茂って薄暗い。「其の日は矢越八幡の社に陣を取る。実に陰森《いんしん》たる古柳《こりゅう》、疎槐《そかい》の下に甍苔むしたる一社あり」(奥羽永慶軍記 下)

いんしん【音信】 訪問、または贈物、あるいはその行為そのもの。(日葡辞書) 訪問する。「秀元様なこやへ御音信に御下向候て然るべき」(桂岌圓覚書)

いんそつ【引率】 一緒に連れて行くこと。(日葡辞書)

いんだく【飲啄】 飲むことと食べること。飲食。(日葡辞書)

いんちん【茵陳】 茵陳蒿の略。河原蓬《かわらよみぎ》の漢名。「薬之事中、気黄疸等也、蘇子降気湯に朮通茵陳加之」(言継卿記)

いんどう【引導】 案内。「維新公より本田助之丞親貞西国への引導に相付られ」(庄内陣記)

いんとく【陰徳】 隠れた善行や功労。(日葡辞書)

いんとく【引得】 購入すること。「一、准総寺庵、引得之地、門前棟別・人夫諸役等相懸、入鑓責使事」(雲興寺文書)「次引得之内弟子譲之事、右任判形、新儀諸役、理不尽使不可入者也」(張州雑志抄)

いんばんしゅう【印判衆】 戦国大名などの臣下で、御朱印を押すことを任とした役人。

いんぶつ【引物】「いんもつ」とも。ひきもの。引き出物。「敵の内に邪欲の者をきゝ、きはめ、引物《いんぶつ》色々をもつて其敵を随る事」(甲陽軍鑑 下)

いんぺき【陰僻】「隠僻」の充て字。隠しておきたい欠点。隠れた不都合。「久下は小給人として抱への地、又は陰僻《いんぺき》たる故」(関八州古戦録)

いんぼく【音墨】 手紙。書状。「如御音墨、久不申通候条、御床敷奉存候処」

いんぽん【印本】 摺り本のこと。印刷した本。(日葡辞書)

いんもつ【音物】 贈り物。「御勘気を蒙り、数年高野山に引き籠る。秀頼当座の音物《いんもつ》黄金二百枚」(左衛門佐君伝記稿)

いんもん【音問】 ①音信を差し向けること。「急度啓述す、其以来音問を絶す、様体奈何」(伊達正統世次考) ②人の消息などを尋ねるための伝言、または手紙。「音問に預かる」(日葡辞書)
➡「音問《おんもん》」を参照

いんよう【陰陽】 夜と昼、天と地、女と男などに用いる。(日

葡辞書）

いんよう【允容】 了承する。心から許す。「喜平次殿仰含めらるもの旨ありと称し一向允容《いんよう》せず」（北越軍談）

ういじん【初陣】 初めて戦いに参加すること。また、その戦い。「武田の家の侍衆は、大小ともに十六歳を初陣と定めらるる」（甲陽軍鑑）

ういろう【外郎】 外郎家が北条氏綱に献じてから小田原の名物となった丸薬。たん切りや口臭を消すために用い、また、戦陣の救急薬ともしたという。殿上人が冠の中に入れて珍重したところから透頂香《とうちんこう》とも。外郎薬。外郎飴。痰切飴《たんきりあめ》。「外郎投以潤体円、中風病者、常々用之可也」（蔗軒日録）

うえがうえの【上が上の】 二重の。最大の。「汝までなくしては、うへ《上》がうへ《上》のちじょく《恥辱》也」（三河物語）

うえくち【上口】 ①貴顕の人。上つ方。「此度御働至遅々者、向後上口之御行、無曲可罷成候、能々御分別専用候」（上杉家文書）②上段の間。貴顕の人々が出入りするところ。「はりはかま御くるしきにより（中略）ないし所のうへくちにて御きぬめす」（御湯殿上日記）➡「上口《かみくち》」を参照

うえさま【上様】 高貴な身分の人、主君を指す。「然者被打入候刻、舟以下も可入哉と　上様被　仰付候」（黒田家文書）➡「上様《かみさま》」を参照

うえすがた【上姿】 直衣《のうし》を着た姿。殿上にいるときの姿。⇕下姿。「今日外様番永家朝臣代参候、七時分より上姿にて参候」（言継卿記）

うえわたし【上私】 公人と私人と。「上私晴れた事ぢゃ」（公人も私人も同じようにこれを知っている）。（日葡辞書）

うえわらわ【上童】 貴人に仕えて奥向きの清潔な用事をする、まだ年のいかない女の子。（日葡辞書）

うかがう【覘・攅・窺・覬覦】 ①窺う。機を見ること。「暫く時勢を覘ふ処に」（昔阿波物語）「国家の安泰を覬覦《うかが》ふ処に貴容の意得《こころえ》悪ふして」（北越軍談）②様子を探る。「間者ヲシテ覘ハシム」（伊達家治家記録）「駿州の旅中迄指越し、殿下の心を攅《うかがひ》しかば」（関八州古戦録）

うかじん【宇賀神】 仏教で説く福の神一つ。すべての衆生に福徳を授け、菩提に導くと信じられた福の神の総称。弁財天。弁天。「今はその岩穴の上に社を建て、宇賀神を祝ひ、則、富士権現と中奉り候」（久知軍記）

うかつもの【腑潤者】 迂闊者。うっかり者。「馬上にての申し分、近比《ちかごろ》腑潤《うかつ》者にて在りけり」（北越軍談）

うかぶ【盪】 浮かべる。「千葉次郎胤宗塀下へ船を盪著《うかべつ》け、乗揚て義勢をなす」（北越軍談　中）

うかへたる【うかへたる】 甘心する。「仕合よき時は虚空《こくう》におごり、うかへたるかほにて、人に慮外いたし候」（甲陽軍鑑　下）

うかめる【泛める】 浮かべる。「天性暑《しょ》を苦み、三伏《さんぷく》の候に

到ては必池水に船を泛《うか》め」（北越軍談）

うかれもの【浮れ者】 心の定まらない者。「御憐愍ヲ加ヘラル所ニ、ウカレ者ニ成タリシ事」。（伊達家治家記録）

うきくじ【浮公事】「浮所務」とも。雑税の一つ。年貢以外の諸税を産物などで物納するとき、その産物が種々あって、また、税額も一定しない場合に、年限を限って納めたり、臨時に納めたりするもの。「尚々浮所務せんさく尤に存候」（吉川家文書別集）

うきこと【憂きこと】 苦悩、悲しみ、難儀。（日葡辞書）

うきじ【浮地】 所有の定まらない地。特に、近世、農民が負債その他の事情のために逃亡して、後に残された土地。引受人のない場合は普通、上地《あがりち》として没収した。「彼方へ浮地などの候をも、悉皆南蛮僧分別にて領置候由也」（上井覚兼日記）

うきしょむ【浮所務】 ➡「浮公事《うきくじ》」を参照

うきしょりょう【浮所領】「浮所」とも。所有者の定まっていない所領。「又浮所領等、去年已来御格護候、是又爰よりは此方より御格護肝要之由也」（上井覚兼日記）

うきぜい【浮勢】 遊軍。「爰に於て城中の浮勢馳せ集り、是を救ふ」（左衛門佐君伝記稿）➡「浮人数《うきにんずう》」「浮武者《うきむしゃ》」を参照。

うきぞなえ【浮備】「うきぜい《浮勢》」に同じ。「城々をば名代守にして受備にして、面々は浮備となり」（武家名目抄）

うきにんずう【浮人数】 浮備。浮勢。本体とは別に待機し、戦況に応じて、敵の不意をついたり、味方を援助したりすることを目的とする軍勢。「うき人数これ無く候ひては、相叶わず候条、其の外は備前宰相を大将として、各うき勢に成りこれあるべく候」（黒田家文書）

うきむしゃ【浮武者】 いかなる緊急事態や窮地にも、すぐに救援に赴くことのできる身軽な兵士。（日葡辞書）遊軍。「浮武者は保科上野介・須田相模守……」（一徳斎殿御事蹟稿）

うきや【浮矢】 無駄矢のこと。「玉矢ををしまず防ぎけり。寄手は稲麻竹葦の如くなれば、浮矢一つもなし」（奥羽永慶軍記下）

うけ【倩】 ①「倩」は雇うの意。或は「請け」の意にも使う。「委細大石善左衛門口上条相倩候」（伊達家治家記録）②「相任せ」の意か。「委細大石善左衛門口上相倩《うけ》候条、閣筆候。恐々謹言」（性山公治家記録）③任せること。「委曲倩両口上被申達候条、不能具趣、宜預御披露候」（米沢市上杉博物館蔵歴代古案・四）

うけ【請け】 受け答え。「其御請《うけ》に、敵陣程近き儀に候条」（老翁物語）

うけおさめ【請納】 百姓の年貢の納入額を決定すること。「御年貢納所事、請納之証文明鏡之上者、少も於無沙汰者、可為曲事」（駿河天野文書）

うけがい【所耳】 承諾する。「御前をば某相心得べしとの、所耳《うけかひ》にて助るなり」（政宗記）

あ

うけがう【肯う】 肯定する。承諾する。「身上に於ては　家康肯《うけか》ひ給るの間、理を捨て降参あらるへし」（関八州古戦録）

うけかえす【請返・受返】 質入れ品や抵当物件を、代価を払って取り戻す。「しょたいしちの事、をきてうけかへすべきのよし、代物をあひたて候とことに」（塵芥集）

うけかかりて【請懸手】 自分の責任において他の人を引き受ける人。引受人。保証人。「付、請懸り手在之は」（吉川家文書）

うけかかる【請懸る】 自分の身に引き受ける。また、保証人になる。「於御進退之儀、井伊兵少申談、我等請かゝり申上者、一切不可有心疎事」（黒田家文書）

うげき【羽檄】 ①急報。「李昭大ニ驚キ、羽檄ヲ大明ニ馳テ、援兵ヲ乞フ」（伊達家治家記録）②至急を要する檄文。飛札。「甲府に羽檄を飛せ、人馬の息をそ休めける」（関八州古戦録）⬇「羽書《うしょ》」を参照

うけきり【請切】「うけぎり」とも。中世、荘園領主に対して、荘官その他が請所《うけしょ》の契約を結ぶこと。「濃州鶉田郷龍樹寺殿御菩提料所、本来三万疋請切地也」（実隆公記）

うけきり【受切】 刀で敵を切る方法の一つ。下方から上方に切り上げを切る。⇕下切《さげぎり》。

うけくち【請口】 請所《うけしょ》が豊凶にかかわらず納入する一定額の年貢。請料。→請所。「小泉給分兵庫郷政所請口七十貫文之内、二十貫文事（中略）仍御地下て可請取候」（大乗院寺社雑事記）「請口事、毎年肆拾貫之分、不謂旱水損、可納申候」（三宝院文書）

うけごう【肯う】「うけがう」とも訓む。よいと認める。承諾する。「種々に申したりしを、長坂・跡部、曾て此旨を肯《うけご》はず」（武田三代軍記）

うけざけ【請酒】 問屋から卸売の酒を買って小売りすること。「洛中洛外酒屋土倉事、或号請酒、或称請味噌、日銭方事、不随其役、猥依令商売」（蜷川文書）

うけじょう【請状】 ①主君や高貴な人から返事として受け取った書状。（日葡辞書）②責任をもって事柄を請け合うために差し出す文書。「一、御調儀第一に存候こと、付我等請状事」（伊達家文書）

うけぞなえ【受備】 敵に対して進んで攻めることをしないで、ただ守り防ぐだけの受動的な陣構え。「去程に今度は江田殿久下赤井も城々をば名代守にして受備にして」（武家名目抄）

うけたまわる【奉】 下付の一つ。奉書であることを示す。「宜令叙法橋　蔵人頭左近衛権中将藤原慶親奉」（黒田家文書）

うけつつ【請筒】 鎧の背後、腰のあたりにつけ、指物を差込む筒。「竿の先に結び付て、請筒にさし、馬に打のり急しが」（奥羽永慶軍記　上）

うけつめ【請詰】 未詳。「飯高永源・永安・曹源寺領当郷畠成定免・請詰・荒作・下作・未進利加免相・同入目以下事」（永源寺文書）

うけとり【請取】 受け持ち。「本道筋吉川衆請取にて」（老翁物語）

うけとりのくるわ【受取の曲輪】 守備担当の曲輪。武田軍では曲輪ごとに守備の将を定めてあった。「一、受取之曲輪、各相談有之」（長国寺殿御事蹟稿）

うけにん【請人】 保証人。「尚々無沙汰之時者、請人相共可致其明候、其時更一言子細不可申候」（根岸文書）

うけふくめる【受含】 受け入れること。「随而羽筑へ弥可被成御受含、御取曖之由尤可然存候」（吉川史料館蔵丹羽長秀書状）

うけぶみ【請文】 あることを発意して、それを誤りなく履行することを請け合うために差し出す文書。中世、請負を願い出るような場合に多く用いた。「自天王寺光康男上洛、座中事（中略）座中一向無請文之儀」（実隆公記）

うけまい【請米】 請負った年貢米のこと。「須戸庄請米之事、如前々可申談候」（朽木文書）

うけん【雨顕】 ひどい雨降り。「殊さら雨顕を受し故」（細川家記）

うげん【有験】 祈禱などで種々の効き目が顕われること。また、その僧。「霊尊貴僧の有験《うげん》また近国に其名高し」（関八州古戦録）

うごうぎどう【烏合蟻同】 たくさんの人が集まること。「味方は城戸を破んと烏合蟻同して押懸しに」（関八州古戦録）

うごき【揺・搖】 「動」に同じ。動き。行動。「頸五ッ自身討捕之、殊被鐺疵事、神妙之揺感入候」（水戸彰考館所蔵感状写）「其外追連借銭、乱揺故方々ニ踏候間、不及催促申候、其内死申候者も御座候」（蓮華定院文書）

うさん【胡盞】 盃に同じ。（日葡辞書）

うさん【胡散】 疑わしい、疑いを抱く。（日葡辞書）

うし【牛】 ➡「竹束牛《たけたばうし》」を参照

うじ【うじ】 獣の通路。（万代記）

うしおかえし【潮返】 ①いかなる武器かは不明。「府内勢は公の人数坂下を登りに追来らば、潮返《うしおがえし》の武器を以て取《と》返し打散《うちちら》さんと」（北越軍談）②潮のように寄せては返すこと。「敵を間近く押迫《おしつめ》させ、潮辺《うしおがえし》に取て返し」（北越軍談）

うしおき【牛起き】 牛のように不意に起き上がること。（日葡辞書）

うしきめん【有職免】 僧侶に与えられた在家《ざいけ》。支給された僧はその在家から公事課役を徴収して収入とする。中世、高野山領に多く見られる。「悉地院　有職免　三百三十五」（高野山文書）　➡「在家《ざいけ》」を参照

うしざき【牛裂・牛割】 戦国時代に行われた刑罰の一つ。手足を二頭または四頭の牛にしばりつけ、牛に背負わせた柴に火をつけたりして左右、四方に走らせ、罪人の体を引き裂く。キリシタン信者の迫害のために多く用いた。「長治怒て牛割にせよとて、少童が両足を牛二疋に結附て、左右へ追分、両足を二方に率割く」（南海通記）戦国時代の

あ

極刑。「其罪いかでかのがれ候べき、牛ざきになさんと宣ふ」（政宗記）

うしょ【羽書】至急の軍勢催促状。羽檄とも。「留守の百々直孝羽書を飛ばし、以て義直に告げ頻りに伊達の兵を催し責す」（伊達正統世次考）➡「羽檄《うげき》」を参照

うしろぐらい【陰匿い・後闇】後ろ暗い。後ろめたい。「陰匿《うしろぐら》き所存を以て、逆心を挿《さしはさむ》べからず」（北越軍談）「国法軍法に背キ、心むさく、善悪の弁《わきまえ》もなく、後闇《うしろぐらく》して、諸傍輩、善悪の儀わるく」（甲陽軍鑑 中）➡「後闇《こういん》」を参照

うしろぜめ【後攻・後責】城を包囲した敵や布陣する敵を、その背後から攻撃すること。背面攻撃。ごぜめ。「上月の城を幾重も囲ぬ、鹿之助後責請ければ、秀吉小寺氏など催加て向ひ、高倉山に軍だてし給ふ」（豊鑑）

うしろぞなえ【後備】後方に控えて守備をする軍勢。あとぞなえ。後陣。「輝虎後備《うしろぞなえ》、甘数《あまかず》近江守と申者、千ばかりの人数を、謙信龍の丸備《まるぞなえ》に作り、少しも、噪がず如何にも静かにのく」（甲陽軍鑑）

うしろづめ【後詰】①攻撃または防御部隊の後方に控えていて、必要に応じて応援をする予備の部隊。ごづめ。「政宗越後国より堀丹後守うしろつめの沙汰」（慶長記）②敵を背後から攻めること。また、その軍勢。うしろぜめ。ごぜめ。うしろまき。（日葡辞書）

うしろはしり【後走】殿《しんがり》を務める者のことか。「北条馬立て、後走《うしろはしり》の人数を出だし、中道を通り、駿河路を相働き」（信長公記）

うしろまき【後巻】味方を攻める敵を、さらにその背後から取巻くこと。うしろづめ。「同廿日に赤井五郎二千余騎にて柳本方して後巻する也」（細川両家記）

うしろめたい【後穢】後ろめたい。気が引ける。「領国を離れて永々在洛留守の事、大樹だも後穢《うしろめたく》思し召《めさ》るるの間、謙信心底嘸《さぞ》ありなん」（北越軍談）

うずい【有随】「踞。夷」とも。傲慢。うずい者。「三川の国の者にて候。尾張の国を罷り候とて、有随《うずい》なる様体《ようてい》にて候間」（信長公記）

うすいた【薄板】地の薄い織物。薄板物とも言う。特に唐織の薄地をいう。「御料人様への御音信は、一、厚板　百端　一、薄板　百端　一、緯白　百端　一、織紅梅　百端」（甲陽軍鑑 中）

うすし【菲し】薄い。「景虎は温柔にして将機分菲《うす》し」（北越軍談）

うずむ【瘗む】埋める。「御分骨拙寺へ御瘗《うず》め申し上げ候由」（長国寺殿御事蹟稿）

うずらたか【鶉鷹】鶉《うずら》鷹野。鶉を狩る鷹場。「くれかたに御のへ御出き候、うつら《鶉》たか《鷹》申候」（伊達天正日記）

うずらもち【鶉餅】「鶉焼《うずらやき》」に同じ。餅菓子の一種。中に塩餡を入れた饅頭。または焼餅。「大祥寺へ参、岡殿御座、

うたい共御所望也、鶉餅にて御茶給了」（言継卿記）

うせびと【失人】 逃げうせた人。逐電した者。うせうど。「仍彼両人逐電之屋内、早可加検符之由仰付云々（中略）失人両人屋内は加符云々」（政基公旅引付）

うそう【有相】 形体があって知覚できるもの。「有相無相」。（日葡辞書）

うそぶく【空嘯・虎嘯】 嘯く。うそぶく。「努々以て有へからずと空嘯て覚しも理りなり」（関八州古戦録）「総《すべ》て越・甲の武者扱《あつかい》、竜吟ずれば雲起り、虎嘯《うそぶ》けば風生ずる如く」（北越軍談）

うたて【転手・うたて】 ①薄情。情けない。つらい。よくない。「台命黙止難く、哀楽互に移替《うつりかわ》る定無き世ぞ転手《うたて》けれ」（庄内陣記）「海老島も佐竹義昭に奪われけるこそうたてけれ」（関八州古戦録）②ただならないこと。「家親卒し給ひて大なる禍、出来《しゅったい》しける事こそうたてける」（奥羽永慶軍記　下）

うたてしき【転しき】 情けない。「などや角《かく》うたて《転》しき言葉」（三好記）

うたれ【討為れ】 討たれる。「雑兵数多《あまた》討為《うた》れ」（庄内陣記）

うち【裏】「内」の充て字。身内。「特に田村・二本松家の裏《うち》に於て、必ず分離之在る有らん」（伊達正統世次考）

うちあげる【打ちあげる】 打ち上げる。引き上げる。「御一家御一族衆各々よせ御申、御談合御座候て、うちあけられ候」（伊達天正日記）

うちいる【打入】 陣詞では、味方が退却することを「打入」と言う。「引取・開く」ともいう。敵の退却は、「引取」「引」といって区別した。「出勢するを打出ると云《いう》、退を打入、引取、開くなど云《いい》、敵のは引取又は引と云」（北越軍談　中）

➡「引取《ひきと》る」を参照

うちうち【卯地打】 内々《うちうち》の。「卯地打《うちうち》の雑談の序《ついで》に、王畿荒廃の有増《あらまし》」（北越軍談）

うちえ【打柄】 竹を菊花状に削り合わせて千段巻にした槍・薙刀などの柄。「一、長柄《ながえ》・持鑓《もちやり》共に、柄打柄《うちえ》たるべきの事」（甲陽軍鑑　中）

うちおぼえ【内覚】 内々の覚書。「御懇答殊に内覚《うちおぼえ》として種々御断り共、眞實御本望の至なり」（伊達家治家記録）

うちがい【打飼】 餌を入れるに用いる筒状の底のない長い袋。打飼袋。普通は狩りの時、犬に投げ与える餌を入れる。「侍大将、馬ぞへの者持三食は、うちがひ、又は馬のいきあひ、水入筒、こしにさすなり」（甲陽軍鑑　下）

うちかぶと【内甲】 冑の内側。転じて、内輪の様子・内幕。内冑とも。「家老の明智あけくれ内甲《うちかぶと》をしりたる者に父信長・舎兄城介、兄と親を殺されさたもなく〳〵御座候」（甲陽軍鑑　下）

うちころす【打害】「打ち殺す」の充て字。「家康より加勢を頼て、其加勢を打害《ころす》はうや有物か」（三河物語）

うちざ【内座】「裏座《うらのざ》」に同じ。奥の間。「然者無隔心衆は内座へ呼申候て、又御酒寄合候也」（上井覚兼日記）

うちしめす【打しめす】 打ち消す。「我身は廿余人残りて松明を打しめし、敵の松明を星にして、差詰《さしづ》め引詰め、さんゝゝに射たりける」（奥羽永慶軍記　上）

うちだす【打出】 出陣する。軍勢を出す。「宇喜多人数幷備作衆悉指出、動被申付候、如此条、十六日無相違御打出専一存候」（萩市郷土博物館蔵小早川隆景書状）

うちだち【打立】 戦い。太刀打ち。「山中御陣ハ未息。其月廿四日迄打立不絶」（妙法寺記）

うちたてる【打立】 出発する。「輝元出張之儀、来十六日被打立候」（萩市郷土博物館蔵小早川隆景書状）

うちたれ【内垂】 武具の一種。戦場で、武将が自分や自分の隊の目印として、鎧の背の受け筒に立てたり、部下に持たせせた旗や作りもののこと。さいもの。

うちつく【打着】 集合する。到着する。「然者、諸軍勢悉打着候、諸山手ニ為陣取候」（東京大学史料編纂所蔵北条氏政書状）「五日之内駿河へ可打着由、懸入之者共申候」（神奈川県立公文書館蔵北条氏直書状）

うちつけがき【打付書】 書簡の上書きに脇付《わきづけ》をしないこと。身分が下の者にやる書簡に多い。「書札のあて所の書様の事進之候とも何共不書して、名字官計何がし殿と書をば、打付書といふなり、是は一の下手なり」（大舘常興書札抄）

うちつぶす【打刓す】 打潰す。「石井左近惟通が両眼を打刓《つちつぶ》す」（奥羽永慶軍記　下）

うちなしゅう【内名衆】 身内。一門衆。（昔阿波物語）

うちならい【内習】 内々の練習、取決め。「三増峠に懸て都留郡内へ引入んとの内習を定め」（関八州古戦録）

うちば【内端】「内輪」の充て字か。身内の者。「筑紫進退之事、構逆儀候条、可討果依談合、内端之軍衆急速雖可差登由候」（東京大学史料編纂所蔵島津義久書状）

うちはもの【うちはもの】 内輪者か内端者《うちば》、どちらにしても控えめの人。「諸奉公人にて奇麗ずきか、人あひよき者か、作法しりたる者か、うちはものか」（甲陽軍鑑　下）

うちひらめ【打平】 室町時代以来、中国から輸入した銭のうち、特に質の悪いものを南京銭という。打平《うちひらめ》とともに撰銭の対象とされた悪銭。「一、古銭之儀、自昔如相定、大かけ・大ひゝき・打ひらめ、此三銭可撰捨、其外如何何様候共、古銭ならハ可召仕事」（北条家朱印状）

➡「京銭《きんせん》」を参照

うちま【内間】 内輪もめ、内紛。うちわもの。「平壌軍中ノ義、内間ノタメ惟敬来住スルヤ否ト疑ハル」（伊達家治家記録）

うちまい【打舞】 仕舞。当時はちょっとした時にでも仕舞や謡が催された。「御こし物・御まき《巻》物くたされ候、其後御小座へ御越し候、御とうほう《同朋》ニハかたひら《帷子》下され候、うち《打》まい《舞》いたし候」（伊達天正日記）

うちまたこうやく【内股膏薬】 自分の意見もなく流されること。「二張の弓也。其故人の取沙汰にもうつまたかうやく《内股膏薬》

とて、後指《うしろゆび》を指《さ》れば」（三河物語）

うちめ【打目】 殴打による眼病。「内々以参上可得尊意候得共、自江戸罷帰打目気故ニ、御本所へも不参仕候」（西門寺文書）

うちものわざ【打物業】 刀剣・薙刀などで戦う仕業。また、その技量。「打物業《うちものわざ》は手ぬるければ、組て力の程を試み候はん、という」（奥羽永慶軍記　下）

うちゅう【宇宙】 天と地の間、すなわち空中。（日葡辞書）

うちわのやく【団扇の役】 軍配団扇を振る役。「六陣は赤幌廿七騎、金の切裂《きれ》十二騎・団扇《うちわ》の役は月舘隠岐守。麾の役は目時筑前守。貝の役は久陰備前守。大鼓は吉田源四郎」（奥羽永慶軍記　下）

うちわゆみや【内輪弓矢】 内輪同士で戦争をする。「三郎殿と兄弟のうちは弓矢は必思召とゞまり給へ」（甲陽軍鑑　下）

うちわをあげる【団扇を上げる】 戦陣で、軍配団扇を前上方にさし出して、部下や味方の軍勢に指図をすること。指揮する。

うつ【撻つ】 打つこと。「扇を以て渠《かれ》が輔車を撻《うち》玉う」（北越軍談）

うつうつ【欝々】 樹木がこんもりと茂るさま。（黒田家文書）

うつき【欝気】 気詰り。（細川家記）

うつけ【呆気・空気・倥侗】 まぬけ、愚か者。間の抜けた。馬鹿者。「そこに飛騨殿、何とてうつけ成され候や」（関原陣輯録）「梅雪、何ぞ是程空気《うつけ》たる言葉を出され候や」（松隣夜話）「陽明殿御父子に對し緩怠至極の体《てい》たらく、頗《すこぶる》倥侗者《うつけもの》と見へたれ」（北越軍談）

うっさん【鬱散・欝散】 鬱憤を晴らす。「且は鬱散《うっさん》の為とて酒盛して遊びけるが玉村五郎兵衛といへる侍」（関八州古戦録）

うつししゅ【移衆】 移封される者。「此夏中、肥後之諸地頭移衆など、被定候て肝要由也」（上井覚兼日記）

うつぜん【鬱然】 もやもやしていること。「先度之後不申通候、鬱然候、抑絞手綱・腹帯卅具送進之候」（天文書札案）

うづたかし【堆】 うず高く。「三好・松永が馳走を伺いみるに、国柄《こくへい》を雅意に任せて、権勢の堆《うつたかし》き事御所に倍す」（北越軍談）

うっぷん【欝憤】 不満・不平。（伊達家治家記録）

うつぼ【空穂】（猿皮で作った）矢を入れる物。「敵方の野伏百余人猿皮空穂に鉆《さび》たる根矢入て」（関八州古戦録）

うつまたこうやく【内股膏薬】「うちまたこうやく」に同じ。定見、操守のないものをいう。「其故人の取沙汰にも内股《うつまた》膏薬とて、後指《うしろゆび》を指《ささ》れば」（三河物語）

うつむく【俛く】 伏す。屈める。「苛《いらだ》つて備を転《く》りよせ、桐の紋の旗を俛《うつむ》け、佐野衆を下知して」（北越軍談　中）

うつもう【欝朦】 心が深く塞がり、かくれること。「諸軍勢支度《したく》の間、輝虎公此程の欝朦《うつもう》を散ぜらるべしとて」（北越軍談　中）

うつろ【洞】 ①自分のこと。自分たちのこと。自家・他家の合戦のこと。「于今迄、四十余ヶ年候、其内大浪・小浪、洞・他家之弓矢、いかハかりの伝《転》変ニ候哉」（毛利家文書）②「洞中」に同じ。家臣という意。「次に田村洞《うつろ》今日までは無異義の由聞せらる」（伊達家治家記録）➡「洞中《どうちゅう》」を参照

うつろなか【洞中】「どうちゅう」とも。家臣のこと。「當地まて着陣せらる、田村洞中《うつろなか》鹿股と號する地一向小地なれは」（伊達家治家記録）➡「洞中《どうちゅう》」を参照

うでこき【任俠】腕扱《うでこき》。腕力や武芸に勝れている。またその人。「忽ち死に就《つく》を省み玉はず、混《ひたす》ら卑夫《ひふ》の任俠《うでこき》に近し」（北越軍談 中）

うでだて【腕立】自分の腕力を自慢すること。腕だのみ。腕こきだて。「左様にありて、また其人うでだてをし、いかにもぎ《義》ずくを立《たて》らる丶」（甲陽軍鑑 中）

うでぬき【腕貫】刀の柄頭・鍔に輪を作ってつけ、手首を通す緒。「旁は流石《さすが》のうで《腕》ぬ《貫》きをさする衆が、武辺の儀に首尾不合《ふごう》なり」（甲陽軍鑑 下）

うでぬきしたお【腕貫下緒】刀の柄頭、鍔に輪をつくって付け、手首を通すようにする紐緒のこと。（伊達家治家記録）

うでもち【うて持】戦いに勝って自分の所領にすること。「国々に私《わたくし》取相《とりあい》、うて持《もち》手柄次第」（老翁物語）

うてる【うてる】まいる。けおされる。「御うて成されたる御氣分」（老翁物語）

うと【烏兎】歳月。月日。「異口区なる計《ばかり》にして、兎にも角にも空く烏兎《うと》を送る」（北越軍談）「烏兎空過、哀慟難尽者乎」（実隆公記）

うとく【有徳】有得とも。富裕。「近郷に目付を廻し、有徳なる者あれば人数を配り、夜討して金・銀・米・銭を奪ひ」（奥羽永慶軍記 下）

うとくせん【有徳銭】室町時代、幕府、守護、大寺社が近江坂本、奈良などの都市の特定の金持ちに負担額を指示して、臨時経費の支弁を求めた臨時の税。のちには幕府、大寺社の主要な財源として恒常化した。うとく。徳銭。有福《うふく》。「仍如先例諸山寺有徳銭等、一段大儀之時は仰付之者也、及異儀条不可然」（大乗院寺社雑事記）➡「徳銭《とくせん》」を参照

うとくにん【有徳人】「徳人」とも。富裕な、豊かな人。（日葡辞書）

うどん【饂飩】「うんどん」が古いが、室町期は「うどん（vdon）」。（日葡辞書）

うなう【耡・耕】田畑の土を鍬で掘り起こしてうねを作る。また、転じて、一般に耕すことをいう。たがやす。「田舎に田のうねをつくる事をうなうと云ふ事あり」（実隆公記）

うなじ【項】うなじ。「内に機《はじき》有て項《うなじ》の上に当れり」（北越軍談）

うなずく【点頭・頷く】肯く。頷く。納得する。「公点頭《うなずき》ましまし此表を引拂ひ、平井え凱入《がいにゅう》し玉ふと云々」（北越軍談）「適奴《あっぱれやつ》は子細ある僻者《くせもの》ならんと、頓《うなずき》て」（北越軍談）

うねゝ【うねゝゝ】畝々のこと。峰々。「うねゝゝより弓

鉄炮にて射立て候」（桂岌圓覚書）
うのはなくだし【卯の花くだし】 四月の雨のこと。（日葡辞書）
うのめかえし【畝目返】 畝のように幾筋にも筋をつけて（縫った袴）。（桂岌圓覚書）
うばくか【右幕下】 右近衛大将の居所。または右近衛大将の敬称。特に源頼朝をいう。「治承に右幕下草創より以来」（梅松論）
うふく【有福】「有徳銭《うとくせん》」に同じ。「等持院領播州所々守護山名方、被懸有福之事、以無先規之故以訴状被申之」（蔭涼軒日録）　➡「有徳銭《うとくせん》」を参照
うべなう【肯う】 うなずく。「両人とも必定証人に立つべしと肯《うべな》ひければ、木幡歓びて籠城しける」（左衛門佐君伝記稿）
うべなる【宣なる】 最もなことである。「実に宣《うべ》なるかな、不義にして富且貴《とうとき》は我に於て浮雲の如しといふ事、是孔子の善言、魯論に記さる丶所とこそ承り候へ」（奥羽永慶軍記　下）
うまうち【馬打ち】「馬打ち」は、馬に乗ること。行動を共にするの意もあるか。「大崎向後者伊達馬打同前之事」（伊達家治家記録）
うまかいりょう【馬飼料】 中世、荘園領主が課した雑税。「地頭方御馬飼料、一切無先例（中略）而宛賜預所代職於地頭方之後、寄事於左右、長日不退、被責取四升之条難堪也」（高野山文書）
うましろ【馬代】 馬の代わりとして贈った金銀、綾、絹など。ばだい。「後日号馬代、両人各二百疋、若子共令同道者、各二百疋許分可遣之歟」（東寺百合文書）
うませめ【馬責】 馬を訓練すること。馬を乗りこなすこと。また、その人。責馬。「一番乗の衆、今馬せめ始有」（梅津政景日記）
うまだし【馬出】 城の虎口《ここう》や城門を掩護するために、その前に設けられる土塁や石塁。角《すみ》馬出・丸馬出・平《ひら》馬出・辻馬出・的山馬出・曲尺《かねじゃく》馬出・巴馬出などがある。「一、城とり之第一は馬出之取様肝要に候、たとへ三の丸二の丸へおしこみ候共、其くるわの内にても持かへすやうに致す物也」（上杉家文書）
うまだまり【馬溜】「馬屯」とも。多くの馬を立並べるために城外の橋際に設けた空き地。「城取の事　一、辻の馬だしの事　一、著到矢倉《ちゃくとうやぐら》の事　一、馬だまりの事　口伝」（甲陽軍鑑　下）
うまつぎ【馬継・馬次】 駅馬を乗り継ぐこと。また、その場所。駅。「定、（中略）馬次之所にて馬遅く出すにおいては、右之荷付馬すぐにとをし、さきの駄賃定のごとく出すべし」（財政経済史料・四）
うまはだけ【馬刷刀】 馬刷毛。馬の毛をすく櫛。馬梳。「馬刷刀《はだけ》二尺一寸、中は二尺八寸、下は二尺五寸也」（甲陽軍鑑　下）
うまふね【馬槽】 秣《まぐさ》を入れる桶。飼葉桶。「馬槽《ふね》長二尺四寸、広い尺二寸、高八寸也」（甲陽軍鑑　下）

うまぶね【馬船】 中世・近世の水軍で馬の輸送用として使われた軍用の荷船。「馬船は小船にてはならずといえども、のせずして不叶時もあるべし」（続船行要術）

うまほこり【馬ほこり】 陣詞では、味方の馬が巻き上げる馬の土ぼこりをいう。⇕馬煙。「味方のは馬ほこり、敵のは馬煙」（北越軍談　中）➡「馬煙《ばえん》」を参照

うままわり【馬廻】 大将の馬の廻りを警固する騎馬の親衛隊。「重而之依注進、先馬廻ニ三万尓て備前至于岡山」（黒田家文書）

うまやかたぶぎょう【厩方奉行】 厩奉行の下に属する役。「御馬三疋被牽之、（中略）加治左京亮御供　厩方奉行也」（斎藤親基日記）

うまよけ【馬除】 馬除垣のこと。騎馬兵が侵入しないように作った垣。「一戦を遂られ、悉く押崩し、馬除相破り」（伊達家治家記録）

うまよろい【馬鎧】 乗馬につける防御用の武具のこと。額から尻甲まで覆う。「次御約束申候馬鎧出来申候間、進之候」（黒田家文書）

うまをいれる【馬を入れる】 帰国する。「ソレヲ手柄ニ被成候而、甲州人数ハ御馬を御入候」（妙法寺記）

うまをたてる【立馬】 馬を進めること。「信玄ハ中途ニ被立馬之由申候」（北條氏照書状写）「来月上旬中、西上州於被立馬者、彌可為満足候」（上杉輝虎宛北條氏政書状写）

うまをつなぐ【馬をつなぐ】 和睦すること。「信長へ御馬をつながるべきとの御懇望に於いては」（桂岌圓覚書）

うまをよせる【寄御馬】 兵を動かす。騎馬を動かすこと。「昨日今日悪日間、明日必可被寄御馬候、其間事、能々調儀尤可然候」（正木文書）

うみやま【海山】 物事の程度が甚だしいこと。「御存分海山ナカラ、先々御筆をとゝめらる」（伊達家治家記録）

うむのかっせん【有無の合戦】 有か無かいずれかに決する合戦、つまり決戦に出る事。「郡山難義に及はゝ、様子次第に有無の合戦有て」（伊達家治家記録）

うめぐさ【埋草】 ①城を攻めるとき、敵の城の溝や堀を埋めるために用いる草、その他の雑物。うずめ草。「信長公天満か森へ御大将軍を寄させられ次日諸手よりうめ草をよせ、御敵城近辺に在之江堀を塡させられ」（信長公記）②（①を比喩的に用いて）作戦上、殺されることが確かでありながら前線へ送られる兵士。（日葡辞書）

うよう【羽陽】 出羽国の称。「羽陽雄勝を賜け、稲庭の城に居住す」（奥羽永慶軍記　上）

うらくずれ【裏崩】 戦場で、前線の部隊より先に後方の部隊が動揺して、陣容を崩すこと。「後にひかへたる堀が勢、裏崩して敗北すれば」（江濃記）「伊勢の陣中思ひよらざる事なれば、少し色めき見ゆる所に、はや裏崩《うらくずれ》したりける」（奥羽永慶軍記　上）

うらづけ【裏付】 中世、割符《さいふ》に支払人が支払期日を書くこと。「此割符廿日裏致沙汰之間」（東寺百合文書）

うらのざ【裏座】 ➡「内座《うちざ》」「表の座《おもてざ》」を参照

うらはん【裏判】 ①文書の紙背に書く花押。文書の差出人に対する丁重さと自分の謙遜を表わす書札礼。「何月何日某請文裏判」（沙汰未練書）②継目裏判《つぎめうらはん》のこと。複数の紙を継ぎ合わせて書いた文書や巻物の場合、継目の裏に改竄を防ぐために両紙にまたがって書く花押。③文書の表の文面を承認・保証するために、紙背に書く花押。中世の売券・和与状などには幕府の奉行が裏書・裏判を加えることが多かった。裏封。「一、売券裏判書様、任此状之旨、所令存知也」（親元日記）

うらふう【裏封】 裏判の③に同じ。訴陳状や和与状などの継目に裏判した。「証文裏封事、文明十年十二月十日任証判之旨重為後證封裏文明十七廿四日判在之」（室町家御内書案）

うらやくせん【浦役銭】 室町時代、海村、漁民に臨時にかけられた税。また、その代わりに銭納するもの。「於赤間関御座船事、被仰付之処、以浦役銭可致進納之由、地下仁中請之間、被任懇望畢」（大内氏掟書）

うらやましく【浦山敷】 羨ましい。「何れも一の谷にて熊谷・平山が先陣せし事を浦山しく思ひ給ふか、といへば」（奥羽永慶軍記 下）「請暇、病暇、寮暇、暫暇之僧衆定浦山敷可被思歟」（文明十四年鈔庭訓往来）

うらをふうず【裏を封ず】 鎌倉以後の武家裁判において、和与状、紛失文案等の裏に、その事実を証明するために裏書、裏判をする。「鴨社神領梅原庄百姓等注進（中略）封裏、於案文者、先日被進候歟」（親長卿記）

うりきしん【売寄進】 ①中世に行なわれた不動産売買の形式の一つ。同一人物が同一の対象に対して、売券と寄進状を、同年月日で別々に作成するもの。多くは徳政令の適用による売買契約の破棄をさせるためになされた。「寄進地并売寄進被返付寄主否事御尋之」（伺事記録）②中世の行われた不動産の売買もしくは寄進としての性格も持っているもの。「永代売寄進申下地之事、合壱段小者」（立政寺文書）

うりけん【売券】 土地その他の財物を売り渡すとき、売り手から買い手に渡す証文。中世では、私的証文の性格が強まり、また、冒頭に「売渡」「沽却」などの文言を付けるのが通例。売渡状、売券状。ばいけん。売文《うりぶみ》。「其名代をあひつき候人躰ならは、うりけんのせうもんにまかせ、これを付あたふべきなり」（塵芥集）

うりち【売地】 売る土地。うりじめん。⇕買地。「当毛上之事も、領主之挌護之処者不及是非候、盗人之挌護申候分、同売地等候はば役処に可収候間、堅固に其糺可仕之由、東木隼人佑へ申付、帰候也」（上井覚兼日記）

うりぶみ【売文】「売券《うりけん》」に同じ。「為後日沙汰明鏡放売文

之状如件」（高野山文書）

うりわたしまいらす【沽渡進】「売券」の書き出しの文句。「沽渡進　筑前国早良郡脇山院内背振山上宮領中山引地屋敷并坊雑舎以下小家等事　四至」（黒田家文書）

うりん【羽林】特に近衛府の中将、少将の唐官名。

うるう【壬】「閏」の略字。閏月のこと。「壬《うるう》八月朔日、宮野に陣替し、二日に御服山に御動座、富山台覧あり」（四国御発向并北国御動座記）

うるおい【うるほひ】恩恵。「其うるほひ今に至る事を存ぜず候間」（老翁物語）

うるさい【うるさい】卑劣なこと、悪質な、きちんと整っていないなど。（日葡辞書）

うるみしゅ【潤朱】潤朱、黒色帯びた朱の漆塗り。「其間に敵は逃去る、又ウルミ朱の具足を着たる武者一騎」（伊達家治家記録）

うれき【右暦】正月。暦は巻子（巻物）に記入されており、右方から巻き、左方の軸に至って終わる。左暦は十二月。「為右暦之嘉祥、菱籠・馬腐（滑カ）如書中到来、快然候」（妙源寺文書）　➡「左暦《されき》」を参照

うろこなみ【鱗次】鱗をはがすように順々との意か。「長沼筋へ数回出軍して、其地を鱗次《うろこなみ》に伐《き》り従へ」（北越軍談）

うろん【胡乱】合点がゆかない。胡散とも。「是もまた胡乱ならす」（関八州古戦録）

うわげ【上気】表面。うわべ。「甘利備前討死を迷惑に思ひ、うは《上》げ《気》は機嫌よき様にもてなさるれども」（甲陽軍鑑　中）　➡「上気《かみけ》」「上気《じょうき》」を参照

うわさ【背語】噂。うわさ。「信玄公の背語《うわさ》を申つる事をき、て、弥《いよいよ》三楽を高上に存ずる也」（甲陽軍鑑）　➡「背語《はいご》」を参照

うわしき【上敷】ある物の上に敷くもの。薄縁。「ミ《身》のこい《拭》　壱ツ　上しき　但ふくろあり　壱ツ」（黒田家文書）

うわのり【上乗】舟で運搬中、その積荷の処理・監督に当たる責任者。「うは《上》荷に竹・材木たるへく候、上のり《乗》藤蔵たしかなる者のせ上へき事」（東京大学史料編纂所所蔵文書）

うわもる【上盛】①心高ぶりおごること。上盛る。「分限にさへあれば、町人なンどまでうはもり、剛の武士の居たる所にても」（甲陽軍鑑　下）　②あるが上に更に盛り加えること。「所領を過分にとり、うはもる子細は、己が日来《ひごろ》職人の時、奉公人の馬に乗り」（甲陽軍鑑　中）

うわや【上矢】表矢、上差《うわざし》の矢ともいう。箙の征矢《そや》にさし添える二筋の矢、鏑矢か雁股の矢のこと。「主膳、小坂を乗上くる所を、又件《くだん》の山三郎上矢に鞍の後輪を打欽き」（伊達家治家記録）　➡「征矢《そや》」「根矢《ねや》」を参照

うわやり【上鎗】敵と鎗を交えて戦うとき、先ず敵の鎗の柄を自分の鎗の柄で下へ押えつけて、攻勢にでること。「数刻の戦に九郎二郎はうはやり也、其比うわやり下鎗と云

事有、いづれもみしりかへしの事なれば、互にたるみはなかりけり」（信長公記）

うん【雲脚】 粗末な茶。「雲脚を申さうず」（粗茶を一杯差し上げたい）。（日葡辞書）

うんえき【瘟疫】 流行病。「此間城中に瘟疫《うんえき》流行して是に悩さるる者甲乙老若を分たず」（北越軍談　中）

うんきえんき【雲気烟気】 雲霧や煙の移動する様を見て、天候・人事・戦の勝敗をトすること。「旗色を御覧じて雲気烟気を見わけ」（甲陽軍鑑）

うんきゃく【雲脚】 粗末な抹茶。「数奇者と申は、振舞に一汁一菜なりとも仕リ、茶は雲脚《うんきゃく》にても心の奇麗なるを」（甲陽軍鑑　下）⬇「雲脚《うんきゃく》」を参照

うんしん【運心】 愛している人に対して抱いている愛情のこもった思い出。（日葡辞書）

うんそう【醞相】 穏やかな状態。「平子和泉守など云《いう》国侍降参して、人質を進《まい》らせければ、公是を醞相《うんそう》として」（北越軍談）

うんだ【雲朶】 書状。（日葡辞書）

うんてん【温天】 温かい空・温かい日のこと。「此坊主も温天《うんてん》にて日をいとひ、早朝に罷越《こし》、衣をぬぎて垣にかけ」（甲陽軍鑑　下）

うんぬん【云々】 〜ということだ。「しかしか」とも訓む。「来月三十日甘露寺故一品一周忌、当月へ被取越云々」（言継卿記）（日葡辞書）

うんのう【蘊奥】 奥義。極意。「（加治）景英武文の才有て、宇佐美駿河入道を師として、神武の大道を学び、其蘊奥《うんのう》を究《きわめ》けり」（北越軍談）

うんをつける【醞を着ける】「運を着ける」と同意か。相手の利運に手を貸す。「他国え念なく押入、武田家と始て弓矢を接《まじえ》る義なれば、恣の軍して敵に醞《うん》を着《つけ》られなば、景虎一生の名折《なおれ》と謂ひ、後日の戦仕醜《しにく》かるべし」（北越軍談）

えい【永】 永楽銭の略。室町中期から江戸初期にかけて、当時の標準的通貨として流通した銅銭。「田嶋助十郎と申者は甲州一本鑓小山田彌三郎と申者の首とり、其時の御褒美に次郎兵衛に被成、永拾貫文之処被下候事」（深谷記）

えいいき【塋域】 墓場。墓地。多くその家代々の墓地の意に使う。「恵林寺為武田氏塋域、勝頼之遁也、欲権托之」（国司略）

えいえい【永々】 永久に。（日葡辞書）

えいえい【盈々】 非常に多量なこと。（日葡辞書）

えいえい【曳々】 仲間の威勢をつけるための雄叫び。「総勢同音に曳々《えいえい》声を揚《あげ》て、泰山の崩《くず》るる如く峠より突《つい》て懸り」（北越軍談）

えいえいおう【栄々応・曳々応】「雄叫び」の声。一致団結の意志を示す時の掛け声。「只諸卒一同に栄々応《えいえいおう》の雄鬨《とき》をなし、螺鉦を鳴して」（北越軍談　中）「卯月廿日、月まだ残る涼晨《しののめ》より、味方の魁兵大手の城戸近く仕寄て、曳々応《えいえいおう》の声

を発す」（北越軍談 中）

えいぐ【影供】 神仏や故人の肖像画を安置し、その前に供物を備えること。「寺務於大乗院三蔵会遂行、供目代永専学順房（中略）影供料紙吉殿庄之所出」（多聞院日記）

えいこう【営功】 寺社などの造営工事を進めて仕上げること。「誓願寺立柱、今月乎之由有其沙汰云々、不日営功、可貴々々」（兼顕卿記）

えいこく【営或】 極度の精神状態に追い込まれるという意か。「真田昌幸が武辺せし方より、一度に乗入りけるに、女童人質等、右往左往に騒動すること、営或《えいこく》として、熱湯にて手を洗ふに異ならず」（武田三代軍記）

えいさん【嬴駿】「そえうま」とも訓む。副え馬のこと。「横を突て駈乱《かけみだ》す。然共嬴駿《しかれどもえいさん》に負せたる粮米」（北越軍談）

えいじつ【永日】 別れの挨拶や、手紙の結びに用いる語。後日、日永の折にゆっくり会おう（または、詳しく話そう）の意。「為歳暮之祝義小袖一重贈給候、欣然之至候、委曲期永日之節候、恐々謹言」（上杉家文書）「慶事猶永日可申述候、恐々謹言」（野坂文書）

えいしゅ【嬴輸】 勝敗。「柿崎掃部助身命を抛《なげう》て奮撃し、嬴《えい》輸何《しゅいず》れとも分《わ》たず」（北越軍談）　⬇「嬴輸《えいゆ》」を参照

えいしん【詠進】 詩歌を作って宮中や神社などに奉ること。多く、宮中の月次《つきなみ》御会や新年の歌御会始めの場合にいう。「伊勢（中略）内裏より題を給ひて詠進の時の歌なり」（東野州聞書）

えいせい【曳声】 曳々応という雄叫び。「一足引《ひか》じと曳声《えいせい》挙て競ひ進む」（北越軍談 中）

えいせん【栄遷】 加増の上、所領替えとなる。「城は蓋し公へ命にして栄遷なり」（一徳斎殿御事蹟稿）

えいそう【詠草】 詠作した和歌。また、それを紙に書きつけた草稿。様式に縦横両方あり、詠進など公式な場合には縦のもの、添削を乞う場合などには横のものを多く用いた。歌稿。句稿。「飛鳥井中納言雅世卿へ消息し奉りて、添削の詠草奉るとき」（慕景集）

えいち【永地】 ①該当者が永代にわたって知行する権利を持つ地。「又永地、又本物共、買主相絶候者、本主え可返付」（長宗我部氏掟書）②無期限での売却地。購入して二十年未満の田畠は、「年紀沽却地」と言い、これには、年限を定めて売却し、超過すると売主に返す「年紀沽却地」及び売却代金を払い土地家屋を返してもらえる「本銭返地・同屋」と、年限を決めない永領地・永地・永代売がある。二十年過ぎれば買得となる。「買得分之田畠幷借遣米銭・質物・預状・永地之事、一切不可有改動」（仏光寺文書）

えいちがえし【永地返】 中世における売買契約の一つ。買い戻しの条件つきで売り渡す形式のもの。本銭返《ほんせんがえし》。「但於此地、無大小公事、若有質券永地返沙汰、又付番頭違乱出来時者、付子々孫々、可致本直銭沙汰」（高野山文書）

➡「本銭返《ほんせんがえし》」を参照

えいてつ【映徹】 光が貫き透ること。学問など物事に深く透徹すること。（日葡辞書）

えいふ【永不】 荒廃した土地であるために一定期間年貢を免除されること。また、その田畠。「分弐抜き五百文、但壱段永不之由申之、年始年末二瓶子一双宛有之」（石見吉川家文書）

えいや【永夜】 長い夜。（日葡辞書）

えいゆ【贏輸】「えいしゅ」の慣例読み。勝ち負け。勝負。「信玄の勝と見えたり。然れば双方贏輸《えいゆ》備われり、畢竟《ひっきょう》互角の戦たらん」（北越軍談）

えいりょう【永領】 子孫代々にわたって所領を領有知行すること。また、その所領。⇕一期分《いちごぶん》。「所務及利々倍々処、約月過者、可永領之由号載借書横領云々」（賦銘引付）「国中之寺社何も没倒、其上各永領引替、剰上総国兼而拘置分、悉相違、万事雖無余跡候」（総持院文書）

えいるい【営塁】 とりで。兵士が陣を構えているところ。「米沢に還り在々に営塁《えいるい》を作り為し、甲を新川近辺に伏せ」（伊達正統世次考）

えいわい【翳薈】 草木が茂って蔽っているさま。「砺波郡の海道翳薈《えいわい》の所々に陥穽《かんせい》を羊腸に穿《ほり》」（北越軍談）

えがとけぬ【絵が解けぬ】 わけがわからない。埒があかない。「我御身をおろして殺して、我れ此馬に乗りていきてもゑがとけぬ」（三河物語）

えがわざけ【江川酒】 伊豆国（静岡県）大川で代官の小川《えがわ》長左衛門が醸造したという。「一、北条氏政より、白鳥十、江川酒樽一対、八丈嶋廿端、にた《仁田》山絹百疋、御音信也」（甲陽軍鑑 中）

えきこ【繹故】 容赦なく。速やかに。「輝虎公繹故《えきこ》なく騎西《きさい》城を攻落され」（北越軍談）

えきぜい【易筮】 易理によって占うこと。「信虎女中衆之事、入十月之節、被勘易筮可有御越之由尤候」（堀江文書）

えきてい【掖庭】 宮廷。「百敷《ももしき》を連ね、地下《ぢげ》諸大夫・諸侍等、皆、掖庭に伺候す」（関白任官記）

えきふ【役夫】 人に使われて労務などに従事する者。人夫。「衛門二郎河内下、役夫下候也、去月晦日よりの役夫也」（山科家礼記）

えきれい【疫癘】 悪性の流行病。疫病。「備後守殿疫癘《えきれい》に御悩みなされ、様々の祈禱、御療治候と雖も、御平癒なく」（信長公記）

えくぼ【靨】 えくぼ。「孩子《がいし》の時より顔色美しく、靨《えくぼ》あればとて父母寵愛の余り、笑窪御前と号したり」（奥羽永慶軍記 上）

えぐる【緣る】 えぐる。「腹十文字に切り割き、臓《はらわた》を緣《えぐ》りて死す」（播磨別所記）

えげ【会下】 禅宗の僧院のことだが、戦国期には特に曹洞宗を指したようだ。（日葡辞書）「然るに五山十刹会下《えげ》、叢

林その外、霊地名山は、伽藍を修理し」（四国御発向并北国御動座記）

えげそう【会下僧】禅宗の僧のうち、曹洞宗の僧侶を指す。（日葡辞書）「此大益、其時分関東の事は不及申、日本にかくれなき会下僧《えげそう》也。（甲陽軍鑑　中）

えげのしゅう【会下之衆】「会下」とは、禅寺などで修業している僧侶、会下僧のこと。（伊達家治家記録）

えこう【慧光】智恵の明哲さ。「慧光を輝かす」（自分のすぐれた智恵を示す）。（日葡辞書）

えざま【絵様】描いたさま。状況。「近日又以荒・信御絵様令存知候」（東京国立博物館所蔵文書）

えさん【絵讃】画と讃の入った掛け軸。「小成田惣衛門しなん《指南》にて高清水よりゑさん《絵讃》あけ御申候」（伊達天正日記）

えしき【会式】法会の儀式。また、その法会。「事外参詣之人継踵畢、明日当山依会式也云々」（慶長日件録）

えしゃく【会釈】①挨拶。もてなし。「義光、東根・西根の輩と和睦の會釋甚宜しからす」（伊達家治家記録）②斟酌する。「氏政も会釈有て宇都宮への働を止られ」（関八州古戦録）③打ち解けて語らうこと。「あしらい」とも訓み、使用仕方は異なる。「此方は会釈して其分に立置の処今に於ては棄損し難し」（関八州古戦録）「さながら国主大名の会釈にて、驕奪《きょうだつ》日頃に十倍せり」（庄内陣記）④心得る。「下知を加へ置れける故、諸士随分の会釈《えしゃく》をなし、竟に生捕《いけどつ》て」（北越軍談）⑤その場に応じた対処、取扱いをすること。「蘭坡南禅寺前住参之時、為大納言之旁輩、極老也、香衣也、当座之会尺勿論々々、可貴々々」（宣胤卿記）⬇「会釈《あしらい》」を参照

えしゅ【会衆】一宗一派で教学、財政などのことを評議する集会の議員。「三所十聴衆より御使を被下、有呵責、可有御催促事、但使可被下御人数は、三所より御下部三人、定使、上使、其外会衆之上十人可被下事」（高野山文書）

えじょう【会上】千人の僧を集めること。「千人の学者をあつめて会上《えじょう》といふ事今までさのみきかず」（甲陽軍鑑）

えた【穢多】中世、賤民の一階層。「穢多　ヱタ　屠児河原者」（文明本節用集）

えだじろ【枝城】本城から分かれて、要害の地に築いた城。出城《でじろ》。⇔根城《ねじろ》。「枝城の庭屋へは城代として信玄の旗奉行（中略　上）原図書入道随応軒に庭屋左衛門尉以下先方を差し副へて」（関八州古戦録）⬇「根城《ねじろ》」を参照

えちもの【えち者】姿、かたちなど、うわべだけをかざるが、精神は軟弱で口先ばかり達者な者。「若キ者に三人あり。第一に異相《いそう》者、第二にだてもの、第三にゑちもの、是三人也。（中略）第三にゑち者と申は、小袖・諸道具をもいつくしく斗《ばかり》思案して、女の好やうに仕り、微弱《びじゃく》なる奴を、ゑちものとて、何の役にもた丶ぬ」（甲陽軍鑑　中）

えっき【悦喜】大いに喜ぶこと。「是又別於入精者、可悦喜由、可相傳段簡要」（黒田家文書）

えっさい【悦哉・雀鷂】 鷹の一種。ツミの雄の呼称。「雀鷂　エッサイ　小鷹名　又零鳥」（文明本節用集）

えつざん【越山】 山を越えてくること。「何ぞ言うに勝《た》えん、幸《さいわい》に氏家越山し来り、緊切に兵議最も然る可し」（伊達正統世次考）

えつぼ【笑壺】 思う壺に入ったので大いに悦ぶこと。「吉晒したりけるこそ満座笑壺《えつぼ》に入しとそ」（関八州古戦録）

えつらい【謁来】 「謁来」の充て字。会いに来る。「剰《あまつさえ》古河の晴氏父子謁来《えつらい》より、是と牒《しめ》して南方を図《はか》らん」（北越軍談）

えのあぶら【荏の油】 荏胡麻の油。戦いで敗れた敵兵の首を洗ったあとに切り口に荏胡麻の油を塗った。「截口《きりくち》には荏《え》の油を塗る事」（北越軍談　中）

えびすこう【夷子講】 同業者組合。「改而申付訖、依之雖為売子、対吾分、夷子講之裁許可在之」（寛延旧家集）

えぼしな【烏帽子名】 元服の時、幼名を改めてつけた名。（昔阿波物語）

えほつ【衣鉢】 袈裟と托鉢用の鉢と。ここでは、衣食の意。「自ら衣鉢《えほつ》を傾けて以て之に賑給《しんきゅう》すること」（一徳斎殿御事蹟稿）　➡「衣鉢閣下《いはつかっか》」を参照

えほり【江堀】 川から引いた小水路。「掘割」のこと。「次日諸手よりうめ草をよせ、御敵城近辺に在之、江堀を塡させられ」（信長公記）

えめん【会面】 「面会」に同じ。面会すること。「所詮某甲《それがし》途中に迎て会面《えめん》すべしと俄に其用意を設て」（北越軍談）「是に依り公小田原の両使に会面《えめん》有て、大抵《たいてい》御同心の旨答へ」（北越軍談　中）　➡「會面《かいめん》」を参照

えもの【得物】 ①得意の武器。「二男善九郎を始三郎・四郎・五郎四人館に残りけるが、此の由を見て、得物《えもの》々々を提《ひっさ》げて、群馬に目を懸け切つて出づ」（奥羽永慶軍記　上）②得意とするわざ。特に熟練していること。得手物。「其うしろ尓て取巻候事、得物尓て候」（黒田家文書）

えりうち【魞打】 細竹を袋状に並べて魚を捕獲する漁法のこと。「牧庄（近江国蒲生郡）北津大和田内仁、新儀仁魞打之由、太以無其謂」（長命寺文書）

えりぜに【撰銭】 「えりせん」に同じ。商取引の際に銭貨をその質のよしあしによって区別すること。流通の円滑を妨げる行為として奈良時代から江戸時代まで規制が行われた。「定　撰銭事〈限京銭打平等〉右、於唐銭者、不謂善悪不求少瑕、悉以諸人相互可取用矣」（蜷川文書）

えりもとにつく【襟元に付く】 「襟につく」とも。権勢におもねる。利欲にはしりつく。「如件のよろづをさたして、ゑりもとにつき、足もとの弱をはやく捨、強《つよ》方へ付、軽薄なる故」（甲陽軍鑑　下）

えんえん【婉艶】 非常に美しく、あでやかなこと。（日葡辞書）

えんかん【捐館】 館を捨てる。転じて諸侯や貴人の死去をいう。「新捐館乾徳院殿、前左京兆保山道祐大居士」（性山公

治家記録）「大御所齢七旬に余り捐館《えんかん》近きにあり」（左衛門佐君伝記稿）

えんきょ【遠去】 死去する。（日葡辞書）

えんきょ【燕居】 休息して家にいる。ひまでいること。「神君に陪し奉るの日、矢石鏖戦《おうせん》の地燕居《えんきょ》遊猟の際といえども」（慶長記）

えんきょ【圓居】 ➡「圓居《まどい》」を参照

えんきょう【円鏡】「鏡餅」の異名。「龍雲院ヨリ円鏡、樽一荷来之」（多聞院日記）

えんぎょう【遠業】 遠くから撃ち放つ。「折節三郎景虎、御前にありて、鉄炮は、遠業の物なる事も候べし」（松隣夜話）

えんげき【掩撃】 小部隊で、敵の不意を襲い討つこと。ふいうち。掩襲《えんしゅう》。 ➡「掩襲《えんしゅう》」を参照

えんげつ【偃月】 偃月は新月、弦月。偃月の形の陣立て。「魚鱗《ぎょりん》、鶴翼《かくよく》、長蛇《ちょうじゃ》、偃月《えんげつ》、鋒矢《ほうや》、方向《ほうよう》、衡軛《こうやく》、井雁行《せいがんこう》」（甲陽軍鑑 下）

えんこう【延口】 返済が延べること。「国中諸借物御延口之儀、雖歎申、前々御免許之衆、今度重而礼者進上之人数、注文別紙在之」（永源寺文書）

えんこう【遠行】 遠方へ行く。遠島流罪。死ぬこと。「其跡にて円蔵院遠行《えんこう》なり」（甲陽軍鑑 下）「紹鷗ハ五十四ニテ遠行、茶湯ハ正風体盛リニ死去也」（山上宗二記）「大名の（中略）死去をば御遠行又御逝去」（万言様之事）

えんざ【縁者】 縁類に同じ。妻方の親類。（日葡辞書）

えんざ【縁座】 親族の縁によって巻き添えとなり罰せられること。「家康は氏直の縁座として是を見聞に忍びず」（関八州古戦録）

えんじゃく【円寂】 出家した人の死を婉曲にいう語。「摂政殿姫君御喝食十歳、今日令円寂給」（康富記）

えんじゅ【槐樹】 ➡「槐樹《かいじゅ》」を参照

えんしゅう【冤讎】「怨讎」の充て字か。恨みのあるかたき。「再び越州の地を踏み、冤讎《えんしゅう》を復し、本懐を遂ぐべきところに」（柴田合戦記）

えんしゅう【掩襲】 ➡「掩撃《えんげき》」を参照

えんじょ【遠所】 遠方の處。（日葡辞書）

えんしょう【塩硝】 煙硝。硝石。硝酸カリウム。火薬の原料。「土蔵に充満《みちみち》たる塩硝少しも残さず取て、濠の中へ運び入れ」（奥羽永慶軍記 下）「四貫八百廿九文 塩硝を以、上可申、此塩硝貳百四十壹升半、但壹升百目宛也、壹升廿文宛」（小曾戸丹後守宛北條氏忠朱印状）

えんじん【遠人】 遠方の人。（日葡辞書）

えんじん【遠陣】 遠征。遠征する。「右遠陣之儀候条、人数すくなく召連、在陣中兵粮つゝき候様あてかい簡要候、但、人数多く候様に戒力次第、可抽粉骨者也」（信長記）

えんすい【煙水】 仏教で行なわれる御祈禱に関するものらしい。または、硯などの異名か。「芳札披見、殊御祈禱之

御札、煙水五挺贈給、過当至極存候」（高野山持明院文書）

えんそ【塩噌】 塩・味噌。「女子のつゞけ、ゑんそ《塩噌》・薪《たきぎ》にいたる迄つゝけて、孚《はこくみ》、御敵を申て」（三河物語）

えんそく【偃息】 くつろいで休む。休息。「沼尻平左衛門是も山下に偃息《えんそく》して在りしが、火の手頻《しきり》に映じ」（北越軍談）

えんたつ【演達】「演説」に同じ。申上げる。説明し伝えること。「然れば明春任子《にんし》を送り参らせ、其支證に償ふべき旨、義續所存の通、具《つぶさ》に演達《えんたつ》しければ、公も歓悦ましまし」（北越軍談）「自他可為珍重候、委細神主内蔵丞方可有演達之候」（吉川史料館蔵山名豊国書状）

えんてい【淵底】 ①物事の究極の所。奥まで極めること。詳しいこと。副詞的に、「深く、詳しく」とも。「今度之首尾、勘解由淵底候条、委曲可申遣候」（黒田家文書）「誠非叡慮之御等閑之由、予淵底所相知也」（実隆公記）「彼御家門様御事者、淵底御存知之儀当方御一躰之儀候上」（政基公旅引付）②深い事情。「左右の一の上座に罷有候儀、淵底《えんてい》御屋形様御存知候」（奥羽永慶軍記　下）③深い心の底。「我々も初参なれば直江の淵底《えんてい》は知侍《はべ》らず」（甲陽軍鑑　下）

えんねい【婉佞】 嫋《たお》やかに諂《へつら》うこと。「風姿に類《たぐい》なく藉孺董《せきじゅとう》賢《けん》が婉佞《えんねい》も、是に対せば面を耻《はず》べき程也しが」（北越軍談　中）

えんぴ【猿臂】 弓に巧みなこと。あるいは弓馬に巧みな兵をいう。「扶桑猿臂《えんぴ》旧将軍の神箭当時幾《いく》策《そ》の勲ぞ、と自賛に吟じて、中指は甲矢《はや》十四束有しを打つかひ、よつ引兵《ひょう》と放つ」（奥羽永慶軍記　上）

えんびん【縁便】 因縁によるつながり。「未だ其の縁便《えんびん》を得ざる而已《のみ》」（伊達正統世次考）

えんぶ【閻浮】 現世。（日葡辞書）

えんぶだい【閻浮提】 今生、現世。（日葡辞書）

えんぺん【縁辺・縁変】「縁変」は充て字。縁戚のこと。「縁辺を結ぶ」は結婚すること。（日葡辞書）「仍浅井備前守与信長縁変雖入眼候」（古証文二）「大和中納言殿と安藝宰相殿御縁辺相調、来廿八日御祝言二候」（吉川史料館蔵藤堂高虎書状）

えんみ【塩味】 ①潮時。機会を見失ってはいけない。「不可過御塩味候」②相談のこと。斟酌する。「其方塩味ヲ以テ相馬ノ内存」（伊達家治家記録）③手加減。斟酌する。「如何様にも一方をば御塩味の処頼入る、と宣へども、是又承引し給はず」（政宗記）「一向可為無届候、其塩味専一候、不審く《与》らい物者、此両様ニ極候」（東京大学史料編纂所蔵北条氏政書状）

えんめつ【炎滅】 焼亡する。「今度甲乱之刻、悉く炎滅せしむる」（甲乱記）

えんもん【轅門】 陣屋の門。軍門。「公の轅門《えんもん》に輻湊《ふくそう》する処の著到、世に鳴る郡牧七十六人」（北越軍談）

えんり【遠離】「おんり」とも。遠方へ離れること。（日葡辞書）

えんり【塩梨】 主君をたすける臣。「予既挙登龍揚鷹之誉、成塩梨則闕之臣」（長国寺殿御事蹟稿）

えんりゅう【淹留】 久しく滞在すること。「大野聖徳寺に淹《えん》留《りゅう》ましまし、休憩の後、東国の守護」（北越軍談）「或徒淹留、或上洛之由候条」（高橋琢也氏所蔵文書） ➡「滞留《たいりゅう》」を参照

えんりょ【遠慮】 状況を勘案し慎重を期して、事の執行を猶予すること。先々まで考えること。「爰にて各御身方無勢候間、此度は御合戦御遠慮之旨雖被申上候、今度間近く寄合候事、与天所之由御諚候て」（信長公記）

えんるい【遠類】 遠い血縁につながる親類。「今一人僧護蔵主、飯尾大和守依為遠類申請云々、両僧同罪也」（後法興院記）

おあずかりきゅうしゅ【御預給主】「給主」は仙台藩では番士より下の家士で、知行も十貫文以下であり、給主の中には藩から知行を与えられて、支配を地方の有力な家臣にゆだねている者があった。これが御預給主である。（伊達家治家記録）

おいかける【追蒐る】 追いかける。「公達《きんだち》も雑卒《ぞうそつ》に紛れ抜落し玉ひけるを、豊景追蒐《おいかけ》て生捕《いけどり》まいらせ」（北越軍談）

おいくずす【追崩】 追いかけて攻め崩す。敵陣を破って追い散らす。おっくずす。「推つ返しつ散々に入みだれ黒煙立てしのぎをけづり、鍔をわり爰かしこにて思ひ思ひの働有り、終に追崩し」（信長公記）

おいくび【追頸・追首】 追撃の際打ち取った首。「合戦せりあひ《攻合》の時、をひ《追》頸の事はいかんもあれ」（甲陽軍鑑 下）

おいさき【生先】 生い先。今後は。将来は。「生先《おいさき》頼もしき小冠者《かんじゃ》、申す処の一義、其理《ことわり》亦適当せり」（北越軍談）

おいざけ【追酒】 十分に酒を飲んだ上に、さらに飲む酒。「鎌田源左衛門尉中途にて追酒共申候也」（上井覚兼日記）

おいしきもの【老敷者】 老練なもの。「彼是御用事も有り、似合《にあい》に老敷者一人差登すへし」（伊達家治家記録）

おいすがる【逐番・追番】 追い縋《すが》る。「おいすがう」「おいつがう」とも。「新田方勝に乗て引て行敵に逐番《おいすか》ひ、萩原村」（関八州古戦録）「氏康に追番ふて府中の屯《たまり》を逐落し小田原へ」（関八州古戦録） ➡「追番《おいつがふ》」を参照

おいそがれそうろう【於被急候】 急がれること。「為使節隣松於被急候、（中略）兼日小栗於被急候も、偏当国仁可有御進発御用候」（正木文書）

おいた【おいた】 女房詞で「塩」のこと。（日葡辞書）

おいたてふ【追立夫】 住居などを強制的に追立てる者のこと。「一、押買・押売・追立夫等之事」（武家事紀）

おいつがふ【追番】 ①追いつく。「入間郡川越の城に蟄《つぼ》む、越衆是に追番《おいつご》ふて川越に推迫《おしせまる》」（北越軍談）②追いすがる。「清水藤五郎と云る若党付入にせんとや思ひけん、追番《おいつがい》て来《きたり》けるが」（北越軍談 中） ➡「逐番《おいすがる》」を参照

おいつな【追綱】 馬具の一つ。紫色の組緒《くみお》の太い綱で、大名の引き馬に用いる。おいなわ。「馬ニ縄さす事。三尺縄あれば、轡の鑵《かん》より縄のみづをとをして、ひつてのみづの中よりとおし、をひ縄ノ者にひかする也」（甲陽軍鑑 下）

おいて【于て】 於いて。「様体奈何《いかん》、其の地今に于《おい》て堅固に之を抱持す」（伊達正統世次考）

おいばら【追腹】 主君の死後、臣下があとに続いて切腹すること。供腹。殉死。「元よりも追腹《をいばら》を切申事、御身にも誰か劣《おと》らん哉」（三河物語）

おいまくる【追捲】 ➡「北風南風《おっつまくっつ》」を参照

おいめ【負目】 ①負っている借金。（日葡辞書）②人から借りている金銭や物品。負債。おいもの。おい。「債 ヲイメ サイ」（文明本節用集）

おいもの【負物】「負目」に同じ。（日葡辞書）「右とう三郎は、をい物米六石を弁がたく候あいだ、このかたに次郎ごんのかみどのに、ながくたてまつるところ《所》じち《質》也」（東寺百合文書）

おいわいかた【御祝方】 室町幕府の職名。将軍家の祝儀に際して、饗応の料理その他を調進する役。「飯左大之種（同日任肥前守）一方内談衆御免、仍御祝方、埦飯方、一方、上表、則御祝方（埦飯歟）被仰付貞有、御太刀、自御末進上、埦飯方（御祝方歟）被仰付元連」（斎藤親基日記）

おいわいぶぎょう【御祝奉行】 室町幕府の職名。将軍家における御祝儀について饗応のことをつかさどる。「於御寝殿御祝在之、（中略）御祝奉行飯兵大貞有裏打」（斎藤親基日記）

おう【殃】 災い。わざわい。「天の為せる殃《おう》は訴る所あり」（奥羽永慶軍記 上）

おうかん【桜槵】 不詳。「槵」は「棲」の誤か。物見の棲台のことらしい。桜鑑賞のために設置した簡単な装置か。「一、敵地へ夜討をなさんと思はば、桜槵《おうかん》に上り、二夜も三夜も篝火の勢を以て、敵陣の粧《さま》を克《よ》く見究《きわめ》て亥子の境を用いて討入べき事」（北越軍談 中）

おうぎきり【扇切】 武芸の一つ。刀の柄に扇を立て、扇が地に落ちる間に、早く刀を抜いてその扇を切ること。「伝次と扇切いたせと太郎殿御意の時、友野又一郎腰に指たる扇をぬく」（甲陽軍鑑 下）

おうぎながし【扇流】 扇が、川に流れている様子を書いた模様。また、その図柄のもの。「源氏扇流画屏 細川讃岐守新調物」（実隆公記）

おうごん【黄金】 金の貨幣の総称。大判・小判。一枚は、重量十匁。「令扶助之通申聞候間、聞届候、就其自諸侍中為礼儀黄金十枚・三枚越置候、得其意候」（保阪潤治氏所蔵文書）「為端午之佳儀、黄金十両到来」（黒田家文書）

おうさく【押作】 自分に権利のない土地を無理やりに耕作すること。「上田方押作事、背先度事書旨、令耕作条不可然歟」（高野山文書）

おうし【王氏】 帝王（天皇家）の血統・血筋。（日葡辞書）

おうし【殃死】 咎められ死す。「禁じ給ふかと思ふ処に、科なき者の殃死せしを、痛く思召す事なりとは」（松隣夜話）

おうじゃく【尩弱】 足の不自由なこと、か弱いこと。（伊達家治家記録）非常に弱いもの、甚だつまらないもの。（日

葡辞書）「私不肖といひ、尩弱《おうじゃく》の身にて、なんぼう迷惑にて候」（奥羽永慶軍記 下）

おうじゃく【往昔】 ずっと昔のこと。（日葡辞書）

おうしゅうたんだい【奥州探題】 室町幕府の地方職制の一つ。奥州地方を支配するために設置され、将軍家に近い守護大名家を任じ、軍事、民政両方面の権限をもたせた。奥州管領。「奥州探題一族被官人等在々所々熊野参詣先達職事、云譜代由緒云買得」（親元日記）

おうしょ【押書】 将来、ある事柄を請け合う文書。誓約状。「押書とは未成事を兼入置状也」（沙汰未練書）
➡「押書《あっしょ》」「押書《おさえがき》」を参照

おうせん【鏖戦】 皆殺しの戦い。「神君に陪し奉るの日、矢石鏖戦《おうせん》の地燕居《えんきょ》遊猟の際といえども」（慶長記）

おうだい【往代】「往時」と同じ。当時の。「於中山法華経寺者、往代之証状数通、此度披見畢」（中山法華経寺文書）

おうだく【応諾】 物事に同意し、承諾すること。（日葡辞書）

おうちょく【枉直】 曲直。曲と直。まがれるとなおき。紛争が起きた場合、それについての採決・処置をさす。「諫言を重隆に加えられよ、惟《ただ》之を望と為す、其の枉直に於けるは帰陣之後宜しく商量有るべき」（伊達正統世次考）

おうて【追手】 城の表門。大手。⇕搦手。「虎口《こぐち》の中には、追手《おうて》を一とし、搦手を二とす、平《ひら》へ懸りたるを三番也」（甲陽軍鑑 下）
➡「搦手《からめて》」を参照

おうばん【埦飯・椀飯・垸飯】 ①鎌倉・室町時代に将軍家に大名が祝膳を奉る儀式となり、年頭の恒例となった。「（正月二日）藤堂和泉守高虎の亭に渡御す。埦飯《おうばん》以後、能五番あり」（駿府記） ②膳をととのえて、饗応すること。「椀飯御祝三献、進物如例式」（大内氏掟書）

おうふう【横風】「大風《おおふう》」に同じ。偉ぶって人を見下すような態度であること。また、その言動。傲慢。尊大。大《おお》柄《へい》。「近衛坂事種々横風有其聞」（実隆公記）
➡「大風《おおふう》」を参照

おうへん【往反】「往復」に同じ。往復すること。「常々使に属《つ》けて往反《おうへん》をなさしむ」（北越軍談）

おうほう【王法】 仏法に対し、国王の法令または政治のこと。「王法・仏法ともにもって、ますゝゝ繁昌たるべきもとひなり」（太閤さま軍記のうち）

おうぼう【押妨】 不当な手段で土地や財産など奪うこと。「信長・家康等、神社・仏閣・諸寺物を押妨《おうぼう》し、民を害し利欲を事とし」（甲陽軍鑑 中）

おうぼう【横妨】「横暴」の充て字。理不尽なことをすること。「若此上万一横妨之族有之者、無思慮可有披露」（中山法華経寺文書）

おうもうにち【往亡日】 陰陽道で、外出または出陣などを忌み禁ずる凶日。年間十二日ある。「宋武帝の往亡日を斥《しりぞ》て、吾往《ゆき》て彼亡べき日なり」（北越軍談）

おうわく【枉惑・誑惑・狂惑】 嘘を言って、人を平気でたぶらかし、非道を押し通して憚らないさまであること。「右件上分及誑惑之沙汰云々、新儀太以神慮不可然、早止非理之沙汰」(内宮引付)「杠惑 ワウワク 無道義也」(文明本節用集)

おおい【套】 手紙の上包《うわつづみ》。「此の書の套《おおい》の上に旧《も》と天文十六年と書す」(伊達正統世次考)

おおいなる【巍なる】 大いなる。「今迄之《これ》無き御馳走 巍《おほいなる》事哉と沙汰ありしなり」(元親記)

おおう【闔う・掩う】 覆う。蔽う。「闔帷帳無開之」(伊達家治家記録)「おのづから野干《やかん》のすみかとあれはて、荊棘《けいきょく》扉を掩《おお》へり」(奥羽永慶軍記 上)

おおおば【従祖母】 祖父の兄弟の妻。「安積郡の中地城に住み、是《ここ》を安積と称す。是亦公之従祖母子と云う」(伊達正統世次考)

おおかた【大形】 「大方」で、一通り、普通一般の意。「孝蔵主 閙《いそがし》き中に、文共御遣り候事、大形ニ思召候間敷候」(伊達家治家記録) ➡「大形《おおぎょう》」を参照

おおかたどの【大方殿】 貴人の母の尊称。(毛利家文書)

おおかたなし【大方なし】 事態の程度が普通でない。(甲陽軍鑑)

おおかたにあらず【大形にあらず】 並大抵でない。(老翁物語)

おおかたにてはなき【大方にては無き】 並大抵ではない。「人の口世上おそろしきこと、大かたにてはなき事候」(御家誡)

おおぎょう【大形】 実際より大変なように言ったり、したりすること。大げさ。「今朝御使急罷帰之由申候つる間、大形ニ申入候」(黒田家文書) ➡「大形《おおかた》」を参照

おおけなき【忝】 心・態度・振舞いがふさわしくなく、出過ぎているさま。身の程知らずである。無礼である。「日限跡先之忝分も不入事と存候」(黒田家文書)

おおさかごぼう【大坂御坊】 石山本願寺のこと。「大坂御《ご》坊《ぼう》又は信長にし《仕》つめ《詰》らるゝ五畿内の侍衆」(甲陽軍鑑 中)

おおす【課す】 仰せる。「長尾弾正入道謙忠に課《をほ》せて羽生の砦を陥し」(関八州古戦録)

おおせいだす【仰出】 貴人が命令されること。おっしゃること。「最前加藤主計、手前ニて可仕之旨、被 仰出候」(黒田家文書)

おおぞなえ【大備】 戦いで、兵士の配置や隊列の大きいもの。陣立ての大がかりなもの。「惣じて大備の崩たちたるは、何たる名大将とても、其下の剛の者共も支配成まじきぞ」(甲陽軍鑑)

おおたかかん【大鷹餠】 餠は、羹の充て字。羊羹の一種。大鷹餠の名はその内容ではなく、形状によるものであろう。「比興に似たりと雖も、是れ自《よ》り聊か大鷹餠一・鰈五具を進呈す」(伊達正統世次考)

おおづつ【大筒・国崩・仏郎機・石火矢】 大砲。石火矢、国崩、仏郎機とも言う。「先年被遣候大筒玉薬、城々へ割

符仕、可相渡旨」（黒田家文書）

おおて【大手】 当主の居場所としての呼称。父北條氏康が家督相続後の氏政を「大手」と呼んだ。「護摩堂御祈念所と云、幸ニ候、但、大手〈北條氏政〉へ可得御意候」（笠原美作守宛北條氏康書状）

おおぬるやま【大ぬる山】 ぬるい。速度が遅い。機敏でない様。呪い。「高麗人迚大ぬる山尓て候間、誅伐生捕等一切無用候」（黒田家文書）

おおふう【大風】 ⬇「横風《おうふう》」を参照

おおへい【大柄】「横柄《おうへい》」に同じ。おごりたかぶって、人を見下げたり無視したりする態度であること。いばって無礼であること。また、その態度。傲慢。尊大。「又若党、又小者等に至迄、大へいの振舞仕者、忽可行重科事」（長宗我部氏掟書）

おおへいしゃ【大平者】 おごりたかぶること。尊大・傲慢。大柄・押柄・横柄と書く。「皆悉《ことごとく》慮外はやり、大平者《おおへいしゃ》繁昌いたし、能武士は次第に沙汰なく成て」（甲陽軍鑑　下）

おおまえ【大前】 射芸で、的を射る時の最初に射る人。⇔落《おち》。「的を射る時最初に出て射るを大前と云、最終に出て射るをせきと云也」（貞丈雑記）

おおまがき【大間書】 除目《じもく》に用いる文書。闕官《けっかん》の職名を書き連ね、任官決定後に新任者の姓名を書き入れる。そのため行間を広くあけるところからこの名がある。大間。「夜前大間文等入櫃云云中文、大間書乍筥被置御円座前」（後二条師通記）　⬇「闕官《けっかん》」を参照

おおまちょう【大間帳】 数人にあるいは数か所の所領を、譲り与える時に、それらをまとめて一通に大間書ふうに書いた所領処分状をいう。大間状。長符譲状。「大間帳者、諸子配分状也、尤可留手嫡流世」（新田八幡宮文書）　⬇「長符譲状《ちょうふゆずりじょう》」を参照

おおみち【大道】 三十六町一里を言う。六町一里を小道・下道・坂東道という。（伊達家治家記録）

おおみやごよみ【大宮暦】 戦国時代、武蔵国（埼玉県）大宮の氷川神社から発行された仮名暦。（新編武蔵風土記稿）

おおものみ【大物見・大武見】 大斥候。多くの兵を率いて斥候に出ること。「信長一万ばかりの人数にて、大物見に出る」（甲陽軍鑑　下）「景虎公宇佐神良勝を召連《めしつれ》られ、大武《おおもの》見《み》に出玉ひて」（北越軍談）　⬇「武見《ぶみ》」を参照

おおよう【大用】 凡そ。「寔大用の弓矢の落着をも見届けず」（元親記）

おかげ【御かげ】 人の力添え。助け。御蔭。「御なしミ《馴染》まいらせ候而、御かけ《蔭》をもたのミ可申候と存候間」（黒田家文書）

おかしぶぎょう【御菓子奉行】 室町・戦国時代、将軍が諸大名家へ渡御した時に、その供応のために大名が被官人に命じて臨時に設置した役職の一つ。食膳につける菓子を調えた。「料理仕立之膳部方五百膳計（中略）御菓子奉行、

四郎次郎、永仁也」（文禄四年御成記）

おがみいる【拝入】 心をこめて拝む。熱心に祈る。また、心から頼む。「先刻者、御樽被下候、誠々過分至極に奉存候、尽子共何もおがみ入申候」（上杉家文書）

おき【澳】 沖。「澳マテ漕出ズ」。（伊達家治家記録）

おき【沖】 田畑・原野の広く開けたところ。「こなたよりハ本宮おき《沖》へ御そなへ《備》とらせられ候、それよりうち上られ候」（伊達天正日記）

おきだて【擱楯・置楯】「持楯」に対して、据え付けた楯のこと。「松山城を七重八重に取巻、持楯・擱楯《おきたて》・轒轀《ふんおん》・車揚・矢倉等の攻具を用ひ」（北越軍談）➡「持楯《もちだて》」を参照

おきて【掟】 公に決められた規定。法度。「掟　一、御法度如一書、各判形を仕在々江遣之」（黒田家文書）

おきひょうろう【置兵粮】 城に蓄えてある兵粮のこと。「其城為置兵粮八木貮千石、筑前博多ニおゐて可被成御渡」（黒田家文書）

おきぶみ【置文】 死後自分の考えを伝えるために書き残しておく文。かきおき。遺書。「北地各中のよき傍輩共に申きかせ、置文をして腹をきる」（甲陽軍鑑）

おきめ【置目】 ①為政者が定めた規定や法律。掟、定めの意。「彼一類首到来候、然者過半雖一篇候、御置目等為可被仰付」（黒田家文書）「政道法度以下日本如置目申付、百姓召直、年貢・諸成物可取納候」（黒田甲斐守宛豊臣秀吉朱印状）②仕置き。（桂岌圓覚書）

おく【閣く】 ①手紙を書き終える時に、「御筆ヲ閣キ給フノ旨、著サル」と用いる。（伊達家治家記録）②処置する。「被閣萬障」（伊達家治家記録）

おく【舎く】 置く。間をあける。「昼夜を舎《お》かずして、始めて遠きを懐《なず》け」（性新公御自記）

おくい【憶意】 ①「奥意」と同じ。②思い、考え。深い心。「信虎公へ礼儀と憶意はきこえ候」（甲陽軍鑑）「如何様ニモ馳走可被申臆意ニテ御座候」（伊達家治家記録）「新太郎（北條氏邦）所へ如被露御條書者、愚老父子表裏を當億意哉之由蒙仰候」（上杉輝虎宛北條氏康・同氏政連署條書）

おくおもて【奥表】 奥向き、表向きのこと。ここは、秀吉の奥表。「（孝蔵主）は、女なれども才覚世に勝《すぐれ》れたる辯舌明かなれば、奥表の嫌ひなく御前を片時放し奉らず、御崇敬の尼也」（政宗記）

おくぐち【奥口】（奥州）宮城郡以北の地域を指す。「佐藤土佐円森より奥口へ差越さる」（性山公治家記録）

おくたく【屋宅】 家。（日葡辞書）

おくはじま【奥波島】 蝦夷地。「我々御鷹の使として奥波島に至る事も、斯る不思議もあらば注進せんが為なり」（奥羽永慶軍記　下）

おくむしゃ【奥武者】 表武者に対する語か。主力でない武者のようだ。「簗川勢は累年北越にて戦場に名を顕せる者ど

もなれば、今、奥武者に手合《てあわせ》して、引ては先功の空しから ん事を思ひ、親子討れども顧みず」（奥羽永慶軍記　下）

おくよう【奥陽】奥羽地方のこと。「四方に敵有て用心暇なし。先づ奥陽には会津喝食丸、二本松に国王丸」（奥羽永慶軍記　上）

おくらぶぎょう【御蔵奉行】室町幕府の職名。酒屋、土倉、日銭屋などの役銭、造内裏棟別銭などの管理や幕府への進納物、公的文書の保管をした。複数の土倉業者からなり、その中から納銭方《なっせんかた》が任命された。公方御倉。「自柚留木方条々注進、此折紙注文自御蔵奉行糾井方進之云々」（大乗院寺社雑事記）

おくりじょう【送状】荷物の勘定書。仕切り状。「年始諸社御神馬御送状数通整之」（蜷川親元日記）

おくりな【贈名・諡】死んだ人に、その生前の徳や行ないなどに基づいて送る称号。のちの「いみな」。「諡　ヲクリナ　諡者明行之迹也」（文明本節用集）

おくりぶ【送夫】荷物を運送する人夫。「南林寺作に付、番匠一人去十二日進之候、慥届候之由、送夫帰候て申候也」（上井覚兼日記）

おくりぶみ【送文】物を送る時に、添えてやる手紙。「都聞ハ杣山ニ公方御材木為奉行罷入之間、送文許ニテ無状」（教言卿記）

おくりやしない【送費】人の旅立ちなどの際に催す送別の宴。また、送る金品も言う。「次姫御料御送費トテ、御北向ニテ御大飲アリ」（山科家礼記）

おくれ【おくれ】気おくれ。おじけ、恐れる心。「其上去年長篠にて負のをくれ心候へば」（甲陽軍鑑　下）

おくれぐち【後口】遅れた者。「信房、其時、斯かる後口《おくれぐち》には、下知も用ひぬものなれば」（武田三代軍記）

おくれのくび【おくれの首】敗軍《をくれ》。「勝軍《いくさ》の首、をくれの首《お》」（長元物語）

おくればせ【後馳】遅ればせ。遅れて。「土井豊後守が倅者《かせもの》共、後馳《おくればせ》に引退くを三十二人迄討取りける」（武田三代軍記）

おけがわ【桶側】桶側胴の具足。打ち延べにした鉄胴。形は桶側に似る。「葛西衆被参候ニ、紀州しゞら《縮羅》三端被下候、下野守におけか《桶側》ハ被下候」（伊達天正日記）

おげんちょ【御玄猪】陰暦一〇月の最初の亥の日食べる亥の子餅。おなり切り。玄猪。「禁裏様御源猪のつつみ紙を一番に伝奏御持参にて、ひろげて被参候へば、御頂戴候」（年中定例記）

おげんちょう【御厳重】「御玄猪《おげんちょ》」の充て字。「夜前　御いのこ　御けんてう　公方様幷上様両御所さま御分二つつみ、拝受之」（大舘常興日記）　➡「厳重《げんちょう》」を参照

おこ【雄夸・痴】烏滸・鳴呼。尾籠。愚かなこと。思慮の足りないこと。不届きなこと。「雄夸《おこ》の余《あまり》甲斐国を伐従《きり》へ、己が有と為《なさ》ん事を謀る」（北越軍談）「台所に居り申すおこ御はしたが　」（昔阿波物語）「其比猶古風残リシ世ナリケレバ、

今先考ノ御前ニテ、焼香セサセ給ヒシ形勢見マイラセテ、例ノヲコノ者ヨトゾ囁ヤキケル」（信長記）

おこ【経廷】 度が過ぎる。通常の「烏許」（愚かな）とは違うようだ。「本間近江守は信義有る経廷《をこ》の士なり迚」（関八州古戦録）

おごけ【麻小笥】 おけ（麻笥）のこと。績《う》んだ麻を入れておく器。檜の薄板で作った曲物。苧桶《おごけ》とも。曲鉢《まんばち》とも。又おぼけ、みおけ《績桶》。「おこけ《苧筒》の内に脇指のやうなるものたてゝあり。とりて見けれは国次なり」（慶長記）　➡「曲鉢《まんばち》」「績桶《みおけ》」を参照

おこし【御腰】 腰の物。腰に帯びた刀。「御館より御こし《腰》被下候」（伊達天正日記）（伊達政宗）

おこそづきん【苧屑頭巾】 目の部分だけを残して頭や他の部分を全部包む防寒頭巾。「窶《まず》しき針目衣の単衣《ひとえ》に、苧屑《おこそ》頭巾《ずきんかぶ》被り、田夫の形に出立」（北越軍談）

おこと【御事】 あなた。**貴殿**。「高倉の城主富塚近江守が許に行きて、御事《おこと》には此の稚《おさな》き人姪にて渡らせ給へば」（奥羽永慶軍記　上）

おことわり【御理】 理由・事情などを説明すること。「先人数打入申候、就夫薩州より御理之様子者、奉對　内府様」（黒田家文書）

おこない【操】 行ない。行動。「肉身を離れずしては成し難き操《おこない》にして、心法の決徳普通の沙汰に及ぶべからず」（北越軍談）「此等之趣、操何篇此競をさまされす様ニ短足候ハてハにて候」（萩藩閥閲録・赤川勘解由）

おさえがい【押買・抑買】 無理に買い取ること。おしがい。「一、市抑買事、右商沽之輩利潤為望、而募権威抑買之条、頗不便事也」（高野山文書）　➡「公方買《くぼうがい》」を参照

おさえがき【押書】 ①中世の契約証書の一種。土地売買、請負などの契約締結にさいし、後日の違乱による訴訟沙汰にそなえ、種々の約束文言を記しておいた証文。通常「あっしょ」と呼んでいる。おうしょ。「是就武蔵国足立郡内鳩谷地頭職事、先日出懸物押書訖」（吾妻鏡）②衆人に示す張文《はりぶみ》。「一、就右御定法赤間関地下仁押書案文」（大内氏掟書）　➡「押書《あっしょ》」を参照

おさえぜい【押勢】 戦いの時に、軍陣の後方にいて、味方の防御や援護に当たり、また、その混乱を防ぎ監視する軍勢のこと。「城を攻、邑を囲むには後攻のおさえ勢あるべし」（士鑑用法）

おさえとる【押取】 ①財物などを差し押さえる。押え召す。「尚以令難渋者、請人幷沽主等之所帯於相当件直銭程、可被押取者乜」（東寺百合文書）②力ずくで取り上げる。略奪する。「土一揆等所々打入土倉号徳政質物下悉以押取間、於合銭者令棄破励私力可専公役之由」（親元日記）

おさえのしろ【樽の城】 押さえの城のこと。「寺山の城に今宮摂津守、樽《おさえ》の城に今宮与力山伏五十余騎楯籠る」（奥羽永慶

軍記　下）

おさゝゝ【おさおさ】 ゆめゆめ。よもや。「武勇は舎兄綱成もをさゝゝおとるましき」（関八州古戦録）

おさおさし【長々し】 それから受ける感じが、侮りがたく、無視できないさまである。「寔ニ筆力オサオサシク、言端ウルハシキ事、言語ヲ絶スル計也」（信長記）

おざき【尾崎】 尾先。山裾の突端。「弓を持ちたる侍、両方の尾崎《おざき》へ二百人伏置たり」（奥羽永慶軍記　上）

おさざけ【長酒】 座長である長《おさ》が、座員にふるまう酒。「右、長さけ、拾貫文、権守酒、三貫文、大夫酒、下は二貫文也」（申楽談儀）

おさめ【納】「おさめ枡」の略。「大豆之分　ヲサメニ壱斗九升九合九夕、米金枡壱斗八升定米」（間藤系図幷文書）

おさめます【納枡・納斗】 中世、荘園領主などが年貢を収納する際に使用した枡。年貢の収納に用いた容量の大きい枡。支給に用いた容量の小さい「払枡」対する語。「納めの枡」とも。収納枡⇕下行枡《げぎょうます》。「於年貢支配器物者、安楽河可為納枡者也」（高野山文書）「公事銭之分（中略）米ヲサメノマスニ伍石壱斗、金ノ枡ニ四石五斗九升定米」（間藤系図幷文書）

おしあわせ【押合せ】 ならして。「大小押合せ五十人乗に仕り候ても」（万代記）

おしいた【押板】 書院の床の間。板を張った床。「をし板の折くぎに物かきたる扇をかけてをきたるを見て」（甲陽軍鑑　中）

おじおい【叔姪】 叔父・姪《おい》。「此に所謂《いわゆる》三河与《と》、或は従兄弟《いとこ》、或は叔姪《おじおい》なる乎」（伊達正統世次考）　➡「叔姪《しゅくてつ》」を参照

おじおののく【怕慴く】 怖じ気慄くこと。「御内の衆も、又は民百姓にいたるまても、怕慴《おじおの》きて、思ひ付者もなく」（三河物語）

おしき【折敷】 食器をのせる盆。片木《へぎ》を折り曲げた作ったもの。「政宗其頸此方へと宣ふ。折敷にのせて差上るを」（政宗記）

おしくだる【盪下】 押し下ること。「言上之趣、具遂披露候、殊其表敵船盪下候哉」（萩藩閥閲録・神代六左衛門）

おじけずく【悚神付】 怖じ気ずく。怖がる。「縦《たとい》味方多勢にても、最前の後れに悚神付《おじけずき》て鋭気を奪われ」（北越軍談　中）

おしき【御師職】 中世・近世において、御師《おし》が持った特定の檀那に関する独占的な営業権、およびそれに付随した権益。御師と檀那とのつながり方に、氏族家門を単位とする場合と、郷村国郡を単位とする場合があった。「小物屋次郎兵衛関東上杉先御師借銭事（中略）船役　御師給分入置之間、令知行候処、御師職被改易小物屋勘解由左衛門に文明一三年より被申付畢」（親元日記）

おしじん【押陣】 押し気味の状況。「家康公被為聞候て、おし陣の事なれば前後のあらそひ不入事、堪忍よろしかるへし

と直江に」（慶長記）

おしたいこ【押太鼓】軍事に用いる太鼓。進軍の合図の陣太鼓。かかりだいこ。（伊達家治家記録）「押太鼓の事。九字を表す、他国はいかんともあれ、信玄流は如此」（甲陽軍鑑　下）

おしたてにんそく【押立人足】夫役で、武器・兵糧の輸送や土木工事などに使役する人足を調達すること。「為不入可有寺務旨有之上者、向後棟別四分壱、其外点役・課役・押立人足・四囲竹木見切以下一切免除不可有相違」（宝幢院文書）

おしちぎょう【押知行】他人の領地を力ずくで奪い取ること。「自御室被請之処、其年貢御無沙汰之間、為相当分御室領生狗〈＝駒〉庄以下可押知行也、其子細生狗庄官に仰処、無本所下知者不可叶旨返答」（大乗院寺社雑事記）

おしつけ【押付】まもなく。おっつけ。「天気真昼時分雨少ふり申候、おしつけ《押付》やミ申候」（伊達天正日記）

おしつぶす【押踣す】相手を押し潰す。「近藤出羽守も結城晴朝に押踣《つぶ》され、其後南方の所務となれり」（関八州古戦録）「横合ノ様ニ押禿《つぶ》サルベキは、非業に、無体に押しつぶされては」（伊達家治家記録）

おしつめ【押詰】追い込む。締め付ける。「至于松井田令着陣候、近日彼地へ押詰、子（仕）置等申付」（黒田家文書）

おして【押手・推手】「推手」とも。推薦する人。応援する人。「これに因つて、小田原の城押手《おして》として、駿河大納言家康・備前宰相秀家卿」（小田原御陣）

おしのぼる【盪上】（中国地方から）上方に押し上ること。「当方之儀、去十三日、大坂表警固船盪上候之処、自敵方行為可相支之、大船十艘余構勢楼、其外小船三百余艘」（米沢市上杉博物館所蔵吉川元春書状）

おしはだぬぎ【押躶脱・押肌脱】上半身の着物を脱いで肌をあらわす。「承り候とて、さら、、と押躶脱《おしはだぬぎ》、一度に切けるを、御太刀を抜給ふ」（政宗記）「去年出仕の時に着たりし袴・肩衣を着て、押肌《おしはだ》ぬぎ、腹を十文字に切て臥けるを」（奥羽永慶軍記　下）

おしまえ【押前】（前方に押し出して進むことから）戦場に進むこと。進軍。行軍。「おしまえの時、小道具迄仕、固腰ざしさすべき事」（上杉家文書）

おしまぜ【押交】無造作にいろいろのものを混合すること。「義昭公・信長公・秀吉公御書、其外之書状共、押交有之故」（黒田家文書）

おしむ【嗇む】惜しむ。節約する。「毎篇温柔に弓矢をも嗇《おし》く執て、敵の油断を第一と眼を付らる」（北越軍談）

おしょうばんしゅう【御相伴衆】室町幕府の職名。将軍が諸大名家等に渡御するときに相伴し守護する有力大名。戦国大名家にも設けられていた。「いづれの所へ御出のときも、御相伴衆までは此準拠たるべし」（大内氏掟書）

おしよす【盪寄す】押寄せる。「この大難を凌ぎ、熊野の浦に盪寄《おしよ》す」（紀州御発向記）

あ

おす【盪す】 押す。「直ちに淡路の洲本に盪《お》し渡る」（関白任官記）

おすえ【御末】 女が食事を調える所。または台所に勤める女のこと。（日葡辞書）

おすえしゅう【御末衆】 室町時代、将軍家の膳部を調えたり、宿直勤仕したりするなどの雑事に携わった下級武家衆。おすえ。「飯尾肥前守之種亭御成、（中略）供御以下御前御肴等者、御末衆一円調之」（斎藤親基日記）

おずき【おづき】 中国地方の方言で、強く突くの意。（万代記）

おすずりぶぎょう【御硯奉行】 室町・戦国時代、将軍の諸大名家渡御のときに、その供応のために大名が被官人に命じて臨時に設置した役職の一つ。硯《すずり》とその付属品のことをつかさどる。「諸奉行事（中略）一、御硯奉行（中略）此外少々諸奉行等在之」（三好筑前守義長朝臣亭江御成之記）

おそ【悪阻】「つわり」のこと。妊婦に起こる食欲不振。（日葡辞書）

おそばしゅう【御側衆・御傍衆】 織田・豊臣氏の職制。主君に近侍し、その警衛に当たった武士。豊臣秀吉には四三〇〇人がいたと言われる。「御伽衆、御傍衆などは、云にも及ず、異形なる出立」（太閤記）

おそれる【悚る】「おちく」とも訓む。恐れる。「輝虎主の威権豁達《かったつ》、聞《きき》しに優れる者哉《かな》とて、身振《ぶるい》して悚《おそれ》しとぞ」（北越軍談）

おそろし【聳兢】 卓抜したこと。すばらしいこと。「幼童の身として聳兢《おそろし》き知慮坐《ましま》す事を各感激したりけるが」（北越軍談）

おそろし【兢】 恐ろしい。「小黒き秋間より乱髪を鮮明に見へ掛り、物凄《ものすごく》兢《おそろし》きに、月赤芭蕉の葉に移て最白《ましろ》く」（北越軍談）➡「聳兢《おそろし》」を参照

おだい【御代】 代物。しろもの。銭のこと。「喜左衛門尉に御前にて罷成候、両人に御代被下候」（伊達天正日記）

おたけび【雄声】 雄叫び。「一人当千の勇士六七騎、「續け党《もの》儕《ども》」と雄声を揚げ」（北越軍談）

おたのむ【御頼・御憑】 中世・近世、八朔《はっさく》の習礼をいう。幕府、朝廷との家臣諸大名家等の間で物品を献上し、また、返礼の交歓をする。たのむ。おたのみ。「室町殿御憑、武家諸大名末々近習小番衆等、皆被停止云々」（看聞御記）

おち【落ち】 ➡「大前《おおまえ》」を参照

おちあし【落足】 戦場から敗走すること。「藤七郎行年十七歳に成ぬるが、落あしになりて、弓手の高股をした、かに射させなやみけるが」（室町殿日記）

おちかかり【落掛】 当然の順序として、前任者の持っていた役職などが、ある人の継ぐべきものとなっていること。また、その後継者。「今度執行おちか、りの事、我らにて候由、以書状申され候」（北野天満宮目代日記）

おちきたる【落来】 脱落する。落ちこぼれる。「但、近年落来分除之、当知行之所寺納不可有相違」（大徳寺文書）
⬇「落来《おとしきたる》」を参照

おちく【悚く】 怖気ること。怖がること。「おそろし」とも訓む。「由井、蒲原辺まで押来るといへ共東士の武威に悚《をち》くの余り水鳥の羽音に驚て」（関八州古戦録）「

おちくち【落口】 ①戦場から逃げる時。「陣ノ落口ハ諸軍勢我サキニトニグル体ハ、箒ヲ以テ底ヲ払ガゴトクナ、（中略）落口デ兵法ノ手ヲニハカニタヅネバ頭ヲ打落サレンコト一定也」（三関齋本碧岩抄） ②戦場から逃げて行くときの出口。「為之置欠之道、以利其心トハ、落口ヲアケテヲイテ、ワルクハノカント思フヤウニ、敵ノ心ヲ利スベシ」（六韜秘抄）

おちこちによるべからず【不可寄遠近】（忠義などは）距離の遠近などとは関係ない。「忠儀不可寄遠近候間、豊・筑発向之儀申付候」（東京大学史料編纂所蔵大友義鑑書状）

おちぜい【落勢】 戦いに負けて逃げて行く軍勢。「森山も落勢《ヲチゼイ》なれ供、心も替《かはらず》して」（三河物語）

おちつぼね【御乳局】 貴人の子供の乳母をする女官。「萬《よろず》香車《きゃしゃ》にそだてまいらする様にとて、上方より御乳局をよび被成候処に」（甲陽軍鑑 中）

おちど【越度】「おっと」とも。①戦死。落命。「諸卒越度も無く、日州に引取り」（性新公御自記） ②討死。「御風呂成就仕候もかミしゆ《最上衆》越度之注文、大津将監上申され候」（伊達天正日記） ③失敗。「是大崎に於て人数少々越度《おちど》の事安積口に聞へ」（伊達家治家記録）
⬇「越度《おっと》」を参照

おちど【乙度】 落度。失態すること。「是を追はゞ乙度《おちど》を取るべし」（一徳斎殿御事蹟稿）
⬇「越度《おっと》」を参照

おちのひと【御乳の人】 貴人の乳母。「増城源八郎、義信公おちの人の甥《おい》なる故」（甲陽軍鑑 下）

おちゃのゆぶぎょう【御茶湯奉行】 室町・戦国時代、将軍の諸大名家訪問の際、その供応のために大名が被官人に命じて臨時に設置した役職の一つ。茶湯のことをつかさどる。「諸奉行事（中略）一、御茶湯奉行」（三好筑前守義長朝臣亭御成之記）

おちょうずぶぎょう【御手水奉行】 室町時代、将軍が諸大名家を訪れたときに、諸家で臨時に設けた役。御休息所におかれる楾《はんぞう》、たらいなど御手水の具を扱った。「御手水奉行（中略）御西浄奉行在之」（永禄四年三好亭御成記）

おちる【洇】「洇上意」で、上意に叶うの意か。「御船手之由聞食、自何以目出令洇上意候、於吾等も令満足候」（坂戸胤信書状写）

おっきょ【越居】 移住するもの。「一、当市場越居之輩、分国往還煩有へからす、幷借銭・借米・さかり《下落》銭・敷地年貢、門なみ諸役免許せしめ訖」（円徳寺制札）

おつけ【御付】 飯に添えて食べる汁。女房詞。（日葡辞書）

おっさん【越山】 山々を越えて通ること。（日葡辞書）

おつしだい【越次第】 ➡「越訴《おっそ》」を参照

おっそ【越訴】 ①中世、広く所定の手続きを無視して訴訟を提起すること。越次第《おつしだい》。「一、越訴事、右於寺家所務事者、尤可申山上之処、言上宗家、訴訟武家、所存之企太不公平」（高野山文書） ②中世、武家訴訟法での、判決の過誤救済の手続き。一度与えられた判決に誤りがあるとして再び訴訟を提起すること。一旦却下、または和解するかした後に提訴された訴訟、または誓願。（日葡辞書）「一、越訴沙汰事、被成御下知之後、不及覆勘沙汰者、属越訴方、先御沙汰参差之由、以委細申状、越訴頭人に申之」（沙汰未練書）

おっつけ【追付・追着】 まもなく。追々と。「追付大井の庄に屋形を建て」（細川家記）「既に北崩《にげくず》る、諸卒、追着《おっつ》けこれを殺すもの、五六千なり」（柴田合戦記）

おっつけくび【追付首・追付頸】 逃げて行く敵に、後ろから追いついて取った首。手柄にはならない。「にぐる敵といへども切あふて、辛労仕り取たる頸は、追附頸《おっつけくび》とは申せ共、少しふりよくして、是を利口者と申者也」（甲陽軍鑑）

おっつまくっつ【北風南風】「追捲」のこと。追いかけたり、払いのけたりすること。「信長の一万余、家の人数三千余にて、互《たがい》に押出て、北風南風《をっつまくっつ》攻戦《せめたたかふ》所に、家康の御手より」（三河物語） ➡「追捲《おいまくる》」を参照

おってさた【追て沙汰】 後日の評判。「此段追て沙汰の為め申し置くとて」（桂岌圓覚書）

おっと【越度】 過ち。手落ち。過失。法に反すること。「雖不及申、無越度様ニいか尓も丈夫ニ有之」（黒田家文書）「弓鉄砲越度候て、色々思候得共、路次不成候間」（上杉家文書） ➡「越度《おちど》」「乙度《おちど》」を参照

おっとせい【膃肭臍】 オットセイ。大名間で美味として食された。弘前藩の記録に見える。「松前伊豆守、膃肭臍《オットセイ》二箱を献ずと云々」（駿府記）

おっとりまき【押取巻・追取巻】 大勢で囲むこと。取り巻くこと。「城方の軍兵ども待設たる事なれば、押取巻《おっとりまき》、一騎も残らず討取けり」（奥羽永慶軍記 上）「三人の徒党等既に立退かんとする処に、四方より追取巻《おっとりまき》、遁さじと攻にける」（奥羽永慶軍記 下）

おつねん【越年】 ある年から次の年に移ること。（日葡辞書）

おつのまる【乙の丸】 二の丸。「敵城の乙の丸に攻め込み、合壁の屋宅を引き払い、甲の丸一箇となる」（惟任謀反記）

おつめしゅう【御詰衆】 室町・戦国時代、番衆のうちから選ばれて側近に仕えた者。詰衆。攻衆。「御詰衆相場備前守を、田屋式部と申もの指殺し、秀頼公の御前にての事にて候故、城中殊外騒申候」（大坂陣山口休庵咄）

おつや【乙矢】 甲矢《はや》乙矢の乙矢。二本の矢のうち二番目に射る矢。（万代記）「鋒矢とあひみえ申す。をと《乙》や《矢》をかたくとめらるれば」（甲陽軍鑑 中） ➡「甲矢《はや》」を参照

おて【雄手】 左手。「小国を一当当《ひとあてあて》て見んと、雄手雕手《おてめて》え駈《かけ》

倒して、左近尉が側《かたわら》え廻り、擇《ひし》と掖《くん》で落累《おちかさな》り」（北越軍談）

おてなが【御手長】 禁中などで、膳を次の間まで持って行き、給仕する人に取りついで渡すことをつかさどった者。「御ばいぜん三条中納言、御てなが頭弁かねかつ朝臣なり」（御湯殿上日記）

おとがい【胡】 下あご。あご。頤。「胡《をとがい》さがりければ、胡を取て押上て、鼻の息をふきて」（三河物語）

おとき【御斎】 寺または仏事法会の時の食事。「ひかんの中日にて、御とき御さたあり」（御湯殿上日記）

おとぎしゅう【御伽衆】 君側に近侍して話し相手や雑用をつとめた職。またその人。「長遠寺は既に御伽衆の内に罷成」（甲陽軍鑑）⬇「御咄衆《おはなししゅう》」を参照

おとこふり【男態】 男ぶり。「士の上にて、男態《ふり》をば沙汰せざる義也、只其人の心根を考知て」（北越軍談 中）

おとこみち【男道】 ①もののふ《武士》の道理をわきまえた者。「急事有とも、大小を不忘如く嗜む義、是男道の根元也、此心懸疎きを女郎花男と云ふ」（北越軍談 中）②男あるいは武士としてとるべき態度。「立身を望んで逆意を企て、男道の首尾を違ひ、浅間敷次第なりしと、四方の批判は理りなり」（政宗記）

おとしあな【坎穽】 落とし穴。「嶺に登て石弓、坎穽《おとしあな》を架へ攻登る寄手」（関八州古戦録）

おとしきたる【落来】 隠してきた。「次以落来田畠毎年四百石運上之、為軍役百人宛可致陣詰云々」（賀茂郷文書）⬇「落来《おちきたる》」参照

おとしとる【落取】 無理に奪い取る。「件寺家近年寺領悉或守護或根来落取之条、無力分之故不及作事」（政基公旅引付）

おとしぶみ【落文】 ①人に言いたいが公然とは言えない事を、匿名の文書に書いて、屋内や路上などに落としておくもの。落書《らくしょ》。「仙洞侍女大納言局〈甘露寺故大納言息女〉令密通之由室町殿へ女房参以落文申云々」（看聞御記）②匿名の投書。「おとし文候ニ付而、御鷹屋衆ふミかき上被申候」（伊達天正日記）

おとす【貶す】 相手や名誉などをおとしめること。「甲・信の二州を全く保て、武田重代の家号を貶《おと》されざる如く」（北越軍談 中）

おとす【殞す】 命を落とす。「馬を馳せて兼相に是を達し、帰路に命を殞《おと》す」（左衛門佐君伝記稿）

おとずる【音づる】「訪れる」の充て字。尋ねること「自国の妻の方より音《おと》づる、事もなく、命を洛土に終る」（奥羽永慶軍記 上）

おとどけ【御届】 殉死すること。また、その人。「義長御腹を切らせられ候、御届の衆……」（桂岌圓覚書）

おとな【大人・乙名・老】 ①一族、集団の主だった者。年長者。宿老。長老、おさ。「御用之時者、検断幷町中オトナシキ者ヲ召寄」。（伊達家治家記録）②中世末、郷村の代

表者。宮座を中心とする自治組織の指導者で、その数は村によって異なり、数人から十数人に及ぶ。「今日郷民《ヲトナ》共召具参申」（大乗院寺社雑事記）③中世末、座《ざ》の代表者。「当門跡方真莚座（中略）堅可致其沙汰之由、ヲトナ三人致請文了」（大乗院寺社雑事記）④女房奉書形式に用いられ、乙名は、下﨟の女官、侍女たちの意。（伊達家治家記録）⑤家老。「駿州今川家の老《おとな》朝比奈兵衛大夫を駿河守に被成候也」（甲陽軍鑑　中）⑥後見。「緄衣《ほろぎぬ》を典厩おとなの青木尾張と申者」（甲陽軍鑑　下）

おとなげなし【長気なし】「大人なし」の充て字。大人げない。「吾是に対せんは長気《おとなげ》なしと宣ひ、坐《そぞろ》に感涙を促され」（北越軍談　中）

おとななり【大人成・乙名成】室町・江戸時代の村落の宮座で、若衆、中老などを経て最高位の乙名になること。また、その儀式のこと。この儀式の時、定められた礼銭を座に納めたり、座人一同を供応したりする。

おとなびゃくしょう【大人百姓】有力農民。「一、地下おとな百姓に、ひらの百姓一切つかハらましき事、（中略）一、おとな百姓として下にて耕作申付、つくりあひ取間敷候事」（清水三郎衛門家文書所収木下勝俊掟書）

おともしゅう【御供衆】室町幕府の職名。いつも将軍に近侍して、外出の供をしたり、饗宴の時に陪席したりする。幕府創業の功臣の一族子弟から選ばれて、ほぼ十人前後の定員で数番に分かれて番頭の指揮に従った。「御出之砌、御供衆一列に懸御目、其後御部屋衆也」（長禄年中御対面日記）

おどろきいる【驚入】非常に驚くこと。「前内府自一昨日中風所労、片身一向不合期云々、驚入者也」（実隆公記）

おどろく【駭く】驚く。「江戸但馬守大に駭《をどろ》き半途に出て防戦せしか」（関八州古戦録）

おなか【御中】①室町時代、武家の奥向きに奉仕する女中の役名。中﨟《ちゅうろう》。「御なかよりはほうこうしうへは、とうばいまゐる人々」（簾中旧記）②（食卓の真ん中に飯をおき、そのまわりに副食物を置いたところから）飯、食事をいう女房詞。「女房ことば　一　いひ（中略）おなか」（大上﨟御名之事）③（ふとん、着物の中に入れるところから）綿、真綿をいう女房詞。「きくの御なか山しなよりまいる」（御湯殿上日記）

おなり【御成】宮家・摂家・将軍など貴人が外出することや、訪ねてくることをいう尊敬語。また、神輿の渡御についてもいう。来臨。おんなり。「宮の御かた、思ひよらずにはかに二条へ御なりにて、みなみな御とり」（御湯殿上日記）

おに【おに】食物の毒見すること。また、その人。おになめ。「物じて大身衆、振舞の時必亭主おにを仕り尤なり」（甲陽軍鑑）

おのおの【己々】各自。（細川家記）

おのが【儕栖】己が。自分の所有する。「是を討捕んとて慓《はや》悍《りお》（娊）の若者儕栖《をのが》道具提げ」（関八州古戦録）

あ

おのこだて【男伊達】「おとこだて」とも。男の面目を立て通したり、意地や見えを張ること。「若き景虎、我等をよき敵と存《ぞん》じうけ、おしげもなくおのこだて《男伊達》を仕、然も甲州」（甲陽軍鑑　中）

おののく【慄く】慄く。恐れる。「数度の戦功・手際《てぎわ》の挙動《ふるまい》、見る者慄《おののき》て北条家の赤鬼と云り」（北越軍談　中）

おのはじめ【斧初】家を建てる時、材木に初めて斧を入れること。また、その時の祝い。（伊達家治家記録）

おはしりしゅう【御走衆】室町幕府の職名。将軍外出のとき随行した。大名家にもこれに倣って置かれた。「御走衆出仕之時者、当番非番、悉於七問御厩、可被祗候也」（大内氏掟書）

おはなししゅう【御咄衆・御噺衆・御放衆】「御伽衆《おとぎしゅう》」に同じ。「立花左近殿極月廿一日之返書来、御放衆相定、丹五郎左以上八人、四人宛一日替え番手之由申来」（本光国師日記）　⬇「御伽衆《おとぎしゅう》」を参照

おびえどき【おびへ鯨波】怯えながらあげる鬨の声。怯鯨波。「をびへ鯨波《とき》をつくり、あはて、立のき、」（甲陽軍鑑）

おびきだす【偽引き出す】おびき出す。「また南郷に上《あ》がり、弱々と働きをなし、敵を偽引《おび》き出し」（四国御発向幷北国御動座記）

おびくるわ【帯郭】帯曲輪とも。腰曲輪とも。城の二の丸、三の丸などの間を互いに交通できるように設けた曲輪。「上条《じょうじょう》民部少輔義春従者を帯郭《おびぐるわ》（春日山二の丸の並び）へ走らしめて」（北越軍談）　⬇「腰曲輪《こしぐるわ》」を参照

おびただし【稠敷し】夥しい。（元親記）　⬇「稠《きび》しい」を参照

おびただし【生便敷】夥しい。たくさんの。「日本国二つに分て爰をせんと《詮度》、生便敷《おひたゝしき》たゝかひ」（慶長記）

おびとき【帯解】　⬇「帯直《おびなおし》」を参照

おびとり【帯取】太刀の足金《あしがね》（鞘につけた金物）に通して腰に帯びる革緒。帯取革。「常の太刀帯とり一重ニ留」（甲陽軍鑑　下）

おびなおし【帯直】「帯解《おびとき》」に同じ。幼児がこれまでの付け帯をとり、初めて普通の帯を用いる祝い。「小童帯直、於内儀有之〈午剋〉引渡饗」（石山本願寺日記）

おびやかす【却す・刧す・刼す・幹す】①脅かす。「此方を却《おびや》かし、かゝるとみせて引きとらん」（一徳斎殿御事蹟稿）「昼夜を分たず襲ひ刧《おびやか》す事甚しと云へ共」（北越軍談）「大将直江は少しも気を屈せず、天を幹《おびやか》し、地を略する勢ひにて雑兵に下知し」（奥羽永慶軍記　下）②攻略する。「此変に則《のっと》て攻劫《せめおびや》かすに於ては、多分は当家に帰降せん乎《か》」（北越軍談　中）

おひょうし【御拍子】舞囃子などを言う。（伊達家治家記録）

おぶと【緒太】裏の付いていない、鼻緒の太い草履。うらなし。藺金剛《いこんごう》。「御下被成をぶとをめして、たてすなより沓ぬぎへ御あがり、沓ぬぎに緒ぶと御ぬぎ候」（石山本願寺日記）「庭マデ御輿也、御下被成、ヲブトヲメシテ、タテスナヨリ

沓ヌギへ御アガリ、沓ヌギニ緒ブト御ヌギ候」（私心記）

おへやしゅう【御部屋衆】 室町幕府の職名。近習《きんじゅう》の衆に属するもので、将軍渡御や将軍家重代の宝物の整備に立ち会うなどの雑務をした。人数は二名。「御部屋衆、申次詰衆、其外悉来た大間入替々、湯漬点心まいる」（永禄四年三好亭御成記）

おぼえ【覚え】 ①記憶を取り戻す、人心地つくの意。「少々拙者、今般覚ヲ取申候、可為御満足候」（伊達家治家記録）②腕に自信のある。「土州より覚のある兵を拾六人」（昔阿波物語）③戦功を立てる。「窪田正介覚あり、房州様高野へ御出の時、跡を仕舞《しま》ひ、参り候へと仰せられ候」（長国寺殿御事蹟稿）

おぼえのもの【おぼえの者】 一陣二陣が崩れた後でも奮戦する者を云う。「誉有ル人をば、一度二度三度までは、かひゞゝ敷《しき》人と云。右の仕合かさなりて、四番めからは剛の兵とて、是をおぼえの者と云」（甲陽軍鑑　中）

おまとぶぎょう【御的奉行】 中世、幕府の御弓始《おゆみはじめ》において、矢のあたりはずれを記録することなどをつかさどる役。御弓始奉行。「御的、大御所様無御成、御門役以御的奉行（松豊松対）被仰出候」（親元日記）

おみなえしおとこ【女郎花男】 もののふの道をわきまえない武士をいう。⇔男道。「急事有とも、大小を不忘如く嗜む義、是男道の根元也、此心懸疎きを女郎花男と云ふ」（北越軍談　中）

おめおめ【阿容々・阿客々】 おめおめと。「当手の輩、是を見ながら阿容《客》々と引退ん事」（関八州古戦録）

おめき【喚】 「をめき」とも。叫ぶこと。「喚叫びて攻上る」（元親記）

おもいやる【思像】 思いやる。「天曇時雨降出ければ、越路の大雪思像《おもいやら》れ、帰路の艱苦如何あり」（北越軍談）

おもう【意う】 思う。「而《しか》して時宜如何、意《おも》うに方々逼塞《ひっそく》為《た》らん乎《か》」（伊達正統世次考）

おもうに【意者】 「思うに」に同じ。「意者京師《おもうにけいし》及び他邦公辺之事に於ては」（伊達正統世次考）

おもえらく【以謂・以為】 「おもへらく」とも。考えるには。（日新菩薩記）「本多正信大いに怒り、以為《おもへらく》、闘志皆軍令を犯すと」（長国寺殿御事蹟稿）

おもがえ【面掛】 馬の頭から、くつわにかけたところ。「引上んと声をかけて強く引けば、面掛《おもがえ》の紐解けて轡《くつわ》ばかりを引上たり」（奥羽永慶軍記　下）

おもかじ【舵】 面舵。船首を右へ向けること。「各々舟を二艘組にして、押廻し々々、舵《おもかじ》に弓・鉄炮を備へ」（武田三代軍記）

おもくち【重口】 口が堅い人。決断力を欠いた様子。「おも口成方候間、悉同時ニ相渡候様ニ者」（黒田家文書）

おもてうら【表裏】 言動と内心とが相違すること。「對貴殿、

此上之儀者、ぬき公事・表裏・御無沙汰仕間敷事」（黒田家文書）

おもてつき【表付・面付】 見た感じ。外見。みてくれ。「於柚留木者、面付計事之由令申了」（東寺百合文書）

おもてのざ【表の座】 武家の屋敷で、おもての方にある座敷。⇕裏の座。「驄而　茶湯之座にて会尺申候て、茶共也、其後おもての座にて、持せの御酒賞翫候也」（上井覚兼日記）

おもてのさふらい【表の侍・表の者】 主だった侍。「相馬衆金山へはたらき申候ヲおい《追》かけ《駆》おもて《表》のさふらい《侍》十五人うち《討》申、くひ上被申候」（伊達天正日記）「おもての者馬上七き《騎》うたせられ首七ッとらせられ候」（伊達天正日記）

おもねる【阿る】 手厚くもてなして親しみを示す。人に迎合し調子を合わせる。（日葡辞書）

おものぶぎょう【御物奉行】 室町幕府の職名。衣冠から刀剣に至る将軍家の私物を管理する役職。政所《まんどころ》の被官がこれを担当した。ごもつぶぎょう。ごぶつぶぎょう。おもの。「御成始（中略）御物奉行　蜷川彦右衛門尉当番、蜷川又三郎是先番時不参之間参勤親元雖為当番残畢」（親元日記）

おもむく【趣く】「赴く」の充て字。行くこと。「小野田を弓手に見なし、中新田の方へぞ趣《おもむ》ける」（奥羽永慶軍記　上）

おもる【重る】 病が重くなること。重態になること。「俄に御煩つかせられて、次第々々にをもり《重》たまひて」（三河物語）

おもんみる【以る】 考えてみるに。「竊《ひそ》かに以《おもんみ》るに八幡宮は日域朝廷の宗廟として」（奥羽永慶軍記　上）

おやげなし【親気なし】 大人げない。「内膳殿、をやげ《親気》なき汝をふみつぶさんとし給ふ」（三河物語）

おゆう【悇悒】 心配すること。「万事少気《わかげ》之故と為す、悇悒《おゆう》に堪えざる而已《のみ》」（伊達正統世次考）

おゆみしゅう【御弓衆】 戦国時代、主に弓矢を持って戦いに従う者。おゆみのしゅう。「御弓衆、山崎孫之丞、三拾人、千弐百石」（浮田家分限帳）

およばず【不覃】「不及」に同じ。及ばないこと。「殊太刀・馬給之懇慮候、年内漸無余日候条、爰許不覃見舞候」（名古屋市博物館所蔵文書）

およぶ【覃ぶ・迨ぶ・逮ぶ】 及ぶこと。到ること。「筑紫儀、諸事可被任異見儀此時候間、不覃被仰出候へとも」（黒田家文書）「迨清衡之風塵」（伊達家治家記録）「定朝胤可致対話候間、不迨被仰出候」（喜連川家文書案三）「姑く猶豫するの間に、如此縲紲《らせつ》の耻に逮《およ》べり」（北越軍談）

およろこびかれこれ【御吉左右】 御悦びの段は。「段子二巻・紅壱斤拝領せしめ、忝存じ奉り候、猶御吉左右、是より申上ぐ可く候」（性新公関原御合戦記）　➡「吉左右《きっそう》」を参照

おり【折】 ①折紙のこと。刀剣の鑑定書。太刀折紙。「太刀のつばの下に折を置出ス事、上、其次に小刀櫃《こがたなびな》の通に置は中」（甲陽軍鑑　下）②「折」は「折櫃《びつ》」の略。檜の薄板を折り曲げて作り、肴・菓子などの食器を盛る蓋のある箱。「折供饗《おりくぎょう》の物に箸《はし》をすゆる事有之」（甲陽軍鑑　下）③

連歌の懐紙の枚数を数えるのに用いる。「昨日はしきを四おりに御さた候つる」（実隆公記紙背文書）「連歌をば一句二句と云、又一むすび一おり百ゐん五十韻などと云者也」（万言様之記）

おりあう【居合】 問題の場に、ちょうど居ること。「弟子衆も、二三人、百又は五十ほどよき者どもをめしつれて、はるかあとよりいかにもしづかにおはしけり、自然のしをちもあらば、すりあふやうに、いづれもこゝろへてつれられけり」（室町殿日記）

おりいる【折入】 そのまま真っすぐの形では入りにくいものを、わざわざ途中で折って間に入れるようにする。転じて、そのように、あるものを他の中に入れ込んでしまうことをいう。「定徳政御法式目（中略）於預状者不可為棄破、但、利平折入義於有明鏡書物者可為棄破」（室町殿日記）

おりかけ【折掛・折懸】 折掛旗《おりかけばた》の略。幣《しで》の一種で、交互に切目を入れて折り垂らした紙をかけた旗。「赤坂丸山に御陣大垣の方へ御馬印扇御紋のはた七本白地もの折掛二十本たてさせられ」（慶長記）「武田入道信玄旗ハ、白絹五幅ノ折掛ニ黒キ割菱付タル五本ナリ」（信長記）

おりがみ【折紙】 ①古文書の用語。料紙（奉書紙・鳥子紙・檀紙・杉原紙など）を横に半折して用いた文書。平安末に始まり室町時代に盛んに用いられた。用途により、公用折紙、進物折紙（太刀折紙、要脚折紙、三色折紙など）、名字折紙、鑑定折紙などの別があり、のち折紙の故実も発達し、「折紙奉書」を指すことが多い。「北野社領越前国得光保損免事五十貫文分折紙出之」（親元日記）「御成敗候段被仰付候やうにとの御申也、仍各へ御だんかうの由、御折紙也」（大舘常興日記）「定て猿楽衆に御小袖か折紙か下さる、儀ならん」（甲陽軍鑑 下）⇕竪紙《たてがみ》。②「折紙銭《おりがみせん》」の略。室町以後に盛行した進物折紙の一種で、祝儀として金銀を贈る時、折紙に金額を記して金銭を贈った。目録だけのこともある。「亜相御礼御進物之次第、（中略）右進物は御太刀折紙御小袖也」（文禄四年御成記）

おりくだる【下々】「降り下る」の充て字。坂を下ること。「宇佐山の坂を下々《おりくだり》懸け向かひ、坂本の町はづれにて取り合ひ」（信長公記）

おりこうばい【織紅梅】 経糸は紫、緯糸は紅の織物。「御料人様への御音信は、一、厚板　百端　一、薄板　百端　一、緯白　百端　一、織紅梅　百端」（甲陽軍鑑　中）

おりしく【折敷】 幾度も幾度も繰り返し押寄せ、襲いかかる。「三度四度かゝり合かゝり合、折しきて各手柄と云事無限」（信長公記）

おりたて【折立】 連句の懐紙の各折《おり》の最初の句のこと。おったて。但し、初折《しょおり》の第一句は発句として別扱いされるので、折立とは呼ばない。普通、歌仙では二の折の表第一句を指すことが多い。

おりゅ【居湯】 釜を取り付けず、別に沸かした湯を入れた風呂。また、それに入ること。「下女松弟ニヲリ湯桶申付了、則持来了」（言経卿記）

おろかもの【患者】「愚か者」の充て字。愚者。「汝は年にも似ぬ患者《おろかもの》なり」（奥羽永慶軍記 上）

おわします【御】「坐《おわ》します」に同じ。いらっしゃる。「（熱田）大宮司 馮《あつかり》給ひ、明の年迄 御《をわします》」（三河物語）「除《のけ》させ給ひてそなゐを立て 御《をわします》所」（三河物語）

おわる【終執】 終わる。「同十八年己酉の夏、沈《ちん》痾《あ》逼迫《ひっぱく》して終執《おわり》玉ひしとぞ」（北越軍談）

おわんぬ【旱・訖】「旱」は「畢」の異体字。（細川家記）完了した。完了の助動詞のように使われる。「為其褒美貳千石所付別帋在之宛行訖」（黒田家文書）「此ときより、くわんばくひでよしこうを、太閤と申たてまつりをはんぬ」（太閤さま軍記のうち）

おんいちじ【御一字】 室町時代、将軍が元服するときに、その名前につける一字を賜わるよう、朝廷に申し出ること。「公方様御元服の事、京都へ以使節御一字を御申、御代々御嘉例也」（鎌倉殿中以下年中行事）

おんいりそうろう【御入候】 ①「ある」「いる」「行く」「来る」の尊敬語。いらっしゃる。お出でになる。「いかに申し候、旅人のおん入り候ふが、一夜の宿と仰せ候」（謡曲・松風）②「ある」の丁寧語。あります。ございます。「さるかた卒度《そっと》御目に懸りて申上度義の御入候」（浮世草紙）

おんかん【恩簡】 他人から送られてきた手紙を敬っていう語。「恩簡 ヲンカン 芳札之義也」（元和本下学集）「恩簡之旨欣歓至候、仍勢州千草事」（天文書札案）

おんぎょう【遠行】「おんこう」とも。仏語。死ぬこと。他界。「今朝刁刻、大政所様御遠行之由」（高野山文書）

おんげき【怨隙】「怨家（おんけ・おんげ）」のことか。仇を為す者。恨みを抱いているもの。敵同士。「諸郡の大家も亦皆各其の私を挟《さしはさ》み其の利を懐《いだ》きて、而《しか》して怨隙《おんげき》を締搆し凶禍《きょうか》を醸成《じょうせい》す」（伊達正統世次考）

おんざ【穏坐】 酒宴。「足利左馬頭義昭卿去年近江国より若狭へ遷り、武田義統《よしむね》の館に穏坐《おんざ》ありと云へども」（北越軍談 中）

おんさつ【恩札】 相手の手紙に対して言う言葉。「恩札之趣歓悦之至候、殊委細示預候、本望候」（天文書札案）

おんじはいりょう【御字拝領】 身分のある人の二字名のうち一字をもらって、自己の二字名の一字に加えること。一字拝領。「御字御拝領仕事は、折紙にあそばされ候て、御太刀御刀にそへられ候て、御盃頂戴の時」（伊勢貞助雑記）

おんじゅん【恩潤・恩暄】「温潤」の充て字。「恩澤」に同じ。大きな恩恵。（日葡辞書） あたたかでつややかなさま。「平素の顔色温暄《おんじゅん》に坐《ましま》しけれ共、肉厚く健《すこやか》なる稟賦《ひんぷ》にして、戎《じゅう》衣《い》を具足し玉ふ」（北越軍談）

おんじょさいなき【無御如在】 なおざりにしない。手落ち

が無い。「各被對筑前守無御如在通、具達　上聞候處」（黒田家文書）

おんすい【飲水】 水を飲むこと。「おんずい」の方が一般的か。「飲」は「おん」と訓じた。（日葡辞書）

おんち【恩地】 恩賞の地。「今度為御恩地於豊前國京都・築城・中津・上毛・下毛・宇佐六郡之事」（黒田家文書）

おんち【隠地】 隠れて耕作し、検地をうけないため租税の対象にならなかった田畑。田の場合を隠田《おんでん》、畠の場合を隠し畑という。「為御扶持、聞出隠地、可望申由、被仰付之処」（大内氏掟書）

おんでん【隠田】 農民がその存在を隠して耕作し、年貢その他の租税を納めない田地。律令時代以降の各時代を通して存在していた。隠没田。隠し田。→隠地。「百姓有隠田者、雖経数十年、任地頭之見聞、可改之」（甲州法度）

おんとう【穏当】 心が素直で、無理に人と張り合おうとしない。「さうべち人のそうれうたるものは、かならずしもこゝろがゆふゆふとして、をんとうなる物に候」（太閤さま軍記のうち）

おんなざむらい【女侍】 意気地のない女のような気質の武士をあざけっていう語。女々しい侍。「穿鑿なしに、むさと我贔屓《ひいき》の方をほむる女侍、沢山なり」（甲陽軍鑑　中）

おんぽ【恩補】 ①恩賞あるいは御恩として国司・守護、地頭などの職を任じられること。「当国は佐々木定景連綿《れんめん》恩《おん》補《ぽ》の所領にして」（北越軍談）②恩恵。（日葡辞書）

おんもう【音耗】 音信。手紙。情報。「往日以平井五郎兵衛尉、預音耗候之条、相加堀田主水助、愚存申届候処」（国立資料館蔵紀伊国古文書所収藩中古文書）

おんもうし【御申】 貴人のお出ましを請い願うこと。「甲斐の国中に信玄公御申いたす寺定りて有之」（甲陽軍鑑）

おんもん【恩問】 懇ろな文。好意的な愛情の表れた書状。（日葡辞書）

おんもん【音問】 手紙などで人の安否を尋ねること。おとずれ。たより。「従此方可申入存候処、遮而預音問候、畏入候」（政基公旅引付）「当表相動候ニ付而、毎日不得手透候間、絶音問候、非本意候」（仙台市博物館蔵伊達政宗書状）
➡「音問《いんもん》」を参照

おんり【厭離・遠離】 ➡「遠離《えんり》」を参照

おんりん【園林】 庭園や果樹園の木立ち。（日葡辞書）

おんろく【恩禄】 主君から受ける禄。「猶追而可加恩録之者也」（黒田家文書）

か 行

かい【貝】 陣螺。「相馬殿御ちう《重》代の御かい《貝》とらせられあけ《上》御中候」（伊達天正日記）

かい【かひ】 樹木の太さを数える数え方。「かひ」は「抱え」に同じ。「信玄公迄の泉水の植木共に一かひ・二かひある名を付たる松の木などを切って」（甲陽軍鑑 下）

かい【華夷】 自国と他国。「抑益子は宇都宮数十代の腹心華《か》夷《い》共に克く知る処なり」（関八州古戦録）

がい【碍】 無尽の意か。「縦横碍に切て廻り」（細川家記）

がい【我意】 わがまま。「たゞ彼西堂（安国寺）我意仕らるゝ事に候」（関原陣輯録）

がい【雅意】 雅は素《もと》の意で、雅意は平素のこころざし、本心、平素考えていた野心という意。「於関東任雅意狼藉之條不及是非」（伊達家治家記録）

かいあん【海晏】 都市とか国とかが平和で静穏なこと。「海晏河清」とも。（日葡辞書）

がいあん【艾安】 世の中がおさまって平和であること。「木徳之候、艾安之春、世帰淳風、人被恩沢、幸甚々々」（看聞御記）

かいえ【廻会】 ある所で落ち会う。「来廿四日朝、富左様、宗及二人廻会仕度候、返々御隙入候者廿五日朝」（利休書簡）

かいえき【改易】 ①鎌倉以降の武家法では、身分を剝奪して庶民にする罰。「氏真没落の後信玄に属し、勘気を受改易せられて」（関八州古戦録） ②戦国時代、処罰として、その人の所職・所領・財産などを召し上げること。「恣有行之事者、早可令改易彼職」（甲州法度之次第）

かいえつ【快悦】 相手の好意に対して、「喜び感謝して」の意として、書状に用いる語。「就如此之時宜、御懇之至、是又快悦候」（薩藩旧記）「就彼仁下向、御芳翰披閲、忝快悦此事候」（国立公文書館蔵田村隆顕書状）

かいおく【懐臆】 ある事に関して、注意深く考えること、あるいは思いめぐらすこと。（日葡辞書）

かいがいし【精悍し】 甲斐甲斐し。「景虎精悍《かひがひし》く義戦を励み、年々信州に師して甲兵と挑《いどみ》合ひ」（北越軍談）

かいかん【悔還】 悔い改めること。「新宿諸役可被成御免許候、但造作等未熟之上、不叶御気色者、可被悔還之趣、被仰出者也」（新編会津風土記三所収武田家朱印状写）

かいがん【廻雁・回雁】 雁書のお返しの意で、返事の書状をいう書札用語。「万端奉頼外無他、毎事奉回雁者也」（新撰類聚往来）

かいき【乖企】 「乖詭」の充て字か。いつわり。「企叛逆可及御敵対候哉。無乖企《いつわり》之御行《てだて》、穏便之御沙汰に候ば」（甲乱記）

かいきゃく【廻脚】 各家を回って、知らせを伝えて歩く使者。「抑今夜之宴先珍重候歟、次雨儀之次第一覧大切候、被

付廻脚候者可畏入候」（実隆公記）

かいきゅう【懐旧】（死者に関する）過去の事柄を思い起こし懐かしむこと。「懐旧の連歌」。「数刻談往事、懐旧之涙互湿袖更難尽筆端者也」（実隆公記）

かいきゅうのれんが【懐旧の連歌】死者の追悼のために行なう連歌の会。また、その連歌。「亡父卿御忌日之間、懐旧連歌興行、人数、予、冷、四、阿茶丸、城俊、栄一、寿正、同善五等也」（言経卿記）

かいぎょ【廻魚】返事の書状をいう書札用語。「廻鯉」「廻鱗」とも（広本節用集）

かいぐ【介具・皆具】「介具」は「皆具」の充て字。鞍、鐙など馬具一式についていう。馬具一切。「一、近年は諸手共、馬介具《かいぐ》不足の様に見及び候間」（甲陽軍鑑）「御鞍鐙御轡何れも名物之御皆具生便敷《おびただしく》御結構なされ」（信長公記）

かいげ【掻笥】柄杓の一種。水を汲むのに使う大きな柄杓。（日葡辞書）

かいけい【会稽】「会稽の恥を雪ぐ」。侮辱に対して復讐する、あるいは報復する。（日葡辞書）

かいけいにそそぐ【雪会稽】「会稽の恥を雪ぐ」で、仇討ちをするの意。「報恩恵雪会稽」。（伊達家治家記録）

かいこう【邂逅】偶然。（日葡辞書）

かいこう【開闔】鎌倉・室町時代の評定所での職制で、訴訟事務の進行などにあたった。「上田党に命じて、開闔《かいこう》を司《つかさどら》しめらる」（北越軍談）

かいこう【会交】「交会」に同じ。交際すること。また、その会合。「おりふしの会交ありければ、彌々深くぞかたらひけれ」（相州兵乱記）

かいごう【過合・会合】遠方から来る人と思いがけなく会うこと。（日葡辞書）

かいこくひじり【廻国聖】諸国を巡り歩く僧。四国巡礼の僧。「案の外なる落城なれば、甲斐からき命を遯《のが》れ出、夫より廻国聖と成て行方不知に失にける」（政宗記）

がいこつをこう【骸骨を乞う】官を退くことを請う。致仕を乞う。「是を省《かえりみ》て自己の罪を責《せめ》、骸骨《がいこつ》を乞《こう》て豆州三島に退く」（北越軍談）

かいさい【皆済】➡「皆済《かいせい》」を参照

がいさい【睚眦】にらむ。「睚眦に罹る」は、にらまれる。「之に依り景勝主の憎《にくしみ》を受け、睚眦《がいさい》に罹《かか》るに付て」（北越軍談）

がいさい【涯際】かぎり。その時限、時点。「則ち懸田没落之涯際に汝《なんじ》知行する所之地を限り」（伊達正統世次考）「青陽御慶賀畏雖言上仕候、日新珍重更不可有涯際候」（益田家文書）

かいさく【改作】休耕していた土地を、再び開き耕すこと。「売襲田畠等、買手之人数相論次第事、買得同前令改作、於当知行者、文書之年号不寄前後、無相違知行可為理運」（六角氏式目）

かいさつ【回札】「回状」「回章」に同じ。順次に回覧して

要件や命令などを伝える書状。「乍回札懇書披見、祝着候、然者氏康為加勢、不図出馬候」（浦野中務大輔宛武田信玄書状写）

かいさまに【かいさまに】 わがままな。勝手な。「一入被懸御目標ニ候てこそ忝可存を、かいさまニ御心得参候」（尋憲記）

かいさん【皆参】 全員が出席すること。「御けんの侍従、式事、くら人かいさんにて、れきれきとあり」（御湯殿上日記）

かいじ【階次】 等級の順序のこと。（黒田家文書）「併期面拝候、恐々謹言　五月十五日　宗賀（花押）　御報　階次　高橋孫四郎殿　御宿所」（高橋孫四郎宛世尊寺宗賀書状）

かいし【介使】 仲介の使者のこと。「陣中之様子、無心元之趣、預介使候、欣然候」（上杉家文書）

がいし【孩子】 赤児。赤子。「今の殿下（秀吉）これなり。孩《かい》子《し》より奇怪のこと多し」（関白任官記）

がいじ【孩児】 小児。こども。「男女一人を洩らさず、孩児を幷せて尽《ことごと》く誅殺す」（伊達正統世次考）

かいしき【皆式】 ある事態が、すべての面にわたって行われるさま。多くは打消しの語を伴って、事態を全面的に否定する意を表わす。「（此川ハ）、九月よりいもはや氷にいてて、かいしき水のゆく事候はず」（室町殿日記）

かいじつ【晦日】 月の最後の日。「みそか」とも。（日葡辞書）

がいじつ【外実】 外見と内実。「外見実儀」「外聞実儀」の略。「此節猶以不相止候条、一際相当可被仰付候由、雖無余儀候、今程通直当国御逗留と申、外実不可然候条、御理重畳申入候」（村上文書）「御外実相調ひ、（当然の待遇を受けるようになった）」（老翁物語）　↓「外聞実儀《がいぶんじつぎ》」を参照

かいしゃ【解謝】 「げしゃ」とも訓む。「解」は祓いをするの意。神を祀って祓いをすること。「僕に命ずるに、自ら往き下って厳責す可きことを以てすと雖も、老躬を以て稍《ようや》く解謝し」（伊達正統世次考）

かいしゅ【魁首】 「たいしょう」とも訓む。かしら。頭目。「甲陽の魁首《かいしゅ》、飯富・小山田・真田が隊《て》の者、若干討れて辟《へき》易《えき》す」（北越軍談）「中央の魁首は飯富《おぶ》三郎兵衛昌景」（北越軍談）　↓「魁首《たいしょう》」を参照

かいじゅ【槐樹】 槐《えんじゅ》の異称。マメ科の落葉高木。ななかまど。（日葡辞書）

かいしゅう【会衆】 ある会合に参加するために集まった人々。参会者。寄合衆。「今日都護亭月次也、仍罷向、会衆未集之間、先参曇花院」（実隆公記）「俗人に成、一疋に乗《のり》、会《かい》衆の中に入、御陣の御供申」（甲陽軍鑑　下）

がいしゅう【鎧袖】 鎧の袖。「昼の合戦に敗れ、鎧袖《がいしゅう》を敷き、干戈《かんか》を枕にす」（惟任謀反記）

かいしょ【回書・廻書】 返書の意。「聖護院道増回書に曰く、昇進幷びに一字之礼、瑞林寺を以て申入らる」（伊達正統世次考）「建仁寺瑞樹軒瑞厚首座エ遣状、宝応寺河清和尚遣状也、自此方書瑞寿、回書ニ瑞樹軒ト裏書有之」（鹿苑日録）

かいしょ【会所】 公家・武家・寺社の住宅に設けられた施設の一つ。室町初期に特に発達し、歌会・闘茶・月見など遊戯娯楽のための会合に用いられ、唐物、唐絵などを多数陳列する座敷飾りがなされた。「凡会所（奥端両所）以下荘厳置物宝物等驚目、山水殊勝非言語所覃、極楽世界荘厳も如此歟」（看聞御記）「寝殿者厚萱葺、板庇、廊中門、渡殿者、裏板葺、侍、御厩、会所、囲炉裏之間」（文明十四年鈔庭訓往来）

かいしょう【廻請】 会合などに参会を求めるための回し文。「唯識講廻請承仕持来之間、令加判遣了」（経覚私要鈔）

かいしょう【回章・廻章】「回文」に同じ。①二人以上の宛名を書き、その人々が順次回覧するようにして出す文書。「小目代ノ催促、回文、下司」（文明十四年鈔庭訓往来）「寺務未補之間、為供僧中御影供修行之、任先規、以折紙廻章調者也」（東寺百合文書）②返事の書状をいう書札用語。返書・回状。「御回章具披見、快然之事」（伊達家治家記録）「先剋対客子細候間、不能回章為恐候、旁期面令省略候也」（実隆公記）

かいじょう【廻状】「廻章」①に同じ。「去三月廿一日灌頂院御影供廻状、仏土院被載了」（東寺百合文書）

かいじん【灰塵】 灰・塵。塵芥とも。（日葡辞書）

かいじん【開陣】 ①「陣を開く」で、戦争から引き上げて帰ること。（日葡辞書）「満山殊抽軍忠致合戦候衆徒一人被打候へども、敵方者共数十人討取候間、今月三日暁天敵方開陣退散了」（大乗院寺社雑事記）②特に戦いに勝って陣を引き払い、本拠地に凱旋すること。「やがてやがてかいちん候て、つもる御物がたり申候べく候、めでたくかしく、かならず九月中にかいちん可申候」（太閤真蹟・高台院宛豊臣秀吉書状）

かいじん【帰陣】 陣を開くこと。「かえじん」とも。ただし「きじん」が一般的か。「即其状を取て証拠とし元康帰《かい》陣《じん》し給ふ」（甲陽軍鑑）「北城丹後をさしをかれ、帰陣《かえじん》也」（甲陽軍鑑 中）

かいじん【改陣】 ①凱陣すること。「これを聞きて、安土に改陣《かいじん》し、敵の備へを見る」（柴田合戦記）②それまでの体制を改めて、新たに軍陣を編成し、陣立てをすること。「公方就御改陣国司出陣事、先日以北畠中将雖被仰出未及其沙汰歟」（大乗院寺社雑事記）

がいじん【凱陣】 戦いに勝って自分の陣営に帰ること。凱旋。かえじん。「即ち其首を取り、勝どきあげて凱陣す」（細川家記）

かいす【班す】「かひす」とも。返すこと。「未明に陣払して平井に軍を班《かひ》されし」（関八州古戦録）➡「班《かえ》す」を参照

かいすい【魁帥】 賊徒などのかしら。魁首・巨魁。「逍遥軒入道殿を大将にて、山県昌景を魁帥《かいすい》とせられ」（武田三代軍記）

かいせい【皆済】 年貢など、決められた額や量を残らず完全に納入、または返済すること。「かいさい」より「かいせい」が一般的。「勅願納所任料銭事、参拾五貫文分、

来四月中必々可皆済仕候」（大乗院寺社雑事記）

がいせい【睚眥】 ➡「睚眦《がいさい》」を参照

かいせき【会席】 多くの人が集会をし、遊び事をする家。（日葡辞書）

かいせん【替銭】「替銭《かえせん》」に同じ。中世、為替《かわせ》を組んで送金すること。米を以てする為米《かわしまい》に対し、手形を以てした。「就替銭請之儀、御法預御尋候、今借主或死去或逐電者為請人可致其償」（親俊日記）➡「替米《かわしまい》」を参照

かいせん【廻船】 輸送船のこと。「淡州岩屋船五十七艘之事、此方分國中灘目廻船往来儀、不可有別候」（佐伯文書）

かいぜん【快然】 書状に用いられる語で、ある人が下級の人に対して謝意を表すとか、何事かを喜んでいることを表わすとかに使う。（日葡辞書）

がいせん【凱旋】 ➡「凱旋《きせん》」を参照

かいせんや【替銭屋】 中世、両替と為替を専業とするもの。為替手形すなわち割符《さいふ》を発行。割符屋。「禁裏御修理料、号諸国役段銭、加州分百貫文、只今以弓持番衆〈替銭屋針屋也、加州使者先日令上京候〈中略〉〉差上之」（石山本願寺日記）

かいぞえ【介輔】「かいほ」とも訓む。補助する。たすけ。「朝倉能登守・師岡山城守等交代して介輔《かいぞえ》をなす」（北越軍談）➡「介輔《かいほ》」を参照

かいぞえ【掻副・介添】 付き添って世話をすること。また、その人。後見。介錯《かいしゃく》。「参議之間、任制府、号掻副召具之者也」（実隆公記）

かいぞく【海賊】 中世、海上戦力を保持した、おもに北九州、瀬戸内に本拠をもった地方豪族。水軍。「ただ是より御船にめされて、此程めしつかわれる海賊梶原を召具せられ」（明徳記）

かいぞくしゅう【海賊衆】 海賊に同じ。「北条家より梶原海賊を出し候処に、武田方より小浜・間宮・駿河先方の海賊衆船を出し、船軍《ふないくさ》あり」（甲陽軍鑑）

かいだて【械楯・掻楯・欄楯】「垣楯・掻楯」とも。①城・陣地などに敵の矢を防ぐために楯を垣のように立て並べたもの。「城下の伽藍を破却して械楯《かいだて》の料とし近辺の民家をも焼払」（関八州古戦録）②鉄砲のない以前の戦争に使われていた、板を並べて作った防壁。（日葡辞書）「渉《わた》しの船どもを打砕て欄楯《かいだて》の料《もろ》とし、乱橛《らんぐい》を設け大縄を引けり」（北越軍談　中）

かいちゃ【回茶】 茶道で、茶の味のよしあしを試す方法。三種の茶のうち一服を飲んで他を推量すること。十服《じゅうふく》茶《ちゃ》。貢茶《こうちゃ》。「先日順事回茶、予、長資朝臣沙彌行光等為当番、一献等申沙汰」（看聞御記）

かいちょう【戒庁】 上杉謙信の定めた四庁の一つ。楽堂の作法のこと。「戒庁とは楽堂の作法を云、楽器壺狭間《はざま》の仕懸《しかけ》あり、三時の鉦《かね》を以て番の交代をなさしむ」（北越軍談　中）➡「楽堂《がくのどう》」を参照

かいつかむ【掻摑む】 掻い摘んで。「泉蔵坊およき寄て彼馬の前足を掻摑《かいつか》んで無躰に引立」(関八州古戦録)

がいてい【孩提】 嬰児。二三歳の児の称。「殊《こと》には孤弱孩提《がいてい》の時より公の側に養はれて長《おとな》なり玉へり」(北越軍談)

かいでん【魁殿】 殊に抜きん出てすぐれていること。「京都畿内ノ戦ニ毎度魁殿の働以寡勝多」(信長記)

かいと【海東】「垣内」の充て字。一定の区画された区域。「房州様御宅跡道場海東と申し候」(長国寺殿御事蹟稿)

かいと【回途】 順番に相手方を訪ねること。「八重森源七郎回途之砌、寄愚翰候之処、預回章候」(大阪城天守閣所蔵文書)

かいとう【回頭】 頭をめぐらすこと。「とても持ちがたき城中に籠りて何かせん。中々回頭に出て花やかに討死せん」(奥羽永慶軍記 上)

かいどう【海道】「街道」の充て字。「亦観音堂・人取橋も、其ときの海道は今の場より八九丁程西にて」(政宗記)

かいどう【解胴】 鉄札《てつざね》を何枚も編み合わせて作った胴のこと。「木工允か左脇を衝たり、然てとも解胴の鎧なれは透《とお》らす」(伊達家治家記録)

かいどう【改動】 改変すること。「買得分之田畠幷借遣米銭・質物・預状・永地之事、一切不可有改動」(仏光寺文書)

かいどう【皆同】 関係するものに全てに共通して、一人として例外のないさまであること。「宮崎衆中皆同之分別には、於名古八幡宮、転読大般若経十部成就可申由、立願申候也」(上井覚兼日記)

かいととま【垣内苫】 囲いの苫のこと。「廻船は垣内苫を付け候て、外より見えざるの様に」(万代記)

かいない【甲斐ない】 弱い・もろい(もの)。(日葡辞書)

がいにゅう【凱入】 凱歌を奏して帰ること。「公点頭《うなずき》ましまし此表を引拂ひ、平井え凱入《がいにゅう》し玉ふと云々」(北越軍談)

かいねん【懐念】 心に思うこと。心に思っている考え。念慮。「近日其の辺の様体を聞かず、懐念を労す」(伊達正統世次考) ⬇「念慮《ねんりょ》」を参照

かいのう【皆納】 年貢などで、決められた額を残らず納めてしまうこと。「景覃代五十疋返弁、百疋之分皆納申也」(山科家礼記)

かいば【飼料】 かいば。馬の飼料。「上杉三郎景虎と改号せられ、厨《くりや》料三百貫、飼料《かいば》三十貫を進《まい》らせ」(北越軍談 中)

かいびん【快便】 書状や物を託すのに都合のよい使い。「好便」とも。(広本節用集)

かいふ【改補】 ある者の職を解いて、その代わりに別人を任命すること。(文明本節用集)(ロドリゲス日本大文典)

がいぶん【外聞】 外から見える様子。世間体。名誉。評判。「朝鮮王子相越候へハ尤候、不相越候共、御調物ニて可被相究候、日本御外聞迠候間」(黒田家文書)

がいぶん【涯分】 ①精一杯尽力したけれど。「羽左太(福島正則)申し談じ涯分候つれ共」(関原陣輯録) ②自分の身分

の程、力の及ぶ限り。「涯分養生ナサレ候間」・「手詰りの事も有らは、涯分、御合力に及はるへし」（伊達家治家記録）

がいぶんじつぎ【外聞実儀】①連用修飾語に用いて、次に述べることが、そのどちらの観点から見ても全く以って、その通りであることを強調して表わす。「当門跡へ銀百枚拝領、御懇意外聞実儀忝次第」（義演准后日記）「昨日者企参候之処、御丁寧誠以外聞実儀畏入存候」（黒田家文書）②外聞（外見）実儀（実際）、どこから見ても申し分ないこと。「随分之首数多討捕、京都へ被上之由候、誠外聞実儀可然、祝着之至候」（伊藤孝太郎氏所蔵文書）　⬇「外実《がいじつ》」を参照

かいへい【魁兵】先がけとなる優れた兵。「天下の魁兵を羽柴氏に賜るものならん」（南海通記）

かいほ【頽暮】晩年。「葛山三郎長綱と号せし、今既に頽暮《かいほ》の齢に至り」（関八州古戦録）

かいほ【介輔】「輔」は「補」の充て字。補助する。たすけ。「天羽の郡佐貫の城主加藤伊賀守介輔《かいほ》すへしと也」（関八州古戦録）　⬇「介輔《かいぞえ》」を参照

かいほう【回報・廻報】「廻章」②に同じ。答書。返事。「定実も亦本意の如くならん而已《のみ》、回報に因りて急度発向せん」（伊達正統世次考）「定漸御出仕之程候歟、相構相構不可及回報候」（実隆公記）「聊可申届候、自何去比物、両度以簡札承候、則及回報候き」（米沢市上杉博物館蔵結城晴朝書状）

かいほう【介抱】助けること。「大内か罪を赦し召使ふに於ては、會津より介抱すましき由申越され」（伊達家治家記録）

かいほう【廻鳳】「廻章」②に同じ。返事。「黒勘様　回鳳　利休」（利休書簡）

かいぼう【皆亡】すべてを失う。「仲政之時系譜兵燹に罹《かか》り、名諱・事蹟も亦皆亡すと云う」（伊達正統世次考）

かいまよい【買迷】「迷う」は、弁償するの意。「其旨依令言上、不準自余之間、各為買迷令還附新寄進訖」（宝幢院文書）

かいめい【会盟】人々の間で結ばれる和親、あるいは和睦。（日葡辞書）

かいめん【買免】買い戻すこと。「買免之事、売主買主過候て以後、子々孫々無文候者、無相違本主之子孫に可返」（相良氏法度）

かいめん【會面】「面会」に同じ。「御懇書の如く近年は世上から《柄》故に會面を遂けす、本意の外なり」（伊達家治家記録）　⬇「会面《えめん》」を参照

かいめん【回面】表情に。顔に。「若向後至于可蒙仰者、御存意具可被顕回面候」（千秋文庫蔵多賀谷重経書状）

かいめん【皆免】年貢・課役などを一切免除すること。「安国寺領并諸末寺共、先住如是鑑之時、諸役可為皆免者也、仍如件」（上杉年譜）

かいり【回鯉】「回魚」に同じ。書状に返事すること。「蜂須賀杉原返簡之状曰、（中略）清水長左衛門尉殿　回鯉」（太閤記）

かいりき【戒力】 ①持戒または受戒したことによって生じる功徳の力、または効験。「第一は、御戒力にて如此。信玄謙信の真似は必御無用にて御座候」（甲陽軍鑑 下） ②努力する。「右遠陣之儀候条、人数すくなく召連、在陣中兵粮つゝき候様あてかい簡要候、但、人数多く候様に戒力次第、可抽粉骨者也」（信長記）

かいりょう【皆料】「料」は料足の意。所要金額の全部。全額。「廿貫文　天野惣神主、御出御造営、御祓料、両度皆料、六百文　役人神人三人下行両度、皆料」（高野山文書）

がいりょう【涯領】 領地の果てまでの全部。全領地。「以家司奉書、被仰涯領之領主事候也」（大乗院寺社雑事記）

かいりん【廻鱗・回鱗】 書状の返事。「回鱗クワイリン回魚回鯉回鳳皆書札返事」（天正本節用集）「恐惶敬白　九月八日　弾正忠信長（花押）　妙智院　回鱗」（妙智院文書）

かいれい【乖戻】 逆らい背くこと。「酒色に溺《おぼれ》て遊楽に耽《ふけ》り、家法浸《つか》り乖戻《かいれい》して社稷《しゃしょく》を保護するに堪《たえ》ず」（北越軍談 中）

かいろく【回禄】 財産を火災で焼いて失うこと。「回禄の難に遇う」。（日葡辞書） 火難。火災。「但依今度之劇乱、応仁二年九月十一日廻禄畢」（善空置文）「陣屋に於て回禄の時は、陣屋の人数の外、他の陣屋を出で」（奥羽永慶軍記 下）

かいをたつ【蚵を立つ・貝を立つ】「蚵」は「貝」の充て字。合図の法螺貝を吹く。陣貝を吹きたてる。「貝を吹く」とも。「すわや上和田に蚵社《かいこそ》立申せと申上ければ、日来被仰付候間」（三河物語）

かえき【課役】（年貢などの）負担のこと。「其方当知行分内寺庵方、其方諸事可為如前々、縦新儀之課役雖為国並、其方於分領者、相除之状如件」（隠心帖）

かえす【班す】 返す。帰す。「後日の働然るへしとて、早々軍をそ班《かへ》されける」（関八州古戦録） ➡「班《かい》す」を参照

かえすがき【返書・反書】 手紙の文末に書き添える文やことば。端書。袖書き。追って書き。なおなお書き。「カエスガキ　シモの語。すなわち、ハシガキ、または、ソデガキ」（日葡辞書）

かえせん【替銭】 ➡「替銭《かいせん》」を参照

かえって【還而】「却而」に同じ。逆に。反対に。「か様ニ可被成儀にて無御座候、還而致迷惑候」（名古屋市秀吉清正記念館所蔵加藤嘉明書状）

かえりだち【還立・帰立】 賀茂・石清水神社などに参詣して宮中に帰った者に、ねぎらいの宴をすること。「抑女中清水参詣、其人数（中略）依雨晩景下向、帰立一献、東御方、廊御方、源宰相張行、予相交」（看聞御記）

かえりちゅう【回忠・返忠・反忠】 主君に背くこと。裏切りをすること。敵対関係にある側の長に内通して、その有利になるように計らうこと。「野本大膳亮を篠塚宗左衛門分捕《ぶんどり》して、回忠《かえりちゅう》の面目を施す」（北越軍談）「反忠を無心許思ひ、密談之者共、誰かれと呼に、野村勝次郎ぞ居ざりけ

る、反忠此やつなんめり」（太閤記）

かえりちゅう【返忠】 元の主人に忠を尽くすこと。「長尾謙信へ返忠《かへりちゅう》したりければ、信玄怒り玉ひ、海野を追討し給ひける」（長国寺殿御事蹟稿）

かえりちょうぎ【帰り調儀】「返り調儀」の充て字。味方をすると偽って裏切ること。「比叡山より兵粮米をつゞけ申耳《のみ》ならず、剰《あまつさえ》帰り調儀《てうぎ》をして、信長を討せんとす」（三河物語）

かえりまいる【返参る・帰参る】 宮中や目上の人の所へ、出先から戻ってきて伺う。（御湯殿上日記）

かえりみる【眄みる】 鑑みる。考慮する。「亡父美作守房長が旧勲に眄《かえり》み、庄内の県は最初繁長が太刀先の料所なれば」（北越軍談　中）

かえりみる【省みる】 顧みる。「織田信長に仕へて走廻《はしりまい》の勇を揮《ふる》ひ、暴虎馮河《ぼうこひょうが》して死を省《かへりみ》ず」（北越軍談　中）

かえりもうし【返り申し】 かけた誓いを履行すること。「願ほどき」とも。（日葡辞書）

かえる【羅る】 帰る。「今度の一挙終りなば各々の上にも羅《かへり》ぬべしと察知し、伊達越前守政宗」（関八州古戦録）

➡「羅《あつま》る」を参照

かえる【皈る】「帰」の異体字。（細川家記）

かえるいくさ【蛙戦・蛙軍】 蟇蛙が交尾期に群れ集まって喧騒している様子を、戦闘のありさまにたとえていう語。転じて、大衆が二手に分かれてやかましく騒ぎ立てながら相争うことにもいう。「於上総辻子蛙軍在之、相分東西而西方負了、希有事也、去正月五日於一院在之、西方負云々、吉凶何事哉」（大乗院寺社雑事記）

かえるかっせん【蛙合戦】「かへるいくさ」に同じ。「又有蛙合戦在所忘却、条々希代事也」（親長卿記）

かお【皃】「顔」に同じ。顔の異体字。「御身の皃《かを》を見上《あげ》見下《をろし》はしたれ共」（三河物語）

かおう【禍殃】 病気、天気、事故などの不幸な出来事。わざわい。「君佞人《ねいじん》をもちうるときんば、必ズ禍殃《かおう》をうくと云々」（甲陽軍鑑　中）

かおく【蝸屋】 小さい家。「あやしげなる土民の蝸屋《かおく》に、柴引結び宿らせ玉いけり」（甲乱記）

かおぶち【顔扶持】 武家時代、家族の人数によって支給された扶持米のこと。めんぶち。つらぶち。

かおん【荷恩】 恵みを受ける。（黒田家文書）

かおん【加恩】 重ねて知行を給付すること。「かけ田内之分うちかた在家壱間、各加恩として遣所、永代不可有相違也」（伊達家文書）

かおんぞうちつ【加恩増秩】 戦功により恩賞や秩禄を加増すること。「或は公より加恩増秩を受る則《とき》は、是を割分かて膝下の者に」（北越軍談）

➡「増秩《ぞうちつ》」を参照

かがい【加妡】「加害」の充て字か。加害。「仍饑阿寺之義、

従最前加妙之所、拙者去年御調義之時分」(鑁阿寺文書)

かがい【禍害】 わざわい。災難。不幸。禍災。「仍二位所へ罷向申聞之処、然者巽方御禍害之方之間、不可然之由申之」(言継卿記)

かかえ【抱え】 抱城のこと。持ち城のこと。「成田の城に引籠る。此の城は赤坂が抱《かかえ》にて」(奥羽永慶軍記 上)

かかえきたる【抱来る】 自分のものとして、以前からずっと所有している。「向後抱来候田地、如軍役衆可被停検使之事」(甲州古文書)

かかえふち【抱扶持】 臣下として生活するための扶持。「定めて器量の侍なるべしとて、即ち召され、抱扶持を下さるべしとありけれども」(松隣夜話)

かかえぶん【抱分】 徴収した年貢の内、領主・名主などが権利として取る分。「一、名主抱分何町何段事、一、百姓得分何町何段之事」(多聞院日記)

かかえまい【抱米】 領主・名主などが、売らないで手許に貯蔵しておく米。「今市へ禅識房形見遣之、以次大方殿へ雑紙二束、か、へ米二斗遣之」(多聞院日記)

かがく【下学】 下級の初歩から始めて、物事を習うこと。(日葡辞書)

かがむ【屈む】 かがむ。屈む。「無余国も狻猿《ししざる》の様成やつばら共に、折屈《をれかがみ》、はいつくばゐ、屈廻《かがみまわる》事も」(三河物語)

かからぬもの【掛らぬ者】 自分から進んで撃ちかかるような攻撃はしない。「大将は掛らぬ者、逃げざる者」(長元物語)

かがり【雲火】 かがり火。「夜守の備を全《まっとう》して雲火《かがり》を停止し玉ひければ」(北越軍談)

かかりあう【蒐合】 一斉に攻撃を仕掛ける。双方から互いに攻めかかる。衝突する。懸合。掛合。「船手尓て別苻表取上候處、被蒐合つきくつし、数多比討取」(黒田家文書)

かかりぜに【懸銭】 中世における雑税の一種。夫銭、油銭、段銭など銭で徴収された税のこと。「卯歳懸銭、但六月分、右中島郷懸銭、前之高辻百九拾四分也」(相州文書)「三浦郡公郷寺方給田之事、段銭・懸銭・棟別銭、諸役共ニ、守護不入として、永代出之置者也」(北条家朱印状写)

かかりは【掛端・懸端】 戦いを始める時機。敵にかかって行く好機。「カカリハ〈訳〉敵を混乱させたり、攻撃したりする時機、好機」(日葡辞書)

かがりひきゃく【篝飛脚】 戦国時代に行なわれた夜間の通報信号の一種。所定の山頂に信号所を置き、主として敵軍の動向を自軍に急報する場合に用いられた。「此節小幡下野高松が工夫し出したる篝飛脚を城より長沼迄此段段続て八里余の所を一日も不欠一時一時に品の表の事を告る」(武家名目抄)

かかりめ【懸目】 人の世話を受けていること。また、そのような身分であること。「近年之置目被得其意、於政道者雖為懸目人可有其沙汰事」(大友義統条々事書)

かかる【浩る】「斯かる」の充て字。このような。「吾も又騎馬たり。しかも浩《かか》る権勢の松永、予に対して」(北越軍談)
➡「浩《かく》」を参照

かかわる【かかはる】身を維持する。「縦《ととえ》か、はり候ても、名を失ひ候て」(老翁物語)

かかん【下浣・下澣】毎月の二〇日以後。下旬。げかん。「下澣　カカン　下旬下浣同、下之十日也(中略)書札畢所用之語也」(黒本本節用集)

かかん【華緘】書状において、相手からの封書をいう語。「去歳春、天龍寺長老以貴命持華緘、遥航南海、来至西鄙、審説厚意、感戴々々」(薩藩旧記雑録)

ががん【鵝眼】「鵝眼銭」の略。「銭」の異称。円形で中に四角の孔のある銭、鵝の眼に似ていることからいう。「姫君鵝眼《ががん》一万疋、被物《かずけもの》二領、金春大夫に賜う」(駿府記)

かき【呵起】叱る。叱咤する。「蛟蜂を呵起すれば、奮迅して竜となる」(甲陽軍鑑)

かぎ【佳儀・嘉儀】よい儀式。めでたい儀式。「為端午之佳儀黄金十両到来、悦覚候」(黒田家文書)

かきあげやしき【掻揚屋敷】掻揚城《かきあげじろ》のこと。規模の小さい掻揚城(小城)。空堀を掘った土で土塁を築いた城。「箕輪・松枝其外方々小侍のかきあげ屋敷にあがり」(甲陽軍鑑　中)

かきいた【掻板】「攪板」とも。裁物《たちもの》に用いる板。「軍陣の物たち縫《ぬう》日。庚申《かのへさる》を用《もちう》べし。物たちかき板は柳たるべし」(甲陽軍鑑　下)

かきいる【書入る】不動産などを、抵当として証文に書き加える。抵当に入れる。「しちにかき入候しよたい、余人にたんかうせしめ、永代うり、かのしゃくせんをすまし候に付ては、是非にをよばず」(塵芥集)

かきいれ【書入】抵当。「六郷弥右衛門居候宮内欠所家、しちやへかき入に致、銀三拾目かり候由」(梅津政景日記)

かぎかけ【鎰懸】舟の船張の外で敵の船に鎰《かぎ》を懸けること。「表一の船張の外に、亀の甲を拵へ、究竟の者を乗する。之を鎰懸《かぎかけ》の役者といへり」(武田三代軍記)

かききり【かききり】手間賃、労賃のことか。あるいは食費抜きの賃金支払いの契約か。「百三十八貫文　大工方かきりの外に十五貫文之礼物入」(高野山文書)　※今も出雲や佐渡では「かききり」という。

かきだし【書出】室町時代、ことに戦国時代、一族家臣らの元服のときに名字を与え、一字を授け、その官途受領を認める際などに出した簡単な文面の文章。「御礼申し上ぐると、其のばにて、二百貫文のかき出し下さるるは」(甲陽軍鑑)

かきとめ【書止】書状など文書の末尾に書く文言のこと。書止め文。書状では「恐々謹言・謹言」、綸旨では「悉之」、御教書などでは「仍執達如件」、下文などでは、「以下」というように文書の様式によってその文言はほぼ定まっている。

かぎとりめん【鑰取免】 庫蔵や社寺の龕《ずし》や鎰《かぎ》を預かってその開閉を司る職に懸けられた税か。「山下郷寺山之内田壹段・同畠小、國苻六所為鑰取免、令寄進候」（松田六郎左衛門尉等連署判物写）

かきにせめぐ【墻に鬩ぐ】 兄弟相争う。「三介信雄《さんすけのぶかつ》に対し、墻《かき》に鬩《せめ》ぐの恨みあり」（柴田合戦記）

かきのごとく【牆の如く】 垣根のように連なった（敵）。「日々夜々の攻撃、鉄炮の上手を以て、牆《かき》の如くなる敵を、矢坪を指して打倒しけるにより」（武田三代軍記）

かきはん【書判】 文書の後に自筆で書く判のこと。判。押字。→花押。

かぎものきき【嗅物聞】 夜間の物見、斥候。「伏かまりに風の大事、口伝、かまりの物見はかぎもの聞と云」（甲陽軍鑑）

かきゅう【火急】 事態が切迫していて、その対処が急がれる状態にある様をいう。至急。「雖然無指儀候哉、因茲御心勢火急に可有之候歟」（伊達家治家記録）「火急、大事也、何及猶予哉」（雑筆集）

かぎりあるさほう【限りある作法】 そこまでは許容されるという作法。「かきり有る作法に候条、信長公へ相談せられ候とて」（老翁物語）

かぎりづき【限月】 一年の最後の月という意で、陰暦「十二月」の異称。（日葡辞書）

かきん【瑕瑾】 傷。欠点。あやまち。恥。不名誉。「今長時が微力に到《いたっ》て、武田の幕下《ばっか》に属せん事、自己の瑕瑾《かきん》而巳《のみ》にもあらず」（北越軍談）

かぎん【過銀】 過ちを犯した者に課す罰金としての銀。「けんく《喧嘩》は、口論、過銀之事、酉の年我等当山に罷有候時分は、内膳殿御書付に、かたなをぬき候はば、銀子三枚、口論には銀拾匁宛と被仰付候」（梅津政景日記）

かく【浩・角】「浩」・「角」は「斯く」に同じ。「浩《かか》る」このような。「如此の折柄浩《かく》と届け置るへき事専要の義たるへし」（関八州古戦録）「角有《かくある》所にあやなくも、何《いづく》より放つ鉄炮にてか有《あり》けん」（甲乱記）➡「浩《かか》る」を参照

かく【舁く】 二人以上の肩で物を担うこと。「具足舁《かき》出　付甲見スル事」（甲陽軍鑑　下）

かく【膈】「膈」は、胸のつかえの病。胃がん。「高坂弾正昌信、膈《かく》を煩ひけるに、病体少しも信玄公の容体に替らず」（武田三代軍記）

かくえき【赫奕】 光り輝くさま。「夢覚《さめ》れば、室内に異香薫《かんば》し、光明亦赫奕《こうみょうまたかくえき》たり」（北越軍談）

かくおう【鶴翁】 年老いた鶴。比喩として、非常に年老いた人を言う。（日葡辞書）

かくがい【覚外】 予想外のこと。「則可申届候処、依菟角遅延、単覚外之至候」（東北歴史博物館蔵佐竹義昭書状）「是よりの働きは覚外に思さるの由仰遣さる、去なから北境の手位ひ察せら

るへし」（伊達家治家記録）

かくご【覚悟】①格護。**守り備える事。かくまい保護していること。**「為其筒勢、中納言丈夫ニ覚悟有之而、後詰可然之由、申遣候事」（黒田家文書）②**恪勤**《かくごん》**の充て字。怠らないの意。**「父真野兵部跡職之事、任文状之旨、田畠・野・林・屋敷幷借付財宝以下、悉一職進退ニ申付上、無相違可任覚悟之状如件」（服部藤太郎氏所蔵文書）

かくご【挌護・格護・恪懃】「かくごん」とも。①**所持する。保有する。**「当毛上之事も、領主之挌護之処者不及是非候、盗人之挌護申候分、同売地等候はば役処に可収候間、堅固に其糺可仕之由、東木隼人佑へ申付、帰候也」（上井覚兼日記）②**扶持すること。援護、助勢すること。保護すること。**「隈元隈庄為可被加格護、去三日於内空閑城屋形被罷候」（相良家文書）③**守備。守り備えること。**「秋月格護之一城笠木岳取破」（鹿子木文書）④**領有して支配すること。領知。**「水落之谷を堺、北之方可為御格護候」（阿蘇文書）⑤**かくまい保護している。**「小野に牢人衆于今格護《かくご》之事」（伊達家治家記録）⑥**精勤する。**「君命の重き所黙し難し、若また格勤の方を賞せられは」（関八州古戦録）

かくごのち【格護之地】領有・領知。「肥後国、同筑後国、累年政家格護之地幷一致衆中知行之所」（島津家文書）

かくごん【格勤】 ➡**「挌護**《かくご》**」の⑥を参照**

かくしつ【確執】争い。「今度伊達殿と會津殿確執出來り」（伊達家治家記録）

がくしゅ【学主】学校の長。書院の長。僧院の長。「大原へ久速ヨリ円乗坊ト云学主ヲ呼メサレテ稽古イタシ候」（妙法寺記）

かくしん【隔心】多少よそよそしくて、親しみの薄い心。（日葡辞書） ➡**「隔心**《きゃくしん》**」を参照**

かくしんなく【無隔心】友好にする。「別而芳情不浅候、猶以毎事無隔心、御指南専一候」（長浜城歴史博物館蔵六角義賢書状）

かくしんのあしらい【隔心の会釈】隔心なくの意。「御見参候て色々御隔心の御会釈にて」（桂岌圓覚書）

かくす【葬す】葬儀を出す。「（最上家親の死）扨有べきにあらざれば、山形光明寺に葬《かく》し送りけり」（奥羽永慶軍記 下）

かくせん【客戦】「きゃくせん」とも。**敵国へ攻め入った戦い。**「公は敵国え深く入て客《かく》戦なれば、勝負は時の運に任せ」（北越軍談）

かくぜん【郭然】「かくねん」とも訓む。①**心が大空のように晴れて、わだかまりがなく広いさま、悟りの形容などに用いる。**「少しも憂ひ給へる気色なく、郭然としておはしませば」（武田三代軍記）②**明らかなこと。**（日葡辞書）

かくとう【鶴頭】水などを入れる口の長い瓶。鶴頸《つるくび》**。**「前宰相（経良卿着香布衣）取之、置御影之前、（中略）鶴頭一茶垸染付　卓一　紫檀　隆富朝臣取之」（看聞御記）

がくとう【学頭】諸大寺、諸社の学事を統括するもの。僧

か

綱。「彼別当真言宗にて、物名を国分寺と云て、学頭・院主・別当とて三ヶ寺なり」（政宗記）➡「僧綱《そうごう》」を参照

がくどう【学道】 高野山で行なわれる論講の式典。また、それに参加する人。勧学院学道ともいう。「学道之儀、御衆中第一之為規摸之条、勿論候処」（高野山文書）

がくとうしき【学頭職】 学頭として、一山一寺の学衆を監督し、学事を統轄する職。「一、学頭職、於器量仁者、雖何年、不可有辞退矣」（高野山文書）

がくのどう【楽堂・額堂】 陣所に設けた小屋で、物見の番人を置く所。長陣の場合は仮の楽の堂を置く。「侍大将衆、かり《仮》がく《楽》のどう《堂》有」（甲陽軍鑑）「荻原常陸守是ハ譜代衆也、相図の小旗、相図の物見、がくのどう」（甲陽軍鑑）➡「戒庁《かいちょう》」を参照

かくばかり【斯計・只且・寧只】 事態の現状を改めて認識して言うさま。「只且」（易林本節用集）「寧只又作只寧」（広本節用集）

かくひつ【擱筆・閣筆】 手紙を書き終える。「擱筆候、恐々謹言」（伊達家治家記録）「委細御口上ニ申候条先閣筆候、嘉事恐々謹言」（広島大学日本史学研究室蔵立花道雪書状）

かくべつ【隔別】 相違する。（日葡辞書）

がくへん【岳辺】 小山、あるいは丘のへり。（日葡辞書）

かくほう【格法】 ➡「格法《きゃくほう》」を参照

かくめん【革面】 その人の本心とは違って、うわべを善人のように見せかけること。「不善人在下在下則、其悪不能長、而終ニシテ自化シテ革面而已」（信長記）

がくやぶぎょう【楽屋奉行】 室町時代の職名。将軍が諸大名の邸に赴く時、猿楽の楽屋、また、その装飾などをつかさどらせるため諸家に臨時に命じた職。「楽屋奉行幷屏中門役は、勝田左衛門尉勤申」（大永四年細川亭御成記）

かくよく【鶴翼・鶴翍】 鳥が両翼を張ったように、敵を中に取り込めようとする陣形。「東向に雁行の陣取り也、政虎陣を鶴翼に張る」（一徳斎殿御事蹟稿）➡「雁行《がんぎょう》」を参照

かくらく【廓落】 さびしげに荒れて、虚ろなさま。物寂しいさま。「陰森たる古柳疎槐《そかい》。春にして春の色無し。廓落たる危墻《きしょう》壊宇。秋にして秋の声有り」（奥羽永慶軍記　下）

かくらん【霍乱】 激しい吐き気・下痢などを伴う急性の病気。「今度大事ニ御霍乱御煩被成候、各気遣可仕と被思食」（東京大学史料編纂所蔵寺沢広高書状）

かくらんげ【霍乱氣】 霍乱の状態。「約束堅く仕り、又、清須にて霍乱氣《かくらんげ》の由、申し出で、東は此くの如く仕り候」（川角太閤記）

がくりょ【学侶】 ①学問をする僧。学僧。また、仏道を修めて師匠の資格ある僧。学匠。学生《がくしょう》。「鎮西より天台山にのぼる学侶ありしが、ある時疝気をわづらふ」（醒酔笑）②「学侶方《がくりょかた》」の略。高野山三方の一つ。もっぱら学道修業に勤めた僧衆。「応永元年八月廿七日学侶御集会御評定

云々」（高野山文書）③南都諸寺で堂方に対してもっぱら学問をする僧。「南都学侶幷六方沙汰衆為寺門使者参賀」（親元日記）

がくりょかた【学侶方】 行人方《ぎょうにんがた》、聖方《ひじりがた》とともに高野三方《こうやさんかた》の一つ。学道修業に勤めた僧衆。覚鑁《かくばん》が学侶三十六人を定めたのが始まり。「是は年々学侶方行人方知行所田畑へ掛り申用水普請入用米に而御座候」（高野山文書）

かくりん【獲麟】 臨終・物の終わりのこと。絶筆・辞世などにも使う。「縦令《たとえ》獲麟《かくりん》の顧命《こめい》なりとも、今に於て左右《とこう》に及べからず」（北越軍談）

かくる【蒐る】 隠れる。「漏らさず討てとて追ひ蒐《かく》るに、謙信にはあらで」（一徳斎殿御事蹟稿）

かくれる【韜れる】 紛れること。「夜に韜《かくれ》て越府を出《いで》」（北越軍談）

かくろく【格勒】 政治と軍事。「日光山の別当を兼帯して関東の格勒《かくろく》を専らとす」（関八州古戦録）

かくん【家君】 一家を代表するものとしての、父をいう。「信長へ為御礼家君御出京、樽代百疋、奏者二十疋宛令用意」（兼見卿記）

かくんこうちょく【革勛高躅】 立派な功績。良い行状。「速かに凶奴を千里の外に厭《はら》ひ、民をして革勛高躅《かくんこうちょく》に帰せしめんことを」（奥羽永慶軍記　上）

かけ【懸】 長いものを数える。（黒田家文書）

かげ【和解】 ある事を説明すること。（日葡辞書）

かけあう【掛合う】 相当する、つりあう。「此郡何モ奥郡二ツ三ツニカケアフ郡ニ候」（伊達家治家記録）

かけあわせ【懸合】 「懸合せ」は、馬を寄せて戦うこと。騎馬戦。「駈合」とも。「味方懸合セ相戦ヒ」（伊達家治家記録）駆合う。馬に乗って敵と戦う。「尼子衆と小三郎懸合せ」（老翁物語）

かけいり【懸入】 走り寄る。この場合は、担当の者程度か。「五日之内駿河へ可打着由、懸入之者共申候」（神奈川県立公文書館蔵北条氏直書状）

かけいる【かけ入る・缺入】 「缺入」は、「駈入」の充て字。駈けこんで降伏謝罪する。「大蔵藤七郎殿御はたらきば《働場》へかけ入御まいり候」（伊達天正日記）「小田原より直に、佐竹の陣場へ缺入《かけいり》、扨大里をば」（政宗記）

かげうしろ【影後】 ①その人の目につかないところで。裏面。「とにもかくにも我々を崇敬して、影後にてもあだにおもふべからず」（信長公記）②「影後なく」の言い方で、どの観点から見ても、そうでしかない様を強調して表わす。「上様之儀かけうしろなく有がたく存候」（厳島野坂文書）

かけえ【掛絵】 掛け軸。「不入斎参御申候、不入かけゑ《掛絵》上被申候」（伊達天正日記）

かけおち【欠落・駆落・馳落・駈落】 戦国時代、農民が戦乱をきっかけに離村したり、または重税から逃れるために散発的に離郷すること。また、組織的に領主に抵抗するため郷村を離れることもいう。多くは城下町に流入して武士や商工業者の支配化に入った。「よそへ御家中よりかけ落ちの人壱人もなし」（甲陽軍鑑）

かけがみ【懸紙】 文書・書状の本紙を折りたたみ、その上に包みかけた紙。「勘文ニ加懸紙一枚不封之、巻加消息之礼紙遣之、以紙捻上下結之」（康富記）

かげき【暇隙】 余暇や手すきの時。（日葡辞書）

かけぐみ【懸組】 ①「入組」に同じ。何人かの土地が入り組んでいること。「摂州上牧之儀、（中略）入江押妨分、其外誰々雖懸組有之、可被仰付候」（烏丸家文書）②違乱する。「一色式部少輔懸組之趣候間、御糺明之上、道理之旨を以、御寺より御直務ニ落着候」（曇華院文書）

かけくむ【懸組む】 そのことにかかわり、関係をもつこと。「不可然候間、なに事もかけくみ申さぬまでに候」（高野山文書）

かけじ【懸路】 石のある山道。険しい山道。かけみち。「カケヂ〈訳〉切り立って歩行困難な路」（日葡辞書）

かけじ【礒路】 険しくて困難な道。（日葡辞書）

かけしろ【懸城・掛城】 柵を結いめぐらして城のようにしたもの。「垣城」。「筑紫左馬頭ハ掛城十一箇所ニ火ヲカケ、毛利元就ヲタノミ芸州ヘ落行ケリ」（大友記）

かけすずり【懸硯】 抽斗《ひきだし》の付いている硯箱、すなわち小箱。（日葡辞書）

かけせん【懸銭】 ①物品の注文、あるいは売買の際に、代金の一部として前渡しする手付金。「百文右内合力かけせんに初に渡申候」（北野天満宮目代日記）②掛で売買した品物の代金。「諸公事免許たるうへは、借銭借米幷うりかひのかけせん、いづれも不可為棄破事」（堅田村旧郷士共有文書）③領主が行事などの費用を領民に負担させるために臨時に課する金。賦課金。「凡今度風流希有之題目也、奈良中時々剋々懸銭用銭等無法量、地下人等令迷惑時分也」（大乗院寺社雑事記）

かけだ【荷懸駄】「荷駄《にだ》」と同じか。荷駄のこと。「或ひは商人《あきんど》に姿を替《かえ》、連雀《れんじゃく》を肩に懸け、荷懸駄《かけだ》に鞭を打ち行く人もあり」（甲乱記）

かけだし【掛出・懸出】（秤で計った場合）量目の増加（余分）。（日葡辞書）

かげづき【影月】 近親者が死去した場合、謹慎して公式の場に出ることを控える月間。「尋雅得業ハ去年十二月廿五日母他界也、仍当月中ハ影月トテ、諸廻請等ニ除之ハ先例也」（大乗院寺社雑事記）

かけとまる【懸留】 成功しない。失敗すること。「朝倉義景至于江北小谷籠城候、種々帰国調儀之由候へ共、懸留リ候間、難測」（米沢市立図書館蔵新集古案）

かけばん【掛盤】 台盤の一種。大きく格狭間《こうざま》を透かした台に折敷《おしき》をのせたもの。「御膳はかけばん《掛盤》、家康公もかけばん、

御飯の鉢も同事、相伴衆へは通りの鉢ひらぜん《平膳》」（慶長記）

かけひき【磐控】 駆け引き。「左様の族は、仮令高名する共、軍法の警《いましめ》に行われなん、磐控《かけひき》は時に因《よる》と云事、是等の義也」（北越軍談　中）

かけひらく【懸開・駆開】 ①馬を左右に散開して戦う。「馬上の射手を撰《そろ》へて、三条河原に待受けさせて、懸け開き懸合せ、弓手、妻手に著《つけ》て追物射たらんずるに」（太平記）②（「開《ひらく》」は、戦場で、退く意）馬を走らせて退く。かけのく。「忠実一騎相の勝負叶はじとや思ひけん、馬をかけ開て引返す」（太平記）

かけぶね【掛け船】 碇泊している船。（関原陣輯録）

かけまい【懸米】 小作料として納入する米。小作米。「右之内、四貫五百文、興徳坊より懸米出候て、御引可有之候」（菅浦文書）

かけまくも【掛も】 言葉に出して言うこと。「義景と信長と魚鱗鶴翼《ぎょりんかくよく》の連陣、雌雄を決《けつ》するの刻《きざみ》、掛《かけまく》も忝《かたじけなく》も、勅命を蒙り」（甲陽軍鑑　中）

かけまち【懸待】 勝負ごとに勝つ。問題を解決する。「一、輝虎此日の合戦に軍配を立らる。初度は氣に拠《よ》り、後度は懸《かけ》待《まち》の擇日を用られたり」（北越軍談）

かけまわる【翔る】 駆けまわる。「摂州難波の役に於て鉄の楯を取廻し翔《かけまわ》る」（関八州古戦録）

かげみ【影躬】 影武者のこと。「穴山梅雪・逍遥軒が如き法師武者、多く信玄が影躬《かげみ》に属副《つきそ》ふ由予《かね》て聞及びし故」（北越軍談）

かけみち【懸路】 険阻な山路。「昼より前はよけれど、昼より後、かけみち《懸路》有と申ことばあらはれたる所に」（甲陽軍鑑　中）

かけみち【欠道】 事物の欠陥・欠点などの意を表わす。「一国からして上の大身に誉ありてかけみちなきを名大将と申也」（甲陽軍鑑）

かけむかい【懸迎】「掛向」とも。二人が差し向かいすること。「自元為申置事なれば、郎党共は迎《むかい》の懸迎《むかい》たり」（三河物語）

かけむすぶ【駆結ぶ】 二手以上に分かれた騎馬の軍勢が、一つの目標に向って攻めかかる。「東の方より次第に人数をくりまはして、筑前守か本陣を二の手にして、安見が陣にかけむすふ」（室町殿日記）

かけめす【懸召す】 賦課して徴収する。「日本国ノ地頭、御家人、所領、得分二十分一ヲ被懸召」（太平記）

かける【蒐る】 懸ける。「殊に幸村の蒐《かけ》引きの妨げたるべき故」（左衛門佐君伝記稿）

かける【梟ける】 磔にする。「松原明神の宮の前辺に於て、磔に梟られける」（関八州古戦録）

かこ【加子】 水手。船を操る人。船乗り。「水主・水手・水夫・舸子」とも。「蔵を造候而可入置候、即加子之飯米百石ニ付而四石宛被仰付候」（黒田家文書）

かごあじろ【籠網代】 水中に「すのこ」を組み、籠をすえ、魚を取る装置。「城外より数万の軍兵押取り、籠網代《かごあじろ》の魚の如く、洩て出《いず》べきやうもなし」（奥羽永慶軍記 下）

かこい【栫】「拵」の字を当てる場合も。囲い。「西栫《かこい》の内にして井楼《せいろう》を揚げられしかば」（庄内陣記）

かこい【囲】 茶室を設けること。「秀吉公俄なれども、囲を遊し、政宗へ御茶被下給ひ、宇都宮にて御目見なり」（政宗記）

かこいどり【栫執・囲執】 城塞・付城などを築くこと。「忠棟御宿にて栫執之打立談合也」（上井覚兼日記）

かこいぶね【囲舟】 周囲を装甲した軍船。安宅船。「明智十兵衛囲舟《かこいぶね》を拵《こしら》へ、海手の方を、東より西に向つて攻められ候」（信長公記）

かこう【嘉肴】 酒の肴。酒肴。「松永伊織を招き、美酒・嘉肴を催し」（松隣夜話）

かこう【過更】 辺境を守備する兵役に当たった者が、現地に行かないで費用を役所に納め、役所が代わりに行く者に金銭を与えること。「過更　クワカウ　履鞋践更出銭云免」（文明本節用集）

かごくち【籠口】 城砦の入口。「虎口」に同じ。「號杉目寄居押散、新地籠口江追入、五六人討捕候」（性山公治家記録）

かごこし【籠輿】 粗末な竹製の駕籠《かご》。籃輿《らんよ》。ろうよ。「豊後巳の年の霜月より煩、積聚の脹満なれ共、籠輿に乗今生の御暇乞と申」（甲陽軍鑑）

かごと【託言】 言いがかり。言い訳。口実。「却而七逆罪の御咎となるべし。何事をも、かごと《託言》をも、御意次第」（三河物語）

かさ【かさ】 椀。「すゑ《陶》のかさなどに一ツ二ツほど」（御家誡）

かさ【峠】 嵩のこと。山が大きいさま。「猿ばみの上には、元《もと》茂りたる峠《かさ》あり」（信長公記）

かさ【過差】「かしゃ」とも。その人の分に過ぎた贅沢をするさま。「諸人過差事、度々被仰出之処、動不拘御法度之条不可然」（大内氏掟書）　➡「花奢《かしゃ》」を参照

かざしのどい【かざしの土居】 城外から見えぬように覆い隠す土居のこと。（毛利隆元山口滞留日記）

かさじん【かさ陣】 山上の陣。（関原陣輯録）

がさつ【重頭・粗笨・粗雑・苛察】 落ち着きがなく荒々しいさま。ぞんざい。粗暴。無作法。「此大将の様子は、大略がさつなるをもって、奢安うして、めりやすし」（甲陽軍鑑）「十方旦那《だんな》を頼む坊主に、かさつを申かくるは勿躰なし」（甲陽軍鑑 下）

がさつ【賀札】 年頭の祝賀を述べる書状。年賀状。「自山名金吾禅門方賀札到来」（満済准后日記）

かさとる【嵩取る】 軍勢が戦略上有利な山などの高み、嶺を占拠する。「上信両州ノ勢ドモ、真田伊豆守ヲ大将トシテ、左右ノ嶺々ヲカサトツテ送ケリ」（信長記）

かさなりふれ【奕觸】 何度も触れること。「天下多年の兵乱

烏合蟻同《うごうぎどう》し、突觸《かさなりふれ》、鷸蚌《いっぽう》の争ひ須臾《しゅゆ》休止する事なく」（北越軍談）

かさにきる【傘に着る・笠に着る】 権威のある者を頼んで威張る。また、自分の側の権威を利用して他人に圧力を加えること。「親や兄や舅や伯父や従兄弟などの出頭を笠にきて、いかにも慮外を面へたておごり」（甲陽軍鑑）

かさねがさね【重々】 何度も。「急度可為一着之間、豊・築行不可有余儀候、被得其意、倍馳走専一候、猶重々可申候」（問注所文書）

かさむ【嵩む】 嵩《かさ》む。増えていくこと。「敵方の後詰の勢、追々に嵩《かさ》みければ裏崩れして敗北する」（関八州古戦録）

かざり【錺り】 茶室の室礼。座敷飾り。「床に錺《かざ》り置きたる鹿の角打つたる兜は、真田先祖代々の」（左衛門佐君伝記稿）

かざり【賁】 飾り。粉飾する。「唯敵みかた共に賁《かざり》なくありやうに申をくこそ武道なれ」（甲陽軍鑑）

かざりめし【飾飯】 器に盛った飯の上に、味付けした魚肉や野菜などを彩りよくすき間なく置き、汁をかけて食べる料理。芳飯《ほうはん》。「祖母にて候者参候、飾飯をふるまい候了」（言継卿記）

かし【課試・科試】 ①官吏の登用試験。②課題を出して試験すること。ある仕事をやらせてみること。（黒田家文書）

かじ【嘉事】 手紙の文末に用い、「よろずのことは、その他のことは」よきようになるでしょうという意か。「委細御口上ニ申候条先閤筆候、嘉事　恐々謹言」（広島大学日本史学研究室蔵立花道雪書状）

かじ【遐邇】 遠近。「誠心を発して浄財を施設し、列刹遐邇の碩徳を裒《あつめ》て」（日新菩薩記）

かしがましきさむらい【姦侍】 他人の手柄などを妬み騒ぐ女のような侍のこと。「穿鑿なしに、むさと我贔屓《ひいき》の方をほむる女侍、沢山なり。さるに付、姦《かしがましき》侍とは女を三人よせて書《か》くげに候」（甲陽軍鑑　中）

かしく【かしく】 書状の文末に用いる。本来女性用であるが、男性同士の平易な文章にも用いる。「委細者大久保相模守可申候間、不能具候、恐々かしく」（黒田家文書）

かじし【加地子】 中世において、荘園領主・国衙（国司）へ納入する年貢・地子の他に、名主などの在地領主に対して納入した米（作得米）を指す租税の一形態。本年貢・本地子の加徴分として賦課されたことから加地子と呼ばれるようになった。加持子《かじし》、加徳《かとく》、片子《かたこ》ともいう。近世の加地子は、小作料の別称。➡「加徳《かとく》」を参照

かしだ【関鴻】 すがめ。片目や斜視など目が不自由なこと。また、その人。「勘助晴幸は背委《ひき》ふして色黒く、関鴻《かしだ》にして越跛《びっこ》なるが」（北越軍談）

かしづく【冊く】 かしずく。お世話する。「公子角《あげまき》の初より克《よ》く冊《かしづ》きまいらせ」（北越軍談）➡「冊《いただ》く」を参照

かしゃ【花奢】 華奢者。派手者。「平手中務は借染《かりそめ》にも物毎《ものごと》

に花奢《かしゃ》なる仁にて候べし」（信長公記）➡「過差《かさ》」を参照

かじゃく【下若】 酒の異称。「本覚寺召寄一壺、古酒下若之味也、於帥方各賞翫」（実隆公記）

がしゅ【鵝珠】「銭」の異名。「早朝太刀黒一腰、鵝珠千文自甘露寺黄門被送之、祝著之由謝之了」（実隆公記）

かしゅ【稼娶】「娶稼」に同じ。嫁を娶ること。「為稼娶之祝儀、以秋山伊賀守蒙仰候、目出珍重候」（上杉家文書）

がしゅ【賀酒】 めでたいことを祝って飲む酒。祝い酒。「御所様御本復賀酒云々」（看聞御記）

かじゅう【佳什】 すぐれた詩歌。佳作。「窃謄賢守之佳什一編以帰」（甲陽軍鑑）

かしょ【過書・過所】 関所通行の手形。関所通行免許証。過書船は淀川を上下した貨物と乗客用の船で、過書を与えられ、運上銀を納めていた。廻船は商船のこと。「仍折帋如件、六月八日（飯川）信堅　淀過書廻船中」（今井宗久書札留）「鷹師両人差下候、過書、同路次番等之叓、被加芳言候者、本望候」（高橋文書）「一、兵粮百石、　一、御過書五百人之事」（沢氏古文書）

かじょ【加叙】 位階を昇進させること。加階。「今夜先於陣有加叙事、資任下々名於内弁、端座、中山宰相書之云々」（建内記）

かしょう【嘉祥】 目出度いこと。「年甫《はじめ》之嘉祥萬々申納候」（伊達家治家記録）

かしょう【過渉】 以後もお付き合いをねがうこと。「其の地に就いて一宿し高眉に接して後《のち》過渉せんことを欲す」（伊達正統世次考）

かしょう【稼穡】「かしょく」とも訓む。農事。農業。「軍器を修補し、黎民《れいみん》を撫育して、稼穡《かしょう》の賦斂《ふれん》を全くせられ」（北越軍談　中）

かしょう【和尚・和上】「和《か》」は漢音。天台宗で用いる読み方。①修行を積んだ高僧を敬っていう。戒を授ける僧。戒和尚《かいわじょう》。「あみだゐん（中略）くわしやうかうのことたなかとり申」（御湯殿上日記）②僧位の称。大和尚位、法印和尚位など。「天台本師伝燈大法師位最澄　右可贈法印大和尚位号伝教大師」（贈位諡号勅書）③僧侶一般をさす。普通は住職以上にいう。宗派によって訓みは使い分けている。

かしょう【加請】 追加の人数として招くこと。「対揚呪願師等可被加請候也」（文明十四年鈔庭訓往来）

かじょう【科条】 罪状。とがめ。「不改違背敵対之所存、旁難遁科条歟」（園太暦）

かじょう【過上】 中世の契約・貸借関係で、約束された額より多くの分を収納したり返納したりすること。また、その差額分。過分。「先代官周宝監寺号有過上借物可押取送上物之由令造意之有証拠者可出帯之由可被成下御成敗云々」（親元日記）「禅興令沙汰内有過上条、重十月遂算勘之処、連々相渡分参百八十九貫弐百余請取在之」（曼殊院文書）

かしょく【火色】 戦況。戦いの様子。「所々放火候、火色顕然候条、不及口能候」（広島大学日本史学研究室蔵高橋紹運他連署状）

かしょく【稼穡】 ➡「稼穡《かしょう》」を参照

かしら【頭】 冑を数える数詞。「御酒肴を進献す、因て御書を以て御冑一頭贈下さる」（伊達家治家記録）➡「刎《ふん》」を参照

かしわもち【柏餅】 蒸した上新粉の餅で餡を包み、柏の葉でくるんだ菓子。主として五月五日の節句に供する。「五郎兵衛かか、かしわもちくれる、称心あん念仏」（天正日記）

かしん【挂真】「掛真」の充て字。肖像画を掲げること。「七仏事　龕前堂役者　挂真《くはしん》　前東福現東昌虚白真長老　鎖龕　資福寺祝峯座元《そげん》　起龕　前妙心現円同霞山大和尚」（政宗記）

かしん【嘉辰・佳辰】 めでたい日。「立春佳辰、吉兆重畳毎事幸甚々々」（看聞御記）

かじん【寡人】 王侯が自分のことをいう場合の謙譲語。「跪《ひざまず》きて轂《こしき》を推して曰く「閫《しきい》より以内は寡人《かじん》これを制す」（四国御発向幷北国御動座記）

かすい【果遂】 意図通りの結果に成し遂げること。「抑今日被頒人数於両座、漢和々漢被遊之、両席共以如法早速被果遂」（実隆公記）

がずい【賀瑞】 目出度いしるし。「何様永日中御賀瑞倍可申上加候」（東京大学史料編纂所蔵島津義久書状）

かすいになりて【火水に成て】「水火に成て」に同じ。勢い烈しく危険を冒しての意。（日州木崎原御合戦伝記）

かすう【嫁娶】 結婚すること。また男が妻を迎えること。（日葡辞書）

かずかず【数喩】 数々。「馳走を為す可し、数喩《かずかず》託を蒙らば則ち幸甚ならん」（伊達正統世次考）

かすげ【糟毛】 馬の毛色。白毛に黒毛または赤毛の入り混じったもの。「織田三七信孝、糟毛御馬目に立ちて、足きゝ早馬、達者比類なし」（信長公記）

かずけもの【被物】 功を賞し、あるいは労をねぎらうために賜う物。文芸を賞して与える金銭、纏頭、祝儀。「姫君鵝眼《ががん》一万疋、被物《かずけもの》二領、金春大夫に賜う」（駿府記）➡「裹頭《かとう》」「纏頭《てんとう》」を参照

かすて【糟手】「掠手《かすりて》」の充て字。かすり傷のこと。「左衛門佐手繋く働き、臣も糟手《かすて》を負ひ」（信綱寺殿御事蹟稿）

かずのぼり【数昇】 たくさんの旗。数多くある昇（幟）旗、普通の昇旗の意か。「朝鮮征伐の時、政宗君勝色に金の日の丸を紋として、数昇に用らる」（性山公治家記録）

かすめもうす【掠申す】 ある事を目上の人に取り次ぐ際に、ありのまま言わないで、それとなくほのめかして申し上げる。「其上善理畠山奉公之間、訴訟申、公方様へ可掠申之条勿論也」（看聞御記）

かずらせん【鬘銭】「かづら」網で魚を取るのに対して課する一種の税。漁業税。「かつら銭、如先例たるべき事」（長

宗我部氏掟書）

かすりて【掠手】 ➡「糟手《かすて》」を参照

かせい【佳声】 名声。評判。「四十余級の首を得、佳声《かせい》坂東に隠なし」（関八州古戦録）

かせい【加勢】 戦《いくさ》で一方に軍勢を加えること。援軍を出すこと。また、援軍。援兵。「村上は連連関東公方持氏へ奉公申しける間、御加勢を請ひ奉るべし」（相州兵乱記）

かせき【家蹟】 家跡とも。家の跡目。家督。「宗忠君の八男肥前殿宗房を請ひ奉て、其女に配し家蹟を譲れり」（性山公治家記録）

かせぎ【挊・加世義・かせぎ】 ①つとめ励むこと。稼ぎ。努める。精励する。「此上加世義肝要たるへし」（伊達家治家記録）「貴所御かせきの趣、具達　上聞候処、対我等御書中被加　御筆候」（黒田家文書）②働き。「この時のかせぎ、元親卿聞届けられ、感状遣されたり」（元親記）

かせぎさむらい【稼侍】 ➡「悴侍《やせざむらい》」を参照

かせぐ【挊・加世義・かせぐ・𤢖】 ①励む。働く。稼ぐ。「如此動神妙之至候。弥、向後相嗜、為挊《かせぎ》簡要候者也　永禄七　二月十七日　輝虎（花押）」（古案記録草案）「面々も心に入て𤢖《かせぎ》申事、御祝着《しゅうちゃく》に被思召。凍《さむき》か腴《あつき》か昼夜ともに骨折《ほねおり》」（三河物語）②支え防ぐ。「林与三、片山同前にかせぎ申候」（老翁物語）

かせさむらい【悴侍】 雑役を仕事とする身分の低い侍。雑兵。かせもの。「かせ侍衆、下下の者とも、十九廿日に乱どりし逗留の間」（甲陽軍鑑）

がぜめ【我攻】 無理押しに攻めたてること。「城の内に三千ほど人数候由申候へば、がぜめ《我攻》にはいかゞにて候」（甲陽軍鑑）➡「力責《ちからぜめ》」を参照

かせもの【倅者・加世者】「悴者」とも。雑役を勤める下級武士。かせざむらい。「右の白畑といふ者ぬしが倅者《かせもの》を折檻仕リ」（甲陽軍鑑　下）「寄子・加世者事者不及申、中間・小者迄相改」（北条氏康書状写）

かせん【過銭・科銭】「科銭」は「過銭」に同じ。武家法などにおける刑罰の一つで、ある罪科に対して過料として支払う金銭。罰金。「馬にきずを付候者、其ぬしのかたへかへつてくわせん《過銭》をあひわたすべし」（塵芥集）「乗馬《のりうま》は過銭三百疋」（甲陽軍鑑　下）

かせん【貨泉】 銅銭の称。「価直岳《あたいがく》を為した貨泉庫《かせんくら》に盈《み》つと云う」（北越軍談）➡「過料銭《かりょうせん》」を参照

かた【方】 ①～という方。「近習之方ニ、跡部十郎左衛門方、其表為人夫御改被指遣候」（長国寺殿御事蹟稿）②抵当・担保。形・型。「出家金子《きんす》の方《かた》に一度取たると申て女をかへさず」（甲陽軍鑑　下）

かたあかし【片あかし】 片燈《あか》し。半分だけあかりをつけること。「御かへりニハ丁目より片あかしにて御帰候」（伊達天正日記）

かたい【過怠】 職務怠慢として罰せられること。「於違背之人ハ、可有御過怠之旨、被仰出者也」（長国寺殿御事蹟稿）

かたいせん【過怠銭】 課せられた罰の償いとして出す金銭。罰金。「武具、馬具、弓、鑓、諸道具とも、悉きらびやかに誘《コシラヘ》給へ共、皆町人百姓に借物の利銭、或諸侍の過怠銭なンどにて給ひ」（甲陽軍鑑）

かたいろ【片色】 練貫《ねりぬき》の一種で、経《たていと》の生糸と緯《よこいと》の練り糸の色の違っている織物。「此外厚板五十端、薄板五十端、嶋五十端、片色《かたいろ》五十端、せんじ百疋以上」（甲陽軍鑑 中）

かたうど【方人】 味方する。味方。「我が方人を救ひ、土州の兵を東に向はしめん」（昔阿波物語）➡「方人《かとうど》」を参照

かたがた【旁・旁々】 ①「方々」の当て字。あなた方。（万代記）②ついでに。兼ねて。いずれにしても。「相國（相馬）之人数一戦此旁々任異見申御下知に候」（性山公治家記録）

かたがた【片方】 片隅。「此出家いかにも片方《かたがた》に住《すみ》、無学の僧にて」（甲陽軍鑑 下）

かたがたもって【旁以】 いずれも。みなさん。「主君の罰、亡父の罰、世間のあざけり、かたがたもっていきがひは候はじと泪をながし諌にけり」（室町殿日記）「是又如御権威三郎次郎殿帰城候、旁以御満足令校察候」（上杉家文書）

かたぎ【形儀】 ①かたぎ。気質。「弓矢をとりて性発《せいはつ》なる事、晴信公の御形儀《かたぎ》に少も違はぬと承及候」（甲陽軍鑑 中）②敵《かたき》の充て字。敵のこと。「三川（河）の国より東の武士は、弓矢の敵（形儀）、縦《たとへ》ば物の上手のよりあひ」（甲陽軍鑑 中）

かたぎぬ【着衣】 袖なしの胴衣のこと。「竹に飛雀《ひじゃくぬい》縫たる萌黄段子《もえぎどんす》の胴着衣《かたぎぬ》を召《めさ》れ」（北越軍談）

かたくずれ【片崩】 戦陣で、一方の部隊だけが敗走すること。「被指急候者、片崩に可仕候、高田一城被相残、早々御渡専一に存候」（毛利家文書）

かたくち【片口】 ①片方の人だけの陳述。「奉行とてもあひて《相手》の言上申に、片口をもつて曲事《くせごと》にはなされにくき事」（甲陽軍鑑 下）②提子などで、片方にだけ注ぎ口のある容器。「諸口」の対。「北御方ヨリ雑色烏帽子、又提子諸口、片口之事談合了」（言経卿記）➡「諸口《もろくち》」を参照

かたくる【担くる】 刀を佩びる。「何《いづれ》も三人力の男より外は、かたくる事も罷り成らず」（昔阿波物語）

かたぐるま【片車】 車懸りの戦法の際に半分の隊を残して攻撃すること。「一隊伐《ひとてぎり》の合戦を持つ。世に云《いう》当家の車懸り・片車・双車究竟《くっきょう》の秘決、書面に記し難し」（北越軍談）

かたし【叵】「難」に同じ。難しい。「去六日芳問遂拝閲候、畿内幷此表之様子、其元叵風説之由候付、尋承候」（志賀槇太郎氏所蔵文書）

かたじけない【忝】 忝い。ありがたい。「段子二巻・紅壱斤拝領せしめ、忝存じ奉り候、猶御吉左右、是より申上ぐ可く候」（性新公関原御合戦記）

かたじけなし【辱し】「忝い」の充て字。手紙では多く用

いられる。「特に愚僧に於て懇章を辱くす、黄金三両を贈る」（伊達正統世次考）

かたたがいのや【方違の矢】「流矢」ともいう。ねらう方角を四十五度ずつずらして射ること。「一、方違の矢の事、南に向ふ則は戌亥《いぬい》の方、北斗の方に向則は丑寅《とき》の方（中略）、是を流矢と云」（北越軍談　中）　➡「流矢《ながれや》」を参照

かたち【かたち】かみなり。雷鳴。「（四月廿四日）一　天気昼時分かたちいたし候、はん《晩》かた《方》能候」（伊達天正日記）

かたつき【肩衝】肩衝茶入れ。「秀吉公より賜はるよしの肩《かた》衝《つき》、しこや七つ台、高麗糸《こうらいいと》茶碗などいふ無量の道具たるべし」（奥羽永慶軍記　上）

かたてうち【片手打・片手撃】「片手落」に同じ。処置や配慮が一方にだけ偏ること。不公平なこと。「偏任欲心不弁両方之理非片手打」（看聞御記）

かたな【かたな】形なしヵ。跡かたのないこと。「今はかたなを申すに付、三所あるやうに聞《きこえ》候」（昔阿波物語）

かたのり【堅海苔】海藻。質は硬い軟骨様で、乾燥すれば固く透明なべっこう色になる。食用または糊にする。「粟屋左衛門尉、堅海苔送之」（実隆公記）

かたはく【片白】　➡「諸白《もろはく》」を参照

かたばみ【鳩酢草】酢漿草、酸漿草とも。カタバミ科の多年草。（元親記）

かたびら【帷・帷子】①裏をつけない衣服。夏に着る麻・木綿・絹などで作った単物《ひとえもの》。「御使札、殊帷六・生絹四・ふとん被懸御意候」（黒田家文書）②几帳《きちょう》・帳《とばり》などにかけて隔てとした布帛。「帷《い》はかたびらとて、幕ノすこしき物也」（甲陽軍鑑　下）

かだましき【かだましき】「奸し」のこと。心がねじけている。悪賢くて誠意がないこと。「隠密がほを仕候へ共、町人・地下人の有徳人は、かだましき者なる故」（甲陽軍鑑　下）「侍が二心あるをば、かだましき男とて、武士には太《はなはだ》きらふぞかし」（甲陽軍鑑）

かたみわけ【交割】形見分け。「家系並に交割《かたみわけ》の数品を譲て、北条氏康を攻撃《うち》、仇を報ん事を求む」（北越軍談）

かたむく【昃く】傾く。日が落ちる。「甲兵弥《いよいよ》猶予《ゆうよ》して、日も西山に昃《かたむ》きぬ」（北越軍談）

かため【片目】片方の目がつぶれていること。めっかち。独眼。「我等ちんばでかためにて、色くろくぶなりにて」（甲陽軍鑑）

かたり【奸】よこしまな。「我も々々と落行しを待伏したる奸の兵爰彼に起合て」（関八州古戦録）

かたる【晤る】語る。「吾等本意を遂《とぐ》るの期あらば、必《かならず》旧臣を相晤《かたら》ひ、秘計を回《めぐら》すべし」（北越軍談）

かち【徒】歩いて主君の供をする侍《さむらい》。かちのもの。かちざむらい。歩行の士。歩兵。歩卒。走衆《はしりしゅう》。「歩若党を上杉家にて、身わき衆、信玄公家にて廿人衆、氏康にて手わき

衆を、家康は、はしり衆と名付けてよぶげに候」（甲陽軍鑑）

かち【荷地】「荷地百姓」のことか。徒百姓のことで、平百姓のことらしい。「急度以折帋申候、仍庄屋・荷地分去年之年貢米之事」（曇華院文書）

かちいろ【勝色】褐色《かちいろ》。「御家の旗は勝色無紋なり」（伊達家治家記録）

かちがしら【徒頭】中世以後、徒歩の兵を率いる隊長。「阿部左馬助忠吉を歩行頭になされ采地五千石を贈る」（家忠日記追加）

かちがた【歩立】徒立とも。徒歩で弓を射ること。かちゆみ。歩射とも書く。「歩立《かちがた》時片決拾《かたゆがた》也」（甲陽軍鑑　下）

➡「歩立《かちだち》」を参照

かちぐそく【徒具足】足軽など歩卒の着けた皮製の粗末な当世具足。「陪臣已下の者、以牛皮作歩具足、可用之」（奥羽永慶軍記）

かちこしょう【徒小姓】「かちごしょう」とも。鎌倉・室町時代、将軍の出行のとき徒歩で従った供衆。走衆《はしりしゅう》。「天正十六年三月十二三日比（中略）志賀三郎と申もの我等歩小姓兼て鉄炮を能うち申候が」（伊達日記）

かちぞなえ【徒備】歩兵。徒歩の隊。（甲陽軍鑑）

かちだち【歩立】歩行で。歩いて。「馬に乗たる者は五十余騎逃延たり。歩立《かちだち》の者は追詰られ」（奥羽永慶軍記　下）

➡「歩立《かちがた》」を参照

かちどき【勝時・勝凱・勝鬨】勝鬨《かちどき》に同じ。勝利に際し、勝利の雄叫びをあげる。また、その声。「扨寄手の軍兵、勝時《かちどき》作りけり」（久知軍記）「頸《くび》帳相 整《ととのは》り勝凱《かちどき》を揚げ、越兵の首級三千余を實検せらる」（北越軍談）

かちもの【歩者】馬に乗らないで、徒歩で戦う下級武士。かちむしゃ。「歩者《かちもの》までに、其の理究《りくつ》を合点させ」（甲陽軍鑑）

かちゅうしゅう【家中衆】家にいる人たち。家人たち。「薄所へ朝飯に家中衆悉被呼之」（言継卿記）

かちょう【佳兆】目出度さ。「肇年之佳兆更二不可有窮期候」（鑁阿寺文書）

かちょう【加徴】租税などを、追加徴収すること。増し加えて徴収すること。「注進　下久世庄本田加徴下地段銭之事」（東寺百合文書）「又巨細承平田庄両加徴事、西方納所檜皮屋、東方納所清浄院云々」（大乗院寺社雑事記）

かちょう【嘉兆】慶事。奇瑞。目出度いしるし。「為当年之嘉兆、太刀一腰・馬一疋贈給候」（小早川家文書）「是偏《これひとえ》に聡明の男児を天より授《さずか》るの嘉兆《かちょう》たらん乎《か》」（北越軍談）

かつ【贏つ】勝つ。贏輸《えいしゅ》。「贏《か》たば則ち四将として是を躓《たお》すと謂《いわ》ん、輸《まくれ》ば即ち信玄は四人懸の大将と謂《いわ》ん」（北越軍談　中）

かつえ【かつへ】飢え、飢餓。飢《かつえる》のこと。（征韓録）「死するときには、馬を一疋、嗜《たしな》まず、武具も被官ももたず、飢《かつえ》に及べども」（甲陽軍鑑　中）

がっかい【学海】偉大な学問。または、広大深遠な学問。（日

葡辞書）

かつぐ【舁】 担ぐこと。「死骸ヲハ下人ニ舁セ」（伊達家治家記録）

かっけい【活計】 酒食などを出してもてなすこと。供応。もてなし。ごちそう。「於二尊院有小斎頗活計也」（実隆公記）

かつごう【渇仰・竭仰】「竭仰」は「渇仰」の充て字。人や事物を尊び敬うこと。憧れ慕うこと。「義清に至て崇敬厚く、類縁従属家抱《けほう》までも渇仰《かつごう》の首《こうべ》を傾け」（北越軍談）「其関東国の将士各《おのおの》竭仰《かつごう》の首を傾け、階前庭上に騈《つど》ひ羅《あつま》り、社僧高らかに巻数《かんず》を誦《ず》し」（北越軍談）

がっこう【学校】 禅宗寺院の塾。「家康公、書籍すかせられ、南禅寺三長老・東福寺哲長老・外記・局郎・水無瀬中納言・妙寿院・学校兌長老なと、常々被成御咄候故」（慶長記）

かつこぶね【かつこ船】 舟。小舟。もやい舟。「舫艇舟」とも。「其方、かつこ船壹艘之役銭七百六十文出由、侘言申上間」（北條氏光朱印状）

かっこんとう【葛根湯】 風邪薬として知られる代表的な漢方薬。葛根。麻黄。生姜などからなる。「仲和散一済、升麻葛根湯ニ済等調合」（言継卿記）

かつしき【喝食】 禅家で大衆誦経ののち大衆に食事を大声で報ずる役僧。のち有髪の侍童の称。「喝食《かつしき》若衆達は、出家衆に取付て」（甲乱記）

がっしょう【合爪】「合掌」の充て字。ここでは、実名の下の「下附」の用語で、特に敬意を表するために書き添える言葉。「時に天文十四乙巳発商日、大願主忠良合爪」（日新菩薩記）

かっしょく【勝色】「褐色」の充て字。「かちいろ」とも訓む。「御家の旗は勝色無紋なり」（性山公治家記録）

がったい【合躰】 味方する。「然るに、惟任合躰《がったい》の侍、丹後の国の守護長岡兵部大輔藤孝」（惟任謀反記）

かったばたらき【苅田働】 秋の末に敵地の稲を刈り盗むこと。「韮山筋をば、信玄公惣軍《そういくさ》被仰付、苅田《かった》働《ばたらき》あり」（甲陽軍鑑　中）

かって【勝手】 ①自分にとって都合のよいやり方。具合のよい様。（黒田家文書）②優れた方法。「片平奉公せは會津を攻め玉ふ御勝手たるへし」（伊達家治家記録）

かってあんちゅう【勝手案中】 期待通り間違いないこと。「勝手案中候条、吉左右追々申聞くべく候」（関原陣輯録）

かってたるべし【勝手たるべし】 優れた方法。「会津を攻め給ふ御勝手足るべし」。（伊達家治家記録）

かってもって【曾以】 かつて。「庄内に到て曾以《かつてもって》通用致間敷候事」（庄内陣記）

がってん【合点】 和歌・俳句などを批判し、優れたものに点を付けること。「猪苗代法橋兼如ニ合点仰付ラル」（伊達家治家記録）➡「合点《がてん》」を参照

がっぴ【合比】 符号すること。適合する、対応する。（日葡辞書）

かつへ【かつへ】「かつえ」に同じ。食べ物が無くて苦しむこと。飢える。「かつへ候百姓於有之者、見計かつへさるやう尓令分別、可申付事」（黒田家文書）

かっぺい【甲兵】鎧をつけて武装をととのえた兵士。「cappei」（日葡辞書）

がっぺき【合壁】近隣のことをいう。「最上合壁堺を塞ぎ而《て》人数無きを以て、故《ことさら》に当荘に数月を送る耳《のみ》」（伊達正統世次考）

かつみょう【渇命】飢渇に迫っている命。「主君より所領を被下、渇命《かつみょう》をつなぎながら、其家の仕置をそむくは、恩しらず候」（甲陽軍鑑　中）

かつめい【活命】命あること。「大井左衛門頭父子就在府者身命並カツ命ツキ不可有別条之由」（高白斎記）

かつらつつみ【桂包】長い布で鉢巻のように頭を包み、前に結んで下げたもの。室町時代の庶民の女子の風俗。「甲《かぶと》を脱《ぬぎ》、白布《しろきぬの》の手巾《てのごい》をもつて、桂包《かつらつつみ》と云ふ物に、頭《かしら》をつつみ」（甲陽軍鑑　中）

がてん【合点】相手の言い分けなどを承知すること。納得すること。「人数召連罷越儀、関白殿御存分ニハ少も無御合点候」（黒田家文書）「被仰出候趣、国人幷百性共ニ合点行候様ニ、能々可申聞候」（浅野家文書）➡「合点《がってん》」を参照

かとう【裹頭】①僧侶の頭を包む衣。（黒田家文書）「先日會以後不得貴意候、近比ニ候、裹頭明日恩借申度候、将亦孟子之抄照高院冩留之由候全部申出度候」（筑後殿宛空性法親王）②「かづけ」と訓み、褒美として、自分の着ている物を与えること。「被物《かずけもの》」に同じ。➡「被物《かずけもの》」を参照

かとう【過當・過当】適当な程度を超えていること。度が過ぎること。分不相応。過分。「扇子代被持來、過当之事也」（実隆公記）「貴札過當無極存候」（伊達家治家記録）「殊更御念被入候段、過当候」（仙台市博物館蔵蒲生氏郷書状）

かとうど【方人】「かたうど」とも訓む。味方する。味方・仲間。「越前の朝倉左衛門佐義景、勝頼が方人《かとうど》し、我に叛く条」（武田三代軍記）➡「方人《かたうど》」を参照

かとうのいたり【過当之至】書状において、相手からの行為に対して深く感謝する気持ちを込めて用いる語。「芳札過当至極令栫候」（利休書簡）

かどおくり【門送】挨拶。あいさつ。「輝宗、継て立給ひ、門送《かどおくり》せられたり」（奥羽永慶軍記　上）

かどがまし【廉がまし】不誠実である。不忠である。「忠節人立て置く外、廉《かど》がましき侍《さむらい》生害させ」（信長公記）

かとく【加徳】「かぢし《加地子》」に同じ。「御本所之御年貢、以仏性升壱石納可申候、又御加徳之分者、以寺内十三合升、弐斗七升」（東寺百合文書）➡「加地子《かじし》」を参照

かどで【首途】門出。「秀吉へ陣の首途《かどで》を祝し玉ふべきに因って」（長国寺殿御事蹟稿）➡「首途《しゅと》」を参照

かどなみ【門並】百姓の家一軒一軒ごとに人夫や徴税をかけること。「勝龍寺要害之儀付而、桂川より西在々所々、門

並人夫参ヶ日之間、被申付、可有普請事肝要候」（米田家文書所収元亀二年十月十四日付細川兵部大輔宛織田信長朱印状）

かどのこ【角之子】 鰊の卵の数の子のことか。「三献　御鰭《ひれ》之物　小鱧《こきり》味噌付　角之子　鯛」（甲陽軍鑑　下）

かどべつ【門別】 戸別に賦課されて納める税。（日葡辞書）

かどめ【角目・廉目】 その物事において肝要のところ。「大坂事五畿内之廉目能諸に候之間、居城相定、念を入普請申付、悉出来候之事」（常順寺文書）

かな【仮名】 ①他と区別する通称。俗称。「腰に木札をぞ付け、仮名・実名・年の齢《よはひ》まで書付けたる多し」（十河物語）「則ち御元服、宮内少輔と代々仮名なり」（長元物語）②諱《いみな》でない名前。新兵衛のような。「其より城へ入番所の間毎に立給ひ、目見の者の仮名を尋ね給ふ」（政宗記）➡「仮名《かみよう》」「仮名《けみよう》」を参照

かなう【悏う・恊う】 叶う。（伊達家治家記録）「牧野久仲は相馬に在といへとも、流落の身なれは万事心に悏《かな》はす」（性山公治家記録）「然れば始終持悏《こらえ》なん事恊《かな》ふべからず」（北越軍談）

かなえなべ【鼎鐺】 鼎は釜、鐺は鍋のこと。鍋・釜のこと。「長浜は秀吉旧居の地なり、これに依つて、鼎鐺《かなえなべ》に五合を陣に容《い》るるの輩《ともがら》も亦《また》、これを贈る」（柴田合戦記）

かなさいぼう【鉄撮棒】 武具の名。周囲に疣《いぼ》のある太い鉄の棒で、打ち振って人を倒すのち用いた。「鉄撮棒《かなさいぼう》をつゐて馬上の敵七・八騎打落し」（関八州古戦録）

かなしみ【適】 かなしみ。適は「あっぱれ」とも訓む。「十大御弟子・十六羅漢・五十二類にいたるまで適唬《かなしみさけぶ》もかくやらん」（三河物語）

かなしむ【憫む・慟む】 悲しむこと。「唯今来世の御供を申事の憫《かなし》さよと申もあへず、一度にばつと呼《さけぶ》」（三河物語）「妻子を孚《はこくみ》一命を捨《すつる》所を、慟《かなしみ》てつよみをほんとして欠落《かけをち》し給ふ」（三河物語）

かなたこなた【左右東西】 あちらこちら。「信玄に甲州を押出され、左右東西《かなたこなた》と漂流し、今又爰に、吟行《さまよ》ひ来る」（武田三代軍記）

かなつな【錘総】 「金綱井」のことか。鉄の鎖を綱に用いたもののようだ。「錘総《かなつな》丈夫にうたせ、勢田に舟橋懸けさせられ、往還輙《たやすき》様に」（信長公記）

かなぼり【金掘】 鉱夫のこと。戦国時代に戦争によく動員された。「諸方より金掘共を召寄」（関八州古戦録）

かね【不得】 兼ね。～しかねる。「鞍の上たまり不得《かね》馬より下にどふと落ちる」（関八州古戦録）

かね【銕漿・鉄漿】 鉄漿のこと。①お歯黒の液のこと。「太郎信勝元服ありて銕漿《かね》を付けらるゝの時に」（大鋒院殿御事蹟稿）②お歯黒。「ざい《采》社《こそ》手に係《かけ》ず共、かねまつ黒に付て、匂芬々《におい ふんぷん》と留たる頸」（甲陽軍鑑　下）

かねじし【金地子】 田以外の土地・畑・屋敷の使用者に課せられた租税は銭納であって、それを「地子銭」とも

「金地子」とも言った。「御れう所として京中のかね地子しん上」(御湯殿上日記)

かねん【遐年】 長寿。長命である。「水契遐年　水口にわれすミ侘の茶湯して　荷もおもしき水や楽しむ　一笑々々」(板倉周防守宛小堀遠州書状・「日本書流全書」下　二〇〇番)

がのつよい【雅のつよい】 雅の強い。「我の強い」の充て字。強情だ。「小笠原長時、が《雅》のつよき、弓矢功者の大将故、治《おさまり》りかねたる事」(甲陽軍鑑　中)

がば【牙婆】 口入れ婆。桂庵婆。「賣刀を索《もと》むべしと披露せしに、仲人・牙婆《がば》等爰彼《ここかしこ》を尋て」(北越軍談)

がば【岸波】 倒れる時の擬音語。ガバッ。「太郎丸心得て鑓を投ければ、かしこに岸波《がば》と倒れたり」(奥羽永慶軍記　下)

かばい【囮媒】 和睦を誘いみちびくための仲立ちとなること。「是を以て四人の女婿及び重隆(岩城)、倶《ともに》に其の囮媒《かばい》を執りて以て和睦を済《な》す」(伊達正統世次考)

かばい【加陪・加倍】 倍加、倍増のこと。「足利鑁阿寺去年御動之刻、加陪之御印判可相調之由」(鑁阿寺文書)「自然御事切候者、御動之時分加倍之儀、奥州へ可申調由」(鑁阿寺文書)

かはん【加判】 公文書に判を加えること。また、その判。あるいは連判、合判すること。「式日内評事(中略)次奉書事、或執事加判、或寄人両判、随于事躰聊有差異乎」(武政規範)

かばん【加番】 ①武家時代、人数不足を補うために定番の城番の副となって加わり、城の警備にあたった者。「御加番衆、国方衆御人数都合千余可有御座候」(吉川家文書別集・吉川経家書状) ②禁中などで当番として決まっている者を助けて、警備などに加わること。また、その者。「下御所当番ニ参了、相番季満朝臣親具朝臣代、加番持明院中納言、外様日野新中納言時通朝臣元仲頼宣代等也」(言経卿記)

かぶ【下部】 ➡「下部《げぶ》」を参照

かふち【加扶持】 「かぶち」とも。扶持米を増やすこと。旗本、御家人がある職についたとき、その在職中に限り、付加して支給される扶持(＝給料)。(日葡辞書)(文明本節用集)

かぶと【鍪】 兜・甲冑。「栗色の角切折敷の、前立打ったる鍪《かぶと》を着し、矢の根に鼻油を引き」(武田三代軍記)

かぶとくび【兜首】 ➡「兜付《かぶとつき》」を参照

かぶとつき【兜付・甲付・冑附】 「兜首《かぶとくび》」に同じ。兜をつけた、身分ある武将の首。兜付きの首。「津田外記、後号源右衛門、甲付の験を得たり」(能美江沼退治聞書)

かぶとやく【兜役・甲役】 主君に従って、その兜を持ち歩く役目の者。また、主君の兜をかぶって供をする雑兵。兜持《かぶともち》。兜の役。「武田五郎源満信〈中略〉張替甲役、中間男」(相国寺供養記)

かべがき【壁書】 法令や掟《おきて》などを板や紙に書いて壁に貼り付けた掲示。大内氏は壁書を多用した。「政所壁書貴殿御座所に被貼之」(親元日記)

か

かへん【嘉篇】目出度いこと。「青春之嘉篇、珍重々々、今度和与之段、委細入魂之至忻悦候」（天文書札案）

かへん【佳篇】佳い和歌や漢詩のこと。「来書薫誦、佳篇珍重」（実隆公記）「以此恨拙和巻懐之被催、昨日佳篇両度之拙和一斉投玉案下者也」（江雲老宛沢庵宗彭書状）

かほう【過法】度を過ごすこと。物事の程度が過ぎること。「雨下霖雨過法、当所田地水損散々事也」（看聞御記）「沈酔過法酔倒」（実隆公記）

かほど【加程・斯程】これ程。「加程存寄トハ、中々思召間敷候」（伊達家治家記録）

かまい【過米】納期を守らなかったことに対して納める割り増し米。「然者棟別者九月十日、段銭者九月晦日必致皆済、此御日限踏出に付者、一俵に三升づつ、以過米可収」（武州文書）

かまいり【釜煎り】釜煎の刑に処せられる。「己等《おのれら》はた物にあがらん、さては釜にていらるゝと心得候へと」（甲陽軍鑑 下）

かまえ【構え】屋敷・本拠。「両人下城仕り、其かまへ、、、、罷り帰候て一着候」（老翁物語）

かまえぐち【構口】陣営や砦の外囲いに設けた出入口。「敵取出候を数度追込、於構口以手火矢悉仕付候」（北肥戦誌）

かまえる【架へる】構える。「広沢制止して、敵は多勢にして待架《かま》へたり」（関八州古戦録）

かまさしなわ【蒲差縄】馬を引く白い手綱《たづな》。ひきさしなわ。かもさしなわ。「出陣の時、乗馬にかま差縄を指様の事、綱を二重に取て、馬ののどの下、おとこむすびに一つして、両方の脇へ分て、一筋宛とりて、鞍の前輪に付るなり」（出陣日記）

かます【叺】筵を袋状に縫い合わせたもの。「日来《ひごろ》筵にて叺《かます》を作り、首入と名付て馬の左右に付て出《いで》けるが」（奥羽永慶軍記 下）

かまびすしき【閙敷】あれこれと言うこと。（長元物語）
➡「閙敷《いそがはしき》」を参照

かまり【奸】忍びの斥候。伏兵。かまりもの。多人数を「大かまり」、数人のを「伏せかまり」という。「其内池上の奸《かまり》を以て敵の押出したる跡」（関八州古戦録）「敵の働く所を見合セ、はんと《半途》をうち、かまりをもつてころし随へ」（甲陽軍鑑 下）

かまりあう【かまりあう】お互いに忍びの斥候を出し合うこと。「信玄公に四天二天の御大将とせり合・合戦・城攻・夜込《よこみ》・かまりあひといへども」（甲陽軍鑑 下）

かまる【かまる】ある。補助動詞的に使う。「かせぎかまる」も。「山野に臥《ふし》て、夜昼かせぎかまりをして、武辺を家として」（三河物語）

かみ【上】上方のこと。京都。「こし可被申候、またかミ《上》ゑ御あつらへ候ふんたい《文台》・ひつたい《筆台》・たんしゃく《短冊》はこ《箱》出き申候」

（関谷清治氏所蔵文書所収上杉輝虎印判状）

かみかけ【上懸】「神懸」のこと。神誓しての意。「仙北・油利・荘内之儀、上懸ニ被申付、無異儀静謐之體」（伊達家治家記録）

かみくち【上口】上方方面。「笠岡可令着陣候条、毎事可申談候、仍上口之儀、至雑賀表信長被相動候条」（萩市郷土博物館蔵小早川隆景書状）➡「上口《うえくち》」を参照

かみけ【上気】上方の方へ。（桂岌圓覚書）➡「上気《うわげ》」を参照

かみこ【紙子】紙製の衣服。「風を防ぐため紙子を取せ給はんとて、長持へ御持せ町場を廻り給ひ」（政宗記）

かみこばた【紙小旗】紙製の小旗。「河東の郷の兵、兼て支度し置ける重部共の紙小旗を、数多老若法師を不嫌、持運て」（藤葉栄衰記）

かみさま【上様】身分の高い人の妻。「条々　一、何と成共、上様（黒田孝高室）次第候」（黒田家文書）➡「上様《うえさま》」を参照

かみぜい【上勢】上方勢、秀吉方の軍。（元親記）

かみはた【紙旗】人数を多く見せるため紙で作った簡易な旗。「郷人三千余人ニ紙旗を持たせ、弓炮を加へ、四方の谷峰に伏せ置き」（長国寺殿御事蹟稿）

かみょう【仮名】「家名《かめい》」に同じ。「八柏を領すれば仮名《かみょう》とす。文武を兼し兵なりし故」（奥羽永慶軍記　下）
➡「仮名《かな》」「仮名《けみょう》」を参照

かめばら【甕腹】甕のように。「東は大手、西は搦手《からめて》なり。真奈美は大堀霞ばかり、かめ腹にほり上げ、丈夫に構へ候」（信長公記）

かも【鳧】けり鴨。鴨の一種で小形である。「ふ」とも言う。「鷹御拳《こぶし》を以て小鳧《かも》一捉《にぎ》らせらる」（伊達家治家記録）

がもく【鵝目】穴のあいている銭。銅銭のこと。鳥目《ちょうもく》。鵝眼銭《ががんせん》。「仍太刀一腰、馬一疋〈黒毛〉、鵝目千疋給候」（上杉家文書）

かもぐつ【鴨沓】蹴鞠《けまり》などの時に用いる革沓。先端を丸く作ったもの。「親王御方〈萌木御水干御葛袴、令着鴨沓給〉、予〈黒梅もちの道服葛袴、着鴨沓〉」（親長卿記）

かもさぎ【かもさぎ】①太刀の緒の結び方。「銚子をも提子《ひさげ》をも、みなかもさぎにむすぶ也」（甲陽軍鑑　下）②太刀の鞘の部分の名。

かもじ【かもじ】女房詞。①髪のこと。②母文字《かもじ》、母のこと。「御カモシサマ、何事モ御入候ハス候」（伊達家治家記録）「かもじのいけん《意見》御き、候はずば」（御家誡）

かもん【夏問】暑中見舞い。「入来院殿より夏問之御音信被申候、折肴にて樽あまた進上也」（上井覚兼日記）

かや【過夜】昨夜。「過夜雷鳴一夜大雨降了」（多聞院日記）

かやく【課役】租税の一種として、定時または臨時に課した労役や米銭。「但課役事者可有御免之由固被申」（看聞御記）

かゆさけ【粥酒】粥で作った酒のことか。「粥を焚《た》かせよと

か

て、終夜焚かせ、夜明けしかば、粥酒持たせられ候」（川角太閤記）

かよ【和与】 講和、あるいは和解。（日葡辞書）

かよいしゅう【通衆】「かよいしゅ」とも。室町時代、幕府や諸大名家で、給仕や陪膳をつとめた者。荷用衆《かようしゅ》。荷用。（運歩色葉集）「御相伴の衆、御次の衆へは右四人の外、御通衆廿一人の人々」（甲陽軍鑑）

かよう【加用・荷用】 ①「通衆」に同じ。「御荷用之方々は、上古は引付之衆、御椀飯御荷用をも御免あり」（鎌倉殿中以下年中行事）②年貢や労役などを加徴すること。「昨日長谷山之檜六本上之、定使相副、人夫四人、彼寺加用也、毎々被仰出之、迷惑事也」（大乗院寺社雑事記）

がら【柄】 様子。状態。「所柄」、「自分柄」。（日葡辞書）

からおり【唐織】 明から輸入された貴重な金襴・緞子などの織物をさす。（黒田家文書）

からかねぜに【唐金銭】「唐金」を用いた銭。「大政所の御追善として四十九日にあたる日は、両日があいだ乞食貧人に施行をひかせたまふ。からかね銭のうちに金銭銀銭をあひまじへひかせたまふに」（室町殿日記）

からから【躧然】「てんぜん」の訓みが一般的。大いに笑うさま。笑い転げるさま。「深田の足代に究竟の事なるべし、と躧然《からから》と笑はせ玉へば」（北越軍談）➡「輾然《てんぜん》」を参照

からからと【轃々と】 馬鹿にされる笑い。「輝虎から、、と打笑ひて四年已前天庵か」（関八州古戦録）

からく【花洛】 都。「義家を代官として花洛に送り登せられしに」（関八州古戦録）

からくずれ【空崩・虚崩】 敵をあざむくために、味方の軍隊を敗走しているかのように動かすこと。「石垣原合戦条（中略）吉弘加兵衛が先手の兵士、中を引のくべき為に虚崩れせしを、時枝母里が手の者敵を侮て何の気もつかず」（武家名目抄）

からくり【機関】 からくり。「偶人自然と踊躍《ゆうやく》して、機関《からくり》目を驚かし、事終て面々に陶器の中へ込入《こみいる》とて上を下へ捫択する」（北越軍談）

からくる【絡繰る】 ①物を巧みに組み合わせて立派なものに仕立あげる。「番匠善三郎来、金物カラクリ了」（多聞院日記）②仕掛けられた装置をうまく使いこなす。「彼者は少（＝小）代へ廻候て、船をからくり候て落来由申候也」（上井覚兼日記）③相手に話を合わせ、気をそらさないようにして、自分の思い通りにする。「京衆下向必定之由申候、御家景中に（秀吉ニ）からくり付候人多々有由、申散候、御油断候ては笑止之由共也」（上井覚兼日記）

からなっとう【唐納豆】 納豆の一種。主として寺院で製造され、天竜寺納豆、大徳寺納豆、八橋納豆、坐禅豆、黒豆座禅などの名がある。特に浜名納豆（浜納豆）は有名。「江州金剛寺唐納豆箱二箇献之」（蔭涼軒日録）

からのかしら【唐の頭・唐頭】 船来の旄牛《ぼうぎゅう》の尾を頭上に飾った兜。外来の犛《やく》・犎牛《ほうぎゅう》の尾の毛を束ねて頭部の飾りとしたもの。多くは兜の飾りとする。白いのを白熊《はぐま》、赤く染めたのを赤熊《しゃぐま》、黒いのを黒熊《こぐま》という。「被抽丹誠巻数送給候、珍重候、殊唐頭幷紫泥到来、喜悦候」(柳沢文庫所蔵文書)「織田信長より、佐々権左衛門使者にて御音信、唐の頭二十、毛氈三百枚」(甲陽軍鑑 中)

からぶぎょう【唐奉行】 唐船奉行とも。室町幕府の職名。明、朝鮮、琉球などとの通交貿易に関する事務を司った。「但以価値可被召之由伊勢守幷唐奉行飯尾大和守申之」(蔭涼軒日録)

からぶろ【空風呂】「からふろ」とも。湯気でからだを蒸し温める風呂。蒸風呂。「カラフロ 〈訳〉湯にはいらないで、ただ湯気と熱気だけで入浴する場所」(日葡辞書)

からほり【隍】「塹」の充て字。空堀。「爰に要害を構へ、二重三重に隍《からほり》を掘、鹿垣を結ひ」(関八州古戦録)

がらめかす【がらめかす】 騒音を立てる。(日葡辞書)

からめて【搦手】 ①城の裏門。敵の裏面。相手の弱点。相手が注意を払っていないところから転じて、物事の裏面。⇔大手・追手。「カラメテ 〈訳〉砦の秘密の門。カラメデも時々聞かれたり、一部の書物にも現れるが、正しい形はカラメテである」(日葡辞書)「虎口《こぐち》の中には、追手《おうて》を一とし、搦手を二とす、平《ひら》へ懸りたるを三番也」(甲陽軍鑑 下) ②城の裏門または敵の背面を攻める軍勢。「伊豆の府《こう》にも支へずして、搦手の寄手三百余騎は、海道を西へ落ちてゆく」(太平記) ➡「追手《おうて》」を参照

からめとる【搴捕】 搦め捕る。「もぎとる」とも訓む。「一面に陣を取鋪《しき》、搴捕《からめとら》んの行《てだて》を尽きる」(北越軍談) ➡「搴捕《もぎとる》」を参照

かり【苅】 中世末以来東北・北陸方面で行なわれた田積計量の方法で、百苅一段、千苅一町に相当する。「本領に任せ金上の内田町五千五百苅・俵物四十七半」(伊達家治家記録)

かり【下吏】 ➡「下役人《したやくにん》」を参照

かりいだす【借出】「借出《かりだす》」に同じ。「右、所借出申之状如件」(高野山文書)

かりさかをこす【雁坂を越す】「坂を越す」に同じ。国外に追放する。 ➡「坂《さか》を越《こ》す」を参照

かりそめ【仮且・苟且・仮初】 ①仮初。かりそめに。「旧院のなつかしきに仮且《かりそめ》なる庵なんと結ひて」(関八州古戦録)「苟且」は「こうしょ」とも訓む。「小野・野村以下五十余人を召倶《ぐ》し、苟且《かりそめ》の如くに上州を発し、越府え来臨せられる」(北越軍談) ②落度などを許すこと。「物毎吉凶無ことにや、常々仮初、鷹野にも情深く御坐《おわせ》ば、供の者勇め悦ぶこと斜めならず」(政宗記)

かりそめにも【苟】 仮にも。「苟も故実を好む人ありて」(南海通記)

かりた【刈田】「刈田狼藉《かりたろうぜき》」に同じ。鎌倉・室町・戦国時代、他人あるいは敵方の田の稲を不法に刈り取ること。かりたばたらき。「路次狼藉とは〈於路次奪人物事也〉追落　女捕　刈田　苅畠以下事也」（沙汰未練書）「村上義清与力の侍衆、降参申さる丶者共の持分を、大方放火被成、或はかり田被仰付味方の城へ取入被成候へど」（甲陽軍鑑）

かりたつ【刈立つ】 農作物を規約通り刈取ること。「南院畠地子無沙汰之間、麦苅立半分取了、残ハ青キ間重テ可苅之」（多聞院日記）

かりたろうぜき【苅田狼藉】 他人あるいは敵方の田の稲を不法に刈り取る。「重而出張せは苅田狼藉之事甲乙人に成敗之儀可申也」（政基公旅引付）

かりに【権に】「仮に」に同じ。「吉野山蔵王権現を拝し、縁起を聞くに、誕生の釈迦如来権《かり》に現れ給ふ」（奥羽永慶軍記　上）

かりまた【雁股】 鏃《やじり》の一種。「雁股箭《かりまたや》」ともいう。「いん居（竹貫隠居）よりかりまた《雁股》上御申候、泉田（重光）殿より御肴あけ御申候」（伊達天正日記）

かりむしゃ【駆武者・仮武者】 諸方から駆り集めた兵士。助っ人の兵。「北武蔵のかり武者とも味方の半途を妨けて」（関八州古戦録）「其方は重恩の御譜代、此方は諸方の仮武者《かりむしゃ》なれば、御用立べき見当なし」（政宗記）

かりょう【過料・科料】 ①中世、過失、怠慢などの軽い罪に対してこれを償うために出す金銭。罰金。「七月の大狂之末、（中略）其町へくゎりうをかけ、きつく取、其義にて堂宮の建立なさせべく候」（結城氏新法度）②座役徴収権。「塩幷塩魚過料之事、前十河殿存知之分従信長我等被仰付候」（今井宗久書札留）

がりょうずる【我領ずる】 他人が力づくで奪い取ろうとする時、これは自分のものだと言って抵抗する。（日葡辞書）

かりょうせん【過料銭】「過銭」に同じ。過失罪科に課する金品。「武田殿小山田殿談合被成候而、地下ニ悉過料銭ヲ御懸候」（妙法寺記）「次白井当山之木盗ニ依テ其人捕囚、過料銭三貫文出依申免了」（舜旧記）　➡「過銭《かせん》」を参照

かりわけ【刈分】 地主と作人とが、あらかじめ決めておいた収穫物の配分率に従って、収穫時にそれを両者で分配すること。「巷所与二郎さく《作》仕候畠麦かりわけ仕候て、卅二把二所のを取候」（北野天満宮目代日記）

かりわけこさく【刈分小作】 あらかじめ年貢高を定めないで、その年の作物の出来高を地主と折半する約束で小作する作人のこと。　➡「作半《さくはん》」を参照

かる【狩る】 敵兵を追い出して捕え討つこと。「夜明け候て厳島山中を御か《狩》らせ候」（桂岌圓覚書）

かる【芟る】 刈る。「越中・加賀・能登・越前の蓁薺を芟《かり》て功臣に割与へ」（北越軍談）

かるか【塑杖】 銃身を掃除したり、筒口から銃身に弾丸を込めたりするのに用いた棒。込矢《こみや》。「矢の根に鼻脂を引、

鉄砲に切火縄、塑杖《かるか》の流塵《ごみ》押拭ふ程に」（北越軍談）

かるものざ【軽物座】 絹織物を取り扱う座（商業組合）。「北庄三ヶ村軽物座之事、如先規申付上、不可有相違者也」（橘文書）

かれ【渠・渠儂】「彼」のこと。「皷を撃たり、渠は元葦名殿盛氏の御恩を深く蒙りたる」（伊達家治家記録）

かれい【王餘魚】 鰈《かれい》のこと。「亘理兵庫頭元宗入道殿元安齋より王餘魚獻上せらる」（伊達家治家記録）

かれい【餉】 干飯。「家一間より八木一升づつ炊《かし》いで、餉《かれいひ》となし」（柴田合戦記）

かれこれ【左右】 左右に。「軍勢を左右《かれこれ》にひた〳〵と折敷せ」（庄内陣記）

かれこれ【改是】 彼是に同じ。「改是《かれこれ》を以《もっ》て愚案を回すに、公の御内存、御家督は三郎殿」（北越軍談）

かれら【渠等・渠儕】 彼ら。（細川家記）「渠儕」は（関八州古戦録）

かろうと【唐櫃】 唐櫃《からびつ》のこと。「城代と雙六を打て気を窠《くつろが》せて、其後大かろうと（唐櫃）をせをはせ」（三河物語）

かわおび【鞓】 革帯。「能登守気色よげに、馬の鞓《かわおび》を心静にしめ直せば」（奥羽永慶軍記 上）

かわきれ【川切】 川沿い。「又十日ニ被相働、川切ニ無残所放火候」（東京大学史料編纂所蔵前田利家書状）

かわごろも【皮衣】 毛皮で作った衣のこと。かわぎぬ。「御皮衣二・ゆかけ一具進覧之候」（黒田家文書）

かわしじょう【替状】 引き替えに金品を渡すべき証となる文書。証書。「千疋之替状、先到来、次佐渡守来、明日上洛之事可延引之由申之」（言継卿記）

かわしまい【替米】 米を為替《かわせ》で送ること。現米を送らないで為替を組んで、目的地で現米を受け取るもの。また、その米。かえまい。かわし。「備前より調にて、峯寺のかわし米、少々持来了」（多聞院日記）「一、筑前はなごやへ相届、右のごとくかはし米可仕事」（浅野家文書）⬇「替銭《かいせん》」を参照

かわじり【河尻】 川しものこと。「此年（天文廿三）河尻マルヒ取去る候而、森ノ下へ水ヲ流シ申候」（妙法寺記）

かわそでもの【革袖物】 革製で、鎧の頸から肩肘を覆うもの。「此面為音信、革袖物十到来、遥々懇情喜入候」（岩佐伍一郎氏所蔵文書）

かわたち【川立・河立】 水練の達人。「敵中に紛れ入り、河たちを得たる者にて」（老翁物語）

かわち【河内】 利根川の東地域を指す。「仍河内之儀、由良方其外何茂南方江入魂無心元事候」（大阪城天守閣蔵太田資正書状）

かわて【川手・河手】「手」に雑税の意。①鎌倉・室町時代に、河川の関所を通過する旅客や荷物に課した通行税。川船銭。「構新関、号津料、取山手・河手、成旅人煩事」（内閣文庫本建武以来追加）②中世末から近世にかけ、河川の漁労者に課した小物成（雑税）。

かわなみ【川並・河並・河竝】 ①木場で、筏《いかだ》を操作する人夫。川並鳶《かわなみとび》。「参拾壱丁　ひくれ長六尺五寸（中略）水谷九左衛門にわたし候へ共、不入由にて無御請取、于今川なみに御座候」（慶長十九年濃州川なみ御材木改帳）②（木曾川など川へかけられた関税とか敷地料のこと。「為関山派本寺之条、早再興尤候、材木召下ニ付、川竝諸役除之状如件」（瑞泉寺文書）

かわなり【川成】 洪水などのため田地が川となることを川成という。「長篠と有儀を聞召、其儀に任せ川なりに御馬をたてられ候へば」（甲陽軍鑑　下）

かわよけふしん【川除普請】 河川の土木工事。「甲州の内にても、川よけ普請其外御鷹野などにて」（甲陽軍鑑　下）

かわらけもの【土器物】 大きな土器に盛った酒のさかな。鉢のもの。「両度之飯於男末有之、晝者土器物にて一盞有之」（言継卿記）

かわりしゅう【変わり衆】 内通の者たち。「夜ニ入候て、万好（村田宗殖）御参候、其後、相馬よりのかハ《変》りしゅ《衆》被参候」（伊達天正日記）

かん【羹】 ①ようかんなど餡を主とした菓子。（甲陽軍鑑　下）②雑煮。元旦の雑煮の餅。「幕ノ餅は靴形《くつかた》、正月羹《かん》の餅は四方切目《きりめ》也」（甲陽軍鑑　下）

かん【㢧】 「㢧」は巻の充て字。巻数は、願主の依頼で読誦した経巻の名と度数を書き記した目録のこと。「尊牘殊ニ㢧拝受、遥々御懇志、畏悦之至候」（林文書）

かん【貫】 金銭の単位。一千文をいう。➡「貫文《かんもん》」を参照

がん【龕】 がん。棺《ひつぎ》。「一、龕は八方錦にてはる。八本柱をば蜀江の錦を以て巻」（政宗記）

がんあわせ【雁合せ】 不詳。「をの、、まき《巻》物上御中候、よなさハより鬼岩（鬼庭石見）・わかさ（佐々若狭）、かんあ《雁》ハ《合》せ上被申候」（伊達天正日記）

かんい【看衣】 「寛衣」の充て字か。裾の長いゆったりした衣服。「当年御慶珍重候、仍去年御札幷杉原壱束・看衣ニ贈給候、目出候」（「武将文苑」秋所収穴山信友書状写）

かんうん【寒雲】 冬の雲。（日葡辞書）

かんえつ【歓悦】 事態に満足し、心から悦ぶこと。「御門主様御得度事、誠満寺歓悦、殊一院之繁昌此時候」（実隆公記）

かんか【干戈】 戦い。いくさ。武力。武器。「急に干戈を以て実元を止めて、越後に行か令《し》めざれと」（伊達正統世次考）「仍飫肥表干戈未一着之段承候、必以時分無事之儀可令助言候」（東京大学史料編纂所蔵大友宗麟書状）

かんか【感荷】 心に深く感じること。感銘。恩を深く心に感じること。感佩《かんぱい》。「懇惻之意趣を顕わさ見（る）、感荷詎《なん》ぞ極らん」（伊達正統世次考）「薬師寺郷之事、被任下知之条、感荷之至候」（小山文書）

かんか【間皈】 「皈」は大きいの意。「轗軻・坎坷」の充て字か。不遇。不運。困窮すること。「是第一岩瀬《いわせ》の為也、

貴家の為にも亦間販《かんか》を得ん乎《か》」（伊達正統世次考）

かんか【勘過】 関所で、荷物などの中身をよく調べて通すこと。「過書」、すなわち関所通行を許可する手形に用いられた語。「佐竹和泉入道使節関東へ所下向也、関渡無煩可令勘過」（佐竹文書）

かんかい【函蓋】「かんがい」とも。よく相応ずるもののたとえ。二者がよく合致すること。「函蓋《かんかい》相応の事なりしに、朝比奈か心得違ひたるも余義なし」（関八州古戦録）

かんかい【閑懐】 世俗の事に煩わされないで、心静かにいること。「猶々昨日は御雑談閑懐を慰候つる」（実隆公記）

かんがい【逐蓋】 二者がよく合致する。「都留の郡は、境内堅固にして、逐蓋《かんがい》も、普請も未だ成就せず」（甲乱記）➡「函蓋《かんかい》」を参照

かんがうる【按うる】 考える。案ずる。（細川家記）

かんかこどく【鰥寡孤独】 老いて夫なきもの、老いて妻なきもの、幼にして父なきもの、老いて子なきもの。「為信こころうるはしうして、邪を行はず、鰥寡孤独《かんかこどく》をあはれみしかば、津々浦々の者迄もなつかずといふ事なし」（奥羽永慶軍記 上）

かんかつ【姦猾】 心がよこしまでずるがしこいこと。奸《かん》黠《かつ》。「悪禅師の首を獲《え》たり、此度の非常姦猾を泄《もら》さず、将軍家の仇を網《あみ》する事」（北越軍談）

かんかんたり【桓々たり】 強く勇ましいさま。威のあるさま。「景虎公寡《か》を以て衆《しゅう》を撃《うち》、桓々《かんかん》たる威厳を示しの刻《きざみ》」（北越軍談）

かんかんのせつ【澗間之節】「澗」は谷間、谷の意。「暇な時」の意か。「尚御澗間之節、令上洛、万々可申述候」（黒田家文書）

かんき【勘気】 家臣が主君のとがめを受けること。「殿下気色変て世の隠家ある間は予が勘気を事ともせず」（関八州古戦録）

かんぎ【関木】 門戸をさし固めるための横木。「屏だけ、土居見せ、五に武者はしり、三色はかんき・あいさか・重《かさな》る坂」（甲陽軍鑑 中）

かんぎ【官儀】 正当な権利を有する者とするの意か。「江島に有ながら、他人之主取致之事、令停止畢、号里被官儀者、当方御法度候条」（北条氏照掟書）

かんきょ【閑居・間居】 現職から退くこと。また、その人。「某之儀者、年与者、無二閑居之身上、存詰迄候」（上杉家文書）

かんぎょ【還御】 元は天皇・法皇・三后が出先から帰ることで、転じて将軍・公卿が帰ることにも用いる。「筑前表儀、被 聞召、雖在洛候、今日大坂へ還御候」（黒田家文書）

がんぎょう【雁行】 斜めに並んだ陣形。「東向に雁行の陣取り也、政虎陣を鶴翼に張る」（一徳斎殿御事蹟稿）※雁行は「音信」のことにも使う。がんこう。➡「鶴翼《かくよく》」を参照

かんきょく【奸曲】 ゆがみ曲がっていること。また、嘘、

虚偽や悪意。（日葡辞書）

かんきん【看経】 経文を読むこと。経文を黙読すること。「此比信玄公御看経《かんきん》のついでに、御したの諸侍、大小上下共に、七難即滅」（甲陽軍鑑　下）

かんく【艱苦】 艱難辛苦のこと。「士民の艱苦《かんなん》を省み、放火乱妨を事とせず」（北越軍談）

かんけい【閑景】 静かな景色。（日葡辞書）

かんけん【管見】 狭くて浅い知識。学問などをごくわずかしか知らないこと。（日葡辞書）

かんけん【看見】 見る事。（日葡辞書）

かんこ【乾枯】 乾わき枯れている。「あさ夕かんこの仕合にて候に」（御家誡）

かんご【款語・歓語】 親しく語りあうこと。また、その語らい。「夜松崖盃酌張行、宰相以下歓語候、其後有紙博奕事」（看聞御記）

かんこう【擐甲】 よろいを着ける。「十七日、神祖住吉に陣す。従兵始めて擐甲《くわんかう》す」（左衛門佐君伝記稿）

がんこう【雁行】 陣の構え方の名。雁が空を飛ぶときのように、はすかいにずらして陣を構えるもの。がんぎょう。「御はたもとのあとは、雁行とさせられ懸て待給へ」（甲陽軍鑑）

※雁行書《がんぎょうがき》、古文書用語。女房奉書の典型的な書き方の一つで、雁《かり》が並んで飛ぶように三行ずつ書いて場所を変えていく散し書きの書き方をいう。

➡「鶴翼《かくよく》」「雁行《がんぎょう》」を参照

かんこうのげん【驩交之験】 好を通じてきたしるし。「累年驩交《かんこう》之験《のげん》為らん、特に末永一類の進退の為也」（伊達正統世次考）

かんさ【関左】 関東を指す。「上州平井城に楯籠《たてこもつ》て、関左の味方を促し、急を室町殿に達す」（北越軍談）「一、關左幷伊達會津邊御取次之儀ニ付て御朱印相調進之候」（米沢市米沢市上杉博物館蔵石田三成・増田長盛連署状）

かんさ【感嗟】 感じ歎くこと。「公其文章を以聞ましまし、忠貞の余義なきを感嗟《かんさ》有て、直江に命じ返翰を投ぜらるると云々」（北越軍談　中）

かんさつ【閑札】 自分の手紙をへりくだっていう文書語。「御使僧御口上憑入候、雖早々、及閑札候」（西門院文書）

かんさつ【簡札】 手紙・書状。「如蒙仰、未申通候之処、御懇切簡札、殊具足甲越預候」（米沢市上杉博物館蔵白川義親書状）「聊可申届候、自何去比物、両度以簡札承候、則及回報候き」（米沢市上杉博物館蔵結城晴朝書状）

がんさつ【雁札】 書状。「御雁札に預り候」（日葡辞書）

かんさをぬく【関鎖を抜く】「関鎖」は扉、戸締りのことだが、ここは通行税をとるための関所のことで、「抜く」というのは関所を廃して税を取らないこと。これで富士登山の行者が増えることになった。「来歳戊午の夏六月より、長《とこし》えに船津の関鎖《かんさ》を抜くべし」（甲陽軍鑑　中）

がんざん【元三】 ①正月の元日・二日・三日をいう。がんざんにち。「年取には必嘉例《かれい》にして、大晦日《つごもり》のめし《飯》と元三めしをば」（三河物語） ②元三大師・良源にちなむ災厄祓いの仏事を言う。「明日元三参詣、両三日可参籠云々」（親長卿記）

かんし【練紙】「諫紙」のことか。人に忠言を言う文、忠告の書状。（日葡辞書）

かんし【官仕】「かんじ」とも訓む。主君に対してする奉公。（日葡辞書）

かんし【間使・間士】「間士」は「間使」に同じ。内命を受けた使者。密使。「大友義統、間使を以て悦ばせらる」（昔阿波物語）「二月下旬甲信に入置るる間士《かんし》帰来て申て曰」（北越軍談）

かんじ【莞爾・莞尓】 にっこり微笑んで。「と申しければ綱成聞て莞爾と笑ひ」（関八州古戦録）

かんじ【緩仕】 官吏としての勤めを怠ること。「公儀事、諸事申付否堅固可相勤、自然於緩仕者速可成敗事」（長宗我部氏掟書）

がんじ【雁字】 手紙のこと。雁書とも。

かんじつ【澣日】「旬」に同じ。上澣・中澣・下澣。「惟幸恐々惶々敬白　季春澣日　玄密判」（上村観光氏所蔵快川希庵等語録）

かんじゃ【間者】 忍びの者。敵に紛れ込んで諜報などを行なう者。「一たびは我家中におひて、前田方より間者を入、内評を聞れし事もや有と疑ひ」（太閤記）

かんじゃ【勘者】 改元に際して、その原案の作成にあたる人。式部大輔・文章博士など、先例・故実に通じた人びとが集められた。「今夜改元定也、永享云々、勘者式部権大輔在豊朝臣也」（看聞御記）

かんしゅ【監守】 留守をさせること。「一門百々《どど》弾正少弼直孝を留めて以て之を監守す」（伊達正統世次考）

かんじゅ【巻数】 坊主が死者のために法華経を読誦する回数を書いた紙。これを願主に贈るのである。（日葡辞書）

かんじゅう【還住】 元の居住地へ戻る事。「土民・百姓還住之事申觸、成次第可召直候」（黒田家文書）「げんじゅう」とも訓む。「稲葉刑部、稲取り固め、百姓ども還住《げんじゅう》申しつけられ」（信長公記）

かんしょ【翰書・簡書】 手紙のこと。

かんしょ【閑所・閑処】「かんじょば」とも。便所。手洗い。かわや。雪隠《せつゐん》。「信玄公、御用心の御ためやらん、御閑所を京間六帖敷になされ、御風呂屋」（甲陽軍鑑）「其外刀掛万ず結構にて、閑所に入給ふには、朝晩共に焼物なり」（政宗記）「城取の事（中略）一、おもてに一ッ　ニッは犬走と云　一、矢狭間《やさま》ひかへをいとふ　一、城内の閑所《かんしょ》、高ク広キをもちゆる」（甲陽軍鑑）「信玄公は、御用心の御ためやらん、御閑所を京間六帖敷になされ」（甲陽軍鑑）

かんしょ【感書】「感状」の充て字。戦《いくさ》での働きに対して の褒章として下される文書。「軍畢《おわっ》て後、牛屋常陸介・北日某両人陪臣として公の感書を拝受す。此時敵陣付ぎれして、扶踈《たすけおろそか》になれり」（北越軍談）

がんしょ【雁書】書状。（日葡辞書）

かんしょう【官上】上級の官位に昇任すること。（日葡辞書）

かんしょう【勧賞】「けんじょう」「かんじょう」とも訓む。上位の人が、臣下など下位の者に、その功労を賞して官位の知行を授けたり、物を与えたりすること。褒賞・報酬。「彼家就能、代々御旗文字書之、朝敵退治之時有勧賞云々」（看聞御記）

かんじょう【灌頂】受戒・結縁の時や、修行者が一定地位に上る時、香水を頭頂に注ぐ密教の儀式。「一入《しお》清僧のごとくに護摩灌頂をなされて後は」（甲陽軍鑑）

かんじょう【勘状】①免許状。「萩原殿にて伝授仕り、御印可、御勘状まで取申候」（わらんべ草）②「勘文」に同じ。

➡「勘文《かんもん》」を参照

かんじょう【感状】①戦功のあった者に対して、主家や上官から与えられる賞状。中世では、知行を宛て行なう旨を記した書状をさす場合が多い。感書。（日葡辞書）②許可することを記した書状。免許状。「三十の比、親より印可、感状を取、それより万法、唯一心の道理を学ぶといへど」（わらんべ草）

かんじょう【款状】官位を所望したり、または、訴訟の際に出す歎願状。「葉室可改名之由有之、款状作之遣了」（言経卿記）

がんじょう【五調・岩畳・頑丈・岩乗・強盛】「頑丈」の充て字。人または物が、堅固でじょうぶなこと。がっしりしていること。また、そのさま。「弓鉄炮之組頭五人十人づつ、五調《ガンテウ》なる者をやとひにけり」（太閤記）「精兵三百人を撰び、白歯者・下部《しもべ》までも岩畳《がんじょう》なるを勝《すぐ》り立て」（北越軍談）

がんじょう【五調】体力のこと。（日葡辞書）

かんじょうし【管城子】筆のこと。「管城子に遑あらず」（書き尽くせない）。（日葡辞書）

かんじょうぶぎょう【勘定奉行】室町・戦国時代、諸大名家に置かれ、領内の財務を司った役人。勘定頭。「勘定奉行　一、青沼助兵衛　騎馬拾五騎　足軽三十人」（甲陽軍鑑）

かんしん【姦臣】悪心をいだいた家臣。「抑《そもそも》姦臣の謀計讒間より起りて、而して天地容《い》るる所無き之大穢乱《わいらん》と為る」（伊達正統世次考）

かんしん【勘進】儀式に必要な先例や典拠を調べたり、その日時を定めたりして答申すること。「於以往之例者以前勘進之、近来度々之例如此」（大乗院寺社雑事記）

かんじん【勧進】社寺・仏像の建立や修繕などのために、人に勧めて金品を募集すること。ただ、戦国期になると、半ば強制寄附に成っていた。（信長の分国中では）一人につき毎月一文を集めた。「此年（天文三）御本寺ヨリ西蓮（蓮院御越候而、本堂ノ葺板ヲ勧進被成候」（妙法寺記）「為大仏（東大寺）殿再興勧進、分国中人別毎月壱銭宛之事、不撰権門勢家・貴賤上下、無懈怠可出之」（東大寺文書）

かんじんしゅう【官人衆】 明の使者衆のこと。「然者官人衆被申様悪敷候て、高麗御無事儀相破」（東京大学史料編纂所蔵小早川隆景書状）

かんじんたいど【寛仁大度】 心が広く思いやりがあり、度量もある。「後日に野々村にた、らせらる、事もなし。寛仁大度の御心なればなり」（慶長記）

かんす【款す】 いつくしむこと。「威を陣頭に振ひ、実に上、臣下を歓し、再俊を楽しみ、三五有年、早く撃攘《げきじょう》を款し、必ず童謡を聴せん」（甲陽軍鑑　中）

かんず【監寺】「かんぞ」「かんす」とも。禅宗の僧の役名。六知事の一つで、住持に代わって一寺院のすべての寺務を統轄する役の僧。「盗参候処聊無御存知候儘、寺内を追出候へと濫司（＝監寺）へ度々被仰候処に」（上井覚兼日記）

かんすい【澗水】 谷間に水。（日葡辞書）

かんずう【弓数】「巻数」に同じ。「かんず」とも。祈禱したものの目録。「就在陣、祈禱弓数幷房鞦二懸到来、悦入候」（賀茂別雷神社文書）

かんせい【陥穽・坎穽】 落とし穴。「砺波郡の海道翳薈《えいわい》の所々に陥穽《かんせい》を羊腸に穿《ほり》」（北越軍談）「鶏足寺の嶺に登て、石弓・坎穽《かんせい》を架《かま》へ」（北越軍談　中）

がんせき【巌石】「岩石」の充て字。「籾山出羽守旋採《ぼうとり》て山上より矢炮を飛せ、巌石を投懸け々々防ぎ戦しかば」（北越軍談　中）

かんせん【肝専】「肝心」と同意か。大事なこと。「房（房州）之宿坊可相守候、山中衆義も其分候、肝専迄候」（西門院文書）

かんせん【官銭】 禅宗官寺の住持の資格を得るために幕府に納入する金銭。「臨川当住玄要西堂諱周三、五山公帖事、可白沙汰之命有之、於官銭者自政元公可見弁之云々」（蔭涼軒日録）

かんせん【関銭】 ➡「関銭《せきせん》」を参照

かんせん【貫銭】 縄にさし通した銅銭。（日葡辞書）

かんぜん【間然】 非難や批判すべき欠点があること。「何れか優劣あるや誰か是を間然《かんぜん》せん」（関八州古戦録）

がんぜんどう【龕前堂】 棺《ひつぎ》を納めておく堂。「龕前堂四間四面、高さ一丈九尺、苔ら葺・箔棟」（政宗記）

かんぜんとして【撊然として】「寛然」のことか。悠然として。「各々一命を取殺すべしと宣ひ、御旗・無楯に向つて、御祈誓あり。撊然《かんぜん》として坐し給ひし御形勢《ありさま》」（武田三代軍記）

かんそ【緩疎】 多く打消しの言い方に用いて、当面する事態を切実なものと考えて、その処理をいい加減にしないこと。「併夜日共無緩疎、御入魂之御談合肝要之由也」（上井覚兼日記）

がんそ【紈素】 白い練り絹のこと。「祝着之至存候、自是紈素一合・下緒一合令進候、誠表一禮計候」（相馬十郎宛松田憲秀書状）

かんぞ【監寺】 ➡「監寺《かんず》」を参照

かんそう【諫争】 臣下が直接主人に向って諫めること。「一、備の是非思慮を顧みず、諫争すべきなり」（北越軍談 中）

がんぞう【含雑】 たくさんの魚を刺身に作ってまぜ合わせた、ある種の料理。（日葡辞書）

かんたい【緩怠】「緩怠」は「懈怠《けたい》」と混同されることあり。①不注意や怠慢、他の人になす無礼や侮りのこと。現在とは相違する。（日葡辞書）「諏訪五郎左衛門、時々信虎公詞《ことば》を懸給ふに寄《より》、奢《おごり》て諸人に緩怠《けたい》したるをもつて」（甲陽軍鑑 中）②本来なすべきことを、放置してしないこと。「剰御便に被遣候者十人計討殺し候、毎度御勘気蒙候者拘置緩怠之条如此候と也」（信長公記）

がんだい【眼代】 本職の代官、代理人のこと。主に武家で用いられた。「但彼土貢分、近年為国庁大仏殿修造方、候人衆収納候了、於于今者、定終功候哉、眼代有御相談、勘文等御調進可然之由候、恐々謹言」（阿弥陀寺文書）

かんちゅう【寰中】 天子の治める領土のこと。天下。世界。ここは京都を指す。「三好殿は前代に希《まれ》なる慈悲者にして、寰中《かんちゅう》の貴賤歓《よろこ》びをなし申す」（北越軍談）

かんちゅう【看中】 満足する。見極める。別の意あるか。「座頭日城看中之用心番以下、令免許者也」（韮崎市大輪寺所蔵妙詮寺明細書）

かんちょう【間諜】 諜とも諜者とも。忍びの者。スパイ。「甲府に入置る間諜帰来り」（北越軍談 中）

かんでき【陥溺】 貧窮に陥ったりすること。しいたげ苦しめること。「海内混一に帰して、陥溺《かんでき》する処の士民安住なさしめん外《ほか》、全く他の希望なし」（北越軍談）

かんと【勘渡】 契約や規約に従って年貢などを差し出すこと。未納分や不足分を事後に納入することに多く用いられた語。「物成勘渡之於趣者、委細以別紙相達候」（山内首藤家文書）「対熊野者如契約状之出米十石従両人可致勘渡之由候」（乳母屋社文書）

かんどう【勘当】 罪を勘《かんがえ》て法に当てて処分すること。「此時節故に松山の遠藤出羽か手切をも勘當し給ふと見えたり」（伊達家治家記録）

がんどう【強盗】「強」を「がん」と訓むは唐音。盗むこと。「殊にがんどうの品なりとて、福田が女房まではたものにあがる」（甲陽軍鑑 下）

かんとく【感牘】 感状。（庄内陣記）

かんとく【感得】 ①神仏への信心が通じて、願いのものを得ること。「仏舎利一粒在之、不慮之感得随喜無比類、則奉納舎利壺、所願成就珍重珍重」（実隆公記）②転じて、思いがけずに手に入れることができたことに対して感謝して

いう語。「重有朝臣酒器を感得、以之為順事」（看聞御記）「前典薬保成朝臣亭用朝飡、初雁感得之間賞翫云々」（康富記）

かんとく【看得】 情勢や事情などをよく見極めること。「秀吉卿東の方なる高山に攀上り、四方を看得し、則其山を本陣に相定られ」（太閤記）

かんとく【勘得】 物事の意味するところなどを、こうだと判断し、悟ること。「先規又局底文書粉（＝紛）失之時分難勘得之由言上了」（実隆公記）

かんとじゅりょう【官途受領】 本来、官途は京官、受領は地方官に任じられること。「赤口関左衛門・寺川四郎右衛門なンどと、官途受領《かんとじゅりょう》まで仕る侍が、いさかひなンどあるは」（甲陽軍鑑 下）

かんなかけ【鉋懸】 経木《きょうぎ》のこと。「盆は公饗《くぎょう》、不然は足付か、鉋懸《かんなかけ》歟《か》、依テ時ニ何成共」（甲陽軍鑑 下）

かんなん【患難】 身に振りかかってくる災難や心配ごと。「而して（岩城）重隆患難に及ぶと、欣慰定めて同意ならん」（伊達正統世次考）

かんにん【堪忍】 ①不利な状況にあって我慢すること。「国侍共ニ御朱印之面知行をも不相渡付而、堪忍不成之故、構別心儀候」（黒田家文書） ②生活の様子。「いつ殿より此方堪忍之様子可申入候由被仰遣候間」（左衛門佐君伝記稿）

かんにんきゅう【堪忍給】 不足の宛行いながら当分これで堪忍せよとの意から扶持料を言う。単に堪忍とも。（関八州古戦録）

かんにんぶん【堪忍分】 ①扶助料。食禄。扶持分。「河内國丹北郡矢田部村五百石事、妻子為堪忍分遺候」（黒田家文書） ②客分の士や討死した家士の遺族に与える禄を堪忍料と称した。（伊達家治家記録）

かんにんりょう【堪忍料・堪忍領】 「堪忍分《かんにんぶん》」に同じ。①中世、主君から客分の者や臣下の遺族に給与した禄。食禄。「毛受勝介無比類遂忠死たりと、再三御感有て、母妹などに堪忍領聊恩賜あり」（太閤記） ②生活を維持していく費用。生活費。「観世座矢田六郎在京堪忍料事、任被仰出之旨、可致沙汰之由、返事到来了、令披露之、六郎ニ申開了」（親元日記）

かんぬき【樋】 門や建物の出入り口の扉を閉ざすための横木。「大手の門には兄弟一類を置ければ、錠を取 樋《かんぬき》 計にて有事なれば」（三河物語）

かんのう【貫納】 田畑の年貢を米のかわりに銭貨で上納すること。米と銭の比率は、鎌倉時代から米一石に銭一貫文を定法とした。

かんぱい【感佩】 深く心に感じて忘れないこと。深くありがたいと感じて感謝すること。「黄金三両を拝領す、懇切感佩《かんぱい》す」（伊達正統世次考）

かんぱく【寛博】 心が大きく、こせこせしていないさま。「然共《しかれども》坂東は方輿《ほうよ》寛博《かんはく》にして、中国に較《くらぶ》れば二倍三倍たるに

依て、漸《ようやく》千貫・二千貫を進止《しんし》する族《やから》」（北越軍談）

かんばせ【顔せ】顔、名誉。「大坂に有る質人を捨、何の顔せあつて、国に帰らんや」（性新公関原御合戦記）

がんぴ【雁皮・雁鼻】鳥の子紙の一種。「禁へ三百疋、長橋へ百疋、予に百疋等被進之、予にがんぴ二帖被送之」（言継卿記）

かんひょう【坎標】「坎壈《なやむ》」と同じか。悩むこと。「政虎主毎度攻劫《おびやか》し玉ふに依て、土民の坎標得て云《いう》べからず」（北越軍談）

かんぷ【官符】①中世、奈良興福寺の寺務、権別当、三綱をいう。「南都・寺門・国中間之事条々（中略）寺務・権別当・三綱各称官符、諸会式行之」（大乗院寺社雑事記）②「官符《かんぷ》衆徒《しゅうと》」に同じ。「領内博奕事不可然、門跡難義子細共巨細官符古市方に仰遣」（大乗院寺社雑事記）

かんふかん【堪不堪】奉公に堪えうる人物かどうか。「義理筋目又奉公の堪不堪よく見しり候て」（御家誡）

かんぷしゅうと【官符衆徒】中世、奈良興福寺の衆中（衆徒のうちの寺中衆徒）の代表。衆中の中から器用のもの二〇人を選んで任命した。官務衆徒。かんぷ。「自寺務仰付之、毎事検断事成敗之、寺務之披官分也、仍号官符衆徒者此二十人也、一任三个年也」（大乗院寺社雑事記）

かんぶつ【勧物】進物。贈物。「殊御造営之儀付而、御使口上承届候、相当之勧物之儀、愚領之儀不可存疎意候」（香取大禰宜家文書）

かんぶつ【寒物】「乾物」の充て字か。乾物。干物。「雖無見立候、寒物一ッ進之候、御自愛可為喜悦候」（米沢市上杉博物館蔵上杉景勝書状）

かんぷとうりょう【官符棟梁】官符衆徒の代表者。大乗院方衆徒の場合は、特に古市氏を指すことが多い。衆中棟梁。「以使節古市方に申遣、（中略）重而可及厳密之沙汰、官符棟梁可得其意云々」（大乗院寺社雑事記）

かんべん【勘辨・勘弁】①事をよく検討して、その当否・是非・善悪などについて一定の判断を下すこと。「山本勘介、以上四人をめして、景虎武者ぶりかん《勘》べん《弁》いたし、批判を申上よとある上意を承り」（甲陽軍鑑 中）②設定した条件に対して、一つの数値を算出すること。「藤吉郎を召て、今日より炭薪の入用、汝沙汰し能に計ひ、一両手裁拠致し、可見被仰付しかば、翌日より自《みづから》火を焼、多くの囲炉を穿鑿し一ヶ月之分を勘弁し、一年分を勘へ見るに、右之三分の一にも不及程なれば」（太閤記）

かんべん【歓抃・歓忭】喜んで手を打つこと。大いに喜ぶこと。「種々御馳走共、歓抃不過之候」（上杉家文書）「毎篇巨細之段、於信長歓抃不少候」（小早川文書）

かんべんじょう【勘返状】古文書学の用語。複合文書の一種で、書状の名宛人が自分にきた書状に返事を書きこんで返送したもの。

かんほつ【勧発】 和歌・連歌を神仏に奉納することを発起すること。「梶井宮御勧発五十首〈止勧文、新造題、勅筆被申請之〉支配事」（実隆公記）

かんほつ【勘発】 人の過失を指摘して叱責すること。「五郎左衛門儀種々構虚言惣中出銭事相支之段、令露顕而令勘発訖」（証如上人日記）

かんまい【欠米】 年貢米などについて、輸送などの際に生じた損耗によって、量目において以前よりも減少した米。「注文藤七郎ニ今日渡了、米ニ四升ヅツ欠米立」（多聞院日記）

かんみん【鰥民】 老いて妻のない者をいう。「男女正しきを以て、婚姻時を以てすれば、国に鰥民《かんみん》無きなり」（駿府記）

かんむしゅうと【官務衆徒】「官符《かんぷ》衆徒《しゅうと》」に同じ。「為当寺の官務衆徒の沙汰、永深之中間の宅を破却」（大乗院寺社雑事記）

かんもつ【官物】 所済《しょぜい》官物のこと。公家に納められる田租。（日葡辞書）

かんもつ【勘物】「勘文」に同じ。「又古筆勘物有之間談合了」（言経卿記）➡「勘文《かんもん》」を参照

かんもん【貫文】 知行一貫文とは永楽銭一貫文（銭一〇〇〇枚）を収納する土地。戦国時代、伊達領では、一貫文の土地の広さは、二反半から五反ぐらい。一貫文の田の刈り高は約五〇〇刈である。また一貫文は一〇石に該当する。（伊達家治家記録）

かんもん【勘文】 命を受けて、先例・故事などを調べ、検討した結果を上申する文書。「抑去比彗星出現、司天之所奏、宿曜之勘文等、畏途非一云々」（山密往来）「立春のあした、廿六日、易の勘文七十九の年巳暮て」（宗長手記）「但彼土貢分、近年為国庁大仏殿修造方、候人衆収納候了、於于今者、定終功候哉、眼代有御相談、勘文等御調進可然之由候、恐々謹言」（阿弥陀寺文書）➡「勘状《かんじょう》」を参照

かんやく【関鑰】 門戸の閉じまり。出入りの要所。ここでは関所のこと。「従来歳丁卯尽未来歳、可抜黒駒第一之関鑰《かんやく》ヲ者必矣」（甲陽軍鑑 中）

かんゆう【寛宥】 寛大な。お許し。「今度 殿下様御寛宥儀、併貴所御取合故存候」（徳島城博物館蔵長宗我部元親書状）「心存寛宥之抉強不好其侘傺者、所領静謐基也」（文明十四年鈔庭訓往来）

かんよう【簡要・肝要・簡用】 ①大切であること。「門司之要害と関戸之間、可取續儀簡要候事」（黒田家文書）②「専一」と同じ。節用集などは「肝用」より「肝要」が多い。（日葡辞書）「様子如何、御聊爾なき兵談簡用なり」（性山公治家記録）

かんらく【冠落】「陥落」の充て字か。欠落する。「家来の者、冠落の時、縦い造作入り候と雖も、一途《みち》下知を加ふべき事」（甲陽軍鑑）

かんらく【歓楽】 ①病気の忌詞。病気のこと。忌み嫌って

か

言う忌詞。（黒田家文書）「更又御歓楽之由承候、無心元存候、能々可被御養生候、併期面拝候」（高橋孫四郎宛世尊寺宗賀書状）②多くの楽しみを味わう。（日葡辞書）

かんらく【勘落】 中世、領家や幕府などが所領や諸職を裁定して剝奪、没収すること。「観浄僧雖知行候、本役無沙汰之間、社務井関延久勘落之」（親元日記）「内侍門ノ上葺出来了、以勘落之収納沙汰歟」（多聞院日記）

かんらくけ【歓楽気・冠落気】「歓楽」は病気の忌詞。病気がちな様子。「彼使に冠落気に候条、卒度会於綱所勧盃候」（石山本願寺日記）

かんらん【閑覧】 観覧のことか。（黒田家文書）

かんらん【奸濫・姧濫】 悪知恵にたけて、秩序を乱そうとすること。「閣本奏者、就別人企訴訟、又望他之寄子条奸濫之至也、自今以後可停止之旨、具以載先条畢」（甲州法度之次第）

かんらん【奸乱】 前もって事件を画策し、攪乱した者によって引き起こされた騒乱、反乱、動乱。（日葡辞書）

かんりょう【管領】 在所・領知などを所有、あるいは管理支配すること。（日葡辞書）⬇「管領《かんれい》」を参照

かんりょう【勘料】 中世の雑税の一種。国衙領や荘園で、国司、領主が田地の検注（後の検地）を行なわないで、免除料あるいは調査料として徴収した金銭や米。「尾州落合者先々諸公事免除事候処、今度号守護勘料被相掛課役之旨被達上聞之間、近日可被成御奉書候」（親元日記）「小口薬師之内山上永源寺領事、勘料申付族在之云々」（永源寺文書）

かんるい【感泪】「感涙」に同じ。感激して涙を流すこと。「悉ク壁ヲ打破申候、去程ニ皆感泪ヲ流シ候」（妙法寺記）

かんれい【管領】 室町幕府の将軍補佐役。（日葡辞書）⬇「管領《かんりょう》」を参照

かんれい【還礼】 報復すること。「去頃山科土民を醍醐土民捕て令打擲云々、此遺恨欲令還礼之処、自醍醐玉櫛禅門被帰」（看聞御記）

がんれい【含霊】 霊魂をもつもの。「卵生《らんしょう》・胎生・湿生・化生・含霊《がんれい》之属《たぐい》、何《いずれ》か死を免かる」（甲乱記）

かんろ【間路】「閑路」と同じか。ひっそりとした道。「浦野辺より虚空蔵山え赴くの間路《かんろ》を歴て、中村の郷に至るべし」（北越軍談）

がんろ【眼路】 特に貴人の面前をいう。「次面々御対面、次予已下直垂之人々自持参太刀了、令候御眼路各称祝着者也」（建内記）

かんわ【漢和】「漢和聯句《かんわれんく》」の略。漢詩と和歌を交互に詠み連ねる連歌のこと。「抑、今日被頒人数於両座、漢和和漢被遊之」（実隆公記）

き【寸】 馬の高《たけ》を測る単位。「葦毛の馬四寸《き》に及ぶ大長もの」（昔阿波物語）

きあい【気合・気相】 気分。「気相が悪うござる」。（日葡辞書）「御煩御平癒之由預御報候ツる間、満足不過之候、弥御氣相

か

能候由目出此事候」（真田宝物館蔵真田昌幸書状）

きあがり【気上・気升】のぼせること。逆上。上気。「気升キアガリ」（文明本節用集）

きあん【帰鞍】在陣先などから出身地に戻ること。「御在陣之砌、片時も御帰鞍之儀、雖無心之申事候」（伊達家治家記録）「早朝中書公御打立御帰鞍也」（上井覚兼日記）

きい【貴意】「御意」に同じ。主君、あるいは尊敬すべき人の言いつけ。（日葡辞書）

きい【喜怡】喜悦。満足に思って喜ぶこと。「兼又綿廿把給候、何様之御心遣、却而如何候、乍去被持候間、留申候、喜怡之至候」（法隆寺文書）

きいん【帰隠】職を辞し、また世を捨てて、隠棲すること。郷里に帰って隠れ住むこと。「老拙令帰隠候者、翌日自其有成敗而」（上杉家文書）

きえつ【喜悦】望みがかなってうれしく思うこと。「如尊意八朔之為、御祝言太刀一腰送給候、喜悦此御事候」（貴理師端往来）

きえん【棄捐】捨てる。「武田の氏を棄捐し、本姓を復して北条三郎と申けるが」（関八州古戦録）

きおとこ【生男】礼儀作法も心得ていない無骨で粗野な者。（日葡辞書）

きか【几下】「机下」と同じ。「玉床下」。手紙の脇付の一つ。（黒田家文書）

きか【旗下】「はたした」とも訓む。①旗下に属するは郷士、地侍、地下人、郷人など。「南方の首尾を嘱せ然して金山の旗下とこそ成る」（関八州古戦録）②被官と区別しているようである。「其人、五ヶ国十ヶ国もつ大将と無事にして、互にすけあうとも、少身なる方を旗下《はたした》と云て、被官とはいはず候間」（甲陽軍鑑 中）

きか【季夏】陰暦六月の異称。「至祝至禱《しいしゅくしいとう》、稽首《けいしゅ》敬白 天正丁丑 季夏六日 勝頼」（甲陽軍鑑 下）

きかい【奇恠】「奇怪」に同じ。奇怪なこと。「蛙幾千万数を知らず、喰合戦の事一時計、諸人これを見る。寒天の時分殊に奇恠なりと云々」（駿府記）

ぎかい【疑怪】疑い、怪しむこと。「屋形年猶少しと雖も、故有り去夏之比落髪す、書体疑怪を為す可からず」（伊達正統世次考）

きかく【掎角】足をとる。「掎角《きかく》」の充て字。前後から示し合わせて敵を討つこと。「其の地各兵談有って田村・二本松之踦角を為《な》さんことを」（伊達正統世次考）
➡「掎《あしと》る」を参照

きがみ【黄紙】黄色の紙、特に写経などの料紙とした。「仍為少内記可作進之由被申之間、我染黄紙書進了」（康富記）

きかん【亀鑑】手本。模範。「海内の成敗是に拠らすんは徴しなかるへきに、末代迄の亀鑑也とて殊更悦ひ」（関八州古戦録）

きがん【起龕】出棺の時の誦経。「七仏事 龕前堂役者

挂真《くはしん》　前東福現東昌虚白真長老　鎖龕　資福寺祝峯座元《そげん》
起龕　前妙心現円同霞山大和尚」（政宗記）

きき【機気】チャンス程度の意か。「苦々《にが》敷《しき》面色、曾《かつ》て允容《ゆるさ》れ玉ふの機気莫《なか》りしか共」（北越軍談　中）

ききおち【聞落】聞いただけで恐れて逃げること。「甲浦の者も皆聞落にしたり」（元親記）

ききかかり【聞懸】聞こえたので。聞き及んだので。「軈而別而可中入候、先以聞懸一筆令申候」（屋代島村上文書）

ぎぎしく【巍々しく】「巍々蕩々」の意。堂々としていかめしく立派なさま。「岩船山の赤鬼と皆人の沙汰する如く巍々しき武者振哉と褒られしか」（関八州古戦録）

ききすくむ【聴悚】聴いたことに体がすくんでしまうこと。⇔視悚《みすくむ》。「咬止《くいとめ》んと欲しけれども、公の神策に聴悚《ききすくみ》や仕《し》たりけん」（北越軍談）

ききつくろう【聞繕う】事情をよく聞いて誤りを正すこと。誤りのないよう事情をよく聞き正すこと。「警固以下萬事相計ひ、且又磐城の様體をも聞繕ふへし」（伊達家治家記録）

ききにげ【聞北】聞き及び逃亡すること。「熊本・宇土、其外城々、或聞北、或命を御侘言申、明渡候」（黒田家文書）

ききみみをたてる【聞瑠を立てる】聞き耳を立てる。「新八者命ながらへて有しと思ひ、大道へ出て聞瑠を立て、泚《あせ》をにぎりて」（三河物語）

ききゅう【箕裘】父の遺業。「其の四男四郎重道、父が箕裘《ききゅう》を失はず、君に仕へて忠あり」（奥羽永慶軍記　上）

ききわける【聞分】承認すること。納得すること。「各無疎意依令馳走、信長被聞分、殊更一廉可被申付之由」（酒井家旧蔵文書）

きくいく【鞠育】養育する。「信州佐久郡に走行《はしりゆき》、己《おの》が家に鞠育《きくいく》す」（北越軍談）

きくする【掬する】手を洗う。（日葡辞書）

きけい【きけい】「聞こえ」の多少訛った言い方か。聞こえ。評判。「輝虎少き事を心にかけ、無事破《やぶれ》候へば、世上のきけいも如何《いかが》に候間」（甲陽軍鑑　中）

きけい【亀鏡】見本。手本。「信長の御代を御相続、代々の御名誉、後胤の亀鏡《きけい》に備へらるべきものなり」（信長公記）

きけい【喜慶】よろこび。「上元一段之喜慶、珍重珍重」（実隆公記）

ぎけい【儀刑】容姿。「屢《しばしば》殿下（秀吉）の儀刑《ぎけい》を見るに、只大形《おおかた》の善人に非ず」（関白任官記）

ぎげつ【劓刖】劓は鼻きり、刖は足きり。いづれも古刑。「城中の事問わしめ給うのところ、分明ならず。よって劓刖《ぎげつ》追放すべきの由仰せ出さる」（駿府記）

きけん【規権】決められた権利。「是を以て宮脇氏の規権とするなり」（南海通記）

きこ【揆矱】数えて配る。数える。「今日の一番首也と宣ひ、金銭の緡《さし》を解て手自揆矱《きこ》してそ賜りける」（関八州古戦録）

きご【綺語】 追従するために、うまく飾りこしらえた言葉。（日葡辞書）

きこう【貴公】 あなた、貴下、貴殿など。（日葡辞書）

きこう【帰降】 投降する。「武田家へ帰降する給人の領内を放火し、乱妨《らんぼう》をなさしめる」（北越軍談）

きこう【寄公】 領地を失って、他国に身を寄せている主君。「信虎、（中略）駿河に出奔して今川家の寄公となりて」（駿台雑話）

きこえ【听】「聴」の充て字として使う。「聞こえ」に同じ。①風聞。うわさ。「於子細者可御心易候、仍爰元無事裁許之段、其听候歟」（東京大学史料編纂所所蔵文書）「随而佐竹御間、被属無事候由、其听得候」（東京大学文学部蔵二本松義国書状）「上州口長尾弾正少弼乱入付而、氏康種々窮方由厥听得候、寔言悟道断候」（伊達家文書）②笑うさま。「義胤亘理に向て手切に及はるの由听《きこ》へあり」（性山公治家記録）

きこしめしいる【聞召し入る】 貴人が事情を聞いて了承する。（日葡辞書）

きこしめしとどく【聞召届】 貴人がお聞きになり領掌される。「御注進状披露申候処、能々被聞召届被成　御朱印」（黒田家文書）

きこしめす【听召】 お聞きになる。「听召《きこしめし》可為御大喜候之」（性山公治家記録）

きこつ【肌骨】 皮膚と骨と。（日葡辞書）

きこどうじょう【起居動静】 行動。個人の動静。「儀兵に非ずして、異躰《いてい》の形を以て、起居動静すべからざる事」（甲陽軍鑑）

きごみ【着籠】 鎖帷子のような防具で、他の衣服の下に着用するもの。（日葡辞書）

ぎごわな【義強な】 頑固な。（日葡辞書）

きこん【機根・気根】 強い根性の人。「機根者」とも。根気のある。（日葡辞書）「常は只大形酒をも不聞召、何れもは気根次第と宣ふ」（政宗記）

きさく【著策】「しさく」と訓むが一般的。占うこと。「上野民部大輔景忠に命ぜられしに、卜者《ぼくしゃ》招て著策《きさく》を拈《ねん》ぜられしに」（北越軍談　中）

ぎさく【擬作】 陽動作戦を取る。「須賀川口よりも其擬作に及はるへし」（伊達家治家記録）「早々働を懸け、擬作《ぎさく》して見るへしと宣ひければ」（関八州古戦録）
➡「擬作《あしらう》」「宛行《あてがい》」「擬作《あてがふ》」を参照

きさつ【貴札】 相手の手紙を敬っていう語。「内々自是可申入所存候処、預貴札、忝存候」（黒田家文書）

きざはし【階道】 階段のこと。「他国衆　各《おのおの》階道《きざはし》をあかり御座敷のうちへめされ」（信長公記）

きざはし【木醂】 渋みなき柿の一種。「賢《かしこ》だてのこと《事》わざ《業》は久《ひさしく》つぎてあるきざ《木》はし《醂》の、しかもよく実のなるをきりて、渋柿につぐごとし」（甲陽軍鑑　中）

きさらぎ【衣更著】「如月」に同じ。二月のこと。「時今衣《き》更著《さらぎ》仲旬にして、山谷の積雪も半《なか》ば泮《とけ》、」（北越軍談）

きさん【帰参】①人が出先から本拠とするところへ帰ってくる。「及晩参内、（中略）子下刻聊退出、向入江殿東庵、即帰宅、教国卿同導帰参之処、有召参若宮御方」（実隆公記）②一度暇をとるか、勘気を蒙るとかなどして一旦主君のもとを離れた者が、主人の元に再び仕えること。「将又帰参之者共へ、別帋之儀如書付遣之候也」（黒田家文書）「本庄越前守任詫言、帰参令許容候」（上杉年譜）

きし【気志】こころざしの高い者。気概のある者。「其の気志有る者を倡誘せよ」（伊達正統世次考）

きし【季子】末子。「故中務大輔盛宗之季子伊予宗朝」（伊達正統世次考）

きしき【規式】定め。運命。「父子の規式も事畢り」（細川家記）

ぎしぎし【的礫】狭く窮屈な（場所）。「爰彼にて会釈すとい、とも、野間の軍にして的礫《きしきし》の場所なる上」（関八州古戦録）

きじゃく【帰寂】僧侶が死ぬことをいう。入寂。また、僧以外の人々の死去についてもいう。「聖護院老母帰寂云々、時九十」（満済准后日記）

きしゅう【箕箒】➡「箕箒《きそう》」を参照

きしょう【起証・祈誓・起請】事を発起し、それが現在未来にわたって長く順守されることを願うこと。また、その文書。「起証」「祈誓」は「起請」の充て字。起請文のこと。「さらば浄玄次第に赦置《ゆるしをき》、起証《きしょう》を可書とて」（三河物語）「寄手勝ける事は、夜前寺内権現に祈誓《きしょう》申せしかば」（奥羽永慶軍記　上）

きしょう【危墻】「危」は高い。墻は垣根。「墻」は「檣」の充て字。高い垣根のこと。また、檣は帆柱のこと。帆柱。マスト。「陰森たる古柳疎槐《そかい》。春にして春の色無し。廓落たる危墻《きしょう》壊宇。秋にして秋の声有り」（奥羽永慶軍記　下）

きしん【喜辰】重陽の節句などの目出度い出来事。「是より年頭・端午・重陽・歳末の如き喜辰毎に、祝儀の贈物闕如《けつじょ》する事なし」（北越軍談　中）

きじん【帰陣】➡「帰陣《かいじん》」を参照

きずい【気随】気まま。気分のまま。「長春様御気随になされ候故に」（昔阿波物語）

きずな【紲】絆。「煩悩の紲に自縛せられて」（日新菩薩記）

きずをおおす【瑾を課す】①ケチをつける。「予か弓矢に瑾《きづ》を課《をを》する事奇怪の至り成とて」（関八州古戦録）②疵。欠点。「弓矢に僅《きず》を課す事なし」（関八州古戦録）

きせい【祈誠】誠の意に叶う。「則武軍弥長、勇健益堅、抑擁護、叶祈誠」（佐賀県立図書館蔵鍋島直茂祈願文）

ぎせい【儀勢】うわべばかりの威力。威勢。「我も左こそ思ひ定て候らへ。とて、さしたる儀勢《ぎせい》も無りければ」（奥羽永慶軍記　下）

きせぎぬ【着衣】馬に着せる布。馬ぎぬ。「禁裏へ御きせき

ぬまいる、はりぎぬ二尺二寸ばかり、ひきにつつみ、かんなかけにすへ候」（山科家礼記）

きせなが【着背長】 主将の鎧の美称。中世以降は腹巻をさすこともある。「聚楽より北野大仏までは三十町にすぎざるところ、御着背長《きせなが》をもたせられ」（太閤さま軍記のうち）

きせん【凱旋】「がいせん」が一般的か。凱旋すること。「されハ此凱旋《きせん》の時、僚友等彼に向て吾らか道服」（関八州古戦録）

きぜん【貴前】 物事が、ある人の意見、あるいは意志の如何に懸かっていること。「貴前にあり」（日葡辞書）

ぎぜん【巍然】 抜きんでて偉大である。巍々。「隊伍兵勢巍然《ぎぜん》として間に髪を入べしと共見へず」（北越軍談）

きそう【箕箒】「箕帚《きしゅう》」が一般的か。妻妾となって仕えること。臣下として仕えること。「家婦某か箕箒《きそう》を執る事既に二十七年に及び」（関八州古戦録）

きたい【危殆】 危ないこと。危険。「家運累々《かさねがさね》危殆《きたい》に至る所以は」（北越軍談）

ぎたい【疑殆】 疑い危ぶむこと。「抑就御頓死種々有疑殆云々、予有虚名之由三品密々語之、中々比興、不可説事也」（看聞御記）

ぎたい【凝滞】 ➡「凝滞《ぎょうたい》」を参照

きだか【黄鷹】 大鷹《おおたか》の幼鳥の呼び名。若鷹。「元和六年正月廿六日織田常真先年拝領の黄鷹捉る処の鶴一羽を献ず」（武家名目抄）

きだて【気立】 心の持ちよう。心だて。気質。性質。心意気。「其方あひ聟と聞く、小幡図書頭は如何様なる気だての者ぞと被仰」（甲陽軍鑑）

きたなきまけ【蓬負】 卑怯な手を使って敗れること。「黒子表の大崩れと聞しは、其入道が蓬負《きたなきまけ》をしたりし」（関八州古戦録）

きたなし【穢し・蓬し】 卑怯である。見苦しい。穢い。汚い。「味方の崩《くずれ》勢を押留め給ふて、きたなし掛れ々と御下知也」（日州木崎原御合戦伝記）「彼男身を按《も》んで、憎し蓬《きたな》し返せ戻せと声を量りに罵りけれとも」（関八州古戦録）

きたのかた【北の方】 寝殿造で北の対屋に住んだことから公卿など貴人の妻に対する敬称。（三好記）

きたるちょうぎ【来調儀】 きたるべき作戦。「一、來調儀之支度、不可由断事」（長国寺殿御事蹟稿）「来調儀無由断支度候、日限等者重而可申候」（正木武膳家譜）

ぎだん【疑団】 猜疑心のかたまり。「信長も某が頸の参ると聞召給はゞ、疑団《ぎだん》の和《やわら》ぐ事も可有に」（三河物語）

きち【棄置】 打ち捨てておくこと。または、自分から遠ざけること。（日葡辞書）

きちが【吉賀】 祝うべき目出度いこと。「誠今年之御吉賀、珍重々々」（相良家文書）

きちょう【飢腸】 飢え、空腹、ひだるいこと。（日葡辞書）「前日竹葉後朝椎葉既蘇飢腸候」（実隆公記）

きつ【佶】 緊張した厳しい顔つきになる。「首を廻し振仰ぎて佶《きつ》と見るに笠間勢旌旗を仄し」（関八州古戦録）

きっかい【気怪】「奇怪」の充て字。奇怪なこと。「剰《あまつさ》へ今度の一戦に渠《かれ》めが夜討を以て、先手の備を騒しけるこそ気《きっ》怪《かい》なれ」（奥羽永慶軍記　上）

きづかい【気遣・機遣・気仕】 心配する。配慮する。用心する。「上野介已に気遣ひに及ぶ」（元親記）「火炮を発し、会釈あらば、其の跡の機遣《きづか》ひなく大坂勢を喰ひ留め討破るべし」（左衛門佐君伝記稿）「一、人質、為気仕可遣事」（本願寺文書）

きづかいがお【気遣貌】 相手を気遣う様子。「故に大膳も気《き》遣貌《づかいがお》にて、政宗前を退く」（政宗記）

きつかいにん【乞丐人】 乞食。「日々五条河原の辺に遊歩して、常は乞丐《きつかい》人に飲食を与ふ」（奥羽永慶軍記　下）

きっこう【亀甲】「亀甲車」のこと。装甲した車のことで、初め木製であったが、後に火に弱いため牛の生皮を裏返しにして貼り付けた。「時に加藤主計頭殿、亀甲を造り、人を其中に載せ」（伊達家治家記録）

きっしゅ【給主】 伊達家の騎馬の組士（下士）のこと。「院（隠）居より絵讃御進物、当殿御酒上御申候、きつしゅ《給主》六七人罷出られ候」（伊達天正日記）

きっそう【吉左右】 よい便り。吉報。「猶追々吉左右待覚候也」（黒田家文書）➡「御吉左右《およろこびかれこれ》」を参照

きつつき【啄木】「たくぼく」とも訓む。刀の柄を捲く組紐のこと。「啄木《きつつき》の組《くみ》の訓《をしへ》は、彼の鳥の木をはみたる形をうつしたり」（長国寺殿御事蹟稿）

きっつけ【切付】 馬具の名。下鞍の一種。下鞍とも。二枚重ねを普通とし、上を切付、下を肌付《はだつけ》と区別するときもある。「一段ミ事成きつつけ《切付》上被申候」（伊達天正日記）

きって【切手】 何か物などの引渡しを命じる証拠の紙。または書付。通行証となる手形。証文。「高麗へ越候人数、兵粮無之ニ八、切手次第扶持方可相渡事」（黒田家文書）

きって【切而】 期限を区切って。「私領之兵粮、金山御城へ、来晦日切而悉可入拂、傍爾を立越」（宇津木文書）

きつと【磤と】 キッと相手をにらむこと。「九郎左衛門少も騒がず小南を磤《きつ》と睨《にらみ》、推参なりとて捕て紛伏《ねじふ》せ」（北越軍談　中）

きっと【急度・屹度・佶と】 ①時機を逸せず、適確に事が成される。速やかに。必ず。相違なく。「其方一左右次第、急度令渡海可及相談候条」（黒田家文書）「前々の如く奉公致す様に屹度《きっと》仰付らるへし」（伊達家治家記録）「庶民の心底行状までを尽《ことごとく》注文に載せ来る如く、佶《きつ》と仰含《おおせふくめ》らるべし」（北越軍談）「気の早りし若者なれども、かゝる事屹《きっ》と思ひ出て扣へし事こそふしぎなれ」（奥羽永慶軍記　下）②急に。急な。「此中可申入之処、急度帰朝付而、万端取乱罷過、心外候」（慶応義塾図書館蔵小早川秀包書状）

きつねごうし【狐格子】 屋根の裏につける、うらに板を張った格子。狐戸《きつねど》。妻格子。木連格子《きづれごうし》。「伏見天守も上の

二重ゆりおとし、御殿むなとい《棟木飛破風》はふのつくり物きつねかうし《狐格子》おち」（慶長記）

きっぱ【切刃】①刀の刃の部分。「是は太閤より賜はりし、切刃《キッパ》正宗の脇ざしなり」「常山紀談」②**刃を下に向けて腰にさした短刀、かたな。**「腰当にて刀をきっはに具足羽織にて被出候」（慶長記）

ぎっぱ【ぎつは】「りっぱ《立派》」**の変化したもの。りっぱなさま。いかめしい様子。みごと。**「太刀の如くきつはに帯き、三尺あまりの金の鉾笠《とかり》、衣装鎧は右に同じ」（政宗記）

きっぷ【切符】現実の土地の知行を給与するのではなしに、蔵出しの米・銭を給されるための引き替え証のこと。「則ち五十貫文之地を充行《あてが》う可し、且副《そ》うるに三十貫文の切符を以て扶持を加う可き者也」（伊達正統世次考）

ぎてい【議定】決定する。「近日至豊後堺目可被陣替議定候、於此表之儀者、聴而可為大利候」（東京大学史料編纂所蔵高橋鑑種書状書写）

きとく【奇特】すぐれた働き。「久々の在陣に何たるきとく《奇特》も仕られず候故」（老翁物語）

きにゅうせん【帰入銭】中世、寺院から一旦退籍した者が再び帰住する時、寺に納入した米銭。「金子拾両に而帰入銭、加頭銭、供領之代物、悉相済者也」（高野山文書）「三十人之供際下十五人内、於帰入者、一貫五百文帰入銭可被出事」（高野山文書）

きね【巫覡・宜禰】神に仕える者として任ぜられた人。神官・巫女など。（日葡辞書）

きねり【木練】「木練柿《きねりがき》」**の略。枝になったままで甘く熟する柿。こねり。きざわし。**「伊庭方より木練ニ籠進之、御返事あり」（親元日記）

きのふ【疇昔】昨日。「然るに音も馨《か》もなく取合ざるは、疇昔《きのふ》の軍《いくさ》に仕疲《しづかれ》たる者乎《か》」（北越軍談　中）
➡「疇昔《ちゅうせき》」を参照

きは【棄破・毀破】破りすてること。破棄。「次徳大寺被申栂尾閼伽井坊及退転、坊領、坊跡、茶園、山林等悉沽却之間、棄破之綸旨申請、再興支度之由被申」（言継卿記）

きはちまん【黄八幡】北条左衛門大夫氏繁の指物。「北条左衛門大夫を関八州にて黄八幡《きはちまん》と申也。むすこに左衛門大夫と云名と差物を譲」（甲陽軍鑑　中）

きばへんじゃく【耆婆扁鵲】耆婆は古代インドの名医。扁鵲は中国春秋時代の名医。すぐれた医者のこと。「既に其年名医迄も招き、霊方を尽すといへども、更に益なく、今は耆婆扁鵲《きばへんじゃく》が力にも及ばず」（奥羽永慶軍記　下）

きばやく【木場役】木材貯蔵所への課税。「当郡自山中出木材木場役之事、如前々可令取沙汰状如件」「高須文書」

きび【嫌尾】様子。「気味」**の充て字。**「その時、元親の嫌尾よしと宣ひけり」（元親記）

きび【驥尾】すぐれた人に従えば立派なことを成しえる。

また、先達の業を見習って事をする。多く自分の行為を謙遜していう語。「佐野の旗本勢主人の驥尾《きび》に後れければ」（関八州古戦録）

きびしい【稠しい・緊い・生便敷】「稠」は、「てづかい」「おびただしい」とも訓む。厳しいこと。「城内に補理《しつら》ひ置し一間の出居へ押籠稠《きび》しく番兵を附たり」（関八州古戦録）「禁制異（殊）に緊《きびし》きも亦」（日新菩薩記）「銭施行をひかせられ、国中の僧衆集まりて、生便敷《きびしき》御弔なり」（信長公記）

➡「生便敷《おびただし》」を参照

きひん【気稟】「気品」の充て字。「但《ただ》其人の気稟《きひん》に依て、無智無能たり共」（北越軍談）

きふ【帰付・帰附】一旦召し上げたものを、元の所有者に戻してやること。「織田上総守へ当家の領分十七ヶ所はやく帰附せらる、やうにと仰つかはされにけり」（室町殿日記）

きふく【帰服】初めの地位に復帰すること。また、最初は反対していた側に味方すること。（日葡辞書）

きふね【木船】薪を積んだ船。（日葡辞書）

きへん【貴返】相手の手紙に対して敬意を表わしていう語。「貴」は接頭辞。「貴報」に同じ。（日葡辞書）

きべん【喜抃】手を叩いて喜ぶこと。「抃悦」に同じ。「今朝朶雲飛来、不勝喜抃候」（実隆公記紙背文書）

ぎへん【疑辺】疑り深い。「内蔵助と此の中までの肩をならぶる傍輩なれば、定めて疑辺《ぎへん》ふかかるべきものなり」（川角太閤記）

きぼ【規模】人の手本、模範の意。「何ノ規模モナク引給フヘキ哉ト」（伊達家治家記録）

きほう【貴報】書状の上書きに書く語。（日葡辞書）

きほう【木鉾】「きぼう」とも訓む。鉾の一種で木や竹で作ったもの。「きぼこ」とも。「御不断衆きほう《木鉾》けずり《削》被申候」（伊達天正日記）

きぼう【危亡】破滅する危険。危難。（日葡辞書）

きぼう【機謀】詭謀のこと。詭計。だまして人をおとしいれる。「勝家御分別の如く、後には、いかやうなる機謀《きぼう》才覚をまはし候はんも」（川角太閤記）

きみしらず【君不知】鷹の両翼の裏の羽。また、その模様。きみしらずば。「西坊所へ御矢四、羽、君不知四枚、雁尾四枚持罷向申付之」（言継卿記）

きめる【究】「決める」の充て字。「上方へ御出陣之由申来候、廿六日ニ御上究候て」（神戸大学文学部日本史学研究室蔵黒田孝高書状）

きめん【貴面】相手を敬って、その人と面会することをいう語。お目にかかること。拝顔。「貴面を以て申した如く」（あなたの面前で申しましたように）。（日葡辞書）「致登山候砌、以貴面御礼可令申候」（高野山文書）

きもいり【肝煎】①疎漏のないように気を配ること。「若有御油断不慮之儀候はば、重而府郷中之存分可申候間、別而御肝煎専一に候」（室町殿日記）②**間に立って、双方がうまくいくように斡旋すること。**「若井此間種々粉骨肝入にて候つる間、千疋遣候」（証如上人日記）③②**のようなことをする人。世話役。**「則其状石井弥右衛門に渡、郷中之きもいりに見せ候て、つかはれ候へと申渡し候」（梅津政景日記）「一書令啓候、仍今度以御肝煎」（黒田家文書）

きもびけ【肝引】気が小さく、引っ込み思案な性質であること。「女は肝引《きもびけ》成物なれば、色をちがゐて物をいわで人に不審を立らる、物なれば、か様之大事をば聞せぬ物成」（三河物語）

きもをいる【肝を煎る】気がいらいらして腹立てる。心配する。「いらぬ所に物いひをして、肝《きも》をいらするのみならず、我等にことはり《断》をいはんといふ、無届《ぶとどき》なり」（甲陽軍鑑 下）

きやく【饋薬】薬を贈ること。「東照神祖書を賜ふて饋薬《きやく》を謝し給ふ」（慶長記）

きゃくい【隔意】「隔心」に同じ。「互に肩を並べし傍輩、年来隔意の怨敵と成ぬれば」（応仁略記）

ぎゃくぎ【逆儀】敵対することをなす。「一々逆儀の事、縦《たとえば》密裏《みつり》に砒礵《ひそう》あるがごとく、錦《にしき》に毒石をつゝむ」（甲陽軍鑑 中）「筑紫進退之事、構逆儀候条、可討果依談合、内端之軍衆急速雖可差登由候」（東京大学史料編纂所蔵島津義久書状）

➡「隔心《きゃくしん》」①を参照

ぎゃくし【逆侍】自分たちに逆らう者。ここは徳川家康を指す。「然者、遠三両国之境目、居住仕ル逆侍《ぎゃくし》、躍倒赦免《やくとうしゃめん》之儀、翁更不相心得候。委細者、後音《こういん》可申述者也。極月廿三日　大僧正信玄　織田上総守殿」（甲陽軍鑑 中）

ぎゃくしつ【瘧疾】病気の瘧《おこり》。（細川家記）

きゃくしん【隔心】①心に隔てがあること。よそよそしい。「如此之段、御隔心之様ニ候」（黒田家文書）「萬事御手遅も有間敷處、御隔心之至却而迷惑いたし候」（壱岐守宛真田信繁書状）②**隔てて打ち解けないこと。**「あるいは年ひろい候とて、きゃくしん候」（御家誡）③**相手の気持ちの立場を察して遠慮してしまう結果になること。**「就其下官御時に推参之儀、可斟酌申儀候へども、隔心申候も如何と存候」（実隆公記）

ぎゃくしん【逆心】主君に背く心。「豊後之内對義統逆心之奴原有之由候」（黒田家文書）

きゃくせん【客戦】

➡「客戦《かくせん》」を参照

きゃくそう【客僧】相手方から遣わされた僧のこと。「其の落着日無からんのみ、万端客僧口上に信《まか》せ之を省略す、恐々謹言」（伊達正統世次考）

きゃくたい【客対】来客に対応すること。「客対之間、於門前面談、明日可参之由申了」

ぎゃくと【逆徒】主君に背いて謀反を起こした人々。「三月朔日御動座候間、彼逆徒等手取ニ可被仰付候」（黒田家文書）

きゃくふ【脚夫】脚力。使者。飛脚。「脚夫を馳せて以て一書を伊達兵部大輔実元に呈して」（伊達正統世次考）

きゃくぷ【脚布】 婦人が腰から下に巻きつける下着の白い布。（日葡辞書）

きゃくべつ【隔別】「各別」に同じ。「隔ツル、別クル、すなわち各別」。相違。文書語。（日葡辞書）

きゃくほう【格法】「かくほう」の訓みが普通か。おきて。のり。格則。「武田家の軍術淵底存知の前たるべし。格法《きゃくほう》如何《いかん》と宣ふ」（北越軍談）「加之彼之城主之行、格法密見分条数微細注進、寔無比類働感悦之至」（細野家文書）

きゃくりき【脚力】「きゃくりょく」「かくりき」とも言う。①飛脚のこと。「節々脚力到来、珍重候」（一徳斎殿御事蹟稿）「去十日ニ企脚力候、未帰著候之条、重而申届候」（歴代古案）②手紙そのもの。「脚力到来、仍其元諸境無相替儀之由簡要候」（新潟県立歴史博物館蔵上杉景勝書状）③足の力のこと。（伊達家治家記録）

ぎゃくれい【瘧癘】 瘧は、熱病・おこり、癘は流行病のこと。「且つ糧米漸く竭き、士卒瘧癘に罹て、死する者多し」（伊達家治家記録）

きゃしゃ【花奢・花車・香車】「華奢」の充て字。風流。「其故に長袖とて、婀娜《あだし》く花奢《きゃしゃ》なるを以て、出家をば俗も敬《うやま》ひ用るぞ」（政宗記）「哥をよみ詩をつくり、ならひては、花車《きゃしゃ》風流なる事ばかりにふけり、悉《ことごとく》邪道なり」（甲陽軍鑑 中）「尋常に物いひ、萬香車《よろずきゃしゃ》にそだてまいらする様にとて」（甲陽軍鑑 中）

きゃつ【彼奴】 奴《やつら》。あいつ。あいつら。（細川家記）「典膳、きゃつが体《てい》たらく、輒《たやす》く道を通すべしとはおもはれず」（奥羽永慶軍記 下）

きゃつばら【渠原・渠腹】 やつら。「人質を返したらんには、渠原《きゃつばら》よもや其の儘あるべからず」（奥羽永慶軍記 下）

きゅう【級】 討取った首を数える助数詞。「追撃して千三百七十余級の首を捕り」（関八州古戦録）

きゅう【急】 寄太鼓の打ち方。切りかかる時は四つ打つ。序破急合わせて九つ打つ。「一、押とまるに、よする。又作法に二ッ、一ッに序、二ッに破、三ッに急、口伝有」（甲陽軍鑑 下）

きゅううん【窮運】 きわまれる運。「武田の一門悉く亡び果て給ふ。窮運の程こそ不思議なれ」（甲乱記）

きゅうえん【久遠】 大昔のこと。（日葡辞書）

きゅうおん【給恩】 功績に対する恩賞として、扶持を本人または遺族に与えること。恩給。「又三井寺光音房給恩地事、就予口入一所被返付也」（実隆公記）「高山此間ハ河内方給恩之衆也」（大乗院寺社雑事記）

きゅうか【九夏】 夏季九十日の間。「かねて九夏三伏の暑を凌ぐ涼席なりとて、城外の流の上に仮屋を作り」（奥羽永慶軍記 下）

きゅうかん【旧慣・旧貫】 先例。前例。「寒風依無術、立明障子、雖為新儀、非無旧貫等歟」（永助法親王記）

きゅうき【窮期】 際限。「肇年之佳兆更ニ不可有窮期候」（鑁阿寺文書）

きゅうき【休期】 打消の語と用いて、「絶えることがないように」の意である。「不可有休期」。「今年之御祝儀重畳不可有休期候、殊諸邦被任尊慮候」（東京大学史料編纂所蔵松浦鎮信書状）

きゅうきょ【鳩居】 将軍家で用いる旗の頭の名称。「一、旗の頭を竜頭《りゅうづ》と云は、天子の御幢に限れるの辞なり、将軍家にては鳩居と云、諸侯より以下は蟬口と云」（北越軍談 中）

きゅうくつ【窮屈】 疲れること。疲労。「予窮屈之間、就寝一声不聞之」（看聞御記）

きゅうけい【急啓】 「急ぎ手紙を送ります」の意。「急啓す、小国違変し下長井と相約し、去る廿日其の地を撃つ」（伊達正統世次考）

きゅうけつ【糺決】 物事の理非・正邪を正し明らかにして、決定すること。「西院庄混乱事、一角糺決以後、被仰合学侶、宜様ニ可有御沙汰候之由申」（大乗院寺社雑事記）

きゅうげん【九原】 墓地。黄泉。「命を限りの一戦して、義に晒せし屍を九原の苔に留むべし」（奥羽永慶軍記 下）

きゅうこう【旧功】 従前から仕えてきた臣下のもの。「上杉則政、侍の忠不忠もしらず、譜代・旧功・新参・本参の穿《せん》鑿《さく》もなく、民百姓の困惑もしらず」（甲陽軍鑑 中）

きゅうこう【窮寇】 追詰められて逃げ場を失った敵。「一、逃ぐるを追うは、則ち窮寇《きゅうこう》の還撃を量って、後軍は行列を整て」（北越軍談 中）

きゅうこん【旧恨】 昔からの怨恨。「旧恨を散ずる」（日葡辞書）

きゅうしき【旧識】 古くからの知り合い。昔なじみ。旧知。旧相識。「弐十疋燈明料遣之、謝旧識之芳恩者也」（実隆公記）

きゅうしゃく【旧借】 昔の借り。以前の負債。「就中今度南都徳政旧借悉棄破了」（実隆公記）

きゅうしゅ【給主】 「きっしゅ」とも訓む。領知の所有者で、「給人」ともいい、知行地を所持している武士のこと。仙台藩では、十貫文以下の知行を与えられ、地方に居住している下級の武士で、その身分は番士の下、足軽の上にあり、給主組に配属。「子息より御酒献上す、幷に給主六七人御目見あり」（伊達家治家記録）「萱井庄より人進之、早々御使可被下之云々、就給主申入之」（大乗院寺社雑事記）

きゅうしゅう【九州】 古代中国では全土を九つとしたことから中国全土を指す。転じて日本全体をもいう。「忠勇八極《はっきょく》に馳せ、武威九州を傾け、而して、掌上《しょうじょう》に舞わん」（甲陽軍鑑 下）

きゅうしょ【窮處】 窮屈に居住している。「土民ノ躰ニ成テ其所ニ窮處ス」（伊達家治家記録）

きゅうしょ【給所】 給地。家臣に給与した知行地。「然れば則ち池畔の内給所之外当年先《まず》之を知行す可し」（伊達正統世次考）「高畠之内其方給所千疋之儀、丸兵違乱之由候、城刕

以来給所、何との儀不可有候」（大橋文書）

きゅうしょう【九霄】 九天。大空。「金石の堅きが如く、霎《しょう》雲《うん》雨を帯びて暮山に走り、急霆《てい》疾く翱《と》びて九霄《しょう》に轟くが如く」（奥羽永慶軍記　上）

ぎゅうじん【汲尽】 水または酒を汲み干してしまうこと。文書語。（日葡辞書）

きゅうせい【究済】 納入したり返済したりすべきものを完全に果たすこと。皆済。「当所年々水損土貢失墜之間、六条殿寺役不究済之間、長講衆歎申」（看聞御記）

きゅうせつ【九折】 曲折の多い坂道。「東一方は、道あれども九折《きゅうせつ》の難所にて」（奥羽永慶軍記　上）

きゅうせん【弓箭】 武力。「弓箭募る」は武力が強大になること。「其家を相續せらるれば、此度も　當家の御弓箭募るに於ては」（伊達家治家記録）

きゅうせん【九泉】 死後の世界。冥途。九原。黄泉。「其名は永く留りて九泉の先にかゞやかす」（奥羽永慶軍記　下）

きゅうたつ【窮達】 やり遂げる。願望などが成就する。「書の難易を知り運の窮達を見る時分なれば、先非を悔ひ」（甲乱記）

きゅうでん【給田】 大名が家臣に給付した田地。一般に年貢・公事などの課役を免除された。「久下之郷御検地之増（中略）以上五貫九百十弐文、右於久下之郷小山衆に被下候給田之増分也、給田之増被召上儀は御国法也」（北條氏照印判状）

きゅうとく【求得】 手に入れること。（日葡辞書）

きゅうにゅう【九乳】 鐘の異称。「廼鳴九乳之清音奉驚両部之冥聴」（高野山文書）

きゅうはくのしゅう【急迫の衆】 危難に瀕している衆。「村田急迫の衆、皆中野常陸を遣わすことを請う」（伊達正統世次考）

きゅうふん【窮憤】 怒り。「彼も亦長泰に窮憤《きゅうふん》の子細侍りしまま」（関八州古戦録）

きゅうぶん【給分】 ①主君からその臣下・従者・使用人等に給与する所領・米銭など。「女房達給分下行」（教言卿記）②①を受ける身分の者。「法職へあがり、御中間御小人或ハ新衆なンどの給分になる」（甲陽軍鑑）

きゅうへん【究返】 負債をすべて返却すること。完済。「知行分円波春日部庄ヲ入置質券不能究返、令改易云々」（親元日記別録）

きゅうほう【弓炮】 弓・鉄砲のこと。「郷人三千余人ニ紙旗を持たせ、弓炮を加へ、四方の谷峰に伏せ置き」（長国寺殿御事蹟稿）

きゅうほうにん【躾方人】 故実師範、仕付方。「躾」は国字。「そこゝ、のこしらへやうをは、たれかきうはう任にたつねられ候て」（関谷清治氏所蔵文書・上杉輝虎印判状）

きゅうめい【糺明】 ①罪、不正などを問いただし、悪い点を追求してはっきりさせる。「何之國之侍・百姓以下沽被遂御糺明、可被加御成敗候条」（黒田家文書）②調査する。「為

重恩拾貫文、場所之儀者令糺明必可相渡候」（諏訪久三宛真田信繁書状）

きゅうもつ【給物】 物品をあてがうこと。品物を供給すること。また、その品物。「治部四郎左衛門尉給物拾貫文事、為越後国役、任先例、致其沙汰」（上杉家文書）

きゅうやく【急厄・急阨】 ①急ぎ処理しなければならない出来事。「其下え隠し置き、急厄《きゅうやく》を救ひ進《まい》らせたり」（北越軍談）②急な困難や災難。「政虎公の膝下に候して、一旦急阨《やく》を脱《まぬが》れたり」（北越軍談）

きゅうやく【給役】 知行に応じて割り当てられた課役。知行役。「若給役過上者、奉行中え相理、以其上、有様に可引」（長宗我部氏掟書）

きゅうよう【究易】「窮余」の充て字。逃げ遅れて、困り苦しんでいる者。（庄内陣記）

きゅうよう【久要】 旧誼。昔なじみ。「三木の城郭に楯籠《たてこも》る。同名孫右衛門尉重棟、秀吉と久要《きゅうよう》たり」（播磨別所記）

きゅうろう【舊臘】 去年の暮。「御家督ノ事、舊臘ヨリ今年首夏ニ至ルノ間ニ在リ」（伊達家治家記録）

きょ【居】「こ」とも訓むか。隼などを数える数詞。「小成田總右衛門重長、隼一居献上す」（伊達家治家記録）

ぎょいをえそうろうこと【御意を得候事】 御厚意は忘れない。「御意を得候事は差捨て申す間敷く」（老翁物語）

きよう【貴容】「貴要」のことか。身分が高く重要な地位についている人。「且は六郎殿永く宗嗣を保玉《たもち》ふべき基《もとい》、且は貴容本領異儀なく、子孫無窮に栄幸を伝へらる」（北越軍談）

きょう【皦】 白い。清い。「宙をかけり、電光の皦《けう》し雷の落ち懸る勢、人間業とはみえ申さず候ひし」（左衛門佐君伝記稿）

ぎょう【行】 官位相当のときは官位の順に位署書きするが、不相当の場合は、位官の順とし、位が官より高い時には、位・官の間に「行」の字を入れた。「従四位下右近衛権少将兼行陸奥守」。（伊達家治家記録）

きょうあく【梟悪】 人道に背いた極悪な行ないをすること。「三歳になる女子共に皆指し殺さるる。纔《わずか》に十三日生誕とて、梟悪の名を末代に流し」（甲乱記）

きょういき【疆域】 境界。（昔阿波物語）

きょううつ【恐鬱】 相手に対して失礼にあたるのではないかとおそれて、かしこまる気持ちをいう文書語。「其後不能参拝候、恐鬱外無他事候」（東寺百合文書）「久不申入候、恐鬱無極存候、仍此花見來候間、令進上候」（実隆公記）

きょうえつ【恐悦】 恐れと喜びとで。（日葡辞書）

きょうえん【狂猿】 大声をあげて叫ぶ。あるいは騒ぎ立てる。（日葡辞書）

きょうえん【竟宴】 漢籍の進講や和歌集の勅撰などが終わった時、宴を設けて諸臣に歌などを詠ませ、禄を下賜される。（黒田家文書）

きょうおく【胸臆】 心の中。胸中。「家の安危を定めんこと、胸臆《きょうおく》に治め給へかしと申しければ」(奥羽永慶軍記 上)

きょうか【交加】 混合。(日葡辞書)

きょうか【教化】 教相家の略。「きょうけ」とも。禅家の対。仏法を種々に分類分析して文字言句によって説く天台・真言・浄土真宗などを指す。「学問僧を教家《きょうか》にては所化《しょけ》と申、洞家にては江湖僧《ごうこそう》と云、関山派にては衆寮衆《しゅりょうしゅ》と申され候」(甲陽軍鑑)

きょうか【凶禍】 わざわい。「諸郡の大家も亦皆各其の私を挟《さしはさ》み其の利を懐《いだ》きて、而《しか》して怨隙《おんげき》を締搆し凶禍《きょうか》を醸成《じょうせい》す」(伊達正統世次考)

きょうかい【教誨】 ➡「教誨《きょうけ》」を参照

きょうがい【凶害】 人を害すること。「如此申談候之処、自然和讒凶害出来時者、相互可申披事」(薩藩旧記)

きょうがく【驚該】「驚愕」の充て字。「或は喧咙口論、或は放れ牛馬失火して、営中を驚該《きょうがく》させ敗亡に及ぶこと莫れ」(北越軍談 中)

きょうがる【興がる】 常軌を逸した。風変わりな。「松平蔵人元康と云、興《きょう》がる生物《いきもの》出来て、今川殿恩を忘れ」(甲陽軍鑑 中)

きょうかん【香翰・香簡】 相手からの手紙の敬称。文書語。(日葡辞書)

きょうぎ【京儀】 天正十八年頃から東北地方に施行された「豊臣政権」の施策をさす。「先書如申入、郡中悉侍・百姓等共、京儀雖嫌申候心底候」(新潟県立歴史博物館蔵南部信直書状)

ぎょうき【澆季】 衰えた末の世。(三好記) 人情薄く世の乱れた末の世。末世。澆末。澆世。「是迚も澆季《ぎゃうき》時世一般の時勢也」(関八州古戦録)

ぎょうぎ【凝議】 いろいろと評議を重ねること。「公の旗本備《ぞなえ》と心得《こころえ》、諸人色を変じて凝議《ぎょうぎ》す」(北越軍談)

ぎょうぎ【行義】「行儀」の充て字か。立ち振る舞いの作法。「惣別義理の達したる人行義《ぎょうぎ》の間より剛なる心はいづる物なり」(甲陽軍鑑 下)

きょうぎゃく【梟逆】「凶逆・狂逆」の充て字。よこしま、悪逆。気違いじみている。(細川家記)

きょうきょう【恐々】 書状の末尾に書く語。相手に対する敬意を表わして、この語だけを書く場合は、目下の者に差出す書状に限る。「尚上野法橋可申候、恐々 (天文六年)正月十六日 細川播磨守殿 進覧之候」(証如上人書札案)

きょうきょうかしく【恐々かしく】 書状の文末に用いる。本来女性用であるが、男性同士の平易な文章にも用いる。「委細者大久保相模守可申候間、不能具候、恐々かしく」(黒田家文書)

きょうきょうきんげん【恐々謹言】『庭訓往来』によれば、相手への敬意を示す基本形式と認められ、脇付として、「御宿所」などを添えて同輩への書様に用いた。「恐々謹言と書て御宿所とかく事毎々の儀なり」（大舘記書札礼）「准槐以来有存旨間不及返報、先々儀同以後、恐々謹言書給之キ、今度恐々敬白ト書改之、聊存礼由歟」（満済准后日記）

きょうきょうけいはく【恐々敬白】「恐々謹言」と同じだが、用例は少ない。「委細之段使者（可）被申候、恐々敬白　十一月六日　宗舜　政所殿　御返報」（実隆公記）「此等趣可預御披露候、恐々敬白（天正十三年）九月廿九日　宗易」（利休書簡）

きょうくん【恭薫】尊墨。尊書。身分の高い人の書簡。「勤奉答、普天和尚御光臨、特賜、尊翰、戦々慄々、恭薫被拝読珍重」（臨済寺所蔵仏眼禅師語録）

きょうけ【教悔】「きょうかい」に同じ。教え諭す。過ちを悔い改めさせる。「禅院林泉寺ぇ入られしかども、性猛くして教悔《きょうけ》を拒《こばま》るるに付て」（北越軍談）

きょうけい【校計】ある物事について分別をもって推測、考察すること。

きょうご【向後】「こうご」「きょうこう」とも。「きょうこう」が一般的か。このののち。今から後。今後。「分國向後ト之儀付而、御一通令拝領忝存候」（黒田家文書）

きょうこう【向後】今後。「こうご」とも。「向後《きょうこう》毎事疎意を存ず可からず」（伊達正統世次考）

きょうこう【恐惶】書状の末尾に書く語。相手に対して畏れ慎む意を表わす。「恐惶誠恐」「恐惶頓首」「恐惶不宣」「恐惶不具」などと用いる。

きょうごう【夾合】挟みうちにする。「来春重隆（岩城）馬を二本松境に出し、両方従《よ》り夾合して以て合戦せん」（伊達正統世次考）

きょうこうかしく【恐惶かしく】「恐々謹言」と同程度の敬意を表わすものとして用いられた。「我等も老に漸成申候間、極楽にては隙候はんとたのしみ申候、恐惶かしく　抛々（筌斎）（天正十三）十一　八日　妙喜庵まいる回承」（利休書簡）

きょうこうきんげん【恐惶謹言】畏れかしこみ、謹んで申し上げるの意で、書状の末尾に記す語。目上に出す書状において広く用いられた基本語である。「心事期参謁候、実隆　恐惶謹言」（実隆公記紙背文書）

きょうこうけいはく【恐惶敬白】「恐惶謹言」に準じて用いられたもの。「以此旨可然様可預御披露候、恐惶敬白」（実隆公記紙背文書）**【参考】**「留様之事、一　誠惶誠恐敬白　二　誠惶謹言　三　誠恐謹言　四　恐惶謹言　五　恐々謹言（行書）六　恐々謹言（草書）七　謹言（草書）」（静嘉堂本書札集）

きょうこうとんしゅ【恐惶頓首】書状の末尾に書く語。相手（僧侶）に対して畏れ慎む意を表わす。「恐惶誠恐・恐惶頓首」（広本節用集）

きょうこうふせん【恐惶不宣】手紙の止め文言。「伏願永々自他和好、共全唇歯之邦者也、至祝々々、恐惶不宣」（後編薩

藩旧記雑録）「次、棗茶入大小弐ヶ進之候、恐惶不宣　利休霜月十六日　宍戸善兵衛殿　人々御中」（利休書簡）

ぎょうこく【暁告】 さとし告げる。諭しきかす。言い聞かせる。「光明寺を以て宝印之誓を示し、始中終之を暁告す」（伊達正統世次考）

きょうこつ【軽忽】 不都合な、軽率な、重厚さも円熟さも欠けていること。（日葡辞書）

きょうことば【京ことば】 京《みやこ》で使われることば。「右に大納言様米御売り成され候に、輝元きよう《京》言葉入らざる者とて、言葉に品をあはせ、総陣へ申し遣わされ候へば」（川角太閤記）

きょうこん【恐恨】 書状などで、相手に対して恨みに思う気持ちを、敬意を表わしながらいう語。「自是欲申入候之処、罷成御返事候、恐恨之至候」（実隆公記）

きょうさい【梟妻】 勇ましい・強い・猛しい。「其地《そこ》はかとなき虫の声々、叩《みだりがわ》しく集《すだ》き合て物冷《すざまし》競き梟妻《きょうさい》聞ひ侘《わび》る」（北越軍談）

きょうさい【京済】 室町時代、段銭その他の課役を守護の手を経ないで、直接京都の幕府や領家に納めること。「六条殿御修理当所段銭事、為守護執沙汰者、無先例之間京済事益直令籌策、可為京済之由可被清和和泉守折紙出之」（看聞御記）　⬇「京上《きょうじょう》」を参照

きょうさつ【校察】 あれこれ思いはかり、推察すること。「是又如御権威三郎次郎殿帰城候、旁以御満足令校察候」（上杉家文書）

きょうさめ【興俙め】 興醒め。「樹上の軽卒首伐《きら》れて軀と共に地に堕《おち》けり。満座興俙《きょうさめ》て、山呼を潜《ひそ》む」（北越軍談）

きょうし【驕肆】 奢ってほしいままにする。（伊達家治家記録）

きょうじ【饗事】 饗応。「寺西治兵衛入道抔《など》有りて、饗事《きょうじ》限なし」（奥羽永慶軍記　上）

きょうじつ【頃日】 このごろ。日頃。近頃。けいじつ。　⬇「頃日《けいじつ》」「此比《このごろ》」を参照

きょうしゅ【梟首】 斬罪に処した罪人の首を木にかけて曝すこと。またその首。獄門。梟示《きょうじ》。竿首《かんしゅ》。恐寿。「憲政《のりまさ》の嫡子竜若丸をも擒《とりこ》にして梟首《きょうしゅ》せらる」（北越軍談）

きょうしゅ【拱手】 手をこまねく。「先へ通るべき道なければ、只拱手《きょうしゅ》して見物す」（奥羽永慶軍記　下）

きょうじゅ【恐寿】 ⬇「梟首《きょうしゅ》」を参照

きょうじゅう【軽重】 軽いことと重いこと。「科の軽重に従って罪に行ふ」。（日葡辞書）

きょうじゅう【胸次】 胸中。（日葡辞書）

きょうじょう【京上】 ①中世、京都にのぼることを云う。上洛とも。②「京進《きょうしん》」に同じ。中世、「京上夫」を課せられた庄民が、夫役の代わりに在京の本家や領家に納めた金銭。本来ならば、地方の国で納入するはずの年貢を在京の領主に直接納入すること。京納。同義語に「運上」「京済《きょうさい》」「京納」などの語があり、「京成《きょうじょう》」とも書かれた。

「彼斎藤荷物京上之時押置之」（晴富宿祢記）「今度沙汰シ、出田数五段小四十歩在之、此内一段大、預所京上銭色々不足分ニ永代入立了」（高野山文書）「就京上幷所々御用以下、為兵船所被点置之船事」（大内氏掟書）➡「京進《きょうしん》」を参照

きょうじょうふ【京上夫】「きょうのぼりふ」とも。領主が庄民に課した夫役の一つで、庄民を上京させて雑役に服させたもの。「依軍役京上夫召仕之、（中略）次以往自八幡御領之時、京上夫等召仕云々」（高野山文書）

ぎょうしょう【驍将】驍勇《ぎょうゆう》の武将。猛々しく勇ましい大将。勇将。「会津蘆名盛氏は列祖に超て軍事に暁暢《ぎょうちょう》し、異《こと》なる驍将たる故」（北越軍談）

ぎょうじょう【業情】業障か。悟りの障りになる悪業《あくごう》。「柴庵に入て、荊棘の露に身をならはし、転廻《てんえ》流転の業情をはらって、一心不乱に読経称名を怠らず」（奥羽永慶軍記　下）

きょうしん【京進】「京上《きょうじょう》」②に同じ。「毎年遂算用御年貢相共に可有京進候」（政基公旅引付）「殊毎年度々風吹候て作毛損、一向不応所務候間、弐千疋可致京進由被申候へ共、色々為私致了簡、参千疋分申定候」（東寺百合文書）

きょうせい【京済・京成】「京上」に同じ。室町時代、幕府が領家などに課した段銭、夫役、工米その他の諸役を、守護の手を介さないで直接に京都の幕府へ納入すること。「御即位段銭事、可為京済之上者、被止地下催促之由候也」（東寺百合文書）「御所御造作料多田院領摂州多田庄幷所々段銭事有子細之間、為京済上者、可被停止国之催促之由候也」（多田院文書）

きょうせん【軽浅】軽微な、つまらないこと。（日葡辞書）

きょうせん【強僣】強大で奢りたかぶる。「以て宗時・宗仲に至り強僣之甚しき再《ふたた》び主君父子之間を離間し」（伊達正統世次考）

きょうぜん【向前】「こうぜん」とも訓む。さきざき。従前。過去。「稙宗再び兵を発し向前の如く之を興隆せんことを欲す」（伊達正統世次考）

ぎょうたい【凝滞】「ぎたい」とも訓む。物事が妨げられること、あるいは阻まれること。（日葡辞書）

ぎょうちょう【暁暢】通達する。物事や道理をよく知っていること。暁達。「会津蘆名盛氏は列祖に超て軍事に暁暢《ぎょうちょう》し、異《こと》なる驍将たる故」（北越軍談）

きょうどう【嚮導・卿導・郷導】①軍隊で、横隊の時、両翼に位置し、行進などの基準となる人。（性新公関原御合戦記）「成田左馬介氏長卿導《きょうどう》の命を受て忍、竹田の兵を率て首途す」（関八州古戦録）②「郷導」は、「嚮導」に同じ。先頭に立って導く。道案内する人。「桐生表へは大胡武蔵守信綱を郷導として」（関八州古戦録）

きょうどう【驚動】驚き動揺すること。驚き騒ぐこと。「鳥羽庄事或仁依申椋之儀自大樹有御成敗之儀、（中略）仍粗申入了、不能共驚動、不可有別事者也」（実隆公記）

ぎょうにん【行人】 行者。密教僧で山岳で修行する者。「政宗は一世の行人萬海上人の後身と申伝ふ」（伊達家治家記録）

ぎょうにんかた【行人方】 高野山で学侶方に対立した僧団。もと下級僧の団体だったが、江戸時代には学侶を圧していた。「右屋敷、高野行人方《ぎょうにんかた》領知所に候故、年貢等蓮華定院より」（長国寺殿御事蹟稿）

きょうばん【京判】 枡の大きさについて、京都で使われている枡の大きさのものをいう。「京枡」「一、酒うりかひ之儀、（中略）付、升は京盤、酒升可為同前事」（吉川氏法度）

きょうふ【驚怖】 驚き怖れること。ここでは「不満」の意。「其衆と同意に不成とて驚怖を銜《ふく》むは勿体なし述懐哉、其心故にこそ、今度偽事を企、氏郷へ訴人して忠なれば政宗をば切腹させ」（政宗記）

きょうぶ【京夫】 領主が庄民に課した夫役の一つで、領民を上洛させて雑役に服させたもの。「御分国中寺社之事、就御在洛之儀、半済、陣僧、京夫、其外於田舎公役等繁多候之条、逐日衰微之式、言語道断之由候」（大内氏掟書）

きょうぶ【胸霧】 気にかかることがあって、心が晴れない状態にあること。「今度御勝利之御祝言、并御高恩を以日来之散胸霧之由也」（上井覚兼日記）

ぎょうぶ【行歩】 歩くこと。（日葡辞書）

ぎょうふう【堯風】 天の恵みの順調な、太平の世のさま。「天顔快晴、舜日影明堯風声静、万国無為之春」（実隆公記）

きょうぶん【校分】「口米《くちまい》」に同じ。田の面積に応じて本租のほかに加徴した税米。「校分　年貢収納有之、又云口之米也」（天正本節用集）⬇「口米《くちまい》」を参照

きょうへん【窮返】 判決が下された後に負債を支払わせること。（日葡辞書）

きょうほ【夾補】「夾輔」に同じ。左右から助けること。「倉賀野が如き、克《よ》く随順し夾補《きょうほ》仕るに付て」（北越軍談）

きょうま【京間】 室や畳の寸法で、京都を中心に行なわれた、曲尺六尺五寸を一間とするものをいう。⇔「田舎間」。「コノ後京間ノ四畳半ハ、五ッ十一ノカネヲ用、イナカ間ハ七ッカネヲ用ル也」（南方録）

きょうます【京枡】 室町末期に、京都において公定された一升枡。「升之事、国中京升一片可相定事」（長宗我部氏掟書）参考：当時の京都の十合枡の容積は、現在の一升よりやや小さく、奈良の十合枡はおよそ八合三勺前後とみられる。

きょうみょう【交名】「夾名」とも。①人の名を書き付ける。（日葡辞書）②主旨に賛意を示す人々の名を連ねた文書。また、そこに書かれた名前。「猶以及異儀者、為加治罰、云与力人、云交名人、載記請之詞、不日可注進実否」（上杉家文書）⬇「散状《さんじょう》」を参照

きょうみょうにん【交名人】 交名に名を連ねて文書の主旨に賛意を示した人々。「猶以及異儀者、為加治罰、云与力人、

云交名人、載記請之詞、不日可注進実否」（上杉家文書）

きょうめ【京目】「田舎目」に対する用語。金・銀の秤量単位の地域的名称の一種。一両を四匁五分とした。大内領などでは、一両を五匁で通用させた。これを「田舎目」といった。「一、不申定候得共、以上之内黄金京目廿両、此度渡申候」（武田豊信條書）

きょうもう【胸朦】気にかかることがあって、心が塞いで心が晴れないこと。胸の痞《つか》え。「数千之屍ヲ乱シ、哀成有様也、年来之被散御胸朦訖」（信長公記）

きょうもく【驚目】見てびっくりすること。目を見張ること。「凡風流共言語道断驚目了」（看聞御記）

きょうや【竟夜】一晩中。夜通し。夜もすがら。「又除目竟夜袍可借之由被申候間、同心候了」（言継卿記）「除目竟夜也、昨夜延引云々」（看聞御記）

ぎょうゆ【暁喩】諭《さと》し知らせる。「嘗《かつ》て輝宗自《よ》り之《これ》を磐瀬（二階堂）に暁喩さ見《る》る哉」（伊達正統世次考）

きょうゆう【誑誘】たぶらかし誘うこと。「中野常陸宗時・桑折伊勢景長等が讒間誑誘と、小梁川信濃宗朝入道日雙之知謀忠貞与《よ》」（伊達正統世次考）

ぎょうゆう【驍勇】猛く強い。（細川家記）「政虎公驍勇《ぎょうゆう》の活発を関左に示し玉はんが為」（北越軍談）

ぎょうり【澆漓】人情が薄くなること。「箇程《かほど》に貴き生身《しょうじん》の霊佛、澆漓《ぎょうり》戦世の時到る共、凡下悪行の狼藉冥慮《めいりょ》の恐ありぬべき」（北越軍談）

きょうりゅう【京流】兵学の流儀の一つ。鬼一流とも。「京流の兵法も上手也、軍配をも存知仕たる者也と申せ共」（甲陽軍鑑）

きょうりょう【校量】ある事について推測すること、または計算すること。較べ考えること。推察。推量。（日葡辞書）「両口一統ニ遂合戦、得大利候、首之事更不知校量候間、不及注候」（津田文書）「生易之鵜鷹御随身之条、可見給之由、任御内意之旨、鷹師差下候き、即時遂一覧候、誠希有之次第驚目候、秘蔵自愛更不知校量候」（上杉家文書）

きょうれい【教令】教示。教え戒めて命令すること。「奉行頭人・合属《あいつき》の面々迄も今度の陣中殊に教令を乖《そむ》くべからず」（北越軍談）

きょうれい【享礼】官職補任に対する礼のこと。「上意（足利義晴）已に許容有り、而して享礼今に於て遅々、然る可からざる也」（伊達正統世次考）

きょうれき【経歴】年・日などが経過すること。（日葡辞書）

ぎょかん【魚羹】羹を魚形にして盛ったものという。（甲陽軍鑑　下）

きょきつ【踞詰】籠城に耐えること。「踞結」に同じ。「今度籠城中、至于今日踞詰候事、神妙之至候」（北條氏直判物写）

ぎょくあんか【玉案下】机下・玉床下・足下《そっか》・玉机下・衣鉢閣下・玉窓下などと同様に相手を敬って書状の宛名の

脇付に付す文言。（黒田家文書）

きょくうん【極運】「強運」に同じ。「兵糧・矢・玉薬等も尽けたるは、我々が極運なり」（上杉三代日記）

きょくじ【極時】 冬の異称。「極時　キョクジ　冬名」（明応本節用集）

ぎょくじょ【玉女】 陰陽道で祀る神の名。「鹿は玉女にむかゐてふし候也」（三河物語）

ぎょくしょうか【玉床下】「机下」と同じ。手紙の脇付の一つ。（黒田家文書）

きょくせき【跼蹐】 非常に慎み恐れるさま。肩身がせまく世を恐れ憚って行動するさま。「然れども元是《もとこれ》朝敵の子たるを以て世嗣を憚《はばか》り、跼蹐《きょくせき》して中年を過ぎ」（北越軍談）

きょくなし【曲なし】 ①他人が自分のために為すべき事をしなかったので、不平を言うのに用いる。（日葡辞書）②面白くない。不都合。「後代の聞え曲無く候」（関原陣輯録）

きょくむ【局務】 太政官《だいじょうかん》中の外記の上席の者（大外記）で、少納言局を兼ねた者。中古以後、中原、清原両氏の世襲となった。「本所之儀局務聞書持参之時春日局取伝之云々」（実隆公記）

ぎょくやく【玉薬】 鉄砲弾の発射に用いる火薬。たまぐすり。「魚津へ以船兵粮被差遣、鉄炮玉薬之儀者、罷成間敷候歟」（上杉家文書）

きょくらい【極来】「極めて来た」とも訓むか。決心してきたこと。「西上州御調儀、此度御労兵と申、村押之御動、無所詮間、極来御調儀存候」（上杉家文書）

きょくろう【極﨟】 六位の蔵人《くろうど》で、年功を積んだ人。一﨟。ごくろう。「自極﨟来月三日闘鶏之廻文候了」（言継卿記）

きょくろく【曲彔】 寄りかかる所を丸くつくり、脚を牀《しょう》几《ぎ》のように交差せた椅子。「故に御身も曲彔に腰を掛られ」（政宗記）

きょげき【虚隙】 むなしく過ごす時間のこと。「多くは対陣而巳《のみ》にて双方其虚隙《そのきょげき》を伺《うかが》ひ年序を歴《ふ》ると云々」（北越軍談）

きょけつ【踞結】 籠城に耐えること。「踞詰《きょきつ》」に同じ。「今度籠城中、至于今日踞結之事、神妙候」（北條氏直判物写）

ぎょさつ【御札】 あなたのお手紙。「信長へ為年頭之御札、御札幷御太刀・馬銀子四枚、則令披露候」（小早川家文書）

きょしゃ【居舎】 住まい。住家。（日葡辞書）

きょしょ【居諸】「きしょ」とも。月日。光陰。「送居諸之処、如今者、年内未可被行候歟」（実隆公記）

きょじょ【籧篨】 籧篨の輿。竹のむしろを敷いた輿。「錦直垂《ひたたれ》を拝受、文《ふみ》の裏書除略、籧篨《きょじょ》の輿《こし》・朱柄《しゅへい》の傘《からかさ》幷に白傘袋を免許」（北越軍談）

きょじょう【挙状】 ①官途注進などへ推薦する書状。「今度官途の望み有て、頃日《このごろ》御擧状等を調へらる」（伊達家治家記録）②訴訟をしようとする身分の低い者に、所属の長が与えた添書。（日葡辞書）

きょじょう【居城】 領主などが日常住んでいる城。「いじょう」「いじろ」が一般的か。「天正四年二月謙信公越後春日山を御立、一万五千にて飛驒国江間常陸介居城へ取詰給ふ」（松隣夜話）

きょじん【居陣】 陣を設定すること。「此向無別条、我々事、きせ川際ニ令居陣候」（真田宝物館蔵豊臣秀次書状）「各事濃州境目に、于今令居陣候」（光源院文書）

きょじん【挙陣】 放棄して陣を引き上げること。「抑《そもそも》成田挙陣覚悟之外に出ずと雖も、然れども彼の地也《や》我兵の通路自由ならずして地形利あらず」（伊達正統世次考）

ぎょじん【圉人】 圉は臣の意。家臣。「関東勢少し敗北のところ、幕府自ら麾を執らしめ、進ましめ給う。御圉人《ぎょじん》取留む」（駿府記）

きょそ【挙措】 立ち振る舞い。起居動作。「磐城・仙道一味中、及び長井荘に於て、其の挙措接待、条々時宜を適済す」（伊達正統世次考）「政ノ中不中ヲ知ハ、賢愚ノ挙措其所ヲ得ルカ不得カヲ知ニハ不如」（信長記）

きょそん【虚損】 気力や体力がだんだんと弱くなっていくこと。活力がなくなり、ついに死んでしまうこと。また、そのような病気。「早瀬筑前守酒損虚損之間、先日養気湯七日分十二包遣之」（言継卿記）

きょだく【許諾】 同意する。（日葡辞書）

きょたつ【挙達】 目上の人に申し出たり、許可を得たりすること。「以後内府公御下知に随ひ奉り可きの条、右の旨趣、宜しく挙達を仰ぎ奉るべき者なり　恐惶謹言」（奥羽永慶軍記下）許容したり、許可したりすること。または、人に提言する意で尊敬した言い方。（日葡辞書）

ぎょのう【魚脳】 魚の頭部の軟骨。煮て半透明にしたものを叩いて平たくし、提燈や燈籠などの火覆いとして用いた。「御会所の西の馬道の軒にぎょなうの挑灯あまたかけらる」（永享九年十月廿一日行幸記）

きよはらえ【清祓】 神事の前後などに浄めのために行なう祓いのこと。のち、これが一儀式となる。「きよはらひ　十二月晦日に禁裡にて清祓を吉田の勤めらるる事あり　内侍所の前庭にて行はる」（和訓栞）

きょぼう【拒防】 防衛させる。「今度依北條之下知、大道寺父子楯籠當城、自北國下向之兵可遮防旨、被示附之間、雖拒防候被責大軍、城兵之筋力良疲労、於于今者失防戦之術候」（大道寺政繁書状写）

きょめい【虚名】 その人を陥れるために言われた、事実無根の事柄。無実。偽りの証言。中傷。「毒薬被聞食事者当所地下沙汰也、野心近臣之口、虚名申出事也、遺恨何事如之哉」（看聞御記）

きょもう【虚忘】 「虚妄」の充て字。事実でないこと。うそ。いつわり。「其れ日雙天狗の法を伝うと謂う者は虚忘之談也」（伊達正統世次考）

きょよ【虚誉】 実際以上の誉れ、忠義だて。（細川家記）

きょよう【挙用】 尊重すること。また、人の言うことに同意する。（日葡辞書）

ぎょりん【魚鱗】 陣形の一つ。中央部を敵に最も接近させる陣形。「門を開いて魚鱗にかゝり」（細川家記）

きょろう【虚労】 ①疲労するとか元気や活気がなくなること。②労咳、すなわち肺病。（日葡辞書）

きょろく【鉅鹿】 項羽が秦の将章邯の軍を大破した所。「即ち一飯を請じて鉅鹿を忘るる勿れ」（一徳斎殿御事蹟稿）

きらい【倚頼】「いらい」と訓むか。寄宿する。頼る。「東上野へ落行、桐生大炊介直綱の家に倚頼《きらい》して有しが」（関八州古戦録）

きらきら【的皪】 綺羅々々。「野間の軍にして的皪《きらきら》の場所なる上、敵も敵にこそよれ」（北越軍談）➡「的皪《きらやか》」を参照

きらびやか【綺羅美耀】 ①奇麗なこと。「甲立物無之付而者、可被為改易、如何ニもきらひやかにいたし、可走廻旨被仰出者也」（北條氏照朱印状）②綺羅美輝とも。「きらびよう」とも読む。きれいに手入れしておくこと。「以上、貳拾貳貫文、右之地、出置候、武具以下、綺羅美耀ニ致之、御陣役可走廻者也」（北条氏邦朱印状写）

きらやか【的皪】 綺羅やか。「きらきら」との訓みもある。「朔日花洛の首途に同く的皪《きらやか》なる出立にて騎馬して押来り給ふ」（関八州古戦録）➡「的皪《きらきら》」を参照

きりうめる【切埋】 撃破する。「御自身御乗船候、殊敵舟数艘被切埋之、数百人討果之」（山口県文書館蔵毛利輝元書状）

きりおこし【切起】 新田畑を開墾すること。「其外至切起等者、随其時、以奉行人、相改可申候」（今川氏真判物）

きりかえ【切替・切換】 旧慣、先例を改めること。「今度出馬之上者、則可任先規哉与思候処に、板倉才覚之分者、案に相違候而、切替新発田一味之由候」（上杉家文書）

きりかける【切懸・切掛】 ①首を切って獄門にかける。さらし首にする。「クビヲ　キリカケル」（日葡辞書）②室町時代、幕府や寺社などが、一定の基準をきめて地口銭など臨時の課役をかけて徴収すること。「於当方坊地被切懸地口之由注進候」（大乗院寺社雑事記）③「きりかけ」。目隠し、あるいは羽目板の一種。横板を羽重ねに張ったもの。「今此切懸新造之奉行衆〈寛清弁祐〉」（法隆寺舎利殿下見板墨書永享二年十二月二十三日）

きりかみ【切紙】 折紙を折り目から二つに切ったもの。書簡などに用いる。「キリカミ〈訳〉書付　簡単な書状」（日葡辞書）「弐貫五百文引替分請取申候、此切紙次第算用可申候也、如件」（言経卿記）

きりゝ【きりゝ】 敏捷に。「常々仕付け候様に、きりゝと仕り候ても」（万代記）

きりくずす【切崩】 切り込んで敵の防備をくずす。「信玄の先衆かけつけざる以前に、武田勢を切りくづし」（甲陽軍鑑）

きりしく【伐敷く】 打ち滅ぼす。平らげる。「家康孤立して三遠の二州を伐敷《きりしき》、国数を領して」（北越軍談　中）

きりじに【伐死】 切り死に。「勿論当所を立去らず。伐死《きりじに》の覚悟の外別に構ふる所存なし」（関八州古戦録）

きりすて【切斬・切捨】 戦場などで、人を切り、そのままに打ち捨てておくこと。「打捨て・切捨ては数も限りもなく候」（籾井日記）「隣郷・傍庄は悉放火、或生取、或切弃、濫吹凡難過法」（政基公旅引付）

きりた【切田】 切り開いた比較的新しい田。在家が百姓屋敷と田畠を合わせたものであるのに対して、これは田のみとして売買知行された。「塚田の内切田年貢一貫三百文、此の三個に於て、永代相違有る可からず」（伊達正統世次考）

きりつけ【切付】 ①布に紋や模様を他の切地に画いて張りつけたもの。切付模様のこと。「上野又兵衛使として來る、御進物切付持参差上く」（伊達家治家記録）②鞍の下に敷いて馬の背と両脇にあてる物。下鞍とも。「切付《きりつけ》の新《あたらしき》をば一口・二口と云事」（甲陽軍鑑　下）

きりとる【切捕】 切取とも。切り取る。奪取する。「当国へ攻入、切捕の所々を領し、今既に三代を経たり」（関八州古戦録）

きりのぼる【切上】 敵を切って目的の方へ進んで行く。切って攻め上る。「国と根来と又及取合、自然国方打負て、堺辺まで根来寺雖切上」（政基公旅引付）

きりば【切羽】「切場」のこと。砕石場で石を割ること。「敵陣に攻近付き、鍔を砕き切羽を割り、剣戟に火をちらし、命を限りに相戦ふ」（奥羽永慶軍記　下）

きりはらう【切払】 敵を切りたてて追い払う。きりまくる。「キリハラウ〈訳〉敵を近づけないで刀で切り払う」（日葡辞書）

きりふ【切符】「きっぷ」とも。①分配される年貢などを受取る権利を記した証文。「会衆供料之切符等、依散失切符無所持仁、供料有名事実也」（高野山文書）②年貢などの物品の引渡しや金銭の支払いを「為替《かはし》」で行なうことを証した証文。「割符（さいふ・きりふ）」とも。「玄清来自駿河金代納之、先以蘇息者也、午後参内、（中略）晩頭退出、今日各切符共賜之了」（実隆公記）③家臣などに、現物ないし銭貨で支給される一定額の給料。切米。扶持米。「切補」（饅頭屋本節用集）「御つぼね女房のきりふなどは、〈嫁ノ〉御さとより御まかないたるべく候」（言経卿記）「両人近年の牢人衆なれば、いまだ切符《きりふ》の躰《てい》なれ共、既に五百貫づ、両人に千貫可被下との思食也」（甲陽軍鑑　下）

きりまい【切米】「切符」③に同じ。扶持米とも。「若州鳥羽庄金輪院知行分年貢之内、契約切米国定弐佰捌拾石事為御代官職、厳密に可有取沙汰候」（朽木文書）➡「切符《きりふ》」を参照

きりまいとり【切米取】 主君から知行地を与えられず、扶持米を支給される小身の家臣。（日葡辞書）「若州鳥羽庄金輪院知行分年貢之内、契約切米国定弐佰捌拾石事」（朽木文書）

きりまし【切増】租税などの定まった額に付加して、増額すること。「反銭切増不可在之、但忩劇過分に造作入時者、双方以入魂上可在之歟」（法隆寺文書）

きりみみ【聝・馘】敵を討取った証拠として、首級の代わりに切取った耳。「馘」とも。「聝　キリミ、　左伝合戦之時頸取之而　而備忠也」（運歩色葉集）

きりむく【切向く】ある目的のために用意していたものを、全く別の用途に替える。「当年中薬代未遣、而御薬連々進之、神妙也、先折紙千疋給之、国衙要脚加持ニ切向了」（看聞御記）

きりもの【機利者】切者《きれもの》とも。切れ者。祝刺者。権威のある人。「一族鮎川因幡守当時の機利者にして」（北越軍談　中）

きりゅう【起立】仏閣を建立すること。「山内大講堂起立之事、於分国令入魂遂造営者、別而可為懇切候也」（上杉家文書）

きりょ【羈旅】旅。（南海通記）

ぎりょく【蟻緑】「美酒」の異名。「緑蟻」とも。「宗祇法師蟻緑一壺鵝殊千文土器物等持来之」（実隆公記）

きる【斫る】伐る。切る。「騰気威稜《みいつ》を震《ふるわ》して、雷声巌《いわお》を斫《きる》が如く」（北越軍談）

きれもの【切者】主人の信用が厚く、勢力を振るうもの。切人《きりびと》。きりもの。「切者の歴々衆に仰付られ候はゝ、仕損す間しきかと覚へ候」（籾井日記）　➡「祝刺者《しゅくししゃ》」を参照

きわまり【谷り】進退極まること。「御在陣なきに於いては、進退惟谷《これきわま》り候べし」（征韓録）

きをくっす【氣を屈す】気力を失うこと。（伊達家治家記録）

きん【釁】相手の隙。「虚を見、釁《きん》を窺ひ、心を一にして力を勠《あわ》せ、大いに挙げて合戦を遂げば、」（長国寺殿御事蹟稿）

きんあつ【禁遏】押さえつけて止めさせる。法令などで差し止めること。「先条に載する如く、寄子・親類・縁家《えんか》等申す趣、一切禁遏《きんあつ》すべし」（甲陽軍鑑）「豊前国中悪銭事、近年被禁遏之処、動令犯用之」（大内氏掟書）

きんい【禁囲】「禁裏」に同じ。宮廷。「八方無敵恣志一世、如客寄生、侍禁囲称黄門、快抽健事」（政宗記）　禁中。宮中。「その素性を尋ぬるに、祖父母禁囲《きんい》に侍す」（関白任官記）

きんい【所慰・欣慰・欣怡】「所慰」は「欣慰」に同じ。「欣怡」も同意。非常に喜ばしく思うこと。「賜書を辱くし所《きん》慰《い》なり」（伊達正統世次考）「切偲懇惻、特に馳走に遇う、欣慰忘れ難し」（伊達正統世次考）「青茶垸、小香炉進之、欣怡之由申了」（実隆公記）

きんう【金烏】日輪、太陽のこと。（日葡辞書）

きんえい【錦栄】立派な光栄。「身命をも惜からじと忠戦を励みぬ。錦栄《きんえい》の面目是にしかず」（奥羽永慶軍記　下）

きんえつ【欣悦・忻悦】喜ぶこと。欣喜。「神載を以て心底され頼母敷欣悦せしめ畢《おわん》ぬ」（庄内陣記）「随分細少に支度仕て候と申ければ、公も忻悦ましゝ、、殊更褒美し玉ひし」（北越軍談）「甘露寺、白川両殿へ先日者無相違御越候儀、欣悦之旨以書状申入候」（証如上人日記）

きんかい【欣快】よろこばしく快いこと。愉快。喜び。「此の所に至り式部丞をして送ら令む、最も欣快なり」（伊達正統世次考）

きんかい【禁戒】いましめ。掟。戒律。「我生てより以来《このかた》、きんかい《禁戒》をおかさず、政《まつりごと》みだりにをこなふとも」（三河物語）

きんかいちめい【槿花一命】栄華のはかないことのたとえ。「松樹ノ千年も終には是朽ぬ。槿花一命惜むべからず」（甲乱記）

きんかく【金革】武器の総称。「仮令《たとえ》金革犀甲を藉《しとね》にし、弓矢矛戟を枕にするとも」（北越軍談　中）

きんがく【勤学】学習すること。（日葡辞書）

きんかん【欣感】よろこび。よろこびを感じる。「今発するに及んで遥に人をして之を送ら使《し》む、欣感幷《ならび》に至る」（伊達正統世次考）

ぎんかん【銀漢】銀河のこと。「宵《よい》の程は天気爽《さわやか》にして、銀漢澄《すみ》渡り、星稀《まれ》なりしかば」（北越軍談）

きんき【琴棋】四つの技芸をまとめて、琴棋書画と言う。「琴棋」を「きんご」と訓む。（日葡辞書）

きんげんらろう【金言覼縷】いろいろな言葉を尽くすこと。「斯かる群難の期《ご》に至り、金言覼縷《らろう》を尽し、御父勝頼を諫めらる」（武田三代軍記）

きんご【金吾】衛門府の唐名。金吾中納言は小早川秀秋のこと。「其跡を金吾中納言殿に譲り給ふ」（南海通記）

きんこう【忻幸】喜ばしいこと。「尊札薫読不勝忻幸候」（実隆公記）

きんこつ【金骨】凡俗でない風骨。「左の眼に重瞳あり。見る者金骨の相ありとす」（関八州古戦録）

きんさくふ【金鑿夫】金山の採掘夫。「将軍は壮勇の余り、金鑿夫多数集め堀深く共」（左衛門佐君伝記稿）

きんじ【勤仕】「ごんし」とも訓む。仕えること。（日葡辞書）「被仰下之条々無懈怠被勤仕者、可被忠賞之旨所仰候也」（文明十四年鈔庭訓往来）

きんしゃ【錦紗】金糸を織りこんだ薄くて軽い織物。「此のきんしゃ《錦紗》と申すは、唐土《とうど》か天竺《てんじく》にて、天子・帝王の御用に織りたる物と相見えて」（信長公記）

きんしょ【懃書】「懇書」に同じ。相手の手紙のこと。「懃《きん》書《しょ》披見す、幾回之を言う如く」（伊達正統世次考）

きんしょう【金章】立派な文体で書かれた手紙。「金章到来」。（日葡辞書）

きんす【金子】金幣。金の貨幣。「近日福島より帰陣しけるが、此由を聞て、金子《きんす》・鳥目《ちょうもく》等を送る」（奥羽永慶軍記　下）
➡「鳥目《ちょうもく》」を参照

ぎんす【銀子】銀を楕円形にして紙に包んだもの。その一個を一枚とも呼んだ。銀子一枚は十両。すなわち四三匁（一六一・二五g）。二〇〇枚の二〇〇〇両は、銭六〇〇貫ほどにあたり、当時の米では四〇石から百石の価値をもっていた。「仍銀子弐百枚送之候」（黒田家文書）「仍御自

か

分之使僧、殊太刀一腰・銀子十枚贈給候」（小早川文書）

きんせつ【緊切】 極めて緊要なこと。「何ぞ言うに勝《た》えん、幸《さいわい》に氏家越山し来り、緊切に兵議最も然る可し」（伊達正統世次考）

きんせつ【懃切】「懇切」に同じ。「今自り以後懃切に交を通ず快然為《た》らん耳《のみ》」（伊達正統世次考）

きんせん【京銭】「南京銭」の別称。室町時代以来、中国から輸入した銭のうち、特に質の悪いもの。打平《うちひらめ》とともに撰銭の対象とされた悪銭。「定撰銭事〈限京銭・打平等〉」（蜷川文書）➡「打平《うちひらめ》」を参照

きんぜん【欣然・忻然・忻全】 主として書状で、相手の厚意に対して心から喜んでいる気持ちを表わす語。「先日御手本之義、乍聊爾申入候処に早速拝受、忻全不少候」（実隆公記）「芳簡令披閲、欣然之至存候、」（国立公文書館蔵白川晴綱書状）

きんそう【金瘡】 刀傷。（細川家記）

きんそく【禁足】 外出しないで、家の中に引き籠っていること。（日葡辞書）

きんちゃくひき【巾着引】 伊達家の正月の謡初の時に、酒宴で催されるが、内容不明。「毎年乱舞始にも饗せらる。巾着引《きんちゃくひき》と云ふ事は、是より後酒宴の興に乗して始れり」（性山公治家記録）

きんちょう【金鳥】 雉は夏に珍重されるので、その期間に限って、こう呼ぶ。（日葡辞書）

きんちょう【金打】 ①武士が約束を破らない証しとして、自分の太刀や小刀の鍔や刃を打ち合わせること。「山門領、元の如く還附《かんぷ》せらるべきの旨《むね》御金打《きんちょう》なされ」（信長公記）②誓約する。（日葡辞書）

きんちょう【禁庁】 上杉謙信の定めた四庁の一つ。燎所の作法のこと。「禁庁と云は燎所の作法なり、本篝《かがり》は忍《おし》の与《くみ》頭《がしら》是を司り、軽卒の隊長押へを勤む」（北越軍談　中）

きんない【困内】「困」は穀物蔵のこと。「有楽十徳を着し、困内に入る。修理羽織を着し外に在り」（駿府記）

きんのじし【金之地子】 金で取立てる鉱山の課税。「米ニ而買被申候間、金之地子ハ譏之事候」（伊達家治家記録）

きんぷう【金風】 秋風。（日葡辞書）

きんほ【窘歩】 いそがしく歩く。急いで歩く。「永井より雪中の長途の窘歩《きんほ》してつかれ果《はて》し故なり」（奥羽永慶軍記　上）

きんぼう【禁防】 抵抗すること。（日葡辞書）

きんぼう【近傍】 近所。（日葡辞書）

きんぽん【掀翻】 ひるがえること。また、回転すること。（日葡辞書）

ぎんやく【銀役】 現物、労働力の課役のかわりに銀を納付すること。「諸侍之役事、銀役に定、但、物成五十石に付而壱人役也、一人に付銀二分五厘充」（長宗我部氏掟書）

きんよう【緊要】 その物事にとって、欠くべからざる大切

なこと。肝要。「余曰、只箇赤心、最是緊要也」（空華日用工夫略集）

ぐあんたんさい【愚案短才】 愚かで短慮である。「粗略なる者にて、慎を知らず。其上愚案短才なれども、果報いみじき故にや」（松隣夜話）

くいそらす【噉いそらす】「食い反らす」。口の上髯《ひげ》の末端を、上へ反らすこと。「石川伯耆守は大髯噉《くい》そらして、若君を頸《くび》馬に乗せ奉りて」（三河物語）

くいつく【咬着】 食いつくこと。「倉賀野淡路守秀景等か引下て打たるに咬着《くいつき》たり」（関八州古戦録）

ぐいと【捽と】 力を入れる時のようす。「左の腕を簀子の下え指入《さしいれ》、猛犬の啻《あぎと》を捽《ぐい》と握て聊《いささか》も働せず」（北越軍談）

くいとめる【咬留る】 食い止める。「地の利悪く、敵は良将、咬留《くいとめ》られれば大事たらんを、公了簡ましますに」（北越軍談）

くうしょ【空書】 ①書状を送るだけで、贈物を添えない音信をいう。「誠補空書計候、猶使者可申候、恐々謹言」（三木文書）②内容のない手紙と自分の手紙を謙遜していう文書語。「将又祈念守幷大緒一筋進之候、補空書計候也」（猪俣能登守宛聖護院道澄書状）

ぐうせつ【遇接】 出会う。遭遇する。接遇する。「拙者父子意趣を失わざる之遇接有るに於ては、則ち陣参以て貴国の人に同然たる可し」（伊達正統世次考）

くうせつ【空説】 雑説、巷説のこと。根拠のないデマ。「人吉迄申越候処、乍勿論空説、案中候」（慶応義塾図書館蔵島津義弘書状）

ぐうちょく【寓直】 禁中での宿直の当番。「廿八日、（中略）今日当番也、（中略）、廿九日、晴、自午後雨降、寓直如昨日」（実隆公記）

くうり【垢離】「こり」が一般的か。神仏に祈願する時に、冷水を浴びる行為のこと。水垢離《みずごり》、水行《すいぎょう》とも言う。（日新菩薩記）

くがい【公界】 ①課役。「入目可過候て、物毎に公界可かけ申候」（庄内陣記）②世間。「公界こと御ねん入肝要の事」（御家誡）③世間に出して恥ずかしくない人。世間の広いもの。世間人。（甲陽軍鑑　中）④公領で、（伊達氏の直轄領か）。「上長井庄李山の内有する所之地及び売地買地、公界判形有る之地等を除き」（伊達正統世次考）

くがいもの【公界者】 世間に認められている者。世間に出して恥ずかしくない人。公界人。「座配よく、大身小身にうちあひ、取成、少しもあぐまず、軽薄にもなく、しゅつにもなくいかにも見事にしあはするを、利発人・公界者と申す」（甲陽軍鑑）

くかん【句漢】「句の漢」とも。和漢連句のこと。連歌の一体で和句と漢句を相互に詠んでいくもの。「成実（伊達）ニ御ふるまい御申候、御しやうはん《相伴》伯蔵・白石（宗実）殿、その、ちくかん《句漢》御さ候」（伊達天正日記）

か

くきょう【供饗】 大将の首実検の際に、首を据えるために用いるもの。「一、首すへ物の事、大将の首は供饗、其以下或は足打、或は小角いづれにても縁を放し、板目にすゆべき事」（北越軍談　中）

くぎょう【公饗・公卿】「供饗」とも。食物をのせる膳の名。「勝頼公の御証《しるし》と申て小原が頸を公卿《くぎょう》にすへ候へ共」（甲陽軍鑑　下）➡「公卿衝重《くぎょうついがさね》」を参照

くぎょうついがさね【公卿衝重】 公卿に供する食物を載せる衝重。食物をのせる膳の名。台の三方に穴をあけたのを「三方」、四方にあけたのを「四方」という。「盆は公《く》饗《ぎょう》、不然は足付か、鉋懸《かんなかけ》歟《か》、依テ時ニ何成共」（甲陽軍鑑　下）

くゝい【くゝい】「鵠」のこと。白鳥のこと。「進上　太刀一腰《よう》　くゝゐ一、たい一おり」（甲陽軍鑑　下）

くくりぜに【括銭】 ある用途に充てるため、関係する各人が出し合って、ひとまとめにした銭。「毎年正月四日ノ出仕ニ参貫文惣中ヨリク、リセニヲシテ明顕ヘワタサル、」（本福寺跡書）

くけつ【口決】 口伝。文書にしないで口で伝えたこと。「九変五箇の心術とて当家に深き口決《くけつ》あり」（北越軍談）

くげん【苦患】 仏語。苦しみや悩み。苦難。「後生善所を願わず、未来之苦患《くげん》を思わず」（甲乱記）

くげん【公験・公検】「公検」とも。中世、私的な売券、寄進状を除いて、院宣や幕府の公文書で所領そのほかの権利の移動を公的に証明する文書をいう。「如雑掌出帯関東御下知等者、五百石之条明白也、争閣公験、可守無文例哉、所詮五百石者、令支配惣庄」（高野山文書）「所詮為断未来之訴訟、手継証文公検等悉所奉寄附当寺八幡宮也」（勧修寺文書）

ぐご【供御】「飯」の女房詞。「くもじ」とも。（日葡辞書）

くごう【口号】 口ずさみ。「辛苦《なやみ》て有もすべいと、奴婢の口《く》号《ごう》せしも、此人の事也と云々」（北越軍談　中）

ぐごう【愚毫】 愚筆。自分の書簡を謙遜していう。「愚毫を捧ぐ、抑《そもそも》下愚累年当地に在り、去々年帰洛之時」（伊達正統世次考）

くさ【草】 偵察者。らっぱ。すっぱ。「殊昨夜草を被出、敵十餘人被討捕族生捕」（大藤式部丞宛北條氏邦書状）

くさいたす【草いたす】 草は草調儀のことで、小競り合いをする。「百目木《どうめき》とつしま《津島》の間へ川俣衆草いたし首一ッ上申候」（伊達天正日記）

くさくら【草鞍】 雑用に使う馬に載せる鞍の一種。馬背にあたるところに設ける山形を稲の苗、または枯れ藁で造り、二個の堅木にしばりつける。多く耕作、または草刈りの時に用いる。「あやしげ成夫馬一疋尋出し、草鞍をしき、是に打乗せ奉る」（甲乱記）

くさじし【草鹿】 鹿の形をした的。これに射る軍事訓練を兼ねた遊び。（桂岌圓覚書）

くさずり【草摺・甲装】 鎧の胴から下に垂れた腰以下を覆

う部分。〈元親記〉「高梨が草摺《くさずり》の端《はず》れを高股より伐落《きりおと》し」〈北越軍談〉「甲装」は「草摺」の充て字。「景政磤《いん》と睨《にら》み帯副《わきざし》を抜て、為継が甲装《くさずり》を畳《たた》み揚《あ》げ刺《ささ》んとす」〈北越軍談〉

くさぜに【草銭】 その場所で、まぐさや肥料用の草を刈取るのを許す代わりに課する役銭。「大覚寺御門跡領高田村御本役、年貢、草銭、地子銭等之儀、向後御直務申定上者、下司給五段半事も一職可為御直務」〈天正十一年折紙跡書〉

くさちょうぎ【草調儀】 ①「草」は、本格的・本式でないもの。「調儀」は、出陣して攻めること。ちょっとした戦闘、小競り合いの意。「當地ニ籠置候人數、自然草調儀其外之時、無兵儀ニ候而」〈伊達家治家記録〉 ②敵地に入った忍びに勢を遣わすこと。「奥州の軍言《いくさことば》に草調儀《くさちょうぎ》或は草を入る、或は草に臥す、亦草を起す、扨草を捜すと云う有」〈政宗記〉

ぐさつ【愚札】 自分の手紙をへりくだっていう語。「愚状」「愚書」とも。「依為遠国有煩往復、幸得便風誂愚札畢」〈雑筆集〉

くさづと【草苞】 草で包んだ土産物。相手に取り入れるために差し出す金品。賄賂。「虚痛をかまへ、軍役をかき、武具をも嗜まねば、若あらはれやせんとて、そこにて出頭衆へ草づとを恵《めぐむ》」〈甲陽軍鑑〉

くさにふす【草に臥す】 他領に入る忍びに勢を遣わすこと。夜の内に敵城に接近し〈「草を入る」という〉、良い場所を見つけ隠れることを「草に臥す」という。「奥州の軍言《いくさこと》ばに草調儀《くさちょうぎ》或は草を入る、或は草に臥す、亦草を起す、扨草を捜すと云う有」〈政宗記〉

くさはたらき【草働き】 偵察隊の合戦。「草働キ有テ、馬上三騎・歩兵十四人討捕ル」〈伊達家治家記録〉

くさぶせる【草臥】 ①兵を伏せておく。「敵陣を夜も驚かし、草臥《くさぶせ》て兵粮運送の道を断ち」〈奥羽永慶軍記 上〉 ②「くさぶす」。山野に野宿すること。旅寝をすること。「去年〻三番之内相勤申候得者、下々無正躰草臥《くさぶし》申候」〈黒田家文書〉 ➡「草臥《くたびれ》」を参照

くさわき【草脇】 獣類、特に馬、鹿の類の胸先《むなさき》。くさわけ。「大将も数ヶ所の疵を蒙り、馬も草脇・太腹・平首突れぬれば跳倒れ」〈奥羽永慶軍記 下〉

くさをあらそう【草を争う】 草調儀の意か。小競り合い。「草をあらそふ儀に付、御蔵の前衆、鎌と申物を取候に付て、此公事出来申候由、申上られ候へば」〈甲陽軍鑑 中〉

くさをいれる【草を入る】 ①偵察させる。「櫻田右兵衛元親参上、小手森へ草を入れ討捕る首五級献上し」〈伊達家治家記録〉 ②一の草（一番隊）を夜のうちに敵城近辺まで忍ばせること。「境目なれば地下人迄も二本松譜代にて、縦《たとえ》ば他領へ草を入けるにも、敵地へ内通あるべきかと気遣の処に」〈政宗記〉 ➡「一《いち》の草《くさ》」参照

くさをおこす【草を起す】「草調儀」に同じ。夜のうちに

敵城に接近した者たちが、夜が明けてから一の草（一番隊）が敵を討取ることを草を起こすという。「奥州の軍言《いくさことば》に草調儀《くさちょうぎ》或は草を入る、或は草に臥す、亦草を起す、扨草を捜すと云う有」（政宗記）

くじ【公事】①朝廷での公式行事。「乱後今年始而有公事、再興之面影珍重珍重幸甚幸甚、一天之昇平宜在今春者歟」（実隆公記）②荘園制下において、年貢以外に公の機関がその徴収や服務を義務付けた金品や業務のこと。「定役公事、臨時之課役、月迫之上分、節季之年預更不可遁避歟」（文明十四年鈔庭訓往来）③公の機関が調停するところとなる紛争。また、その調停。「互遂裁許公事落着之上、重而めやすを上、訴訟を企る事、証文ただしき事あらば、是非に不及」（今川仮名目録追加）

くじあいて【公事相手】公の機関に訴えてもめ事を争う相手。「公方人と号し田札する事、公事相手に其趣をことはり、其上田札すべし、公方人の奉行を定うへは、奉行人に断、諸事可中付也」（今川仮名目録）

くじおち【公事落】訴訟に負けること。敗訴。「ことに一昨日我ら証文をそくいだし候はば、くしおちにて候はんずると、色々中候て、つゐにせうもんいだし候はぬうへは、やすただくしおち、さたにをよび候はぬ事にて候を」（京都御所東山御文庫記録）

くじく【挫く・拗く・折く】①挫く。無くする。ダメにする。「晴氏・氏康が阿党を平げ、大樹の朦霧《もうむ》を挑《くじ》きまいらすべき」（北越軍談）「馬揃に於て殺害させ、肌を改め、傘の柄を拗《くじ》かせ見ければ」（北越軍談）②相手を傷つける。「武威の名顕れ、然も口才《こうざい》人を折《くじ》き、いかなる強敵と云ども、彼に逢ては即ち降りぬ」（奥羽永慶軍記　上）

くじけて【頓て】怖じ気づいて。「尾熊が腕に中《あた》り、頓《くじけ》て引退く」（伊達家治家記録）

くじざた【公事沙汰】訴訟事件のこと。「信玄公御代に公事沙汰によらず、万事穿鑿多候ひつれば」（甲陽軍鑑）

くじせん【公事銭】年貢以外の雑税や夫役《ぶやく》である公事を銭納するもの。公用銭《くようせん》。公事足。公事別銭。公事役銭。「大原竹公事銭之儀に、飯川所へ書状調遣之、沢路に中付、如此」（言継卿記）「粟津のくしせん五百文出候」（山科家礼記）

くじとり【鬮取】くじを引いて事を決めること。くじ引き。「先手動之儀、加藤主計頭・小西摂津守、以鬮取之上、二日かハりたるへし」（黒田家文書）

くじにん【公事人】訴訟をする人。訴訟の関係者。訴訟人。「此谷中之公事人可沙汰事を日根野村之沙汰人可相語事慮外之条」（政基公旅引付）

くじぶみ【公事文】室町時代以後、将軍家の用事の書状。「公事文《くじぶみ》と云は公方事《くぼうこと》の用事の状を云、公事とは公方の用事也」（貞丈雑記）

くじへん【公事辺・公事篇】訴訟に関わる一件。争論。「公

事篇之儀、順路憲法たるべし、努々贔屓偏頗を不存裁許」（信長公記）「公事辺、女房衆取次、堅停止事」（長宗我部氏掟書）

くじむき【公事向】 助詞「に」を伴って用いられ、事態を処置するのに、内密にではなく、一般に公開した形式をとるさま。「又そなたよりも、御家老衆之子壱人も弐人も申請、瀧山歟鉢形に可差置由、公事むきに被仰候」（上杉家文書）

くじもつ【公事物】「くじもの」とも。年貢以外の雑税や夫役《ぶやく》である公事として徴収された物産。現物で納めたもの。公物。「富松庄公事物七種如例年到来、請取遣之」（実隆公記） ➡「公物《くもつ》」を参照

くじやく【公事役】 中世の雑税。正税である年貢に対する課役などの雑税。公事、公用、公役、所役などともいう。「一、諸公事役御免除之地、古今共以不可被棄破事」（六角氏式目）

くじやくせん【公事役銭】「公事銭」に同じ。「石谷源三郎、三淵掃部頭被申候公事役銭事、被伺申処、禁裏御料所など御座候に、其段は被打置候て」（大舘常興日記）

ぐしゃつく【ぐしゃつく】 ご飯がやはらく水っぽいこと。「下手《へた》に調たる供御は、やはらかなるかと思へば、ぶきめく、こはきかと思へば、ぐしやつく」（甲陽軍鑑 中）

くしゅう【駆集】 参集すること。「為御倉（籾井相国寺鎮守之東）警固、駆集御所中、外様衆被差遣之」（斎藤親基日記）「本着到不足之處、如何様ニも在郷被官迄駆集、着到之首尾可合事」（北条家朱印状）

くじをあらわす【九字を表す】 仏教で護身の秘呪として用いる九個の文字。「臨兵闘者皆陣列在前」の九字。これを書いて強敵も恐れぬ護身の法。もと道家で行われ、陰陽道、密教でも取り入れられた。「押太鼓の事。九字を表す、他国はいかんもあれ、信玄流は如此」（甲陽軍鑑 下）

くじをぬく【抜公事】 公事銭や人夫負担を逃れるの意から相手の支配を受けないこと。「誠対天下抜公事、表裏仕、重々不相届動於在之者」（真田宝物館蔵豊臣秀吉朱印状）

くしん【苦身】 何かをするのに、力の及ぶ限り尽力すること。「去程ニ荒木叛逆ニヨリ、近年於摂州大名小名悉軍功ヲ励シ、苦身労力セシカバ、旧冬ヨリ御暇給リ在国シ」（信長記）

くすし【醫師】「薬師《くすし》」の充て字。「醫師《くすし》の病を直さんとて、薬をあたふるに、醫骨《いこつ》あしければ、其毒薬になりて、人を殺《ころす》を」（甲陽軍鑑 中）

くすり【薬】 釉。うわぐすり。「礁の花入青磁なりしが、礁の太みに薬力か丶らで、一寸五分四方丸く焼切有て」（政宗記）

くずれくちのこうみょう【崩口の高名】「崩際の高名」とも。戦場で、味方が崩れかけた時に、あとに踏みとどまって槍を合わせること。「其時の高名を、御旗本にてはくづれ《崩》くち《口》の高名と云て、世に無隠《かくれなき》たる者」（三河物語）

くずれる【禿る】 崩れる。ダメになる。無くなる。「勿論威光は禿《くずれ》たりと云へ共、公方の余風伝へ遺《をい》て」（北越軍談）

くすんごぶ【九寸五分】 長さが九寸五分の短刀。戦場で敵を刺し、また、切腹する時にも用いられた。「念仏百返計唱へて、雪の肌を押肌抜、九寸五分の刀を抜」（永享記）

くせ【曲】 曲事《くせごと》に同じ。「併於御延引者、曲有間敷候、重々御用等候者、江津爰元迄可被差遣候」（広島大学日本史学研究室蔵高橋紹運他連署状）

くせごと【曲事】 ①してはならないこと。けしからぬ事。法に背く行為。「右置兵粮、自然之時之為用所被仰付候間、召仕候儀可為曲事候」（黒田家文書）②非法の処罰。「軍法を背て出ける故、曲事にも成んかと下々唱ければ、流水に防も相叶わず」（政宗記）

くぜつ【口説】 ①「くぜち」とも訓む。言い争い。いさかい。「様々口説《くぜつ》を申かけ、押《おさえ》て坊主を縛《しばる》」（甲陽軍鑑　下）②申し上げる。「帰陣之上可申合候、心緒之段、正覚院任口説不能詳候、恐々謹言」（仙台市博物館蔵伊達稙宗書状）

ぐせつ【愚拙】 ①愚かで拙いこと。（文明本節用集）②自称。自分をへりくだって言う語。男性が用いる。愚生。拙者。「所詮此事愚拙非商量之限」（実隆公記）

くせなき【曲無き】 面白くない。「御忘却候ては、一円曲無き事候」（御家誡）

くせまい【曲舞】 謡と鼓の伴奏に合せて、男が直垂《ひたたれ》、大口の装束で扇を持って舞うこと。「酒宴始まり始りしかば、真田も小鼓取出し、乱舞あり。子息大介に曲舞を二三番舞はせて」（左衛門佐君伝記稿）

くせもの【僻者】 曲者に同じ。「適奴《あっぱれやつ》は子細ある僻者《くせもの》ならんと、頓《うなずき》て」（北越軍談）➡「僻者《ひがもの》」を参照

くぜんあん【口宣案】 蔵人から上卿に天皇の仰せを書いた文書。本来は、職事（蔵人頭）の手控えであったが、実効性をもつようになった。「口宣　案　上卿　勧修寺大納言　天正十六年九月十九日　宣旨」（黒田家文書）

ぐそく【具足】 鎧の簡略なもので、脇楯や付属品がない。「中嶋主膳信貞に御具足を賜ふ」（伊達家治家記録）

ぐそくおや【具足親】 ➡「鎧親《よろいおや》」を参照

ぐそくした【具足下】 当世具足の下に着る衣服。胴着の類。「伊達政宗は勝れて見えにける人数千人（中略）装束は具足下に、無量のしゅちん」（奥羽永慶軍記）

ぐそくはじめ【具足初・具足始】 初陣。「三月十七日、御次公（信長四男秀勝）、御具足初めにて、羽柴筑前守秀吉御伴《とも》仕り」（信長公記）

ぐそくむしゃ【具足武者】 甲冑を着て武装している武士。鎧《よろい》武者。ぐそく。「具足武者の事なれば、急んとすれど行やらで」（備前文明乱記）

ぐそくもち【具足餅】 戦国時代以後、正月に甲冑に供えた鏡餅。正月十一日に食べて祝う。「幕祝の餅、同具足餅《ぐそくもち》なンどは、手にてひつきりて不食、其儘可食」（甲陽軍鑑　下）

くそぼり【屎堀】 糞尿を溜めるために掘った穴。糞溜。肥

溜。「各々余りの腹立に、弥七郎が死骸を屎掘《くそぼり》に踏籠《ふみこむ》」（三河物語）

ぐぞん【愚存】 自分の考え。「無如在可令馳走候、委細愚存之趣、宗洗相含口上候」（伊達家治家記録）

くだく【砕く・摧く】 ①「手を砕く」のこと。手だてを巡らすこと。「御詰懸け成さるゝに付て諸勢手を砕き」（桂岌圓覚書） ②「摧く」は、「砕く」の充て字。手痛い目にあうこと。「是も氏康の武威に摧《くだ》かれ、南方の麾下と成て守り居けるを」（関八州古戦録）「吹田合戦時、摧手両所被疵候、神妙候」（大内武治感状写）

くたびれ【草臥】 疲れた。疲労困憊すること。「飛立様ニ急申度候へとも、人馬草臥申候故」 ➡「草臥《くさぶせる》」を参照

くだりげ【下気】 病状が軽くなって快方に向かう様子であること。「御所さま御けくたりけにて、御連哥にならします」（御湯殿上日記）

くだんのごとし【如件】 文書の書き止め文言。以上の通りの意。（黒田家文書）

くだんのうえ【件之上】 以上の運命。「石見、件之上なれば」（細川家記）

くち【口】 巻物の初めのほう。「奥の反対」。「口二・三ケ條、平人にも御よ《読》ませ」（老翁物語）

ぐち【愚癡】 おろかな。「愚癡の凡夫故に候や」（老翁物語）

くちあい【口相・口合】 ①互いに話しのよく合うこと。「口相然るべき使者がらを御選び候て」（老翁物語） ②相対立する両方の間に立って周旋したり、保証したりすること。また、特に債権者に口をきいて、債務者の保証に立つこと。また、その人。「五貫、正月十五日以後可沙汰之由、北市商人請乞申、則加利平可渡妙徳院之由申、御中間口合云々」（大乗院寺社雑事記）

くちがっせん【口合戦】 本格的な戦闘に先立ってなされる前哨戦。「于今兎角延引候、川西儀大切候、但於其口合戦、殊平六以下被討捕候条」（上杉家文書）

くちからかい【口からかい】 口争い。「関東牢人に赤口関左衛門、上方牢人寺川四郎右衛門と申仁、両人の侍口からかひいたし」（甲陽軍鑑 下）

くちきり【口切】 目張りして密封してある葉茶壺の口を切って、中の茶を初めて用いること。「口びらき」とも。「当院茶壺口切、尊霊之茶湯備申了」（舜旧記）

くちじょう【口状】 使者に託した用件を、使者が先方に口頭で伝えること。「書状」に対していう。（玉塵）「遠路之御使者、自他之覚、本望不過之候、殊更口状蒙仰候趣、御懇志之至難紙上尽令存候」（新潟県立歴史博物館蔵南部信直書状）

くちずさむ【口占・口号】 口遊・口吟とも。口ずさむ。「西行法師の詠とて孰《たれ》も渠もと口占《すさ》みけるうた」（関八州古戦録）「二世迄の供の者共、死骸に付道中の口号《すさみ》に、那須野原にて身を露に那須野の原の草枕　夢も結ばぬ夏の夜の月」（政宗

記）

くちつけせん【口付銭】運送の際、伝馬役は利用する者から口付銭を受け取ることが出来た。このお金のこと。公的・私的の伝馬により、口付銭の金額は違った。「於口付銭難渋之族、宿中之貴賤令一統、不撰人不肖、不可出伝馬之事」（芹沢文書）「縦雖為公用、不恐権門可取口付銭之旨、其表伝馬衆へ宿堅可被仰触、地下人困窮之由候間、如此御用捨被成御下知候」（横浜市・安中宿本陣文書）

くちとり【龓】馬の龓頭、おもがい、馬の口を取る者、馬丁。「右衛門太郎が龓《くちとり》の男不透飛懸りて敵の右の腕を殄《つき》ける」（関八州古戦録）

くちなぶり【口嬲】冷やかしたり、からかったり、口先で他人を困らせて面白がること。「掟、（中略）一、往還之女・童部、口なふり仕間敷候事」（上杉家文書）

くちぶり【口振・口吻】話す時の口の様子。また話し方の様子。ことばつき。話しぶり。「あまりに長き陣故、信玄公家老衆を召、口ぶりをきき給へば」（甲陽軍鑑）

くちまい【口米】田の面積に応じて本租のほかに加徴した税米。「クチマイ〈訳〉領主の税を徴収する管理人が、それぞれの量のものからさし引く、一定の比率で徴収する米」（日葡辞書）「節料五十文、同口米六升、三年に一度潤銭百文紹金之出之、藁三丸ひの殿え出之、此外諸公事無之」（大徳寺黄梅院文書）

➡「校分《きょうぶん》」を参照

くちめせん【口目銭】運上銭の一種である目銭の付加税として、加徴された税金。後には広く上納金に加徴される税金をさす。「納　休秋季半分御段銭之事、合参貫六百七十九文者、此外口目銭納之、右所納如件」（観心寺文書）

くちをそろえる【口を汰る】口をそろえる。「枉《まげ》て此義に同ぜられ然るべしと口を汰《そろえ》て申されければ」（北越軍談）

くちをつぐむ【口を箝む】黙る。「異義有べからずと宣《のたまい》ければ、親朝甘心し、口を箝《つぐん》で退出すと云々」（北越軍談）

くつう【苦労】苦痛と誤解か。「芝の葉かや《萱》の葉を折しきてかせぎかまりに苦労《くつう》をする」（三河物語）

ぐつうじょ【弘通所】伝教を広める説教所。「此年岡ノ大坊駿府ニ弘通所ヲ御建立有之」（妙法寺記）

くっきょう【究竟】①きわめて都合のよいこと。「究竟の事と思召し、願に任せ遣はさる」（細川家記）②屈強。「六けん隔て候時、究竟《くっきょう》の射手共、互いに矢をはなつところ」（信長公記）

くっし【屈指】指折り数えての意。「卜暖日來訪所希候也、餘寒漸退之間屈指俟之者也」（江雲老宛沢庵宗彭書状）

くつじょう【屈請】本心を曲げた心。不平の晴れない気持ち。「右京亮義隆〔于時十八歳〕を己《おの》が亭屈請《くつじょう》して人蠱毒《とどく》を与へ是を弑《しい》す」（北越軍談　中）

くつのこをうたるごとく【沓の子を打たる如く】足の踏み場もない程。「軍勢八万六千余騎沓の子を打たる如く野も岡

もみち、、たり」（関八州古戦録）

くつばみ【韁】「轡・銜」に同じ。馬を連ねること。「三番片倉景綱にて、各川の際迄韁《くつばみ》を並べければ、政宗先を駈よと宣ふ」（政宗記）

くつぼく【屈睦】講和のこと。「翌年秋の末、互いに屈睦して無事なり」（信長公記）

くつよく【堀峪】堀と谷。「寄手一万余人味方の討る、を顧みず、堀峪《くつよく》をも用ひず馳込々攻たりけり」（奥羽永慶軍記　下）

くづれ【頽れ】崩れる。「奈何なる剛敵堅隊成りとも、頽《くづ》れざる事を得ず」（左衛門佐君伝記稿）

くつろぐ【窕ぐ】①びくともしない。「寄手の大軍、雲霞の如く討とも、突とも、窕かず、死人を踏越踏つけ込入しま、」（関八州古戦録）②開く。ゆるめる。「兵粮《ひょうろう》・矢鉛子《やだま》亦卓散《たくさん》なれば、小田原勢攻飽《あぐみ》して虎口を窕《くつろ》げ、武田晴信を促し、両旗を以て陥れん事を評議する」（北越軍談）　➡「窕《ひ》く」を参照

くつろぐ【甘ぐ】くつろぐ。「番勢を置き、総人数を差し甘《くつろ》ぐべき覚悟をなす」（柴田合戦記）

くでん【公田】荘園・国衙領を問わず、幕府の段銭賦課の対象となる田地。また、その田地の数や住人の数を書き記した帳簿を公田帳といった。「然供、御地形〈＝知行〉ハ其分成、是二余カッテ中野郷ト申テクデン百貫之処ヲ、代官ヲ仰被付テ後日ニハ是ヲ地形ニ被下ケリ」（三河物語）

くどく【詢く】口説く。説得する。「小谷の御方聞き敢へず、泣き詢《くど》き、一樹の陰、一河の流れも」（柴田合戦記）　➡「詢《とな》える」を参照。

ぐどめく【ぐどめく】物事がはかどらないで、むしろまごつきぐづついている。（日葡辞書）

くとめん【公斗免】年貢用語らしいが不詳。「訓み」も不詳。「斗米《ますまい》」に関係あるか。「以此帳、公斗免其外諸色之引前、分国中如法度引之」（北條家下中村上町検地帳）　➡「斗米《ますまい》」を参照

くならちょう【百済鳥】「くだらちょう」とも。百済鳥は鷹のこと。「去程に此君は御せいひきくして、御眼の内くならてう《百済鳥》のことし」（三河物語）

くにいっき【国一揆】国人・国衆などと呼ばれる在地武士・土豪らが守護勢力に対抗して起こした一揆。「自御牧注進状到来、畠山両家勢為国一揆可相退之、仍寺社本所領可為如先々云々」（実隆公記）

くにうど【国人】その国の土着の人。特に、土着の武士や領主。「国衆」。「くにうど」は日葡辞書。「抑聞唐人襲来既付薩摩之地、国人合戦唐人若干被討国人も被伐云々」（看聞御記）

くにきり【国切】①当事国に限って、限定しての意。「家康與北條國切之約諾之儀如何と」（伊達家治家記録）②それぞれが領有・支配する国の範囲を明確に区分すること。国

境い。「家康与北条国切之約諾儀如何と御尋候処に」（言経卿記）

「家康与北条国切之約諾儀如何と御尋候処に」（言経卿記）

くにさばき【国さばき】 理非を正し、国の政治を処置する。（昔阿波物語）

くにじち【国質】 「所質」の一種。債務不履行の時は、時・所を問わず差し押さえることを認めた貸借契約。また、その国で抵当権を執行すること。「一、喧嘩口論、幷国質・所質、押買・押売、宿之押借以下、一切停止事」（近江八幡市所蔵文書）　➡「所質《ところしち》」を参照

くにしゅう【国衆】 国の主だった武士。「豊後之國衆ハ案内者之儀候条、其方先ニも可然候」（黒田家文書）

くになみ【国並】 その国中の全てに、平均に。「其方当知行分内寺庵方、其方諸事可為如前々、縦新儀之課役雖為国並、其方於分領者、相除之状如件」（隠心帖）

くにはた【国章】 別の訓みあるか。意味不詳。「次正運坊下国之砌、国章殊二種拝受、賞翫不少候」（内藤泰夫氏所蔵文書）

くにもち【国持】 「国持衆」に同じ。「何も国持共之進退心持にも可成候」（上杉家文書）

くにもちしゅう【国持衆】 室町時代、足利将軍家の一族、または譜代の大名で、大国の守護でも、管領、相伴衆以外の者を厚遇していう呼称。一国以上を領有して権勢の強い者は准国持と呼ばれた。国持外様衆。くにもち。「国持衆被参、同御盃、幷練貫一重拝領同之」（長禄二年以来申次記）

くにもちだいみょう【国持大名】 「国持衆」に同じ。「慶長十六年四月四日国持大名衆連判一通」（武家名目抄）

くにもちとざましゅう【国持外様衆】 「国持衆」に同じ。「国持外様衆山名弾正少弼、山名相模守、細川民部少輔、細川刑部少輔（中略）富樫介」（永享以来御番帳）

くにやく【国役】 中世以降、一国全体に賦課した臨時の課役。「知是庄主非無人而国役越于旧時矣」（蔗軒日録）

くにゅう【口入】 「こうじゅ」とも。①第三者として介入すること。「素《もと》より国務以下の事聊《いささか》も口入《くにゅう》に逮《およ》ばず」（北越軍談）「亭主不知其子細、不及口入者、亭主不可有其科」（近江八幡市所蔵文書）②口添え。紹介。（万代記）　➡「口入《こうじゅ》」を参照

くにわり【国割】 大名の知行の配置を決めること。「四国の御国割《おくにわり》なさるべしとおぼしめし候ところ、毛利殿より」（川角太閤記）

くにん【公人】 ①中世、幕府の政所、問注所、侍所などに属し、雑役に従事した下級の職員。「此外、御つづら五十疋、以政所公人召寄之」（親元日記）②中世、延暦寺や興福寺などの大社寺に隷属し、年貢取立てや検断の使いなどの雑事に従った者。「御成路次掃除事申間、公人に申付者也」（北野社家日記）

くにんちょうじゃく【公人朝夕】 室町幕府の政所で雑役に従事した下級職員。「慶長十年四月二十六日台徳院殿将軍

宣下の拝賀として車に駕して朝に入給ふ、行列二番一人公人朝夕」（武家名目抄）

くねぎ【くねぎ】風当たりを防ぐためなどに屋敷まわりに植えてある樹木。垣根。「下吉田クネ木ヲ皆々切候」（妙法寺記）

くのう【口能】長々と無駄な弁解をすること。「於委細者、直可加下知之条、不及口能候、将又、親貫依逆心、誅伐之儀申付候」（問注所文書）「於委細者、直可加下知之条、不及口能候」（古文書選所収大友円斎書状）「弥可被励馳走事肝要候、如此之砌、口能之儀候者、不可然之条、軽々《与》可被遂其節事専一候」（広島大学日本史研究室蔵大友宗麟書状）

くばり【賦】①手配、準備する。「御山賦リ仰付ラレ」（伊達家治家記録）②手配り。「人数を賦《くばり》、備《そなえ》をたて」（毛利隆元山口滞留日記）

くひいる【咬入】侵入する。「信濃路より東美濃へ咬入《くひ》、恵那郡の所々を手に属け」（関八州古戦録）

くびいれ【首入】戦場で獲った首を入れる叺《かます》状の袋。馬の左右にぶら下げていた。「日来《ひごろ》筵にて叺《かます》を作り、首入と名付て馬の左右に付て出《いで》けるが」（奥羽永慶軍記　下）

くびおけ【首桶】敵兵の首を敵方へ送り返す時の首を入れる桶。「一、首を敵方へ送る事、首桶一尺二寸、口八寸也」（北越軍談　中）

くびかきがたな【首掻刀】軍《いくさ》などで敵の首を切り取るのに用いる短刀。首切刀。首切。首取。鎧通《よろいどおし》。「クビキリガタナ〈訳〉頭、首を切る刀」（日葡辞書）

くびかず【首数】くびのかず。首級《くび》の数。

くびかせ【首枷・頸枷】「くびかし」とも。刑具の一つ。罪人の首にはめて自由を束縛するもの。（ロドリゲス日本大文典）

くびかね【首金】刑具の一つ。鉄製の首枷《くびかせ》。「身の心安やうくびかね《首金》のひかへをくさり《鎖》にと番衆へくとき《口説》被申候」（慶長記）

くびくよう【首供養】切った首に対し行なう供養。首祭。「頸供養する事は三十三取る時は供養をして塚を築べし」（越後軍記）

くびげしょう【首化粧】首実検を行なうに当たり、まずその首を水でよく洗い、髻《もとどり》を高く結いあげ変色したものには着色するなどしてきれいに整えること。首装束《くびしょうぞく》。「首の拵様〈首仮粧と云ひ又首装束とも云ふ〉髪は常より高くゆひ候ふなり」（軍用記）

くびすて【首捨】討取った敵の首級を、十分な供養もしないで戦場に置き去ること。「敵十一人被討留候、其外手負数十人有と見え候由也、新納右衛門佐へ即被仰付、頸捨被仕候」（上井覚兼日記）

くびすをめぐらす【廻踵】引き返すこと。「不可廻踵者也」。「くびす」は「きびす」。（伊達家治家記録）

くびせん【首銭】「首代」に同じ。「くびつぎせん」とも。

か

首を切られるのを逃れるかわりに出す銭。首代銀《くびしろぎん》。「坌《ほこり》銭《せん》とて、城を明け渡し候者は、一人銀五分宛だすべき也（中略）腰抜けどもが、命の惜しさに武士の法を知らずしてこそ出だすらめ、其れをば中国にて頸銭と云う也」（陰徳太平記）

くびだい【首台】 ①首実検のための首をのせる台。「頸台八寸四方なり、高さも同前是又三品の居《すゑ》ものなき時は用ふるなり」（越後軍記）②獄門に処せられた罪人の首をのせてさらす木の台。獄門台。「頸を梟首する事、（中略）頸台に居る時は真中に五寸の釘を打て首を指す」（越後軍記）

くびたいめん【首対面】 敵の大将の首を実検すること。「大将の頸対面の時は、味方の大将と敵将の頸の間に五行の文字、叶の文字を紙に大文字に書て、竹柱を二本立て縄を張りて挟むべし」（越後軍記）

くびだん【首壇】 敵の首をさらす土壇か。土饅頭で首を固定して曝したか。罪人をさらす首台木のようなものか。「いけとり・きりすて、そのほかかつ《数》ハしれ申さす候、則くひ《首》たん《壇》つか《築》せられ候」（伊達天正日記）

くびちゅうもん【首注文・頸注文】 討ち取った敵将の首の一覧リスト。「則追崩、数十人討取捕之首注文到来、先以神妙候」（黒田家文書）「劔岳・淺川・古賀三ケ所明退候處、右両人追付、討捕頸注文通、具被聞召候」（小早川左衛門佐他二名宛豊臣秀吉書状）

くびちょう【首帳】 戦いののち討取った敵の首を記した帳面。「惣じて首帳をしるしけるに、会津の家老佐瀬平八郎を始め、都合三千五百八十余なり」（政宗記）

ぐひつ【愚筆】 自分の書いた文字、または文章、絵などをへりくだっていう語。愚毫《ぐごう》。「懇望之間、重而染愚筆畢、早破早破」（連歌延徳抄）「抑龍泉院主参来、龍泉院領事、可染愚筆之由去年被申間、乍比興書遣了」（看聞御記）

くびづか【首塚】 生捕の名の有る武士の首を斬る時に高さ一尺八寸、広さ一尺二寸四方に土を盛ったものをいう。「生捕の首を斬事、然るべき武者に於ては、髪を水にて洗わせ、湯浴《ゆあみ》をさせ、高一尺八寸、広一尺二寸四方に首塚を築き、其上に登せて前に見せ、太刀を置《おき》後背より斬べき事」（北越軍談中）

くびづか【首墳】 戦場での首を葬った塚。「芸州・紀州の諸侍七、八百、首墳《くびづか》を積み上げ置かれたり」（播磨別所記）

くびふだ【首札】 首に付ける札。特に、戦さで、討ち取った敵の首級につける札。その首級の姓名と打ち取った人の姓名を記し、首実検のときに備えるものをいう。首《くび》印《じるし》。「首札の事、大将の首札は桑なり、其の外は何木にても苦しからず、長さ五寸に横二寸、是は大将分の首札なり、諸士の首札は四寸に横一寸八分、歩の者素肌の者には三寸六分にして付すべし」（越後軍記）

くびょう【公平・公幷】「ぐびょう」とも。均等割りの年貢。「凡壱貫五百文ハ公平御年貢、今一貫文ハ沙汰人一分也」（教

言卿記）

くびりころす【捩り殺す】「縊殺・絞殺」のこと。絞殺する。「さまヽヽに呵責しける。既に捩《くび》り殺さんとしたり」（関八州古戦録）

ぐぶ【供奉】お供をする。（征韓録）

くふり【くふり】拒否するの意か。「能き駿馬を所持候。三郎信長公御所望候ところに、くふりを申し、某《それがし》は武者を仕り候間、御免候へと申し候て」（信長公記）

くぼう【公方】①天皇、または朝廷のこと。②中世、幕府・将軍家をさす。「御参内、今夜、公方典侍云々、御陪膳北山殿は上﨟云々」（教言卿記）③室町時代、将軍家一族であった鎌倉公方、古河公方、堀越公方をいう。「左馬頭従四位下成氏（中略）今年関東の諸家京都へ訴申し、鎌倉へ請侍し如元公方と称す」（喜連川判鑑）④室町時代、守護の尊称。「たとい公方様の御使にて候共、かやうに情なくらんぼう仕候事はあるまじく候」（高野山文書）

ぐほう【愚報】つまらない知らせの意で、自分の報告や手紙を謙遜していう語。「南陌（九条尚経）書状献愚報、美濃紙各一帖遣北政所、北向等」（実隆公記）

くぼうがい【公方買】中世、役職を利用して強制的に不当に安い買い方をすること。↓押買《おさえがえ》。「くぼうがひと号して代をやすくかひ、又はたれ共しらぬ者の、札をいだしおく事、たとひ見しりたるものなりとも、くぼうがひと号するものあらば、御せいばいあるべき也」（大内氏掟書）➡「押買《おさえがい》」を参照

くぼうせん【公方銭】朝廷・幕府、または将軍が発行した貨幣。「公方銭大津まで馬一疋にて送進候也」（山科家礼記）

くぼうたんせん【公方段銭】室町時代、将軍家、幕府の名で賦課した段銭。「一、公方段銭并守護段銭以下、臨時之課役等、於不足者、一切不可申入寺家、為代官可致其沙汰事」（東寺百合文書）

くぼうまい【公方米】豊臣秀吉の朝鮮在陣に備えた兵糧米。「兵粮改事、公方米分者、悉相改蔵へ可入置事」（黒田家文書）

くぼうりょうちゅう【公方領中】公方（織田氏）の直轄地（蔵入地）のこと。「祖父大膳亮跡事、代々公方領中幷至名田・買得等、如大膳時可令知行」（氷室和子氏所蔵文書）

くまひき【熊引】「九万疋」とも。魚「しいら《鱰》」の異名。また、塩乾品の称。「九万疋」に通じるため贈答や結納、婚礼などの祝儀に用いる。「馬　一疋　なりあわひ　一おり　くまひき　一おり」（甲陽軍鑑　下）

くまやなぎ【熊柳】クロウメモドキ科の落葉灌木。枝は強靭で鞭に用いる。「本ノ鞭は熊柳《くまやなぎ》也。軍陣にも用候也」（甲陽軍鑑　下）

くみ【くみ】共通の目的のために互いにまとまること。また、その集団。「其方先二も可然候、但於及合戦者、其方くミ一番ニ成可申候条」（黒田家文書）

か

くみあし【組足・与足】 総大将に統率される武士集団を構成する組の主だった者。「飯守と今里をば、与足をもって無利責に攻らるべきよし風聞仕り、用意さまざまに候とぞ申ける」（室町殿日記）

くみいり【雲入】「雲分《くもわけ》」とも。蹴鞠で、鞠を非常に高く蹴上げること。「予云、雲分鞠事者初心之輩未沙汰付歟、数鞠可然歟」（親長卿記）「雲入の足と云は星にたむる観念也」（松下十巻抄）

くみがしら【与頭】 上杉家では忍びの者の長を「与頭」と言った。「直江大和守が逃波《すっぱ》の与頭《くみがしら》【越後家忍の者の長を与頭と云う】中西某を側《かたわら》え召れ」（北越軍談）

くみきり【組切】 その組だけ。「推陣の儀雲火《のろし》に付き組切りの儀は挑灯にて」（万代記）

くみこ【組子】 徒組、弓組、鉄砲組などの組頭の支配下にある者。組下。組足。組衆。組付。「仮令《たとえ》侍大将命を殞《おと》すと云《いえ》ども、組子《くみこ》・被官儕《ひかんばら》、卑怯を架《かま》へ」（北越軍談）

くみしゅう【組衆・与衆】「組子」に同じ。「組頭」などの配下にある、その組の構成員。「日中後、為遺物任申置太刀来国光持来、（中略）又与衆十一人中百疋致志也」（証如上人日記）

くみす【与す】 味方する。「素より三好方にて、井沢・一の宮にも与せず」（南海通記）「越国之内為始本庄（繁長）、過半与当方候、因茲与風出馬候」（大井弾正忠宛武田信玄書状）

くみつけ【組付】 組み合わせて盛り付けること。また、その物。「然処ひしの三盃、又ざうに〈くみつけはゑび又のしなり〉此分にて其儘立帰候」（石山本願寺日記）

くみょう【共命鳥】 不詳。毒を持つという架空の鳥か。「但し定正の結構左にあらば、獅子身中の虫の肉を食み、共命鳥《くみょう》の毒を含むに斉《ひと》し」（北越軍談）

くむ【組む・掖む・捉む】 ①一味する。「七月十三日　組仕《くみつか》まつり候悪行人御成敗。御検使　民部卿法印」（太閤さま軍記のうち）②組む。相手ともみ合う。「互に名氏《みょうじ》を名謁合《なのりあい》、馬上にて引掖《ひっくみ》二疋が間に撞《どう》と落て」（北越軍談）「坂田鎗を捨て、むづと捉《く》んで転ぶ」（北越軍談）

くめん【供面】 神仏への供え物。「当地八幡宮御神領、任国法、雖令役取候、御供面少御寄進分、田畑高辻拾五石」（前橋八幡宮蔵平岩親吉社領寄進状）

ぐもう【愚蒙】 愚昧に同じ。愚かで道理に暗い。「斯様に之あるべくとも存ぜぬ事、某愚蒙のなす処、是非に及ばず候」（松隣夜話）

くもくせん【口目銭】 中世、運上銭（目銭）の付加税として加徴された税金。「納　休秋季分御段銭之事、合柒貫三百伍拾捌文、此外口目銭納之」（観心寺文書）

くもつ【公物】 ①中世、将軍家の財物。「盛都聞依被召上即上洛之由、達于春阿也、蓋以公物為質物之謂也」（蔭涼軒日録）②寺社の什物。「自今日識賢房供目代悦酒沙汰之、公物幕被

借之間遺之事」（多聞院日記）③公事物《くじもつ》のこと。年貢以外の雑税や夫役《ぶやく》である公事として徴収された物産。現物で納めたもの。「一、公物色々運上之時、船水手幷人夫、伝馬、海上警固」（阿波国徴古雑抄）➡「公事物《くじもつ》」を参照

くもまい【蜘蛛舞】 綱渡りの軽業。蜘蛛が糸を引き延べて渡るのに似ているので言う。「おりふし《折節》くもまい《蜘蛛舞》めし《召》いだ《出》され候」（伊達天正日記）

くもん【公文】 庄官の一種であるが、転化して地方の指導的な人。また、荘園の管理人。「近郷の凡民・子女に至っては公文・田所を頭として」（南海通記）「曇花院殿様御袋被召置候当所（中略）可加成敗之状如件、卯月十三日　信長（朱印）　西岡灰方　公文」（曇花院文書）

くもん【口門・口問】 口頭で述べること。口上。「具彼口門可有之候条、不能詳候、恐々謹言」（武州文書）「猶令付与彼口門候、恐々謹言」（無量光院文書）「房（房州）之宿坊可相守候、山中衆義も其分候、肝専迄候、委曲彼口問申含候」（西門院文書）

ぐもんじのほう【求聞持の法】 虚空蔵菩薩を本尊とし、種々の供物を具え、この菩薩の咒を誦して、記憶力の増大などを念ずる修法。「当年より三ヶ年の間、夏百日宛求聞持《ぐもんじ》の法を行《ぎょう》ぜんと宣ふ」（甲陽軍鑑）

くもんちょう【公文帳】 寺院・社家の出す文書（公文）を寺社で書き止めた帳簿。「黄衣入院幷紫衣、何も兌長老、鹿苑院主之代に御座候、兌長老以自筆公文帳に被記候」（本光国師日記）

くもんもくだい【公文目代】 公家・寺社で文書を取り扱う役所（公文）の代官。「用水争論之事、公文目代より寺務へ此由被出申畢」（多聞院日記）

くやく【公役】 支配者から義務として課せられる軍役などの仕事。「当作かり取候者、其年者公役すべし」（相良氏法度）

くよう【公用】 ①「公事」②に同じ。年貢以外の雑税や夫《ぶ》役《やく》である公事を銭納するもの。「今日穴無郷領家公用令運送者也、珍重々々」（実隆公記）②**銭貨**。「必々大屋所へ来、炭、鉄、公用可請取申」（伊豆浜村文書）「く用百貫文、たけかたへわたし可申候なり」（太閤真蹟）

くようせん【公用銭】 ①「公事銭」に同じ。「依御公用銭覃神事猶予者、云人口、寺門可失面目之上者」（大乗院寺社雑事記）②室町時代、郷村《ごうそん》の公用に使うために徴収された銭のこと。庄公用銭。郷公用銭。➡「公事銭《くじせん》」を参照

くらあずかり【蔵預】 蔵の管理に任ずる者。「昨日注進、北山殿ノ御倉預ハ式阿ミ云々」（教言卿記）

くらいづめ【位詰・食詰】 戦場で、敵を制圧する備えを立て、敵の動きに応じながら徐々に追い詰めて行くこと。敵を身動きできないようにする。「押詰て、能思案工夫をもって、位づめに仕り、心長く有て、後途の勝を肝要に仕べきとの儀也」（甲陽軍鑑）

か

くらいもの【喰物】 食べ物。「一向可為無届候、其塩味専一候、不審与くらい物者、此両様ニ極候」（東京大学史料編纂所蔵北条氏政書状）

くらいり【蔵入】 領主の直轄領のこと。家臣に給与する知行所を給知という。「当時天下の諸侯の行状《ふるまい》を聞《きく》に、宜き地味を以て己が蔵入《くらいり》とし、悪地味を以て家人に与ふ」（北越軍談 中）

くらおおい【鞍覆】 鞍の上を覆う具。毛氈・緞子・金襴・鹿皮・豹皮・熊皮などを用いる。ばせん。「鞍覆《くらおおい》をば一ッ二ッと云う也」（甲陽軍鑑 下）

くらおさめ【蔵納】 蔵入地。直轄地のこと。「当庄（平野庄）之儀、如前々蔵納不可有相違」（末吉文書） ↓「蔵納《くらのう》」を参照

くらかいぶくろ【鞍替袋】 ここは鞍皆具《くらかいぐ》とは別で、麻織物などで作った背負い袋のことであろう。「手に手に鞍替袋に糒《ほしい》を持せ、百三十余里の道を二日に打て」（奥羽永慶軍記 上）

くらしき【倉敷・蔵敷】 ①「倉敷料《くらしきりょう》」に同じ。倉庫、蔵を利用する者が倉庫業者に支払う保管料。敷料。倉敷。「春教房米算用被済了、蔵敷九百廿文来了」（多聞院日記）②「倉敷米《くらしきまい》」に同じ。倉敷料として支払う米。「腹巻屋へくら敷に五斗遣之、源五郎へ母弔に五斗遣之」（多聞院日記）③庄園から領家などに年貢を輸送する時、一時的に保管する中継地。倉敷地。「寄付　高野山西塔、備後国太田庄内桑原方陸ヶ郷地頭職幷海道倉敷事」（高野山文書）

くらしゅ【蔵衆】 蔵を預かり、米穀の出納を掌った僧体のもの。蔵法師。「曲淵が様子を板垣が蔵衆《くらしゅ》に申候、何方《いずかた》も蔵《くら》法師《ぼうし》慾徳の事には」（甲陽軍鑑 下）

くらつけ【倉付・蔵付】 年貢を領主などの蔵に運び込むこと。「今日東方春段銭倉付也」（政基公旅引付）「五斗　しゆなふ下用、四斗六升　くらつけの下用」（観心寺文書）

くらのう【蔵納】 領主が専有する知行や領地。「領主が自分の費用にあてるために、家来に与えないで自分のために残しておく知行や領地」（日葡辞書） ↓「蔵納《くらおさめ》」を参照

くらのき【鞍宇】「鞍」と同意か。「公は乗馬の手綱を掻転《かいぐ》り、左右の蹈馬人を赴趙《はしら》しめ、既に鞍宇《くらのき》より卸《お》り玉ふべき風情を見て」（北越軍談）

くらべ【擬】 比らべる。「濃州一変、殊因幡山被則〈＝測〉由、雖不初儀候、無比類擬、目出度」（上杉家文書）

くらぼうし【蔵法師】 蔵を預かり、米穀の出納を掌った僧体のもの。「曲淵が様子を板垣が蔵衆《くらしゅ》に申候、何方《いずかた》も蔵法師《くらぼうし》慾徳の事には」（甲陽軍鑑 下） ↓「蔵衆《くらしゅ》」を参照

くらまい【蔵米】 豊臣秀吉の朝鮮渡海に備えて蔵に備蓄された兵糧米。公方米に相当するか。「かへ米ニ仕、甲斐守・摂津守ニ相渡、於于都蔵米隆景ニ可渡之事」（黒田家文書）

くらまえしゅう【蔵前衆】 武田家で金銀・米穀のことを司り、国主が出陣で不在の場合は、留守の政務を司る宿老。

代官衆。「草をあらそふ儀に付、御蔵の前衆、鎌と申物を取候に付て、此公事出来申候由、申上られ候へば」（甲陽軍鑑 中）

くらます【昧ます・罔す】①騙される。本質をずらす。「尤もと思ひ給はねば、釣閑入道が利口に昧《くら》まされ、是に信服し」（武田三代軍記）②くらます。ないがしろにする。「勅裁を罔《くらま》し将命を背き、国を残《そこな》ひ民を毒する凶徒」（北越軍談）

くらもと【蔵元・倉本】室町時代の質屋営業者。「借物事雖及八百余、涯分蔵本申有以参百貫、可返弁也」（政基公旅引付）

くらやく【蔵役】幕府や大名が、質屋に課した税。「蔵役酒役其外一切諸役免許等之事」（徳川幕府文書）

くり【厨】台所道具。「御城へ行、厨持参饗献シ奉ル」（伊達家治家記録）

くりいれる【転入】「繰入れる」の充て字。「足を乱して北《にぐ》るを逐《お》ふ先衆を令して、悉く転入《くりいれ》たり」（北越軍談）

くりげぶち【栗毛駮】馬の毛色の名称。栗毛の斑のあるもの。栗駮《くりぶち》。「亦当家には栗毛駮を不乗、上野国一宮の御神馬なれば也」（義貞記）

くりじょう【繰状】先方の意向や様子を勘ぐるため出す書状。「彼の地菅平右衛門方へ繰状を付けらる、様は」（元親記）

くりひき【繰引】軍勢を次第に引き上げること。「一、くり《繰》引の仕様、口伝有」（甲陽軍鑑 下）

くりびく【転引く】軍勢を少しずつ引き上げること。「先《さき》隊《て》の五将転引《くりびき》にし、迹《あと》の三将入替《いれかわっ》て城を乗捕《のっとら》ん」（北越軍談）

くりや【厨料】食費。供応料。「哀憐を加えられ、春日山の中屋敷に宅地を賜ひ、扶助の厨料《くりや》を寄られければ」（北越軍談）
➡「厨料《ちゅうりょう》」を参照

ぐりょ【愚慮】愚かな思慮の意で、自分の考えを謙遜していう語。「いまは其身達は、傍輩同前にはしりめぐり候かたがたに候間、心中をも愚慮故申候はねば、彌超越したる時宜共に候」（上杉家文書）

くりょう【公領】直轄地。「一 内馬場左馬助 一 北沢五間公領《くりょう》之所 一 番匠雅楽助《たくみうたのすけ》」（伊達正統世次考）
➡「公領《こうりょう》」を参照

くりょうでん【工料田】紙漉など職人の保有する田に対する段銭賦課を免除した。紙漉千刈、本山大工七百五十刈、脇本山五百刈。「財用出入総司、連署を以て紙漉幷に本山番匠の工料田を定む」（伊達正統世次考）

くりわる【繰割る】全体の人数を幾つかに次々と分けていくこと。「九郎づ〈蔵人〉殿御家中をくりわけて、くちをもきくほどの者をことごとく岡崎へ引付申せば、九郎づ殿御腹をた、せ給ひて」（三河物語）

くるくる【撓挑】くるくると。「諸軍勢退散の紛《まぎれ》に抜《ぬき》簾《す》の旗撓挑《くゑくゑ》と引巻き」（北越軍談）

くるまがえし【車返し】車懸《くるまがかり》に同じ。「越衆大長《ちょう》蛇《だ》車返《くるまがえ》しと云《いう》武略を以て、転々と旋回し、一同に返し合て」（北越軍談）
➡「車懸《くるまがかり》」を参照

くるまがかり【車懸】 戦法の一つで、一番手・二番手・三番手と次々に兵を繰り出して、敵に休みを与えない攻撃方法。「夫れは車懸とて、遠近に依つて、幾度目に、旗本と旗本と巡り合ふという次第あり」（松隣夜話）

くるまひき【車引】 車返し。「矢島是を聞て、扨は我人数当るべからず。とて車引にする」（奥羽永慶軍記 下）

くるわ【曲輪・枢輪・駆輪】 ①城砦などの一区画で、土や石で囲ってある場所。（伊達家治家記録）②「枢輪」は「駆輪」に同じ。くるわ。廓。「有とき若林の西枢輪《にしくるわ》にて、各親類一家へ振舞給ひ、能をさせ給ふ」（政宗記）

ぐろ【愚魯】 愚かなこと。馬鹿。愚鈍。「所有《あらゆる》軍配の術を知て盡すと云とも、愚魯《ぐろ》にして、只天文に在り」（北越軍談）

くろう【劬労】「苦労」の充て字。「遠路御老足、海陸共御劬労雖痛入候、有光駕、来弥生十三之法事御執行」（無量光院文書）「其地出陣劬勞察入候、仍相甲如前々入魂、定而可為大慶候」（大藤式部丞宛武田信玄書状）

くろうどのとう【蔵人頭】 天皇の側近として機密のことに預かり、頭には、弁官一人、近衛府官人から一人付いた。「口　宣案　天正十六年九月十九日　宣旨　宗十宣令叙法橋　蔵人頭左近衛権中将藤原慶親奉」（黒田家文書）

くろがねし【銀師】 銀細工をする人。「其親類共、しろかね《銀》し《師》、たゝみさし、絵かき、鍛冶、番匠などの職人とも」（甲陽軍鑑 中）

くろくわ【黒鍬】 戦国時代、築城、開墾、道普請などに従った人夫。黒鍬の者。黒鍬者。「不限昼夜御普請此人足には黒鍬の本組千人」（武家名目抄）

くろのなか【くろの中】「クロノ中」のクロは、くるわ《曲輪》の中の意。「今明日の中に極れり、クロの中よりも幾筋も中寄るといへとも」（伊達家治家記録）

くろぼうず【黒坊主】 黒人の男。「きりしたん国より黒坊主《くろぼうず》参り候。年の齢《よわい》廿六、七と見えたり」（信長公記）

くろむ【黒む】 ①黒む。その場をつくろう。ごまかす。「吾等が切てかゝるべし。せめてあとをくろめ給へと云けれ共、返事もなければ」（三河物語）②黒む。但し「継」の字を充てるか。跡を継ぐの意。「其子蔵人、（中略）剛の者にて亡父の迹をくろめ」（関八州古戦録）③特に、名簿などに記載してある姓名に墨で黒い線を引いて罰則を加える。「右可為毎朝出仕之時刻五已前也、不参有事者、為奉行所当番幷筆者役厳重にくろめらるべき由候也」（大内氏掟書）④「後をくろむ」などの言い方で、戦闘の際、後方からの攻撃に対して味方を守る意を表わす。「いづ方へも御出陣にをひては、御後備《アトソナヘ》をくろめ申べき覚悟にて所望申処に」（甲陽軍鑑）

くろめん【緇】「黒綿」の充て字。未詳。「不落居ならし迹を緇《くろめん》と稼きしまゝ死を」（関八州古戦録）

くわ【钁】 大鍬《くわ》。（細川家記）

か

くわうる【加旃】「旃」は助辞。その上に。「加旃《くおうる》に関東の兵乱止む時なく諸国の群兇蜂起して、壊乱既に極りぬ」（奥羽永慶軍記 上）➡「加之《しかのみならず》」を参照

くわえ【加】銚子に酒をさし加える器を「くわえ」という。また、それを持って席に侍する人。「豊刕之使者取成、御目にかけ候、御前にて、加へ三献にて候」（上井覚兼日記）

くわえる【啣へる】くわえる。銜える。「菖蒲作りの三尺余の太刀を抜きて、近付く敵を三人切伏せて、其の太刀先口に啣《くわ》へて伏ければ」（奥羽永慶軍記 上）

くわざけ【桑酒】桑の樹皮および根を濃く煎じ、その汁を加えて醸造した薬酒。「申刻計自中御門被呼之間罷向、鯉膾にて桑酒有之、（中略）事外沈酔、及黄昏帰宅了」（言継卿記）

くわしく【委敷】詳細。詳しい。「城二ツ御見及びなされ、委敷《くわしき》様子は前田又左衛門へ仰せ含められ候事」（川角太閤記）

くわしくは【委者】詳細は。（伊達家治家記録）

くわしくは【精】詳細は。「何様加力馳走不可有無沙汰候、精緒方越前守中含候」（横岳（頼継）宛蒲池鎮並書状）

くわだつ【戓様つ】「企つ」に同じ。企てる。「世間の騒々敷に付て、我等をも別心を戓様《くわだつる》に沙汰をすると聞」（三河物語）

くわのもん【桑の門】桑門。僧侶のこと。「盛氏年老ぬれば、嫡子平四郎盛興に家督を譲り、桑の門にも入りなんと思ふ」（奥羽永慶軍記 上）

ぐんか【軍歌】「いくさうた」か。いくさに関する歌。「軍歌も五・六十首連《つら》ね置れたりしが、彼も是も公没後の兵火に焚滅《ふんめつ》すと云々」（北越軍談 中）

ぐんきょう【群兇】群雄のこと。各地の豪族。「加旃《くおうる》に関東の兵乱止む時なく諸国の群兇蜂起して、壊乱既に極りぬ」（奥羽永慶軍記 上）

ぐんご【軍伍】軍隊のこと。「長井に於て勢揃《せいぞろい》し、軍伍を定め、最上表へ押寄る」（奥羽永慶軍記 下）

くんじゅ【薫誦】「薫読」に同じ。書状で、相手からの手紙を謹んで読むことをいう語。「来書薫誦、佳篇珍重」（実隆公記）

くんしょう【薫章】書状で用いられる、他の人からの書状の敬称。「殊被対愚僧懇之薫章、同黄金三両送給候、芳情之至候」（伊達家文書）

ぐんじん【軍陣】合戦。合戦場。「国持給ふ大将の自国他国を競、せりあひ合戦又は城攻なんどといふ勝負をば、これ軍陣と申す」（甲陽軍鑑）

ぐんだい【軍代】室町時代以後、幼少の主君に代わって軍務、政務をとる者。また、主君、主人に代わって戦場にゆく者。陣代。「安見代官には塩田与八郎、直政軍代には赤沢大和守」（室町殿物語）

ぐんだい【郡代】室町・戦国時代の職名の一つ。もと守護代といわれたもので、一郡または二郡を支配した役職。警備を主任務としたが、のち租税のことも司った。郡奉

行、大代官ともいう。「一、強入部事、或守護代、郡代、或号由緒」（政基公旅引付）

くんどく【薫読】 尊敬の念をもって手紙を読む。薫誦。（日葡辞書） 書状で、相手からの手紙を謹んで読むことをいう語。「尊札薫読不勝忻幸候」（実隆公記）

ぐんなん【群難】 次から次に降りかかる災難。「斯かる群難の期《ご》に至り、金言覼《ら》縷《ろう》を尽し、御父勝頼を諫めらる」（武田三代軍記）

ぐんばい【軍配】 軍陣の配置・進退などの指揮・駆け引き。「家にてあり、愚にかへり、軍配を専《もっぱら》に御用候へ」（甲陽軍鑑）

ぐんぽう【軍法】 戦争の方法。戦略。戦術。兵法。陣法。「それ、軍法は兵法也（中略）武略智略計策をよくして、定《さだ》而《まってよく》能勝利をうる事を能《よき》軍法と云」（甲陽軍鑑）

ぐんぼく【郡牧】 「牧」は司のことで地方長官を指す。「常州の郡牧《ぐんぼく》佐竹右馬助又云大膳大夫義昭被官横倉主水佐則幹《のりもと》を専使として」（北越軍談）

ぐんやく【軍役】 「ぐんえき」とも。武士が主君から受ける知行高に応じ、一定の日数・人数で主君につとめる奉公。（日葡辞書）「伏見沙汰人名主等軍役勤仕事、無先例之由令申」（看聞御記）

ぐんやくしゅう【軍役衆】 在郷の同心。軍役衆は普請役を免除されているのがふつう。「被召寄候。軍役衆ニ者、人足之粮米を被申付候」（長国寺殿御事蹟稿）「廿日以後者不及得下知、軍役衆之外者可被指返之事」（朝倉文書）

ぐんりょ【軍慮】 戦術などを考えめぐらすこと。軍略。戦略。「中務に於ては、終に軍慮違ふ事なし、義光大勢にて来ると聞く」（奥羽永慶軍記　上）

ぐんりょ【軍旅】 いくさ。戦争。「関東有軍旅之事、相公令師往論」（翰林葫蘆集）

ぐんるい【軍塁】 本城の外側の要所に設けた規模の小さい築城。とりで。出城。柵塁。「軍塁　クンルイ」（文明本節用集）

けいあんば【桂庵婆】 ➡「牙婆《がば》」を参照

けいえん【掲焉】 ➡「掲焉《けちえん》」を参照

けいかい【径回・経廻】 巡り歩く。あちこちの土地を歩き回ること。「佐瀬源兵衛と云《いう》剛の者、武者修行して関左径回《けいかい》の砌《みぎり》、無二の入魂《じっこん》たりし」（北越軍談）

けいかい【睽乖】 そむき離れる。「事皆睽乖《けいくわい》し、終に為すべからず、今我、命を授くるの秋《とき》也」（左衛門佐君伝記稿）

けいかい【計会】 やりくりがつかなく困却すること。零落すること。困窮すること。「公方之仰不能故障之由被切諫云々、可有頭役云々、旁計会之由申、返事難及指南事也」（看聞御記）

けいきょく【荊棘】 イバラなど棘のある低木。「おのづから野干《やかん》のすみかとあれはて、荊棘《けいきょく》扉を掩《おお》へり」（奥羽永慶軍記　上）

けいく【化育】「かいく」とも。**天地自然が万物を生じ育てること。**「攻ず戦わずして隣国を服従成《な》しむる武徳の化育《けいく》天然相応たれば」（北越軍談　中）

けいくつ【敬屈】かしこまること。**腰を曲げて敬礼する。**「満座命を奉《うけたまわつ》て感心敬屈《けいくつ》仕りし」（北越軍談）

けいけい【睥睨】様子をうかがうこと。「其城の模様に依て手指せず睥睨《けいけい》して直に押通る共子細に及へからざる旨」（関八州古戦録）

けいご【警固】本来の「警固」を意味するが、**西国では、「水軍」を指す。警固船（水軍）。**「其夜中警固など相催し渡海候」（桂岌圓覚書）「とにかくに御けいこの事ハ、一時も早々まつ々御下候て、来嶋けいこの事ハ打つゝき下着候やうに」（毛利博物館蔵毛利元就書状）「去十三日、大坂表警固船盪上候之処」（米沢市上杉博物館所蔵吉川元春書状）

けいこう【磬控】馬を自由に乗りこなす。「其器《うつわ》を撰《えらび》て磬《けい》控《こう》の助言をなすに皆適当す」（北越軍談）

けいこく【頃刻】しばらくの間。「樊噲《はんかい》が勇をなし頃刻《けいこく》に変化して敵に当る事」（奥羽永慶軍記　下）➡「頃刻《ころとき》」を参照

けいこつ【軽忽】軽々しくそそっかしい。「上方筋の侍は軽忽にて、一城落つれば、前後皆」（松隣夜話）

けいさく【計策】物事がうまくいくように、具体的なやり方・手順などを予め考えること。また、その案。策略。「左衛門佐、計策に乗るべき者にあらず」（左衛門佐君伝記稿）「今度駿州乱入之砌、計策以下別而奉公神妙之至候」（穴山信君知行充行判物）

けいさく【警策】馬を駈けさせるために打つ鞭。また、馬を鞭打つこと。「進撃を為《な》せ、而して警策を小僧（大崎義宣）殿に加うること、畢竟足下《ひっきょうそっか》に在り」（伊達正統世次考）

けいさつ【啓札】手紙をしたためること。「其以往無音之条、令啓札候、御取合任入候」（歴代古案）十五

けいさつ【敬札】手紙をしたためる。「啓札」に同じ。「態令敬札候、従京都為　御使節、大和淡路守・武田梅咲軒下国」（津金寺文書）

けいじ【携弐】離れ背くこと。「士たるもの携弐《けいじ》の疑ひを受くるは恥なり」（左衛門佐君伝記稿）

けいじつ【頃日】「このごろ」とも訓むか。この頃。「近日門を建て頃日迄此に在り、彼等其許に至ること遅々に及ぶ」（伊達正統世次考）➡「頃日《きょうじつ》」「此比《このごろ》」を参照

げいしゃ【芸者】多芸な人、遊芸に巧みな人。「萬事にわたり物をよく聞キしるなり、それ聞キしらざる芸者は、下手ならん」（甲陽軍鑑　下）

げいしゃぶり【芸者振】芸能に巧みであるさまを装うこと。「己が無能をば取をきて、人の芸の善悪許いふて、しらふとの前にては芸者ぶりして」（甲陽軍鑑）

けいしゅ【稽首】「稽首《ぬかづ》く」とも訓む。書簡の末尾に用いて、相手に敬意を表す。恭しく礼をする。書簡の末尾に用い

る。**頓首**。「三管領其の外の諸国の主人、稽首《けいしゅ》せざる者なし」（惟任謀反記）「至祝至禱《しいしゅくしいとう》、稽首《けいしゅ》敬白　天正丁丑　季夏六日勝頼」（甲陽軍鑑　下）

けいじゅ【恵受】 **頂戴する。いただく。**「然而拙者江太刀一腰・馬一疋幷青銅千疋恵受快然候」（歴代古案）五

けいじゅつ【啓述】 **お手紙を差し上げる。**「雖未申通候啓述候、仍八崎長尾入道江両度之御状披見」（上田市立博物館蔵北条氏邦書状）「先立啓述候処、回答快然之至候」（仙台市博物館蔵二階堂盛義書状）「誠其已降良久不能音問条、内々可令啓述由、逼塞之砌預親封候」（米沢市上杉博物館蔵宇都宮国綱書状）

けいしょう【勁捷】 **強くてすばやいこと。勁疾。**「早業は江都《こうと》が勁捷にも超えたれば」（三好記）

けいしょう【桂漿】 **堆朱・堆黒の一種。地を赤く上を黒く塗り、彫目に赤の地色を出したもの。**「太刀一振国宗・香合堆朱・段子萌黄・盆二枚堆紅　桂漿を遣わす」（伊達正統世次考）

けいしょう【形勝】 **地勢が敵を防いだり陣地を張るのに適しているところ。要害の地。**「敵の軍遂に利あらず（中略）是当山形勝《ケイセウ》の地、要害の便りを得たる故にて候」（太平記）

けいしょう【慶祥】 **めでたいしるし。吉兆。**「天晴、人日慶祥幸甚々々」（実隆公記）

けいしん【敬神】 **神を尊びうやまうこと。**「為敬神即令寄進申候」（親元日記）

けいすい【経水】 **経をあげ、水を手向けて死者の霊を弔いながら死者の数を数えること。**「駿河平ニ伊豆ノ国勢向テ伊豆勢負ル也。経水ヲ取テ数ス」（妙法寺記）

けいせい【傾城】 **白拍子などの遊女。女郎。**「首塚は遁世者の役なり、髪をそろへ眉をはかするは傾城《けいせい》の役也と云へり」（北越軍談　中）「盃酌及大飲、傾城両人出現、観世大夫音曲哥舞共有興」（実隆公記）

けいせん【軽専】 **物を贈るに、些少ではとへりくだった語のこと。**「先日者預御音信候、歓悦難申尽候、仍雖軽専之至候、呉綿令推進之候」（天文書札案）

けいせん【径迁】 「**軽賤**」**の充て字。**「**軽賤**」**は**「**きょうせん**」**の訓みが一般的。軽い者。**「彼等は径迁の者共なれは卒示の死をは致すべからす」（関八州古戦録）

けいそつ【軽卒】 **身軽な服装をした兵士。**「利長舎弟孫四郎、率大軍働大聖寺、従小松出軽卒」（武家名目抄）

けいたく【恵澤】 **恩恵を施す。**（日葡辞書）

けいだく【契諾】 **約束。**（日葡辞書）

けいたつ【啓達】 **謹んで手紙などを届けることをいう書札用語。**「其以来不申入候之間、令啓達候」（黒田家文書）「態以飛脚令啓達、此元此節無為御座候間、可御心易候」（室町殿日記）

けいたん【鶏旦】 **元旦**（**新年の季語**）。（黒田家文書）

けいちゅう【閨中】 **寝室の中。ふしどのうち。**「普通の者

にはゆるされしとて閫中《けいちゅう》にかしつき」（関八州古戦録）

けいてい【径廷】「径庭」に同じ。隔たりがある。「憲重答て力量も勝れ等倫《とうりん》にこたへたる径廷の者にて候」（関八州古戦録）

けいは【傾破】破滅すること。（日葡辞書）

けいはい【傾廃】建物などが荒廃すること。比喩として国家の政治などが荒廃し、崩壊すること。（日葡辞書）「然《しかれ》ども頃年《けいねん》幕府傾廃《けいはい》に向《むかわん》とし」（北越軍談）

けいはい【傾敗】敗色濃厚のこと。「喫茶を促し饗応して当城の傾敗も既に近きにありと見へたる条」（関八州古戦録）

けいはく【軽薄】お世辞。追従する。おべっかを使う。「信虎公への軽薄に、舎弟の次郎殿をほむるとて」（甲陽軍鑑）

けいはく【敬白】「けいびゃく」とも。敬って申し上げること。願文・書簡などの末尾に用いる敬語。「一向仰御哀憐、恐惶敬白　九月廿五日　沙弥　進上　侍者御中」（文明十四年鈔庭訓往来）「此旨可得御披露候、恐々敬白」（実隆公記）

げいふ【麑府】鹿児島城。（日新菩薩記）

けいへき【刑辟】罪。とが。刑罰。「勿論公幼年の昔、彼が不義刑辟《けいへき》に適当すと云へども」（北越軍談）

けいぼう【軽乏】些少なこと。少しですが。「仍雖軽乏之至候、三種五荷進之候」（天文書札案）

けいめん【慶面】相手に敬意を表して、面会することをいう書札用語。「一段面目且後代明鏡不可過候、自愛過高察候、猶以慶面可申述候」（実隆公記）

けいやくのもの【契約の者】（伊達晴宗方に）同心契約をしている者。「桑折伊勢・中野常陸信夫に打ち越え、大仏の契約の者の注進有るに因って、即ち一戦を挑《いど》み皆大笹生に引き入る」（伊達正統世次考）

けいりゃく【計略・経略】①はかりごと。策略。（黒田家文書）②ある国や所をしかるべき権威のもとに支配すること。「当山所々領地者、丹生権現御進止山地、高野明神御計略庄園也」（高野山文書）

けいれき【経歴】実際に見聞し、また、試みること。経験すること。「兼満叙爵事申請之処、六位事可令経歴之由被仰下（中略）凡六位経歴者面目之儀也」（実隆公記）

げおう【下往】赴く。くだる。下る。「松井法眼先年貴郷に下往《げおう》せらる、種々懇篤之儀有り」（伊達正統世次考）

げきさん【撃散】蹴散らすこと。打ち破ること。「杉目に陣する敵を撃散し、新地の虎口へ追入れ、首五六級撃取り」（性山公治家記録）

げきじょう【撃壌】太平無事を形容する言葉。「威を陣頭に振ひ、実に上、臣下を歓し、再俊を楽しみ、三五有年、早く撃壌《げきじょう》を款し、必ず童謡を聴せん」（甲陽軍鑑　中）

げぎょう【下行】①品物や金銭を配下の者に分配、給付すること。飯米を配分支給する。「給人其念を入れ下行す可き事」（征韓録）「撰熱田、急令下行種子農料」（文明十四年鈔

庭訓往来）②年貢米などの租税を免除すること。「所務人地主名主作人等立相令内検、応立毛乞之可有下行之」（六角氏式目）

げきょうくすし【外教薬師】「がいきょう」とも訓むか。外科医のこと。「有閑腫物煩ニ付て、其方ニ候外教くすし早々被遣之様ニと殿様直々御折帋被遣候」（観音寺文書）

げぎょうます【下行枡】「下行」①として、与える料米を計るのに用いる枡。年貢収納に用いる「納枡《おさめます》」より容積が小さいのが普通。「舛持来、八合舛也、沙汰人下行舛同舛也、以之外古キ舛也」（蓮成院記録）

けぎれ【毛切】鎧の縅毛《おどしげ》が切れること。縅の毛が擦り切れること。「近辺の地下人と打みえて、毛切《けぎれ》したる具足着て」（奥羽永慶軍記 下）

げきろう【逆浪】争い、争乱。「天文の初に至て六十余年海内の逆浪穏ならず」（関八州古戦録）

げぐ【下愚】極めて愚かなこと。また、その人。「愚毫を捧ぐ、抑《そもそも》下愚累年当地に在り、去々年帰洛之時」（伊達正統世次考）

げこく【下国】都より国許に赴くこと。「随而天下弥御静謐故、御下國之由尤存候」（黒田家文書）

けごみ【警固見】「状見《けごみ》」とも。戦場をさぐったり、城の構えなどを先行して偵察する者。間諜。（日葡辞書）

けささ【けささ】「けざさ」とも。妨害する。「けささをなす」（日葡辞書）

げさん【下散】下算とも。草摺《くさずり》の異称。鎧の胴から下に垂れた腰以下を覆う部分。「下散《げさん》のまくりで尻を出だして待ち懸る」（三河物語）

げさん【下参】「帰参」に同じ。戻ること。「連々勲功、殊更去年引卒呉物衆中、頓遂下参、乗船以下馳走之次第、尤神妙之」（山本文書）

げざんにいる【見参に入る】「見参」は「げんざん」とも。お目に懸かること。「宗祇げざんに入て、年月へたたりぬる事など打かたらひ」（宗祇終焉記）

げし【下子】下士のこと。凡夫。「賤き女の曲《くせ》なれば、如何なる下子《げし》・下部《かぶ》等に見えて其男子を産つらん」（奥羽永慶軍記 下）

げじ【下知】「げち」と訓むが一般的か。命じること。「椎名小四郎泰純家子等に下知《げじ》し、矢種《やだね》の有ん限《かぎり》射尽して」（北越軍談 中）

けしからぬ【けしからぬ】異様である。「或夜不思議の夢を見けるこそけしからね」（奥羽永慶軍記 下）

けしき【機色】「気色」の充て字。様子。「尓程《しかほど》に東嶺朗々と畠《しら》み渉《わた》り、横雲陣頭に棚引《たなびき》ければ、越衆快天の機色にて」（北越軍談）

げじき【下直】価格の安いもの。「恥をよく存じたらんには過言も有まじ、下直の物を高直《カウジキ》にも申まじ」（甲陽軍鑑）

けしきばう【気色奪】 恐れをなして。「敵を靡《なひか》したる風情にて気色奪《けしきばう》して兵を収め」（関八州古戦録）

けしとぶ【けし飛ぶ】 消し飛ぶ。つまづく。「数度のかけ合に草臥《くたびれ》けるが、又は運や尽たりけん、とある伏木にけし飛び、踏直さんとする」（奥羽永慶軍記 下）

げしにん【解死人】 実際の罪人の代わりに捕らえられ、処刑される人。「解死人を出す（引く）」。（日葡辞書）

けしほども【芥子程も】「芥子粒程も」と同じ。ほんの少し。「君あやまりて政《まつりごと》けし《芥子》程も猥《みだり》なる事あらば」（三河物語）

げしもうどう【下司蒙童】 公僕という意か。「関白秀吉公日本国下司蒙童《げしもうどう》、とどこをりなくおほせつけらるるのあひだ」（太閤さま軍記のうち）

げしや【解謝】 ➡「解謝《かいしゃ》」を参照

げしやくばら【外戚腹】 下借腹・外借腹とも。本妻以外の女の腹から生まれること。妾腹。「鹿島の松本備前守が外《げ》戚腹《しゃくばら》の孫也と聞」（甲陽軍鑑 下）

げしゅく【下宿】 宿下がりの女。「女を見たまはねば、下宿の子にてもなし。然に年去り世静りて後」（奥羽永慶軍記 下）

けしょう【化生】 化身。化け物。「様々祈禱札祈念守等致せども、更に化生退ぞかず」（久知軍記）

けしょう【仮粧】 緥掛け武者以上の者の首実検の際に化粧をすること。死に化粧。「件の者の掛たる緥の二番の咠［是を風休の咠と云］を截《きり》取て四に折、三重は首に敷《しき》、一重を首の面に打掛、仮粧《けしょう》して実検に備うるの法なり」（北越軍談 中）

けじょう【勧賞】「けんじょう」とも。奉公に対する褒賞または報酬。（日葡辞書） ➡「勧賞《けんじょう》」を参照

げじょう【下城】 敵の攻勢に城を立ち退く。城を敵の手に渡す。「大津・丹後の城、何も下城之御注進状写進上申候」（黒田家文書）「命ヲ限ニ防ギケレドモ、ヨセデ大勢ナレバ、終ニ下城シテ」（大友記）「従夫、平田新右衛門尉殿下城候て御座候を」（上井覚兼日記）

げじょう【解状】 原告から差し出す訴状。「但寄親非分無際限者、以解状可訴訟」（甲州法度之次第）

けしょういくさ【仮粧軍】 本気でなく、ちょっとした戦闘、喧嘩。（日葡辞書）

けす【けす】 けなす。くさす。「なき事を作、よき事をけすは比興《ひきょう》也」（甲陽軍鑑 下）

げせんぐう【下遷宮】「げせんぐ」とも。仮遷宮のこと。「然者下せんく以吉日御沙汰可被成由」（高野山旧記）

けたい【懈怠】 怠ること。「一、地下之代官、万一於御年貢等、執納之分未進懈怠之時者、為本人可申弁沙汰」（東寺百合文書）

げだい【下代】 下役、下役人のこと。「徳大寺殿御領事、一、仁和寺内田畠地子事、曲庵、手続文書可有返上事、百姓等、早地子対当家御下代可進納事」（竜安寺文書）

けたいなし【懈怠無し】 おろそかにすることなく勤勉に勤めるさま。「不依旱風水損、毎年無懈怠可致其沙汰候」（大乗

院寺社雑事記）

けち【けち】怪事。「長春様御家にけちが出来申す」（昔阿波物語）

げち【下知】命令。言いつけ。「可處罪科者也、仍下知如件」（黒田家文書）

けちえん【掲焉】著しいさま。際立っているさま。「武威全く祖先に秀《ひい》で、創業の功掲焉《けいえん》たり」（北越軍談）➡「掲焉《いちじるし》」「掲焉《けいえん》」を参照

けちえん【結縁】①**大事なもの。貴重な文物に接する機会を得ること。**「泉涌寺常住禅月大師筆十八羅漢（中略）今日被備叡覧、以次可令拝見之由也、結縁尤歓喜也」（実隆公記）②**事件などに関係すること。連座すること。**「仙洞女房事種々風聞、所詮与安密通者台所別当也、（山徒樹下息女）、但与安に不限有結縁之人数、御糺明之間白状申」（看聞御記）

けちがん【結願】日数を定めて行なった講義などが終わること。また、その日。「今日日本紀講尺結願也」（宣胤卿記）

けちげ【結解】「けつげ」とも訓む。事物を勘定する。決算。「五条辺に旅宿し、商買《しょうばい》の結解《けちげ》畢《おわ》て後、本国に下りし」（北越軍談）

けちにち【結日】「けつにち」「けつじつ」とも。日数を定めて催す法会。修行などの最後の日。「松林院僧正申、二部内用無垢称経云々、一部ハ取出テ結日ニ召堂童子渡之了」（大乗院寺社雑事記）

けちみゃくそうでん【血脈相伝】法門の相承のことで、**師より弟子に法脈を伝持すること。**「血脈相伝の達磨大師、教化別伝と申は此禅宗なり」（甲陽軍鑑）

けつ【決】鷹の足につける輪。「有右衛門御鷹ノ決拾三指進上ス」（伊達家治家記録）

けっかい【結改】結番を改めること。「禁裏小番被結改候」（実隆公記）「とさまのばんけつかいあり」（御湯殿上日記）

けっかく【欠画】貴人に敬意を払い、漢字の一画を書かないこと。たとえば『神皇正統記』の「統」の人脚《ひとあし》の一部を省略すること。

けっかん【闕官】官職を罷免すること。免官。解官《げかん》。「検校勾当にても、闕官申付候得は、無官之座頭に御座候」（禁令考・後集第四）➡「大間書《おおまがき》」を参照

けっく【結句】むしろ。あるいは、反対に。（日葡辞書）

けつげ【結解・結計】区切りをつけて一応の計算をする。「結解算用」。「国遵行之事（中略）公文、田所、結解、勘定」（文明十四年鈔庭訓往来）

けづけ【毛付】①然るべき敵を求め、その鎧の緘毛・差物などに注目して討取る目標としたこと。「治部・市之允見て、治部は金の制札、市之允は金の挑燈と毛付《けづけ》を仕リ」（甲陽軍鑑　下）②**年貢の額を決定するために、収穫状況を調査すること。**「証文無者開発申間敷由、尤三ヶ年之内作取たるべく候、以来も又本毛付なみには有間敷候間、此由小百姓

衆へも申発可被申候」（甲州古文書）

けっし【潔仕】 立派な働きの意か。「大御所（家康）茶臼山、幕下（秀忠）御同所渡御、幕下仰せて曰く、諸軍潔仕の由仰せ上げらる」（駿府記）

けつじ【闕字】 貴人に敬意払い、一字分空白にする。平出・欠画・台頭も敬意表現である。「口(欠字)　宣案　天正十六年九月十九日　宣旨」（黒田家文書）

けっしゃ【決捨】「決拾《けっしゅう》」の誤まり。弓掛と弓籠手のこと。「一、軍奉行六具　刷《つくろい》調る事、第一緥《ほろ》、是針目刺一切の陀難を脱るる所以、第二決捨、金・胎両部を表し、旗の鳩居を継べき為也」（北越軍談　中）

けっしょ【闕所】 ①領主の欠けた土地。「代地は重て闕所を見合せ相亘すへき旨申送られし故」（関八州古戦録）②全財産を没収すること。「闕所に遭う」「人の財宝を闕所する」（日葡辞書）「背く者をば其所を追放し、家財を闕所し」（奥羽永慶軍記　下）

けっしょかた【欠所方】 没収地のこと。「あしき〈＝うら〉三郷欠所方幷給人はつれの事糺明□□(ママ)年貢等可納所候」（蘆浦観音寺文書）

げっせき【月夕】 月のあかるい夜。特に、陰暦八月十五日の夜をいう。「月夕清明超于近年」（実隆公記）「月夕　ゲッセキ　八月十五夜也」（文明本節用集）

けつぜん【蹶然・傑然】 力強く立ち上がる。比喩的に、力強く事を始めるさま。「之を見る人、怪みの色をなさずという事なく、蹶然として恐怖せずといふ事なし」（武田三代軍記）「傑然」は「蹶然」に同じ。「柵・矢来を重ね、其勢ひ傑然《けつぜん》として待懸たり」（奥羽永慶軍記　下）

けっそく【決則】 方針を決めること。「覚禅房得業可有権律師伝〈＝転〉任之旨披露条、口宣到来次第可被遣由決則了」（興福寺学侶集会引付）

けったい【闕怠】 成すべきことを怠けて、いい加減にすること。「所詮公人下行闕怠之間、自本所引違事、於当年者可令停止候」（建内記）

けったい【闕退】 存続してきた物事が、途中で滞ったり、無くなったりすること。「纔一段内一石被召上者、地蔵観音ニ燈内、一燈可令闕退之間、歎存処也」（東寺百合文書）

けつちんせん【結鎮銭】 中世以来、上賀茂社の社領に対する一種の税として結鎮銭の賦課があった。これは、史料にある通り、米納に移行したようだ。「当社御結鎮銭代米之儀、京中御定如斗米之、可被請取之由、被仰出候」（賀茂別雷神社文書）

げっぱく【月迫】 月末。特に十二月末。（元親記）

けつべいのち【挈瓶智】 小さな意、小さな智。「但某《それがし》甲挈《けつ》瓶《へい》の智を次《つぎ》て、時勢の分野《ありさま》を考るに」（北越軍談　中）

げっぽう【月俸】 月々支払われる金銭。「抑坂本口苧課役、自当月以月俸可致沙汰之由申付新三郎之処」（実隆公記）

か

けつやく【結薬】 服薬すること。「抑大病請之、歓楽者結薬候処、一向早々ニ被成、節々他行覚外ニ候」（長遠寺宛武田晴信書状）

けでん【快顚】 不意の驚き。不意のことにびっくりする。（日葡辞書）

げてん【外典】 外道の書。仏教以外の典籍。「此の幽古は、外典《げてん》第一と申し、歌道ふかきと相聞こえ申し候」（川角太閤記）

けどう【戯道】「戯動」に同じ。戯れの動作。演習。模擬戦。「正月三日は、伊達の嘉例にて野始也、到此時家の上下万民、思々の戯道《けどう》にて其日の供を申し」（政宗記）

けなげもの【健気者】 健気な人。かいがいしい人。勇ましい人。殊勝な人。「身ながら我等事、けなげ者どうほね者にても、智恵才覚人に越候者にても」（日本の古文書所収毛利元就自筆書状）

げにげにしく【実々敷】 生々しく。「～と言葉を尽して実々《げにげに》敷《しく》ぞのべにける」（一徳斎殿御事蹟稿）

げにも【実も】 実にも。誠に。「実《げに》も岩船山の赤鬼と皆人称する程有て、彼が武者振の魏《きび》しさよ」（北越軍談　中）

けにん【家人】 中世、将軍家と主従関係を結んでいた家臣。鎌倉・室町幕府の将軍家の譜代の家臣。また、戦国大名の家臣をいうこともあった。「家人愁訴之事、上之御きけんはからす候共、披露可申候」（毛利家文書）

げにん【下人】 家に仕える者。従者。「右馬介下人《げにん》文九郎とて、其年十六歳なりけるが」（政宗記）

けはい【化粧】 ①準備が終わっての行動。「暁方になれば、地利を設けて、兵を伏せ、敵の化粧を待つ処に」（南海通記）②様子。「敵は夜懸《よがけ》などに出づべき粧《けはい》は莫《なか》りし。吾辺《ごへん》急ぎ行向て見て参られよ」（北越軍談）

けはい【粧】 ⬇「化粧《けはい》」②を参照

げはい【下拝】 下に対してしめしのきかない様子か。「我儘に云度ことを云せ、一円下拝なり、人は只聞及びけるとみたるとは」（政宗記）

けはれ【褻晴】（褻《け》の時と晴れの時の意）平常と儀式ばった時。公私。転じて、普段着とよそゆき。「衣装、刀脇指等、褻晴に応じ、分限に超過して、於相嗜者、可与恩禄事」（長宗我部氏掟書）

げびゃくしょう【下百姓】 近世、水呑百姓のこと。「田所下百姓　又衛門（血判）　左衛門（血判）　清二郎（血判）」（高野山文書）

げぶ【下部】 ①「かぶ」とも。身分の低い者。「賤き女の曲《くせ》なれば、如何なる下子《げし》・下部《かぶ》等に見えて其男子を産つらん」（奥羽永慶軍記　下）②下の者。「剛なる哉、城中の者ども、倍臣・下部《げぶ》等に至る迄、落行んとするもの」（奥羽永慶軍記　上）

けぶりをあげる【烟をあげる】 旗を挙げる。「龍泉寺の下、柏井口へ相働き、所々に烟をあげ候」（信長公記）

げべん【外弁】 即位などの行事で承明門外で諸事を取りし

きる公卿の職。⇕内弁。

けほう【家抱】 完全に独立していない百姓。分附とも庭子、名子とも称した。「義清に至て崇敬厚く、類縁従属家抱《けほう》までも渇仰《かつごう》の首《こうべ》を傾け」（北越軍談）

けみ【検見・毛見】（「毛」は田畑の作物）中世、近世に行なわれた徴税法の一つ。稲の刈入れ前に、領主が役人を派遣して、作柄を検査させ、その年の年貢高を定めること。検見《けんみ》。「国中知行方之儀、以毛見之上、三分の二地頭、三分の一者百姓可取之」（長宗我部氏掟書）

けみょう【仮名】 実名に対する俗名を言う。「仮名《けみょう》を名謁《なの》れと申けるに両人聞ぬ顔にて」（関八州古戦録）

➡「仮名《かな》」「仮名《かみょう》」を参照

けやき【毛焼】 羽根をむしり取っても、毛の残っている鳥や鶏を火の中を通すこと。（日葡辞書）

けよう【下用】 下賤な者に食わせる食糧。すなわち搗きの悪い米で作った食物。（日葡辞書）「御坊より米是の下用に一石四斗五升、御坊升には一石分也」（山科家礼記）

けらくび【螻首】 螻首は槍の穂が柄に接する箇所。「最前才蔵か突入たりし鎗の螻首押折て竟に扉を闔しにけり」（関八州古戦録）

けり【鳧】 ①チドリ科の鳥で、鳩ほどの大きさの鳥。東北地方の山麓に棲む。「就中親類へは、当座鷹の雉子《きじ》、或は鉄砲の雁・鳧《けり》共使者を以てそれぞれに給はりけり」（政宗記）
②助動詞の「けり」の充て字として用いる。「名物之条、連々一覧之望候鳧、旁以自愛不鮮候、度々御懇信快然之至候」（本願寺文書）「外聞如何之由、及其理候鳧、御同心之条、大慶不少候」（名古屋市立博物館蔵法性院（武田信玄）宛織田信長書状）

けりょう【家料】「家領」と同じ。家に伝わる所領。「管領恩補の邦《くに》として、嫡々相承《そうじょう》の家料《けりょう》とす」（北越軍談）

げりょう【下料】 召し使う者に給与するもの。「上料大菜五、菜十種、御汁三以上講師、（中略）中料之次菜三、汁一御従僧以下、下料之次菜二合モリ、汁一中間以下分」（大乗院寺社雑事記）

げろう【下﨟】「下郎」の充て字。身分の低い者。「近江国長柄《ながら》の者を頼み候に、下﨟《げろう》にて候へば心替り」（奥羽永慶軍記　下）

けわいでん【化粧田】「化粧田《けしょうでん》」に同じ。妻や娘の化粧代として宛がった田地。「今川義元、信虎聟に成故、息女の化粧田として、信虎より今河殿へわたす」（甲陽軍鑑）

けわしき【峨】 険しき。「其の心懸けにてこそ、峨《けわしき》を頼みて、此処には居城すれ」（奥羽永慶軍記　上）

けん【懸】 鎧を数える助数詞。「鎧一懸、同名駿河入道照安作候之間、令進候、先度鞍冑一具等可進入候処」（伊勢貞宗書状写）

けんあい【涓埃】 物事の微小であることのたとえ。「右、為報海獄之神徳、聊表涓埃之野情」（北条氏政奉納状写）

けんあい【険隘】 道などが険しくせまいこと。「群禽《ぐんきん》の葉山を出《いず》るがごとく、咄《どっ》と喚《おめい》て突て懸り、険隘《けんあい》を物共《ものとも》せず、散々に攻撃《せめうち》ければ」（北越軍談）

けんあらそい【剣争い】 戦陣で先登を争うこと。「落合市之允と中武士と両人、けんあらそひ仕り候は」（甲陽軍鑑　下）

けんあん【萱庵】 茅葺の庵。草庵。「密厳院傍結萱庵」（高野山文書）

けんい【険易】「難易」に同じ。敵が攻め易いか難しいのか、またそのその逆も。「隣端の交を隔て、然して彼を制するの誠を慮り、次に敵国の遠近険易を察知し」（北越軍談　中）

けんい【賢意】 書状などで、相手を尊敬して、その意向をいう語。尊意。「雖斟酌且千候厳命事候間愁染悪筆候、不相応之賢意令迷惑候」（実隆公記）

げんい【厳意】 確たる決意。「連々此方之儀、御入魂之趣奉懐候、弥可被加厳意之段所希候」（龍谷大学所蔵顕如上人御書札案留）

けんえい【謙英】「賢英」か「顕栄」の充て字か。繁栄する。「就同氣謙英事、美織落掌喜悦至存候、手足之働御察通候除俗忘候付」（尾張大納言宛水戸光圀書状）

げんえい【玄英】 陰暦十月の異名。「恐々謹言　玄英二十五日　進上　左近中将殿」（異制庭訓往来）

けんか【権家】 権勢をほこる家柄。権門。「其時更以一言子細不可申、或又就権家之口入不可申入候」（東寺百合文書）

げんか【厳科】 ➡「厳科《ごんか》」を参照

けんかい【喧豗】 さわがしい。やかましい。「警固の武士と当座の口論を仕出し、互に言舌募り喧豗《けんかい》して四面忽劇《そうげき》に及ぶ」（北越軍談）

けんかく【懸隔】 隔たりがある。「甲乙の気懸隔《けんかく》云へども、勝負の道理は一致也」（北越軍談　中）

けんがけいい【犬牙睽違】「犬牙」は食い違い。「睽違」も背き違う。「年月事実往々犬牙睽違《けいい》する者あり。これ廼《すなわ》ち叟《そう》師旅の間に随って歳月の久しき」（慶長記）

けんき【暄気】 暖かい気候。「此年（天文四）正月ヨリ暄気ニ御座候」（妙法寺記）

げんき【験気・減気】「元気」と同意。病気などが快方に向かうこと。「次御煩少被得験氣候ハヽ、乗物ニ而成共」（伊達家治家記録）「次岡殿昨晩御咳気之由有之間、見舞申了、御験気之由有之」（言継卿記）➡「験《しるし》氣《け》」を参照。

げんぎ【言宜】「不及言宜」で、言葉では尽くせない。「殊更可被及半途之段承候、満足不及言宜候、」（盛岡歴史文化館蔵葛西晴信書状）

げんきゅう【厳急】 人の性質などが、人を容赦せず、性急なさまであること。「秀吉之生禀厳急なるに因て、ゆるやかに成功を勧めよと制し給ふを以、信長公才智之程を知るべし」（太閤記）

けんぎょう【検校】 ①盲人（座頭衆）の最上官位。「彼の常見、眼は能く候へども、千貫出だし、検校《けんぎょう》に罷り成り、都に在京すべき旨」（信長公記）②寺社の寺務を管理・監督する職。「聖道者一寺検校、執行、別当、長吏」（文明十四年鈔庭訓往来）

けんぎょう【噞喁】「げんぎょう」とも。つまらないことをくどくどと言う。はげしく口論すること。けんぐ。「成実直語り今亦如何様の噞喁ならば、且は政宗ため且は成実も面目を失ふ処なり」（政宗記）

げんぎょう【現行】「げぎょう」とも。公然と敵対行動や挑発行動を起こすこと。「阿蘇表へ一途現行之刻、此口も仕出候ずる由申候」（上井覚兼日記）

げんぎょう【現形】（一味の）態度を明らかにする。裏切ること。寝返ること。「富田へ現行仕り候」（桂岌圓覚書）「然間昨日至爰許令出張候、然処、野間為現形、昨朝至海田、下警固衆・矢野衆相動候」（厳島神社蔵毛利隆元書状）

けんきょうじん【喧狂仁】やかましくきちがいじみている人。「晴信ちと喧狂仁《けんきょうじん》の様にあそばし候つれ共、今の晴信へは、しか〻〻と申談る事も無之候」（甲陽軍鑑 中）

けんけい【建渓】茶の異名。建渓は中国の茶の名産地のこと。「被成 御書、御扇被遣之候、然者、野院へ建渓五十袋送給候」（鑁阿寺文書）

けんけい【兼契】以前に結んだ約束、協定。（日葡辞書）

けんけい【券契】証文。手形。「披見券契者不及推量之儀」（雑筆集）

けんげき【剣戟】刀剣。武器。「弓矢を携へ、剣戟《けんげき》を握る事得ざる物也」（左衛門佐君伝記稿）

けんけん【摼々】「摼」は「眷」であろう。憐れんで目をかける有様。「晴宗様へ種々懇望雖被申候、摼々無之候」（伊達家治家記録）

けんこ【懸弧】男児の誕生。「予が懸弧《けんこ》の生辰に三の寅を得たるの所以《ゆえん》にはあらず」（北越軍談）

けんご【堅固】防備がしっかりして攻撃されても容易に破られないこと。「豊後面相残諸城、堅固相践候由、神妙候」（黒田家文書）

けんこう【顕向】高貴な名の顕われた神。「当社は顕向の神日本三八幡の一社たり」（元親記）

けんこう【堅甲】堅くて丈夫な鎧。「堅甲利兵は尺地も余さず充満《みちみち》たり」（奥羽永慶軍記 下）

げんざいの【見在の】紛れもない。正真正銘の。「是等の事実は見在《げんざい》の支証あり」（北越軍談 中）

けんさく【献策】はかりごとや考えを申し上げる。（元親記）

けんさつ【賢察】主として書状で、相手の「推察」する行為に敬意を表している語。「二世之悉地成就不可如之候歟、自愛抃悦任賢察候也」（満済准后日記）

けんさん【建盞】天目の類。茶碗の一種。（日葡辞書）

けんし【検使】事実を改め、見届けるために派遣される使者。「入精切々注進、遠路之処、悦思召候、殊遣検使」（黒田

家文書）

げんし【言詞】 ことば。言語。言辞。ごんじ。「草木悉打折、人馬驚動、不及言詞云々」（政基公旅引付）

げんし【厳旨】 相手を尊敬して、その手紙やことばの趣旨をいう語。「信忠卿勅使ニ向テ被申ケルハ、厳旨誠生涯ノ面目トモ可申」（信長記）

けんじつ【兼日】 ①あらかじめ。日頃。兼ねての日。数日にわたって。「御手前無御越度之様ニ、兼日御分別于《肝》要ニ候」（黒田家文書）②前々より。（老翁物語）③先日。（日葡辞書）④歌会の行われる前にあらかじめ題が出され、歌会以前に歌をよみ用意しておくこと。また、その課題による作品。⇕当座《とうざ》。「相構へて、兼日も当座も、歌をばよくよく詠吟して」（毎月抄）「小川殿渡御月次御会、（中略）当座卅首、兼日三首」（満済准后日記）

➡「当座《とうざ》」「兼題《けんだい》」を参照

けんしゅ【黔首】 庶民・人民。「朝憲日々に廃絶して、風雨時を失い、黔首溝洫《けんしゅこうきょく》に倒る」（北越軍談）

げんじゅう【還住】

➡「還住《かんじゅう》」を参照

けんじょ【見除】 見過ごすこと。「然而数年之御執相可見除中事、外聞実儀如何候間、不顧遠慮啓達候」（保坂潤治氏所蔵文書）

➡「見除《みのぞき》」を参照

けんじょう【勧賞】

➡「勧賞《かんしょう》」「勧賞《けじょう》」を参照

げんせい【芫青】「あおはんみょう」の別称。「対馬国柳川豊前守、朝鮮人参、芫青《げんせい》、肉従容等の薬種これを献ずと云々」（駿府記）

けんせき【譴責】 ①借金などの返済を強引に催促して責め立てること。②命をうけて①のようなことをする人。譴責使。

げんせき【厳責】 厳しく責めること。厳しく叱責すること。厳譴。「僕に命ずるに、自ら往き下って厳責す可きことを以てす」（伊達正統世次考）

けんせきし【譴責使】 督促の役人。「地下輩幷自分於家来等雖有申付義、以糺明可相果、理不尽譴責使入事不可有之」（京都大学国史研究室蔵古文書集）

けんせつ【顕説】 ちょっとした説明のこと。使者が述べるので、この手紙では略するということ。文書語。「可為御大慶候、萬餘櫻坊御口篇ニ可有之候之條、不能顕説候」（清浄心院宛土岐治綱書状）

げんせん【言宣】「宣言」に同じ。口に出す。打消の語と用い、口では表わせない。「種々御懇切之挨拶も、不及是非候、殊更可被及半途之段承候、満足不及言宣候」（盛岡歴史文化館蔵葛西晴信書状）「本朝之御名誉雖露兎毫、非言宣所候」（里見義康書状）

げんぜん【現然】 目の当たりに見えるさま。露わなようす。「憲基と隙《げき》あるを以て事起りぬる義現然《げんぜん》たれば」（北越軍談）

けんそう【見相】 本来は、人の顔色、表情のことだが、ここは、物を収納・保管するような空間を指しているよう

だ。「座人外於令商売者、見相仁荷物押置、可致注進、一段可被仰付候由也」（今堀日吉神社文書）

げんぞく【還俗】 出家した者が僧籍を離れて、元の俗人にかえること。「俗に還る。僧侶がもとの俗人に戻ること」（日葡辞書）

けんだい【兼題】 兼日の題の意。和歌・俳句の会などで、題をあらかじめ出しておいて作る和歌。また、その題。「兼題出来候はず候、当座ばかり仕候はん事可有如何候」（言継卿記）

➡「兼日《けんじつ》」を参照

けんだか【権高・見高】 気位が高い様子。傲岸な態度をとるさま。「百姓幷奉公人にたいし、不謂狼藉・けんたかに仕まじき事」（島津家文書）

げんたつ【厳達・言達】 厳しく言い渡すこと。厳重に通達すること。また、その通達。手紙を送ること。「御進発之上、令言達候儀、彌以相似麁意候歟」（上杉家文書） 万端取紛之間、延引非本懐候、就中御進発之上、令言達候儀、弥以相似麁意候歟」（米沢市上杉博物館蔵大宝寺義興書状）

けんだん【検断】 戦国時代頃から、地頭領主が私的に事件を審理し、判決などを下した。このようなことをした有力者のこと。「御用之時者、検断幷町中オトナシキ者ヲ召寄」。（伊達家治家記録）

けんだんぶつ【検断物】 鎌倉・室町時代、検断して刑事犯人から没収した財産。「七宝滝寺悪僧之坊検断物、今日運取之、加賀・万五郎令奉行了」（政基公旅引付）

けんち【検知・見知】 敵の下級武士の首級をあらためること。首実検。見分《けんぶん》。「歩立《かちだち》の士葉武者の頸を双置見給ふを見知《ケンチ》と云ふなり」（越後軍記）

けんち【検地】 田畑に竿・縄を入れて段別を検査し、また、その等級を定めること。竿入れ。「上両村貞和五年検地、始者五十余町、開為四百余町、下得地者自昔不検地也」（蔗軒日録）

けんちゅう【検注】 領主や国司が年貢徴収のために検注《けんちゅう》使《し》を派遣して行なった土地調査。「伊賀国大内庄検注事、（中略）廿一个年一度検注也、一、反別一貫五百文出之事也」（大乗院寺社雑事記）

げんちょ【玄猪】 ➡「玄猪《いのこ》」を参照

げんちょう【元朝】 元日のこと。「打寄《うちより》て密に評定して、明れば元朝、履沢油断たるべしと推量して」（奥羽永慶軍記　下）

げんちょう【厳重】「ちょう」は「重」の漢音。玄猪《げんちょ》に同じ。陰暦十月の亥の日。この日は、新穀で餅を搗き食する。「右頭中将等禁裏之厳重予申沙汰之遣了、武家厳重自前亜相方申出送之」（実隆公記） ➡「御厳重《おげんちょう》」を参照

けんちょく【騫直】 軽やかに進むさまの意か。「馬上・歩者三百余人、鑓先を揃へ、騫《けん》直に懸る」（奥羽永慶軍記　上）

けんづけ【権付】「けんつけ」とも。権力にまかせて物を言ったり事を行なったりすること。また、そのさま。権《けん》

柄尻《べいずく》。「菟角今度之ことく、けんつけにて、帰山ある覚悟に候共」（高野山文書）

けんとう【玄冬】 冬の最中。「玄冬素雪の寒さ」（日葡辞書）

げんにいる【験に入る】 病気が快方に向かうこと。「げんに御入候とは申候へども、さほどに候はんとは思ひまいらせ候はず候つるに、さてさてめでたき事にて候」（太閤真蹟）

げんにん【還任】 いったん退官した者が、再び元の官職に任ぜられること。「今日叙位儀也、昨日依公家并殿下御哀日延引、（中略）冷泉大納言為富可申還任慶」（親長卿記）

けんねん【遣念】 懇ろな。念を入れた。「懸念《けねん》」の充て字か。「一、韮山外張先之城ニ候間、悉皆其方遣念可有下知候」（美濃守宛北條氏政書状）「然者如御書、何事も遣念被走廻、肝要ニ候」（清水康英書状）

けんぱ【蹇跛】 びっこ。「志賀山三郎に鉄砲を以て腨を撃抜れ蹇跛なり」（伊達家治家記録）

げんば【現馬】 贈物などとして、その場で馬を差し出すこと。また、その馬。「長塩民部丞為礼来、太刀、現馬持参、以二献会」（証如上人日記）

けんばのわずらい【犬馬の患】 「犬馬の疾《やまい》」とも。自分の病気謙辞。「妨をなすに因れりと察知し、頓《やがて》て犬馬の患《わずらい》と称し、出仕を止《とどめ》て府城下の宅に蟄居す」（北越軍談 中）

けんぴつ【健筆】 達筆。（黒田家文書）

げんびょう【現病】 その折に、ちょうど病気であること。「高山八講執行畢、布施物以下如春、沙汰衆之内専忍房濁穢、長尊房現病之由俄辞退之間、妙光院竹林院交畢」（蓮成院記録）

けんぷ【検封・撿符】 「けんぷう」とも。罪に問われた者の財産を差押さえたり、幕府や寺社の指示・命令に従わない者の住宅を封鎖して出入りできないようにすること。また、その封印。「奈良中金商人、張本人共中坊召籠宿ハ令撿符、番ヲ付了、如何様ノ子細ゾ、咲止々々」（多聞院日記）

げんぷ【現夫】 中世、夫役を金銭などで代納しないで実際に徴発に応ずべき人夫役。現夫役。「早瀬夫現夫一人五百文、平二人六百文」（大乗院寺社雑事記）「近年山角召仕候現夫四疋、十郎殿夫ニ成候間、存其旨」（北條家朱印状）

けんぷしょう【賢不肖】 徳のある人と卑しい素性の者、または高貴の人と下賤な者と。（日葡辞書）

げんぷやく【現夫役】 「現夫《げんぷ》」に同じ。「殿原現夫役、雖有他庄其例、於現夫役者、自往古無其沙汰之由被歎申之間、被免之」（高野山文書）

けんぶん【健聞】 「見聞」の充て字。「景勝肺肝兼々申入候所定而可有健聞候」（伊達家治家記録）

けんぺい【権柄】 権力を伴った重要な地位。（細川家記）

けんべつせん【間別銭】 屋敷などの間口の広さを間単位で算出した地代。「去正長元年七月十八日領内間別銭事、以納帳記之、塔頭卅九間四尺慈性院、窪一間（中略）合八十六貫文到来了」（大乗院寺社雑事記）

げんぽ【還補】 所領を失ったものに、再び元の土地を知行させること。「黒川谷寄居筋まで押入、里村を還補《げんぽ》し乱妨《らんぼう》をなす」(北越軍談 中)

けんぽう【憲法】 ①形容動詞として用いる。公平、公正。「公事篇之儀、順路憲法たるべし、努々贔屓偏頗を不存裁許」(信長公記) ②おきて。きまり。「就当時公私之儀、御衆中談合無油断之条、両門中憲法之仁躰十五六人、号集儀衆可被定置事」(高野山文書)

げんまい【現米】 ①年貢の納入に際して、代物でなく、米そのもので上納すること。また、その米。「其上永代無相違やうにと、寺領五拾石大徳寺近辺におひて、現米五百斛を以買得し、令寄附畢」(太閤記) ②扶持として与えられる米。「余ハ知行悉扶持ニ方々へ被遣了云々、内衆其方國衆或現米或ハ知行、粉骨方ヘハ種々懇也」(多聞院日記)

げんみ【玩味】 「寛容に」という意か。「人を讒る者、許容すべからず。但し隠密を以て、聞き届け、玩味尤の事」(甲陽軍鑑)

けんもん【見聞】 「見聞《みみきき》」と同じ。見聞すること。「百姓隠《おん》田《でん》あらば、数拾年を経《ふ》ると雖も、地頭の見聞《けんもん》に任せ改むべし」(甲陽軍鑑)

けんよ【権輿】 最初からあるもの。最初にあったもの。(日葡辞書)

けんよう【賢用】 相手の使用する行為に敬意を表していう書札用語。「自左相府被申請候一冊、被返進申候、久被留置候、定可有賢用事候、能々得其心可申之由候、此折紙備賢覧候」(言継卿記)

げんらい【見来・現来】 「けんらい」とも訓む。①「今到来したので」の意。他から物が到来すること。また、その物。受け取った者が、それを他に分けてやる場合に、もらい物であることを示すのに用いる語。「追而誘弓廿丁任現来候」(伊達家治家記録) 「奈良油煙一ちやう摂州へ直々進之也、去年も見来候て如此也」(大舘常興日記) ②「見来」は「現来」の充て字か。「見来に随って」は、今ここに伝えられているのに随っての意。「是自り見来に随って青磁の香爐を贈呈す、寔に一儀を表する而已《のみ》」(伊達正統世次考) ③使者が会見に来たこと。「勿論一味中堅固の兵議肝要に思召さる、仍て見來に任せ、褶一端贈賜ふ」(伊達家治家記録) ④わざわざやってきたのでの意。届けられた。いただいた。「打揚けらる、旁以て満足たるへし、然れは見來《けんらい》に任せ、染物一端遣さる」(伊達家治家記録) 「追而啓之候、任見来、浪虎皮十枚進献之」(秋田家文書)

けんらん【賢覧】 相手の閲覧する行為に敬意を表していう書札用語。「自左相府被申請候一冊、被返進申候、久被留置候、定可有賢用事候、能々得其心可申之由候、此折紙備賢覧候」(言継卿記)

けんりょ【賢慮】 相手を尊敬して、その考えるところをい

う書札用語。「猶々可然之様可被懸賢慮候、期面謝候也」（建内記）

げんりょう【現量】 目で対象をはかること。目算。見当。「又身之見量には、四千内外之由見切候、兎角に四万・三万と申つる趣、不審に候」（上杉家文書）

けんれん【牽連】 つながり続くこと。「深谷家中三分一所之外、皆牽連して以て相変する耶《や》」（伊達正統世次考）

げんをえる【験を得る・減を得る】「験」は「減」とも。快方に向かっていることを感じる。元気になる。「験氣を得る」とも。「公御煩氣、少験を得給ふに於ては、御乗輿にても」（伊達家治家記録）「予例疝気発之間（中略）神仙丹両度マデ服之、即得減キ」（教言卿記）

こ【居】 隼・鷹の数え方。一居、二居。（伊達家治家記録）

ごいしがね【碁石金】「ごいしきん」（桂岌圓覚書）とも。碁石の形にした金粒。「手柄をなす者に褒美なさる、、（中略）一、のし付の刀脇指　一、鑓長刀《やりなぎなた》　一、のどわ　一、小袖　一、羽織　一、碁石金《ごいしかね》　一、づきんまで」（甲陽軍鑑　下）

ごいちぶん【御一分】 ひとり。「隆元様は御一分すゝま《須々万》へ御働き」（桂岌圓覚書）

こいねがう【覬覦・庶希】 希《こいねが》う。希望する。「実父下野守高朝混《ひたす》らに恩赦を覬覦《こいねがう》に付て、魁勢を招返され」（北越軍談）「郡山に向て陣に及はる、誠に庶希《こいねが》はせらる所なり」（伊達家治家記録）

こいねがわく【庶幾】「しょき」とも訓む。心より願う。「庶幾《こひねがはく》は輝虎出場有て全く彼を責伏られんには」（関八州古戦録）

こいねがわく【冀く】 懇願する。「切に冀くは四海清平」（日新菩薩記）

こいのう【乞能】 上演を予定された能のほかに見物衆の希望によって特に演ずる能。「乞能をば誰人に而申され候哉の事」（大内問答）

こいや【乞矢】 矢合せの時などの鏑矢。嚆矢。「乞矢の侍討殺すは討つ者のひけなれば」（長元物語）

こう【甲】 武装した軍兵。「米沢に還り在々に営塁《えいるい》を作り為し、甲を新川近辺に伏せ」（伊達正統世次考）

こう【絚】 ➡「絚《つるべなわ》」を参照

こう【媾】 媾は講和のこと。「江間父子防禦の術《すべ》を失ひ、河田長親に懇望して媾を求む」（北越軍談　中）

こうあん【後案】 将来のことに関する思案。（日葡辞書）

こういき【溝洫】 田に水を引く灌漑用水路。「舟橋辺有諠譁事溝洫可埋哉否事、町人各相論云々、則無事歟」（実隆公記）➡「溝洫《こうきょく》」を参照

こういん【後闇】 後ろ暗い。後ろめたい。「奉対　御屋形様へ、聊御後闇不可覚悟存候事」（生島足島神社文書）➡「後闇《うしろぐらい》」を参照

こういん【後音】 次回の便りをいう書札用語。「後信《こうしん》」「後便《こうびん》」に同じ。➡「後信《こうしん》」を参照

こういん【好音】聞く人にとって喜ばしい、よい情報や知らせ。「内々播州辺音信相待候、未聞好音候」（実隆公記）

ごういん【業因】因果。報い。「これ又、前世の業因《ごういん》にあらずや」（柴田合戦記）

こういんのときをごしそうろう【期後音之時候】手紙の末尾に用い、「詳しくは後便で述べる」の意。「路次中無異儀、被上着候之哉、猶期後音之時候」（黒田家文書）

こうえつ【高悦】大きな喜び。「抑執印事内々被申入之処、可被仰付之由候、高悦無他候」（守光公記）

こうえつ【光越】「光儀」に同じ。光臨の意。「従かご嶋年内承候は、武庫様明日四日御光越被成、可為御談合候」（上井覚兼日記）

こうおう【交往】交際する。行き来する。「内戚《ないせき》の親を厚ふして、互に隔心なく交往を通じ、然るべき乎《か》」（北越軍談　中）

ごうおく【剛憶】豪勇と臆病。「一、乗馬（馬乗）・歩兵《ぶひょう》共に、一統の指物申し付け、戦場において、剛憶《ごうおく》歴然の様に申し付けらるべき事」（甲陽軍鑑　中）

こうおつじん【甲乙仁・甲乙人】①誰と限らず、すべての人、貴賤上下の人。「諸軍勢・甲乙仁等、濫妨狼藉之事、堅令停止畢」（黒田家文書）②中世に限って使われた言葉で、一般の庶民つまり農民のこと。禁制には頻出する。雑人。地下人《じげにん》、凡下の者などをいう。「与清曰、甲乙人とは御家人ならぬ上下の雑武士なり、それを甲は士、乙は卒の事としたる」（松屋筆記）

➡「執渠《たれかれ》」を参照

こうおつのせんぎ【甲乙の僉議】合戦での将兵のはたらきの功罪を評議すること。「右の合戦に敗軍したる者共の甲乙の僉議あること、一番備の中にても、左右の谷へ敗北したるが乙の内の乙になりたる、谷へは落下らず、本道を静かに追立てられて来るは、乙の内にても甲也」（続撰清正記）

こうおん【高恩】高大な恩。はかりしれない恩義。厚恩。大恩。「土器物三種送給之、不慮高恩也」（実隆公記）

こうおん【洪恩・鴻恩】書状などで、相手からの厚意を、身に余る有り難いものと感謝する語。「凡今度路次令追従慰旅懐、剰浴鴻恩候、畏悦千万候」（実隆公記）

こうか【後架】①禅家で、僧堂の後ろに架け渡して設けた洗面所。「早旦向妙蓮寺室礼等見廻了、昨日後架等俄造云々」（晴富宿祢記）②転じて小便所をいう。番匠三人、東司、後架功修了」（教言卿記）

こうが【光駕】立派な乗り物の意から、主として書状で、人の来訪について敬意を表わしていう語。「遠路御老足、海陸共御劬労雖痛入候、有光駕、来弥生十三之法事御執行」（無量光院文書）

ごうか【劫果】「劫火」の充て字。猛火。「天の三災一時に来り、劫果《ごうか》の責《せめ》を受《う》る風情も斯《かく》やと」（北越軍談）

こうかい【幸懐】幸いなこと。「去年中達候処、参着預御札候、披見誠以幸懐候、殊各御堅固之由、目出存候」（石井進氏所蔵

諸家文書）

こうがい【梗槩】「笄」の充て字。髪をかき上げるのに用いる細長い具。男女とも用いた。「金具所焼付け、地ぼり、目貫《めぬき》、梗槩《こうがい》は十二神、後藤源四郎ほりなり」（信長公記）

こうかき【紺掻】染物屋、紺屋。「百次へ紺掻無御座候て、諸人笑止にて候」（上井覚兼日記）　➡「**紺掻**《こんかき》」を参照

こうがく【溝壑】谷あい。谷間。「心々思々に逃げ散じ、或ひは他州の溝壑《こうがく》に尸《かばね》を曝すもあり」（甲乱記）

こうかつ【校割・交割・公割】①宝物。（黒田家文書）「全部被下候、一部ハ上方へ上セ、一部爰元ニ可召置候、永々之校割一入過分ニ存候」（千坂伊豆守宛金地院崇傳書状）②寺に所蔵される宝物。（日葡辞書）「**公割**」は「**公割物**」の略。寺院の宝物。寺代々の宝物。「是の日、家財・公割は、総て焼失すと雖も」（日新菩薩記）

こうがみ【首上】「こうがめ」とも。首筋の上。「若室長門かうかみをつかれて討死也」（信長公記）

こうがめ【蜂谷】「こうがめ」は「こめかみ」の方言か。「しゆっこく」とも訓む。額のこめかみのこと。「蜂屋半之丞がかふ《蜂谷》がめへ打込《こみ》ければ」（三河物語）

こうかん【校勘】あるものを他のものと比べ合わせて考えること。特に異本の刊本・写本の本文を比較して誤りを訂正すること。「後醍醐院上帖今日終書功、則懸勾令校勘者也」（兼顕卿記）

こうがん【向顔】対面すること。「遥久不能向顔候」（貴理師端往来）

ごうかん【合懽】「懽」は歓に同じ。喜びを共にする。親しみあう。合驩。「是に由りて政景との間も亦、合懽せざる歟」（伊達正統世次考）

こうき【硬起】「興起」の充て字か。盛んにすること。「正木制して小敵の硬起は大敵の擒《かう》となるそ」（関八州古戦録）

こうき【後喜】「後喜を期す」「期後喜之時候」の言い方で、次にお目にかかる機会を楽しみに待っていることをいう意で、文末に用いる書札用語。「秀吉可然之様御取成可畏入候、猶期後喜候、恐々謹言」（牛田文書）「抑土佐弓十張進之候、誠表慶詞計候、猶期後喜之時候」（山口県文書館蔵西園寺公広書状）

こうき【恒規】その折々には必ずそうすることに定まっているしきたり。「早朝行水看経等如例、旬之恒規也」（実隆公記）

こうぎ【公義・公儀】①公式のという意。「公義向ノ御一書今般差遣サル」。（伊達家治家記録）②表向き。「元長公は公儀にては此の如く候」（老翁物語）

こうぎ【光儀】光臨に同じ。身分の高い人の他行、外出を尊敬していう語。また、書状で、人の来訪について敬意を表わしていう語。「田布施御立願之御能之儀に、彼方へ御光儀急度可被成候」（上井覚兼日記）　➡「**光路**《こうろ》」を参照

か

ごうき【合期】 打消とともに用いて、時機が合わず、チャンスがないこと。「期を合うに及ばず」「期を合うべからず」とも用いる。「切々可申処、路次不合期故、無音所存之外候」（長浜城歴史博物館蔵六角義賢書状）

こうきょ【後拒】 後押し。「新年の兵百人を後拒として藤尾の城に入る」（昔阿波物語）

こうぎょ【光御】「光儀」に同じ。光臨の意。「昨日者光御、誠以祝著難申尽候」（実隆公記）

こうぎょ【薨御】「薨去」に同じ。皇族ならびに三位以上の人の死をいう。「抑信州五ヶ庄事、大通院御時被進院宣、両三年御知行之処、去年薨御之刻、山科宰相自仙洞被下奉書之由申押領了」（看聞御記）

こうぎょう【鴻業】 大きな事業。「祖先の鴻業空《こうぎょうむなし》く成行き、当家の社稷《しゃしょく》破滅ありなん」（北越軍談）

ごうきょう【傲強】 豪強・剛強の充て字。勇猛なこと。勢いがあって強いこと。（細川家記）

こうきょく【溝洫】 田と田の溝。「朝憲日々に廃絶して、風雨時を失い、黔首溝洫《けんしゅこうきょく》に倒る」（北越軍談）　➡「溝洫《こういき》」を参照

ごうぎり【郷切】 知行割の一環として、本領の郷や村を決定すること。「矢野知行今度出来分事、長岡ニ遣之候き、（中略）又、矢野本地相治分事、員数無相違、郷切仕、無申事候様候て可然候」（細川家文書）

ごうきん【合卺】 婚礼。「春日山の二の郭《くるわ》に移して、喜平次景勝主の姉君を娶《めあわ》せ、合卺の礼あり」（北越軍談　中）

こうけ【高家】 室町時代の将軍家の一族。家柄のよい家。「義元公の御家むかしより高家《こうけ》にてまします」（甲陽軍鑑　下）

こうけ【闔家】 一家残らず。家中。挙家。「然れども実に上杉の種姓にあらざるを以て、闔家《こうけ》股従《こじゅう》の機薄《うす》し」（北越軍談）

ごうけ【豪家】（下総国の）守護。「往古より坂東にて粋一の名高き豪家の事なれば、向後一味の好みを通し」（関八州古戦録）

こうけい【交契】 交わりを結ぶこと。「自今以後貴邑と敝邑与《と》吉凶無二交契を為す可しと」（伊達正統世次考）

こうけい【幸慶】 身の上に恵まれたこの上ない仕合せ。「誠トニ是天ノ与へ、且ハ当家ノ幸慶純熟スル所也」（信長記）

こうけいをごす【期後慶】 またの機会を期しますという意で、文末に用いる文書語。「帰陣候間、以面可申候、猶期後慶候」（長府毛利家所蔵毛利元就書状）

こうげさ【甲袈裟】　➡「青甲《せいこう》」を参照

こうけん【後見】 戦国時代の武家で一家の主が幼少で家督を継いだ時、その家長にかわり、一族を指揮し、領地を治め、また軍役を勤めるなどしたもの。「六十二歳にて病死し其子国千代丸忠政今年十歳なりし故康高の聟榊原式部大輔康政後見して此度の一挙にも彼被官合属等康政の指揮に従て出陣せり」（関八州古戦録）

こうげん【効験・高験】 ①すぐれた効き目。効果。「老病

の床にふして医療効験なく」（関八州古戦録）「仍此古酒被思召寄被下候、御志一入賞翫可仕候、（中略）此菊之露にて猶々高験を得候」（実隆公記）②病気が治って健康になるしるし、兆候。（日葡辞書）

こうげん【威言】大それたことを言う。「傍に人なきか如くそこはかとなき威言《こう》を噴き」（関八州古戦録）

こうげん【高言】大袈裟なことば。大言壮語。偉そうに威張って、身の程知らずの大きな事をいうこと。「何方も若き衆は、有習《あるならい》なれば、勝《かつ》に乗《のっ》て、とてもやる間敷と高言をする」（三河物語）

こうげん【亢言】相手に逆らって言うこと。抗言。「何ぞこれを手柄として、亢《こう》言を成さん乎《や》」（北越軍談）

こうご【向後】 ➡「向後《きょうこう》」を参照

こうご【行伍】軍隊。兵卒。隊列。「異なる切所にして、行伍自由あらず」（北越軍談）

ごうこ【江湖】①四方の僧を集めて行う夏安居《げあんご》をすること。また、江湖僧が行なう修行のこと。「七回忌に当り、追薦のために江湖《ごうこ》修行これあり」（信綱寺殿御事蹟稿）②禅宗の僧。特に曹洞宗で、学問僧をいう。「某母のため千人の江湖を置せまいらせて」（甲陽軍鑑）

ごうご【合期】期日に違わぬこと。間に合うこと。また、思うようになること。「不可合期」で、期待するなの意か。「長篠との間三里余候、敵之備雖為節所、十八日押詰鉄炮放候、通路も不可合期候」（細川家文書）

こうこう【抗衡】張り合う。ライバル。対抗して譲らないこと。「當時氏康・信玄・謙信公鼎争《ていそう》の弓矢を挑み、知《しり》つ知《しら》れたる抗衡《こうこう》の相手なれば」（北越軍談）

こうこう【光降】「こうごう」とも。他人を敬って、その来訪をいう語。天皇や貴人などが、おいでになること。光来。光臨。光越。光賁。「二条前殿下光降」（実隆公記）「五条父子内蔵頭見舞とて光降、従四辻中将使有之」（言継卿記）

こうごう【口号】詩歌などを口ずさむこと。「及晩大昌院入来、羞晩飡、相留一宿談旧遊、有其興、及暁有口号」（実隆公記）

こうこく【闔国】全国の。国中の。「闔国《こうこく》の諸老禅も亦、書を以て倶に勧む」（性山公治家記録）

ごうこそう【江湖僧】曹洞宗でいう学問僧のこと。「学問僧を教家《きょうか》にては所化《しょけ》と申、洞家にては江湖僧《ごうこそう》と云、関山派にては衆寮《しゅりょう》衆と申され候」（甲陽軍鑑）

こうこん【後昆】子孫。（征韓録）

こうさ【功磋】「功作《こうさ》」の充て字。てがら。功労。功績。功業。「其方《そなた》十七歳より陣をなされ、八年の功磋《こうさ》の上、信玄公の御代にも七八年は小身にて」（甲陽軍鑑 中）

こうさ【江左】大きな川や入江の左岸。琵琶湖や淀川の左岸をさして言うことが多い。「自此所（坂本）滋野井同道乗湖舟赴江左、先行向右林陣屋蓮台寺」（実隆公記）

ごうさ【業作】 仕業。所行。（日葡辞書）

こうさい【宏才】「こうざい」とも訓む。才知が幅広く大きいこと。また、その人。「分別才覚ありて、工夫の知略よろしく、思案の宏才《こうさい》ものなり」（甲陽軍鑑　下）

こうさい【口才】「こうざい」とも。①言うべきことを、はっきりと申し立てること。「若輩なり共、存知あたりたる儀は口才可申候」（毛利家文書）②弁舌の才能。話の仕方が巧みなこと。博識ぶること。また、その人。「洪才」「宏才」「厚才」「鴻才」とも。「下守護代斎藤備後之奏者井上也、口才之者也」（政基公旅引付）「万々中口才に任せらるの旨、著さる」（性山公治家記録）「其上今度皇徳寺幷菅生能登守被指越条、于口才得其意候」（東京大学文学部蔵相馬義胤書状）

こうさつ【甲刹】 最もすぐれた寺。「資福禅寺は羽州第一の甲刹《こうさつ》にして大休正念和尚」（性山公治家記録）

こうさつ【高札】 他人を敬って、その書簡をいう語。お手紙。「去月十二日之御状、当月四日到着、高札幷写奉披見、過分之至奉存候」（上杉家文書）「高札畏悦候」（実隆公記）

ごうさむらい【郷侍】 田畑を持ち、平時は農業に従事し、戦時になると戦いに従事する土着の武士。「細川武蔵守晴元を大将として、上山崎・下山崎・西岡洛東の郷さふらひに仰付られ、都合壱千六百を卒して中嶋へぞむかひける」（室町殿日記）

ごうし【合子】 木製の椀。茶の湯では「水こぼし」のこと。（日葡辞書）

こうじき【高直】 高い値段。「南蛮には、ねの高直《こうじき》なる小袖をきて」（甲陽軍鑑　下）

こうじち【高質・郷質】「高質」は郷質《ごうじち》に同じ。中世に行なわれた質取形式の一つ。借主が借分を返済しなかったときに、貸主がその損害賠償を借主の同郷の者に求めるか、あるいは同郷の者の財産を私的に差し押さえること。郷で抵当権を執行すること。高質。国質。「ひさた候はば、見合ひのかうしちをもとられ申候へ事、是又非相当之義者、争可許容」（東寺百合文書）「一、郷質・所質不可執之、押買、狼藉すべからざる事」（大津延一郎氏所蔵文書）

こうしつ【公室】 本家。「此の家世々公室（伊達本家）の為に八幡宮に代参す」（伊達正統世次考）

こうしつのまじわり【膠漆の交り】 離れがたいほど親しい間柄。「膠漆《こうしつ》の交りをなし相互に扱ひ合て」（関八州古戦録）

こうじむろやく【麹室役】 麹室に課する役銭。「是を以て上長井下長井の両荘の麹室役、永代之を充行《あてがい》了る」（伊達正統世次考）

こうしゃ【功者】 熟練者。巧者。「敵のつくまじきと功者共申候に」（甲陽軍鑑）

こうじゃく【拘惜】「くしゃく」とも。かばう。庇護すること。罪人をかくまうこと。「若有許容族者、可為同罪之旨、触催国中於令拘惜者、共以不日可被加対治之由」（石清水文書）

か

「寺僧内私曲法師在之而、拘惜証拠於分明之儀者」（播磨・清水寺文書）

こうしゅ【甲首】 兜を付けた大将分の首。武将の首。「甲首二百三級有りしとぞ」（関八州古戦録）

こうじゅ【口入】 ①「くにゅう」「こうじゅう」とも。口添え。紹介。「佐野山城守も先年牢浪して出国し、北条氏政の口入《こうじゅ》を受て」（北越軍談　中）②口出しをして干渉する。また、その人。世話すること。仲立ちすること。「負物人死去あらば、口入《こうじゅ》の者の名・判を正し、其の方へ催促すべきの事」（甲陽軍鑑）「万事妻妾ノ口入可禁之」（信長記）

こうしゅう【寇讐】 あだ。かたき。「斯く一年も踰えざる内に、寇讐《こうしゅう》悉く伏誅し、勝頼御父子の本懐」（武田三代軍記）

こうしゅうのせき【膠州の責】 「寇讐」の充て字。あだ。かたき。「謙信公遂に膠州《こうしゅう》の責を課《おわ》せ玉へり」（北越軍談）

こうしゅつ【闔出】 追放する。「父信虎を今川義元（晴信の姉聟）の手に懸《かけ》、駿府え闔出《こうしゅつ》し」（北越軍談）

こうしょ【荒所】 戦さ前に、刈田狼藉・放火などで敵の領内を荒らすこと。またその土地。「深谷・藤田領中無残所成荒所、明日秩父へ移陣、郡中令撃砕」（野呂弾正宛武田信玄書状）

こうしょ【巷所】 都市の路面のうち、道路として使われなくなった部分で、家を建てるなどに至った所。「巷所カウシヨ　京中小路之外居家ヲ云也」（天正本運歩色葉集）

こうしょ【苟且】 仮初の。間に合わせ。「姑《しばら》く公と運公との苟且《かうしょ》の相約の一条を挙けて」（一徳斎殿御事蹟稿）

こうしょう【後衛】 ①背後を衝《つ》くこと。「柏山勢州・富沢金吾与《と》相議し、後衛の為《ため》に袋に軍し、以て進撃を為せ」（伊達正統世次考）②応援のため後方に控える軍勢。「則ち陣所も亦懸田に退かん、其の後国分の後衛と云い、自《みずか》ら名取口に向う可し」（伊達正統世次考）

こうしょう【後証】 後日の証拠。あとあとまでの証拠。ごしょう。「雖為当知行度々為後証」（東寺百合文書）

こうじょう【向上】 最上。最高。「山本勘助見て、他国に違《ちがい》、武田の弓矢向上《こうじょう》也」（甲陽軍鑑　中）

こうじょうにやとう【雇口上】 使者が申すこと。文書語。「子細者、山角治部・須藤近江両人可申達候、猶高福院雇口上候間、不能具候」（高室院宛北條氏直書状）

こうしょく【紅燭】 くれないのともし火。ひかり輝く燭光。「紅燭三百挺」（伊達家治家記録）

ごうしょく【合属】 「与力」のこと。「丸田弥九郎など云《いう》剛の者、幷《ならび》に合属《かうしょく》【今云、与力】」（北越軍談）　➡「合属《あいつく》」を参照

こうじをごす【期後時】 またの機会にという意の書札用語。「定而此等之儀も急度事澄候ハんと中候、尚期後時候、恐惶謹言」（水沢市立図書館蔵最上義光書状）

こうしん【後信】 「期後信之時」と用いる。「後音《こういん》」「後便《こうびん》」に同じ。「尚令期後信之時候、恐々謹言」（千曲市教育委員会蔵

徳川家康書状）「終日苦痛計候、旁期後信候也」（実隆公記）
➡「後音《こういん》」を参照

こうじん【睪人】「睪」は睾か。皐皐の人の意。かたくなで道理を知らない人。「何くれと日を移して披露延引しける間、睪人《こうじん》の輩聞伝て内々聴に達せし故」（北越軍談　中）

こうじん【後陣】後方に設けた陣。あとぞなえ。ごじん。（文明本節用集）

ごうじんすいもん【拷訊推問】拷問・訊問のこと。「証拠を以て言上す、左あれば、拷訊推問《ごうじんすいもん》有て、屍を街に晒《さら》され、然べき旨口々に申しけるを」（北越軍談　中）

こうせつ【行説】「荒説」の充て字。風説。「陣之行説を潜に聞しめらる」（庄内陣記）

こうせつ【巷説】世間のうわさ。（南海通記）

こうぜつ【口舌】弁論する。演説する。「武相之間迄も、可有御調儀候、何篇御越山火急ニ相極候、委旨可有彼口舌候条、令省略候」（里見義弘書状）「其听得候、日出肝要候、毎事ニ福寺任口舌、抛筆候」（東京大学文学部蔵二本松義国書状）

こうせつのとき【後説之時】後便の時に。「無御心許不可有之候、諸毎期後説之時候条、閣筆端候、恐々謹言」（東京大学史料編纂所所蔵文書）

こうせん【香銭】「香奠《こうでん》」に同じ。「顕性大姉十三回忌、金台寺へ香銭百疋遣之」（北野社家日記）

こうせん【紅線】系図血脈。「能く本心の守り一条の紅線を引きて」（日新菩薩記）

こうぜん【向前】➡「向前《きょうぜん》」を参照

ごうせん【郷銭】税金の一種。富裕な商工業者に課税した「有徳銭」に対して、一般大衆の農民に課税したものをいうか。（大乗院寺社雑事記）

ごうせん【合銭】無尽講の掛け銭。合力銭。「対十住心院、以借銭合銭、所取置之質物事（中略）任先例可被成下合銭棄破御下知之由申之」（親元日記別録）

こうそ【縞素】白色の喪服のこと。「群卒をすゝめ、縞素を着しながら幼君の敵をうたんと義兵を挙しかば」（太閤記）

こうぞう【香象】発情期の象。この期の象は香気を発する。その時の力は強大で制することができないということのたとえ。「兼信を討取らんと、香象の怒りをなし打って懸る」（奥羽永慶軍記　下）

こうぞく【甲族】高家。高貴な家柄。門閥家。「其後当家の甲族譜代《こうぞくふだい》の輩に胥議《しょぎ》し」（北越軍談）

こうそつ【降卒】降伏した兵士。「去程に上ノ卿入道は主従二十七騎にて降卒に成て出にけり」（明徳記）

ごうそん【郷村】室町時代、荘園の解体にともなって生じた村落共同体の組織。「郷村には代官計可被置事」（朝倉孝景条々）

こうたつ【口達】文書によらず、口頭で他人に通達すること。「委曲御使僧可為口達条、不能重筆候、恐々謹言」（相良

家文書）

こうだん【高談】書状で、相手の談話に敬意を表わしていう語。「雖多意味、叵覃弁舌、併期高談之時」（天正本新撰類聚往来）

ごうたん【毫端】筆のさき。筆端。文章を書き記すこと。「毫端に及び難し」などの言い方で、とうてい書き表すことができない。「此間之儀毎年難述毫端、只愁涙之外無他而已」（実隆公記）

こうち【厚地】地味の肥えている土地。「殊返付分者薄地也、号地利分者厚地也、因茲方寺損莫大也」（長防風土記文明十二年四月廿日条）

こうちゅう【控中】①「洞中」に同じ。家中。一族の意。領内の意。「各御参候、御洞中之御一家・播州（桑折宗長）・泥蟠斎（小梁川盛宗）御出仕候」（伊達天正日記）②家臣。「大崎控中執　刷《とりつくろ》ひの義肝要たるへし」（伊達家治家記録）

こうちょう【肯聴】承知して聞く。心からそう思って聞く。「頻りに諫言《かんげん》を加うと雖も、尚義一向に肯聴せざることを報ず」（伊達正統世次考）

こうちょう【後朝】宮廷で、花見・七夕などの会のあった翌朝に催される宴会。これらの会には御能が伴っていたので、御能の会の翌朝の宴会をさすのが普通となった。「九日。（中略）御たゐにくもじありて、御ひしひしとうたゐいしいしもありて、あけほとまでの一こんにてめでたし、めでたし、（中略）十日、くろ御所御所いまだ入せをはしまして、御こうてうあり」（御湯殿上日記）

こうちょうしゃ【公牒者】間諜者と同意か。「宿陣して兵馬を休《やすま》す。公牒者を以て夫《それ》の體《てい》を聞食《きこしめ》し」（北越軍談）

ごうてき【強敵】「きょうてき」に同じ。「信玄公当年四十九歳ニ御座《おはしまし》候て、跡強敵《ごうてき》大敵に一度も負給はずして」（甲陽軍鑑　中）

こうと【後途】将来のこと。「卒忽《そこつ》の働成り難きに依て、諸将各後途《こうと》を約して退散すと云々」（北越軍談）

➡「後途《ごと》」を参照

こうとう【勾当】①盲人の官位。②勾当内侍（宮中長橋にあって長橋局ともいう）。（日葡辞書）

こうどう【公道】「公道なる仕立」は、正装しての意。「折目高なる肩衣《かたぎぬ》、袴、衣装、公道なる仕立にて正徳寺御堂の縁に並び居りて」（信長公記）

こうどり【鴻取】コウノトリを捕る鷹。「一、鴻取《こうどり》　一、鶴《つる》取《とり》　一、真那鶴取《まなづるどり》　一、乱取《らんどり》」（信長公記）

ごうなみ【郷次・郷並】郷民のこと。「次《なみ》」は、日次《ひなみ》の使い方と同じ。「定　御細工之奉公相勤之条、郷次之御普請諸役一切御免許之由」（金井金蔵氏所蔵文書）「定　門前家拾間之分、以　御直判、郷並之諸役、除物国一統之御城普請、御免許之処」（内閣文庫蔵判物証文写）

ごうにんばら【郷人腹】原 日葡辞書では、単に郷の者、村人というが、『関八州古戦録』には「旗下に属するは郷士、地侍、地下人、郷人など」とあるので、武将の配下として序列があり、その下部の者たちということになる。「信玄はまづ郷人《がうにん》ばらを出させ給ひて」（三河物語）

ごうのたてかえ【劫の立替】 相手を混乱させるために話・計画を変更すること。「先手にては家康公御出馬と度々申上候に、無御出馬劫のたてかへ《立替》に被遊候と福嶋（正則）殊外腹立、輝政（池田）はなしに劫のたてかへあるべきと口論」（慶長記）

こうのまる【甲の丸】 本丸のこと。「敵城の乙の丸に攻め込み、合壁の屋宅を引き払い、甲の丸一箇となる」（惟任謀反記）

こうばく【広博】 広いこと。（日葡辞書）

こうばし【芬し】 「香ばし」に同じ。「笠原等の勇士、数度の軍旅に押て、武名最も芬《かうば》し」（北越軍談）

こうはつ【更発】 再び起こること。多くは病気などにいう。「自禁裏有召、（中略）痔所労更発之間不参」（実隆公記）

ごうはつ【毫髪】 細い毛。少しのこと。「又其往還敵地を旅行し、毫髪の微恙《びけい》なし」（北越軍談）

ごうはふる【劫はふる】 極めて長い時間。「此の遺恨劫はふるとも忘れがたし」（奥羽永慶軍記　下）

こうばり【かふばり】 勾張。甲張。家などの傾斜を支える材。「家康と云武道の強き侍に、内々かふばりを仕ると云義を」（甲陽軍鑑　中）

こうばり【強張】 比喩的に、人を側面から援助することをいう。「家康と云武道の強き侍に、内々かふばりを仕ると云義を、美濃国の先方、信長に降参の侍共より誓紙をもって申越候間」（甲陽軍鑑）

ごうはん【合判】 公文書に判を加えること。また、その判。加判、あるいは連判すること。「芋公事去五日合判、定而船近日可著岸之由語之」（実隆公記）

こうひ【光賁】 「こうふん」とも。「光臨」に同じ。高貴な人の来訪のこと。「今朝拙宿へ御光賁忝之由共申候也」（上井覚兼日記）

ごうび【合眉】 眉を合せるようにして密かに相談すること。「石川玄蕃頭康長は、（中略）縁家大久保石見守と合眉し、是を隠し上聞を歴ざるを以て、信州松本の領地没収し、豊後佐伯へ謫流せらる」（武徳編年集成）

ごうひつ【剛弼】 強剛の者。「片岡流石の剛弼にてさん候」（関八州古戦録）

こうびにせっす【高眉に接す】 面会する場合の相手を敬していう言葉。「其の地に就いて一宿し高眉に接して後《のち》過渉せんことを欲す」（伊達正統世次考）

こうびん【幸便・好便】 都合のよい便りの者、または好機会、好都合の折。（日葡辞書）便宜の合ったついでに。「指義雖無之候、幸便之間申届候」（伊達家治家記録）「明日有江東好便、遣状於京兆」（実隆公記） 参考：特に、人に贈る手紙に用いる場合には「幸便」の文字を宛てた。

こうびん【後便】「後音《こういん》」に同じ。⬇「後信《こうしん》」を参照

こうふん【黄吻】「黄口《こうこう》」に同じ。未熟者をあざけっていう。「小躮《せがれ》の分として何の意味をか知《しら》ん。径庭《おこ》がましき黄吻憎《こうふんにく》し、差出者哉」（北越軍談）

こうぶん【広聞】大学者。（日葡辞書）

こうぶん【高聞】（親王様へも）披露を頼みます。高貴な人に直接、申すのは憚かられるので、周囲の人に披露を依頼すること。「親王様江白鳥生鳥致進上候、雖不珍候、可被達高聞候」（末吉文書）「奉対京都不揺野心段、多年雖令言上、未達高聞候、不運之至候」（蜷川家文書）

こうべ【首】頭。「波川首を刎（剃カ）り、高野へ入らんと」（元親記）

こうへい【甲兵】武器。武具。武装した兵士。戦争。「甲兵の鋒芒《ほこさき》強して、佐久・小県の所帯も半ば略せられ」（北越軍談）

こうへん【口篇】使者の口から聞いてください。「申述」に同じ。「可為御大慶候、萬餘樱坊御口篇ニ可有之候之條、不能顕説候」（清浄心院宛土岐治綱書状）

こうへん【公邊】表面ではの意。「公邊は御無事の落着有て、内々は御油断なければ」（伊達家治家記録）

こうへん【公篇】公儀。「公篇の邪魔なりなんとそ嘲哢して混《ひたす》ら憲政を諌め」（関八州古戦録）

こうほう【鴿峰】高野山のこと。「泉南（堺）・宇治・南都（奈良）・住吉・天王寺・鴿峰（高野山）・山崎の銭原など追々巡覧あり」（北越軍談）

こうほう【孔方】銭の異名。「我等事、明日山県迄罷出候、聞召付候て御便僧孔方百疋拝受、過分候」（吉川史料館蔵吉川吉長書状）

こうぼう【衡茅】粗末な家のこと。隠者の棲む家。「旧領の地に尾を曳《ひき》、衡茅《こうぼう》に耕種《こうしゅ》して、田家の処士と成られ」（北越軍談）

ごうまつ【毫末】毛の先。ごくわずか。極めて微細なもの。小さなもののたとえ。「当方の一党、咸《みな》堅固に相約す、毫末も疑を為すこと勿れ」（伊達正統世次考）

こうみょう【高名】手柄を立てること。功名。「関白殿御存分ニハ少も無御合点候、一人高名者成申ましく候歟」（黒田家文書）

こうみょうちょう【高名帳】戦場で手柄をたてた者の名前などを書き記す帳面。「適《たまたま》戦せりあひにあふては、被官の取りたる頸などを高名帳にのせ」（甲陽軍鑑）

ごうみん【郷民】「郷人《ごうにん》」に同じ。村人。「今日七郷々民、京より帰陣也」（山科家礼記）

こうめん【向面】人と面会すること。会うこと。（日葡辞書）

こうめん【高免】主として書状で、相手の容赦・赦免する行為を敬意を表わしていう語。「捻紙可有高免候、可被勘

下候」（実隆公記）

こうめん【後面】 次の機会にお目にかかることをいう書札用語。「猶期後面之時候」（貴理師端往来）

こうもう【膏肓】 「膏肓《こうこう》」の誤読。救いがたい状態。「石見守も高津戸の兄弟をは膏肓《こうもう》の疾と心得ければ」（関八州古戦録）

ごうもう【毫毛】 「すこしも」とでも訓か。少しも。「当家至于子孫者、毫毛不可有御等閑候」（小山氏文書）

ごうもく【合木】 中世、燃料の木を出しあって風呂を沸かすこと。また、風呂に招待された時は薪を持参した。「従中御門近所風呂合木之由被申候間令同道」（言継卿記）「風呂昨日在之、合木」（大乗院寺社雑事記）

こうもん【告文・晧文】 「告文する」と用いる。起請行為をすること。起請文のこと。奉読の後に焼却するのが原則であった。「大五輪寺舜識房昨日於十市所取湯起請云々、律宗如此晧文無先規沙汰也、可嘆々々」（大乗院寺社雑事記）

こうもん【高問】 主として書状で、相手からの音信または訪問を、敬意を表わしていう語。「雨中高問恐悦候」（柳原家記録）

こうもん【黄門】 「中納言」の唐名。「勧修寺黄門所労気之間、脉之事被申、罷向」（言継卿記）

ごうもん【強文】 「告文《こうもん》」に同じ。「此儀為実者、以強文、明可申、於失者、可為三日」（東寺百合文書）

➡「告文《こうもん》」を参照

こうやく【衡軛】 衡は秤、軛はくびき。衡や軛の形をした陣形。雁行と同じく一陣ずつ進軍する。宿城の攻撃・放火などに用いられた。「魚鱗《ぎょりん》、鶴翼《かくよく》、長蛇《ちょうじゃ》、偃月《えんげつ》、鋒矢《ほうし》、方向《ほうよう》、衡軛《こうやく》、井雁行《せいがんこう》」（甲陽軍鑑 下）

こうやひじり【高野聖】 高野山を根拠地とする回国僧。その団体を「聖方」という。「勝手へ高野聖、諸国廻国済《すみ》罷り帰り候由」（左衛門佐君伝記稿）

こうゆせん【香油銭】 寺院で祈禱に使用する香油に対しての補助金。「當年ヲ年御扶持給并香油銭、來ル廿日切而、佐枝・恆岡前より可請取者也」（北條家朱印状写）

こうより【こうより】 紙縒。こより。「其上かうより《紙縒》をなげしに、つばきをもつてつけ」（甲陽軍鑑 下）

こうらいたか【高麗鷹】 高麗（朝鮮）産のタカの一種。「高麗鷹六連《もと》、溝口金右衛門求め、進上」（信長公記）

こうり【口裏】 口のうち。口上。「諫言《かんげん》一《ひとえ》に卿《なんじ》に託す。猶彼の口裏《こうり》に在り、書中具《つまび》らかならず、恐々謹言」（伊達正統世次考）「巨細之段可有彼口裏候間、不能重説候、恐々謹言」（東北歴史博物館蔵佐竹義昭書状）

ごうりき【合力】 「ごうりょく」とも。①協力すること。「但、御陣・御在京等御留守難去時者、可致合力事」（近江八幡市所蔵文書） ②金品を与え救うこと。援助すること。「尤も造作失墜は、皆以て合力し玉ふへけれは心安かるへし」（伊達家治家記録）「山井筑前守へ米一斗遣了、合力也、左少之儀

也」（言経卿記）

ごうりゃく【劫掠・掠略・劫略】「劫掠」は、「劫略」に同じ。略奪すること。「近隣たとへ劫掠《ごうりゃく》の変有りとも、畏るに足らず」（奥羽永慶軍記　上）「晴信の姉婿とし、信州の内掠略《こうりゃく》の地を附与すべき趣を論ず」（北越軍談）➡「掠略《りゃくりゃく》」を参照

こうりゅう【蛟龍】雨龍。雨雲に乗じて天に昇るという。「一、三里が間は旗風に翻りて、蛟龍《こうりゅう》の雲上に飛が如く」（奥羽永慶軍記　下）

こうりょう【校了】「考量」のこと。考え謀ること。「落去延引の処、元就校了有り」（桂岌圓覚書）

こうりょう【紅梁】「虹梁」とも。やや反りを持たせて造った化粧梁。「紅梁《こうりょう》容易に動き難きのところ、中井大和守正次、脚代を以て載せ、轆轤《ろくろ》を以てこれを上ぐと云々」（駿府記）

こうりょう【公領】①蔵入分。直轄地。「因って上長井下平柳公領の分残さず之を賜う」（伊達正統世次考）②伊勢国など比較的遅くまで国司がいたところでは、国司家の所領をさす。「一、御公領野辺外者、御分領悉」（沢氏古文書）➡「公領《くりょう》」を参照

ごうりょくせん【合力銭】寄付金。「早如元令支配合力銭、可被遂神事無為之節」（生源寺文書）

こうりん【光臨】書状で、人の来訪について敬意を表わしていう語。「次左衛門督殿一結御随身アリテ光臨あり」（山科家礼記）

こうるい【紅涙】血涙、悲憤、悲哀のあまりに出る涙。「一益大に驚き紅涙に咽んで暫くは言語を絶しけるか」（関八州古戦録）

こうるい【隍塁】「高累」に同じ。高い砦。「要害以下見分有しに処々隍塁《こうるい》の縄張など如何さま」（関八州古戦録）

こうろ【光路】「光儀」に同じ。身分の高い人の他行、外出を尊敬していう語。また、書状で、人の来訪について敬意を表わしていう語。「大納言様、成身院へ御光路ニ召候テ出ル」（久政茶会記）➡「光儀《こうぎ》」を参照

こうろう【更漏】漏刻。水時計。転じて、時刻。「更漏移之後、踏月退出」（実隆公記）

こうろく【光録】大膳大夫の唐官名。「被対義統忠節之上者、去永禄九年十二月十五日任光録御判形之旨、全可有領知之由」（豊臣秀吉等連署書状）

こうわか【幸若】幸若舞の略。桃井幸若丸（直詮）が始めたといわれる簡単な動作を伴う語り物。単に「舞《まい》」ともいい、室町中期から末期に流行した。「有二人舞、可参之由有催之間、午下刻参内、於小御所有此事、幸若也、音曲神妙尤有興」（実隆公記）

ごうん【五蘊】人間のこと。「五蘊《ごうん》のあだなる身をば八苦の炎に焦し」（奥羽永慶軍記　上）

ごうん【五雲】 ➡「朶雲《だうん》」を参照

こえつのおもい【胡越の思】 疎遠の思い。（庄内陣記）

こえる【梃】 超えること。「安西秘蔵の侍とて懇情傍輩に梃《こへ》たり」（関八州古戦録）

ごおう（ほういん）【牛王（宝印）】 牛王宝印のこと。誓詞を書く際に用いる。（日葡辞書）**熊野神社・高野山・東大寺・東寺などから出す厄除けの護符、起請文を書く用紙。**（伊達家治家記録）

ごおうふだ【牛王札】 守り札。「就年頭之儀、当官修正牛王札・香水幷扇子祝着之至候」（武家手鑑）

こおどり【雀躍】 小躍りする。「氏規も雀躍《こをどり》し御談和畢て平沢帰りけるか大道寺新四郎は」（関八州古戦録）

こおりがみ【小折紙】 用紙を横に半折した折紙を、さらに四つ折りにしたもの。また、簡便な書式で折紙に書いた公文書を言うこともある。小折り。「久泰次男久宗、右兵衛尉之事可被露之由、小折紙持来」（言継卿記）

こか【故家】 古くから伝わってきた旧家。（昔阿波物語）

ごかいはじめ【御会始】 宮中、または親王家・将軍家などで、多く正月十九日に行なわれた年始の歌会。歌御会《うたごかい》始《はじめ》。「一今日武家御会始〈題鶴馴砌〉之間」（実隆公記）

こかく【小角】「こがく」とも。三寸（約九㎝）四方の小さな板の折敷。**大将以外の者の首実検の際には縁を外して使う。**「一、首すへ物の事、大将の首は供饗、其以下或は足打、或は小角いづれにても縁を放し、板目にすゆべき事」（北越軍談 中）

ごかく【牛角】 互角。「牛角《ごかく》の戦也と云へども、敵は勝軍したりと悦喜し」（北越軍談）

ごかくご【御恪勤・御格勤】 公武諸家に奉公し、扈従《こじゅう》、雑役に当たった者。**恪勤（格勤）は、まじめに勤めることであり、その意から**「さぶらい《侍》」を指し、公武の下級奉公人をいうようになった。御方〈乗馬葦毛、御直垂〉禅能坊へ成、御供（中略）御恪勤二人」（花栄三代記）

こがたなひつ【小刀櫃】 刀の鞘の差裏《さしうら》の名所《などころ》。小柄の刀を差しいれる孔。「太刀のつばの下に折を置出ス事、上、其次に小刀櫃《こがたなびつ》の通に置は中」（甲陽軍鑑 下）

こがへし【小返】 軍勢の退去後、一部のものが引返して戦うこと。「三河武者家康衆は、こがへし《小返》よくする侍どもなり」（甲陽軍鑑 下）

ごかん【御感】 貴人が感心したり、満足したりすること。「今度相手候事、御感不斜候」（黒田家文書）

こぎ【狐疑】 ①誰か一人でも疑念を抱くこと。「一、如此於申定上者、互不可有疑心候、自然二人之内、狐疑之方候者可為別心之事」（佐賀県立図書館蔵筑紫広門起請文）②**猜疑心をもつ。**「陣中に雑説出来《しゅったい》、互に狐疑《こぎ》を生じければ、全輪《まどろし》くや思けん」（北越軍談）

ごき【五器】 御器。**食物を盛る器。**「酒を飲《のむ》に五器の大なる

を以て七度まで傾けたり」（奥羽永慶軍記　下）

こきゃく【沽却】 売却すること。「右、先別当少将龍恵乱行故、別当領伝馬郷令沽却之条」（宝幢院文書）「私領の名田の外、恩地領、左右なくして沽却せしむる㕝、之を停止《ちょうじ》し畢んぬ」（甲陽軍鑑）

こきゃくのうみ【賈客の海】 宝を得るために遠い海に漸くたどり着いたという譬え。「民の王を得たるがごとく、賈《こ》客《きゃく》の海をゑたるがごとく」（三河物語）

ごぎゃくのつみ【五逆の罪】 地獄にゆく元となる五つの大罪。「下として上を罔《あみ》せん事五逆の罪良《まこと》に脱《のが》れ難しと云へ共」（北越軍談）

こぎわたる【盪渉る】 漕ぎ渡る。「是より艤《ぎ》して越前三国を志し盪渉《こぎわた》ると云々」（北越軍談　中）

こく【斛・石】 尺貫法で、容積の単位。斗の十倍、升の百倍。「乍去、在京之人衆、其外軍役御免之人衆、右之斛過分之儀候、（中略）小給人衆之斛ニ千人ほど不足由、談合衆被申候」（東京大学史料編纂所蔵伊集院忠棟書状）

こくいん【黒印】 黒色の印肉で押された印章。特に幕府や大名の文書に押された黒色の印。朱印の場合に比べて、簡略なものとして使われた。朱印が公的なものに、黒印は内部的なものに用いられた。

こくおう【国王】 家督相続を有する者という程度の意か。ここは、北条氏政が五歳の我が子氏直をそう呼び、駿河の国守を継承するの意。「然者駿國之儀、愚息國王為名跡旨、従氏真〈今川〉蒙仰候條」（北條氏政書状）

こくが【国衙】 戦国期でも使用された。「秀吉播州の国衙《こくが》に至りて陣を布く」（播磨別所記）

ごくげつ【極月】 十二月の異名。（日葡辞書）

ごくしょう【獄訟】 うったえ。訴訟。訟獄。「越後・佐渡の間以の外騒立《さわぎたて》、獄訟《ごくしょう》日を逐《おつ》て踵《きびす》を次ぐ」（北越軍談）

こくじん【国人】 南北朝・室町時代、地侍・在地領主の呼称。「於結城館福厳寺口、越後国人等致合戦、討死手負及数輩之条、尤神妙也」（上杉家文書）

こくせん【黒銭】 品質の悪い銭。悪銭の一種。「悪銭之時之買地之事、大貫字大鳥四貫文にて可被請、黒銭十貫文之時者、可為五貫」（相良家文書）

こぐそく【小具足】 大鎧を装着する時、脇楯《わいだて》・籠手《こて》などをつけて他の装具をつけない。「軍陣ノ祝は具足シテモ小具足シテモ也」（甲陽軍鑑　下）

こぐち【虎口・小口】 ①城郭や陣営の門に枡形を造り、曲がって出入りするようにした肝要な出入口。「扨まき《巻》ても、虎口《こぐち》をまず手柄とする」（甲陽軍鑑　下）「小口」は「虎口」の充て字。「（勝頼公）岩殿へ御うつり候はゞ、即時に小口《こぐち》を持べく候と申す」（甲陽軍鑑　下）②①をめぐっての攻防戦や決戦場をさす。「御方など今田刑部とをりの衆は、自然虎口を仕、乱あしくづれかゝり候ところをうけとめ、切返し

か

つき返し候て、まけ候こくちを勝になし候こそ、男之上のみめ面目にて候」（吉川家文書）

こぐちがけ【小口懸け】 ちょっとした攻撃。「然れとも終に城へ小口懸け等も無き體なり」（伊達家治家記録）

こくはく【刻薄】 人を思いやる心がなく、些細なことまで手加減することなく攻めるさまである。「信玄に法《のっとり》行はば、国家厳法に苦んで、人心刻薄し、好乱之患《うれへ》あらんか」（太閤記）

こくへい【国柄】 国家を統治する権力。「両屋形より威権有て恣《ほしいまま》に国柄《こくへい》を握ると云々」（北越軍談）

こくぼ【国母】「こくも」とも。①国民の母の意で、皇后の称。②天皇の生母、皇太后の称。

こくみん【国民】 ①中世、地侍（土豪武士）をいう。「秀頼公御上洛候て、是又諸侍国民迄悦入候」（島津家文書）②特に、中世、大和国春日社・興福寺領内の在地武士で末社の神主であった者をいう。僧兵である衆徒と合わせて衆徒《しゅうと》国民《こくみん》呼んだ。「公武御成敗諸事無正体之故、衆徒・国民等如此任雅意、不及力次第也」（大乗院寺社雑事記）

こくもり【石盛】 検地の際、田畑一反あたりの高を決めること。詳細は『地方凡例録』を参照。

ごくもん【獄門】 さらし首にする。「ぶなの木もふちといふ所に獄門にぞ懸にける」（奥羽永慶軍記　下）

こくやく【国役】 中世以降、一国全体に賦課した臨時の課役。「知是庄主非無人而国役越于旧時矣」（蔗軒日録）

こくゆ【告喩】「告諭」に同じ。言い聞かせること。「長谷堂・上山已前の如く相約し、再三告喩せらると」（伊達正統世次考）

こくりょう【国領】 中世、在京の荘園領主に対して、守護などの在地で政治支配する者が領有する地。「在所更無用害、国領と入合候之条、国衆乱法去年も国方へも密々相続」（政基公旅引付）

こくれつ【刻烈】「酷烈」の充て字。きわめて激しいこと。厳しく激しいこと。「佐久・小県の間に跋扈《ばっこ》、近辺を刻烈《こくれつ》に侵し虐《しいた》ぐ」（北越軍談）

ごけやく【後家役】 寡婦に課した税金。「御支度のため金子を御調《とゝのえ》あるに、後家役・出家の妻帯役まで召あげらるゝ」（甲陽軍鑑　下）

こけん【沽券】 家屋とか田畑とかの売渡し証文。（日葡辞書）

こけんじょう【沽券状】 財産を売買する時に、その契約が成立したことを確認するため、売主から買主に与える証文。売券（うりけん・ばいけん）。「文言沽券状之趣如此可認給之由進案文（中略）売渡とは雖書載、実者借状之躰也、不可有子細之条」（政基公旅引付）　➡「本券《ほんけん》」を参照

ごご【晤語】 向き合って打ち解けて話すこと。「稙宗に於て毫末も隔心無く、晤語《ごご》す可し」（伊達正統世次考）

ここう【肱股・股肱】「肱股」は、「股肱」の充て字。「股」はもも、「肱」はひじ。「股肱」で手足の意。主君の手足

となって働く、最も頼りになる家来や部下。腹心。軍隊の右翼。ここは最も頼りとする家来。「―の臣」とも。「五百人の兵も残少に討ちなされ、殊に肱胠《ここう》と頼みける、渡辺金太夫も討たれ」(甲乱記)「(小田)天庵のたのみ切たる股肱の勇士とも枕を双へて打死し」(関八州古戦録)

ここう【餬口】 食客となる。「始めて上州箕輪に蟄《ちつ》す。因りて時に長源寺に餬口《ここう》す」(一徳斎殿御事蹟稿)

ここう【虎口】 危険な場所、籠口と同じで城砦の入口のこと。「杉目に陣する敵を撃散し、新地の虎口へ追入れ、首五六級撃取り」(性山公治家記録)

ごこう【五更】 午前四時から六時まで。「七月三日初夜、一番螺《がい》に相揃へ、三更、二番貝に兵粮を使ひ、五更、三番貝に首途の刻」(四国御発向并北国御動座記)

ごこう【後功】 後々に立てるであろう功績のこと。「多年ノ後功ヲ空スベキニ非ス」。(伊達家治家記録)

ここかしこ【爰彼・此彼・此方彼方】 至るところで。ここかしこ。あちらこちら。(細川家記)「城中これを見て、諸卒此彼《ここかしこ》に分けて、これを防ぐ」(柴田合戦記)「信長其より此方彼方《ここかしこ》押詰させ給ふならば、近江の儀は不及申」(三河物語)

こごしょう【小児性】 小児姓のこと。まだ元服しない小姓。「時に小児性《こごしょう》の中より三四郎進み出て」(奥羽永慶軍記 下)

ここに【粤・焉・惟・茲】「粤」は、「茲」と同じ。こちらに。これらに。此処に。「粤《ここ》に左衛門佐、甥の遠山丹波守、外甥河村兵部」(関八州古戦録)「城は蓋し公へ命にして栄遷なり。寺も亦真田より焉《ここ》に従う」(一徳斎殿御事蹟稿)「礒にも沖にも寄る方なく、進退惟《ここ》に谷《きわま》り」(北越軍談)

ここのつじぶん【九ッ時分】 九つ時(子の刻＝真夜中の十二時、午の刻＝真昼の十二時)の時分の意から転じて、真ん中・最中のこと。「分別だてをする者は無分別の九ッ時分にて候ぞ」(甲陽軍鑑 下)

ここもと【爰元・爰許】 こちら。自分の方。書状では両様に用いられる。「いつ殿ゟ此方堪忍之様子可申入之候、被仰遣候而書状ヲ以申達可然様被仰入可給候、爰許躰萬事可有御推」量候」(図録「真田三代」所収真田信繁書状)「爰元之儀、以米津清右衛門尉具申入候之間、令省略候」(黒田家文書)

こころえ【地盤】「心得」の充て字。心得ること。「爰《ここ》に至て公の地盤《こころえ》は、若《もし》南方より人数を出し、社参の半途を遮るに於ては」(北越軍談)

こころえ【心得】 心得ること。物事の細かい事情などを理解していること。理解。会得。「以此趣蔵本え雖申聞候、一向心得不行候」(政基公旅引付)

こころえうく【心得領く】 納得する。理解する。「令進覧之候、可然様可領《う》心得候」(性山公治家記録)

こころえる【意得る】 納得して。理解して。「義清も内々尓《しか》る意得《こころえ》有しにや」(北越軍談)

こころおく【心置く】 気を付ける。「彼方にも心置くべしと」

（長元物語）

こころおち【心落】①厚意のあること。こころざし。「心落に可令奉加也」（覚園寺文書）②事情を心得ていながら、表沙汰にせず、それとなく適切な処置をすること。「自伯卿明日親王御方為心落御銚子事可申沙汰之由在之、無子細由申畢」（言国卿記）

こころおをてんぜず【心緒を転ぜず】考えを変えず。（元親記）

こころだて【意立・心立】心意気・性格・心の在り方。他から受けた親切な心づかいをいう。「如此なる、無分別の御意立《こころだて》故にこそ、今箇様の御身にならせ給ひ」（甲乱記）「又一日の柿、心たてのたぐいなさ、御しやうくわん候てこそ候へ」（実隆公記）

こころづけ【心付】気をつけること。配慮。心添え。「木付城之義、如水様被入御精、種々様之御心付故、相拘申候」（黒田家文書）

こころばせ【心端・心操・意・心馳・心意】①気骨ある心の働き、常日ごろの心がけを示すような心の働き、心構え。「将亦筑紫心端仕之由、則被成御朱印候也」（黒田家文書）「味方を助け、敵を払ふ如き、後度の意《こころばせ》は、是四十以後、及び五十・六十の老武者なり」（松隣夜話）②才知、才覚。「挑んで互いに心操《はせ》を顕はし手並をためしける」（関八州古戦録）

こころほい【心ほひ】心酔い。（細川家記）

こころもと【心許】「心元無い」のように用いる。心配である。「堅固申払候、於爰元者無御心許不可有之候」（東京大学史料編纂所所蔵文書）

こころやすし【情逸し】心やすい。「信玄慥《たしか》に領掌《りょうじょう》の返答に付て、情逸《こころやす》しとて評議決し」（北越軍談）

⬇「隼《はや》し」を参照

こころよい【協い】仲良し。協調的。「是に由り、忠隣、正信と協《こころよ》からず」（長国寺殿御事蹟稿）

ここをせんどと【爰を専途と】ここを境として。「城兵随分の粉骨をなし爰を専途と揉合しかとも」（関八州古戦録）

こざ【小座】小座敷のこと。「御こし物・御まき《巻》物くたされ候、其後御小座へ御越し候、御とうほう《同朋》ニハかたひら《帷子》下され候、うちまい《打舞》いたし候」（伊達天正日記）

こさい【巨砕・巨細】「巨砕」は、「巨細」の充て字。詳細は。こまごまと言う。「年内云無余日、云遠行、巨砕山吉孫四郎所へ申遣候」（古案記録草案）「田村・塩松与《と》相談し急に伊具の辺を撃たんとす、巨細重ねて之《の》を申ぶ可し」（伊達正統世次考）「聊見御音通之意趣迄候、猶巨砕之旨、本庄越前守殿并直江山城守方、可為御披露由」（米沢市上杉博物館蔵大宝寺義興書状）

こさい【胡塞】中国で塞外《さいがい》の胡国《ここく》。北方のえびすの国の意。「胡塞《こさい》に雪を呑し悲しみ目前に迫りぬ」（奥羽永慶軍記 下）

こざかしい【小黠】小賢しいこと。「無慙《むざん》の事なり、と申け

るに、小黠《こざかし》き男、否とよ」（北越軍談）➡「黠《ずる》い」を参照

こさるがく【小猿楽】「小」は素人集団という意か。近江猿楽は、日吉神社に奉仕し、上三座（山階・下坂・比叡下）三座（宮増・大森・坂本）があった。「此年（享禄四）、某、本寺へ参詣申処、折節江州ゟ小猿楽下候而、ナカサハニテ能ヲ致候」（妙法寺記）

こさわし【木醂】木醂柿《こさわしがき》のこと。甘柿。「志賀殿よりかつうほ《鰹》二ッこさわし一籠参候」（伊達天正日記）

ごさんにち【五三日】数日。「比類無き之計策忠節、前代未だ聞かず、五三日の間に、必ず中野常陸を首《はじ》め」（伊達正統世次考）

ごさんねん【五三年】数年。「五三年にも足らざる程に治めさせ給ひ」（元親記）

こし【腰】腰刀のこと。腰に差す鍔のない短い刀。「三星の腰差したる武者の脇坪を突き」（奥羽永慶軍記 上）

ごし【吾子】おんみ。相手を親しんで呼ぶ称。「一日相約する如く、景宗（留守）来ら見（る）可しと、因って吾子当地に待た見（る）最も可なり」（伊達正統世次考）

こしうち【腰打ち】「てかけ」とも。腰をうったり、もんだりすること。（昔阿波物語）

こしき【轂】「轂《こしき》を輾《きし》る」のことであろう。車馬が群集すること。「貴容の意《こころ》得《え》悪ふして、道景主の轂《こしき》を推し、既に一戦の鏃《やじり》を争ひ」（北越軍談）

こしぐるわ【腰曲輪】帯曲輪・帯郭とも。二の丸、三の丸などの間を通行できるように設けた曲輪。（甲陽軍鑑 中）
➡「帯郭《おびくるわ》」を参照

こしさし【腰挿・腰差】①単に「腰」とも。腰挿は、「腰差」と同じ。腰刀のこと。「夜ニ入御不断衆のこしさししたて《仕立》させられ被下候」（伊達天正日記）　腰につける差し物。「わきざし」とも訓む。「余りに急ぎ、未だ腰差をせず、高名いちじるしくせんには、印無く甲斐あらじ」（奥羽永慶軍記 上）
②禄として賜わった巻絹。受けた者が腰に挿して退出する例であったところからいう。転じて、上位の人からの賜わりもの。「修理日代任料申事調、五石并コシサシ一石ニテ無事、今日礼ニ参」（多聞院日記）

こしょうじ【腰障子】下部が板張りになっている紙障子。「縁ノ口ニ四枚ノ腰障子ニシテ、骨ト腰ノ板ハ金ニシテ、赤キ紋沙《モンシャ》ニテハリテ」（宗湛日記）

こしじるし【腰印】甲冑を着けた時に腰に差して目印としたもの。いくさなどでは上帯《うわおび》に差すが、普段は後胴《うしろどう》の右腰に受筒を下げてつける。

こじそうかく【虎兕爪角】虎兕は敵を譬え、爪角は自ら衛って敵を防ぐの譬え。「善く生を摂する者は虎兕爪角《こじそうかく》を触《ふる》る事なく」（北越軍談）

こじつ【故実】古例によって。「故実に今生のねがひをも御日へ申し候」（御家誡）

こしつけ【腰付】 腰弁当。（万代記）

こしひょうろう【腰兵粮】 腰につけて携行する当座の兵粮のこと。「いぬゐ《犬居》へ腰兵粮にて御はたらき有て」（三河物語）「侍の儀は腰兵粮持つ間敷く候、下々は一日分持ち申すべて候事」（万代記）

こしぶみ【腰文】 書状の上包みの端を細く中程まで切り、その切った紙を帯封として巻き、余った部分を挟み込んで、その上に封じ目を墨で加えたもの。切封書状と同一か。「就一乗院庭樹事、遣書状於伊勢守許、カキタレ腰文也、以寿官仰遣了」（後法興院記）

こしまき【腰巻】 軽便略式の鎧、腹に巻き背で合わせるもの。「輿の前後に腹巻したる武士十二、三騎の外はなし」（奥羽永慶軍記　上）

こしもの【腰物】 印籠など。（御家誡）

こしゅ【沽酒】 売り酒のこと。「此節他所より沽酒余多到来仕候而少宛下直に売申候」（室町殿日記）

ごしゅいん【御朱印】 朱印の敬称。戦国時代以来、大名が公文書に押した朱色の印。「関白やがて可被召出との御朱印をぞなしくだされけり」（大友記）

こじゅう【股従・扈従】「こしょう」とも。「股従」は、「扈従」の充て字。貴人に従う人。「然れども実に上杉の種姓にあらざるを以て、闔家《こうけ》股従《こじゅう》の機薄《うす》し」（北越軍談）

ごじゅういん【五十韻】 連歌や俳諧で五〇句を区切りとすること。正式の百韻連歌に対して略式のもの。「今夜有御連歌五十韻、式部卿宮・民部卿・四辻宰相中将・言国朝臣・元長等祗候、及暁天」（実隆公記）

ごしゅくしょ【御宿所】 手紙の宛名に書き添える脇付の一種。「猶彼吏〈＝使〉可申入候之間、先以閣筆候、恐惶謹言　七月一日　松浦肥前守殿　参　御宿所」（貴理師端往来）「仍如件、天正五年十月十五日　秀吉（花押）　小官兵　御宿所」（黒田家文書）

こしょう【小姓・小性】 貴人の家や寺などで、主人の身近な雑用を務める役。多くは少年を用い、男色の対象にもなった。「今度自日斎養生薬被遣候条、不断用候様に、小姓共可申付候」（上杉家文書）

こしょう【拒障・拒請・故障】 他からの要請を辞退すること。「於禁中、有和歌、御当座予也、腹痛之間、令故障畢」（慶長日件録）

ごじょう【御諚】 貴人の仰せ。「誠忝御諚共、可申上様無御座候」（黒田家文書）

ごじょう【御状】 書札の礼法で下位の者へ出す書状。「御状と書くは、下手への御返事の詞なり」（大舘常興日記）

こしょうがしら【小姓頭】 小姓衆の長。「小姓頭衆　福原右馬助、蒔田権佐、別所豊後守」（太閤記）

ごしょうさんじゅう【五障三従】 女が持っている五種の障礙《しょうげ》。三従は婦人服従の三教。「流れの女となり侍る事、

実に五障三従《ごしょうさんじゅう》の罪ふかき女ならずは」（奥羽永慶軍記　下）

こしょうしゅう【小姓衆】 小姓の人たち。また、小姓を敬っていう語。「信勝公十一才の時、小姓衆多き中にて（中略）友野又一郎腰に指たる扇をぬく」（甲陽軍鑑）

ごじょうばはじめ【御乗馬始】 ①将軍が初めて馬に乗る儀式。「一乗院殿御還俗、今日叙爵、左馬頭に被任（中略）御乗馬始、御判始等、於江州矢島有之云々」（言継卿記）②特に室町幕府の年中行事として、正月二日、松の庭で、将軍がその年始めて馬に乗る儀式。「御乗馬始如例年貴殿御沓尻懸御進上之」（親俊日記）

ごしょさくじのようと【御所作事之用途】 室町幕府の営築のための費用。「当年の中亨礼有る珍重なる可し、特に御所作事之用途、別紙を以て之を申さる」（伊達正統世次考）

こしらえ【拵】 ①つくる。「親泰、船拵へ火急なり」（元親記）②和睦すること。調停。「就中、拵《こしら》へ罷り成り落着故」（桂岌圓覚書）③仲介。「彼拵を以て下城候て」（老翁物語）

こしらえて【拵手】 調停者。「是又御拵手御座候て」（老翁物語）

こじり【小尻】 鞘の末端のかざり。「大小ともに銀の熨斗《のし》張《ばり》、小尻を広く櫂《かい》のなりに太刀の如く」（政宗記）

こしん【己心】 自分の心。自分の一心。「爰《ここ》を以て己心《こしん》の智水清む則《とき》は、八十萬の神悉く胸中に来臨して」（北越軍談）

ごじんしょ【御陣所】 脇付の一つ。出陣中の相手に出す手紙に用いる。「恐々謹言　八月廿八日　江戸中納言秀忠（花押）黒田甲斐守殿　御陣所」（黒田家文書）

ごす【期す】 事態がそうなることを希望し、その実現や実現の時を待ちうける。「私たちがまみえる折を待っている、時としては、約束する、すなわち、申しあわせるの意、文書語」（日葡辞書）「心事雖多紙面有限、只得御意、可被認歟、委細期見参之時候」（文明十四年鈔庭訓往来）

こすぎはら【小杉原】 杉原紙の小型のもの。釜敷などに用いた。「釜敷のかみ、よこのたけ五寸五分、たつ四寸壱分二くちの角を少きり申候、かみは小杉原十枚」（数寄道次第）

こずみあう【こずみ合ふ】 片寄る。「橋の上にこずみ合ひ、押落さるゝ物数を知らず」（関原陣輯録）

ごずめず【牛頭馬頭】 牛頭、馬頭の地獄の獄卒。「其有様たとへば阿鼻地獄の罪人を牛頭馬頭《ごずめず》、阿防羅刹《あぼうらせつ》が呵責するもかくこそあらめ」（奥羽永慶軍記　下）

こせがれ【小躮・小世倅】 子ども。「小躮《せがれ》の分として何の意味をか知《しら》ん。径庭《おこ》がましき黄吻《こうふん》憎《にく》し、差出者哉」（北越軍談）「人質の小世倅《こせがれ》までも根伐《きり》にする共厭足《あきたら》ずと云へども」（北越軍談）

こぜりあい【小迫合】 小競り合い。「敵之勢《ぜい》寄来り、小迫合《こぜりあい》度々に及ぶ」（庄内陣記）

こせん【沽洗】 三月の異名。（日葡辞書）

ごぜんしゅう【御前衆】 ①「御前沙汰衆」に同じ。室町時代、御前御沙汰の席に列座する資格のある者。御前衆。

「奉行衆出仕、飯尾大和入道（中略）飯尾新右衛門尉、以上御前衆」（親元日記）②**戦国大名の職制。戦国大名家で主君の直裁の場に参加する資格のあった家臣。**「今に其石にきず御座候と申に付、則金の助が刀を銘々御前衆に見せなされ候」（甲陽軍鑑）

こそ【社】係助詞。「西之大手計社《ばかりこそ》馬之足立《あしだち》快けれ」（庄内陣記）「先御請申安養寺へ入奉り、其形計ノ分野《アリサマ》也、猶始ノ程コソアレ、剰後ニハ事疎《オロソカ》ニ成ケレバ」（信長記）

こそう【鼓操・鼓騒】騒ぎ立てること。「天下大慶、室町殿御悦喜、公武人々参賀皷操」（看聞御記）

こぞって【挙て】一同が。皆が。「公は粋一《ずいいち》の剛強大丈夫たりと、天下挙て《こぞっ》称美す」（北越軍談）

こそでぬぎ【小袖脱】身分ある人が、能の演者などに、祝儀として着ている小袖を脱いで与えること。「小袖にきの事、於殿中は御服を被下事に而候、当座にぬがせられ候て被下候事も在之、また別の御服を被下事も在之」（大内問答）

こぞる【挙る】ことごとく集まる。「寄手大勢といへども責あぐみたる体にて鬫《まとい》の下にこぞ《挙》りける」（奥羽永慶軍記　上）

こた【居多・巨多】「居多」は、「巨多」に同じ。**たくさん。**「越国の諸士其治療を受くる族《やから》居多《こた》にして」（北越軍談）「唯十世寒月清公、書籍を寺に附する者居多」（一徳斎殿御事蹟稿）「累歳《るいさい》の戍役《じゅえき》、仁科に劣ざる働の輩《ともがら》巨多《こた》なれば」（北越軍談）

➡「許多《あまた》」を参照

こたか【小高・小鷹】「小高檀紙《こたかだんし》」の略。**判の小さい檀紙。**「大とく寺こたか十てう、御あふき」（御湯殿上日記）

➡「小高檀紙《こたかだんし》」を参照。

こたかだんし【小高檀紙】単に「こたか」とも。**縦一尺七寸、横一尺四寸の小形の檀紙。**「入夜帥参長橋、申御礼、前左相府小高檀紙一帖給之、帥杉原一帖恵之」（実隆公記）「大とく寺こたか十てう、御あふき」（御湯殿上日記）

こだま【谺谺・樹神】①木魂・谺・こだま。「暴風頻《しきり》に吹《ふき》副《そい》、例の谺谺《こだま》ひびいて、物の音も東西を分兼る《わけかね》計《ばかり》なれば」（北越軍談　中）②**木霊、山彦はともに反響するもの。**「暴風頻《しきり》に吹副《ふきそい》、例の谺谺《こだま》ひびいて、物の音も東西を分兼る《わけかね》計《ばかり》なれば」（北越軍談　中）

ごたん【語端】言葉。（日葡辞書）

ごだん【後段】饗応の際、食後に更に他の飲食物を出すこと。また、その飲食物。うどん・切麦類が多かった。「振舞之事、（中略）一、後段無用之事」（吉川氏法度）

ごたいし【護袋紙】防水などを施した紙のことか。こうした紙を専門に扱う者を「護袋衆」といった。「護袋衆紙商売事、不可叶之由、（中略）護袋紙同前之旨分明候」（今堀日吉神社文書）

こつえん【忽焉】忽然。突然。急に。「雄声を揚て不意に起り、面所に在るかと見れば忽焉《こつえん》と後《うしろ》え抜け」（北越軍談　中）

こつがいにん【骨骸人】乞食。「乞丐人」とも。（細川家記）

か

こつがら【骨柄】人品。（長元物語）

こっきん【国禁】一向宗禁制のこと。「（伊集院忠棟は）、一向宗に帰依《きえ》して、数代不易の禅宗を改めて国禁を侵し」（庄内陣記）

こづけ【小漬】「小付」とも。湯漬飯のこと。また、汁と飯だけの軽い食事。間食や即席のもてなしとして出された。「参内、於小御所有御連歌、中間御小漬如例、肖柏請伴、入夜百句了、有一献事」（実隆公記）

こっこうのし【骨功の士】芸道の奥義、コツを会得している武士。「小田方にて骨功の士の岡大隅介」（関八州古戦録）

こっしょ【忽緒】あやまち。「一日、甲賀の輩《ともがら》、普請に忽緒《こっしょ》をなす」（紀州御発向記）

こつしょ【忽諸】上の命などをないがしろにする。軽んずる。「戦忽諸《こっしょ》にすべからずとて、三月晦日の夜、風烈しく空曇れるに」（北越軍談）

こつぜん【忽然】突然に。思いがけない時に。（日葡辞書）

こっちょう【骨張】優れていること。またその人。「彼中西は、郷談水波《すっぱ》の骨張《こっちょう》にして兵の道にも賢く、信義ある者なる故」（北越軍談）

こつとうやく【鼓頭役】神社の祭礼などを仕切る者のことか。「福井（長門国阿武郡）のこう《郷》両しゃ《社》こつとうやく《鼓頭役》の事」（金石山八幡宮文書）

こっぽう【骨法】①ツボを心得たこと。「敷島の道に於て骨法を得たる由」（関八州古戦録）②きまり、慣習、礼儀。（日葡辞書）

ごづめ【後詰】「うしろづめ」とも。城を包囲した敵や布陣した敵の後方から攻撃すること。「順天城へ大明人取懸之由候、然者後詰之儀各如被存知」（黒田家文書）

こてのやから【小手の輩】「小手」は、身分の低いという意。身分の低いもの。「兼て約束の如く證人取せ然るへし、少々小手の輩よりも取せ然るへき歟」（伊達家治家記録）

ごてんりょう【御殿料】室町将軍御所の造営料。永禄十二年、三好衆を撃退して自信のついた足利義昭が、幕政を執るために諸国に課した。「天下御本意に属し候。然者此刻、諸国に至り、御殿料仰付られ候」（性山公治家記録）「逆徒等早速有御退治、悉属御本意候、然者此節、至諸国御殿料被仰付、仍被成　御内書」（仙台市博物館蔵和田惟政書状）

こと【綷】こと。理由をつけて。「氏康綷を小鷹狩に寄て小田原を発し」（関八州古戦録）

ごど【後途】後に。将来は。「武田晴信の弓矢取《とり》に、後途《ごど》の勝を肝要にとしめら、は」（甲陽軍鑑　中）　➡「後途《こうと》」を参照

ことう【虎韜】兵書六韜の一つ。いわゆる「虎の巻」の語源といわれる。太公望の著と伝えられる。「都合七千余騎竜鱗虎韜の陣を張て公の神兵を迎へ」（北越軍談　中）

ごどうざ【御動座】出馬のこと。「三か国本意に属するの

旨《むね》、上聞（信長の上聞）に達す。仍って御動座あり」（惟任謀反記）

ことがき【事書】中世、寺院の衆徒などが合議の意志を箇条書にして上級権力者に提出した文書。「於十三重連署在之、事書沙汰遣之」（多聞院日記）

こときれ【事切】①「手切れ」に同じ。相互関係が絶えること。すなわち戦闘状態にあること。「自最上向長井、雖事切候無指儀候」（性山公治家記録）「然者武田晴信駿州江被及事切、駿符相破、小田原取乱不及是非由申候」（米沢市上杉博物館蔵佐竹義重書状）②事切れ。息が絶えること。「内室の手を取りたるばかりにて、其の儘事きれにけり」（奥羽永慶軍記　上）

ことく【ことく】動作の方向を示す。～の方に。如。「大明人郡のことく令敗北由、是又委曲令披露候」（黒田家文書）

ごとく【五徳】三脚、また四脚の鉄輪で鉄瓶、釜をかける物、安定した場所。「河内国千破剣の城は五徳相応の所と聞しか」（関八州古戦録）

ことごとしく【事々敷】重大な。（征韓録）

ことさら【殊更】その上、さらに。（日葡辞書）

ことさらに【故に】殊更に。とりわけ。「最上合壁堺を塞ぎ而《て》人数無きを以て、故《ことさら》に当荘に数月を送る耳《のみ》」（伊達正統世次考）

ことし【今茲】今年。「今茲《ことし》［天正四年］春丸九歳、式部大輔義春と号す」（北越軍談　中）

ことじつにおいては【於事実者】事実であれば。「香西已下四屋陣取候由風聞候、於事実者御許容様ニ取沙汰可申候」（雑々書札）「緩怠之働於事実者、不被及元来之子細、可被付論所於敵人」（六角氏式目）

ことしより【小年寄】豊臣時代の中老の異称。⇕大年寄。「小年寄衆　生駒雅楽助、中村式部少輔、堀尾帯刀先生」（太閤記）

ことづく【言付く】そこに行く人があるのに便乗して、手紙などを託す。「松崖自今日七ヶ日鞍馬寺参籠、予有立願事、願書言付奉納之」（看聞御記）

ことてん【事点】「をこと点」のこと。お経や漢籍などにその訓みを付すこと。お経の場合は、筆の軸で文字の四隅に判らないように料紙を押えた。これを「角筆点」という。「文選二部迄所持候、事点朱仕置、末代之校割ニ可仕候」（千坂伊豆守宛金地院崇傳書状）

ことのついでをもって【以事次】ことのついでに。「雖未中通候、以事次《ことのついで》令啓候」（性山公治家記録）

ことのほか【殊外】非常に。（日葡辞書）

ことばをしょくせず【詞を食せず】「食言」のこと。前言を違えること。「實に昨日の詞《ことば》を不食《しょくせず》と皆感嘆せり」（伊達家治家記録）

ことゆえ【事故】①理由。わけ。「岩城櫃代斎藤摂津守無事《こと》故《ゆゑ》追出之条、注進、神妙之至候」（長国寺殿御事蹟稿）②別条、差し障り。「六郡持たる村上義清を、をしちらし、其跡ことゆへなく、わが支配あんるべきに」（甲陽軍鑑 中）

ことよせ【綷寄】事寄せて。口実として。「岩成主税助左通等徒党し、清水詣に綷寄《ことよ》せ」（北越軍談 中）

ことわり【理・断】①陳情。「手前の御理《ことわり》申上られ候書物」（老翁物語）**申し入れ。**「向後輝虎・晴信弓箭を止め申すべしとの断《ことわり》にて候」（一徳斎殿御事蹟稿）**②断り。**「御使者幷御一ツ書之趣、懇申聞候、何も理相済候而、御使者返申候」（黒田家文書）**③判断する、決定すること。**「公ノ御断《ことわ》リニ任セラレ、最前ヨリ附置キ給ヘル」（伊達家治家記録）**④理屈である。尤もである。**「（略）世はいろかはる 松風の音 とよみしも断《ことわ》りなり」（奥羽永慶軍記 上）**⑤釈明すること。**「今迄之為給人、対検地奉行人、諸事用捨之儀可申理事」（島津家文書）

ことをそうによせ【寄事於左右・寄綷於左右】①言を左右にして。「却而家康相違之様ニ申成、寄事於左右、北条出仕迷惑之旨申上候歟と」（長国寺殿御事蹟稿）**②理由をつけて。**「曇花院殿様御袋被召置候当所夫銭、為月充納所之処、寄綷於左右令難渋之由、曲事候」（曇花院文書）

ごないしょ【御内書】書状の形式の一つで、**日付があっても年附がないもの。室町時代では将軍の書状に限っていう。**「京都の将軍家の御内書をも拝受し」（関八州古戦録）「石見国所々〈三隅中務少輔豊信跡〉等事、早任御内書之旨全領知」（益田文書）

こなす【こなす】扱う。「此由彦左衛門殿御覧候て、御こなし候て同心候」（関原陣輯録）

こなた【這方】こちら。「此犬恙《つつが》なく彼方《かなた》・這方《こなた》を歴回《へめぐ》り岩築え走り来る」（北越軍談）

こなん【巨難】①非難されるべき重大な欠点。「凡無御塔頭而院号可有巨難歟如何之由有沙汰、然而雖無塔頭付称号事先例常事歟、不可有巨難之由治定了」（看聞御記）**②難儀・災い。**（黒田家文書）

こにだ【小荷駄】①馬上に負わせる荷物。「景虎手前一万七千の人数さへみだりになり、こにだ《小荷駄》を地の百姓にとられ、小者中間《ちゅうげん》をころされ」（甲陽軍鑑 中）**②戦場に兵粮などを運ぶ駄馬隊をいう。**「第一に小荷駄切くづされて敗軍なれば、明日の小荷駄奉行信玄が仕度と存ずる也」（甲陽軍鑑 中）

こにだぶぎょう【小荷駄奉行】戦場の駄馬隊、小荷駄奉行は「輜重」または「小荷駄押」ともいう。「内藤修理亮を小荷駄奉行として小倉村の西の方に備させ」（関八州古戦録）

ごにち【後日】来るべき時期。あるいは、これから以後の時。「後日のために申ス」（日葡辞書）

こねり【木練】柿の一種にして渋なきもの、御所柿の類。「或夜信玄公宣《のたまう》は、渋柿《しぶがき》をきりて、木練《こねり》をつぐは小身なる者のことわざ《事業》なり」（甲陽軍鑑 中）

ごねんごろのぎ【御懇之儀】 軍事締結のこと。軍事的に友好関係を結ぶこと。「以御名代済々被持候御懇之儀祝着之至候」（国立公文書館蔵筒井順慶書状）

ごの【五幅】 幕の第五の幅《の》のこと。幅《の》は布の幅《はば》を数える助数詞。転じて幕の名所《などころ》。「狩の幕串《まくぐし》をば、五の《幅》にあてがひ、地の堅《かたき》、やはらかによりてきる寸は不定」。（甲陽軍鑑　下）⬇「幅《の》」を参照

このかた【以往】 以来。「平親王将門調伏より以往《このかた》天下に知られたる霊尊貴僧」（関八州古戦録）

このごろ【比日】 この頃。「今日比日《このごろ》の日勢粧《ありさま》公武一統に豊臣家の膝を」（関八州古戦録）⬇「比日《ひごと》」を参照

このごろ【此比・日者・頃】 ①近頃。この頃。「此比《このごろ》氏政可致出仕由、最前依御請申」（長国寺殿御事蹟稿）「来年与信長無二無三之合戦可有之由、日者《このごろ》申越候」（武田三代軍記）②「頃」は「此頃」に同じ。最近は。「厥後無音之躰、心外之至候、仍頃従忠棟注進之趣」（東京大学史料編纂所蔵島津義久書状）⬇「頃日《きょうじつ》」「頃日《けいじつ》」を参照

このときにそうろう【此時候】 ことをするときは今だ、このように、相手を鼓舞したり、相手に忠誠を示すのは今ですよと強く求める時に用いる言葉。「令呉見輝元馳走尤可為忠節候、當家（足利将軍家）再興此時候」（吉川史料館所蔵足利義昭御内書）「定而可為苦労候、弥可令馳走給事此時候」（志水文書）「筑紫儀、諸事可被任異見儀此時候間、不覃被仰出候へとも」（黒田家文書）

このまる【甲の丸】 本丸。（関原陣輯録）

このり【小男鷹】 兄鷂《はいたか》。ハイタカの雄の称。「此の五人衆へ、鷂《はいたか》　三聯《みもと》、小男鷹《このり》二、青山与三御使として」（信長公記）「兄鷹《このり》菱飡を搴《と》る。前代未だこれを聞かずと云々」（駿府記）

こはた【小旗】 「拠旗」の充て字。指小旗のこと。鎧の指物にする小旗。「跡部大炊介、小《こ》旗しろき地に、日の丸を出し、千五百余の備にて」（甲陽軍鑑　中）

こばた【拠旗】 「証拠旗」と同じ。「上杉衆と合戦に、信虎様あひづ《相図》のこはた《拠旗》と申事にて、氏康公の理運になされ」（甲陽軍鑑　中）⬇「証拠旗《しょうこばた》」を参照

こはたのじ【小旗の地】 小旗の地。旗さし物の切地《きじ》を使者二人に下賜したこと。「深谷殿より使上御申候ニ、小はたのぢ両人に被下候」（伊達天正日記）

こはなぎり【小花斬】 皆殺しの意か。「明日是にて二本衆を小花斬にするぞと、おどけゝるを二本衆、直者やらん又者なるか」（政宗記）

こはん【這般】 「しゃはん」が一般的。これ。この。このような。かくのごとき。這箇。「豈《あに》吾這般《こはん》の謀に陥らん乎《や》。兵は神密を尚ぶ」（北越軍談）「将亦這般御下向、御大儀不申及候」（西門院文書）

ごはん【御判】 貴人の花押や印判をいうが、それが据えられた発給文書をも指す。「今度無二御奉公申上、心底立御耳、

御判頂戴之儀、御前ニ付置候」（黒田家文書）

ごばん【御番】 警固。見張り番。「御城へ内府被罷移之由承候、御番等被致候段」（黒田家文書）

こばんしゅう【小番衆】 ①室町時代、将軍家および大名家の近習《きんじゅう》の一つ。小番。「氏康にて小番衆、信玄家にて近習の事なり」（甲陽軍鑑）②中世、寺院において、結番して門跡に勤務した僧。「宗兼都維那今日より加小番衆、自夜前参候了」（大乗院寺社雑事記）③宮中などで中級以下の職員が輪番で当直勤務すること。「今夜高辻、万里小路ニ町余炎上云々、長資朝臣出京参小番」（看聞御記）

ごはんもつ【御判物】 室町・戦国時代、将軍、武将または大名が、自署花押して出した文書。武家に対する知行の安堵宛行《あておこない》、その他重要な政治向きの命令を発するときに用いられた。「鹿苑院殿御判物二通」（上杉家文書）

こひきあわせ【小引合】 檀紙の一種、引合せ紙の小形のもの。「先折紙のたけの高きは狼藉也、公方様へは常々公家門跡、大名衆は備中紙小高檀紙を、一重に折て御用候、御供衆同前、大かたの人は小引合杉原など被用候」（宗五大草紙）

こびとがしら【小人頭】 武家で、雑用を務めた小者。普通中間《ちゅうげん》より下級で彼らをまとめる者。「甲陽の小人頭萩原甚之允に口上を含め」（関八州古戦録）

こびと（しゅう）【小人（衆）】 走り使いなどをする武家の下役。小者と同じ。「先日御小人衆罷上候とき被下候御状」（伊達家治家記録）「路地にて長坂長閑を御小人《こびと》衆鎗をもつてた、き候はんと申子細は」（甲陽軍鑑 下）

ごひゃくしょう【五百生】 仏語。生き返り、生まれ変わり。「いかに九郎、此の恨五百正繫念無量劫にも忘る、事あらじ」（奥羽永慶軍記 上）

こびる【媚びる】 生意気でこまっしゃくれていること。「右の武士物をよみ、こび候故、勝頼公酉《とり》の年の御年筮《ねんぜい》をまへ」（甲陽軍鑑 下）

ごひろうあおぐところに【御披露所仰候】 披露文（宛文）の文末に用い、宛名人の主君への披露を依頼するもの。「此等之趣可然様ニ御披露所仰候、恐々謹言」（黒田家文書）

こふ【辜負】「孤負」に同じ。そむくこと。「就中近年、相・甲御辜負也」（甲乱記）

こぶ【躭】 瘤。たんこぶ。「俗に云眼の上の躭《こぶ》、腹心の病是也」（関八州古戦録）

こぶしのかり【拳の雁】 冬期に野に出て、自ら鷹を拳に据えて鳥を捕らえること。「鷹の雁」は、鷹狩で捕らえた雁の意。「竺丸殿より御拳《おこぶし》の雁一羽進上せらる」（伊達家治記録）

ごふにんずう【御不人数】 人数が少ないこと。「総じて御不人数にして」。（伊達家治家記録）

こぶみ【小文】 半切の紙を用いた書状。半切りの捻文《ひねりぶみ》。鳥の子紙や杉原紙などを半切にして、これにしたため、

残る半切を上巻きに用いる。「九州少弐方え御状事、以備前殿奉之、大概案文有之、小文也」（親元日記）

こぶん【子分】 借金の利息。「忠信のあと不如意に候はば、われ〈「ともに」カ〉公界之義にて候、蔵方より三ヶ一もとも子分をもゆるすべし」（結城氏新法度）

ごぶん【吾分】 貴方がた。「吾分《ごぶん》は清和の遺胤、予亦桓武の後裔たり」（北越軍談）

こべん【顧眄】 振り返って見ること。転じて、目をかけること。恩恵を与えること。顧盻《こけい》。こめん。「神徳顧眄の光に因る所也」（陰徳太平記）

ごへん【御辺・吾辺】 貴殿。貴方がた。そなた。「いつも大越備前と云親類被官を右馬頭処へ遣はす、是に依て今度も御辺中度こと候」（政宗記）「敵は夜懸《よがけ》などに出づべき粧《けはい》は莫《なか》りし。吾辺《ごへん》急ぎ行向て見て参られよ」（北越軍談）

ごへんたち【御辺達】 あなたたち。「我々も降りたり。御辺達も討死して益なし。一先づ命全《まっとう》して」（奥羽永慶軍記 上）

ごほう【御報】 脇付の一つ。返信の意を表わす。「返事認様の事、賞翫へは尊報、尊答、貴報、御報などと書也」（大諸礼集）「恐々謹言　五月十日　秀忠（花押）　黒田甲州様　御報」（黒田家文書）

ごぼう【御房】 脇付けの一つ。僧侶に対して用いる。「謹言　十月十二日　（花押）　民部卿法印　御房」（黒田家文書）

こぼれる【翻れる】 こぼれる。「松山の城既に明け退き悴者共追々に飜れ来に付て」（関八州古戦録）

こほん【虎賁】 勇士。優秀な軍隊。「賁」は「奔」の充て字。「七寸五分《くずわだ》肥後守以下、連々公の虎賁《こほん》に畏伏し」（北越軍談）

こまい【古米】 新米に対して、それ以前に収穫された米。ふるごめ。「但古米不成様ニ入替、於員数者、無相違様、堅可申付候」（黒田家文書）

ごまき【後巻】 救援すること。援助すること。「越前衆一万五千計、浅井衆八千計後巻仕候之処ニ、双方取出、数剋之被及合戦ニ」（益田文書）

こまごま【細砕】 こまごまと。細々と。「公裁の趣追て御左右に預らんと用意の次第細砕《こまごま》と語玉へば」（北越軍談）
➡「細砕《さいすい》」を参照

こまとい【小纏】 敵陣で大将の傍らに立て、隊兵の所在を示した標識をまといと云う。その小さなもの。「さすがの内蔵助なンども笠の小纏《こまとひ》をひき切て落す」（甲陽軍鑑 下）

こまねく【拱く】 手をこまねく。「以の外御不興に付、両僧手を拱《こまぬ》き甲府へ帰ると云々」（北越軍談 中）

こまやか【濃】 細やか。「柿崎今少《すこし》分別 濃《こまやか》ならば、鬼神に鉄撮棒《かなさいぼう》預けたらんにして」（北越軍談 中）

こまよせ【駒寄】 人馬の侵入を防ぐため、城塞や人家の門前に設ける竹や角材の柵。こまよけ。「てうすがめおばやわたにとらまへて、高手小手に誡《いましめ》て、ニちゃうの城之こまよせにしばり付てさらしたまふ」（三河物語）

ごみ【流塵】ごみ。塵芥。「矢の根に鼻脂を引、鉄砲に切火縄、塑杖《かるか》の流塵《ごみ》押拭ふ程に」（北越軍談）

こめい【顧命】貴人などの臨終での言葉。「縦令獲麟《たとえかくりん》の顧命《こめい》なりとも、今に於て左右《とこう》に及べからず」（北越軍談）

ごめい【五明】扇の異称。「引物美乃紙一束、五明与之、祝著許也」（教言卿記）「持参の扇を見て亭主のことばに、『五明はかたじけなや』と礼あるを聞き」（醒酔笑）

こめじゃ【籠者】共同謀議のこと。「則彼在所悉令放火候張行之者、為籠者之間、可成敗候」（石徹白神社文書）

こめつもり【米積】上納する物の量や額を、米のそれに換算して決済すること。「くろがねの事、是又見計、年貢ともりに成共、米ともりに成共可仕候」（長谷場文書）

こめなり【米成】米穀による年貢決済。「一、綿之事、兎角公方へ上り可申物ニ候間、米成にても、又綿にて成共、百性も迷惑不仕様ニ、又公方之失墜も不行様に」（長谷場文書）

こめみせ【こめみせ】小目見のこと。苦しいめにあう。「勝千世殿に信虎公こめみせまいらせられ候間、家中の衆大小共に」（甲陽軍鑑）

こめる【罩る】込める。「必勝の理を胸中に罩《こめ》て其事今日に決せり」（北越軍談）

こもごも【交（々）】多くの物が入り混じっている。（南海通記）

こもの【小者】武家の雑役に使われる者。（細川家記）

こものなり【小物成】本途物成（本年貢）に対して、田畑にかかる年貢以外に掛けられた雑税である。小年貢とも。戦国時代の小物成は、公事から夫役を除いた山林・原野・河海などの土地の生産物にかけるもの。近世とは相違する。「年貢も津出も、其の上、小物成《こものなり》以下まで、昔の如く」（川角太閤記）「加納村之事、其方一職進退申付上、小物成・諸欠所給人共、糺明次第可申付者也」（坪内文書）

こもりい【籠居】じっと引き籠ること。「平賀の源心法師が加勢に来て籠居《こもりい》候」（甲陽軍鑑）

ごもんやく【御門役】中世、武家邸宅の門を警護した役。「御門役幷辻固事被官人等勤之」（飯尾宅御成記）

こやおとし【小屋落】敵の小屋や敵の城下の町を破壊したり火をかけたりすること。「一、下知無くして刈田《かりた》・小屋落し仕る事」（北越軍談　中）

こやつ【此奴】こいつ。「適《あっぱ》れ彼は剛の者なるぞ、此奴《こやつ》が悪言に乗りて合戦早まる事なかれ」（奥羽永慶軍記　下）

こゆみ【小指】「小弓」の充て字。「家来持たせる小指を解て」（庄内陣記）

ごようにたつ【御用に立つ】忠死を遂げる。「勿論城の者共御用に立ち申し候」（老翁物語）

こよみもどき【暦もどき】同じ事を繰り返すさまにいう。「右の品々暦もどきに書置つゝ、白綾を以た鉢巻し」（奥羽永慶軍記　下）

こらえかね【怺兼】我慢できない。「錣《しころ》を傾けて叫て蒐《かか》れば、小田方怺兼《こらえかね》て十町計引退き」（北越軍談）

こらく【虎落】割竹を連ねて作った竹矢来。もがり。「小路々の城戸《きど》虎落《こらく》に遮《さえぎ》られて」（北越軍談）➡「虎落《もがり》」を参照

こらへる【怺へる】堪える。「某が軍だに能く怺《こら》へ候はゞ、其の時にこそ後攻め遊ばされ」（一徳斎殿御事蹟稿）

こり【垢離】神仏に祈願するため、冷水を浴び、身体の穢れを去ること。「側に庵室を結て居住す、毎日垢離の為めに黒沼に浴し、日夜勤行怠らす」（伊達家治家記録）

ごりょうしょ【御料所】①室町時代以後、皇室の領地のこと。御料。禁裏御料。「新御所〈義嗣〉へ賀州ニ御料所ヲ被進云々、斎藤御園ガ所領歟」（山科家礼記）②室町幕府や、守護大名、戦国大名の直轄地。「御料所伊勢国深矢部郷事、被預置訖」（小早川家文書）

ごりょうにん【御料人】貴人の子息・子女を敬って言う語。「織田城介殿へ御約束の御料人御煩《わずらい》の時、如此」（甲陽軍鑑　中）

こりる【艾る】懲る。こりる。「行末はこれ有べからず、身に艾《こり》ざれば人は用心せぬ者也」（北越軍談　中）

ごりんのみち【五倫の道】人の守るべき五つの道。「盛胤涙を流し、やゝ有ていふ様は、五倫の道君臣を以て第一とす」（奥羽永慶軍記　上）

これ【焉】此れ。「斧斤を運《めぐ》らすと雖も、焉《これ》に過ぎず」（柴田合戦記）

これしかしながら【是併】「是併」の充て字か。それは、そうなのだが。「最安き義なるべし。是供《これしかしながら》謙信下として上を度《はか》るに似たれば」（北越軍談）

これしき【此式・是式】①たかがこれくらい。「随而此式候へ共、小袖十・羽折五令進入候」（黒田家文書）②例の物で申し訳ないが。「又此式ニ候へども、ゆかたびら一進じ候」（左衛門佐君伝記稿）

これつら【這般】「これつれ」に同じ。この程度。このくらい。これしき。「凡先登を働くもの這般《これつら》の事をは主将の命を語るに不及」（関八州古戦録）

これといいかれといい【云恰云袷・云恰々々・袷云恰云】あれこれいろいろと。「管領の職分を専《もっぱら》にするの由、云恰云袷《これといいかれといい》、言語道断の次第なり」（北越軍談）「今の大樹義輝卿の従弟なれば、云恰々々《これといいかれといい》世の持て成《な》し等閑《なおざり》ならず」（北越軍談）「勿論藝・与両宗親昵粧繁栄倍不軽、袷云恰云、不可不被救之」（萩藩閥閲録・浦図書）

これにしかんや【如之哉】これに勝るものが他にあろうか。「任公武籌策、和与之由神妙也、殊山門領如先規不可有相違之段、併仏法・法祚平安基、何事如之哉」（元亀元年山門へ綸旨幷信長状）」

これにより【因玆】「ここにより」とも。（南海通記）

これより【是寄】「自是《これより》」の充て字。「無心元存ずれ。是寄ふたへぼり《二重掘》を押破《やぶり》て、ことゞゝく陣屋に火をかけ」（三河物語）

これより【自爾】「自是」に同じ。これ以降は。これからは。「前代未聞之大儀也、自爾以降中間廿五年之内行幸会諸祭会等執行之時」(到津家文書) ➡「自爾《それより》」を参照

これをつくせ【悉之】「悉之如件」は、綸旨と同じ形式である。書止めは、書状では「恐々謹言・謹言」、綸旨では「悉之」、御教書などでは「仍執達如件」、下文などでは、「以下」というように文書の様式によってその文言はほぼ定まっている。「神前之輩及神主等無油断之様可被申付候、悉之、以状」(今井理一氏所蔵文書)

ころ【胡盧】人の笑う声。物笑い。「今迄の公の弓矢他《あだ》し事と成て後代の胡盧《ころ》と遠慮し玉ふ所以也」(北越軍談 中)

ころおい【比及・頃及】その時分。「三十余郷の代官に補せらる、比及《ころをひ》より定治伝へ来る」(関八州古戦録)「此頃及《ころほひ》秀吉公大神君へ談話し玉ひけるは」(関八州古戦録)「永正の比及《ころおい》越後え来えい、為景主の膝下に仕へて」(北越軍談)

ごろく【五六】大石。「五六を落し掛くる(投ぐる)」(城中から敵の上に大石を投げる)。(日葡辞書)

ころし【葫蘆子】胡蘆。ひょうたんのこと。「信玄公なさる、儀、一入水上の葫蘆子《ころし》のごとく、へん《変》するは」(甲陽軍鑑 下)

ころす【剿す・害す】殺すこと。殺害すること。「妻子眷《けん》属《ぞく》を敵に唯今打剿《ころされ》申、又は我等ともに討死仕たる計にてはたり不申」(三河物語)「竹千代殿の普代の者をさへ害《ころし》あげたらば、竹千代殿を岡崎へ入申間敷とや思召哉」(三河物語)

ころとき【頃刻】この時前後。間もなく。「強テ攻入ラハ、城ヲ落ス事、頃刻ナルヘシ」(伊達家治家記録) ➡「頃刻《けいこく》」を参照

ころぶ【辷ぶ】転ぶ。「或は深田へ辷《ころ》ひ落ち、或は水流に溺《をほれ》入て太刀、刀を捨て」(関八州古戦録)

こわがみ【強紙】硬い厚紙で、杉原紙の一種。詔書や補任の状など、大切な文書に用いる。ごうし。「中文之事、当家之代々中山説仕候間如此、強紙一重に書之封之」(言継卿記)「筆事、ふくさ紙には鹿の毛、打紙には兎の毛、強紙には狸の毛、此等似合てよき也と云々」(康富記)

こわき【こわき】手強い。「合戦いたさゞる薩摩のやつはらが、にけちり国へ罷越候者が、何とてこわき儀あるへく候哉」(黒田家文書)

こわすいばら【強杉原】杉原紙の精粗両様のうち、大判で品がよい精製品の称。「此間之御礼申、其状強杉原一枚書之、礼紙一重其上礼紙又一枚」(看聞御記)「三十三文　コワスイハラ」(東寺百合文書)

こわばる【諫直】こわばる。「耳・鼻・眼より血溢れて四蹄諫直《こわばっ》て斃たり」(北越軍談)

こわり【小割】面積の単位である反を小さく分けること。また、その単位。天正・文禄期は大・半・小の三種があった。大は二百歩、半は百五十歩、小は百歩。(地方凡例録)

こん【喉】鮒の数え方。喉《こん》は魚の数え方にも。「鮒十こん」

（十尾）（毛利隆元山口滞留日記）

こん【獻】「獻」は、酒食をすすめる回数のこと。客を饗応するとき、膳を出し、酒三杯を勧めてから膳を下げる、これを「獻」という。「大窪平六郎、初獻横尾源左衛門・本澤源七郎、二獻内馬場能登」（伊達家治家記録）

こんあ【昏鴉】夕暮れ時。「昨日者預芳墨候之諸處、令他出及昏鴉帰宅仕候故、不克即答候」（大橋重政書状）

こんい【悃意】「懇意」に同じ。「今般被複先忠之上者、縦跡手遠之無臆意、可加悃意之事」（米沢市上杉博物館蔵上杉景勝起請文案）

こんいつ【昆逸】「混一」の充て字か。一つに集まるように。一か所に集まるように。「大手・搦手二隊に分《わか》って大浪の漲《みなぎ》り落《お》つるが如く、昆逸《こんいつ》散々駈《かけ》させらる」（北越軍談）

こんおん【懇恩】主として書状で、相手からの配慮を感謝していう語。「御在洛中、毎端被御意事、于今難忘存候処、御懇恩間誠畏悦、更難尽筆舌候、併期後信之時」（晴富宿祢記）「於小田原在苻之砌、別而蒙御懇恩候キ」（正木文書）

ごんか【厳科】「厳科《げんか》」に同じ。厳しきお仕置き。「又は国法を背《そむ》く者は厳科《ごんか》に行うべきの事」（甲陽軍鑑 下）

こんかき【紺掻】 ➡「紺掻《こうかき》」を参照

こんかん【懇欵・懇款】「悃欵」と同。まごころ。ねんごろ。親切。「元親もまた、智計を以て、切々懇欵《こんかん》を納むと雖も」（四国御発向并北国御動座記）

こんかん【懇簡】懇ろな手紙。親書。懇筆。「重而良學被指越候ニ付而、御懇簡具拝披本懐之至存候」（伊達家文書前田利家書状）

こんき【悃祈】懇ろな祈禱をすること。「今度凶徒敗北之被凝精誠様、諸務一統之悃祈所仰」（北條氏政書状写）

こんきょく【懇棘・懇曲】主として書状において相手からの配慮を恐縮していう語。「被対予別懇曲之由、町野蔵人入道、簗田大炊頭令申候、欣然候」（秋田藩採集文書）

ごんぎり【小鱧】「こきり」とも。「五寸切」とも書く。小さい鱧を丸干しにしたもの。細かく刻んで膾などにする。「三献　御鰭《ひれ》之物　小鱧《こきり》味噌付　角之子　鯛」（甲陽軍鑑 下）

こんきをつくす【魂気を尽す】精魂を尽くす。（老翁物語）

こんぐ【昏愚】道理に暗く愚かなこと。暗愚。「平井に在城と云へども、生得昏愚《しょうとくこんぐ》にして武将の器なし」（北越軍談）

こんこう【渾淆】いろいろなものが入り混じる。「軍議区々なりと雖も衆議渾淆《こんこう》として一決せず」（武田三代軍記）

こんこう【婚媾】結婚のこと。「婚媾《こんこう》の志将に通ぜんとするを寇《そこな》うにあらず」（駿府記）

こんこう【懇交】親交。「亘く、親睦に属す最も善し、予も亦累年懇交を為す」（伊達正統世次考）

こんごう【金剛】金剛草履のこと。藺草、藁などで作った丈夫な草履。普通の形のものより後部が細く長い。藁金剛。板金剛などがある。下下《げげ》とも。「女房共出て見て下地

をふうするに出て見よとて金剛をはきて出て」（三河物語）

ごんこく【昏黒】 夜。「黄昏」の充て字。「将軍家平野御宿陣、昏黒に及び、土井大炊助御使として参上」（駿府記） ⬇「昏黒《たそがれ》」を参照

こんこん【懇々】 真心を込めて入念に行なうさまであること。「昨日も我々書状にて重而臼井方へ懇々申遣候」（大徳寺文書）

こんさつ【懇札・悃札】 好意のこもった手紙。（日葡辞書） 発信人に敬意を表わした表現。「仍於濃州大柿預御懇札、其後御状候ても、御返事雖申入候」（黒田家文書）「爰に懇札《こんさつ》を辱《かたじけな》くす」（伊達正統世次考）

こんし【懇至】 懇ろな歓待をうける。「今般図らず貴国に至る、懇至《こんし》欣喜に堪えず、殊更、蹴鞠比類無し」（伊達正統世次考）

ごんし【勤仕】 ⬇「勤仕《きんじ》」を参照

こんしょ【懇書・悃書】 相手の手紙に対する尊称。「悃」はまごころ、心のこもった手紙。懇書。「懇書を辱《かたじけな》くす慰悦に勝《た》えず」（伊達正統世次考）「これに依て御悃書畏入る」（伊達家治家記録）「御悃書拝見致し候」（性新公関原御合戦記）

こんしょう【懇章】 相手の手紙に対する敬称。「特に愚僧に於て懇章を辱くす、黄金三両を贈らる」（伊達正統世次考）

こんじょう【懇情】「こんせい」「こんぜい」とも。主として書状で、相手からの思いやりや好意を感謝していう語。「懇意」「懇志」。「砥二俵送給候、（中略）誠切々懇情難謝候」（太閤真蹟）

ごんじょう【言上】 貴人に話すこと。「言上仕る」。（日葡辞書）

こんしん【悃信・懇信】 返事をしたためるに際して、相手からもらった手紙・贈物などを指していう語。悃書・懇札などと同意。「被懸御意毎篇悃信難申述次第候」（伊達家治家記録）「去年夏比、絵ニ幅舜挙筆、盆一枚、贈給候、依路次不合期、只今到来懇信之儀、祝著之至候」（顕如上人語書札案留）

こんしん【懇心】「懇志」に同じ。懇ろに。「罷下候刻ハ参候処ニ、不始于今御懇心難申盡存候」（徳島城博物館所蔵蜂須賀正勝書状）

こんせつ【懇切・悃切】 しきりに願うこと。切に請い求めること。またそのさま。「詞前関白父子四人敬神之志懇切之余」（実隆公記） 懇切なこと。「悃切《こんせつ》之芳墨快然之至也、幾回《いくたび》之を言うと雖も」（伊達正統世次考）

こんそく【懇惻】 懇ろにいたむ。ここは父子の不和をいたむこと。「懇惻之意趣を顕わさ見（る）、感荷詎《なん》ぞ極らん」（伊達正統世次考）

こんそん【昆孫】 子孫。「葛西は平姓上総介高望王の昆孫葛西壱岐守殿清重の嫡流なり」（伊達家治家記録）

こんたい【懇待】 懇ろにもてなす。懇ろな接待。手厚い待遇。厚遇。（黒田家文書）「遠路より切々之御懇待之由於我ホニ満足申候」（小又六宛福島正則書状）

か

ごんたね【権太根・献田根】 不詳。「為改年之御吉事、以御使節被仰達候、（中略）仍愚拙へ献田根十枚到来、本望忝次第候」（新編会津風土記）六

こんたん【懇丹・懇嘆】 丹精して懇願すること。「上杉民部大輔追善宗祇興業、彼法師蒙此主恩云々、仍懇丹之趣也」（実隆公記）

こんちゅう【懇忠】 書状で、相手の、主君に対するひたむきな思いを嘉していう語。「彌鎮光申合、可属懇忠事可悦喜候」（鶴田文書）

こんちゅうのつじ【懇忠之辻】 代々の忠節のたとえ。「於于今者、早々一稜有御馳走、宗征・鑑広御懇忠之辻、御連続可為肝心候」（広島大学日本史学研究室蔵立花道雪書状）
➡「辻《つじ》」を参照

こんてい【昆弟】 兄弟。（庄内陣記）「主将士卒相《あい》共に昆弟《こんてい》類家朋友の外、他を交《まじえ》ざる戦なれば」（北越軍談）

こんとう【懇答】 書状で、相手からもらった応答をいう語。「先日者御懇答、再三披見、祝著候」（別本歴代古案）

こんとく【悃篤・懇篤】「懇切」に同じ。親切で手厚いこと。「然者為国家安寧武運長久之祈願、別而可被抽悃篤之神忠之由、天気所候也」（神宮文庫所蔵内宮神宮家所持古文書）「松井法眼先年貴郷に下往《げおう》せらる、種々懇篤之儀有り、因つて今度謝礼と為（し）て下向せらる」（伊達正統世次考）「来章令披見候、仍三種三荷給候、懇篤之段為悦至候」（天文書札案）

こんとん【困敦】「こんどん」とも訓む。十二支の「子《ね》」の異称。「時に慶年上章困敦《こんとん》重五日、指鍋の領主鳥海勘兵衛尉信道」（奥羽永慶軍記 下）

こんねん【懇念】 ①心を込めて念ずること。また、その思い。懇切な心。「人々懇念を尽しつつ、明なば辰の一点に神輿を陣頭へすすめ奉り」（応仁略記）②誠意をもって事にあたること。「猶以国土安穏精祈致懇念事、弥静謐之基歟」（内宮引付）

こんぱく【混白】 雪にまみれること。「東西真闇《しんのやみ》に成て山川の堺もなく、人馬混白《こんぱく》になって物の色も見えず」（奥羽永慶軍記 下）

こんぴ【壺秘】 殿中の奥向きに関する事柄。（御家誡）

こんぴつ【懇筆】 相手の手紙を敬う書札用語。懇翰。「御左右共候者、可被仰知事奉憑候、何も御使者へ申展候間、不能懇筆候」（東京大学史料編纂所蔵鍋島直茂書状）「其節御礼可申入候間、不能懇筆候。恐惶謹言」（性山公治家記録）

こんぽう【懇報】 相手の返書を敬って言う語。「御懇報殊口上之趣、得其意存候」（黒田家文書）「先度者就御料所率分之儀、懇報本望至候」（山科言継書状写）

こんぼく【懇墨】 他人の手紙を敬っていう語。

こんもう【悃望・懇望】 ①悃望の悃は、まごころの意で、悃望は心から願望すること。「可令上洛通、種々悃望儀付而、今度沼田の城被渡下處」（伊達家治家記録）②自分の希望す

るところを、心を尽くして述べて承知してほしいと申し出ること。「東坊城早旦ニ来臨、兵衛大夫コンハウノ一書ニ誓文状被持来也、披見畢」（言国卿記）

こんやく【困厄・困阨】 困難。苦しみ。難儀。「虎巌に靠《よりかかる》に似たりとて、老に随て困阨《こんやく》を脱《のが》れ、威勢を長ず」（北越軍談）⬇「困厄《しやく》」を参照

こんらい【困来】 疲れてくること。「飢来喫飯、困来打眠」（日葡辞書）

こんりょ【悃慮】 あなたの気持ち。配慮。「殊金襴一端赤地令祝着候、度々御悃慮難謝次第候」（大徳寺文書）

こんりょう【献料】 酒肴料。「あすのこんれう給候、心えまいらせ候」（実隆公記紙背文書）

こんりんざい【金輪際】 ①どこどこまで。「其の音山彦に答へて金輪際迄もひびくらん」（奥羽永慶軍記　上）②大地の真底。「長谷堂に押寄て時《とき》の声三度作れば、上は四禅天《しぜんてん》、下は金輪際《こんりんざい》迄も響くらん」（奥羽永慶軍記　下）

さ

さ行

さあらば【闇思・左有ば】 左右《そう》であるならば。「前途の妨なりぬべし、闇思《さあらば》運を天に任せ新属の族を招て進退の有無を定む」(関八州古戦録)「此義尤なり、左有《さあら》ば今日の軍を相止め、明日惣攻を為ん」(奥羽永慶軍記　上)

さありて【左有・然有て】「然有《さあり》」の宛て字。**その通りの意。**(庄内陣記)

さありとて【左有とて】 だからと言って。「中々親しき甲斐も候らはず。左有《さあり》とて山形大勢なれば、敵すべきようもなく」(奥羽永慶軍記　上)

さい【差異・差違】 他のものと異なる点。「於私猥可被定番之事、聊可有差異歟」(実隆公記)

ざい【麾】 指揮旗。采配のもとに。「敵のけば懸り、多《をお》き人数を二人のざゐ《麾》に付て、とつてまわしければ」(三河物語)

ざい【在】「在郷《ざいごう》」の略。在所。いなか。**地名の下に付けても用いる。**「去年及両度、以使者令申候処、越中金山在不審、中途より差返候」(上杉家文書)

さいい【最為】 非常に秀でて優れたこと。「最為第一の事」(日葡辞書)

さいうんぼうさく【最運謀策】 その時宜にあった計略をいう。「籠城之族違事有之ハ、忽可討取、最運謀策可相働、一門本領安堵之節、如存分恩賞可宛行者也」(北条氏邦朱印状写)

さいか【済家】 禅宗の二派のうちの一派。済家と洞家を指す。(日葡辞書)

さいか【最花】 神前に供える花代。「是も如例式之御最花三十疋令進納候」(神宮文庫蔵大田原晴清書状)

さいかく【才覚・才学】 機知、機転、工夫などに優れていること。「可被相済之旨候条、急度相調候様ニ御才覚肝要候」(黒田家文書)「有氣遣用心ホ無越度様ニ才學肝要候事」(真田氏歴史館蔵・豊臣秀吉書状)

さいかせん【最花銭】 供華料のこと。「彌々御祈念所仰候、態迄御最花銭三十疋進候」(北條家朱印状)

さいかん【彩管】 画筆。絵筆。それでできた絵画。「世継の翁の話記、紫女の彩管に粗《あらあら》其沙汰あれば」(北越軍談　中)

さいかん【才幹】 物事をうまく処理していく才能のあること。(庄内陣記)

さいがん【再顔】 別れたあとに、またその人とめぐり会う機会を得ること。文書語。(日葡辞書)

さいきょ【裁許】 ①訴訟を審理すること。「公事の裁許」(訴訟に関する尋問と審理)(日葡辞書)②**取扱い**。「改而申付訖、依之雖為売子、対吾分、夷子講之裁許可在之」(寛延旧家集)

さいきん【催勤】 仕事に付かせること。または何事かを遂行すること。(日葡辞書)

さいきん【細勤】「細瑾」の元字。小さな疵。わずかな過失。

「主将の用意は細勤をみすして命を全ふする」（関八州古戦録）

さいけ【済家】 臨済宗の僧侶。（日新菩薩記）

ざいけ【在家】 本来辺境地帯の名に発生し、在家・園・屋敷などと表示された隷属農民の居住する家を称したが、戦国時代ごろには家屋と畠を含む屋敷に住み、その付近の田を所有する形を一括して在家という。また、在家役（公事・夫役など）を賦課されている農民のことで、単に民家とも。「かけ田内之分うちかた在家壱間、各加恩として遣所」（伊達家文書）「不意に羽川が城に取掛り、浦々の在家少し焼き、時を移さず三方より攻入けり」（奥羽永慶軍記 下）

➡「有職免《うしきめん》」を参照

ざいけん【罪譴】 罪。咎め。「若有違背之仁者、諸老被相談、可被処罪譴者也」（甲府市大泉寺文書）

さいこう【犀甲】 武具の総称。「仮令《たとえ》金革犀甲を藉《しとね》にし、弓矢矛戟を枕にするとも」（北越軍談 中）

ざいこく【在国】 国元にいること。その領国。「一昨日武田在国に下向云々」（大乗院寺社雑事記）

さいごどころ【最期所】 戦争の際などに、人が死ぬ場所。終焉の地。「家康は慈悲深大将にて、勝頼公御最期処に寺を建よと甲州先方衆に仰付られ」（甲陽軍鑑）

さいさい【細々】「再々」と同意。当時は「細々」と用いた。（日葡辞書）

さいじ【蕞爾】 いかにも小さい。非常に小さいこと。「足利左馬頭義昭卿去年近江国より若狭へ遷り、武田義統《よしむね》の館に穏坐《おんざ》ありと云へども、蕞爾《さいじ》たる小国、」（北越軍談 中）

さいしゅん【再俊】「再閏」の充て字。暦法で三年目に一閏を置く場合、五年目を再閏とする。「威を陣頭に振ひ、実に上、臣下を歓し、再俊を楽しみ、三五有年、早く撃壌《げきじょう》を款し、必ず童謡を聴せん」（甲陽軍鑑 中）

さいしょ【細書】 詳細に書いた文。「今度細書を以て始終申上られ、近比《ちかごろ》祝着し玉ふ」（伊達家治家記録）

さいしょう【細少】「最小」の充て字。最小限に。「随分細少に支度仕て候と申ければ、公も忻悦まし、、殊更褒美し玉ひし」（北越軍談）「就中下総中へ廻文之儀、当時弓矢最中、細少之儀も軍役之外、別条之儀、諸卒へ下知遠慮候」（慶応大学図書館所蔵反町文書）

さいしょう【灾障】「灾」は災と同じ。灾障は「罪障」の充て字。成仏の障《さわ》りとなる罪業。（日新菩薩記）

ざいしょをぼくちくす【在所を卜築す】 在館の場所を定めて営築したこと。「米谷兵部沢田を出でて、古川領地に越え以て在所を卜築す」（伊達正統世次考）

さいしん【再進】 人に供する飯や汁を食卓（膳）で二度、三度間をおいて出すこと。「再進を持って参れ」（日葡辞書）

ざいじん【在陣】 ①陣地の中にいること。在営。「小浜在陣衆何も無人数に候間」（伊達日記）②代官などがその出張地にいること。本陣にいること。「下国已後数年在陣候事、

去年冬多分令帰宅候」（上杉家文書）

さいしんばち（ぼん）【再進鉢・再進盆】 再進を持ち運ぶ容器。（日葡辞書）

さいすい【細砕】 ①非常に細々と、または切に。「細砕申し聞かせ候」（日葡辞書）②こまごまなこと。「至御陣所遂参上、細砕奉達　上聞候間、被成御分別」（広島大学日本史学研究室蔵立花道雪書状）➡「細砕《こまごま》」を参照

さいぜん【最前】 先程。先刻。「関白殿御動座日限事、最前被仰出通候条」（黒田家文書）

さいそ【細粗】 細かなものと粗めなもの。「粗細・麁細《そさい》」と同意。（日葡辞書）

さいだいじ【西大寺】 種々の病気に効く調剤した赤い丸薬。（日葡辞書）

さいたいやく【妻帯役】 妻帯僧に賦課した役銭。もと僧侶の妻帯は罪科としたが、天文末年には法を改め、公然と妻帯役を課すことにした。「清僧落僧の隔には、今の書《かき》立《たてたる》　落堕《らくだ》僧達、妻帯役《さいたいやく》と申物を致《いたせ》とて」（甲陽軍鑑　下）

さいたいやくのだいかん【妻帯役の代官】 妻帯役のことを司った代官。「安間と云侍を妻帯役の代官に被成置、其以後、女房帯する法花坊主は、皆安間三左衛門方へ、年に一度づつ年貢をいだす也」（甲陽軍鑑）

さいたく【啐啄・碎啄】 ①本来は、鳥などが口ばしでなめつくすの意だが、承諾するの「採択」の当て字か。「御出馬有て退治し給へと内々仰進らる、公御碎啄の御挨拶あり」（伊達家治家記録）②「啐啄の輩」は、同志の士。「尤以て別心を有すること勿れ、又以前啐啄の輩に於ける」（伊達正統世次考）③親切。「向後別而可被通之由、寔啐啄之至快然候」（小早川文書）④逸してはならない時機。好機である。「当秋中信州表可被及御行付、信長被仰談、可被成御働之由、信長啐啄之儀候」（色部文書）

さいたらばたけ【才太郎畠】 地獄と極楽、あるいは、あの世とこの世との間にあるといわれる畠を言い、事に対処する態度が中途半端で、一つに徹することができないことのたとえにいう。「扨又利根の過たる大将は、下劣の喩に、さいたら畠と申ごとく、本図にてましまさねば、物をならへど末とをらず、半分知てはしかも開山にならんと思食、仮名の本を真名にし、真名にかきたるを仮名になをし」（甲陽軍鑑）

さいたん【歳旦】 新年の第一日。元旦。「四節者、歳旦、結制、解制、冬至也」（尺素往来）

さいち【采地】 領地。知行所。采邑。（南海通記）

ざいち【在地】 その土地に居住していること。また、その土地に赴いて、そのままそこに居ること。「志賀郡、明智十兵衛被下、坂本に在地候」（信長公記）

さいつころ【近曾】 近頃。先日。先ごろ。「近曾《さいつころ》居城久留里表へ南方の敵」（関八州古戦録）

さいつち【柊槌】 米を搗くのに用いる木槌。また、大工の

さ

使う大槌。（日葡辞書）

さいどほうべん【済度方便】 人の世を救うための方便。「草堂を架《かま》へ安置し奉りしより、済度方便《さいどほうべん》の利益《りやく》歳月に新にして」（北越軍談）

さいなむ【苛む】 苦しみ悩ます。（日葡辞書）

さいなん【細軟】 絹の織物のように、織り目が細かく、柔らかで薄いもの。（日葡辞書）

さいはい【再拝】「采配」の充て字。采配すること。「再拝を取て諸船を下知し」（征韓録）

さいはい【采幣・再幣・麾・指麾】「幣」は配の充て字。采配する。「景虎方の采幣《さいはい》頭と成て、或時は御館府内より春日山へ押寄せ」（関八州古戦録）「麾」は「さしづ」とも訓む。「景虎公は二陣の船に麾《さいはい》採《とつ》て坐《おわし》けるが、此体粧《ていたらく》を見玉ひ」（北越軍談）「三股九兵衛・蓼沼日向守に、総の指麾《さいはい》を申付け」（北越軍談）

さいはいぶん【裁配分】 宰配分・成敗分のこと。「遠山郷之代地と為て、同荘福田郷顕松裁配分之を知行す可し、自今以後無二の忠信猶肝要為る也」（伊達正統世次考）

さいはん【才判】 ①才覚・判断の意。自分で適当に判断して事を処理すること。「何モ如此御才判ニ候間、雑説申事ニ候」（伊達家治家記録）②才能判断。「物頭・若侍、人数の立様、才判よきにより、敵は付け来らずと」（長元物語）

ざいばん【在番】 大名の家臣などが本拠地から赴いて、城郭・要害の守備に当たること。「富田城在番之儀申付候、然間於彼国三千五百貫進置候、全可有知行候」（萩藩閥閲録）

さいひつ【細筆】 物事をこまごまと書く。「細筆に能はず」（日葡辞書）「具高松齋可被説口上候間、不能細筆候」（伊達家治家記録）「委細之段、大嶋弥右衛門尉以口上可申達候条、不能細筆候」（鳥取県立博物館蔵南条元続感状）

さいふ【割符】「わりふ」とも。為替手形。中央に印を捺し、これを二つに割ったもので、一方を渡し、一方を手許に置いて、後日の証とした。「割符サイフ　ワリフ　両処通銭義」（易林本節用集）

さいぶん【細分・割分】 特に、所領を分割すること。「就平松幸熊と買返之儀、去年以来及申候木崎郷細分事、今度重而平松訴訟之趣」（平松文書）

さいへい【採幣】 采配のこと。（細川家記）

さいみ【細布・細美】 ①麻織物の一つ。粗く平織した布。武家の奴僕の夏衣や・蚊帳・布袋に用いる。「信長よりも信玄公めす、御かたびらの外、近江さいみ二百端」（甲陽軍鑑中）②帷子を作るのに用いる、ある種の生《き》の麻布。（日葡辞書）

さいみょう【斎名】 法名。（庄内陣記）「さいみん」とも訓む。剃髪者、または坊主につける名前。（日葡辞書）

さいめ【際目】 田地など、それぞれの領域を区切る境界。「東西は谷かぎり、北は八十人のわけのこしのさいめかぎり、

南は廿人のさいめかぎり、又わけのこしの山も、廿人まへえ分うり申候」（京都大学所蔵文書）

さいもつ【済物】貢納物のうち、一般的な年貢や段別に対して、その他の特産品の類をいう。「筑前国原田庄之内木迫壱町参段余、幷段別諸済物事、任教頼之御寄進之旨、不可有知行領掌相違状如件」（大悲王院文書）

さいもん【再問】再度尋ねること。（日葡辞書）

さいよう【採用】しかるべき用途にあてるため、立木などを一方的に徴発すること。「雖為山中幷坊舎境内、不可採用竹木事」（大内氏掟書）

ざいらく【在洛】京都に滞在する。在京。「筑前表儀、被聞召、雖在洛候、今日大坂へ還御候」（黒田家文書）「訴訟若有悠々緩怠之儀者御在洛之費也」（文明十四年鈔庭訓往来）

さいりょう【宰領】荷物の運送に当たって人夫を指揮して、監督・管理の役をつとめる人。「才領」とも書く。「ワケ長櫃一合、以座法師昇之、遣社頭了、番御童子一人松菊丸、為宰領也」（大乗院寺社雑事記）

さいろう【豺狼】残酷で貪欲な。「や、もすれば豺狼の志し発するを以て」（関八州古戦録）

ざいわ【剤和】薬を調合する。「渠か家に累代秘して、剤和する処の霊宝丹と号する良薬あり」（関八州古戦録）

さえぎって【遮而】先立って。あらかじめ。先手を打って。「従是可申入候処、遮而御使札及遠路」（黒田家文書）「如此之儀、可令啓候處、遮而示給候、大慶候、併及回報候、非本懐候」（東京大学文学部所蔵文書）

さえぎる【要る】遮る。「人を葬る煙の如き雲気立ちて、折々、杣人の眼にも要《さえぎ》り、月を踰えて」（武田三代軍記）

さえくみ【漉酌】水をさらって干し上げること。上方には浚渫の集団がいたか。「上方ヨリ漉酌百六十人到着ス」（伊達家治家記録）

さえる【寒る】冴える。「日は暮れけれども月は隈なく寒《さえ》て、白昼の如くなれば」（奥羽永慶軍記 上）

さおいなく【さをゐなく】「相違なく」のこと。「此者共のせう《将》に被成て、被指越候はゞ、作の郡（佐久）はさをゐなく御手に可入」（三河物語）

さおにたつ【棹に立つ】「竿《そう》にたつ」とも。馬が前脚をあげて、後脚で立ち上がること。棒立ち。「馬のさんづをたたき、馬さう（竿）にたつて、はしり出候」（甲陽軍鑑 中）

ざか【座下】高僧を尊敬して、高僧宛ての書簡で、宛名の左下に記して敬意を表わす。「側書」として用いる。「七月二十三日、某上書三聖虎関和尚座下」（東海一漚集）

さかえめ【境目・堺目】敵と味方が接しているところ。「頃従堺目之到来に、丹州七味郡之為一行」（吉川家文書別集）

さかゝゝ【さかゝゝ】賢いもの。「さかゝゝ候はん者老若仁不肖によらず」（御家誡）

さかざかしい【賢々しい】非常に優れている。聡明である。

「景勝生年廿四歳、然も弓箭に賢々《さかざか》しく、夜陰に紛れて軍勢を出し」（武田三代軍記）

さかし【賢し】 丈夫で、無病息災である。「其御かた何事共候哉、あけ暮うわさのみ申参せ候、こゝもともみなみなさかしく候、御心安おぼしめしあるべく候」（貴理師端往来）

さがす【扒す】 探す。「明智日向申す様に、落人《おちうど》あるべく候間、家々を扒《さが》せと、申しつけ」（信長公記）

さかずき【卮・羽觴】 盃。「件《くだん》の卮《さかずき》を三河守に投著《なげつ》け眼を苛《あら》げ」（北越軍談）「必しも羽觴《さかずき》を執て三献聞《きこ》し食《め》したりし」（北越軍談　中）

さかずきろん【盃論】 最初に盃を取るのを誰にするかで生じる口論。（日葡辞書）

さかだる【榼】 酒樽。「追而啓、到来之間、榼五荷幷両種進之候」（北條氏綱書状）

さかて【酒手・酒直】「さかで」とも。酒の代金。酒屋へ払う金銭。さかしろ。さかだい。「弐升　さかての干米」（高野山文書）「土毛　酒直《さかて》、種蒔、営料」（新猿楽記）「公武上下昼夜大酒、明日出仕之一衣も酒手下行」（大乗院寺社雑事記）

さがない【不祥】 性質《たち》が良くない。「事新《ことあた》ら敷申すことには候へども、人の口程不祥《さがなき》ことは非ず」（政宗記）

さかはたもの【逆機物】 逆さまにして磔にする。「所詮、見ごりのために、かみの城戸《きど》に逆機物《さかはたもの》にあげよとて」（甲陽軍鑑　下）

さかばりつけ【逆磔・逆張付】「さかさはりつけ」に同じ。逆さに磔にすること。「急張付に掛て、将監めに見せよと、被仰ければ、（中略）柴田陣取ちかう逆張付にかけて、山路これを見よこれを見よと」（太閤記）

さかむかえ【坂迎・酒迎】 遠い旅をするものを出迎えて一緒に飲食すること。（元親記）「国分に茶屋を立て送り酒迎あり」（昔阿波物語）

さかやつぼせん【酒屋壺銭】 酒屋に課した税。酒壺一個につき課したもの。壺銭とも。「衆中ヨリ以中綱進折紙了、則以定使領内ニ加下知了、酒屋壺銭事申付候」（大乗院寺社雑事記）

さかよせ【逆寄】 向かって来た敵をこちらから攻めること。「備いまだ定まらざる已前、逆寄《さかよせ》して不覚を討たなん」（左衛門佐君伝記稿）「今夜逆寄ニシテ打散シテ捨候バヤ」（太平記）

さがりせん【下落銭】 撰銭令で打歩をつけねばならぬ悪銭。「一、当市場越居之輩、分国往還煩有へからす、幷借銭・借米・さかり《下落》銭・敷地年貢、門なみ諸役免許せしめ訖」（円徳寺制札）

さかをこす【坂を越す】 国外に追放すること。「雁坂を越す」も同じ。「喧嘩は両方共に成敗。但シ穿鑿の沙汰有て道理非を分ケ、坂をこさすべき事」（甲陽軍鑑　下）「御成敗あるべきをも、命をたすけ、坂をこさせ、改易の科をば、寺入に仰付られ候」（甲陽軍鑑　中）

➡「雁坂《かりさか》を越《こ》す」を参照

さかん【殷ん】「盛ん」に同じ。「国に善人あればすなわち其の国 弥《いよいよ》殷《さか》ん」（駿府記）

さがん【鎖龕】死骸を納めた棺のふたをして封ずる時の誦経。「七仏事　龕前堂役者　挂真《くはしん》　前東福現東昌虚白真長老　鎖龕　資福寺祝峯座元《そげん》　起龕　前妙心現円同霞山大和尚」（政宗記）

さき【嚮・向郷】是より嚮（後）は。ここから先は。〜の先。「是より嚮《さき》、上野国白井の城主長尾左京亮」（関八州古戦録）「二千余騎にて押来り向郷《さき》葛原に屯を張る」（関八州古戦録）

さきうち【先打】先陣を承って敵陣に討ち入ること。「先同名権阿弥乗馬、（中略）次先打、青山常陸介、板倉伊賀守両人騎馬、次随身衆十二人乗馬」（慶長日件録）

さきがけ【魁・先懸】先懸、先駆けとも。（老翁物語）先陣を務める。先駈け。「惣人数被待請、其次第ニ先懸之動有之候歟」（黒田家文書）

さきかたしゅう【先方衆】他国にて降参した小身の国士、さむらい。「遊佐・有坂・長澤等の先方衆《さきかたしゅう》を先隊《さきて》とし敵地を掠略し玉ふ」（北越軍談）

さきごろ【去比】先ごろ。「去比種々御懇慮不知所謝候」（歴代古案）

さきごろよりこのかた【向来】近来は。近頃は。「向来相馬顕胤の仲策を以て、老父所自《よ》り数度弊邑と貴国与《と》異議有る可からざる」（伊達正統世次考）

さきごろらい【又向来】先だってから。過日らい。「又向《さきごろ》来《らい》桜日下総を以て一党中に喩《さと》す」（伊達正統世次考）

さきしゅ【先衆】「先勢《さきぜい》」に同じ。先陣をつとめる軍勢。「柳本へも先衆打出了、堅固に在之云々」（多聞院日記）

さきぜい【先勢】軍勢の先頭に立つ部隊。先手《さきて》。先陣。先《せん》鋒《ぼう》。先衆《さきしゅう》。「浅井勢は御会寺村へ取り込みて陣を取る。翌日未明に先勢の者ども人数を押し出だし」（江濃記）「羽柴筑前為後巻罷立、東西之膚を合、可及一戦行にて、十月廿六日先勢を遣し、十月廿八日筑前出張因幡伯嗜《ママ》之境目ニ」（信長公記）

さきぞなえ【先備】本陣の前に備える軍隊。先頭に立つ部隊。「先備へ、御使い参り、敵の内にをひて、馬上にて、下知仕る武士と組うちも二度」（甲陽軍鑑）

さきだつて【先達】真先に。「猶追討になる者数多あり、先《さき》達《だつ》て逃れし者、渡戸村の辺迄逃延しが」（奥羽永慶軍記 上）

さぎちょう【左義長・三毬打】正月に行われる火祭りの行事。正月十五日に竹数本を立て、正月の門松・しめ縄・書初などを持ち寄って焼く。どんど焼き。「左義長《サギチョウ》左は仏、右は外道義也、故火焼石殘左仏法、故法成就東土哉」（塵芥集）

さきて【先手・先隊】味方の先頭に立って、敵陣に攻め入る軍勢。先陣。先鋒。「新属《いまつき》の先方衆先隊《さきて》として攻懸ると云へども」（北越軍談）「先手足軽大将浅井七郎、五千計にて、みのうら表、堀、樋口居城之近辺迄相働、在々所々放火候」

さ

（信長公記）

さきて【魁首】 先手。「景勝の魁首《さきて》藤田能登守信吉」（関八州古戦録）

さきむしゃ【先武者】 前衛になって行く武士。先勢《さきぜい》・先陣《さきじん》とも。（日葡辞書）

さくあい【作合】 「つくりあい」とも。小作料のこと。中世末期まで、領主と農民の間にあった中間搾取形態のこと。「一、地下おとな百姓に、ひらの百姓一切つかハらましき事、（中略）一、おとな百姓として下にて耕作申付、つくりあひ取間敷候事」（清水三郎衛門家文書所収木下勝俊掟書）

さくあしがる【作足軽】 百姓をもって臨時に仕立てた足軽。「此儀考を以は、百姓を作足軽などに、被召仕之事にも可有之歟」（上杉家文書）

さくじ【作事】 殿舎・家屋などを造作すること。また、城の工事に関して建築工事関係を「作事」と呼び、土木工事（石垣積み・堀構など）を「普請」という。「名護屋作事、別而入念、一段見事仕候」（黒田家文書）建築工事。（日葡辞書）

さくしき【作職】 「作人」のもつ、農地を耕作する権利。また、農民の土地所有権のこともいう。百姓職・作手職・作人職。「西京西村作職をもち候下地をさくしき候べく候」（北野天満宮目代日記）

さくしゅ【作主】 「作人」に同じ。領主の下にあって、その田畠の耕作権を持っている人。作人職。「田畠作毛へ牛馬放シ入事、其主可為越度、牛馬作主方へ牽取、作毛損失之分限、牛馬主より令返済、牛馬可引戻」（吉川氏法度）

さくしょう【簀牆】 簀（竹・蘆などを編んだもの）で作った垣根か。「中居 稍将《ようやくまさ》に出でんとす、因って簀牆幷《ならび》に壁塀を各差遣する所の代官に命ず」（伊達正統世次考）

さくしん【索心】 「索」と「素」の草書体はほとんど同じ。故に「索麪」が「素麪」との誤記が生じたように、ここも「索心」は「素心」の誤であろう。潔白なこころ。本心。平素の心。「近日可令帰国之間、公辺之御用等於有之者承、不可有索心候」（椎名康胤書状写）

さくせき【作跡】 主君に毎年の年貢を納めた後、農民に残る収益。（日葡辞書）

さくたん【朔旦】 朔日。「青陽の朔旦」は元旦。元日。「天正十四年青陽の朔旦にぞ成にける」（奥羽永慶軍記 上）

さくとく【作徳】 「作跡《さくせき》」に同じ。「万一於此作徳分、違乱煩申輩在之者、売主請人罷出、其明可申者也、仍為後日、永代売券状如件」（京都大学所蔵大徳寺黄梅院文書）

さくにん【作人】
➡「作跡《さくせき》」を参照
➡「作主《さくしゅ》」を参照

さくはい【策配・作配・策媒】 「さくばい」とも。①政治的支配をすること。成敗。采配。「其方策媒御料所御年貢之内百貫文」（上杉家文書）②全体の調和を考えながら、事が円滑に運ぶように取り計らうこと。「追而申候、大三

次〈大川長秀三郎次郎〉老母之儀、種々及其策配、進隼〈進藤隼人佐家清〉在滞之内に相返申候」（上杉家文書）

さくはん【作半】 あらかじめ年貢高を定めないで、その年の作物の出来高を地主と折半する約束で小作することか。「刈分小作《かりわけこさく》」。「田を作半にする」（田を折半して耕作する）（日葡辞書）

さくびょう【作病】 仮病。「是れより信長作病《さくびょう》を御構へにて、一切面《おもて》へ御出でなく」（信長公記）➡「刈分小作《かりわけこさく》」を参照

さくぶん【作分】 ある土地の作人が耕作権の及ぶ範囲。（日葡辞書）➡「作病《つくりやまい》」を参照

ざぐへん【座具辺】 座具は僧六物の一で、座して礼拝する時に使う敷物。「不立文字とたて、ざぐへん専《もはら》にして、禅話を肝要にする」（甲陽軍鑑）

さくぼく【昨木】 大木のこと。「聊《いささか》も口入《くにゅう》に逮《およ》ばず、只賓《ひん》客《かく》の赴《おもむき》にて昨木《さくぼく》の残生《ざんしょう》を送らる」（北越軍談）

さくまい【作舞】 機転のよく利いた振舞のこと。

さくもう【舴艋】 小舟のこと。「一、同舴艋鍛錬簡要之事」（お茶の水図書館所蔵小浜家文書）

さくもう【作毛】「さくげ」とも。農作物。持に稲のこと。「四方の作毛《さくもう》悉く苅田《かりた》に仰せつけらる」（信長公記） 米・小麦・大豆などの立ち毛、または作柄。（日葡辞書）「然上者、伐採竹木、猥作毛苅取、於令狼藉者、可成敗者也」（美濃円徳寺制札）

さくもうをふる【作毛を振る】 苅田狼藉のこと。作物のできる秋に出兵して作毛を刈り取り領民を困らせる戦法。「松井田辺の作毛を振り、乱妨して箕輪におし寄せ」（関八州古戦録）

さくらん【錯乱】 入り混じりて混乱に陥る。「爰かしこ錯乱に及ぶ由聞届け」（元親記）

さくり【決】 馬がその通る道に作るくぼみ。くぼんだところ。溝。（日葡辞書）

さぐりだい【探題】 和歌の題をくじ引きで決めて詠むこと。「三十首題の御歌これ有り、御當座さぐり題也」（御家誡）

さくりょう【作料】 大工など職人に支払われる手間賃。「三浦郡にてやらいくませらるゝ御急用候、三日之手間に候、此作料肥田助七郎前より可請取」（相州古文書）

さぐる【挹る】 探る。「海上か慭に賢慮を挹《さぐっ》て申なせしに拠る所也」（関八州古戦録）

さげお【下緒】 刀の鞘の栗形に通して下げる紐。一筋、二筋と数える。「南蛮漬物壺・博多木綿拾端・同下緒弐拾筋・帯拾筋到来、喜入候」（黒田家文書）

さげすみ【下墨・下黒】 ①物事を推測する。「大形御さけすみ尓て被仰出候之条、可相違候間」（黒田家文書）「秀言、宮の上より下墨《さげすみ》」（播磨別所記） ②蔑《さげす》む。軽蔑すること。「下黒」は「下墨」の誤か。「備の色を、熟々と下黒《さげすみ》けるは、天晴、剛の者なりき」（武田三代軍記）「熟々と敵城の躰粧《ありさま》を下げ墨給ふ処に」（関八州古戦録）

さけはやし【酒帘】「酒林」の充て字。「帘」は「さか箒」のこと。**酒屋で杉の葉を球状に束ね軒先にかけて看板とするもの。**「我は酒やの酒帘《はやし》いかな闇にもいかな闇にも門に立候、と云唄なり」(政宗記)

さげばり【下針】極めて小さな的のこと。「入坂の切通にて、下針《さげばり》を打つ鉄炮の手垂《てだれ》共」

さけぶ【号ぶ・嘖ぶ・嚥ぶ】叫ぶこと。「始終りを申上げ、泣き号《さけ》びもたえける」。(細川家記)「為景の人数推返《おしかえ》し、喚《わめき》嘖《さけん》て」(北越軍談)「十大御弟子・十六羅漢・五十二類にいたるまで適嚥《かなしみさけぶ》もかくやらん」(三河物語)➡「号《なず》く」を参照

さこもり【鎖籠もり・差籠もり】籠城すること。「伊東の軍兵が差籠もり、要害を固めて」(性新公御自記)

ささい【ささい】「ささえ」とも。**小筒・竹筒と書く。酒を入れて携帯する竹筒。**「歌の拍子いかゝなとゝはなし笑行候。さゝいに酒あれは取出し、盃はなし。馬のひさく《柄杓》にてのみ」(慶長記)

ささえ【支】妨げる。讒言する。「古屋惣次郎と中者臆病を仕たると支《ささえ》、対決有て終ニ実否究《じつふきわ》まらず、鉄火をとれとの事なれとも」(甲陽軍鑑 下)

ささえじょう【支状】訴訟において、訴人(原告)**の訴状に対抗して、論人**(被告)**が陣弁するために提出する状。**「支状相副百疋遣飯尾加州許、対面不可存等閑云々」(十輪院内府記)

ささえもうす【支へ申す】中傷讒言する。「信長卿へ或人さゝへ申すと有るを」(元親記)

ささげる【撐る】捧げる。「然れば新参の輩一面目に撐《ささげ》んとや思けん」(北越軍談 中)

ざざめく【ざざめく】にぎやかに騒ぎ立てる。さんざめく。「都あたりの京皮草履《かわぞうり》はきてざゝめき渡る公方《くぼう》の侍衆」(甲陽軍鑑 下)

ささやき【咡き・耳語・嚅き・密語・私語】囁く。ささやく。小さな声で話すこと。耳元で話すこと。「浅利が別心にて湊に一味する所なるべし、と諸人咡あへり」(奥羽永慶軍記 上)「父長泰を追出し押て家督を継はやと耳語《ささやき》けれは」(関八州古戦録)「多勢有とも覚さるに堀切、柵なんと附るにやと嚅《ささや》き合て聞居たり」(関八州古戦録)「又勘助晴幸に耳語《ささやき》けるは、景虎は微弱と云へども」(北越軍談)「我が殿様の御内室さま、不器量なるを疎《うと》みて、『死ねがな、出よがな』と私語《ささやき》けり」(久知軍記)

さし【緡】銭指し。紐に通した銭。「今日の一番首也と宣ひ、金銭の緡《さし》を解て手自揆《きこ》攫してそ賜りける」(関八州古戦録)

さしあい【差合・指合】①集まり出会うこと。出会うこと。「先づ甲浦へ差合評定有る処」(元親記)「隆景・元春さし合ひ種々異見達《だて》申され」(御家誡)**②差しさわり。当たりさわり。**「打出玉ふ節萬事指合《さしあい》なく早々討果し」(伊達家治家記録)

さしあて【差当】直接差しはさむ。「この時五郎次郎耳に差《さし》

当《あて》、」（元親記）

さしいで【差出・指出】「さしで」とも。①分をわきまえない、でしゃばった言行であること。「自然之時之無御気遣様仕組候而、馳走も可仕候、此段者指出に非申上儀候へども、貴様迄之申事候」（毛利家文書）②出陣する。自分の軍を出すこと。「宇喜多人数幷備作衆悉指出、動被申付候」（萩市郷土博物館蔵小早川隆景書状）

さしおく【閣く・擱く・差置く】①「おく」とも訓む。擱《さしお》く。授ける。与える。「支倉郷棟役之事、十箇年之を地下人に閣《さしお》く也」（伊達正統世次考）②差し置く。筆を擱く。「委曲は頤神軒口頭に附し筆を擱《さしお》く而已」（伊達正統世次考）※「筆を擱く」の擱は閣と書くことが多い。

さしおかず【不閣】何はさておいて。直ぐに。「随而於于旗屋御祈念之事、無疎略勤行尤之由、不閣可有催促候」（比毛関氏所蔵文書所収武田信玄書状）

さしかかり【差懸り】その場に臨むとすぐ。「城へ御取懸り候。差懸りに御切崩し成され」（老翁物語）

ざしきぶぎょう【座敷奉行】①室町時代、将軍が諸大名の邸宅に臨む時、諸大名家で臨時に命じて置いた役職。屋舎の修築、座敷の装飾などに当たった。②豊臣秀吉が側近に置いた役職。「其の段即時に太閤様御聞き御驚き候ひて、御座敷奉行徳善院を御召し、様子御吟味之処、右の通り、具《つぶさ》に言上す」（利家夜話）

さしくだす【差下】兵などを遣わす。また、物を下げ渡すこと。「如先々差下寺家之庄主、近日可入部之儀相定了」（政基公旅引付）「彼子細武庫納得候者可為肝要候間、急度被差下使者、可被仰調之由候」（大内氏掟書）

さしこす【差遣す・差越す】使者などをわざわざ遣わすこと。「態飛脚差越候、仍忍之城被責崩之由、無比類手柄、名誉之至無是非候」（浅野家文書）

さしす【さしす】軽んじる。「当国栗原殿大将トシテ、皆々屋形ヲサシシ奉テ、一家国人引退玉フ」（妙法寺記）

さしず【麾】采配する。「政朝麾採て馳られけれは旗本は云にや及ふ」（関八州古戦録）

さしぞえ【差添】太刀または打刀《うちがたな》に添えて腰にさした小さな刀。脇差。「半時計り組合しに、両方共差添《さしぞえ》を抜き、差し違へてぞ」（久知軍記）

さしだし【指出】①指出検地のこと。大名が領内の家臣に知行する土地の面積・作人・収量などの明細を書き出させる。「急度指出しを取よすへき事尤もなり」（伊達家治家記録）②土地台帳のこと。「聊以不可有別条候、指出之儀相調候て、妙智院納所へ可渡進候」（妙智院文書）③指出銭のこと。緊急事態に対応した軍費調達のために徴収した。「今度賀茂領御指出之分上使銭被相済候、自然下々何かと申分御座候共、被成御承引間敷候」（大徳寺文書）

さしだしせん【指出銭】➡「指出《さしだし》」③を参照

さ

さしだしぶん【指出分】 知行分のこと。⇔出来分。「丹後國一色知行出来分事、預置惟任日向守、可令相談、猶追而可申出候也」(細川家文書)

さしたつ【差立つ・指立つ】 然るべき用途のために人を派遣する。「然者今度御人数被差立候、御馳走之次第、尤珍重也」(相良家文書)

さしたる【為指】 これといった。「諸勢山を越、雖居陣候、為指働も無之候」(東京大学史料編纂所蔵前田利家書状)

さしたる【指樽】 他の器に酒をつぐために用いる、板を組み合わせた箱形の樽。「随而為御音信、指樽壱荷被懸御意候、畏存候」(薬師寺文書)

さしちらす【差攄】 攄は「散《ちらす》」に同じ。攻略する。敵をやっつける。「沼田城差攄之刻、度々戦功誠無比類候」(真田宝物館蔵武田勝頼感状)

さしつかえ【指搛・差支】 差し支える。何らかの障害にぶつかって、動きがとれない状態になる。「万一嶋津指搛候於仕合者、来春即成敗可被申付候事」(黒田家文書)「さきは富士の嶺がたに在陣候へば、後陣之勢衆者、播州むろ、たかさご、すま、明石、ひやうご、西のみや、京まはりに、さしつかへてこれあり」(太閤さま軍記のうち)

さして【斥て】 目指して。「立処《たちどころ》に敗績《はいせき》して、米山を斥《さ》して逃騰《にげのぼ》るを」(北越軍談)

さしはさむ【挿】 起こす。そういうことを成す。「先年国分兵部大輔、対此方挿逆心之条、動干戈」(千葉市立郷土博物館蔵千葉邦胤領知宛行状)

さしひき【差引・指引】 差配すること。指図すること。「弥可然様、御差引頼入候」(黒田家文書)「五人に一人づゝ、指引《さしひき》の役者《やくしゃ》をつけ、其役者をもかちにたゝせ」(甲陽軍鑑 中)

さしふさぐ【差塞】 「差《さし》」は接頭語。ふさぐ。すっかり塞いでしまうこと。「於当国中及合戦等之時事者、差塞路次、抑留兵粮等、停止人馬之通路候事、自他勿論候」(親元日記)

さしまねく【麾く】 差し招く。「城中より一人出て成実の陣に向ひ、指物を以て麾く」(伊達家治家記録)「思案を廻らし、太郎義信を麾《さしまねい》て、軍《いくさ》は如此《かくのごとき》の際、殊に見積り肝要なるぞ」(北越軍談)

さしみ【指躬】 刺身。「指躬《さしみ》 鮎鮓《あゆのすし》 鯛」(甲陽軍鑑 下)

さしもの【指物・差物・捺物】 「撓《しな》い」。鎧に付ける指物の一種。横手を入れず、竪だけに竿を入れた幟《のぼり》の指物。他の隊の兵士と区別するために腰にさして携行した目印・紋。(日葡辞書)「晴信公、軍中にて、後使の衆十二人は、むかでの指物《さしもの》しない(撓)也」(甲陽軍鑑 中)「去程に辻弥兵衛差物《さしもの》は、あかねの吹抜」(甲陽軍鑑 下)「豊前守か茜の吹流しの捺《さし》物」(関八州古戦録)

さじん【左袵】 ひだりまえ。「公の云、管領家の武道左袵《さじん》の故也とは云へ共」(北越軍談)

さす【擬す】 指定して。「二番に豊嶋七左衛門に擬《さし》て、感状

褒美を出されたり」（関八州古戦録）

さすが【流石】 何といっても。「流石に婿を討果す事も如何と思ひ」（伊達家治家記録）

さすが（に）【遉・遉に】 流石。流石に。「遉《さす》が真田も突き出で難く、隣家なき小屋に火を放ちて」（左衛門佐君伝記稿）「敵は遉《さすが》に地戦なれば、落方を克《よ》く弁《わきま》へ」（北越軍談）

させん【差舛】 差し違い、間違いの意。舛は背く、違うの意。「数日間記録ノ差舛アリ」。（伊達家治家記録）

さぜん【作善】 信心深い行ない。「仏事作善」（坊主などを呼び法華経などを読誦させること）。（日葡辞書）

さぞ【嘸】 さぞかし。定めて。「嘸退屈に及んことを察し」（庄内陣記）

さた【沙汰】 噂。「阿州・讃州の侍・百姓に到る迄、此沙汰仕り」（昔阿波物語）

さだかに【清に】 定かに。はっきりと。「惣蔵、歩立《かちたち》にて追付き、夫とは清《さだ》に知らねども、何者にもせよ、落人には紛れなし」（武田三代軍記）

さたきき【沙汰聞き】 武田氏では公事奉行のこと。「先方衆」とも。他の大名では、「先方衆」は「先鋒」に使用する。「甲府三人の沙汰きゝは桜井・市川伊清斎・工藤元随斎、是は甲州先方衆也」（甲陽軍鑑　下）

さたしたる【沙汰仕たる】 話題となっている。評判となっている。「関東尓てハ沙汰仕たる馬之由候、今度一日も休め不申乗申候」（黒田家文書）

さだす【騒立す】「さだつ」とも訓む。騒ぎ立てる。ごたごたもめる。「うとむ処を聞つくろひ、敵国をさだ《騒立》ゝせ、其国をせめ」（甲陽軍鑑　下）「北条丹後守謙信跡のさだつをきゝ、急《いそぎ》とちうを打立」（甲陽軍鑑　下）

さたどころ【沙汰所】 武家時代、裁判を司ったところ。評定所。沙汰場《さたば》。「兼又此愚状、沙汰所御方にても可有御披露候」（高野山文書）

さたにん【沙汰人】 荘園において、領主の命令の執行とかに当たった下級官人。「当所地下人ニ折紙到来、是八幡神人依嗷訴、於国中可致沙汰云々、当御領沙汰人名主等、属守護可致忠節之由申之」（看聞御記）

さたぬし【沙汰主】 裁判の張本人。「夜入御さばき《裁》御さ候、御使高壱（高野壱岐）・湯右（湯村右近）、さたぬし《沙汰主》とも両人しはら《縛》せられ候」（伊達天正日記）

さたのかぎり【沙汰之限】 ①是非を論じる範囲。打ち消し語を伴って、「論外である」。無くても「もってのほか」。「将亦雑説申候由、沙汰之限候」（黒田家文書）②言語道断。けしからぬこと。「秀吉公も様子聞召し届けられ、さたのかきりのやつ《奴》とて御取相なく」（老翁物語）「当社中依怙故、右之為躰候哉、沙汰之限ニ被思召候」（剣神社文書）

さだめて【定】 きっと。「各遂相談無越度様ニ可申付候、定早速可討果与察思召候」（黒田家文書）

さだめまい【定米】「掟米《おきてまい》」に同じ。小作人が地主に納める年貢米の別称。「公事銭之分（中略）米ヲサメノマス二伍石壱斗、金ノ枡ニ四石五斗九升定米」（間藤系図幷文書）「大豆之分　ヲサメ二壱斗九升九合九夕、米金枡壱斗八升定米」（間藤系図幷文書）

ざつい【雑謂】いろいろな評判、考え方。「方々よりも敵陣以の外雑謂《ざつい》ある由告來れり」（伊達家治家記録）

さつき【劄記】随筆・随録をいうが、この場合は臣下が主君に上進する文書を意味する。「其の地各人数分の積り劄記を以て之を遣る」（伊達正統世次考）

さっきぼさつ【廾】「菩薩」の草冠を合わせた文字。菩薩の略字として仏書その他の古書の書写に多く使われる。また、「𦬇」と書き、「てんぼだい」といって、「菩提」を略すときの符牒として使われる。

さっしき【察識】察して知る。「言語道断、愈《いよいよ》日夜の苦労察識する所也」（伊達正統世次考）

ざつたん【雑譚】「雑談」に同じ。「不残長老、呑竜長老相随いて参る。御前に於て仏法の御雑譚ありと云々」（駿府記）

さて【偖・扨・儅】ところで。さて。「偖天正十年の夏」（十河物語）「中伝へにあり。儅《さて》又後には、太郎左衛門親氏《ちかうじ》御法名は即、徳阿弥」（三河物語）

さてこそ【諸こそ】そのようにして始めて。「番兵等諸《さて》こそと大に喜び、農人に紛《まぎれ》なしとや思けん」（北越軍談）

さても【最も】扨も。「運命は是迄とみへたれと罵《ののし》る孫八郎あさ笑て最《さて》もさもこそ有べけれと」（関八州古戦録）

さては【儅者】さて。さては。「巨細以税所新介可相達之段、就到来、未申付候、儅者可伺　御神慮哉」（東京大学史料編纂所蔵島津義久書状）

さどう【茶堂】寺の中にある茶の湯をするところ。（日葡辞書）

さどう【左道】①粗末なこと。「この皮は左道の様たりといへども」（元親記）②正しからぬ道。邪道。「勝頼公の御家にて敵の事をあまり左道《さどう》に申べからず」（甲陽軍鑑）

さどうのいたり【左道の至】些少、粗末の意。また、不都合、不謹慎の意もある。「左道の至に候と雖も、御音信計りに候。猶後《ご》音を期し候。恐々謹言」（性山公治家記録）「追而啓、到来之間、榼五荷幷両種進之候、雖左道至候遠路巨細之段、岩堀ニ令申候つる」（北條氏綱書状）

さとごはん【里御飯】郷里のごはん。ここは、三日前に御曹司の祝言があったので、届られたようだ。「御使御酒・さかな上被申候、さとごはん被指越候」（伊達天正日記）

さとす【暁す】「諭す」と同じ。（細川家記）

さとびかん【里被官】居住地に居たままで仕える被官。「江島に有ながら、他人之主取致之事、令停止畢、号里被官儀者、当方御法度候条」（北条氏照掟書）

さながら【宛然】まるで。あたかも。「真先に進《すすみ》て、宛然《さながら》湿雲の雨を帯ぶ事」（北越軍談）

さね【札・実】「実」は、「札《さつ》」の充て字。鉄で作った小さな板。**これをおどして鎧をつくる。**「さね御氣ニ入候ハヾ、其地尓て御したてなをさるへく候」（黒田家文書）「鎖帷子《くさりかたびら》、上に板一枚づつ鉄炮にて撓《ため》し拵《こしらえ》たる実《さね》なれば、不通の力にて着る事なるべからざる具足を軽々と引立着し軽業」（奥羽永慶軍記　下）

さのみ【左而已】そう一概に。そのようにばかり。「死亡千有余にして左而已《さのみ》衆多ならずと云へども、狼狽の余に或は躬《みずか》らの剣戟《げき》に触れ」（北越軍談）

さば【さば】➡「生飯《さんばん》」を参照。

ざはい【座牌】席次のこと。「蓋《けだ》し、親王・准后座牌《ざはい》相論に依りて、列座なき公これ多し」（関白任官記）

さばき【裁き】①処置すること。家の事などについての管理、あるいは取り仕切り。「せうし《諸事》御さはき《裁》あるへく候」（黒田家文書）②采配。（昔阿波物語）

さばく【捌く】裁くの意。「公事御捌木有り」・「入夜御評定人召出され御捌《さば》きあり」（伊達家治家記録）

さび【鈷】錆。「敵方の野伏百余人猿皮空穂に鈷《さび》たる根矢入て」（関八州古戦録）

さびし【冷し】淋しい。さびしい。「次に二陣・三陣数千人の兵、東西に充満して矛戟《ぼうげき》の勢冷《さび》しく」（奥羽永慶軍記　下）

さぶろう【侍ふ】～である。「合戦に於ては思ひの外の軍慮も侍《さぶろ》ふべし」（奥羽永慶軍記　下）

さへる【碍へる】障る。邪魔する。「早鐘をつかせけれとも風雨烈しきに碍《さ》へられて聞へさりしかば」（関八州古戦録）

さほう【作法】寄太鼓の作法。二つずつ打って列の作法を定める。二つ打つは序の打ち方。「一、押とまるに、よする。又作法に二ッ、一ッに序、ニッに破、三ッに急、口伝有」（甲陽軍鑑　下）

さぼう【詐謀】偽りの計略。「畢竟義光一旦詐謀を構て和順し、今又違變に及ふ」（伊達家治家記録）

さま【狭間】窓。（日葡辞書）塀、櫓、石垣などに矢、弾丸、石などを発する小窓を開けたもので、その窓の形により丸狭間、菱型狭間、将棋駒形狭間、鎬狭間、箱狭間などと呼んだ。

ざまくなく【ざまくなく】そこつなく。「ざまくなく、入らざる大事のかど《廉》ある事を申さず」（御家誡）

さます【俙す】興ざめ。「犬猫の子などを抱《いだ》き去《さり》、興を俙《さま》し手を拍《うち》て」（北越軍談）

さまする【様する】「具足を様せらる」の「様する」は、具足姿になる。「廿日癸酉、御具足様させらる、二瓶善四郎に御具足を賜ふ」（伊達家治家記録）

さまたぐ【礙ぐ】①矛盾すること。「則ち九郎右衛門是の年十月以前に名を伊賀と改むと云うと相礙《さまた》ぐ」（伊達正統世次考）②妨げること。「彼社司事、若無沙汰之儀候而御神事式礙候者、改社職於其身者一段加成敗之通申与候」（到津家文書）

➡「凝《まぎ》る」を参照

さまよう【吟行・跉跰】「吟行」「跉跰」は「彷徨」の充て字。彷徨う。「信玄に甲州を押出され、左右東西《かなたこなた》と漂流し、今又爰に、吟行《さまよ》ひ来る」（武田三代軍記）「錦城の花の都を避《さり》て、田舎の雲の衢《ちまた》に分け跉跰《さまよひ》玉ふ事」（北越軍談）

さみす【褊す・狭みす】①眼中におかない。侮り嘲弄する。（日葡辞書）②あなどること。軽んじること。見下げること。「渠と勝負を望む事は悉く皆道無を剣術を褊《さみ》するに同じ」（関八州古戦録）「たとへ赤坂が武勇の程を、さみずといふとも」（奥羽永慶軍記　上）➡「褊《なみ》す」を参照

さめざめと【雨々と】さめざめと。「心に天魔の入変り、君を滅さんと相計り候とて、雨々《さめざめ》とぞ泣きにける」（武田三代軍記）

さもあり【諸有】「然も有」に同じ。当然のことだ。尤もなことだ。「此男何くれと諸有《さもあり》さふに偽り語り、近曾《ちかごろ》拾ひ得たり」（北越軍談）

さもあれ【任他】さもあれば。そうであるならば。「任他《さもあれ》斯《かか》る平城、空《から》堀に柵振たる計なれば、屠《ほう》るに難き事有べからず」（北越軍談　中）

さもん【沙門】出家の身。「信玄仰せられ候。沙門《さもん》の儀に候へば」（信長公記）

ざもんどう【座問答】座席の高下の争い。「成田殿（右兵衛）・大まち殿（民部）さもんとう《座問答》御申御てい《出居》よりおり御申候也」（伊達天正日記）

さや【鞘】鞘。「左文字の御太刀、鞘は梨子地……」（元親記）

さらえくみ【漉酌】水をさらって干す浚渫専門とする人足のこと。「御國より人足六十人許り、上方より漉酌百六十人到着す」（伊達家治家記録）

さらえまし【曝笑まし】「曝《さ》る」は日にさらす。「笑ます」は水・湯などに浸してふくらませる。「つきて、又ほして、其後まづき《真搗》と云を仕り、さるゑまし《曝笑》と申に成《なし》て、水を入、よくにて麦飯に成申」（甲陽軍鑑　中）

さらさら【更々】改めて又。さらに。「互心安つ、と申候之上者、更々手間も不入事候」（黒田家文書）

さらぬてい【廓躰・さらぬ躰】①何事もない様子。素知らぬようす。「慕ふ敵に貪著《とんちゃく》なく、廓躰《さらぬてい》にて引去る」（北越軍談）②偽った見せ掛けの体。（日葡辞書）

さりてまた【去又】「去迚《さりとて》」に同じ。されど。しかしながら。「然而葛山衆先方之時上下、更不知候、去又所肥後同心ニ申付ニも無之候」（北条家朱印状写）

さりとては【去迚】①そうかといって。それにしても。「是をさりとては、出家に似相（合）たる事と申して」（昔阿波物語）②そう考えると。まったく。ほんとうに。「定て無二に各引出すへき歟、去迚《さりとて》は此節日州甚深の首尾相立られ」（伊達家治家記録）

さりぬべき【可去】立派な・相当な。（黒田家文書）

さりわたす【避渡・去渡】土地や権利などを他人に譲るこ

と。「扱《あつかい》の義を以《もっ》て城を避渡《さりわた》し、兵衆を引取らるべきか」（北越軍談）「通玄寺殿、御領事公用無沙汰之条、代官被召上儀候、早々去渡され候へ、と申候」（証如上人日記）

さるに【去に】 しかるに。しかしながら。「可被及張陣之由候之条、及其擬候之処、去ニ一向物浅被相動、無時刻被引除候」。（東京大学史料編纂所所蔵文書）

さるぼうあて【猿頬當】 頬と頤に当てる鉄板、防具の一種。「ウルミ朱の具足を着たる武者一騎、猿頬當《さるぼうあて》の上、目の下を横に斬られて」（伊達家治家記録）

さるまちのうた【玃待の哥】「玃待の哥」は庚申の夜に誦する歌。「玃待《さるまち》の哥のごとくニ寝たるぞ寝ぬぞにして空《そら》だるみして」（三河物語）

されき【左暦】「左暦」は十二月のことだが、「正月」の誤用もあるようだ。「為左暦之嘉祥、祈禱之守・牛王・壇供等給候、祝着之至候、（中略）永禄三　正月十一日」（八坂神社記録）　⬇「右暦《うれき》」を参照

さわぐ【駭ぐ】 動じる。「晴信痛床に在なから更に駭《さわ》く気色なく」（関八州古戦録）

さわぐ【閙ぐ】 騒ぐ。「皆々打寄一普請可仕候、末へ戒候得者可閙候間、天気もよく候時分ほり候て可然候」（溝口秀勝書状）

さわす【醂す】「醂《さわ》す」は、渋柿の渋を去ること。「さはし柿」は、渋柿の渋を取り去った柿。「ことに我等の在所はさはし柿の上手にて候へば」（甲陽軍鑑　下）

さわやかに【爽に】 さわやかに。颯爽と。「手勢三千五百を率ひ、武具爽《さわやか》に撰《よろふ》て、小金驪《こがねぐろ》と云《いう》駿馬に打乗」（北越軍談）

さわり【障り】 病気。「（二月）廿七日　天気よし　新田殿（義綱）御さハり候」（伊達天正日記）

さんい【三衣】「衫衣《さんい》」か。短い単衣もの。「黒糸の具足、甲の上に三衣を着し、同宿等にも具足の上に衣を着せ」（奥羽永慶軍記　下）

さんえいっぱつ【三衣一鉢】 僧侶が携帯するささやかな持ち物。「吾こそ三衣一鉢世捨人なれ」（関八州古戦録）

さんえつ【参謁】 出向いてお目にかかることをいう書札用語。「諸事期参謁存候由可得披露候」（実隆公記紙背文書）

さんか【参暇】 外出する許可。「或及異議、即時出院、永不可許五山参暇」（相国攻記）

さんが【参駕】 他人の家を訪問することをいう書札用語。（日葡辞書）

ざんが【残賀】 過度の喜び。文書語。「余賀《よが》・餘賀・餘嘉」に同じ。「従是も弓一張滋野井五明一合、令進之候、誠表一儀計ニ候、殘賀令期永日之時候」（土岐源次郎宛松田憲秀書状写）

ざんかく【斬穫】「斬獲」とも。敵を討取り首級をあげること。「富谷の城下まで逐付して斬穫《ざんかく》の首級を点検する」（関八州古戦録）

さんかん【算竿・算勘】「算竿」は「算勘」の充て字。勘定すること。計算すること。「慇懃者か、乱舞仕る人か、

武芸する人か、物かく人か、算竿よき人か」（甲陽軍鑑　下）「講師坊用舗説〈設〉事、公物不可有之間、不及算勘」（大乗院寺社雑事記）

ざんかん【讒間】 讒言を構えて親密な間を隔て裂くこと。「抑《そもそも》姦臣の謀計讒間より起りて、而して天地容《い》るる所無き之大穢乱《わいらん》と為る」（伊達正統世次考）

さんぎ【三木】 参議のこと。（黒田家文書）「跡目被仰付候様三木へも被仰遣候」（中川平右衛門尉宛豊臣秀吉朱印状）

さんぎょう【三教】 三つの教え。釈迦と老子と孔子の教えのこと。（日葡辞書）

さんけつ【参決】 決着すること。「為信長及両度雖被立御使者、不参決時者、掠給御下知之段」（鹿王院文書）

さんこ【三戸】 目と耳と口。「三戸を潜む」（黙って注意を向けている）。（日葡辞書）

さんこう【参扣・参向・参行】 尊敬すべき人の許へ話をしに行く。参上。「角テ松永父子、元亀四年正月十日、岐阜へ参向し、御礼申」（信長記）

さんこう【三更】 午前零時から二時まで。「七月三日初夜、一番螺《がい》に相拵へ、三更、二番貝に兵粮を使ひ、五更、三番貝に首途の刻」（四国御発向并北国御動座記）

さんごう【三業】 目・耳・舌のしわざ、所作。「三業静めてこの経を読誦すべしとて」（太平記）。（日葡辞書）

ざんこう【讒口】 讒言、他人をそしる。（黒田家文書）

さんざい【散在】 広い範囲に、ちりじりに散らばってあること。各地に散在している小面積の領地。「散在名田畠屋敷山林以下事」（親元日記）「御当門跡領所々散在・同境内等事、被任御下知之旨」（仁和寺文書）

さんさして【参差して】 ばらばらになって。「然して身方の兵卒参差して引退く」（昔阿波物語）➡「参差《しんし》」を参照

さんし【参祗】 高貴の人の許に参上し、伺候すること。「宣光朝臣為御祈奉行参祗候、但兼宣卿代官云々」（満済准后日記）

さんし【散仕】「散使」の充て字。戦国時代の農村に置かれた村役人の一種。番頭や名主の下にあって、種々の通達や会計などにあたったようだ。給田を与えられ、散使給・散使免と呼ばれた。武田・後北条では、「散仕」とか「小使」とも言った。「壱貫七百文〈松井田〉増田之内散仕吉田　次郎左門給田」（山口軍八郎宛北條家朱印状）

さんじ【参仕】 主君の許に参上して、側近く仕えること。「酉下刻御強供御、事了有召出、参仕之人々、広橋大納言、按察使」（実隆公記）

さんしゃ【参謝】 参上して親しく挨拶を述べることをいう書札用語。「殊御懇仰一段祝着仕候、（中略）厚恩之至難尽紙面候、必々可参謝候」（実隆公記紙背文書）

ざんしゃ【讒者】 讒言をする者。嘘の告訴をする人。「萬一貴所様・拙者間ニ至り、讒者等之有りに於いてハ、有無の旨仰せ聞かされべく事」（黒田家文書）

さんしゅうおもて【三州表】 敵を攻撃する際、三角形の頂点に向って攻め寄せること。「乍去菟角三州表之躰ニ可寄候」（山中文書）

さんじょ【散所・産所】 婦人がお産をする所。忌み嫌って「散所」とか「三条」とかの字を充てることもある。（日葡辞書）

さんしょう【姍笑】 そしり笑う。あざ笑う。嘲笑。嗤笑。「信仍、兵一人をして、陴《ひめがき》に乗じて睥睨《へいげい》して之を姍笑《さんしょう》せしむ」（左衛門佐君伝記稿）

さんじょう【散状】 ①古代・中世の、人名を列挙させた文書。多く、行事の諸役配当の結果を記す場合に用いた。交名《きょうみょう》。「四時分各参集、被参候輩散状、笙前関白〈二条殿伊房公〉、新大納言〈四條隆永卿〉老父、持明院宰相〈其規卿〉、隆重朝臣、言継」（言継卿記）②儀式・法会・公事などを行なうことについて、先方の意向を確かめて、その回答を求める書状。「今日御所様御直衣始也、御出居様、同御方御供奉アリ、散状等別紙ニアリ」（山科家礼記）

➡「交名《きょうみょう》」を参照

さんじん【散人】 一定の居所も住まいも持たない人。（日葡辞書）

さんじん【参陣】 ①陣営に参着すること。軍陣に加わること。「大坂表へ可令参陣由有明命依之被相上」（武家名目抄）②「陣の座」に参列すること。「元日宴参陣仕候、飽浴恩雨候、窮屈可被察下候」（実隆公記紙背文書）

ざんしん【讒臣】 「讒心」の充て字。他人を傷つけようとする心。「其願書に云、判ノ兵庫ノ助手をかりて、密供《みっく》を修す。ここに北越の輝虎、予に讒心を企《くわだて》ト云々」（甲陽軍鑑　中）

さんずんにふくむ【三寸に含む】 舌頭《ぜっとう》。口舌《こうぜつ》。弁論のこと。「少くも油断する勿れ、詳らかに彼の三寸に含む而已《のみ》」（伊達正統世次考）

ざんせき【斬藉】 切り取った首級。「柿崎以下を待着ける。斬藉《さんせき》の首かけ捨、夫より佐野表へ」（関八州古戦録）

さんせん【散銭・参銭】 神仏に供える銭。賽銭のこと。「今夜四時に新西宮渡候、（中略）さん銭は四十貫八百文也」（山科家礼記）「当寺参銭以下当知行無相違、如近年可為一職進退之状如件」（誓願寺文書）

さんぜんと【潸然と】 「はらはらと」とも訓む。はらはらと。「入城仕れとて潸然と涙を流されしか」（関八州古戦録）

➡「漣漣《はらはら》と」を参照

さんぞうばい【三双倍】 三倍。「五双倍」、「十双倍」のように使用する。「御旗本を始いづれの手も三双倍《ぞうばい》・御双倍の敵にて候」（甲陽軍鑑　下）

さんぞうろう【さん候】 然候。「然り」の丁寧語で「さようでございます」の意。「安房守が怒りをなだめ、呼返されよ、と宣へば、昭光・政景、さん候、とて」（奥羽永慶軍記　下）

さんち【三遅】①行事に遅参した者に課した罰酒の一つ。盃が五回廻った後に三回した者には三杯、七廻りの後は五杯、十廻り以後は七杯の酒を課した。三種類の飲酒による遊興の処分。②①から転じて酒宴、または酒。「詣右兵衛督許、依和歌会如也、（中略）事畢及三遅之興、亥剋許帰宅」（親長卿記）

さんちゃく【参着】到着すること。（日葡辞書）

さんづ【三頭】馬の尻、後脚の上部。「夫も外れて、馬の三《さん》頭《づ》に中《あた》る」（一徳斎殿御事蹟稿）

さんでん【散田】①荘園で、請作人に割り当てて請作《うけさく》させ、地子を取る田地。荘園領主が所有する。「田地事、百姓等隠し申間、上使を下て散田了」（大乗院寺社雑事記）②没収とか、農民の死亡・逃亡とかなどによって荒廃した悪田。「国中村々名分散田荒田之事」（長宗我部氏掟書）

さんとう【三冬】冬の三ヶ月。初冬（陰暦十月）・仲冬《ちゅうとう》・季冬《きとう》を言う。「北海の寒国元よりの義なりと云へ共、比《ころ》しも未《いま》だ三冬に至らず、兵馬寒冷の艱《なや》み少く」（北越軍談　中）

さんにゅう【参入】相手の許に伺うことをいう書札用語。「為鶻鷹逍遥企参入候之処」（文明十四年鈔庭訓往来）

ざんねん【残念】遺恨。「恨を泉下《せんか》に残すか、願くは独身《ひとりみ》にて勝負を決し、残念の有無を散じて候へかし」（奥羽永慶軍記　下）

さんばん【生飯】食前に衆生に与えるために飯の上部から少量を取り分けて供するもの。「さば・さんば」とも。三飯・三把・産飯・祭飯・最把などいろいろに書く。「くふ様いやと思はゞ、先《まず》一きれをさばにする也」（甲陽軍鑑　下）➡「生飯《さば》」を参照

さんぴつかいけん【山筆海硯】（筆）の山と硯の海と。「山筆海硯にも及び難し」（筆舌に尽くせない）。（日葡辞書）

さんぷく【三伏】九夏三伏のこと。夏至から立秋にかけての残暑の厳しい時期をいう。「天性暑《しょ》を苦み、三伏《さんぷく》の候に到ては必池水に船を泛《うか》め」（北越軍談）

さんぶんのいちたちげ【三分一立毛】稲が三分一程度しか生育していない状態を言う。「於京都承ニ相違仕、三分一立毛付申候」（伊達家治家記録）➡「立毛《たちげ》」を参照

さんみょうをさらす【三明を曝す】大勢の人前で恥をかき、侮辱を受ける。（日葡辞書）

さんめん【参面】相手の許に出向いて直接お目にかかることをいう書札用語。「于今不始御芳情、多年之契約、身上難申尽候、必近日以参面可得尊意候」（貴理師端往来）

さんもん【山門】比叡山延暦寺のこと。「山門元三会之事、其国之馳走為可きことを伝え聞く」（伊達正統世次考）

ざんゆ【讒諛】他を悪しざまに言うことで媚びへつらうこと。「遊宴而巳《のみ》に処して、讒諛《ざんゆ》の明を蔽《おお》ひ、邪曲の公を害する事を知らず」（北越軍談　下）

さんよう【散用・算用】①金銭や物の数量を集計する。計

算する。②支払うこと。決済すること。清算すること。「當庄公用去年散用之土貢中にて五百疋可遣兵庫之由仰付了」(政基公旅引付) ③見積もりを立てること。また、その見積もり。予想。「跡先算用をはむれ共、出家金子《きんす》の方《かた》に一度取たると申して女をかへさず」(甲陽軍鑑)

さんれい【参礼】 挨拶する。「山北に随ひけるが、孫十郎義道が世に至て参礼を遂げざれば、義道憤り思ひ」(奥羽永慶軍記 上)

さんわ【参話】 相手の許に参上して親しく話をすることをいう書札用語。「近日可参話心中候処、土用のあきに虫発候て、雨三日煩候間、無其儀」(実隆公記紙背文書)

さんをみだす【算を乱す】 算木を乱したように散乱すること。「火花を散らし相戦ひ、各《おのおの》疵つけられ討死算《さん》を乱すに異らず」(信長公記)

さんをもって【参を以て】 参上したうえで、の意を表わす、書状の慣用句。「此方之書物共入置申候、重可進候、可被得御意候、以参可得御意候間、此外不申候」(尋憲記)

し【師】 軍隊。「せん方なく師を引て帰る」(南海通記)

しあい【仕合】 二人が直接闘い、武芸・尚武を争うこと。「陣なき時、武士かけむかひの勝負をば、斬合、或しあひと申」(甲陽軍鑑)

じあい【時合】 頃あい。時刻。時分。「子細は、おのこ子《ご》のよりあふて、何ぞ様子の時合《じあい》により、雑言《ぞうごん》あらばはりあはられ」(甲陽軍鑑 中)

じあくせん【地悪銭】 悪銭のこと。「今度如被仰出、七十銭者精銭、卅銭ハ地悪銭之内、可為中銭也」(北條家朱印状写)

しあわせ【仕合】 ①時宜を得た適切な行為や振舞い。好機会。よい折。物事のやり方。首尾。「筑紫主居城を取返候由申越候、尤之仕合候」(黒田家文書)「則実宝院へ乍両対渡進候、御仕合可然候て、於拙者満足候」(薬師寺文書) ②有様。「是は夜の事にて正儀なき仕合せ也」(桂岌圓覚書)「大火をけ《消》したる仕合せ候」(桂岌圓覚書)「本家只今の仕合」(関原陣輯録)「御難儀の仕合《しあわせ》候」(老翁物語)

しいがたし【誣難し】 強い難し。無理やりにはできない。「栄枯盛衰は天地自然の理、誣難《しいがた》しと云へども、往古より名ある家々大形絶果《たえはて》」(北越軍談 中)

しいし【四至】「しし」「しじ」とも訓む。四方の境界。「売券《うりけん》」などには、売り渡す土地の境界線を明示するために記載する。「沽渡進 筑前国早良郡脇山院内背振山上宮領(中略)四至 限東岸額 限西谷川 限南山神前植 限北藤四郎屋敷中林外植」(黒田家文書) ➡「四至《じし》」を参照

しいす【弑す】 殺す。「親《まのあた》り至として君を弑《しい》するの罪、身に於て贖ふ」(北越軍談)

しいで【仕出】 新しくことを起し始めること。新興。「仕《し》出《いで》の国持侍をば、其人の智恵冥加を感じて思へば」(甲陽軍鑑

しいはちばん【四夷八蛮】 四方八方が自分たちとは不順の

徒で満ちていることのたとえ。「明年は相州小田原の北条御退治の御陣触、四夷八蛮どもに廻文《まわしぶみ》を賜へば」（奥羽永慶軍記　下）

しいら【粃】 中に実の入っていない籾。（日葡辞書）

しいん【嗣音】 音信。「其《それ》已《い》往《おう》越後之様体嗣音無し、巨細は来便に註進せ見（ら）るれば」（伊達正統世次考）

しえん【資縁】 生活するためのお金。「納　御所御修理料段銭事、合拾五貫文者、一段別百五十文充、但加資縁分定」（萩藩閥閲録）

しお【潮】 機会。潮時。「一、九月十五日しほに、新米五千石・胡麻あり次第、惣の蔵入より高に付つミ《積》可上候」（東京大学史料編纂所所蔵文書）

しおあい【塩合】 潮時。しおどき。「但し、此の二か条の見合は、塩合《しおあい》肝要なり」（川角太閤記）

しおあいもの【塩合物・塩相物】 海産物のこと。塩魚。「当郷出合之白俵物并塩あい《合》物以下出入不可有違乱」（加藤新右衛門氏所蔵文書）「一、俵子・しほあひもの可出入事」（大津延一郎氏所蔵文書）

しおう【雌黄】 文章を添削する。改竄する。「其の本文の如きは、すなわちいまだ雌黄を加えること有らず」（慶長記）

しおおす【仕課】 成し遂げる。「然れば氏康父子武総の手遣《てづか》ひ、今年思ふ儘《まま》に仕課《しをを》せ、武田晴信今川氏真に牒し」（北越軍談　中）

しおかかり【塩懸り】 潮懸・汐懸とも。潮繋のこと。潮時を待つため停船すること。（元親記）「船元迄又太郎殿御座候て暇乞被成、それより蕨嶋に塩懸仕候」（上井覚兼日記）

しおき【仕置】 ①処置。采配。征服した国や土地に砦を造っておく、または、守備兵を置くこと。「境目丈夫ニ申付候間、信州真田表仕置為可申付」（黒田家文書）②処置、取締り。「今晩、大久保石見守長安着府、日来越後国仕置《しおき》、甲斐、武蔵の御領所これを廻ると云々」（駿府記）

しおくび【塩首・潮頸・入首】 槍の穂先と柄が接した部分。けらくび。ほくび。「予鑓之さや袋、さかわに口、塩頸、青貝等之事、沢路へ申付候了」（言継卿記）

じおこし【地興】 土地だけを対象とする徳政のこと。「然而私徳政・地興堅可停止」（青蓮院文書）

しおで【塩手】 鞍。鞍の前後の両側につけて、むながい・しりがいを繋ぐ紐。「又兵衛乗たる馬の塩手《しろで》、四所に首を付る」（甲陽軍鑑　中）

しおどり【塩鳥】 塩漬けにした鴨などをいう。（日葡辞書）

しおのつけはじめ【塩のつけはじめ】 艱難を舐めさせること。「聞及たる大身の上杉衆とはだへをあはする、塩のつけはじめの勝負をせざる無念と」（甲陽軍鑑　中）

しおぶろ【塩風呂】 塩水を沸かして入る風呂。海水を沸かした風呂。しおゆ。「未之刻計白浜へ着候、暫塩風呂などに入候て慰」（上井覚兼日記）「西吉田父子、竹内常善院、明王院等、堺之塩風呂ニ入云々」（大乗院寺社雑事記）

しおみ【塩味】 潮時。「不可過御塩味」は、機会を見失ってはならないという意。「御当方眼前骨肉之間と云、一国と云、御同心可然歟、不可過御塩味候」（仙台市博物館蔵伊達輝宗書状）

しおをたる【塩をたる】 艱難をなめさせられる。「山県三郎兵衛に押詰られて、悉《ことごとく》塩をたる城へ取懸、御攻なされ候に」（甲陽軍鑑　下）

しおをつける【塩を付ける】 痛い目にあわせる。「筑前守に家康方よりしほを付候は、家康衆酒井左衛門」（甲陽軍鑑　下）

しか【四花】「四火」とも。四花関門・四花患門の略。灸のつぼの一つ。腰に近い背中の部分。「信玄公癸酉二月中旬に御馬入、四花の灸をなされ、御養性に種々御薬まいり」（甲陽軍鑑　中）

しか【知客】 禅院で、来客の取次・接待などをつとめる役職。また、その僧。「自信州宗書記以瑞知客通信而至」（蔗軒日録）

しかい【支解】 四支（両手両足）を切り落とす酷刑、手足がばらばらに斬られる。「自ラ數人ヲ斬ル、忽チニ鉄砲ニ中テ、遂ニ支解セラル」（伊達家治家記録）

しかい【使价】 使者。价は使用人、奉公人をいう。（昔阿波物語）「此度甲府への使价《しかひ》にも宛られたり」（関八州古戦録）

しかえし【芝返】「仕返し」の充て字。「翌日芝返《しかえし》の戦なども、管領家より懸られざりしにや」（北越軍談）

しがき【鹿垣】「ししがき」とも。逆茂木のこと。「其の鹿《し》垣《がき》を切り破り、只攻入よと下知をなす」（奥羽永慶軍記　上）➡「鹿垣《ししがき》」を参照

じかくご【自格護】「自堪忍」に同じ。（日葡辞書）➡「自堪忍《じかんにん》」を参照

しかけ【為懸け】 仕掛ける。「一戦ヲ為懸ケ様子御覧アラン」。（伊達家治家記録）

しかじか【聢々・然々・尓々・確々】「しかしか」と清音の場合も多々あり。①はっきりとした。しっかりとした。「土屋惣蔵を以て、申しけれども、聢々《しか、、》御合点なく」（武田三代軍記）②物事が望ましい方向に進むさま。はかばかしい。確確。「今度右衛門佐所労然々無之處、早速罷上」（黒田家文書）③すっかりと、全面的に。（日葡辞書）④～という。「是を尋《たずね》て尓尓《しかじか》の由聞へければ」（北越軍談）

しかしながら【併】 ①全て。ことごとく。「秀吉同心之由、悦喜此事候、併馳走故候」（黒田家文書）②しかしながら。「永当方有相拘而和融可然之由候、併輝宗出馬之砌、一和之事更難信用之段」（東京大学史料編纂所所蔵文書）

しかた【仕形】 やり方。方法。「北条家偏《ひとえ》に北越を後楯《うしろだて》として、武田家を圧《おさえ》んの仕形《しかた》なりと専ら嘲諷すと云へり」（北越軍談　中）

じかたかかり【地方懸り】 徴税係。「関新八は地方《ちかた》懸り御役人ならんか」（信綱寺殿御事蹟稿）

じかだん【直段】「直談」の充て字。直談判のこと。「使者を以て此方より申す事に候なり。直段ならでは叶ひ難し」（上杉三代日記）

じかっせん【持合戦】勝負のつかない合戦。「此合戦をも武田方よりは大形《おおかた》信玄御負か、又は持《じ》合戦かとさた申候」（甲陽軍鑑　下）

しかと【握与】何かの充て字か不詳。確かに。はっきりと。「小田喜（大多喜町）之儀、握与相違可申こと、于今不定ニ候、如此拙者中入義、必々御おんみつ被成下へく候」（西門院文書）

しかと【聢・慥と・礑と】しっかりと。確かに。はっきりと。「愚老事、聢隠居候条、表向之儀者雖不令存知候」（問注所文書）「当屋形勝頼公の御心中は、慥《しか》と知り給ふまじければ」（武田三代軍記）「かようには宣ふとて、中務を礑《しか》とにらみ、先陣にぞ進みける」（奥羽永慶軍記　上）
➡「慥《たし》に」「礑《はた》と」を参照

しかのきゅう【四花の灸】「四火」とも。四火関門に同じ。灸のつぼの一つ。腰に近い背中の部分で、四角な紙を貼って、その四隅にあたるところ。気鬱症などにすえる灸。「板垣法印薬を進上いたし、其上四花《しか》の灸をし給ひ、御快気」（甲陽軍鑑　下）

しかのみならず【加之・加旃】さらに。その上に。「加之《しかのみならず》関東散在の長尾支流の人々」（北越軍談）「加旃《しかのみならず》高梨政清・井上清政（中略）皆逐々に越後を頼み」（北越軍談）

しかほど【尓程】そうこうしていると。➡「加旃《くわうる》」を参照
「尓程《しかほど》に、越府長夜の暗《やみ》と成て、顔色の戚《いたみ》」（北越軍談）

しがらみ【柵・楗】川の水を止めたり、土地が崩れないようにするため、堰堤に打った杭の列。（日葡辞書）**水流を防ぐ柵。**「堤の裏には材木を寄せ、楗《しがらみ》を掻き、大河・小河の水上を尋ね」（惟任謀反記）

しかり【爾り】然り。「越後路往来の通用を差塞《ふさ》げり。爾《しか》りと雖も謙信」（一徳斎殿御事蹟稿）

しかりといえども【雖然】「しかれども」に同じ。そうは言っても。「宿雨不休、早朝帰宅、穀日之陰（雲）、凶年之兆也云々、雖然天降皇沢者乎珍重々々」（実隆公記）

しかる【爾処】「然処」とも。そのように。（元親記）

しかる【尓る】然る。そのように。「義清も内々尓《しか》る意得《こころえ》有しにや」（北越軍談）

しかるごとく【如然】「如是」と同。南北朝頃の用例か。（黒田家文書）

しかるときんば【然則】そうである時は。「取きる物ならば、上和田へ入事間敷、然則《ときんば》向《むかう》を強《つよく》させて」（三河物語）

しかるのち【尓後】しかるのち。然るのち。その後。「尓後《しかるのち》兵役、書を裁するに遑《いとま》あらず、疎潤本意に非ず」（伊達正統世次考）

しかれども【然而・爾共・然共】しかし。だが。然れども。

「敵同意候段、言語道断之次第候、然而無二令馳走之由、尤以神妙候」（黒田家文書）「爾共《しかれども》城兵高地に集り、さのみ苦しまさりける内」（関八州古戦録）

しかれば【然者】 書状で時宜などを書いた後、話したい事柄を始める場合に用いた。すなわち、かくして、の意。「出羽国庄内被達御存分之由承及、目出珍重令存候、然者長新在城足利之地、北条陸奥守為物主、付城致之」（米沢市上杉博物館所蔵佐野房綱書状）

しかん【使翰】 使者の持参した書簡。「先度之御報相届、就其為御礼預御使翰、兵部重而被指上候」（慶応大学図書館蔵石田三成書状）

しかんさつ【視観察】「探《たん》・窺《き》・見《けん》」のことを武田家では視観察という。「天地玄遠たりと云へ共、探《たん》・窺《き》・見《けん》武田家にては是を視観察と云ふの三を以て識量する則《とき》は、十が八九中《あた》らざる事なし」（北越軍談）

じかんにん【自堪忍】「自格護《じかくご》」に同じ。家来が主人からの援助なしで暮らしを立てること。「可入部之、全者於其荘郷逗留三十日間は、以自堪忍可相調之」（大内氏掟書）

しき【式】 ①人称代名詞や指示代名詞に付いて、程度を表わす。つまらないものや程度の低いものの意を込めて、私みたいなもの、これぐらいのことの意を示す。「吾等式迄、御目出之由奉存候」（上杉家文書）②～のこと。これ式のこと。「仍黄金五両進之候、雖些少之式候、表祝詞計候」（龍谷大学所蔵顕如上人御書札案留）

しぎ【旨儀】 趣旨。「於爰許、藝州衆へも旨儀申候、児蔵太へも申理候之間」（山口県文書館蔵河野通直書状）

しぎ【仕儀】 事の成り行き。有様。経過。実情。「取合共仕儀候、不可有私曲候」（上杉家文書）

じぎ【時宜・時儀・地宜】「しぎ」とも。「時宜」の当て字。辞儀とも。①時がちょうどよいこと。時儀。時議。時義。「自去十日頃違時宜、非殊事之間不可及此儀」（実隆公記）「陣取ハ、先手及合戦備くつれ候共、二番目・三番目は地（時）宜ニ可有御押事、尤ニ候」（黒田家文書）②時にかなった挨拶をすること。礼儀にかなった挨拶。辞儀。挨拶。「人の時宜するに、此方より時宜せざるは大非儀にて候」（甲陽軍鑑）③時のあいさつ。和睦する。「下目の御時宜」（和睦する）（老翁物語）④遠慮、辞退する。「跡の忠功不浅い付て、彼侍へ死後までも、じぎの為に如此」（甲陽軍鑑　下）

しきい【閾】 国境線。「跪《ひざまず》きて轂《こしき》を推して曰く「閾《しきい》より以内は寡人《かじん》これを制す」（四国御発向幷北国御動座記）

じきいん【直印】「直書」と同様に、発給者自身が朱印や黒印を捺した判物。「右者、武州白子村大石隼人所務仕来之場所、不殘被宛行候、御直印者、追而可被相心得候」（松田憲秀判物）

じきおん【直恩】 御褒美。「向後進退相当、恫意《とうい》を加へ、又忠節戦功に随ひ、直恩《じきおん》を出すべき事」（甲陽軍鑑　中）

しきかわ【敷皮】 馬の鞍の上に敷く敷皮。「敷皮ノ長三尺一寸五分、横二尺一寸計」(甲陽軍鑑 下)

しきさつ【識察】 気持ちを察する。「併若輩与存分無躰之処、可為御識察候、路次大切之上、不能一二候、恐々謹言」(千秋文庫蔵多賀谷重経書状)「其以後者不申届候、晝夜御辛労令識察候」(富士殿宛北條氏康書状)

じきさつ【直札】 ①右筆などに書かせないで、本人が直接書いた手紙。実際には、右筆が書くことが大半であった。「当国同じく和談せ見(ら)る可きが為《ため》、直札を以て申達せ見(ら)る」(伊達正統世次考)「内府感悦之段、以直書被申候」(黒田家文書) ②取次を介することなく、相手に宛てて直接送られる書状。目上の人に対しては、憚れるものとされた。「直状《じきじょう》」「直書《じきしょ》」とも。「貴人への直札は尾篭なり」(日葡辞書)「池田事遣直札於中坊了」(実隆公記)

じきさん【直参】 主君に直接仕えること。また、その人。⇔陪臣。「勝家へ背き、信長公直参となり、安土に在りしが」(太閤記)

じきさんれい【直参礼】 陪臣で直臣の待遇をうける者の礼。「付兼て、直参礼の陪臣は又右に同ずるの事」(奥羽永慶軍記 下)

しきじ【職事】 ①蔵人 ②宮中行事の執りし切る者。

じきしょ【直書】 ①本人が直接に差出す書状のこと。貴族は自筆でするが、武家は形式的であり、右筆が書いた。「其上勢州辺迄如形申付候、以直書申候条、不能具候」(歴代古案)「十月廿五日之御状、具内府へ申聞候、即以直書被申候」(黒田家文書) ②当人が自ら書いた文書。書状。高貴の人についていう。「従大乗院御直書ニテ卅石御助成寛舜兵庫両使ニテ被仰出了、忝事共也」(多聞院日記)

しきしょう【式正・式掌】 それにふさわしい品位・荘重さを備えて執り行なわれる。正しい儀式。正式。「七月三日、於禁中親王様御鞠被遊、式掌之儀式、御結構無申計次第也」(信長公記)

しきじょう【式条】 ➡「式目《しきもく》」を参照

じきじょう【直状】「直札」に同じ。「返事非直状宛重有卿奉之、礼節難儀之間如此被書歟」(看聞御記) ➡「直札《じきさつ》」を参照

じきしん【直進】 年貢などが代官を介さないで、直接領主の許に上納されること。「直済」「直納」。「済例、別納、直進請文、祖穀、祖米送状」(文明十四年鈔庭訓往来) ➡「直納《じきのう》」を参照

しきせん【敷銭】 ①永代売買の代金。「勝楽寺山為敷銭永買付」(龍潭寺文書) ②保証金として前納しておく金。「定年期之田畠、限十ヶ年以敷銭合請取」(甲州法度之次第) ③婚姻の際の妻の持参金。「敷銭同為如約諾文書、無文書者、女生家へ返付儀不可在之事」(六角氏式目)

じきそう【直左右】 ①確実な情報。上方では「実左右」(真実の情報)と言う。(日葡辞書) ②「直奏」の充て字で、

直訴のこと。「御通りの時、古河《こが》にて直左右《じきそう》に出でられ候。暫《しばら》く御工夫なされ候て」（川角太閤記）
➡「直左右《じっそう》」を参照

じきそう【直奏】 直訴すること。「此上にても迷惑仕候儀於有之者、直奏可仕候」（清水三郎衛門家文書木下勝俊掟書）

しきだい【色代・式代・式躰・式対】 ①色代《しきだい》のことか。物の言いようの意か。「八幡大菩薩乗《のる》間敷と云へば、しき《式》だゐ《代》は所によるぞ、早乗《のれ》と云」（三河物語）②色代のこと。自分を謙遜し、他人も敬って深く頭を下げて挨拶する礼儀作法。会釈する。（日葡辞書）「式躰」は「しきてい・しきたい」とも訓む。「御手ひろがる式躰《しきだい》同意なり」（甲陽軍鑑　下）「両方の大将五人宛半途にして出合ひ、対面・式代してぞ帰りける」（奥羽永慶軍記　上）③「式対《しきたい》」は「色代」と同じか。あいさつをすること。ここでは接待をするの意か。「長尾御譜代の御事、某は先方にて、十六年以来の者なれば、夫を以て、式対を仕る筈に候や」（松隣夜話）
➡「色代《いろがわり》」を参照

じきだん【直談】 直接に相手と談合する。「如何様之儀候共、以直談可相澄事」（黒田家文書）

しきとはん【敷途飯】 戦争の合間にとる食事。「岡崎山の腰に下り敷途飯《とはん》をつかひ息を休めて」（関八州古戦録）
➡「昼途飯《ひるとはん》」を参照

しきなみ【頻並】 しきりに。しばしば。「いかなれば出仕を止られ候や承り候はんとて、使をしきなみけるに」（政宗記）

しきなみ【敷浪】 「頻波」「頻並」に同じ。次から次に寄せてくるようす。「佐竹の幕下、爰かしこより、敷浪《しきなみ》を打て常州太田城に注進する」（奥羽永慶軍記　上）

じきに【直】 直接に。「於委細者、直可加下知之条、不及口能候、将又、親貫依逆心、誅伐之儀申付候」（問注所文書）

じきのう【直納】 ①「直進」に同じ。「自内裏被仰出御料所帷庄事、朝役無沙汰間、可有御直納由室町殿へ被申処」（満済准后日記）②「直務」に同じ。「大住庄御代官職之事、木津方に雖被仰付候、曇花院殿様御直納之筋目、今度信長御申沙汰候て、無異儀木津方放状を信長へ被進之候」（曇花院文書）③伊達氏の場合、地頭武士から一般に総成敗を経由して納入される例であった棟別銭・段銭等の諸役を、これを経由せずに直接伊達氏に納入すること。麾下の地頭武士に与えられた特権の一つ。「其の居る所を捜《さぐ》り知りて以て之を告げよ、因りて彼の地を以て直納《じきのう》と為す」（伊達正統世次考）
➡「直進《じきしん》」を参照

じきはん【直判】 取次人などの署名なく、将軍などが自ら判を加えて給付した文書。「右条々以法性院殿御直判ヲ被定置候上者」（甲陽軍鑑）

じきふう【直風】 直封のようだ。直接にの意。「此方分國中之體、信長直風被申候」（性山公治家記録）

しきほう【式法】 世間一般に行なわれるきまりやしきたり。

(日葡辞書)

しきみ【楗】 区画のため敷いた横木。「川の面に蛇籠《へびかご》を伏せ、梁杭を打ちて楗《しきみ》を掻き」(播磨別所記)

じきむ【直務】 自分の所領を自ら管理すること。また、代官を置かず直接管理すること。「如前々為御直務可被仰付之由、御収納不可有相違候」(立入宗継文書)「一色式部少輔懸組之趣候間、御糺明之上、道理之旨を以、御寺より御直務ニ落着候」(曇華院文書)「熱田神領秋武町畠・屋敷之事如前々無相違可有直務候」(熱田神宮文書)

しきもく【式目】 箇条書きの法令。式条。伊達家の塵芥集は「伊達氏御成敗式目」ともいう。「十二人与相議し、政事式目一百六十九条を定め」(伊達正統世次考)

しきゃく【使脚】 使者のこと。「去比以使脚中入之処、非対拙夫御恨立故歟」(正木文書)

じきゆう【食邑】 給地のこと。「武州都築《つづき》郡の内三百貫(三千石)の食邑《じきゆう》を与へ」(北越軍談) ➡「食邑《しょくゆう》」を参照

しぎょう【執行】 命令をうけて、それを実施するために下達すること。そのために出される文書が施行状。「丹後国倉橋郷地頭職段銭以下臨時課役等事、任今月十七日御施行之旨、可被停止使者入部之状、如件」(久我家文書)

しきょく【私曲】 表面では内心と違った態度を見せて、他人を背いたり、罪を犯したりすること。(日葡辞書)

しきりに【頻而・荐に】 何度も。頻繁に。「和田辺麦毛純熟之由、頻而告来候条」(比毛関氏所蔵文書所収武田信玄書状)「敵縦《たと》ひ荐《しきり》に戦を挑む共応ぜず」(長国寺殿御事蹟稿)「荐に援兵を請ふとも」(昔阿波物語)

しきる【仕切る】 場所をふさぐ、あるいは、遮る。「道を仕切る」(道を占拠する、またはふさぐ)(日葡辞書)

しきれ【尻切】 「しりきれ」の転、草履の一種。底に革を張ったもの。「京都ヨリ与九郎下了、阿茶丸ニシキレ一束〈足〉持来了、ミヤゲ由云々」(言経卿記)

じきん【慈斤】 自分の作品に対する添削を、その添削者を尊敬し、感謝を込めていう文書語。「慈削《じさく》」とも。「依尊韻以述卑懐云、慈斤惟幸」(再昌草) ➡「慈削《じさく》」を参照

しぐ【資具】 日常生活に使う道具類。「折節草亭見苦敷、資具又散々式也」(文明十四年鈔庭訓往来)

じぐち【地口】 税金の一つ。家屋の一棟ごと、あるいは、間口一尺ごとに賦課されるもの。「地口銭」とも。「今年洛中地口ニテ神輿造替也」(康富記)

じくちせん【地口銭】 中世、京都・奈良市内の家屋に対して臨時に課せられた税。道路に面した家屋の間口の広さに応じて課せられたもの。地口。間別銭《まべちせん》。「近日京中、公家、門跡、高家を不嫌、悉以地口銭打之、伊勢大神宮造営のためなり」(大乗院寺社雑事記) ➡「間別《まべつ》」を参照

しぐらう【しぐらふ】 「時雨」から派生。密集する。「味方の御旗色、悉《ことごとく》なをりて備しぐらむ」(毛利隆元山口滞留日記)

さ

しけ【師家】一般の禅僧に対して師として学徳を有する禅僧、特に座禅の師をいう。「師家は快川・春国、信州より速伝も御座候」（甲陽軍鑑）

じげ【地下】百姓。平民。「不慮に十六歳の春召出され、地下をいで春日源五郎になり奉公申」（甲陽軍鑑）

しげく【閙く】人の集まり騒がしいこと、緊密なこと、しげく盛んなこと。（伊達家治家記録）

しげし【稠し】しっかりと。厳重に。「仮屋といへども用心稠《しげ》しく遠侍《とおざむらい》を置れければ」（奥羽永慶軍記　上）

じげにん【地下人】①一般人のこと。特に農民をいう。戦争のとき、こうした地方の百姓や野伏などが見物に参集し、戦が終ると物取り、追いはぎなどを行なった。「支倉郷棟役之事、十箇年之を地下人に閣《さしお》く也」（伊達正統世次考）「抑御影堂修造、去月十八日より初候て、于今其事迄地下人等奉加仕候て、思之外可然成行候間、満足仕候」（実隆公記紙背文書）②秀吉の朱印状では「百姓・町人」を指す。（黒田家文書）

じげのだいかん【地下の代官】現地にいる代官。「一、地下之代官、万一於御年貢等、執納之分未進懈怠之時者、為本人可申弁沙汰」（東寺百合文書）

しげみ【蒼】繁み。「旌旗春風に翩翻し、森林の蒼《しげみ》迄も纒馬印暑《ひかげ》に映し」（関八州古戦録）

しけん【使間】他の訓みあるか。秘密の使者。「其の余、使間を二本松・相馬等に遣わし、以て之を誘語《いご》す」（伊達正統世次考）

じけん【地検】➡「地検《ちけん》」を参照

じげん【邇言】凡夫の浅はかな言葉。（御家誡）

じげん【示現】神仏が霊験を現わす。「愛宕・白山も御示現《ごじげん》あれ、努々《ゆめゆめ》仕るまじき」（北越軍談）

しこ【指呼】指して相手を呼ぶこと。「坂東の諸大将吾《われ》も々と平井の指呼《しこ》に従ひ」（北越軍談）

しこう【伺候・伺公・祗候】貴人のもとに御機嫌伺いに参上すること。つつしんでお側に奉仕すること。「御酌可仕のよし被仰を、我等致伺公慥に承候」（大内問答）

しごう【紙毫】紙筆に同じ。（日葡辞書）

しごう【至剛】極めて剛健で邪悪に屈しないこと。「世上に隠なき大力の覚へを取り、至剛の士大将たりし故」（関八州古戦録）

しごう【試毫】新年の書初め。試筆。「昼間試毫之卑韵遣大昌令添削了」（実隆公記）

じこくなし【時刻なし】時を移さずに。即座に。「御著陣ありて、時刻なく御行《いく》てに及はるへし」（伊達家治家記録）

しこぢ【譖ぢ】他人を非難し、悪口を言う悪い性質。（日葡辞書）

しころばかす【仕ころばかす】倒す。転ぶようにさせる。「無上氣おとなしき行を以、敵を仕ころはかす儀、尤候事」（黒

田家文書）

じこんいご【自今以後】 今後。「昨日者企参候之処、御丁寧誠以外聞実儀畏入存候、仍自今以後、別而可預御入魂之由承候」（黒田家文書）

しさく【著策】 ➡「著策《きさく》」を参照

じさく【慈削】「慈斤《じきん》」に同じ。高貴な方に添削を乞うこと。「一昨日候歟、丁寧蒙慈削候、畏悦千万以侍候、可申入候処、聊余酔事候、乍自由令懈怠候」（実隆公記紙背文書） ➡「慈斤《じきん》」を参照

しさつ【使札】 使者に持たせて遣わす手紙。「御使札、殊帷六・生絹四・ふとん被懸御意候」（黒田家文書）「勝頼公安土へ使札を御越ある」（甲陽軍鑑）

じざむらい【地侍】 在郷土着して農業を営み、農民を指導して惣村の中核となる武士。戦国大名の被官となる者も多かった。「所縁の地侍《じざむらい》居住せし其許《もと》え老母幷に女を送て」（北越軍談 中）

しさる【退】「しざる」とも。後退すること。「武かさ殿二三間しさり給ふと申す」（甲陽軍鑑 下）

じじ【爾々】 相手に応ずる言葉。然り然り。「氏政父子・氏照も爾々与無言上候条不被仰出候」（足利義氏書状写）「数度防戦仕相支候へ共、肥前衆見次無爾々候間、不及力、豊州進退ニ罷成候」（上井覚兼日記）

しし【師資】 先生と弟子。「麟岳の御返答に、師資《しし》盟浅からざる上、殊に門葉捨て難く候へば」（甲乱記）

しじ【四至】「しいし」とも。地所や田畑の全方向にわたる境界線、あるいは、区画。「四至傍爾」（日葡辞書） ➡「四至《しいし》」を参照

しじ【指示】 中世、箇条書きの書き出しに用いられて、以下に旨趣を申し述べることを示す。「指示　一、小矢部・楠本両庄公事銭事、可有御知行之由蒙仰事、曾以不承及事候」（大乗院寺社雑事記）

じし【地子】 ①屋敷や田畑の借地料。「地子を済《な》す」（借地料を支払う）（日葡辞書）「一、当市場越居之者、分国往還不可有煩、幷借銭・借米・地子・諸役令免許訖」（円徳寺所蔵制札） ②地子は室町時代に土地に賦課した雑税、地子米・地子銭などがある。借地料。「金之地子ハ譏之事候」（伊達家治家記録） ③市街地に課した宅地税。屋地子。

ししがき【鹿垣・堄】「堄」は「鹿垣」の充て字。逆茂木のこと。敵の侵入を防ぐための垣。「曖《あつかい》を懸て二の丸へをろし、則《すなはち》堄《ししかき》を緒《ゆい》て押籠《こみ》て」（三河物語）「武田四郎人数入れ置き、相拘《かか》へしを、家康公推し詰め、しゝ垣《がき》結ひまはし」（信長公記） ➡「鹿垣《しがき》」を参照

ししがり【宍狩】 猪狩りのこと。（庄内陣記）

ししさる【狻猿】「獅子猿」の充て字。けだもののように。「無余国も狻猿《ししさる》の様成やつばら共に、折屈《をれかがみ》、はいつくばゐ、屈廻《かがみまわる》事も」（三河物語）

じしせん【地子銭】①「地子」として払う金銭。「旅宿地子銭事、本所代官として波多野与兵衛尉以使催促之」（大舘常興日記）②宅地税のこと。「明智地子銭《じしせん》を納め置き、買物のかはりに渡し遣はし候を」（信長公記）

ししのはがみをなす【獅子のはがみをなす】獅子奮迅の働き。「一族郎等三十余騎、獅子のはがみをなして討て懸る」（奥羽永慶軍記　下）

ししびしお【醢】肉の塩辛の類。乾し肉を麹または塩に浸して作るという。「此満安に於ては身を寸々《ずたずた》に刻れ、醢《ししびしお》にせらるるとも、和睦の事は思ひもよらず」（奥羽永慶軍記　下）

ししや【猟矢】「鹿矢」とも。狩猟用の矢。野矢。「猿皮空穂をつけ、しゝ《猟》矢をはめて、五人十人」（三河物語）

ししゅ【旨趣】「しいしゅ」とも訓む。事のわけ。内容。趣旨。「行儀其の外の法度以下に於て、旨趣相違の事あらば、貴賤を撰ばず、目安を以て申すべし」（甲陽軍鑑）「如累年不可有相違候、旨趣大関紀伊守可令演説候也」（金剛寿院蔵那須資晴書状）

じしゅ【時衆】「じしゅう」とも。時宗の僧。従軍僧として戦場に赴き、死者に念仏回向する役をつとめた。戦国期の時宗の僧は諸国の情報をもっていたので各大名から重宝がられた。「敵ニ心安ク紛レント、笠符ヲ取テ投捨、時衆ニ最期ノ十念ヲ受テ、思切タル機ヲゾ顕シケル」（太平記・芳賀兵衛入道軍事）

しじゅう【止住】住むこと。居住。「奥羽へ便の中次《なかつぎ》、文通の駈使《かけづかい》要用《ようよう》の為、此辺に止住《しじゅう》仕《つかまつ》れとて」（北越軍談）

じじゅう【侍従】中務省に属し、天子に近侍して諫を奉り、遺忘・過失を拾補する職。従五位下相当。中務少輔は従五位上相当。（伊達家治家記録）

しじゅがいどう【市豎街童】「侍豎」のことか。小姓のこと。（伊達正統世次考）

ししょ【支庶】枝葉の血筋。嫡長子以外の子。本家から分かれた血筋。分家。文族。「或は其の支庶《ししょ》なることは則ち未だ知る可からず」（伊達正統世次考）

ししょう【支證・支証】物事の事実認定の裏づけとなる証拠のこと。「他の国を非拠《ひきょ》に掠《かすめ》略せざるの支證《ししょう》たり」（北越軍談）

ししょう【死生】生と死。生き死に。「命の絶えなん時をまち給ひけるに、実に死生《ししょう》命ある事なり」（奥羽永慶軍記　上）

じしょう【時正】春・秋の彼岸の中日のこと。「自今日時正、観世音経三十三巻誦之、一七ヶ日可読誦也」（政基公旅引付）

じしょう【自焼】不利な情況では退却する前に、自身で火を懸けて逃げること。「山地居屋敷自焼仕、罷退候処ニ、其方手者、追討仕、首参持候」（大阪城天守閣所蔵豊臣秀吉書状）

じしょうてつ【字焼鉄】人の額に焼印を押す火印の刑罰は、鎌倉時代以来の武家法の厳刑主義の一つ。（日新菩薩記）

じじょう【治定】①決定すること。「殿下御出馬之儀、三月

さ

一日弥治定候」（黒田家文書）②**落ちつくこと。**「江戸へ著給ひ、治定一両月をも経ずして、死骸へ附て下りけるこそ、不思議慣れ」（政宗記）③**必然。**「もし政宗承引せられずんば討れん事治定なりと思ひ定《さだめ》てぞ来りける」（奥羽永慶軍記　下）

しじら【縮羅】緘。太い糸と細い糸を配し、表面に凹凸を現わした織物。絹と木綿がある。（伊達家治家記録）

ししん【志心】「士心」の充て字か。武士の心。「此志心忘失して、実想正からざる則《とき》は」（北越軍談　中）

しずまる【定る】「静まる」の充て字。「佶《きつ》と軍配を相考へ、城兵に其利を示しける故、定《しずま》り反《かえつ》て刻《とき》を移せり」（北越軍談　中）

しせい【熾盛】日に日に益々栄え繁昌すること。（日葡辞書）

しせき【咫尺】距離が近いこと。「其顔色蒼醒《あおざめ》たるを寺僧咫《し》尺《せき》の間に見て、暗に不快の甚きを知ぬとぞ」（北越軍談　中）「累代之如願望、不廻咫尺、東国御発向奉待迄候」（里見義康書状）

しせつ【至切】大きくて深い愛情。（日葡辞書）

しせつ【砥節】「砥節《とせつ》」、節操を磨くとは違うようだ。武士の義理を欠く者の意か。「国の危きこと、弾指の中にありと思ひければ、進む義士は少く、退く砥節《しせつ》は多かりけり」（武田三代軍記）

しせん【祠銭】賽銭のこと。「一、新儀非分之族申懸輩在之者、為地下人可直奏、幷祠銭・礼物已下於立入者、双方可為同罪事」（剣神社文書）

しぜん【自然】「じねん」と訓むのが一般的で、「しぜん」は珍しい。当然のこと。「家康無御出馬内に合戦をいたす物ならば、自然《しぜん》勝事も可有に」（三河物語）

➡「自然《じねん》」を参照

じせん【自専】勝手に処分する。「雖為一塵不可自専事」（東寺百合文書）

しぜんてん【四禅天】四種の禅定を修する者の生まれる色界の四天。「長谷堂に押寄て時《とき》の声三度作れば、上は四禅《しぜん》天《てん》、下は金輪際《こんりんざい》迄も響くらん」（奥羽永慶軍記　下）

しそ【緇素】僧俗。僧と俗人。（日新菩薩記）

じそ【自訴】みずから訴え出ること。また、その訴訟。「自訴之儀、最前一書之通、重而申入候」（上杉家文書）

しそう【使僧】使者の僧、使節の僧。（日葡辞書）

じそう【似相】「似相之儀」の「似相」は「時粧」の充て字か。その当時の様子という意。「向後別而可申承候條、似相之儀不被置心可申越候」（伊達家治家記録）

しそく【止足】止宿する。「魚沼郡長松寺の塔頭貞操軒に止足せし折々」（北越軍談）

しそつ【士卒】兵士。軍兵。兵隊。「廿七日、馬を出す可し、士卒悉《ことごと》く召し従え」（伊達正統世次考）

しだいくり【次第繰】次々に。順繰りに。「従中納言殿者、人数シタイクリニ可被出旨御意候」（伊達家治家記録）「舩奉行共として令割符、請取之、渡海衆次第くりに可越申」（黒田

家文書）

したう【踊う】慕う。「于時《ときに》公の迹を踊《したつ》て追々上州の国侍馳参ずる」（北越軍談）➡「**踊《ふ》む**」を参照

したじ【下地】中世、年貢、雑税など、領主の収益の対象となる荘園、所領をいう。田畑だけでなく、山林、塩浜なども含めたもの。「其下知状を惣地下え不披露して、下地等構私由之事」（政基公旅引付）

したしたの【下々の】家中の。伊達家の使い方か。「相馬より石田右馬亮被罷帰候、下々の鉄砲めしあけられ候」（伊達天正日記）

したたか【健か】強《したた》かに。強く。「所従等大躬《み》の鎗を以て、予が馬の三頭を健《したた》かに敲《たた》きし儘《まま》」（北越軍談）

じたたかい【地軍】自分の領内での戦い。「身血せばく候てさへ、敵は地軍《ぢたたかい》にてあやうく候」（甲陽軍鑑　中）

したため【認】①食事をすること。食事。「秋保にては、其日暮の認の所へ申来る。供の上下是を聞、面々宿々より我先にと仮屋へ走参じ」（政宗記）「一の鐘《かね》に諸軍したゝめ、二のかねに武具をきよ、三の鐘にうつたつべきと謙信出らるゝ」（甲陽軍鑑　下）②ととのえる。「今福入道申す、炭焼はしたゝめてこれを出すなれば、今は炭とりたる手こそよごれ申べけれ」（甲陽軍鑑　下）

したつ【仕立・為立】①行為。「一、検地奉行人ニ対し、慮外之仕立仕族有之者、其一在所可被行罪科事」（島津家文書）②病気などが回復する。「当時疵は仕立候へども、痔病出合候間、長座難叶由申上候也」（上井覚兼日記）③服装。「信長御焼香に御出づ。其の時の信長公御仕立」（信長公記）

じたのかくご【自他の覚悟】自分と他人の覚悟であり、一方だけが覚悟をしても仕方がないので、相互に放置せず、即刻に知らせ合うことが大切であるという意。（伊達家治家記録）

したぶぎょう【下奉行】織田氏の職名の一つ。普請奉行の配下に属し、普請奉行を補佐し、城郭などの普請を司ったもの。「御城の塀、下奉行の油断にて遅々に及条」（太閤記）

したため【下目】下の方。「下目の御時宜」（和睦する）（老翁物語）

したやかた【下館・下屋形】「**下屋敷《しもやしき》**」に同じ。本拠の館に対する称。「修理大夫殿下屋形移居事、雖被定今日、今日者大赤也、択吉日重一両日之中可伺之由、伊勢守申之」（蔭涼軒日録）

したやくにん【下役人】下級の役人。下吏《かり》。「赤江にて瀬之公役之儀、比志島殿は少も無存知候、下役人なとの無了簡にて申候」（上井覚兼日記）

しだら【しだら】物事の初めから終わりまでの経過。（日葡辞書）

したるい【仕怠い】まだっるこい。だらだらとしてだるい。「但し敵崩れ北《にぐ》と云共、仕怠《したる》く長追すべからず」（北越軍談　中）

したをふるう【舌を掉う】言葉を発する。「冥の照覧も悚《おそろ》し

さ

と舌を掉《ふる》ひ、鉄砲を遏《とどむ》る処に、黠《ずる》き奸者 側《かたわら》より差出て」（北越軍談）「年来属日《としごろひごろ》管領家の寛柔に押熟《なれじゅく》したる関東衆、舌を悼《ふる》ひ、膽《きも》を銷《け》し」（北越軍談）

したん【師檀】「檀」は檀の充て字。檀那と檀家。「若有取持人者、師檀共、可処罪科」（甲陽軍鑑）

したん【師旦】檀那と檀家の関係。「先規師旦之契約、不知案内候間、不可違旧例之趣」（高野山・蓮華定院文書）

したん【紙端】紙のはし。紙のすみ、また紙。「其間儀条々演説、難尽帋端也」（実隆公記）

しち【質】①人質。江戸幕府は諸大名の妻子を人質として江戸に住まわせ、原則として隔年交替に江戸と領地とに居住する制度の参勤交代を諸大名に課し、大名統制の実をあげることに努めた。「能あり。大御所の仰せによりて幕下御台所御覧あり。質として江戸に在る諸国大名の母儀息女等、登城これを見る」（駿府記）②質物・抵当あるいは、人質。ただし人質の場合は「人質」という。（日葡辞書）

しちうけ【質請】借金を返済して、質に入れていた物を受け出すこと。「京にてかはし代七百疋取寄、此内三貫文御飯米、二貫四百文腹当しちうけ」（山科家礼記）

しちけん【質券】①中世、質契約を結んだ証書として質入人が質主に出す文書。（日葡辞書）（色葉字類抄）②（多く「質券に入る」と訓んで）質に入れること。質契約を結ぶこと。「知行分内借物質券之地名事、本利一倍之分勘取之者可返付之旨」（親元日記）

しちごさん【七五三】「七五三の膳」の略。「秋山伯耆守、岐阜にをひて、信長公被成馳走、七五三の御振舞、初日には七度御盃出て」（甲陽軍鑑）

しちしょ【七書】中国の七兵書の総称。孫子・呉子・司馬法・尉繚子《うつりょうし》・三略・六韜《りくとう》・李衛公問対。「小山田弥三郎を召て、七書五経の古語をいはせて聞給ふ」（甲陽軍鑑 下）

しちにん【質人】「質」として身柄を相手方に渡される人。人質。「高知尾之事、質人指出申上候条、其分に先々静謐候」（上井覚兼日記）「鑑種ハ豊前ノ国規矩郡ヲ賜ハッテ小倉ニ在城ス、麻生・宗像・城井、長野以下、シチビトヲトリタマフ」（大友記）

しちぬし【質主】「質物」を相手方に置いた当人。「万一質物或失之、或以利約月流取質物於令沽却、以質一倍之代者質主之可弁事」（陽明文庫本室町殿日記）

しちぶつのこと【七仏の事】七仏薬師法。天台宗で七仏薬師（薬師如来が衆生済度のため、変化《へんげ》・分身して現ずる七仏体）を本尊とし、各一壇を築き、七仏薬師経などを読んで、国家安穏・息災・安産などを祈る修法。「一、計策文の認《したため》やう、一字の事、七仏《しちぶつ》の事、口伝有」（甲陽軍鑑 下）

しちもつ【質物】①品物や人などを約束履行の保証として相手方に預けておくもの。「柳川之儀、質物被請取、立花被召連、加主計頭殿・鍋嶋加賀守殿被仰談」（黒田家文書）②

さ

質物奉公人のことで、下人のこと。「厳しく申付け、質物等をも相抱へ、急ぎ調させ、差登すへし」（伊達家治家記録）

しちゅうじゅう【始中終】①全てにわたって。「初中後」と同意。②始から終りまで。終始一貫。「其元之義、始中終被入御精義とも」（黒田家文書）「今度、始中終走廻、無是非候」（左衛門佐君伝記稿）➡「初中後《しょちゅうご》」を参照

しちょう【輜重】小荷駄などを運ぶ、またその者。「戦兵八千雑卒《ぞうそつ》輜重《しちょう》是に応じ、其用意を仕り」（北越軍談）

しちょう【止長】「止長を掛くる」（逃げたりできないように追い詰める）。（日葡辞書）

じちょう【仕丁】「夫丸《ぶまる》」に同じ。人足、荷物を運搬する人。「抑武蔵堀池仕丁卅人事、大通院廊御方為御恩賜之被召仕」（看聞御記）➡「夫丸《ぶまる》」を参照

しっか【膝下】①帰服した者を言う。「石垣河内を以て種々懇望の義共あり、御膝下《しっか》同前の體なり」（伊達家治家記録）②問題とする人や物が、その人の身近にあって、思いのままになしうる状態にあること。（甲陽軍鑑）

しっかい【悉皆】全部。すべて。一切。きっと。「箕輪在番に候之条、悉皆《しっかい》春日弾正忠談合尤候」（一徳斎殿御事蹟稿）「二口ハ専堯兄弟ニ仰付之、杉原以下悉皆ヲ当年中分ニ百疋也」（大乗院寺社雑事記）

しづかれ【仕疲れ】いくさ疲れ。「然るに音も馨《か》もなく取合ざるは、曩昔《きのふ》の軍《いくさ》に仕疲《しづかれ》たる者乎《か》」（北越軍談 中）

じつぎ【実儀・実義】①相手に対して、偽るところなく、誠心誠意尽すこと。また、その表れとしての言行。「裏松ヨリ孝継朝臣ニ例直垂、帷賜之、難有々々、即伝遣也、云眉目、云実儀、旁以畏悦無極云々」（教言卿記）②物事の見せかけの様相に対しての、内実、本当のところ。「祐全於勢州入滅之由有伝説云々、驚入者也、但未知実義」（実隆公記）➡「外聞実儀《がいぶんじつぎ》」を参照

じっきん【昵近】主君の気に入りの人。親密な人。「其外右大弁宰相政資朝臣以下武家昵近之衆参云々」（宣胤卿記）

しつけ【仕付】①やっつける。「其時は瓊蔵司、両人仕付け候」（桂岌圓覚書）②嫁にやること。「くすし《薬師》のやうなる人に御しつけ候へく候」（下村誠氏所蔵文書）③訓練。「常々仕付け候様に、きり、、と仕り候ても」（万代記）

しつけ【室家】「しつか」が普通か。夫婦・家庭をいう。「次女は三郎景虎主の室家《しつけ》とし給ふ」（北越軍談）

しつけかた【仕付方・躾方】礼儀作法をしこむ方法。また、それをする役や人。「馬を乗、弓、兵法をつかひ、鉄炮をうち、乱舞をも存じ、花を立、仕付方何事もそれぞれに恥をかかず」（甲陽軍鑑）

しつけかたにん【躾方人】故実師範、仕付方。（黒田家文書）

しっけん【執権】戦国大名の領国時代では、家老職を指す。（庄内陣記）

じっけん【実検】戦争の際、主君や大将が、部下の斬った

敵の首を検分すること。「其頸共取、東条近江守本陣ニ帰、頸共即実検サセ申ケル」（応仁別記）

しっこう【膝行】足を曲げ、膝を板敷につけて進退する室内の作法。「栄耀身に余りて猛威をふるいしかば、依て諸士皆膝行《しっこう》の媚をなし」（奥羽永慶軍記　上）

じっこん【入魂・昵近】「じゅっこん」とも。とりわけ親密である。隔心のないこと。懇意。「昵近」は「昵懇」に同じ。（細川家記）「今度内府へ自始別而御父子御入魂之通、日本之神そ不存忘」（黒田家文書）「家康いま信長と二世までの入魂につき、両方加勢をすけあひ、それ故、ふたりけんごなれ共」（甲陽軍鑑）
↓「入魂《じゅこん》」を参照

しつじ【執事】事務を執行する者。ここは貴人（石川稙光）に対する敬称。「執事正印帰陣を聞きて速やかに音問に及ぶ」（伊達正統世次考）

しっしゃく【失借】物を借りてなくすこと。または物を貸してなくされること。（日葡辞書）

じっしょ【実所】実態、実体。打消しを伴って「無実所」で、実体のない。謂れのない。「当時就豊筑乱悩、無実所巷説無盡期砌之間、先月始之比、豊州江進献候故」（慶応義塾図書館蔵甲斐宗運書状）

じつじょう【実城】①本城。本丸。「米谷兵部の宅は古川実城の切岸に在り、而して出仕せず」（伊達正統世次考）②上杉氏にとって、実城とは、上杉氏の本拠である春日山城の本丸のこと。「景勝移実城、万方仕置謙信世ニ不相替申付候、可御心安候」（米沢市上杉博物館蔵上杉景勝書状）

しっしん【執申】取次ぎをする。「伊達次郎申す一字幷《ならび》に官途の事、管領執申《しっしん》之旨、之を上聞に達す」（伊達正統世次考）

しっす【執す】尊敬する。尊重する。「必ズ勝頼は、謙信を執《しっ》して頼むと申べく候」（甲陽軍鑑　中）

じっせつ【実説】確かな情報。「如何、此月内ニ者、可有実説候、如何様ニも手被廻、実説聞届可被申越候」（北條氏政書状写）

じっそう【実左右】事の実情を伝える情報。「態御使札令承知候、従京都之実左右蒙仰候、先以可然候趣候」（野坂文書）
↓「実左右《じきそう》」を参照

しっつい【失墜】①年貢を契約通りに納入しないこと。「其上彼在所近年公用失墜無其謂之間」（実隆公記）②無駄に使い減らすこと。無用の失費。浪費。徒費。「皆すつるより外の事なきは、不案内故、肴かひたる代物失墜《ツイ》に罷成候」（甲陽軍鑑）③損失する。喪失する。「一、綿之事、兎角公方へ上り可申物ニ候間、米成にても、又綿にて成共、百性も迷惑不仕様ニ、又公方之失墜も不行様ニ」（長谷場文書）

しっとう【執当】延暦寺の役職。諸堂の管理、諸役の補任のことをつかさどり、三綱《さんこう》が輪番で勤めた。「坂本執当真全公方様へ御礼太刀糸千疋被懸御目」（親元日記）

しっはらい【尻払・後払・殿候・喤除】退却などの時、軍の最後列に位置して敵を防ぐこと。また、その部隊。転じて、位置、序列などの最後のもの。しんがり。しずはらい。「シッパライ〈訳〉後衛軍にいて敵と戦い、他の者を退させること」（日葡辞書）「尻払のつり手を引く」（長元物語）「柴田修理見合せ、殿候《しつはらい》のところ、一揆ども曈《どう》と差し懸け」（信長公記）「元康の眉除《しつはらい》を被成候物ならば、かほとの事は有間敷に」（三河物語）

じっぴ【実否】有無（戦さ）を決すること。「実否ヲ可被相付候」。（伊達家治家記録）

しつめる【仕詰】最後までやり通す。きわめる。「富士のしもかたにをひて、北条家をしつめ《仕詰》、其後今川義元、北条氏康無事になるは」（甲陽軍鑑　中）

しつらい【補理】「とりつくろう」とも訓む。取り付けてある（部屋）。「城内に補理《しつら》ひ置し一間の出居へ押籠稠《きび》しく番兵を附たり」（関八州古戦録）➡「補理《とりつくろう》」を参照

しで【四手】注連縄《しめなわ》、または玉串《たまぐし》などにつけて垂らす紙。「味方は刀の鞘かに四手《しで》をきり、三所に付くべし」（川角太閤記）

しでい【紫泥】無釉《むゆう》で赤紫色または紫褐色の陶器。「被抽丹誠巻数送給候、珍重候、殊唐頭幷紫泥到来、喜悦候」（泖沢文庫所蔵文書）

しでさんず【死出三途】死出山と三途の川の合わさったことば。死ぬこと。「其身も腹十文字にきりて、しで三づ《死出途》の御供申たる土屋惣蔵が有様」（三河物語）

してんにてん【四天二天】互いに優劣のないこと。「信玄公に四天二天の御大将とせり合・合戦・城攻・夜込《よこみ》・かまりあひといへども」（甲陽軍鑑　下）

してんのう【四天王】戦国時代の四天王。武田家は板垣・飯富《おぶ》・小山田・甘利、結城家は多賀谷・水谷・山川・岩上、蘆名家は、佐瀬・富田・平田・松本、岩瀬二階堂家は箭部《やべ》・浜田・遠藤・守屋、上杉家は甘粕・直江・宇佐美・柿崎。（北越軍談）二十六段

しと【淄徒】僧侶の異称。「只寅酉淄徒《あけくれしと》の行法を修して九族の後世《ごせ》菩提をも弔《とむら》ひ」（北越軍談）

じとう【地頭】代官。「悪儀あるは、過銭をもつて地頭へ侘《わび》言《ごと》可仕候」（甲陽軍鑑　下）

じとうしき【地頭職】地頭として土地からの生産物の一部を取得する権利であったが、次第に、土地そのものに変質した。「北野社領丹波国船井郡地頭職拾一ヶ村之事、被任御代々御判・御下知之旨、社納不可有相違之状如件」（北野天満宮史料）

しどうせん【祠堂銭】利息を寺用に充てるために坊主に喜捨する銭のこと。（日葡辞書）「右、当院為祠堂銭幷修理料買得所々散在田畠寺辺敷地山林等事」（大仙院文書）

しどうぶつ【祠堂物】単に「祠堂」とも。祖先の霊を供養するため檀家が寺に施入した米銭。これを利殖する。「一、祠堂物、買徳〈得〉・寄進田地、雖為本人子孫入違乱事」（東

龍寺回答書）

しどうまい【祠堂米】「祠堂銭」の代わりに納める米。元手は堂に有効で、利息でやってゆくように、「坊主」に与えられる米。（日葡辞書）

じとうやく【地頭役】地頭が百姓に割り当てる課役。「近江屋敷田町二千刈、年貢三貫五百文、棟役其の外諸公事幷に地頭役を幷《あわ》せ」（伊達正統世次考）

しとくせい【私徳政】室町時代、大名などが自分の領内で密かに行なった徳政。「明豪法眼契約料足事、一乱中号私徳政、可令棄破云々」（親元日記）

しどけなし【四度計なし】物事にきちんとしたけじめがなく、締まらないさま。「就中防長御段銭、先年無四度計御事共候つる」（毛利家文書）

しとみ【蔀】町屋の前面にはめ込む横戸。現在の雨戸に近い。「晴信公御旗屋へ御座なされ、かたかは町の当松庵、（中略）其様子は、日中に斗《ほし》を見る、其しとみ《蔀》をおほふて、くらまさるゝものなり」（甲陽軍鑑　中）

しとみのどい【蔀の土居】築城で、城外から見えやすい所を塞ぎ蔽う戸。（毛利隆元山口滞留日記）

しどろ【四道路・取次・四度路】秩序を乱す。乱雑であるさま。「敵勝にのりて揉立《もみたて》ければ味方四道路《しどろ》になり」（庄内陣記）「飯富《おぶ》兵部少輔虎昌が五百騎、部伍取次《しどろ》に成り見へし」（北越軍談）「三頭の巴の旗敗《やぶ》れ懸り、後陣四度路《しどろ》に成て見えし」（北越軍談）

しない【撓い】武具の名。近世の軍陣の標識とする指物の一つ。幟《のぼり》を入れて具足の受筒に差す。一本撓、二本撓、三本撓など各種がある。「長久手の辰巳なる山に三段に備え、白しなひの弓鉄炮の者五六百人先手を張てうたせければ」（太閤記）

しない【竹刀】「撓竹《しないだけ》」の意。割り竹を束ねて作った刀。「前原、しなひにて幾つにも切りおとし候、」（甲陽軍鑑）

しなし【為なし】行為。（日葡辞書）

しなん【指南】手引きする。「左もなきためには中々若狭（白石宗実）指南にて降参させなば、よも四本の松をば返し給ふまじ」（政宗記）

しなんそなえ【指南備】指南は主な者としてではなく、従者、被官人の立場で備えに加わること。「其上一戦の時にも指南備《しなんそなえ》にのみ置けり。須田是を深く恨ける」（奥羽永慶軍記　下）

しにいる【死入】気絶する。「一段心地よげなる馬の、如何有やらん、二三度嘶《いなな》き俄かに倒れて死入ぬ」（政宗記）

しにくい【仕醜い】しにくい。やりにくい。「景虎一生の名《な》折《おり》と謂ひ、後日の戦仕醜《しにく》かるべし」（北越軍談）

じにん【神人】神社の雑役に服した隷属民、のち富裕な農民が神人となって神社の荘園支配に一役かった。「日光山の社僧、神人等も亦重代の由緒を捨て北条家へ相通し」（関

八州古戦録）　⬇「神人《じんにん》」を参照

しねん【志念】 何か一定の物事を思うこと。または愛すること。（日葡辞書）

しねん【思念】 思考。（日葡辞書）

じねん【自然】 ①万一。もしも。「節々得御意候、此方自然相應之御用等可被仰付候」（黒田家文書）②万一の事が起こる。「自然御洞中別心之根出來申候共」（性山公治家記録）　⬇「自然《しぜん》」を参照

じねんのとき【自然時】 万一の時。非常時。「木をつミ、屋ねヲぬりまハし、自然時、召遣候様ニ可申付候」（黒田家文書）

じのしゅう【地衆】「じのもの」とも訓むか。地元の人々。信玄・謙信ともに城中へ百姓を入れるな、と注意している。「従二之曲輪内へ地衆出入一切可被停止事」（長国寺殿御事蹟稿）

しののめ【黎明・凌晨】「黎明」は「れいめい」が一般的か。明け方。早朝。しののめ。「十月朔日の黎明《しののめ》此砦へ向て鉄炮を打懸ければ」（関八州古戦録）「卯月廿日、月まだ残る涼《しの》晨《のめ》より、味方の魁兵大手の城戸近く仕寄て」（北越軍談　中）　⬇「凌晨《りょうしん》」を参照

しのび【奸細】 忍びの者。「其の時奸細《しのび》を付け置き、敵の料《はか》りて軽く引き取り」（長国寺殿御事蹟稿）

しのびお【忍緒】「忍緒《しのびのお》」とも。兜につけてあごの所で結ぶ紐。元来、兜の内に忍ばせて髪に結び付けたから云う。単に兜の緒ともいう。兜の緒。「父子の旗本侍合《あわせて》甲《かぶと》のしのび緒《お》をしめたる衆八百人あまり」（甲陽軍鑑　下）「持チヤウハ左ノ手ニテ忍ノ緒《しのびのお》ヲカイタクリテ」（甲陽軍鑑　下）

しのびのもの【竊の者】 忍びの者。「能須・谷川と云う竊の者に三十人の寄るあり」（昔阿波物語）

しば【仕場】 現場。主に戦場など屋外の場所をさす。仕場《しば》居《い》。「今夜の合戦は仕場《しば》を取たる間、此方の勝《かち》と云てよばわる」（三河物語）「吉川之郷江盗賊仁来候処ニ、無相違於仕場討候事」（梁田助縄感状写）

しばい【芝居・仕場居・支配】 仕場居とも。敵味方対陣して相戦うところ。戦場。陣地。「舎弟典厩殿の頸《くび》を信玄衆に其場にをひて取返され、芝居をふまへられ候事」（甲陽軍鑑　下）「支配」は「芝居」の充て字。戦場。「十四年の間、影虎度々信玄にうちあはせ、軍《いくさ》の支配《しばい》をとられ、勝時《かちどき》をあげられ候へ共」（甲陽軍鑑　中）

しばうち【芝打】 ⬇「芝摺《しばすり》」を参照。

しばしば【屢】 時々。時に。「屢国家の無為を成せり」（関八州古戦録）

しばしば【数】 何度も。「武田信玄、数《しばしば》義清を攻め、未だ雌雄を決せず」（一徳斎殿御事蹟稿）

しばすり【芝摺】「芝打」とも。引幕の裾。「芝摺《しばすり》と地の上の間三寸にうつ也、（中略）軍陣ノ時は芝打《しばうち》と云、常のは芝摺といふなり」（甲陽軍鑑　下）

しばつぶて【柴礫】 柴の弾力を利用して投げる礫のこと。「此（女礫）礫は女の力に及ぶべきにあらねども、福正院が巧みにて拵《こしら》へし柴礫といふものなり。女童に打《うた》するに、軽々と一町ばかりづつ飛《とび》しなり」（奥羽永慶軍記 下）

しばみ【芝見】 忍びの物見。「若や夜かけも如何と宣ひ、辻々芝見を出しけれども恙なし」（政宗記） ➡「柴見番《しばみばん》」を参照

しばみばん【柴見番】 柴見、芝見共。柴に伏せ隠れて敵情を探ることで柴見番、柴物見という。忍び、忍者のような探索を専門とする者を指していう場合もある。「不断手先には柴見番を差置れ然るへし」（伊達家治家記録） ➡「芝見《しばみ》」を参照

しはらう【仕拂】 撃退する。（老翁物語）

しばらく【姑く・少時・少選・良久・且く・少間く】「暫く」と同じ。いっとき。しばらく。少時。（征韓録）「軍を行《や》る。少時《しばらく》あつて、井伊兵部少輔直政と共に」（性新公関原御合戦記）「眼を塞《ふた》ぎ歯を切て、少選《しばらく》立留て在りしに、程なく晴に属しければ」（北越軍談）「良久」は、ややひさし」とも訓む。「敵方の軍監武者三四十騎乗連《のりつらね》て駈出《かけいで》、良久見分《しばらくけんぶん》をなす」（北越軍談）「然りと雖も洪水且《しばら》く馬を扣《ひか》え、漸く水退くに垂《なんな》んとして、両方一味の兵相調合し」（伊達正統世次考）「物見を差遣さる、少間《しばら》く有て物見馳歸り」（伊達家治家記録）

しばりくび【縛首】 戦国・江戸時代の刑罰の一つ。麻縄で罪人を後ろ手にしばり、前に突き出すようにした首を切ること。「あひ川のはたにて、縛頸《しばりくび》をきられ申す」（甲陽軍鑑）

しはん【四半】 ①指物《さしもの》の幅に対して長さを一倍半に作り、三ケ所を革で結んだ幟。「指物《さしもの》白き四半《しはん》の内に我々相印の紋有り」（関原陣輯録） ②幟の一種、鎧に付ける指物。「幅壱尺五寸計の白き練貫の四半に」（関八州古戦録）

じばん【地盤】 ①活動するための足場。根拠地。また、勢力範囲。「境目へ此節人数可被指出事無益之由候条、御地盤者大方聞得候」（上井覚兼日記） ②体。また、体の調子。体力。「時気御風気御脈五動申云々、地盤御無力之間難治也」（実隆公記）

じびき【地引】 家屋などを建築するにあたり、地ならし、地突きの際に行なう儀式。じびきまつり。「門築地者、管領申沙汰、地引事諸大名侍所〈一色〉被仰付云々」（看聞御記）

しひつ【紙筆】「紙筆に尽し難し」（手紙では尽くせない）などと用いる。「付充〈人名〉以一封、投杖頭〈銭の意〉、以充紙筆之資云」（蔗軒日録）

しひつ【試筆】 新年に、その年初めて筆をとって、詩文・和歌などを書くこと。「文亀二年壬戌元日試筆　のどかなる光待出るけふしこそ人の心の春もみえけれ」（再昌草）

しふ【使夫】 使者。（昔阿波物語）

しぶいち【四分一】 ①わずかなことのたとえ。（日葡辞書） ②「四分一人足役」の略。（鴨江寺文書）

じふく【時服】 本来は朝廷から毎年春・秋、または夏・冬

の二季に、皇親以下諸臣に賜った衣服、金銭で与えられる時は時服料。それ以降、時節に相応する衣服のこと。「伊達藤五郎殿成実家士等に御酒を賜ふ、其中五人に時服を賜ふ」（伊達家治家記録）

じふく【地幅】 地覆・地伏とも。壁下などの地面に接し、または、勾欄の下に取付ける横木。「城取の事（中略）一、馬だまりの事　口伝　一、門扉《とびら》ひじかねの事　一、門ぢ《地》ふくの事　口伝」（甲陽軍鑑　下）

じぶんがら【時分柄】 何か著しい事のある時期。あるいは、折柄。時節柄。「味方甲州地戦たりといへども、時分から、信虎公追出の砌、しかも大将晴信公十八歳にて若《ワカウ》まします、敵は多勢なり、（中略）あやうかりつるなれども」（甲陽軍鑑）「渡海船之儀、度々申付尤祝着候、誠時分柄候処、馳走之段神妙候」（市川文書）

しほう【紙炮】 かんしゃく玉花火。（日葡辞書）

しほう【四方】 近世の武具の指物の一種。正方形のもの。一説に、四半とも。「高坂弾正　旗くちばいしの四方四百五拾騎」（甲陽軍鑑）

しほう【士峰】 富士山。また、富士山をかたどった築山などをいう。「清水寺へ参詣了、路次華陽院へ参詣、庭有之、士峰之景、大切之所也」（言継卿記）

しぼせん【子母銭】 利銭・すなわち利子の部分の銭。（日葡辞書）

しま【島】 二種以上の色糸を用いて織り出した織物。「自今以後、厚板・薄板・繻子《しゅす》・段子《どんす》・綾・上々の嶋《しま》等の衣裳」（甲陽軍鑑　中）

しま【縞】 縞《しま》の織物。「郡山へ安（案）内申候者ともあいつ《会津》よりまいり申候ニ、四五人ニしま一たん《反》つゝ、被下候」（伊達天正日記）

しまい【仕舞】 能の略式の舞。装束を着けず、囃子を伴わず一人で舞う。「大和守殿を小座敷に於て饗せらる、童坊、仕舞仰付らる」（伊達家治家記録）

しまされ【為増され】 凌駕される、打ち負かされる。（日葡辞書）

しまつかた【始末方】 倹約方。（御家誡）

しまつどり【島つ鳥】 鵜のこと。（日葡辞書）

しまつのあるすがた【始末有姿】 初めから終わりまでのすべての事情のこと。「去六日芳問遂拝閲候、畿内幷此表之様子、其元巨風説之由候付、尋承候、御懇情候、然間始末有姿以一書申候」（志賀槇太郎氏所蔵文書）

しまはり【しま針】 小さい針。「其身分別に自慢し、うつくしけなるふりをし而、綿之中にしまはりを立たる上をさくる様なるこハき扱付て如此事」（信長記）

しまもの【島物】 茶入れなど、茶器として珍重された輸入品で、産地の明らかでないものをいう。「セト肩衝、薬クロク、肩ハル、尻ホソキ也、（中略）今ハ嶋物ト云」（久重茶会

記）

じまん【滋蔓】 繁りはびこる。（細川家記）

しみのすみか【衣魚の栖】 書物を読む人もなく空しく蔵すること。（元親記）

しむ【令】「せしむ」とも。①使役としてよりも「過去・完了」としての使い方が圧倒的に多い。「就于　上意令啓候」（真田昌幸書状）②書状などに用いられ、話し手自身の動作について謙譲の意を表わす。「有待之身、不期明日候之間、於此抄者、同者早々令一覧度候」（実隆公記紙背文書）➡「令《せし》む」を参照

しめ【四目】 発射した際に大きなうなり音や響きを立てる矢。（日葡辞書）

しめい【司命】 生殺の権を握る者。また、最も頼みとするもの。「一、大将は、衆人の司命なり、大将と臣下と倶《とも》に治して、乱れば倶に乱れ、死せば倶に死し、渇せば、倶に飢ゆべき事」（北越軍談　中）

しめしあう【卜合】「卜」は「示」の誤字か。示し合わせて。談合して。「然間近日当表へ可被打出候、諸篇卜合可及其刷候条」（宇都宮広綱書状）「二三ヶ所之寄居衆被卜合、敵三百余人被討取候」（芳春院周興副状）

しめしあづかり【示預】 手紙で意見をもとめられる報告を受ける。「貴公御弔《とむらひ》被成度之由示預《しめしあづかり》候」（長国寺殿御事蹟稿）

しめす【牒す】 示し合わす。「倉賀野淡路守、木部・高山と牒《しめ》し、武田入道に内應をなし」（北越軍談）

じめん【自面】「自身」の意。「自面用所を以て、裏御門出入すべからざる事」（甲陽軍鑑）

しも【下】 上方の「上《かみ》」に対して、九州方面では、「下《しも》」は九州を指している。「上そく《賊》せん《船》四五十そうもよほし候、今月中旬下にくたるのよし、今月三日にはかたより注進候」（長崎県立対馬歴史民俗資料館蔵宗義調書状）

じもくをおどろかす【耳目を驚かす】 驚くこと。「生便敷《おびただしき》御要害見聞に及ばざるの由にて、各《おのおの》耳目《じもく》を驚かされ候」（信長公記）

しもけいごしゅう【下警固衆】 大内氏の水軍のこと。「然間昨日至爰許令出張候、然処、野間為現形、昨朝至海田、下警固衆・矢野衆相動候」（厳島神社蔵毛利隆元書状）

しもと【梏】 若い小枝の長く伸びたもの。「連年の戍役毎《じゅえきごと》□に従て、戦伐の梏《しもと》勿論たる故」（北越軍談　中）

じやき【地焼・自焼】 自分の土地建物に火をつけて焼くことか。「自焼」か。「三月三日の朝《あした》、地下人尽地焼《ちやき》を仕り、山小屋へ入とて」（甲陽軍鑑　下）「自焼」は「地焼」に同じ。「九月二十五日夜、居城小浜を自焼にして」（政宗記）

しゃぎょ【射御】 弓を射ることと馬を御すること。弓術と馬術。射騎。「祖先西上の群馬郡箕輪に居を占め、射御《しゃぎょ》の業を修して武門を起し」（北越軍談）

しやく【困厄】「こんやく」と訓むが一般的。わざわい。「町

人等までも入寺牢舎の困厄勝《しゃくあげ》て計ふへからす」（関八州古戦録）➡「困厄《こんやく》」を参照

しゃく【積】胸部・腹部に激痛を起す病気。さしこみ。癪。「三十九歳極月《ごくげつ》より積《しゃく》を煩《わずらい》、長《ちょう》四十の年三月中旬に死する也」（甲陽軍鑑　下）

じやく【寺役】寺院にかけられる夫役料のこと。

じゃく【籍】家々の記録。「あらがねの地《つち》はじまりてより以《この》来《かた》、神代の歳月、をよそ藉《じゃく》といへども、其の暦数《れきすう》たしかならず」（聚楽行幸記）

しゃくがん【斫顔】愚かな顔。「公杳《はるか》に是を御覧じ、猶斫顔《しゃくがん》して下墨《したすみ》玉ふに、所見疑ふ処無《なか》りしかば」（北越軍談）

しゃくぎん【借銀】「借金」とも。お金を一時的に借りること。「旧冬十後へ借銀四枚ノ代十五石一斗被返了、則長賢房へ返了」（多聞院日記）

しゃくじゅ【積聚】腹部・胸部に起こる激痛。癪《しゃく》。さしこみ。また、癇癪。「腫物・しゃくしゅははりをさす」（尤草紙）

じゃくずれ【蛇崩】川岸やがけなどの斜面の土砂が緩んで崩れること。また、その崩れた場所。「霖《ながあめ》にてじゃ崩《くずれ》して、重宝なる土が必人を殺すは、過てあしき事也」（甲陽軍鑑）

しゃくすん【尺寸】「尺寸の地」は、立錐の余地もないの意。「其日は五、六里の間尺寸《しゃくすん》の地もなく陣とりけり」（奥羽永慶軍記　下）

しゃくせん【借銭】銭を借りること。「山本与三郎方借銭、此方へ相済候、其外誰々雖有催来候、令免許候上者、不可有其儀者也」（津嶋神社旧記）

しゃくち【尺地】「尺寸の地」に同じ。立錐の余地もない。「都合二万余人、須賀川近辺《きんぺん》、野も山も尺地なくこそ陣取ける」（奥羽永慶軍記　上）

しゃくのき【尺の木】「柵」の充て字。柵のこと。「長篠にて信長衆滝川が手の尺の木を自身破るとて」（甲陽軍鑑　下）

しゃくまい【借米】年貢などに充当するために、他から米を借りること。また、その米。「今日泉蔵坊借米七斗、代二貫文分也」（山科家礼記）

しゃくよ【借与】一時、それを貸してやること。「所用之時、令借用之間、借与者芳志随一也」（室町幕府法追加法）

しゃこう【赦降】許しを乞うて降伏する。「因って柴田辺の愚老之臣去秋逆心の者、皆赦降《しゃこう》を乞う、是に由りて之を容忍す」（伊達正統世次考）

じゃし【邪侈】よこしまで驕る。（三好記）

しゃじくをながす【車軸を流す】「車軸を下す」と同意。車軸のように大雨の降ること。「申刻より空曇り雷鳴して、晩雨車軸を流しけるに」（関八州古戦録）

しゃしゅ【叉手】仏語。胸の前で十指と二つの掌を合わせること。「其後国師は、結跏趺坐、叉手当胸《しゃしゅとうきょう》して」（甲乱記）

しゃしょう【斜照】斜めに照らす夕日。いりひ。斜陽。残照。「踏斜照分散、予参御所」（実隆公記）

しゃしょく【社稷】 国家。朝廷。（関八州古戦録）「遂《つい》に当家社稷《しゃしょく》を失はるるの上は」（北越軍談）

しゃせん【且千】 そのことについての思いが千々に乱れて尽きない様、をいう書札用語。「色々恩恵是又不知所謝候、今日雨中忍昨日計候、返々慰心緒祝着且千候」（実隆公記紙背文書）

しゃそ【社訴】 中世、春日社の神人が訴訟をおこすこと。「今日春日祭也、上支于依社訴延引乱中乱後諸社祭悉停止」（宣胤卿記）

しゃそう【社僧】 ①神祇のため仏事を修す神宮寺の社僧の地位は神職より高く、別当・座主・院主・検校などの階級があった。（細川家記）②神社に奉仕する僧。供僧。「日光山の社僧、神人等も亦重代の由緒を捨て北条家へ相通し」（関八州古戦録）

しゃそう【洒掃】 掃除をすること。「予《かね》て南方の沙汰として、近辺道路の洒掃《しゃそう》非常を誡め、公の来駕を迎ふ」（北越軍談　中）

じゃっかん【若冠】「弱冠」の音通。男子二十歳の称。（日新菩薩記）

しゃてい【庶弟】「舎弟」の充て字。「氏直得心有て氏政の庶弟《しゃてい》新四郎氏忠」（関八州古戦録）

しゃべつ【捨別】 区別する。「昔の朝比奈は金棒、今は時代も杉棒と、女童の捨別《しゃべつ》無く打て廻りける」（久知軍記）

しゃぼう【遮防】 防がせる。「今度依北條之下知、大道寺父子楯籠當城、自北國下向之兵可遮防旨、被示附之間、雖拒防候被責大軍、城兵之筋力良疲労、於于今者失防戦之術候」（大道寺政繁書状写）

しゃむ【暹羅】 暹羅国。シャム。タイ国の旧称。「長岡越中守忠興、象牙、白絹、孔雀、豹等を献ず。暹羅国に商船を遣す故なりと云々」（駿府記）

しゃめん【赦免】 過ちを赦すこと。「被加御赦免候處、只今渡口ニ構城郭防戦候条、如此被仰付候」（黒田家文書）「浜松へ越候使かへり候、縦御普請候共、御赦免之由申来候」（家忠日記）

じゃゆい【闍維・遮遺】「しゃゆい」とも。死体を焼くこと。火葬にすること。荼毘。じゃい。「闍維　シャユイ　葬也」（易林本節用集）

しゃゆう【赦宥】 許すこと。（南海通記）

じゃれきょうしゃ【戯狭斜】 戯はふざけること。狭斜は遊里をいう。遊女を相手にふざけるという意から転じたものか。「御主を奉討と申ければ、女房まことにせずして、ぢゃれ《戯》けう《狭》しゃ《斜》にも云ふへき事乎、うそ《嘘》云たるもよけれ」（三河物語）

じゅ【示喩】「示諭」と同じか。示し諭すこと。「白河口に向いて馬を進めらる哉《や》如何に、急速に示喩せらるれば」（伊達正統世次考）

しゅいん【朱印】 ①朱色の印判を押すこと。また、その印。

②朱印状の略。「其百姓可加成敗由仰出、被成御朱印者也」（上杉家文書）

しゅいんじょう【朱印状】 印判状の一種で、朱印を押してある文書。特に室町後期以後、戦国大名や江戸時代の将軍家が発行したものを指すことが多い。

しゅいんせん【朱印銭】 領主が朱印状をもらうと、発行した為政者に朱印銭を呈出しなければならなかった。その朱印銭は、農民にも分担させていた。「其方本知之御知行之御朱印出候間、朱印銭早々被相調、可有御越候」（三田村文書）

しゆう【雌雄】 対決する。いくさ。「一戦の雌雄《しゆうおわ》畢て後、助援致すべし」（北越軍談 中）

しゅう【褶】 「褶」は襲、袷、馬のり袴など衣の皺のあるもの。「しじら」もその一種。（伊達家治家記録）

じゆう【自由】 特に書状において、相手に対する自らの行為を、身勝手な不躾なものであると恐縮する気持ちを表わすのに用いる。「自由之至得御意内々可被洩申也」（文明十四年鈔庭訓往来）「尤参候て可申入候へ共、虫を煩候間、自由ながら令啓候」「今朝尊墨之時節取乱御返事遅々、自由千万其恐不少候」（言継卿記）

じゅうい【戎衣】 軍服。戦装束。「国に帰、三衣《さんい》を脱《ぬき》て戎衣《じゅうい》を着し」（北越軍談）

じゅうい【重意】 委しくは述べないという意の書札用語。「駿甲表之儀、良頼具申入候条、不能重意候」（米沢市上杉博物館蔵三木自綱書状）

しゅうえつ【祝悦】 めでたい事として喜ばしく思うこと。「懇切之芳言尤祝悦之旨謝之」（兼顕卿記）

しゅうえつ【衆悦】 目出度いこと。「為御屋形（六角定頼）、能々被仰理候者、尤可為衆悦之旨、御披露肝要候」（今堀日吉神社文書）

しゅうえつ【集悦】 関係者一同が均しく喜びを感じるところである、という意を表わす書札用語。「公儀無案内候間、可然様被加御言、被達上聞候者、可為集悦候」（京都御所東山御文庫記録）

じゅうおん【重恩】 度重なる御恩。「為重恩拾貫又場所之儀者令糺明必可相渡候」（図録『真田丸』所収弁（真田信繁）知行宛行状）

じゅうおんをごしそうろう【期重音候】 またの連絡を待っています。「奉期重音候」。（伊達家治家記録）

しゅうがい【臭骸】 臭い死体。（日葡辞書）

しゅうがん【習翫】 鍛錬する。慣れ親しむこと。「一、鉄炮は平生《へいぜい》習翫して、以て手熟すべし」（北越軍談 中）

じゆうかんたい【自由緩怠】 相手への返事の遅延などを、身勝手な怠慢のゆえであるとして、非礼を詫びるのにいう書札用語。「まことにさしたる御事も候はぬまゝ、細々にも申入候はねば、自由緩怠なるやうに候て、恐おぼえさせおはしまして候に」（古文書選所収伏見宮貞成王消息案）

しゅうき【執気】 覇気を抑える。「輝虎公近年蟄竜《ちつ》の執気《しゅうき》を養ひ、干戈《かんか》を潜《ひそめ》玉ふに」（北越軍談　中）

しゅうぎ【集議・集儀】 集まって評議すること。「集儀、此書立之御人数、何時も一往之使者、又は案内にて成共、有御出仕、順次に御評諚肝要候事」（高野山文書）

じゅうご【什伍】 軍隊で十人または五人の組み合わせ。また、その隊伍。「軍馬争牝相踶。什伍大乱」（足利氏後記）

しゅうこう【讎寇】 宿敵。（南海通記）

しゅうこう【収公】 領地などを官府に取りあげる事、没収。「相残れる収公の地は結城の所分とせられけり」（関八州古戦録）
➡「収公《しゅこう》」を参照

しゅうごう【秋毫】 ①秋ごろに抜けかわった獣類の細い毛で、細く軽いもののたとえ。「忠兵衛が命は秋毫より軽し」（南海通記）②非常微細な物を説明するのに用いる。「秋毫程も欠くることがない」（ただの一点一画も欠けていない。）（日葡辞書）③毛筆の意で、手紙をしたためることをいう書札用語として用いる。「誡天下騒動、公私之大事也、因茲久闇秋毫之条、尤背本意候」（百舌往来）

じゅうこう【重湟】 二重の水濠。「東北の卑温沼を成し人馬通じ難し、西南重湟を深くし玉造川の水を注ぎ入る」（伊達正統世次考）

じゅうこく【住国】 住んでいる国、また、国に住むこと。「平景虎於住国幷隣国挿敵心之輩、所被治罰也」（上杉家文書）

じゅうしいっしょう【十死一生】 ①九死一生に同じ。寸でのところで。「士《さむらい》大将重ねて諷諫致すべき様なく、各《おのおの》十死一生を心底に籠《こ》て其用意をなす」（北越軍談）②到底生きる見込みのないこと。「其時は十死一生の合戦と思食て」（長元物語）

じゅうじゃく【柔弱】 弱いこと。大人しいこと。（日葡辞書）

じゅうしょ【重書】 地所に対する権利を証明する各種の文書。手継文書。「知行分若州瓜生庄下司職重書事（中略）押領彼所之就被成御下知雖返付、猶拘惜重書云々」（親元日記）
➡「手続文書《てつぎもんじょ》」を参照

じゅうしょ【住書】「重書」の充て字。父祖伝来の家系図や領知に関する文書群など、家督継承を証明するもの。「剰住書花蔵へ被取之処、親綱取返付畢、甚以神妙之至、無是非候」（藤枝市教育委員会蔵今川義元書状）

しゅうしょう【周章】 あわてること。（伊達家治家記録）

しゅうしょう【終宵】 日暮れから夜明けまで。夜もすがら。一晩中。終夕。終夜。「終宵手談有興、情遊可謂狂事」（実隆公記）

じゅうせつ【重説】 何度も説明すること。「巨細之段可有彼口裏候間、不能重説候、恐々謹言」（東北歴史博物館蔵佐竹義昭書状）

しゅうそ【愁訴】 誓願。（日葡辞書）

しゅうそう【衆僧】 僧侶の全部。「当山衆僧以連判御敵令一味、

度々及行剰構要害」（高野山恵光院文書）

しゅうそう【愁惣】「愁訴《しゅうそ》」に同じか。誓って。請願する。「一、於拙者、少も不可存無沙汰意趣、愁惣ニ中合候事」（原胤貞宛松田憲秀條書）

じゅうそうばい【十双倍】何十倍も。「信玄公の御時十双倍劣《おとり》たる勝頼公の御備なり」（甲陽軍鑑　下）

しゅうたん【愁歎】悲しみ、悲嘆。（日葡辞書）

しゅうちゃく【祝着・祝著】「祝著」は「祝着」の充て字。戦国期の常用語で「よろこび」のこと。「殿下祝着まし〳〵神妙のよしを宣ひ、大森の旅陣に於て」（関八州古戦録）「村越茂介ニ一々之段承、祝着之至候」（黒田家文書）「信虎が祝《しゅう》著《ちゃく》是に過ず、と信玄へいへ、と被仰」（甲陽軍鑑　中）参考：「着」は、中国では「著」のことで、日本では、戦国期頃、「著」の充て字として「着」が使用され、後には「着」が多用された。

しゅうちょう【愁腸】悲しみ。（日葡辞書）

しゅうてい【宗弟】ある宗派に従ったり、信奉したりする人。（日葡辞書）

しゅうと【婿】舅。「田原の戸田少弼殿は、広忠の御ためには御婿也、竹千代様の御ためには継《まま》祖父也」（三河物語）

じゅうにじちゅう【十二時中】二十四時間中。すなわち昼も夜も。（日葡辞書）

しゅうび【周備】備えるべきあらゆる条件を整え、揃っていること。完備。「甲斐守殿萬事被入　御念、御才覚致周備、内府一段満足被申候」（黒田家文書）

じゅうひつ【重筆】「二度は述べない」という文末表現。「委曲御使僧可為口達条、不能重筆候、恐々謹言」（相良家文書）「助兵衛淵底存之事ニ候間、不能重筆候」（佐賀県立図書館蔵五島玄雅書状）

しゅうびん【秋旻】秋天。秋空。「盂蘭盆已に過ぎ、秋旻時に淳なり」（日新菩薩記）

じゅうびん【重便】手紙の末尾に返事を乞うの意で用いる。「急度之発陣定めて異妨莫《なか》らん而已《のみ》、万端重便を期す」（伊達正統世次考）

しゅうへん【周遍】あらゆる方角、あらゆる地方。（日葡辞書）

しゅうへん【愀変】変節して心変わりすること。「彌於向後無愀変可啓承候」（水江事略）

しゅうほう【愁褒】歎き、亡き者の名誉を訴えること。「切腹令自害云々、不便之至、誠以感入畢、定而父孫左衛門愁褒両般之心底察之候」（近江蒲生郡誌所収永田文書）

じゅうもんめのてっぽう【十匁の鉄砲】重さ十匁の玉を打つ鉄砲。（庄内陣記）

じゅうもつ【什物】秘蔵の宝物。（南海通記）

しゅうらい【習礼】朝廷で儀式の行なわれる前に予め礼式の練習をすること。「及晩相公羽林御酒勅使、宣命使等習礼沙汰之、今夜節会参仕云々」（実隆公記）

さ

しゅうりゅう【周流】 処々を巡り歩く。「秀吉公の事蹟と神君天下に周流することを幷《あわ》せ載す」（慶長記）

じゅうるい【従類】 一族・家来などの総称。「免家役御免之殿原、自身之家屋敷之外者、従類下部等、不可陵怠免役御公事等事」（高野山文書）「其上もし難渋之ともからにをひてハ、従類、はた物にあくへき者也」（井伊直政定書）

しゅうれい【揖礼】 「習礼」の充て字か。挨拶する。「松永閃《ひら》りと馬より飛下《お》り、歩み寄て揖礼《しゅうれい》をなす」（北越軍談）

しゅうれい【祝例】 「佳例」に同じ。吉例。「歳暮之御吉慶重畳、不可有休期候、仍為御祝例白綿五拾斤令進獻候、右之御祝儀計候」（貴理師端往来）「微志憚入候、併呈祝例候、」（幸田大蔵丞宛吉田兼和書状案）

しゅうれん【収斂】 農作物などを取り入れること。（日葡辞書）

じゅえき【戍役】 国境を守る兵役、またその兵士。「累歳《るいさい》の戍役《じゅえき》、仁科に劣ざる働の輩《ともがら》巨多《こた》なれば」（北越軍談）

しゅか【首夏】 四月のこと。「盛夏にも雪ふる、殊に首夏の始なれば長海より先に参詣する者なし」（性山公治家記録）

しゅか【酒菓】 酒宴。「夜に入れば、酒菓を設け、鶏鳴に及ぶまで」（松隣夜話）

しゅかい【守会】 守備を重視した行動をすること。「守り会う」とも訓か。「即刻ニ可及一戦之處、切所故無其儀、互守会候、度々懸合、得味方勝利、敵数多討捕候」（北條氏康書状写）

しゅかい【酒海】 酒を入れる器。（日葡辞書） また、酒のことも。「悃切被申之条、喜入候、仍香炉・酒海到来、目出度候」（中山法華経寺文書）

じゅがん【入眼】 ①物事が意図通りに成就し、仕上がること。「今度被仰出条々、一、御束帯新調事（中略）以上六ヶ条也、共以入眼、珍重々々」（実隆公記）「除目シュカン」（山科家礼記） ②対立関係にあったものどうしが、元通りの望ましい状態に収まること。「評定事畢、可入眼者也」（雑筆集） ③成功すること。成就する。完成する。「被抛万端有一和、天下之儀御馳走尤候、此等之通得其意可申展之由候、御入眼可為珍重候」（大友文書） ④承諾する。承知する。「今般以使者申候処、則有御入眼、種々御懇慮、本懐不少候」（上杉家文書）

しゅぎしゅう【衆儀衆・集儀衆】 中世、寺社における合議機関の構成員。適格の者十数人が選ばれた。「就当時公私之儀、御衆中談合無油断之条、両門中憲法之仁躰十五六人、号集儀衆可被定置事」（高野山文書）

しゅぎょ【守禦】 防ぎ守ること。守って敵の侵入を防ぐこと。「而《しか》して時方に寒方《まさ》酷《はなは》だし、因りて両所守禦《しゅぎょ》を留め、転番を為《な》し而還り」（伊達正統世次考）

じゅぎょ【入御】 天皇・皇后などをはじめとする高貴の人が、ゆかりの場所に行くこと。「雖然其日の朝、不図菊亭殿、一蓮寺へ入御有て」（甲陽軍鑑）

しゅぎょう【執行】行なうこと、挙行すること。（日葡辞書）

じゅきょう【入興】その事に熱中し、それ以外の事には全く関心を示さない状態となること。「今夜於小御所密々有猿楽云々、凡当年此風銘叡肝歟、尤御入興云々」（実隆公記）

しゅくい【宿意】かねてからの恨み。長年の遺恨。（日葡辞書）「熊谷・垣見両城事、連々依為宿意、取巻落去之由」（黒田家文書）

しゅくおくり【宿送】人や荷物を、宿場を順次経由して、目的地に送ること。また、その人夫。「三条ヨリ膳夫へ之荷物、宿送廿人、何時モ用所次第可調之者也」（毛利安田文書）

しゅくし【宿紙】「すくし」とも。一度文字を書いた紙をすき返して再生した紙。薄墨紙・水雲紙とも。紙屋紙の別称。主に宣旨を書くのに用いられた。還魂紙。鎮魂紙。すくし。「宿紙　シュクシ　薄墨之帋也又云紙屋之紙公家之所用也」（元和本下学集）　➡「綸旨《りんじ》」を参照

しゅくししゃ【祝刺者】機利者、切人《きりびと》に同じ。主君に愛されて権威ある人。「石田治部少輔三成は当代の祝刺者なる儘」（関八州古戦録）　➡「切者《きれもの》」を参照

じゅくしょ【熟所】住み慣れたる所。（日葡辞書）

しゅくじょう【宿城】①番城。支城。「相馬殿を引き入れて、已に黒木の宿城を攻め破り、衝きて実城に至ると」（伊達正統世次考）　②交通の要所に置かれた城のこと。「甲衆、駿州之内号富士屋敷地へ去廿五日相働、宿城致損、五百余人手負仕出之由申来候」（野田家文書）

しゅくじん【宿陣】陣詞で、町屋に陣すること。「一、陣詞の事、味方の陣所を陣場と云、五日に過る則《とき》は、本陣と云、町屋に陣するを宿陣と云」（北越軍談　中）

しゅくぞく【菽粟】豆や粟などの穀類。（南海通記）

じゅくだん【熟談】事の解決をはかるために、親しく、徹底的に話し合うこと。「今度熟談被成阿蘇家御幕下被参静謐之体候」（上井覚兼日記）

しゅくてつ【叔姪】おじとめい。おじとおい。姪は兄弟の生んだ男女。又は妻の兄弟の生んだ男女。「其の原《もと》は兄弟自《よ》り分る。而して今復《ま》た叔姪為《た》り」（伊達正統世次考）　➡「叔姪《おじおい》」を参照

しゅくはつ【祝髪】髪を剃って僧侶になること。剃髪。「後室は祝髪《しゅくはつ》有て善道院殿と申す」（北越軍談）

しゅくぶぎょう【宿奉行】近世初期、将軍家・有力大名の出行の時、臨時に命じられて、宿割りなどの事をつかさどった職。「人数をし之事、六里を一日之行程とす、乍去在所之遠近、六里之内外、奉行計ひ次第たるべきなり、即宿奉行定之条、前後諍論なく」（太閤記）

しゅくや【夙夜】昼夜。一日中。「甲に給事して夙夜《しゅくや》膝下を去らず」（北越軍談　中）

じゅくらん【熟覧】念を入れて見ること。よく見ること。「同以前所送之新作猿楽〈空蝉〉本夜前熟覧、今日返送之」（実

さ

隆公記）

しゅくろう【宿老】①武家の重臣。鎌倉・室町幕府の評定衆および引付衆。宿老衆。「於朝倉之家、不可定宿老」（朝倉孝景条々）②中世、郷村の代表格で、村落結合の維持のために諸事の指導に当たった者。普通、乙名《おとな》・番頭などを指すが、広い意味でも使う。「仲番頭惣庄之宿老也、西方は番頭七人之在所也」（政基公旅引付）

しゅこう【酒誥】酒の戒め。（御家誡）

しゅこう【収公】「しゅうこう」とも。領地などを官府が取り上げること。しゅく。「已於彼跡者、雖可被収公一円」（上杉家文書）　➡「収公《しゅうこう》」を参照

じゅごう【准后】内裏に仕えている婦人の地位。（日葡辞書）

しゅごうけ【守護請】室町時代、守護が荘園や国衙領の年貢を請け負う制度。豊凶に関係なく毎年一定額の年貢を納めることを条件に、支配管理の一切が請負者に任せられる。守護請所。請所。「無為以後は本々に如守護請可沙汰事」（大乗院寺社雑事記）

しゅごしふにゅう【守護使不入】中世、守護の検断使が入部するのを禁ずること。室町時代には、守護役を免除することも含む。守護不入。「祥兼所領者守護使不入也、仍不可有国役諸公事」（益田家文書）

しゅごだい【守護代】「守護代官」に同じ。「勢百四五十騎付て国の守護代にぞ置たりける」（太平記）

しゅごだいかん【守護代官】中世、守護の職務を代行する守護の被官。守護代。「領家方山守護代官石河幷地頭相共、他領之寺令寄進間之事」（三宝院文書）

しゅごたんせん【守護段銭】守護がその領国で課した段銭。「守護反銭者及重々条百姓令詫際条、只両季有限反別之外不仰懸之処」（政基公旅引付）

しゅごやく【守護役】守護がその領内の地頭御家人などに課した公事のこと。「丹波邦八田郷内本郷事、段銭以下諸公事、幷守護役等、向後所免除之状如件」（上杉家文書）

じゅこん【入魂】「じゅっこん」「じっこん」とも。とりわけ親密である。また、そのさま。懇意。昵懇《じっこん》。「近年信長、信玄に入魂仕りたがる儀、少も偽に見えず候」（甲陽軍鑑）

じゅさん【寿算】いのち。生命。寿命。「保寿算可抽奉公之忠之条念願而已」（実隆公記）

しゅじ【朱爾】朱印状。「官、朱爾を賜ひ、其れ百石を入れ、檀侯も地を割きて入る」（一徳斎殿御事蹟稿）

しゅしで【朱四手】四手は槍の柄につけて槍印とする白熊《はぐま》の毛で作った払子《ほっす》のようなものが朱色で作られている。「一、立物《たてもの》・鑓験《やりしるし》に幷びに朱四手《しゅしで》等、累年の如く、相違すべからず、肝要に候」（甲陽軍鑑　中）

しゅしもつ【種子物】元になるもの。財源。「食堂造栄之種子物、為学侶雖令勧進」（高野山文書）

しゅしゃ【趣舎】「取捨」の充て字。選択する。「譜第《ふだい》旧恩

の族《やから》麾下に来り服せんに、黒白の趣舎《しゅしゃ》をも弁《わきま》へず、無法の所業を仕出《しいだ》されば」（北越軍談）

しゅしょ【手書】直接、自分の手で書くこと。また、そのもの。自筆の手紙。親書。「金子を二百両程被下、御手書を給り、北条氏康へ差越給ふ」（松隣夜話）

しゅじん【主人】他人を従属または隷属させている者。他人を使用している者。領主。首領。雇い主。だんな。「為地頭主人、速相搦可出之」（上杉家文書）

しゅせき【手迹】「手跡」に同じ。書道のこと。「三男新太郎氏邦手迹に其名を得たる人なり」（関八州古戦録）

しゅせん【主戦】戦争などで、主力となって戦うこと。また、その戦闘。「尾州の兵は援兵なり、三州の兵は主戦として、尾州の勢に先をせられば、当手の恥辱なり」（武家名目抄）

しゅせん【守戦】守って戦うこと。守るために戦うこと。防戦。「内立法度務耕織修守戦之具」（文明本節用集）

しゅせん【聚銭・集銭】「出銭しゅっせん」に同じ。全体の負担として各人に割り当てられた応分の金額を出すこと。「於庭之茶屋、去廿九日以集銭、餅、田楽蛤、食籠一、荷樽一荷調之」（証如上人日記）

しゅぜんじかみ【修禅寺紙・修善寺紙】単に「修善寺」とも。伊豆修禅寺で産する紙。薄赤色の紙で、横筋のある上質な紙。「豆州の八丈織三十端・修禅寺紙二百帖并《ならびに》に小田原の名産霊宝丹［今云透頂香］百裹を贈らる」（北越軍談　中）「観世弥二郎来、窪田同道、弥次郎修善寺一束、椎名納豆献之」（実隆公記）

しゅそ【首座】禅宗で一山の座禅修行の首位の者をいう。「鑑首座と申は、一段あらき法門を申されて」（甲陽軍鑑）

しゅそ【首鼠】どうすべきか心を決めかねていること。ぐずぐずしていて態度が決まらないこと。「里見義頼帰降するの聘礼は有なから当陣中へ遅参の事首鼠の心を抱きけるにや」（関八州古戦録）

じゅぞう【寿像】その人が生きている間に作っておく像。「貞久卿先日令画寿像之処、見之詠一首」（実隆公記）

しゅそん【酒樽】酒の樽。「自入江殿菓子酒樽等送賜之」（実隆公記）

しゅた【衆多】たくさん。多くの。（日葡辞書）

しゅだん【手談】「碁」の異名。対局者が、盤をはさんで、言葉はなくても、手で語り合うというところから言う。「三黄為象戯張行来臨間、相引罷向、於彼亭則手談、亭主出懸物墨一廷」（実隆公記）

しゅちゅう【衆中】奈良興福寺の寺住《じじゅう》衆徒《しゅうと》をいう。武器を持って社頭や寺門を防御し、奈良市中を警護、武力闘争や犯罪人の検断を行なった。「衆徒数輩在之、号衆中各妻帯者也（中略）薪猿楽以下取切奉行之」（大乗院寺社雑事記）

しゅつ【しゅつ】「出」のこと。その場所またはその地位。「少しもあぐまず、軽薄にもなく、しゅつにもなく、いかに

も見事にしあはするを、利発人《じん》・公界者《くがいしゃ》と申」（甲陽軍鑑　中）

しゅつい【主対】その座で、主人と組んで接待にあたる人。「賓対」の対。「宗旦赴龍安寺煎点、主位住持、賓位普広玄要東堂、主対旭峯東堂、賓対右馬頭殿、点心了往永徳院」（蔭凉軒日録）

じゅっかい【述懐】愚痴を言い立てる。「其衆と同意に不成とて驚怖を衘《ふく》むは勿体なし述懐哉、其心故にこそ」（政宗記）「其上毎篇以細事述懐之躰顕顔色候」（武田信玄書状）「しゅっかい」と当時は訓んだようだ。恨み、不平または愁訴。（日葡辞書）

しゅっかく【出角】「出格」に同じ。格式に外れていること。通例の状況や方法などが異なること。別格。破格。「若輩の申す事、出角《しゅっかく》には候へども、箇様の時は老若に依るべからず只心の剛成を以て、御信用候へ」（甲乱記）

しゅつぎょ【出御】公方とか関白殿が外出する。または引見するために座敷に出る。（日葡辞書）

しゅっきょう【出京】洛中へ出掛けて行くこと。「今日又於京都門跡事始、年々恒儀也、灌頂院之後番匠等出京云々」（満済准后日記）

しゅつぐん【出軍】出陣すること。「就出軍之儀、巻数給候、祝着候」（尊経閣古文書纂）「長沼筋へ数回出軍して、其地を鱗《うろこなみ》次に伐《き》り従へ」（北越軍談）

しゅつぐん【出群】抜群。他より抜きん出てること。「五英傑は聞ゆる一騎当千の出群」（細川家記）

じゅっけい【術計】意図する物事をうまくやるために、あらゆる策を弄すること。「仍飢饉忽餓死勿論也、疲労之身可如何候哉、失術計時節也、天下之式不可説」（看聞御記）

しゅっけおち【出家落】僧侶が堕落すること。特に、還俗すること、また、その僧。「長篠にて討死のあとつぎの十二、三よりうへの者、又は出家おち《落》などを引連て御出馬ありて」（三河物語）

しゅっけがえり【出家帰・出家返】僧侶であった者が還俗すること。また、その人。「甲州郡内の安左衛門と申者は、安蔵主と云出家かへりなり、信玄公御意に入、俗人に成、一疋に乗、会衆の中に入、御陣の御供申」（甲陽軍鑑　下）

しゅっこ【出挙】「しゅっきょ」とも。米などの利息。「出挙を取る」（利息として米などを取る）。「国中又被官出挙を取事、主人不知上、給分迄上表仕、住屋を捨、其主人江於相懸者、出挙催促停止之事」（長宗我部氏掟書）

じゅっこん【熟根】「入魂」の充て字。「あなたよりはいつまでも熟根《じゅっこん》のやうに、仕べく候が、家康に信長加勢いたさずば成まじく候」（甲陽軍鑑　中）

じゅっこん【入魂】⬇「入魂《じっこん》」「入魂《じゅこん》」を参照。

しゅっしちょうじ【出仕停止】貞永式目以来の刑罰。出仕することを停止すること。「威儀胆如たらざる侍、出仕停止ある事」（日新菩薩記）

じゅつしょく【述職】 諸侯が天皇に参朝し、天子から受けた職分を報告すること。「北條事數國を領知すといへとも、遂に述職せず」（伊達家治家記録）

しゅつじんしき【出陣式】 中世の軍礼の一つ。出陣に際して吉日に行なった儀式。大将が小具足に鎧直垂のいでたちで吉方へ向かって坐り、打鮑・勝栗・昆布の三種の肴《さかな》で献酬し「打って勝って喜ぶ」の縁起を祝う。

しゅっす【卒す】 四位・五位の人が死ぬことを言う。転じて身分ある人の死についてもいう。「薨ストハ、将軍死去ノコト也、卒ストハ、卿大夫ノ死ノコト也、死スルハ士ノ死ナリ」（太平記聞書）

しゅっせい【出勢】 軍勢を出すこと。出兵。「別而濃尾三河其外可有出勢之由、言上候」（上杉家文書）

しゅっせん【出銭】 ➡「聚銭《しゅせん》」を参照。

しゅったい【出帯】 証文などを持参すること。自分で提出すること。特に証文などを裁判所に携帯して提出すること。「其方に地頭職支証所持候哉、可有出帯之由加問答了云々」（政基公旅引付）「去十八日、互出帯手継之正文、於御前対決仕候畢」（尺素往来 下）

しゅっちょう【出張】 陣に立つこと、戦争に行くこと、進発すること。「出張《でばる》」とも。「西岡鶏冠木井辺敵出頂〈＝張〉云々、荒木等出陣」（実隆公記） ➡「出張《でばり》」を参照

しゅっとう【出頭】 寵愛されて権勢のあること。臣下の中で最も寵愛せられるもの。君側にあって政務をとる者。「政宗在江戸の時、家来佐々若狭出頭の盛に、左太夫と云て三十に余る総領死去なり」（政宗記）

しゅっとうしゅう【出頭（の）衆】 君側に侍って政務に参与する人。出頭人。「御一家衆・家老衆・出頭衆、惣じて大身衆、」（甲陽軍鑑）

しゅっとうにん【出頭人】 室町時代から江戸時代の初めにかけて、幕府または大名の家で、君側に侍って政務に参与した人。出頭衆。「合戦せりあひの刻《きざみ》、諸傍輩・出頭人の頭《づ》を此時をさんと思ひ、出頭いたす者」（甲陽軍鑑 下）

しゅつのう【出納】 米や食料を倉庫に出し入れすること。（日葡辞書）

しゅつば【出馬】 馬に乗って出かけること。特に戦場に出向くこと。出陣。「いでいで出馬して、力を合せ壬生を討ん」（奥羽永慶軍記）

しゅっぷ【出歩】 出向く。出かける。「為湯治出歩之砌、就馬之□内儀申遣候処、即為引被越候、祝着候」（彰考館蔵浅羽本系図）

しゅっぷ【出府】 府中に参ること。「十五日之内に出府あるへく候」（長崎県立対馬歴史民俗資料館蔵宗義調書状）

しゅつまい【出米】 主君の命で家臣たちが供出し、臨時の用に充てる米のこと。（日葡辞書）

しゅつもの【出者】 でしゃばり者のことか。「御譜代衆をさ

さ

しこえて、上座へなりあがり、しゆつもの《出者》みて昨日まであがめたるをも」（甲陽軍鑑　下）

しゅつもの【出物】 他を差しおいた出すぎた振舞であること。「不顧出物令言上候」（康富記）

しゅと【首途】 旅立ち。出立すること。「先手とし弐万余騎を卒して小田原を首途し」（関八州古戦録）
⇒「首途《かどで》」を参照

しゅと【衆徒】 特に興福寺で、武器を持って社頭や寺門を防御した下級僧侶をいう。寺中衆徒と田舎衆徒があるが、寺中衆徒を指すことが多い。大乗院と一乗院に分かれて所属した。「寺門・奈良中盗人以下諸検断事、衆徒之内器用之輩二十人文自寺務仰付之」（大乗院寺社雑事記）

じゅとう【樹党】 徒党。「樹党を結類して、国家を乱す凶徒等」（庄内陣記）

しゅび【首尾】 ①ことの成り行き。結果。都合。「此表之儀者縦首尾悪儀成共、御異見ニハ背間敷と存」（黒田家文書）②迷うこと。「西上野・北武蔵衆の中に首尾して決せさる族多し」（関八州古戦録）

しゅひつ【執筆】 ①連歌の会席で、宗匠の指図に従って、会衆の句を懐紙に書き記す役。「執筆――連哥会ニ、執筆ハ文台ニ依リ、懐紙ヲ折リ、磨墨染筆吟詠発句」（前田本庭訓往来抄）②書記。（日葡辞書）

しゅふく【首服】 元服。「首服《しゅふく》有て長尾平三景虎と自称し玉ふ」（北越軍談）

しゅぶしょく【種夫食】 種もみなどを指すようだ。別の訓みもあるか。「一、當作致儀、程有間敷間、種夫食を八郷々ニ指置、作可致之事」（北条家定書）

しゅぶん【衆分】 寺僧としての身分。また、その人。「大雲寺堯仙父子事、不応御門跡下知、離衆分、於寺領者押取云々、太無謂」（実相院文書）

じゅへい【戍兵】 守備の兵。「矢を射ること日々雨ふるが如し、義直戍兵を置いて之を救う」（伊達正統世次考）

しゅぼ【主簿】 本来は諸国国司の目《さかん》の唐名で、文書作成などに携わる仕事をこなす者のことで、身分は低い。「始め中野常陸宗時が主簿の吏と為る」（伊達正統世次考）

じゅぼくどう【入木道】 王羲之の書いた墨蹟が、木の枝に深く染みこんだという故事から、墨蹟、また、書道のことをいう。「持明院へ入木道伝ニ阿茶丸罷向了」（言経卿記）

じゅもくのやく【樹木の役】 樹木を調達する課役。「樹木の役・竹の年貢・塩役・布役を諸在郷へあてられ」（甲陽軍鑑）

しゅゆ【須臾】 瞬間、極めて短い間。（日葡辞書）刹那。しばらく。暫時。「須臾ニ両人ヲ生捕リ」（伊達家治家記録）

しゅら【修羅】 激戦の地。修羅場。「修羅にて人数を遣わし」（元親記）

じゅらい【入来】 他の人が自分の許を訪れてくれることを敬っていう語。「一ごん申したき事候、じゅらい候へかしと

申をくり候」（太閤さま軍記のうち）

じゅらく【聚洛】「聚楽」の充て字。京都の聚楽第のこと。「関白殿伏見え御下りなく、聚洛《じゅらく》よりの御返事までにて御座候を」（川角太閤記）

しゅり【手裏】手中に収める。掌中。転じて自由にできること。「奥仙道までも手裏に入んと志して日夜謀議を凝されける」（関八州古戦録）「去る七日加地の地手裏《しゅり》に入らる哉」（伊達家治家記録）「先月以来、向白川口出勢、屋裏及十ヶ城被属手裏、義親在城之地計ニ被取成之上」（宇都宮広綱書状）

しゅりょうしゅ【衆寮衆】禅宗でいう学問僧のこと。「学問僧を教家《きょうか》にては所化《しょけ》と申、洞家にては江湖僧《ごうこそう》と云、関山派にては衆寮衆《しゅりょうしゅ》と申され候」（甲陽軍鑑）

じゅんいつ【純一】「専一」に同じ。もっぱら。「彌以抽而御走廻御心懸純一之由、被申事候」（北條綱成書状写）

じゅんぎ【順義・順儀】①道義。当然のつとめ。他に対するつとめ。世間に対する義理。（老翁物語）「其上諸方への似あはしき順儀《じゅんぎ》もあれば、旁《かたがた》にむさと合力して」（甲陽軍鑑下）②正道に順うこと。（庄内陣記）③義理。（御家誡）

じゅんぎゃく【順逆】とやかく。ともかく。どっちみち。「拙者事、中途まで打かかり候間、順逆参会可申候」（相良家文書）

じゅんぎょうじょう【遵行状】遵行を命ずる引付奉書・御教書を受け取った守護・守護代が上の命令を取次ぐ旨の伝達命令を出す文書。遵行。じゅんこうじょう。「細川基之遵行状」（高野山文書）

じゅんじゅく【淳熟】友情によって結ばれる。同じ考えで一致する。（日葡辞書）

じゅんじゅく【純熟】麦が十分に稔ること。「和田辺麦毛純熟之由、頻而告来候条」（比毛関氏所蔵文書所収武田信玄書状）「況莫太之御余慶、純熟之上者、有何之不足」（安房妙本寺文書）

じゅんじょう【準縄】検地の時のみずもり（水平を計る）と墨縄のことで、定められた規則をいう。（南海通記）

じゅんぴつ【潤筆】筆で書画などをかくこと。「為学朝臣携一荷両種来、近曾特賜号両人潤筆之余慶賀酒云々」（実隆公記）

しゅんぼう【俊髦】優れた人。俊英。俊士。「元就は軍謀密策双なき俊髦《ぼう》にて有しそとて」（関八州古戦録）

じゅんろ【順路】順序のよい道筋。「肥後口へ成共、日向口へ成共、順路よく候ハん方へ可乱入候」（黒田家文書）

じよ【自余】他所に。他所へ。このほか。それ以外。「惟任日向守用所申付、自余へ差遣候、一途之間、森・河内城之方自身相越」（某氏所蔵文書）

じよ【尒與】「自余」に同じ。他所に。他所へ。「江嶋坊住之儀者、公界所之事ニ候間、いつものことく尒與有之」（北條康成判物）

しょあん【書案】案文のこと。「以上両通の書案、伝えて秘

庫に在り」（伊達正統世次考）

しょい【所為】 仕業。（日葡辞書）

しょいん【書音】 書状。書状による見舞い。（日葡辞書）「小袖十・羽折五令進入候、書音の験《しるし》迄に候」（黒田家文書）

しょいん【書院】 書院造りの座敷。多く武家で、儀式や客の応対などに用いた。「御振舞は書院也、御茶数寄屋にて」（宗湛日記）

しよう【資用】 費用。経費。もとでとして用いる。「彼の主、貧困に依って、資用なきに於ては、猶拾年を加へ相待つべし」（甲陽軍鑑）

しょう【兄鷹】 雄の鷹。（伊達家治家記録）

しょう【小】 百二十歩。一段三百六十歩として、二百四十歩を大、百八十歩を半、百二十歩を小とする。「河内国田井庄内畠地相博状事、合弐段小者、此内卅溝田在、右、畠地者」（根岸文書）

しょう【韘】 ゆがけ（弓懸・弽・韘）、弓を射る時に手指を傷つけないように用いる革の手袋、弦弾《つるはじき》、ゆみかけ、手覆などともいう。「毛利三次郎御前に出で、銀百枚を献ず。福原越後守韘《しょう》十具を献ず。本多上野介これを伝う」（駿府記）

しょう【大兄】「大兄鷹」の略。「佐藤文助ニ大兄被進候」（伊達天正日記） ➡「兄鷹《しょう》」を参照

じょう【諚】 命令、意向。「この諚に、兎角一の宮、岩倉この両《ふたつ》は如何様共攻めほすべし」（元親記）

じょう【畳】「帖」の充て字か。帖は幕二張ずつを一まとめとして数える助数詞。「幕二畳には諸神の餅二十弐、幕の餅五十きれ」（甲陽軍鑑　下）

しょうあい【鐘愛】 大事にしてかわいがること。深く愛すること。「政虎公に其旨を述べて、鐘愛《しょうあい》の幼息小曾丸を相具し」（北越軍談）

しょうい【正意】 正しい意味。物事の、本来の意味。「諸事かうらいにての様躰、七人より御注進申上儀、正意にさせらるへき旨、被仰聞候間」（黒田家文書）

しょうい【承意】 あなたの言う通り。「来翰再三披見本望候、如承意之去比者南山僧を以申届候間」（片倉小十郎宛北条氏照書状）

しょういん【承引】 承知すること。承諾すること。「如水今せひらかし、種々の儀申懸られ候へ共、不致承引候」（黒田家文書）

しょういん【正印・正員】 家の主。主人。君主を指す。「正印とは君主を謂う、公（伊達稙宗）を指す也」「浜田伊豆守与《と》共に之を談じ、其の書を正印に呈す、正印茲《ここ》に快然たり」（伊達正統世次考）「今般小斎の地御手に属せらるに付て、御悦ひ御正印へ申上べきため、啓上す」（性山公治家記録）

しょううん【障雲】 比喩として、智恵をくらますもの、妨げるもの。（日葡辞書）

しょううん【霎雲】 小雨を含んだ雲。「金石の堅きが如く、霎《しょううん》雲雨を帯びて暮山に走り、急霆《てい》疾く翶《と》びて九霄《しょう》に轟くが

如く」（奥羽永慶軍記　上）

じょうえつ【承悦】手紙を頂戴したことを喜び、感謝する気持ちを表わして、返信に書く書札用語。「芳問承悦存候、如仰昨日者度々申承候条本望存候」（言継卿記紙背文書）「就信玄与義棟（一色）之儀、去年以来御馳走之段承悦之至候」（武田神社所蔵文書）

しょうえん【餉烟】飯かしぐ煙。「一族・郎等爰かしこに身を隠し、朝夕の餉煙《しょうえん》をも立て兼て」（奥羽永慶軍記　上）

しょうえん【庄縁】「庄縁」は「地縁」と同意か。「言語道断之次第也、号庄縁買得之輩、雖令違乱、悉田地寺家江可令還付」（永源寺文書）

しょうえん【松煙】「墨」の異名。松脂《まつやに》から精し、そのまま水をつけて、荷物の宛名などを書くのに用いた墨のこと。松煙墨《しょうえんぼく》。「麝煤ジャバイ・油煙ユエン・松煙センエン・玄雲ゲンウン以上四者墨異名也」（下学集）

じょうおう【紹鷗】室町後期の茶人。堺の人。もと武田、のち武野氏。一閑居士・大黒庵と号す。（村田）珠光についで宗匠となり、その術を千利休に伝えた。「境（堺）の紹鷗《じょうおう》が流の茶ノ湯がかりなりとて」（甲陽軍鑑　中）

しょうか【商賈】「しょうこ」が一般的か。商売。商人。「僧徒・農人・商賈《しょうか》の中にて、其志操未練ならず」（北越軍談）

しょうか【床下】書状の宛名の脇付に書く尊敬語。「同事ながら、事によりはるかに相替なり、たた床下、足下、机下共これあるべき也」（大諸礼集）

しょうがい【悚凱】「障害」の充て字。理由をつけて。都合を作って。「手合《てあわせ》にも迨《およ》ばず、悚凱《しょうがい》作て逃退《にげしりぞか》るる」（北越軍談）

しょうがい【生害・戕害】「戕害」は、「生害」に同じ。自害する。「石川伯耆守申けるは、いとけなき若君御一人御戕害《しょうがい》させ申さば、御供も無申者」（三河物語）

しょうがい【生涯】それを取上げられれば、その人の社会的姓名・名誉を失うことになる、所領・地位・資格などをいう。特に、サ変動詞に用いた場合には、制裁として、それらを剝奪することをいう。「此上﨟先年木寺宮有蜜〈＝密〉通事、依之彼宮被失生涯了」（看聞御記）

しょうかん【相看】面会する。対面。接見（日葡辞書）

しょうかん【賞翫】①手厚いもてなしをする。非常に尊重する。②贈られた物を珍重して食べること。（日葡辞書）

じょうかん【上澣】上旬。上の十日間。（日葡辞書）

しょうかんじん【小勧進】わずかな寄付・寄進。（日葡辞書）

しょうき【小気】小心者。（日葡辞書）

しょうぎ【床几・牀机】室内で臨時に着席する際に用いる一種の腰掛。「景虎公手がるき大将なれば、信玄公に手遅みられじと思召候故、早馬《はやく》よりおりて、牀机に腰を懸給ふ」（甲陽軍鑑）

じょうき【逃毀】農民が、家などを捨てて他領に逃げること。また、その放棄した家屋、財産を没収すること。「逃毀トハ、法意盗毀仏像之篇也、以之案之、諸国之土民逃脱ノ時、逃毀事有歟、然可過毀読也」（蘆雪本御成敗式目抄）

じょうき【上気】頭に血が上ってぼうっとすること。逆上。「無上気おとなしき行を以、敵を仕ころはかす儀、尤候事」（黒田家文書）　➡「上気《うわげ》」を参照

じょうぎ【定器】日常用いる食器。「各出仕をする処に御汁《しる》の御でうぎ《定器》を打あけさせ給ひて」（三河物語）

しょうぎがしら【将棋頭】将棋の駒の頭のような形。「是を見て佐竹義久、八百余人将棋頭《しょうぎがしら》にそなへ、二陣、三陣偃《えん》月《げつ》のごとくに陣を張つて待懸る」（奥羽永慶軍記　上）

しょうぎがわり【床几替】（戦陣において大将が床几を用いたことから）戦陣における大将の身代わり役。影武者・陰武者のこと。

しょうぎなし【正儀なし】「正気なし」のこと。異常な。「是は夜の事にて正儀なき仕合せ也」（桂岌圓覚書）

しょうきゅう【樵汲】きこりや水汲みをする身分の低い者。（南海通記）

しょうきゅう【少給】俸禄の少ないこと。「右の両人外様のごとくに罷成候。少給《しょうきゅう》、少扶持にて堪忍仕リ、物哀《あわれ》なる躰なり」（甲陽軍鑑　中）

しょうぐん【将軍】織田信長が存命中は「信長」を指した。「秀吉、将軍の御下知を承って、西国征伐の備へとして」（播磨別所記）

しょうげ【障碍】障り。さまたげ。障害。「長沼の城を取給ふ時、普請中障碍《しょうげ》なき為に、判ノ兵庫ノ助に信州水内《みずち》郡にて、百貫の所領を被下」（甲陽軍鑑　中）「当御代別御礼可申上候処、北条氏康障碍故遅候」（水戸左近大夫将監宛武田信玄書状写）

しょうけい【上卿】朝廷で太政官の行なう行事・会議などを指揮する公卿のこと。「口　宣案　上卿　勧修寺大納言　天正十六年九月十九日　宣旨」（黒田家文書）

しょうけい【捷径】早道。近道。「暗夜軒出勢して山手の捷《しょう》径《けい》より子袋山を伝ひ押来る」（北越軍談　中）

しょうけい【勝計】「勝計あげてかぞうふ」に対する音読語。「不勝計あげてかぞうべからず」の言い方で、問題とすることが多すぎること。「就中豎義是仏法紹隆之勝計、神祇感応之新奠也云々」（高野山文書）

じょうげす【上下】往還する。行き来すること。「汝子平四郎被上下之処、於途中石徹白」（石徹白神社文書）　➡「不可勝計《あげてかぞうべからず》」を参照

しょうげのかた【生気の方】「生気方《せいきほう》」、陰陽家では正月は子の方、二月は丑の方のように各月において生気があるとする方角。「蛇はわだかまれとも、しやうけのかた《生気の方》にむかひ、鷺は太歳《たいさい》のかたをそむき」（三河物語）

しょうけん【小見】短見。すなわち理解し、会得することが少ないこと。（日葡辞書）

さ

しょうけん【少験・小験】 快方に向かう。病気の症状が少し軽くなること。「公御煩氣、少験ヲ得給フニ」（伊達家治家記録）「仍煩之事少験之由、誠以珍重候」（吉川家文書）

しょうけん【照見】 はっきりと見ること。（日葡辞書）

じょうげん【上元】 陰暦一月十五日。（日葡辞書）

しょうこ【商賈】 ➡「商賈《しょうか》」を参照

しょうご【証語・証拠】「証語」は「証拠」の当て字。『下学集』『饅頭屋本節用集』では「しょうご」とする。「既八十嶋方事、當分東（藤）堂佐渡守殿へかんにん候故、證語為分明由」（黒田家文書）

しょうごいん【聖護院】 京都府左京区にある天台宗寺門派三門跡の一つで、修験道の本山。「上意に付て、各血判を差上給ふ。是を聖護院へ渡し給ひ、峯へ納め奉れと宣ひければ、多くの山伏を引具し登山有て、大峯へ納め奉らる」（政宗記）

しょうこう【相公】「宰相」の敬称。参議の唐名。（黒田家文書）右大臣の唐官名。織田信長を指すこともあり。「何ぞや、故なく相公を討ち奉る事、豈《あに》天罰なからんや」（惟任謀反記）

じょうごう【定業】 人間として決まっている死の業因《ごういん》。「況や政宗老病なれども、いかにも今度計は定業を遁《のが》れ、不浅御礼をと思はれけれども」（政宗記）

しょうこく【相国】 宰相・大臣の唐官名。「関ヶ原一乱の後、相国家康公御発向に依て、石田三成一味の大名小名」（政宗記）

じょうこく【上国】 上方。「又賢息右衛門大夫、神仏参詣の為に上国に赴くと、如何」（伊達正統世次考）「祝着至候、頓可為上国之処、依無順風永々御逗留、去月十一日、上着候」（吉川史料館蔵山名豊国書状）

しょうこばた【証拠旗】 証拠となる旗。「深働進退甚た危き故、証拠旗の武略を以て早々に（中略）帰陣」（関八州古戦録）➡「拠旗《こばた》」を参照

しょうこん【消魂・銷魂】 すっかり驚いてしまう。びっくりすること。「今宮、北野等炎上、参御所、各消魂、広橋大納言同逢火災、言語道断次第也」（実隆公記）

しょうさ【傷嗟】 人の死などを、心から惜しんで嘆くこと。「申下剋一品遂以薨逝云々、言語道断、傷嗟無比類者也」（実隆公記）

しょうさい【盛歳】 年盛り。（日葡辞書）

しょうさい【焼淬】 一度火を被った刀を焼き直すこと。「今度大坂城兵火故、銘物の刀、脇指悉く焼く。其の後これを尋ね出す。今日鍛冶下坂を召し、再びこれを焼くを試む。焼《しょう》淬《さい》せしめ給う」（駿府記）

しょうさい【正才】 深い思慮分別と工夫の才。「上智正才」（日葡辞書）

じょうさい【上裁】 ①高貴な人の裁決。「甚以本意の上裁にあらず」（関八州古戦録）②「勅許」のこと。

しょうさん【消散】 消えてなくなること。また、消してな

くすこと。「腫気大略消散」（実隆公記）

じょうさん【逃散】 奉公人や農民が逃げ去ること。（日葡辞書）

しょうし【承旨】 仰せうけたまわる。公家語。（黒田家文書）

しょうし【笑止】 ①心を痛めること。憐れみ同情すること。「笑止な事」（痛ましい事）（日葡辞書）気の毒である。（関原陣輯録）「此《かく》のごとき次第、外聞笑止《しょうし》に存じ候ひつる事」（信長公記）②困ったこと。「近国の大進衆敵となり玉ふべきことを、輝宗流水《さすが》笑止に思ひ給ひ」（政宗記）

しょうし【小使】 雑事や小事に使役する者。こづかい。「被背国法度上、役者小使被為遂生涯事」（上杉家文書）

しょうじ【勝事】 「笑止」の充て字として用いられる。普通でないこと。「稀代の勝事とは之に過ぐべからず」（元親記）「元春御所労、于今不被得御快気之由、誠勝事千万に候」（元親記）

じょうし【上使】 幕府、朝廷、主家など上級権力者から公命を帯びて派遣される使い。「上使下請取分如此候」（上杉家文書）「諸人知行分堺目相論余地内、及御沙汰、以上使被検地之時」（大内氏掟書）

じょうしき【情識】 強情、頑固。勝手な考え。（日葡辞書）

じょうしせん【上使銭】 付加税的なものらしい。上使は担当奉行の上に立ち、指揮監督の職責を負った者のようだ。「今度賀茂領御指出之分上使銭被相済候、自然下々何かと申分御座候共、被成御承引間敷候」（大徳寺文書）

しょうじつ【承日】 都合のよい。「期承日之時」と用いる文書語。「次白磨廿帳進覧、表御祝儀候、萬賀奉期承日之時候」（北条氏直宛月輪院道久書状写）

しょうしなる【笑止成】 大変なこと。「抑々天下之模様笑止成御事ニ候」（東京国立博物館所蔵文書）

しょうしゅ【荘主・庄主】 寺領の荘園の事務を管理するために遣わされる僧。「就此儀、宝林院彼庄々主代事雲龍院申付之間」（実隆公記）

じょうしゅ【城主】 一城の主。城将。「自元来至于当城主上田、本地本領ニ候条」（上杉家文書）

じょうじゅう【常住】 （副詞的に）日常、ごく普通である。「此晩、稲富新介殿へ常住之食寄合候也」（上井覚兼日記）

しょうしょ【捷書】 勝利を知らせる書面。「捷書　ショウショ　軍之勝文也　接武読也」（文明本節用集）

しょうじょ【嬖女】 寵愛の女子。「御母上達、同嬖女衆・若君・姫君取合三十九人」（政宗記）

じょうしょ【条書】 箇条書きの文書。「晴宗公条書を磐城重隆に贈りて曰く」（伊達正統世次考）

じょうしょ【上所】 手紙などの宛て名の上部に、差しだす相手に応じて「進上」「謹上」「謹々上」などと書くこと。あげどころ。「上所《ジョウショ》と云は状の宛所の人の名字の上に或は謹々上或は進上と書く事也」（貞丈雑記）

しょうしょう【蕭墻】 「蕭墻の憂」。禍の内よりおこること。

「関東方其の禍蕭墻《せうしやう》の内に生ぜんも量るべからす」（左衛門佐君伝記稿）

しょうしょう【賞性】 不詳。「是れは、賞性《しょうしょう》の仁《じん》に候。当時、公家には、此の仁の様のところ」（信長公記）

しょうじょう【証状・證状】 証拠の文書。証拠たる書上げ書。（日葡辞書）「始末幷寺家人覺、任往古之御證状、則雖可落着」（吸江寺所蔵長宗我部元親書状）「於中山法華経寺者、往代之証状数通、此度披見畢」（中山法華経寺文書）

しょうじょう【賞状】 承認するという意か。「就木造城主之儀、山崎申候処、賞状被申候、誠以目出悦入候」（沢氏古文書）

じょうしょう【上章】 十干《じっかん》の庚《かのえ》の異称。「時に慶年上章困敦《こんとん》重五日、指鍋の領主鳥海勘兵衛尉信道」（奥羽永慶軍記 下）

しょうしょうき【小祥忌】 死後一周年に当たる正忌日で、一周忌とも言う。（日新菩薩記）

しょうしん【少身】 身分が低く俸禄の少ないこと。「此五助は関東牢人馬にのりにて刑部少輔馬屋別当少身なるもの、其上新参もの」（慶長記）

じょうしん【上進】 進上する。遣わす。「就中去冬八城表迄、一両輩致上進、及成就去候処」（東京大学史料編纂所蔵秋月種実書状）

しょうしん【賞心】 心ゆくまで、うれしく味わうこと。「兼又葡萄拝領、芳情之至、賞心無比類候」（実隆公記）「鮒鮨済々到来候、賞心之至候」（天文書札案）

しょうじん【精進】 ①魚・肉を忌むことによって身を清浄にする。②人が物事をするのに抱く熱意。「勇猛精進の心」（熱意と熱狂と）（日葡辞書）

しょうすい【将帥】 いくさの駆け引き。「元親、長成、才智、強勇にして将帥《しょうすい》の節を好む」（四国御発向幷北国御動座記）

じょうすう【条数】 事柄を一つ一つ書き並べた書状。箇条書き。「妙雲院をもって申候条数返事、御納得所希候」（上杉家文書）

しょうぜい【正税】 「正税官物」のこと。（日葡辞書）
➡「官物《かんもつ》」「所済官物《しょぜいかんもつ》」を参照

しょうせき【蹤跡】 先例。前例。「如蹤跡」は、これまでの先例通りの意。「於自今以後者、如蹤跡可被仰合之由大慶此事候」（伊達家治家記録）

しょうぜき【証跡・證跡】 ①過去の物事から残っている証拠あるいは、痕跡。（日葡辞書）「却《かへつて》而有俣《あやまる》に似たりと存知、又は其証跡《せうせき》少成とも似《にた》る儀有間敷」（三河物語）「不作之侘言雖無證跡、當年始而之儀候間、八貫文指置そ」（高橋ゆき氏書状文書）②傍証。「旁證跡慥候間、不可有异儀者也」（竈方区有文書朽木元綱他連署状）

しょうそ【樵蘇】 木こりと草刈りの人。「一、於寺中樵蘇参入、狼藉禁止之事」（平賀家旧蔵文書）

しょうそう【請僧】 仏事のために、僧のお出でを願うこと。また、その招かれた僧。「至局女女官聴聞ニ皆参、請僧永

延寺住侶見邦式師」（看聞御記）

じょうだい【城代】 城主に代わって、諸事を統轄した家臣の長。「江尻の城代に山県三郎兵衛被仰付」（甲陽軍鑑）

しょうたいなし【無正躰】 難渋する。気を取り乱す。あるべき状態になってない。「下々無正躰草臥申候、併四番之儀」（黒田家文書）「我々儀老毛故忘却、就無正躰」（護国寺文書）

しょうたか【兄鷹】「兄《しょう》鷹」に同じ。「兄（セウ）鷹、大鷹の雄なり、鷺小鴨鷭をとる」（遠碧軒記） ➡「兄《しょう》鷹」を参照

しょうたつ【上達】 高貴の方に物を贈ること、献上すること。（日葡辞書）

じょうちゃく【上着】 ①地方から上方に到着すること。「路次中無異儀、被上着候之哉」（黒田家文書）「仍已前者使者上着之砌、無其煩御懇之儀、祝着無他候」（上杉家文書）②関ヶ原の戦い以後は、江戸に上ること。「松平伊豆守為上使、炎天の折柄上着」（政宗記）

しょうちゅう【焼酎】 焼酎。鹿児島県伊佐市の郡山八幡神社には、永禄二年（一五五九年）に補修が行われた際に大工が残した「けちな座主で、一度も焼酎をふるまってくれなかった」という内容の落書きがあり、焼酎の飲用と「焼酎」の呼称について日本国内に残存する最も古い文献という。「尚々つぼ二こし申候。しやうちうのぎたのみ申候。御座候者、此外ニも取申度候」（左衛門佐君伝記稿）

じょうてい【浄躰】 法体の意か。「上方へ御浪人被成、浄躰《じょうてい》を頼ませ給ひて御座候つるが」（三河物語）

しょうてつ【照徹】 光が照り輝くこと。（日葡辞書）

じょうと【城都】 みやこ。都城。都会。城市。「就今度城都安座、信長半之儀、始大坂味方中不審不相晴之由」（柳沢文書）

しょうどう【焼動】 放火すること。「諸手に命じて最上領に放火す。上山辺高松まで所々焼動あり」（性山公治家記録）

じょうとう【承当】 言われることを聞く。了解する。（日葡辞書）

しょうとく【生得】 先天的に、生まれつき。（日葡辞書）「道七斎生得《しょうとく》に信篤き人故、熟々《つらつら》と案を回《めぐら》し玉ふ」（北越軍談）

じょうどさんぶきょう【浄土三部経】 無量寿経・観無量寿経・阿弥陀経。「浄土宗は不苦。子細は浄土三部経に五百侍女発阿耨多羅三藐三菩提心願生彼国と」（甲陽軍鑑　下）

しょうにん【証人・證人】 人質。「此度真田依忠信証人指上候」（長国寺殿御事蹟稿）「仍證人進置上者勿論無二之覚悟候」（徳島城博物館蔵長宗我部元親書状）

しょうのう【小納】「こおさめ」とも訓むか。「小納之儀」として用いる。年貢納入に関係することか。「今度彼小納之儀、為如元之由候、以別紙令申候、能々取成本意候、仍絹五疋・帷十進之候」（天文書札案）

しょうのう【樟脳】 下等のカンフル（樟脳）。「樟脳を焼く」（樟脳を製する）（日葡辞書）

さ

しょうばいぐそく【商売具足】 売り物の具足のこと。「晩かた、しょう《商》はい《売》く《具》そく《足》御らんし被成候」（伊達天正日記）

しょうはく【松栢】 節を守って変わらないこと。「或は金山・桐生の敵と挑て、松栢《しょうはく》の操を変ぜず」（北越軍談）

じょうはん【上判】 最上席者として署名した人（文書の最後に署名）。（老翁物語）

しょうばん【証判】 「証判状」の略。権利または事実について、権限ある者の証判を受けた文書。署名の下に花押を据えた。また、土地関係文書と軍事的勤務に関する着到状・軍忠状などに多い。一見状。「本領の地七貫文を以て極楽院に寄進し、之をして三島の宅に隠居せ令む。此の日証判を授く」（伊達正統世次考）

しょうばんしゅう【相伴衆】 室町時代、将軍が殿中で宴を催し、また、諸将の宴に臨むとき、相伴役としてその席に陪従する者。山名・一色・細川・畠山・赤松・佐々木などの諸家から選ばれた。「三職の衆以下の御相伴衆へは、皆々進之候と可在之」（上杉家文書）

しょうひつ【正筆】 その人が本当に書いた筆跡。肉筆。真筆。「為忠筆古今本正筆歟」（実隆公記）

しょうひょう【上表】 職を辞めること。辞職すること。（日葡辞書）

じょうぶ【丈夫】 堅固なこと。確かなこと。しっかりと。確かに。「雖不及申、無越度様ニいかにも丈夫ニ有之」（黒田家文書）

しょうふう【傷風】 風邪。「院御悩傷風也、以外御大事也云々」（看聞御記）

しょうぶぎり【菖蒲切】 五月五日の節句に、子供が印地打といって小石を投げ合った後、菖蒲刀で切り合った遊戯。「中間の肩にめし、五月菖蒲切見物にいでさせ給ふ」（甲陽軍鑑）

しょうふく【証伏】 悟り従うこと。それと悟り、納得すること。「無子細証伏了」（東寺百合文書）

しょうぶげん【小分限】 領地・財産の少ない人。（日葡辞書）

しょうふち【少扶持】 扶持米の少ないこと。「右の両人外様のごとくに罷成候。少給《しょうきゅう》、少扶持にて堪忍仕リ、物哀《あわれ》なる躰なり」（甲陽軍鑑　中）

しょうぶづくり【菖蒲作り】 鎬高く、刀背薄く、横手筋のない菖蒲の葉状をした刀剣。「菖蒲作りの三尺余の太刀を抜きて、近付く敵を三人切伏せて、其の太刀先口に啣《くわ》へて伏ければ」（奥羽永慶軍記　上）

しょうぶん【上聞】 「じょうぶん」とも。公方や屋形に何事か申し上げる。「上聞に達する」（日葡辞書）「ぞうぶん」とも訓む。「別条なく御かたん候。故をもつて、ぞうぶんに達し、ここにて、斎藤山城道三と名のる」（太閤さま軍記のうち）「巨細屋形（細川高国）上聞に達せらる」（伊達正統世次考）

じょうぶん【上分】 ①古代・中世、年貢所当のほかに上納した貢納物。特に寺社領については、宗教的な意味から米や果実などが上納されることが多い。「以内道場正月施物上分、令修理彼道場、亦以青龍寺大衆年中所得上分、令宛用彼用也」（高野山文書）②決まった年貢の他に、上納する物。また、一般に年貢をいう。「殊一乱中自国上分運上由候、若虚言儀候者」（北野社家引付）「定役公事、臨時之課役、月迫之上分、節季之年預、更不可遁避〈歟〉」（文明十四年鈔庭訓往来）

じょうぶん【承聞・承分】 上位の人から直々にその意向を聞くこと。「急ギ遂上洛懸御目、此間ノ旨趣ヲ被申開、又上意ヲモ可被承分」（応仁記）

じょうぶんまい【上分米】 荘園領主に上納される年貢米。「一身田上分米太神宮御寄進事」（親元日記）

じょうぶんもつ【上分物】 「上分」に同じ。古代・中世、年貢所当のほかに上納した貢納物。「次付当庄年貢事、依有立顔子細、皆済之時、上分物、出造営方、仍参百疋出之了」（東寺百合文書）

しょうへき【墻壁】 垣根。（細川家記）

じょうぼん【上品】 美濃国（岐阜県）上品の地、特産の絹。また、一般に上等の絹織物をいう。「加賀絹、丹後精好、美濃上品、尾張八丈、信濃布」（文明十四年鈔庭訓往来）

じょうまい【城米】 軍事・凶荒に備えて城中に蓄えておく蔵米。「御城米を被出、御商売之由」（信長記）

しょうみょう【小名】 知行の少ない者（貴族）。（日葡辞書）

じょうもく【条目】 箇条書きになっている法律・規則などの各項目。条規の項目。「如先書申届、天用院彼国へ指越候、誓詞幷条目等、委細申含、相渡候」（上杉家文書）

しょうもんし【唱門師・声聞師】 寺社などの掃除散所として居住地を与えられて掃除役の奉仕を行うことで、諸役が免除されていたが、戦国時代の声聞師は、それがなくなった。「既去乙卯三月廿一、評定事終而、移他家・唱門師之類、對天十郎菟角不可有申事旨、被仰出處、重若大夫棒目安條曲事候」（北條家裁許朱印状写）

しょうもんにたっす【上聞に達す】 天皇や将軍の耳に入れる。織田信長存命中には、信長自身を指すこともあった。「西国・四国の使札、日々到来の旨上聞（信長）に達す」（播磨別所記）「じょうぶんにたっす」とも訓む。主君の耳に入る。主君に申し上げる。（黒田家文書）

しょうゆ【醤油】 酢に相当するが、塩からい液体。調味に使うもの。「簀《す》立《たて》」。（日葡辞書）

しょうゆう【倡誘】 「奨誘」の充て字。説いて誘う。勧誘。「其の気志有る者を倡誘せよ」（伊達正統世次考）

しょうよう【請用】 食事に招待する。「請用に参る」（宴会に招かれて行く）（日葡辞書）

しょうよう【逍遥】 ①伽羅のこと。②遠方へ出かけ気晴らしをすること。（日葡辞書）

しょうよう【従容】 気持ちを和らげゆったりと落ち着くこ

と。あせらず悠々としている。「傍輩良友と旦暮親み、従《しょう》容《よう》たる間がらにて其非を正し」（北越軍談 中）

じょうらく【上雒】「上洛」の充て字。「御暇を賜いすなわち上雒す」（駿府記）

じょうらんにそなえ【備上覧】主君・貴人の御覧に供すること。「猶以此度相備上覧候事、御名誉不及是非候」（黒田家文書）

しょうり【正理】「せいり」とも。正しい筋道。正しい道理。「遠国手遠なる故、何方も厳儀之刷無之候、糺明重ニ付者、正理可募候」（正木武膳家譜）「今般正理に信《まか》せ奉公す、悦喜太《はなは》だ深し」（伊達正統世次考）

しょうりょう【商量】物事に存する善悪を見て執ること。または、判断すること。（日葡辞書）事の由来、すべき方法、事の善悪などをあれこれと考えること。「仙道筋ト相隔リタル故ニ、今後御商量ヲ欲ク乎」（伊達家治家記録）「分国之御宗門規矩ニ候之間、御商量極此度候」（雲洞庵文書）

しょうりょう【小量・少量】度量が狭いこと。狭い度量。狭量。「如此事小量之意見雖不可然、只存報国忠而已」（実隆公記）

じょうりょう【城領】城に付属する所領のこと。「木造（伊勢国）殿御披官、（中略）雖然、於無在城人体者、彼分領等可成城領之事」（沢氏古文書）

しょうりつ【商律】（五行説で、商の音を秋に当てることから）秋の音律。秋のしらべ。また、秋の季節。「小雨洒、商律初節幸甚」（実隆公記）

しょうりゃく【銷鑠】金属を溶かすこと。（日葡辞書）

しょうろ【正路】正直かつ実直方正に。（日葡辞書）正真。「関白様におはせられ、判断正路《しょうろ》御ざなきゆへに候」（太閤さま軍記のうち）「徳役之儀、無私曲贔屓偏頗、正路申付候之様、可相理之事」（諸州古文書）「草のかけよりも不可守候、正路覚悟専一候」（武雄市蔵龍造寺隆信書状）

しょうわ【唱和】一方が作った詩歌に応じて、他方が詩歌を作ること。「久我前右府作李部王之挽詩、可唱和之由被示之」（実隆公記）

じょうをいる【情を入】「精《せい》を入《いる》」を参照　参考：「精」と「情」は草書体が似ているためよく混同される。

しょえん【諸縁】「所縁」の充て字。縁者のこと。「織田七兵衛信澄は惟任《これとう》諸縁たり」（惟任謀反記）

しょか【諸夏】都。京の都。（日葡辞書）

しょが【諸賀】お喜び。文書語。「海苔一箱進之候、聊表一儀計候、諸賀期永日候之条、不能審査候」（芳春院宛千葉邦胤書状）

しょかい【所懐】心に思うところ。思い。感想。所感。「詩哥述所懐、有興」（実隆公記）

じょがく【女楽】酒宴の席に出て、音楽、舞踊などでその興を助けるのを業とする女。「此日、当所へ居候者とて、

さ

女楽来候、一曲御酒之時申候」（上井覚兼日記）

しょかつ【諸合】 合流する。集合する。「東は美濃三人衆諸手一度に諸合《しょかつ》す」（信長公記）

しょかん【所感】 自分に与えられた領地の年貢を取ること。また、「所感す」などの言い方で、年貢などの所得を得る意を表わす。「八城にて談合被成、承候趣此度御所感被成候所々、有馬殿へ悉皆被下候ずる事も」（上井覚兼日記）

しょき【庶幾】 願う。期待する。「和順セラル様ニト只管ニ庶幾シ給ヘリ」（伊達家治家記録）「一端申届候、無御庶幾上者、閉口之外、雖無之候」（北条氏康書状写）　➡「庶幾《こいねがわく》」を参照

しょき【暑気】「暑気当《しょきあたり》」の略。「御喝食御所御痢疾、御脈診之、暑気之由申候了」（言継卿記）

しょぎ【胥議】「あいぎす」とも訓む。議論する。「真田・後藤胥《しょ》議し、藤堂其の兵多からず」（左衛門佐君伝記稿）　➡「胥議《あいぎ》す」を参照

しょきつ【諸吉】「しょきち」か。「いろいろなことは」（次の機会に）の意。手紙の末尾に添える言葉。万吉。「請う回答を告げられよ、諸吉猶後日を期す、不具、恐々謹言」（伊達正統世次考）「旁以可御心安迄候、諸吉重而、恐々謹言」（伊達家治家記録）「回答委可承候、諸吉猶期後音之時」（仙台市博物館蔵二階堂盛義書状）　➡「万吉《ばんきつ》」を参照

しょきょう【諸卿】 内裏に仕える全ての貴人。（日葡辞書）

しょくげん【食言】 一度口から出した言葉を違えるの意で、前言を違える、言ったことを実行しないこと。（伊達家治家記録）

しょくじ【諸公事】 対象となるさまざまの「公事」、すなわち年貢以外の金品や業務を一まとめにしていう語。「七郷諸公事皆免之由御配文也」（多聞院日記）

しょくしゅ【職衆】 武田氏の行政主務官を職（両職）といった。「職衆《しょくしゅ》と横目廿人衆頭四人を指《さし》そへ」（甲陽軍鑑　下）

しょくせい【食政】 食べたいと思う欲求。食欲。「粟屋左衛門尉来話、自禁裏近江瓜五籠被下之、食政不全之時分口中味只瓜而已也」（実隆公記）

しょくむかえ【燭迎】 夜、明かりをもって人の出迎えに行くこと。「及晩天帰蓬蓽、押小路掃部頭為燭迎、嵯峨辺迄被出云々」（慶長日件録）

しょくゆう【食邑】「所領」に同じ。采地。領知。「牛久に於て五千石の食邑を秀吉公より賜りけり」（関八州古戦録）「所詮不付准后事候へども、毎度事候ける、食邑員数も忠仁公以来毎度三千戸分候」（実隆公記）　➡「食邑《じきゆう》」を参照

しょくる【属鏤】 名剣の名。呉王はこの劔を伍子胥に賜い自殺を命じた。「竟《つい》に属鏤《しょくる》の匕首《ひしゅ》に罹《かか》れり」（北越軍談）

しょくろ【嘱賂】 賄賂。「氏政表裏の奸曲《かんきょく》を含み、地域に嘱《しょく》賂《ろ》を養ひ、景勝を亡《うしな》はんの造意内々あるに」（北越軍談）

しょけ【所化】 天台・真言・浄土真宗などでいう学問僧の

こと。「学問僧を教家《きょうか》にては所化《しょけ》と申、洞家にては江湖僧《ごうこそう》と云、関山派にては衆寮衆《しゅりょうしゅ》と申され候」（甲陽軍鑑）

しょげかんにんりょう【所化堪忍料】 所化とは僧侶の弟子のこと。堪忍料は武家で客分の士、または討死した家来の遺族などに給与する禄をいう。ここは、所化に給する扶持料のこと。「山門南光坊、仙波北引等御前に出で、仙波所化《しょげ》堪忍料として、寺領御寄附あるべきの旨」（駿府記）

しょけん【所見】 見ること。見出されるもの。証拠。「楚忽之御成敗之由有構申人躰者、条々所見罷出て可申也」（政基公旅引付）

しょごと【諸毎】 もろもろのこと。つもる話。「於爰元者無御心許不可有之候、諸毎期後説之時候条、閣筆端候、恐々謹言」（東京大学史料編纂所所蔵文書）

しょこん【初献】 客に供応する時、膳を出し、酒三杯をすすめてから膳を下げる。これを献という。献は酒食をすすめる回数である。初献、二献、……七献、九献。（伊達家治家記録）

しょさ【所作】 仕業。所為。（日葡辞書）

しょさい【諸細】 委しいこと。詳細のこと。「御床布有間敷候、諸細彼口裏ニ中含候間、不能詳候」（仙台市博物館蔵最上義光書状）

じょさい【如在】 ①人を階級と才能に応じて尊重する。ただし話し言葉では、反対の意味に取られる。「如在にせぬ」（おろそかにしない）。「不圖當（伊達）へ被打越候者、露塵不可有如在候」（伊達家治家記録）②主に打消しの語と用いる。ないがしろにする。失策、手落ち、あるいは不注意。（日葡辞書）「晴宗へ相引輝宗へ如在之儀一切不可有之候」（伊達家治家記録）「我等においては、心中如在《じょさい》を存ぜず候」（川角太閤記）

じょさいない【無如在】 ①抜かりが無い。抜け目が無い。②「対内府公御奉公之儀、無如在可抽忠節事」（黒田家文書）誠心誠意尽くすさま。「其外侍大将、山県の事を如在なき通申上候へば、信玄公殊ノ外御悦喜なされ」（甲陽軍鑑）

しょさつ【書札】 手紙。「以来は、書札《しょさつ》の取かはしも必ズ無《む》益《やく》なり」（甲陽軍鑑 中）

しょざむらい【諸侍】 地侍のこと。「令扶助之通申聞候間、聞届候、就其自諸侍中為礼儀黄金十枚・三枚越置候、得其意候」（保阪潤治氏所蔵文書）

しょしだい【所司代】 ①室町幕府の職名。侍所の長官である所司の代理の官。京都の市政、検断を司った。所司の名代。「被仰付所司代〈浦上〉発向広瀬就去年徳政之儀事也」（親元日記）②室町末期、将軍足利義輝の頃、所司を補任せず「所司代」の名称で設置された職名。「三好を倒し、己が被官を天下の所司代に指置き」（甲陽軍鑑）③織田・豊臣時代、京都において朝廷に関する一切の事務および京の内外・畿内の司法・警察などの民政をつかさどった職名。「天正十年六月下旬、尾州清洲に於て、信長公家老中として、（中略）柴田修理亮、羽柴筑前守、池田紀伊守、丹羽五郎左衛門尉より所司代一人づつ出し置候しか共」（太閤記）

しょじゅ【所受】 人から物を受け取ること。（日葡辞書）

しょじゅう【所従】 隷属民で農業以外の雑事に従う者をいう。武士の「所従」で武事に従うを「郎従」と呼ばれたが、人格は認められず財産の一つと考えられた。「此由を聞と斉《ひと》しく所従、農民迄を馳集め百余人にて」（関八州古戦録）「導師登礼盤レバ、軈而アトニ四方輿ヲカキテ、所従、力者礼盤ノ後ニヒシトヨル」（多聞院日記） 家の奉公人や家以外に居る家来。「所従眷属」（日葡辞書） ⇒「郎従《ろうじゅう》」を参照

しょじゅう【初重】 第一段階、初段。（日葡辞書）

しょしん【書信】 書面による音信のこと。便り。「御皮衣二・ゆかけ一具進覧之候、誠書信之験迠御座候」（黒田家文書）

しよせ【仕寄】「しより」とも。①敵を城に追込み取詰める。（南海通記）②城に攻寄る。「末吉之城に押寄せ仕寄を付け」（庄内陣記）③城などに攻め寄せること。しより。為寄。他に、ある城を討ったりする者が掩護物として携行する竹などの束のこと。「於取巻者、兵粮つめか、仕寄尓てほりをうめ候か、水責か、水手を留候か」（黒田家文書） ⇒「仕寄《しより》」を参照

しょぜいかんもつ【所済官物】 通称、官物。（日葡辞書） ⇒「官物《かんもつ》」を参照

しょそ【初祖】 宗派や宗門の創始者。（日葡辞書）

じょぞう【除増】 増減のこと。「信玄公、在世の如く、四人の長臣にて事を決すべし。除増《じょぞう》の事あるべからず」（武田三代軍記）

しょそつ【諸卒】 多くの兵卒。「其外諸卒追々出陣候条、成其意」（黒田家文書） すべての兵士。（日葡辞書）

しょぞんのほか【所存之外】 予想外で、遺憾であること。「先手ニ御座候付而、不能其義、所存之外候」（黒田家文書）

しょたい【所帯】 ①身代。領土。「穿鑿《せんさく》なされ、年々所帯《しょたい》を被下候へば、家中衆 忝《かたじけなく》 は不存して」（甲陽軍鑑 中）②「知行」と同意。「問注の時、悪口を吐かば、所領を没収せらへし、若し所帯無くんは、流罪に処せらるへし」（貞永式目十二条）「種々致計略候、剰益田所帯悉申給候」（益田文書） ⇒「所帯《そたい》」を参照

しょたいくじ【所帯公事】 所有している田地、家庭に対して課せられる租税。「百姓なりけるを、彼所帯公事、一向御免ありて」（梵舜本沙石集）

しょたん【諸端】 諸點。諸項。多くの箇所。「兵議諸端請《こ》う彼与会談《と》せよ」（伊達正統世次考）

しょだん【胥談】「胥議」に同じ。話し合い。「賢慮を悩まさるる事有ぬべしと、公思案《しあん》を廻《めぐら》され、桐生大炊助直綱に胥《しょ》談《だん》し」（北越軍談）

しょち【所知】 領地に同じ。（日葡辞書）

しょちいり【所知入り】自分の領地に初めて入ること。（日葡辞書）

しょちゅうご【初中後】①初めから最後まで。「初中後《しょちゅうご》の様子、此の吉兵衛見申し候」（川角太閤記）②終始一貫して。「筑前立花陣取退候時、抽諸人供仕、初中後心懸之次第無比類候、連々可令褒美候、謹言」（萩藩閥閲録）

➡「始中終《しちゅうじゅう》」を参照

しょちゅうにあたわずそうろう【不能書中候】「省略する」という意の文書語。「委細者昨日以包蔵令申候条、不能書中候、恐々謹言」（黒田家文書）

しょてい【所体】「為体《ていたらく》」に同じ。見かけ、うわべ。「所体の人」（うわべでは手厚くもてなす人）。（日葡辞書）

しょとう【所当】「所当年貢」のこと。特定の場所に対する年貢や賃貸料。また、年貢に対して公事は雑税のこと。「然者年貢・色成・所当・上年貢、任証文之旨、可有其沙汰」（加藤秀一氏所蔵文書）「守護不入之知〈地〉として御直務之条、御年貢・所当無疎略可進納申事簡要候」（曇華院殿古文書）

しょなりもの【諸成物】「成物」は「なしもの」とも訓む。田畠に課税する年貢以外のその他の特産品を言う。「百姓召直、年貢・諸成物可取納候」（黒田家文書）

じょにこんぜず【自余に混ぜず】「不混自余」と。他のものと紛れない。並々でない。間違いなく。混同せず。「不混自余　ジヨニコンゼズ」（饅頭屋本節用集）「雖令棄破、代々免状在之上者、不混自余、於末代聊不可有相違者也、仍状如件」（加藤秀一氏所蔵文書）

しょにゅう【初入】①初めて領地を所有すること。②初めて学問などを始めた利すること。（日葡辞書）

しょねつ【暑熱】暑さ。（日葡辞書）

しょのう【且納】仮の決済。「一、かし物且納を以可引取事」（東京大学史料編纂所所蔵文書）

しょのう【所納】年貢、租税などを納めること。「於宮中之下坊、西方年貢等所納了」（政基公旅引付）

しょふ【諸父】おじ（伯父・叔父）の総称。「山城守は或は俊宗の兄弟、或は俊宗の諸父乎、未だ詳らかならず」（伊達正統世次考）

しょぶん【所分】知行や領地の一部分。（日葡辞書）

しょへん【諸篇】諸々なこと。「然間近日当表へ可被打出候、諸篇卜合可及其刷候条」（宇都宮広綱書状）「諸篇有談合、急速無卒爾儀、可有計略候」（正木文書）

しょぼう【椒房】皇后の御殿。「禁裏・椒房《しょぼう》も形ばかりにして、蘆垣の内列寂寥《さみし》く」（北越軍談）

しょぼん【所犯】罪を犯すこと。罪科をなすこと。（日葡辞書）

しょむ【所務】①役目。「知行一廉遣はされ候て、一年は所務させて」（昔阿波物語）②年貢・公事収納の職権を行使すること。（日葡辞書）「早任御内書之旨、全領知、可被専所務之由、所被仰下也」（益田文書）③所領の管理、収益の事務と収納。年貢・公事など収納の職権を行使すること。「當年者遼東川限ニ相治之、所務等可申付候」（黒田家文書）「責而當年一所務」（伊達家治家記録）④支配。「津軽三郡は累代某所務の地にて、舎弟彦次郎政信を差置き」（奥羽永慶軍記　下）

しょや【初夜】 初更。午後八時から十二時まで。「七月三日初夜、一番螺《がい》に相拵へ」（四国御発向幷北国御動座記）

しょやく【諸役】 棟別銭・段銭その他の諸役（を賦課しない）。「且又卿《なんじ》の領中諸役を免除す、此の両条末代訖《まで》」（伊達正統世次考）

しょやく【所役】 田租以外の課役を負担すること。また、その課役。「同村指里〈田屋田〉以田　壱段件所役之析田には入替置処」（高野山文書）

しょよ【緒余・諸余・書余・諸餘】 残されたもの。その他のこと。残余。あまり。「必ず一点の異議無からん乎《か》、緒余は時々之を申述《しんじゅつ》せん」（伊達正統世次考）「旁以可為御心安候、諸余令期後音之時候、恐々謹言」（仙台市博物館蔵伊達政宗書状）「当地日を追って本意に向う、満足為る可し、書余は来信を期し省略す」（伊達正統世次考）「於向後者、大細事弥々不可有御隔心候、書余大和田新右衛門尉任口状候」（仙台市博物館蔵伊達輝宗書状）

じょよう【叙用】 任用すること。「父死去せしめば、縦い実子たるべからずと雖も、叙用に能はざれ」（甲陽軍鑑）

しより【仕寄】 攻撃手段としての構築物。「一、此面ハ陣取堅被仰付、其上ニ仕寄以下、廿間卅間の内ニ被仰付」（浅野家文書）➡「仕寄《しよせ》」を参照

しょろう【所労】 わずらい。病気。「今度右衛門佐所労然々無之處、早速罷上、」（黒田家文書）

しらい【至来】 到来する。「死すべき時剋至来《しらい》すれば」（甲乱記）

じらい【爾来】 あの時から今に至るまで。（日葡辞書）それ以来。「爾来久不能音問候、起居動止不審不審」（実隆公記）

しらかべ【白壁】 豆腐の異称。「素経一荷・蓬餅・白壁等献之、午後賞翫」（実隆公記）

じらく【自落】 勝敗がはっきりしてきたとき、「自焼」などをして、自分たちから敗北を早めること。「一、深澤朔日夜中自落、駿州悉一偏候、可為満足候」（北條氏政書状）

しらはもの【白歯者】 娘たち。「精兵三百人を撰び、白歯者・下部《しもべ》までも岩畳《がんじょう》なるを勝《すぐ》り立て」（北越軍談）

しらまし【しらまし】 勢力を衰えさす。「少しの間、敵を白《しら》ませ」（元親記）

しらむ【皛む】 白む。白々とする。「尓程《しかほど》に東嶺朗々と皛《しら》み渉《わた》り、横雲陣頭に棚引《たなびき》ければ、越衆快天の機色にて」（北越軍談）➡「皛《ひる》む」を参照

しりあし【後足・尻足】 逃走し、退去しそうな格好を見せること。（日葡辞書）

しりい【尻居】 尻餅をつく。「犬居」とも。「屏風を返すが如く尻居《しりゐ》に撞と斃《たを》る」（関八州古戦録）

しりがい【鞦】 牛馬の尾の根元から鞍にかける組紐。（伊達家治家記録）

しりき【士力】「自力」のことか。天性の技量。「末代の高名と、諸家これを存じ、士力《しりき》日々にあらたにして」（信長公記）

しりぞける【黜ける・卻ける】 斥《しりぞ》ける。退ける。「一族八臣胥議《しょぎ》して、漸々黜《しりぞ》け逐《おわ》んと欲す」（北越軍談）「心を一にして力を勠《あわ》せ、大いに挙げて合戦を遂げば、遂には東師を百里の外に追卻《おひしりぞ》けん事」（長国寺殿御事蹟稿）

しりはらい【尻払】「後払」とも。しんがり。（老翁物語）

しりもち【尻持】 その人を支持して、背後から盛り立てること。「旁々尻持被成之故、無相違候」（北条氏堯判物）

しりょ【師旅】 軍隊。戦争。軍陣。「年月事実往々犬牙睽違《けいい》する者あり。これ廼《すなわ》ち叟《そう》師旅の間に随って歳月の久しき」（慶長記）

しりょう【思量】 道理をもって推測すること。（日葡辞書）

じりょう【寺領】 寺院を頼ってその領内に入り蟄居謹慎すること。寺預け。「楚忽之義共被仕候衆、寺領なとさせられ」（上井覚兼日記）

しりわ【尻輪】 馬の鞍の鞍骨の後輪《しずわ》のこと。「馬引寄れば、頓《にわかし》て輝宗をいだきのせ、義継は其尻輪に打乗り」（奥羽永慶軍記　上）

しるし【証】 首。首級。「味方討なきやうの事、一、しるしにもぎ《掩》たらざるまへ申含様《ふくめよう》口伝有」（甲陽軍鑑　下）「勝頼公の御証《しるし》と申て小原が頸を公卿《くぎょう》にすへ候へ共」（甲陽軍鑑　下）

しるしけ【験氣】「げんき」とも。快方に向かう。元気なこと。「御病気少モ御験氣ニ於テハ」。（伊達家治家記録）

➡「験気《げんき》」を参照。

しるしちょう【印帳・首帳】 戦場で討ち取った敵の首級と、これを斬取った人の氏名とを記した帳簿。印目録《しるしもくろく》。くびちょう。「信州衆を討取申、其数漸々雑兵ともに百七十二のしるし帳をもって、同子の時、勝時をとりおこなひ給ふ」（甲陽軍鑑）

しれもの【剛弼・剛強・強者】「剛強」は「ごうきょう」と訓むのが一般的。屈強の。勇猛なこと。勢いがあって強いこと。「同士討するも多かりけれ共、藤生紀伊守剛弼《しれもの》故、能々下知して支へたり」（関八州古戦録）「知勇に於ては件《くだん》の二将も欺《あざむき》難き剛強《しれもの》たる故」（北越軍談）「松本内匠助、強《しれ》もの鎗を合せ功名あり」（北越軍談）

しろあや【白綾】 白地の綾織物。「おひはく《帯箔》　た、の弐すち《筋》　しろあや《白綾》　うらもろうす《裏諸薄》　壱ッ」（黒田家文書）

しろう【資粮】「しりょう」とも訓む。資糧。資金と食料。給料。「北国の驛路を開て、軍勢の資粮《しろう》を継《つぐ》の功を以て」（北越軍談）

しろかかえ【城抱】 城に立て籠もること。（庄内陣記）

しろぎわ【城際】 城のきわ。城のそば。「竹を束ね持て、立て置、城きはへ寄り、跡を崩しては、繰りよりに仕り」（甲陽

軍鑑）

しろさそい【城誘】 大内氏特有の語か。城に関する税のことを指すようだ。「御城誘事、（中略）朽損之材木者、詰城之時困窮之由申之、当時者一向不及其沙汰也、以外之次第也、至所々御城柱、厳重仁可被申触矣」（大内氏掟書）「筑前国所々御神領段銭・御城誘・諸天役等事」（興隆寺文書）

しろして【白幣】 御幣のこと。「しろして《白幣》御てあき《手明》衆ニきらせられ御つけ候」（伊達天正日記）

しろぜめ【城攻・城責】 敵の城を攻めること。城を攻略すること。「京勢は先立の合戦は、城責の無用意にして、敵を欺き」（応仁記）

しろたわらもの【白俵物】 米穀の俵物。木炭の黒俵に対していう。「当郷出合之白俵物幷塩あい〈合〉物以下出入不可有違乱」（加藤新右衛門氏所蔵文書）

しろとり【城取】 城郭を構えること。築城。「城取を仕候て、聊も卒爾之儀無之様、可取出候」（黒田家文書）「名嶋御城取之事、戊子二月廿五日御普請始也」（宗湛日記）

しろのり【城乗】 合戦で、敵の城へ攻め入ること。「野口合戦（中略）城乗の大事と云は、少も敵に息つかせぬ物ぞ、透間なく乗入れ我を越せ」（別所長治記）

しろもち【城持】 城を所有している武将、もしくは大名。「分国の士城持の者不及言旗本陪臣も文武之両道専一可嗜事」（奥羽永慶軍記）

しろもの【代物】 商売する品物。金銭に代わるもの。（伊達家治家記録）　➡「代物《だいもつ》」を参照

しわき【しわき】 貪欲なこと。「しわきたくハへ計を本とするによって、今度、一天下之面目失候儀、其隠有間敷候事」（信長記）

しわざ【云為】 仕業。「信長の父の織田弾正忠を憑《たの》みなされ候。爰《ここ》にて何者の云為《しわざ》哉」（信長公記）

しわす【師趨】 「師走」の充て字。十二月の異名。「其年霜月師趨《しはす》、次の年二三月迄の様被仰付、御馬を入給ふなり」（甲陽軍鑑　中）

しわりなし【割無し・理無し】 「わりなし」とも訓む。拠《よんどころ》ないこと。（庄内陣記）仕方がない。「実元久しき病気なれども、頼りに頼み給へはわりなく、居城八丁目より小浜へ参り、無事の使を申す」（政宗記）　➡「和理《わり》なし」を参照

しをこう【師を請う】 援軍を求めること。「大崎左京大夫義直、潜に伊達西山に至りて師を請う」（伊達正統世次考）

しんい【瞋恚・真意】 怒りうらむこと。忿怒。（三好記）「義頼も仁恵なき事を母堂甚た恨て瞋恚《しんい》の炎《ほのほ》を燃し」（関八州古戦録）「真意」は、「瞋恚」の充て字。怒り。「佐竹を傾けんと仏神に祈り、真意の炎に胸を焦し候」（奥羽永慶軍記　上）

しんえ【心穢】 心の穢れ。また、その人。「それ八幡の詫《たく》に鉄丸を食すると雖も、心穢《しんえ》の人の物を受けず」（奥羽永慶軍記

上）

じんえい【陣営】 陣屋を構えること。陣をしくこと。陣取ること。「而両上杉催常・総、房、野州士卒凡八万六千余甲、而陣営于武柏原」（豆相記）

しんお【心汚】 心の汚れ。心の穢れ。心穢《しんえ》。「銅焰に座すと雖も、心汚《しんお》の人の所に到らずとこそ聞け」（奥羽永慶軍記　上）

じんおし【陣押】 兵士の隊列を押し進めること。軍隊の行進。進軍。行軍。「陣押の道中にて、相陣にて、或は父子、又は兄弟（中略）を一所に組みせて」（続撰清正記）

しんか【請客】「請暇」とも書かれた。禅院の役職の一「請客侍者」の略。接客や奏上の役を務めた。また、その僧。「被召具侍者、聴呼、請客頭計光臨候者、可進力者、駕輿丁候」（文明十四年鈔庭訓往来）

しんか【請暇・身暇】 禅宗で、僧が修行などのための他行の許しを願い出ること。また、一般に、官などにある者が、一定期間の休暇を願い出ること。また、その休暇をいう。「請暇、病暇、寮暇、暫暇之僧衆定浦山敷可被思歟」（文明十四年鈔庭訓往来）「身暇日数事、在山口衆内少分眼之仁事、年中百ヶ日可給身暇之由、被相定畢」（大内氏掟書）

じんか【陣下】 ①出陣した陣中のこと。「彼口へ出馬し給ふ、様子に於ては陣下《じんか》より仰断らるへし」（伊達家治家記録）②「じんげ」とも。禁中で政務を執る場所。「於禁中陣下者、可令召進警固之旨、依天気執達如件」（経元卿御教書案）

じんがえ【陣替】 陣所を他に移すこと。「就中衛門佐は河内国寛弘寺に引籠之間、各明日可陣替云々」（大乗院寺社雑事記）

じんかつ【尽渇】 すっかり無くなること。「克かく防守と云へども、粮尽渇に及び、二月十五日城陥る」（北越軍談　中）

しんがり【殿後・後騎・尻狩・陣がり・殿】「殿《しんがり》」の充て字。撤退する時の最後尾を守ること。「一時攻の積《つもり》を以て先隊《さきて》・後騎《しんがり》一回に叫喚《さけびおめき》て責立《せめたつ》」（北越軍談）「山北勢尻狩《しんがり》の者共急度見て、我も々々と取て返し、鑓・長刀を揃て是を防ぐ間に」（奥羽永慶軍記　上）「信玄公、小田原表利運に被成、十月六日に引取給ふ事、四郎勝頼、陣がりを被成候て」（甲陽軍鑑　中）

しんかん【宸翰・真翰】 宸筆とも。真翰・親筆に同じ。天皇の手紙。（日葡辞書）

じんぎ【人気】 気配。様子。「敵ののく《退》を見て一戦をはじむると定、先衆・旗本衆、したゝめ《認》のじんぎ《人気》を西条山にをひて謙信見給ひ」（甲陽軍鑑　中）

しんきゅう【賑給】 施すこと。「自ら衣鉢《えほつ》を傾けて以て之に賑給《しんきゅう》すること、漂母の韓信に於けるよりも篤し」（一徳斎殿御事蹟稿）

しんぎょう【心経】 般若心経のこと。「御小人頭《かしら》山本土佐・小木原《おぎわら》両人を召、心経《しんぎょう》を存知たるかと御尋あり」（甲陽軍鑑　中）

しんぎょうえ【心経会】 般若心経を誦読する会。（伊達家治家記録）

しんきん【辛勤】 難儀。（日葡辞書）

じんくみ【陣与】 陣組に同じ。「陣与《くみ》の外勝手次第に陣取る可からざる事」（奥羽永慶軍記　下）

しんけつ【身血】 心血。まごころ。ここでは降伏したこと。「藤沢次郎和ノ義落書、十一日藤沢次郎身血、其上藤沢権次郎為人質穴山陣所へ参」（高白斎記）

しんけん【進献】 進上する、献上する。また、書状の脇付としても用いる。「仍任嘉例、御太刀一腰令進献候」（貴理師端往来）「二月吉日　清顕（花押）　福聚寺　進献」（福聚寺蔵田村清顕捉書）

しんげん【震眩】 地震のように天地が震える。「渺《びょう》々たる鯢海磯《げいかいいそう》打浪に音を拷《たた》へて、天地も是が為に震眩《しんげん》すべしと駭《おどろ》かる」（北越軍談）

しんご【寝寤】 寝ても覚めても。四六時中。「夫より寝寤《しんご》に父が敵を討んと思ひけるこそ恐ろしけれ」（奥羽永慶軍記　上）

じんご【盡期・尽期】 限り。際限。打消の語と結びついて用いられることが多い。切がない。際限がない。「遠路預御飛札候、如仰當春御慶、不可有盡期候」（二月八日付、壱岐守宛真田信繁書状）「御粉骨尽期《じんご》なき次第、あげてかぞふべからず」（太閤さま軍記のうち）「然者蒲田要害無心元存候条、無尽期辛労雖察存候」（広島大学日本史研究室蔵大友宗麟書状）
➡「無尽期《じんごなし》」を参照

じんご【陣伍】 ➡「陣立《じんだて》」を参照

しんこう【進貢】 優位に立つ国や官に、物を奉ること。「南方進貢船、今月四日申刻、三艘入津、不許容衆一人出船而入家」（蔗軒日録）

じんこう【人口】 世間の人のうわさ。口の端にのぼる。「御夫婦の御中なれば、御子の御ためと申、人口と申、方々以てか様に」（三河物語）
➡「人口《ひとくち》」を参照

じんこう【沈香】 沈香は沈丁花科の常緑喬木から採取せた香料。優良品を伽羅《きゃら》という。「因って是自り沈香三斤・花瓶一象眼・盆一枚堆紅を差進す」（伊達正統世次考）

じんことば【陣詞】 陣場で使う言葉。陣場特有の言葉が多々ある。「一、陣詞の事、味方の陣所を陣場と云、五日に過る則《とき》は、本陣と云」（北越軍談　中）

じんごなし【無尽期】 「期を尽くすこと無く」とも訓む。①ゆとりのないこと。「此節被遂一和候（はてはヵ）、余無尽期候」（保坂潤治氏所蔵文書）②際限がない。「剰當方牢人歴々令撫育、狼藉無盡期之条、参洛不任所存候」（東京大学史料編纂所蔵大友義鑑書状）
➡「盡期・尽期《じんご》」を参照

しんこのまじわり【真个の交わり】 「真個・真箇」の充て字。まことの。虚偽のない。「縦い真个の交りたると雖も、婬乱雑談なすべからず」（甲陽軍鑑）

じんごや【陣小屋】 軍隊の駐屯する小屋。小屋掛けの陣屋。「諸軍勢行きくれて、くゎうくゎうとある野原にぢんごや掛くる手だてもならず」（義残後覚）

しんこん【心根】 心の奥底。（日葡辞書）

しんさい【神載】 起請文。誓状。「神載を以て心底され頼母敷欣悦せしめ畢《おわん》ぬ」（庄内陣記）「遂直談候、其上互神載不浅之故、聊雖非疑心候」（慶応義塾図書館蔵島津義弘書状）

しんざすぼう【しんざす棒】「尻刺」の転。心張棒に同じ。「勘介刀をとりあはせず、そこにしんざすぼうのあるを取て、向ひうけて組ころばし」（甲陽軍鑑 中）

じんさん【陣参】（伊達領中の）武士たちと同様に、戦いの場合には伊達氏の陣に参加する。「拙者父子意趣を失わざる之遇接有るに於ては、則ち陣参以て貴国の人に同然たる可し」（伊達正統世次考）

しんし【参差】 ①願いなどが叶わない。揃わない。矛盾している。「強剛の正信、逆はざるの道、今に至るも参差せず」（日新菩薩記）「公方被召置上者雖無子細、連々所望参差無念之至也、入道所行不可説、無念至極也」（看聞御記）②食い違い。「其後双方実義の参差《しんし》覆蔵《ふくぞう》なく通達せしかば」（北越軍談）➡「参差《さんさ》して」を参照

しんし【親子】 親子《おやこ》のこと。「神戸三七殿しんし《親子》の事に候あひだ、御上洛なされ、秀吉公は、御本意かたじけなきと」（太閤さま軍記のうち）

しんし【進止】 ①土地や人間を自分の心のさまに取り扱うこと。「然共《しかれども》坂東は方輿《ほうよ》寛博《かんはく》にして、中国に較《くらぶ》れば二倍三倍たるに依て、漸《ようやく》千貫・二千貫を進止《しんし》する族《やから》」（北越軍談）②その土地の支配・管理について、自分の責任で処理すること。「自今以後ハ、御治世ノ御事ト、国衙ノ郷保、幷ニ本家領家、年来進止ノ地ニ於テハ、武家一向其綺ヲ可止ニテ候」（太平記）③停止すること。「しんじ」と訓む。「伏見新地分幷京都地子銭等、如有来被進止、可被専朝役之状如件」（梅戸在治氏所蔵文書）

しんし【唇歯】 両者が互いに助けあう親密な間柄にあることのたとえにいう。「伏願永々自他和好、共全唇歯之邦者也、至祝々々、恐惶不宣」（後編薩藩旧記雑録）

しんじ【心事】 心に思うこと。「黄金五両到来、尤も祝着之至也、心事猶重ねて申《の》ぶ可き也」（伊達正統世次考）

しんじつ【親昵】 親戚一同や昵懇の者たち。「勤番の壮士口論し、刃傷《にんじょう》に及ぶ、是に依て其一族親昵《しんじつ》の輩双方の宅地え駈集り、城邑 聊《いささか》騒動す。」（北越軍談 中）

じんじつ【人日】 五節句の一。正月七日の節句。七種の粥を祝う。「天顔快晴、人日一段之祝詞、万幸々々」（実隆公記）

しんしゃく【斟酌・斟杓】 ①遠慮。辞退する。気をつかう。「御申し候に付、斟酌申され候ひつれ共」（昔阿波物語）「御城へ内府被罷移之由承候、御番等被致候段、定斟酌可被存候へとも」（黒田家文書）「斟杓」は「斟酌」の充て字。「某《それがし》わどか百騎許にて、罷成間敷候と、馬場美濃守斟杓《しんしゃく》申候」（甲陽軍鑑 中）②手加減する。「一、右衛門与力・被官等に至まで斟酌候之事、た丶別条ニ而無之」（信長記）③招待して

くれた人や世話してくれた人に態度にあらわしてする挨拶。または、断りや弁解。（日葡辞書）

しんしゅ【心趣】 心がけ。心やり。（昔阿波物語）

じんしゅう【陣衆】「新衆《しんしゅう》」の充て字。新たに召し抱えられた人々。新参の人。「信玄公、御中間かしら《頭》衆に被仰付、駿府の酒をかひ、陣衆の道作り千人にもたせ」（甲陽軍鑑 中）

じんじゅう【甚重】 ①事態が極めて深刻なところに立ち到っているさまであること。「佐渡守伊賀守故ナキ謀反ヲ胸中ニ思含シガ、終ニ主君ノ罰ヲ甚重ニ蒙リ、無跡形亡ニケリ」（信長記）②大いに。丁重に。「一、公方様へ嶋田・有閑を以、甚重ニ御理申半候」（細川家文書）

じんじゅう【深重】 深く重いさま。事態の程度が並々ならぬ状態まで及んでいるさまであること。「良《まこと》に大義の功業は一朝に事成り難し。越兵の残念深重《じんじゅう》たり」（北越軍談）「抑遼遠之国、輒依難通音信乍思馳光陰遺恨深重也」（文明十四年鈔庭訓往来）

しんじゅつ【申述・伸述】 申し述べること。「其の時口 宣等之を出す可し、巨細両使僧申述《しんじゅつ》せらる可き也」（伊達正統世次考）「先《まず》肝要と為《な》す、委曲は重ねて伸述す可く、不具」（伊達正統世次考）

しんじゅんのそしり【浸潤の譖】 潜は譖《そしる》の誤りか。水の浸み込むように深く滲透する讒言。「大光寺が逆心の由を訴けり。実に浸潤の潜、膚受の愬《うったえ》明かなる世にしなければ」（奥羽永慶軍記 上）

しんしょ【心緒】 考えの道筋。心の動く糸口。また、心の中で思っている内容。心持ち。「斯《ここ》に音問を辱くす、心緒後音を期する也」（伊達正統世次考）「不可有御疎意候、心緒重而、恐々謹言」（酒井家文書）

じんしょ【陣所】 軍隊が、陣を設けてしばらく駐在する所。陣屋。軍営。「越前衆の陣所、今日十四五間焼候由申候了」（言継卿記）

しんしょう【深衝】 敵の領内へ深く攻め入ること。「猶以て深衝之兵談一に卿《なんじ》に在る而已《のみ》」（伊達正統世次考）

しんじょう【進上】 上所の一つ。目上の人宛の書状の上書や宛名の上に添えて書く語。「進上」は敬意が最も高くて、「披露状」においても、「直札ジキサツ」においても同様に、例えば、自分の主君、父と母、師匠、そして主要な貴人に対して用いられる。「右之分うけ取申候、巳上 八月廿六日 梶原助兵衛（花押） 進上 如水様 まいる」（黒田家文書）

しんじょう【進状】 文書を差しだすこと。また、その文書。「先日於庄家、下知状之処、委細不能返事之間、進状可被下事」（高野山文書）

じんじょう【尋常】 殊勝。「持隆の志な尋常」（細川家記）

じんしろ【陣城】 戦場で、臨時の城を造ること。謙信流では山に陣を取ることをいい、北条流では陣地に堀をめぐ

らすことをいう。「畠山右衛門佐の方より、西岡の勝蔵寺を陣城に相拘」（応仁別記）

しんじん【深沈】 物寂しく静かなさま。「深沈たる所」。（日葡辞書）

じんじん【甚深・深甚】 特に、互いに誼みを結んだ仲である意を表わす。「仍向後可為御甚深之段、到鹿児嶋も被成其理候之哉、最候」（相良家文書）

しんしんたり【森々たり】「深々たり」に同じ。静かである。「爰《ここ》に於て佳声《かせい》を発する輩諸家に森々たり」（北越軍談）

しんすい【神水】 ①和議が成立した時には、和議誓約の神水交換をすること。「梅雪斎（田村顕基）・かん釣斎（志賀）被参候、御神水被指越候、（中略）義重（佐竹）よりも御神水参候」（伊達天正日記）②神前に水を飲んで誓約することが行なわれた、その際に使う水。「佐竹常陸介殿義重より林庵齋検使として神水到来す」（伊達家治家記録）

しんせ【嚫施・信施】 寄進・布施をすること。（日葡辞書）

しんせい【心勢】 気持ち、心持の意。「雖然無指儀候哉、因茲御心勢火急に可有之候歟」（伊達家治家記録）

しんぜい【蓁薺】 雑草の茂るの意から「蓁薺を芟《か》る」は領地を平らげるという意。「越中・加賀・能登・越前の蓁薺を芟《かり》て功臣に割与へ」（北越軍談）

しんせき【晨夕】 朝夕。「勅命を恐れず、武制に順《したが》はず、晨《しん》夕《せき》の間、山野に矛楯し」（奥羽永慶軍記 上）

じんぜん【荏苒】 歳月の巡りゆくさま。物事が延び延びになること。「是より懐妊《かいにん》あり、荏苒《じんぜん》たる月次《つきなみ》満《みち》て、猿松殿出産なり」（北越軍談）

しんそ【心疎】 互いの人間関係がよそよそしくなっている。打ち消し語を伴い、隔心ないことを確認しあうために用いる。「於御進退之儀、幷兵少申談、我等請かゝり申上者、一切不可有心疎事」（黒田家文書）「今度改先非、鑑種、隆信、政家申談之条、当時行末、対鑑種無心疎可申承候事」（田尻家譜）

しんそ【親疎】 親近なことと疎遠なこと。「然りと雖も稙宗諸家に於て固《もと》より親疎を分《わか》ち難し」（伊達正統世次考）

しんぞ【神ぞ・真ぞ】（「神ぞ照覧あれ」の略で、決してこの誓いに背くまいの意の自誓のことば）神かけて。本当に。心から。「御手前など御心中更々可有御志等候とも不存候、神ぞ々々其分ニ候、切々人ヲ御越候儀御無用にて候」（小山田壱岐守宛真田信繁書状）「神ぞ々々此中も御噂申出候」（熊谷文書）

しんぞう【新造】 武家の妻女をさしていう語。御新造。「新造としより候へば、其身もともに行歩不自由故」（島津家文書）

じんそう【陣僧】 大将が陣中に伴って文筆の用をさせた僧。また、敵陣へ遣わす使いの僧。「陣僧の事、室町将軍の古例軍陣には必僧を一人伴ひ給ひし也、是を陣僧と云」（貞丈雑記）

しんたい【進退】 ①身の処置。去就。「如仰、兵庫頭進退之事、去年上方御弓箭之企」（黒田家文書）②処分。「降参をなす。元親進退の事、秀長・秀次に相任せおくの条」（四国御発向幷北国御動座記）③支配する。取り扱う。「日本半分を御預り成され御進退候事」（老翁物語）④駆け引き。「里分は北方より身体（進退）仕候」（昔阿波物語）

しんだい【身躰】「身代」の充て字か。一身に属する財産。資産。「能縁類の影にて身躰《しんだい》は何事有まじく候と思ひ」（甲陽軍鑑　下）

じんだい【陣代】主君に支障がある時、代わって戦場に赴く役。また、主君が幼少の時、代わって軍務・政務をとる役。軍代。「信勝十六歳の時家督なり、其間は陣代を四郎勝頼と申し付け候、但武田の旗はもたする事無用也」（甲陽軍鑑）

じんたいたち【人躰達】大将らしい振舞い。「終に人躰達毛頭仕らず」（御家誡）

しんたつ【申達】申し達す。「黄金三十両を進上せらる、即ち之を申達《しんたつ》す、因《よ》つて内書を賜う尤《もっと》も以て珍重也」（伊達正統世次考）

しんたつ【進達】進上いたします。「若首尾於相違者、従此方合力可申候、為其一書進達候」（内閣文庫蔵記録御用所本古文書所収徳川家康書状写）

じんだて【陣立・陣起】「じんたち」とも。戦いをするための陣の構え方。戦場での軍隊の配置や編成。いくさだて。陣立ち。陣伍。配陣。「仍四日光宣僧都又郡山え令陣立了」（大乗院寺社雑事記）「去間此方寄子近付陣立シケク候而、皆々迷惑イタシ候」（妙法寺記）

しんたん【震旦】支那のこと。「彼の本尊と申すは大国震旦《しんたん》までも隠れなき霊験殊勝《しゅしょう》の観世音」（信長公記）

しんち【新知・新地】新しく手に入れた領地。新領知。「其方儀、本知事者不及申、新知等可被仰付候」（長国寺殿御事蹟稿）「会津への軍も叶はず、檜原に新地を取立給ひ、後藤孫兵衛を城代にして」（政宗記）

しんちょう【信庁】上杉謙信の定めた四庁の一つ。御幢殿《おんはたどの》を言う。「子細に説かば信庁とは御幢殿《おんはたどの》を斥《さ》せり」（北越軍談　中）

しんちょう【深長】奥深く遠いこと。懇ろに。「龍造寺山城守事、先年依詫言深長、令赦免候処」（慶応義塾図書館蔵大友宗麟書状）「対当家〈島津家〉竜造寺政家事可為無二深長之由以神文承上者」（島津家文書）

じんちょうかん【神長官】諏訪大社の神職の一つで、守矢氏が世襲した。「恐々謹言　十月廿四日　諏訪頼忠（花押）神長官殿　御宿所」（守矢早苗氏蔵諏訪頼忠書状）

じんづめ【陣詰】陣に詰める人夫のこと。「次以落来田畠毎年四百石運上之、為軍役百人宛可致陣詰云々」（賀茂郷文書）

しんでい【深泥】したたか酒に酔うこと。泥酔すること。深酔い。「御祝之後、於大所一盞有之、広、坊、予、薄等也、

深泥之間不及退出、番衆所に祇候候了」（言継卿記）

じんてい【陣庭】 陣場に同じ。「早々致支度、来十六七之間、利根川端之御陣庭へ可打着旨、被仰出候」（北條家朱印状）

じんてい【仁体】 輩。やから。「数度武篇いたす、おぼえの仁体、先を争ひ、坂井甚介に渡り合ひ」（信長公記）➡「人躰《にんてい》」を参照

しんとう【心頭】 心、または内心。（日葡辞書）

じんとう【陣頭】 ①「虎口」に同じ。衝突、または戦闘の初め。②部隊や軍勢の先頭。（日葡辞書）

しんどく【真読】 経文を省略せずに読誦すること。⇔転読。「追而、新造御祈禱真読大般若之事」（比毛関氏所蔵文書所収武田信玄書状）➡「転読《てんどく》」を参照

じんどる【陣取】 ①敵陣を攻めて奪い取る。②陣地を作り敵に対する。「宰相中将殿は二日より東寺に陣取て、著到《ちゃくとう》を付られけるに」（太平記）③「じんどり」と名詞として用いる。陣取ること。陣を構えること。また、その場所。「陣取の場処見合事、御家中の諸大将衆にすぐれたり」（甲陽軍鑑）

じんにん【神人】 神社において、神主・宮司等のもとで、神事や雑役に従事する下級の神職。「暁大風吹、雨降、晡時晴、聞、放生会神人訴訟有四十二ヶ条、社頭ニ神人四人閉籠奉仰神幸」（看聞御記）➡「神人《じにん》」を参照

しんのう【進納】 決められた物品や金銭を、お上に納めること。「以浦役銭可致進納之由、地下仁申請之間、被任懇望畢」（大内氏掟書）

じんば【陣場】 陣詞で味方の陣所をいう。陣取っている場所。陣所。陣屋。「一、陣詞の事、味方の陣所を陣場と云、五日に過る則《とき》は、本陣と云」（北越軍談 中）「陣取之時、或陣場相論、或陣具等奪合、不可及喧嘩事」（上杉家文書）

じんばなれ【陣離】 陣地を離れること。軍隊から離れること。「日向左近らは、よくも陣離れしてきたりて候ほどに、力に及はず」（籾井家日記）

じんばらい【陣払】 陣所を引き払って退くこと。退陣。退軍。陣開き。「こよひてきともおちうせてちんはらゐともする」（御湯殿上日記）

じんびらき【陣開】「陣払《じんばらい》」に同じ。「かわちのちんひらきのよしきこゆる」（御湯殿上日記）

じんぷ【陣夫】 戦時に物資輸送、架橋、陣地構築などの雑役を行わせる為に村々から動員された人々のこと。彼らは実戦部隊（軍役）と同様、検地によって確定した石高（石高制以前においては貫高）の量に応じ大名の命により村々から集められた。「福智院殿之内、近日奈良中陣夫相催之」（大乗院寺社雑事記）

しんぷく【心腹】 腹のうち、腹蔵という意。「不残御心腹中上候処」（伊達家治家記録）「此度彼挨拶心腹ニ相叶ニ付而者、来月上旬ニ當方迄可被参候」（鈴木藤三郎宛北條氏政判物）

じんぷせん【陣夫銭】 戦陣に詰める人夫に支給するための資金を調達することを目的とした税のことか。「陣夫銭之儀、棚橋彦一郎何かと違乱候」（日比野文書）

じんぶれ【陣触】 陣中で出す布告。また、出陣の命令。「武田晴信と弓矢を始め申すべく候間、陣触れ仕り候へ」（甲陽軍鑑）

じんぺき【陣壁】 軍陣。「此に到り懸田に向って、陣壁を進め以て之を攻む」（伊達正統世次考）

しんぽう【親封】 手紙。書状。「誠其已降良久不能音問条、内々可令啓述由、逼塞之砌預親封候」（米沢市上杉博物館蔵宇都宮国綱書状）

じんほた【沈榾】 沈香の榾《ほた》。（御家誡）

しんぼち【新発意】 発心して新たに仏門に入った者。新しく剃髪して世を捨てた人。また、剃髪した子どもの坊主。「道理かな、此船は大概新発意《しんぼち》に老僧四、五人打乗」（奥羽永慶軍記 上）

しんみ【辛身】 苦労。「松山に罷り越し辛身致し候」（桂岌圓覚書）

しんみつ【神密】 極秘。極めて秘密なこと。「豈《あに》吾這般《こはん》の謀に陥らん乎《や》。兵は神密を尚ぶ」（北越軍談）

しんみょう【神妙】 けなげなこと。感心なこと。立派なこと。殊勝。奇特。「豊後面相残諸城、堅固相践候由、神妙候」（黒田家文書）

しんみょう【晨明】 「しんめい」とも。明け方。黎明。金星のこと。「緯白《いはく》三百端・晨明《しんみょう》蠟燭五百挺・白銀千両を進上あり」（北越軍談）

じんみらい【尽未来】 未来永劫の続く限り。永遠の未来まで。「景勝起請《きしょう》を仕り御旗下に罷成、尽未来《じんみらい》御無沙汰申間敷とある」（甲陽軍鑑 下）

しんめい【神名】 起請文の神名省略の時に用いる。「此旨偽るに於いては、神名行替え」（庄内陣記）

しんもん【神文】 起請文のこと。天地神名のもとに、書面で誓約されたところ。「以神文承上者、為義久、到政家当末不可有疎儀之事」（島津家文書）「御堺目雑説中乱之由承候之条、尾崎局方、津和野御局方え以神文令申候処、重而御懇承候」（吉見文書）

じんや【陣屋】 合戦の際、軍兵の駐屯する営舎。軍営。陣所。「此日、陣所見合、陣屋搆させ候、取添之下之平良に、日州衆同陣仕候」（上井覚兼日記）

しんやく【神役】 氏子としての住民が、その神社から課される諸役。「神主善理神田悉沽却了、仍神役可致沙汰事難治之由申間、件神田買得之輩令勘落、神役如元可執沙汰之由奉行ニ下奉書了」（看聞御記）

しんらん【進覧】 差し上げること。受け取る人を尊敬して、その人に対する書状の「側書《ソバガキ》」に使われる。お目に懸ける。「次に常の公家衆中にてもいまだ五位六位の方へは、人々

御中などとなく共、進覧など共可然候はん哉」（大諸礼集）➡「側書《そばがき》」を参照

しんりょ【振旅】軍を整えて凱旋すること。「和談事成て双方振旅《しんりょ》の砌に至り、蘆名家の先隊佐瀬源兵衛」（関八州古戦録）

じんりょ【陣旅】①前線における戦い。また、その戦いの場。「然而先懸分捕者武士之名誉、夜詰後詰者陳旅之軍致也」（文明十四年鈔庭訓往来）②前線における陣営。「只片時もはやく引取、吾陣旅を固くし、時と位を見るならば、旬内に天下掌握に帰すべし」（太閤記）

じんりん【人倫】人の通る道のこと。「北は大木茂りて深山に続き、人倫の道も絶たり」（奥羽永慶軍記 上）

じんろう【甚労】難義する。苦労する。「以て安心す可し、汝《なんじ》甚労すと雖も淹留して以て之を成せ」（伊達正統世次考）

じんろう【陣労】陣に詰めての辛労のこと。「大途（北条氏以御下知、成田人数相州表ニ在陣、依之番替可為遅延候、一入之陣労察入候」（北条氏照書状写）

じんをあける【明陣】陣を解くこと。「当表仕置堅固申付、明陣候之間、近日可納馬候、可御心易候」（土佐国蠹簡集残編武田勝頼書状写）

すあい【すあひ】鉄砲の筒の空洞。「あい」は「幅」のこと。（日葡辞書）

ずいいち【粋一】「随一」の充て字。「公は粋一《ずいいち》の剛強大丈夫たりと、天下挙《こぞっ》て称美す」（北越軍談）

すいえき【水駅】自らの饗応を粗末なもてなしと謙遜していうのに用いる。「理性院僧正（中略）範久朝臣等参会、奉勧一盞、卒爾水駅之体比興々々」（実隆公記）

すいきゅう【衰躬】「衰窮」に同じか。衰え困窮してくること。「僅に生命を秋草の露にたぐひ、衰躬《すいきゅう》を木枯の風に傷めて」（奥羽永慶軍記 下）

すいきょ【吹挙】物事を褒め称えること。（日葡辞書）

すいさん【推参】①差し出がましい。「忠兵衛め、口の利《きき》たるま丶に推参を申す」（南海通記）②無礼ぶしつけな振舞。「信長御腹を立給ひ、大き成御声ヲ被成すゐさん《推参》成せがれ共めが、何をしりて云候と仰ければ」（三河物語）③書状で、こちらから訪問する行為を不躾なこととして卑下すること。「返々御志難有候、以推参彼是御礼可申延候」（貴理師端往来）

すいし【悴志】厚意を尽くすこと。「関原表軍《いくさ》敗れ候時も悴志を仕り候」（関原陣輯録）

すいし【出師】軍隊を繰り出すこと。出兵。「連々出師《すいし》の御工夫一段と然るべき乎《か》」（北越軍談）

すいしき【推識】推しはかる。「路次自由ならず、心中の苦労此に推識する所也」（伊達正統世次考）

すいじゃく【推著】「衰弱」の充て字。弱る。「此度の戦には老父も敵に推著《すいじゃく》を見せ、剰《あまつさえ》疵を負れしなれ、と折々嘲哢申されし」（北越軍談）

ずいじゅん【随順】 随うこと。「焼殺ス段、大悪行の最《さい》たり。誰かれに随順《ずいじゅん》たるべきをや」(甲陽軍鑑 中)

すいじょう【水定】 海や川に身を投げて自殺すること。(日葡辞書)

すいじん【推陣】 進撃する。「推陣の儀雲火《のろし》に付き組切りの儀は挑灯にて」(万代記)

ずいじん【随身】 所持する。「生易之鵤鷹御随身之条、可見給之由、任御内意之旨、鷹師差下候き」(上杉家文書)

ずいせい【瑞世】 目出度い世の中。「禅興寺御瑞世之儀、相公様雖御在位無之候」(喜連川家文書案二)

ずいそう【瑞相】 単に「きざし」の意に使用している。「秀之(秀行)家康公の御聟なれども、若年故此義乱国の瑞相なれば、先国を差上候へとて」(政宗記)

ずいちく【随逐】 追随すること。「摂家清華を始め、諸卿百官幷《ならび》に三管領《かんれい》、四職、其の外、所々の国司、各《おのおの》来住して随《ずい》逐《ちく》せざるの人なし」(柴田合戦記)「於田舎石州(大内道頓)之敵令随逐之間、件地事成下知於他人之処」(新編武州古文書)

すいちょう【推帳】 推調か。推測、推定すること。「如命其後者願上候、御推帳は御床敷奉存候」(梁田助利書状写)

ずいてき【随敵】 随わせるべき敵のこと。⇕破敵。「件の大将にも破《は》敵・随《ずい》敵の二あり。破敵とは、やぶる敵、随敵とはしたがふ敵、それをしる事」(甲陽軍鑑 下)

すいにち【衰日】「徳日」とも。陰陽道で、人の生年月の干支によって万事に忌み慎むべしという凶日のこと。衰日勘文。「我、衰日《すいにち》・六害ノ日を用ことなかれ」(甲陽軍鑑 下) ➡「徳日《とくにち》」を参照

すいはい【酔悖】「衰廃・衰憊」の充て字。衰疲・衰弊のこと。「酩酊と謂ひ、周章と謂ひ、前後を忘れ断をなせども、酔悖《すいはい》したる壮者儕甲斐々々《ばらかいがい》敷扶《しくたす》けんともせざりしにや」(北越軍談)

すいはつ【垂髪】 後ろに髪を垂らすこと。その姿から幼児のこと。(黒田家文書)

すいばら【杉原】「杉原紙《すぎはらがみ》」に同じ。播磨国多可郡杉原谷(現在の兵庫県多可町)で漉かれた和紙のこと。「杉原　スイバラ　紙名也　播州杉原村始出也」(天正本節用集) ➡「杉原《すぎはら》」を参照

すいひん【蕤賓】 陰暦五月の異名。「永禄元年戊午蕤賓中瀚、竜山子謹んで誌す」(甲陽軍鑑)

すいぶろ【水風呂】「据風呂」の充て字か。風呂桶に直接かまどを取り付けたもの。塩湯・蒸し風呂・薬湯に対していう。「大津城をせめ候を、京の町人共さけ《提》重箱すいふろ《水風呂》もたせ三井寺の観音堂にておそろしくもなく日々見物いたし候となり」(慶長記)

ずいぶん【随分】 丁度具合のよい。「老共《としより》、元親随分窺ひ、御内証御談合申す」(元親記)

ずいぶんのもの【随分の者】 身分のある者。「片寄市丞と申

す随分の者を初として」（老翁物語）

すいぼう【推望】 不躾ながら、こちらの意向を通させていただくこと、をいう書札用語。「雖存憚試及推望、御気色如何」（文明十四年鈔庭訓往来）

すいもう（のけん）【吸毛（の剣）】 非常によく切れる剣。（日葡辞書）

すいり【睡裏・酔裏】 酒に酔っている間。酔中。沈酔中の意。「帰路於堀川局里傾数盃、酩酊、又向青蓮院、建仁寺、二条亭、西園寺、花山院、中院等酔裏忙然也」（実隆公記）

すうげつ【陬月】 正月。「去程に、其年もくれて天正十五年陬月《すうげつ》の始めつかた」（奥羽永慶軍記　上）

すえくち【末口】 ⬇「本口《もとくち》」を参照

すえしゅう【末衆】 室町将軍家の膳部を調えたり、宿直勤仕したりするなどの雑事に携わった下級の武士。末の者。おすえしゅう。「末衆五人、同非司、内侍所（五位、アカ）女嬬、長橋之女房衆三人」（言継卿記）

すえはん【据判】 書き判。花押のこと。「すへ判の御感は物《そう》而《じて》いだし給はざるゆへ如件」（甲陽軍鑑　下）

すえもの【据物・居物】 罪人の死体などを土壇《どだん》に据えること。また、土壇に据えた死体。刀剣の試斬《ためしぎ》りに用いた。「今福浄閑若き時分より、ためし物を、よくきる人にて、しかも上手なれば、既にすへものを切って」（甲陽軍鑑）

すえものぎり【据物斬】 刀剣の試斬《ためしぎ》りとして罪人の死体を切ること。据物打ち。

すかさず【透さず】 すぐに、ただちに。（庄内陣記）「既に崩れんとする処に、二陣成実、人数を入かへ、透さず虎口《ここう》に押入り攻めける」（奥羽永慶軍記　下）

すかし【透】 間を置いて。「則成敗申候由、以御透《すかし》可申上候」（伊達家治家記録）「世間唱之所ヲ、不顧斟酌申達候、又吾等ニも、被覃聞召透御意見蒙仰候者、過分ニ可存候」（近藤綱秀書状）「一、條々儀、愚意透雖口上申候」（北條氏綱書状）

すかしもん【透門】 ⬇「透門《すきもん》」を参照

すかしょ【数箇所】 多くの所。「数箇所の手を負う」（多くの切り傷を受ける）。（日葡辞書）

すかす【賺す・諭す・偽寄】 なだめる。言いくるめる。「晴氏是に賺《すか》され然ば上杉へ助援すへしとて」（関八州古戦録）「命あらんに於ては某行向て諭《すか》して見んと申ける故」（関八州古戦録）「御誤なき通り仰せ分られ候らはゞ、いかで御和睦有まじきや、といろいろ偽寄《すかし》奉る由」（政宗記）

すかす【すかす】 好《すか》す。好むこと。「家康公、書籍すかせられ、南禅寺三長老・東福寺哲長老・外記・局郎・水無瀬中納言・妙寿院・学校兌長老など、常々被成御咄候故」（慶長記）

すがめ【眇め】 やぶにらみのように横目で見る。（日葡辞書）

すがる【縋る】 垂れかかる、寄りかかる。（日葡辞書）

すき【方今】 矛盾敵対関係をいう。「方今其の地日限を約し当境に於ても亦同日致さんと欲す」（伊達正統世次考）

さ

すきあい【生業】「すぎわい」の変化した語。世渡りの手段。「若党小もの、扶持給《ふちきう》にもたらず候へば、内儀はむかし親祖父すきあゐ《生業》のことく也」（三河物語）

すきあく【明隙】余裕を生じたの意。「當方（北条氏）御縁者に被取結、西口明隙《すきあく》候」（伊達家治家記録）➡「隙明《ひまあけ》」を参照

すきごと【僻事】好き事。趣味趣向。「ヶ様の心故にこそ僻事杯にて曲事と有事、若年より終に不覚」（政宗記）

すきしゃ【好者・数奇者】茶の湯をたしなむ人。茶道を好む人。茶人。「数奇者と茶の湯者は別なり、茶湯者と申は、手前よく茶たてて、料理よくして、いかにも塩梅よく、茶湯座敷にて振舞する人を申す、扨又数奇者と申は、振舞に一汁一菜なりとも仕り、茶は雲脚にても、心の奇麗なるを数奇者と名付てよび候」（甲陽軍鑑）

すぎしょうじ【杉障子】枠があるだけで、中に横桟のない戸。（日葡辞書）

すきすおう【透素襖】越後縮で仕立てた素襖。室町時代の略儀用の衣服で、六・七月に着用した。「是自《よ》り薄板物一つ・須起寿波宇《すきすわう》一つ・扇一本を進上す」（伊達正統世次考）

すぎなり【杉形・杉状】①陣立《じんだて》の名称。前隊に足軽を鉾形《ほこがた》に並べ、その後ろに武者を配したもの。ほこや。「只此度鑓を合たる中にも、吉成勘助下村市之丞などこそ、杉なりに懸て鑓を合せたるると申ける」（信長記）②物を盛り上げた形が、先がとがって底辺を広げた形状であること。「なつめ中つきに茶いれやうの習あり、ふるき茶は杉なりに入てよし」（紹鷗袋棚記）

すぎはら【杉原】播磨国揖東郡杉原村（兵庫県多可郡加美町）で産した紙。奉書紙に似てやや薄く種類が豊富で、主に武家の公用紙として用いられた。米糊《こめのり》を加えて漉くところに特徴がある。「承久元年己卯（中略）杉原紙始而流布」（北条九代記）➡「杉原《すいばら》」を参照

すぎぶん【過分】分に過ぎること。「かぶん」とも。「たとひすぎ分におぼされ候とも、先々知行被遣候て成共和睦可然可と存候」（島津家文書）

すきまかぞえ【透間かぞへ】「透間数え」とも。敵の虚に乗ずること。隙を狙うこと。油断を伺う。「此家康透間《すきま》かぞへなる大将にて」（甲陽軍鑑　下）

すきもん【透門】「すかしもん」とも。外から見え透くように扉を造った門、門扉の半分下を板戸とし、上半分を格子にした門。「城取の事（中略）一、門扉《とびら》ひじかねの事　一、門ぢ《地》ふくの事　口伝　一、すき門の事　口伝」（甲陽軍鑑　下）

すきわい【業】生計をたて、渡世するための手段となるもの。（日葡辞書）

すきをあけ【明隙】余裕を生じたの意。（伊達家治家記録）

すく【助】助ける。「信長に六ヶ敷《むつかしき》事あらば、家康すけ、蔵《くら》

人《んど》家康に大事あらば、信長すくべく候とて」（甲陽軍鑑　中）

すくなからず【不鮮】 少なからず。少なくない。「名物之条、連々一覧之望候處、旁以自愛不鮮候、度々御懇信快然之至候」（本願寺文書）

すくむ【噤む】 竦《すく》む。体がこわばる。「長坂には、原・小山田、左右より取噤《すく》め引出して、彼が宿所にぞ送り帰しけり」（武田三代軍記）　➡「噤《つぐ》む」を参照

すくめて【竦めて】 力ずくで、または無理に押さえつけて。（日葡辞書）

すけ【弐・助】 助けること。「右京殿討死は有間敷に、内膳殿一圓弐《すけ》させたまはず」（三河物語）「信長の大事を如何程家康すけ、其上信長と中合たる筋目をたて」（甲陽軍鑑　下）

すけかけ【助懸】 援軍に出かけている。「其境々の御人数は云ふに不及、其邊助懸《すけかけ》けの輩に至ぬまて一騎も召寄せられす」（伊達家治家記録）

すけしゅう【助衆】 助勢の人々。すけぜい。「越中へ助衆於立は、苻内之者共蔵田に被申付召連」（上杉家文書）

すけぜい【助勢】「たすけぜい」とも。助勢《じょせい》すること。援軍。加勢。「此上は不及力とて、信長へ助勢《すけぜい》を被請」（甲乱記）「長沼長助が方にもすけ勢上下八人、兄弟上下四人以上十二人なれば」（甲陽軍鑑）

すけて【助手】 戦いなどの場に出て、当事者の加勢をつとめる者。「本人の事は申すに及ばず、すけ手四人の人々剛ノ者共かな、と諸人批判なり、親の敵討なれば、公儀より崇〈タ、リ〉もましまさず」（甲陽軍鑑）

すこ【巣子】 隼や鷹の幼鳥のことか。「隼《はやぶさ》、巣子《すこ》、丹波より維任日向求め、進上なり」（信長公記）

すこう【素頭】「すこう」は、素頭《すこうべ》の略か。頭を罵っていう語。今も頭を「すこ」という地方がある。「場中《ばなか》にてすかうをきりくだき進ずべきよし申て」（甲陽軍鑑　下）

すこく【数剋】 多くの時。（日葡辞書）

すこしき【すこしき】 小さい。「帷《い》はかたびらとて、幕ノすこしき物也」（甲陽軍鑑　下）

すこしも【些も】 少しも。「北条山城守長国些《すこし》も屈せす力戦をなし」（関八州古戦録）

ずこびる【づこびる】 気取った様子をする。えらぶる。利口ぶる。「済家洞家《さいかどうか》の禅宗へ立入、少《すこし》禅宗口にづこびて申也」（甲陽軍鑑　中）

すさい【酢菜】 酢に浸した蔬菜。（甲陽軍鑑　下）

すさまし【寒・冷兢・冷】「寒」「冷兢」「冷」は「凄まじ」の充て字。凄まじいこと。物凄いこと。「流れ出でたる大河、滝下り、滝鳴りて、川の面寒《すさましく》、渺々として」（信長公記）「其地《そこ》はかとなき虫の声々、叩《みだりがわ》しく集《すだ》き合て物冷兢《すざまし》き梟妻《きょうさい》聞ひ侘《わび》る」（北越軍談）「或日湯殿に入りて沐浴せられけるに、其のさま冷《すさま》しき鬼形の者」。（奥羽永慶軍記　上）

ずし【途子・図子・辻子】 中世・近世の都市において、大

さ

路と大路を連絡する小路をいう。こみち。「御霊辻子火事」（親元日記）

すじこ【筋子】 鮭の卵巣から取り出した卵を、一腹づつ塩漬けにしたもの。すずこ。すじひき。「甲斐備中守久衡蚫百盃鯛十筋子五丼五百疋進之」（親元日記）

すじぶぎょう【筋奉行】 武田氏が甲府から領国内、更に国外各地に通ずる主要交通路に置いた奉行。筋は道筋の義で、近世甲州では地域区分に筋（例、万力筋・栗原筋等）を使用した。「其横目十人は廿人衆頭衆十騎也。筋奉行十人も」（甲陽軍鑑 下）

すじめ【筋気】 九州の方で言う。リューマチの病気。（日葡辞書）

すじめ【筋目】 ①物事の道理。「公儀幷私之半之儀も筋目於相違之子細ハ、無二ニ可申談事」（黒田家文書）②確約した取決めの条項。「信長公かくならせ給ふ共、最前約諾之筋目相違有まじきとの事におはしまし候条、御入魂之儀奉頼由」（太閤記）

すじろ【巣城】「根城」のことか。戦いに際して、全軍の根拠とする城。「然而夏秋為行氏直至野州出馬、宇都宮押詰無所残打散、巣城ニ被取成候」（片倉小十郎宛北条氏照書状写）

➡「根城《ねじろ》」を参照

すすぐ【雪】 恥辱をすすぐこと。「被失手之間、遠州懸川之地被移候、愚老息女不得乗物躰、此恥辱難雪候、就中今川家断絶、歎ヶ敷次第ニ候」（北条氏康書状写）

すずし【生絹】 練っていない絹。また、その織物。きぎぬ。しょうけん。せいけん。「御使札、殊帷六・正絹四・ふとん被懸御意候」（黒田家文書）「御所の御ゆ、けふよりす、しまいる」（御湯殿上日記）

すすむ【踸む・前む】「踸む」「前む」は「進む」の充て字。進むこと。「かさなる道を押て、敵をみくだして先をもぎらんと踸《すすむ》」（三河物語）「少勢なれども侮りにく、、しばし前《すす》み兼、弓・鉄炮打けれども」（奥羽永慶軍記 下）

すずめした【雀舌】 茶の一種。良質のものをいう。「殊更進引物又雀舌十賜之令祝着」（看聞御記）

すすめる【驒める】 馬を進めること。「公斜《ななめ》ならず歓喜有て、夫《それ》より御馬を佐野え驒《すす》められしに」（北越軍談）

すた【数多】 数量や程度の、計り知れないほど大であるということ。「奉公数多《すた》也、最可被行勧賞」（雑筆集）

ずたずた【分々・寸々】 ズタズタに。微塵に。「賊徒の張本貝沢外記といふ土民父子・兄弟、雷落か、り、分々《ずたずた》に裂れて死」（奥羽永慶軍記 上）「此満安に於ては身を寸々《ずたずた》に刻れ、醢《ししびしお》にせらるるとも、和睦の事は思ひもよらず」（奥羽永慶軍記 下）

すたて【簀立】「すだて」とも。味噌のもろみの中に簀を入れて、その中にたまった汁を取ること。またその汁。醤油のこと。「スタテノ塩梅ヲ加テサマザマニ料理ヲナスヲ、

人為ノ味ト云也」（格致余論抄）

すたれる【禿れる】 廃れる。「頃年《けいねい》管領家武威倍《ますます》禿《すたれ》て甲・相二将の為に寝食を安ぜず」（北越軍談）

すづき【素坏】 行燈の中に置く油皿。（日葡辞書）

すっぱ【素破・水破・スッパ・透波・出抜・逃波】 忍びの者。（日葡辞書）「其外甲賀郡の水破《すっぱ》二人」（北越軍談）「其の比スッパを預り、他国の城へスッパを入れけるに」（長国寺殿御事蹟稿）「松の枝に其スッパ共、明松《（ママ）》付け置き申し候」（万代記）「密に透波《すっは》を山中へ入て敵の様子を聞届け」（関八州古戦録）「某弾正、越後春日山に付け置く出抜《すっぱ》、昨夜帰って申し候は」（武田三代軍記）「下伊那の水破《すっぱ》松沢源五郎・小田切与助・林甚助を刺客《しかく》として」（北越軍談　中）➡「乱波《らっぱ》」を参照

すつばら【捨腹】 死を覚悟し切腹すること。「死出の山にて待ぞ、と鎧脱ぎ、捨腹《すつばら》十文字にかき切り、其刀を口にくはへ臥す」（奥羽永慶軍記　下）

すておく【捨措】 捨て置く。放っておく。「今見よ、捨措共《すておくとも》勝頼行々《ゆくゆく》謙信が旗下と成ぬべし」（北越軍談　中）

すてかがり【捨篝】 戦陣において、陣所を数町隔てた前方に番人を置かずに焚いたかがり火。「脇備を先へくり、後備を脇にくり、すて篝《かがり》をたき、本篝をもちひなされるれども、敵かゝる事なし」（甲陽軍鑑　中）➡「本篝《ほんかがり》」を参照

すてがたな【捨刀】「捨刀を打つ」（重傷の者が、やってきた敵に一矢を報いること）。（日葡辞書）

すてかまり【捨かまり】 戦場で、軍勢が退却する時、一部の兵を伏兵として残しておき、近づいて来る敵兵を遠矢や鉄砲で狙撃させること。「伊奈の侍衆、はらひたる陣屋に人数を残しおくは、すてかまりといふ物也」（甲陽軍鑑）

すでに【既に・已に】 既にもう。または、すんでのところで、危うい処で。（日葡辞書）

すでのこと【既事】 その事態がもう少しのところで完了してしまえば、大事に到ることが確実な事柄。「腹内積聚発候て、すての事候つる、不思議相減候て、駿州帰国候」（飯尾文書）

すてぶみ【捨文】 通り一遍の時候の挨拶ていどの手紙。「御両所ゟ近年捨文一通不被下候」（黒田家文書）

すてむち【捨策】 馬を早く走らせる時、馬の尻をむやみに打つこと。「一戦に利を失ひ、捨策《すてむち》打て引退く」（北越軍談）

すてる【弃る】「棄」に同じ。捨てる。棄てる。「良匠は材を捨てず、上将は士を弃てず」（甲陽軍鑑）「況天下被弃置上者、信長令上洛取静候」（太田荘之進氏所蔵文書）

すど【数度】 度々、何度も。（日葡辞書）

すなどり【漁】 漁師。漁夫。魚をとる。「此殿狩すなどりにすき給ひ、久地之川上に鵜をつかひ給ふ」（久知軍記）

すなわち【乃ち・仍ち・廼ち】 則ち、即ち、と同じ。（日新菩薩記）「真田信仍、仍ち白馬黒甲、旄を乗り衆《と》を麾し、鏖戦時を移す」（左衛門佐君伝記稿）「年月事実往々犬牙睽違《けいい》する

者あり。これ廼《すなわ》ち叟《そう》師旅の間に随って歳月の久しき」（慶長記）

すなわち【曾】即ち。「此忠功段、政虎在世中曾不可亡失候、弥相嗜、忠信簡要候」（新潟県立歴史博物館蔵上杉謙信感状）

すはい【数輩】多くの人々。（日葡辞書）

すばく【寸白】すばく・すばこ。腰痛のこと。「大御所御寸白気故、御鷹野止むと云々」（駿府記）

すはだ【素肌】甲冑を着けぬこと。「何れも鎧をも着せず、すはだにて」（庄内陣記）

すはま【州浜】「州浜台」とも。州浜の形に象った台。もとは饗宴の飾物として用いたが、のち正月の蓬萊、婚姻儀式の島台として肴を盛った。（甲陽軍鑑　下）

ずふう【頭風】「頭痛」に同じ。頭痛。「宰相中将殿御つふうとてをそく御しこう」（御湯殿上日記）

すぶる【総る】集め束ねる。くくる。あわせる。「兵衆を総《すぶ》ること多からず」（昔阿波物語）

すべ【可為】手段。方法。「左ありとて今亦何の可為《すべ》なくして、争地を敵に亘《わた》さん」（北越軍談　中）

すべ【術】戦いの方略。「因幡氏不知に畑谷口御術の義仰付られ、長井荘新砥へ差遣さる」（性山公治家記録）

すべる【辷る】逃げる。「真間の坂を下るときなく辷《すべる》ともなく継橋を指て引退く」（関八州古戦録）

ずぼく【芻牧】牧場のこと。「往昔より津軽三郡は南部の芻《ず》牧《ぼく》の地なり」（奥羽永慶軍記　上）

すみあか【隅赤・角赤】箱の形式の一つ。蓋と身の口縁から四隅にかけて、隅金物に象《かたど》って朱漆を塗り、他の部分は黒漆塗りに蒔絵を施したもの。「（スミアカノ）ハコ〈訳〉婦人の化粧品や装飾品を入れる小箱」（日葡辞書）

すみうまだし【角馬出】馬出は、城門前に築き、人馬の出入りを敵に知られぬようにした土手。角馬出は∧型に築く。⇕丸馬出。「城取の事　一、すみ《角》馬だしの事　付タリよこくるわ（横曲輪）の事　一、すみかけの城内《うち》せは《狭》し　一、まる《丸》馬だしの事」（甲陽軍鑑　下）　⬇「丸馬出《まるうまだし》」を参照

すみきらず【隅不切】折敷のこと。角に丸みをつけていないもの。（日葡辞書）

すみきり【隅切】①近世の軍陣の指物の名。②紋所の名。隅切折敷の形を図案化したものをいう。

すみじるし【墨印】「墨付《すみつき》」に同じ。中世・近世、幕府・諸大名家が下付した公文書。書判《かきはん》を墨書したからで、後に印判状も言うようになった。「先年大御所様（家康）、東寺、醍醐、高野互以交衆可致勤学之旨、蒙御墨印候」（高野山文書）　⬇「墨附《すみつき》」を参照

すみちがえ【隅違・角違】「墨付《すみつき》」に同じ。中世・近世、幕府・諸大名家が下付した公文書。「先年大御所様（家康）、東寺、醍醐、高野互以交衆可致勤学之旨、蒙御隅違・角違候」（高野山文書）

すみつき【墨附・墨付】①黒印状、または書状のこと。「仍

さ

御間自他御用之儀、互以墨付可申承之趣、尤被得其意候（小早川家文書）②保証書。保証の書付。「猪俣《いのまた》応諾して墨附《すみつき》を受取り、其後城を明け、退て南方へ奔《はし》れり」（北越軍談）

すみとりがみ【隅取帋】方形の紙の両端を末広に畳み重ねて、垂れ笠標《かさじるし》や指物《さしもの》としたもの。「三尺有余の蒼竹《あおだけ》に隅取《すみとり》帋《がみ》を付て」（北越軍談）

すみひき【墨引】書状の封じ目。「三月廿九日　秀忠（花押）（墨引）　武蔵守秀忠」（黒田家文書）

すみまえがみ【角髪】十四歳になった少年が前髪を立てながら額の生え際まで剃り上げた髪型。すんま。半元服。すみがみ。「十七歳未だ角髪《すみまへがみ》の小冠者《こかんじゃ》なるが、夢相の祥を豫《かね》て感すること有て」（北越軍談）

すみやかに【遄】「速やかに」の充て字。速やかに。急ぎ。「然者、遄御本意候様走廻候者、可為感悦候」（伊達家文書）

すみやかに【頓に・亟に】速やかに。（元親記）「大虞院大いに驚き、亟《すみや》に秀頼をして講和せしむ」（左衛門佐君伝記稿）

すむる【済むる・澄むる】決着させる、結末をつける。（日葡辞書）

すもうぶぎょう【相撲奉行】朝廷の相撲節会が承安四年（一一七四）に廃絶したあと、武家の嗜みとして相撲が取られた。それらを仕切ったのが臨時におかれた相撲奉行である。「さて織田豊臣の比に至りては大名諸家ともにかならす相撲人を扶持し、折に触れて角力を興業するならひとなりければ、をのつから相撲奉行といふ所職もいてきしなり」（武家名目抄）

すもじ【すもじ】①「すいもじ」（推文字）の略。推文字は女房詞で、推量・推察の意。（伊達家治家記録）②「酢もじ」酢〈すし〉の女房詞。

すやり【素槍・素鑓】穂先のまっすぐな槍。十文字槍、鎌槍などの横手のあるものに対していう。直槍《すぐやり》。「かかる処にすやりを持ちたる敵一人大膳に突かかる」（別所長治記）

すりきず【手裡疵】擦り傷。「稲田修理敵の鑓を握る故、手裡疵を被る。然りといえども御目見、御感に預る」（駿府記）

すりきり【摺切】金などを使い果たすこと。無一物。赤貧。「然共うき世になき摺切《すりきり》なれば、ばくち《博奕》はやるせもなく打度はあれ共」（三河物語）

ずりょう【受領】国守。また国守に補佐されること。国守の称を許されること。ここでは長門守。「山路主水丞、秋保にて被得御勝利候、御代官ニ「長門守」とて以御理受領被申候」（伊達天正日記）

ずるい【黠い】ずるい。卑怯な手をつかう。「冥の照覧も悚《おそろ》しと舌を掉《ふる》ひ、鉄砲を遏《とどむ》る処に、黠《ずる》き奸者側《かたわら》より差出て」（北越軍談）　➡「小黠《こざかしい》」を参照

するすみ【疋如】「匹如」とも。親族、縁者がなく一人である。捉われるものがなく身軽るである。無一物である。「景勝より六千石の知行を給はるに受けず。疋如《するすみ》の身にて知

行取りて」（北越軍談）

すわ【すわ・驚破】 ①戦場での掛け声。「信長鎗をおっ取って、大音声《だいおんじょう》を上げて、すは、か、れ、、、と仰せられ」（信長公記）②突然の出来事に驚いた時などに発する語。それっ、さあ。「合戦一図に決定して驚破《すは》時至れり」（関八州古戦録）「景虎公 諜 者《ちょうじゃ》を以て其配立を聞食《きこしめさ》れ、驚破《すわ》越中の後攻此時に在りとて」（北越軍談）

すわい【牙儈】 仲買人の仕事をする。（日葡辞書）

すわや【驚破隼】 急な出来事に驚いた時に発する言葉。それっ。すわぁ。「敵二百余人単的《ひとりで》に枕を双べ、驚破隼《すはや》大手は乗捕《のっとら》れぬと見へし処に」（北越軍談　中）

すんか【寸暇】 少しの暇。わずかないとま。寸隙。「昼夜祇候之間不得寸暇、仍定直参云々」（看聞御記）

すんきょう【寸胸】「寸心」に同じ。わずかばかりの気持ち。ささやかな志。また、自分の心、気持ちをへりくだっていう語。寸志。寸神。そんしん。「条々無益とは存候へとも、浮寸胸候まま申候」（実隆公記）

すんきんかん【寸金羹】 色の黄金に似た羹。黄羹という。「御菓子七種　釣柿《つりがき》　紫菜《あまのり》　寸金羹《すんきんかん》　蓬莱嶋　金柑《きんかん》　姫《ひめ》胡桃《くるみ》」（甲陽軍鑑　下）

すんげき【寸隙】「寸暇」に同じ。心が休まること。「御胸中の御辛労寸隙《すんげき》御ざなし」（太閤さま軍記のうち）

すんし【寸志】 心ばかりの贈り物。ささやかな進物。また、少しばかりのもてなし。自分の贈り物やもてなしをへりくだっていう語。「自甘露寺号茶湯料有寸志事」（実隆公記）

すんしん【寸忱】「忱」は、まこと。「寸忱」で寸志の意。「閻次平《えんすひん》が筆の山水人形の画一幅を贈り以て寸忱を表す」（伊達正統世次考）

すんしん【寸心】 わずかばかりの気持ち、ささやかな志。また、自分の心、気持ちをへりくだっていう語。

すんぜんしゃくま【寸善尺魔】 世の中は良いことが少なく、悪いことが多いこと。「慈悲より出るよき法度は、寸善尺魔と申て、善には必邪魔出来して」（甲陽軍鑑　中）

ずんと【寸斗】 ずんときって。鉄砲を発射するさまか。「川柳へ鉄砲を掛待かけけるが、寸斗切て放ちければ、名誉上手では有」（政宗記）

ずんぼうむしゃ【寸法武者】 具足を着けているが、指物をさしていない武者のこと。「甲冑を著し、指物をささざるをずんばふ武者といふ」（清正軍記）

ずんぼうむしゃ【聾武者】「つんぼうむしゃ」が普通か。「寸法武者」に同じ。「天野西次郎は半平より先なれ共、さし物をさゝざるづんば《聾》う武者なれば」（三河物語）

せい【情】「精」の充て字。書状では結構多い。「一入《ひとしお》御奉公に情《せい》を入候」（甲陽軍鑑）

せい【井】 井雁行《せいがんぎょう》の省略。「御旗本、まへは典厩《てんきゅう》・穴山殿・せいに備をたて給ふ」（甲陽軍鑑　中）➡「井雁行《せいがんぎょう》」を参照

せいえい【精衛】 中国の想像上の鳥。「精衛《せいえい》はいやしき鳥なれども、父の報恩に大海を埋めんと謀る」（奥羽永慶軍記　上）

せいか【砌下】 大庇の下で雨だれの落ちるところ。「西山の月を詠《ながめ》て有けるが、砌下《せいか》に翁一人、忽然とあらはれ」（奥羽永慶軍記　下）

せいか【勢花】 軍隊の勇壮ないでたちのこと。
➡「勢花《せいばな》」を参照

せいが【青蛾】 ➡「青皃《せいふ》」を参照

せいがんぎょう【井雁行】 「せいがんこう」とも。雁行上の陣立て。はすかいに立てる陣。「魚鱗《ぎょりん》、鶴翼《かくよく》、長蛇《ちょうじゃ》、偃《えん》月《げつ》、鋒矢《ほうし》、方向《ほうよう》、衡軛《こうやく》、井雁行《せいがんこう》」（甲陽軍鑑　下）

せいき【旌旗・握旗】 目印になる旗。軍旗。「旌旗、日を掠《かす》むる」（旗の数がものすごく、太陽を覆い隠すほどであった）（太平記）「握旗」は、「旌旗」の充て字。「国府台の東南へ押着け握旗を潜め」（関八州古戦録）

せいぎ【精義】 宗教論議の際に選ばれた者。精義・講師。「天台論議あり。精義南光坊、講師法輪寺」（駿府記）

せいきょ【逝去】 「死去」よりも尊敬の度合いが高く、公方や屋形などに使う。（日葡辞書）

せいきん【制禁】 戒め、禁制、禁止。（日葡辞書）

せいく【誓句】 誓いのことば。起請の文句。「随而今度松石任条目之旨、以誓句越へ申越候」（上杉家文書）

せいけん【清健】 清くすこやか。達者。（黒田家文書）

せいご【聖語】 金言。格言。「無遠慮則有必近憂と申すは、聖語にて候」（武田三代軍記）

せいこう【成功】 主君のために大いに奉公し働いたこと。（日葡辞書）

せいこう【青甲】 僧が用いる甲袈裟《こうげさ》の一種。袈裟の条葉と縁《へり》との部分の色が変わっている七条の袈裟。条葉を青・黄・紫などの香色に、縁を黒色に染めた袈裟。「青甲は是も此十人として御調候て可給候」（高野山文書）
➡「甲袈裟《こうげさ》」を参照

せいごう【生合】 「定業」のことか。世渡りの手段。「御主様に御ふそく《不足》に思ひ申な。過去の生合（定業）也」（三河物語）

せいこうせいきょう【誠惶誠恐】 恐れていってかしこまる。書状の末尾に用いる。非常に丁寧な言い方。誠惶頓首。（日葡辞書）

せいさつ【制札】 禁止する事項を書いて、公然と人目につく所に立てた板。公示板。「関東の上杉管領花の制札に、此桜花、一枝も折取候はば、あたり八間流罪死罪に仰付らるべき者也、仍如件と立られたるなり」（甲陽軍鑑）

せいさつせん【制札銭】 戦国時代、軍勢の通過の際にうける恐れのある略奪・暴行を免れるために社寺・郷村から将帥に制札を要求して、その代わりとして出す金銭。禁制札を下付した礼金。取次銭。防築銭。札銭。「当寺制札事、調進之候、就其制札銭事、返被申候」（成就院文書）

せいし【誓紙】 起請文を用いた誓約書。起請文。「太閤様以来到秀頼様数通之誓帋を上置」（黒田家文書）「既驚神慮、以誓詞申合、翻翌日事」（上杉家文書）「先度以誓紙如申候、三郡之儀、反銭・夫銭共一切可被召置候、其上手入次第可有知行者也」（備藩国臣古証文）

せいし【正使】 主となる使い。主任の使者。「唐船正使〈天与和尚〉注進去月三日大内入道〈教弘〉於与州五島病死」（親元日記）

せいしゅ【青腴】「青州」の充て字。美酒の異称。「前日宇治青腴進候処、廼時御翫味之談、本望此一事候」（神崎文書）

せいしゅ【清酒】「清み酒」に同じ。澄んだまじりけのない酒。元禄期以降の「清酒」とは、別物。（日葡辞書）

せいしゅう【青州】「青州の従事」の略。良い酒の称。美酒。「宗祇法師送青州一壺、可賞翫之由謝遣了」（実隆公記）

せいしゅうのじゅうじ【青州の従事】 よい酒。美酒。「山谷など見せなされ候、青州従事賞翫させられべきためと見え候」（上井覚兼日記）

せいしゅん【青春】「青春」は春のこと。「青春之嘉篇、珍重々々、今度和与之段、委細入魂之至忻悦候」（天文書札案）

せいしょ【誓書】 誓約の旨を記した文書。誓文。誓詞。起請文。「信長母為信行請和睦、且使信行献誓書」（織田信長譜）

せいじょ【青女】 ①霜・雪を降らすという女神。転じて、霜や雪をいう。「霽、青女如雪白水始結氷、寒威頗難忍者也」（実隆公記）②年齢が若く世馴れない女。あおおんな。また、年若い人妻。またはへりくだって自分の妻をいう。「抑今日依吉曜入夜有青女著帯事、珍重々々」（実隆公記）

せいじょう【西浄】 便所。手洗い。かわや。雪隠《せっゐん》。かんじよば。「一、御西浄新造、御小便所、御湯殿、何れも同前、御かけ筵あり、をふと置之、御西浄の内に棚あり、其れに置紙」（三好筑前守義長朝臣亭江御成之記）

せいすい【逝水】 死ぬこと。「前中納言経郷卿去夜逝水、老年雖思儲、周章之由申送之、尤不便々々、今年七十三才也」（実隆公記）

せいせい【精誠】 ①真心を込めること。「令精誠、当家家運、弥以令増進様、御祈禱任入候」（岩崎真幸氏蔵・相馬盛胤伝馬役免許状）②一段と。「然者弥可抽祈禱精誠儀肝要、猶藤孝・元綱可申候也」（寿泉院文書）

せいぜい【済々】 ①贈られる品物の多いこと。（日葡辞書）②多忙であるさま。（日葡辞書）

せいせつ【正説】 正しい情報。確かな情報。⇔虚説。「今五日酉刻、参着、始中終披見申候、猶正説を被聞届、無油断可有注進候」（北條氏政書状）

せいせん【精銭】 ①精良な銭貨。粗悪な銭と区別して銭容の整っている原銭（元銭＝もとせん）をいう。「織田信長精銭条々　定精選条々　四天王寺〈境内〉一、ほろせんとくやけ銭　下々の古銭」（四天王寺文書）②「永楽通宝」の異

称。「近般以之外精銭之間、制札分、卅之定之」（多聞院日記）

せいそう【清僧】 戒律をよく守り、品行のよい僧。肉欲妻帯などの破戒をしない僧。「さなくば清僧・落僧の隔て有まじ」（甲陽軍鑑）

せいぞろえ【勢揃へ・勢汰】 ①兵の検閲、点検のこと。（日葡辞書） ②勢揃い。軍勢が揃うこと。「小田濱にて勢汰《そろへ》の着到あるべき旨仰《おおせ》亘《わた》さる」（北越軍談）「信長勢そろへして、武具馬具いかにも綺羅をみがかせ、都合五千余の軍勢を卒して義昭公を御とも申上洛ありける」（室町殿日記）

せいだまり【勢溜り】「勢溜らひ」とも。軍隊の宿泊している城外の場所。屯営地。「武者溜り」とも。（日葡辞書）

せいだん【誓段】「誓談」の充て字。約束する。「是非に及ばず誓段（談）を水に仕り、勝頼と一和して」（甲陽軍鑑　下）

せいち【栖遅】 ゆっくりと心静かに住むこと。憩い安らぐこと。「暑天の間林丘の栖遅《ちせい》に羈《ほだ》され、光陰を空《むなし》く過《すご》す」（北越軍談）

せいちょう【青鳥】 使者または書簡。「盛氏常州表出陣に付て、此度青鳥を飛せ、其返酬を償はると云へり」（北越軍談　中）

せいづかい【勢遣・勢使】 大将が軍隊を使い回して指揮すること。軍勢を動かすこと。「自国方可勢使之由雑説」（政基公旅引付）

せいとう【政道】 取締り。処置。監督。「一度に弓矢神より政道《せいとう》なされ、必きたなき死様《しによう》ありて」（甲陽軍鑑　下）

せいとう【斉東】 田舎のこと。「扇を以て渠《かれ》が輔車を撻《うち》玉うと云《いえ》るは、恐《おそら》くは斉東《せいとう》の野人《やじん》の流言にして」（北越軍談）

せいどう【青銅】 銭の異称。銭のこと。（日葡辞書）「今日能十一番あり。諸士悉く群集す。青銅二万疋舞台に積む」（駿府記）

せいどう【西堂】 禅林で他山の前住の人をいう。序列は住持に次ぐ。「為使、西堂今朝卯剋爰許着候之条、則申入候」（黒田家文書）

せいとん【整屯】 隊列のこと。「東の門前山の寄手を追払ひ、整屯の外側へ、突いて出でけるを」（松隣夜話）　➡「徳政《とくせい》」を参照

せいばい【成敗】 罪科に応じて、処罰・処刑する。「百姓以下沾被遂御糺明、可被加御成敗候条」（黒田家文書）

せいばいし【政敗司】「成敗」、つまり政務を司る者。「島津家掌握するに至り、六ケ国の政敗司」（庄内陣記）

せいはく【生伯】 器量という意か。「尾張の内府、武の生伯あらば、速に惣懸りにせられたらんには」（関八州古戦録）

せいはつ【精発】「性発」の充て字。生まれつき賢いこと。利口なこと。「万松軒は年老と云、坂東・奥羽迄も肩を比ぶる者なき精発の仁体《にんてい》にして」（北越軍談　中）　➡「仁体《じんてい》」を参照

せいばな【勢花】 大部隊をつくったり、勇壮に、旗を飾り立てたりして現われる軍勢の花やかさ。または、勇壮に現われること。（日葡辞書）　➡「勢花《せいか》」を参照

せいひつ【静謐】 世の中が静かに治まること。「随而天下弥御静謐故、御下國之由尤存候」（黒田家文書）

せいびょう【精兵】 弓を強く射る人、立派な射手。（日葡辞書）

せいふ【倩夫】 雇い人。「就中倩夫一人之事、是者主知行與申、殊印判遣候上ハ、兎ニ角ニ別儀有間敷候條」（北條為昌書状写）

せいふ【青鳧・青蚨】 銭の異称。「青蛾」とも。青鳧銭。「用途 用脚 青銅 青蚨《セイフ》 以上皆銭異名也」（元和本下学集）「抑為薬代青蚨二緡自竹園御方被下之」（実隆公記）

せいふ【制符】 為政者が、その社会の秩序を保つために定めた法令や規則。また、それを記したもの。「右、甲乙人等於当山かりの事、菟苗田狩等に至て、永令禁断畢、自今以後、若此制符をそむき、違犯のやからあらば、罪科に処すべきの状如件」（大内氏掟書）

せいふん【韲粉】 なます。木端微塵になること。「侍女二人忽ち韲粉となる」（左衛門佐君伝記稿）

せいぼ【歳暮】「歳暮」は、「さいぼ」とも訓む。年の暮。年末。「為歳暮之祝儀小袖五、之内綾一到来」（黒田家文書）「安土へ馳せ集まり、歳暮《さいぼ》御悦言として」（信長公記）

せいみん【生民】 人民。国民。「山崎の上に一城を拵《こしら》へ、五畿内を見下《みおろ》し、生民を相鎮む」（柴田合戦記）

せいむ【政務】 所領や俗事の世話をし、管理すること。（日葡辞書）

せいめい【制命】 厳格な主君の命令。（日葡辞書）

せいもん【誓文】 起請文。誓紙。「東国の博労《ばくろう》共、大誓文《せいもん》にて申すなれば、凡《およそ》日本国中にも三人と有間敷とさたなり」（甲陽軍鑑 下）

せいよう【青陽】 春のこと。陽春。新春。「為青陽慶事、銀子十両珍重候、懇情之至候」（大徳寺文書）「家の子郎等みな威儀を嗍《つくろ》ひ出仕して青陽を賀す」（奥羽永慶軍記 下）

せいり【正理】 ➡「正理《しょうり》」を参照

ぜいりょ【毳侶】 僧侶のこと。「一、江湖之毳侶、不発嘉声于関東・関西、剰不勤名刹之頭首」（大泉寺文書）

せいれき【歳歴】 多くの年を経たこと。（日葡辞書） ➡「江湖《ごうこ》」を参照

ぜいれん【税斂】 租税を取り立てること。税の徴収。「木村父子は放逸無慙《ほういつむざん》の人にして民を憐まず、税斂《ぜいれん》を厚くし、一向我身のみ楽みにほこり」（奥羽永慶軍記 下）

せいろ【世路】 現在のこと。または繁栄して安穏なこと。（日葡辞書）

せいろう【井楼・勢楼・西楼】「勢楼」「西楼」は「井楼」の充て字。①城楼。とりで。（日葡辞書） 戦場で敵状を視察するため、適当な場所に組み立てられた望楼。（元親記）「かさつにかゝつて景勝を譀《あなづり》、柴田修理は故者放西楼に上りて是を見る。（甲陽軍鑑 下） ②比喩として大船のことも言う。「自敵方行為可相支之、大船十艘余構勢楼、其外小船三百余艘」（米沢市上杉博物館所蔵吉川元春書状）

さ

せいをいる【精を入】気合をいれて。「可討果候間、弥可被入精候、不可有由断候」（大阪城天守閣蔵豊臣秀長書状）
➡「情《じょう》を入《い》る」を参照

せがい【世外】世俗を離れた場所。隠居を指す。「其頃成実親《おや》実元、信夫《しのぶ》の大森を成実に渡し、八丁目へ世外となりて移居」（政宗記）

せがれ【倅・躮】①若者。「セガレメ社〈コソ〉キチガイニテ、君ヲバ打奉リテ有」（三河物語）②息子。「嫡子弥三郎と申す躮《せがれ》に」（長元物語）「京へ被召上未十二、十三のせがれ二人何れも男子にて（中略）姿形心もゆうにやさしき者共に候」（信長公記）

せがればら【倅腹・悴腹】①倅《せがれ》のこと。（老翁物語）②切腹に及ぶ。「日本弐つ之御弓矢於堺、及悴腹候事、末代之可為名誉存候」（吉川史料館蔵吉川経家書状）

せき【螫】毒虫がさすように害毒を生ずること。「懐中に螫を生じては」（昔阿波物語）

せき【関】全勝。「大躰せきの御弓箭《ゆみや》の儀に候条」（老翁物語）

せきあい【塞き合ひ】多くの群衆・軍勢が集まってひしめき合っている。（日葡辞書）

せきうつ【積鬱】長くうっとうしいこと。積る心配。「寔久不得拝顔又不申通候、積鬱且相似狼藉候之処、芳翰尤恐悦候」（実隆公記紙背文書）「良久隔面謁積鬱如山、何日披蒙霧哉」（文明十四年鈔庭訓往来）

せきか【石火】燧石の火。「石火電火の如く」（一瞬のうちに）。（日葡辞書）

せきこく【赤国】文禄慶長の役に秀吉軍が攻め込んだ朝鮮半島の全羅道を指す。「抑赤国　御出馬弥必定ニ候之歟、就其、立重之人数無由断可被申付之」（東京大学史料編纂所蔵伊集院忠棟書状）「態申入候、今度赤國先々御動無残所被仰付、悉平均罷成候由、御手柄無是非候」（東京大学史料編纂所蔵長束正家書状）

せきじ【昔時】往時。昔は。「昔時《せきじ》源九郎義経八島の磯にて、僅《わずか》七十騎に討《うち》なされ、猶戦場を退《し》かず」（北越軍談）

せきせき【寂々】静々と。「其夜子《ね》の刻許《ばかり》、河田が一の先止《せんし》鳴《めい》の制を督して寂々《せきせき》と推寄せ」（北越軍談　中）

せきせん【堰銭】用水を引くために堰を設ける際、その地主に出す土地使用料。「用水に付てせきをあげ、つゝみをつくのとき（中略）せきせんのありなしは、せんれゐにまかすべきなり」（塵芥集）

せきせん【関銭】「かんせん」とも。関所を通過する人馬荷物などに課し徴収した関所料。関賃。関手。関料。「当国の諸関取分往還旅人之悩たる間、於末代御免除之上、向後関銭不可召置の旨堅被仰付」（信長公記）

せきそ【尺素】手紙。尺書。尺牘《せきとく》。「尺素、謹而令拝誦候」（武田三代軍記）

せきちん【関賃】「関銭」に同じ。「彌六使地下夫一人揖保

関ちん百四十三文入也」(山科家礼記)

せきつくる【塞き付くる】 圧迫する。無理に窮地に追い込む。(日葡辞書)

せきて【関手】「関銭」に同じ。「関手入候者、以此状可有算用候也」(佐々木文書)

せきど【赤土】 不毛の地。「西収東作の業空しく、諸侯・大夫赤土《せきど》を守る計《ばかり》なるに」(北越軍談)

せきばく【寂寞】 非常に平穏で静かなこと。(日葡辞書)

せきばらい【小謦咳声】 咳払い。「供の胴勢まで、小謦咳声《せきばらひ》もせず、数百人の上下無言にて」(北越軍談)

せきぶね【関船】 ①海賊防御用の早船で、艪数四十二挺だてから八十挺だてまであった。(万代記) ②海賊船。(日葡辞書)

せきまい【関米】 中世、関所を通過する船舶の積んでいる米穀に対して賦課し徴収した料米。また、その徴収の権利。「右関米雑掌職事、令口入平内左衛門尉重連候畢」(高野山文書)

せきむ【関務】 港湾に設置された関所に課せられた所務(租税)などのこと。「兵庫南関事、敵成身引致関務之由有其聞之間、為事実者、追放彼等、至関務者、自此方可有其沙汰之由、被仰出候了」(東大寺文書)

せきやく【関役】 中世、関所で徴収した通行税。「関銭」に同じ。関所料。「兵船渡海関役事御定法為九州御対治、御在関之時、渡海御勢事、為赤間関役」(大内氏掟書)

せきやくしょ【関役所】 関役のいる所。関所。「天文十六年丁未二月二十四日(中略)此手柄に因て甲州笹子峠関役所を千貫に積り下さるるなり」(甲陽軍鑑)

せぐくまる【跼】「せくぐまる」とも。身を前にかがめ、背をまるくする。こごむ。「所領を奪はれ、天に跼《せぐくまり》し地に蹐《ぬきあし》して一身を置くに安き所なき者ども、爰かしこより走り集る」(奥羽永慶軍記 下)

せけんじゃ【世間者】 ①世俗的な人。②比喩的に、交渉などに精通している世慣れた人。(日葡辞書)

せこ【勢子・列率・列卒】「列率」「列卒」は「勢子」の充て字。放鷹の時、獲物となる小鳥を追いだしたりする者。勢子。「路次御放鷹、今泉に着御善徳寺トモ列率《セコ》トモ云う」(駿府記)「未だ地下人どもも不有付ば、名取・国分・宮城・松山・深谷・黒川、都合六ヶ所の列卒《せこ》共集り」(政宗記)

せじ【世事】 世の中の物事。「御たいくつ《退屈》なく、せし《世事》御心かけ候て、御ちさう《馳走》あるへく候」(黒田家文書)

せしむ【令む】「使役」というより、「過去・完了」として扱った方がよい場合が多い。「本領の地七貫文を以て極楽院に寄進し、之をして三島の宅に隠居せ令む」(伊達正統世次考) ➡「令《しむ》」を参照

せじょ(う)【世上】 世間。世間の付き合い。「此くにニおいてハ、せしよから《世上柄》ハ御両人の御ちさう《馳走》のやうに申なし候」(黒

田家文書）

せじょうにぞんずべくそうろう【世上ニ可存候】 世間では思うだろう。「是程迄被仰付候儀、唯御よくとくの儀ニよりたると、世上ニ可存候事」（尋憲記）

せすり【背摺】 麻布で作った帷子。（日葡辞書）

せせなぎ【せせなぎ】 せゝらぎ。小川。小流。「雉子《きじ》の雌《めんどり》の足を取集て黒焼にして、せゝなぎの水にてのまする」（甲陽軍鑑　下）

せせり【挵り】 もて遊ぶ。馬鹿にする。「右通り申し候へば、せせり《弄》くさし、おくへ入り申され候事」（関原陣輯録）

せせりくじ【挵公事】 どうでもいいようなことを、殊更問題としておこす訴訟。「如此せゝり公事は、在座中停止也」（政基公旅引付）

せたい【世帯・世諦】 住んで生活するための家と道具。（日葡辞書）

せたいする【世帯する】 金銭のやりとりをすること。倹約し生活を維持していくこと。生計を立てること。「自今夕不動不断護摩開白、供料三河国衙沙汰、世諦一方政所沙汰」（満済准后日記）

せたおる【勢多折る】 「せたをり」をする。着物の裾をからげて、褄を前で帯に挟むこと。「あづまからげ」。「於不動前下馬、馬ヲバ返了（中略）自此堂前、予又白帷バカリ勢多折テ登山了」（康富記）

せたぐる【虐ぐる】 迫害する、苦しめる。話し言葉としては「虐げる」。（日葡辞書）

せちべん【世知弁】 些細なことにこだわる人。比喩的にけちでみじめな人。（日葡辞書）

せちべん【世知便】 ➡「世《せ》知便《へん》」を参照

せっかい【刹界】 くに。国土。「火中一朶、優曇鉢・刹界三千、撲鼻香擲下一句」（性山公治家記録）

せっかく【折角】 難儀、窮迫。（日葡辞書）

せっかん【折檻・切諫】 処罰、叱責。厳重に責め、たしなめること。「凡就由緒所望、雖無子細、是初是へ八神、直仙洞へ申入テ奉書申賜之条不可然之間、以宰相会切諫了」（看聞御記）

せっき【節季】 陰暦十二月の異称。年の暮れ。「天文七戊戌《つちのえいぬ》節季晦（十二月三十日）、戌の剋」（日新菩薩記）

せっき【赤気】 夜、もしくは夕方、空に現われる赤色の雲気。彗星のことども。「雨降、戌剋雷電暴風以外也、此時分赤気耀蒼天」（看聞御記）

ぜつげん【絶言】 言語道断。（日葡辞書）

せっこう【斥候】 情勢を把握するために探りを入れる人。（伊達家治家記録）間者。「三番斥候真砂丹波、駿馬に鞭鐙《むちあぶみ》を合はせ、忠直の本陣に至り」（左衛門佐君伝記稿）

せっこうぶね【斥候船】 戦国時代から近世の水軍で使用する敵状偵察用の軽快な小型軍船。「斥候船は小早也、いか

にも軽楯にかゝるやう軽かるへし」（能島家伝書）

せっさく【節朔】①朔日と節供と。「外様衆被参様之事、御盃の衆にてなき外様衆も、常之節朔には出仕也」（長禄二年以来申次記）②「節朔衆《せっさくしゅう》」の略。「此外御部屋衆、申次番方、節朔、つめ衆、奉行、御末之者数多有之」（言継卿記）

せっさくしゅう【節朔衆】室町時代、武家故実における家格の名称。毎月の朔日や節供に将軍家に参賀し対面することが許されている家格。小笠原・千秋・結城・三上・楢葉氏などがそれにあたる。節朔。「此外御部屋衆、節朔衆、医者等参候了、大樹若公御両所御対面有之、申次荒川治部少輔也」（言継卿記）

せつし【颯躧】「さっし」が普通の訓み。長袖のさま。「上杉長尾重代の旗、大竜《まとひ》、小虎《まとひ》を東海の潮風に颯躧《せつし》と吹《ふき》そらさせ」（北越軍談）

せっし【拙子】「せっす」ともいう。我、私をさす謙遜語。「則被成　御感状候、尚以拙子相心得可申入之旨候」（細川家文書・天正五年二月廿三日付堀秀政添状）

せつじ【殺入】気絶する。（日葡辞書）

せっしこんそく【切偲懇惻】切偲は、親しい友人どうしが交わるのに、懇ろに善をすすめ励ましあうこと。懇惻は、ねんごろに憐れみいたわること。「今度来り至り門弟の契約を為す、切偲懇惻、特に馳走に遇う」（伊達正統世次考）

せっしゃしき【拙者式】自己を謙遜して、私みたいなもの。私ごとき。式は代名詞についてつまらないものの意を込める。「吾等式」とも。「就番替、拙者式頓而下向可申と存候」（黒田家文書）「御下向之由候条、各御満足察存候、拙者式も悦申様候」（佐賀県立図書館所蔵五島玄雅書状）

ぜつじゅ【絶寿】寿命が尽きること。死ぬこと。「甘露寺一品昨日より被煩候、去夜四時分絶寿以外御煩候由候間、今朝罷候」（言継卿記）

せっしょ【節所・切所】峠や山道などの要害の場所。また、難所。切所、殺所。険阻な所。通過困難な道。「路次中日夜相急申候へとも、節所故、遅々迷惑御推量可被成候」（黒田家文書）

ぜっしょう【絶章】「章《たまずさ》絶ゆる」。文を久しう書かぬという意。（日葡辞書）

せっしら【拙子等】自分のこと。「拙者式」に同じ。「拙子等者当地ニ在陣ト相見ェ候」。（伊達家治家記録）

せっす【責す】責めること。責め殺す。拷殺する。「籠《ろう》の内にてせっ《責》しころされたるは、末代の恥にてはなきか」（甲陽軍鑑　下）

せっせい【摂生】飲食などを慎み健康に注意すること。「摂生《せっせい》の兵衆一致し、勇み進て平押《ひらおし》に推行《おしゆ》く」（北越軍談）

せつせつ【切々】①節々の意。たびたび。「目の当たりの敵城より切々夜討する程に」（長元物語）②ねんごろに、細々と。「切々御註進候へハ」。（伊達家治家記録）

せった【雪踏】雪駄。せった。「其重に其人々之名書付ありてさうり《草履》・せつた《雪踏》・けた《下駄》あり」(慶長記)

ぜったん【舌端】「舌頭」に同じ。

ぜっち【絶知】思慮分別では知り得ないこと。あるいは、達し得ないこと。(日葡辞書)

せつど【節度】下知。指揮。指図。「経基はちかき皇孫なりしかど、承平の乱に征東将軍忠文朝臣が副将として彼が節度をうく」(神皇正統記)

せっとう【切当】適切。理にかなう。「後藤左衛門が密策、切当なりとて諸人是を称美す」(南海通記)

ぜっとう【舌頭】①「舌端」に同じ。ことば。言い回し。「舌頭に述べられぬ事なり」(言葉で言い表せない)。(日葡辞書)「上杉殿の武威には頭だにも挙《あが》らず、と口口に嘲哢して、舌《ぜっ》頭《とう》しけるとぞ」(北越軍談) ②文末に用いて、詳しいことは使者が述べるという意。「然者、段子一巻、萌黄・鳥目二百疋進之候、万々清音寺任舌頭候」(佐竹書札之次第)

せつな【刹那】「須臾」に同じ。短い時間。「無理に蒐入りて、刹那が内に勝負を決せんとする機を量りて」(松隣夜話)

せっぱ【説破】説いて他の論拠を覆すこと。説き伏せること。「縦《たとえ》ば出家が法問のならひ、せつは《説破》のごとくなるつよみにて候」(甲陽軍鑑　下)

せっぱく【節迫】その年の終わり。年末。「及節迫自江州御陣被成御内書於畠山左衛門督殿」(蔭涼軒日録)

せっぷ【拙夫】一人称。男性が、自らを謙遜していう語。拙者。「然者自小田原次郎殿へ飛脚被指越候、拙夫へも如此被仰越候」(上杉家文書)

せっぷく【截腹】「切腹」に同じ。「自余四十余人截腹《せっぷく》し畢《おわ》んぬ」(伊達正統世次考)

せつほ【截補】薬を調剤する。「三月上旬より瘧疾《おこり》を患《わずらい》玉ふ、薬剤截補《せつほ》の効験なく」(北越軍談　中)

せつぼう【節旄】天子から使者に賜わる任命のしるしの旗。旄牛《からうし》の尾の毛を竿頭につける。「來歳必携節旄令進發可刎氏直首事」(伊達家治家記録)

せつやしない【節養】年始に妻の方に、夫などを招いて祝宴を催すこと。「田向超請申間行、(中略)年始御節養云々」(看聞御記)

せつよ【截余】断髪の影響。俗世から離れること。「是併《これしかしながら》断髪にして截余《せつよ》を被《こうむ》り、猶《なお》有髪《うはつ》の俗体たるが故なり」(北越軍談)

せつろん【切論】相手を恐れず激しく議論する。「国家の保護を成すべき事、理に於て切論《せつろん》たるに、如此《かくのごとき》の仕義《しぎ》」(北越軍談)

せつわ【拙和】自分の詠んだ和歌のこと。「以此恨拙和巻懐之被催、昨日佳篇両度之拙和一斉投玉案下者也」(江雲老宛沢庵宗彭書状)

せど【背戸】「せと」とも訓む。裏門、裏口。勝手口。「多

勢にて、我屋敷の背戸《せど》をふみきりて通《とを》らんに、内に在ながら出て不尤者哉《とがめず》」（三河物語）

せなぎ【せなぎ】 溜息のことらしい。「大道へ出て聞瞷を立て、泚《あせ》をにぎりて、おほ《大》せなぎをつきてゐたる所へ」（三河物語）

ぜにがめ【銭亀】 小さなイシガメのこと。ここは足の踏み場もないほどたくさん兵が充満するたとえ。「東蔵坊構へに至りた御在陣。銭亀《ぜにがめ》爰《ここ》もかしこも銭を布《し》きたる如くなり」（信長公記）

ぜにくつわ【銭轡】（轡は馬の自由を奪うところから）人を自分の意に従わせるために贈る金銭。また、口止め料として贈る金銭。金轡《かなぐつわ》。「銭ぐつわはめられけるか馬丞人畜生とこれをいふなり」（醒酔笑）

ぜにせぎょう【銭施行】 貧しい人たちに銭を施すこと。「当寺の東堂桃巌《とうがん》と名付けて、銭施行をひかせられ、国中の僧衆集まりて、生便敷《きびしき》御弔《とむらい》なり」（信長公記）

せにゅう【施入】 寺社に財物を喜捨すること。また、その財物。「室町殿万疋御施入龍樹寺、（中略）於彼寺有御作善云々」（建内記）

ぜにをえる【銭を選る】 撰銭のこと。撰銭をして銭の良し悪しを問題にするので、物価高となる。「去年ヨリ売買ナシ。銭ヲエル故ニ米八十文、小麦七十文売也」（妙法寺記）

ぜひなく【無是非】 事態の程度がこの上もなく甚だしくて、言うまでもないこと。無茶な。「名仁ふり之書中無是非候」（黒田家文書）

ぜひにおよばず【不及是非】 是非を論ずるまでもない。「於彼表前波討死、無比類働、不及是非候」（歴代古案）

せひらかし【せひらかし】 せびらかす。強要する。いじめる。「此中主計頭・如水よりせひらかし、種々の儀中懸られ候へ共」（黒田家文書）

せへん【世知便】「せちべん」が一般的。勘定高い。けちくさい。世事にたける。「まして御情《なさけ》がましき御事も御坐《ましまさ》ず、御世知便《せちべん》もぬるくおはしまして」（三河物語）

せほう【世法】 世間のきまり、しきたり。「せいほう」とも訓む。（日葡辞書）

せまち【畝町】 一日の農耕面積。あるいは、田の区画。「一頭立ての牛が一日に耕す面積」（日葡辞書）

せまる【逼まる】「つまる」と訓むか。多くないの意。「（毛利）両中納言殿御若輩を申し、其上家来逼り候」（関原陣輯録）

せまる【谷る】「迫る」に同じ。接近する。「斯く攻守攻谷《せめせま》つて、如何ともすべき様なし」（武田三代軍記）

せみぐち【蟬口】 旗の頭の呼び名。天子の旗の場合は、竜頭《りゅうず》、将軍家では鳩居。諸侯より以下を蟬口という。「一、旗の頭を竜頭《りゅうづ》と云は、天子の御幢に限れるの辞なり、将軍家にては鳩居と云、諸侯より以下は蟬口と云」（北越軍談中）

せめあい【迫合】 いくさをする。「黒坪村と云ふ処に於て迫《せめ》

合《あ》ひあり」（長国寺殿御事蹟稿）

せめあぐむ【攻倦む・攻俹む・責飽む】 攻めきれない。攻めあぐむ。攻めるのに苦しむ。「攻倦んで見へにけり」（庄内陣記）「防ぎ戦ひけるにより、両家の軍勢、攻俹《あぐ》んで、兎角我攻め」（武田三代軍記）「峯法寺口の寄手戦疲れ、責飽《せめあぐ》みければ」（北越軍談　中）

せめうま【責馬】 馴らすために走らせて訓練する馬。「せめ馬のむちは、二尺七寸也」（大諸礼集）

せめおとす【攻落・責落】 攻めて敵軍を降参させる。攻めて敵の城を取る。「被官輩数多被疵致粉骨彼責落要害」（親元日記）

せめがね【攻鐘】 兵士の心を鼓舞する鐘の音。「坂田勢、是を事ともせず、攻鐘《せめがね》を鳴し、無二無三に攻入ば」（奥羽永慶軍記　上）

せめぐ【閲く】 争う。「長尾連枝の間垣を閲《せめ》く事なく隔心を挟すして」（関八州古戦録）

せめぐそく【攻具足】 城などを攻撃するための道具、あるいは、軍需品。（日葡辞書）

せめころす【攻死】 攻め殺すこと。「彼一揆原所々籠楯之間、可攻死之処、種々依令侘言赦免候」（和田茂兵衛氏所蔵文書）

せめしゅう【攻衆・責衆】 攻撃する人々。敵を攻める軍勢。攻め手。「武家御足軽衆以下廿余人討死云々、責衆死人手負数多有之云々」（言継卿記）

せめだいこ【攻太鼓・責太鼓】 敵に攻めかかる時の合図に打ち鳴らす太鼓。敵陣に攻め入るように急迫した調子に連打する太鼓。「其勢四百余騎責太鼓を打て、摺上原に打て出」（蘆名家記）

せめつづみ【攻鼓】 戦闘用の太鼓。「戦鼓《せんこ》」とも。（日葡辞書）

せめて【責而】 せめて。「會津江可被付ニ相究候者、責而當年一所務」（伊達家治家記録）

せめとる【攻捕】 陣詞では、平城を攻め落とすことをいう。「山城をば乗崩す、平城をば乗取、攻捕、攻落などと云」（北越軍談　中）

せやくいん【施薬院】 「やくいん」とも訓む。内裏の医者の長。また、医薬を施す施設のこと。（日葡辞書）

せりあいいくさ【競合軍】 敵味方入り乱れて戦うこと。互いに手柄を立てようと争い合っての戦い。「ほまれを心がくる輩は、陣中をぬきんで、両陣の間へたがひに進で出あひ、矢いくさをなす。見物しておもしろきは、此せりあひ軍なり」（北条五代記）

せりあう【糴合】 競り合う。「陣場の末にて水汲共を追廻けるを、成実は者共出合、糴合《せりあい》ければ、二本松への海道に柴立の小山有て」（政宗記）

せりつく【迫付】 詰め寄る。迫り近づく。「彦左衛門はされ共せり《迫》つけ《付》られ不申」（三河物語）

せん【銭】 通貨の単位。一貫の千分の一。文《もん》。「大鋸弐手、

卅日分、御倩被成事　六貫文、作料、一日一人、五十銭つつ、弐貫四十文、公用、一日一人、十七文つつ」（森文書）

せん【腨】 こむら。ふくらはぎ。「志賀山三郎に鐵砲を以て腨を撃抜かれ蹇跛なり」（伊達家治家記録）

ぜんあくひとすじ【善悪一筋】 成行きの如何にかかわらず、一筋に徳川家のために尽くす。（御家誡）

せんいつ【専一】 ①「せんいち」とも。必須なこと。用件に基づくところ。「専一には、臣下の忠不忠を分別して恩賞有べき事簡要也」（月菴醒酔記）②一つのことに一心になって他を顧みないこと。「筑前守申次第別而馳走専一候、不可有油断候也」（黒田家文書）

ぜんえ【染衣】 僧衣。僧侶のことも。「一、信玄剃髪染衣《ていはつぜんえ》の姿として、人の国を貪り、民を害し」（甲陽軍鑑　中）

せんか【泉下】 あの世。冥途。「早々首を刎られよ。死て恨を泉下《せんか》に報ぜん」（奥羽永慶軍記　上）

せんかい【専价】「専使」に同じ。「専价を辱《かたじけな》くす表札尤《もっと》も快然なり」（伊達正統世次考）　⬇「専使《せんし》」を参照

せんかい【先回】「先度」に同じ。以前。「先回如示預者、至于武上表被動干戈、去廿二三之比、可被揚烽火候」（千秋文庫所蔵文書）

ぜんかく【善覚】 善い悟り。良い覚悟であること。「自今以後不可有表裏候者、善覚候」（南行雑録）

せんかた【為ん方】 対策をなす。「為ん方涙」（どうしようもない涙）、「為ん方無い」（どうしようも無い）。対策。（日葡辞書）

せんかたなし【無為方】「無詮〈なしせん〉」とも。仕方が無い。（黒田家文書）「虎口々々を差固めて長泰を拒む、長泰為方《せんかた》なく、上野村の竜淵寺は」（北越軍談　中）

せんかん【専肝】 最も大切なこと。肝要なこと。「毎事堅固之御備専肝候」（上杉家文書）

せんぎ【全義】「僉議」の充て字。詮議すること。「其外彼が陪臣・被官以下まで一々全義《せんぎ》を糺さる」（北越軍談）

せんきばんえつ【千喜万悦】 はかり知れないほどの喜びの意。多く、祝意を表わしていう書札用語。「千喜万歓」「千祥万悦」などとも。「同十四日大坂御帰城、千喜万悦之声々しばしは止ざりけり」（太閤記）

せんぎゃく【僭逆】「せんげき」とも。身分をわきまえないで上の人に逆らい、上の人を軽んずること。「天下大いに乱れて東西静ならず。僭逆の輩不意に起て、面々の威勢を争ひしかば」（奥羽永慶軍記　上）

せんぐり【先繰り】 ある部隊を先にやり、すぐ後から他の一隊をやり、さらに次の一隊というふうに順繰りにすること。（日葡辞書）

せんけ【千悔】 大いに後悔すること。「今迄当家の軍道伝統の門に入ざりし事よと千悔《け》有と云々」（北越軍談　中）

せんげ【遷化・戩化・迁化】 尊敬すべき高名な僧侶の死去

のこと。「運公蓋し長寿にして戩化す」（一徳斎殿御事蹟稿）隠者の死。「終に飲食を止め、断食して四月廿一日迁化せられける」（関八州古戦録）「〈大名ノ〉死去をば御遠行又御逝去、遷化とは、長老東堂の死去を云也」（万言様之事）

せんけん【嬋奸・嬋娟】 姿のほっそりして美しいこと。「容色嬋奸《せんけん》世に勝れたるのみにあらず、小野小町がもてあそびし道を学び」（奥羽永慶軍記　下）

せんこ【戦鼓】「攻鼓《せめつづみ》」とも。（日葡辞書）➡「攻鼓《せめつづみ》」を参照

せんこう【先考】 死亡した父。亡父。⇕「先妣《せんぴ》」（亡き母）。「第一先考御存生の折柄吾等不教（興カ）を受《うけ》し事は」（北越軍談）「今先考ノ御前ニテ、焼香セサセ給ヒシ形勢見マイラセテ」（信長記）

せんこう【千幸】 極めて喜ばしく、めでたいことと祝福していう書札用語。「王春昇平之初節、民業康楽之令辰、千幸万福、珍重々々」（実隆公記）

せんごう【線毫・繊毫】 比喩的に、文書の中で、細かく説明する意で用いる。「罪罰の条目を定め、犯、不犯の区別、繊毫も差はず」（排切支丹文）

ぜんこう【禅閤】「太閤」の身分で出家した者の称。「北畠准后禅閤喩ヲ引テ被申ケルハ」（太平記）

ぜんごのこるところなき【前後残る所無き】 申し分のない。「前後残る所無き御働きに候」（関原陣輯録）

せんし【専使】 ①臨時の任務のために特に派遣する使者。特使。「専使を辱《かたじけな》くす、特に練絹《ねりぎぬ》を賜う員数の如し」（伊達正統世次考）②或ることのために特に遣す使者。「御書の趣き、専使殊に音信として鐵砲幷に竹葉・肴三種差上け喜悦し玉ふ」（伊達家治家記録）

せんじ【宣旨】 天皇の命令を伝える文書。太政官から出される。「口宣案」は蔵人から上卿に勅旨を伝える文書。「則被成下法橋　宣旨云々、併冥加之所致候」（黒田家文書）

せんじ【撰糸】 撰糸絹の略。薄い絹織物で、羽二重に類するもの。「此外厚板五十端、薄板五十端、嶋五十端、片色《かたいろ》五十端、せんじ百疋以上」（甲陽軍鑑　中）

ぜんしゃ【漸写】 誤りなどがないように、時間をかけて慎重に経文を書写すること。また、その写経。「自菊弟法花経漸写一部、御布施三百疋、被進之」（看聞御記）

せんじゃく【染著】「ぜんじゃく」が一般的。執着すること。「若渠《もしかれ》に染著《せんじゃく》の念を発せられ、閨《ねや》を閉《とじ》て狎《なれ》しめ玉はば」（北越軍談　中）

せんしゃのくつがえすをみて【先者の覆すを見て】「先者（車）の覆すを見て後者（車）の戒めを成す」と云う諺。前者の覆りは後者の誡めになるという。「先者《せんしゃ》のくつがへすを見て後者のいましめをなすと云へり」（三河物語）

せんしゅ【銭主】 他人に金を貸している人。貸借関係の貸主。「借物之事年紀之有無之儀、当関伽井一身之秘計にあらさる也、持明院・岩之坊等同銭主」（政基公旅引付）「既約月

過之間、銭主山法師、於政所此事出沙汰」（康富記）

せんしゅかた【銭主方】（賀茂郷に住する）高利貸業者のこと。「新儀諸役免許之状如件　元亀元　十一月　日　信長（花押）賀茂郷銭主方　社人・同惣中」（賀茂別雷神社文書）

せんしょう【先証・先蹤】以前の証拠。過去の事例、事跡。「件度就勅問、後成恩寺禅閤於国師号者、此宗未聞前蹤」（実隆公記）

せんじょう【先条】「先条に任すべし」（先の条章のようにせよ）。（日葡辞書）

せんせき【仙籍】宮中で殿上に出仕する人の姓名を記して、その日の当番を表示した札。長さ五尺三寸、幅上八寸、下七寸、殿上人の名を三段に書き、殿上の間の西北の壁に立てかけられた。殿上の簡《ふだ》。日給の簡《ふだ》の意で、昇殿を許可することをいう。「清原宣賢宗賢卿息子六位仙籍先度被尋下、所存粗先日申入了」（実隆公記）

せんぜんに【漸々に】次第々々に、段々と。（日葡辞書）

せんそ【践祚】先の天皇の位を受け継いで、新たに位に就くこと。「今日南方小倉宮勧修寺門跡御入室、去々年有御謀反之企没落、践祚御競望之人体云々」（看聞御記）

ぜんそく【喘息】息を吐き出すのが困難で、特有のぜいぜい鳴る発作性の呼吸困難をした症候群。「一　関白秀次公、依気積上気、（中略）気逆上而胸塞、痰喘息麁不能偃臥」（医学天正記）

せんたつ【宣達】触れ達す。「太刀・金襴を以て祝儀を表す、猶両所宣達せ被（ら）る可し」（伊達正統世次考）

せんだつ【先達】峰入りなどの時に同行の先導となる修験者。「玉滝坊は相州の先達なり」（性山公治家記録）

ぜんだつ【蟬脱】蟬の抜け殻。「名は伊達殿と為《な》って、実は則ち蟬脱の如し」（伊達正統世次考）

せんだって【先達て】先ごろ。「先達《せんだつ》て、真田は上杉景勝より援兵を得て」（長国寺殿御事蹟稿）

せんだん【先段】その事があったのが、現在より少し以前の時であること。先ごろ。「然而尾崎大膳討死ニ付而、彼一跡娘時宗ニ先段落着了」（古文書選所収北条氏裁許印判状）

せんだんのいた【栴檀の板】鎧の具。胸板の左右の間隙防禦の板。「無ざんやな加藤、せん檀の板より押付に打ぬかれ、二言ろもいはず死にけり」（奥羽永慶軍記　下）

せんちたんさい【浅智短才】智恵、才能を持ち合わせていない者。「与兵衛尉も、根井が如き浅智短才の男にて」（奥羽永慶軍記　下）

せんちゅう【戦忠】合戦の時に示す忠節。戦功。武勲。「仍戦忠之輩、就被注申之、被成御感奉書云々」（親元日記）「守此旨彌可抽戦忠状、如件」（甲陽軍鑑）

せんちん【船賃】傭船料。（日葡辞書）

せんて【先手】先頭に立って戦うこと。また、その軍勢。先陣。「御越山可為何比候哉、先手之御取扱に極候」（上杉家

文書）

せんてい【銭定】 撰銭のこと。「一、銭定違犯之輩あらハ、其一町切に可為成敗」（石清水文書）

せんてき【選擢】 選び抜くこと。選び出すこと。選抜。「輝宗公、遠藤基信を微賤《びせん》之中に選擢し、能く之を任用す」（伊達正統世次考）

せんてん【煎点】 「煎茶」をたてて喫茶に供すること。「来十五日就日野殿煎点、請帳回之、請僧百廿六有之、其外給仕十五人有之」（蔭涼軒日録）

せんど【先途・専度・詮度】 「専度」「詮度」は「先途」の充て字。①危険で困難なこと。②主要なこと、必要なこと。（日葡辞書）③勝敗の決する大事な場合。（庄内陣記）「矢口が者共、爰を詮度《せんど》と働けども」（奥羽永慶軍記 上）

せんとう【先登】 ①敵陣めがけて、真っ先に攻め込むこと。「三方之主作手奥平道汶入道（中略）属信玄、為案内者、令先登之間、長篠に在陣して、野田え相働令放火」（当代記）②先頭。「長尾景茂・同胤景先登《せんとう》を争ひ、直《ただち》に攻入る」（北越軍談）

せんとう【銭湯・洗湯】 ①徒党を組んで盗みに入るが、獲物は山分けせずに各々が盗ったものを自己の所有とすることをいう中世の盗賊仲間の隠語。「「盗賊中、有隠語、（中略）曰銭湯、銭湯者、不論貴賤、各領所盗」（臥雲日件録）②料金をとって人々を入浴させる風呂。寺院において営業された。「晩來当寺浴室一見、誠彷彿銭湯」（蔭涼軒日録）

せんどう【船頭】 水軍の長。水手《すいしゅ》の長。「一　船頭は見計ひ次第、給米等相定め可申事」（太閤記）

せんどう【専当】 寺院で専ら雑務を担当する下級職。また、その僧。「聖道者（中略）専当、勾当、都維那、寺主」（文明十四年鈔庭訓往来）

せんとうぶろ【銭湯風呂】 ふろ屋。湯や。「天正十九卯年の夏の比かとよ、伊勢与市といひしもの、銭瓶橋のほとりに、せんたう風呂を一つ立る」（評判記そぞろ物語）

ぜんとくじ【善徳寺】 「勢子」の異称。「路次御放鷹、今泉に着御善徳寺《セコ》トモ列率トモ云う」（駿府記）

↓「勢子《せこ》」を参照

せんにん【専人】 専らの使い。専属の使者。「専人を以て之を啓す」（伊達正統世次考）

せんにん【遷任】 転任する。「（留守）相模守景宗は是の年七月以後安房守に遷任《せんにん》する也」（伊達正統世次考）

せんぱく【阡陌】 ①阡陌は本来、田のあぜ道。ここは領土。「動《やや》もすれば阡陌《せんぱく》を争ひ、常に其武威を撓《たわ》めん事を調義（駿府記）②その土地・街などの、東西南北の境界。また、街路。ちまた。四つ辻。「阡陌　東西ヲ云阡、南北云陌、市中街ヲ云阡」（庭訓往来註）

せんばつ【戦伐】 戦争すること。戦い。「仮令《たとえ》戦伐《せんばつ》の業は克《よ》く勤《つとめ》る共」（北越軍談）

せんばら【先腹】 最初の妻。または最初の妻が産んだ子に

も使う。（日葡辞書）

せんぱん【先判】 本領を認許するところの先の判物。「鵤田郷の内萩生田《はぎうだ》、這の一垣内従令《たとい》本地返し有りとも、先判を用いず之を下し賜う」（伊達正統世次考）

せんぴ【先妣】 ⬇「先考《せんこう》」を参照

せんぴ【先非】 以前の過ち。「白川・石川再三の訴訟に依て朝川先非を許され、本領安堵をぞなしける」（奥羽永慶軍記　上）

ぜんび【全備】 成就すること。完全になること。「信長卿ハ無学也ト云ドモ、仁義ヲ深感ジ給ヒシカバ、武道ノ大用全備シテ、度々ノ軍功成シケリ」（信長記）

せんぴつ【染筆】 筆に墨や絵の具を含ませて書画を書くこと。物を書くこと。揮毫。潤筆。「任幸便染筆、此方無別義候」（上杉家文書）

ぜんぴょう【前表】 「ぜんびょう」とも訓む。（細川家記）前兆。先表。「矢島・仁賀保数年矛楯に及ぶ事、其家の亡ぶべき前表かと笑止にこそ候へ」（奥羽永慶軍記　下）

せんへい【痊平】 平癒する。「両管領差添《さしそえ》て療養を加え、漸く痊平《せんへい》の期に至り」（北越軍談）

せんぼう【節旄】 「節旄」は、天子から使者に賜る任命のしるしの旗。旄牛《からうし》の尾の毛を竿頭に付ける。（伊達家治家記録）

せんぼう【胆望】 「瞻望」の充て字。遠くを望むこと。「秀吉公笠懸山より胆望《せんぼう》有てあなたに見へたる大松の陰に」（関八州古戦録）

せんぽう【先方】 ①「先亡」のこと。先に滅びること。以前に滅亡したこと。前亡。「一揆を起せば、爰かしこに忍び居たる先方武士ども大将となりて、郷民ども馳集り」（奥羽永慶軍記　下）②敵方。「先方十河民部大夫殿当知行年貢・地子銭・諸成物以下以御下知幷御朱印、我等被仰付上者、従先々如有来、納所専用候」（今井宗久書札留）※「せんぽう」と訓むと相手方の意になる。

せんぽう【懺法】 罪過を懺悔するために修する法で、観音、阿弥陀、吉祥などの懺法がある。または、この儀式作法に読誦する経文や偈文。（日葡辞書）（伊達家治家記録）

せんぼく【山北】 「仙北」の充て字。仙北は秋田県仙北、平鹿、雄勝の三郡を言う。「奥州和賀の領主、多田薩摩守義忠、山北と相戦ふ事度々なれ共、山北は大勢なり」（奥羽永慶軍記　上）

せんや【先夜】 先日の夜。過ぎ去った夜。先晩。「今夜も以外之籌也、先夜より猶多候了」（言継卿記）

せんよう【専要】 最も大切なこと。「堅可被仰付儀不浅候、各其分別専用候事」（黒田家文書）「至与州早々御渡海肝要候、遅々候へ者、及風波之節候間、一日も御急専要候」（萩藩閥閲録）

せんよう【先容】 人を案内すること。先導すること。「乗輿詣小川御所、公卿門跡列而有待、蔭涼先容府公坐、相伴長老各入賀、即起去、府公出送」（鹿苑日録）

せんよう【詮用】 専ら、只今意を用うべきこと。大事なこと。「兎角詮用者、小田原表被成御着陣」（伊達家治家記録）

せんりゃく【浅略】 浅はかであるさま。浅薄。「要害浅略《せんりやく》にして未だ修営の功も整はざる体《てい》たらくなれば」（北越軍談）

せんりょう【先料】 手付金。内金。（日葡辞書）

そい【素意】 私の意見。自分の意見。「仍之当表備、逐日任素意《そい》之条、可心安候」（左衛門佐君伝記稿）「以来者遠境故遥々不申達候、素意之外奉存候」（歴代古案五）

そい【疎意・麁意】 隔意。「国分まで路次中相違なく送りを添へ差越すべし、少も疎意あるべからず」（性山公治家記録）「就中御進発之上、令言達候儀、弥以相似麁意候歟」（米沢市上杉博物館蔵大宝寺義興書状）

そいぜい【添勢】 助けを添えること。助力すること。加勢。助勢。「先、吉見・海生寺を本と可責也、於粉川寺者、其をそい勢に罷出て、上郷と両日根野を可焼立之由、所申合也」（政基公旅引付）

そう【左右】 ことの成り行き。事の様子。知らせ、返事。「いつにても御左右次第請取可申候」（黒田家文書）

そう【叟】 おきな。尊老の称。「年月事実往々犬牙睽違《けいい》する者あり。これ廼《すなわ》ち叟《そう》師旅の間に随って歳月の久しき」（慶長記）

そう【総】 総備《ぞなえ》の面々。「ふせふんこ《布施豊後》・いからしふせんさう《五十嵐豊前総》へ又御使也」（伊達天正日記）

そう【壮】「草」とも書く。灸を据える回数。または、艾《もぐさ》の分量を数えるのに用いる。「此日灸肩腎丼曲池百五十壮」

そう【惣】 中世、農民の自治組織。惣中。惣村。「於根来寺衆会之衆雖為繁多（中略）以上十余人を惣之集会以前に先召集て成私集会、加種々密談事両度也」（政基公旅引付）

ぞうい【造意】 ①意志。意向。「是非に及ばず、此の上は、江州へ御行《てだて》なさるべきの御造意頻《ぞういしきり》に」（信長公記）②謀略。「甲州之武田・越前之朝倉類為敵候、公儀御造意茂此故候」（武家事紀）「大坂惣張行之造意之条、彼近辺押寄可放火候」（古文書纂）

そうえん【送縁】 御縁、奇縁。「古跡といひ折柄といひ送縁の法をも説玉ひて」（政宗記）

そうおう【相應】「相応」は本来は「つり合う」「ふさわしい」という意に使うが、相い応じるで、互いに意志の疎通を計ることの意。「向後相應之儀不可有疎意候」（伊達家治家記録）

そうか【窓下】 謙遜の意を示して、書状の上書きにする語。「玉窓下」、また、時節によって「梅窓下」などとも用い、脇付にも用いられた。（日葡辞書）

そうか【早歌】 宴曲・謡曲のことらしい。「御相伴（橋本）刑部少輔、御亭衆伯蔵軒・左馬助（原田）・七伯（七宮伯耆）御坐過時分御そうか（早歌）」（伊達天正日記）

そうが【爪牙】「そうげ」とも訓む。主人の手足となって働く家臣。国家輔弼の臣。「譜代爪牙《そうが》の功臣も憤を挟《はさん》て己

が身構を当然の操として」（関八州古戦録）

そうかい【草鞋】「挿鞋」とも。束帯に付属した天皇用の浅沓《あさぐつ》。「其跡に家康公あじろ《網代》の車、井伊侍従（直政）そうかい（草鞋）持、内大臣に任せられしなり」（慶長記）

そうがい【草艾】「草芥」と同か。つまらない者。「束草艾、鳩朽撲」。（伊達家治家記録）

そうがかり【総掛・総懸】全軍で攻撃すること。総攻撃。「浅井が勢ども是を見て、総掛りかかるべしと」（浅井三代記）

そうかく【皁角】樹木の名。さいかち。皁莢。「捺物《さしもの》海道の列樹に立し皁角《そうかく》の木の枝に懸りて」（北越軍談）

そうかまえ【惣構】城やある地域の周囲に築いた囲い。また、その内部の総称。総構とも。「ふけの内之惣構を押破打果し候ハヾ、弥落居程有間敷かと存候」（黒田家文書）

そうかん【藻鑒】「藻鑒」は、「総観」の当て字か。全体を良く見る。「各御藻鑒ノ深キヲ感シ奉ル」。（伊達家治家記録）

そうかん【藻翰】美しく飾った文章、美文の手紙。

そうき【躁気】無分別、軽率、粗雑に。（日葡辞書）

そうけ【宗家】本家あるいは主家。「当《まさ》に頼遠を棄てて以て宗家に奉事すべし」（伊達正統世次考）

そうげ【爪牙】➡「爪牙《そうが》」を参照

ぞうげ【雑餉】➡「属託《そくたく》」を参照

そうけい【争競】「競争」に同じ。競争すること「先年越後国に於いて景虎と喜平次争競《そうけい》の刻、一両輩の面々、欲心に耽り黄金にめでて、景虎に対し不義の擬《はからい》故に、悪名を天下の人口にのせ」（甲乱記）

そうげき【忩劇・怱劇】せわしくいそがしい。いそがしく落ち着かない。あわただしい。世の騒ぎ。混乱。「石州境迄忩劇大形に非ず候」（老翁物語）「連々横瀬家の庇蔭《ひいん》を蒙り、公没後春日山怱劇《そうげき》の弊に乗て」（北越軍談）「歳暮忩劇、元日出仕等彼是怱々而已」（実隆公記）

そろけもの【そろけ者】不具者。かたわ者。「そろける」（かたわになる）。（日葡辞書）

そうけんぎょう【総検校】全ての盲人の頭《かしら》で最高の位。当道の支配者。公家の久我大納言家を指す。（日葡辞書）➡「当道《とうどう》」を参照

そうごう【相好】顔のかたち、人相。（日葡辞書）

そうごう【僧綱】➡「学頭《がくとう》」を参照

そうこく【相剋】矛盾対立すること。相争うこと。（日葡辞書）

ぞうさ【造作】①手段。方法。「造作なりといへとも其口より田村へ傳へて相届くへし」（伊達家治家記録）②面倒、厄介、手数がかかること。「殊の外御造作歴然たれは、御無用なり」（伊達家治家記録）「以御扱、無事ニ被仰調候、毎度御造作、難申尽忝存候」（神宮文庫所蔵幸福大夫文書）

ぞうさ【雑作】入費。「ぞうさは大へんにて役に立、ぬ」（御家誡）

ぞうさしっつい【造作失墜】かかった経費が無駄になった。

「尤モ造作失墜ハ、皆以テ合力シ玉フヘケレハ」。（伊達家治家記録）

そうざま【惣様】 ➡「惣並《そうなみ》」を参照

そうし【造次】 短時間の間。「造次顚沛《てんぱい》」（日葡辞書）

そうじ【掃除】「精進落とし」のことか。「五十人ニ而御本寺ニ御参詣被下候。下向ニハ河口ニテ掃除致候」（妙法寺記）

そうじ【惣持】 全て持つこと。全てを所有すること。（日葡辞書）

ぞうじ【雑事】 雑事物のこと。野菜などの副食物。「其余ハ更ニ売買一粒モ無之。就中雑事一本モ無之」（妙法寺記）

そうしがみ【草紙紙・双紙紙】 主に手習い草紙に使った紙。草紙本や草双紙などにも使った。「中御門、平野預同道来臨、双紙紙此方にうたれ候了」（言継卿記）

ぞうしき【雑色】 苗字を持たない下級の家来、室町時代の臣下の階級は、番衆・走衆・恪勤《かくご》以上は侍で、中間・小舎人・小者・雑色・公人《くにん》は、侍以下の者で苗字はない。「為配當上峯之内、雑色分幷中林遣之候、可有知行者也」（北條氏綱判物）

ぞうじせん【雑事銭】 ①雑多な費用。小遣い銭。雑事。雑費。「めしつかふもの油断して、雑事銭などとられて」（宗長手記）「公用催促事、（中略）日別雑事銭事者、公物悉皆済之後に、別而可申付之、以進物銭内先日別分受取事、向後堅固可従停止之」（大内氏掟書） ②雑公事《ぞうくじ》を銭貨で代納すること。また、その金銭。「御公事銭七十九貫七百五十二文、内、雑事銭四十三貫八百文」（高野山文書）

そうしだい【左右次第】 御都合次第で（重ねて取にいかせます）。「御左右次第、重ねて取ニ可進候。又此式ニ候へども、ゆかたびら一進じ候」（左衛門佐君伝記稿）

そうじて【捴じて】 総じて。（老翁物語）

そうじゅう【惣中】 全員。

そうじょう【相承】 次々に受け継いでいくこと。「管領恩補の邦《くに》として、嫡々相承《そうじょう》の家料《けりょう》とす」（北越軍談）

そうじん【惣陣】 全軍。（日葡辞書）

そうじん【騒人】 風流を解する人。文人または詩人。「文を好みて嘯詠工《たくみ》有る、騒人吟じて以て他を悩まし」（日新菩薩記）

そうす【率す】 軍勢を招集する。「勢を率する」（軍勢を引き連れていく）（日葡辞書）

ぞうす【蔵主】 僧の階位、首座の次。（関八州古戦録）「此趣僕自り申す可き之旨有り、巨細猶麟蔵主申さる可き也、恐々謹言」（伊達正統世次考）

そうせいばい【総成敗】 その地域の行政裁判権を行使する役職。伊達領内では、郡・郷にその地の有力地頭が任命された。「其外総成敗之事、本状に任せ永代相違有る可からず」（伊達正統世次考）

そうせき【草石】 草石蠶《そうせきさん》のこと。ちょうろぎ。ちょろぎ。

さ

食用となる。「為音信、草石一到来候、懇情悦入候」（御牧文書）

ぞうせつ【雑説】 種々の噂。根も葉もない風聞。（日本国語大辞典）

そうぜめ【総攻・惣攻】 味方の全軍をあげて敵を攻めること。総攻撃。「此城殊に寄手大勢にて候得ば、惣攻致し候はば外城易く攻め候べし」（永享記）

そうそう【嘈々】 音がやかましい。騒々しい。「猿楽の半ば、計らざるに、急雨降りて嘈々《そうそう》たり」（関白任官記）

そうそく【早速】 迅速に。（日葡辞書）

そうそつ【走卒】 走りづかいをする僕《しもべ》。賤しい下郎。下僕。「其の勇鋭古今膾炙《かいしゃ》して、児童・走卒も暗《そら》に令名を知れり」（北越軍談）「児童走卒識昇平、嘉政祇今無可名」（再昌草）

そうそつ【躁卒】「躁率」のこと。軽率に。「御人数相続カサル間、躁卒ニ手合スヘカラサル」（伊達家治家記録）

そうそつ【早卒・倉卒】「卒」は「率」のときも。事態が思いかけず急なことで、余裕なくあわてて事を行なうさま。すぐにでも。「次聖護院宮へ参、御対面也、雖可有盃酌、沈酔之間、早卒礼退出畢」（慶長日件録）「於其時節、早卒御越山奉念願候」（米沢市上杉博物館蔵皆川広照書状）

ぞうそつ【雑卒】 雑兵のこと。「其外、逞兵九十余騎、雑卒、地下人駈集」（関八州古戦録）

ぞうだ【雑駄】 荷物運びの下等の馬。（日葡辞書）

そうだい【霜臺】「霜台」は、①御史台の異名で、法を司る裁判官のこと。②弾正台の唐官名。「貴所御下向候而霜臺與政宗様御取組」（伊達家治家記録）「敵数多被討捕候由、自霜台（大内武治）注進候」（三浦家文書大内政弘書状）

そうだい【惣代】 町や村全体の用事に当たる役目を負っている人。（日葡辞書）

そうだつ【奏達】 天皇に申し上げてそのお耳にいれること。「此等之趣、宜預奏達候」（延暦寺文書）

そうだん【僧檀】 僧檀家のこと。僧侶と檀家。「必定可有成就之由、都鄙之僧檀存分候間奉頼候」（薬草院日扇書状写）

そうだんこう【総談合】 全体でする相談。（日葡辞書）

ぞうちつ【増秩】 本領に増加する秩禄のこと。「其の本領を安んぜ令《し》め、其の増秩《ぞうちつ》を賜う也」⬇「加恩増秩《かおんぞうちつ》」を参照

そうぢとう【惣地頭】 ①平安時代以来、一定地域の地頭を総轄する職。また、その人。②日本全国の地頭の任命権者のこと。源頼朝が初めて任じられた。（日葡辞書）

そうぢゅう【惣中】 全体の中。全員が。（日葡辞書）

そうつもり【総積】 全体の見積もり。総予算。「事こまかにはなるまじく候間、先大方惣つもりに候歟」（高野山文書）

そうて【惣手】 全軍。「小敵といへども、奥ふかくあてがひ、さう《惣》で《手》は働かず」（甲陽軍鑑 中）

そうてい【宗弟】 嫡出の弟のこと。「爰《ここ》に氏家太郎左衛門某、其の宗弟又十郎直継に迫って、之をして自殺せしめ」（伊達正

統世次考）

そうてん【相転】「相博《そうはく》」に同じ。自分にあたっている当番を、都合で他の人に交替してもらうこと。「今日々次壇所岡崎准后当番也、去々月以来病悩雖少減、未修法等勤仕難叶、来月八月予番ニ可相転由被申間」（満済准后日記）

そうなく【左右無く】①とやかく言わずに。否応なく。「たけなるかみと諸共《もろとも》に、左右なく首を打ち落し、いやが上にぞかさねける」（太閤さま軍記のうち）「三好は三千余騎なれば、左右なう勝瑞城へも掛り」（細川家記）②たやすく。簡単に。「敵も名ある侍にて、左右《そう》なく太刀場《たちば》を取られすと」（播磨別所記）③とやかくのことなく。「さうなく《左右》御船に至る迄別条御座無く候事」（御家誡）

そうなみ【惣並・惣竝】他のものと同様に。「惣様《そうさま》」に同じ。（日葡辞書）「能々致普請、積四百人五日御普請分をハ惣竝候間、肝要候」（岡本越前守宛北条氏政判物）「定而惣並申付候哉、雖然先規之有姿不存候間」（大徳寺文書）
➡「惣様《そうざま》」を参照

そうにん【相人】占い師。呪術者。（日葡辞書）

ぞうにん【雑人】①身分の低い者。「後陣に群りたる雑人或は見物の地下人抔一度に」（伊達家治家記録）②具足を着けぬ中間、荒子《あらしこ》。「其の外足軽・雑人等廿五人迄討れける」（奥羽永慶軍記　上）

そうば【相場】その時の物の値段。（日葡辞書）

そうば【葬場】人を埋葬する場所。（日葡辞書）

そうば【葬馬】葬場に坊主を乗せていく馬。（日葡辞書）

ぞうばい【増倍・相倍】漢語数詞に付けて、その倍数である意を表わす。～倍。「右に申す如く、太閤様よりは十増《ぞう》倍《ばい》軽々と御上りなされ候と」（川角太閤記）「千貫可進上之処、万五千疋先年被借召了、仍為三相陪分引給候、相残進上也」（親長卿記）

そうはく【相博】①職務などを交替すること。代理して勤務すること。交換すること。「今月雖為当番、痢病所労未快、仍不能祗候、令相博都護卿了」（実隆公記）「河内国田井庄内畠地相博状　合弐段小者、右、件畠地者」（根岸文書）②相談すること。「然而河尻与兵衛被遣之分与入組之儀、以年寄令相博、立堺目、全可有領知之状如件」（吉多助五郎氏所蔵文書）
➡「相転《そうてん》」を参照

ぞうばん【増番】増援軍のこと。「増番トシテ泉田安芸・石母田左衛門以下仰付ラル」（伊達家治家記録）

そうひつ【早筆・草筆】文書などを取急いで手早くしたためること。「明日名護屋へ法印人をつかはし候よし申候、人めをしのび草筆、いかが」（宸翰英華）「然者、豆州表へ敵出張候間、只今罷立候間、早筆及御報候」（松田憲秀書状写）

ぞうひつ【造畢】城や寺社などの建築工事を完遂すること。「多勢をよせ、縄張をとって夜を日についで普請せしかば、程なく造畢したりけり」（室町殿日記）

そうぶじ【総無事・惣無事】 停戦のこと。「先日ノ総無事ハ、如何成行候哉」。（伊達家治家記録）

そうぶつ【惣物】 ①慣例として定まっている時期に、与えられる衣類や財物。②奉公人の粗末な着物。（日葡辞書）

ぞうぶつ【贓物】 盗品。「彼盗賊人於引付者、任古法、贓物可返付之事」（近江八幡市所蔵文書）

そうふのなみだ【荘夫の涙】 壮年の男、働き盛りの男性、勇壮な男子、彼らが流す涙。「信玄公とかくの御挨拶もなく仰らるゝ、そうふ《荘夫》の涙と云て、たけき武士はいづれも涙もろし」（甲陽軍鑑　中）

ぞうぶん【上聞】 ➡「上聞《しょうぶん》」を参照

そうぶんさたどころ【惣分沙汰所】 金剛峯寺には学侶・聖・行人の三派の寺院があった。特に、行人方は完全な団体を組織し、「総分」「総中」といい、「総分沙汰所」という統制機関を設置して、「惣分衆議衆」との役員も選んだ。「急度可被御成敗候、恐々謹言　卯月七日　信長（朱印）　金剛峯寺　惣分沙汰所中」（高野山恵光院文書）

そうふんべつ【左右分別】 思慮分別のこと。ここは、「どうしたらよいか思慮に及ばない」の意。「左馬殿御事も左右分別に及ばれ間敷く候か」（関原陣輯録）

そうべち【惣別】「そうべつ」とも。おしなべて。あらゆるもの。全てのこと。**概して**。「先以可然候、惣別豊後之國依無心元」（黒田家文書）「今度参宮無為無事、就惣別珍重々、大慶何事如之哉」（康富記）

そうぼう【忩忙・怱忙】 忙しいこと。非常に急ぐこと。「公私忩忙不遑毛挙」（文明十四年鈔庭訓往来）

そうぼり【総堀】 城や市街地の周囲にめぐらす濠や堀。「為禁裏御用心、堀事被仰付、（中略）有難渋子細云々、太不可然、所詮総堀雖被延引、先可専勅命候也」（言継卿記）

そうほん【草本】 下書き。草稿。「輝元誓帋案文参候間、即草本見ニ遣申候」（黒田家文書）

そうみょう【惣名・総名】 総称。「それより五社山と惣名を申しあへり」（細川家記）

ぞうむ【雑務】 家来に、それぞれの地位に応じて領地や知行を分配すること。（日葡辞書）

ぞうむりょう【雑務料】「雑務」した領知や知行のこと。「就雑務料之儀、先度筑前守（三好長慶）折紙相調、雖上申候」（宮内庁書陵部所蔵土御門家文書）

そうめいどの【聡明殿】 訴訟事を聴取して、その処置をつける裁判官のような役人。（日葡辞書）

ぞうもつ【雑物】 家財道具。（日葡辞書）

そうもん【奏聞】 天子に申し上げること。奏上。（黒田家文書）

そうゆ【桑楡】 老年。晩年。「「父入道ハ七旬に余り猶赤萩に残り留り、桑楡《さうゆ》の晷《ひかけ》を送られたりし」（関八州古戦録）

そうよう【惣様・惣容】 ①御一同。そこに居合わせる人々すべて。総様。惣並《そうなみ》。「任誓帋旨、惣様動之儀、日記を相

付候て」（黒田家文書）②普通に、あるいは、他のものと一様に。（日葡辞書）➡「惣様《そうざま》」「惣並《そうなみ》」を参照

そうよう【惣用】 すべて。「惣用の侍その心を宥さず」（元親記）

そうよこめ【総横目】 戦国時代、諸家に設けられた職名の一つ。軍陣あるいは平常において、武将・士卒の行動を監察させた横目の総取締役。「北条丹後守長国が関東の総横目として那波の城に在りしを当城代に補して」（関八州古戦録）

そうらわん【候半】 ～である。「勝て甲の緒をしむると云武略にて候半《はん》か」（関八州古戦録）

そうりょうしき【惣領式】 ①御家人一族内での惣領の地位。家督をすべき嗣子。「大給《おぎゅう》・北給《ほっきゅう》を責《せめ》とらせ給ひて、岩津の城を御惣領式へ渡させ給ふ也」（三河物語）②世襲財産。相続財産。（日葡辞書）

そえうま【驂】 添え馬。「将軍（信長）御在世の時は、只仮初《かりそめ》の往還にも鸞輿属車、千乗万騎の驂《そえうま》、美々しき粧《よそお》い」（惟任謀反記）➡「嬴驂《えいさん》」を参照

そえご【副子】 小刀。（日葡辞書）

そえじょう【添状】 「添文」に同じ。①贈物を届けたり、人を遣わしたりする際に、その趣意を記して持たせる書状。足利将軍の御内書には侍臣の添状が添えられることが多かった。「被成御内書候間、晴光方より富森左京亮を差下候て遣之也、晴光副状申也」（大舘常興日記）②訴訟の際などに提出される公の文書に、補強のために添えられる、しかるべき権威筋の手になる文書。「平野社預長松丸申状持来、同大胡武蔵守叔母舅也添状有之」（言継卿記）

そえばん【添番・副番】 当番の者が病気や事故で出勤できない時、代わってその任に当たらせるため、あらかじめ定めておく番人。「一日、不申出仕、二日、三日不参、三日は副番なれども、歓楽により不参、副番始まりた、三日不参の始也」（御随身三上記）

そえぶみ【添文】 推薦状。「添筆《そえふで》」も同様だが、一般に女性語である。（日葡辞書）

そかい【素壊】 自分自身の本当の願望。「素壊を遂ぐる」（日葡辞書）「無殘所遺任素懐之由、肝要至極候」（伊達家治家記録）

そかい【疎槐】 枝葉のまばらなえんじゅの樹。「其の日は矢越八幡の社に陣を取る。実に陰森《いんしん》たる古柳《こりゅう》、疎槐《そかい》の下に甍苔むしたる一社あり」（奥羽永慶軍記　下）

そがき【そがき】 そ垣。雪囲いのこと。「（三月晦日）御鷹屋そかき《垣》とら《取》せられ候」（伊達天正日記）

そかつ【疎濶】 疎遠とかおろかしいの意。「互いに音息を通ずるの処に、他界の後疎濶《そかつ》にして」（北越軍談）➡「万緒疎濶《ばんちょそかつ》」を参照。

そかん【麁簡】 「疎簡」のこと。簡単な書簡。「申さる、処一理有て聞へ候得共、麁簡荒増《そかんあらまし》の思慮と申さんか」（左衛門佐君伝記稿）

そき【庶幾】 乞うこと。望むこと。「日来本望忽以満足候畢、

庶幾何事如之」（文明十四年鈔庭訓往来）

そぎ【枌】 家を葺くための杉などの薄い板。（日葡辞書）

そぎ【疎儀】「疎略」と同意。疎略に扱うこと。「対当家（島津家）竜造寺政家事可為無二深長之由以神文承上者、為義久到政家当末不可有疎儀之事」（島津家文書）

そく【束】 拇指以外の指四本の幅で、矢の長さの単位。（三好記）　⬇「伏《ふせ》」を参照

そく【捉】 鶉などを数える数詞。「鶉鷹野に御出、鶉二捉《そく》せらる」（伊達家治家記録）

そくい【続飯】「そくいい」とも。飯で作った糊。「西御方へ小御姫見舞ニ罷向了、口中薬一包進了、天南星也、右ノ足ノ心ニソクイ、ニテ付ル薬也」（言継卿記）

そぐい【そぐい】 属意・俗意の意か。手助けする。「似あはざる一徹をつくり、人そぐいもこれなく、知行所務候ては」（太閤さま軍記のうち）

そくいつけ【続飯付】 その場で工夫して一時しのぎに間に合わせる。「又嶋津そくいつけなる動をいたし、星野か刎首させ候事ハ」（黒田家文書）

そくいん【惻隠】 第三者が当人の立場を思いやって、思わず同情し、心をいためること。悲哀、心痛。また同情。（日葡辞書）

そくか【足下】 身分の低い者にかける言葉、「お前」などを言う。「但、足下《そくか》は此許《ここもと》に留《とどま》り、晴信に降て、吾等本意を遂《と》ぐるの期あらば」（北越軍談）　⬇「足下《そっか》」を参照

ぞくがた【俗方】 出家側から在家を指していう語。俗の方。俗人。「於信州寺社神領俗方出之、仏法破滅事」（上杉家文書）

そくさい【息災】 達者であること。健康であること。「御両殿様一段御息災候間、可御心安候」（黒田家文書）

そくたく【属託】「属託」は「雑餉《ぞうげ》」に同じ。しかるべき見返りの報酬を与えて、その人を味方にする。また、その金品や酒食のもてなし。酒や食物などの贈物。賄賂。マイナイ。「父土岐頼芸大桑に御座候を、家老之者共に属託をしらせ大桑を追出し候」（信長公記）

そくたく【嘱託】 頼むこと。依頼すること。「さて、国中の川立《かわたち》を嘱託《そくたく》にて御やとひなされ」（川角太閤記）

そくばく【若干】 数が多いこと。（日葡辞書）

そくぼく【即墨】 即墨侯。硯のこと。「陶甄《とうけん》を愛すの質として、宜しく即墨之封を加へる」（性山公治家記録）

そくや【即夜】 その夜。当夜。「本月十九日古河《ふるかわ》外郭を已に攻め破る、即夜自《よ》り廿一日に至りて攻戦し」（伊達正統世次考）

そくらをかう【そくらをかう】 おだてる。扇動する。けしかける。「そくろをかう」とも。「家康にそくらをかひ、加勢を仕べく候間、信玄と取あひ候へと」（甲陽軍鑑　中）

そくりょう【測量】 あれこれと推測して考えること。「無常有待之世因果雖難測量、猶不堪悲哀耳」（実隆公記）

そぐる【楚る】 選る。選りすぐる。「秀吉見合わせ、近習の

若侍二、三百騎楚《そぐ》り立て、柴田が幕下へ一文字に」(柴田合戦記)

そくろう【側陋】 身分の賤しいこと。また、その人。卑賤。「評定衆若し贔屓を以て側陋を掩《おお》い慝《かく》せば」(伊達正統世次考)

そこだめ【底溜】 お使いによって持参された贈物の容器の中に入れて返す、お返しの金品。「松梅院へびしやもんの神供参候、そこため百文、使廿文」(北野天満宮目代日記)

そこつ【疎忽・楚忽・粗忽・麤忽】 ぞんざいなこと。思慮の足りないこと。あやまち。軽はずみ。「思慮なき事はよもあらじ。疎忽《そこつ》に軍《いくさ》をして」(奥羽永慶軍記 上)「実母のなき事を尋給ふ。いかなる麤忽《そこつ》者か、密に過《すぎ》にし次第を語りて」(奥羽永慶軍記 下)「但、就証跡其沙汰有べし、楚忽之儀有べからず」(大内氏掟書)

そこなう【寇う・残う】 損なうこと。「婚媾《こんこう》の志将に通ぜんとするを寇《そこな》うにあらず、寇えばすなわち時を失う」(駿府記)「勅裁を罔《くらま》し将命を背き、国を残《そこな》ひ民を毒する凶徒」(北越軍談)

そこばく【若許・若干】 ①わずかな。「其身庄内を領せん為に、若許《そこばく》之人を転動せし」(庄内陣記)「連日の獲物如此なれば価直《あたい》若干《そこはく》を取納めて」(関八州古戦録) ②ほどほどに。「是が為に手《て》負《おい》死を致す者若許《そこばく》にして」(庄内陣記)

そこまんしん【底慢心】 うぬぼれ。「然共芸州の御旁は底慢心御座候て、世上之者を御見こなし候、是も飯田殿道かたの御恩にて候」(毛利家文書)

そさい【麁細】 細かいこと。「十七か国の知行を渡し、大綱を弁じ、麁細《そさい》に入り、三ヶ日の内に相究むるものなり」(四国御発向并北国御動座記)

そさく【疎鑿】 切り開いて通す。「国々の諸城、或はこれを破却し、或はこれを疎鑿《そさく》す」(柴田合戦記)

そし【庶子】 長男以後に生まれた子ども。(日葡辞書)「彼城には則政庶子《そし》上杉友貞をこめ、己《おのれ》は中武蔵江戸の城に罷有」(甲陽軍鑑 中)

そじゅん【疎潤】 あらいことと潤沢なこと。「尓後《しかるのち》兵役、書を裁するに遑《いとま》あらず、疎潤本意に非ず」(伊達正統世次考)

そしょうがお【訴訟顔】 何事かを乞い願おうとする表情。「其後桜井殿、四奉行共にめしつれ訴訟がほにて御前へ出て畏り居給ふ」(甲陽軍鑑)

そしりねたみ【譏嫉】 他人のことを誹ったり妬んだりすること。「隣国の大身ども方々より憎むが、必人の生れ付 譏《そしり》嫉《ねた》みは有事也と」(政宗記)

そしん【疎心】 そっけない心。注意の行き届かない心。(日葡辞書)

そせい【素性】 生まれ・育ち。「志村は甲州そせいの者、むかさは遠州牢人なれば」(甲陽軍鑑 下)

そそ【麁粗】 粗末な。「まづ城の体を見んとて我鎧をぬぎ、麁粗《そそ》なる黒具足を着替へ、若党十四人を引具し」(奥羽永慶軍記 下)

そそう【粗相・麁相】 不出来、粗雑な、粗末な。(日葡辞書)

そそう【沮喪】気力がくじけて勢いがなくなること。また、気落ちさせること。「則ち宇多荘の者、気志以て沮喪《そそう》せん乎《か》、先《まず》一書を宇多に送り、其の子細を告げ」（伊達正統世次考）

そそぐ【雪ぐ】恨みを晴らすこと。「耻ヲ雪カンタメニ」（伊達家治家記録）➡「雪《すすぐ》」を参照

そそける【そそける】髪などが乱れる。乱れる。せわしく事を行なう。「謙信と御対陣の時、そゝけたる御備なき様に、と馬場民部・内藤修理をもつて」（甲陽軍鑑　中）

そそり【揃り】茶の品質の一種で、上等なものが取り分けられ、下等なものを選り分けて、残った物。中等のもの。（日葡辞書）

そぞろなる【そぞろなる】なんとなく。しっかりとした目的もなく。「かゝる案内知らざる所にて続く味方もなきに、そぞろなる軍して打負んよりは」（奥羽永慶軍記　下）

そぞろに【唑に・坐に】そぞろに。「敵方是に胆を消し、唑《そぞろ》に走《はしり》て引去ぬ」（関八州古戦録）

そぞろひく【そぞろ引く】軍隊が偽り見せかけて引き上げる、あるいは、少しばかり後退すること。（日葡辞書）

そゝろをかう【そゝろをかう】未詳。そそのかすことヵ。「家康に内々にてそゝろをかひ、信玄に楯をつき候へと申され候」（甲陽軍鑑　下）

そたい【所帯】➡「所帯《しょたい》」を参照。

そだち【所生】育ち。「紀州熊野所生《そだち》の剛の者を相具し」（北越軍談）

そちん【疎陳・訴陳】告訴すること。「無音之時者下使者召文調訴陳状、相対当所執事年々管領奉行人等致問答披露沙汰」（文明十四年鈔庭訓往来）

そっか【足下】書状の上書きに、謙遜して書く語。「同事ながら、事によりはるかに相替なり、ただ床下、足下、机下共これあるべき也」（大諸礼集）➡「足下《そくか》」を参照

そっか【即下】すぐに、その折に。（日葡辞書）

そつご【卒伍・倅伍】軍隊で、兵卒の組。また、それに属する者。「一隊の倅伍に十五人揃」（上杉家文書）

そっこく【即剋】「乃剋《だいこく》」とも。書状を持参した使者を待たせて、その場で返事を認めた時に使う。（黒田家文書）➡「乃剋《だいこく》」を参照

そっこつ【卒忽】「粗忽」と同じ。「そこつ」とも。粗忽な行動。「勝負の首尾を見届けずんば、卒忽に打出」（関八州古戦録）「（陶）弘護御方兄弟共ニ年若故、毎々自身之働卒忽之儀候」（萩藩閥閲録・宇野与一右衛門）

そっこん【即今】今直ちに。（日葡辞書）

そつじ【卒爾・卒示】①無分別な行動。軽率なこと。「弥其表儀、卒爾之儀無之様ニ分別有之而可被相勤儀、肝要候」（黒田家文書）「人をつかふて見るに、鈍《どん》なる者は無念《ぶねん》にて、必ず卒爾《そつじ》なりと云う」（甲陽軍鑑　下）②何の前触れもなく、その時になって、急に事がなされること。「臨時之客人、纏

頭之外無他候、卒示之経営周章之至、忙然也」（文明十四年鈔庭訓往来）

そつしつ【卒疾】 急病のこと。「四民共に彼丹薬を儩《つく》り腰下の小嚢《のう》に納て、専ら卒疾《そつしつ》の用に充《あ》つと云々」（北越軍談　中）

そつたく【啐啄・啐喙】「啐喙」は「啐啄」の充て字。双方の考えなどが一致して、事態が一気に展開する機が熟したこと。好機。「御一和之義、於　上意モ御啐啄ニ被思召候キ」（伊達家治家記録）「抑越相一和之上者、両国吉凶同前ニ候哉、御啐喙可為喜悦事」（北條氏康・同氏政起請文）

そっとのひん【率土の浜】 諸国のかぎり。天下中。国土。率土。「この率土《そつど》の浜に至り御進発の儀、併せて御威光少きに似たり」（四国御発向幷北国御動座記）

そつぶん【率分】 本来は、大蔵省に納める官物の十分の二を割いて、大蔵省率分所に収納したこと。また、そのもの。これは、足利義教や織田信長は一時的に廃止したが、豊臣秀吉によって全面的に終止符をうたれた。「御れう《料》所くられうりやう《内蔵》そつふん《率分》の事、みよしちくせんのかみ《三好筑前守》返事のやうきこしめされ《聞召》候」（言継卿記）「先度者就御料所率分之儀、懇報本望至候」（山科言継書状写）⬇「率分《りつぶん》」を参照

そっぽう【率法】 あらゆる所の通ずる普遍的な法律。（日葡辞書）

そでがき【袖書】「端書」に同じ。返し書、尚（猶）々書きとも言う。「袖書と申、端書共申、是は三字さげて可書、物而略義也、か、ぬがはう也」（書札大事案文）

そでじるし【袖印】 軍陣などで敵味方を見分けるため、鎧の左右の袖などに付けた布。「しろき練《ねり》を一尺五寸づゝにきり、横に一はゞにして黒く一の字をかき、袖しるしに付させ」（甲陽軍鑑　中）

そと【卒度】 ①そっと。ひそかに。静かに。（老翁物語）「御心安可被思召候、大仙院卒度御礼御申候而可然之由、申義候」（大仙院文書）②少し。わずか。「鍋嶋飛騨守事、卒度ハ我等存分之やう候間、我等死去之後」（武雄市蔵龍造寺隆信書状）

そとがまえ【外構】 城や屋敷などの外周の門・垣・塀などの構築物。「一昨日宇土へ押寄、外構一皮押破、町悉令放火、はたか城に仕置候」（黒田家文書）

そとぐるわ【外郭・外曲輪】 城の最外部に築きめぐらした石または土の囲い。⇕内郭《うちぐるわ》。「二階堂の先手須田五百余人、今泉外曲輪に取付鉄炮を打かけ、鬨を調へ攻にけり」（奥羽永慶軍記）

そとじろ【外城】 本丸に対して外郭《そとぐるわ》。また、根城《ねじろ》に対して端城《はしじろ》をいう語。「宝満の城は、筑紫が外城なり」（島津家記）

そとのぞきがき【外除垣】 除垣は覗垣のことで、葦・葭などで編み、中央の高部に外を見る透かしをつけた垣のこと。「窪田に取出の要害を構へ、外除垣《そとのぞきがき》を仰付られ」（伊達家治家記録）

そとばりをかける【外張を掛ける】「外張」は陣地の周辺。

「外張を掛ける」は陣外に出るの意。「片倉小十郎外張《そとばり》を掛たりしに、総陣駭《おどろ》き火を燃す」（伊達家治家記録）　➡「外張《とばり》」を参照

そとわ【外輪】「そとぐるわ」に同じ。「清洲の城、外輪より城中を大事と用心、迷惑せられ候」（信長公記）　➡「外郭《そとぐるわ》」を参照

そなえ【隊】「備え」に同じ。「車懸といふ隊《そなえ》の懸りやうあり」（北越軍談）

そなえだて【備立・備持】 兵を配置すること。軍陣をつくること。また、その配置や陣。陣立。「味方の備立《ソナヘダテ》、よろしからずとて取出《とりで》のの前を避て左右に分れて陣せよと（中略）下知せらる」（武将感状記）「柴田稲葉十五歳にて進み出で、此の備立宜しからずと難ずる」（武家名目抄）

そにん【訴人】 目付役の類。「又訴人《そにん》岩間大蔵左衛門一切の事申上る」（甲陽軍鑑　下）

そにんぶぎょう【訴人奉行】 室町中期以後、幕府の不動産訴訟制度で、訴人の審問を分掌し、また本奉行として、事件全体の審理手続きでも主な立場にあった奉行。「御糺明之間可相待之由、可命訴人奉行松田丹後守之由被仰出也」（蔭涼軒日録）

そのうえ【且夫】 そのうえ。「且夫《そのうえ》公賢慮を回《めぐら》されしは」（北越軍談）

そのご【厥後】「其後」に同じ。「厥後無音之躰、心外之至候、仍頃従忠棟注進之趣」（東京大学史料編纂所蔵島津義久書状）

そのさま【其様】 尊敬の意を込め相手を呼ぶ時に用いる。其方様。「将亦大伴討果候時、拙者仕合、如水様ゟ其様・井兵少・越中守」（黒田家文書）

そののち【厥后】 その後。「厥后《そののち》、景虎公門葉の歴々及家長・検断等」（北越軍談）「厥后久絶書信候、仍太刀一腰、麻布五端令進之候、表微志計候」（天文書札案）　➡「厥後《そのご》」を参照

そのまま【従渠】 そのまま。「巧夫《くふう》を廻し、従渠《そのまま》々々披て雌雄を究めんと思いしか共」（北越軍談）　➡「従渠《いで》」「従渠に《よしよし》」を参照

そばがき【側書】 宛名の下もしくは左手に添えて、相手に対する敬意を表わす語。「側付」とも。「謹上書事　謹上これは、そはかき、何かし殿、そばつけなし」（上杉家文書）

そばじらき【側白木】 竹の上、下には漆が塗られているが、左右の両側には塗られていない弓。（日葡辞書）

そばだてる【欹てる】 傾ける。近づける。（日葡辞書）

そばづけ【傍付・側付】 書状の宛名の右下または左下に書き添えて、相手に敬意を表わす語。たとえば、「進上　東大寺別当御室　小舎人所」の「小舎人所」がそれにあたる。脇付《わきづけ》。「打付書と申は、進之候共進覧之候とも御宿所共、そは付の候はで、只名字ばかり書候を申候也」（上杉家文書）

そばつづき【傍続】 小直衣《このうし》の別称。「御衣裳さしぬきにそばつづき也」（石山本願寺日記）

そばにょうぼう【側女房】妾。(日葡辞書)

そばばら【側腹】妾の産んだ庶子。(日葡辞書)

そばむる【側むる】顔・体などを一方に振り向ける。(日葡辞書)

そぶつ【衣物】節季に、主人から奉公人に与えられる衣服。「しきせ」。「女房達ニ夏ノソフツ共賜之」(教言卿記)

そまい【租米】年貢として納める米。「租穀租米送状、納所卒〈率〉法(中略)聊無其煩」(文明十四年鈔庭訓往来)

そまどり【杣取】杣の山から材木を伐り出すこと。また、それを業とする人。「作事者、桁、梁、柱、長押、棟木、板敷、材木者為虹梁間、為杣取令誂候畢」(文明十四年鈔庭訓往来)

そまばんしょう【杣番匠】大工のこと。「其の上に杣番匠《そまばんしょう》等仰せ付けられ候様に頼み上げ候」(川角太閤記)

そむく【畔く・乖く・偭く】背くこと。「其後相畔《そむい》テ一揆ニ與シ」(伊達家治家記録)「奉行頭人・合属《あいつき》の面々迄も今度の陣中殊に教令を乖《そむ》くべからず」(北越軍談)「又は信忠に偭《そむき》申候条、唯今も清康江出仕の事思ひも不寄と申処」(三河物語)

そもそも【抑】文や段落の冒頭に用いて、荘重に事を説き起こしたり、話を切り出したりするのに用いる。「抑花底会事花鳥風月者好士之所学、詩歌管弦者嘉齢延年之方也」(文明十四年鈔庭訓往来)

そもそもに【そもそもに】そうでなくては。「若、家中そも、、に候ては、一大事の儀候」(御家誡)

そや【征矢】箙の征矢《そや》にさし添える二筋の矢、鏑矢か雁股の矢のこと。「永禄十一年五月十七日(中略)御弓征矢、御鎧奉行、小川三郎左衛門尉、中村藤内左衛門尉」(朝倉亭御成記) ➡「上矢《うわや》」「根矢《ねや》」を参照

そやす【そやす】他人に不適当、不都合なことを促す、説得すること。(日葡辞書)

そらきしょう【空起請】偽りの起請文。(元親記)

そらごと【天言】空事。「〜抔と、密語天言《そらごと》の雑説を致させなば」(左衛門佐君伝記稿)

そらだるみ【空だるみ】「空騙《そらだまり》」に同じ。あたかも本心であるかのように見せかける。猫かぶり。「獲待《さるまち》の哥のごとく二寝たるぞ寝ぬぞにして空《そら》だるみして、ニ、三ヶ月の間は兎角の御取合もなくして万事指引を御座《をはします》」(三河物語)

そらに【暗に】諳《そら》んじて。暗記して。「其の勇鋭古今膾炙《かいしゃ》して、児童・走卒も暗《そら》に令名を知れり」(北越軍談)

そらびき【虚引】見せかけの撤退。「景虎程の大将退口《のきぐち》に截《せっ》所《しょ》を拘《かかえ》て、晩景陣拂有べき事とも覚えず、虚引《そらびき》勿論たらん」(北越軍談)

そらぶじ【虚無事】偽りの講和。「其年家康をば虚無事《そらぶじ》をつくり浜松へいらせて出抜《だしぬき》、筑前守清州へ働《はたらく》に」(甲陽軍鑑 下)

そらべんとう【空弁当】弁当を食べる風をして。(関原陣輯録)

そらん【疎懶・疏懶】成すべきことをしないで、いたずら

に時を過ごすこと。怠けること。また、そのさま。無《ぶ》精《しょう》。怠惰。「如此心神羸弱彌疎懶基歎入者也」（実隆公記）「史記始皇本紀今日聊書之、自去六日以来忽々、沈酔等抛筆、疎懶也」（実隆公記）

そりゃく【疎略】 物事をおろそかに扱うこと。ぞんざい。「貴所御身上不可有疎略之事」（黒田家文書）

それ【厥】 それ。其れ。「如仰厥《それ》已来《いらい》者不申承候」（信綱寺殿御事蹟稿）

それい【疎冷】 軽微で大して重要でないこと。（日葡辞書）

それがし【某甲】 私。自分のこと。一人称の呼称。「某甲が輩《ともがら》」（細川家記）「某甲《それがし》まで景虎主の目明し究竟《くっきょう》の者なれ」（北越軍談）

それがししき【某式】 私としては。「責めて某式《それがししき》成共御留守を勤めずしては、勿体なく候」（一徳斎殿御事蹟稿）

それかれ【夫彼】 そこかしこ。「三人忍び寄り夫彼伺う処に」（関原陣輯録）

それさま【其様】 尊敬・親愛の気持をもって相手を呼ぶときに用いる語。「それさまの御事、殿さまへ御うしろくらく御入候て」（上杉家文書）

それしゃ【それしや】「其者」のこと。その道に通じた人。通人。識者。「ちと知行をも遣はし、はな丶丶とそれしやに仕なし」（御家誡）

それより【自爾】「自其」に同じ。それ以降は。それからは。「前代未聞之大儀也、自爾以降中間廿五年之内行幸会諸祭会等執行之時」（到津家文書）➡「自爾《これより》」を参照

それより【尓より・其寄】 それより。それ以来。「尓《それ》より鳥魚の肉味を断《たち》て食事に充玉《あて》はず」（北越軍談）「其寄」は「それより」の充て字。「諏訪（頼忠）を引付て、ゑん《役》のぎやう《行》じゃ《者》へ出て、其寄あした《蘆田》の小屋へゆき」（三河物語）

そろえる【汰える】 揃える。「軍勢甲乙人聊《いささか》も疑惑する事なく、其備捌《さばき》汰《そろえ》し」（北越軍談）

そろけもの【そろけ者】 不具になる（不具者）。（日葡辞書）

そわ【岨】 山の横斜面。（日葡辞書）

そんい【尊意】 相手の意志を敬っていう語。「頓而當暮ニ者懸御目、可得尊意候」（黒田家文書）「必近日以参面可得尊意候」（貴理師端往来）

ぞんい【存意】 考え。意向。意見。存念。「若向後至于可蒙仰者、御存意具可被顕回面候」（千秋文庫蔵多賀谷重経書状）

そんえ【損壊】 ひどく破壊すること。（日葡辞書）

ぞんがい【存外】 思っていたことに外れて。「口宣案は存外之則事に候」（康富記）

そんかん【尊翰】 貴人の書状。（日葡辞書）

そんがん【尊顔】 貴人や国主などに対する尊敬語。（日葡辞書）

そんぎ【尊儀】（「尊貴の儀容」の意）仏・菩薩の姿や像、または貴人の肖像・位牌などを敬っていう語。「迎先皇尊儀一周之聖忌、写彌陀如来四紙之真文、奉祈仏果増進者也」（言

継卿記）

そんげき【尊檄】檄は官府から発した木札の文書のことから、「書状」のこと。「尊檄謹頂戴、誠々忝次第奉存候」（伊達家治家記録）

そんこう【尊公】貴殿。貴台、閣下などと同じ。（日葡辞書）

そんさく【尊作】貴人の所行。（日葡辞書）

そんさつ【尊札】差出人を敬った言い方で、相手の手紙。貴人の書状のこと。「**尊紙**」・「**尊翰**」。「尊札之趣委細拝見す、一字・官途之謝礼、尤も以て珍重也」（伊達正統世次考）「如仰久不得拝上之次恐欝之処、委細之尊札畏入候」（建内記）

そんし【尊志】他人を敬って、そのこころざしをいう語。「今日自伏見殿鵠、瓜、柳一荷被下之、又勾当内侍、滋野井等各一荷被送之、不慮之尊志也」（実隆公記）

ぞんじ【存知】自ら知っているところ、知っていること。「野宿料之雨皮、油単等之雑具、心之所及奔走之、兼亦定被存知歟」（文明十四年鈔庭訓往来）

ぞんじあげ【挙存】存じ上げる。「奉存」と読まれることが多いが、「挙」と「奉」の筆順はかなり相違するので、注意したい。「弥以相似麁意候歟、尤御太儀至極候旨、挙存候」（米沢市上杉博物館蔵大宝寺義興書状）

ぞんじあたる【存當】思い当たること。心当たり。「御家再興中々不得申候、定而中國上下只今可存當事」（黒田家文書）

そんじつ【存日】「ぞんじつ」とも。生存中に。生きている時。「先亡の類親を問尋《といたずね》ければ、彼者存日自愛せし笄《こうがい》なる故」（北越軍談　中）

ぞんじつむ【存詰】①自分で固く決心し、思い定める。（日葡辞書）②考えつく。

そんしゅく【尊宿】年長け《た》徳の高い僧侶。尊い老成の僧。「前世の業因をば、如何なる有知高僧の尊宿《そんしゅく》も、遁れ玉はざりけるにや」（甲乱記）

そんしょ【尊書】貴人の書状。「五日尊書珍札、誠に本望此事令存候」（利休書簡所収松井康之宛千利休書状）

そんじょう【尊丈】手紙などで宛名の下に添えて書き、相手を敬う書札語。**尊下**。

ぞんじょう【存生】生存する。「一、尾州平氏織田右大臣信長公ばかり存生《ぞんじょう》」（甲陽軍鑑　下）

そんじょうそこ【そんじょうそこ】そんじょうそこら（何れの所）という俗言。「昔物語に聞し者を、そんでうそこにて走廻《はしりめぐ》り、無比類高名など、書て」（三河物語）

そんしょく【遜職】官位を辞すること。**辞職**。「修理大夫持朝《もちとも》の女《むすめ》を娶《めとら》せ、管領に補して清方は遜職《そんしょく》せらる」（北越軍談）

ぞんじよらず【不存寄】思いがけず。「不存寄預書状候、祝着存候、先年御下向以後者、不能面拝候、御床敷存候」（武将文苑・秋所収穴山義貞書状写）

ぞんじよる【存寄】①肩入れをする。「加程存寄トハ、中々思召間敷候」（伊達家治家記録）②「思いつく」「ある考え

が浮かぶ」の謙譲語。「又給主存寄分歟」（大乗院寺社雑事記）

そんぜん【尊前】 高貴な人の面前で。「阿弥陀の尊前をことごとくきりをき、一切の仏具を湯をたてて洗みがき」（室町殿日記）

ぞんち【存知】 その役職・地位を、自らの責務と心得て総《す》べること。「三十首御続哥也、有披講、読師予可存知之由有仰、連年存知、可被仰他人歟」（親長卿記）

そんとう【尊答】 脇付の一つ。相手を尊んで返事を差し上げる。「返事認様の事、賞翫へは、尊報、尊答、貴報、御報などと書也」（大諸礼集）

そんとく【損徳】「損得」の充て字。「常の御法度も頭々の申含《ふくめ》様、法度なさるる、損徳の沙汰もなく、たゞおどす様にばかり申わたし候」（甲陽軍鑑 中）

そんとく【尊牘】 僧侶の手紙についていう。「尊牘殊ニ弓拝受、遥々御懇志、畏悦之至候」（林文書）

ぞんない【存内】 思っていた通りで、わかり切ったことであること。「室町殿に帰参此由申入之処、御返事存内也、此上事者、先可閣之由被仰下」（看聞御記）

そんぶん【尊聞】 上位者のところに聞こえること。「萬端彌可然候、被達　尊聞候者、可為欽悦候」（富田左近将監宛北条氏直書状）

ぞんぶん【存分】 ①うらみ。遺恨。考え。「對羽柴筑前守号存分有之、敵同意候段、言語道断之次第候」（黒田家文書）②意見・判断、意志。「存分の良い人」（正しい判断と良い意見を持つ人）。（日葡辞書）③「任存分」のように用いて、思い通りになること。「長々在陣辛労察入る、御存分に任られ、今度輝宗・政宗御帰陣」（性山公治家記録）④「存分有て」「存分在之」は、考えるところがあっての意。「山中今に馬足自由ならず、殊に御存分有て先つ遅引せらる」（伊達家治家記録）

ぞんぶんにまかせる【任存分】 ➡「存分《ぞんぶん》」③を参照

そんぽう【尊報】 脇付の一つ。相手を尊んで返事を差し上げる。「恐惶謹言　八月八日　本多弥八郎正純（花押）　黒田甲斐守　尊報」（黒田家文書）「返事認様の事、賞翫へは、尊報、尊答、貴報、御報などと書也」（大諸礼集）

そんぼく【尊墨】 貴人の書状のこと。「今朝尊墨之時節取乱御返事遅々、自由千万其恐不少候」（言継卿記紙背文書）

そんもう【損亡】「ほんぼう」とも訓む。損失、被害。（日葡辞書）

そんゆ【尊愈】「尊優」の充て字か。尊敬して遇すること。「御帰寺之様御意見可為御悦喜之段、上意候、可然候様被加尊愈候者、於愚拙も畏可奉存候」（五霞東昌寺文書）

そんりょ【尊慮】 高貴な人、また相手を尊敬して、その考えるところをいう語。「先是へ入進セテコソ尊慮ヲモ仰ギ奉ラメトテ」（信長記）

ぞんりょ【存慮】 考えるところ。思うところ。「今度二本

松被任御存慮、入馬之事、於此方も大満而已候」（仙台市博物館蔵最上義光書状）「今度於高来表隆信戦死、御案利之至候、随而存慮之旨為可申上」（東京大学史料編纂所蔵秋月種実書状）

そんろう【尊老】 老人を敬うこと。また老人を敬っていう語。（文明本節用集）

た 行

だ【朶】 一朶、二朶と数える助数詞。「梅花一朶到着ス」（伊達家治家記録）

だ【駄】 馬一疋につける重量。「去ル間百駄御座候」（妙法寺記）

だい【弟鷹】 大鷹のメス。鷹狩りに用いた。小さい鷹。あるいはオスの鷹をいう兄鷹《しょう》に対する語。「弟鷹 ダイ本朝俗謂雌鷹為弟鷹見（順和名）」（書言字考節用集）「七番 一、弟鷹《たい》 二居 一、兄鷹《せう》 一居 一、鶻《はいたか》 二居」（政宗記）

だいうす【だゐうす】 デウスのこと。耶蘇教。「相模守（大久保忠隣）御改易、だゐうす御たいじの御仕置と有て」（三河物語）

たいえつ【怡悦】 「いえつ」に同じ。御満悦のこと。「春中合力せしむ、御怡悦《たいえつ》の由承り満足是に過ぎず」（性山公治家記録） ➡「慰悦《いえつ》」を参照

たいか【大過】 多すぎる。超過する。ひどい間違い。「国守等此道上手ニ成ナバ、世間物ゴト奢侈大過シテ、且ハ武道モユルカセニ成申ベシ」（信長記）

たいが【台駕】 貴人の乗物の称。（関八州古戦録）

たいがい【大概】 ある程度のところで止めておくこと。いい加減にしておくこと。また、そのさま。「少々事は大概にて御免可畏入之由申入之、退出云々」（大乗院寺社雑事記）

だいがわり【代替】 帝王・将軍・戸主・経営主などが替わること。次の代に移ること。「此度代がはりに大将の機にあふて、我々もよき家老の内にならんと思ひ」（甲陽軍鑑）

たいかん【対捍】 ①刃向う。反対する。抵抗する。「那須を譴責《けんせき》せらると雖、対捍《たいかん》して服従せさるに」（関八州古戦録）②中世、年貢公事・課役・雑役などの義務を負っている者が、強い意志をもって、積極的にその義務の履行を拒否すること。

たいがん【対顔】 人と直接面会すること。対面。「今度内府上洛之事候、定而御上候而可為對顔与令察候」（黒田家文書）「次御室之勝舜宿罷向、対顔了」（言継卿記）

たいぎ【大義・大儀・太義】 「大義の由仰下さる」。①他人の苦労をねぎらう言葉。大儀。「実に以て大義と為す也」（伊達正統世次考）「細川晴元の宿所三条猪熊に有ければ、これへ大儀ながら送りてたび候へといへば」（室町殿日記）②面倒なこと。厄介なこと。骨の折れること。困難なこと。（日葡辞書）「其口に永々滞留の事、萬々苦身大義に思召さる」（伊達家治家記録）

たいぎん【対吟】 向かい合って詩歌などを作ること。「聯句興行、五十余句吟之、陽侍物執筆、相公対吟也」（実隆公記）

だいく【大工】 ①戦国時代以降、木造家屋を建てる職人。木工《もっこう》。「大工、大鋸引、檜物師、鍛治」（長宗我部氏掟書）②職人頭のこと。「鉄屋大工職事、如前々申付候」（鉄屋水野文書）

たいくつ【退屈】 くたびれて。「越前守も退屈して人質を出し降参す」（長元物語）

たいぐん【待軍】 敵の仕掛けを待って戦うこと。「一騎一人も不出合の由注進あり、待軍をさへ大義なるに」（伊達家治家記録）

たいけい【大慶】 万事うまくいって、祝福すべき状況にあると思われること。「及夜半還御、毎事無為、公私大慶云々」（山科家礼記）

たいげき【怠隙】 怠って隙のあること。「幾度も対陣有て、其守禦の失《しつ》を伺ひ、其怠隙《たいげき》に則《のっとり》て、火急に戈《ほこ》を交《まじえ》られ最たるべし」（北越軍談）

たいげん【大験】 病気などが非常に快方に向かっていること。「我等も五三日不図又煩出、今日十六日至大津、御座敷開兼而雖被仰出候、伺公不申候、先々大験之由承候て、本望此事存候」（山科家礼記）

たいご【部伍】 隊列。「敵の押来るを見て部伍《たいご》を立直さん」（関八州古戦録） ➡「部伍《ぶご》」を参照

たいこう【大幸】 身に余る幸せの意で、相手からの行為に感謝する気持ちを表わすのに用いる書札用語。「寔珍札令披閲候、殊当時景物被下候、生前之大幸不過之候」（貴理師端往来）

たいこう【太閤】 関白を退いた人のこと。特に、戦国期では豊臣秀吉を指していう称。「太閤様本願寺へ茶湯ニ御出也云々、（中略）次大坂へ御下向云々」（言経卿記）

たいごう【対合】 向かい合うこと。対面すること。対客。「伊川彌三郎来、棰随身、中将対合了、予同対面」（十輪院内府記）

だいこく【乃刻・乃剋】 「ないこく」とも。書状を持参した使者を待たせて、その場で返事を認めた時に使う。（黒田家文書） ➡「即剋《そっこく》」「乃剋《ないこく》」を参照

たいこたて【太鼓楯】 太鼓のように拵え皮を張り、鉄を張った柄を付けたもの。矢玉が激しいとき、大将の馬前に持ち出して使う。普段は太鼓として使う。「太鼓楯と云は、太鼓の如く拵《こしら》へ、迹先を革にて裹《つつ》み、鉄にて張たる柄を付る也、是を矢玉烈しきに、大将の馬前に持すべし、常には太鼓に用ゆべし」（北越軍談 中）

たいさい【太歳】 木星の異称。木星に向かって木を伐るを忌むことがある。「蛇はわだかまれとも、しやうけのかた《生気の方》にむかひ、鷺は太歳《たいさい》のかたをそむき」（三河物語）

たいさい【大細】 ①すべての意か。「大細事共に御下知に違背すべからざる事」（甲陽軍鑑）②大まかなこと。「弥々可為祝着候、大細男沢越後守任才覚略筆候」（もりおか歴史文化館蔵葛西晴信書状）「於向後者、大細事弥々不可有御隔心候、書余大和田新右衛門尉任口状候」（仙台市博物館蔵伊達輝宗書状）

たいさき【岱崎】 険しい山のこと。「山中の城の縄張を改め岱崎を取入て郭を増し」（関八州古戦録）

たいじゅ【大樹】「大樹将軍」の略。将軍、特に征夷大将軍の異名。「大樹将軍公方様也」（弘治二年本節用集）

だいしょ【台書】「台章」に同じ。相手の手紙の尊称。（征韓録）

たいしょう【魁首】「大将」の充て字。「二の丸の間にて味方の魁首《たいしょう》松田左馬介矢疵を負ひ」（関八州古戦録）
➡「魁首《かいしゅ》」を参照

だいしょう【台章】相手の手紙への尊称。（征韓録）

だいしょうき【大祥忌】死後二周年に当たる正忌日。三回忌。（日新菩薩記）

だいしょうこく【大相国】太政大臣の唐名。（征韓録）

たいしん【大身】身分の貴いこと。位が高く、禄高の多いこと。また、そのさまやその人。「此比日本にて名を得給大将、大身小身によらず、我等承及たるをば大方書きしるし奉る」（甲陽軍鑑）

たいじん【大人】大名のこと。「たとえは一万騎持ちたる大人あり皆下知する事あたはず」（北条五代記）

たいじん【対陣】敵味方の両軍が、互いに接近して陣地を編成し、向かい合うこと。「信長、信玄には出向まじき事、口惜候、あはれ信長対陣あれかし、と被仰」（甲陽軍鑑）

たいじん【退陣】今まで陣を構えていた所から軍隊を後方へ退かせること。じんばらい。退軍。「秀吉公拾弐万の勢を段段に備、夜之内につくり引にひかせ給ふ（中略）堀尾・加藤も退陣せんとせしに」（清正記）

たいす【帯】「対」の充て字。～に対して。「帯其方、無謂族申懸、催促之仁躰於在之者、相拘可有注進候」（榧井文書）

たいせつ【大節】大義。重い節義。大事。「憲勝が如き昏弱の任に大節《たいせつ》の城を預け、後援をも待付《まちつけ》ず」（北越軍談）

たいぜん【大漸】病が大いに進行すること。「日ヲ経テ病ニ臥シ玉ヒ、大漸ニ及フ」（伊達家治家記録）

だいせん【代銭】年貢または公事《くじ》として納入すべき収穫物に代えて納める銭。「仍今度御材木引夫役（中略）以代銭可給之由、守護使申之間、既致其沙汰了」（東寺百合文書）

たいぞく【大簇】正月の異名。（日葡辞書）

たいたい【対対】対等である。五分五分。「其二番鑓をとく人と、鑓下の高名は、対対《たいたい》の手柄ならん」（甲陽軍鑑　中）

たいたい【迨逮】～に及ぶ。「徳蔭軒帰参仁政治懇迨逮御請候、併令風諌故候、感思召候」（真壁文書）

だいち【代地】替地。「此の両所の代地と為て、苅田荘遠田の内、奴名井在家一間を加う」（伊達正統世次考）

たいてい【滞停】滞って進まないこと。停滞。「是右大弁相公昇進滞停事青侍等愁欝」（実隆公記）

たいてい【太逞】大抵。だいたい。「殊逸物之由、別而自愛無極候、并馬一疋糟毛、太逞驚目候」（岡本文書）

たいてん【退転】衰退。衰退すること。没落すること。「台心院後退轉す、政宗君御再興」（伊達家治家記録）

た

たいと【大都】「大途」①の充て字。「彼地へ検使可指越由、従大都承候條、任其儀候處二」（阿久津能登守宛吉良氏朝書状）

たいと【大途】①「だいと」とも。**太守。国守。殿様。**「山角對馬入道殿御奏者にて、御大途に悪事をも可仕者聞届、可中上候事」（相模関山文書）「其上追而一切不可相返由、中払候条、無是非罷帰候、此上者大途へ可有御披露由、対使申事候」（喜連川家文書案）②**大規模なこと。また、そのさま。大事なこと。大変。**「乍去、大途際之儀候間、被抛万障、被属無事之様、被執刷可然候」（上杉家文書）「輝虎武運之事者、大途師《いくさ》之時も我与高名をとげ、世間之者目驚手をうつほどの功名致」（古文書選所収上杉輝虎願文）「大途之御用、従前々走廻来候義共、御印判次第、時々刻々、為一事無無沙汰可走廻候」（相州文書）③**主要な街道。**「尤諸不入に相定候、気遣有間敷候、但大途之伝馬をば厳密に可走廻者也、仍如件」（船戸文書）

だいと【台徒】天台宗の門徒。**すなわち比叡山の門徒のこと。**「輝虎・信玄共に畿内発向の志有て、台徒に牒《ちょう》せらるるの風説あれば」（北越軍談 中）

たいとう【台頭】貴人の関係する記録などにおける敬意を払う方法。特に中国の歴史書の見られる。本文より一字分、貴人の名称を上段に上げる。

だいどころいり【台所入】蔵入地のこと。**直轄地。**「一、五拾貫文　安藤分、台所入」

だいにのぼる【台に上る】討死を覚悟して戦場に出る時、日月の緒を鎧穴に通して出ること。「一、討死をせんと志す時は、日月の緒を鎧穴へ通しては戦場え出る、是を台に上ると云也」（北越軍談 中）

だいのもの【台物】大きな台にのせて他人に贈る料理や進物の品。祝儀などの料理には、松竹梅などめでたい飾り物にして盛り付けられる台。「台物にて一盞有之」（言継卿記）

たいは【頽破】くずれ落ちる。「遠程之間、打過候、一両年者猶以頽破不覃料簡候」（黄梅院文書）

だいはんしょう【大半小】田畑の地積を表わす用語。鎌倉時代から江戸初期にかけて用いられた。一段（太閤検地以前は三六〇歩）の三分の二を大、二分の一を中、三分の一を小という。一段の十分の一を畝《せ》とした。町・段・畝・歩が成立するまで用いられた。

たいび【抬靡】討ち靡かせること。「書中尤候、東国無残所属抬靡、隙明候間、早於途中打入候、近々安土可相着候間」（細川家文書所収天正十年四月十五日付織田信長黒印状）

だいふ【内府】「ないふ」とも。内大臣の唐官名。天正十三年頃は豊臣秀吉、天正十八年頃は織田信雄、慶長元年以降は徳川家康を指す。「内府《だいふ》御下知を以て、先づ、山の手千石堀に攻め寄す」（紀州御発向記）「内府信雄卿を始めとして、羽柴越中守……」（小田原御陣）⬇「内府《ないふ》」を参照

だいふ【大府】「内府」の充て字。織田信雄《のぶかつ》、徳川家康が

称した。「各諸大名衆寄合て、大（内）府（徳川家康）の御仕《し》置《おき》なれば」（三河物語）

たいへいらく【太平楽】 天下太平を祝う雅楽の一つ。（細川家記）

たいへん【大変・大篇】 ①大きな変事。非常な凶変。「彼順良已企大篇、根来之悪僧共小小相語」（政基公旅引付）②大がかりな事柄。大げさな出来事。「抑今朝侍従下向江州、就加田庄借物及大変、為相宥為父代罷下云々」（実隆公記）「時宜大篇候之間、莵角延引之趣、且者尤候」（相良家文書）

だいぼうず【代坊主】 寺の代理責任者のこと。「所詮分国中門下之者、大坂へ可令停止出入、然者代坊主之儀、先可立置候」（専福寺文書）

たいほうでん【大方殿】 「おおかたどの」とも。高貴な未亡人。（日葡辞書）

だいほね【だいほね】 ⬇「胴骨《どうほね》」を参照

たいほんさんかじょう【大犯三箇条】 戦国時代、屋焼き、人殺し、盗みの三事をさしていう。「ダイホン　サンガヂヨウ　すなはちヤヤキ、ヒトコロシ、ヌスミ三つ」（日葡辞書）

たいまん【大満】 大いに満足している。「今度二本松被任御存慮、入馬之事、於此方も大満而已候」（仙台市博物館蔵最上義光書状）

だいみょうちく【大名竹】 大明竹とも。寒山竹の異名。「さながら鑓の如くなるに、大名竹《だいみょうちく》を十四束《つか》宛に打切り、手づから作りけるを矢倉の上に」（奥羽永慶軍記　下）

たいむ【怠務】 滞ること。「惣て当家拾ヶ年已来国政怠務《たいむ》左まへに成て多分は正理に戻れる故」（関八州古戦録）

だいめ【台目・大目】 茶室で、台子《だいす》のために畳一枚の四分の一を切取り除いたもの。またその畳。「一畳台目などはあまりにせばきゆへ出し入れ成がたし。二畳三畳四畳、別而四畳半によし」（南方録）

だいもく【題目】 ①用件、主旨、あるいは条件。箇条という意味。「公儀被企御逆心候、無是非題目無念不少候」（伊達家治家記録）②条件。「相馬御間の義意見被申処、御題目未熟に就て条々仰越さる」（性山公治家記録）

だいもつ【代物】 銭のこと。「ある時信長公の母公の方より、代物《だいもつ》十疋ばかり持《もて》来り」（甲陽軍鑑）⬇「代物《しろもの》」を参照

だいもつ【大物】 木材・石材などの大きなもの。だいもち。だいぶつ。「石・材木の大物を引共」（甲陽軍鑑）

たいや【逮夜】 死去の次の日で火葬の前夜。または、毎年の命日の前夜。忌日。「逮夜　タイヤ　宿忌也　或作待夜　滞夜　迨夜　大夜」（文明本節用集）

たいよう【対揚】 仏語。法会のとき、紙の蓮華をまく散華の式の後に、仏法、世法の常住安穏を願う偈文を唱えること。また、その僧。「対揚句内護持受者成悉地云々、此句計杖、対揚、呪願師」（満済准后日記）

たいらい【帯来】 手紙を託された者が、直接持参すること。

「山西田尻之出家帰参候歟、帯来之書状之写具披閲」（武田信保氏旧蔵文書）

たいらく【たいらく】普通の。「信玄公仰出さる、、たいらくの若者は兵部と名を付事 必《かならず》 無用也」（甲陽軍鑑 下）

たいり【大利】大きな利益。巨利。「此比一行被仰付候はば、可為御太利之由」（吉川家文書別集）

たいりゃく【大略】大部分、凡そ。（日葡辞書）

たいりゅう【滞留・淹留】旅先にしばらくとどまっていること。滞在。逗留。「旧冬可有京着之処、依坂本路物忩滞留云々」（親元日記）「淹留」は「滞留」の充て字。「三楽が居城岩築に姑く淹留《たいりゅう》し、武業の雑談に昼夜を明し」（関八州古戦録）⬇「淹留《えんりゅう》」を参照

たいれい【台嶺】比叡山の峰々。「雙なき射御の達人にて乃《たい》嶺《れ》の西坂本、摂州輪田の御崎に於て弓勢を顕はせる」（関八州古戦録）

たいろう【大老】かなりの高齢者。「大老ナレバ甲冑ヲ着セズ」。（伊達家治家記録）

たいろう【大粮】転じて、給与のこと。「金蓮院出仕大粮以下 百五十文」（東寺百合文書）

だうん【朶雲】相手を敬ってその手紙を言う。五雲・朶翰・芳翰・尊書。「三楽斎も朶雲《だうん》を呈し、委砕《いさい》を述たり」（北越軍談 中）「今朝朶雲飛来、不勝喜抃候」（実隆公記紙背文書）

たえ【勝え】堪える。「何ぞ言うに勝《た》えん、幸《さいわい》に氏家越山し来り、緊切に兵議最も然る可し」（伊達正統世次考）

たえず【不躵】国字か。忍と同じで、たえると訓むか。（伊達家治家記録）

たおす【殪す・仆す・踣す・〓す】倒すこと。「馬上の連発せる火炮に打殪《たお》されて歴然に死を致す者多し」（左衛門佐君伝記稿）「七郎右衛門早クはなち候て、三弥を打仆《たお》す」（三河物語）「此の後《のち》大内義綱遂に其の主（塩松）尚義を踣《たお》して、以て自《みずか》ら塩松の主と為る」（伊達正統世次考）「羸《か》たば則ち四将として是を〓《たお》すと謂《いわ》ん、輸《まくれ》ば即ち信玄は四人懸の大将と謂《いわ》ん」（北越軍談 中）

たおも【田面】田の表面。「遥に馬をあゆませしが、田面《たおも》に薄氷さつと張り、上に沫雪《あわゆき》降りたりけるを」（奥羽永慶軍記 上）

たおれ【僵れ】倒れる。「透《すき》をあらせず打出し、射出《だし》けれ共、味方の兵 些《いささか》も畾《ひる》まず、目前に僵《たお》れ伏す死骸を践著《ふみつけ》」（北越軍談）

たおれまにうち【倒まに撃ち】（さまさまにうち）叛逆して攻めかかること。「富沢も亦戈《ほこ》を反《かえ》して倒まに撃ち、処々火を放ち」（伊達正統世次考）

たか【鶻】鷹のこと。「嶋田かたへ御状令拝閲候、仍網懸之鶻被懸御意候、寔以射畏悦之至候」（古今消息集）

たがいめ【違目】親密だった関係に行き違いが生じること。「然に旧冬以降、従大友殿対当家違目歴然候」（上井覚兼日記）

たがう【差】違うこと。「傍若無人に召し使はれければ、親き友は之に差《たがい》、疎き人は之を猜《そね》む」（甲乱記）

たかがしら【高頭】 土地の生産高表示の単位。「然者、両人上使差越、寺社領高頭堅改可申之旨、被仰出候条、如此候」（剣神社文書）「寺社領高頭、為両人上使遣、相改之候旨」（剣神社文書）

たかがみ【鷹紙】「高檀紙」に同じ。「度々令頂戴候へ共、鷹紙にて不被認は無之」（石山本願寺日記）　➡「高檀紙《たかだんし》」を参照

たかじょ【鷹居】「鷹匠」の充て字。鷹匠のこと。「信長は御鷹居《たかじょ》給ひ、鳥の見付け候はぬ様に」（信長公記）

たかしょうよう【鷹逍遥】 鷹狩のこと。「新砥へ御陣を移さる、御鷹逍遥し給ふ」（伊達家治家記録）

たがしら【田頭】 ①田のほとり。「此後の執合には城内を離て田頭へ打出ての一戦」（関八州古戦録）②**城外**。「焼はたらきあそばし候へ共、各《おのおの》居館《いだて》へ籠《こもり》、田頭《でんどう》へいでて、たてをつき申事」（甲陽軍鑑　中）　➡「田頭《でんどう》」を参照

たかすえ【鷹居】 鷹匠のこと。「洛中本能寺にて進上。相模の御鷹居、御架《ほこ》に維《つなぎ》申されたり」（信長公記）

たかだち【鷹立】 鷹狩で鷹を放つこと。（日葡辞書）

たかだんし【高檀紙】「大高檀紙」と同じ。楮で厚手の高級紙。「檀」は檀《まゆみ》の木のこと。縦一尺七寸（50センチ）、横二尺（67センチ）。「一、盆香合　堆紅。　一、麝香臍廿。一、高檀紙　十帖」（聚楽行幸記）「みのがみ、たかたんじひきあわせ、入べき物のかずかず、ならべすへをき」（太閤さま軍記のうち）

たかつじ【高辻】 年貢として納めるべき分米《ぶんまい》や石高の合計。「不限旧領新知、高辻書載被下候処」（高野山文書）　➡「分米《ぶんまい》」を参照

たかてこて【高手小手】 高手は臂から肩までの間、高手小手は人を後ろ手にして肱をまげ頸から縄をかけて縛ること。「貝賀田一族八人を高手小手に禁しめ小田原の大路を引渡し」（関八州古戦録）

たかの【鷹野】 鷹狩。「甲州の内にても、川よけ普請其外御鷹野などにて」（甲陽軍鑑　下）

たかのとり【鷹の鳥】 鷹狩りで獲った獲物（鶴・鶉）。鷹の鶴、鷹の鶉など。「名取鬼（茂）庭よりわか《若》兄三ッ参候、従福原たかの《鷹》うつら《鶉》三ッ上被申候」（伊達天正日記）

たかぶる【亢る】 高ぶる。「邪路の私を省み、心を亢《たかぶ》らず、身を謙下《へりくだ》し」（北越軍談）

たかみや【高宮】「高宮貲布《ざいみ》」のこと。近江国犬上郡高宮産の生平《きびら》（麻布）の帷子《かたびら》。（桂岌圓覚書）「十後ヨリ京ミヤトテ、アフミタカミヤサヰミ一ダ給之」（多聞院日記）「就其御在京御朸労察申候、将又高宮細美十端送給候」（天文書札案）

たかみやさいみ【高宮細美】　➡「高宮《たかみや》」を参照

だききんごく【打覊禁獄】 意味不詳。捕まえて禁獄することか。「打覊《だき》禁獄、かくの如きの罪人、古今未だ聞かざるの由、諸人申すと云々」（駿府記）

たきもの【薫物・焚物】 薪。薫香。（日葡辞書）

たぎょう【他行】 他所へ行くこと。「然処不申上御暇、以密々或帰宅或他行」（多聞院日記）

たく【磔】 磔《はりつけ》に同じ。人通りの多い所に死体をはりつけて公衆にさらす刑。「段々に斬放たるを、藤を以て縫合せ、小濱町の邊に磔《たく》に掛て、番人数多附守らしむ」（伊達家治家記録）

たぐいなし【倫無し】 比類なし。比べようもない。「高坂霜台は、倫《たぐひ》無き国家の忠臣なれば、何卒して、勝頼の暴悪を」（武田三代軍記）

たくさい【侘際・侘傺】 疲弊・困窮して弱り果てること。限界、際限。「侘傺もない」を用いる。「心存寛宥之抉強不好其侘傺者、所領静謐基也」（文明十四年鈔庭訓往来）

たくさん【卓散】 多く。沢山。「兵粮、矢玉の卓散に用意を能して楯籠る」（関八州古戦録）

たくじつ【擇日】 良い日を選ぶ。「一、輝虎此日の合戦に軍配を立らる。初度は氣に拠《よ》り、後度は懸待《かけまち》の擇日を用られたり」（北越軍談）

たくすい【卓錐】 嶮しい山がちの土地。「寺産幷山林以下寄進状、歴然之上者、縦雖為卓錐之地、永不可有相違之状如件」（広厳院文書）「房・総両州無卓錐之地静謐候様、御調略尤候」（千秋文庫所蔵文書）

たくたい【託胎・托胎】 高貴な人の懐妊・出産についていう。母の胎内に宿る。「信玄息女（中略）今時当妊懐之気候、来六・七月之頃托胎必然歟」（平仮名本甲陽軍鑑）

たくにかけ【磔に掛け】 人通りの多い所に死体をはりつけて公衆にさらす刑のこと。（伊達家治家記録）

たくぼく【啄木】 刀を腰につけたり、吊り下げたりするための紐。キツツキが突いたような模様があるのに由来する。（日葡辞書）

たくみ【巧夫】 「工夫」に同じ。「巧夫《くふう》を廻し、従渠《そのまま》々抜て雌雄を究めんと思いしか共」（北越軍談）

たくやく【橐籥】 ふいご（鞴）のこと。「次於熱田鉄屋、立橐籥事可停止」（水野太郎左衛門氏所蔵文書）

たくらう【たくらふ】 「た」は接頭語。比較する。「武士道無案内にて、己《おのれ》をもつて人にたくらぶると古人の申ごとく」（甲陽軍鑑　下）「内府公の御武威にたくらふべき鉾先我朝には有べからず」（奥羽永慶軍記　下）

たくらく【卓犖】 高く抜き出る。抜きん出てすぐれていること。「蘆名累代の家臣佐世・平田・富田・松本の四家、度々軍忠他に卓犖《たくらく》すといへども」（奥羽永慶軍記　上）

たくらた【田蔵田】 自分に関係ないのに死んだり、害を受けたりすること。愚か者。まぬけ。「我がとまらんと不謂に泊《とまらん》といふやつばら《妃膧》めはたくらた《田蔵田》め迄と、御諚被成た」（三河物語）

だくろう【濁醪】 濁り酒。どぶろく。もろみ。「濁醪　ダクラウ　白酒」（文明本節用集）

たくろくのかわ【涿鹿の川】 戦闘による死傷者の血がおびただしく流れるさま。また、その戦場。「互ひに討るる屍に谷を埋み、血は涿鹿の川と成て、沢の流れも紅波漲り」(奥羽永慶軍記　上)

たくわひ【贏ひ】 貯え。「垂水が如き各采邑《さいゆう》の糧を贏《たくわ》ひ、御《お》館《たて》に馳加《はせくわわ》って忠戦を励《はげま》さんと欲する」(北越軍談)

だけ【丈】 副助詞、だけ。「今は追付丈《おいつくだけ》にあらざれば」(庄内陣記)

たけく【武く】「猛く」の充て字。勇猛なこと。「御武辺武《たけく》渡らせ給ふ故、一入御慈悲を被成」(三河物語)

たけくぎいくさ【竹釘軍・竹釘戦】 統率者がなくて、まとまらない戦いや評議。「此の列座の衆評議の体は、口々言ひ勝ちにて、竹釘軍と申す者にて、頭無之候」(島原日記)

たけたばうし【竹束牛】 家の棟木の形に作ったものに竹束を寄せ掛けた軍陣用の楯。丸竹を束ねて作ったもので、矢や銃丸を防ぐに用いた。牛竹束とも。単に、「うし」とも。「一、竹たばねうしをいはねば、人損ず」(甲陽軍鑑　下)

たけたばのかきたて【竹把の搔楯】 丸竹を束ねて作った楯の一種。「浜田伊豆を始め数多討死なり。夫故竹把《たけたば》の搔楯《かきたて》にて仕寄、近陣にし給ひければ」(政宗記)

たけどうとも【他家洞共】 他家自家ともに。(御家誡)

たけながし【竹ながし】「竹流金」のこと。割竹に金を流し込んだもの。割竹に見立てて半分に切った円筒形の鋳型に流し込んだものも言う。「ふんどう《分銅》をくづして、竹を割りて、それへい《鋳》ながして竹ながしと名付て、らう人共にとりくれて」(三河物語)

たけなわ【闌】 たけなわ。盛んなさま。「早朝に起て出で、行水《ぎょうずい》、焼香、日闌《たけなわ》にして」(播磨別所記)

たけのは【竹葉】 ①弁当。「越知川の河原にて竹葉をつかひ」(関原陣輯録) ②「竹葉」は一般的には「酒」の異称。「専使殊に音信として鐵砲幷に竹葉・肴三種差上け喜悦し玉ふ」(伊達家治家記録)

たけひなわ【竹火縄】 竹の繊維を縄にない、これに硝石を吸収させたもの。「同心足軽衆、寄親への進物は竹火縄三筋或一条の大うちわ一本宛」(甲陽軍鑑　下)

たけやり【笱鑓】 武鎗。竹槍。「然る間何事も有時は、百姓共迄笱鑓《たけやり》をもつて出、一命を捨てた丶かゐ御奉公にする也」(三河物語)

たこう【多幸】 相手からの好誼が得られることを、この上ない幸せであると感謝する気持ちを表わす書札用語」「預御助成者千万多幸之至矣」(天正本新撰類聚往来)

だこう【駄餉】 旅行中あるいは野外での食糧。弁当。「だしょう」とも訓む。「駄肴《だこ》駄餉《ダガウ》(中略)ふるく駄餉と書て駄《ダ》がうともよめれど南都の方は駄肴なるべし」(松屋筆記)

➡「駄餉《だしょう》」を参照

だざい【堕罪】 罪に堕ちること。罪人になること。「某《それがし》、

むけんならくへ堕罪《だざい》仕らん、少もあひちがはず候」（甲陽軍鑑　中）

たしかなる【慥成】 信用できること。安心できること。また、その人。「令絵圖慥成使者ニ被申含可有言上候」（黒田家文書）「うは《上》荷に竹・材木たるへく候、上のり《乗》藤蔵たしかなる者のせ上へき事」（東京大学史料編纂所所蔵文書）

たしかに【慥に】 確かに。確実に。しっかりと。「心がけ能《よく》たしなみ候侍共、十四・五人えらび、其外牢人をも、めこ慥《たしか》に持《もつ》人か」（甲陽軍鑑　中）➡「慥《しか》と」を参照

たしなみ【嗜】 たしなみ。つつしみ。節制。「其方為心得、則渡置候条、以此旨万事覚悟嗜尤候」（黒田家文書）

たじまがみ【但馬紙】 但馬国（兵庫県北部）から産出した紙。「自坂本但馬帋一束送給之」（実隆公記）

たしまし【足増し】 増員のこと。「御人数ノ事ハ足増次第ニ」（伊達家治家記録）

たしめ【足目】 本貫地の他に、新規に加増された知行分のこと。「都合十貫文、此内六貫文は當秋より御足目《たしめ》を以て下さる」（伊達家治家記録）

だじゃく【懦弱】 気力が弱く進取の気性のないこと。「子細は、憲当は懦弱《だじゃく》にして愚将たり」（北越軍談　中）

だしやぐら【出櫓・出矢倉】 城郭の外に出して構えたやぐら。「ダシヤグラ〈訳〉外へ突き出たやぐら」（日葡辞書）

たしゅつ【他出】 ①過失を犯して出奔すること。「義虎被聞召、久屋へ御尋候、誠申誤候哉、他出被申候由候也」（上井覚兼日記）②他所へ出かけること。外出。他行《たぎょう》。「他出タシュツ」（文明本節用集）

だしょう【駄餉】「だこう」の訓みが普通か。旅行中あるいは野外での食糧こと。「鹿田山の山際《やまぎわ》にて駄餉《だしょう》を認《したため》られ」（北越軍談）➡「駄餉《だこう》」を参照

たじろぐ【排ぐ】 たじろぐ。躊躇する。「弓・鉄炮、差し取り射《い》退《の》け、排《たじろ》ぐところに衝《つ》いて出で」（惟任謀反記）

たすい【打捶】 棒で打つこと。鞭で打つこと。（日葡辞書）

たずき【方便】 方便。手がかり。手段。「世を渡るたづきもなく、僅に生命を秋草の露にたぐひ」（奥羽永慶軍記　下）

たすけ【為け】 助け。助ける。「其の子、其の父兄を畔《そむ》き而《て》公を為《たす》け難き乎《か》」（伊達正統世次考）

たすけ【たすけ】 馬具の一つ。鞦のこと。馬の頭・胸・尾に繋げる尾の総称。襷。「為音信、手綱・たすけ如書中到来」（黒田家文書）

たすけおろそか【扶疎】 援軍が少ないこと。「軍畢《おわっ》て後、牛屋常陸介・北目某両人陪臣として公の感書を拝受す。此時敵陣付ぎれして、扶疎《たすけおろそか》になれり」（北越軍談）

たすけぜい【助勢】 ➡「助勢《すけぜい》」を参照

たすける【摂る】 助ける。扶助する。「諸国の御政務摂行《たすけおこな》はせ給へば、四海・八島の外までも謐《やすらか》ならざる所もなし」（奥羽永慶軍記　下）

たそがれ【昏黒】「黄昏」の充て字。たそがれ時。「昏黒に及んで帰らしめ給う。今日の事、御前に於て公達語たしめ給う」（駿府記）　⬇「昏黒《ごんこく》」を参照

ただ【啻・特・止】「啻」は「ただに」とも訓む。但し。只。「利三、平生嗜《たしな》むところ、啻《ただに》、武芸のみに非ず」（惟任謀反記）「志を得んと欲するに非ず。特《ただ》、先人の遺命に従ひ」（左衛門佐君伝記稿）「亦一両輩退治に及び、其の残徒は止《ただ》色部一使節を差遣し言う」（伊達正統世次考）

たたかう【戕う】戦うこと。「普代相伝の衆なれば、妻子をかへり見ず、一命を捨て、ふせぎ戕《たたかう》によって次第々々に御手もひろがる」（三河物語）

たたく【扣く・敲く】叩く。打ちのめす。競り合う。「過半か丶り給ふ。散々扣《たた》き合ひ、山田治郎左衛門討死」（信長公記）「所従等大躬《み》の鎗を以て、予が馬の三頭を健《したた》かに敲《たた》きし儘《まま》」（北越軍談）

たださき【徒前・徒先】「たなさき」とも。鷹の左側。⇕身寄り。（日葡辞書）

たださま【唯様】ひたすら。（老翁物語）

たたずまい【停立】たたずまい。佇まい。「近国の諸大将皆以て両家の停立《たたずまい》を伺ひ守り」（北越軍談　中）

ただち【直路】真っすぐな道。「武道の直路　聊《いささか》もおはしまさず、無下《むげ》に人を見しり給はねば、」（甲陽軍鑑）

たたみどんす【畳緞子】畳を敷き並べたような文様のある地の厚い光沢のある絹織物で、天正年間、京都西陣で織り始めたという。（伊達家治家記録）

ただむき【臂】肘から手首まで。一の腕。「祐願寺是と技術を挑み、互に臂《たたむき》を揮《ふるつ》て既に隙《げき》あり」（北越軍談　中）

ただもの【直也者】只の者。普通の者。「公莞爾《かんじ》と打笑ひ給ひ、抑《そもそも》汝直也《ただ》者にあらず」（北越軍談）

ただよう【漂泪】漂う。「その後、足弱《あしよわ》々と漂泪《ただよい》、共に槇尾寺を立ち出で」（信長公記）

たたる【嬰る】祟る。被害の類が及ぶ。「氏康の戦《いくさ》利莫《な》ふして、身上果《はつ》るに至ては、難義亦甲駿の両家に嬰《たた》らん」（北越軍談）

たち【立】出立《ちゅうたつ》のこと。軍勢を派遣する。「今度於筑州立者、可被成自身出張候歟、是又示預、可得其心候」（東京大学史料編纂所蔵島津義久書状）

たちおく【立置】物を立てた状態にして、そのままに置く。後を継がして置く。生かしておく。「仍豊前國侍之事、忠節被仕候衆者被立置、依其罪、御成敗尤候」（黒田家文書）

たちおりがみ【太刀折紙】刀を鑑定した証書。単に折紙、折ともいう。「諸侍衆元服の御礼などには太刀折紙《たちおりがみ》、馬代は薄紙百疋宛」（甲陽軍鑑　下）

たちかげ【太刀影】太刀のおかげ。武功のおかげ。「微弱なる某《それがし》が太刀影《たちかげ》を頼み、抜落《ぬけおち》し来る仕合」（北越軍談）

たちかぜ【太刀風】①するどく太刀を振った時に起こる風、

激しく振るう太刀の勢い。②戦いぶりの勇ましいこと。戦闘の烈しいさま。「加州へ令出馬之処に、諸城雖相抱候、筑前守（秀吉）太刀風に驚き、草木も靡随」（武家名目抄）

たちきる【套る】 断ち切る。「心《むね》の下より臍《ほぞ》の下にいたるまで、套《たちき》って、五臓六腑を掻き出だし」（柴田合戦記）

たちくらべ【立競】 いくさで、兵を高所から下へ段々に配して、その数を多く見せるもの。「一陣山県、二陣勝頼（八千五百）惣兵一万三千余を高地へ段々に賦し、兵勢の厚きを顕はす、是を立くらべと云なり」（武徳編年集成）

たちげ【立毛】 収穫前の田に生育している作物、稲。刈取らない農作物。「於自今以後者、所務人地主名主作人等立相令内検、応立毛乞之可有下行之」（六角氏式目）「一、伐採竹木、猥立毛苅事」（善福寺文書）「於京都承ニ相違仕、三分一立毛付申候」（伊達家治家記録）➡「三分一立毛《さんぶんのいちたちげ》」を参照

たちつけ【裁着・裁付・立付】「たっつけ」とも。裾を紐で膝の下にくくりつけ、下部が脚絆《きゃはん》仕立てになっている袴の一種。「くろき御道複に御たち付御腰蓑させられ候」（信長公記）

たちどころ【立処・立来】 間もなく。たちどころに。すぐに。「信州佐久郡より攻入なは、武田家滅亡立処《たちどころ》なるへし」（関八州古戦録）「其時件の旗本勢を以て立来に力戦せば、輝虎の存亡恐らくは此一挙にあらん乎《か》」（北越軍談）

たちどまる【踟躕】 立ち止まる。「姑《しば》く高地に踟躕《たちどまり》、一心不乱に城中の観察あるに」（北越軍談）

たちどり【太刀取】 死刑執行人。「人をころす合力のやから、たちとりいたし候はば同罪たるべし」（塵芥集）

たちね【立値】 商品につけられる値段。公定価格。（日葡辞書）

たちば【太刀場】 いくさ場。戦場。「其の時、玄蕃助、勝に乗じて太刀場《たちば》を取る」（柴田合戦記）

たちはさむ【立介】 立挟むこと。「伏兵を設け敵を呼引て三方より立介《はさみに》し散々に攻撃」（関八州古戦録）

たちまち【匆・乍ち】「匆」は「忽ち」に同じ。たちまち。「天道の依御恵《めぐみ》に、匆《たちまち》に討死をする所を命を扶《すかる》」（三河物語）「将に脚力を飛ばし様体を審《つまび》らかにせんとす、乍《たちま》ち一書を得たり」（伊達正統世次考）

たちもくろく【太刀目録】 贈り物の太刀の目録。多くは馬も同時に贈るので併記してある。太刀折紙。（ロドリゲス日本大文典）

たつぎ【方便・活計】 よいついで。「便り」よりも、当時は一般的。「たつき」とも。（日葡辞書）

たづくり【田作】 ①鱓《ごまめ》のこと。田の肥料にするところから田作という。「荷商買《になひあきない》をして、いわし《鰯》・たつくり《田作》をうりて、世を送《おく》るも有」（三河物語）②農民。（日葡辞書）

たっちゅう【塔頭・塔中】 ①禅宗で、祖師や開祖などの塔のある所。また、その院をつかさどる僧。「建仁寺の輪蔵開山塔幷塔頭《タッチュウ》」（太平記）②祖師や大寺の高僧の死後、そ

の弟子が師徳を慕って塔の頭《ほとり》に坊を構えたところから転じて、大寺の内にある小院。わきでら。「建仁寺の西来院は徳本の塔頭なれば、此の寺に陰居せられけるを」（応仁記）

たっちょう【達聴】 聞届ける。「女子壱人北条氏康の息女の腹に在之由達聴しければ」（関八州古戦録）

たって【遮而・達而】「遮而」は「さえぎって」とも訓む。特に。「自是可申宣所存に候處、遮而《たって》預使者候」（伊達家治家記録）「達而被仰出候へ共」（伊達家治家記録）

たづな【手綱】 馬具の一つ。「為音信、手綱・たすけ如書中到来」（黒田家文書）

たづぬ【対ぬ】 尋ねる。「信玄と見ゆるを、重打に三刀切り給ふ。後に対《たづ》ぬれば、其武者、信玄にて坐しけるとなり」（松隣夜話）

たて【牮】 楯。「巧夫仕出したりし竹把牮《たて》を拵へ是を以て仕寄らるへしとて」（関八州古戦録）

たてい【佗傺】 失意困窮する。落ちぶれること。「宗綱が叔父天徳寺了伯様々に佗傺《たてい》申ける故」（北越軍談）

たてえいそう【竪詠草】 和歌の書式の一つ。檀紙、杉原、小奉書などを縦に二つに折り、さらにそれを縦に五つに折り、一行目から署名、歌題、上の句、下の句の順に書く。二首を書く時は、三行目の中に一首を、四行目に一首を二行ずつに書く。「詠草は竪詠草本儀なり」（千鳥のあと）

たてがみ【竪紙】 ①古文書の用語。一枚の紙を折らず横長のまま縦に用いること。また、その紙に記した文書や書状。切紙や折紙に対していう。「如此次第不切非草子、立紙雖無傍例、切紙草子又常例也」（園太暦）②戦国時代の初期、武田氏・伊達氏など東国大名に特徴的な用紙の使い方。料紙一枚をそのまま、縦長に使う。
➡「折紙《おりがみ》」「竪文《たてぶみ》」を参照

たてがみ【立紙】 書状などの本紙の上にかけて、巻き込む白紙。折らずに縦に用い、余った上部分は裏へ折る。東国大名に見られる「竪紙」とは別のようだ。「礼紙の事、至てうやまふ書札には、いにしへは本紙二枚、礼紙二枚、立紙二枚なり」（大諸礼集）

たてつく【楯突】 逆らう。反抗する。楯突く。「風間の要害に楯籠り候、斯くの如く、味方に楯突《たてつく》のもの罷出候得ば」（奥羽永慶軍記　上）

たては【立派】 一派を立てること。「それは何として、さやうに法外なる立派《たては》なり、とあれば」（甲陽軍鑑　下）

たてぶみ【竪文】「竪紙」に同じ。書状形式の一つ。手紙の料紙を縦長に使うのは、伊達・武田・北条のような東国大名の特徴である。「越中・能登へ発向仕る由、たて文を晴信公へ進上申」（甲陽軍鑑　中）
➡「竪紙《たてがみ》」を参照

たてほこ【楯鋒】 楯《たて》と鋒《ほこ》。防御が万全で頼りとなるものにいう。「両六波羅は楯鋒《タテホコ》とも憑《たのま》れたりける名越尾張守は討たれぬ」（太平記）

たてぼり【竪堀・縦堀・豎堀】敵兵が斜面をよじ登ってくるのを防ぐために城を絶壁のようにそそり立たせるために、城のところから縦に掘ってつくった堀。⇔横堀。（日葡辞書）

たてまつる【上る】奉る。「相談して曰く、新進の輩をして諫を上《たてまつ》らしめば、則ち事或は成るべし」（左衛門佐君伝記稿）

たてもの【立物】　➡「前立物《まえたてもの》」を参照。

たとい【假令・仮令・縦令・従令】もしも。（伊達家治家記録）後に「〜とも」が付き、「たとい〜とも」として使う。（日葡辞書）「自今以後に於て、卿《なんじ》之知行と為《な》す可し、縦令《たとい》子孫に於て違乱有りとも」（伊達正統世次考）「鴇田郷の内萩生田《はぎうだ》、這の一垣内従令《たとい》本地返し有りとも、先判を用いず之を下し賜う」（伊達正統世次考）

たとうがみ【帖紙】「畳紙」とも。懐中して鼻紙また詠草にも用いる。懐紙。「鎧の引合より帖紙《たとうがみ》を取出し（中略）認めたりし趣」（関八州古戦録）

たとえ【仮令・設・喩】「〜とも、ども」を伴って逆接条件を示す。たとえ。もしや。「日本ハ扨置、假令異國之孔明・太公・項羽・韓信か来り向ふとも」（黒田家文書）「対する所の怨敵も、皆幕下に伏す、設《たとえ》、悪心を起すも、自然に退散」（日新菩薩記）「喩目安を以申上候共、此外申處無之候」（垪和康忠宛茂呂康秀書状）

たどころ【田所】庄官の一種であるが、転化して地方の指導的な人。「近郷の凡民・子女に至っては公文・田所を頭として」（南海通記）

たねだ【種田】苗を取ったあとに水を張ってある苗代田のこと。「窪田の方は種田にして水あり、一戦も成るまし」（伊達家治家記録）

たのう【他納】通常年貢を納入しているところ以外に納入すること。それを「二重成」という。「久我家雑掌申、（中略）年貢・諸公事物等、堅可拘候、若於他納者、二重成之上、可被加御成敗之由」（久我家文書）　➡「二重成《にじゅうなり》」を参照

たのしい【楽しい】物質的に満たされてゆたかである。裕福である。「其国郡険難の地、見る事もなく、其大身不弁《ふべん》、たのしきを見る事もなく」（甲陽軍鑑　中）

たのみ【因み】頼み。「播州へ因《たの》み寄て和平をなす故に」（昔阿波物語）

たのみぜい【頼勢】他の配下の軍勢に、全面的な支援を求めること。「物ジテ備後守殿ハ、手勢ニテ不足ナリシ時ハ、頼勢ヲモシ給ヒテ、美州三州カハルガハル出陣シ給ヒシガ」（信長記）

たのむ【田実・憑】①「憑の朔日」（陰暦八月の一日）のこと。「憑　タノム　倭俗云八月朔日也」（文明本節用集）②頼む。依頼する。「早速の出勢憑《たのみ》入る所なり」（一徳斎殿御事蹟稿）「為憑之祝言、太刀到来、目出度候」（茂木文書）　➡「田面《たのも》」を参照

たのむ【恃む】恃む。頼む。憑む。「毛利家を恃で後援を求む」（昔阿波物語）

たのも【田面】（「憑」とも）陰暦の八月朔日。また、その日に行なわれる行事。田実《たのむ》。「八朔　ハッサク　予賀西収飲宴故謂之田面《タノモ》」（書言字考節用集）➡「田実《たのむ》」を参照

たのもし【憑母子】仲間うちの契約の仕方の一種、また損害を受けた人に、大勢の人が貸付をしてやる貸付法の一種。金融共済組織。「現作分四十石、十八石は憑子合力をも乞候て弁済候へと可申候間、其通能々堂方へも可被仰候」（大乗院寺社雑事記）

たのもし【憑敷】頼もしいこと。「尚々御動事、憑敷存候、弥御計略憑存計候」（益田家文書杉重隆書状）

たのもしく【頼母敷・憑母敷】頼もしい。「神載を以て心底され頼母敷欣悦せしめ畢《おわん》ぬ」（庄内陣記）「存分の通り申上け、単《ひと》へに憑母敷く思召さる」（伊達家治家記録）

たのもしづく【頼もしづく】ひたすら頼もしく思わせること。「親兄弟の敵をうつ近付へたのもしづく仕るは」（甲陽軍鑑　下）

たのもの【田物】鷹狩用語。雁・鴨など水禽の総称。「鳥春は田物懸《たのものかけ》にする也。さきは一刀そぎにする也」（甲陽軍鑑　下）

たばかり【方便】謀る。「伊勢三郎義盛賢キ謀をもつて方便《たばかり》て、是を問おとして」（甲陽軍鑑　下）

たばかる【忻る】謀《たばか》る。気兼ねして。「義重、喜給ひて、北条、真壁に忻《たばか》れ、いまだ立腹止ざる所に」（奥羽永慶軍記　上）

たび【踏皮】足袋。韈（黒田家文書）

だび【駄備】荷駄を護衛することか。「直江大和守千余兵を二隊に割き、須田左衛門尉・蓼沼掃部助を駄備とし、大和守は遊軍を司て」（北越軍談　中）

たびごめん【足袋御免】室町時代、高齢もしくは病弱の際、願い出て足袋をはいて殿中に出入りすることを許されること。「上池院民部卿殿、足袋御免事、貴殿御申沙汰忝候由御礼まいる」（親俊日記）

たびしょ【旅所】祭礼のとき、本宮から渡御した神輿や神体を一時とどめておく所。おたびしょ。旅の宮。「松尾社旅所宝殿下、去年死人出来、不取棄之間、即令爛穢了」（玉葉）

たひつ【他筆】他人が書くこと。また、その書いたもの。「詞前関白父子四人敬神之志懇切之余、為結縁不可交他筆之由所被約諾也」（実隆公記）

たひつ【多筆】たくさん書くこと。こまごまと書くこと。「尚御使僧可被相達候之間、不能多筆候」（高野山文書）

たぶ【給ぶ】給《たま》う。連用形は「給び」。していただくこと。「中にも白土摂津守は、何れもよきに内談してたび候へ。我は高野山へ参り候」（奥羽永慶軍記　下）

たふたふと【多太々々と】満ち溢れるほど。「沓懸の城、番手の人数、多《た》太《ふ》々々と入れ置き、此の後、程在つて」（信長

公記）

たぶみ【田文】 田地の面積およびその領有関係などを明細に記載した田籍簿。大田文。図田帳。水帳など。田籍。「将軍家には諸国の田文《タブミ》を召し出され、源性に仰せて勘定せしめ」（北条九代記）

たぶらかす【誑かす】 たぶらかす。「（最上）義光連々甘言を以て　御母公を誑かし、公會津を攻取り玉ふ」（伊達家治家記録）「諏訪頼重を誑《たぶらか》し、断金の交《まじわり》を通ぜしめ」（北越軍談）

たぶん【他聞】 他人に聞こえること。他人の耳に入ること。「必有腹立之輩歟、莫及他見他聞」（明衡往来）

たぶん【多分】 多くの者たち。「多分明退き候、富田へつぼみ申し候」（老翁物語）　➡「つぼみ」を参照

たぶんにつき【多分に付】 多数決。多数の意見に従うこと。「先手動等之儀、各以相談之上、多分ニ付可随其候」（黒田家文書）

たぶんは【多分は】 多くのものは。「多分は廿日市にて御切らせ成され候」（老翁物語）

たぼん【他犯】 姦通。（日葡辞書）

たま【鉛子】 鉄砲の弾。「勇猛の大将をは金の鉛子《たま》にて打すれは後の禍なし」（関八州古戦録）

たまうち【玉打・毬打】 毬《まり》を杖で打つ遊戯。打毬《だきゅう》。毬杖《ぎっちょう》。「毬打　タマウチ　正月遊戯」（書言字考節用集）

たまえ【玉会】 神社で行なわれた祈念後に出される護符のようなもの。「改年之祈念、於于神前被抽精誠、御玉会并太刀一腰到来目出候」（諏訪大祝宛武田晴信書状）「御神前有参籠、抽精誠、御玉会目出候、弥御祈念肝要候、仍樽給候」（大祝宛武田晴信書状）

たまぐすり【玉薬】 鉄砲の発射に用いる火薬。「右両城玉薬事、先度書付候分、是又申付候」（黒田家文書）

たまずさ【国章】「玉章」の充て字。カラスウリのこと。「次正運坊下国之砌、国章殊二種拝受、賞翫不少候」（内藤泰夫氏所蔵文書）

たまたま【適々】 偶然。（細川家記）

たまふるい【命振】 大将、もしくは大将の行動は、士民の勇気を起こす根源である。「総て国家の治乱　併《しかしながら》　大将の賢愚に罹《かか》るを以て、将は士民の命振《たまふるい》也と申す」（北越軍談　中）

たままつり【魂祭】 陰暦七月十五日行なわれる、祖先の霊を祀る祭り。また、死者のために行なう法事や追善供養。（日葡辞書）

たまらざる【たまらざる】「たまる」は集まること。軍隊が一箇所に集まること。「少もはやく追付候程、相たまらざる物候間、足次第追付可討果候」（黒田家文書）

たまらず【潴らず・屯ず・不屯】 堪らず。我慢できずに。「精兵に突き立てられ、潴《たま》らずして敗北す」（播磨別所記）「鉄砲を連貫放《ばな》しに、矢も楯も屯《たまら》じと打懸《うちかけ》」（北越軍談）「無程不屯《たまらず》して佐久間は切て出けるが、運《うん》も尽《つき》ずや」（三河物語）

たまり【屯り】集まる。溜まること。「方便露顕して城内に屯り得す」(関八州古戦録) ➡「屯《とど》る」を参照

たまりかね【屯り兼】耐え切れず。「太郎鞍宇《くらのき》に屯《たま》り兼《かね》、雄《ゆん》手え撞《どう》と堕《おち》られけるを」(北越軍談)

たまる【忍】宿る。「義元が戈先《ほこさき》には、天魔鬼神も忍《たまる》べからず」(信長公記)

たむろ【屯】集団になって。「屯《たむろ》をなして味方を押へ」(庄内陣記)

たむろす【屯す】集まる。「真田が先鋒、岡の上へ過半押し騰《あが》り屯《たむろ》す」(左衛門佐君伝記稿)

ためし【様】例。たとえ。「後には人の肉を刺して食ふ事限りなし。異国の楽羊《がくよう》は吾が子を食ふ様《ためし》あり」(播磨別所記)

ためしぐそく【試具足】矢が射ぬかぬように試し鍛えて作った具足。様具足《ためしぐそく》とも。「草摺《くさずり》に二ッあたり候へども、仏《ほとけ》胴《どう》のためし具足なる故、疵になるほどうらへぬけず候」(甲陽軍鑑 下)

ためしざね【ためしざね】経験済みで十分にその武勇が証明されている。(南海通記)

ためしたて【様楯】よく吟味した楯のことか。「様楯《ためしたて》を突《つき》並《なら》べ、仕寄《しよ》るの処に大鉄砲にて打通し」(征韓録)

ためしもの【試物・様物】試し斬りにするもの。刀剣の試し斬りに供される罪人など。また、ためし斬りをすること。「今福浄閑若き時分より、ためし物をよくきる人にて、しかも上手なれば、既にすゑものを切て」(甲陽軍鑑)

ためらう【擬議・猶予】躊躇すること。ためらうこと。「彼者些《いささか》とも擬議《ためらい》せず、鎗取直し、突落さんと待構し故」(北越軍談)「一同に馬を乗入れければ、諸勢、何かは猶予《ためら》ふべき」(武田三代軍記)

たもん【多聞】城櫓の異称。松永久秀が築城した大和の多聞山城に倣った一種の築城法。「大津の城に被成御座、南のかたにたもん《多聞》作り五十間計もあるべきか」(慶長記)

たやく【田役】段銭。「因って萩・大松沢二郷の田役・棟役、直納に之を上《たてまつ》る可し、向後に於て相違有る可からず、代物は之を飯淵八郎左衛門に渡し」(伊達正統世次考)

たやす【綷やす】絶やす。「小田原へ追帰さる。然者綷やす大事に及び氏政父子も其分に捨置難き義なれは」(関八州古戦録)

たやすい【輙い・輒い】①容易な。容易に。たやすい。(日葡辞書)「彼地ニ陣取、渡舟申付、通路輙之由、尤思召候」(黒田家文書)「典膳、きやつが体《てい》たらく、輙《たやす》く道を通すべしとはおもはれず」(奥羽永慶軍記 下) ②すぐに。「一、公方、朝倉を御憑ニ付て、(中略)今ハ城々堅固ニ申付候上者、輙出馬候ハん事不実ニ候」(細川家文書)

たやすからず【不輙・不輒】簡単ではない。安全ではない。「菟角当年者海上通路不輙候、来春早々可被成御行候」(長家文書)「路次不知案内と申、通道不輒候」(益田家文書)

たゆむ【疼む】弛む。「寄手十余日攻たれとも城中も疼《たゆ》む色

なく、房州勢退屈して」（関八州古戦録）

たよる【手寄】「頼る」に同じ。「其れより弾正親摂津守は田村清顕へ手寄《たより》、扨大内は伊達を守る。（政宗記）

たらす【誑す】口車に乗せる。騙す。（日葡辞書）たぶらかす。（元親記）

だらに【陀羅尼】もろもろの徳を具足する経文。真言。（三好記）

たりょ【他慮】当面考えていることとは関係のない、別の考え。打消の言い方と呼応して、ひたすらそのことのみを考えていることを表わす。「只明テモ暮テモ武功ノ為ヲ思召シテ、他慮ハ更ニ無リケリ」（信長記）

たるい【垂樋】ある所へ水を引くための木などの管。（日葡辞書）

たるせん【樽銭】酒樽の代わりに贈物として差し上げるのに使う銭。「樽代」とも。（日葡辞書）

たるだい【樽代】「樽銭」に同じ。祝儀などに酒を贈る代わりに酒代として包む金。謝礼・挨拶のかわりに包む金。つつみ金。「今俗樽代といへるは柳代といふべし」（松屋筆記）「樽代披露の事、二十疋は、中に持ても、披露してもよし、百疋、弐百疋などは、下に置て披露すべし」（鳥板記）

たれかのもの【誰哉者】他の誰かが。「如只今可申付候、追而誰哉者申候共、不可有御同心事」（山内首藤家文書）

たれかれ【孰渠・甲乙人】誰彼と。「可ならんと胥議し孰渠《たれかれ》と申けれとも決定せさりければ」（関八州古戦録）「小姓衆高《こう》名《みょう》の者どもに、五百石、千石、夫々《それぞれ》の甲乙人《たれかれ》加増なされ候」（川角太閤記）↓「甲乙人《こうおつじん》」を参照

たろう【足らう】十分である。満足である。「白状仕らぬ兵《つわもの》の、分別ありて才覚ある弁舌足ふて、弓矢に功者の能《よ》武《き》士を」（甲陽軍鑑　中）

たわらご【俵子】①白米の俵のこと。「一、俵子・しほあひもの可出入事」（大津延一郎氏所蔵文書）②「なまこ」の異名。（日葡辞書）

たわらごぶね【俵子船】米穀を運ぶ船。「俵子船壱艘之事、諸役等令免許上者、無異儀可往反者也」（氷室和子氏所蔵文書）

たわらもの【俵物】「ひょうもつ」とも。糧食の俵物、兵糧のこと。「役ノ俵物ノ事相断ル」。（伊達家治家記録）↓「俵物《ひょうもつ》」を参照

たんが【旦過】禅宗で、行脚僧の宿泊所をいう。「旦過之僧、平等ニ供養之地名旦過、下学ニ往来ノ僧一宿」（庭訓往来）「山上旦過領之事、近年寺家江依不相渡旦過退転云々」（永源寺文書）

たんかた【旦方】檀家のこと。「此年光長寺旦方、中坂ヲ越申サレ候」（妙法寺記）「雖卒爾之至候、御旦方へ及使札候」（多賀谷重経書状写）

たんき【短晷】短い日。冬の一日。短日。「兵勢亦堂々たり。其上短晷《たんき》日中を過ぎ、北雲雨を粘《うるお》せり」（北越軍談）

だんきょ【團居】軍陣。或は軍陣の寄り合い。「然らは内

た

より火を放て某等人数御團居へ加り奉るへき旨言上す」（伊達家治家記録）

だんきょづきよりき【團居附与力】軍議に参加できる重臣の意。「采地を充行はれ幷に團居附與力の者の身上立下されたき由」（伊達家治家記録）

だんきんちくばのこのみ【断金竹馬の好み】極めて堅い幼な友達との交わり。（庄内陣記）

だんきんのまじわり【断金の交わり】非常に親密な友情・交際。断琴の契り。「諏訪頼重を誑《たぶらか》し、断金の交《まじわり》を通ぜしめ」（北越軍談）

たんご【端午】五節句の一つ。陰暦五月五日、男子の節句。「為端午之佳儀黄金十両到来、悦覚候」（黒田家文書）

たんごう【短毫】①まずい筆跡。「短毫及びがたし」などの形で、思うほどを十分に文章に表現できないことをいう。短筆。「誠以無比類珎味、芳情之段、難尽短毫次第候」（島津家文書）②つたない、不十分な筆の意で、書状を書く自らの行為の謙称として用いる。「忝存事も難尽短毫申候」（実隆公記）

たんさ【嘆嗟・歎嗟】嘆くこと。嗟嘆とも。「智辯の士嘆嗟《たんさ》深く、不佞《ふねい》だも遺憾なきにあらずとも」（北越軍談）「今日故李部王一回之御忌也、居諸如夢、歎嗟難窮」（実隆公記）

たんさつ【短札】自分の手紙のことを謙遜していう。「御帰洛已来者無御左右候間、不能短札候」（真壁文書）

たんし【探支】本来なすべき時期を引き上げて、その事を早めにしてしまうこと。「惟高之三十三年忌也、雖不臘月、臘月者人々个々用事繁多之故ニ探支」（鹿苑日録）

たんじ【弾指】ごくわずかな時間である。「抑理性院僧正卅五日引上明日云々、仍経之代、以基尚所送遣醍醐也、光陰弾指可憐々々」（西園寺家記録）

だんし【旦紙】「檀紙」の充て字。檀《まゆみ》の樹皮で作られたが、中世から楮を用い、厚手で白いちりめんようなしわのある紙。「若《もし》著の物の上に旦紙《だんし》か巻物か何成共をきて」（甲陽軍鑑下）「絵具五貫文、旦紙ニ五十疋金薄三百文」（山梨市窪八幡神社所蔵三十六歌仙図副板銘）➡「高檀紙《たかだんし》」を参照

だんじて【断而】断じて。決して。「依之氏邦断而立腹被及其理候、惣別加様之御加妗以下ニハ」（鑁阿寺文書）

たんしょ【短書】自分の手紙のこと。「公私之御窮屈、難述短書候、随而御調略之有子細」（厚木市・長徳寺文書）

たんしょうのいたり【憚少之至】わずかなこと。（黒田家文書）「追々御快方之由承知仕目出度御儀ニ奉存候、将又、此鹿魚憚少之至御座候得共、右御様子相伺度印迄ニ呈進仕候、御笑納被成下候ハヽ、難有奉存候」（丹波守宛松平下総守書状）

たんせい【歎請】請願する。懇願する。「今般歎請に依りて、加良村の内高森分在家二軒（中略）を幷《あわ》せて之を賜う」（伊達正統世次考）

たんぜい【丹誠・丹精】「丹誠を尽す」（強く懇願する）。一

た

所懸命に。「このたびの凶徒をしりぞけおはしませと一命をなげうって、丹精無二にいのりしかば、事成就の瑞相ども、いく度〈も〉見えにける」（室町殿日記）「向後弥可被抽御祈念之丹誠事、肝要存候」（寿泉院文書）

たんせき【歎惜】 歎き惜しむこと。心から惜しむこと。「終に殉死せり、実に二代の忠臣なりと歎惜せざる者なし」（伊達家治家記録）

たんせん【田銭】 段銭・段米と同じこと。田に賦課する課税。（伊達家治家記録）「御田銭、大才（太宰）しなの守・あ代《網》両人いたし上被申候」（伊達天正日記）

たんせん【段銭】 室町幕府が臨時に諸国の田地の段別高に応じて課した税銭。守護・戦国大名も課し、戦国時代には恒久税になり、年貢の付加税化した。「年貢は名田の中に、段銭《たんせん》と云物を撰出《えらびだ》し、高にふみ」（甲陽軍鑑　下）「小野寺隠岐守知行分丹後国倉橋郷地頭職段銭以下臨時課役等事（中略）可被停止使者入部之由、所被仰下也」（久我家文書）

たんぜん【坦然】 平らかなさま。平穏なさま。坦々。「衆皆坦然《たんぜん》として、心に万歳《まんざい》千秋を賀す」（北越軍談）

たんぜん【湛然】 物事が満ち足りて落ち着いているさま。「抑彼間事、慈眼視衆生之御方便、福海湛然之吉兆候」（実隆公記紙背文書）

たんせんくにわけぶぎょう【段銭国分奉行】 室町幕府の職名。段銭賦課の下知状を発給するために国別に任じられた奉行。国分の奉行。「諸国へ段銭被相懸時は、奉行衆鬮を取りて、其の国は誰々と被分之、是を国分之奉行と申也」（常照愚草）

たんせんしょ【段銭所】 段銭の収納管理をつかさどる役所。納所。「請取申候分、段銭所より一筆進候」（上杉家文書）

たんそう【担送】 臣下として。使用人として。「且は旧主の別れを惜しみ、且は源家の担送《たんそう》として、兵馬に従ひ、東国まで来《きたり》けるが」（北越軍談）

たんそく【短息・歎息・短束】 ①息つく間もなく、物資の調達・世話など事の対処に奔走し、尽瘁すること。「殊数人召籠罷戻之由候、尤肝要之儀候、其方短束之故候、祝着候」（萩藩閥閲録）②事態を苦慮し、気をもむこと。「追而申候、和智兄弟之儀、神前へはしり被入候、不及是非候、中々中も疎候、短息御推量申候」（佐藤保介氏所蔵文書）③あれこれ配慮し、細心の注意を払うこと。「一日も早々被取直快気候様、御短息干要候」（吉川家文書）④当面する事態を、思い通りにならないと嘆くこと。心配のため。「然は又兵粮歎息として……」（桂岌圓覚書）⑤心遣い。心配。「養生の儀たんそく《短束》つかまつり候へと」（御家誡）

たんだい【探題】 法会の論議の時、論題を選定、問答の可否を判定する役の僧。探題博士。「立義者二人〈天台教円、興福寺経救〉探題小僧都覚運、律師澄心」（小右記）

たんにょ【胆如】「襜如」の音通。襜如は衣装の整ったさま。

「戯儀胆如たらざる侍、威儀胆如たらざる侍」（日新菩薩記）

たんぴ【堪否】苦しみの意か。「戦国に生れて武備を忘れ、臣下の堪否《たんぴ》も弁《わきま》へず、叨《みだり》に不器の輩を登庸して」（北越軍談　中）

たんぴつ【短筆】①文章や文字の下手なこと。つたない文章や筆跡。拙筆。「委旨不可述短筆而已」（実隆公記）②自分の書、書状の謙称に用いる。「芳情之段難尽短筆候」（言継卿記）

たんぷ【擔負】任せる。になう。荷負。「擔負口舌」は文書語のようだ。「定而別紙ニ注文為登可申間、不能重意候、委細者御使送僧令擔負口舌候」（高室院宛大藤政信書状）

たんぷ【丹府】偽りのない心。まごころ。「丹府に適ふ」（心から喜ぶこと）。「相叩く丹府、所悦喜也」（雑筆集）

たんぺいきゅう【短兵急・端兵急】やにわに。大急ぎで。「前後よりたて挟み、短兵急に攻打へし」（関八州古戦録）「代官、日代の舘に押寄て、端兵急に攻ければ、手に立つ敵もなく」（奥羽永慶軍記　下）

たんべつ【段別】一つ一つの田に対して農民に課せられる賦課税。段銭とも。（日葡辞書）

たんぽ【湯婆】金属または陶器などで作り、中に湯を入れて、腰や足などをあたためるのに用いる器。ゆたんぽ。とうば。「居士借于予湯婆」（蔗軒日録）

たんまい【反米・段米】鎌倉・室町時代、幕府・朝廷や領主が田租の付加税として臨時に反別に米を徴収すること。また、その米。「御造替反銭並寺門反米寺社領等事、各無相違可被相渡」（多聞院日記）「段米者、其年より則可運上」（長宗我部氏掟書）

たんめい【旦命】「短命」の充て字。短い時間。「成就院之事、被借旦命、為末寺奪取末寺之衆分、剰被欲令破却末寺之御法事、偏師敵法敵之儀」（府中宝珠院文書）

たんりょうしゅ【短寮衆】「単寮衆」の充て字。禅宗の僧官。単独で寮舎にいることを許された者。「其後短寮衆《たんりょうしゅ》御覧じあり、讃《ほめ》て各僧達拝見有」（甲陽軍鑑）

だんりん【檀林】室町末期におこった、僧徒の学問修養の道場。僧林。叢林。学寮。談場。「檀林　ダンリン　又云叢林〈活法〉僧林也」（書言字考節用集）

ちいん【知音】知人をつくること。よく心を知り合っている人。「あたらしき知音《ちいん》、先づ以て礑と然るべからず候」（御家誡）

ちえがゆ【知恵粥】日蓮宗の信者が法華経全巻を習得した時、お祝いとして煮る赤小豆《あずき》のかゆ。「八月十一日（中略）今日喝食智恵粥祝著了」（実隆公記）

ちえづく【知恵付】気が付く。「此御一行之御文書にて書く知恵付申候」（政基公旅引付）

ちおろし【血下】出血を止める飲み薬。「焼跡に血下二服遣候、又、相煩之由申候之間、参蘇領二包遣了」（言継卿記）

ちがいめ【違目】規範や規準に外れていること。矛盾。「山

口中動乱之処に、其方事無別儀令登城之由、連々馳走之首尾、無違目次第、誠祝著之至候」（長防風土記）

ちかごろ【近比】非常に、良し悪しを問わず強調して言う言葉。（日葡辞書）

ちかごろ【近習・近曾】近頃。「神成監物是も近習《ちかごろ》より氏邦の隊《て》に在しか」（関八州古戦録）「此男何くれと諾有《さもあり》さふに偽り語り、近曾《ちかごろ》拾ひ得たり」（北越軍談）

ちかづき【近付】知り合うこと。親しくなること。また、その人。知り合い。面識。知人。「おちかづきのしるしに」「おちかづきのために」などの形で、今後親しくお願いしますという意の挨拶として用いる。「仍近付加判形為後日状状件」（高野山文書）

ちからぐさ【力草】「力種」とも。自分の力になるものとして頼みとするもの。「人馬一手に塊《かたま》って、互に手に手を力草《ちからぐさ》に取り」（四国御発向幷北国御動座記）「定て力草これ有る可きと存事候」（庄内陣記）

ちからぜめ【力責】「力攻」とも。策略をめぐらさないで、ただ力まかせに攻め立てること。我攻。「仕寄にてほりをうめ候か、水責か、水手を留候か、又力責ニ可成」（黒田家文書）「此城又四方嶮岨に、こめたる兵粮たくさんなれば、輒ちから責に揉落さるべきふぜゐもなし」（明徳記）

➡「我攻《がぜめ》」を参照

ちからにおよばず【力に及ばず】仕方なく。「家中の人数召連れ罷り出るの由、力に及ばず」（関原陣輯録）

ちからをくわえ【加力】①普段以上に力をこめて。「於御要害佐賀衆取懸候者、何様加力馳走不可有無沙汰候」（横岳（頼継）宛蒲池鎮並書状）②合力すること。「弓箭之慣、雖不珍候、加力之儀、於于今者口惜次第候」（吉川史料館蔵大友義統書状）

ちぎしょう【血起請】血液で書いた起請文。また、かたく約束したという誓いの文句を自分の血で書くこと。（文明本節用集）

ちぎょう【知行】土地とそこに住む者を支配し、その土地からの収穫の幾分かを収取すること。領地。「無相違可有御知行候」（黒田家文書）

ちぎょうどり【知行取】禄を知行でもらうこと。また、その者。また単に俸禄を受けること。また、その人。「日本国の木奉行は寺沢越中守也、六万石の知行取、太閤一段御目をかけ被召遣六人之由也」（多聞院日記）

ちぎょうはいとう【知行配当】「知行割」に同じ。知行地を大名・旗本・御家人・家臣などへ割り当てること。「寺門知行配当無之故及迷惑之間、未進分申請度旨」（多聞院日記）

ちぎょうやく【知行役】知行を受けている者が、主君のために、知行に応じて出す夫役や金穀。所領役。「渡辺左衛門、今度被改上、知行役可申付」（小田原衆所領役帳）

ちぎょうやくほど【知行役程】所領高に応じた軍役。「武者道具用意不可有油断候、幷知行役程人をも可被相抱候」（黒

た

田家文書）

ちぎょうわり【知行割】「知行配当」に同じ。「一、越石之事、（中略）近来は越石に不成様、知行割にて村方割わたしに付、先は越石は稀なる事也」（地方凡例録）

ちくえん【竹園・竹苑】皇室の血統、皇族をいう。竹の園。「親王大臣同輩之礼也、然而無官竹園、関白に恐惶謹言可然歟云々」（看聞御記）

ちくかい【蓄懐】「ちっかい」とも。会う機会がなくて、晴らしようもなく募る思いのこと。「及暁鐘有御寝、竹園御雑談等、聊慰蓄懐而已」（実隆公記）➡「蓄懐《ちっかい》」を参照

ちくじつ【逐日】日を追って。一日一日と。「仍之当表備、逐日任素意《そい》之条、可心安候」（左衛門佐君伝記稿）「御分国中寺社之事、就御在洛之儀、半済、陣僧、京夫、其外於田舎公役寺役等繁多候之条、逐日衰微之式、言語道断之由候」（大内氏掟書）

ちくちくと【ちくちくと】こまやかであるさま。細切れに次々に連なるさま。「道風・行成などのかなが世間に今も少々侍るは、ちくちくと候へば、鼠の足形のやうに有りし也」（正徹物語）

ちくでん【逐電】逃げ去って行方をくらます。逃亡。出奔。「其方家来者共、自然逐電之族於在之者」（黒田家文書）「酒宴雖未終窮屈之間逐電了」（実隆公記）

ちくとう【竹刀】槍の練習に使う竹製の槍。（日葡辞書）

ちくよう【竹葉】①道中用に酒を入れて携行する太い筒。小筒〈ささえ〉。（日葡辞書）②酒の異称。「酒帘漸近小茆店、竹葉於人可有情」（村庵藁）

ちけん【地検】「じけん」とも。「検地」に同じ。土地や田畑を測量すること。「寺内中此間地検有之、爰元今日也、明日者冷近所町等也云々」（言経卿記）

ちさん【馳参】急いで来ること。または行くこと。「於河原致合戦揚時声之間騒動、諸大名室町殿馳参」（看聞御記）

ちしお【千入】血潮。「脇立より臑当《ひじあて》へ伝へて流るゝ血は、千入《ちしお》に染る紅の糸を乱すがごとくなり」（奥羽永慶軍記　下）

ちしき【智識】名僧。「我等若年の時、或智識の物語を承り候に」（老翁物語）

ちぢむ【蹙む】短縮する。前倒しする。「予《かね》ては来春上京の志あるを、今年に推蹙《おしちぢ》め速に入洛すべし」（北越軍談　中）

ちじん【馳陣】おくれて戦争に行くこと。（日葡辞書）

ちせん【薙染】髪を剃り墨染の法衣を着ること。仏門に入ること。「三十一歳の春薙染《ちせん》にて法性院機山信玄と成給ふ」（甲陽軍鑑）「薙梁《ていぜん》」は薙染の誤であろう。「永正の晩年薙梁《ていぜん》有《あっ》て、自ら道七斎と称せらる」（北越軍談）

ちそう【馳走】①手助けする。「來嶋五、六百艘にて則ち御馳走申し」（桂岌圓覚書）「木沢方へ江州和与相調候、長政依馳走調候、祝着之由申而遣候」（証如上人日記）②本来は他人のために馳《はし》り回ること。世話をし手厚くもてなす。幹

た

旋する。（日葡辞書）

ちたい【遅怠】怠って物事の進行が遅れること。「公人等御訪事、令下向江州中之間遅怠之間今日延引」（実隆公記）

ちち【遅々】のろのろと。ぐずぐずと。「弥《いや》が上に重なり合て遅々《ちち》する間に、山上より雪撫落《なだれ》懸つて、百人ばかり爰にて死にけり」（奥羽永慶軍記　上）

ちちゅう【踟蹰】躊躇すること。「例に替《かわっ》て彼《かの》男の傘に驚き、踟蹰《ちちゅう》する事二三度に及べり」（北越軍談）

ちちょう【雉堞】城壁。「真田の弐城に迫り、雉堞《ちてふ》を壊《こぼ》たんと欲す」（左衛門佐君伝記稿）

ちっかい【蓄懐】心につもる思い。日頃に思っている不満など。「前左府被招之間午後罷向、清談慰多年之蓄懐了」（実隆公記）

⬇「蓄懐《ちくかい》」を参照

ちっきょ【蟄居】家の中に籠る。「真田左衛門佐幸村、高野山蟄居《ちっきょ》たりしが、秀頼、聘礼《へいれい》玲を厚くし」（左衛門佐君伝記稿）

ちっし【蟄死】蟄居したところで死ぬこと。「鎌倉を擯出《ひんしゅつ》する処に、成氏総州古河城に據て蟄《ちっ》死し」（北越軍談）

ちっす【蟄す】隠れ潜む。「然らば御辺等、所々に蟄《ちっ》する諸牢人を語らひ、矢島八森の城をせめ落され候らへて」（奥羽永慶軍記　下）

ちっとも【些も】少しも。「土岐方些《ちっと》も撓む気なし」（関八州古戦録）

ちつぼね【乳局】貴人の子どもの乳母をする女官。「上方より御乳局を呼び被成候所に遠国へ参るまじきと申に付、おち局の親類残らず、ひろひあつめ呼越」（甲陽軍鑑）

ちつりゅう【蟄竜】「ちつりょう」とも。**雌伏している英雄のたとえなどにいう。**「輝虎公近年蟄《ちつ》竜の執気《しゅうき》を養ひ、干戈《かんか》を潜《ひそめ》玉ふに」（北越軍談　中）

ちつろく【秩禄】俸給のこと。「感章《状》を賜ひ、秩禄を増加へらる」（北越軍談）

ちぬる【衅る】血塗る。「敵は刃《やいば》に衅《ちぬら》ずして城を乗捕り、此序《ついで》に伊勢崎へ働を懸んと評議しける」（北越軍談　中）

ちばつ【治伐】「治乱」と同じか。**兵乱が治まる。**「政虎越中治伐《ちばつ》の後、速に貴国え乱入して」（北越軍談）

ちばん【血判】血で書いた署名。（日葡辞書）

ちびる【禿る】少なくなる。「近年小田家の弓矢禿《ちび》て旗下の城々へも後詰加勢の合力も叶はざる故」（関八州古戦録）

ちまつり【血祭】出陣の際、間者や敵方の者などを殺し士気を奮い立たせること。また、戦いのはじめに敵を切ること。「首共実検して、軍神の血祭に、いしくも仕なせりと悦喜をなし」（関八州古戦録）

ちめい【遅明】夜のまだ明けはなれない時。「遅明ニ遙カニ見レハ、一里許リヲ隔テ」（伊達家治家記録）

ちゃぎ【茶技】茶の湯のわざ。**茶道。**「茶技は室町中葉よりはじまり」（徳川実紀）

ちゃく【ちゃく】すぐに。「ちやくと謀《はかりごと》を案出し」（細川家記）

た

ちゃくいん【嫡胤】 跡継ぎ。継嗣のこと。「父和泉守令死去之上者、逐嫡胤之筋目、於于信州岩村田五拾貫文処」（小林右京介宛武田家朱印状写）

ちゃくぎょ【着御】 貴人の到着すること。「前将軍十月十一日駿府御出馬。同廿二日二条城へ着御《ちゃくぎょ》」（左衛門佐君伝記稿）

ちゃくご【著語】 禅宗で古則・公案・偈頌などに対して、自分の見解をもって下す短評。「著語《ちゃくご》して云、入凡《ぼんにいり》入　聖《しょうにいたる》」（甲陽軍鑑）

ちゃくざ【着座】 座に着くこと。到着すること。「今日名護屋へ被成御着座、即剋被加御披見候」（黒田家文書）

ちゃくし【嫡嗣】 嫡出の嗣子。正妻の子で家督を継ぐもの。てきし。嫡子。「氏綱嫡嗣氏康（十六歳）率豆相二国之甲士発武州」（豆相記）

ちゃくじょう【着城】 城に到着すること。「氏康、為昌、玉縄着城、職人共に被給酒飯」（快元僧都記）

ちゃくしん【着津】（「津」は港の意）港へ到着すること。着港。「海陸或は一万里、或一万三千里の道をしのぎ、日本へ着津いたし候ても、御法度強く候故」（契利斯督記）

ちゃくじん【着陣】 ①陣地に到着すること。隊陣が目的地に達すること。（日葡辞書）②公卿が「陣の座」に着くこと。「くわんばく、御ちゃくちんはててはじまる」（御湯殿上日記）

ちゃくちょう【着帳】「着到」の⑤に同じ。集会に参集する人の姓名を記録すること。また、その名簿。「将軍家、御ちゃくちゃう自筆に、『先管領』とあそばされしより、今に先管領と云」（中楽談儀）

ちゃくと【ちゃくと】 すばやくちょっと。「ちゃくと源蔵が両手のつま《端》取りをしたり」（元親記）

ちゃくとう【着到・著到】 ①戦陣に到着した武士は、到着証明書（着到状）をもらい、当人は人名表に載る。（日葡辞書）②軍勢の着到の注進状。出陣に際して、召集した兵士の氏名・人数などを記入する帳簿。また、その召集された軍勢のこと。「紀州衆の着到を付らるゝ」（元親記）「十二日之暁使者を以云けるは、筑前守三万之着到にて走向之由告来りぬ」（太閤記）③北条氏では軍役の書出を着到と称した。「以上弐百八拾四貫四百文　此着到　三本　大小旗持、具足、皮笠」（豊島宮城文書）④到着すること。「次ノ日七日に、長時四千五百の著到《ちゃくとう》にて、家中をはらつて出」（甲陽軍鑑　中）⑤出勤してきた人の氏名を記すために、役所に備えてある帳簿。また、参会者の記名帳をもいう。「着帳」とも。「今日御祝ニトテモ祇候間、伝法輪三条番代ニ、昼夜チャクタウヲツケ了」（言国卿記）⑥「着到和歌」のこと。和歌で、あらかじめ人数を定め、百日間を限って、所定の場所に参集し、毎日題をかえて各人一首ずつ詠むこと。また、その詠まれた和歌をいう。「従今日始着到之和歌、各令詠之、今日題立春也」（政基公旅引付）

ちゃくとうじょう【着到状】 中世、幕府から不時の出陣命令を受けた地頭・御家人などがそれに応じたり、あるいは不測の変事をきいて自発的に出陣した時に、いち早く馳せ参じたことを記して提出する文書。これを受け取った大将、または奉行は、「一見候了」「承了」などの承認の文言と花押を裏面に書き加えて返し、後日の恩賞の証拠とした。着到。※着到の承認の文言と花押は本来、紙背にあるはずだが、実際には表側に見られるものが多いのは、表具をする際に表側に移動させたことによる。気を付けて見ること。

ちゃくとうやぐら【著到矢倉】 着到櫓。勢揃・馬揃などを主将が見物するために本城大手門脇などに設けた櫓。「城取の事　一、辻の馬だしの事　一、著到矢倉《ちゃくとうやぐら》の事　一、馬だまりの事　口伝」（甲陽軍鑑　下）

ちゃくとうわか【着到和歌】 和歌の詠み方の一つ。人数を定め、また期限も百日として、毎日一定の場所に参集し、あらかじめ定められた題によって、一首ずつ和歌を詠むこと。また、その和歌。「今日著到和歌百種結願也、戸部卿父子、姉羽林等来臨、頼亮携一荷両種来、各勧一盞、百日無為無事結願尤珍重事也」（実隆公記）

ちゃくなん【嫡男】 総領、後継者、長子。（日葡辞書）

ちゃくふ【着府】 守護などが、その国の首府に到着すること。「入境着任儀式、著符吏務法儀、無殊子細」（文明十四年鈔庭訓往来）

ちゃくべつ【着別】 区別。差別。「豆州之城々美濃守を始、自身夜昼之無着別、成之由云候、謹言」（東京大学史料編纂所蔵北条氏政書状）

ちゃせん【茶筅】 茶筅髷のこと。「御髪はちゃせん《茶筅》に、くれなゐ糸、もゑぎいとにて巻き立て、ゆわせられ」（信長公記）

ちゃっけ【嫡家】 総領の家。（日葡辞書）

ちゃのいき【茶の息】 茶の風味。（日葡辞書）

ちゃのゆ【茶湯】 人を招いて抹茶をたててもてなすこと。また、その作法や会合。茶道。「繁田将監所に茶湯見物之」（親俊日記）

ちゃのゆしゃ【茶湯者】 茶湯を巧みにする者。茶道具に目が利き、茶技が巧みでなければならない。「目利にて茶湯も上手数寄の師匠をして世を渡るは茶湯者と云」（山上宗二記）

ちゃや【茶屋】 茶室の一種。掛け茶屋風に造った茶室。「宗湛一人、御茶屋にて　ゐろり　かなつほ　五徳すへ井戸茶椀道具仕入て」（宗湛日記）

ちゃやく【茶役】 江戸時代の小物成の一つである茶役とは違うようだ。東北地方での茶の栽培は当時はされていない。段銭・棟別銭などと同様、税の一種のようだ。「飯野の棟役・田銭・茶役五年之を閣《お》く」（伊達正統世次考）

ちゅうい【忠意】 忠義。忠節。「仍其許之儀、兼日首尾無相違御忠意之御覚悟之由候、尤可然候」（広島大学日本史学研究室

た

蔵高橋紹運他連署状）

ちゅういん【中隠】「中陰」に同じ。人の死後四十九日間。（日新菩薩記）

ちゅうかん【中澣】中旬。月の中頃の十日間。（日葡辞書）

ちゅうき【注記】禅宗の役職。（日葡辞書）

ちゅうげん【中間】①室町時代の臣下の階級は、番衆・走衆・恪勤《かくご》以上は侍、中間・小舎人・小者・雑色・公人《くにん》は、侍以下の者で苗字はない。「何様黒木中務へ閉目《とじめ》に及ふへし、又中間手前に指置《おかれ》し者共」（伊達家治家記録）②公家・寺院などに召し使われた男。侍と小者の中間に位する。「中間男」。江戸期の「中間」とは別物。（日葡辞書）

ちゅうげんかしら【中間頭】武田信玄馬廻り、道具持中間・小者などの支配をする。小人頭ともいう。「中間頭《ちゅうげんかしら》、倅《かせ》者頭《ものがしら》は、何につけても、人をかね申さず」（甲陽軍鑑　中）

ちゅうげんろうぜき【中間狼藉】中世の訴訟法で、係争中、解決前に乱暴を働くなどのことをする。（日葡辞書）

ちゅうこう【中候】軍隊の出発に先だって、その前日、道路や山川などの状態を視察するために、派遣された役。斥候。「遠候・中候・陣中の候とて三段あり、（中略）中候は発向之剋一日先立て、軽騎を三人放遣、道路の険易山林川沢水草の便宜を能々見せしむ」（別所長治記）

ちゅうこう【忠功】戦争で、家来が立派な奉公・武勲を立てる。「忠功を抽んづる」。（日葡辞書）

ちゅうさく【籌策・仲策】①策略。「籌策をめぐらす」。「兵を揚《あげ》て他国を推靡《おしなび》けんの籌策《ちゅうさく》先務たるべし」（北越軍談）「謀反反逆之凶徒、廻籌策引卒盗賊狼狽之悪党令蜂起国々」（文明十四年鈔庭訓往来）②仲介・仲裁。「仲策」は「籌策」の充て字。「日畑《ひはた》の要害、籌策《ちゅうさく》を以て現形《げんぎょう》せしむ」（惟任謀反記）「向来相馬顕胤の仲策を以て、老父所自《よ》り数度弊邑と貴国与《と》異議有る可からざる」（伊達正統世次考）「家中事師有申旨、東向承諾、互可然之事也、北政所籌策也」（実隆公記）

ちゅうし【忠志】忠節。「異于他入魂可被申候条、追日御忠志肝心ニ候」（米沢市北条家文書）

ちゅうしゅ【中酒】①食膳に供される酒。食事をしながら飲む酒。「今朝於東隣朝飡相伴、中酒及大飲仍令遅参了」（実隆公記）②茶の湯の会席で出す酒。また、会席料理で飲む酒。「古田織部の数寄に出さるるほどの物をば、その道をまなぶ、学ばぬも、天然と賞翫し、もてあつかひしゆゑ、中酒に座敷へ用ひられつる盃までもなべて、織部盃といひふるる」（醒酔笑）

ちゅうしゅん【仲春】陰暦二月。（日葡辞書）

ちゅうしょ【中書】中務省の唐名。（伊達家治家記録）「重道十六代の孫、小野寺中書、稲庭の城より同州平鹿沼舘の城に」（奥羽永慶軍記　上）

ちゅうしょう【忠賞・抽賞】①主君のために尽くした、その者の戦功・功績を賞揚し、褒美を与えること。また、

た

その褒美。「被仰下之条々無懈怠被勤仕者可被忠賞之旨所候也」（文明十四年鈔庭訓往来） ②すぐれた手柄を立てた者を顕彰すること。「此時分偏憑思給之上者、彌可抽無弐之忠節殊以可被抽賞候」（阿蘇文書）

ちゅうしょくん【中書君】 筆のこと。（日葡辞書）

ちゅうしん【注進】 事の実情などを、書状に記すなどして関係筋にきちんと報告すること。「容隠輩隠田之族為罪科可注進交名」（文明十四年鈔庭訓往来）

ちゅうしん【忠信】「忠義」「忠節」に同じ。「弥以此旨可被励忠信者也、仍如件」（千曲市教育委員会蔵徳川家康自筆判物）

ちゅうせき【疇昔】 昔。昨日。「懸り火を放《はな》して責《せめ》戦ふ。疇《ちゅう》昔《せき》までは、席を同ふして睦《むつま》じかりし」（北越軍談） ⬇「疇昔《きのふ》」を参照

ちゅうせつ【中説】 誹謗すること。「其方父子手前之義に付て、若中説於有之者遂穿鑿」（前田利長血判起請文）

ちゅうせつをぬきんでる【抽忠節】 忠節に励むこと。「急度可加成敗候条、此砌、弥可抽忠節候事」（黒田家文書）

ちゅうそ【柱礎】 物事の中心や根幹となることのたとえ。「剰《あまつさ》え柱礎と頼《たのま》れたる北城丹後守は敢《あえ》なく命を殞《おと》し」（北越軍談）

ちゅうちょう【惆悵】 心痛。愁傷。（日葡辞書）

ちゅうてい【忠貞】 忠義。忠節。「公方様御入洛之儀可致馳走之段、被成　御下知之条、相應之忠貞、不存余儀之条」（東京大学史料編纂所蔵大友義鑑書状）「中野常陸宗時・桑折伊勢景長等が讒間誑誘と、小梁川信濃宗朝入道日雙之知謀忠貞与《とは》」（伊達正統世次考）

ちゅうねん【肇年】 正月のこと。（日葡辞書）「肇年之佳兆更二不可有窮期候」（鑁阿寺文書）

ちゅうばつ【誅罰・誅伐】 成敗。死の刑罰。（日葡辞書）

ちゅうはん【中半】 中途で。途中で。「後藤親類中井喜三書状如此候間、中半にてハ難打置候、可然様御披露憑存候」（蘆浦観音寺文書）

ちゅうはんたち【中半太刀】 打刀《うちがたな》の金具を太刀風に拵えたもの（半太刀拵）。（黒田家文書）

ちゅうふん【忠憤】「義憤」に同じ。「度々有馳走、被差越候、御忠憤寔神妙に存候」（内閣文庫蔵加沢記）

ちゅうぶん【抽分】 商品に対する一種の課税。商品の一部を抜き取って上納すること。また、それに相当する額の金銭を上納すること。「金渓和尚曰、天龍寺船帰朝之時、於鹿苑有抽分也」（鹿苑日録）

ちゅうぶんせん【抽分銭】 抽分として上納する金。「于時院主則竺雲和尚也、所謂抽分銭者、荷物日本之直、有博物之人而定其直、以其十分一納之於寺也」（鹿苑日録）

ちゅうぼう【中坊・中方】 雑務にあたった、比較的身分の低い僧。高僧などに仕えたり、寺院全般の雑事に当たったりした。「なかかた」ともいう。「いまひとりの中方《ちゅうぼう》の

子なり」（醍醐笑）

ちゅうぼう【中媒】「仲介」に同じ。斡旋すること。「従京都被下御両使、貴寺・信長和睦、信玄中媒尤之趣、御下知候」（本願寺文書）

ちゅうものみ【中物見】武士が戦場で敵情を探る物見を人数の多少によって、大・中・小に分けたうちで、中にあたる者。侍大将・番頭《ばんがしら》などが、数十騎を率いて行う物見。「清正家軍言、中物見とは千騎に五十騎程出づるを云ふ」（高麗陣日記）

ちゅうもん【注文・註文】①贈物として織物や沈香などを贈る時の品目表。（日葡辞書）②注進の文書。注進状。「討捕首數百相添、註文差上候」（伊達家治家記録）
⇩「目録《もくろく》」を参照

ちゅうや【中夜】一日を昼夜六つ（晨朝・日中・日没・初夜・中夜・後夜）に分けたうちの、夜間の中間の時分。亥の刻（午後九時）から丑の刻（午前三時）までの間。夜半。半夜。中宵。「予御宿直申候了、今夜初夜（二座）、中夜（三座）、候了、中夜御聴聞也」（言継卿記）

ちゅうやをすてず【不捨昼夜】「昼夜をおかず、昼夜を分かたず」に同じ。昼も夜も。「被宛行候、弥不捨昼夜、高山飛騨守令随逐、細工可勤之者也」（静岡市鈴木家文書）

ちゅうゆう【中有】「中隠」に同じ。人の死後四十九日間。現世と冥途との間にあって成仏できずさまよう衆生。「義貞、高氏に打負《うちまけ》給ふ時、徳河を出させ給ひてより中有の衆生のことく、いつくと定給ふ所もなし」（三河物語）

ちゅうよう【仲陽】陰暦二月。（日葡辞書）

ちゅうりゃく【籌略】策略。「勝興・瑞泉両寺へも、以両人存知之旨申述候、籌略之儀聊無疎意候、可御心安候」（内閣文庫蔵記録御用所古文書十三）

ちゅうりょ【仲呂】陰暦四月のこと。（日葡辞書）

ちゅうりょう【厨料】食事の賄い料。「居館を補理《つくろ》ひ、憲政を移し進《まい》らせ、厨料《ちゅうりょう》三百貫を寄《よせ》らる」（北越軍談）
⇩「厨料《くりや》」を参照

ちゅうろう【中老】①室町幕府・鎌倉府・諸大名家などで重きをなした武家の重臣をいう。宿老中老と併称されることが多い。「土屋右衛門尉、元来は金丸筑前守と申す仁、武田の家の中老なり」（甲陽軍鑑）②中世郷村の代表格のひとつで、諸事について郷民の指導に当たった者。「地下中若衆に中老を相撰、船淵之しきを為首廿余人」（政基公旅引付）③武家の職名。豊臣時代、五大老・五奉行の間にあって軍国の政務にあずかった職。小年寄《ことしより》。「以生駒雅樂頭・中村式部少輔一氏・堀尾帯刀吉春為中老」（豊臣秀吉譜）

ちゅしんじょう【注進状】上位者に対し急ぎ報告するため明細を書き記した文書。「一昨日ニ注進状、今日到来、披見候」（黒田家文書）

ちゅんせき【窀穸】墓穴。「縦《たとい》窀穸《ちゅんせき》の中に埋没《まいぼつ》すと云《いう》とも、

た

草を結ぶの報志を争《いかで》か亡失すべき」（北越軍談）

ちょう【諜】間諜。忍びの者。「信仍の諜、その諜を知りて之を告ぐ」（左衛門佐君伝記稿）

ちょう【丁・町】距離の単位。一町は六〇間。三六〇尺。約一〇九m。六丁一里で数える。「五丁十町之間ニ野陣をはり候へハ、先ニ人数すくなく」（黒田家文書）

ちょう【重】「丁」の充て字。偶数。「半《はん》の時中より、重《ちょう》ノ時は奥ヨリ見るなり」（甲陽軍鑑 下）

ちょうい【輒易】たやすく。無造作に。「（相馬）顕胤人衆を尽《ことごと》く差遣さ見《る》、西山窮迫す、本意に於ては已《すで》に輒易なり」（伊達正統世次考）

ちょういく【寵育】いとおしく育てること。（細川家記）

ちょううん【鳥雲】「鳥雲の陣」の略。鳥が集散し、雲が変化するように士卒を分散しておいて、集合離散が自在であるように備える陣立て。山中の備えとして用いる。「山谷の陣は鳥雲の法によると申事は、氷上家六の巻の御伝にて候」（籾井家日記）

ちょううんにじんをはる【鳥雲に陣を張る】鳥や雲の集散するように、展開・密集の自在で変化のある陣立てのこと。「左の松森の中に扣へて鳥雲に陣を張る所に、氏郷の先手蒲生左文《さぶみ》郷可」（奥羽永慶軍記 下）

ちょううんのじん【鳥雲の陣】鳥雲の備とも。士卒を分散しておいて、集合離散が自在であるように備える陣立て。山中の備えとして用いる。「両軍山を後にし、利根川を前に当て、鳥雲の陣をなし給ふ」（松隣夜話）

ちょうぎ【調儀・張儀】①策略をめぐらすこと。工夫・計画すること。出陣して攻めること。企図する。「猶以萬方無由断可調儀事、専一候」（黒田家文書）「就中肥後目之調儀、彌無緩心懸肝要候」（五条文書）「悉皆貴所依御心懸、御粉骨・御張儀可然候事」（乃美文書）②戦争。「浅野家を欺き、かの調議（儀）を破らしめんかため」（関八州古戦録）③たくらみ。計画。「石田三成・安国寺調儀にて御座候通り申上げ候」（関原陣輯録）

ちょうきゅう【張弓】弓に弦をかけること。（日葡辞書）

ちょうぎょう【張行】連歌・蹴鞠などを催すこと。「蹴鞠比類無し、誠に本望と為す、唯《ただ》上洛張行を欲する而已」（伊達正統世次考）

ちょうきん【朝槿】朝開いて夕べにしぼむ槿《むくげ》。転じて、移ろい易いもののたとえ。「勧学院両人、其外恵倫来、予茶子朝槿一盆持之、各賞翫了」（言継卿記）

ちょうけん【長絹】長い絹。すなわち装束のこと。（日葡辞書）

ちょうご【調護】保護すること。「歎息已《や》まず、一《ひとえ》に足下《そっか》の調護に在る而已《のみ》」（伊達正統世次考）

ちょうごう【牒合】こっそりと示し合わす。「毛利家と牒合し」（南海通記）「依其国備一左右次第可馳下之由牒合候」（内閣文庫蔵記録御用所本古文書所収徳川家康書状写）

ちょうさい【肇歳】「じょうさい」とも。年の初め。年初。一月。「正月小田原の城中には肇《てう》歳の慶賀群臣の出仕毎例に」（関八州古戦録）「肇歳之吉慶、最前之光臨、祝着無極候」（実隆公記紙背文書）

ちょうさん【朝参】禅宗では、朝、観念・黙想の題目（公案）を貰いに行く。⇔暮参。（日葡辞書）

ちょうじ【停止】禁止。（日葡辞書）

ちょうじゃ【長蛇】一隊一隊が相応じて千鳥形に押し進む陣法。「魚鱗《ぎょりん》、鶴翼《かくよく》、長蛇《ちょうじゃ》、偃月《えんげつ》、鋒矢《ほうし》、方向《ほうよう》、衡軛《こうやく》、井雁《せいがん》行《こう》」（甲陽軍鑑　下）

ちょうじゃ【諜者】間諜者。「景虎公諜者《ちょうじゃ》を以て其配立を聞食《きこしめさ》れ、驚破《すわ》越中の後攻此時に在りとて」（北越軍談）

ちょうじゃのそなえ【長蛇の備】陣の構えの一つ。常山の蛇が首は尾を救い、中は首尾を救い、首尾は中を救うように、一隊一隊が相応じて千鳥《ちどり》形に押進む陣法。「其後内藤、信玄流のくりひきを仕、大あとは、長蛇《ちょうじゃ》の備を用てたて、勝利のつきいくさは」（甲陽軍鑑　中）

ちょうじゅ【頂受】物をうやうやしく頂戴すること。（日葡辞書）

ちょうしょ【諜書】密書。「件《くだん》の四将味方え内通の諜書を認《したため》らる」（北越軍談）

ちょうしょう【招請】尊敬すべき人を自分の家に迎えること。（日葡辞書）

ちょうじょう【重畳】何回も。重ねて。（伊達家治家記録）。「ちゆうぢゆう」とも訓む（日葡辞書）

ちょうしん【寵臣】気に入りの臣下。（日葡辞書）

ちょうしん【長臣】長老で主人より寵愛された臣。「十河正安の長臣」（長元物語）

ちょうじん【長陣】長期間戦争していること。（日葡辞書）

ちょうじん【張陣】軍陣を張ること。陣立てをして戦闘に備えること。「去年至于上田庄当国諸牢人乱入処、向彼口御張陣、昼夜御加世義」（上杉家文書）

ちょうずのこ【手水の粉】麩（ふすま＝小麦のかす）をいう。麩を洗粉と称して洗剤に用いる。「豆腐の糟《かす》、手水《てうず》のこな《粉》どを買《かい》取て、一両年無何と」（三河物語）

ちょうそう【牒送】回文のような牒状を送って通知すること。通牒。「後日に公より謝事亦は牒送《ちょうそう》の義、彼是の為、千坂対馬守憲清を常州え遣はさる」（北越軍談）

ちょうだい【町代】町の事務を処理したり、伝達したりする役職の者。（日葡辞書）

ちょうだのじん【長蛇の陣】各隊が互いに呼応して千鳥形におし進む陣形。しょうじゃの陣。常蛇《じょうじゃ》。常山の蛇勢。「先陣は城村、後陣は汐月辺に扣へ、川に添て長蛇の陣を取る」（豊薩軍記）

ちょうだん【調談】相談すること。（日葡辞書）「只今者、三嶋近所號沼津地被立馬、大細氏政〈北條〉調談、始薩田・蒲

原・國中仕置堅固被申付候」（遠山康光書状写）

ちょうちゃく【打擲】 手で殴ったり、鞭で打ったりすること。（日葡辞書）

ちょうちん【挑灯】 「提燈」の充て字。ちょうちん。「手々《てんで》に挑灯《ちょうちん》を中の郭に差入、鯢波《とき》を作り懸《かけ》」（北越軍談）

ちょうつく【帳付】 帳簿に記入する。帳面に書きつける。帳付けをする。「田楽頭書奉行式目如先例、中屋長押に帳付之了」（大乗院寺社雑事記）

ちょうづもり【町積り】 遠近を見通すことによって場所の距離を知る方法。（日葡辞書）

ちょうない【帳内】 「帳」は、御帳《みちょう》のこと。帳内は貴人の居所を意味し、「城内」という意味にも使用される。「帳内マテ打敗リ給ヒテ」（伊達家治家記録）

ちょうねん【髫年】 幼年。「天正十年壬午《みずのえうま》五十公野《いじみの》勘五郎髫年《ちょうねん》の密契に心を傾け」（北越軍談）

ちょうのは【蝶羽】 武具。指物の一つ。棒の先に蝶をかたどった作り物を取り付けたもの。「大久保七郎右衛門てふのはの差物をさし、大久保次右衛門金のつりかかみの差物にて一」（甲陽軍鑑）

ちょうび【調備】 食物を用意したり、調理したりすること。九州では、比喩的に好都合、好機会として用いられる。（日葡辞書）

ちょうぶく【調伏】 呪いをかけた祈禱。（日葡辞書）

ちょうぶくほう【調伏法】 真言宗・天台宗などで不動明王などを本尊として怨敵を降伏する修法。（庄内陣記）

ちょうふゆずりじょう【長符譲状】 ➡「大間帳《おおまちょう》」を参照

ちょうへい【凋弊】 凋落して疲弊すること。「富者弥誇り、貧者恥ず。俗の凋弊に及ばす《ママ》。これより甚だしきは無し」（駿府記）

ちょうぼう【調法】 しつらえること。準備すること。（日葡辞書）

ちょうほうしゃ【調法者】 和睦の条件を調べ、和睦を整えた者。「駿河ト甲州都留郡和睦也。調法者内野渡辺式部丞。他国ノ判者人ハ永池九郎左衛門方」（妙法寺記）

ちょうほうにおよぶ【調法に及ぶ】 調べ考えてやること。「追て何とも調法に及ぶべく候え共」（関原陣輯録）

ちょうほんにん【張本人】 悪事などを企て、事件を起こすもととなった者。首謀者。発頭人。張本。「叛逆之張本人として耳目鼻舌をそこなへり」（上杉家文書）

ちょうまん【脹満】 腹が張ること。腸内にガスなどがたまり、腹が膨れる病気。腹水。「去年十月より、脹満を煩ひ居たりけるが」（武田三代軍記）

ちょうめい【釣命】 将軍の命に従う。「右府母子、当に釣命を奉ずべし。然れども徒歩し難し。」（左衛門佐君伝記稿）

ちょうもく【鳥目】 銭の異称。一疋は十文。一〇〇疋は一貫文。「城主小梁川中務盛宗鳥目二百疋を献ず」（性山公治家

た

記録）「吐田、長柄庄内就権監米、鳥目弐貫文宛、毎年修正時運上更無煩」（大乗院寺社雑事記）➡「金子《きんす》」を参照

ちょうもん【聴聞】「談義を聴聞する」。聞くこと。（日葡辞書）

ちょうやく【町役】町に住んでいるために義務としてなされる公役。「まちやく」とも。（日葡辞書）➡「町役《まちやく》」を参照

ちょうやく【朝役】朝廷への勤務。「伏見新地分幷京都地子銭等、如有来被進止、可被専朝役之状如件」（梅戸在治氏所蔵文書）

ちょうよう【朝陽】朝日。（日葡辞書）

ちょうよう【長陽】春。（日葡辞書）

ちょうり【長吏】専門的な技能で仕える者のこと。また、江戸期には賤民の長のことも指す。「布施屋飛騨守並びに経営として長吏等を召し寄せ」（左衛門佐君伝記稿）

ちょうりゃく【調略】たくらみ。謀計。「豊後より調略の状をもたせ」（老翁物語）策略。（日葡辞書）

ちょうれん【調練・調錬】訓練、しつけ、習慣付けること。（日葡辞書）

ちょくおう【直枉】「直往」の充て字。まっすぐいくこと。「忽《たちまち》に光源院殿（義輝）御自害を被成上、直枉《ちょくおう》の輩、大半討死候て」（甲陽軍鑑　中）

ちょくがく【勅額】天子の命令による祈願。天皇の祈願。また、それに基づいて建立された寺社。（文明本節用集）

ちょくがんじょ【勅願所】天皇の命令によって国家鎮護・玉体安穏などを祈願する社寺。天皇の祈願所。「又は勅願所の御榑禁裏へ進上候」（石山本願寺日記）

ちょくし【直士】直臣の武士。「武具心懸なき者これ有るに於ては、其家中追放すべし。直士は謂に及ばざる事」（奥羽永慶軍記　下）

ちょくじょうしゃ【勅諚社】皇室領のこと。「能州一宮之儀ニ付而、先度以書状如申入候、勅諚社ニ候之間、無御違乱」（気多神社文書）

ちょくひつ【勅筆】天子の筆跡。天皇の直筆。宸筆。宸翰。「一昨日申候勅筆、今日出来候了」（言継卿記）

ちょくゆ【勅諭】勅書。詔書。「左兵衛佐と祐阿ミ御勅諭かき候」（言継卿記）

ちょくん【儲君】①元服してまだ当主とならない者をさす。御曹司。「此時　政宗君儲君にして御発句を出され、公第三を為し玉ふ」（性山公治家記録）②皇太子のこと。貴族の家の世継ぎの君のこと。（日葡辞書）

ちょし【儲嗣】「儲君」に同じ。御曹司。跡継ぎ。「公方義晴公自《よ》り孝阿を使《つかわ》し来り、内書を以て儲嗣《ちょし》次郎殿に諱の一字を賜う」（伊達正統世次考）

ちょじょう【楮上】書物に取り上げられる。「勝頼、軍勢を挙げて逃げたりなんどと、後代の楮上《ちょじょう》にも残らんことを口惜く」（武田三代軍記）

ちょっかん【勅勘】 天皇の勘気を蒙ること。（日葡辞書）

ちり【地利】 地形を利用して作られた障害物。「定向駿豆両国可為村押之動歟、不然者可被築地利歟」（上杉家文書）

ちりとり【塵取】 ①城の濠の塵を取るために、濠に設けた階段。「城取の事（中略）一、門扉《とびら》ひじかねの事　一、門ぢ《地》ふくの事　口伝　一、すき門の事　口伝　一、塵とり　塵ふせぎの事」（甲陽軍鑑　下）②腰輿の一つで、手で腰の辺まで持ち上げ行く輿。手輿（てごし。たごし）ともいう。（庄内陣記）

ちりはらい【塵払】 塵を取り除くこと。塵を払うこと。また、その道具。布・紙などを細長く切って房のようにして柄をつけたもの。ちりはたき。「野洲五郎左衛門団扇大一本塵払とて進之、祝着候了」（言継卿記）

ちりふせぎ【塵防】 築城法で、堀端に岸のきわから一尺離して、高さ七、八寸、幅一尺余の小さな土手を築き、所々に水通しをつけたもの。塵芥で堀の埋まるのを防ぎ、また、人の堀に落ちるのを防ぐ。ちりとり。「ちりとり　塵ふせぎの事」（甲陽軍鑑）

ちんあ【沈痾】 長患い。「同十八年己酉の夏、沈《ちん》痾《あ》逼迫《ひっぱく》して終《おわり》執玉ひしとぞ」（北越軍談）

ちんあい【珍愛】 珍しい物を贈答されたことに対する気持ちをあらわす文書語。「先度御出陣之処、早々被属御本意候事、珍愛候、仍五種十荷令進之候」（天文書札案）

ちんえつ【珍悦】 珍しいものをいただき喜ばしい。「就御所望進之置鷹御自愛之由、満足ニ候、将亦鏁之帷子幷冠物被指越、珍悦之至候、」（東京大学文学部蔵相馬義胤書状）

ちんかん【珍翰】 相手からの書簡のこと。「不存寄候之処、再三珍翰快然候」（杉原謙氏所蔵文書）

ちんげん【陳玄】 硯のこと。（日葡辞書）

ちんげん【陳言】 忠告または通告。（日葡辞書）

ちんさつ【珍札】 書状において、相手からの手紙をいう敬称。「寔珍札令披閲候、殊当時景物被下候、生前之大幸不過之候」（貴理師端往来）

ちんしょう【珍章】 相手の手紙を敬う書札用語。「珍章拝見本望之至候、如御意之、去比芸衆重物取出候」（東京大学史料編纂所蔵三村元親書状）

ちんすい【沈酔】 深く酔うこと。泥酔する。（日葡辞書）

ちんせい【鎮靖】「鎮静」の充て字。鎮静化すること。「如何、労念に勝《た》えず、惟《ただ》鎮靖せ見（ら）れんことを希《ねが》う而已《のみ》」（伊達正統世次考）

ちんぜい【鎮西】「西国」と同意。すなわち九州のこと。（日葡辞書）

ちんせん【賃銭】 労力や物の使用に対する報酬の金銭。賃金。手間賃。賃。「舟賃相違なくは、即時に舟をわたすへし、彼賃銭之事（中略）所被仰出、諸人可存知之状如件」（大内氏掟書）

た

ちんちゃく【沈着】 没頭すること。（日葡辞書）

ちんちょうはいもう【珍重廃忘】 権勢のひとに媚びへつらうこと。珍重匍匐舞とも。「珍重廃忘《ちんちょうはいもう》して御膝をだきいり、奉頼べきとことはりをいひ」（甲陽軍鑑 下）

ちんどく【鴆毒】 鴆のような猛毒。また毒物の総称。「敵とはいひながら、武田法性院を、鴆毒《ちんどく》をもつて殺シたくは思はぬと」（甲陽軍鑑 中）

ちんば【跛】 片足の人、びっこ。（日葡辞書）

ちんぽう【陳防・陳訪・陳方・陳法】 ①否定すること。（日葡辞書）②「陳訪」は「陳方・陳法」の充て字。弁解すること。申し開きをすること。「寔《まこと》に慇懃に雖被及陳訪、是は不可有真実之儀」（甲乱記）「若衆皆々罷候て子細をたづね候へば、さやうになく候由ちんはう仕候間、罷帰候也」（北野天満宮目代日記）③②の他に、中世の訴訟制度では、論人（被告）が自分の罪状を否認し、その無実を論証すること。それができないことを「陳方を失う」「陳方無し」という。「籠沢難義の風情《ふぜい》をなし、分明ならぬ陳防を云捨《いいすて》、逃去《さら》ん有様を示す」（北越軍談）

ちんまい【沈埋】 隠れてしまう。埋もれてしまうこと。（日葡辞書）

ちんめい【沈瞑】 正道を見失って迷うこと。（日葡辞書）

ちんりん【沈淪】 ①水中に没すること。②流浪し、踏み迷うこと。（日葡辞書）③深く沈むこと。「胆を滅《け》し魂《たま》を失ふ。その時、大鉄炮を揃へてこれを射るに、則ち沈淪《ちんりん》す」（四国御発向并北国御動座記）

ついいん【退院】「ついえん」とも。（「つい」は「退」の唐宋音）中世、禅宗寺院の住持が住持職を退くこと。たいいん。⇕入院。「丹波安国寺長老退院之事披露之」（蔭凉軒日録）

ついきゃく【追却】 罪人を一定の地域外に追い払う刑。中世では流刑・斬刑とともに主要な刑罰で、罪人をその居住地、荘園、領国などから追い払った。「からめとり糺明之後、下女に嫁す儀於顕然者、分国中を追却すべき也」（今川仮名目録）

ついけい【追啓】 手紙などで、本文に追加して書く時に、多くそのはじめに書く語。また、その追加した文。追伸。追白。「丁宣留守所下文何事有哉、諸事追啓、某謹言」（明衡往来）

ついこう【堆紅】 堆朱の一種。朱漆を厚く塗ってそれを彫り、彫り目に黒い筋をあらわす。「太刀一振国宗・香合堆朱・段子萌黄・盆二枚堆紅　桂漿を遣わす」（伊達正統世次考）

ついごう【追号】 死後に生前の功績を讃えて贈る称号。おくりな。諡号《しごう》。「依平日之徳行挙諡号、或以後院御所証成追号」（親長卿記）

ついさん【追散】 軍勢を散乱させたり、遁走させたりすること。（日葡辞書）

ついじつ【追日】近々、近日中。「去年以来御在陣有て、追日敵地取詰玉ふ」（伊達家治家記録）「即時被入掌握之由、心地好次第候、殊秀吉追日御入魂候哉」（米沢市上杉博物館所蔵宇都宮国綱書状）※古文書では、「近日」と間違えやすいので注意。

ついじゅう【追従】「ついしょう」とも。①随行すること。「縦雖無誘引之高問、兼已蓄追従之卑懐畢」（山密往来）②おべっか、ご機嫌取り。（日葡辞書）

ついしゅつ【追出】追出すこと。「父の下知につかざる人をば追出してくれ候べし」（甲陽軍鑑）

ついせん【追薦】追善。「七回忌に当り、追薦のために江湖《ごうこ》修行これあり」（一徳斎殿御事蹟稿）

ついに【竟に・終に・纔に】①ついに。（細川家記）②最後には。「本多豊後守は、終《つい》に一度も無逆心者」（三河物語）「されども敵は大勢なり。纔《つい》に取込められて討れけり」（奥羽永慶軍記 上）

ついねん【追年】（副詞的にも用いる）年を追って進行すること。逐年。「当庄年貢等、追年減少、以外次第也」（高野山文書）

ついばつ【追罰・追伐】何かの悪事に対して加える処罰、または死罪、死刑。（日葡辞書）

ついひ【追賁】（「賁」は飾るの意）死者を供養して、その功徳を飾ること。追善。「泣修追賁《ヒ》奉祈正覚」（高野山文書）

ついふく【追捕】他人の財産や富を没収すること。「資財を追捕する」。「こうろん、ついふくのやから、かつてもってこれなし」（太閤さま軍記のうち）

ついほう【追放】①罪人を一定の地域外に追い払う刑。中世では流刑・斬刑とともに主要な刑罰で、罪人をその居住地、荘園、領国などから追い払った。「蒙御勘気之族事、即時可被追放御分国中也」（大内氏掟書）②特に、寺社で宗門から追い払うこと。門徒を放つこと。「丹下方へ麻生をくだし、筑前追放之儀申下候」（石山本願寺日記）

ついまつ【続松】「松明」の充て字。たいまつ。「筑前殿（前田利家）と政宗へ御頼みに仍て、其より続松を出し、方々陣中を尋ね廻り」（政宗記）➡「続松《つぎまつ》」を参照

つうき【通規】すべてに当てはまる規則。一般に関する規定。通則。「聖代明時通規、古今定例也」（実隆公記）

つうくつ【通屈】十分に相談すること。話をつけること。かけあい。談判。算段。通口《つうくち》。「所詮今度御集会者、三所其外葬家衆、無通屈之儀、被取見参」（高野山文書）「但庄内平均旱水損之時者、以起請文注進可申候、当其時可預通屈御評定候」（東大寺文書）

つうし【通仕】通訳。通事。「右之仕合残多儀ニ候、通仕を遣、其理申聞」（黒田家文書）

つうじ【通次・通子】町中の狭い道。小路。「自柳原門前通子等之掃除に人可出云々、与二郎、新二郎等出了」（言継卿記）

た

つうず【通途】ごく普通のこと。「連々雖有酔犯不及大儀、通途ノ事也」（多聞院日記）

つうはん【通判】判を押した通行の手形。「路次は通判を以て往還す」（伊達家治家記録）

つうほう【通法】きまり、普通一般のこと。「当年親父死去刻、弟ニ又令譲与了、此事被任通法者、後譲ヲ以テ可被為本歟」（満済准后日記）

つうゆう【通融】誼を通ずる。「惣而佐竹此方通融、雖無所詮候、自遠国難去、被中越候間、可為一旦之通融之由、申断候」（東京大学文学部蔵北条氏康書状）

つうよう【通用】内通する。「庄内に到て曾以《かつてもって》通用致間敷候事」（庄内陣記）

つうろ【通路】①連絡すること。「芸州への通路も相成らず」（老翁物語）②話し合うための手段。つて。てだて。「一、畿内諸侍之覚悟不見分為躰ニ候共、通路も候者、承候而書状を遂度候」（細川家文書）

つうろぎり【通路切】通路の妨げ。（老翁物語）

つえ【笻】杖のこと。「景勝怒りて笻《つえ》を振上げ給ふと均しく」（北越軍談）

つえ【機】機会。好機。「公の関東越山に機《つえ》を得て、上杉家の再興を欲し、実の男子虎寿丸を召連れ」（北越軍談）

つかいがら【使柄】使者の身分から言っても。「渡辺飛驒守差出され候。御使柄と申し、其儀に於いては」（関原陣輯録）

つかいつかいに【使々に】使用するため。「ツカイツカイニ被立置候ハテ不相叶所」（伊達家治家記録）

つかいばん【使番】織田・豊臣時代の職名。戦時には伝令役となり、また、軍中を巡視する役にも当たった。つかいやく。「うたせようたせよと使番母衣之者を以て仰付られしかば」（太閤記）

つかいもの【使者・遣者】使用人。下男または下女。「一、小身衆者、本妻外、遣者一人者可召置、但、別に不可持家」（上杉家文書）

つかいやく【使役】「使番《つかいばん》」に同じ。「大将秀吉、（中略）次宿老、次使役（廿八人）」（別所長治記）

つかえる【事る】仕える。「稙宗君に事て忠節計謀雙《なら》ひなし」（伊達家治家記録）

つかむ【捽む】摑む。「亡父以来の仇ある故、捽《つか》む所存有て当所に在住仕る而已なり」（関八州古戦録）➡「捽《いだ》く」参照

つきあい【月会・月合】月の終わりから翌月の初めまでの間。「下妻の多賀谷政経に牒《ちょう》し、彼勢を并《あわ》せて、極月《ごくげつ》の月会《つきあい》比《ごろ》、結城の領分へ乱入」（北越軍談）「長々在陣、留守中窮屈令推量候、大概明隙候条、月合候者可歸陣候」（山下家文書収武田信玄書状）

つぎあい【次相】比較対照する。「其手形とおとうと弟子の学問いたすと次相に仕れば、学問相承《そうじょう》の事は」（甲陽軍鑑　下）

つきあう【付合】交わる。交際する。「諸国の牢人に付きあひ、

た

見聞き申すに」(甲陽軍鑑)

つきあて【月宛・月充】中世、年貢などを月賦で上納すること。月決めで。「御月宛事、現銭五貫文且到、残廿五貫文は割符出也、来廿五日可付之」(教言卿記)「曇花院殿様御袋被召置候当所夫銭、為月充納所之処、寄綷於左右令難渋之由、曲事候」(曇花院文書)

つきがしら【月頭】ひと月のうちの、初めの数日、四日・五日までを言う。(日葡辞書)

つきくる【付来】付き従ってくること。「今度依被抽忠節、為其賞所宛行也、兼又前々付来与力事、不可有相違、次同名親類等直恩事、任所望別而可宛行之者、弥可被存忠信之状如件」(依田右衛門佐宛徳川家康判物)

つきげ【鴾毛】月毛。馬の毛色。葦毛のや、赤ばんだもの。また、その毛色の馬。「御馬　一疋鴾毛印雀目結　五百疋」(甲陽軍鑑　下)

つぎじんぷ【次陣夫】「継陣夫」とも。次々と陣夫を差し出すこと。「為守護不入之地、臨時之課役御免許之上者、人足・竹木以下、次陣夫等、堅相懸義不可有之状如件」(長福寺文書)

つきすて【突捨】投槍、投射用の武器。「突矢」も同様か。(日葡辞書)

つきぜい【付勢】情勢次第で、一時的に味方についた軍勢。「笠置城を落サセ給ヒ、楠モ自害シタリト聞ヘケレバ、一旦ノ付勢ハ皆落失ヌ」(太平記)

つきそい【附副】「付添」の充て字。付き添うこと。「秀次公、如何に汝共、多くの者の其中に、汝等計り附副《つきそい》是迄の志、最後の供は前世の宿縁とは云ながら」(政宗記)

つきとうす【突徹す】突き通すこと。「広沢は向ふ敵の胸板を突徹《つきとう》しけるか」(関八州古戦録)

つきなみ【月並・月次】①毎月。月ごと。また、月ごとにあること。月に一度ずつあること。「今日都護亭月次和歌会也、自朝飡各可来云々」(宣胤卿記)②月ごとに催される和歌や連歌などの会合。つきなみの会。「俄連歌令張行、月次興行、今日先予為当番始之」(看聞御記)「毎月月次連歌、自武家如前々可被致其沙汰事」(大内氏掟書)

つきなり【月成】毎月(月決めの)決まって納める税のことか。「福光郷事、一円ニ令扶助畢、并牛洞野村之内、月成方之儀、同事ニ可被申付候」(南陽堂楠林氏文書)

つきまいり【月参】毎月寺社に参詣すること。「数年伊勢多賀等之月参、愛宕山毎月百味」(高野山文書)

つぎまつ【続松】松明。たいまつ。「己《おの》が旗本を転《く》り寄《よせ》、続《つぎ》松《まつ》を投込々々、陣所々々を焼立ければ」(北越軍談　中)　➡「続松《ついまつ》」を参照

つきまわし【築き廻し】まわりに土塀や障壁などを造って囲むこと。(日葡辞書)

つぎめ【継目・続目】家督相続・代替。将軍や武将が代替

りの時、部下や社寺などに所領安堵を約するために下す朱印状を「継目《つぎめ》の朱印状」という。「五ケ国の諸社諸寺へ、勝頼公継目の御朱印出る也」（甲陽軍鑑 下）「祝部聞て、此度継目の御朱印を頂きみるに、諏訪の御神体の御判と勝頼公の御判一ッなりと申」（甲陽軍鑑）

つぎめごはん【継目御判・続目御判】 室町時代以後、将軍または武将の代替わりに、家臣、寺社の所領、職務を安堵し、その相続を保証するために下した花押のある文書。「禅居庵続目御判、如前代、御判被遊」（蔭涼軒日録）

つきやぶる【鍛破】 突き破ること。「六千余人の真中を、後へつと鍛破《つきやぶ》りけるに、敵味方、場を入違い」（武田三代軍記）

つきやま【築山】 庭園などで、山に見立てて石または土砂を盛り上げて築いたもの。また、庭園全体をさすこともある。「御庭つき山に桜の漸《ようやく》ひらきたるを御覧なされ」（甲陽軍鑑）

つく【竭く】 「尽」に同じ。尽きる。尽す。「且ツ糧米漸ク竭キ、士卒瘧癘ニ罹テ、死スル者多シ」（伊達家治家記録）「江戸重道力竭《つ》き自殺して城陥れり」（関八州古戦録）「一職宛行之了、別而可竭粉骨之儀、専一候也」（織田町水島家蔵文書）

つく【殄】 「突く」の充て字。突くこと。「右衛門太郎が礲《くちとり》の男不透飛懸りて敵の右の腕を殄《つき》ける」（関八州古戦録）

つく【附く】 面倒をみる。宿を取らせて世話すること。「此年（天文八）導者ニ下吉田ニテ附候」（妙法寺記）

つくしがみ【筑紫紙】 九州から産出した紙。西国紙《さいごくがみ》。「先茶子茶勧之、仁王経読誦祈禱了、次斎相伴、筑紫紙三帖遣了」（言継卿記）

つくす【竭す・杭す】 尽くすこと。「使を以つて催促すること三度の迫め合ひに火炮の玉薬を竭《つく》しければ」（左衛門佐君伝記稿）「徒《いたずら》に士卒の精を杭《つく》し、空く府庫の財を費《ついや》さる」（北越軍談）

つくだ【佃田】 耕作されている田地。作田。「宗綱其時息出て佃田の畔に腰打かけ、前後を佶と見渡され」（関八州古戦録）

つくだて【佃手】 作人。「高見原合戦之時、抽粉骨、被疵候之条、神妙候、然者、可為御佃手候、可存其旨候也」（福本文書）

つくつく【つくつく】 宮中で陰暦十月亥の日に、供御所から調進する餅。また、亥子《いのこ》の祝いの時、天皇の前に献ずる小臼に強飯を盛り小杵を添えたもの。「御亥子に暮々参内（中略）先於番衆所つくつく有之」（言継卿記）

つくづく【熟々・一々】 ひたすら。よくよく。じっと。つくづくと。（細川家記）「御厩《むまや》へ出御なされ、一々《つくづく》御覧じ、御思案の様体なり」（信長公記）

つくばう【つくばう】 蹲《つくば》う。しゃがむ・うずくまる。「幕仕立初は、布を揃《そろえ》置て曳渡《ひきわたし》、すへて三ッ盃を出し、つくばいてのむ」（甲陽軍鑑 下）

つぐむ【噤む】 口をつぐむこと。（日新菩薩記）

つくりあい【作合】 ➡「噤《すく》む」を参照 ➡「作合《さくあい》」を参照

つくりあわせ【作合】 建築で、建物と建物とが接しているところ。つくりあい。「次入藤鳥井慶賀門等、於作合撤帯劔懸裾、次社司一社之取葉薦持参」(言継卿記)

つくりがえしゃくしょ【作替借書】 中世、利息の制法を逃れるため、利息を元金に書き加えたものを新しい元金として借書を改作すること。またその借書。つくりかえ。「方々借銭事、就銭主譴責遣作替借書之間、令倍々任御法旨、可預一倍返弁之御下知云々」(親元日記)

つくりごと【作事・作言】 無いことを有るように作りたてること。また、そのことばや事柄。こしらえごと。そらごと。いつわり。うそ。「彼両人上杉家へ帰参申度とて、皆偽の作り事と聞え候」(甲陽軍鑑)

つくりな【作名】 本名の他に本人が自ら作って用いる名。本人を明示するように用いる場合(号、あざななど)と、本人を隠す目的で用いる場合(偽名)とがある。「連歌御作名如何之由尋承(中略)仍松字可然歟之由令申」(看聞御記)

つくりやまい【作病】 仮病。「作病取成され候而ハ、迷惑深重之儀候」(性新公関原御合戦記) ➡「作病《さくびょう》」を参照

つくろう【刷う・嗍う・補理】 取り繕うこと。計らい。「其の地堅固之 刷《つくろい》 肝要第一也」(伊達正統世次考)「家の子郎等みな威儀を嗍《つくろ》ひ出仕して青陽を賀す」(奥羽永慶軍記 下)「春日山の二の曲輪《くるわ》の内に居館を補理《つくろ》ひ、憲政を移し進《まい》らせ」(北越軍談)

つけいり【付入】 ①本来は、城から出撃した敵の軍勢を力ずくで城内に引き上げさせること。また、逃げてゆく人を捕らえたり、殺したりするために、その人をある所に入り込ませること。「定而路次にて可討果と思召候、万一北延候者、薩州へ付入仕可討果候」(黒田家文書)「可及一戦体無之条、可敗北事眼前候、此時付入に加越まで成共追詰可討果候」(木村文書) ②相手の隙に乗じること。「かねて箭田野が手なみや覚けん。敢て付入《つけいり》にせんともせざりけり」(奥羽永慶軍記 下)

つけぎ【付木】 杉やヒノキなどの薄い木片の一端に硫黄を塗り付けたもの。「枕元に置し鎖帷子《くさりかたびら》を着し、同じく手細《てぼそ》を以た鉢巻し、火打・付木を懐中し」(奥羽永慶軍記 上)

つけきたる【付来】 ついて来る。前から配下として仕えていた者が、主人とともについて来ること。「今度依被抽忠節為其賞所宛行也、兼又前々付来与力事不可有相違」

つけぐすり【付薬】 皮膚につける薬。患部に塗りつけたり、貼り付けたりして用いる薬。「焼跡に内薬〈同方〉二包、付薬等遣了」(言継卿記)

つけぐるわ【付郭】 城の本丸、二の丸などの郭の外に一段低く付けた狭い郭のことで、腰郭《こしぐるわ》とも。

つけこみ【付込】 好機に乗じて、追い討ちをかけ、敵の本

陣へ攻め込むこと。「後陣へ詰寄、追討、付込にして、高祖の城二三の丸まで攻入」（武家名目抄）

つけざた【付沙汰】 類似したこと。「一、国質・所質幷付沙汰除之事」（長遠寺文書）

つけじょう【付状】 貴人に差出す書状で、直接その名を書くことを憚って、側近の取次人の宛名にしたもの。（日葡辞書）

つけじろ【付城】 敵の城を攻める時、それに対峙して築いた城。砦。向城。「城井表付城丈夫申付、中豊前野中家来楯籠候」（黒田家文書）「御敵大坂付城天王寺為定番、松永弾正、息右衛門佐被置候処に、八月十七日企謀反」（信長公記）

つけたて【付立】 帳面に記し付けること。「舟数致用意候程、其一分之手柄候条、諸勢之舩付立、舩奉行共として令割付」（黒田家文書）

つけねんごう【付年号】 文書に記された月日の、肩に細字で年号を付けること。また、その年号。「委細之旨、可載置文、付年号以下、為後證所加自筆也」（上杉家文書）

つけび【付火】 故意に火をつけること。また、それによって起こった火事。放火。火付け。「今日又橘辻子有付火、但則打滅云々」（実隆公記）

つけもがり【付もがり】 竹もがりのことか。枝のない竹で粗く作った垣をもがりという。矢来、柵。「堀をほらせ、高土居をつき《築》、高塀をかけ、同塀には、付もがりをゆゐ」（三河物語）

つけもの【付物】 人に従うもの。後からついて行くもの。「御行道あり、つけものに地下二三人うち抜にしこうする」（御湯殿上日記）

つごう【都合】 指揮をとること。「是は御家中警固の都合存ずるに付て」（桂岌圓覚書）

つごうのこと【都合の事】 最後のところは。「かわり安き世上に候間、都合の事は頼にて候」（関原陣輯録）

つじ【辻】 馬具の名。①辻総《つじぶさ》の略。「馬のつぢ《辻》のさがりたるは上戸、あがりたるは下戸」（甲陽軍鑑 下）②轡の部分の名。③鞦《しりがい》の組み合わせの部分。④「懇忠之辻」のこと。⑤一件。～の件。「併且 殿下様 御下知之辻、且此堺迄越山之儀候間」（吉川史料館蔵大友義統書状）

⬇「懇忠之辻《こんちゅうのつじ》」を参照

つじあう【辻相う】 辻褄が合う。「内通の儀、辻相ひ申すとて」（老翁物語）

つじかぜ【旋風】 辻風。つむじ風。「風敵の方より吹懸《ふきかけ》、放火の煙に旋風《つじかぜ》まじりて、手本足本もみえず」（甲陽軍鑑 中）

つじすもう【辻相撲】 路傍に小屋掛して興行する相撲。素人が町の辻などに集まって行う相撲。「適《たまたま》人をほむれ共、辻切《つじぎり》・辻相撲《つじすもう》にて、血もつかざる、喧嘩したる者どもを」（甲陽軍鑑 下）

つたえしろ【伝城】 軍事行動の連絡上設置する城塞。「飯田・

た

大島落居付而、高遠一城相拘候由、聞届候。然而先度申聞候可然所二三ヶ所、伝城普請可仕事専一候」（徳川黎明会所蔵文書）

つだし【津出】 港から荷船を送り出すこと。また、その費用。「七日あいたに二百二十文、又二百文のほりらうふつ又百九十二文せんちにひき候、また三十文つたしにひき候、（已上）六百三十二文ひき候」（高野山文書）

つたなう【脆う】 危ういこと。「深き海とも頼みけるに頽暮《たん》の齢ひ脆《つたな》ふして」（関八州古戦録）

つちいっき【土一揆】 室町中期、畿内を中心に、さかんに起こった農民、地侍の武装蜂起のこと。年貢の減免や徳政を要求して、荘園領主・守護大名や酒屋・土倉などの高利貸しなどと武力で争った。どいっき。「今度つち一きに同心張本仕候て、らんはうらうせき更にいたさす候」（東寺百合文書）

つちえ【土餌】 鷹の餌のうち鳥以外のものの総称。（日葡辞書）

つちせいろう【土井楼】 戦場で敵状を視察するため、適当な場所に土で築いた望楼。「雪斎・亘理殿堀ひとへ《一重》ニとりつめさせられ、つちせいろう《土井楼》つかせられ候」（伊達天正日記）

つつがなき【恙無・無恙】「恙《つつがな》き」とも。無事。息災。「野方四千は無恙《つつが》、味方も田方四百社《こそ》恙なけれ」（三河物語）

つづき【続】 救援すること。応援のために軍を出すこと。「乍去、自然俄之続などの時者、役人迄可申由候也」（上井覚兼日記）

つづきしゅう【続衆】 応援の軍勢。援軍。「右之使前にて番衆召寄候て、続衆可被留之由追使遣候也」（上井覚兼日記）

つつみうち【包討】 敵を取り囲んで攻撃すること。包囲攻撃。「亮政が働く色を見て、双方より包討に討つべしとのたくみなり」（浅井三代記）

つと【樋】 つっと。すぅっと。「何者なれば推参なりとて樋《つと》立挙《たちあが》るに、公の身の毛自ら竪《たち》て」（北越軍談）

つどう【騈う】 集う。集まる。「其関東国の将士 各竭仰《おのおのかつごう》の首を傾け、階前庭上に騈《つど》ひ羅《あつま》り、社僧高らかに巻数《かんず》を誦《ず》し」（北越軍談）

つどう【湊ふ】 集う。集まる。「宮崎以下日夜に来り湊《つど》ひ、入部の賀儀を述て」（関八州古戦録）

つとに【夙に】 さぁと。「夙に起きて朝草苅の馬に打乗り給ふ。（長国寺殿御事蹟稿）

つとに【疾に】 早く。迅速に。「態御音問一段被存祝着候、内々疾ニ雖可被及御報儀勿論候」（思文閣古書資料目録145号跡部勝資書状）

つなぎうま【纛馬】 紋所の名。杭に馬を繋いださまを図案化したもの。相馬家の紋所。「三春三里東に相馬義胤陣をとり、纛馬《つなぎうま》の幔幕引きて、大旗・小旗翻して扣《ひかえ》たり」（奥羽永慶軍記 上）

つなぎとや【繋ぎ鳥屋】 鷹を繋いでいる建物。（日葡辞書）

つなぎのしろ【絆城・繋城】 二つの城の連絡を確保するた

た

め、その間に築いた城。「其表つなきの城々丈夫ニ申付之由、可然候」（黒田家文書）「此時も、会津よりの絆《つなぎ》の城赤谷を攻落し」（北越軍談）「斯て能登、加賀之間、つなきの城なくては叶べからず、何れの所か宜しかるべきと評定しけるに」（太閤記）

つなしりがい【綱鞦】馬具の鞦の一種。丸組の紐を五本または七本並行してつなぎ合わせ、幅広にこしらえた鞦。「土呂みやげとして、遠江茜、綱しりがひ十具、手綱五筋、田布十端、白鳥一つ到来也」（石山本願寺日記）

つなぬき【綱貫】「つらぬき」とも。皮革製の浅沓《あさぐつ》。縁に貫緒《ぬきお》を通して、足の甲の上で引き締めて結ぶところからいう。「永享二年七月廿五日（中略）皆調度懸、手蓋、つなきぬ仕先規か」（普広院殿御元服記）

つね【彝】常法。のり。かわらぬ道。「是に於て乎《か》父子之親愛初《はじめ》の如し、彝を秉《と》り徳を好む之良心」（伊達正統世次考）

つねづね【毎々】「常々」に同じ。いつも。「毎々如申候、当城堅固被持支候事、忠儀無比類候」（問注所文書）

つねのごしょ【常御所】貴族や将軍が日常いる所。「於室町殿御所御祈可在（中略）於常御所御薨逝在所者浄土寺僧正勤修護摩」（満済准后日記）

つのとる【角とる】けだものの角を押さえて生捕る。「近日馬を白石に出し彼の辺を侵撃し以て其の前に角《つのと》らん」（伊達正統世次考）

つばうちたるかたな【鍔打たる刀】鍔のついた刀、「うちがたな」「つばがたな」とも。「田夫のごとく出立《いでたち》、太刀をはばかで、鍔打たる刀に脇差一腰づつ差添たり」（奥羽永慶軍記　下）

つばをならす【鍔を鳴らす】刀の鍔を鳴らす人々。武威を競う人々。「近国他国の先方衆・牢人衆、鍔を鳴らす人々の寄合なれば」（甲陽軍鑑　下）

つぶさに【備に】細かく。「殊に仁宇辺の事備《つぶさ》に存知罷り在り」（細川家記）

つぶさにあたわず【不能具】省略する。「委細者大久保相模守可申候間、不能具候、恐々かしく」（黒田家文書）

つぶす【頽す】潰《つぶ》す。「当春は大軍を動かし、当家を頽《つぶ》し、坂東を治めんとする由、危急近きにあり」（松隣夜話）

つぶてをうつ【礫を打つ】石を投げること。「三百人ばかり、真先にたて、彼等には礫《つぶて》を打たせて、推し太鼓を打ちて」（信長公記）

つぶみ【つぶ身】刀が鞘を払った抜き身の状態にあること。はだかみ。「つぶがたな」とも。「扨又奉行人の行義嗜過て喧吪ずきは、刀脇差をつぶみにて指と同事」（甲陽軍鑑　下）

つぶり【つぶり】頭。「信長より音信の馬の尾髪《おかみ》をきり追捨、使者のつぶりを剃《そり》て返す子細は、武田四郎が運尽て没落なり」（甲陽軍鑑　下）

つぼ【坪】中庭。「塀を打破る事三重にして坪の内に入り、雪

垣を破て縁の上より上《あが》り、座敷に入し跡あり」（奥羽永慶軍記 下）

つぼいくさ【坪軍】 狭い土地の範囲内での局地的な戦い。地《じ》取合《とりあい》。「昔より五千、三千の坪軍には逢たれども」（会津陣物語）

つぼせん【壺銭】 室町時代、幕府が酒造業者に課した定期・臨時の課役。酒壺一個を単位に賦課した。酒壺銭。酒屋役。「菩提山・中川の壺銭事、重而就衆中て自京都御催促云々」（大乗院寺社雑事記）

つぼそで【壺袖】 室町末期の鎧の袖の一種。各段を弓形に反らせて裾すぼみに威した袖。「黒革威の腹巻に、つぼ袖をゆひつけ」（大内義隆記）

つぼね【局】 貴人の婦人の部屋。また寝室。「名護屋作事、別而入念、一段見事仕候、殊更つほね、、、をはしめ所々道具共調置候」（黒田家文書）

つぼみ【つぼみ】 窄む。引き退くこと。「多分明退き候、富田へつぼみ申し候」（老翁物語）

つぼむ【蟄む・蓓蕾】 ばらばらだった人が集まる。「朝良の軍披《ひら》け靡《なびけ》て、入間郡川越の城に蟄《つぼ》む」（北越軍談）「九月二十五日夜、居城小浜を自焼にして、其夜は二本松迄引退、夫より会津へ蓓蕾《つぼむ》故に、政宗彼城へ移り四本の松一宇手に入れ玉ふ」（政宗記）

つぼむ【蓓む】 つぼむ。行く、逃げる。「在城を打あけ、他国の白川へ蓓《つぼ》んで、浪人となり給ふ」（政宗記）

つぼむ【つぼむ】 守りを縮小する。「本宮・玉の井・渋川の三ヶ所の城をあけ、其人数を二本松にぞ、つぼみける」（奥羽永慶軍記 上）

つまど【妻戸】 寝殿造りで、殿舎の出入り口に設けた、両開きの板製の扉。「大門よりいりて御輿よせの妻戸より御持参云々」（親元日記）

つまびらかあたわず【不能儀】「不能詳」「不能具」に同じ。この手紙では詳しくは述べないという意。「御懇慮之趣、不少候、委細□□□申含之条、不能儀候」（牧田茂兵衛氏所蔵文書）

つまびらかにあたわず【不能一二】 詳しく述べることができない。「頓而遂面談、可申述候条、不能一二候、恐々謹言」（黒田家文書）

つまびらかにあたわず【不能審候】 省略すること。「追而可申述候間、不能審候、恐々謹言」（黒田家文書）

つまみぬい【撮縫】 一枚布を摘み上げて縫うこと。「囊《ゆぶくろ》仕立事　縫ヤウハツマミヌイカ又給ムイニモスル也」（甲陽軍鑑 下）

つまむ【拈】 鬮を取る。「下知を受て先陣は西上野衆拈なり」（鬮で先陣は西上野衆に決まった）（関八州古戦録）

つまり【甲々】 要所要所の。「国中甲々《つまり》の要害を固め、防御の術を専《もっぱら》とす」（北越軍談）

➡「甲々《めいめい》」を参照

つまり【詰り】「端」のこと。端の方に。「長柄百余人、鉄炮・弓の者百余人、爰かしこの詰りに隠し勢を置て」（奥羽永慶軍記 下）

つまる【挒る・詰る】①言葉に詰まる。「長命寺日光、妙ノ一字に挒《つまり》、打擲せられ、八軸の経文も見物の者ども」（信長公記）②生活に詰まる。苦しみ困ること。「当座々々のよろこびを専ラまほり《守》、民のつまりもしらず、諂《へつらい》取て蔵につめ」（甲陽軍鑑 下）

つめ【詰め】押し詰める、勝負をつける、事をかたずける。「若シ詰モ候ハテ上洛イタシ候ハヽ、可有御成敗」。（伊達家治家記録）

つめ【詰】最後。結末。結局。しきり。限り。「御衆中之儀、はたと捨可申候、年頭にて候へ共、余咲止に存候て如此候、つめは可達上聞候」（高野山文書）

つめいくさ【詰軍】敵を一方に追い詰めて戦うこと。敵を最後の所まで追い詰めた戦い。「平家数万騎を追落し、壇浦のつめいくさまでもつゐに弱げを見せ給はず」（平家物語）

つめしゅう【詰衆】①室町時代、当番で毎夜将軍のそばに詰めた者。「不断可被召仕輩（御部屋衆・定詰衆・同朋以下）可為如前々事」（仁和寺文書）②桃山時代、殿中に伺候する者。「千二百人、御詰衆」（太閤記）

つめじょう【詰城】敵に包囲されて窮地に追い込まれた時、最終的には、そこに立て籠もるべく構えた本営とする城。「御城誘事、（中略）朽損之材木者、詰城之時困窮之由申之、当時者一向不及其沙汰也、以外之次第也、至所々御城柱、厳重仁可被申触矣」（大内氏掟書）

つめじん【詰陣】一気に攻略すべく敵の間近に構える本陣。または近接して敵と相対している軍隊の陣。「公方様、信長、御一所に詰陣に御陣を居させられ、先陣は勿論夜々に土手を築」（信長公記）

つめのきど【詰の城戸】城郭の三の城戸のこと。「城の一のきと、二のきと、三のきとなとと申は、一のきととは一さし口のこと也、三のきとはつめのきとなとと、常人の申きとの事也」（岡本記）

つめのしろ【詰の城】城の本丸。「外よりも責入《せめいり》、右に入たる人数と一ッになり、詰の城へ押込」（甲陽軍鑑）

つめのまる【詰の丸】城の本丸。「輝元公は御城の詰の丸、秀頼公の御伽成さるゝに相澄み候」（関原陣輯録）

つめばら【迫腹】詰め腹。責任を取らせるために腹を切らせること。「検使として謙忠を本丸へ招き、迫腹《つめばら》を伐《きら》すべし」（北越軍談）

つもり【積】「年貢積」のこと。計算すること。「今度就検地浦役之事、年貢つもり《積》ニ盛付候歟」（長谷場文書）

つよき【強儀】「強気」の充て字か。強きに、無理に。「二三ヶ年以強儀務其役之旨、初答致言上処、致強儀者可有様躰之由申段」（東山御文庫所蔵地下文書）

つよぎにおよばず【不及強義】 無視する。ないがしろにする。「雖被相届候不仕、莬角儀被相語検（権）威、不及強義由無勿躰候」（早稲田大学図書館蔵松永久秀書状）

つより【つより】「強る」の連用形の名詞化。①頼りになる者。頼り。「敵地ニ調儀以下も無之、味方中つより候事も候ハすハ、各下々雖為迷惑」（黒田家文書）②強くなる。良い影響を及ぼす。「去共、前年ノ富貴此年迄ツヨリニ成候而」（妙法寺記）③奮起する。「都まで御悪名にて敵猶以つより、味方御備次第にちがひ」（甲陽軍鑑　下）

つら【輔】 面。顔。「急雨《むらさめ》、石水を投げ打つ様に、敵の輔《つら》に打ち付くる」（信長公記）

つらだましい【面魂】 気魄のこもった顔つき。「余り口の利過たる男にて、面魂《つらだましい》ただ者にあらず」（奥羽永慶軍記　上）

つらつら【熟々・倩々・倩】 ①つくづくと。念入りに。よくよく。「輝虎熟々視察して、偖は中の丸堅固を受たる処故」（関八州古戦録）「謀如何程も有りなん。倩《つらつら》古より宇治・勢田を隔てての防戦を考ふる」（左衛門佐君伝記稿）②しっかりと、それとなく。（伊達家治家記録）

つらぬく【洞く】「貫く」に同じ。「敵石火矢を放つ、其の玉重サ五、六斤と云々。御前に取寄せ見せしめ給う。件の玉土俵に中りて、洞《つらぬ》かず」（駿府記）

つりかがみ【釣鏡】 武具の指物の名。棒の先に鏡をつり下げたもの。「大久保次右衛門金のつりかがみの差物にて」（甲陽軍鑑）

つりこし【釣輿】 輿の一種。駕籠《かご》のように轅《ながえ》で吊り下げて担ぐもの。「其次にみせ釣輿《つりこし》一挺、次につりこし《釣輿》に秀頼公乳母にいたかれ」（慶長記）

つりて【釣手】 誘っておびき出すこと。「尻払のつり手を引く」（長元物語）

つるい【釣瓶】 鉄砲の釣瓶撃ち。つるべうち。連打。「佐竹殿うち出され三能（山王）山へうちあけられそな《備》へとらせられ、其上相《総》てつほう《鉄砲》にてつるい《釣瓶》かけさせられ候」（伊達天正日記）

つるかみ【鶴髪】 白髪。「木を刻み、糸を引て老翁を作り、鶏皮・鶴髪真《まこ》とほしと戯れ人形を一つ取出して」（奥羽永慶軍記　下）

つるくび【鶴頸】 ⬇「鶴頭《かくとう》」を参照

つるとり【鶴取】 鶴捕り用の鷹。「一、鴻取《こうどり》　一、鶴取《つるとり》　一、真那鶴取《まなづるどり》　一、乱取《らんどり》」（信長公記）

つるばしり【弦走り】 鎧の胴の正面から左脇にかけての部分。弓の弦が当たるのを防ぐ。弦走りの板。「むざんなるかな大川左衛門佐、弦走《つるばし》りの板より押付へ打ぬかれ」（奥羽永慶軍記　上）

つるぶ【連】 続けざまに打つ。つるべ打ちに打つ。「松田が旗本を目あてにし、つるへしかば」（太閤記）

つるべ【つるべ】 つるべ打ち。「夫より敵陣惣の鉄砲集め、

つるべを打せて引上けり」（政宗記）

つるべなわ【綆】釣瓶縄。釣瓶に結びつけてある縄。井戸綱。井戸縄。釣瓶緒。「被厳船城岸へ被着置、綆を切候間、是も一円不叶」（奥平家文書）

つれしゅう【連衆】同伴の仲間。連歌の仲間。「義光姫が祝儀に連歌をせんと催されしに、山形に連衆《つれしゅ》にならんもの無りければ」（奥羽永慶軍記　下）

つれない【難面い】無情なこと。同情の心がなく厳しいこと。（日葡辞書）

てあい【手合】「手合の合戦」（二つの部隊が戦端を開く。あるいは、遭遇戦を開始する）のこと。（日葡辞書）

であい【出合】代表が出会って談判すること。「出合ノ事ハ先以テ無用ナリ」。（伊達家治家記録）

てあいのう【手合能】共演能を催す。「ここもと〈相模鎌倉〉何事もめてたく候て、来月一日ニ、ほうしやう《宝生》・こんかう《金剛》てやいの《手合能》いたし候、」（関谷清治氏所蔵文書）

てあき【手明・手空】する事がなくて暇なこと。手のすいている。また、その人。非番の者。予備員。「軍役三分定一、二百石に六人〈鉄放二丁　鑓一本　馬取二人　手明一人〉」（吉川氏法度）

てあて【手当】危険な場所とか敵軍がやって来そうな通路に配置される軍勢。「駿河口、関東口、川中島、木曾口、何へも手当仕、四郎無人之由、是又可為其分候」（古文書選所収織田信長黒印状）

てあわせ【手合】談合すること。勝負を行なうこと。戦うこと。「舎弟なりとも差越へき由大波大膳長成幷に小十郎を以て申越たり、猶手合然るへし」（伊達家治家記録）「依仰於簀子与忠富卿囲碁手合」（実隆公記）

てい【霆】かみなり。雷。雷鳴。「金石の堅きが如く、霎雲《しょううん》雨を帯びて暮山に走り、急霆《てい》疾く翺《と》びて九霄《しょう》に轟くが如く」（奥羽永慶軍記　上）

でい【出居】館の客間あるいは接見の間。「成田殿（右兵衛）・大まち殿（民部）さもんとう《座問答》御申御でい《出居》よりおり御申候也」（伊達天正日記）

ていい【底意】本心。「先々無據思さる、併ら磐城の底意聞届け玉はすして小野・大越に手切あらは」（伊達家治家記録）

でぃうす【天主教】キリスト教。「天主教《ていうす》の宗門を信仰するの科に依て」（関八州古戦録）

ていきん【庭訓】家庭内で教育すること。「汝は武林に生れ、稚けれども父が庭訓を守て常に武勇を励み」（奥羽永慶軍記　上）

ていげつ【提月】晦日。月の最後の日。（日葡辞書）

ていご【亭午】「停午」とも。正午。「物蔭なき間より発現したる眼前の奇策、亭午《ていご》に月を観《み》ると云る神武の兵権、凡智のなせる処」（北越軍談　中）

ていこう【締構】「締構」の充て字。土台などを築くこと。「諸郡の大家も亦皆各其の私を挟《さしはさ》み其の利を懐《いだ》きて、而《しか》して

た

怨隙《おんげき》を締搆し凶禍《きょうか》を醸成《じょうせい》す」（伊達正統世次考）

ていさま【躰粧】 様子。状況。「埴科郡鞍橋山え取登て陣営を繕ひ、海津を責《せむ》る躰粧《ていさま》をなして」（北越軍談）
➡「躰粧《ありさま》」を参照

ていじつ【定実】 確実な真実。（日葡辞書）

ていそう【鼎争】 三者の争い。「當時氏康・信玄・謙信公鼎《てい》争《そう》の弓矢を挑み、知《しり》つ知《しら》れたる抗衡《こうこう》の相手なれば」（北越軍談）

ていそつ【偵卒】 密偵を率いる。「小田原の偵卒《ていそつ》の首長風間《ふうま》次郎太郎が伝授を受て、奇異の幻術をなせり」（北越軍談）

ていたらく【為躰・体粧】 ①有様。様子。成り行き。格好。外観。「嶋津一類可刎首候、五里十里宛二千三千之為躰寄合、人数召連罷越儀」（黒田家文書）「景虎公は二陣の船に麾采《さいはいとっ》て坐《おわし》けるが、此体粧《ていたらく》を見玉ひ」（北越軍談）②情けない状態。「さても丶丶丶如此為躰不慮之次第ニ候」（細川家文書）

ていちゅう【庭中】 ①室町時代、将軍に直訴すること。一般的に禁止されていたが、ときに特例によって許されることもあった。また、法廷そのもの。「経法師依御布施之怠転以訴状庭中于御前」（蔭涼軒日録）②信長時代は安土城を指す。「向後猶以相紛子細候者、於庭中可申者也」（法隆寺文書）

ていとう【梯磴】 順序。「次第梯磴」。（日葡辞書）

ていとう【手痛う】「手痛う合戦する」（激しく戦う）。（日葡辞書）

ていねい【叮嚀】「丁寧」の充て字。丁寧なこと。「豆州口之行末占卜、一大事之様候之間、叮嚀ニ窺天道、然而可定行之筋候」（諏訪家旧蔵文書）

ていのや【躰の矢】 大将は合戦中に矢種が尽きる状況でも、最後の一本は残す。この矢を躰の矢という。「一、大将は矢を放《はなた》ざる者也といへども、合戦急迫にして是を発し、矢種尽る事あり共、躰の矢一本は遣さるべし」（北越軍談 中）

ていはつじ【剃髪寺】 剃髪の記念または死者の供養のために建てる寺。「為天瑞寺殿追善、当山に剃髪寺令建立付而」（高野山文書）

ていふ【定夫】 ➡「廻陣夫《めぐりじんぶ》」を参照

ていへい【逞兵】 つわものたち。たくましくすぐれて強い兵。「夜討に一かど功をも顕はさんと逞兵を勝て押寄し思ひの外なる不覚にて」（関八州古戦録）

ていれ【手入】 味方に引き入れるよう働きかけること。「去年以来最上殿義光より種々手入あるの由聞召さる」（伊達家治家記録）

ていん【手印】 手形。「一、夜討の事、人数百の内外にして、何れも武具を著す。素肌にして手印を持《もた》せ、武主《ものぬし》只一人に究め、上下一遍に辻風の吹通る如くに打て通り、引囲み一同に引揚べし」（北越軍談 中）

てえれば【者】 というわけで。よって。されば。「生涯の大幸豈《あに》是に然《しか》ん乎《や》、者《てえれ》ば輝虎に於て戦功粉骨を励さん」（北越

軍談）

ておき【手置】①心掛けて守備する者。「川越・葛西・有吉の城々へ手置をなして小田原に在居し」（関八州古戦録）②処置、取扱。「此表手置彌丈夫二被申付」。（伊達家治家記録）③軍備。「仍信刕口・會津口境目手置等丈夫被申付之由尤候」（真田家文書、真田伊豆守宛徳川家康書状）

ておく【手厝く】「厝」は「措」に同じ。措置する。「政宗則持々の城々の留後を手厝《をき》し、譜代の所従会津の士に」（関八州古戦録）

ておも【手重】容易でない。扱いが丁寧な様。「東方之衆、手オモニテ笑止候」。（黒田家文書）

てがい【手蓋】武具の一種。手甲。籠手。「七騎　馬上、具足、甲大立物、手蓋、指物何にても」（豊島宮城文書）

てがえ【手替】主君を替える。反逆。「泉衆松浦、国衆、高屋へ手カへ由也、大和衆高屋表へ相越由也、将軍之衆も相越由也」（尋憲記）

てがえし【手返】信頼を裏切って敵になること。「殊馬来、河本、湯原以下之者共手返之刻、依堅固覚悟、無異儀候、御忠儀此事候」（萩藩閥閲録）

てがかり【手掛り】弓や鉄砲の射程距離内にあること。（日葡辞書）

てかき【手書】能書家。（日葡辞書）

てがわり【手替】①様子が変わること。「一統ニ手替ノ由、無是非次第ナリ」（伊達家治家記録）②裏切って敵側にまわること。「信長後づめと被成て御出馬有りければ、小笠原与八郎手がわりをしてゐなりに成ければ、信長手をうしない給ひて、吉田寄引帰らせ給ふ」（三河物語）

てきあん【敵案】敵の計略や策略の意で、結果として敵の思うつぼにはまること。「近来ソコツナガラ吉凶ノ二二相キハメ去コトヲ、御手先ニテ大方ニナサレ、御下知ナサレ候テハ、イヨイヨ敵案タルベク候」（大友記）

てきがた【敵方】鎌倉・室町時代、訴訟の相手方の称。敵人。「若敵方、口をとり候はば、そこにては其身も中やみ候はん物を」（甲陽軍鑑）

てきき【手利】選りすぐりの兵。「其外精兵の手利《てきき》七、八騎差詰め、引詰めさんゞゝに射る」（奥羽永慶軍記　下）

てきしゅう【敵讎】敵対する。仇を討つこと。「真壁兵部大輔構要害成敵讎間、可加討戮処、各退城内帰降候了」（武家事紀）

てきじん【敵人】自分と対立して争っている者。特に、戦闘している相手方。敵。敵方。「件足軽等昨日之儀不及合戦、一国平均に依無敵人」（政基公旅引付）

てきせい【適済】うまく対処すること。「磐城・仙道一味中、及び長井荘に於て、其の挙措接待、条々時宜を適済す」（伊達正統世次考）

てきそつ【敵卒】敵の兵卒のこと。「懸つて切崩さんとせし

た

かども、敵卒、鉄壁の如くにして破られず」(武田三代軍記)

てきそん【的孫】「嫡孫」の充て字。嫡子の嫡子。「當所新田郡は八幡太郎義家の的孫《てきそん》、大炊助義重以来」(北越軍談)

てきとう【敵当】「敵対う」(「てきたい」の活用形)。反目する。「石川・朝川に相働き、佐竹家に敵当する事数年なり」(奥羽永慶軍記 上)

てきねん【適然】「てきぜん」が一般的か。偶然である。道理にかなっている。当たり前。「人を致す者は勝、人に致さるる者は負《まく》る、と云《いう》、是適然《てきねん》の格言なり」(北越軍談)

てきびん【的便】①「幸便」と同意。丁度良い便があったので。「的便之條令啓之候、仍而所病気ニ付而」(伊達家治家記録)「遣勧修寺、賀州的便之由申之間如此、慥可伝達之由申送之」(実隆公記)「去春預一翰候、其以来依不得的便、不能回報、意外候」(吉田兼右宛北條氏政書状写) ②敏速で確実安全な使者のこと。(日葡辞書)

できぶん【出来分】検地によって発生した増加分をいう。⇕指出分。「丹後國一色知行出来分事、預置惟任日向守、可令相談、猶追而可申出候也」(細川家文書)

てきみかた【適慈】味方。「敵慈合戦に死亡せし訃音」(日新菩薩記)

てきめん【的面・覿面】①面前で、目の前で。(日葡辞書) ②まとも。即座の意。「味方より攻入て覿面《てきめん》の勝負を決したるは此一戦に帰したる迚」(関八州古戦録)

てぎれ【手切】①蜂起すること。謀反。「手切れをする」(謀るを起こす)。(日葡辞書) ②相互の関係を断つこと。双方の交渉が成立しないで、敵対行為をとること。「大明と取あつかい手切ニ付而、彼面之様子」(黒田家文書)

てぎわ【手際】成功を収めたこと。出来ばえ。仕上がり。よい結果。「近年、無比類御手際なり」・「此度は天気悪しき故御手際もなく當地へ引入り玉ふ」(伊達家治家記録)

てぎわなく【手際なく】うまくいかない。「悉く相馬に相附くへし、何方の御弓箭も思召しの儘には御手際なき者なり」(伊達家治家記録)

てぐすね【手天鼠・手天子】手ぐすねを引くこと。あらかじめ事に備えておくこと。「勇士共、手天鼠引て数輩集り、殊更究竟の要害に籠りければ」(関八州古戦録)「暮ては夜討して刧《おびや》かさんと、手天鼠《てぐすね》引て待居たり」(北越軍談)

てくばり【手賦・備配・手配】要所要所に手勢を配置し、事に備えること。「入田方も豊後へ手切被仕、勝利之由之書状到来候」(上井覚兼日記)「備配」は「手配」の充て字。「魚津城に於て備配《てくばり》の御沙汰に及びし処に、椎名一族の沙門を以て是非共に歎訴仕る」(北越軍談) ➡「備配《びはい》」を参照

てぐみ【手組】「てくみ」とも。①戦いに際し、軍勢などを幾つかの組に分けること。また、その組み合わせ方とか、編成とか。「手分手組等、兼日被相定、何時モ催促次第ニ令出陣、可勤武勇仕置肝要之事」(甲陽軍鑑)「自明後日可

有御千句、発句脇第三等為手組参入」（十輪院内府記）②部隊の配置など、準備を調えた上での計略。「然而此粉川衆ハ雖為小勢勝大勢勇士也、日根野両村ヲ自此口出張而可焼立之由手組也」（政基公旅引付）

てぐらい【手位】 ことを有利に進めているの意か。「是よりの働きは覚外に思さるの由仰遣さる、去なから北境の手位ひ察せらるへし」（伊達家治家記録）

てくり【てくり】 順繰りに手渡しすること。「於釜山浦可被下候、其外てくりニ被仰付可被下候間、可成其意候」（黒田家文書）

でくるぼう【出狂坊・出狂房】「木偶坊《でくのぼう》」に同じ。人形。操り人形。「てくる坊の上手、あやつりの名人を長谷川宗仁を以召て、色々風流を尽べしと宣ひつつ」（太閤記）

でぐるわ【出郭・出曲輪】 本城の外に築き、堀などをめぐらして、その城の外衛とする城郭の一つ。「堀をほり土手芝手をつけ塀をかけ城の内より橋を一つ渡し是を出曲輪と名付」（北条五代記）

てくわせる【手喰】「出会《でくわす》」の充て字。出会うこと。「頓而手喰可仕候条、罷出、以面拝万々可申述候」（徳島県立文書館蔵宇喜多忠家書状）

てけん【手験】「手判」に同じ。手形、印判のこと。「自甲州到来之船手判也、右、手判駿州船之手験、従甲州令到来者也」（甲陽軍鑑）

てご【手子】 ①手伝い。「十二、三の御時より御手子をさせられ」（老翁物語）②配下の働き手。「中にも五郎右衛門尉事者、井四郎右手ごに被仰被儀候之条、何分にも無事之取拵仕度之由」（毛利家文書）

てごし【手越】 遠いので手が届かないという意。「猪苗代ハ大山ヲ隔テ御手越ナリ」（伊達家治家記録）

てごと【手毎】 各自めいめいに。（日葡辞書）

てごめ【手籠】 人を捕らえること。搦め縛ること。（日葡辞書）

てごり【手懲・手艾】 ひどく懲りること。「晴朝手懲《てごり》して其後は彼か分内へ働を懸られる程の」（関八州古戦録）「手艾《てごり》せられさるは苦々敷事也と眉をひそめて唱《つぶや》く者も多かり」（関八州古戦録）

てさき【手先・隊先・手崎】 手の前、部隊の先頭。手先のこと。先鋒。「五百余騎の兵共、一度にばらりとおり立て、楯を一面につきならべ、射手の兵二百余人、左右の手崎にすゝませて」（明徳記）「小山田備中守が隊先《てさき》より軽率を出して」（北越軍談）

てさく【手作】 てづくりとも。手作地。直接耕作している土地。「大久保一名の知行、手作までも根をほり給へば取分此一名は、妻子眷属を餓死に及《およば》せ」（三河物語）

でさく【出作】 荘園時代、自分の居住地から遠く離れた所に耕作地をもち、そこで仮泊しながら耕作すること。またその土地。でづくり。他村に耕作している田畠。年貢などは地元に納める。※地元では「入作」という。「伏見漁夫、三栖庄出作百姓也」（実隆公記）「宜田新丞分日置郷之内、同従墨俣出作分、都合四拾貫文之事」（土佐国蠧簡集残編）

➡「入作《いりさく》」を参照

てざし【手差】 手出しする。反抗する。「何等の武略あるべきも測難し、恣《ほしいまま》の手差《てざし》して、永劫の名折《なおれ》由なしとて、一矢を発せず」（北越軍談）

てさるがく【手猿楽・手申楽】 素人または他の雑芸者出身の猿楽者の集団。又、四座以外の猿楽。室町後期に流行し、大衆的な興行をした。手能《てのう》。「今夜於宮御方昭慶息以下密々有手猿楽、拍子物、有其興」（実隆公記）「於二条秋之野道場、上下京之幼男手申楽令勧進云々、大夫フカミ、十五六之者也」（兼見卿記）

てしお【手塩】 食卓（膳）に手塩皿に載せてある塩のこと。「フナナマス　飯テシホ」（久政茶会記）

てした【手下】 ある人の下で命令をうけ、行動する家来。部下。配下。てさき。「毛利殿も織田殿の手下に成らせられ」（籾井家日記）

でじろ【出城】 本城の外、国境などの重要な場所に築いた城。出丸。枝城《えだじろ》。支城。「与力者、大金藤八路将監遣越前境目片岡天神山拵出城対修理亮勝家」（柴田合戦記）

てずから【手自】 自身の手で。「御手自方丈御再造ノ御縄張アリ」（伊達家治家記録）

てすき【手透】 手隙。手があく。仕事がなく暇になる。「最も御手透《てすき》なく御助成なきに於ては、御使節を差越され」（性山公治家記録）「如何様以御手透一両輩致参府、彼可得御意候」（喜連川家文書案）

てすじ【手筋】 いきさつ。「扱ひ（調停）の手筋一圓存ぜざるに付て」（関原陣輯録）

てすまる【手すまる】 中世末以後の水軍が用いた投鉤で、四爪の鉤を縄の先につけ、近くの敵船に投げて引き懸け、引き寄せたり、海中の物を引き上げるのに用いる軍船用具。「四人、手すまる役、敵舟近寄時は引かけ引寄する」（野島流船軍書）

てぜい【手勢】 自分の配下の兵士や軍隊。（日葡辞書）

てぜめ【手攻】 手厳しく攻め寄せること。たづめ。「矢軍して叶ふまじ、手攻の諍合に勝負せよや」（奥羽永慶軍記）

てぞなえ【手備】 大将の陣所をまもる兵士。旗本。「亀山殿御手備二千五百余きと記して候」（籾井家日記）

てだち【手達】 「手達者」のこと。名手。名人。「鉄炮の手達にて町間目当を迦《はつ》され」（関八州古戦録）

てだて【行・手立・術】 ①軍事行動。「即以直書被申候、其表方々御行被得勝利、感悦被存候」（黒田家文書）「常陸殿ほど社《こそ》なく共、一行《てだて》致してみん」（一徳斎殿御事蹟稿）②策略。てだて。「勝頼は若げ故行《てだて》にのる」（甲陽軍鑑 下）「其首どもを弾正少弼（浅野長政）へ政宗持参有ければ、今に始めぬ

た

御手立、去とては感入たり」（政宗記）

てだて【道】「行」に同じで、軍事行動のこと。「書状披見候、仍謙信死去事、無是非次第候、以道可相果候処、残多候」（太田文書）

てだれ【てだれ】「手垂れ」とも。手足者《てだれ》か。熟練してわざの優れている人。てさき。「信長左様に今は申共、世間の沙汰に違ひ大てたれ者なれば」（甲陽軍鑑 下）

てちがい【手違】物事が予想していたとおりに運ばないこと。手順や段取りを取り違えること。ゆきちがえ。てちがえ。「信虎公次郎殿を総領に可被成との儀、千万の御手ちがひにて候故」（甲陽軍鑑）

てっか【鉄火】戦国時代、罪の虚実を試すため、神祠の庭前で熱鉄を握らせたこと。炎苦に堪えず投げ捨てた方を厳罰に処した。「対決有て終ニ実否究《じつふきわ》まらず、鉄火をとれとの事なれとも」（甲陽軍鑑 下）

てづかい【稠・手遣・手挑】①手はず。「主君より急ぎ手遣ひ仰せらるる」（三好記）手配り。「淡州などへ手遣仕る可き事の程は」（元親記）「原・奥平・兵の手挑《てづかい》を心中に納め、十月末に帰城なり」（上杉三代日記）②戦場での手の運びよう。手配り。（元親記）「阿波入なされ候時、先づ稠」（昔阿波物語）③敵などに攻めかかること。討ち入ること。攻撃すること。軍事行動。「箱根山峠へ為陣取至小田原表可手遣候条、落去不可有程候」（黒田家文書）「岡山表被手遣得利、首二到来、神妙候」（永田文書）④手勢を派遣する。軍隊を派遣する。「其方相抱なくるミの城へ、今度北条境目者共、令手遣、物主討果」（真田宝物館蔵豊臣秀吉朱印状）➡「手遣《てやり》」を参照

てづかい【手仕】「手遣《てづかい》」の①に同じ。「此前ハくた道の番手に候へとも、此方より下（しも・九州地方）の手仕といひ」（長崎県立対馬歴史民俗資料館蔵宗義調書状）

てっかのあいだ【鉄火の間】戦場、いくさば。

てづから【手自】自分で。「手自《てづから》一木の松を植て其技を都の方へ推撓めしに」（関八州古戦録）

てっかをにぎる【鉄火を握る】真っ赤に焼けた鉄を握って起請する。罪・偽りのない者は、鉄火を握っても無事であるという。「対決有て、終に実否究まらず、鉄火をとれとの事なれども」（甲陽軍鑑）

てっき【鉄器】鉄で作った器具。または機械。「検断物小々有云々、注文之面非指物也、仍中間衆等に給之、鉄器二有之、但皆破了、仍職事等に遣云々」（政基公旅引付）

てつぎ【手継】取次ぎ。「扨はとて其より段々手継を十八人引、十九人目は伊東肥前惣領七郎屋敷の女房へ引付けり」（政宗記）

てつぎ【手続】長い間継続している。「手続証文」という用語もある。「洛中・洛外寺社本所領、或号請本地、或手続代官、令押妨」（立入文書）

てつぎもんじょ【手続文書】「手継文書」とも。土地のはじめの取得者から現権利の伝承を証明する一連の文書。「徳

大寺殿御領事、一、仁和寺内田畠地子事、曲庵、手続文書可有返上事、百姓等、早地子対当家御下代可進納事」(竜安寺文書)➡「重書《じゅうしょ》」を参照

てづくり【手作・手造】「てつくり」とも。手ずから作ること。直接自分で拵えること。また、そのもの。手製。「釜口地蔵院手作新酒一樽」(多聞院日記)

てづくろい【手刷】①手段、策略。「敵の手刷ひ見届け玉ふ」(伊達家治家記録)②自分で取り計らう。計略を立てる。「何篇請御下知、可然様に手刷之義任入訖候」(性山公治家記録)

てづけ【手付】援助したり、目をかけてやったりして相手と関係を持つこと。(日葡辞書)

てつけざお【手付竿】横上《よこがみ》に同じ。長い旗を垂らして張るために、上端につけた横木。横手。「旗の事、てつけさほには必勝軍木を可用」(出陣日記)➡「横上《よこがみ》」を参照

てっしょ【徹書・徹所】①真実な証明、証拠。誓約書。(日葡辞書)「若子共を他人之被官ニ出候に付而者、地頭・代官へ申断、徹所を取而可罷越候」(北条家朱印状)②通告。通達。書信「此分之《これ》を催促せよ、因って徹書を差遣する而已」(伊達正統世次考)「只　公の御徹書一通を以て違却し」(伊達家治家記録)「春中御ひかし(伊達稙宗)より、御てつしょさしこされ候」(仙台市博物館蔵大崎義宣起請文)

てつじょうてっか【徹上徹下】上から下まで(響きわたる)。「一万三千の声三度あぐれば、山川徹上徹下《てつじょうてっか》して空にたゞよひて夥し」(奥羽永慶軍記　上)

てつじょうとじ【鉄杖閉】(「粘葉綴《でっちょうとじ》」の充て字)「粘葉《でっちょう》装《そう》」に同じ。書物装丁の一つ。その開いた姿から「胡蝶装」ともいう。粘葉。「冷泉為満・定家自筆三十六人歌撰一冊持参(中略)鉄杖閉、以唐組打交糸綴之」(駿府政事録)

でっちょうとじ【粘葉綴】粘葉装。書物装丁法の一つ。印刷または書写した一枚の紙の文字面を内側にして、外側の無地の部分に糊を付け、別紙の無地の部分と張り合わせたもの。「哥書デッチ《粘》ヨウ《葉》トヂ《綴》、唐組を以て糸を打交え、これを閉ずと云々」(駿府記)

てっぽう【銕炮】「鉄炮」の充て字。「藤堂和泉守才覚として、御用心のため銕炮卅挺、茶臼山に立て並べ置くと云々」(駿府記)

てっぽうあしがる【鉄砲足軽】鉄砲をとって戦いに加わる歩卒。戦国時代の鉄砲組に所属する足軽。「鉄炮足軽」(雑兵物語)

てっぽういくさ【鉄砲軍】鉄砲を用いて戦うこと。鉄砲を打ち合う戦闘。鉄砲ぜりあい。「方々岳々に陣を取りまた合戦はなくたかひに足軽を出し鉄炮軍する」(武家名目抄

てっぽううち【鉄砲打】鉄砲を撃つこと。またその人。また、鉄砲を撃つことに巧みな人。「弓いる人・鉄炮打・馬のり・兵法つかひなどと名をつけ」(甲陽軍鑑

てっぽうがしら【鉄砲頭】鉄砲組の長。「主計頭も先勢之鉄

た

炮頭なれば」（清正記）

てっぽうざま【鉄砲狭間】「てっぽうさま」とも。鉄砲を撃つための狭間。銃眼。「鉄砲さま、土一俵をもってす」（甲陽軍鑑）⇔矢狭間

てっぽうしゅう【鉄炮衆】鉄砲の事を掌ったもの。ここは、鉄砲足軽のこと。「豊後は先へ馬をはやめて行に、鉄炮衆を三人めしつれまいられ」（甲陽軍鑑　下）

てっぽうたいしょう【鉄砲大将】鉄砲組の大将。鉄砲隊の長。「内蔵助殿方の鉄炮大将野々村を始めとして」（川角太閤記）

てっぽうはなち【鉄砲放】鉄砲を撃つ人。「八郎家中之者共ニ可申聞候、自然鉄砲放なとハよひこし可申候間」（黒田家文書）「富田籠城之鉄炮はなしの中間衆事、長々辛労仕」（萩藩閥閲録）

てづまり【手詰】「てずめ」とも。手段・方法がなくなって困ること。進退きわまる。切羽詰まった。「吾兵其機に則て手詰《てずめ》の戦を仕懸べし」（北越軍談）「新田之地も追日手詰之由申来候」（上杉家文書）

てづめかかり【手詰懸】戦法の一つ。敵に接近してから急に打ちかかり、一気に勝負をきめるもの。「手詰懸の戦法は両懸の如く、持槍を陣前一面に押並べ、其陰に力量強く勇壮なる者を選び（中略）敵間五六間までに楯陰より右壮士喊々声を揚て、敵中に割入り、縦横無碍に敵兵を打ち倒し（中略）一挙に敵を打崩す」（兵法一家言）

てつや【鉄屋】金属工業のこと。「鉄屋大工職事、如前々申付候」（鉄屋水野文書）

てつやく【鐵役】鍛冶にかける吹屋銭のことか。「鐵役三春へ仰遣さる、尤も此上其許へも鐵役御賦《くば》りに及はるへし」（伊達家治家記録）

てとう【手遠】遠く。遠いところ。「松山よりは手遠《てとう》にして此輩に加るへき地形にあらす」（伊達家治家記録）「当陣之備者、無異儀候、手遠候共、其口之儀無心元候間」（広瀬文書）

てどり【手取】素手で捕まえること。生け捕りにすること。「三月朔日御動座候間、彼逆徒等手取ニ可被仰付候」（黒田家文書）「自害をもさせず手取にせんとをしよせて、四人生捕けり」（室町殿日記）

てなみ【拮】手並み。働き。「猪子才蔵など云兵《つわもの》共、随分の拮《てなみ》を揮《ふる》う」（北越軍談　中）

てなみをあらわす【手並を顕はす】武功をたてること。「国境毎度の合戦に手並を顕はし」（関八州古戦録）

てなれ【手成】「手馴れ」のこと。弓矢に熟練している。「弓矢依手成御領中令不作候者」。（伊達家治家記録）

てにっき【手日記】忘れないために、常に手元に控えて記録するための帳面。備忘録。「自粟津供御任申状事、武家へ可被仰出之間、手日記可調進之由有之」（言継卿記）

てのう【手能】「手猿楽」に同じ。素人または他の雑芸者出身の猿楽者の集団。「今夕於讃州第有松拍、松拍十番、手能五番有之由、永徳伝語之」（蔭凉軒日録）

てのこひ【手拭】手ぬぐい。「てのこひ《手拭》　壱ッ　あふき《扇》　壱　ほん《本》　たひ《足袋》　さうり《草履》　壱そく《足》　みのかみ《美濃紙》　弐そく《束》」（黒田家文書）「中に勝頼公白き御手のごひにて鉢巻をなされ、前後御太刀うち也」（甲陽軍鑑）

てのばし【手延】時機を失し手遅れにすること。手遅れ。「さやうのものを手のばしにしてはにて候程に廻調略搦捕べきよし申付候間」（石山本願寺日記）

てのはんぷく【手の反覆】裏切り。「江北淺井備前、手の反覆の由、追々、其の注進候」（信長公記）

てのべ【手延】なすべきことが延び延びとなっている。「御手延之儀」（黒田家文書）

てはし【手端】敵の勢力圏に接した境を守る味方の一方面軍。「桑野の城は手端なる故」（元親記）

てばしこ【手敏捷】「手捷《てばしこ》い」のこと。すばやい。すばしっこい。「正龍寺表《おもて》において、明智を討ち果たされ候事、手《て》敏捷《ばしこ》き故なり」（川角太閤記）

でばり【出張】出陣のこと。「今月十日中納言出張堅申付候、其外諸卒追々出陣候条」（黒田家文書）「外構へを乗っ取る輩《ともがら》二、三百、出張《でばり》を打ちて支《ささ》えたり」（播磨別所記）➡「出張《しゅっちょう》」を参照

てびや【手火矢】鉄砲のこと。「従爰元も段子十端、手火箭一个進之、御祝例計候」（貴理師端往来）

てびん【手便】手元、手近に。「人前にて飯くひ候やう、（中略）手遠なる汁菜を取候とて、物こぼしなど候事見にく、候、只手便なる物をくふべし」（宗五大草紙）

てぶみ【手文】手紙。「手文皮子入之」（東寺百合文書）

てぶり【手振】①従者、伴の者。「手振の小姓・若党」（長元物語）②筆跡。「江良丹後守手振をよく似せ候者」（老翁物語）

てへり【者】➡「者《てえれば》」を参照

てぼこ【手鉾】薙刀に似て身は「く」の字にうねり、刃は内ぞり、柄に麻糸を巻き、鉄の口金と木の石突をつけたもの。（奥羽永慶軍記　下）

てぼそ【手細】腰帯。「枕元に置し鎖帷子《くさりかたびら》を着し、同じく手《て》細《ぼそ》を以た鉢巻し、火打・付木を懐中し」（奥羽永慶軍記　上）

てまえ【手前】ある人に属していること。または関係していること。または人のなす仕事。「御無事之儀、最前加藤主計手前ニて可仕之旨、被　仰出候」（黒田家文書）

てまえよりこ【手前寄子】助勢の兵士。「片山志摩守、手前寄子どもに百余人を指しつかはす」（南海通記）

てまとく【汰く】手際よく。てきぱきと。「一万・二万の軍衆を五人・十人引連るる如く汰《てまと》く自由に遣《つか》ひなし」（北越軍談　中）

てまどり【手間取】日雇取りの者。日雇。「きさい藤二郎事は時之手間取にてやとはれ候間、はなをそぎ、山中を引廻、身命をばたすけ山を払申候」（梅津政景日記）

でまる【出丸】本丸から張り出して築いたくるわ。出城。

「由良の出丸には鳥山出雲守入道」（関八州古戦録）

てまわりのもの【手廻之者】 主将の近くで守護する兵。旗下・小姓のこと。「今度岡崎家康出陣、我等手廻之者共、一番合戦之儀論之間、家康被申付候」（津田文書）「手廻のもの、草履取・馬取」（長元物語）

てむかえ【手向】 抵抗すること。また、敵を迎え撃つこと。「其時尾張一身之才覚ニテ、元就手向ナルマジク候」（大友記）

てむき【手向き】 しぐさ。「何とおかしげなるてむき仕り候てもくるしからず候」（御家誡）

でめ【出目】 ①二つの数量を比較して、一方が他より多い場合の差額。「口米は壱石に付弐斗、あけおろしの出目も弐升可在之事」（島津家文書）②計量などにおいて、何らかの操作によって出た余分の量目、数量をいう。「抑一万五千石、帳面七千二百石、出目ニ取之云々」（多聞院日記）

てもち【手持】 ①手に取るしぐさ。②比喩的に「あの人は手持ち悪い」（あの人は主君との間か）。（日葡辞書）

てもと【手許・手元】 手近な所。（日葡辞書）

てやす【手安】 軽装のこと。「御舟遊として手屋《安》すにて御出で成され候」（御家誡）

てやり【手遣】 手鎗。手鑓。長柄《ながえ》に対して、九尺柄を普通とする長さの鎗。「わき丶、数ケ所の御敵城へは、御手遣《てやり》もなく」（信長公記）　➡「手遣《てづかい》」を参照

てより【手寄】 事をするのに、手近かにあって利用しやすいさまであること。また、そのもの。「幸手寄之儀候間、相催紀州泉州根来寺等、火急働可為神妙候」（細川家文書）

てよわい【手弱】 手の力が弱い。転じて、勢力が弱い。弱々しい。かよわい。おぼつかない。たよわし。「てき物見を早々にかけ、てよわく引取候者、かまりをふせ候と心得」（上杉家文書）

てらいり【寺入】 ①「寺預《てらあずけ》」に同じ。室町末期から安土桃山時代にかけて、罪人を寺院に預けて禁錮したり、蟄居謹慎させたりすることをいう。「忠節・忠功の武士の子孫ならば、御成敗あるべきをも、命をたすけ、坂をこさせ、改易の科をば、寺入に仰付られ候」（甲陽軍鑑）②寺院で蟄居謹慎すること。自家からの出火、不行跡、争い事などがその理由となった。「今武蔵相模の俗自火を出し焼込あれば寺入とて寺に入事有」（松屋筆記）

てらやく【寺役】 寺の役目。また、住職の仕事。「則可参御礼之処、寺役等不得其隙、令遅怠之条」（政基公旅引付）

てれん【手煉・手練】 錬磨して慣れた手際。（南海通記）

てわきしゅう【手脇衆】 主君の出行のとき徒歩で従った供衆。北条家では徒若党のこと。上杉家では身脇衆。武田家は廿人衆。徳川家では走衆と呼んだ。「総ての陣中身脇《みわき》（南方にては手脇衆、甲州にては廿人衆、徳川家にては走衆と云）の隊長を随鎧の武者と定め」（北越軍談）

てをいれる【入手】 相手方の領地などにちょっかいを出す

た

こと。「壬生口へ揺於相挊之由、其聞候、水谷事も宮領へ入手候」（小田部好伸氏所蔵文書）

てをうつ【手を挊つ】 手を打つ。拍手すること。「彼穴え馬の尾を通し見せたりければ、諸人手を挊《うつ》て感ぜしとぞ」（北越軍談）

てをこまねいて【手を提て】「提」は「拱」のこと。手をこまねくこと。「北条家の人数は手を提《こまねい》て城に入《いれ》にけり」（関八州古戦録）

てをひらく【手を披く】「手を披く」とは、手の内を見せる、誠心を示すという意。「兼日度々手を披《ひら》かれし事今に於て御失念なし」（伊達家治家記録）

てんあい【点合】 承諾する。「就其一書旨条々存知中候、一々点合候」（沢氏古文書）「是は無検断さきに連々彼者之事そなたへ誂置候由、点合なく候者、可為検断儘事」（相良氏法度）

てんい【転位】 位置が変わること。また、位置を変えること。「永泰院周隆侍者、為関東使節故、参暇于天龍寺、転位于蔵主」（蔭凉軒日録）

てんがいかねゆき【輾磑包行】 大和手搔派の刀工。「二尺一寸ありし和州輾磑包行《てんがいかねゆき》を帯副《おびそう》を挺《ぬき》て、亦敵陣に向玉ふ」（北越軍談）

てんかいち【天下一】 近世、天下唯一の名人の意味で「天下一」の号を名乗ることを許された鋳物工、陶工などの家。信長、秀吉が称号を許したのに始まる。天和二年に禁じられた。「角て鏡の裏を御覧ずれば、天下一《テンカ》と銘ぜし也」（信長記）

てんかく【典客】「てんきゃく」とも訓むか。「知客《ちか》」の別名。禅堂の職名で、外来客の応接に当たる。「彼の運公、衆寮《しゅうりょう》に在りて、職、典客を仕《つかさど》る」（一徳斎殿御事蹟稿）

てんき【天気】 ①天皇の顔色。（日葡辞書）②天皇の命令。「以天気一天下之儀被　仰付」。（伊達家治家記録）

てんきゅう【典厩】 左右馬寮《めりょう》の唐名。「是は道筋近かりければ、頓て典厩に押しつゞき、二の手の様に備へたり」（一徳斎殿御事蹟稿）

てんぎょう【転経】 経文を読誦すること。また特に、「転読」することをいう。「御成同、転経、未刻、自勝智院至普広院御焼香、転経以後」（親元日記）➡「転読《てんどく》」を参照

てんぐび【天狗火】 原因不明で燃える怪しい火。不審火。また、山中や海上にみえる火のようなもの。鬼火。狐火の類。「去比金剛山の法起堂令炎上了、希代事也、天狗火也」（大乗院寺社雑事記）

てんけ【阽気】「えんき」が一般的か。危ういこと。「是へは柿崎和泉守・河田豊前守を差副占置《さしそえしめおき》申すに、聊《いささか》も阽気《てんけ》なし」（北越軍談　中）

てんけん【天譴】「天譴」の充て字。天罰。「合戦に及ぶの刻、天譴廻避するに所なく」（甲乱記）

でんご【殿後】 軍隊のしんがり。あとおさえ。「先鋒殿後

センホウデンゴ　在軍前謂之先鋒、在軍後謂之殿後、〈韻会〉軍前謂啓軍後曰殿、〈韻府〉共軍魁致忠節義也」（文明本節用集）

てんこう【天幸】 天の恵み。「此者共五十日の内に、狂気さし、或はてん《天》かう《幸》をかき、落馬にて死る」（甲陽軍鑑　中）

てんさい【碾砕】 茶を臼で挽くこと。「風味従来太苦酸、即今碾砕為君献」（性山公治家記録）

てんさつ【田札・点札】 係争中の田畑などの耕作に関する禁制。また、領主が年貢未進者の田畑などを差押さえた立てた札。点定《てんじょう》の札のこと。田札。差押え・没収する旨を明示する札。「地頭申す旨あって、点札を下すの処、作毛を捨つる」（甲陽軍鑑）「公方人与号し田札する事、公事相手に其旨趣をことはり、其上田札すべし」（今川仮名目録）

てんし【天賜】 天からのたまもの。天から与えられた物。また、天子から賜わったもの。天皇の下賜品。「天賜の御旗をば衣笠十郎兵衛満好（中略）御名代として二百余騎にて粟田口へすすめられ候」（粆井家日記）

てんし【点紙】 書状などを送る時、書状を巻き込む上包みの紙。普通、本文と同じ紙質の紙を用いる。礼紙《らいし》。「礼紙をば点紙と云ふ」（書札礼）

でんしゃ【田者】 農夫。百姓。田夫（でんぷ・でんぷ）。「いかなるてんしゃの手にかからんもくちおしや」（武田勝頼滅亡記）

てんしゃく【天酌】 天子から直接酒杯をいただくこと。また、その酒杯。「及晩参内、亥刻計有天酌」（実隆公記）

でんしゃく【伝借】 ①仲介者を経て、他人から物を借りること。「円悟心要和長朝臣可伝借由先日命之間、示其趣之間、被携来之」（実隆公記）②他の人から物を借りることを、憚っていう語。「御指貫にても、袍なども自然御伝借之儀不可叶候哉」（実隆公記紙背文書）

てんしゅ【天酒】 ①天から与えられる甘いつゆ。不老不死の霊薬とされる。甘露。「及半更事終、予一人宿黒戸（中略）天酒也、過分々々」（継芥記）②天皇から賜わる酒。「天酒出候て祝了、範国朝臣、長淳御前之番衆所に祇候候て雑談了」（言継卿記）

てんじゅ【天守・殿守】「天守」は「てんしゅ」とも訓む。天守閣。「二時の内にやけはらひける。天じゅ《守》に火がかかりければ」（三河物語）

てんじょう【点定】「天定」とも。中世、土地・家屋や農作物などを差し押さえたり、強制的に没収したりすること。「未不知行候、去年作畠天定候処」（永弘氏輔書状）

でんせつ【傳説・伝節】「伝節」は「伝説」の充て字。風評、評判。情報。「白川口今日に至るまで何事なし、傳説の如きは、一両日中に佐竹義宣術《てだて》に可被及」（伊達家治家記録）「伝節なから猪苗代之義やふれ申候由申来候」（伊達天正日記）「随而天草と義虎和平之調儀候之由、過船伝説に聞得候」（上井覚兼日記）

てんぜん【輾然】「躧然《からから》」に同じ。大いに笑うこと。「実《げに》も

浮世の停立《たたずまい》は不定なる者哉《かな》とて輾然《てんぜん》と打笑玉ひ」（北越軍談　中）⬇「躒然《からから》」を参照

てんぞ【典座】 禅宗で台所を指揮する役目。また、その僧侶。（日葡辞書）

てんそう【伝奏】 天皇へ武家から願い出る事を伝達奏聞する役。また、その役目の人。（征韓録）

でんちやく【田地役】 戦国時代、武田氏が神社の造営、修繕などの費用に供するため、田租に付加して課した雑税。田役。「一八月十五日之御神事、彦左衛門尉田地役に候へども、彼神田荒て埋波浪底、年久則断絶無據事」（信濃国諏訪神社文書）

でんちゅうそうぶぎょう【殿中総奉行】 室町幕府の職名。将軍の居所の重要な事務を統括するもの。伊勢家の世襲職であった。「貞継（中略）伊勢守、政所、殿中惣奉行」（伊勢系図）

てんちょう【覘牒】 情報など。「甲州の覘牒見届けて注進するを、晴信聞き申され」（一徳斎殿御事蹟稿）

てんでに【手々に】 各自が。各々が。「若者ども追ひ付き、、、、、、二つ三つ宛《ずつ》、手々《てんで》に頸をとり持ち、御前へ参り候」（信長公記）

てんてん【輾転】「輾転」の充て字。**「輾転の思い」**、**一睡もできないほど悩むこと。**「外郭の者共は本丸の通路の地断じたると輾転の思をなし」（北越軍談）

てんでん【展転】 **急いで移ること。人から人へ伝えること。ころころ変わること。**「我等は一語にまかりあるべきと申す口、展転《てんでん》して早々暇乞《いとまごい》なしに馳上り」（甲陽軍鑑　下）

てんとう【纏頭】 **功を賞し、あるいは労をねぎらうために賜う物。文芸を賞して与える金銭、祝儀。**「金春大夫に下し賜う。其の外六十余輩、各被物これを纏頭《てんとう》す」（駿府記）⬇「被物《かずけもの》」を参照

てんとう【點頭・点頭】 うなずくこと。「僧點頭し去と見給ひて　御夢覚ぬ」（伊達治家記録）「公点頭《てんとう》ましまし　足下が議論一段道理を得た」（北越軍談）

てんとう【奠湯】 **死者の霊前に湯を供すること。その役を勤める僧を奠湯師。茶を捧げるのは奠茶（師）。**「念誦《ねんじゅ》は圭首座、葬衆は暾首座、奠茶《てんちゃ》は速伝和尚、奠湯《てんとう》は高山和尚、導師は快川和尚とぞ聞こえし」（甲陽軍鑑　下）

てんどう【転動・顛動】「転倒」に同じ。**平常の落ち着きを失ってうろたえること。度を失うこと。転動。動転。**「宗兵衛足軽以下明日〈廿八日〉可出張云々、地下伝勤之外無他」（政基公旅引付）

でんどう【田頭】 ①**田のほとり。ここは城外の意。**「焼はたらきあそばし候へ共、各《おのおの》居館《いだて》へ籠《こもり》、田頭《でんどう》へいでて、たてをつき申事」（甲陽軍鑑　中）②「田頭《たがしら》」とも。**田のほとりの広場。転じて一般の広場をさす。**「比興なる合戦は、氏政もいたさるまじく候。さなくて田頭《でんどう》へ押出し」（甲陽軍鑑　下）⬇「田頭《たがしら》」を参照

てんどき【坫・土・壇】 共に「盛り土」のこと。「三重の堀・坫・土・壇《てんどき》等を越て本丸へ忍び入り」（奥羽永慶軍記　下）

てんどく【転読】 大般若経を全て読誦するのではなく、タイトルのみを読むこと。⇕真読　「万里大般若転読一帙被送之」（実隆公記）　⬇「真読《しんどく》」「転経《てんぎょう》」を参照

てんねんに【天然に】 無意識に。「浄土寺へゆけば、天然《てんねん》に念仏申度心有、と同事也」（甲陽軍鑑　中）

てんぱい【顛沛】 顛覆すること。（日葡辞書）

てんばん【転番】 番替わり。「而《しか》して時方《まさ》に寒方酷《はなはだ》し、因りて両所守禦《しゅぎょ》を留め、転番を為《な》し而還り」（伊達正統世次考）

てんまいん【伝馬印】「伝馬朱印」とも。戦国時代、伝馬手形に押した朱の印判のこと。北条氏、武田氏、徳川氏が有名である。

てんまはじゅん【天魔波旬】 欲界第六天の魔王。単に魔王とも。「一所にありていかなる天魔波旬なりとも恐るへしともおもひかけさりし」（関八州古戦録）

てんやく【点役・天役・點役】 中世、領主が臨時に点定して課された雑税。「典役」とも。「為不入可有寺務旨有之上者、向後棟別四分壱、其外点役・課役・押立人足・四囲竹木見切以下一切免除不可有相違」（宝幢院文書）「名主百姓ノ請取返抄、臨時点役証跡」（文明十四年鈔庭訓往来）「相州依智之郷梅山妙傳寺點役・棟別免許畢」（北條家朱印状）

てんろうのこころざし【簞醪の志】「簞醪《たんろう》」のことか。濁り酒。一杯のどぶろく。良将は兵を用いるに酒を勧めるという故事による。「心の逞しき事は鉄石のごとく、譜代武恩の昔を忘れず、簞醪《てんろう》の志を励まし」（奥羽永慶軍記　上）

てんをかける【点を掛ける】 記号をつける。斜線を引いたり、印をつけたりすること。「右之内可然候を、点を懸可給候」（上杉家文書）

どい【土居】 ①家を建てる場所。あるいは、地所。（日葡辞書）②地頭・名主などの屋敷。（毛利家文書）③土を盛り上げて造った障壁。「小田原ニ町三丁内ニ押詰、二重三重塀・柵・土居・雲鴈丈夫ニ相付、一人も不落抜様ニ」（黒田家文書）

どい【塹】 塹は城をめぐる濠をいうか、土を盛り上げた塁の意にも用いる。（南海通記）

どいとり【土居取】 城を築く時、城の四方に土居を築き上げて、その上に塀をつくる場所。平城の場合には多くこれを用いた。

といのおぼえ【都鄙之覚】 評判。信用。（関原陣輯録）「数百人討果之、至大坂兵粮差籠、都鄙之覚大慶存候」（山口県文書館蔵毛利輝元書状）

といまる【問丸】 貨物の輸送、年貢の販売、旅宿、倉庫を兼ねた商売を営む者。のち専門の問屋が発展してくる。（元親記）

といや【問屋】「問丸」に同じ。中世、港や都市に居住して、

た

年貢米など物資の保管、運送や配船、中継取引および船商人への宿所提供などを業とした人。また、その業務。津屋。「正願院方塩座衆申、自問屋至座中之塩屋送駄之時、必問屋之披官一人為宰領（めのと号云々）者也」（大乗院寺社雑事記）

どいやぐら【土井櫓・土居櫓】 土盛りをした台の上に組んだやぐら。「留守殿政景は物近に土井櫓《どいやぐら》を築て、鐵砲を撃懸らる」（伊達家治家記録）

とう【当】 名詞の上に付いて、この、その、現在の、さしあたっての、などの意を表す。「小笠原彌次郎長綱当奉公之処」（上杉家文書）

とう【頭】 ①集団・団体の長。かしら。おさ。「今日物書会あり、法印之とう也」（言継卿記）②祭礼や集会などで当番にあたって事を行なう人。頭人。「抑都護卿亭会来月十二日、中御門中納言与予頭也云々、仍短冊三十首為兼日題今朝先遣之」（実隆公記）

とうい【当意】 当座。当座は。「弥二郎申は、駿河守代にも当意の合力にてこそあれ、つかはすとは是なし」（甲陽軍鑑 下）

とうい【恫意】 畏れ悼む気持ち。「向後進退相当、恫意《とうい》を加へ、又忠節戦功に随ひ、直恩《じきおん》を出すべき事」（甲陽軍鑑 中）

とうかい【韜晦・韜晦】 自分の才能などを隠すこと。他人の目をくらまし、隠すこと、ごまかすこと。「公の近習北条神七郎奇異の所以《ゆえ》有て出塵し、韜晦《とうかい》の沙彌《しゃみ》と成れり」（北越軍談 中）「自然斎宗祇《じねんさいそうぎ》・島田の宗長など云韜晦《とうかい》の好士」（北越軍談）

とうがさ【唐瘡】 梅毒のこと。「佐渡は三年もすごさずして、顔にとうがさ《唐瘡》を出して、胞顔《はうがを》くつれてをくば《奥歯》の見えければ」（三河物語）

どうかたぎぬ【胴肩衣】 袖のない胴服。袖無羽織。そでなし。「味方討なきやうの事、（中略）一、うはぎ、胴肩衣《どうがたぎぬ》、白く。口伝」（甲陽軍鑑 下）

どうかべぶね【胴壁船】 胴（船の横面）が壁のようにできている軍船。（万代記）

とうかん【等閑】 おろそかにすること。「不可有等閑候」（黒田家文書）「信長に対し等閑《とうかん》なき輩《ともがら》」（信長公記）

とうかんなし【無等閑】 いい加減に思っているところがない。忘れることがない。また、極めて親しい。遠慮がなくて心やすい。ねんごろ。別懇。懇親。「来し方の等閑なきに宿を尋ねおとづるるが」（醒酔笑）

どうき【同気】 同じ一族。（黒田家文書）「就同氣謙英事、美織落掌喜悦至存候、手足之働御察通候除俗忘候付」（尾張大納言宛水戸光圀書状）

とうきゅうにん【当給人】 仲介。（日葡辞書）

どうぎをもよおす【催動儀】 事態が動き出すこと。軍事行動が始められること。「如顕先書、京勢催動儀必然之様ニ告来間、先諸軍勢を急速相集候」（浅草文庫本古文書）

た

とうきん【当今】 今上天皇。「そも丶丶、当今《とうきん》さまは、百王百代このかたの聖王なり」（太閤さま軍記のうち）

どうぐ【道具】 日常用いる身の回りの品。調度品。（黒田家文書）

どうぐしゅう【道具衆】 槍奉行に属し、戦場で長柄の槍をとって戦うことを専務とする騎馬の武士。「是も御中間・御小人・御道具衆も給る」（甲陽軍鑑　下）

とうけ【当毛】「とうげ」とも。今年の稲など田の作物の作柄を指していう語。「当作」に同じ。（「毛」は稲穂の実りの意）当年の毛。当年の作毛《さくげ》。「麦マキ来年ヨリ地子可計之通也、当毛無足了」（多聞院日記）「本文書十通相副、自当毛限永代、奉寄進処実也」（高野山文書）

⬇「当作《とうさく》」を参照

どうけ【洞家】 曹洞宗の僧侶。（日新菩薩記）

とうこにち【道虚日】「どうこにち」とも。陰陽道で他出を嫌う日。毎月の六日、十二日、十八日、二十四日、晦日。「道虚日　ダウコにち　六月十二日十八日廿四日卅日出陣遠行忌之」（弘治二年本節用集）

とうざ【当座】 当座和歌のこと。和歌・連歌の世界で、題を出される、その場で和歌・連歌を詠むこと。また、その作品をいう。「執事発句賦物已下、才覚未練之間、当座定可及赤面歟」（文明十四年鈔庭訓往来）「三十首題の御歌これ有り、御當座さぐり題也」（御家誡）

⬇「兼日《けんじつ》」を参照

どうさ【動作】 戦いを仕かけること。兵を動かすこと。「今日に至りて未だ其の動作を聞かず」（伊達正統世次考）

どうざ【動座】 貴人が出陣すること。「為先勢羽柴八郎其外追々人数差遣候、関白殿（豊臣秀吉）御動座日限事」（黒田家文書）「秀吉公御動座なされ、御たひぢ候はんのよし、おほせいだされ」（太閤さま軍記のうち）

とうさい【東塞】「塞」は砦、とりで。国境。「東塞」は東の国境。「下向有《あり》し以来、苗裔《びょうえい》繁茂し、東塞《さい》に列侯して」（北越軍談）

とうさく【当作】 今年の耕作または立毛（たちげ＝作柄）。（日葡辞書）

⬇「当毛《とうけ》」を参照

とうさくぎょう【東作業】 耕作の作業。農業。「東作」は、春の耕作、田作り。⇔西収。（日葡辞書）

とうざんは【当山派】「当山衆」とも。醍醐寺三宝院を本山とする修験道の一派。「登る事十七八丁にして、当山派年行事の修験潜龍院という者の許に至る」（長国寺殿御事蹟稿）

とうじ【湯治】 温泉、または薬草などを入れた風呂に入って病気を治療すること。「最前に給候飛脚、湯治之在所へ来候間」（上杉家文書）

どうしいくさ【同士軍】「同士軍《どしいくさ》」に同じ。味方が味方と戦うこと。仲間内で戦うこと。同士討ち。どしたたかい。「同士軍　ドウシイクサ　或作等士《トウシ》」（文明本節用集）

とうじゃ【偸者】 間者、間諜者の意か。「飯富兵部少輔が偸《とう》

者《じゃ》告来て、蔦加藤が所為《しょい》必定なり、と申すに付て」（北越軍談）

とうじゅう【答酬】 返事をすること、の意で、手紙の上書に添えられる語。「恐々頓首」。（日葡辞書）

とうじゅう【当住】 ①返事。また、返書の上書きに記るす語。（日葡辞書）②その寺の現在の住持を指していう語。「当頭〈とうちゅう〉」「堂頭」とも。「有当住無出仕者、長学侶可被出之由、廻文之状可被書之事」（高野山文書）

とうしょく【当職】 摂関職や管領職などのような地位の高い官職を婉曲に指していう。「御即位付而、御当職御事御座候間、先可有御延引由被仰出候条」（上杉家文書）

とうしょむ【当所務】 本年の年貢米などのこと。「当所務以下悉定納ニ可相弁候」（剣神社文書）

どうしん【同心】 ①連れ。「刑部、秀秋の同心候間、弓矢には勝ちたると」（関原陣輯録）②同道して。「増田右衛門尉殿、長束同心有て、木津え参られ、」（関原陣輯録）③鎌倉から戦国時代にかけて、武家に付属した歩卒をいう。戦国時代以降、特に「与力」よりも小身・軽輩のものをいう。「小山田弥太郎殿打死。同心ノ打死無限」（妙法寺記）「白石若狭手前の同心にと宣へども、弾正をば直に使ひ給ひ」（政宗記）「諸沙汰之座敷へ無用之者不可出、但評定衆幷奉行人、同心一人召具すべし」（今川仮名目録）「然る処に、榊原小平太同心に上方らう人有りけるが」（三河物語）

どうじん【同陣】 ともに陣にあること。「於予者不可同陣之間、可上洛也」（政基公旅引付）

とうじんざ【唐人座】 薬種座（同業組合）のこと。越前では、柴田勝家が、軽物座と唐人座の経営を越前の橘屋三郎左衛門尉に任せた。「軽物・唐人座、任御朱印之旨、橘屋仁申付候条」（橘文書）

とうす【東司】 ①禅寺で便所のことをいう。「衆寮東司《とうす》に至る迄、一宇も残らず一炬の焦土と成りて」（甲乱記）②東の方にある便所。（日葡辞書）

どうぜい【動勢・同勢・胴勢】 ①必要に応じて助勢に向かうために部隊の後方に控えている武士たち。（日葡辞書）②共に連れ立って事に当たる人々。「人数を取續陣取申付、為其同勢中納言丈夫ニ覚悟有之而、後詰可然之由」（黒田家文書）③供の者。「供の胴勢まで、小謦咳声《せきばらひ》もせず、数百人の上下無言にて」（北越軍談）

どうぜい【筒勢】 軍勢の中核として編成された旗本の部隊。本隊。「敵の軍場《いくさば》をとりて、敵に手をうしなはせて、筒勢《どうぜい》を引つけて」（甲陽軍鑑　中）

とうせいぐそく【当世具足】 近世の甲冑の総称。従来の札《さね》仕立で毛引威《けびきおどし》の甲冑類を具足と呼んだのに対して、それ以後の大型鉄板綴じ合わせの甲冑類をいう。（軍用記）

とうせつ【盗殺】 窃盗と殺人の罪。重大な罪科である。（日葡辞書）

とうせん【闘戦】 闘争、戦闘。「コレニ付テ世間ノ闘戦モ最

た

盛ナルヲ知ルベキニヤ」（太平記）

どうぜん【同然・同前】 同様。同じこと。「其方のき《儀》ハ、我らおと《弟》ゝの小一郎めとうせん《同然》に心やすく存候間」（黒田家文書）「五郎左衛門殿も、内々は、筑前守分別と同前なりければ」（川角太閤記）

どうだまり【胴黙】 表面からは窮いない底意地がありそうで、不気味に感じられるさまである。「此日比どうだまり、ぶしやう者は成敗可仕儀に候へ共、秀吉を切ぬき申候事きらい申候付而助命」（毛利家文書）

どうち【童稚】 おさなご。わらべ。子ども。「往昔童稚之時、唐三体詩等令読習之仁也」（実隆公記）

とうちぎょうぶん【当知行分】 現在知行している分。「其方当知行分内寺庵方、其方諸事可為如前々、縦新儀之課役雖為国並、其方於分領者、相除之状如件」（隠心帖）

とうちゃく【到着】「着到和歌」に同じ。和歌の詠み方の一つ。人数を定め、また期限も百日として、毎日一定の場所に参集し、あらかじめ定められた題によって、一首ずつ和歌を詠むこと。また、その和歌。「百日到着御歌雖非御番可詠進之由有仰、申領状了、仍毎日令詠進令持参」（親長卿記）

どうちゅう【洞中】 ①家中。一族の意。領内の意。「自然、御洞中別心の根出来申候へ共」（性山公治家記録）「御洞中之旁、何も御入魂不大方候」（滝田文書）②卑下して「弊屋」の意か。「九戸の洞中に来りて、何の所なりとも一城を持れ候らへ」（奥羽永慶軍記　下）③城の卑称。「使者を返しつゝ、矢島洞中《どうちゅう》の留守居には舎弟与兵衛尉」（奥羽永慶軍記　下）

➡「洞中《うつろなか》」を参照

どうづき【胴突】 ①中世・近世の水軍で使用する武具の一つ。長い棒の先に鋭い刃をつけ、接近した敵船の胴を突き破るためのもの。「どうづき掛と云は敵船に乗付、かすがいにてもかい、どうづきにて船腹を突破る役也」（北条軍船記）②城壁の上などに備えおき、攻め寄せる敵の上に落とす太い丸太。胴木。

とうてき【当敵】 当面の敵。めざす敵。「依之当敵上条播磨守幷同名越前守」（上杉家文書）

どうてん【動転】 びっくりして度を失うこと。非常に驚き慌てること。仰天。「其元火事に付而、定而とうてんすべく候儘、無何事出候よし、簡要候」（上杉家文書）

どうと【撞と】「ドォー」という擬声語。「屏風を返すが如く尻居《しりゐ》に撞と斃《たを》る」（関八州古戦録）

とうどう【東堂】 禅宗で本寺の前任の住職。他寺の前任を西堂というのに対する語。「禅家者、堂頭、和尚、東堂、西堂」（庭訓往来）「今日陽首座一回作善如形申付之、東堂五人、西堂五人、平僧十三人、沙喝二人」（実隆公記）

とうどう【当道】 ①中世以後、幕府の公認で盲人により組織された琵琶・鍼灸・導引・箏曲・三弦などの団体。「惣

別当道之輩、諸国令往還之条」（久我家文書）②都と田舎。（日葡辞書）➡「総検校《そうけんぎょう》」を参照

どうどう【同道】「同途」とも。連れだって行くこと。「藤宰相令同途、勾当局へ参」（慶長日件録）

とうとうしく【遠々敷】遠方。遠路。「厥以来者絶音問、御遠々敷存候」（持明院文書）

とうとん【当屯】当宿する。「斯《かく》て同月十八日海野平に出張、加賀川を後《うしろ》に当屯《とうとん》したまふ」（北越軍談）

とうにん【頭人】茶会・歌会などの会合で頭役を勤める人。世話人。「依及昏当座短尺略披講了、元連頭人也」（親長卿記）

どうにん【僮人】しもべ。小者。「一、士卒相会して、語るに密事を以て僮人《どうにん》をして嫌疑を生ぜしむること莫《なか》れ」（北越軍談中）

とうねい【諂佞】疑い、へつらう。小人で生まれながらの二枚舌。「諂佞の小人、両舌の生得にして」（細川家記）

とうのう【当納】当年の年貢のこと。定納は毎年定額の年貢を納入すること。検見（役人を派遣し、稲作の豊凶を検査し、年貢額を定めること）による納入法に対する。「一、当納いつれも可為定納候、但下の村ハ検見之上を以、去年のごとく米つもりにて、少之免をも可遣事」（東京大学史料編纂所所蔵文書）「不簡間田余田惣田数被懸了、先納当納共以百姓役計也」（多聞院日記）

どうふく【道服・筒服・胴服】「道服」は、「胴服」の当て字。羽織の古称。筒服とも。羽織の一種で、衣服あるいは甲冑の上に着す。袖なし、袖ありがある。袖無しは主として武士の陣中用とされた。「辛労不被及是非候、就其小袖一・道服一被遣之候」（黒田家文書）「太閤様御前江被召出、御筒服《どうふく》・御帷拝領仕候」（伊達家治家記録）「関白様御衣裳ハ、上ニカラヲリノ御小袖也、（中略）上ノ御ドウフクハ白キカミコ、ボケノウラ也」（宗湛日記）

とうぼう【頭甍】寺院の甍を並べる様子。「善尽し美尽す。堂塔に頭甍《とうぼう》を雙べたり」（甲乱記）

どうぼう【同朋】①中世、将軍家に近侍して身辺の雑務や特殊な芸能諸事を司った職。僧体ですべて阿弥号を名乗った。「ドウボウ〈訳〉館や高位の人の御殿で勤めるある種の僧」（日葡辞書）②中世、将軍家にならって諸大名家に設置され雑務に従った職。「細川之同朋忠阿彌為礼来間、於綱所勧盃」（石山本願寺日記）③茶事を扱う僧体の小吏。（桂岌圓覚書）「御こし物・御まき物《巻》くたされ候、其後御小座へ御越し候、御とうほう《同朋》ニハかたひら《帷子》下され候」（伊達天正日記）

どうぼうしゅう【同朋衆】「同朋の①」に同じ。「御物人夫注文（中略）同朋衆八日分」（斎藤親基日記）

どうほね【胴骨】度胸。「是と中も井上彦兵衛だいほねが能《よ》き故に」（関原陣輯録）

とうまちくい【稲麻竹葦】①「多い」のたとえか。「城の麓三方に陣を張り、其勢ひ稲麻竹葦の如くなり」（奥羽永慶軍記

下）②法華経方便品にあり。幾重にも取り囲むこと。雲霞の如し。「河越の城を囲む事稲麻竹葦の如し」（関八州古戦録）

とうまつ【当末】現在及び末代。問題とする事態が、今だけでなく、今後長く尾を引くという意。「対当家（島津家）竜造寺政家事可為無二深長之由以神文承上者、為義久到政家当末不可有疎儀之事」（島津家文書）

どうまるのぐそく【胴丸の具足】「胴丸」に同じ。（胴を丸く囲むところからの称）中世の札《さね》仕立の鎧の一種。「胴丸の具足を著て、物の具をくつろげ」（賀越闘諍記）

とうみ【遠候】見張り。「新関を居へ山上に遠候《とうみ》の番所をかまひて」（関八州古戦録）

とうもく【頭目】中心となる問題の事柄、また、人をいう。「抑田向宰相自去年源宰相絶交了、（中略）頭目俊阿事也」（看聞御記）

とうやく【頭役・当役】①連歌の座または蹴鞠・酒宴などで、その座を取り仕切る主人役。またその人。「今日大井関社連歌頭役」（政基公旅引付）②中世、神社の神事に奉仕する主役。祭礼、流鏑馬などの時、出費などの物的準備をする、その地の地頭または、宮座の座衆が村民を代表することが多い。「然者別会常為御門徒之間、御頭役見廻之分にて廻請可持参由申候間」（多聞院日記）③寺院で、逆修会・講・談義そのほかの仏事法会の主役。「大随求陀ら尼逆修之頭役懃仕了」（多聞院日記）

とうよう【当用】差し当たっての必要なこと。「当用に立つ」（必要な用に立つ、役立つ）。「次侍従寺主俊栄ヲ召テ、当用道具ヲ入件箱蓋・渡少行事」（満済准后日記）

とうよう【登庸】「登用」の充て字。採用される。用いられること。「渠は陸奥守氏照目鏡にて近習より登庸《とふよふ》《とりあげる》せられ」（関八州古戦録）➡「登庸」を参照

どうよく【胴欲】欲が深く、そのためにはどんな非情なことでも平気でする性格である。「縦彼衆上候共、晴賢に悪心とうよくの心候はば、正儀はあるまじく候」（毛利家文書）

とうらい【到来】報告。「猶又四国之人数差越され候到来」（関原陣輯録）

とうらん【筒乱】「胴乱」のこと。薬や印などを入れて腰に下げる袋。「小梁川中務盛宗入道泥蟠齋参上、筒乱《とうらん》廿一献上」（伊達家治家記録）

どうり【同理】「同断」の意。同じこと。「三本　大小旗持、具足、皮笠　一本　指物持、同理」（豊島宮城文書）

とうりがん【通雁】渡りの雁。「わか《若》大たか《黄鷹》まいり候、晩ニとう《通》りかん《雁》御てつほうはな《放》させられ候」（伊達天正日記）

とうりく【討戮】「討伐」に同じ。打ち負かすこと。「真壁兵部大輔構要害成敵讎間、可加討戮処、各退城内帰降候了」（武家事紀）

とうりょう【棟梁】中世、奈良興福寺の衆徒のうちで、特

た

に代表として衆中を統率支配したもの。足利義満の頃には筒井氏が一乗院方衆徒の代表、古市氏が大乗院方衆徒の代表となっていた。衆中棟梁。「衆中古市一任之棟梁也」（大乗院寺社雑事記）

とうりん【等倫】 同輩。同じ程度の仲間。「憲重答て力量も勝れ等倫《とうりん》にこたへたる径廷の者にて候」（関八州古戦録）

とうるい【党類】 同類の仲間。（日葡辞書）

とうろうのおの【蟷螂の斧】 自分の微弱な力量をはからずに強敵に反抗することを譬えて云う。「我等共にさいはい御免の妨《さまたげ》は、蟷螂《とうろう》が斧《おの》とやらんは未愚《いまだおろか》に候と申上る」（甲陽軍鑑　下）

とおがけ【遠駆】 ①遠くまで馬を駆けること。馬を駆けて遠くまで行くこと。「一、軍之時、不可遠懸事」（甲陽軍鑑）②敵を討つために遠く進んで攻撃をすること。（日葡辞書）

とおぎき【遠聞】 ①「兎毫に能はず」（これ以上書くに及ばない）。（日葡辞書）②武家で敵陣や人家に忍び込み様子をさぐること。また、その人。➡「物聞《ものぎき》」を参照

とおざむらい【遠侍】 鎌倉時代以降、武家の屋敷では、本殿より遠く離れた中門の脇などに、遠侍という建物を設け、警固や取次ぎの任に当たる武士の詰所としていた。「遠侍の輩に鐵砲稽古仰付らる」（伊達家治家記録）「仮屋といへども用心稠《しげ》しく遠侍《とおざむらい》を置れければ」（奥羽永慶軍記　上）⇕内侍《うちさぶらい》

とおぜめ【遠攻・遠責】 あまり接近せず、遠くから圧迫したり、攻めたりすること。「寄手是をみて、敵に玉くすりつくさせよとて、遠責にして日の暮行をあひまちける」（室町殿日記）

とおだち【遠立】 遠くの方から飛ばす。「太刀の光におどけて近くよる様にても遠立《とおだち》、村上（衆）は敗軍」（甲陽軍鑑　中）

とおにげ【遠逃・遠北】 遠くまで逃げ去ること。「明智滝川らはかみしてをかめき候言はの下より跡形もせぬほどに遠《とお》北《にげ》かしては候云々」（武家名目抄）

とおびき【遠引】 軍勢を合戦場から遠くに引き上げること。「合戦に討勝ち、御悦不斜、乍去未だ敵も遠引もせず」（新田老談記）

とおまき【遠巻】 遠くの方から取巻くこと。離れたところからぐるりと取り囲むこと。とおよせ。「一万四千の勢を率して佐和山へ馳向ひ、町屋を焼払遠巻にしたりけり」（江濃記）

とおみ【遠見】 ①遠くを見ること。遠くから見ること。また、そのながめ、状態、様子。遠目。転じて、先の見通し。「此地遠見無双壮麗、自愛自愛、暫徘徊」（実隆公記）②見張り、斥候。（日葡辞書）

とおみばん【遠見番】 遠見となって警戒偵察の役に当たるもの。遠見。「兼て用心を搆て、朝夕遠見番をきたりけん」（新田老談記）

とおめつけ【遠目付】 警戒または偵察のために遠くの状勢をうかがうこと。遠くまで潜行して敵状をさぐること。遠物見。「而一方をば態と囲まず明置て、落る者有かと遠目付を置けれども、一人も落る者こそ無りけれ」（奥羽永慶軍記）

とおもち【遠持】 敵軍から遠く離れて陣を控え、戦わないこと。「虎口の寄手も案に相違して、遠持にして居候」（武家名目抄）

とおものみ【遠物見】 高所に上ったり、遠くまで出かけたりして敵の動静を探ること。また、その役や人。「遠物見を置、寄手の怠りを見ては打出」（播州佐用軍記）

とおり【透】「透」は、「通」の充て字。～の通り。「此口之様子御見聞透、御使僧可有演説候」（斎藤報恩会蔵由良国繁書状）

とおる【衒る】 通る。「此者共がならびたる中を、敵としらで衒《とをる》所を平助が見て」（三河物語）

とがおとし【科落し】 咎落し。「科落し」は、酒宴の時の罰杯であるが、ここは罪滅ぼしの意。「歴々の侍たちに非人を見そこなふたる科《とが》おとしに両人の侍衆い巻物一ッづゝ持て玉屋権右衛門礼に参べし」（甲陽軍鑑　下）

とかき【斗掻・斗概】 枡に盛ったものをならすのに使う棒。「役人、判形のますに、とかきをいかにも正直にあてて〈米ヲ〉うりかふべきところに」（大内氏掟書）

とかく【兎角・菟角】 とにもかくにも。あれこれ。何やかや。（伊達家治家記録）

とかくのぎ【兎角之儀】 面倒なこと。「今度源太殿、関宿様可被申由申届候付、菟角之儀出来、其方無相違筋目、速承届候處證先段候」（北條氏康起請文写）

とかくもうすもの【兎角申者】 難癖をいう。いちゃもんを言う。「如此可為致商賣、猶本を被遣候、若菟角申者有之者、公方之御小者・中間ニ候共、則搦捕」（北條家朱印状写）

とがまえ【外構】 家屋敷の外面の構造。そとがまえ。「掟、（中略）一、とがまへの家屋敷、無理に不可取之事」（上杉家文書）

とがめ【尤め】 とがめる。非難する。「小田原へ不参ノ義尤メ玉ヒ」。（伊達家治家記録）

とかり【鉾笠】「とかり」は鉾《ほこ》の異称。「鉾笠」は充て字。「太刀の如くきつはに帯き、三尺あまりの金の鉾笠《とかり》、衣装鎧は右に同じ」（政宗記）

とき【則】 時。時節。「天下の耳を以て聴則《きくとき》は、聞えずと云者なし」（北越軍談）

とき【喊・凱歌・時・鯨波・鬨】 鬨の声。勝鬨のこと。合戦で、開戦に際し、士気を鼓舞し、敵に対して戦闘の開始を告げるために発する叫び声。また、戦勝の喜びの表現としても発した。「喊の声」（細川家記）「敵の押来るを見て部伍《たいご》を立直さんとひしめく処は甲兵凱歌を発し」（関八州古戦録）「太鼓を打ちて山も崩れよと時《とき》を作る。檜原の者ども是を聞きて」（奥羽永慶軍記　上）

どぎ【土宜】その土地の産物。「折々使札を以て土宜《どぎ》を寄せ、曾て確執の思莫《なか》りしとぞ」（北越軍談　中）

ときかしら【鬨頭】「ときがしら」とも。ときの声の初めの発声。すなわち、「えいえい」の声。「陣中にて日入ヌル時分、大将ノ陣より時かしらをあぐるに」（甲陽軍鑑　下）

ときげ【鴇毛】黒と白と雑毛の馬。（伊達家治家記録）

とぎしゅう【伽衆】戦国・江戸時代、主君に近侍して、武辺咄などをしたり、雑談などの相手を務めたりする職。また、その人。御伽衆。とぎ。「午刻到有間中書、江戸内府請待也、幽斎・有楽其外伽衆廿余人、有晩炊、昏黄帰来」（鹿苑日録）

ときに【旹】「時」の異体字。特に、棟札や造立木札などで用いる。「奉再興御輿一社大旦那泰忠　細工永茂　旹天文拾九年庚戌六月二日」（吾野神社神輿造立木札銘）

ときのけん【時のけん】その時に応じる便宜の手段。「時のけんにまかせて属《しょく》したる大名と中物也」（甲陽軍鑑）

ときのこえ【鯨波の声】「鬨《とき》」に同じ。「次西岡一揆発、東之山下へ千人計発向揚鯨波〈トキノコヱ〉無殊事打入之、為武家被行徳政」（言継卿記）

ときのこえ【鯨波・鮫浪】合戦で、士気を鼓舞するために多人数の者が同時に発する叫び声。戦闘のはじめ、大将が「えいえい」と叫ぶと部下一同が「おう」と答えた。ときの声。「入番の族《やから》を一人も不洩《もらさ》討捕給へと云て、鯨波《ときのこえ》を上鉄炮をはなち」（三河物語）「人数三千余騎にて取巻き、鮫浪をあぐる」（三好記）

とぎゃく【吐逆・吐却】不随意にもどすことで、嘔吐とは別。（長元物語）「ときゃく」とも。吐き出すこと。戻すこと。「御所様自去十一日御腹痛于今未休、剰御吐却以外也」（実隆公記）

ときゅう【菟裘】隠居。官を辞して隠棲する地。「菟裘《ときゅう》の地と宣《のたま》ひ、御館《おたて》の別業《べつぎょう》を構《かまえ》られし始」（北越軍談）

とぎょ【渡御】貴人・神輿などのお出ましをいう。「殿下〈秀次〉有間湯へ渡御了」（言経卿記）

とく【とく】徳利。「それにとく立なべ《並》候」（御家誡）

とく【蚤く】早い。「直江が最期に到らざる以前、蚤《と》く注進すべし」（北越軍談　中）➡「蚤《はや》い」を参照

とくう【土貢】年貢のこと。田畑の収穫について納める租税。（日葡辞書）「但彼土貢分、近年為国庁大仏殿修造方、候人衆収納候了」（阿弥陀寺文書）「時々下代共、理不尽之土貢申懸候者、百姓罷出、直訴可仕候」（吉川氏法度）➡「土貢《どこう》」を参照

どくうち【毒打】毒殺する。「最上内通あり、悪事を工《たく》み政宗病気も毒打ならんと唱ふ」（政宗記）

どくかい【毒飼】毒を盛る。服毒させる。「次郎殿を聟《むこ》に取り、宥《ゆる》し申し、毒飼《どくかい》を仕り、殺し奉り」（信長公記）

とくぎょう【得業】「とくごう」が普通。僧の学問上の階級。

「大樹の御連枝南都一乗院の得業《とくぎょう》覚慶（義昭）」（北越軍談）

どくぎん【独吟】 連歌・俳諧などで付合をしないで、一人で作る事。「御独吟御連歌アリ」。（伊達家治家記録）

とくごう【禿毫】「禿筆」に同じ。「揮毫」の充て字か。ちびた筆。「因って禿毫《きごう》を閣《お》く耳《のみ》、恐々謹言」（伊達正統世次考）

どくじゅ【読誦】 経を読むこと。読経。（日葡辞書）

とくせい【徳政】 ①中世、幕府・朝廷・大名などがその臣下や農民たちの貸借関係を条件つきで破棄させる法令を出すこと。「於今度徳政者、銭主借主共以令進納十分の一御倉、申給奉書、可令棄破之」（蜷川文書）「分国中徳政雖行之、当所中免除事」（近江八幡市所蔵文書）②禅宗で、本寺の前任の住職。他寺の前住を「西堂」と言う。（日葡辞書）
➡「西堂《せいどう》」を参照

とくせいほう【徳政法】 徳政を適用する対象と条件を具体的に規定した法令。徳政令。「徳政法之事、今度徳政御法之事、縦雖有未進過上請取」（久我家文書）

どくせき【毒螫】 毒牙、毒刺のある虫。互いに相手を刺牙で刺そうとして争うこと。「年来、毒螫ヲ相為ス」（伊達家治家記録）

とくせん【徳銭】 室町時代、幕府・守護・大寺社が近江坂本・奈良などの諸都市の特定の金持ちに負担額を指示して、臨時経費の支弁を求めた臨時の税。のちには、恒常化し、幕府・大寺社などの主要な財源となった。有徳《うとく》銭《せん》。「崇寿院、堺南庄徳銭同前」（親基日記）
➡「有徳銭《うとくせん》」を参照

とくせんやく【徳銭役】 大名領国内の財力ある者が負担した銭納の課役。徳役。「若三ヶ条之内一ヶ条も為無沙汰者、如此間可出徳銭役」（甲斐今沢文書）➡「徳役《とくやく》」を参照

とくたい【得替】 ①領主の交代。「慶長三年戊戌三月、景勝主会津え得替《とくたい》、其《その》旧地二萬貫」（北越軍談）②債務と債権を全面的に帳消しにする。（日葡辞書）③守護・地頭・荘官・代官などが、その諸職・所領を召し上げられること。「船岡合戦之時、押小路先代官階取四良次郎依御敵仕候、令得替候間、跡職事為闕所地、当院領地ヲモ令違乱」（田中教忠氏所蔵文書）

とくたつ【得達】「特達」の充て字。特にすぐれていること。「白石永仙、武略得達にて」（庄内陣記）

とくどう【得道】「得度」の充て字。出家のこと。「此の時、身より出だせる罪なりと、得道をこそしたりけり」（信長公記）

とくとく【疾々】 急いで。早々に。「何の悪《あし》き事や有べき。疾々《とくとく》米沢に来て我に仕へよ」（奥羽永慶軍記 上）

とくにち【徳日・得日】（「衰日《すいにち》」というのを忌んでいう語）万事について忌み慎むべき日。とくじつ。「自室町殿以赤松上総介被仰様、今夜以外御窮屈也、明日は例日、九日御徳日候、来十日御連歌可在候」（満済准后日記）「御返しは御とく日にていらせをはしまし候ほどに、かさねての事にて候」（言

た

継卿記紙背文書） ➡「衰日《すいにち》」を参照

とくにん【徳人】 ➡「有徳人《うとくにん》」を参照

とくひつ【禿筆】「禿毫」とも。自分の書く行為とか、書いたものとかを、謙遜していう語。「猶期其時之間、閣禿毫候」（証如上人日記）「耳目之所及不遑禿筆」（文明十四年鈔庭訓往来）「猶以て宜しく意見を加えらるべし、委曲は後音を期し、禿筆《とくひつ》を閣《お》く、恐々謹言」（伊達正統世次考）

とくふす【徳付す】「富付す」の充て字。儲けた。「死したる死骸数々あり。是に見あたる者、具足太刀を得て徳付しと云ひあへり」（奥羽永慶軍記　上）

とくまい【得米・徳米】 作職所持者が直接耕作者から取得する米。作職得分米。「龍安寺内養花軒へ永代売渡申処実正也、御徳米八十合枡ニ大豆壱斗六升可納之」（大雲山誌稿）

とくやく【徳役】「徳銭役」に同じ。「徳役之儀、無私曲贔屓偏頗、正路申付候之様、可相理之事」（諸州古文書）「為祠堂・銭米銭致寄附之由候之条、徳役之事、永代令免許畢者」（大泉寺文書） ➡「徳銭役《とくせんやく》」を参照

とくり【得理】 合戦・競争などで優位な立場に立つこと。「今日聞、河州教興寺合戦、顕氏得理之処、凶徒入夜俄襲来、官軍敗績」（園太暦）

とくる【沰る】「とける」とも。融ける。溶ける。「谿嶽の雪沰《とく》るを待著《まちつ》け、三月仲旬先以て関東え越山」（北越軍談　中）「時今衣更著《きさらぎ》仲旬にして、山谷の積雪も半《なか》ば沰《とけ》」（北越軍談）

どくをかう【毒を飼ふ】 ①殺す目的で毒をくわすこと。毒害。「必琳切に毒をかひなンどあるにをひては、勿躰《もったい》なき事ならんと」（甲陽軍鑑　下）②毒を盛ること。「振舞を仕るとて毒をかひ」（桂岌圓覚書）

とけい【土圭】 ➡「漏刻《ろうこく》」を参照

とげる【遂げる】 責任を果たすこと。「異儀無く其節を遂げらるゝに付て」（老翁物語）

どけん【土墳】 土を小さな丘のように盛ること。「去程《さるほど》に佐竹の陣には土墳《けん》を築き、柵を付け」（奥羽永慶軍記　上）

とこう【左右】「兎角」に同じ。面倒なこと。「縦令《たとえ》獲麟《かくりん》の顧命《こめい》なりとも、今に於て左右《とこう》に及べからず」（北越軍談）

とごう【兎毫】 ①手紙を結ぶ時の言葉。「以て伝達を請う、因って兎毫を止む、恐々謹言」（伊達正統世次考）②「筆」の異名。毛穎〈モウエイ〉、鼠鬚〈ソシュ〉、管城公子などともいう。「今日召筆士令結兎毫」（実隆公記）③「当住持」のこと。現任の僧侶のことを指して言う。（日葡辞書）

どこう【土貢】「とこう」とも訓む。田租として上納する産物。貢物として献上する土地の産物。「負物の分、年期を定め、田畠を渡す人は、土貢《どこう》分量を書き加え、沽却せしめんと欲せば」（甲陽軍鑑） ➡「一土貢《とくう》」を参照

とこうなく【左右無く】 運よく。「しづかに志和池へ引取ける間、左右無《とこうな》く味方も出合《であい》に及ばず」（庄内陣記）

とこなえ【長】 永く。永遠に。「是れ国家の安危を察し、

た

長《とこなへ》に社稷を保ち給ふべき謀に候とぞ」（武田三代軍記）

ところがら【所柄】 その場所に備わっている様子・性質。ある場所の状況や形勢。「右動相済上を以、仕置之城々所柄之儀、各見及、多分ニ付て城主を定」（黒田家文書）

ところしち【所質】「ところじち」とも。①債務不履行の時は、時・所を問わず差し押さえることを認めた貸借契約。国質もその一種。また、場所を選ばず抵当権を執行すること。貸主が借主に対して行なう私的差押さえを「所質を取る」という。「所」とは、国・郷・庄・村など借主が属する集団を意味する。「一、喧嘩口論、幷国質・所質、押買・押売、宿之押借以下、一切停止事」（近江八幡市所蔵文書）「他所にをひて、対当所、所質かなふべからざる事」（堅田村旧郷士共有文書）②何か負債のかたとして他国に取り上げられた抵当（質）のこと。（日葡辞書）

⬇「国質《くにじち》」を参照

ところづけ【所付】 住所、名前などを記した書付。「両国にて寺社に有立分書付可相越候、但、大社又は被立はて不叶寺方などは被相除、其外何も所付を御書付て、可有御上候」（島津家文書）「為其褒美貳千石所付別帋在之宛行訖」（黒田家文書）

とさかみ【土佐紙】 土佐国（高知県）から産する和紙。「従一条殿御約束之厚土佐紙一帖、針三本被送下了」（言継卿記）

どさく【土作】 土木工事などに犬馬の労をとるの意か。「於其、土作可被抽忠節候段、別而馳走之旨、尤以神妙候」（古案）

とざす【鎖す】 閉ざす。「定家自筆奥入これを所持す。しこうして揚名介のところ、註釈の上却ってこれを鎖すと云々」（駿府記）

とざましゅう【外様衆】 室町時代中期以降、諸大名の家格をあらわす呼称。「為御倉〈籾井相国寺鎮守之東〉警固、駆集御所中、外様衆被差遣之」（斎藤親基日記）

としぎり【年切り】 物事について、一定の年数を定めること。（日葡辞書）

としこばい【年勾配】 年齢に相応したこと。「寺川・赤口関いづれもとしこばい《年勾配》宿老にて、男子道いまだ若輩なりと見ゆる」（甲陽軍鑑 下）

としごろ【年来・比来】 ①数年経過して。②一つの家や場所に長年居ついている者。ずっと以前から奉公している者。（日葡辞書）

としごろ【頃年】「けいねん」とも訓む。としごろ。年頃。「頃年《としごろ》貴処の武勇に押妨《おしさまたげ》られ、毎篇素意《まいへんそい》に任せず」（北越軍談 中）

としざし【年差・年指】 物事をするのに、一定の年を指定すること。（日葡辞書）

としだま【年玉・歳贄】 新年を祝ってする贈り物。年玉物。年玉包み。お年玉。「四百八拾貫弐百卅二文　正月内衆の年玉よりはじめて諸職人之祝言折々御ふち」（高野山文書）

としちがえ【年違】 同じ年齢の者が死んだとき、同齢の忌を避けるためと称して年齢を一歳増やす俗信行事。「青女献盃供餅、是年違祝著也、聊憤世俗之風、有興者也、一昨日〈廿五日〉、申刻赤松三位政則終以卒去云々、四十二才、予同甲子也、依此儀有此事矣」（実隆公記）

としとり【年取】 大晦日。除夜、または節分の夜、一つ年をとる祝いに行なう儀式。また、その日。年越し。「廿八日の昼立にいたすべきとて、ゆるゆるとしてゐる、他の侍ども、年取用意に皆里へ下りて」（甲陽軍鑑）「年取には必嘉《か》例《れい》にして、大晦《つごもり》日のめし《飯》と元三めしをば」（三河物語）

としび【年日】 生まれた年の干支と同じ干支の日。この日は灸治を避けたという。「日州口之事、十七日は御年日にて候間、如何に被思召候」（上井覚兼日記）

としましだい【歳増次第】 年齢の高い順から。「当代日本の四大将は、御歳増《としまし》次第二先へ書す」（甲陽軍鑑 下）

とじめ【閉目・閇目】 そのことをひたすらつとめ、追及して全うすること。また、その結果の処置などをいう。「然らは涯分其御閉目《おんとじめ》に及はるへき所に」（伊達家治家記録）「堅志田番事、是非共御閇目肝要之通申候」（上井覚兼日記）「菟角其表社人社領閇目無緩可被申付候」（高良山座主坊文書）

とじょう【登城】 城に参上すること。⇔下城。「其子細委く可申聞各可有登城とふれらるる」（足利季世記）

どじょうじる【泥鰌汁・土長汁】 泥鰌《どじょう》とささがき牛蒡《ごぼう》などを入れた味噌汁。「壬生之西田所に朝飡有之土長汁振舞也」（言継卿記）

としより【老分】 家臣の長老、家老分。（元親記）

としより【年寄】 武家で政務に参与した重臣。室町幕府では評定衆・引付衆の総称。また、朝廷では議奏を指すこともあった。「年寄共同心可懸御目由申候」（上杉家文書）

としよりしゅう【年寄衆】 家老。「刀根山御取出御見舞として御年寄衆被召列」（信長公記）

とせん【渡船】 室町時代、中国・朝鮮などに通交して貿易を行なった船。また、その船による貿易。「渡船之煩費一向寺家不弁之・寂路菴弁之」（蔭凉軒日録）

とそう【斗藪・抖藪】 仏語。頭陀《ずだ》の訳で、仏道修行・行脚のこと。「公八歳、古志の山家に遷され、十三歳回国斗藪《とそう》、十四歳より白旄《びゃくぼう》を握って北陸東山に跋扈《ばっこ》し」（北越軍談）「公の免許を蒙り、素懐を遂て抖藪《とそう》の沙門《しゃもん》となる」（北越軍談 中）

どぞうかたしゅう【土蔵方衆】 「土蔵衆」に同じ。「於高辻室町土一揆数十人打取云々、町人幷土蔵方衆相戦云々」（後法興院政家記）

どぞうしゅう【土蔵衆】 徳政一揆の襲撃に備えて土蔵（金融業者）が雇った軍勢。土蔵方衆とも。「今日依徳政之儀有物忩事、京衆・土蔵衆上下二万人許相率、一揆張本之在所〈西京うづまさ、北山〉令放火云々」（二水記）

どぞうちょう【土倉帳】 金融業者・土倉の出納台帳。「質物札なしの事（中略）又者、於有相論者、被召出土倉帳、可

た

有札決之」（蜷川文書）

どぞうやく【土倉役・土蔵役】 土倉に対して課した租税。倉役。土蔵役。「土倉役事、随質物員数、如先規可致其沙汰之事」（蜷川文書）「為洛中土蔵約《まま》可致其沙汰之儀無子細云々」（満済准后日記）

とぞく【徒属】 仲間。ともがら。「内外の徒属《とぞく》機力を落して暗然たり」（北越軍談）

とぞく【蠢賊】「蠹賊」に同じ。物事をそこない害すること。「義兵を挙て越前表より上洛し、彼蠢賊《とぞく》を根伐《ぎり》すべし」（北越軍談　中）

とだい【斗代】 ①中世、田畑一段あたりの租税の額を何斗と定めた率。例えば、一段につき五斗収めるときは五斗代という。「百姓名分廿五丁二反六十歩、公田二丁五反十歩、舎人田一丁四反大十歩、各に斗代を相分て為起請符之地所申定也」（政基公旅引付）「其許検地之儀、一昨日如被仰出候、斗代等之儀、任御朱印旨、可も所々いかにも入念可申付候」（古文書選所収豊臣秀吉朱印状）②一反歩の土地に対する年貢収納高。普通は一段につき三～六斗。

どだい【土代・土台】「土代」、それを元にして正式の文書が作成される基礎文献とか草稿とかをいう。「先年此寺額予染筆土代、世尊寺書」（看聞御記）

どっきょう【読経】 経を読むこと。（日葡辞書）

とつつか【取鞆】「とりつか」に同じ。鞭の手に握りもつ部分。取束。「右にくちたる鞭《むち》の取鞆《とつつか》をもつて、左の頸筋《くびすじ》に指にて水ト云字ヲ書」（甲陽軍鑑　下）

どっと【咄と】 一斉に行動するさま。「群禽《ぐんきん》の葉山を出《いず》るがごとく、咄《どっ》と喚《おめい》て突て懸り、険隘《けんあい》を物共《ものとも》せず、散々に攻撃《せめうち》ければ」（北越軍談）

とつび【突鼻】 主人から咎めを受けること。譴責されること。勘当されること。転じて、主人の前で、まずいことをすること。面目を失うこと。はなつき。「裏松家人与畠山家人互刃傷殺害云々、室町殿被聞食、裏松畠山有御突鼻云々」（看聞御記）

とて（も）【迚・迚も】 ①～といって。「持口を定めて手分、手配りをせよ迚《とて》、宮城野口は」（関八州古戦録）②とても。「高麗人迚《とても》大ぬる山にて候間、誅伐生捕等一切無用候」（黒田家文書）

とてつ【途轍】 みち。すじみち。「畢竟（朝倉）義景中合候処、帰国失途轍候、雖然厥已後数度之戦功」（東老軒宛武田信玄書状）

ととうぶぎょう【渡唐奉行】「唐船《とうせん》奉行《ぶぎょう》」に同じ。室町幕府の職名の一つ。明・朝鮮・琉球などとの貿易に関する事務をつかさどり、飯尾氏が任じられた。「雖然渡唐奉行飯尾大和也」（蔭涼軒日録）

ととうやくしゃ【渡唐役者】 室町時代、幕府から明に外交の使者として派遣された正使・副使など。「渡唐役者事、与伊勢守可談合」（蔭涼軒日録）

とどく【蠱毒】 害毒。「右京亮義隆（于時十八歳）を己《おの》が亭屈《くつ》請《じょう》して人蠱毒《とどく》を与へ是を弑《しい》す」（北越軍談 中）

とどけ【届】 殉死。「（清水）長左衛門家人三人、届として乗船候」（老翁物語）

ととのえ【調】 ①**秩序ある状態にまとめること。**「被 仰出候、雖然、加主（加藤清正）手前難調ニ付てハ」（黒田家文書）「月々の御とゝのへ、ならびに御ゐんしんとして、きんすたんそくいたし、のぼせ申候」（天野毛利文書）②**双方の間で協議して、約定・協定などを成立させること。また、その約定・協定。**「勝隆寺之城堅固云々、但和睦之調有之云々」（言継卿記）

とどまる【屯る】 留まる。「成氏鎌倉に屯《とどま》りかね総州古河城に遷《うつ》らる」（北越軍談）⬇「屯《たま》り」を参照

とどむ【遏む】 とどめる。「冥の照覧も悚《おそろ》しと舌を掉《ふる》ひ、鉄砲を遏《とどむ》る処に、黠《ずる》き奸者側《かたわら》より差出て」（北越軍談）

どどめき【動々目木】「土留《どどめ》」か。土留の木のこと。「我ニ人の若が手向《たむけ》にせんと、動々目木《どどめき》に獄門にぞ懸にけり」（奥羽永慶軍記 下）

とどめをさす【留目を螫す】 止《とど》めを刺す。「若し深手を負ひ、生く可からざる者は、即留目《とどめ》を螫《さ》す可き事」（奥羽永慶軍記 下）

となえる【倡える・詢える】「倡」は「唱」と同じ。**事を始める。言い出すの意。唱える。**「倡《いざな》ふ」とも訓む。「多年會津・磐瀬より佐竹を倡《となえ》て、田村と戦はる」（伊達家治家記録）「香取大明神の応身より伝統せりと詢《とな》へ来るといへり」（関八州古戦録）⬇「倡《いざな》う」「詢《くど》く」を参照

どなる【訇る】 怒鳴る。「余すな洩《もら》すなと訇て切て出んと早《はや》雄《たけ》けるを」（庄内陣記）

とね【刀禰】 ①**その領地や地域を差配する長、古老の称。また、郷村や京の下級役人。**「ふかくさのとねきたる、きうぶん三斗の折紙出候」（山科家礼記）②**港湾の運輸業務を司る者、船宿主や船頭をいう。**「山々者其所庄屋、浦々ハ刀禰定置上者、若緩申付、猥出入者、即時右之者可成敗」（長宗我部氏掟書）

とのさま【殿様】 **主君や貴人の敬称。**「今度 殿様御情雨山忝存候処」（上杉家文書）

とのばら【党儕】「皆の者」という意の雄叫び。「『松田討《うた》すな続け党儕《とのばら》』とて四五百人追々に駈出ければ」（北越軍談 中）⬇「党儕《ものども》」を参照

とのばら【殿原】 ①**複数の男子に対する敬称。また、軽い敬意、親しみを込めていう。**「御つかゐ、わか上らうのとのはらにてつかはさるゝ」（御湯殿上日記）②**中世、大寺院に所属していた俗人の下役人。**「土呂より殿原共へ三種三荷三百疋、綱所の者共へ三種三荷三百疋、被遣候よし上野申候」（石山本願寺日記）③**公家・武家の家人。また、荘園などの侍格の身分の者。**「百性検断之時、殿原に仕候由共候、其地を格護候上者、百性にふせらるべし」（相良氏法度）

た

とはず【とはず】届かず。「諸口手堅く持たれ候故、此方御手たはず候て城相つまり候」（桂岌圓覚書）

とばつく【とばつく】あわただしく騒ぎ立てる。そわそわする。「軍場にてとばつく人きらひ申候。備なり候てあしきなり」（甲陽軍鑑　下）

とばり【戸張】戸の張り物。「神宮寺八幡宮に参り、心静に礼拝せられしに、戸張《とばり》の内に願書一通あり」（奥羽永慶軍記　上）

とばり【外張】軍陣の周囲から遠いところ。「御陣所にて御談合御さ候、夜入とはり《外張》上意様（伊達政宗）御越候」（伊達天正日記）

とびよう【飛様】「斗柄・頓瓢」の充て字。軽率なさま。またその人。「名字の為に一名を捨てたる飛様《とびよう》かなとて」（長元物語）

とふ【與風・与風】「与風」は「到頭（つまり、結局）」の充て字か。または、「風与《ふと》」の充て字か。「奥之儀餘無心元存候而、與風與風《とふとふ》致出陣候」（伊達家治家記録）

とふ【徒肌】「かちはだ」と訓むか。肌を出すこと。「一、手疵生瘡《てきずなまいえ》に、出陣せしむる剋《とき》、無断にて徒肌にて出ずべからざる事」（北越軍談　中）

とぶ【翰ぶ・翶ぶ】①飛び上がる。「忽ち駭《おどろ》き翰《とび》て其所を飛び去り、谷陰の木立《こだち》に宿らんとせしが」（北越軍談）②飛ぶ。響きわたる。「金石の堅きが如く、霎雲《しょううん》雨を帯びて暮山に走り、急霆《てい》疾く翶《と》びて九霄《しょう》に轟くが如く」（奥羽永慶軍記　上）

どぶがい【蚪】湖沼に産する貝。「蚪二籠到来候、志之至悦入」（松平定安氏所蔵文書）

とへい【斗柄】北斗七星の柄杓の部分をいう。ここでは運が向いてきたという意。「北条家先規より佳運の斗柄《とへい》に当れりとて」（関八州古戦録）

とべつ【斗別】米を量る時や支給する時に、一斗ごとに（別に）差し引かれる分量。（日葡辞書）

とほう【十方】「途方」の充て字。途方に暮れる。（庄内陣記）

とほうなし【十方なし】仕方なく。詮方なく。「此時は力もなく腰ぬけ十（途）方なく食は昨朝のま丶、飢候事かきりなく候」（慶長記）

とほうをうしなう【十方を失う】途方に暮れること。「宮内殿御頓死され、人数十方を失ふといゐども」（長元物語）

とみに【頓に】しきりに。頻繁に。「科を罰し、功を賞すること、頓《とみ》にして、かくの如し」（紀州御発向記）

どみょうびゃくしょう【土名百姓】中世、名主と作人を含めての平民百姓をいう。「一、土名百姓等訴申事、十一箇条之内、何事候哉、何有子細、代官与百姓、可遂一決候歟」（高野山文書）

どみん【土民】百姓。（日葡辞書）

どみんいっき【土民一揆】「つちいっき」とも。「昨日下遣雑色男於御牧富森等之處、今日上洛、山城土民一揆蜂起之由注進之」（実隆公記）

とむらい【弔】「弔い」の俗字。葬儀。葬送。「度々直ニ如申、一切弔無用候、親類・被官ニ加不便」(黒田家文書)

とむらいいくさ【弔軍】「弔軍」の充て字。仇討の戦い。弔い合戦。「いざ是より取て返し、小清水が弔軍《とむらいいくさ》せんと怒りけり」(奥羽永慶軍記 上)

とむらいかっせん【弔合戦】仇討の戦い。弔い合戦。「真岡に蟄居《ちっきょ》し、いかにもして、弔《とむらい》合戦をもし、壬生を討て」(奥羽永慶軍記 上) ➡「弔軍《とむらいいくさ》」を参照

とめぶろ【留風呂】「留湯」とも。他人を入れないで自分一人で入浴すること。また、その風呂。「九時分藤中納言留風呂、各罷候」(言継卿記)

とめる【屯る】足を止める。「皆己《おの》が本居々々へ引返して、今は隼《はや》当家身寄《みより》の軍兵ならでは、足を屯《と》て止る者なし」(北越軍談)

どめん【土免】江戸時代、田畑各級の本高(分米・村高)。斗代《とだい》。石盛《こくもり》。転じて、村高に賦課される年貢、また、その年貢割付状(免状)をもいう。「於富貴村、年々年寄中、高野に付置土免被下候様にと申上候へ共」(高野山文書)

ともくずれ【共崩・友崩】味方の各陣がともに崩れ敗れること。「国中には一人も敵の足はなく、所々の城を攻めたる軍勢まで友崩れして」(籾井家日記)

ともだて【供立】常識に従って連れて行く供のもの。「御供立如常、走衆八城衆にて候、三十人ほど申付候也」(上井覚兼日記)

ともづな【纜】船尾をつなぎ止める綱。「出雲崎より一面に纜《ともづな》を解《と》ひて」(北越軍談)

ともなう【倡う】伴う。「己《おの》が居城中塔へ倡《ともな》ひ入て」(北越軍談)

ともばら【伴党】兵士。仲間。「在合《ありあ》ふ伴党《ともがら》三千余人彼峠の麓に駈出《かけいで》」(北越軍談 中)

ともばん【供番】室町幕府の職制。将軍に近侍して外出の供奉をしたり、宴会に陪席したりする者。またその組番。数番に分かれて番頭の指揮に従った。「御成着到者還御之時可有御披露也、依為御供番親春に渡候事」(親元日記)

とやのたか【鳥屋鷹】鳥屋で飼っていた鷹のこと。また、羽が生え替わる時期の鷹のこと。「鳥屋鷹一居進之候、祝儀一意迄候」(仙台市博物館蔵最上義光書状)「但今般之事、其邊悉皆可被任御権威儀無疑候、将亦鳥屋鷹一連、河原毛駮之馬一疋、令進上候」(米沢市上杉博物館蔵大宝寺義興書状)

とやらい【外矢来】何重かに築いた矢来のうち外側の矢来のことか。「大越へ小野・かの《鹿》又、草御申とやらい《外矢来》にてうち申くひ《首》一ッ上御申候」(伊達天正日記)

どよむ【動響む】大声でさけぶ。「越後方覚へず、長谷川仕たりと感じ動響《ごよ》む」(北越軍談 中)

とらがしら【虎頭】虎の頭部のこと。朝鮮出兵で虎狩を行なっている。「虎頭送給候、祝着之至候、此方御上之由候間」(黒田家文書)

とらかわ【虎皮】虎の皮。豹皮一枚と等価で、銀で五十両、米で十八石。「一、紅糸　拾斤　一、虎皮　参毎」（伊達家文書）

とり【鳥】鶏鳴以前（に出馬）。「則鳥よりまへに御馬めし《召》いた《出》され候」（伊達天正日記）

とりあい【取相・取合・取逢・取曖・執相】①戦い争うこと。合戦。戦さ。喧嘩。「今度は何れも御骨肉の間にして取合ひの義」（伊達家治家記録）「然而数年之御執相可見除申事、外聞実儀如何候間、不顧遠慮啓達候」（保坂潤治氏所蔵文書）②取り成す。仲介する。取繕うこと。「於　御前御取合《とりあい》、少も不存疎略候」（伊達家治家記録）「今度　殿下様御寛宥儀、併貴所御取合故存候」（徳島城博物館蔵長宗我部元親書状）③取り合わせる、配合する。調整すること。「上方於美濃口御取相、當月迠も御座候者、中国へ切上」（黒田家文書）④取り扱う。「果而彼進退之儀以御作事取曖《とりあい》可被申事」（伊達家治家記録）

とりあいかね【取合兼】敵軍と一戦を交えないで。「敵後取切は叶《かな》はず迚《とて》、取合兼《とりあいかね》引退く処を」（庄内陣記）

とりあげる【登庸】「登用」の充て字。推されて。「鎗一本の身上なる者なれども、大剛の働、覚の者故登庸《とりあ》げられ、一手の大将になり」　➡「登庸《とうよう》」を参照

とりあつかう【取曖】①取り扱う。「爰元於取曖《とりあつかい》毛頭無御心元不可有之候」（性山公治家記録）②仲介すること。「随而羽筑へ弥可被成御受含、御取曖之由尤可然存候」（吉川史料館蔵丹羽長秀書状）

とりあわす【取曖】「曖」は、合の当て字。取合うは、取り成す、調和するの意。（伊達家治家記録）

とりあわせ【取合せ】敵に攻めかかる。（日葡辞書）

とりい【華表】鳥居のこと。「輝虎公は浜面の華表《とりひ》の許《もと》にて徐々と下り立玉ひ」（北越軍談）

とりいりのしろ【取入の城】取り懸りの城。「…古城、防州より芸州へ取入の城に候間」（老翁物語）

とりうり【取売り】仲買人のように他人の品物を売る。（日葡辞書）

とりえ【取得】きっかけ、口実。「これを取得にして」（これをきっかけにして）。（日葡辞書）

とりおき【取置】取りかたづけること。始末すること。処置。処分。「早旦当番請取に参内（中略）御取置以後退出」（言継卿記）

とりかえ【取替】交換すること。「以直談如御存分誓帋互取替、入魂不可有別候」（黒田家文書）

とりかえのしち【取替の質】特定の質入契約の有効期間中に担保の品を他のものと取り換えることか。「とりかへの質事、雖為絹布、雖為武具、後のをもちいらるへし、但於不止利平者、可為前之質物」（蜷川文書）

とりかくる【取り掛くる】敵勢を防ぐ堡塁、砦として城の

た

外側へ他の所よりも突き出ている所。（日葡辞書）

とりかじ【舮】 取舵。船首を左へ向けること。「旗・馬印を舮《とりかじ》に押立て、表一の船張の外に」（武田三代軍記）

とりきる【取剿】 取り切る。「馬を乗行《のりありき》ければ、妙国寺前を取剿《きる》と見えたり」（三河物語）

とりこ【擕】「擒」に同じ。虜《とりこ》のこと。「されば小敵のかたきは大敵の擕《とりこ》とかや」（関八州古戦録）

とりこ【取子】 生児を社寺の門前などに捨て、神官僧侶などに拾ってもらい、これをもらい返して育てる子。古くから行なわれた育児呪法。「又長海が取子と為し奉る。是より以来湯殿を信仰し給ふ事益深し」（性山公治家記録）

とりこしらい【取誘】 城塞を築く。「高森と申す山を取誘へ」（老翁物語）

とりこす【取越】 一定の期日より早く行う。時期を繰り上げる。特に、忌日を繰り上げて法事を行なうことをいう。「来月三十日甘露寺故一品一周忌、当月へ被取越云々」（言継卿記）

とりこわす【取壊】 手にかけて壊す。家屋などの建造物をこわすこと。とりこぼつ。「禁裏一台今日取壊見舞之」（言継卿記）

とりさえる【取支】 取障。取り支える。仲裁する。「暫《しばらく》押付て罷有は、人にとりさへられたきとある事に相似たり」（甲陽軍鑑 下）

とりざかな【取肴】 三献めに出される酒の肴。単に酒の肴の意味も。（日葡辞書）

とりさた【取沙汰・執沙汰】 ①処理する。「一、近郷幷諸国社領当知行之外、廿箇年以来退転之地者、各才学〈覚〉次第致執沙汰、可被付御造営之料所事」（鴨脚光敷文書）②取扱。取り扱う。「就伊勢正遷宮執沙汰、為山口祭、祭主早速罷越可然候」（下郷共済会所蔵文書）③世間に流布する話。（日葡辞書）

とりしずめる【取静・取鎮】 しずめる。抑えて和らげる。「必近日取静者馳参可申入候」（政基公旅引付）

とりしばる【按】 捕り縛る。握り潰す。「何となく要害を修営し、臥龍《がりょう》の勢を按《とりしばり》玉ふと云々《うんぬん》」（北越軍談）

とりそめ【取初】 朝廷・武家の年中行事の一つ。正月二日に、三方《さんぼう》に昆布、鮑《あわび》、勝栗などをのせて出し、杯事をしたこと。「御とりそめの御さか月もまいる」（御湯殿上日記）

とりだし【取出】 城の外へ張り出して作った敵に対抗するための砦のような場所。くるわ。上方では「だし」。（日葡辞書）

とりたつ【取立・取建】 建てる。築く。設ける。「あたらしく要害とり立らるべき、堅固の地を見定め給ひ」（甲陽軍鑑）

とりたて【取立】 ①建築すること。②人を一人前にする、地位につけてやる。抜擢すること。登用。挙用。「梶原は頼朝の取立の被官なり」（甲陽軍鑑）

とりつぎせん【取次銭】①戦国時代、軍勢の通過の際にうける恐れのある略奪・暴行を免れるために社寺・郷村から将帥に制札を要求して、その代わりとして出す金銭。制札銭《せいさつせん》。②取次の手数料。仲介料。「一、非分課役事付、御判銭・取次銭・筆料等、一切禁制事」（武居文書）

とりつく【取付・執付】普請などに取りかかること。「樋のこしらい致候間、ふしんにとり付不申候」（梅津政景日記）「就今度笠城執付候、被罷出、普請已下別而馳走之由」（麻生久和氏所蔵毛利元就・輝元書状）

とりつくろう【執刷】取つくること。「大崎控中執刷《とりつくろ》ひの義肝要たるへし」（伊達家治家記録）「乍去、大途際之儀候間、被抛万障、被属無事之様、被執刷可然候」（上杉家文書）

とりつくろう【取刷・取嘱・補理】①取繕う。「上総国高滝琵琶か首と云処にかすかなる居宅を補理《とりつくろ》ひ」（関八州古戦録）「出羽守頼隆、取刷《とりつくろ》ひ馳走を尽くすのみ」（四国御発向幷北国御動座記）「佐野小太郎宗綱に秘斗して取嘱ふべきを云含められければ、」（関八州古戦録）②城を繕うこと。「森下は隠れなきをこの者にて居城を堅固に補理し楯籠て打出る事なく」（関八州古戦録）　⬇「補理《しつらい》」を参照

とりつける【取付】手許におさめる。自分の方に獲得すること。「不及下知して左様に取つけたる公事に候はば、為私可問答之由申付候つる」（大乗院寺社雑事記）

とりつづける【取続】続けて取る。陣地を拡大する。（日葡辞書）

とりつつむ【取裹】取り囲む。「前後に敵群立《むれたち》ければ、取裹《とりつつま》れては叶《かのう》まじと」（北越軍談　中）

とりつめ【執詰・取詰】取詰めること。攻略すること。「高見事、執詰陣候、落居不可有幾程候」（安土城考古博物館蔵明智光秀書状）

とりて【取手】①物を受け取る人。質取り主。「但年預と取手之間之儀者不存候」（高野山文書）②「砦」の充て字。「小十郎・成實被参候、取手之御番と見得申候」（伊達家治家記録）

とりで【堡障・取出・寨・地利・執出】砦。要塞。「赤垣日向守の堡障《とりで》へは横瀬雅楽介か人数」（関八州古戦録）「松葉口廿町計りに取出《とりで》物構《そうがま》へを相拘へ、追入れられ」（信長公記）「寨《とりで》の守将長田某、姑《しばら》く支《ささえ》て防戦し」（北越軍談）「当地至于善光寺令着陣候。従敵方相抱《かかえ》候地利《とりで》、山田之要害幷福嶋之地打明け候」（古案記録草案）「佐和山おさへの諸執出之道具共、両人かたへ可預置候」（織田文書）

とりでじろ【取手城】砦のこと。「働き労れの人々は、取手城どもへ入られ候」（籾井家日記）

とりでぶし【取手武士】駆け出しの武士。にわかに権勢を増した武士のこと。

とりでやらい【取手やらい】砦矢来のこと。「伊達より窪田に、砦やらひを取立給ひ可然とて、窪田の川を外に構ひ堀を掘、土手を築、柵を付けり」（政宗記）

とりなおす【取直】 物事を元の状態にもどす。また、病気などを回復させること。「泰弘之母儀四時分入滅了、去朔日既以入滅了、其後又取直、今日治定了、八十五云々」（大乗院寺社雑事記）

とりなし【執醫】 取り成し。「主上（正親町院）南殿出御《しゅつぎょ》有て、執醫《とりなし》の命婦《みょうぶ》御簾《みすだれ》高く褰《かか》げ、竜顔《りょうがん》まことに麗《うるわ》く」（北越軍談）

とりのく【取退】 退くこと。「去十八日甲斐方牢人大野郡に打入合戦、聽取のく」（大乗院寺社雑事記）

とりのこ【鳥の子】 ①楮と雁皮に三椏をまぜて漉いた優良な和紙。「鳥の子紙」とも。茨城県那珂郡鷲子《とりのこ》村（現、美和村）にちなんだ名称という。「ゑちぜんの御宮げに、とりのこ百まゐ、うすやう二そくまいらせらるゝ」（御湯殿上日記） ②祝儀用の卵形をした餅。「北御方ヨリ阿茶丸元服ニ付テ（中略）後刻又北御方ヨリ樽代百疋、鳥子、折百、台物一折等被下了」（言経卿記）

とりはずす【失諾】 失敗する。「卒爾の失諾《とりはづし》は庸常《よのつね》有ぬへきを事成にかゝる」（関八州古戦録）

とりはなつ【取放】 取り上げる。剝奪する。取り離す。「名主等若有不法之儀者、取放其名、可返進寺門候」（大乗院寺社雑事記）

とりひしぐ【挫ぐ・揣ぐ】 ①頓挫する。「山を抜く力有とも挫《とりひし》くへきありさま」（関八州古戦録）「度々に及び手痛く揣《とりひしぎ》玉ふ」（北越軍談） ②挫折する。「勝竜寺に人数を寄せ、四方八面にこれを陣取り、悉《ことごと》く挫《とりひし》ぐべきの行《てだて》をなす」（惟任謀反記）

とりふせる【取伏】 捕まえて押える。「敬定望申間事、敬定去自四月之比、例之重病被取伏」（東寺百合文書）

とりまわし【取廻し】「引廻し」に同じ。引き立ててくれるように頼み込むこと。（日葡辞書）

とりむすぶ【取結ぶ】「弓矢取り結ぶ」とは敵対関係にある。交戦状態に入る。「北条氏康と弓矢とりむすふといへとも、上意様おほせおかるゝ筋目候間」（上杉家文書）「あづき坂にて、備後殿御舎弟衆与二郎殿、孫三郎殿、四郎次郎殿初として既一戦に取結合戦」（信長公記）

とりもうす【取申・執申】 当人に代わって申し立てる。間を執り成す。執奏する。「御むま一ひき、代千疋しん上のよし、しゅこうよりとり申され候、きこしめし候」（島津家文書）「喧嘩出来楽頭被刃傷死了、久我庄内之間、公方へ訴申、仍久我所領両三ヶ所被召放、久我庄をも欲被召之処、赤松再三執申、久我庄は被閣無為云々」（看聞御記）

とりもち【取もち】 取り用いる。取り上げること。「一向御取もち候はで、人々のすき候ずる事ばかり」（御家誡）

とりもの【取物・採物】 取得すること。とり入れること。また、そのもの。「竹内殿へ参、客来之一味（蔓草・墨絵）懸御目、可然絵之由承了、今度叡山之取物也、買得之」（言継

卿記）

とりわけ【執分】 とりわけ。「別而」に同じ。「即懸向雖可付興亡分候、関東味方中多繁、執分其元者雖隔遠境、旧代以来異他申通」（安房妙本寺文書）

とる【拏る・乗る・攫る】 取る。執る。「伊賀、六郎が手を拏り」（細川家記）「真田信仍、仍ち白馬黒甲、旄を乗《と》り衆を麾し、鏖戦時を移す」（左衛門佐君伝記稿）「其時掻攫《とつ》て掖伏《くみふ》せざりし事、今に於ては残念至極なり」（北越軍談）

とろける【蕩ける】 心が和らぐ。心がゆったりする。「頼重彼是《かれこれ》に賺《すか》され、心蕩《とろ》けて旧妻を離別し」（北越軍談）

とんさく【頓作】 即座に作ること。座興などの意から転じて機智の働くこと。またその人。「いざ信玄公例の御頓作《とんさく》を承らんといそぎ改《あらため》出し」（甲陽軍鑑　下）

とんしゃ【頓写】 にわかにした写経。「一日頓写」は大勢集まって一部の経を一日で写し終えること。一日経。「又三日ノ御斎一日頓写御座候」（妙法寺記）

とんしゅ【頓首】 相手に敬意を表して、書状の末尾に記す語。「禿筆難掃辞場、頓首不宣」（天正本新撰類聚往来）

とんしょうぼだい【頓生菩提・遁生菩提】「頓証菩提」のこと。速やかに悟りの境地に達すること。願文や表白文、回向文などで祈願の意で語られることが多い。追善回向の功徳によって亡者が成仏することを祈ること。「奥の院に参り、先づ主君の頓生菩提、次に我子の虎之助」（奥羽永慶軍記　上）「毎日法華経を読誦し父母・兄弟の遁生菩提《とんしょうぼだい》をいと懇《ねんごろ》に行ひすまし」（奥羽永慶軍記　下）

とんせいしゃ【遁世者】 出家者。「首塚は遁世者の役なり、髪をそろへ眉をはかするは傾城《けいせい》の役也と云へり」（北越軍談　中）

とんそう【頓顙】「頓首」に同じ。手紙の最後につけて敬意を表す。「仍て願書右の如し。再拝頓顙《とんそう》　天正十六年閏五月九日」（奥羽永慶軍記　上）

とんそく【頓速】 時間をおかず機敏に事に対処すること。「何篇にも如斯御頓速之御出馬、御専要之御時分与方得力候」（歴代古案）「此節頓速御越山令念願候」（上杉家文書）

とんちゃく【頓着・貧著・貪著】 気に掛ける。「唐人共は頓着して北《にげ》るにもにげられず」（元親記）「慕ふ敵に貧著《とんちゃく》なく、廓躰《さらぬてい》にて引去る」（北越軍談）「味方堅く備て敢て是に貪著《とんちゃく》せず」（北越軍談）

とんぴ【遁避】 逃げ避けること。多く打消の言い方と呼応して「、少しの猶予も許されない」の意を表わす。「誠神変之遁避也」（実隆公記）「別会所而辻方可有問答、若猶無故令遁避者、至臨期如此無謂令辞之条、不可然之間、可及発向云々」（多聞院日記）

とんびょう【頓病】 急病。「いかなる大事の頓病《とんびょう》にもよし」（甲陽軍鑑　下）

とんぼうがしら【蜻蛉頭】 蜻蛉の頭のように水引を結ぶことか。「とん《蜻》ばう《蛉》がしら《頭》は、聟《むこ》取・婚《よめとり》のは水引五筋ッ、ニ

テ結《むすぶ》べし」（甲陽軍鑑　下）

な行

ない【微】 ない。無い。「良に此る子細だも微《なかり》せば、謙信斯く計《ばかり》切所を蹈越《ふみこえ》」（北越軍談）

ないい【内意】 心の中で考え思うこと。内心。また、公表していない考え。内々の意向。腹案。「大炊助殿御内意次第罷出尤候」（上杉家文書）

ないがしろ【蔑如】 「蔑如《べつじょ》」とも。ないがしろにする。「数千の衆徒を殺し、将軍家を蔑如《ないがしろ》にし、悉に逆意を挙動ふ」（武田三代軍記）　➡「蔑如《べつじょ》」を参照

ないがしろに【蔑】 蔑ろにする。「北条事、近年、蔑公儀不能上洛」（長国寺殿御事蹟稿）

ないかん【内観】 内省する。自分の内面を観察すること。「清康被聞召て、内観別心をして有ばとて、何程のかうをなすべきとて」（三河物語）

ないぎ【内儀】 ①内密のこと、内輪のこと。内々の相談。内々で評議すること。「上方人数之儀者、悉内府へ内儀有之様ニ申候間」（黒田家文書）「定　連署衆中法度置文之事、評定之内儀ヲ敵方へ不可有内通之事」（東寺百合文書）②裏面では。裏では。「百姓前等御糺明候由、表向ハ御沙汰候て、御内儀者御用捨之様ニ申触候」（尋憲記）③内意。「内府公も被思召候、然上者、輝元へ御内儀能々被仰入」（吉川史料館蔵黒田長政書状）④結婚している妻（内方＝ないほうとも言う）（日葡辞書）夫人（桂岌圓覚書）「去四日に内儀相果候由、善右衛門所より申越候、其方力落之段令察候」（吉川家文書）

ないけん【内検・内験】 秋の収穫前に、作柄を見ること。また、天災の時などに臨時に行なう部分的な検注のこと。「於天下一同之旱水風損者、上使給、可有内験候」（大徳寺文書）

ないこく【乃刻】 手紙をもらった人が、使いの人を待たせて書いた返書に書く言葉。廼刻・迺刻とも。（日葡辞書）　➡「乃刻《だいこく》」を参照

ないし【乃至】 物事を列挙するときに用いる。「五十人、七十人乃至《ないし》百騎、二百騎の小迫合は」（関八州古戦録）

ないしつ【内室】 他人の妻の称。「大竹屋ノ内室ヲ打殺シ申候、同子モ死申候」（妙法寺記）

ないじゅ【内竪】 朝廷の諸行事や宮中に仕えて雑役に服する者。「長成、氏康の側に仕へて内竪《ないじゅ》の寵《ちょう》を得、此時既に十八歳なり」（北越軍談）

ないしょ【内書】 ①内々で知らせる書状。内密の手紙。「楽勝寺方へ、委細真覚房可有内書事」（高野山文書）②主君から臣下へ直接出される書状。執事・奉行などの手を経ないで、将軍の出す直状はとくに御内書とよばれた。直《じき》状《しょ》。

ないしょう【内證・内消・内証】 ①「内消」の当て字も。内心、内々の心のうち。「先日申通ニ可被仰付候、然者御

な

内消次第二、何分にも伊勢守江異見可申候」（伊達家治家記録）「去春耳川御渡之刻、以御捻御内証被仰聞生々世々忝奉存候」（吉川家文書）②同意すること。「それも其内証の由候へども」（桂岌圓覚書）③財政。「衣装之料は知行の内証を肖《うしな》はず」（奥羽永慶軍記　下）

ないじょう【内状】公でない、内々の私信。「御用等候者、何時も可預御内状候」（古文書選朝山日乗書状）「自若州拙者江内状以下、為御披露進入候」（真珠庵文書）

ないせき【内戚】父方の親戚。「内戚《ないせき》の親を厚ふして、互に隔心なく交往を通じ、然るべき乎《か》」（北越軍談　中）

ないぞん【内存】心の内で思うこと。「其御城之事、付、御内存承、無余儀候、無御隔心通、令満足候」（黒田家文書）「両人内存をも可存知候間、如此相尋候」（証如上人日記）

ないだん【内談】①内々で話し合うこと。内密に話し合うこと。また、その相談。「衆徒守護方内談して行人を可治罰之由、行人等伝聞に依て」（満済准后日記）②室町幕府の引付沙汰の手続きにおいて、引付衆が行なう評議。引付は三方または五方に分かれていたので、三方内談、または五方内談という。「向後此類可被棄破哉否事奉行衆可有内談之由被仰候」（親元日記）

ないだんしゅう【内談衆】室町幕府の職制。所領関係の訴訟の審理、記録などを司さどったもの。内談方。「飯左大之種、一方内談衆御免」（親元日記）

ないてんがいてん【内典外典】内外の典籍。「扨彼僧は内典外典不暗して辯舌人に勝れたれば」（政宗記）

ないとく【内徳】内々の利益、役得。（日葡辞書）

ないふ【内府】「だいふ」とも。内大臣のこと。徳川家康を言うことが多い。（伊達家治家記録）⬇「内府《だいふ》」を参照

ないほう【内方】他人の妻の敬称。内儀。「郷人《ごうにん》共伝右衛門内方《ないほう》を是非共人質に取候て越中まじく候」（甲陽軍鑑　下）

ないらん【内覧】こっそり見ること。関白の内覧権も同様。「こよひよりぢもくはじまる、（中略）まずくわんばくのないらむあり」（御湯殿上日記）

ないり【泥犁】地獄。「繋念無量劫《けねんむりょうごう》の業《ごう》なれば泥犁《ないり》の底《そこ》迄も」（甲乱記）

ないりゃく【内略】内密に計略をめぐらす。（桂岌圓覚書）

なう【喃】「もうし」「なう」と呼びかける声。「喃風味宜しければ是々吾分も呑れよとて」（関八州古戦録）

なえ【地震】地震。（日葡辞書）

なえ【萎え】中風になること。（日葡辞書）

なおなお【猶々】「尚々」とも。本文が終わった後に付け加える文の冒頭に用いる語。「袖書」とも。「尚々進之候事御職の間如此候」（上杉家文書）「よくはとどけまいらせて候つる、かしこ、猶々ことにしやうじんにて御うれしく思ひまいらせ候」（実隆公記紙背文書）

なかい【中居】城中の居館であろう。「造作普請已下之《これ》を卿《なんじ》

等に依託す、中居稍将《ようやくまさ》に出でんとす」（伊達正統世次考）

ながいれい【長違例】 長い病気。（日葡辞書）

ながえ【長柄】 戦国時代、槍足軽の集団戦法に合った長い素槍。「惣て足軽・鉄炮三百人、弓三百人、長柄三百人」（奥羽永慶軍記　上）

ながえがたな【長柄刀】 柄を長くして腕貫《うでぬき》の緒を設けた刀。長柄。「長柄刀とて、人毎に刀の柄を長くこしらへて、うでぬきを打て、つかにて人をきるべく体たらくをなせり」（北条五代記）

ながえぐみ【長柄組】 近世の武家の職名。戦時に長柄の槍をもって出陣した騎馬の武士の一隊。道具衆。「兼て名を得し長柄組十八人一陣に進み」（奥羽永慶軍記）

ながえたいしょう【長柄大将】 槍をもつ一隊を預かる者。槍奉行。「見聞雑録云、安西平左衛門は、信玄の御代より御家一番の長柄大将、槍の名人」（武家名目抄）

ながえたおし【長柄倒】 陣法の一つ。敵の長柄の槍による攻撃を引き付けて戦い、同時に左右から弓・鉄砲で敵を迎え撃つもの。「長柄倒の戦法は（中略）鉄砲をも弓をも用ひ、其の専主とする所は手詰の太刀打なり」（兵法一家言）

ながえのもの【長柄者】 長柄の武具（槍・長刀）を持って従軍した足軽同心。「大長刀を取のへ真先に乗出し左右を払ひ薙きて廻れば手の下に長柄の者二人切倒す」（奥羽永慶軍記）

ながえのやり【長柄の槍】 柄の長さが二間（約三・六m）以上に及ぶ槍。手槍に対していう。やぐらおとし。長柄。「長柄の鑓は柄を金に可仕そ、手の投鞘は無用」（豊臣記）

ながえぶね【長柄船】 戦国時代の軍船の一種。長柄の槍を持つ兵士を乗り組ませた船。接近戦で使用するため軽快に行動できる小舟を用いる。「長柄船の事百石以下の船を用べし、小船を用る意得は鉄砲弓にて先を押べし」（能島家伝）

なかおり【中折】「中折紙」の略。「同権宮司被懸御目候、中折一束進上候」（上井覚兼日記）

なかおりがみ【中折紙】 半紙の一種で、鼻紙などに使う粗末な紙。もともと束のまま真中を二つに折って懐中に入れていたところからいう。石見・豊後・土佐などで産した。

ながき【名書】 署名すること。名を書くこと。「佐竹は御書日付と名書《ながき》のあらそひ故、只今御不通なれども」（甲陽軍鑑　中）

ながぐそく【長具足】 槍・薙刀・鎌などの称。長物。「打あますな兵共、長具足にてさしあはせ、太刀うしれは立廻て、腒をきれと、宣ければ」（明徳記）

ながけしゅう【名懸衆】 伊達家直属の徒侍。在郷した。「長井之さい《在》郷衆、其後御名かけ《懸》衆二百人」（伊達天正日記）

なかご【中小身】 刀の柄の中へ入る部分。「さらば中小身《なかご》を見よとて、銘をみるに、脇指は定宗」（左衛門佐君伝記稿）

なかごと【中言】 仲を割くために言われる言葉。悪口。中

傷。「中言を言う」（日葡辞書）

ながしついじのうまだし【ながしついぢの馬だし】 城門前に築いて、人馬の出入を敵に知られぬようにした土手。（毛利隆元山口滞留日記）

ながす【滂す】 流す。涙を流す。「併《しかしながら》　朝一度に来りて我を見て、涙を滂《ながし》て今生の暇乞《いとまごい》とて」（三河物語）

ながそで【長袖】 ①武士に対し公卿・医師・神主・僧侶・学者などをいう。武事に携わらず、長袖の衣服を着ているため、この名が起こる。「町人・地下人（百姓）・長袖《ながそで》の出来衆まで是を聞」（甲陽軍鑑　下）②伊勢大神宮の御師を指す言葉。「汝事長袖之条、自然非分之儀申懸之輩雖有之、不可承引」（福嶋家古文書）

なかぞなえ【中備】 陣立で、先陣と後陣との間にある陣。この中に大将の本陣がある。「三十五騎を加藤駿河守にあづけて、本の備・中備たてたる場にをきて」（甲陽軍鑑）

なかだち【中立】 会席が終わって、次の濃茶の手前が始まるまで、客が茶席を去って露地に出ること。「扨御中立のとき、御茶道具如常飾り給ふ」（政宗記）

ながちょう【長張・永張】 美濃紙または半紙を横長に折り綴じ、あとから紙片を増減できない仕立てとした帳簿。主として後日の証拠となるべき記録に使用された。「又長張二巻を制して之を謄《うつ》し留む」（伊達正統世次考）

なかで【中手】 両者の間に入って仲を裂くこと。「従他方如何体之中手雖有之、互不可入其案事」（相良家文書）「去春已来阿蘇家、当方御和平候之処、頃与風手切候、驚入候、いかなる佞人之中手などにて候哉」（上井覚兼日記）

ながどうぐ【長道具】 武器のうちで槍、薙刀、大太刀、鎌、刺股など長柄のついたものの総称。特に槍をいうことが多い。長具足。長物。

なかなおり【中直】 仲直り。「さらば三楽と中直《なかなお》りせんとて、土器《かわらけ》召て、自らも酒を聞し召れ」（北越軍談）

なかなり【中馴・中褻】「中馴りの衣裳」（使い古して半ばすり切れた着物）。（日葡辞書）

なかぬり【中塗】 ひと刷毛にさっと漆をかけて置くこと。「予烏帽子額今日出来、祝着祝着、何も中塗にて申候」（言継卿記）

なかばのぎ【半之儀】 間柄の関係。「毎事之儀、互ニ申旧候へとも、貴殿・我等半之儀ハ不申及、末々迠も無忘却、無二ニ可申談候」（黒田家文書）

ながぶ【長夫】 領主が農民に課した長期間にわたってつとめる夫役。「次に長夫銭壱貫七百卅弐文、立帰銭六百六十五文、いづれも八年に一度輪合候、其時御沙汰あるべく候」（大仙寺文書）

ながぶみ【長文・永文】 長い手紙。ながぶん。「当時世間色々雑説申散候、就夫義虎連々御心遣之由永文などにて御申上候」（上井覚兼日記）

ながまき【長巻】 長巻の太刀を持って戦場に立つ兵士。「小々姓十人許使番之者十騎長巻五十人」（太閤記）

ながまきのたち【長巻の太刀】 柄《つか》全体を革緒や組緒で長く巻きつめた長柄の太刀。「五尺許有し手鉾長巻の大太刀を担《かたけ》させ」（関八州古戦録）

ながめる【詠る】 ①眺めて歌を詠《よ》むこと。「更行《ふけゆく》儘に只一人、西山の月を詠《ながめ》て有けるが、砌下《せいか》に翁一人、忽然とあらはれ」（奥羽永慶軍記　下）②眺める。「土佐勢もあぐみ果て、唯、詠《ながめ》てぞ日を送る」（細川家記）

ながもちたて【長持楯】 矢玉が激しいとき、陣屋で用いる楯。「長持楯と云は、矢炮繁き時陣屋に於て則ち長持を用るなり」（北越軍談　中）

なかり【無端】 無かったならば。「死・隠の二つ無端《なかり》せば、亡主えの不忠たらん者と、臂《うで》を撫で光陰を送る」（北越軍談　中）

ながれや【流矢】「方違の矢」とも云い、東西南北に向うとそれぞれの方角をわざと避けて射ること。**流矢を射た弓は折るのが通例。**「一、流矢を射るに弓折る吉凶の事、春夏弛の上より折るは吉《よし》、下より折るは凶《わろ》し、秋冬弛《ゆはず》の上より折たるは凶し、下より折たるは吉」（北越軍談　中）

➡「方違《かたたがい》の矢」を参照

なかんずく【就中】 特に。その中でとりわけ。「就中当方吉事逐日《ちくじつ》連続し、攻撃措《お》くこと無し」（伊達正統世次考）「就中前の事は申終、又是を申と云儀也」（書簡故実）

なぎなた【月剣】 長刀のこと。「米沢源内ばかり月剣《なぎなた》を以て右の方に立ち」（奥羽永慶軍記　上）

なきみ【無身】 我が身を亡きものと考える。自己犠牲すること。「日来《ひごろ》恩禄を受事は、混《ひたすら》命を代て観念し、予め無《なき》身《み》と了簡《りょうけん》する」（北越軍談　中）

なげうつ【抛つ】 ①放っておく。「日々夜々に評議を凝《こら》さる外《ほか》、他事を抛《なげうつ》て余裕なし」（北越軍談）「扨又思慮可申御間ニ無之間、抛是非申届候」（渡辺忠胤氏所蔵文書）「相應之忠貞、不存余儀之条、抛万事、防州入魂之儀」（東京大学史料編纂所蔵大友義鑑書状）②命を懸けて。「柿崎掃部助身命を抛《なげうつ》て奪撃し、嬴輸何《えいしゅいず》れとも分《わか》たず」（北越軍談）③手紙の末尾に用いる。「抛筆候」「其听得候、目出肝要候、毎事ニ福寺任口舌、抛筆候」（東京大学文学部蔵二本松義国書状）

なご【名子】 ➡「家抱《けほう》」を参照

なごむ【なごむ】 宥める。「御前をもつて木曽殿をなごめ申内に、五騎十騎づゝ、典厩の御人数を差越給へといへども」（甲陽軍鑑　下）

なされる【被成・為】 文書では「被成」と書かれ、中世末には補助動詞のような使い方をしている。「可被出陣河内国之旨、被成御下知之処、于今遅怠」（吉川家文書）

なしか【済箇】「なしかた」とも。年貢。また、税。「爰元外城町におゐて、なしか何がしの被官などと申候而、別当へなし不申候、くせ事に候、今よりは誰々被官候共、売買いた

し候上者、なしか先代のごとくなし可申候」（相良氏法度）

なしもの【成物】 税として納めるべき物。「年貢米銭諸成物、年々渡来領主江可相渡之」（六角氏式目）

なじょう【何条】 問題とするに足りない者。どんなことでも。何条。などう。なんじょう。「御両人の間からニ《柄》申事御さ候ハヽ、なとうき《何条儀》も我らかたへ」（黒田家文書）

なじる【詰る】「詰る」の充て字。相手を非難する。「虚妄を附會《ふかい》して、公の弓矢を詰《なじ》れる者也と知るべし」（北越軍談）

なすかた【為方】「せんかた」とも。なす術《すべ》。「武士共泪袂に遮《さへぎ》り、為方を失ふ事」（三好記）

なずく【昵く】「憐く」に同じ。慣れ親しむ。慕う。「貴となく賤となく其親み昵《なづ》く事、嬰児《みどりご》の母を慕ふが如し」（北越軍談）

なずく【号く】 名付ける。「されば世の人本名をばいはずして鬼九郎とのみ号《なづ》けにけり」（奥羽永慶軍記 上） ➡「号《さけ》ぶ」を参照

なずみて【執て】 はかばかしく進まぬ。「此馬執《なづみ》て行かず」（南海通記）

なずむ【泥む】 障害となるものがあり、進行が妨げられること。「山谷を吾が有に得たりし越兵だにも頗る泥《なず》めり」（北越軍談 中）

なだめ【灘目】 沿岸。沿岸の地域。「淡州岩屋船五十七艘之事、此方分國中灘目廻船往来儀、不可有別候」（佐伯文書）

なだめる【宥める】 なぐさめる。「自ら心を宥《なだめ》られける」（三好記）

なだらか【圬】 なだらか。「東南は圬《なだらか》なりと云、岃より廻て敵の後背より」（関八州古戦録）

なだれ【雪撫】「雪崩」の充て字。「弥《いや》が上に重なり合て遅々《ちち》する間に、山上より雪撫《なだれ》落懸つて、百人ばかり爰にて死にけり」（奥羽永慶軍記 上）

なづく【号く】 ➡「号《さけ》ぶ」「号《なず》く」を参照

なっしょ【納所】 ①年貢などを納める所。また、年貢などを納めること。それを司る役人をもいう。「当年赤松出陣、夫銭以下過分之間難納所之由也」（実隆公記）「小松寺為寺領、被遣候間納所可仕候」（小松寺蔵福島正則書状写）②寺院で施物・金銭・年貢などの出納事務を執る所。また、その役職やその事務を執る役僧。納所職《なっしょしき》。「十七日の法事執行ひ奉らんと、あし一万貫、（中略）大徳寺納所へ相渡し」（太閤記）

なっとく【納徳】「納得」に同じ。「於無分別者、従爰元申候ても、可有納徳事不存候」（河上神社蔵鍋島清房書状）

なつのむし【夏の虫】「飛んで火にいる夏の虫」のこと。「政宗其我斎めを明日より尋ねんとこそ思ひしに、実に夏の虫なり」（政宗記）

なつはん【捺判】 印判を捺《お》すこと。また、その捺した判。捺印。「官符三通、奏聞請印畢後、奉行并官務捺判也」（孝亮宿禰記）

なつらん【納纜】船のともづなを解くこと。「相州小田原海岸に漕ぎ寄せ、納纜《なつらん》居陣す」（小田原御陣）

なでぎり【なでぎり】皆殺しにすること。「百性以下ニ至るまで不相届ニ付てハ、一郷二郷も悉なてきり可仕候」（浅野家文書）

なでつけ【なでつけ】撫でて付着させること。懐柔して。「至来年致検地、いかにも百姓をなでつけ、下々有付候様ニと度々被加　御意候處」（黒田家文書）

など【抔・杯】「等」と同じ。〜など。「或は女下部の老人抔《など》、助給はれ、とて手を合せ」（奥羽永慶軍記　下）「ヶ様の心故にこそ僻事杯にて曲事と有事、若年より終に不覚」（政宗記）

ななこ【斜粉】魚子・斜子・七子。金属彫刻法の一つ。金属面に魚の鱗のような模様をつける。刀の装飾などに用いられた。「金具所は悉く黄金を以て仰せつけられ、斜粉《ななこ》をつかせ、唐草を地ぼりに」（信長公記）

ななつさがり【七下】「七過《ななつすぎ》」に同じ。午前または午後四時を過ぎた頃。特に午後の四時過ぎをいう。七つ下り。「其日、七つさがり、伊奈衆ことごとく陣をはらって、まかりのく気色をみて」（甲陽軍鑑）

ななつもの【七物】「七道具《ななつどうぐ》」に同じ。武士が戦場で用いた具足・刀・太刀・矢・母衣《ほろ》・兜の七つ道具。「指物には鍬、鎌、熊手、鋸、槌、鉈、鳶觜などの七ッ物取付」（荒山合戦記）

ななめならず【不斜】格別である。普通でない。「今度相手候事、御感不斜候、寒天一入辛労候」（黒田家文書）「女童、なきさけび、あはてさはぎ、にげまどふ事、ななめならず」（室町殿日記）

ななめに【斜に】「斜めならず」と同意に用いる。格別に。大事に。「余それ程にもなき事を事もななめに申は」（甲陽軍鑑）

なにかと【何角】「なにかく」とも。何やかやと。理由をつけて。「此等の通急速御使として其理に及はるへしといへとも、何角《なにかと》延引し玉ふ」（伊達家治家記録）「されば田村に於て、下々何角《なにかく》と色々申すこと」（政宗記）

なにかに【なにかに】「何彼に」。その他、彼これ合わせての意。「なにかに四十人余越度候」（桂岌圓覚書）

なにさま【何様】①名詞。状況を不明なものとして指示する。どんな様子。どのよう。「さて御屋形の焼跡には、傍輩何様《ナニサマ》腹切討死してみゆるか」（太平記）②副詞。一つの判断や主張を、どう見てもそうなるという気持ちを加えて強める感情を表わす語。とにかく。いかにも。確かに。全く。「事の体を見るに、何様《ナニさま》、坐ながら敵を京都にて相待ん事は、武略の足ざるに似たり」（太平記）

なにとぞ【何卒】何とかして。「黒官、彼《か》の紀伊を何卒《なにとぞ》分別して討ち果すべしと工夫せられ」（川角太閤記）

なには【何般】あれやこれやは。「常時のたたずまひ何般《なには》に付て叨《みだりがは》しく」（北越軍談　中）

な

なにへん【何篇】①すべて、どうしても。（日葡辞書）②どんなことになっても。「不然者、加勢之儀急度可申付候、何篇不可見放候」（歴代古案）⬇「何篇《いずれへん》」「何篇《なへん》の義《ぎ》」を参照

なにむき【何向】「向」は、「用向」のこと。いずれの用向きであっても。「右之子細石治・増右申談様子定千坂對馬守方可被申達候、何向にも先以　御下知拂付城候様、申調度候」（米沢市上杉博物館所蔵佐野房綱書状）

なにより【于何】何にしても。「鹿毛、進之候、一儀迄候、于何彼越山之時分、中途へ、以御代官、被相届候」（東京大学文学部蔵岩城重隆書状）

なにより【自何】何よりも。「聊可申届候、自何去比物、両度以簡札承候、則及回報候き」（米沢市上杉博物館蔵結城晴朝書状）

なによりもって【自何以】何んと言っても。「御船手之由聞食、自何以目出令洇上意候、於吾等も令満足候」（坂戸胤信書状写）「追日御繁栄之由承及候て、自何以満足此事候」（西門院文書）

なのる【名謁る】名乗る。「仮名《けみょう》を名謁《なの》れと申けるに両人聞ぬ顔にて」（関八州古戦録）

なびき【靡】幟《のぼり》の指物の名称。棹の先方を細く作ってしなわせ、風になびくようにしたもの。

なへんこへん【那辺這辺】あちらこちら。「味方六千餘の人数那辺這辺《なへんこへん》配分せば、残兵僅三四千而已《のみ》」（北越軍談）

なへんのぎ【何篇の義】如何なることでも、どんな事でも。「畢竟氏家一味の者共前に有るへし、何篇の義も此方へ隔意なく」（伊達家治家記録）

なまこ【背腸】背腸は、海鼠・海腸で、「なまこ」の「はらわた」の意味。ナマコの塩辛。「背腸五桶到来候、遠路懇情別而悦入候」（皆川文書）

なまじい【憖】無理、不可能だと思っても努めて無理をすること。「此度山川相共に憖《なまじい》に打向て何の仕出したる業もなく」（関八州古戦録）

なましいに【憖に】「なまじいに」とも。むしろそうでない方が良いような（こと）。適当でないこと。（日葡辞書）「義清謀戦を加ふるといえ共、憖《なまじい》に虎狼の勇有りて本意を遂ぐる事を得ず」（一徳斎殿御事蹟稿）

なまずお【鯰尾】当世兜の鉢の形の名。鉢の頂辺《てっぺん》を細長く扁平に仕立てたもの。「氏郷、鯰尾の甲に鉄炮三あたる」（蒲生氏郷記）

なまなかに【憖に】「生中・生半」とも。中途半端。どっちつかず。「吾運命は是まてなり、憖《なまなか》に引去らんとて」（関八州古戦録）

なみいる【次居る】並居る。（三好記）

なみす【褊す】「褊《さみ》す」に同じ。見下げる。見下す。侮ること。「軍道未練の輩公の鋭武を褊《なみ》すとて、却《かえっ》て南方に耻を附け益す」（北越軍談）⬇「褊《さみ》す」を参照

なみのひらゆきやす【波平行安】 薩摩国谷山村波平の刀工、行安の制作した刀。行安の名跡は鎌倉時代から江戸時代末期まで続いている。「薩州 波平行安《なみのひらゆきやす》が治《きた》ふたる三尺余の大太刀を挺《ぬき》て」（北越軍談）

なめがたのはかりごと【嘗方の謀】 投げた銭の表裏が全部予告通りに出た時は神意によるものとして、将兵を励ますはかりごと。「是則ち、信長家に用ふる嘗方《なめがた》の 謀《はかりごと》 なり」（武田三代軍記）

なやむ【坎壈・艱む・歎む】「坎壈」は、「悩む」の充て字か。困る。悩む。心配事。問題なこと。「公の出馬を勧める故、連日の風雨道路其歎《なや》み有べしと思《おぼ》されけれ共」（北越軍談 中）「比《ころ》しも未《いま》だ三冬に至らず、兵馬寒冷の艱《なや》み少く」（北越軍談 中）「上杉房義入道常泰 倍《ますます》 邪曲の翔《ふるま》ひ苛政度《かせいど》なきき坎壈《なやん》で、越後・佐渡の間以の外騒立《さわぎたて》、獄訟《ごくしょう》 日を逐《おつ》て踵《きびす》を次ぐ」（北越軍談）

ならがみ【奈良紙】 大和国（奈良県）南部地方から出た薄手の紙。楮《こうぞ》で漉いた薄く柔らかな肌触りのよい紙。やわやわ。「奈良紙十束持来、不慮之施也」（実隆公記）

ならざけ【奈良酒】 奈良地方で産する清酒。古く奈良地方は名酒の産地として有名であった。奈良九献。「尾張中納言義直卿奈良酒両樽鮎鮓二桶献ぜられしかば御内書を遣はさる」（徳川実紀）

ならす【媟す】 馴らす。「金・銀・粟・銅を貸与へて、是を媟《なら》し、眷属《けんぞく》（一族）広き庄官等の幼女を養ひ」（北越軍談）

ならず【弄】「成らず」と同意。「然共三度の七枚起請の事なれば、此事如何と申事も弄《ならず》」（三河物語）

ならぶ【駢ぶ】 並ぶ。「後陣に在しが、馬も数ヶ処突れて、一所に駢《ならび》て歩まず、頓《にわかし》て乗放し」（奥羽永慶軍記 下）

ならもろはく【奈良諸白】 奈良で産する諸白。奈良産の上等の酒。「奈良諸白に宇治のしろ茶」（尤草紙）

なりあい【姿合】 連絡をとる。連繫すること。「成相ひ」とも。「若聊《いささか》も先隊《さきて》の姿合《なりあい》悪ければ、忽ち見崩して味方大なる弱りとなる事」（北越軍談 中）

なりあい【成相】 一緒になる。連絡をとる。「姿合」とも。「城と豊州衆成相ひ候ては」（老翁物語）

なりがたし【成叵し】「成り難し」に同じ。不可能なこと。「小国、大義の計略成叵《なりがた》きが故、朝倉左衛門督義景を頼み」（北越軍談 中）

なりかわる【成替る】 寝返る。「多分又富田へ成替り候」「多分」は多くの者のこと。（老翁物語）

なりたつ【成立】 ある状態・事態に立ち至る。すっかりそういう気持ちになる。「当家茂令出陣、然処、師相破、散々成立無是非」（島津家文書）

なるほどのぎ【成る程の儀】 できることならば。「相拵へ候て、成る程の儀に候はゞ」（老翁物語）

なれる【狎る】 慣・馴・熟の充て字。慣れる。「年来《としごろ》属日《ひごろ》

管領家の寛柔に狎熟《なれじゅく》したる関東衆、舌を悼《ふる》ひ、膽《きも》を銷《け》し」（北越軍談）

なれる【慣・馴・熟】 食べ物などが新鮮でなくなる。腐る。「くさるといふ、心がけもなくて、取出て、料理時、魚のなれたる穿鑿もなく」（甲陽軍鑑）

なわ【縄】 田畑の面積を測量すること。検地。丈量。また、それに用いるもの。縄入れ。「天分十二年日本国中海国の知行高をしるし、其簿を将軍家に献ず、是を民俗には天文の縄と云」（筑前国続風土記）

なわうち【縄打】 ①縄張とも。城・砦・屋敷などの敷地の構を定めるのに、まず縄を張って位置を決めること。特に城の攻勢・守勢・防禦の作り方にもいう。「勝頼は諏訪の原へ御陣かへを被成て、御越有て縄打を被成て」（三河物語）「寺内屋敷可請取申由ニ付而、（中略）秀吉御自身御出有テ、縄打ヲサセラルル也」（宇野主水日記）②年貢高を決めるに、田畑を測量すること。「此年、三遠駿信甲、自家康公有縄打」（当代記）

なわした【縄下】 縄目を受けた身。「治部少輔申され候様子は、扨々、か様に縄下《なわした》に罷り成り—」（川角太閤記）

なわつき【縄付・索付】 罪人として捕縛された状態にあること。また、その罪人。「新発田罷通候者、以索付、両人只今為差上候」（上杉年譜）

なわばり【縄張】 家屋などを建てる際に建築物の位置を定めるため、図面どおりに敷地に縄を張ること。「我等城を取しく縄ばりは委《くわしく》相伝申候」（甲陽軍鑑）

なんがん【難堪】 険しい所。節所。「淺井・朝倉、高山大ずくへ取り上り、入城し、難堪《なんがん》の峠《とうげ》に及ぶ」（信長公記）

なんぎ【難儀・難義】 ①平易でない事柄に苦しみ悩むこと。苦労。困苦。特に、「難儀している」などと、貧乏であることをも言う。「所詮、為寺家御沙汰、御勘量難儀候者、不日召給彼禅勝」（東寺百合文書）②（形容動詞）煩わしいこと。面倒なこと。迷惑。「七ヶ日之間山徒警固申、武家人警固難儀之由山徒申云々」（看聞御記）③欠けていること。不十分なこと。欠点。貧乏。「乱世に、無事にすぐし給ひし名大将を、よはき所ありなどと申さんは、名歌に難儀を求めるがごとし」（戴恩記）

なんきんせん【南京銭】 ⬇「打平《うちひらめ》」「京銭《きんせん》」を参照

なんざ【南座】 駕籠を担ぐ人夫。かごかき。「南座（駕輿丁の称）役人、今度就女御（源和子）入内罷出、布直垂令著用度旨申之」（孝亮宿禰記）

なんじ【儞・卿・爾汝】 あなた。そなた。親しい間柄に使う称呼。（細川家記）「今度再乱に就いて、卿《なんじ》の心底瀬上平三郎を以て備《つぶさ》に之を言う」（伊達正統世次考）「少しく長じ懸殊すと雖も、それ相狎れ、倶に形跡を忘じ、爾汝たり」（一徳斎殿御事蹟稿）

なんじゅう【難渋】 ①ぐずぐずして義務や職務を速やかに

果たさないこと。また、年貢その他の貢租の納入を滞らせること。「此内一人も無沙汰申候者、此人数として返弁可申候、若なんしゅ仕候者堅御さいそくあるへく候」（大徳寺文書）**②出し惜しみすること。与えたり、貸したり、返したりすることを惜しみ渋ること。**「大元本尊今朝自光覚僧正方請取、自旧冬種々難渋、頗沙汰外事也」（満済准后日記）

なんじょう【何条】どうしてなぜ。「抑東山参会之後、久不申入候、何条御事御座候哉」（異制庭訓往来）「今度吾々被召寄候事者、何条にて候之哉、聊も無存知之物語共也」（上井覚兼日記）

なんじら【汝曹・卿等】「なんじ」とも訓む。**あなた方。**「汝曹《なんじら》比《ころ》を待つべしと宣《たま》ふ」（北越軍談）「**卿等**」は、「けい」とも。**同輩あるいはそれ以下に対して用いる敬称。主君が臣下に対して用いる敬称。**「彼の辺畢竟《ひっきょう》卿等に託す而《の》已《み》、然れば則ち風聞す」（伊達正統世次考）

なんぞ【奚・渠・詎】何ぞ。如何に。「人も己《おのれ》に順《したご》ふべけれ。奚《なんぞ》武辺逞《たくま》しく弓矢の強梁侍ればとて」（北越軍談）「無所蔵の世界壊《え》するの時、渠《なんぞ》朽ちざらん」（駿府記）「懇惻之意趣を顕わさ見（る）、感荷詎《なん》ぞ極らん」（伊達正統世次考）

➡「奚《いか》」を参照

なんなん【向】そういう状況になる。「民戸農業の時を失ひ、土民窮迫に向《なんなん》とす」（北越軍談）

なんなんとす【垂んとす】もう少しでなろうとする。今にもなろうとする。「然りと雖も洪水且《しばら》く馬を扣《ひか》え、漸く水退くに垂《なんな》んとして、両方一味の兵相調合し」（伊達正統世次考）

なんのかの【何彼】ああだこうだの。あれやこれやの。自分の弁解のために言う。「名護屋へ可差戻由、堅可申付候、自然何彼候て遅々候ハヾ可為曲事候」（黒田家文書）

なんばん【南蛮】「南蛮船」**の略。**「南蛮於薩州破損、其船中之道具御配分也」（鹿苑日録）

なんばんつけもの【南蛮漬物】酢・古酒・塩（三：二：一）を煮立て、冷ました汁に鮎・しょうが・くらげなどを漬けたもの。「為音信ひいとろ・南蛮漬物ニ到来、喜悦候也」（黒田家文書）

なんべん【何篇（辺）】何度も、しばしば。（伊達家治家記録）

なんぼう【なんばう】「なんぼ」**であろう。どれだけ。**「私不肖といひ、尪弱《おうじゃく》の身にて、なんぼう迷惑にて候」（奥羽永慶軍記　下）

なんぽう【南方】東国では小田原北条氏を指すことが多い。「義重（佐竹）よりも御神水参候、従南方御飛脚参候」（伊達天正日記）「由良方其外何茂南方江入魂無心元事候」（大阪城天守閣蔵太田資正書状）

なんりょ【南呂】陰暦八月の異称。なんろ。「雨降及朝属晴、南呂之朔、幸甚幸甚」（実隆公記）

なんりょう【南鐐】銀のこと。「跡部大炊助信春に南鐐二千枚宛与えてすかし拵へ、勝頼にも銀子一万枚」（関八州古戦録）

「石見の南鐐百枚献ぜらるゝ」（室町殿日記）

に【于】「于今」「于時」「于恒」などのように使う助辞。「于恒歎申之由之条、彼棄破、公験地被返付之訖」（壬生家文書）

にあし【荷足】①船の安定性をよくするため、船底に入れるバラスト。近世では多く石を積む。「大船に荷足を入る事、一人持の石に縄網を掛、取手を付、下積にすへし」（野島流船軍書）②荷物を積んだとき、その船の積石数をいう。中世での呼称。「大友殿春日丸船一艘、荷足千五百石、兵庫両関兵河上諸関、無其煩可被通」（大友文書）

にえやく【贄役】大内氏が禁中の贄（朝廷に献上される海産物）役を担当していたようだ。贄殿方の仕事をすること。「一、政所より贄役人米銭　已下送物の時、かならず可執送状也」（大内氏家臣連署壁書写）

にかいもん【二階門】二階造りの門。二階建ての門。楼門。「陸奥守ニのくるわ二階門へあがり、さいはいをとって、爰を最期と防がるる」（甲陽軍鑑）

にかいやぐら【二階櫓・二階矢倉】二階造りのやぐら。二層のやぐら。「二之丸艮角二階矢蔵〈四間五間〉溝口伯耆守」（太閤記）

にがちゃ【苦茶】植物「唐茶《とうちゃ》」の異名。「附以苦茶二十包云」（蔗軒日録）

にがわらい【苦哂】苦笑い。「謙信は下手《へた》巧者《こうしゃ》にて、信長などの調義には、やはか陥るまじき者を、と苦哂《にがわらい》し玉ふ」（北越軍談　中）

にぎる【拊る】握る。手に入れる。「纔に弓馬の業を継ぐと雖も、未運の残生を東山陋巷《ろうこう》に投じ、賊の為、未だ功を拊《にぎ》らず」（奥羽永慶軍記　上）

にくし【憹し】憎い。「讃岐守、彼を憹しと思ひ給へ共」（三好記）

にくしみ【悪】憎しみ。「御軍兵にも骨を折らせ、以来の御悪《にくしみ》を招かんより」（元親記）

にくしょうよう【肉従容】「肉蓯蓉」のこと。きむらたけ《黄紫茸》、おにく。高山の陰地に自生するもの、漢方の強壮補精薬。「対馬国柳川豊前守、朝鮮人参、芫青《げんせい》、肉従容等の薬種これを献ずと云々」（駿府記）

にぐる【奔る・坎る・北る・逊る・辷る】逃げる。「奔《に》ぐるを逐ふに、列を踰《こ》えず」（甲陽軍鑑）「敵坎《にぐる》とても、おうべからずして、動転《どうてん》なく丸く成てニの手を待て」（三河物語）「但し敵崩れ北《にぐる》と云共、仕怠《したる》く長追すべからず」（北越軍談　中）「辷る」は、「すべる」とも訓む。（元親記）「甲浦を差して逊退く」（元親記）「塀を乗越狭間《はざま》を潜《くぐ》り、或は谷々え辷《すべり》落《おち》」（北越軍談）

にげくずし【逃崩し】列を乱し、混乱しながら急いで逃げ去ること。「至剛なる大将といへ共、味方八方へにけくつし、我さきにと落行ければ、（中略）敗軍せり」（室町殿日記）

にげくち【逃口】軍隊が退却し始めること。（日葡辞書）

な

にげくび【逃首】戦争の際、逃走する者から取った首。（日葡辞書）

にげこむ【北込】逃げ入る。逃げること。「此表端之一揆北込候大島井与云所、三日ニ落城候」（細川家文書）

にげじり【逃尻】背後から斬りつける。または斬りつけられる。（日葡辞書）

にげまなこ【逃眼】逃げようとする時の目つき。逃げ目。「かかる大軍にて加程きびしき事には不逢と、皆逃眼にぞ成たりける」（会津陣物語）

にげみち【匿路】逃げ道。退路。「寄手の一方囲《かこま》ざる虎口を匿路《にげみち》として、吾も々々と脱《のが》れ行《ゆく》を」（北越軍談）

にげる【北る・迯る・辷る】➡「奔《にぐ》る」を参照

にけんまなかえ【二間々中柄】二間半の鑓の柄。「十七本鑓二間々中柄、具足、皮笠」（豊島宮城文書）

にこげ【毳】和毛。やわらかい毛。うぶげ。「忠は出ては毳《にこげ》を脱て君に仕へ、入ては父母に孝順をなす」（北越軍談　中）

にこつと【聞】にっこりと。「各々呼び出し、気色を違えず、聞《にこつと》咲《わら》ひ、斯《こ》の度の籠城」（播磨別所記）

にごり【にごり】はっきりしないこと。あいまい。「そなへの色は山本勘助見て、すみやかの中の、にごりと見しりて候」（甲陽軍鑑　中）

にし【辛螺・螺】アカニシ・タニシなど左旋の縦筋のある巻貝を総称してニシ《螺》という。赤いのがアカニシ、長いのがナガニシ、田にいるのがタニシ。一般にはアカニシを指す。「御与つめ　酒鯛《さかたい》　鱈《たら》昆布　辛螺《にし》輪金《わきん》御文」（甲陽軍鑑　下）「暮かた大松沢左衛門尉栗毛馬上被申候、御さかな・にし《螺》参候」（伊達天正日記）

にじゅう【念】「廿」の当て字。二十のこと。（黒田家文書）「猶使者附」「口上候也、仲春念一　基熙（花押）」（上杉喜平次宛近衛基熙書状）➡「念《ねん》」を参照

にじゅうなり【二重成】①二重に年貢を納めること。また、命じて二重に納めさせること。「にじゅうなし」とも。「仍其方年貢諸公事、御本所より催促候とて納候ては、可為二重成候」（政基公旅引付）②二ヶ所に年貢を払うこと。二重払い。「久我家雑掌申、（中略）年貢・諸公事物等、堅可拘候、若於他納者、二重成之上、可被加御成敗之由」（久我家文書）➡「他納《たのう》」「二重成《ふたえなし》」を参照

にじゅうにんしゅう【廿人衆・二十人衆】徒歩衆のこと。歩若党。二十人宛で編成されたことに由来する。「御中間かしら《頭》衆十人、其依《え》怙《こ》贔屓《ひいき》これあるかとて、廿人衆頭、十人は是横目《よこめ》也」（甲陽軍鑑　中）特に、各大名により名称が相違する。武田家では徒若党のこと。北条家では手脇衆。上杉家は身脇衆。徳川家では走衆。「総ての陣中身脇《みわき》（南方にては手脇衆、甲州にては廿人衆、徳川家にては走衆と云）の隊長を随鎧の武者と定め」（北越軍談）

にしろ【二城】副城。出城。「真田信仍、寨を天王寺東方に

築き、真田弐城と号す」（左衛門佐君伝記稿）

にせ【二世】この世とあの世。特にあの世のことを言う。「明日子が死するとも、二世の屋敷は是なるらん」（政宗記）

にせいのとも【二世の供】殉死をいう。「文七郎は輝宗へ二世の供を勤ける遠藤山城家督なりしが」（政宗記）

にちいき【日域】日本。日の本。「竊《ひそ》かに以《おもんみ》るに八幡宮は日域朝廷の宗廟として」（奥羽永慶軍記 上）

にちょうのゆみ【二張の弓】節操を変えることのたとえ。裏切ること。「程もなくして又家康へ逆心をする物ならば、二張の弓也」（三河物語）

にちりょう【日料】一日ごとに支払われる労役の報酬。日給。日当。「此時にして日料不賜の時は、民情如何可有之歟」（上杉家文書）

にっか【日下】文書の日付の下に署名した人（その文書の責任者）。（老翁物語）

につかわし【似敷】似つかわしい。「拙者似敷御用等可被仰付候」（中野重吉書状）

にっく【日供】「にっくう」とも。**毎日神前に捧げる供え物。**にちぐ。「鴨社日供闕怠云々、先規稀歟」（親長卿記）

にっこと【莞爾と】にっこりと。「座席の景勝へ向ひて点頭《うなづ》きたるを見て、莞爾《にっこ》と咲《わら》ひ給ひたるを」（北越軍談）

にでん【二伝】（借状）**が二通あるという意か。**「但し永代の借状、二伝に於いては、之を懸くべからず」（甲陽軍鑑）

にのて【二の手】戦陣で一番手の次に出る軍隊。二番手。「一の手・二の手・横槍・脇備《わきぞなえ》・後備」（甲陽軍鑑）

にのまる【二の丸】城郭で、本丸の外側の郭。「ニノマル〈訳〉城にある最初の囲壁と二番目の囲壁との間にある空間」（日葡辞書）

にのみ【二の身・二の見】隊列のうち、先隊《さきて》の後に続く二番隊のこと。二陣。「甲兵二三町が程推来り、後陣より部伍を畳《たた》んで、先隊《さきて》・二の身・脇備列を督して引退く」（北越軍談）「一番に軍を始め、追っひらいつ争合しに、最上二の見、新関因幡守五百人」（奥羽永慶軍記 下）

にばんうけ【二番受】軍陣で、敵の来襲にそなえて先頭に次いで待ちうけること。また、その軍勢。「二番受に伏したる荻田与三兵衛起り合といへども」（武家名目抄）

にばんて【二番手】戦陣で一番手の次に出る第二番目の軍勢。二の手。「一番手は須知渡部、二番手は谷田岩成、三番手は伏谷殿・葦田にて候が」（籾井家日記）

にばんなり【二番成】愚か者。「必ず年立ちても、武者の二番成はなし」（長元物語）

にばんやり【二番槍】一番槍に次いで、槍で敵陣につき入ること。また、その人。「二番鑓をつく人と鑓下の高名は、対々の手がらならん」（甲陽軍鑑）

にぶぎょう【荷奉行】荷物の管理をする人。「御台所入用之荷物差上候之処（中略）京都へ延引しければ、荷奉行岡本勘

七めいわくして」（室町殿日記）

にほ【にほ】 刈り稲を高く積み上げたもの。牛馬の飼料、堆肥などに用いる。稲藁。禾堆《いなにお》。藁鳰《わらにお》。「城中ニにほ《堆》のことくばい木をつミ」（黒田家文書）

にゅうせい【入精】「精を入れ」とも訓むか。精のこもった。真心のこもった。「七尾面謙信引退之趣、委細申越候、誠入精注進悦入候」（森田正治氏所蔵文書）　➡「精《せい》を入る」を参照

にゅうどうしんのう【入道親王】 親王の宣下があったのちに仏門に入った皇族の男子。親王であって、出家をした皇族。「御出家以前、先俗名にて親王宣下ありて、さて御出家あるをば、入道親王と申て規摸とせらるる也、御出家已後宣下あるをば法親王と申」（官職難儀）　➡「法親王《ほっしんのう》」を参照

にゅうちょう【入帳】　➡「入日記《いれにっき》」を参照

にゅうねん【入念】 細かいところまで注意を払い、丁寧なこと。また、そのさま。ねんいり。ねんいれ。「其面事、仕置等入念申付候者」（上杉家文書）

にゅうば【入馬】 馬を引き上げること。帰馬させる。「萬事指合なく早々討果し、各隙をも明《あけ》させ御入馬の儀念願し給ふ」（伊達家治家記録）

にゅうぶ【入部】 領地や任国に赴くこと。「小野寺隠岐守知行分丹後国倉橋郷地頭職段銭以下臨時課役等事（中略）可被停止使者入部之由、所被仰下也」（久我家文書）

にょうねつ【饒舌】「じょうぜつ」とも。①話しが巧み。②物事をするのにゆっくり完全にする。（日葡辞書）

にょうぼうほうしょ【女房奉書】 古文書の様式の一つ。天皇の側近の女官が天皇の意思を奉じて発給した仮名書きの文書。「巨細見女房奉書候、猶速水右近大夫申含候」（上杉家文書）

にょほう【如法】 柔和。（日葡辞書）　➡「如法《もとより》」を参照

にょほうねんぶつ【如法念仏】 一定の法式に従って念仏すること。不断念仏。別時念仏。「今日於二尊院如法念仏有習礼」（実隆公記）

にろくじちゅう【二六時中】 一日十二とき中の意。一日中。ずっと。終日。四六時中とも。（日新菩薩記）「其許境中義最前仰遣さる如く、二六時中無御心許の所」（伊達家治家記録）「尾州を義元公の国にせんと二六時中はかるによって」（甲陽軍鑑）

にわかして【頓て】 にわかして。急に。頻りに。「此度の恩賞に、所領給はらんとの宣旨なれば、重道頓《にわかし》て、出羽の山北を望しかば、重道が望に任せ給はりぬ」（奥羽永慶軍記　下）

にわかに【遽に・暴に】 突然。急きょ。俄に。「遽《にわか》に放鷹之帰路を要して以て之を幽囚す」（伊達正統世次考）「翌日暴《にわか》に来《きた》って当城を撃つ」（伊達正統世次考）

にわこ【庭子】　➡「家抱《けほう》」を参照

にわつくり【庭作】 庭に、草木を植えたり、築山・泉水な

な

どを作ったり、それらの手入れをしたりすること。また、それを業とする人。「召庭作聊普請庭」（実隆公記）

にわび【燎】「庭火」のこと。かがり火。焼きがら。「焼すさびたる燎《にわび》、幽《かすか》に残りし社壇を本陣として、其の外、爰かしこの神木に幕をうち」（奥羽永慶軍記　下）

にんいりそんす【任入り存す】「よろしくお願いします」程度の軽い意味。「御館（政宗）より御直書過分の由任入り存す、殊に知行御書付拝見す」（伊達家治家記録）

にんかい【任槐】三槐に任ずること。太政大臣、左大臣、右大臣のいずれかの大臣に任ずること。また任ぜられること。「早々二条殿へ御任槐珍重之由御礼に参候」（言継卿記）

にんがい【人外】人でなし。「諸人に人外《にんがい》の様に思はれ候ては」（桂岌圓覚書）（老翁物語）

にんかつ【忍闊】耐え難えこと。もう耐えられない状態。「如此多人数後陣より噇とうしろ切候間、不得忍闊とくつれたり」（慶長記）

にんきゃく【人脚】「人夫」に同じか。人手。人員。「但大途之所用之時分、人脚以下寺社不残申付時分者、可申断候」（真里谷𡑮泉寺文書）

にんし【任子】人質。「然れば明春任子《にんし》を送り参らせ、其支證に償《つぐな》ふべき旨」（北越軍談）

にんじゅぐみ【人数組】「人数組《にんずぐみ》」に同じ。軍勢を幾組かに分けて編成すること。「人数ぐみ、陣取りのなされ様、是れ皆愚痴なる様に可思召候」（甲陽軍鑑）

にんじんちょうこうさん【人参丁香散】漢方の薬方の一つ。人参、丁香、当帰、丁皮、肉桂、茯苓《ぶくりょう》、甘草、などから成り、嘔吐、悪心、腹痛などの諸症に用いられる。「人参丁香散〈一済半〉調合之」（言継卿記）

にんずうふね【人数船】人を乗せる船。「舟の支度人数船にて候間」⇕廻船　（万代記）

にんずぐみ【人数組】　⬇「人数組《にんじゅぐみ》」を参照

にんたい【人体】「にんてい」との訓みの相違は、地域差があるか。「人」の丁寧語。「木造（伊勢国）殿御披官、（中略）雖然、於無在城人体者、彼分領等可成城領之事」（沢氏古文書）

にんたく【任託】相手に任せ、託すこと。「以て進撃を為《な》せ、是任託する耳《のみ》」（伊達正統世次考）

にんてい【人躰・仁体】①大将として。「陶尾張守を人躰にて、元就様へ御加勢候」（桂岌圓覚書）「大剛の御人躰とて、秀吉公別て御手を置かれ」（老翁物語）②輩。族。やから。「万松軒は年老と云、坂東・奥羽迄も肩を比ぶる者なき精発の仁《にん》体《てい》にして」（北越軍談　中）（声をかけた）人たち。「杉・内藤申談候人躰可取立候条、追而可申談候」（益田市蔵陶晴賢書状）③本人は。当人は。「高田之儀、何分ニ茂計略肝要候、幸三浦人躰、爰許在身之儀候間」（岡山県立博物館蔵尼子義久書状）　⬇「仁体《じんてい》」を参照

にんにくのころも【忍辱の衣】袈裟の異称。「名を得し悪僧・衆徒・客僧千余人起り立て、忽ち忍辱《にんにく》の衣を脱ぎ、甲冑を帯し」（奥羽永慶軍記　上）

にんぷ【人夫・人賦・人歩】（古くは「にんぶ」）公役に徴用された人民。夫役《ぶやく》を課された人民。「十六町田に、一反別人夫一人宛可罷出云々、百六十人也」（大乗院寺社雑事記）

にんべつ【人別】各人毎に納める税、または賦課金。「人別銭」とも。「粮物　共物人別十疋也両日分」（実隆公記紙背文書）

ぬい【繡い】ぬいとり、刺繡の入った小袖。「まくら《枕》　壱ッ　こそで《小袖》　ぬい《繡》　壱ッ　同はく《箔》　壱ッ」（黒田家文書）

ぬかづく【稽首く】「稽首《けいしゅ》」とも訓む。ぬかづくこと。「公則宝前に稽首《ぬかづ》き、再拝祈念ましまし、帰路に赴《おもむき》玉ふと云々」（北越軍談）

ぬきあし【蹐】音を立てずゆっくりと歩く。ぬけあし。「所領を奪はれ、天に跼《せぐくまり》し地に蹐《ぬきあし》して一身を置くに安き所なき者ども、爰かしこより走り集る」（奥羽永慶軍記　下）

ぬきく【抜句】秀逸の句を抜き出すこと。また、その句。「又連歌百韵幷抜句少々見候て進入申候へと（中略）抜句は即時に見候て、愚存共細々書付進之候也」（上井覚兼日記）

ぬきくじ【抜公事】①「抜き」は誤魔化すこと。公務において誤魔化したりすること。「對貴殿、此上之儀者、ぬき公事・表裏・御無沙汰仕間敷事」（黒田家文書）「対内府様輝元於無別儀者、表裏ぬき公事無之、御馳走可申上事」（毛利家文書）②順路を経ない訴訟。「一、対当寺、両人毛頭表裏抜公事等不可在之事」（龍谷大学図書館所蔵文書）③「ぬけくじ」と訓む。密約。「一、深重入魂之上、向後不可有表裏・抜公事之事」（護国寺文書）

ぬきしろ【緯白】経糸は紫、緯糸は白の織地の称。「御料人様への御音信は、一、厚板　百端　一、薄板　百端　一、緯白　百端　一、織紅梅　百端」（甲陽軍鑑　中）

ぬきす【抜簾】「貫簾」の充て字。丸く削った竹で編んだ簾。「諸軍勢退散の紛《まぎれ》に抜簾《ぬきす》の旗撓挑《くるくる》と引巻き」（北越軍談）

ぬきれ【貫入・抜入】「ぬきいれ」の転。「数珠」の異名。「東福寺不二軒懌長老始而来臨、杉原十帖、抜入数珠一連被携之」（実隆公記）

ぬけ【卓絶】他人より抜きんでること。「毎《いつ》とても人に卓絶《ぬけ》たる働は有べからず」（北越軍談　中）

ぬけかけ【抜駆】合戦で武功を立てようと、密かに他者を出し抜いて敵中に攻め入ること。「多分ニ付可随其候、ぬけかけに一人二人として申やふり候ハヽ、くせ事たるへき事」（黒田家文書）

ぬけくじ【抜公事】勤仕を怠ること。「誠対天下、抜公事《ぬけくじ》表裏仕、重々不相届動於在之者」（長国寺殿御事蹟稿）

➡「抜公事《ぬきくじ》」を参照

ぬさ【太麻】「幣《ぬさ》」に同じ。祓《はらえ》の具の一。麻または紙を細かく切って米とまぜ、祓い清めるために神前にまき散らすもの。「是を事ともせず、御祓も太麻《ぬさ》も切ちらし射落し」(奥羽永慶軍記　上)

ぬすみ【竊】「竊《しのび》の者」と同じ。「就中竊《ぬすみ》大切に候間、夜番肝要可被入念事」(長国寺殿御事蹟稿)

ぬすみだす【偸出す】 盗み出す。「雨夜の紛れに偸《ぬすみ》出だし、穴山逆心の由承り、館《たち》を拘《かか》ふべき存分にて」(信長公記)

ぬたをこく【ぬたをこく】 軽んずる。ぐずぐずしている。埒が明かないこと。「今日何者にてもあれぬたをこくものあらば、一矢もって参候する」(元親記)

ぬりご【塗輿】「ぬりごし」とも。高貴な人の乗る輿。「さし物等を乱すに異ならず、今川義元の塗輿《ぬりご》も捨て、くずれ逃《のが》れけり」(信長公記)

ぬるし【温し】 温かい。機敏でないさま。きびきびしていないさま。「豊後の内にて大将分不討留事、先の衆ぬるき故と被思召候事」(黒田家文書)

ぬるむぎ【温麦】 温《ぬる》くして食べる索麵やうどん。熱麦《あつむぎ》と冷《ひや》麦《むぎ》の中間のもの。「夜ぬるむぎ参り候」(石山本願寺日記)

ねいかん【佞奸】 口先が巧みで心よこしまの事。「是併佞《ねい》奸《かん》の輩、依怙を以て如此」(関八州古戦録)

ねいしん【佞臣】 主君に追従して欺き偽る臣下。「賢者ハ山林ニ隠レ、佞臣ハ左右ニアリ、偽リ曲レル者ノミ進テ、諫メ覚ス者ナシ」(壒囊鈔)

ねいじん【佞人】 口先が上手で、心のよこしまな人。「此表事、誠佞人悉相果候、先年万年も可為静謐事」(黒田家文書)

➡「佞人《ねじけびと》」を参照

ねいび【佞媚】 おべっか。媚へつらう。「上原兵庫と云佞媚の者またなく出頭して」(関八州古戦録)

ねがわくは【庶平】 願わくば。できることなら。「特に今度老父出陣せず、庶平卿等《ねがわくはなんじら》一刻も猶早く来陣し意見を加えられよ」(伊達正統世次考)

ねぎらい【労ひ】 慰労する。「先軍務を労《ねぎら》ひ、戦場の行《てだて》を達せしむる」(性新公関原御合戦記)

ねぎり【根伐・根切】 根絶やしにする。根絶。全滅させる。「小敵と云へ共、一旦には根伐《ねぎり》成り難しとて、景虎公府城え振旅《しんりょ》し玉ふ」(北越軍談)「雖為節所、十八日押詰、鉄炮放候、通路も不可合期候、却而擒候此節根切眼前候」(永青文庫蔵織田信長黒印状)

ねぐさる【根腐】 食物などが腐る。「うどんの粉をねくさらせぬは、くろ金を入て置也」(多聞院日記)

ねごや【根小屋】「ねこや」とも ①山上に城のある城下の町家。「根小屋を焼払、こゝかしこに油断したる侍共、一処《しょ》にて廿・三十づゝ、討てすつる」(甲陽軍鑑) ②城下の施設。「上野国中在之松井田根小屋悉焼払」(長国寺殿御事蹟稿)

ねごろしゅう【根来衆】 紀州那賀郡根来寺の衆徒。秀吉に討伐される。「馬場美濃同心とび大弐と云根来衆、大剛の侍、

信玄公御秘蔵の者」（甲陽軍鑑　中）

ねじけびと【**佞人**】「ねいじん」とも。邪悪で悪賢い者。（日葡辞書）　⬇「佞人《ねいじん》」を参照

ねじふせ【**紛伏**】ねじ伏せる。組伏せる。「九郎左衛門少も騒がず小南を礉《きつ》と睨《にらみ》、推参なりとて捕て紛伏《ねじふ》せ」（北越軍談　中）

ねしる【**ねしる**】ものを取る。「堺へにげ入候内に、腰刀まで郷人にねしられ、さん〳〵の体に候」（昔阿波物語）

ねじる【**紾**】ねじる。捩じる。「朧の何某（後号芝内膳正）走寄、敵の右の腕を紾《ねじり》、続《つい》で吉田隼人佐馳来て件の敵を引伏せ」（北越軍談　中）

ねじろ【**根城**】①外城に対して本城、すなわち主将の居城。（庄内陣記）大将の住んでいる主城。（日葡辞書）「八月三日仁賀保が根城《ねじろ》に相働く」（奥羽永慶軍記　下）②戦いに際して、全軍の根拠とする城。「駿河寄モ佐脇ト八幡ニ取出ヲ取テ、吉田、牛久保ヲ根城ニスル」（三河物語）　⬇「枝城《えだじろ》」「巣城《すじろ》」を参照

ねずのばん【**不寝の番**】一晩中寝ないで番をすること。また、その人。ふしんばん。ねずばん。「晴、参内、番也、依御用心有不寝番」（親長卿記）

ねたばをあわす【**寝刃を合す**】刀の刃を研いで刃を立てること。「即時に太刀、長刀の寝刃《ねたば》を合せ、後度の設けを専らとす」（関八州古戦録）

ねつき【**根培**】「根付」のこと。生き延びる。「越中の仇敵を是非に根伐《ねぎり》せんと欲す。然るに凶徒など動《やや》もすれば、飛州に拠《よっ》て根培《ねつき》をなせり」（北越軍談　中）

ねっき【**熱気**】病気などで高くなった体温。高熱。熱物。「よべより御心わろく御ねつきありて、竹田御みやくにまいりて、御くすりまいる」（御湯殿上日記）

ねつぎ【**根継・根接**】柱や土台などの根元の腐った部分を取り除いて、他の材料で継ぎ足すこと。「薄所之東方之塀損之間、与二郎に申付根継沙汰之、罷向見舞了」（言継卿記）

ねとり【**音取**】雅楽などの管弦の際、初めに作法として行なう序奏。楽器の音調を調える。「景雄に神楽之異説之音取、星之異説之音取、同細音取等相伝候了」（言継卿記）

ねにっき【**根日記**】献上された鏃《やじり》を記録した記録。他に玉日記（鉄砲玉）・矢日記など。『福島県史』七（古代中世資料）七五二～四ページ参照。

ねばく【**ねばく**】粘り強く。「大敵をせゝり付たる人なる故、弓矢をねばく取、信玄とみま瀬合戦にも、遅くまいらるゝうちに」（甲陽軍鑑　中）

ねばくじ【**粘公事**】非常に長引く訴訟。（日葡辞書）

ねばま【**寝浜**】囲碁で、打ち始める前に相手の石を隠し持って、作碁の時に出す悪質なもの。⇔出石。「敵の柵をふりたるは、たとへを取に碁ならば、ねばま《寝浜》を仕り勝たる心也」（甲陽軍鑑　下）

ねびと【**根人**】「ねびと《老成人》」の当て字か。事情に通じた人、

物事に経験を積んだ人。「兼日其心得千言萬句なり、根人《ねびと》さへ慥かに中分くる義有らは」（伊達家治家記録）

ねぶか【根深】「葱《ねぶか》」の異称。ねぎ。「斎藤越後守雉三、根深一折送之」（実隆公記）

ねぶと【根太】癤瘍《せつよう》、腫瘍。（日葡辞書）

ねまつり【子祭】旧暦十月か十一月の初子《はつね》の日に行なう収穫祭。酒饌《しゅせん》・二股大根・玄米・黒小豆などを供える。子待。子の祭。「子祭に林（囃子カ）歌吹候了」（言継卿記）

ねむ【合歓】贈答用に用いているので、「合歓橘」（果実）のことか。「然者愚所へ両種越給候、大慶至極候、態合歓両金進之候、誠表一礼迄候」（角田石川文書）

ねめつける【睨付】怒りや興奮の気持を込めて強く見つめる。にらみつける。「科《とが》もなき家老をねめつけ」（甲陽軍鑑）

ねや【根矢】征矢《そや》。鏑矢の通称。（元親記）　➡「上矢《うわや》」「征矢《そや》」を参照

ねや【閨】寝室。しとね。「是へ御入り候へ、とて、義光の閨《ねや》へぞ請じける」（奥羽永慶軍記　上）

ねらう【躵】狙う。「若輩の奴原《やつばら》が進退にて信長を躵《ねら》ふ事、蟷螂《とうろう》が斧《おの》とやらん実ならず」（信長公記）「自房州越上州へ候使両三人搦取候、先代未聞忠節候、定而重而可通候間、涯分可躵候」（北條氏康証文）

ねりがき【練柿】渋くないようにするため、煮るか湯で処理した柿。上方では「淡柿」という。（日葡辞書）

ねりざけ【練酒】日本の白酒の一種。博多の特産。「あまの、ひらの、ならざけ（中略）つくしちんぜいはかたのねりさけ、いろいろさまざま（中略）しん上」（太閤さま軍記のうち）

ねりぬき【練緯・練貫】「練緯」は、「練貫」の充て字。①絹織物の一種。（日葡辞書）。「卯の花縅《おどし》の鎧、練緯《ねりぬき》の白はちまきし」（久知軍記）「大津ノ練貫、是ハ山城ノ名物也」（庭訓私記）②「ねりぬきざけ」とも。「ねりざけ」とも。「龍崎博多練貫二桶、雁等送之」（実隆公記）

ねりぬきざけ【練貫酒】「練酒《ねりざけ》」に同じ。白酒の一種。蒸したもち米を酒とかき混ぜ、石うすでひいて漉したもの。博多の練貫酒は有名。練貫。「練貫酒二桶、依為其名酒被贈、仍賞之貴之」（蔭涼軒日録）

ねん【念】「念」は廿のこと。念は二〇。「勝久公六月念一伊作より」（日新菩薩記）　➡「念《にじゅう》」を参照

ねんき【年紀・年記】中世、本銭返・本物返・年季売などの契約で、各々の条件によって成立した貸借関係がまだ清算されていない期間。「諸公事等一円に可有御知行候、（中略）若年紀中に、違乱煩申仁出来候者」（妙興寺文書）

ねんきはせすぎ【年紀馳過】年月の経過すること。中世、法定の一定期間（二十年）を経ると知行の権利を失うこと。室町時代には、年紀法によって文書がその効力を失うこと。また、その文書をいう。「一、紛失安堵事、雖帯文書案文、於年紀馳過」（内閣文庫本建武以来追加）

ねんきはせすぎのもんじょ【年紀馳過の文書】「年紀馳過」を参照。「一、充給替治事、以闕所申賜之者定法也、爰以年紀馳過文書、称由緒、望申彼替之族惟多」（内閣文庫本建武以来追加）

ねんきほう【年紀法】中世の武家法で、土地その他の不動産物件を、実際に支配していない状態で二十年以上経過すると、物件上の権利が時効によって消滅する規定。「当知行過二十箇年者、不論理非不可及沙汰之由、武家式目之第一也」（白河本東寺百合文書）

ねんきをすぐ【年紀を過ぐ】相当期間の年数を経ること。特に中世では不知行のままで二十年過ぎると年紀法によって知行の権利を喪失することをいうことが多い。

ねんきをふうず【年紀を封ず】年紀法を適用すること。「且神社仏寺領不被封年紀之条、為傍例歟」（高野山文書）

ねんぐ【年貢・年具】年具は、「年貢」の充て字。田畠に課税するもの。「政道法度以下日本如置目申付、百姓召直、年貢・諸成物可取納候」（黒田家文書）「下長井片岸郷の内八間在家年具二十貫文の地」（伊達正統世次考）

ねんぐごめ【年貢米】➡「年貢米《ねんぐまい》」を参照

ねんぐせん【年貢銭】年貢として納める銭。年貢足。「丹波国相野河内御年貢銭」（集古文書）

ねんぐち【年貢地】年貢を取り立てるべき土地。「札狼藉田畠之事、於年貢地者、可為地頭計」（甲州法度）

ねんぐまい【年貢米】年貢として納める米。「ねんぐごめ」（日葡辞書）とも。「山城国稲八妻荘御年貢米」（集古文書）

ねんごろ【念頃・悃・念・念比・懇比】①「懇ろ」の充て字。懇切丁寧に、心にかけることなど幅広い意味で用いられる。「少しも歎かず、一七日の法事いと念頃に執行ひ、其日に自害しけり」（奥羽永慶軍記 下）「法師となして父祖の後世をも弔《とぶら》はせ給へと、悃《ねんごろ》に頼みつゝ」（奥羽永慶軍記 下）「一度本城に帰し入れ度候ふと、念《ねんごろ》にいひ送りければ」（奥羽永慶軍記 上）「念比に使者を以て仰せ遣はされ」（細川家記）「此の人々夫々に御念比に聞こし召され」（一徳斎殿御事蹟稿）「我等身上之儀、殿様御懇比も大かたの事ニてハ無之候へとも、萬気遣のみニて御座候」（小山田家文書真田信繁書状）②軍事締結をする。「先日者以御名代済々被持候、御懇之儀、祝着之至候、殊御老衆誓詞被残置本望候」（国立公文書館蔵筒井順慶書状）

ねんさく【年作】田畑を耕作すること。その年の作物の出来高。また、その作物を収穫すること。「本銭返幷本銭不返、及年作等事、不論年紀遠近、以本銭可請取也」（近衛家本追加）

ねんじゃ【念者】男色の関係で、若衆を寵愛する側の人。衆道の兄分。念人。念士。「念者之ある若衆にて候間」（島津家文書）

ねんしゅ【年首】「年始」に同じ。年の初め。「公家人々如

歳末年首御礼、為御幸為無事、室町殿有参賀」（康富記）

ねんじょ【年序】 年を経ること。「一条前関白殿教房公、自大乱始下向土左幡多、御在国送年序」（宣胤卿記）

ねんせい【年筮】 その年の占い。「右の武士物をよみ、こび候故、勝頼公酉《とり》の年の御年筮《ねんせい》をまへ」（甲陽軍鑑　下）

ねんぜい【年税】 年貢米。（細川家記）

ねんぶついっさんまい【念仏一三昧】 一心こめて念仏を唱えること。「大師入定慈尊の出生五十六億七千万歳の暁を待となん、念仏一三昧《いっさんまい》の所とある」（奥羽永慶軍記　上）

ねんぽ【年甫】 年の初め。正月。「年始」に同じ。「為年甫祝儀被示越、殊更太刀一腰・馬一疋贈給候」（黒田家文書）「年甫之吉慶、殊ニ以テ可属芳意之条珍重候」（顕如上人文案）

ねんぼう【念望】「ねんもう」とも。心にその実現を願ってやまないこと。また、その思い。願望。「柏山《かしやま》伊勢守を誘奘し、共に来陣して兵談を為す、惟《これ》念望なり」（伊達正統世次考）「此念望日夜無止事候、如斯考儀愁歎之所有哀憐、御下向可為歓悦候」（無量光院書上）

ねんよぼう【年預坊】 年預職に任じている僧。また、その僧坊。「三分の二は拙僧預り置、勧学院可加修造、彼院造畢以後、年預坊へ被請取」（高野山文書）

ねんりょ【念慮】 思念、考慮。「著書多念慮（中略）書ヲアラワサル、程ニ、念慮ヲ労シテ有ゾ」（四河入海）
➡「懐念《かいねん》」を参照

の【幅】 布や織物の幅を数える単位。衣服や幕を作る場合、横に何本の布を縫い合わせて使ったかを数える。二《ふた》の、三《み》の。一のは約三六cm。「狩の幕串《まくぐし》をば、五の（幅）にあてがひ」（甲陽軍鑑　下）
➡「五幅《ごの》」を参照

のあい【野合・野相】 両軍が野に出て相対し、戦うこと。「誠に野相の合戦成とも、是ほどは死すまじきに」（武家名目抄）「自国他国の陣十二度、其内馬の前にてさせたる野合の合戦七度に候が」（宗滴話記）「野相の合戦の時」（長元物語）

のあいのいくさ【野合の戦】「野合」は野で出会うこと。そこでの戦いを言う。（庄内陣記）

のうかず【能数】 能の番数。能の種類。「能数十三番、此内三番、今春大夫仕之也」（畠山亭御成記）

のうぐみ【能組】 上演順に並べられた能の演目。能の番組。「去五日於　禁庭御能組之次第」（駒井日記）

のうげ【能化】 能く人を教え、その道に安住せしめる人、すなわち教化者のこと。坊主。僧。⇔所化（弟子）。「智積院出仕。当時真言新義能化なり」（駿府記）「さる程に、天《てん》沢《たく》と申し候て、天台宗の能化《のうげ》あり」（信長公記）

のうげ【納下】 金銭を上納したり下行《げぎょう》したりすること。金銭の出納管理をすること。「納下之儀厳密可被致其沙汰候也」（親元日記）

のうさく【能作】 能を演じること。また、その能のやり方。「船淵村之衆風流念仏又来堂之庭念仏以後尽種々風流、（中略）

各能作、云風情云言詞、不恥都之能作」〈政基公旅引付〉

のうしょ【能書】 文字を上手に書く人。また、その人。「今日聞、世尊寺前宰相六十七歳、昨日薨去云々、無一子、不猶子、旁一流能書断絶歟」〈親長卿記〉

のうせん【納銭】 ①金銭を納入すること。納金。特に中世、幕府・領主に対して営業税などを上納すること。また、その金銭。「伊都岐嶋転経事、右、以神領佐西郡廿日市納銭内、所為件料也」〈厳島文書〉②室町時代、納銭方が幕府に進納した銭。幕府が現金で支出するとき、多くはこれによって賄われた。「二千疋事、依折紙方遅々、先以納銭可渡遣之由、被仰之間」〈親元日記〉

のうせんかた【納銭方】 ①室町幕府の政所の職名の一つ。洛中洛外の酒屋土倉役の収納を請け負わせたもの。この中から選ばれた納銭方御倉がその収納金を管理した。「以納銭方臨時役可有其沙汰之旨被仰出」〈延徳二年将軍宣下記〉②納銭方が幕府に進納した金銭。「一献〈千五百疋〉飯左太方え遣請取〈千五百両通〉以下書御倉より以納銭方下行之」〈親元日記〉

のうせんかたいっしゅう【納銭方一衆】 納銭方の列に加わり収納を担っている者。納銭一衆。

のうせんかたおくら【納銭方御倉】 室町幕府の職名の一つ。納銭方の中から選ばれて、納銭方の進納した金銭を管理した。「納銭方御倉事、被改正実、被仰付禅住・定光・定泉等」〈斎藤親基日記〉

のうそ【曩祖】 先祖。祖先。〈庄内陣記〉「曩祖早雲庵、伊豆国より起て、明応四年」〈関八州古戦録〉

のうち【箆打】 矢柄を射る。〈元親記〉

のうはじめ【能始】 新年に初めて催す能楽。「正月十一日、御評定初有、其の後御能始、八幡一番あり」〈武家名目抄〉

のうま【納馬】 戦いを止め、馬を厩に納めること。「其趣、内々年中御納馬たるへきの由存するの處に」〈性山公治家記録〉

のうまい【能米】 米。〈日葡辞書〉

のうまい【納米】 官府に米穀を納めること。年貢米を納めること。その米。乃米《のうまい》。「所々御代官、納米の価として金一万九千両」〈駿府記〉

のうもつ【納物】 君主・領主や寺社にものを納入すること。また、そのもの。おさめもの。「又於本所之儀者有限納物可進済由仰也」〈政基公旅引付〉

のおくり【野送】 遺体を火葬場や埋葬場まで見送ること。葬送。のべおくり。「隆舜法眼野送云々」〈大乗院寺社雑事記〉

のがす【迦す】 「逃《のが》す」に同じ。逃がすこと。「勇鋭に気を奪はれて、図を迦《のが》し給ふとこそ存じ候へ」〈松隣夜話〉

⬇「迦《はず》す」を参照

のがれは【遁端】 罪などからのがれる策を探し出すこと。「ノガレハヲ尋ネ出ダス、種種ニ陳防スル、——それで逃れるみちを見つけ出す」〈羅葡日対訳辞書〉

のがれる【遯れる】 逃れること。「あやうき命今遯《のが》れけり。夫より何方へも参れとて追出けるが」（政宗記）

のきぐち【退口・除口】 ①「のきぐち」とも。**戦争で退却しようとする時。退却の際。**「巻たる城を巻ほぐし、味方を捨、退口あらき事数度有」（甲陽軍鑑）「弾正之忠請て候は、除口如何《のきぐちいかが》候半と申ければ」（三河物語）②「のけぐち」とも。**城兵が退却する出口。**「（伊達）成實手勢許り除口《のけぐち》の路次近く相備へ」（伊達家治家記録）「鐘ヶ崎之ノキクチト申テ、信長之御タメニ大事ノノキクチ成」（三河物語）

のけざま【仰姿】 **のけぞった状態。仰向けざまに。**「越前守持て開て是を払ふとて、殷血《いんけつ》に滑り仰姿《のけざま》に倒れしかば」（北越軍談　中）

のけしろ【箆白】「へいはく」とも。**髪が梳き櫛のようになること。**「偖《さて》こそ黒川・平林箆白《のけじろ》に成て辟易《へきえき》す」（北越軍談　中）　➡**「箆白《へいはく》」を参照**

のける【のける】 隠匿する。「一、今度雑説付而、御物をのけらる、由候、都鄙無其隠候」（尋憲記）

のこさず【不貽】「不残」に同じ。**残さず。**「為能州監察使徳山五兵衛則秀被指〻、不貽宿憤、可相待御下知之旨等達厳命之旨趣」（長家文書）

のこす【貽す】 **残すこと。**「我を顧て家醜を貽す事勿れと呼ひ給ふ」（伊達家治家記録）「諸国に誉声を貽し、二十二年に至りて」（日新菩薩記）「一己の武名を後代に貽《のこ》さんと」（左衛門佐君伝記稿）

のこりおおく【残多】 残念だ。**名残惜しい。**「我々令上洛候間、御暇乞申間敷儀、御残多存候」（黒田家文書）

のこん【宿雪】 残雪。「関東に艶陽を迎へられ、遠山の宿雪《のこん》を梢《こずえ》に競ふ花乎と怪《か》しみ」（北越軍談　中）

のし【のし】 **金銀類の延板を刀剣の鞘につけたもの。**「信玄公の衆作法の傍輩のよき頸をのし付《つけ》の刀脇指《わきざし》にて、かひ取て出し候」（甲陽軍鑑　下）

のしあわび【熨斗】 **熨斗蚫のこと。**「尚以御祓幷山桃・尉〈＝熨〉斗五把送給之候」（伊勢古文書集）

のじん【野陣】 野営。**露営。**「五丁十町之間ニ野陣をはり候へハ、先ニ人数すくなく」（黒田家文書）「早雲の陣、益形着陣、敵退やと見えき、をひすがひ一夜野陣」（宗長手記）

のぞきば【除場】 **戦場の意か。**「今度相馬口之動、於除場走廻候、忠節候、自今以後、弥可相捄候」（桜井文書）

のぞむ【莅む】 **臨む。**「願はくは足下、右府に出でて、戦場に莅《のぞ》むを勧めよ」（左衛門佐君伝記稿）

のだけ【箆竹】 矢の箆《の》にする竹。「鶉挾竹《うずらはさみたけ》は、上四寸、下八寸、水引にてゆふ。竹は箆竹《のだけ》也」（甲陽軍鑑　下）

のだち【野太刀】 **非常に長い太刀の一種。主君が威厳を示すために、自分の前に携行させたもの。**（日葡辞書）

のためがた【箆撓形】 斜め。**はすかい。すじかい。**「鉄炮を烈敷打懸けたるま、寄手箆撓《のため》形に成て」（関八州古戦録）

のちだち【後太刀】 数人で襲撃するとき、最初に切りつける先太刀《さきだち》または初太刀の呼称に対して続いて切りつけることをいう。また、その人。「駄原畑城攻条（中略）大将豊前守首について大学が申は市助先太刀を仕候、我等は後ち太刀と申」（武家名目抄）

のちのごさた【後の御沙汰】 噂。「歴々の衆逃退け申され候由、後の御沙汰にて候」（老翁物語）

のっとり【乗執・則り】「乗執」は「乗っ取り」の充て字。〜にのっとり。話に乗じて。「就中小那淵之城、本主新井乗執《のっとり》候歟」（長国寺殿御事蹟稿）「晴信其虚に則《のっと》り、信州表より直に越後へ乱入して」（北越軍談）

のっとる【法・乗取】「法」は「乗っ取る」の充て字。「北条境目者共令手遣、物主討果、彼用害北条方江法《のっとる》之旨候」（長国寺殿御事蹟稿）陣詞では、平城を攻め落すこと。「攻捕《せめとる》」「攻落」ともいう。山城は「乗崩す」という。「山城をば乗崩す、平城をば乗取、攻捕、攻落など云」（北越軍談　中）

のどぶえ【吭・喉】 のど笛。咽喉笛。「守刀にて吭《のどぶえ》を掻切って死す」（南海通記）「腹を十文字に切り、自ら其脇差を取直し、喉《のどぶえ》へ刺貫き、吭《のど》を掻放し、うつ臥に伏て死しけるを」（奥羽永慶軍記　下）

のどやか【慇やか】 長閑。雰囲気が静かで穏やかなさま。「越路の初春様替りて、心慇《のど》やかに物の際革《きわあらたま》りぬれども」（北越軍談　中）

のどわ【喉輪】 鎧《よろい》の付属具。喉の辺りにかけて咽喉部と胸上部を覆うもの。鞣革《なめし》で半月形をしたもの。「手柄をなす者に褒美なさる、、（中略）一、のし付の刀脇指　一、鑓《やり》長刀《なぎなた》　一、のどわ　一、小袖　一、羽織　一、碁石金　一、づきんまで」（甲陽軍鑑　下）

ののしり【訇・云訇】 罵《ののし》ること。「彼の馬を爰《ここ》かしこへ追ひ廻し訇《ののしり》けれ共」（一徳斎殿御事蹟稿）「数も知らず、雲霞の如くなどと云訇《ののしり》ければ」（甲乱記）

のぶ【抒ふ・申ぶ・攄ぶ・舒ぶ】 述べる。「各律詩を賦し、其意を抒ふ」（伊達家治家記録）「田村・塩松与《と》相談し急に伊具の辺を撃たんとす、巨細重ねて之を申《の》ぶ可し」（伊達正統世次考）「猶自是可申攄《のぶ》候」（伊達家治家記録）「連々被申舒《のべ》筋目候條」（伊達家治家記録）

のぶかに【箆深に】 矢の箆を深く入れること。「其節辻弥兵衛鑓下の高名して、膝の口を箆深《のぶか》に射られ、其矢をぬかずして」（甲陽軍鑑　下）矢が体内深く刺さるさま。「矢、箆深に立つ」。（日葡辞書）

のぶし【野伏・野臥・野武士】 ①戦闘に先立って起こる小競り合いや衝突。また、小人数で攻撃を仕掛けること。「野伏を掛くる」。「御敵大内勢此方へ野伏カケ候也」（山科家礼記）②「野臥」とも。野武士のこと。平安中期以後、出家の山や野に起臥して修行するを意味し、南北朝では農民が武装して主人なく立ち働く者。戦国期は農民が徴

な

発され奇襲用に利用されたが、職業化して集団をなした。「抑大和・河内衆四条・五条取陣、明後日可為合戦云々、今日有野伏云々」（実隆公記）**野武士のこと**。「那須重代の恩顧の士、野伏、一揆に至るまで命を塵芥に」（関八州古戦録）「今廿七日小泉へ御働あり、馬上・野伏の事は云ふに及はす」（伊達家治家記録）③**定まった住居がなく、山野に野宿すること。また、その者。非人。乞食の類。のぶせり**。「東河原、東山麓辺野伏有之」（惟房公記）

➡「野伏《のぶせり》」「馬上《ばじょう》」を参照。

のぶしぞなえ【野伏備】 **野武士が寄り合って張る陣**。「集め備二千五百余人うば、野伏備の様にして」（籾井家日記）

のぶしのしゅ【野伏の衆】 **先立っておこる小競り合いに備えて、先頭に立っていく軍勢**。（日葡辞書）

のぶせり【野伏】「のぶせ」とも訓む。**野武士**。「両法師聞きて、彼様の野伏《のぶせり》類は何国も同じ事に候ぞ」（奥羽永慶軍記　上）

➡「野伏《のぶし》」を参照

のべつけ【舒付】「延付」に同じ。**金属を延ばして付けたもの**。「紀新太夫（豊前の刀工行平）舒付《のべつけ》の短刀を伊豆守に玉わり」（北越軍談　中）

のべる【攄べる・舒る・嘱る・展る】「述」の充て字。**述べる。話すなどの意**。「熱海内膳正御當方ニ在留之間申攄候處」（伊達家治家記録）「連々被申舒筋目」（伊達家治家記録）「抑留せんは必定、穴賢《あなかしこ》語る事なかれと嘱《の》べ玉ひ」（北越軍談）「御左右共候者、可被仰知事奉憑候、何も御使者へ申展候間、不能懇筆候」（東京大学史料編纂所蔵鍋島直茂書状）

のぼりさし【幟差】 **戦争の時に、竹につけた丈の高い旗（幟）をかかげて行く者。旗差**。（日葡辞書）「のぼり指の衣装」（伊達日記　下）

のぼりだいしょう【幟大将・昇大将】 **武将の幟を管理する責任者。旗奉行**。「昇大将をも致す程の人は」（細川幽斎覚書）

のみ【耳】 **助辞として「～だけ」の意**。「表裏追日連續、取分去年越國錯亂以来、敵對同前之擬耳」（北條氏政書状）

のめる【のめる】 **前へ倒れる。這つくばう。倒れるように前に傾く**。「身之当口へ之無手透処を見聞申、様々のめり出候」（上杉家文書）

のりうち【乗うち】 **馬やかごに乗ったままで通り過ぎること。乗打**。「武士の寄会《よりあい》、互に中悪敷《あしく》とも乗うち不可仕候」（甲陽軍鑑　下）

のりかけ【乗懸】 **荷物をつけた馬に客を乗せて行くこと。また、その駄馬**。「朝飡已後発足、阿茶丸乗懸ニ乗了、予歩行也」（言経卿記）

のりくずす【乗崩】 ①**陣詞では、山城を攻め落すこと。平城の場合は「乗取」「攻捕《せめとる》」という**。「山城をば乗崩す、平城をば乗取、攻捕、攻落など云」（北越軍談　中）②**騎兵が、敵陣に駆け入って備えを崩す。また、敵城を攻め**

落す。「シロヲノリクズス〈訳〉城を攻めのぼってこわす」（日葡辞書）

のりくらうま【騎鞍馬】 乗馬用に鞍をつけた馬。「猿・馬・牛の皮はぐ乞食《こつじき》が騎鞍馬《のりくら》にのり、下人をつれ、れんじゃく《連雀》かうじ《小路》玉屋という酒屋」（甲陽軍鑑 下）

のりこむ【乗込】 乗物に乗ったまま中に入り込む。乗り入れる。「侍百人許の中へ唯一騎乗こみ、よき敵廿人ほど悉く乗倒し」（甲陽軍鑑）

のりたおす【乗倒】 馬などを乗り回して敵を討ち倒す。また、馬などが倒れるまで乗り回すこと。「侍百人許の中へ唯一騎乗こみ、よき敵廿人ほど悉く乗倒し」（甲陽軍鑑）

のりづけ【糊付】 重要な書状は開封できないように糊付けをした。普通の書状は折封・結封などで発給された。「芋谷之慶三儀ニ付而、糊付之芳札具披見、則相尋候之処」（稲葉家文書）

のりとる【乗取】 攻め入って奪い取る。攻め取る。攻略する。乗っ取る。陣詞では、平城を攻め落すことをいう。「山城をば乗崩す、平城をば乗取、攻捕、攻落など云」（北越軍談 中）「物社要害可乗取行現形之間」（上杉家文書）

のりむかう【驀向】 馬に乗り向かうこと。「双方振方あらずして、驀向に鎗を合せ、一足も退かず」（松隣夜話）

のりもの【輴】 乗り物。「城下八幡小路を、輴《のりもの》にて通り給ひけるに、陪臣の歩若党」（北越軍談）

のろし【雲火・烽火・狼煙・烽】 烽火。燧。戦時、非常時の緊急連絡のためにあげる煙。中世以後の呼び名。「山嶺に火をたてつづけ、（中略）夜はかがりと名付け、昼はのろしといふ」（北条五代記）「推陣の儀雲火《のろし》に付き組切りの儀は挑灯にて」（万代記）「光明寺に相約して、烽を揚げ、烽を看《み》ば即ち発せよ」（伊達正統世次考）

な

は　行

は【破】 寄太鼓の打ち方。敵の間を聞き合せ、少し急ぎたく、或は天気悪しく陣取りの処へ急ぐには三つ打つ。「一、押とまるに、よする。又作法に二ッ、一ッに序、ニッに破、三ッに急、口伝有」（甲陽軍鑑　下）

はいえ【敗壊】 壊れること。「大講堂の敗壊《はいえ》修補の施主《せしゅ》たるべき発志荒増示合されし」（北越軍談）

はいえつ【拝謁】 敬いつつしんで目上の人に会うこと。「先日者不存寄不披芳札、成拝謁之思候」（実隆公記紙背文書）

はいえつ【拝悦】 お手紙をいただきうれしいという書札用語。「依御取成元春公御懇報、拝悦之至候」（吉川史料館蔵荻野直正書状）

はいおう【拝應】 尊敬すべき人にあてる返書の上書きに書く語。（日葡辞書）

はいかん【肺肝】 心の奥底。心底。「景勝肺肝兼々申入候所定而可有健聞候」（伊達家治家記録）「謀は楠が肺肝《はいかん》の中より流れ出るが如きものなり」（奥羽永慶軍記　上）

はいかんをくだく【肺肝を砕く】 心を尽くす。非常に苦心する。胆管を砕く。「大崎・稗貫《ひえぬき》・北郡までも猶茅芒《なおかやすすき》に靡《なび》けん事を欲し、肺肝《はいかん》を砕《くだ》て」（北越軍談）

はいがん【拝顔】 お目にかかる。「今日又富（富小路氏直）にて拝顔をごしたてまつり候」（言継卿記紙背文書）

はいきゃく【悖却・背却・悖逆】 「はいぎゃく」とも。国法や命令・人倫などに背くこと。あるいは、逆らうこと。「四方八面遮障、背却何人着草鞋」（友山録）「長兄の虎威を蒙り、陣代として悖逆《はいぎゃく》を征すの義なり」（北越軍談）

ばいくび【買頸】 他人の取った首級を金や物品で買うこと。一説に、「奪首」と書き、他人の取った首級を奪って自分の功名の様に装うこと。「ばい頸の事は、大きに比興《ひきょう》也」（甲陽軍鑑　下）

はいけん【配見】 敵の首数が多い時の実検をいう。「一、配見と云事あり、首数多して討双《なら》べ実検し玉ふと云」（北越軍談　中）

はいご【背語】 他人の悪口など。うわさ。「人前に於て、妄《みだり》に背語《はいご》すべからざる事」（甲陽軍鑑）➡「背語《うわさ》」を参照

はいこう【廃興】 存亡。興亡。「即ち国家之廃興存亡は、人臣之用舎進退に由る者」（伊達正統世次考）

ばいさく【媒策】 仲立ち。仲介する。「親隆（岩城）の媒策に因って、八年に至りて之を会津に帰し、養女を許し嫁して以て和睦する也」（伊達正統世次考）

はいじ【拝仕】 尊敬すべき人にうやうやしく仕えること。「即可促拝仕之処ニ自他之故障不慮之至也」（庭訓往来）

はいじゅ【拝受】 貴人から物を頂戴すること。「瓜御進上由令披露候、（中略）又一籠拝受、過分之至賞翫無比類候」（実

は

隆公記紙背文書）

はいじゅん【佩盾】身につけた楯。「乙部は鉄炮にて佩盾《はいじゅん》を打透されしかども、物ともせず戦しが」（奥羽永慶軍記　下）

はいしょう【拝請】「はいじょう」とも。**人を招待すること、をいう謙譲語。**「拝請貴寺、長老定中当日唱道度候」（文明十四年鈔庭訓往来）

はいじょう【拝上】謹んで差し上げること、をいう書札用語。脇付として用いる。「僧家への書札之事、第一賞翫の所へは、拝上、拝進、拝呈と書て、其寺号又院号を書事第一也」（大諸礼集）　➡「拝呈《はいてい》」を参照

はいしん【拝進】主君、貴人へ物を差し上げること。（日葡辞書）

ばいしん【売臣・倍臣】「陪臣」**の充て字。臣下の臣、直臣の反対語、また家来。**（御家誡）「左文字の短刀を授けられ、祖父結城の倍臣たれば」（関八州古戦録）

はいすう【拝趨】参上する。拝送する。「奥州二州の諸士、其の威風に帰して、各《おのおの》糠部に拝趨《はいすう》せずといふ事なし」（奥羽永慶軍記　上）

はいせん【拝瞻】拝見すること。「貴札拝瞻」（伊達家治家記録）

はいたか【鷂・鸇】「はしたか」**の転。ワシタカ科の小形の鷹。雌雄で大きさや羽色を異にし、雌だけを「ハイタカ」、雄は「コノリ」。**（伊達家治家記録）　**鶚を捕る鷹。**（日葡辞書）「七番　一、弟鷹《たい》　二居　一、兄鷹《せう》　一居　一、鸇《はいたか》　二居」（政宗記）

はいだて【佩楯】ひざ鎧。「切腹の死骸夥しき中に、具足は脱いで佩楯《はいだて》したる死骸これあり候」（左衛門佐君伝記稿）

はいちつ【配帙】「書帙」**に同じか。書物のこと。**「任恒例被凝祈念配帙到来、令頂戴候」（柳沢文庫所蔵文書武田信玄書状）

はいてい【拝呈】「拝上」**に同じ。**「返事は、上尊答、中貴答、下返答、ことに御出家かたへは、かたに九拝と書候事一段の賞翫にて候、拝呈いつもかく也」（書札大事案文）

はいとう【拝答】謹んで返事を差し上げること、をいう書札用語。「書札之事、（中略）謹呈、拝呈、拝答、尊答、拝覆、拝復など出家方へも可書之」（宗五大草紙）　➡「拝上《はいじょう》」を参照

ばいとく【買得】物を買い取ること。主として不動産を買い取ること。「従山中方欠郡又爰許迄の年貢幷買得までも半せいやり候とて候」（石山本願寺日記）「春日曼荼羅先日買得之、今日奉懸之念誦者也」（建内記）

はいはい【背敗】敗北する。「為景背敗して、越中西浜へ落行き、上杉秋定は、府内へ入り給ふ」（上杉三代日記）

はいひ【拝披】拝見。敬いつつしんで手紙を読むこと。（日葡辞書）「重而良學被指越候ニ付而、御懇簡具拝披本懐之至存候」（伊達家文書所収前田利家書状）

はいふ【配符】幕府・領主などが領民などに対してその負担しなければならない課役の額・分量などを記載して発

給した文書。「釘比員数以下者、其時以御配符可被仰出事」（伊豆浜村文書）

はいふく【拝復・拝覆】「拝答」に同じ。「日本使臣碩鼎等拝覆　定海　県老大人尊執事閣下」（策彦和尚初度集）

はいふせん【配符銭】配符に指定された段銭の額。段銭。「配符銭事、一別所二百文充、符使に下さるへく候」（毛利家文書）

はいぶんじょう【配分状】中世、父母がその所領を子女に譲るとき分配の明細を書き記した文書。また、生前に処分譲与しないで死んだ者の遺領を制法に従って分割して与えるときに作る文書をもいう。譲状。「任妙法譲状、所令配分重綱之子息等也、雖向後不可有違乱、仍配分状如件」（駿河大石寺文書）

はいめん【拝面】貴人にお目にかかる。（日葡辞書）

はいもう【廃忘・敗亡】忘れ去ること。捨てて忘れること。はいぼう。「講頌散々、諸人廃忘之条不可説」（実隆公記）

はいよせ【灰寄】茶毘の灰を掻き寄せて遺骨を拾うこと。また、別の日にこの灰を埋葬すること。（日葡辞書）

はいらん【拝覧】拝見すること。「恐鬱之処高札拝覧、先以畏悦候」（実隆公記紙背文書）

はいらん【悖乱】道理に逆らい正道を乱すこと。「越中国は建武悖乱《はいらん》の砌《みぎり》より、桃井右馬頭直常領国たり」（北越軍談）

はいりゅう【配立】①手配り。配当。配置。「景虎公諜者《ちょうじゃ》を以て其配立を聞食《きこしめさ》れ、驚破《すわ》越中の後攻此時に在りとて」（北越軍談）②策略、または工夫。（日葡辞書）

はいれい【悖戻】そむくこと。さからうこと。反対すること。「応仁・文明の比《ころ》より、公武の悖戻《はいれい》に従て、書式も故実の﨟次を乱し」（北越軍談）

はえ【はへ】海中の暗礁。（桂岌圓覚書）

ばえん【馬烟・馬煙】①馬煙。馬が立てる土煙のこと。「砂塵を蹴たて、戦たり。馬烟天をかすめ、敵味方の境も見分らず」（奥羽永慶軍記　上）②陣詞では、敵が巻き上げる馬の土ぼこりをいう。⇔馬ほこり。「味方のは馬ほこり、敵のは馬煙」（北越軍談　中）➡「馬《うま》ほこり」を参照

はか【はか】①めあて。計らい。「弓箭のはかをやるべきだん申して見よと仰せらる」（長元物語）②仕事などの進み具合。はかどり。はかゆく。はかが行く。「折々の返事にも無越度様ニ、又ハはかをやられす候とも不苦」（黒田家文書）

はがき【端書】署名した文書。または証書。（日葡辞書）

ばかくれ【ばかくれ】馬鹿者。ばかたれ。「一たび敵したる者にも、善悪同前に、ばかくれという物に、むさと知行くれたる故なれば」（甲陽軍鑑　中）

ばかず【場数】ある物事を経験する数。多くの経験。また、多くの経験を積んでいること。「武辺のつよみなる場数は」（甲陽軍鑑）

はかせ【博士】呪術師、占い師。（日葡辞書）

は

はかない【果敢ない】①一時的で久しくないこと。死滅すべきこと。みじめなこと。（日葡辞書）②頼りにならない。「手負は数多なり。実にはかなき女の業といひながら」（奥羽永慶軍記　下）

はかばかし【果敢々々】これと言った（結果）。「主将士卒相《あい》共に昆弟《こんてい》類家朋友の外、他を交《まじえ》ざる戦なれば、果敢々々しき勝敗もなく」（北越軍談）

はかばかしく【墓々敷】しっかりと。「勝瑞の城と申すは、墓々敷堀をもほらず」（三好記）

はかまのそば【袴のそば】袴の股《もも》立ちのこと。「物の具取る隙《ひま》もなく、袴のそばを取りて、廿余人切つて出で、火を散じて相戦う」（奥羽永慶軍記　上）

はがみ【歯噛】歯噛み。歯ぎしりする。「日頃御前よかりし程の奴原、一人として腰の抜けざるは無しと、歯噛をなすは理なり」（武田三代軍記）

ばかもの【破家者】「馬鹿者」に同じ。「我は板垣信形恩を見申候間、子息弥二郎破家者《ばかもの》にて候共」（甲陽軍鑑　中）

はかゆく【墓行・捗行く・果敢行】ことがうまく運ぶ。順調に事が進む。「邪《よこしま》なる費《つい》えばかりを仕り候間、更に然々《しかじか》と墓行《はかゆ》かず」（信長公記）「兼続一人にて事を済ます故、捗行《はかゆ》くなり」（北越軍談）「昨日如申候、弥はか行候之様、尤候」（黒田家文書）「御普請急ぎ給ふ故、日々に出御御遊ばし、思召の外果敢行《はかゆき》たる役処へ」（政宗記）

はからい【脛背】計らい。「氏政父子の脛背《はからい》に罹《あづか》りけるを腹黒に思ひける故」（関八州古戦録）

はからう【噯】①相談する。協議する。②考慮する。

はからず【不計】突然の。不意の。「先度者此地御下向ニ付て、不計御見廻、懸御目候て、千万太慶候」（東京大学史料編纂所蔵小早川隆景書状）参考：「計る」を「斗」とした地方《じかた》史料が多く見受けられるが、「斗」と「計」の草書体はほぼ同じなので、やはり、「計」とすべきであろう。

はかられず【計られず】不安で。「路次の程いかにも計られず候て延引仕り候」（関原陣輯録）

ばかり【許】程度。「某《それがし》わどか百騎許にて、罷成間敷候と、馬場美濃守斟酌《しんしゃく》申候」（甲陽軍鑑　中）➡「許《もと》」を参照

はかりがたし【叵計】想像できない。わからない。「謙信遠行必然候哉、併於爰許者実否叵計候」（新潟県立歴史博物館蔵葦名盛氏書状）

はかりごと【籌】謀りごと。「勘介申上る、一つの行《てだて》の籌《はかりごと》」（毛利隆元山口滞留日記）

はかる【揣る】図る。「味方は是を侮《あなど》らず、如何にも深く揣《はかろ》ふ義、古今良将の武略なり」（北越軍談）

はかる【料る】償う。「若し後日違却《いきゃく》有るに於ては各分際を尽して以て之を料らん」（伊達正統世次考）

はかるにたえざること【不勝計事】誠にすばらしい。「芳簡殊十二ヶ条之理共、見聞届、被入御精候段、不勝計事ニ候」

は

（細川家文書）

はかわら【墓原】墓所。寺院内の墓地。墓のたくさんある野原。（日葡辞書）

はぎしり【齘】歯ぎしりする。「手を拏《とっ》て刺違《さしちがい》なん者をと齘《はぎしり》をなし」（北越軍談）

はきぞめ【掃初】正月二日、新年にはいって初めて屋内を掃除すること。「御はきぞめあり」（御湯殿上日記）

はきはきと【潑機々々と】しっかりと。はっきりと。「庸《よう》将《しょう》の知るべき備にあらず、勘介呼べと潑機《はき》々々と宣ひける」（一徳斎殿御事蹟稿）

はく【佩く】太刀を腰に下げること。「刀」は差すという。「何レモ金熨付ケノ太刀大小ヲ佩ク」。（伊達家治家記録）

はく【箔】金や銀の箔で摺ったり、縫ったりした物。「まくら《枕》　壱ッ　こそて《小袖》　ぬい《繍》　壱ッ　同はく《箔》　壱ッ」（黒田家文書）

はく【駮】交じり毛のある馬。「上様へ御馬小鳥鹿毛駮」（伊達家治家記録）

はく【陌】東西の道。あぜ道。「氷降り雷鳴りて、暗霧陌《はく》を遮り、黒雲空を閉づ」（四国御発向幷北国御動座記）

はくおうのへい【伯王の兵】諸侯の旗頭。「伯王の兵と云つべし」（南海通記）

はくおく【百億】最も古いこと。数の多いこと。（日葡辞書）「一句参得シテヨク悟スツレバ、千万百億ノ説法ヨリモマシタ」（句双紙抄）

はぐくむ【孚む】「育む」に同じ。孚養。「妻子を孚《はごくみ》一命を捨《すつる》所を、慟《かなしみ》てつよみをほんとして欠落《かけをち》し給ふ」（三河物語）

はくざつ【駁雑】雑然としてまとまりがない。雑駁《ざっぱく》。（黒田家文書）

はくし【薄紙】手紙に用いる、地の薄い鳥の子紙。「うすよう」とも。「薄紙払底之際所用反故也、更非軽賤之儀」（文明十四年鈔庭訓往来）

はくしゅ【白酒】濁り酒。「公方様にては正月五日ヶ日そのほか節朔日には、かたくちの御てうししろく、御しゅはくしゆなるべし」（大諸礼集）

はくせい【百姓】農夫、あるいは、田夫野人。（日葡辞書）

ばくだい【莫太】「莫大」の充て字。「先懸をして一命を捨て、度々の高名莫太成」（三河物語）

はくち【白地】あからさまに。「（相馬）義胤、三春に乗入れらる時も従へり、白地《はくち》に　當家を背くに依て」（伊達家治家記録）➡「白地《あからさま》」を参照

はくち【薄地】田畠の等級の低い土地。⇕厚地。「或者隠田、或者上田迄、薄地ニ替、恣々族於有之者、可被処厳科候」（妙智院文書）

ばくちく【爆竹】三毬打のこと。「先度者、爆竹諸道具こしらへ、殊きらひやかに相調、思ひよらすの音信、細々の心懸神妙候」（三宝院文書）

は

はくのこと【迫之事】 急迫のこと。切迫した事態。「迫之事に就いて、先刻次郎既に発陣し而《て》進行す」（伊達正統世次考）

ばくや【莫鎁】 名刀。利刀。「決勝則馬上　提三尺莫鎁指揮数万甲兵　八方無敵恣志一世」（政宗記）

はぐれ【逸ぐれ】 時間を失う。手間取る。「一刻もはぐれ候へば」（関原陣輯録）

ばくろう【博労・馬口労】 牛・馬の売買・仲介業者。伯楽、馬喰、馬商人のこと。「一、博労之儀、国中馬売買悉於当所可仕之事」（近江八幡市所蔵文書）「一、當方馬口勞之可為親方事」（伊達家治家記録）

はくろく【博陸】「関白」の唐名。「五畿七道の諸侍、博陸《はくろく》侯《こう》に対し適する者なし」（四国御発向幷北国御動座記）

はげしい【励】 激しい。「川中表在城、今度 励《はげしき》 先陣粉骨につきて、御褒美として、仰せつけられ、面目の至りなり」（信長公記）

はげしく【危敷】 激しく。「三滝の城危敷火の手見えて候」（元親記）

はご【羽子】 子どもの遊び道具の一つ。むくろじの核に穴をあけ、鳥の小羽根を数枚差し込んだもの。「従中院被呼候間罷向、羽子所望之由候間、二つ巻候了」（言継卿記）

はこう【破口】（銀山などの）開坑のこと。「去年破口当知行之分、不可有相違之処、于今所々相滞之由、無是非題目候」（今井宗久書札留）

はざま【峪】 狭間。「件《くだん》の伏兵等東の峪《はざま》を伝ふて、忍《しのび》々山上え挙登《あげのぼっ》て」（北越軍談）

はさみばこ【挟箱】 衣類入れの箱（棒を通して従者に担がせた）。（桂岌圓覚書）

はさん【配盞・把盞】 ①酒宴の席を取り仕切ること。「亦酒盃ノ次第ヲ計ヲバ、把盞ト云ナリ」（壒嚢鈔）②売り手と買い手の間に立って仲介して取り仕切ること。「下人、其ほかうりかひのうせ物の事、其うりて相うせ候におゐては、はさんのをつどたるべきなり」（塵芥集）

はし【迦】 出合う。目にする。「流石に目の鞘迦《はし》したる江雪齊も贋《にせ》物とは思寄《よら》ず」（関八州古戦録）

⬇「迦《のが》す」「迦《はず》す」を参照

はしうらがき【端裏書】 端裏の部分に宛名などを書くこと。また、文書の受取人が、受け取ったとき、その日付と内容を略記するもの。端裏。

はしがき【端書】「猶々書き、返し書き」とも。紙の端に書かれた文。「袖書と申、端書共申、是は三字さげて可書、惣而略義也、か丶ぬがはう也」（書札大事案文）

はしき【橋木】 建築物を造る際、ある部分の両端を繫ぎ止める役割の用材で、建築上、重要な役割をなす材木で、「目利き」が必要であった。「橋木ニ成り候木、壱本、越後少将様御用之由、被仰候間、きりて参り候ハ丶、目聞次第、壱本きらせ進上可申候」（石川康長書状）

はしきらず【端不切】 漉いたままで端を切りそろえていない和紙。「はしきらず五帖」（東寺百合文書）

はしきん【八十金】 線香のこと。「冷泉へ礼二二十疋、女中へ雑紙一束、ハシキン五本、等持罷向了」（言経卿記）

はした【はした】 雑役に使われる身分の卑しい者。「台所に居り申すおこ御はしたが」（昔阿波物語）

はしたしゅう【はした衆】 召使の女。はしため。「かつぬま殿のはした衆と源五郎みだりとなるふりをいたすに付」（甲陽軍鑑　下）

はじまざること【不始事】 今に始まったことではないが。「同道可有の由、無二三聞せらる、不始事たりといへとも」（伊達家治家記録）

はじめ【首め】 〜をはじめとして。「中野を首《はじ》め其の荘過半、特に天童は心を同じうし体を合す」（伊達正統世次考）

はじめ【昉め】 初めて。「貞山《じょうざん》公に至りて昉《はじ》めて一門之号を立つ」（伊達正統世次考）

はじょう【端城・派城】「派城」は「端城」の充て字。本城から離れた支城。（元親記）「大内備前守武威逞しき兵なり。領内に七ヶ所の派城を持ちて」（奥羽永慶軍記　上）

ばじょう【馬上】 野武士のこと。「馬上」は、野武士のうち馬に乗っている者。「今廿七日小泉へ御働あり、馬上・野伏の事は云ふに及はす」（伊達家治家記録）
➡「野伏《のふせり》」を参照

ばじょうめん【馬上免】 中世、検注使が立ち入って検注しないでよいと許された田地。仏田・神田に多かった。馬上。「当年九月西郷三河入道号馬上免掠申給御下知之間」（和長卿記）

はしり【はしり】 ①母衣《ほろ》を数える助数詞。「紺の母衣《ほろ》十はしり」（関原陣輯録）②馳走のこと。「また、御上意より御はしりくたされ候」（伊達天正日記）

はしりうま【走馬】 早打ちのいそぎの馬。「当国ト駿河ト和睦云々。為其一国ノ内ヲ走馬テ御触候」（妙法寺記）

はしりがさ【走笠】 室町時代、走衆《はしりしゅう》がかぶった笠。「敷皮笠を用意すべし、走笠とて、笠の拵へやうあり」（走衆故実）

はしりしゅう【走衆】 徳川家では徒若党のこと。北条家では手脇衆。武田家は廿人衆。上杉家では身脇衆と言った。「総ての陣中身脇《みわき》【南方にては手脇衆、甲州にては廿人衆、徳川家にては走衆と云】の隊長を随鎧の武者と定め」（北越軍談）

はしりそうろうやから【走候族】 逃亡した者。走者《はしりもの》。走人。「切手出可相越候、走候族不寄誰々、一切可相拘旨」（黒田家文書）

はしりちがい【走違】 帆走中の船が他船に衝突することで、進向方向が逆の船との間で起きた場合をいう。はせあたり。「遠州欠塚三右衛門船八人・紀州日高要二郎船八人、沖合に而走違、欠塚船え日高船水主六人乗移、下田湊え入津」（臼

井家文書）
はしりびと【走人】 ➡「走者《はしりもの》」を参照
はしりまわる【走廻・走回】 ➡「走廻《はしりめぐる》」を参照
はしりめぐる【走廻】 奔走して忠節を尽くす。尽力する。奔走する。「寄親令相談、公儀可走廻者を可妻事肝要候」（豊島宮城文書）「春日祭御訪事条々申談、東西走廻了」（康富記）「大途之御用、従前々走廻来候義共、御印判次第、時々刻々、為一事無無沙汰可走廻候」（相州文書）「いまは其身達は、傍輩同前にはしりめくり候かたかたに候間」（上杉家文書）「柴之野銭、まいねんのことく如在なくはしりめぐり申へき者也」（渡辺内膳亮宛小山孝山黒印状写）
はしりもの【走者】 村方などを逃亡した者。出奔者。家出人。また、主君とか土地とかを捨て逃げた者。駆け落ち者。走人《はしりびと》。「走者之事、其身者不及是非、類親迄も可成敗」（長宗我部氏掟書）「走者其外不審に可存ものに、宿不可借之事」（吉川氏法度）
はしる【趨る・蹦る】「走る」に同じ。「先命のながらへたるを、夢の心ちして趨向《はしりむかい》、涙ぐみて」（三河物語）「近々と寄来《よせきた》らせ給へば、蹦《はしり》出て一矢づ、射懸て、坂を下に蹦下《はしりをり》て」（三河物語）
はじる【愧る】 恥じる。慙愧の念。「政宗君常に隻眼を愧ち玉ひて」（伊達家治家記録）
はじろ【端城】「根城」に対し、それからわかれて要塞の地に築いた城。枝城《えだじろ》。出城。はしじろ。はじょう。「姫路の城は小寺の端城にて」（黒田家譜）
はしんじゃ【把針者】 針仕事をする人。「把針者無之候而、何共事欠御事にて候」（高野山文書）
はず【筈】 ①一致、協定。「筈を合わする」（約束を履行する）。（日葡辞書）②弓の筈。（日葡辞書）
はず【筈・弭・彇】 物事が当然そうなること。道理。理屈。筋道。転じて、予定・てはず・約束などの意にもいう。「於遅引者、東北之筈可令相違候、定為公儀様躰可被仰出候条、御分別此節候」（吉川家文書）
はずぎぬ【弭絹】 弓の弦《つる》の両端で、弭にかける部分にまく絹布。弦絹。弦裁出《つるさいで》。「塗弓に自然白弦をかくる事有べし、其時ははつぎぬを墨にて染べし」（甲陽軍鑑）
はずす【はづす】「外す」。脱す。離脱する。「則政公越後へ退《のき》給時は、菅野大膳・上原兵庫、人さきにはづす」（甲陽軍鑑中）
はずす【遁す】 外す。「美々しき事にて候と、鞘を遁《はず》し、熟々《つらつら》と打見て、日頃他事なくいひ睦びたる中なれば」（武田三代軍記）
はずす【迦す・逃す】 ①外す。逃《のが》すこと。「鉄炮の手達にて町間目当を迦《はづ》され」（関八州古戦録）「跡部・長坂に於ては、逃《はつ》すまじき奴なるに、夫れ追懸けて」（武田三代軍記）②脱す。離脱する。「則政公越後へ退《のき》給時は、菅野大膳・上原兵庫、

人さきにはづす」（甲陽軍鑑　中）➡「迦《のが》す」を参照

はずにあい【筈に相ひ】お役に立った。「信長へ取入り候て一両度も筈《はず》に相ひ申し候」（桂岌圓覚書）

はずにあたふる【筈にあたふる】戦いが上手で、道理にかなった（兵）。「度々筈にあたふる兵者《つはもの》弐百人すぐりて物影（陰）に隠し置く」（昔阿波物語）

はすのいい【蓮の飯・藕の飯】「蓮飯《はすめし》」に同じ。「蓮之飯亭主調之」（言継卿記）

はすめし【蓮飯】糯米《もちごめ》の上に蓮の葉をかけて蒸し、葉の香りを移した飯。盆に蓮の葉に盛って仏前に供えたり、親戚に配ったりなどした。「上池院より蓮飯鯖鮒鮨一荷到来之」（親俊日記）

はずれもうすまじく【はづれ申間敷】遠慮してはならない。「大事と存ぜられ候はゞ、はづれ申間敷く候」（御家誡）

はずをあう【筈を相う】間に合う。役立つ。「兄弟共に数度の筈に合ひ申し候」（老翁物語）

はずをあわす【筈を合わす】調子を合わせる。ばつをあわせる。はずに合わす。「われ若き時薬屋に奉公し、薬種の名を覚えたり、これにて筈をあはせんとおもひ」（醒酔笑）

はせかえし【走返】「走倒《はせこかし》」に同じ。「昨朔日之風に、近木崎に而舟走返申に付、帆柱幷けた・綱当浦へ着申候」（新川文書）

はせこかし【走倒】帆走中の船が強風あるいは操帆の誤りで転覆すること。はせたおし。「鴻池新右衛門手船（中略）大北風に本船走こかし申候由」（船法御定並諸方聞書）

はせる【騁る】馳せる。「蘆名止々斎等の諸侯追々使介を騁《はせ》て加能二州の平均を賀し」（北越軍談　中）

ばせん【馬氈】馬の鞍に覆い敷く布帛・毛皮・革など。くらおおい。「信玄公そこにて馬氈《ばせん》を直《なおす》ふりをなされ、馬の上にをひて」（甲陽軍鑑　中）

はた【機】「機物」のことで、機織り機で織った織物のこと。「鮒鮨二桶給之候、懇意悦入候、次改機三端進之候」（天文書札案）

ばたい【莫大】副詞的に用いて、その程度が並外れて甚だしいさまを強調していう。「参香散十裹、自竹坊到来、服用之、今日ハ莫大得減了」（東院年中行事記）

ばだい【馬代】武家で、馬を献上する代わりに贈った金銭。「馬代銭」「馬銭」とも。「諸侍衆、げんぶくの御礼には太刀折紙、馬代はうす銭百疋宛」（平仮名本甲陽軍鑑）

はたいた【鰭板】塀板あるいは家の外囲いの板。（老翁物語）

はたいろ【旗色】旗、特に戦場での軍旗のひるがえる様子。それによって戦況を占ったところから、戦闘の形勢、また、ひろく物事のなりゆき、形勢をいう。「旗色を御覧じて雲気烟気を見わけ」（甲陽軍鑑）

はだかじろ【裸城・生城】むき出しの城。すなわち濠も石垣もない城。（日葡辞書）　堀・櫓・塀などの防御施設のな

は

い城。「外構一皮押破、町悉令放火、はたか城に仕置候」（黒田家文書）「上総介殿御人数清洲へ引き入れ、町を焼き払ひ、生城に仕り候」（信長公記）

はだかたびら【肌帷】 鎖《くさり》帷子のこと。「具足の透を突けるが、肌帷《はだかたびら》を着し給ふ故に、くさりに当《あたり》て、内には入らず」（奥羽永慶軍記　下）

はたく【叩・砕】 搗《つ》く。砕く。搗き砕く。砕いて粉末にする。粉にする。「毎日薬はたかせ申事、はたき申者は御足軽衆之内年寄」（上杉家文書）

はたけだす【叩け出す】 追払い出して。（元親記）

はたごせん【旅籠銭】 滞在費。「罷り帰り申すべく候へど、折節、旅籠《はたご》銭持ち合せ申さず候とて、夫《それ》より直ちに陣屋へ帰られ候と」（川角太閤記）

はたざし【旗指】「旗差」とも。戦場で主将の旗の進退が勝敗に重大な関係があったから、旗指には武外芸に長じた者を選び、騎馬でその役を勤めさせた。（庄内陣記）

はだし【跣】 履物をはかない素足。「跣に歩む」。（日葡辞書）

はたしぎわ【果し際】 死ぬ間際。「勝負をつくる処にて、始て妻子を思ひいだすにより、はたしぎはにて、かさつ者は、必最期随分になし」（甲陽軍鑑　中）

はたした【旗下】 旗頭《はたがしら》の下に直属すること。また、その人。麾下《きか》。はたもと。「まさしく我等旗下にきはまり候間」（甲陽軍鑑）

はたじるし【旗印】 大将の戦闘旗。（日葡辞書）「旗しるし笠じるしいづれともめなれぬ武士のむかふかな、いかさまにも義勢は多かるべし」（室町殿日記）

はだせ【肌背】 鞍をおかない馬の背。「一疋は鞍を。あおりをさゝす、一疋はくつわ計肌背《はだせ》なり」（慶長記）

はただいしょう【旗大将】「旗奉行」に同じ。主将の旗を預かる役目の侍大将。幟《のぼり》奉行。「秋田助左衛門　旗大将」（家忠日記追加）

はたち【畑地・畠地】 畑となっている土地。田地・宅地などに対していう。「今夜之降雨（中略）畠地近日願廿雨折節也」（政基公旅引付）

はだつ【はだつ】 始める。着手する。はだてる。「荒川山はたち候時分は、能左右に申候へ共」（梅津政景日記）

はたと【礑と・檄と】「はったと」とも。①鋭く見すえるさま。「其時、信長、忠次を礑《はた》と白眼《にらみ》、汝何ぞ之を知らん」（武田三代軍記）②思い当たるさま。「あたらしき知音《ちいん》、先づ以て礑と然るべからず候」（御家誡）③しっかりと。（老翁物語）④突然のこと。はたと。「武州足立郡上尾駅に於て双軍檄《はた》と行逢《あい》、不意に干戈《かんか》を交《まじ》へ」（北越軍談）
➡「礑《しかと》」を参照

はたとり【旗取・旌取】 戦場で主家の旗を取り扱う役にある勝れた武士。「物司旌取どもとみえては候なり」（武家名目抄）

はたぶぎょう【旗奉行】 主将の旗を掌る武家の職名。「一、

御旗奉行には、さいはい《采牌》をゆるし給ふ事」（甲陽軍鑑　下）

はたまた【将又】「将亦」とも。①あるいは。もしくは。「御差引頼入候、将又久々不懸御目御床しく存候」（黒田家文書）②その上に加えて。（日葡辞書）「如何様不図以参仕可遂壮観候、将又弊居之事未加少破之修理候」（天正本新撰類聚往来）

はたまとい【旗竜】旗や馬印のこと。「其芝居を追捲《まく》り、信玄の旗竜《はたまとい》を川涯まで退かせ」（北越軍談）

はたもち【旗持】軍陣などで旗を持つ役。また、その人。旗差《はたさし》。転じて地位の低い部下。「旗持足軽大勢付申候也」（武家名目抄）

はたもと【旗本・握奇】「握奇」は「旗本」の充て字。①軍中の大将の進む所。本営。また、そこにいる大将。（日葡辞書）「旗本の勢を以て敵の握奇《はたもと》へ突掛、無明暗《やみくも》に攻撃すべし」（北越軍談）「其外ハ北条之新九郎ヲ旗本トシテ、何レモ、我ヲトラジト先陣之アラソヒ」（三河物語）②本営に詰める、大将直属の武士。「幕下」「麾下」。「我旗本の勢は、金沢よりの助之勢を防がんとて、末森より一里計罷出、金沢の方に向て陣を固め待居たり」（太閤記）

はたもとぐみ【旗本組】「旗本衆」に同じ。「信玄公旗本組は越後への道をとりきり備給へば」（甲陽軍鑑）

はたもとしゅう【旗本衆】大将直属の臣下たち。「旗本と合戦する村上旗本衆追ちらして討つ」（甲陽軍鑑）

はたもの【機物・機・旗物】日本式の磔の刑を行なう死刑台。（日葡辞書）磔《はりつけ》用の木材。元は布地を織るのに用いたところからいう。「伯耆・座光寺を搦捕《からめとり》機物にあげ」（甲陽軍鑑）「機物に懸ける」は磔の刑に処する。「牢人共申出候者を搦取、はた物ニかけさせ候」（黒田家文書）「惟任が首亦《また》、躰に続《つ》ぎ、粟田口において、両人共に機《はた》に挙ぐ」（惟任謀反記）「今度一番に彼を召捕旗物に挙《あげ》らるべしと予め公の存分侍りしかども」（北越軍談　中）

はたや【旗屋】軍旗・幕類の収納所。出陣に先立ち、ここで軍旗が祭られた。「節々彼国之摸様被聞、註進待入候、随而於于旗屋御祈念之事」（比毛関氏所蔵文書所収武田信玄書状）

はたらき【動】「働」の充て字。戦場での活躍、軍事行動。「就其差越羽柴筑前守候、動幷人質等事、筑前守申次第別而馳走専一候」（黒田家文書）「とかく我々不出馬以前、卒爾之動候てハ曲事候」（徳川黎明会所蔵文書）

はたらきば【働き場】戦場。いくさ場。「大蔵藤七郎殿御はたらき《働》ば《場》へかけ入御まいり候」（伊達天正日記）

はたらく【夸・截く・働く】働く、働きかける。武力行動をする。戦場での武力行動。出撃すること。「松平内膳殿は宇りの熊谷《くまがえ》が所へ御夸《はたらき》の時、松平右京殿江弐《すけ》させ」（三河物語）「此故者、爰元への截者、二度《ふたゝび》思ひ掛クル事はあらじと云ければ」（三河物語）「佐竹殿ひから《日柄》あしく候とて御はたらきさせられす候」（伊達天正日記）

はだをあわす【肌を合わす】心を一つにして。「能壱《よく》門は

たを合せて」（昔阿波物語）

はたをしぼる【旗を絞る・幡を絞る】 旗を巻き納める。「小幡に至て、出勢の事有、旗をしぼり指物を持たせ、密かに小牧山を忍び出よ」（太閤記）

はだん【把断】 遮断する。「（敵の）援兵の通路を把断し」（伊達家治家記録）

はちざ【八座】「参議」の異名。「今日大樹雨林八座御転任也」（実隆公記）

はちひらき【鉢開き】 乞食。（日葡辞書）

ばちぶみ【罰文】「罰文《ばつぶん》」に同じ。古文書の一形式。神仏にかけて偽りのないことを誓った文書。起請文。告文《こうもん》。神判。誓詞。「何様のばち文にもおよはせられ候共」（東寺百合文書）

はちぼく【八木】 米の異称。「其城為置兵粮八木弐千石、筑前博多ニおゐて可被成御渡」（黒田家文書）「大西邑より貴僧を招請し、八木大分出して僧に与へ」（南海通記）「八木にたきぎ雑事等とりぐして旅ねの宵をさけのよゐよる」（宗長手記）

はちまいきしょう【八枚起請】 熊野神社などの社寺が発行する護符のことで、牛王宝印《ごおうほういん》を八枚継いで、その裏に書いた起請文。極めて丁寧な起請文。

はちまんざ【八幡座】 兜の鉢の中央の穴。「大塚越前守が八幡座を射砕き、綴《しころ》のはづれに射貫く」（奥羽永慶軍記　上）

はちまんのたく【八幡の詫】「詫」は託宣の「託」の充て字。託言。託宣のこと。「それ八幡の詫《たく》に鉄丸を食すると雖も、心穢《しんえ》の人の物を受けず」（奥羽永慶軍記　上）

はちまんはちまん【八幡八幡】「八幡（八幡神に祈誓する）」の意を強めた言い方。「無御返事間は、八幡八幡さかつきのみ不申」（島津家文書）

ばちもん【罰文】「ばつもん」「ばつぶん」とも。古文書の一形式。神仏にうそ偽りのないことを誓った文書。起請文・告文《こうもん》・誓紙・神判。「今川敵の信長と入魂して、互に罰文《ばちもん》をかきていひ合《あわせ》、信長に六ケ敷《むつかしき》事あらば、家康すけ、蔵人《くらんど》家康に大事あらば、信長すくべく候とて」（甲陽軍鑑　中）

はつ【放】「発」の充て字のようだ。「因て鐵砲の玉薬二千放郡山へ差越さる」（伊達家治家記録）

ばつ【跋】 跋文。奥書。あとがき。「相伝の軍書の跋に見えたり」（伊達正統世次考）

はつお【初尾】「初穂」の充て字。初穂料のこと。「尚以御祓幷山桃・尉〈熨〉斗五把送給之候、目出度令拝領、態計御初尾三十疋令進覧候」（伊勢古文書集）「従老母方も御初尾二十疋、自拙者方も同前候」（西門院文書所収海上胤秀書状）

ばっか【幕下】 ①将軍のこと。「神奈川に御着。御迎えとして幕下江戸より出御。すなわち御対面あり」（駿府記）②**その地域を治める大名などの配下**。「真崎五郎成方は、身不肖なれば小野寺通盛の幕下として、院内の奥、松根といふ所に要害を構へ」（奥羽永慶軍記　上）「仍河上中務少輔可属当方

は

幕下之由候之望尤ニ候」（一ノ瀬芳政氏所蔵御判物古書写）

はつぎにそうらわず【未初儀候】「いまだはじめざるぎにそうろふ」とも訓むか。初めてことではないが、の意。「鱈二送給候、祝着之至候、未初儀候」（朽木文書）「濃州一変、殊因幡山被則〈測〉由、雖不初儀候、無比類擬、目出度」（上杉家文書）

はっきょく【八極】全世界。「忠勇八極《はっきょく》に馳せ、武威九州を傾け、而して、掌上《しょうじょう》に舞わん」（甲陽軍鑑　下）

はつくび【初首】武士が、戦場で真っ先に名だたる敵を討ちとること。また、その首。「初首は必有論見二住一執筆故実也と云々」（武家名目抄）

はっけ【磔】「はっつけ」の転。はりつけ。「彌平次親、入道也、丹州横山退場之砌生捕、今日粟田口之東頸塚之辺ニ於テ生ナガラハツケニカヽル也」（兼見卿記）

はっけん【法眷】兄弟弟子。法を同じくする仲間。「甲州の古田検校城勝が法眷石坂勾当《こうとう》と云ふ瞽者《こしゃ》を召《めさ》れ」（北越軍談　中）

ばっこ【跋扈】我が物顔に振舞う。「上杉輝虎東西に跋扈《ばっこ》して支配在候故」（関八州古戦録）

はっこう【発向】①ねらいをつけて実力を行使する。「加州一国ノ武士等无理ニ当山ヲ発向スベキヨシノ沙汰ニオヨバンヤ」（御文章）②出陣すること。「大隅歟薩摩か何へ成共可被成御発向候」（黒田家文書）「是去年十二月為国人退治令発向之処」（康富記）

はっこう【発興】初めて起こること。発生。「長崎の儀は、吉利支丹発興の所と聞召され」（長崎縁起略記）

はっさく【八朔】八月一日。この日に「田実〈たのむ〉」の祭りが行なわれる。「八朔之御祝儀尤以珍重候、仍任嘉例御太刀一腰令進献候」（貴理師端往来）

ばっし【末子】末っ子。「まっし」とも。「其差物を、真田一徳斎が末子《ばっし》に下さるゝ」（甲陽軍鑑　中）

はっしん【発軫】「発進」の充て字か。出発する。「万端得御作意度旨候之条、早々御初軫所希候」（竜雲寺文書）「第七年忌之作善令執行、可有御発軫之由、申達候之処」（雲洞庵文書）

はっせい【発声】宮中の歌会で、講師の後を受けて、節をつけて歌を詠みあげること。また、その役。「参伏見殿御会始也（中略）発声大納言入道各一反右府二反、此後主君出御」（二水記）

ばっそう【伐喪】討ち滅ぼすこと。「何とぞして伐喪して主君の幽怨を安め奉らんと」（細川家記）

はっつけ【八付】「磔」の当て字。「木像之八付誠々前代未聞之由」（伊達家治家記録）　➡「八付《はりつけ》」を参照

はっと【法度】法として禁じること。禁令。または掟、定。「其方遣、苦労をさせ候儀、不便候へ共、法度之儀者、八幡大菩薩免申間敷候事」（黒田家文書）

はつね【新哢】初音。「前栽《ぜんざい》の桜の馨《かおり》、穏かなる黄鸝《ほととぎす》の新哢《はつね》

は

までも越路の初春様替りて」（北越軍談　中）

はっぽうあくじつ【八方悪日】 夜討ちを避けたほうがよいとされる日。⇕一騎当千日。「一、夜討に凶《いむ》べき八方悪日の事、正・四・七・十月は丑の日、二・五・八・十一月は寅の日、三・六・九・十二月は卯の日、件の日は千人出て一人も不帰と云り」（北越軍談　中）

はっぽうずきん【八方頭巾】 頭部や顔面を覆うために周囲に錏《しころ》を垂らしてある頭巾。「黒革の胴丸に八方頭巾の緒をしめ」（奥羽永慶軍記　下）

はてき【破敵】 必ず破るべき敵のこと。⇕随敵。「件の大将にも破《は》敵・随《ずい》敵の二あり。破敵とは、やぶる敵、随敵とはしたがふ敵、それをしる事」（甲陽軍鑑　下）

➡「随敵《ずいてき》」を参照

はないくさ【花軍】 華々しく戦うこと。「搦手口をば請取りて花軍を致すべきと存ずる」（籾井家日記）

ばなかのこうみょう【場中の高名】 敵味方の対陣している間の場所で、敵の首を討ちとってあげた高名。「先敵味方一の先から鉄炮の勝負がはじまって、弓になり、場中の勝負、場中の高名」（雑兵物語）

ばなかのしょうぶ【場中の勝負】 敵味方の対陣している間の場所で、両方から数人ずつ出て戦うこと。「場中の勝負、場中の高名、一番鑓がはじまり」（雑兵物語）

はなし【訇相・訇合】 音訓みは、くわう《訇》さう（大声で話すこと）。「是は逆意の道然るべからずと訇相」（元親記）

はなしうち【放討・放打】「はなちうち」とも。放召人《はなしめしうど》を討取ること。放召人は刑具を用いず、一定の所に拘置しておく、また、その刑に処せられたもの。「放し討の成敗もの、一二度も首尾をよく仕すまし或は少シの足軽、又はせりあひに」（甲陽軍鑑　中）「指《さし》かゝりたる事をまはざずして、はなしうちの成敗者など仕り候へば」（甲陽軍鑑　中）

はなししゅう【放衆】「咄衆」の充て字。御咄衆はほぼ御伽衆に同じ。貴人の側近に侍してお相手を務める。戦国大名の職掌の一つになった。「正月十二日に甫庵と中御放（はなし・咄）の衆を、小田原へ御使に被進候」（甲陽軍鑑　中）

はなしじょう【放状】「放状《はなちじょう》」に同じ。所領などを人に譲与したり売却する時、その旨を書いて相手に渡す証書。「一、永領質券事、御法超本銭一ばいの時、はなし状を仕候てこそなかれ質には定候へ、然に此料足は未一ばいにならず、又はなし状をも不出候」（東寺百合文書）

はなじるし【鼻験】 戦闘で討ち取った者の鼻を削いて、戦功の実証とした。「及防戦敵数多討捕、鼻験十四到来候、誠度々被得勝利候儀」（阿久沢能登守宛北條氏直書状写）

はなつ【縦つ】 放つ。「伏見城を陥《おとしい》れ、火を京師に縦《はな》たば、則ち畿内海西の道路擁塞《ようそく》し、」（左衛門佐君伝記稿）

はなっぱしら【鼽】「鼽」は、鼻っ柱のこと。「枕に切付て、鼽《はなはしら》を両の耳の所迄切付けり」（三河物語）

はなはだ【絶だ】甚だしい。「去年以往絶《はなは》だ奔走を為す、酒《すなわ》ち褒美す可しと雖も」（伊達正統世次考）

はなはな【はなゝゝ】華やかに。「ちと知行をも遣はし、はなゝゝとそれしやに仕なし」（御家誡）

はなび【花火・煙火】火薬に色火剤・発音剤などを調合し、筒や玉に詰めたもの。観賞用のほか、通信用のものもある。「敵陣にはな火を焼たてければ、味方の名侍ども、花火をくくりて、是も同く焼立ける」（北条記）

はなむけ【贐】餞。はなむけ。「其方奥州下国の刻、関白方より贐《はなむけ》のことといかで上聞に達せざる」（政宗記）

はなもと【鼻元・花許】手近な所。目前のこと。「利根すぎたる大将は、はなもとに分別ありて」（甲陽軍鑑）

はなやか【声花・色花】華やかである。「山上は任俠《にんきょう》の若武者故、沼田勢の襲来を待て、声花《はなやか》なる力戦をなし」（北越軍談）「衣裳鎧は右に同じ。供侍の装束には色花《はなやか》なる鎧武者五十余騎」（政宗記）

はなやり【端槍】（「はな」は最初の意）戦場で、槍をふるって最初に敵陣に突き入ること。一番槍。「最初鑓《ハナ》六度つき侍りしが、左様の事にも驕ず」（太閤記）

ばならし【場慣・場馴】場所に慣れさせること。また、物事に熟練させること。「此体にては場ならしの内に結句は逃寄にも可仕候」（武家名目抄）

はば【はば】はぶり。威勢。「大身の親類分限者の身よりの者計《ばかり》、はゞをして、しそこなひ有ても」（甲陽軍鑑 下）

はば【刃場】戦場。いくさ場。「甘糟近江守入替て守返し、刃場《はば》を持固めたり」（北越軍談）

はばかりいる【憚入】この上なく憚る。非常に畏れ入る。「色併不思儀書様憚入候処、小次郎無理に執候之間、無力候」（上杉家文書）

はばき【鎺】鎺は、刀剣・薙刀・槍などの鍔の上下にはめて、刀身が抜けないように鍔元を固める金具。（伊達家治家記録）（元親記）

はばき【行縢】「むかばき」とも。鹿・熊などの毛皮で作り、武士が狩猟・騎馬などに際し、腰より脚部にかけて着用。「単皮《たび》・行縢《はばき》・物具をも其儘着ごみにし」（甲陽軍鑑）

はばむ【沮む】阻む。「沮《ハバム》・憚・阻・催」（文禄二年節用集）「公聞召て是を沮《はば》まん事を欲し玉ふ」（性山公治家記録）

はばやし【刃早し】切ることが早い。すばやく切る。鋭利である。するどい。「あまり刃ばやうなくして、差《さし》てこそ本の事なれ」（甲陽軍鑑 下）

ばはん【八幡・番船・奪販】①倭寇のこと。「自然下々ばはんに罷渡族可有之候之間、堅可被停止候」（島津家文書）②戦国時代から江戸時代、他人の物を略奪すること。海賊行為。「テックウイト申唐人為大将、八幡に罷越、唐船之荷物令海賊候由」（松浦文書）

ばはんせん【八幡船】海賊行為を行なう船。八幡船。八幡・

は

八番・奪販・発販・番船・破帆・破幡・波発・白波等の字を当てた。「異国へはゝむ《八幡》船相渡事、雖令停止」（黒田家文書）

はぶる【屠る】 ばらばらにする。殺す。ほふる。「皆川の一城を屠《はぶ》らん事、輪矛の累卵を圧よりも猶安き」（関八州古戦録）

ばふんつかみ【馬糞掴】 鳥「ちょうげんぼう《長元坊》」の異名。「親類の出頭に自慢してよき人を譏、己が身にかけてはあしくしなす人をば、（甲州にて）馬糞《バフン》つかみと云鳥にたとへたり」（甲陽軍鑑）

➡「屠《ほふ》る」を参照

ばふんつかみさむらい【馬糞掴侍】 他人の働きをあれこれ批判しながら、自分は何の手柄も立てない侍。（甲陽軍鑑）

はへい【欛柄】 それについて話すこと。話柄。「把柄」とも。「方語云説不得、言ハ難トモ易トモ把柄ガツケラレヌゾ」（碧巌雷沢抄）

はまはた【浜端】 浜辺。浜端。「家康におぢ、しほかひ坂をば叶はずして、浜はたををし給ふ」（甲陽軍鑑 下）

はまむ【介む】 挟む。「是以て奇怪の所行なりとて、腰に介《はま》み玉う処の扇を構えて」（北越軍談）

はむしゃ【葉武者・羽武者】「端武者」とも。普通の兵士。取るに足らぬ武者。雑兵のこと。（日葡辞書）「無用の軍して羽武者の太刀先に触なん事」（関八州古戦録）「葉武者共ニ目ナ懸ソ、大将ニ組メ」（太平記）

はもの【端者・葉者】 取るに足りないつまらない者。身分のきわめて低い者。「葉者どもの討死に千余人に及び」（籾井家日記）

はや【隼】 はやくも・もはや、すでに。「皆己《おの》が本居々々へ引返して、今は隼《はや》当家身寄《みより》の軍兵ならでは、足を屯《と》て止る者なし」（北越軍談）

はや【甲矢】 手に持った二本の矢のうちで、初めに射る矢。「乙矢」に対して。「扶桑猿臂《えんぴ》旧将軍の神箭当時幾《いく》策《そ》の勲ぞ、と自賛に吟じて、中指は甲矢《はや》十四束有しを打つかひ、よつ引兵《ひょう》と放つ」（奥羽永慶軍記 上）

➡「乙矢《おつや》」を参照

はやあし【逸足】 速足のこと。「先手飯富・高坂等、逸足になつて、雨の宮上の渡りに押付け相戦う」（松隣夜話）

はやい【蚤い】 早い。「蚤《はや》く越前の朝倉、若狭の武田等と牒《しめ》し合て、信長を追討《うた》れ」（北越軍談 中）

➡「蚤《と》く」を参照

はやうち【早打・隼打】「隼打」は「早打」の充て字。馬をかけて急を知らせること。「武具を着て早打すれども」（伊達家治家記録）「留後の家臣等隼打を以て」（関八州古戦録）

はやうま【驛】 早馬。「海野平え出張し玉ふの由、驛《はやうま》到来にて付て、晴信中塔の囲を解て」（北越軍談）

はやかい【早貝】 法螺貝のこと。「御馬印を御手づから振りたてゝ、はや貝をふけよと、御意なり」（川角太閤記）

はやがね【早鐘】 緊急の出来事を知らせるために続けざまに打ち続ける鐘。擦半鐘《すりばんしょう》。「已円満寺幷菖浦村等早鐘繁鳴了」（政基公旅引付）

はやし【隼し】 速し。早し。急いで。「信玄西条山え戦を掛らるる事殆隼《はや》し」（北越軍談）「此時日景午天《ごてん》を過ぎ、靄雲《あいうん》雨を促すが故、味方も隼《はや》く兵を収め」（北越軍談 中）➡「情逸《こころやす》し」を参照

はやしもの【囃子者】「囃子方」に同じ。能楽で囃子の演奏にあたる役。笛方・小鼓方・大鼓方・太鼓方の四役。「足助中務等はやし者かけられ候了、返し則仕了、八過時分迄くるい候了」（言継卿記）

はやびき【早引・走誦・早退】 本願寺で、和讃を唱える譜の一種。念仏を略して和讃を数首、忽々に続けて誦すること。「蓮如上人御往生の砌は御堂にて早引廿五日御入候き」（実悟記）

はやり【刃槍】 鞘から抜き、身をあらわした槍。抜き身の槍。「鞘もはめずして、はやりを持たせ」（甲陽軍鑑）

はやりうた【早歌】 流行り歌。「近習外様の若者等に課せて早歌《はやりうた》、音曲促されければ」（関八州古戦録）

はやりお【慓悍・慓婞・逸雄・早雄】「慓悍」は「逸雄・早雄」の充て字。血気にはやること。勇み立つこと。「是を討捕んとて慓悍《はやりお》（婞）の若者儕栖《をのが》道具提げ」（関八州古戦録）「彼の曲者を、ちや、、と見付け、馬廻りに目合《ゐくばせ》すれば、逸《はや》雄《りを》の者共」（武田三代軍記）「引返さるるを、早雄《はやりを》の若者共、勇み進んで付慕ふ」（武田三代軍記）➡「慓悍《ひょうかん》」を参照

ばら【儕・輩・原】 接尾語。人を意味する名詞に付いて、敬意を伴わない複数を表わす。「腹、奴、曹」と同じ。「殿ばら」「冠者ばら」「女ばら」など。「降参出城の若党儕《ばら》追々此筋へこぼれ来り」（北越軍談）「五个所之内木辻子法師原及喧嘩」（大乗院寺社雑事記）

はらいぎり【払切・払斬】 女・子ども・僧侶であろうと全てを斬ること。「六間ノ客殿へ跳出、天井ニ太刀ヲ打付ジト、払切ニゾ切タリケル」（太平記）

はらう【厭ふ】 拂う。取り払う。「速かに凶奴を千里の外に厭《はら》ひ、民をして革勛高躅《かくんこうちょく》に帰せしめんことを」（奥羽永慶軍記 上）

はらから【昆弟】 同胞。母が同じである兄弟姉妹。（関八州古戦録）

はらかわり【腹かはり】 腹違い。「織田三郎五郎殿と申すは、信長公の御腹かはり御舎兄なり」（信長公記）

はらすじ【腹筋】「腹筋千万」に同じ。非常におかしいこと。笑止千万。「彼等が武辺さたの事、おかしきはらすじ《腹筋》なる事也」（三河物語）

はらはらと【漣々と】 泪を流すようす。「良《まこと》に面目もなき次第なりとて漣々《はらはら》と涙を流されたり」（北越軍談）➡「潸然《さんぜん》と」を参照

はらむ【孕・妊・胎】 年貢が滞る。滞納する。「八条猪熊院領有之百姓、孕地子捨家、令逐電了」（東寺百合文書）

はらをかかえる【腹を抱える】 おかしさに耐えられないで

大笑いする。腹を捧ぐ。「御腹をかかへ給ふほどわらはせられ」（甲陽軍鑑）

はりあい【張合】 張り合うこと。互いに競り合うこと。意地を出し合うこと。せりあい。競争。「光守（陽忍）長《与》弘（定観）、はりあゐに及」（大乗院寺社雑事記）

はりつけ【八付】 磔の充て字か。磔刑。「もとり橋と申候所に、張付《はりつけ》にかけさせられ候、木像之八付、誠々前代未聞之由」（伊達家治家記録）➡「八付《はっつけ》」を参照

はりぬき【張抜】 木型に紙を糊で重ねて張り、乾いてから中の木型を抜き取って作ること。また、そのもの。はりこ。「鞍皆具借用、禁裏へ御燈籠之本用也、今日前輪後輪はりぬきにさせ了」（言継卿記）

はりばん【張番】 見張り番。「若《もし》地の利を得ざるに於ては、或は逆茂木《さかもぎ》を結び、或は張番、夜守《よもり》の備を設けて然るべからん」（北越軍談　中）

はりまひょうたん【播磨瓢箪】 播磨は瓢箪の名産地であったか。「まこ《孫》七郎（田村）殿へも御きる物御申候、はりま《播磨》ひうたん《瓢箪》はし刑（橋本刑部）被下候」（伊達天正日記）

はるか【邈】 遥かに。「故国を放れて恣に邈《はるか》の境を越、自身当国まで押来て」（北越軍談　中）

はるかに【杳に・遐迩・杳に・遥久】 遙かに。遥か遠くまで。「杳《はるか》に小田方の躰粧《ありさま》を見て申けるは」（関八州古戦録）「白昼陣を払て越府え引入、遐迩《はるかに》此首尾を伝へ諷し、天下一般に甘粕が勇威を賞す」（北越軍談）「公杳《はるか》に是を御覧じ、猶斫《しゃく》顔《がん》して下墨玉《したすみ》ふに、所見疑ふ処無《なか》りしかば」（北越軍談）「遥久不能向顔候」（貴理師端往来）

はるばる【杳々】 遥々と。「藤吉悦んて杳《はる》々の東国衆に不慮の参会希代の義也」（関八州古戦録）

はるび【腹帯】 はらおび。馬の腹をくくる帯。「手綱《たづな》八尺三寸歟　腹帯《はるび》不定」（甲陽軍鑑　下）

はん【半】 奇数。「半《はん》の時中より、重《ちょう》ノ時は奥ヨリ見るなり」（甲陽軍鑑　下）

ばん【番】 交替で勤務すること。城の守備をする。「然者人数之儀、家中番替ニ申付、如御掟可在番候」（黒田家文書）

ばんいん【晩陰】 夕方で辺りが暗くなること。また、夕方。「参親王御方聴聞、及晩陰帰宅」（実隆公記）

ばんえつ【萬悦】 喜ばしいことを祝うこと。「御存分に任せらるの由満足に存し奉る、何様《なにさま》近日御陣所に伺候し、萬悦申上くへし」（伊達家治家記録）

ばんおり【番折】 当番の順序を決めて、それに従って事に当たること。「常には山口に御座候て、小性衆なと計番折にして被置せ、金銀も何もかも指月に被置せ」（毛利家文書）

ばんが【萬賀】 すべてのこと。文書語。「然者私へ御札・海苔五帖、被懸御意候、珍重之至候、萬賀期永日候」（大石寺宛石巻康保書状）

はんかい【羿奡】 「飼い犬に手を嚙まれる」のたとえ。「或

は巴《うず》に巻き籠められ、或は塩風に捲き立てられ、翆冪《はんかい》を欺く武士と雖も、皆、酔って」（四国御発向幷北国御動座記）

ばんがえ【番替】 勤務を交代すること。番とは交替で勤める宿直、警固のこと。「就番替、拙者式頓而下向可申と存候」（黒田家文書）

ばんかた【万方】 諸々のこと。「頃万方属御案中候之由共也」（上井覚兼日記）「景勝移実城、万方仕置謙信世二不相替申付候、可御心安候」（米沢市上杉博物館蔵上杉景勝書状）

はんかん【反間】 敵国に入り込んで敵情を味方に知らせたり、その混乱を計ったりすること。間者。間諜。「毛利元就琵琶法師を反間《はんかん》に用ひ、旗下已斐《いび》甲斐守が楯籠れる宮島の地え」（北越軍談）

はんかん【半漢】 駿馬が勇むこと。また、勇むようす。「六寸余の鴾《とき》毛《げ》の駒三日月と号して太く逞しく半漢たるに、金覆《きんぷく》輪《りん》の鞍置《くらおき》」（北越軍談）

ばんきつ【万吉】「まんきち」とも。全てにおいて吉であるという文書語。「諸吉」とも。「可申候間、万吉重而、恐々謹言」（広瀬文書）「万吉期永日之時候、恐々謹言」（黒田家文書）

⬇「諸吉《しょきつ》」を参照

はんきゅう【半弓】 常の弓の半分ほどの長さの弓。坐って射ることができる。「正親町へ罷向、同長松召具、先度半弓之矢十、誂之礼申候了」（言継卿記）

はんぎょう【判形】 ①花押。「一、御法度如一書、各判形を仕在々江遣之」（黒田家文書）②花押を据えた文書。「政宗判形《はんぎょう》相調可進由申ければ、返状に」（政宗記）③知行宛行の判物。「全く不忠はあらざれども、戴き奉る御判形も差上申すの外、他事なく」（政宗記）

ばんきょう【万兇】 いろいろな災難のこと。「天運環《わ》のごとく、万兇次第に傾き亡びて、終に天下は東照大権現の御代となり」（奥羽永慶軍記　上）

はんぎり【半切】 ①はんぎり。底の浅い桶。半切桶。「諸白の大樽共、数を不知。後には大樽・半切等に至る迄取出し」（政宗記）②半分に切ったもの。「半弓之用心に、半切之楯数多可有用意旨、被仰遣候」（島津家文書）

はんきりがみ【半切紙】 杉原紙を横半分に切り、書状に用いた。

はんぐそく【半具足】 不完全なつけ方をした具足。「半具足にて拒戦ふと言共」（武家名目抄）

ばんげ【晩気】 晩方。夕暮れ。晩景。「勧修寺に晩気汁有之、飯持て罷向」（言継卿記）

はんげつとうろう【半月燈籠】 盂蘭盆に用いる燈籠。「（七月十四日）半月とうろ《燈籠》はら《張》せられ候、した丶丶（家中の者）も色々ニはり被申候」（伊達天正日記）

ばんこいっきん【萬戸一欣】 どの家も喜びに満ちている様子。「歳首《さいしゅ》の佳慶《かけい》、萬戸一欣《きん》を演達せらる」（北越軍談）

はんこう【半更】 夜半をいう。「雖可守庚申、窮屈之間、半

更以後就寝」（実隆公記）

ばんこう【万幸】 全て何もかも上手くいっておめでたいこと。書面の祝辞として慣用的に用いられた。「天顔快晴、人日一段之祝詞万幸々々」（実隆公記）

はんこくしゅご【半国守護】 室町時代、一国の半分を領有する守護。半守護。「赤松次郎法師、同前、于時加賀半国守護」（斎藤親基日記）

はんさく【半作】 作業の進み具合が半分ほど。「然りと雖も、未だ普請半作《はんさく》の事に候間」（信長公記）

ばんさしもの【番指物】 軍陣の指物の一種。貸出用のそろいの指物。「旗・馬印・番指物」（奥羽永慶軍記）

はんさつ【板札】 別の訓みがあるか。紙の札に対して、板の守り札のこと。「芳翰之趣、欣悦不斜候、殊杉原十帖幷板札懸御意候、過当候」（本圀寺年譜）

ばんさん【晩飧・晩餐】 夕食。夕飯。夕餉《ゆうげ》。晩飧《ばんそん》。「新亜相入来、晩飧相伴」（実隆公記）

はんし【判紙】 ①花押をおした白紙。事情があって第三者が代わって発給するのに用いられた。「為其判帋四五枚進之候、不入候はば、幸便に返可給候」（毛利家文書）②右筆が書き、当人（発給者）の花押がある文書。判物。（関原陣輯録）

はんし【班師】 兵を引き返すこと。「敵、是をみば、戦ふか班師か二つなるべし」（一徳斎殿御事蹟稿）

はんじゃにん【判者人】 和睦の可否を判断し、和睦の保証となる人。「駿河ト甲州都留郡和睦也。調法者内野渡辺式部丞。他国ノ判者人ハ永池九郎左衛門方」（妙法寺記）

ばんしゅう【番衆】 ①番をする人。番人。また、交替で任に当たる人。番方。ばんしゅ。「相積之時、可渡文庫之番衆之由、被仰出畢」（大内氏掟書）②室町時代、禁裏、仙洞御所に宿直勤番して警衛にあたった公家衆のこと。「入夜円満院被勤一盞、番衆同賜酒」（実隆公記）③室町時代、封建領主や権力者の館、寺院などの警護にあたった郷民、門徒のこと。「為堂衆広済寺慶信差下之、此次番衆下之」（天文日記）④戦国時代、大名の城・館に宿直勤番して警衛にあたった武士のこと。「其夜番衆ぬす人にくみ候か、ふさたか、其夜の番衆へ此とかめなすへく候」（結城氏新法度）

はんしゅご【半守護】「半国守護」の略。「御産所、細川刑部少輔常有、泉州半守護」（斎藤親基日記）
➡「半国守護《はんこくしゅご》」を参照

ばんしゅじょ【番衆所】 番衆の詰所。「四時分於番衆所、土器物にて一盞有之」（言継卿記）

はんしょ【判書】 判、特に書判（かきはん・花押）を据えた文書。判物《はんもつ》。「永正十年癸酉《みずのととり》夏六月廿六日、判書《はんしょ》を湯村助十郎に賜う」（伊達正統世次考）

ばんしょ【万緒】 よろずの糸口。あらゆる事柄。万端。「万緒は往至して報告するを俟つ、不具、恐々謹言」（伊達正統世

は

次考）

ばんしょ【番所】 番人の詰める所。見張番。ばんどころ。「奥之御番所之其奥の御さしき」（大永四年細川亭御成記）

はんじょう【藩城】 支城。「丸森は元　当家の藩城にして、稙宗君の御隠居所なり」（性山公治家記録）

はんじょう【反常】 常道に背く。「仏閣に誦経《じゅきょう》を致し、肺肝を砕《くだく》と云へ共、反常の機気現はれず」（北越軍談　中）

ばんしょう【番匠】 大工。「下浅間拝殿造営被成候、番匠扱ヲハ祝衆イタシ候」（妙法寺記）

ばんしょく【蛮触】「蛮触の争い」のこと。小さい了簡で互いにつまらない事を争うこと。「斎《とき》七の後、中陰《ちゅういん》の間、連枝《れんし》蛮触の闘《たたかい》をなして、春日山の城邑」（北越軍談）

ばんしょく【晩色】 夕方の景色。晩景。暮色。夕方の気配。転じて、夕方。「及晩色帰宅」（実隆公記）

はんじろ【半城】「はんじょう」とも訓むか。つなぎの城のこと。「同日、秋月半城へ依取詰、劔岳・浅川・古賀三ケ所明退候處」（黒田家文書）

はんしん【叛心】 謀叛を起こそうとする心。「宿老梁田中務大輔政信・同出羽守綱玫父子、叛心して佐竹義重と合比し」（北越軍談　中）

ばんすい【晩炊】「ばんずい」とも。夕方の炊事。ゆうだき。また、その食事。夕食。おそい炊事。また、その食事。「晩炊之後休息」（実隆公記）

ばんせい【番勢】 守備の軍勢。戦争の時、警備に任じる軍勢。「番勢被入置候、来月者至于会津被移御座」（黒田家文書）「落城の御番勢に千五百残をかれ、家康への手あてありて、残る壱万三千山へとりあげ」（甲陽軍鑑）

はんぜい【半済】 荘園の本所、領家の半分を、兵糧料として給人たる武士に給付したこと。最初は幕府が行なう権利を有したが、のちに守護大名が独自に行なうように至った。「嵯峨寿寧院領、摂津国楊津庄内重久名幷万町堤内諸散在等半済分事、退押妨族所返付也」（古文書選所収足利義政御判教書）

ばんせん【判銭】 ①戦国時代、軍勢の大将が制札を出して領民を保護する旨を公示したのに対して、保護をうける者が上納する料銭。制札銭。「今度なら中防禦制札上総より被出、判銭とて過分に申懸、両奉行・承仕へ譴責被付了」（多聞院日記）「禁制　勝善寺　一、甲乙人濫妨・狼藉之事、（中略）一、判銭取へからさる上、催促する事、右条々於相背輩者、堅可加成敗者也」（勝善寺蔵森長可禁制）②朱印を捺す手数料。「一、非分課役事付、御判銭・取次銭・筆料等、一切禁制事」（武居文書）

ばんせん【番船】 港口、関所などで、必要に応じて警固・見張りを行なう船。ばんぶね。「番船、こもかい浦に多くあるよし注進有りければ」（太閤記）

ばんせん【番銭】 背に数字が記してある古銭。また、祝儀

は

用などに特別に配布する銭。「道祖千代方より御番銭三百疋運上之云々、取次同前也」（大舘常興日記）

はんぞく【半俗】 僧形のもの。「首三ッ上被申候、三人の内にしやうい《正意》と申はんそく《半俗》一人御さ候」（伊達天正日記）

ばんそつ【番卒】 見張り番の兵卒。「城にありし北条家の番卒を追払ひ」（関八州古戦録）

ばんぞなえ【番備】 番を設けて備えること。「通路をさし塞ぎたる番備のありて候」（武家名目抄）

はんた【繁多】 物事のきわめて多いこと。夥しいこと。また、そのさま。「御百性等繁多餓死了」（政基公旅引付）

ばんだい【番代】 ①宮中で、当番の者に代わって臨時に宿日直の番にあたること。普通、自分の当番日と交換した。「今日右金吾番代又祇候了」（実隆公記）②戦国時代に発達した法的後見人、武士の相続人が未成年のときに、主君より命ぜられ、または主君の許可を得ておくもので、相続人が成人（十五歳）になるまで、その所領、眷属を支配し、主人のために被後見人を扶持する義務を有した。「実子幼少なりければ番代彼が伯父孫四郎へ被仰付」（加沢平次左衛門覚書）

ばんたいしょう【番大将】 城の守将。主君の持城《もちじろ》を預かって警備の任にあたった大将。「天野隆重を番大将に籠置」（毛利元就記）

ばんちょう【番帳】 番衆の構成や出仕・宿直の期日などを記す帳簿。番文《ばんぶみ》。「禁裏小番被結改候、番帳如此」（実隆公記）

ばんちょそかつ【万緒踈濶】 踈遠とかおろかしいの意。単に「踈濶」とも。「両府君入道に対せらるゝに、前々の風情に違い、万緒踈濶《ばんちょそかつ》にして隔心の体たらく」（関八州古戦録）
➡「踈濶《そかつ》」を参照

ばんつみ【番包】「ばんづつみ」と訓むのが一般的か。戦時などに備えて平時から多数備えて番号をつけておく包み。（毛利隆元山口滞留日記）

ばんて【番手】 ①城に在番する警固の武士。城番。「此年（永禄二）二月信州へノ番手ヲユルシ候而」（妙法寺記）「国端境目に要害を構、番手之人数入置、其已後者、越前国一揆持に罷成被候也」（信長公記）②守備隊のこと。警備当番。「随而江北為番手令出陣候」（大徳寺文書）

ばんてぜめ【番手攻】 戦場で、隊伍の番手を替えて何度も攻めること。手勢を替えながら攻めること。

ばんてもち【番手持】 城などに番手を置いて守備すること。「田中の城と名付、暫番手持也」（甲陽軍鑑）

ばんてん【晩天】 夕方の空。夕空。「晩天水向候了、夜入構橋上にて月見候」（言継卿記）

はんと【半途】 ①中途。「敵の働く所を見合セ、はんと《半途》をうち、かまりをもつてころし随へ」（甲陽軍鑑　下）②調停の中途で。「佐竹・會津・當方總無事の義に付て、御半途に及はれ」（性山公治家記録）

はんどう【飯銅】 口が広く底が丸い形をしている茶入れ、また、茶壺。「飯銅　小壺四方盆」（山上宗二記）

ばんとうしゅう【番頭衆】 ①単に「番頭」とも。荘園内での番を代表した有力名主。荘園領主は、荘園を番に分け、各番内の有力名主を番頭として荘民（番子）を管理統制させた。「十二人之番頭衆」（高野山文書）②殿中・宮中などの見張り・警固の役。また、その長。武家の番衆のかしら。見付番のかしら。「番頭衆は、その番々の月行事へ渡之」（年中恒例記）

ばんどうみち【坂東路・坂東道】 小道のこと。三十六町一里を大道《オオミチ》、六町一里を小道・下道・坂東道という。「政宗君高森山へは坂東路七里を隔て、磐梯山の麓八箇森と」（伊達家治家記録）

ばんとくがぐち【槃特が愚痴】「槃特」は天竺の羅漢の名。「槃特が愚痴」は槃特の鈍根なるを言う。「文殊の智恵」の対。両方とも智愚無差別、善悪不二なることの譬えにいう。（甲陽軍鑑　中）

ばんどころ【番所】「番衆」の詰めている所。「番衆所」とも。「たよりなき者訴訟のため、目安之箱、毎日門之番所に出置上は」（今川仮名目録）

はんぱく【頒白】 頭髪の半ば白く、半ば黒い中老の人。（三好記）

はんはじめ【判始】 室町時代、将軍が就任して初めて御《み》教書《ぎょうしょ》に花押を署した儀式。ごはんはじめ。「室町殿御判始在之、仍各令参賀」（大乗院寺社雑事記）

はんぱん【班々】「斑々」の充て字か。さまざまなこと。「班々の事は退治尤安かるべし」（関八州古戦録）

はんぴ【煩費】 費用が多くかかって負担となること。ついえ。「弐百疋賜彌三郎云々、不慮之煩費也」（実隆公記）「東持院庭松及度々被召之、依之院破壁毀廊、寺家煩費多之」（蔭凉軒日録）

ばんぶみ【番文】「番帳」に同じ。「禁裏外様小番自今日結改、番文追而可写加之」（実隆公記）➡「番帳《ばんちょう》」を参照

はんぺい【藩屏】「藩籬」に同じ。守りとなる物のたとえ。「剰《あまつさ》え柱礎と頼《たのま》れたる北城丹後守は敢《あえ》なく命を殞《おと》し、藩屏《はんぺい》とも成《なり》ぬべき新発田因幡守は病《やまい》に侵《おか》されて」（北越軍談）

ばんぺい【番兵】 見張りをする兵士。番卒。哨兵。歩哨。「家人を招番兵とし」（関八州古戦録）

ばんぽう【万邦】「萬邦」とも。多くの国。あらゆる国。万国。まんぽう。「然者、万邦彌被任御所存之由、肝要至極候」（上杉家文書）

はんまい【飯米】 食用にする米。「即加子之飯米百石ニ付而四石宛枝仰付候」（黒田家文書）「留守中女子のはんまいとして、八木五十石かし遣候」（那須忠良氏所蔵文書）

はんます【判枡】 支配者がその規定通りの容量であることを証明する意味で判を記した枡。「為第二宮勧進、国中於

大小人家、従一間籾五合ヅツ以判枡、可入勧進者也、仍如件」（甲州古文書）

はんめん【半免】 標準の免家《めんけ》一宇の半分を給与されるもの。免家は荘官などに支給される在家で、そこの公事は荘官の取得分となる。「已上山下分六十六宇、此内に半免は置二人」（高野山文書）

ばんもち【番持】 城番を置いて守る。「一の宮の城は、勝瑞より番持に仕り候へ共」（昔阿波物語）

はんもつ【判物】 室町・戦国時代、将軍・武将または大名が自署花押を加えて出した文書。「大原野勝持寺御判物以備州被進之親元持参」（親元日記）

はんやく【半役】 正規の課役（本役）の半分。半分の負担。「内藤くみ、八頭そへて六百騎、組衆半役にして、百七十五騎」（甲陽軍鑑　中）

ばんやり【番槍】 番兵が持つ粗末な槍。「番槍五十本、喰違に並べ立て」（武家名目抄）

ばんよ【万余・萬餘】 手紙の末尾に添える文書語。いろいろなこと。すべては。「猶無退転可抽精誠候、万余永日可申達候条、令省略候」（武州文書）「可為御大慶候、萬餘櫻坊御口篇ニ可有之候之條、不能顕説候」（清浄心院宛土岐治綱書状）

はんり【藩籬】 ①「藩屏」「藩翰」に同じ。膝元の地、直轄の地。「信長に向ひ鋒を帯し楯《たてつく》べしと思ひしに、禍《わざわい》藩籬《はんり》之内より出」（甲乱記）②藩屏と同じ。諸侯の称。（庄内陣記）

はんろう【煩労】 病気、長患い。（日葡辞書）

ひ【燥】 火。炎。「此世にて難成。此御恩には、燃燥《もゆるひ》の中へも御奉公ならば飛入《い》らんと」（三河物語）

ひあぶり【火焙】 刑罰として火で焙り殺すもの。「先以峰乙、栗栖、火焙之」（勢州軍記）

ひいき【贔屓】 大いに力を入れること。大いに力を用いること。「贔屓　ヒイキ　着力扶人之皃」（元和本下学集）

ひいきへんぱ【贔屓偏頗】 えこひいき。偏った判断をすること。「存其旨、縦縁者・親類・智音たりといふとも、ひいきへんはなく有様尓可注進事」（黒田家文書）

ひいとろ【ひいとろ】 ビードロ。ガラスの別名。「為音信ひいとろ・南蠻漬物二到来、喜悦候也」（黒田家文書）

ひいん【庇蔭】 庇うこと。お蔭を被る。お蔭。「連々横瀬家の庇蔭《ひいん》を蒙り、公没後春日山忽劇《そうげき》の弊に乗て」（北越軍談）

ひえくび【冷頸】 死者から切り落とした首。「具足を著《き》て銕《てつ》炮《はう》にあたり死て臥《ふし》たるを討給ふ也。今日は高名は悉《こと、、く》ひゑ頸也」（三河物語）

ひえつ【披閲】 相手の手紙を拝見した時に用いる。「両度書札を辱《かたじけな》くす、具《つぶさ》に披閲」（伊達正統世次考）「宗臨老一巻令披閲候、当時加様不審奇妙候、少々注付候」（言経卿記）

ひかえ【枳・扣】 枳は「扣」に同じ。後日のため書き留めること。また、その物。「公儀のことは御枳は成らざる儀候」（御家誡）「先庄屋居屋敷之分ひか《扣》へさせ置へき事」（東京大学

史料編纂所所蔵文書）

ひかえちゅう【控中】 家臣。「田村控中」は、田村氏の家臣の意。「相馬方舟引と云ふ地に引籠る、田村控《ひかえ》中一統に後室を守り」（伊達家治家記録）

ひかえる【扣】 人・馬などを留めておく。残しておく。待機させること。「越筥根山相州扣馬候、近日武州え可進御旗候」（親元日記）

ひかげ【晷】 日影。柱陰。「庸常小番の輩に課《おお》せ、晷《ひかげ》を移して、倦《あき》玉ふ事なき」（北越軍談）

ひがごと【僻事・癖事】「癖事」は「僻事」の充て字。道理にちがったこと。不都合なこと。心得ちがいのこと。不正、不法な事。「五千・壱万人数もたぬうちの合戦は、小合戦と申。それ大きなる僻事也」（甲陽軍鑑 中）「政宗の謀反人に頼まれ給ふ事、大なる癖事《ひがごと》に候ふ」（奥羽永慶軍記 上）

ひかず【日数】 死後、四十九日目。中陰。また、その法要。「けふより御寺に御ひかすはじまる」（御湯殿上日記）

ひかずいとま【日数暇】 前もって限った日数の間、主人から暇をもらうこと。「治部大輔今日伯州、下向知行星川庄事可申扱ために、日数暇お申罷下」（大舘常興日記）

ひかずもの【日数物】 できものの一種。「近日耳に日数物出来」（言継卿記）

ひがみみ【僻耳】 聞き間違い。（日葡辞書）

ひがめ【僻目】 見誤ること。「前陣ニ進ンダル旗ハ、美濃、尾張ノ人々ノ旗ト見ルハ僻目歟」（太平記）

ひがもの【僻者】 変人。「いにしへより辺鄙深山の僻者共」（細川家記）➡「僻者《くせもの》」を参照

ひがら【日柄・日子・日次】 暦の上で行事・仕事などをする日としてのよしあし。その日の吉凶。「日柄好候間、従今日、籏文書重代相譲候」（上杉家文書）

ひかん【被管・被官】 中世・近世、地頭に隷属する百姓。また地方によって地頭以外の地主に隷属する百姓をもいい、名子・門屋・水呑などの呼び名がある。被官百姓。「地とうと百しやうとのあひたの事、たいたいのひくわんたりといふとも」（塵芥集）

ひかんあえしらい【被官会釈】 家来扱い。「今は被官会釈《あえしらい》の文章、名付にも少《すこし》として当家構給ふ事ならず」（甲陽軍鑑 下）

ひかんたんだい【被官探題】 家臣である土豪。「小山田弥三郎殿御被官探題御座候而、地下衆歎モアリ喜モ御座候」（妙法寺記）

ひかんにん【被官人】 中世、官吏の私的な使用人、武家の家臣・奉公人および寺社の奉公人など。「守護被官人西村小太郎、如此付折紙云々」（政基公旅引付）

ひき【疋】 ①鳥目（銭）一〇文を一疋という。（伊達家治家記録）②絹布二反の称。③牛・馬を数える助数詞。「乗放したる二疋の駒を」（関八州古戦録）※「疋」は価値の高い、絹布・牛・馬などを数えるときに限定して使う。

ひぎ【非儀・非義】 道理にそむく。道理に合わず間違っていること。非理。「精にいる、は大非義なり。其非儀といふは、出家が学問をわきへなし」(甲陽軍鑑)「剰被疵にをいては、事は非儀たりといふとも、当座をんびんのはたらき、理運たるべき也」(今川仮名目録)

ひきあし【退足】「引足」の充て字。後退すること。逃げ腰。「忽《たちまち》に芝居を捨て蕞陋《みにく》き退足《ひきあし》たらんに、敵ながら神妙の至なり」(北越軍談)

ひきあわせ【引合】 ①引合紙のこと。檀紙の一種。みちのくがみ。「うちは・播磨杉原・美濃紙・高檀紙・ひきあわせ・入るべき物の数々ならべ」(太閤さま軍記のうち)「冬はまづかさね又ひきあわせなどに、ふかぶかと匂ひをし候てもちゆべし」(大諸礼集) ②鎧の胴の前と後ろを引き締め合わせる所。「無慙や六郎射向けの板より矢先白く、具足の引合《ひきあわせ》に射貫く」(奥羽永慶軍記 上) ③合計すること。「嶋山百貫、(中略)三ケ所五十貫、惣已上引合百五十貫進之候」(金子文書)

ひきいる【帥ゐる】 率いる。(細川家記)

ひきいろ【引色】 退却しようとする形勢。負け色。敗色。ひきいろめ。「南方の諸隊将 忽《たちまち》に機《のま》を呑れ、坐《そぞろ》に引色《ひきいろ》に成て、城を攻《せめ》んと欲する者」(北越軍談)

ひきおい【引負】 使い込んだ金銭や借金など、その人自身が負担すべきもの。負債のこと。「引おい《負》有之代官、知行かたおさ《押》へと《取》る之事」(東京大学史料編纂所所蔵文書)「結句聖薫引負料足過分在之処に、前に過上分在之旨申之間、既に虚言之上者、被任御法可有御成敗事」(宝鏡寺文書)

ひきおくる【引殿】 他より後になって隔たりができること。「大将武蔵守師直は、二十余町引殿《ヲクレ》て」(太平記)

ひきおり【引折】 女性が着物の両褄を折って、帯にはさむこと。「春日局、新中納言の局、皆ひきおりにて、御供にさぶらふ」(永享九年十月二十一日行幸記)

ひきかえ【引替】 ①乗り換えの馬。「志賀栗毛といふさしも秘蔵なる馬、其日の引替となりて」(政宗記) ②一時立替えておくこと。また、その立て替え分。「冷泉来談了、刀之引替金子返之」(言経卿記)

ひきかえし【引返】 連歌で初折の裏をいう。初裏《しょうら》。「近代一之懐紙、引返之第二句迄、恋・述懐・名所等、猶如面不付之」(連歌新式追加並新式今案等)

ひきかけ【引懸・引掛】 ①関係づけること。引き合いに出すこと。また、あることに倣ってそれに従うこと。「又六ヶ敷事に間すみの義引かけに、公界へ申出へからす」(結城氏新法度) ②先例。前例。「此一所被毀破、以之為引懸、天下旧借可破」(蔭涼軒日録)

ひきかた【引方】 引きあげ方。きりあげていく方法。やり方。特に、合戦で軍勢を引き上げていく側やその人々。「船坂の敵前後を裹れて、定めて引《ヒキ》方を失ひ候はんか」(太平記)

ひきがね【引鐘・引鉦】 陣鐘の一つ。合戦で軍勢を引き上

げる合図に打ち鳴らす鐘。「引鐘を打て兵士等を一先門内に引入るるを」（近世紀聞）

ひきかねる【引煩る】 引き兼ねる。引くことができない。「明兵と相戦ひ引煩《ひきかね》たるに逢て」（征韓録）

ひききる【引切】 手を切る。縁を切る。「輝宗を恨む子細有とて米沢を引切《ひききり》、田村清顕を頼《たよ》り」（奥羽永慶軍記 上）

ひきくだく【碾砕く】 茶をひくこと。「風味従来太苦酸。即今碾砕為君献」（性山公治家記録）

ひきくち【引き口】 物事の終わろうとする時、特に戦闘の際に退却し始めること。（日葡辞書）

ひきくむ【引組む】 一緒になって、味方して。「若又弾正少弼殿家來なと引組むの義も有らは、身命に就て横合あるへからす」（伊達家治家記録）

ひきざかな【引肴】 引物の肴。膳部に添えて出す肴。「引肴白瓜・冷物」（鹿苑日録）

ひきさがる【引下】 その事をするのに、時間的に他より後らせる。「すこし引さかられて公方様出御也」（大舘常興日記）

ひきしき【引敷】「ひっしき」とも。兵士が座るため携行する毛皮。（日葡辞書）「ひっ敷を敷べき事、これも二つに折て片手にて持参すべし」（大諸礼集）

ひきしょう【火起請】 起請の一種。神前で真っ赤に焼けた鉄を握らせ、手がただれるか否かで邪正を定めること。鉄火。「火起請に成り候て、三王社のまへにて奉行衆公事《くじ》相手双方より検使を出だされ」（信長公記）

ひきずる【挐る】 引きずる。「挐《と》る」とも訓む。「漸くして畔を挐《ひきず》り、泥田を渡つて、三の柵に逃入りたるは」（武田三代軍記）

ひきぜい【引勢】 退却して行く軍勢または、引き下がって行く軍勢。（日葡辞書）

ひきそばめ【引側め】 引き寄せておくこと。（伊達家治家記録）

ひきたがえ【引違】 中世、金銭・年貢などを立替えること。「寿文蔵主過分到引違之由出注文及催促候条」（親元日記）

ひきたつ【引き立つ】 軍勢が陣から退くような様子を見せること。（日葡辞書）

ひきたて【引立】 人を重んじて特に挙げ用いること。贔屓にすること。「此上者、源太事、可被為引立迄に候」（上杉家文書）

ひきちがえ【引違】 当人に代わって支払う。納入すること。立替え。「就東寺領播州矢野庄、寺家江致引違処無沙汰間、催促之折節、文都管幷豊岡殿依御口入閣申上者、向後不可有違乱煩者也」（廿一口方評定引付）

ひきちゃ【碾茶・引茶】 碾いて粉にした茶。「唐ニテハ、ヲノヲノ茶ヲ煎ジテ賞翫スルコトノミ也、日本ニテハ引茶専ニ被用」（南方録）

ひきちらす【引散】 撤退する。「一、遠・三辺之事、信玄野田表去十七日引散候」（細川家文書）

ひきつく【引付】①権利・所領などを誰かに与える。「新見庄事（中略）坪和弾正左衛門尉に可引付申候」（東寺百合文書）②身近に引寄せる。側にぴったり寄せる。武士詞では、敵が追い迫ってくることにいう。「軽々払テ退ントシケル処ヲ猶引付シカバ、嶋彌左衛門尉、大田孫左衛門尉返合セ追払ヒ、能武者一人討捕リヌ」（信長記）③後に例証として引くために、その事柄を書き付けておく。「盗物事、（中略）一、罪科の事は本々へただして、売主をひき付ざる仁を、ぬす人の準拠に罪科あるべし」（大内氏掟書）④「引付、引付」の言い方で、間を置かず、次々と続けて事をするさまを表わす。「味方にあやぶむ事はあるまじと下知して、引付引付追おろす」（室町殿日記）

ひきつけ【引付】①「引付〈ひきつく〉」の③の文書のこと。規定。しきたり。「政所を御持候てと、又奉行と二職を御持候てより後、二つに分たることも今までの我等引付にも是なく候間」（北野天満宮目代日記）②裁判など重要な政事を掌る役職。「代々の会津に於て、如引付座上に被差置可被下事」（政宗記）③鎌倉・室町幕府の機関の一。訴訟を審理して、判決の原案を作成し、評定沙汰に上程した。「総州辞式評定衆、可為引付衆一方内談衆事也之旨、属玄良被申請奉書、希代事也」（親基日記）

ひきつけみつもの【引付三つ物】第一武辺、第二情、第三慈悲をいう。「其故此御跡御代々の引付三ッ物一ッもはづれさせたまはず」（三河物語）

ひきて【引手】「ひつて」とも訓む。轡のみずつきの右側のもの。「轡《くつわ》ノ事。左ノ方ヲ水ツキト云。右ノ方ヲヒツテ云也」（甲陽軍鑑 下）　⬇「水付《みずつき》」を参照

ひきでもの【引出物】饗応の時、主人から来客へ贈る品物。古くは馬を庭に引出して贈ったことから引出物と称した。（伊達家治家記録）

ひきとる【引取る】①他からもらい受けて、管轄下におく。「坪本、下江〈河カ〉原、二瀬町、此内より為公方御年貢四斗九升、下之坊へ御納所候て、永代可有御引取候」（真長寺文書）②出した軍勢を本陣に取って帰らせる。また、自ら本拠地へ取って返す。「家康働も我等旗先を見ては、即時にひきとる」（甲陽軍鑑）　⬇「打入《うちいる》」を参照

ひきのく【引退・引除】退く。退去する。「和談之形に落着候間、毛呂城衆引除、翌日則上州衆被入馬候」（上杉家文書）

ひきば【引端・引羽】「ひきは」とも訓む。陣を引き払おうとする、まさにその時。「ヒキハ〈訳〉陣をひきあげる時機、折」（日葡辞書）「引羽ニ主殿助殿余リ手ギツク付給エバ、敵方取テ返テ、コンヅコマレツシケル処ニ、主殿助殿討死ヲシ給フ」（三河物語）

ひきば【引場】敗北して引き退く場所、またそのこと。「此陣の様前に川有て、後に大山峙《そばだ》ちたれば、引場《ひきば》の思はなけれ共」（太平記）

は

ひきはし【引橋】 引去るように作った梯子。また、橋板を取去って桁《けた》だけが残るようにした橋。「城取の事（中略）一、すき門の事 口伝 一、塵とり 塵ふせぎの事 一、廊下橋の事 同引橋《ひきはし》の事 口伝」（甲陽軍鑑 下）

ひきぶせ【引伏】 待ち伏せ。「人数を出申ニ付而、引伏にて被成御打之由、御調儀御手柄ニ候事」（黒田家文書）

ひきめ【蟇目】 鏑《かぶら》の一種。笠懸・犬追物などに鏃《やじり》を除いて大型の鏑をつけたもの。犬射蟇目・笠懸蟇目・産所蟇目などがあり、犬射蟇目は特に長大につくり、笠懸蟇目は、目の上にひしぎ目を入れて使う。（黒田家文書）

ひきゃくかがり【飛脚篝】 「篝飛脚」とも。相当の距離をへだてて信号兵を置き、符牒信号による篝を焚いて、夜間の通信に任じた。「一、飛脚篝の事、だいが《大河》出たるに是を用うる」（甲陽軍鑑 下）

ひきゃくばた【飛脚旗】 一定の間隔に人を配して、順送りに旗による信号を送って遠隔地にする通信。「飛脚旗の事、是は其所に次々旗を立て」（春日山日記）

ひきゃくみち【飛脚道】 飛脚の歩み得る道のり。「飛脚みち、三日路」（甲陽軍鑑）

ひきゅう【貔貅】 古代中国の猛獣のことで、転じて、勇猛な兵士。つわもの。「廣き武蔵野貔貅《ひきゅう》林をなし、旌旗《せいき》月に粲《かがやき》たり」（北越軍談）

ひきょ【非拠】 「ひきょう」「ひこ」とも。非理。非道。根拠がなく道理にかなわない。不公正。「百姓年貢夫公事以下、無沙汰の時、質物を執り、其の理なく、分散せしむる条、非拠の至りなり」（甲陽軍鑑）「但、寄親非拠之儀あるに付ては、此かぎりにあらず」（今川仮名目録） ➡「非拠《ひこ》」を参照

ひぎょう【飛行】 「ひこう」とも。所領・所帯などを取上げられること。「抑菊弟遺跡之式、聞、左馬寮領洞院裏辻両人ニ自仙洞被下、其外家領悉可飛行云々、家門已滅亡不及是非」（看聞御記）

ひきょう【比興・非興】 ①名ばかりで、内実のともなわないさま。取るに足らない。「予乍比興論語聞書注置者也」（康富記）②卑しい不都合な（行為）。卑怯。「彼禅門比興の仕合せ前代未聞に候とて」（桂岌圓覚書）③不都合。「利欲にふけり、比興眼前に候」（老翁物語）④笑止千万なこと。「一、福地事、公儀へ罷出由候、不可有後悔候、其方ニ候共、比興者ニ候へハ、用ニ不可立候」（細川家文書）

ひぎょうじ【日行事】 室町幕府の訴訟制度で、意見衆（評定衆・右筆衆あるいは供僧など）が三問三答状を検討し評議する席の議長。意見衆の中から選ばれた。「日行事亘州より各へ折紙在之」（大舘常興日記）

ひきょうもの【比興もの】 不都合な卑しい人。卑怯もの。「扨々田舎人か比興ものなり」（元親記）

ひきわけ【引分】 手切れ。「防州と御引分は弘治元年に候」（老翁物語）

ひきわたし【曳渡・引渡】 本膳に盃を三つ添えた膳部。「幕仕立初は、布を揃《そろえ》置て曳渡《ひきわたし》、すへて三ッ盃を出し、つくばいてのむ」（甲陽軍鑑　下）「出陣ノ時ハ曳渡、其上酒一献也」（甲陽軍鑑）

ひく【引く・窕く】 ①引率指揮する。「三千と人数をも引く者の役には」（元親記）②退却する。「少もよい申候へハ、小十郎百目木もひき申候よし申上られ」（伊達天正日記）「寄手手負死人《しびと》多く、一先備《ひとまずそなえ》を窕《ひけ》よとて」（北越軍談）　➡「窕《くつろ》ぐ」を参照

ひく【彎く】 弓を引く。「彎く」も同じ。裏切ること。「無間の棲《すみか》をいたさんに、何とて君に弓を彎《ひき》申、御謀叛を申上候半哉」（三河物語）

びく【苾蒭】「苾芻《ひっしゅ》」とも。比丘。僧侶。「潔斎《けっさい》に於ては、恐らくは苾蒭《びく》の輩を愧《はず》る事莫《なか》るべし」（北越軍談）　➡「苾芻《ひっそう》」を参照

ひくじ【非公事】 筋の通らない訴訟。不当な訴訟。「彦助仕る公事を委《くわしく》聞食に、非公事《ひくじ》也」（甲陽軍鑑　下）「信玄公、（中略）非公事を過銭をもってゆるし給ふ事」（甲陽軍鑑）

ひくず【簸屑】 茶または穀類などを箕でふるって残ったくず。「従野村茶二巾〈十八袋〉、ひくつ二巾到、目出目出」（言継卿記）

ひぐち【火口】 古式の鉄砲で、火気を筒に通す穴。「ヒグチ〈訳〉鉄砲の一部分で火薬を置くあたり」（日葡辞書）

ひぐる【晡】 申刻。午後四時頃。「折節、日既ニ晡ル」（伊達家治家記録）

ひけ【引け】 肩身が狭く遅れをとる。気が引けること。「乞矢の侍討殺すは討つ者のひけなれば」（長元物語）

ひけ【卑怯】 後れ。ひけを取る。「義理を不忘則《とき》は、不意の凶事とても卑怯《ひけ》取る事有べからず」（北越軍談　中）

ひげ【卑下】 いやしい。「時則壮年に及びて、卑下もなき家に生れ出て」（細川家記）

ひけい【秘計】 ①間に入って、内々にうまく取成すこと。媒介人。売買の仲介などになること。「守護役人夫等、為御代官廻内外秘計、可申致御領安全之忠節事」（古文書選所収東寺領丹波国大山庄代官請文）②特に、金銭を工面すること。「粮物三百疋、堯勲秘計之、二百疋徳阿方ニ仰之」（大乗院寺社雑事記）「鴨取来、用脚事可致秘計之由領状、明日可運送云々」（実隆公記）

びけい【微恙】「微恚」の充て字か。わずかな変化もない。「又其往還敵地を旅行し、毫髪の微恙《びけい》なし」（北越軍談）

ひげき【飛檄】「飛札《ひさつ》」に同じ。緊急の用件を伝える手紙。「態《わざ》と飛檄を以て啓達せしめ候、然者《しからば》、去る二日」（奥羽永慶軍記　下）

ひけつ【秘結】 大便が滞って出ないこと。便秘。「息女阿子彌煩敷候、下〈十二神丸〉、昨今両度雖与之秘結候」（言継卿記）

ひけん【披見】 書状を開いて閲覧する。「一昨日ニ注進状、

今日到来、披見候」(黒田家文書)**拝見する。**「御状披見申候」(日葡辞書)

ひこ【非拠】「ひきょう」**とも訓む。非理。非道。道理にかなわない。**「故なふして受領《ずりょう》を改易《かいえき》せらるる事非拠《ひこ》と称し、上杉家を攻撃《せめうた》んと企て」(甲陽軍鑑)➡「非拠《ひきょ》」を参照

びこう【鼻高・鼻広・鼻荒】「鼻高履《びこうり》」**の略。僧侶が法衣に合わせて用いる履《くつ》。先端を高く作った浅沓《あさぐつ》。**「草鞋、道場をはく、鼻高は土上をはく」(石山本願寺日記)

びこく【尾刻】一刻の終わりの頃。「呰を屠《ほう》りし先隊《さきて》の輩、未《ひつじ》の尾刻《びこく》に参着して」(北越軍談)

ひごと【比日】日毎《ひごと》。「比日《ひごと》互に音問を絶す、意念安からず」(伊達正統世次考)➡「比日《このごろ》」を参照

ひごろ【日来・属日・日比】日頃。(南海通記)「当家の嫡孫たるを以て、日来《ひごろ》頭を高く台《もた》げ」(北越軍談)「年来属日《としごろひごろ》管領家の寛柔に押熟《なれじゅく》したる関東衆、舌を悼《ふる》ひ、膽《きも》を銷《け》し」(北越軍談)

ひごろし【干殺し】食料を与えないで殺すこと。兵糧攻め。乾殺。「縦経年々候共、悉干殺ニ可被仰付御覚悟候」(黒田家文書)「つぼ笠山へ追ひ上げ、干殺《ひごろし》なさるべき御存分」(信長公記)

ひざお【火竿】鉄砲の槊杖《さくじょう》。(日葡辞書)

ひざぐみ【膝組】膝をつき合わせること。対座すること。「男と男が出あひて、膝組にて堪忍の成り難き時は」(甲陽軍鑑)

ひさげ【提子】銚子の一種。銀・錫などで作るつるのある小鍋形の器。「銚子をも提子《ひさげ》をも、みなかもさぎにむすぶ也」(甲陽軍鑑 下)

ひさしをおろす【庇をおろす】勢力範囲とする。「伊豫の内宇和郡へも過半ひさし御おろし」(長元物語)

ひさつ【飛札】急を要する手紙のこと。飛書。羽檄。「急度以飛札申達候」(黒田家文書)「日本より飛札到来して、大明国を追罰すべきよし被仰下ければ」(室町殿日記)➡「羽檄《うげき》」を参照

ひざら【火皿】薬池のこと、俗に火皿という。鉄砲の口薬の皿をいう。「定て汝は鉄炮を中程に手をかけて火皿のしたを取てはなちたる歟」(三河物語)

ひざをだく【膝を抱く】嘆願する。「珍重廃忘《ちんちょうはいもう》して御膝をだきいり、奉頼べきとことはりをいひ」(甲陽軍鑑 下)

ひじ【ひじ】泥。「ちりひぢの 数にもあらぬ 武士《もののふ》の 家にはきずを 付じとぞ思ふ」(奥羽永慶軍記 下)

ひじ【非時】僧侶の夜食。⇕斎《とき》。「今夕御僧衆ヒシ御中酒在之」(山科家礼記)

びし【微志】好意を少しばかり表わす。「雖専輒之物、為表微志也」(雑筆集)

ひじあて【臑当】肘当て。「脇立より臑当《ひじあて》へ伝へて流るゝ血は、千入《ちしお》に染る紅の糸を乱すがごとくなり」(奥羽永慶軍記 下)

ひしかご【菱籠】細い竹を菱形に細かく組み合わせた籠。

「為右暦之嘉祥、菱籠・馬腐（滑カ）如書中到来、快然候」（妙源寺文書）

ひじかね【肘金】 **金物で折釘のように曲げて作り、開戸の枠に取り付けて、肘壺に差込んで戸を開閉させるもの。**「城取の事（中略）一、馬だまりの事　口伝　一、門扉《とびら》ひじかねの事　一、門ぢ《地》ふくの事　口伝」（甲陽軍鑑　下）

ひしぎあう【挫合】 **ひしぎあう。拮抗する。**「両方互に大力故、猶挫合《ひしぎあう》とぞ見えし」（北越軍談）

ひしぐ【拉ぐ・擘ぐ】 **押しつぶす。面目をつぶす。**「城外の戦果て後、其競に則り、我責をなし、短兵急に拉《ひしぎ》て、板屋父子が首を握《と》る」（北越軍談）「固より鉄壁をも擘許《ひしぐばかり》なる勇猛の柿崎」（北越軍談）

ひしくい【菱喰】 **鴫の類で大型の雁。**「将又菱喰《ひしくい》十到来、令悦喜候」（長国寺殿御事蹟稿）

ひしとくむ【擗と掖む】 **しっかりと組み合って。**「小国を一当当《ひとあてあて》て見んと、雄手《おて》雕手《めて》え駈《かけ》倒して、左近尉が側《かたわら》え廻り、擗《ひし》と掖《くん》で落累《おちかさな》り」（北越軍談）　➡「擗《むず》と」を参照

ひしひしと【犇々と】 **①ひしひしと。じわりじわりと。**「矢鉛《やだま》子を打懸け、柵を破り、犇々《ひしひしと》と城戸口え押迫《おしせまり》」（北越軍談）　**②少しの隙間もなく。ぴったりと。**「堀に飛び込み丶、丶、丶、犇々《ひしひし》と堀付きけるを」（左衛門佐君伝記稿）

ひしめく【閧めく】 **ひしめく。**「すは事出来たりとて閧《ひし》めきあへる事限りなし」（関八州古戦録）

びしゃ【微者】 **賤しい者。**「（小梁川）日雙公子の下瀬を騎渉し、形を変じ微者と偽りて、潜に西山城に入り、稙宗公之幽所に至り、之に微服を衣《き》せて以て之を出し」（伊達正統世次考）

ひしゃく【飛錫】 **行脚。遊行。**「思究《おもいきわめ》たる飛錫《ひしゃく》の道、今に於ては黙《もだ》し難《がた》し」（北越軍談）

ひしゅ【匕首】 **鍔のない短刀。懐剣の類。あいくち。**「竟《つい》に属鏤《しょくる》の匕首《ひしゅ》に罹《かか》れり」（北越軍談）

ひしょう【裨将・稗将】 **大将を補佐する将。副将軍、副将のこと。裨将軍のこと。裨将とも。**「会津の裨将猪苗代弾正忠盛正と戦ふて」（関八州古戦録）「城将氏朝入道・聖朝父子討死、稗《ひ》将小山伊賀守政道」（北越軍談）

ひじり【非事吏】 **聖のこと。**「高野山の非事吏《ひじり》芳春院を使僧として」（関八州古戦録）

ひじん【披陳】 **申し抜きすること。**「雖及訴状、披陳厳重之間、不及異儀被止彼訴了」（建内記）

びじんぞろえ【美人揃】 **美人を数多く揃えること。また、美人としての条件をすべて具備すること。**「勧進能、見物に行、大夫女房也、つれ女房、女猿楽は九人有是、世人美人そえおへと是称」（慶長日件録）

びせん【微賤】 **卑賤な身の上。**「北条早雲庵微賤《びせん》より起て堀《ほり》越《こし》の御所を没倒《もっとう》し、豆・相を伐捕《きりとり》」（北越軍談）

ひそ【檜曾・檜楚】 **細く長い木材。**「信田之代御用害に、竹五十荷、ひそ五十荷、今月十六日御もたせあるべく候」（政基

公旅引付）

簾《すだれ》のこと。「檜そを簾にあみ」（元親記）

ひそう【砒礵】 砒石のこと。ヒ素毒のこと。ここは、後者。「一々逆儀の事、縦《たとえば》密裏《みつり》に砒礵《ひそう》あるがごとく、錦《にしき》に毒石をつゝむ」（甲陽軍鑑 中）

ひぞうもの【秘蔵者】 ある人がかわいがって大切にしている人。「法性院殿御秘蔵者大形討死する事我等か分別違也」（武家名目抄）

ひそかに【竊に・陰に】 密かに。（細川家記）「石田三成陰《ひそか》に野心をさしはさみ」（性新公関原御合戦記）

ひそつ【疲卒】 疲れ切った兵。「桂山に三日の間屯を張て、手負を扶け、散乱《ちりまど》ふ疲卒を集め纏《まと》ひ、近隣に武威を示して」（北越軍談）

ひそめる【頻める】 潜める。「口を頻《ひそ》め、囁《ささやき》あへる事」（三好記）

ひそん【干損・日損・旱損】 日照り続きで水が不足し田畑が乾いて損害をうけること。旱魃の損害。「当年日損一向年貢なく候」（東寺百合文書）「すがのうらより日そんの事申候也」（山科家礼記）「昨夕教浄毛見シテ上了、大谷、大屋三分一ノ免也、当年日損ニハ見事ノ仕合也」（多聞院日記）

びた【鐚】 摩滅したり、焼けたりした粗悪な銅銭。また、一文銭。「びた銭」とも。「クギヤ方代三斗、ヒタニテ一貫遣済了」（多聞院日記）

ひたうち【直打ち】 間を置かず打つこと。（日葡辞書）

ひたかぶと【悉甲・直冑・直甲】 直兜、直冑。鎧姿の一同がそろって兜をつけて完全武装した兵士、軍勢。。ひたもののぐ。「道筋をあけ、悉甲《ひたかぶと》の武士、鎗、長刀を持ち」（一徳斎殿御事蹟稿）「ひたかふとのをゝしめ、むまにはきんのよろひをかけ」（太閤さま軍記のうち）

ひたしもの【浸物】 ひたしにしたもの。ひたし。「肴ささげひたし物、巻するめ・飛魚むしり物」（鈴鹿家記）

ひたすら【只管・混ら・混空・只混ら】 ひたすら。只々。「和順セラル様ニト只管ニ庶幾シ給ヘリ」（伊達家治家記録）「公篇の邪魔なりなんとそ嘲哢して混《ひたす》ら憲政を諫め」（関八州古戦録）「只一騎混《ひたすら》逸散に駆られし程に即時に」（関八州古戦録）「大永・享禄の間毎度発兵して、混《ひたす》ら治伐の功を励《はげまし》玉ふ」（北越軍談）「上州幷駿州を半国も謙譲有て混空《ひたすら》氏政へ降参を請はるゝに於いては」（甲乱記）「主客縦横に頒斌《わかれまじっ》て押返し推戻し、只混らに敵味方手を取組む計にして」（北越軍談）

ひたぜめ【直攻め】 ひっきりなしに拷問にかける。絶えず窮迫した状態にすること。（日葡辞書）

ひたぜめ【浸責】「水責」と同意。「郭外を焼払て浸責《ひたぜめ》にせよ、と宣ひ、下忍・持田・前谷・埼玉・渡柳・川面の村々片端より火を放て、水責の支度を課さるる」（北越軍談）

ひだち【非太刀】 非難する。「家風いづれも少シとしてひだ《非太》ち《刀》の入ル事御座有まじく候」（甲陽軍鑑 下）

ひたちをうつ【非太刀を打つ】 非難する。欠点をあげて難

ずる。「我する事にひだちはうたるまじと」（甲陽軍鑑）

ひたと【直・頓】もっぱらそのことに集中するさま、その状態であるさまを表わす語。ひたすら。いちずに。はなはだしく。「廿日比よりひたと雨降」（石山本願寺日記）

ひたひたと【浸々と・混々と】ひたひたと。「追掛虜《とりこ》にせよとて甲兵、堀際まで浸々と押詰たり」（関八州古戦録）「矢玉をも厭わず混々《ひたひた》と塀へ乗騰りたる」（関八州古戦録）

ひたもの【直物】「頓《ひたもの》」とも。①ひたすら。「ひたもの暖めて、毒気腹中に入て盲目す」（南海通記）②非常に。また引き続いて。（日葡辞書）

ひちょう【日帳】日記。ここは勤番の日記か。「きんしゅ《近習》衆御ひちやう《日帳》つき《付》申候、御不断衆之御ひちやう《日帳》かんちやう《勘定》申上申候」（伊達天正日記）

ひつ【筆】筆。当時の筆は、巻筆である。現在のは、水筆を使う。「ならや《奈良屋》平二郎罷下、御ひつ御めニかけ申候」（伊達天正日記）

びっかい【密懐・密会】密通のこと。人知れず手なずけて手に入れる。密会《びっかい》する。密会《びっかい》は、戦国家法に多く見られる。「密懐《びっかい》にてなくば、日蓮宗女房持儀不苦」（甲陽軍鑑　下）「織部佑召使佐山与申者之妻をひつくわい歴然候」（上杉家文書）「其後男共博奕密会及深更」（看聞御記）

ひっきょう【畢竟】①結局、結論として。（日葡辞書）②つまるところ。「老功の人々弓箭の畢竟をつもるに、ゆくゆくは北条家関八州を領ずべし」（室町殿日記）

ひつぐう【匹禍・匹耦】「禍」は耦の誤字。連れ合い。夫婦。配偶者。「信玄が目指たる敵なれば其娘に匹禍《ひつぐう》の事。（関八州古戦録）「我々女の身也と雖、父祖とい、匹耦《ひつぐう》と謂ひ、数代弓矢の家に生れ」（関八州古戦録）

ひっくむ【引扱む】「引組む」に同じ。取り組んで。「少しも思惟なく乗出で、彼敵と引扱《ひっく》んで、少しも働せず、生捕にして帰る」（北越軍談）

ひつけにん【火付人】放火をした犯人。「或盗賊、或火付人等申出族、一段可成褒美事」（上杉家文書）

ひつご【畢期】まもなく。おっつけ。「氏政は猶松山に在陣、兎角せし間に冬節畢期《ひつご》に至り、公も亦厩橋の城に越年し玉ふ」（北越軍談　中）

びっこ【越跛】びっこ。足が不自由。あしなえ。ちんば。「勘助晴幸は背矮《ひき》ふして色黒く、関鴻《かしだ》にして越跛《びっこ》なるが」（北越軍談）

ひっこう【筆耕】「筆料」に同じ。「禁制　（信長朱印）御判銭・取次銭・筆耕等、不可出之」（諏訪明神社文書）

➡「筆料《ひつりょう》」を参照

ひっこうせん【筆耕銭】戦国時代、下級武士たちの乱暴や悪行などを避けるため、寺社や有力な旧家が武将に差し出した金銭。金銭を受け取った武将は、制札を立てて、部下の乱暴行為を禁止した。制札銭。

ひつごうせん【筆号銭】 筆耕銭。書き賃。筆耕。「上様江金子壱枚・御かたひら弐ッ上申候、取次へ金子五両、又筆号銭銀子壱枚、相渡候」（薬師寺文書）

ひっし【筆紙】「筆紙に尽し難し」のように用いる。紙面では述べ難いという意。「誠以日出大慶何事歟可過之候哉、心腹更難述筆紙候」（古証文・北条氏政書状）

ひつじさる【坤】 未申の方向。西南の方角。「居城苅田松は二本松の坤《ひつじさる》に当て廿五里を隔て」（奥羽永慶軍記 上）

びっしゅ【苾蒭】「比丘」に同じ。「ひっそう」とも。出家して、定められた戒を受け、正式な僧となった男子。僧侶。「苾蒭 ヒッスウ ヒッジュ 比丘」（易林本節用集）「一、於于士峯半山室請苾蒭衆、五部大乗経読誦之事」（富士吉田市歴史民俗博物館蔵武田信玄願文）

ひつじょう【必定】 必ずそのようになるに決まっていること。必ず予測した通りの結果になること。決定的なさま。「朽木 公方様御入洛、同常桓御上洛可為必定候」（上杉家文書）

ひっすゆる【引据】「引き据える」に同じ。引き出すこと。「頓《やがて》而被生捕て高手小手いましめられて、勝頼の御前へひつ《引》すゆ《据》る」（三河物語）

ひつぜつをなげうつ【筆舌を抛つ】 筆舌に尽くし難い。「好事猶日を追って之を註進せん、且筆舌を抛《なげう》つ耳《のみ》」（伊達正統世次考）

ひっそう【苾蒭】「ひっしゅ」とも。比丘。僧侶。「士峯万山むろにをひて、ひつそうじゅ《苾蒭衆》をうけ、五部の大乗経読誦《とくじゅ》の事」（甲陽軍鑑 中）➡「苾蕘《びく》」を参照

ひっそく【逼塞】 自重する。行動を控える。内心思っていたこと。「誠其已降良久不能音問条、内々可令啓述由、逼塞之砌預親封候」（米沢市上杉博物館蔵宇都宮国綱書状）

ひったん【筆端】「筆端に及び難し」は、手紙では言い尽くせない。（日葡辞書）「閣筆端」は、これで手紙を終えるの意。「於爰元者無御心許不可有之候、諸毎期後説之時候条、閣筆端候、恐々謹言」（東京大学史料編纂所所蔵文書）「抑花園院宸翰法花廿八品製作之跡記等彼房秘伝云々拝見、驚目増信心者也、難述筆端」（実隆公記）

びっちゅうがみ【備中紙】 備中国で産出する紙。「大名衆は備中紙小高檀紙を一重二重に折て御用候」（宗五大草紙）

ひっつく【引付く】 ぴったりと付く。くっつく。「敵敗北いたす者ニひっつき日向国へ令乱入候儀」（黒田家文書）

ひっとう【筆頭】「筆頭に尽し難し」。手紙では述べ難いの意。「旨趣難述筆頭、不可説也」（実隆公記）

ひつどう【筆道】「筆の道」とも。書道のこと。但し、当時は「入木道《じゅぼくどう》」と言った。（日葡辞書）

ひっぱく【逼迫】 難儀。危難。困難が身に迫ること。「敵失行之術一段逼迫之体候之条、無二彼陣へ乗懸、信長、家康両敵共、此度可達本意儀案之内候」（甲州古文書）

ひっぷ【匹夫】 卑しい下賤な男。一介の男をいう文書語。（日

葡辞書）

ひつぼく【筆墨】 文章を書くこと。「誠此口迄之大慶、難尽筆墨存候」（上杉家文書）

ひつめい【畢命】「ひつみょう」とも訓む。終身。生涯。命を落とす。「仮令《たとえ》愚臣畢命《ひつめい》すとも、勝頼へ哀撛を加られ」（北越軍談　中）

ひつりょう【筆料】 禁制を書く料金。「一、非分課役事付、御判銭・取次銭・筆料等、一切禁制事」（武居文書）➡「筆耕《ひっこう》」を参照

ひとあひ【人あひ】 他人との交際。他人の気受け。人間《ひとあい》。「諸奉公人にて奇麗ずきか、人あひよき者か、作法しりたる者か」（甲陽軍鑑　下）

ひとあきない【人商】 人間を売買すること。また、それを業とする人。人質。人買。「他所よりたのまれ候とても、人あきなひいたすもの候はば」（結城氏新法度）

ひとえに【倍に・一に・単】 偏に。ひとえに。「夫《そ》れ是れを謂ふか。倍《ひとへ》に、信長の御武運長久、御家門繁栄の基《もとい》なり」（信長公記）「好き時節に及びて汝を差遣す、一《ひとえ》に天之助くる所と為《な》す」（伊達正統世次考）「則可申届候処、依菟角遅延、単覚外之至候」（東北歴史博物館蔵佐竹義昭書状）

ひとおり【一折】 連歌の懐紙。また、連歌そのもの。五十韻、百韻。但し、歌仙（三十六韻）は、「巻く」という。「以面一折興行望居候。可為同心と存候」（左衛門佐君伝記稿）

ひとがえし【人返】「ひとかえし」とも。領主が領民の自由に他領に移住して奉公するのを防止するため、勝手に他領で奉公する者を、そこの領主に交渉して召還すること。「人返之儀所令停止之也、於有申趣者、普請相済、可沙汰之」（御当家令条）

ひとかたぎ【一形儀・一気質】 一つの決まった型とか気質とかをいう。慣習。「先一番に異相者は、ひとかたぎにて、武士道のやくに立事すぐれて心清く、縦ば刀脇指のかはりて出来たるやうなり」（甲陽軍鑑）

ひとかたまり【一塊】 戦いの際、軍勢の隊を数える言い方。➡「風儀《ふうぎ》」を参照

（日葡辞書）

ひとかど【一廉・一稜・一角】 ひときわ優れていること。「両人動ニ而成共、一廉無之候へハ、如何敷候処、輝元自身被出馬」（黒田家文書）「武功と謂い、智謀と謂ひ、一稜《ひとかど》の侍隊将《たいしょう》なれば」（北越軍談）「於于今者、早々一稜有御馳走」（広島大学日本史学研究室蔵立花道雪書状）

ひとかどい【人勾引】「人勾引《ひとかどわかし》」に同じ。「ひとかどわかし」とも。だましたり、暴力を振るったりして人を連れ去ること。また、それを行なう人。「勾引　ヒトカドイ」（文明本節用集）

ひとかまえ【一構】 一つの独立した区画、また敷地。「杉の目村之内、一構の所、政宗うば居住の儀に候間、陣取之儀可在御用捨者也」（伊達家文書）

は

ひとかわに【ひとかはに】 浅はかなこと。「謙信存生久しかるべき、ひとかはに思案あり。すゑゝ、国を沢山に治めば」（甲陽軍鑑　下）

ひとかわばかり【一皮計り】 うわべばかりである。浅はかなこと。浅薄。「何事もひとかは斗《ばかり》に分別し」（甲陽軍鑑）「政宗をば切腹させ天下より其身は所領を取ぞと心得、一皮計りの思案にて」（政宗記）

ひときわ【一涯】 特別に。「旧領を復するの宿念を以て一涯《ひときわ》粉骨を尽せし由」（庄内陣記）

ひどく【披読】「披閲」に同じ。手紙を拝読すること。「廿八日之芳翰、昨晦日申刻到着、具披読」（思文閣善本目録10輯所収武田勝頼書状）

ひとぐち【人口】「じんこう」とも訓む。評判。噂にのぼる。「関白秀吉公関東へ御動座あるべきよし、世上あまねく人口《ひとくち》に唱ふ」（奥羽永慶軍記　上）「田村の家も断絶に及びなんと世の人口《ひとぐち》止事なし」（奥羽永慶軍記　上）➡「人口《じんこう》」を参照

ひとくらすみ【一庫炭】 兵庫県川西市の特産品の一つで、市最北部に位置する黒川地区は、炭の原材料となる良質のクヌギが入手しやすいことから、室町時代ごろから炭焼きが盛んに行われるようになった。これらの炭が、池田に集められ、池田炭の名で出荷された。（黒田家文書）

ひとけになき【人気になき】 人がましくもない。「我々などは人けになき者にて候の間」（御家誡）

ひとこらえ【一怺】 ひと踏ん張りする。「城方の軍兵共、前後の敵にもみ立てられ、一怺《ひとこらへ》もたまらずして」（長国寺殿御事蹟稿）

ひとさし【一差し】 一番に。「敵の背に乗かけて一さしに駆破り引取るべし」（昔阿波物語）

ひとさた【人沙汰】 相手方への配慮、人の配置などのことという意か。「一、隣国之儀候条、人沙汰之儀、互ニ堅固ニ可申付候事」（毛利博物館蔵黒田長政起請文）

ひとし【斎し】 等しい。「是より信長朝臣の威、実に武将に斎《ひと》し」（性山公治家記録）

ひとしお【一入】 一層。一段と。「為御音信、使者幷ひろうと三巻送給、遠路一入祝着之至候」（黒田家文書）

ひとしおづけ【一塩付け】 一塩つける。一応てこずらせること。「東国方と一戦を遂げ、一しほ付け、扱ひを致し」（関原陣輯録）

ひとしく【准】 等しい。「下に成といへども、首を取事抜群の手がらなり。是に准《ひとしく》、思ふに里見作十郎が討死」（奥羽永慶軍記　下）

ひとじち【人質】 ①服従・同盟などの誓約の保証として、自分の妻子・親族などを相手方に渡し留めておくこと。また、その人。質人。「被成御誓詞、御人質を被遣候上者」（島津家文書）②喧嘩、争論、恐喝などで、交渉を有利にするために相手方の者を自分の方に監禁すること。また、

監禁される人。「守護領之者を人質に可取返之由也」（政基公旅引付）

ひとすじに【一筋に】 一通り。「信長ため、且父子ため、諸卒苦労をも遁之、誠可為本意、一筋ニ存詰事、無分別モ、未練無疑事」（信長記）

ひとつかい【人使】 百姓を普請役に駆り出すこと。「厳重ニ可被申付、人使之儀、当年者赦免候之間、自領主可被相雇事」（長国寺殿御事蹟稿）

ひとつがき【一ッ書・一書】 箇条書きのこと。「御使者幷御一ッ書之趣、懇申聞候」（黒田家文書）「両宮本地供幷大般若経、法華経読誦等以上三ヶ条、一ッ書ヲシテ注進之」（満済准后日記）「高麗國代官所之儀、以繪圖被割付候、別帋如一書、應分際、手前請取之所」（黒田甲斐守宛豊臣秀吉朱印状）⬇「一書《いっしょ》」を参照

ひとつとして【為一】 打消しを伴い、一つとして～はないの意。また、為一職、為一行のようにも使うので、区別が必要だ。「如御存知、義滋弓和共ニ雖調達候、為一無許容候」（慶應義塾図書館蔵菊池義武書状）

ひとつもの【一物】 祭礼のとき神霊をかたどって渡御に参加する童子。白衣白袴に山鳥の羽根をつけ、馬に乗るものが多い。「今日春日社御祭礼（中略）祭礼渡物件々不可尽（中略）一物造者第一番渡之」（蔭涼軒日録）

ひとて【一手・一備】 一組。一隊。また、片方。一方。「於室町殿御所笠懸馬場、観世大夫両座一手、宝生大夫・十二五郎一手にて出合申楽在之」（満済准后日記）「一隊」に同じ。「向寄に戦を仕懸、一備《ひとて》掛ちに働来を、味方悠《ゆるやか》に、制法を守り」（北越軍談）

ひとで【人手】 直接関係のない他人が関与するところとなること。「仍売得輩、或ハ准胝堂寄進、或ハ如意輪堂御影堂其外諸坊如法経田等悉ブ仏陀施入地也、再難帰人手由申之、頗其謂有歟、可相計云々」（満済准后日記）

ひとてぎり【一隊伐】 車懸《くるまがかり》・車返しの戦法で一番手、二番手、三番手と次々に繰り出して敵に休みを与えないで攻撃すること。「一隊伐《ひとてぎり》の合戦（世に云、車懸）、獅振竜九一の格（俗に云、竜の丸備）」（北越軍談）

ひとてだて【一行】 軍事行動を催すこと。「至有馬表一行申催候間、此節別而可被添御心事」（慶應義塾図書館蔵大友宗麟書状）⬇「一行《いちぎょう》を用《もち》いる」を参照

ひとは【一羽】 鷹、鷲など一羽《いちわ》。「ヒトハ〈訳〉鷹、鷲など猛禽類の鳥を数える数え方」（日葡辞書）

ひとはしの【一幡の】 一人前の。一廉《ひとかど》の。「是而已《これのみ》を規矩《きく》とし玉ふ身として、何麼《いかん》ぞ一幡《ひとはた》の大将たらん勇士を、思慮なく妄《みだり》に撻《うち》玉ふ」（北越軍談）

ひとはち【一鉢】 托鉢すること。「中にも大森元勘は黒衣を著て、一鉢を持て行きぬ」（奥羽永慶軍記　上）

ひとばらい【人払・人掃】 天正十九年（一五九一）豊臣秀

吉の実施した戸口調査。一村ごとに家数・人数などのほか、奉公人・町人・百姓の区別などを記した。後の人別《にんべつ》改《あらため》にあたる。「従当関白様六十六ヶ国へ人掃之儀、被仰出候之事」（吉川家文書）

ひとびとおんなか【人々御中】 脇付の一つ。敬意を表わす。「恐々謹言　三月廿九日　秀忠（花押）　黒田甲州様　人々御中」（黒田家文書）「ヒトビトヲンナカ、または、申シ給エ」（大文典）「宇久殿　参る　人々御中」（貴理師端往来）

ひとふで【一翰】 ➡「一翰《いっかん》」を参照

ひとふり【一ふり】 十分に。「その時の家老は、各別才覚も一ふりある様に取沙汰す」（長元物語）

ひとまづ【一先】 取り当り。取りあえず。「苦しみければ一《ひと》先《まづ》帰陣有るべしとて」（左衛門佐君伝記稿）

ひとみち【一途】 ①「一道」に同じ。一つことに集中する。一途に邁進する。「家来の者、冠落の時、縦い造作入り候と雖も、一途《みち》下知を加ふべき事」（甲陽軍鑑）②事の子細。事の次第。「一両日中信長様為御迎令上洛候之条、一途承度候」（今井宗久書札留）③戦い。「多聞表近々可有一途由其聞候、然者近日可令上洛候」（賀茂郷文書）④決着する。「惟任日向守用所申付、自余へ差遣候、一途之間、森・河内城之方自身相越」（某氏所蔵文書）　➡「一途《いちず》」を参照

ひとむら【一村】「一群・一叢」の充て字。くさむら。「一手は盛満旗本、一村《むら》立ちたる森を後に当てければ、味方小勢とも見得ざるにや」（奥羽永慶軍記　上）

ひともち【一持】「一物・逸物」の充て字か。素晴らしい。「都留の郡、岩殿山と申は、およそ天下そむき候とも、一持《ひともち》もつべき山にてあり」（理慶尼記）

ひともみ【一揉】 一気に。簡単に。「時到て大手の寄手声を添て、曳々応《えいえいおう》と叫び出し、只一揉《ひともみ》に乗崩すべき」（北越軍談　中）

ひどり【択日】 日取りのこと。「姑《しばら》く防戦を励すの後、白井浄三懸の択日《ひどり》を説て、大に鬨《とき》を作らしめ」（北越軍談　中）

ひとりこうみょう【独高名】 単独で武功をたてる。（老翁物語）

ひとりころび【独転】 直接手を下さないのに自滅すること。独転。「段々ニ被遣御人数被出御馬候ハヽ、彼悪逆人ハひとりころびをいたすへく候条」（黒田家文書）「弾正ノ忠ト合戦之スルナラバ、内前ヲフミツブスニ不及、独コロビニナラン」（三河物語）「御国中之儀候、ゆるゝゝと城中をいためられ、ひとりころひ申様ニ被仰付由候条、結句時分柄いかゝと存、無其儀候」（東京大学史料編纂所蔵立花宗茂書状）

ひとりだち【独立】 行動をともにする仲間や味方の無いこと。一人ぼっち。孤立。「去年景虎に随うては、今年随はずして、ひとり立ならねば」（甲陽軍鑑）

ひとりでに【単的に】 ひとりでに。勝手に。自然に。「敵二百余人単的《ひとりで》に枕を双べ、驚破隼《すはや》大手は乗捕《のっとら》れぬと見へし処に」（北越軍談　中）

ひなし【日無し】 日がない。間もない。「其の落着日無から

んのみ、万端客僧口上に信《まか》せ之を省略す、恐々謹言」（伊達正統世次考）

ひなみ【日並・日次】 日の順序。日々の次第。日々の記録。日記。「栄賢房年預間大集会幷衆分日次」（高野山文書）

びなんせき【美男石】「美男葛《びなんかずら》」に同じ。狂言で、女装のとき長い白い布を頭に巻き、その両端を左右の脇下まで垂らしたもの。びなんぼうし。「髪をばびなんせきにびんを高くつけあげ給へり」（北条五代記）　※料理の「かつら（桂）むき」の語源は、この美男葛の白い布のように大根を剥くことである。故に、「かずらむき」が正しい。

ひねごめ【陳米・古米】 一年または二年たった古米。「於釜山浦請取御城米之事　合百五拾六石弐斗五升者判升也、且ひね米也」（浅野家文書）

ひねり【捻】「ひねりぶみ」の略。急いで書いた手紙や書き付、わざと封をしていないもの。「捻の時は、日付判形あり共奥に名を書事は無之候、能々心得べし」（大諸礼集）

ひねりぶみ【捻文・拈書】 書状の封の一形式。書状の上部を筋交いに左へ折り、また右に折って後、裏の方へ折るもの。捻封、立文とも。「式の立文と云は〈ひねりぶみとも云也〉」（貞丈雑記）

びはい【備配】 配備。手配り。「羽檄《うげき》を江州安土え飛《とば》せ、国中甲々《めいめい》の要害を固め、防戦の備配をなす」（北越軍談　中）　➡「手賦《てくばり》」を参照

ひはく【菲薄】 才能や徳の乏しいさま。「聊か菲薄と雖も閻《えん》次平《すひん》が筆の山水人形の画一幅を贈り以て寸忱を表す」（伊達正統世次考）

ひばら【火腹・脾腹】「火腹」は、「脾腹」で脇腹のこと。「火腹を衝く」。「横様に馬を引廻はしたる所を、敵の鑓持一人馳寄て火腹《ひばら》を衝く」（伊達家治家記録）「両方の方を以而、寺川四郎右衛門がひはらをあらけなく踏ければ、寺川心におぼえず手をはなして、（中略）いきぶくろをふまれての事也」（甲陽軍鑑）

ひばり【ひばり】 雲雀毛の馬。「大崎宮野（豊後）よりくりけ《栗毛》・ひばり御馬あけ被申候」（伊達天正日記）

ひはん【批判】 裁判で判定・裁定すること。判決。「数日被遂御糾明之淵底、題目於御批判者、被定置以条目之旨、可為御順路」（六角氏式目）

ひびき【響】 世間に広く知れわたること。影響を及ぼすこと。「九州表行儀、敵味方響候間、毛利分国中諸勢悉渡際へ相集」（黒田家文書）「然る時んば、日本に其かくれ有間敷ければ、異国迄も其ひびき、不被可然」（三河物語）

ひびく【磅く】 響く。「最前の火影《ほかげ》右往左往に消失《きえうせ》て、磅《ひび》き亘《わた》りし人声早晩となく鎮り」（北越軍談　中）

ひふ【卑夫】 賤しい男。つまらない男。「忽ち死に就《つ》を省み玉はず、混《ひたす》ら卑夫《ひふ》の任俠《うでこき》に近し」（北越軍談　中）

びふく【微服】 ①粗末な衣服。「（小梁川）日雙高子の下瀬を

騎渉し、形を変じ微者と偽りて、潜に西山城に入り、稙宗公之幽所に至り、之に微服を衣《き》せて以て之を出し」（伊達正統世次考） ②身なりをやつして。人目を忍ぶ服装をすること。「窪田三人云ひ合ひ微服潜行して伊勢大神宮へ詣てけるが」（関八州古戦録）

ひぶんのぎ【非分之儀】 無理なこと。「其外非分之儀、申懸事」（征韓録）

ひぶんよこあい【非分横合】「非分」は理非なくの意。「非分横合」は、第三者が妨害すること。「非分横合之儀、有間敷候」（伊達家治家記録）

ひへい【罷弊】「弊」は疲れる。疲弊する。「宇多郡の諸士は我が為に相守る、然りと雖も年来弓箭《ゆみや》に罷弊す」（伊達正統世次考）

びぼう【弥望】 遠くを見渡す。遠くまで及ぶ眺め。「源右衛門を白眼に給ふ眼色、弥望《びぼう》たる山嶺に、朝日の差出でたる」（武田三代軍記）

ひま【隙】 仲が悪い。「佐竹右馬頭義昭と隙《ひま》有し故」（関八州古戦録）

ひまあけ【隙明】 月事を終える。片づける。「厳島御隙明させられ」（老翁物語） 暇になる。「隙明次第可遂上洛覚悟ニ候」（黒田家文書） ➡「明隙《すきあく》」を参照

ひまいる【暇入・隙入】 用事がある。時間がかかる。ひまどる。多忙。「此方へ来儀候つれ共、隙入候て不会候間」（言継卿記）「筑後所へ可来由申遣了、隙入之由申而乳香散一包送了」（言経卿記）

ひまち【日待】「御日待」とも。前夜から潔斎して日の出を待って日を拝すること。一・五・九月の吉日に行なった。「廿九日 己未夜、御日待あり」（伊達家治家記録）「今夜終夜不眠、是俗称日待云々」（実隆公記）

ひまをあける【隙を明ける】 ①両軍の対峙していた戦線に、突破口を開くことである。「隙」は、「すき」と訓むか明らかでない。「相馬の義も此表に於て御隙を明《あけ》らるへしと思さる」（伊達家治家記録） ②警戒体制を解くこと。「田村の輩少々警固に籠置き可然旨仰付られ、萬事隙を明らる」（伊達家治家記録）

ひまをとる【隙を取る】 時間をかける。「矢田野・横田ノ両城ニ隙ヲ取リ給ハン」（伊達家治家記録）

ひめがき【睥】 城の塀。「女墻」とも。「信仍、兵一人をして、睥《ひめがき》に乗じて睥睨《へいげい》して之を姍笑《さんしょう》せしむ」（左衛門佐君伝記稿

ひめごしょ【姫御所】 将軍家の女子など貴人の女性。姫。「ひめ御所へ（中略）はらら子二桶鮑一折」（親元日記）

びもく【眉目・美目】 誉れ。名誉。面目。「伊勢の馬場合戦を眉目として」（昔阿波物語）

ひもつ【被物】 労をねぎらい、功を賞して与える衣服類など。かずけもの。ひぶつ。「被物　灌頂時、児黄作大刀素絹添持出也」（庭訓往来註）

ひや【火矢・火箭・火屋】 発火用の矢。火薬を仕掛けて放つ矢のこと。石火矢・団子火矢・焙烙火矢・鉄砲火矢・棒火矢などがある。「竹生島へ舟を寄火屋大筒鉄炮を以て被攻候」（信長公記）「火矢を射かくる事、さえたる星のごとし」（室町殿日記）

ひゃくいん【百韻・百韵】 連歌で一巻が百句で成り立ってもの。「連歌の会を催し、百韻興行して是を年忘れと号し」（関八州古戦録）「岡田堅桃そうしやう《宗匠》にて時宗一蓮寺の僧たち、其外各二百韵の連歌有」（甲陽軍鑑 中）

ひゃくしょういっき【百姓一揆】 土地の農民たちが、いっせいに蜂起して起こす暴動。「信玄方致敗軍、被追余候処、地之百姓一揆共物取に出候て」（上杉輝虎注進状）

ひゃくしょうまえ【百姓前】 ①百姓の負担すべきもの。百姓が所有するもの。百姓の受け持ち分。「百姓前号有未進、領主前請前請切等、於無沙汰者、為代官」（六角氏式目）②かつての名主級の百姓。「一、百姓前、本年貢外、非分之儀不可申懸之事」（信長記）

ひゃくしょうみょう【百姓名】 百姓の所有する田地。百姓の取り分。百姓前。「除諸免田外に百性名分二十五丁二反六十歩」（政基公旅引付）

ひゃくしょうやく【百姓役】 戦国時代、百姓に臨時に課した人頭税。「反銭員数事、百姓役三十二文、反米同一升宛可出之由切符入了」（多聞院日記）

ひゃくち【百雉】 方丈を堵といい、三堵を雉という。百雉は大城の意。「諸国の居城修補たりといえども（中略）城百《ひゃく》雉《ち》に過ぐるは国の害なり」（駿府記）

びゃくぼう【白旄】 白い旄旗。「晴信余将に向て白旄《びゃくぼう》を揮はるる事、雷霆《らいてい》を編しながら」（北越軍談）

ひゃくめ【百匁】 一〇〇匁（約三七五g）。（日葡辞書）

びゃくらいこくらい【白癩黒癩】 誓紙などで「断じて」「必ず」という強い決意を表す時の文句。「起請の御罰をかうむりて、今生にては白癩黒癩《びゃくらいこくらい》の病を請」（三河物語）

ひゃくれんせんま【百錬千磨】「百戦錬磨」に同じ。「最上勢軍《いくさ》に於ては百錬千磨の術を得たれば、何かは遁すべき」（奥羽永慶軍記 下）

ひやけ【日焼】 ひでりのために、池・田・川などの水が涸れること。また、草木などの枯れること。「木竹までも日焼損候間」（東寺百合文書）

ひやしもの【冷物】 水や氷などで冷やして食する食物の総称。「鈴物、ひやし物等事、可為花瓶之類」（蜷川文書）

ひゃっかんそう【百貫草】「花火草」とも云うが、実体は不明。虫氣の病に効くという。「虫には曹洞宗の百貫草、水一盃半分を、一盃にせんじのまする」（甲陽軍鑑 下）

びゃっことうじつ【白虎頭日】 陰陽家の説で、「白虎脇日」とともに建築、出行などに吉とする日。「作事始之吉日之儀申来（中略）土用之間日、同月十八日癸卯 開 木尾 右

は

白虎頭日」（本光国師日記）

ひやむき【冷麦】 冷たくして食べる素麺。（日葡辞書）

ひよう【秘用】 秘密で貴重なもの。（日葡辞書）

びよう【美容】 美しい顔かたち。顔かたちを美しくする。「御馬廻、金銀をもつていろどり、唐縫《からぬい》・唐錦《からにしき》・びよう《美容》・どど」（太閤さま軍記のうち）

ひょうが【馮河】 危険な行動や向こう見ずな勇気をたとえること。暴虎馮河。「暴虎馮河にして死す共、侮なき者にはくみせず」（奥羽永慶軍記 上）

ひょうがく【兵革】 勃発する戦争。（日葡辞書）

ひょうかん【標悍】「はやりお」とも訓む。勇み立つこと。「城門を開かせ、真先に進めば、標悍《ひょうかん》の壮者儕《ばら》吾劣らじと郭を払て伐て出る」（北越軍談） ➡「標悍《はやりお》」を参照

ひょうぎ【兵義・兵儀】 ①「評議」の充て字。（元親記）②武器を持つこと。武装すること。「當地ニ籠置候人数、自然草調儀其外之時、無兵儀ニ候而」（伊達家治家記録）

ひょうげ【瓢げ】 ひょうきんな。おどけた。「瓢げたる御いでたち、御鷹匠衆百五十余人いらかをならべ」（太閤さま軍記のうち）

ひょうげもの【剽物・剽者】 ひょうきんな人。おどけた言動をする人。また、比喩的に、面白いかっこうのもの。「せと茶碗、ひつみ候也、へうけもの也」（宗湛日記）

ひょうじ【表事・表示・標示】 兆し。兆候。「表相《ひょうぞう》」も同じ。「残月詣石山寺念誦了（中略）今度路次等無為、所願成就之表示也」（実隆公記）「人々恐怖無極、何様前代未聞不思儀、且標示歟云々」（看聞御記）

ひょうじゅん【兵楯】 武器。「元来城は堅固也。兵楯《ひょうじゅん》・兵粮・玉薬不足なし」（甲乱記）

ひょうじょう【評定】 談合、相談。「関東討手下向事、室町殿諸大名参有評定、一同難儀之由申、仍未定云々」（看聞御記）

ひょうじょう【兵杖】 槍や刀などのような武器。（日葡辞書）

ひょうじょうせんげ【兵杖宣下】 武官を帯しない摂政関白、まれに大臣に、近衛府生・右舎人などの下級武官を随身として召し連れることを勅許すること。「将軍宣下有之（中略）氏長者宣旨、牛馬宣旨、兵杖宣下、淳和奨学両院宣旨有之」（光豊公記）

ひょうじょうにん【評定人】 評定衆。伊達家の枢機を司る機関。「明日より二本松へ働くべしと宣ふ。評定人者ども迚も吉日を撰み重ねて然《しか》るべしと申す」（政宗記）

ひょうじょうぶぎょう【評定奉行】 鎌倉・室町幕府の職名。政所評定を総管し、評定衆の進退を指図した職。「評定奉行（中略）佐佐木治部少輔高秀」（花営三代記）

びょうしょう【病証・病症】 病気の状態や性質。。病質。病性。「医師重元胗脈、脈躰不快、但於病証者、不可有苦之由談之」（実隆公記）

ひょうす【表子】 俵。「信玄公此表子《ひょうす》を、武田の諸勢に、国

は

へもどり、一倍の利足《りそく》にて、かり候へと被仰出」（甲陽軍鑑 中）

ひょうだん【評談】 評議すること。相談。「能々前後之儀可有評談条、可為干用之由、被仰候也」（政基公旅引付）

ひょうたんくじ【瓢簞公事】（「公事」は、民事訴訟のこと）慶長六年（一六〇一）から元和五年（一六一九）まで京都所司代に在任した板倉伊賀守勝重が瓢簞をめぐって裁判した故事のこと。

ひょうとくごう【表徳号】 別号。雅号。「院号は法性院、道号は機山、諱《いみな》は信玄、表徳号は徳栄軒と申」（甲陽軍鑑）

ひょうばん【評判】 談合、相談すること。「問注所者（中略）管領寄人右筆奉行人等評判也」（文明十四年鈔庭訓往来）

びょうぶたて【屛風楯】 一枚楯のように見えるが、折入にして屛風のように広げて使う。下部に車あり。「屛風楯と云は、一枚楯に見せて折入にし、屛風を立たる如く広げて長くなす也、是も下に車を付る」（北越軍談 中）

ひょうほう【表褙】「ひょうほえ」に同じ。「表紙又難心得紙に非ず、表背と書てへうほいと読也」（壒嚢鈔） ⬇「表褙《ひょうほえ》」を参照

ひょうほうしゃ【兵法者】「兵法使《ひょうほうつかい》」に同じ。剣術などの武芸に巧みな人。「兵法者は太刀の甲乙仕り分け、勝負の習よくして」（甲陽軍鑑）

ひょうほうじん【兵法仁】「兵法使《ひょうほうつかい》」に同じ。「兵法仁と申すは勿論上手に使ひ、少し手前余り奇特なく共、度々勝負に勝ち手柄を致人」（甲陽軍鑑）

ひょうほうつかえ【兵法使】 剣術使。兵法者。兵法師。「兵法つかひをば他国にて聞て、さほど思はね共、打あはせ勝負をして」（甲陽軍鑑）

ひょうほえ【表褙・表補絵】 掛物の表装。表具。「表補絵へウホヱ　或作表背衣」（文明本節用集）

ひょうほえ【表褙師・表布衣師】「ひょうほい」とも。掛物の表装をする人。表具師。「表布衣師三郎五郎と云」（宗長日記）

ひょうぼつ【漂没】「埋没」に同じ。屍をさらす。「不遂一戦抛身於溝壑令漂没残軍等」（武家事紀）

ひょうもつ【俵物】 米・麦を俵詰にしたもの。「去三日ちふくの湊にて内海之船破艘候、然者荷物等如常留置候、（中略）されば俵物四十余候歟、其内十計は讃岐拯荷物に候」（上井覚兼日記） ⬇「俵物《たわらもの》」を参照

ひょうり【表裏・表裡】 ①（〜する）ことばや態度と内心とが相違すること。陰ひなたがあったり、嘘を言ったりすること。不正直なこと。裏切ること。「岩見修理表裏此時顕了」（大乗院寺社雑事記）「イロサマサマノヒョウリ共御坐候」（伊達家治家記録）「か丶る時節の見合《あわせ》の儀を今川衆家康公表裡《ひょうり》と申事」（甲陽軍鑑） ②うわさ。「自今以後、如何様表裏出来候共、幾度も令糺明」（米沢市上杉博物館蔵上杉景勝起請文案） ③陣立ての名。「四方より表裏の陣を立てられて、

は

一段一段づつ進みて勝負の候」（武家名目抄）

ひょうりじん【表裏人】 裏切りをするもの。表裏者。「其時は、氏政の表裏人《ひょうりじん》いかに人質出され候ても、ふりをし給はゞ」（甲陽軍鑑 中）

ひょうりをかまえる【表裏を架る】 裏切ること。約束を違えること。「晴信誓約を翻して表裏を架《かま》へらるゝ上は」（関八州古戦録）

ひょうろうつめ【兵粮つめ】 敵方を包囲することで食糧の補給路を断ち、降参させる。兵糧攻。「於取巻者、兵粮つめか、仕寄にてほりをうめ候か、水責か、水手を留候か」（黒田家文書）

ひょうろうぶね【兵粮船】 中世・近世を通じて、水軍がその戦闘用の船に随伴させて兵粮を運搬させた船。特定の船型はない。「不然者に鹿野へ之兵粮舟にて候哉と」（吉川家文書）

ひょうろく【表六】 愚かだと、人を罵っていう語。「年号は又長禄にかわれども御所の心はもとのひょうろく、とたてたり」（山科家礼記）

ひより【日より】 日柄。「一　七千八一番三月朔日ゟ日より次第　小西摂津守」（黒田家文書）

ひらおし【平押】 一気に押し進む。猛進する。しゃにむにする。「摂生《せっせい》の兵衆一致し、勇み進て平押《ひらおし》に推行《おしゆ》く」（北越軍談）

ひらおりもの【平織物】 「唐織物」に対する用語。経《たていと》と緯《よこいと》を交互に一本おきに織った布地。「こそで《小袖》　ぬい《繡》　壱ッ　同はく《箔》　壱ッ　おひ《帯》はく《箔》　たゝの〈平のこと〉　弐すち《筋》」（黒田家文書）

ひらき【ひらき】 船が難破するのを防ぐために帆を真艫《まとも》走りの位置から左、右のいずれかに片寄せる状態をいう船方ことば。「御船を出され、ひらきに帆を上げ」（御家誡）

ひらきなびく【開靡く】 敵勢に圧倒されて、一斉に後退する。「猪熊を南へ開き靡て、皆散々にぞ落行ける」（明徳記）

ひらくび【平首・平頸】 ①馬の首で、たてがみの下。「義胤も馬の平首二ヶ所に疵を蒙り、城中に入事叶はず」（奥羽永慶軍記 上） ②平侍の首。「平頸」とも。普通の人の首。「余り大分にて候ゆゑ慥かに申結の定まらぬ平首は捨申候」（武家名目抄）

ひらざ【平座】 ①「地下《じげ》」に同じ。百姓。平民。「灌頂・印可等之施物（中略）堂上は廿石、最下は十石、平座は拾石、最下七石」（高野山文書） ②節会などで、天皇の出座のない形式の儀式。「入夜有平座元日節会不事行、仍被行平座、兼勅問云々」（親長卿記）

ひらざま【平様】 宛名の下に付ける「様」の字を草体で書いたもので、相手が目下のものに書く。つゝばいざま。⇕美様《びざま》、永様《えいざま》。

ひらぜめ【平攻め・平責】 一気に攻めること。ひたすら攻めること。（性新公御自記）「其勢一万余人、姉帯《あねたい》小城ぞと見《み》

侮《あなどり》て、喚き叫んで平攻にぞ攻にける」（奥羽永慶軍記　下）「昼夜の境もなく平責にせめなやます」（関八州古戦録）

ひらに【平】ひらに。ひたすら。「被加詞候者、可為大慶候、平頼入候」（足利政氏書状写）

ひらねんきうり【平年期（売）】本銭返売などに対する語。年季売。年期を限って売却する方法の一つ。不動産をある一定期間だけ売却して代価を受取り、その期間が過ぎると売主の手に戻るもの。「下長井片岸郷の内八間在家年具二十貫文の地、乙未の年自り己酉の年に至って十五年、平年期に之を百貫文に売る所也」（伊達正統世次考）

ひらびゃくしょう【平百姓】公租・公課を負担する百姓。本百姓・小百姓とも。家抱百姓、水呑百姓などを含まない。「平百姓共ならば不可及其儀、一躰之沙汰人也」（政基公旅引付）

ひらん【披覧】①披露する。披瀝する。「是より先《さき》書を贈る、披覧《ひらん》図《はか》り難し、重ねて一書を送る耳《のみ》」（伊達正統世次考）②文書などを披いて見ること。「委細披覧申候、尤珍重々々」（和歌深秘抄）

ひりめく【痺】しびれる。また、ひりひりする。「俄口かわき、くちびるひりめくやうに成也」（上杉家文書）

ひりょう【比量】比べ合わせてみること。比較の対象。また、比較の基準となる典型的な事例。「人之領中を放火、恣被押置候事無其比量事候」（上杉家文書）

ひりん【比倫】「比類」に同じ。「磐手《いわて》郡厨川《くりやがわ》の兵革数年を歴て、勲績比倫なし」（北越軍談）

ひりん【賁臨】他を敬ってその人が来訪することをいう語。光臨。来臨。光来。「移師居之、日夕賁臨、咨詢心要」（翰林葫蘆集）

ひるうち【昼討】日中に相手を攻撃すること。「度々夜討、昼討に逢ひて」（播州佐用軍記）

ひるとはん【昼途飯】昼ごはん。「扈《こ》従の輩縁《えん》に円居《まどひ》して標《わり》子《こ》取出《とりだし》、昼途飯を進《まい》らせ」（北越軍談）➡「敷途飯《しきとはん》」を参照

ひるばい【昼這】夜のうちに敵城に接近するのを「草を入る」というのに対し、昼に行うのを「昼這《ひるばい》」という。「草を入ること右の如く、尓りと雖ども昼なれば、草とは云はず昼這《ひるばい》と云り」（政宗記）

ひるむ【疼む・皛む・怗む・白む】怯む。臆する。怖じ気る。ひるむ。「味方些《いささか》も疼《ひる》む気なく、死人を踏着《ふみつけ》々々奮繫《ふんけい》をなし」（北越軍談）「透《すき》をあらせず打出し、射出《だし》けれ共、味方の兵些《いささか》も皛《ひる》まず、目前に僵《たお》れ伏す死骸を践著《ふみつけ》」（北越軍談）「頻に風説し、南方籠城の士卒も怗《ひる》む気色《けしき》見えたりしが」（北越軍談）「射れ共突け共白《ひる》まばこそ、矢庭《やにわ》に倒るに、味方を蹈着《ふみつけ》け、短兵急に相戦ひ」（北越軍談）➡「怗《あやぶ》む」「皛《しら》む」を参照

ひろう【披露】相手に直接手紙を遣わすのが憚られる場合、その臣下の者に仲介を頼むときに使うことば。「聊書帖（状）

之験迄候、此等之趣宜預御披露候、恐慌謹言」（伊達家治家記録）

ひろうじょう【披露状】 書札礼で、相手方に敬意を表わすために、本人には直接宛てないで、その側近に仕える人に当てて書き、主人への披露を頼む形式を採った書状。付状。「あてぶみ」「宛状」とも。

ビロード【ひろうと】 ポルトガル語。添毛織物の一種。戦国時代から輸入された。ベルベット。天鵞絨。「為御音信、使者幷ひろうと三巻送給、遠路一入祝着之至候」（黒田家文書）

ひろうぶぎょう【披露奉行】 室町幕府の職名。武家で評定始の時、奏事の役を勤め、沙汰始には、公事を披露することを司るもの。「雲頂院領披露奉行、以飯尾下総守定之」（蔭涼軒日録）

ひろえん【広縁】 寝殿造で母屋の外、簀の子の縁の内にある細長い間。広廂。「公方光源院殿へ、信虎御礼申上、罷帰候処に、広縁《ひろえん》まで御送被成候間」（甲陽軍鑑 中）

びんぎ【便宜】 たより。訪れ。音信。べんぎ。「従播州都多村便宜有之、わた一把、漆二合子、中折一束上候了」（言継卿記）

ひんこ【秉炬】 禅宗で、火葬の時、棺に火をつける儀式。「信玄逝去の時、秉炬《ひんこ》の導師なれば、勝頼尊敬《そんきょう》の上は」（甲乱記）

びんさつ【便札】「便書」「便状」「好便」などと同じ。手紙に同じ。「今度従貴国、御使者被指越候処、御便札之趣、一段祝著被存候」（妙本寺文書）

ひんしゅつ【擯出】 人を退け追い出すこと。擯斥。「鎌倉を擯出《ひんしゅつ》する処に、成氏総州古河城に據て蟄死《ちっし》」（北越軍談）

びんしょ【便書】「幸便」と同じ。ちょうど都合よくあった便通。便状。「去二日之便書、同十一披見、去頃奥口之模様」（北条氏邦書状）

びんじょ【便所】 髪型を整え、装束を改める所。「長途之間先着道服、路次於便所改装束」（看聞御記）

びんじょう【便状】 いい機会に書き送る手紙。「自南松有信、便状到来、詠十首、賦一折」（十輪院内府記）「何かたよりも見舞便状ニもあつかり候ハすとも不及候」（壱岐守宛真田信繁書状）

びんじん【泯尽】 滅び尽きること。（性新公御自記）

ひんせい【禀性】 天から与えられた生まれつきの性質。天性。禀賦《ひんぷ》。「朝信禀性《ひんせい》巧夫《くふう》智略厚く、専ら信義の篤実を養ひ」（北越軍談）

ひんせき【擯斥】 自分の身から遠ざけること。「擯出」に同じ。（日葡辞書）

ひんび【顰眉】 額に皺を寄せること。嫌悪感を表わす。（日葡辞書）

びんぴま【便隙】 好機。ちょうどよい折。（日葡辞書）

ひんぷ【禀賦】 天から与えられた生まれつきの性質。天性。禀性《ひんせい》。「平素の顔色温眴《おんじゅん》に坐《ましま》しけれ共、肉厚く健《すこやか》なる禀賦《ひんぷ》にして、戎衣《じゅうい》を具足し玉ふ」（北越軍談）

びんぷう【便風】 ①ついで。好便。「九州便風在之由物語之間、遣彼法師之許了」（実隆公記）「依為遠国有煩往復、幸得便風、誂愚札畢」（雑筆集）「長谷法眼へ、為年始祝儀、以便風百疋遣之」（証如上人日記）②便り。音信。手紙。「去々月逝去之由昨日以便風告送之」（実隆公記）

ひんる【貧窶】 非常に貧しいこと。貧しくてやつれること。「貧窶《ひんる》に処して孝順を励み、純強の質有て盗乱をなさず」（北越軍談）

びんろ【便路】 ①ある所へ出かけたついで。通りがけ。「長谷川兵庫参詣高野山以便路参了」（実隆公記）「勾当局今伊勢参詣、其便路可参云々、先山田ニ落着、晩景被参」（看聞御記）②音信がもたらされる経路。また、それをもたらす人。（日葡辞書）

ふ【夫】「ぶ」とも。「歩」とも。①戦に駆り出された人足。歩。雑兵。「関白殿可遂注進候、此中夫なと追付道具以下取落之由候」（黒田家文書）「百姓、出夫之処、於陣中被殺族者、彼主其砌三十箇日可令免許」（甲州法度之次第）②徴用された、夫役の人夫。また一般に下級労働者。「農ヲ勧ル里民モ夫ニ被執テ是ヲ舁キ」（太平記）

ふ【鳧】 ➡「鳧《かも》」を参照

ぶあい【不合】「ふあい」とも訓む。不相とも。折り合いがよくない。仲が悪い。不仲。「御姫君も二人出来させ給へ共、御ふあゐ《不合》にも有つるか」（三河物語）

ぶあらしこ【夫嵐子・夫荒子】 荒子《あらしこ》と同様。雑兵のこと。「白歯者《あをばもの》・夫嵐子《ぶあらしこ》迄も、君臣の義、忠不忠の道理」（北越軍談 中）

ぶあんない【不案内・無案内】 その道に暗いこと。心得のないこと。また、そのさま。「武辺無案内なり」（甲陽軍鑑）

ぶい【武威】 武士の意気、勇気。（日葡辞書）

ぶい【無為】 平和・静穏。「中国・西国迄、大かた無為に属すといへども」（奥羽永慶軍記 上）

ぶいく【撫育】 大切に育てること。「剰當方牢人歴々令撫育、狼藉無盡期之条、参洛不任所存候」（東京大学史料編纂所蔵大友義鑑書状）

ふいごう【鞴】 火を起こすのに用いた送風器。足で踏む大形のものは蹈鞴《たたら》という。「大仏殿鐘、唐金一万七千貫余、鞴《ふいごう》 数百卅二丁、桶四筋、鋳師棟梁山城国釜の座弥右衛門、同助左衛門」（駿府記）

ふいち【不一】 一つならずの意、転じて、十分に意を尽くさないの意で、書状の末尾に謙遜の気持を込めて書き添える語。「一ツナラズ　二ツナラズ」（大文典）「さてもさてもありし春御宴如眼候、真ヶ消魂候、事々恐々不一、かしこ」（実隆公記紙背文書）

ぶいち【分一】 ①室町時代、徳政令発布の際、債務者から債務額の何分の一かの銭を上納させて債務の破棄を認め、または債権者から納めさせて未納の債務者に対する債権の確認とした上納銭の比率。「上使を申請相共に収納申て、分一をは給り候て、取渡申候べき由」（政基公旅引付）②上納金の比率で、分一は五分一とか、十分一をいう。所領に関しては、十分一が普通である。人夫役をいう時もある。「都合参千石分令支配候、本知・新知共、分一諸役一円令免許之状如件」（集古文書）

ぶいちとくせい【分一徳政】 室町時代の徳政の一つ。徳政令の頻繁に伴い、室町幕府が享徳三年（一四五四）以来行った徳政で、公布にあたり、債務者から債務額の何分の一かの分一銭を上納させて債務の破棄を認めたもの。（日本国語大辞典）

ふいん【符印】 「封印」のこと。符契と刻印。封をしたままの。「持参仕る処なりとて、符印《ふいん》の儘《まま》、番兵に亘《わたし》」（北越軍談）

ぶいん【無音】 久しく音信をしないこと。無沙汰。「其以来不申承、無音罷成候處、預御使札畏入存候」（黒田家文書）「一日やうやう二千疋しん上候て、そののちは一からふいん申候、せうしの御事やのよし申也」（大舘常興日記）

ふうかせつげつ【風花雪月】 「花鳥風月」に同じ。日本の風情ある自然のこと。「身武林《ぶりん》の中に生きるといへども、思ひを風花雪月《ふうかせつげつ》によせ、剰《あまつさえ》、画を善す」（奥羽永慶軍記 上）

ふうかん【諷諫】 ①遠まわしに諫めること。「一和之議を講ぜんと欲する而已《のみ》、其の事将に行われんとする耶《や》、更に諷諫を加えられよ、是最も肝要なり」（伊達正統世次考）②諒解を得ること。「就公方様御入洛之儀、信長江御諷諫之通、則申試候処、同心被申候」（毛利家文書）

ふうぎ【風儀】 「形儀」に同じ。その社会・方面で、一般に行なわれているしきたりの有り様。（日葡辞書）「八朔風儀如例、乱来諸家停止、只進公武許也」（宣胤卿記）
➡「一形儀《ひとかたぎ》」を参照

ふうきょう【諷経】 読経のこと。（伊達家治家記録）

ふうしょ【封書】 「奉書」の充て字。「鎌倉右大将頼朝卿より封書を受け」（庄内陣記）

ふうしん【風信】 風のたより。うわさ。「羽柴筑前守秀吉公破却根来寺之次、一時高野山有欲亡滅之風信」（高野山文書）

ふうじん【風塵】 俗世間の仕事や用事に追われること。（日葡辞書）

ふうせつ【風説】 「ふうぜつ」とも。便り。うわさ。「武田四郎勝頼、遠州高天神之城為後巻、甲斐、信濃催一揆罷出之由、風説に付て」（信長公記）世間に流布する噂。「謙信事、相果候由風説候、賀州より注進状共為披見遣之候」（黒田家文書）

ふうてい【風体】 それぞれの道における、独特のやり方のありよう。しきたり。「惣テ茶湯風体ハ禅也、（中略）茶湯ノシヤウ習ハ古ヲ専ニ用ベシ、作意ハ新キヲ専トス、風体堪能ノ先達ニ習ベシ」（山上宗二記）

ふうりょ【風慮】 想定するの意か。「奇特にも申たる者かな、汝もよく承れ、一昨日将軍（家光）公為成給ひ、風慮の外な

は

る御暇乞、何ごとか残所有べきに」（政宗記）

ぶうん【武運】武士や武将などの運・不運。「御跡目御武運長久の為に諏訪へ日ごもる事、六月朔日より八月晦日まで九十日也」（甲陽軍鑑）

ふえ【布衣】「ほい」とも。粗い麻布で作った着物。（日葡辞書）

ふえ【肮】のどぶえ。「此者しかも兵《つわもの》にて、脇指をぬき馬の肮ををしはなす故、馬死する」（甲陽軍鑑　下）

ぶえい【武衛】①将軍。②兵衛府の唐名で、兵衛督・兵衛佐などをもこの名で呼ぶ。「尾州武衛左兵衛督《さひょうえのかみ》義達（斯波）の家老に而」（伊達正統世次考）③管領家、特に斯波家を指す。（日葡辞書）

ぶえん【無塩】魚などで、塩の付いていない新鮮なもの。（日葡辞書）　⬇「無塩《ぶしお》」を参照

ぶおとこ【醜男・無男】顔の醜い男。「かほどの無男にて、名高く聞えたるは」（甲陽軍鑑）

ふかい【不快】友情と交際上の破綻。「ちか比前左槐と不快になり候て、そのゝち一向廃置候やらんと推量仕候」（古文書選所収伏見宮貞成王消息案）

ふかい【不会】仲違いすること。不仲であること。「以来四郎兵衛与不会仕、書状取替をも仕間敷候」（毛利家文書）

ふがい【不甲斐】実際のところは、それだけ期待するほどのものでないという意。「御使在国之間、雖不甲斐候、可罷立御用候、御心安可被思食候」（東寺百合文書）

ふがいなし【不雅意なし】「腑甲斐なし」に同じ。情けない。「家康出ざる間に犬山の城をとられ、中々不雅意《ふがい》なき仕合なり」（甲陽軍鑑　下）

ふかく【附郭】本城の郭に付属して敵に備えて作った曲輪。（昔阿波物語）

ぶかくご【無覚悟・不覚悟】①不用意、または準備が足りない。「一円之御不覚悟にて候、大なる事は、近年信長之下にても、羽柴羽柴と申候て、世上操をも、又弓矢をも手に取候て、鑓をもつき、城をも責候て被存候」（毛利家文書）②覚悟が決まっていない。卑怯なこと。不覚。「いや、、又い《生》けて置ならば、又もやぶかくご《不覚悟》可有に、腹を切せ申せと御意ならば」（三河物語）

ふかくさまつり【深草祭】京都府伏見区深草にある藤森《ふじのもり》神社で、五月五日に行なわれる祭礼。藤森祭。「甲冑を着して乗は深草祭、紙衣《かみこ》着て乗は八瀬祭」（類船集）

ふかくをかく【不覚を搔く】思わぬ恥をかく。油断して失敗する。不覚をとる。「弓矢を取て不覚をかき、武田の家に瑕をつくること」（甲陽軍鑑）

ぶがしら【武頭】足軽などの組や弓組・鉄砲組などの頭。「ものがしら」（伊達家治家記録）「旗本五百騎の武頭《ぶがしら》にして召仕はる。里見勘十郎是なり」（奥羽永慶軍記　上）

ぶがしら【夫頭】夫役の頭。夫役に出ている人々の頭目。

「其積り人別の夫頭わづか百姓の夫頭よりは不足の積りに御座候」（上杉家文書）

ふかせつ【不可説】 特に、ことばで言えないほどひどいこと。まったくけしからぬこと。また、そのさま。「乱世不可説時分緑林之災貧家猶難免之」（実隆公記）

ふかそぎ【深曾木・深除・深削】 三歳で髪置をしてのち、五歳ころに童幼の髪のすそを切りそろえて成長を祝う儀礼。「今夜姫御所（中略）御深剪等有祝着事」（看聞御記）

ふかばたらき【深働】「ふか」は、程度が甚だしことをしめす。ここは頑張りすぎの意か。「当地は取分《とりわけ》隘路にして、不知案内の深働《ふかばたらき》は中々危き処なるに」（北越軍談）

ふかん【誣陥】 罪のない者を強いて罪におとす。「必ず之に雷同すること勿れ、或は才覚ある者将に無術之人を誣陥《ふかん》せんとし」（伊達正統世次考）

ふかん【不堪】 無知であること。よく知らないこと。「宣秀可書進綸旨云々、右筆不堪之間、予相代染筆」（宣胤卿記）

ぶかん【武館】 身分の高い武士の家。（日葡辞書）

ぶかんきん【不換金】「ふかんきん」とも。風邪薬の名。室町時代から江戸時代にかけ、全国的に知られた。「血道悪寒之間、不換金正気散に加当帰、芍薬、黄芩、黄連、三包遣了」（言継卿記）

ふきだま【吹玉】 ガラスを吹いて作った玉。ガラス玉。「肥後国緒方神左衛門来、対面、柱飾幢吹玉送之」（言継卿記）

ふきぬき【吹抜・吹貫】 旗の一種。吹流しに似て、幾条かの長い絹を半月形の輪の代わりに全円の輪に取付け、長い竿の端に結び付けて風になびかせるもの。軍旗の一つ。「去程に辻弥兵衛差物《さしもの》は、あかねの吹抜、和田加介は白き練《ねり》の吹抜にて」（甲陽軍鑑　下）

ふきべり【吹減り】 鋳造する折の銀の損耗。（日葡辞書）

ぶきめく【ぶきめく】 堅いところが混じる。生なところがある。「下手《へた》に調たる供御は、やはらかなるかと思へば、ぶきめく、こはきかと思へば、ぐしやつく」（甲陽軍鑑　中）

ふきや【吹屋】 鍛冶屋のこと。「態令啓候、仍其村吹屋在之由候」（今井宗久書札留）

ふきやせん【吹屋銭】 製錬場への課税。「一、約束之御公用吹屋銭をハ、従下才方直ニ被渡間敷旨、我等代官申越候、何と相違申候哉」（今井宗久書札留）

ふきょ【扶渠】 蓮のこと。「扶渠若根到来、祝着候」（市川文書）

ふきょう【不興・不孝・不教】 子が親に、弟子が師に対して従順さを保たないこと。「本間左衛門太郎有泰譲与所也、若於彼所妨子孫者、可為不教之子」（本間文書）

ふきょう【払暁】 早朝。あるいは、未明。（日葡辞書）

ぶきょう【無興】 不機嫌。寂しさ、味気なさ。（日葡辞書）

ぶきよう【無器用】 才知・能力が欠如していること。「松壽跡目ニ可定候、不器用候者、松壽儀者不及申、ちつし《実子》に候共、跡目ニ定候儀、無用候事」（黒田家文書）「当代日本に国

持の無器用、人づかひ下手の手本と可申人は、土岐殿、大内殿、細川晴元三人也」（宗滴話記）

ふぎょうぎ【不行儀・無行儀】「ぶぎょうぎ」とも。その場合は、「無行儀」とも表記。行儀が悪いこと。無作法なこと。「名大将と名をよぶ国主に無行儀なるは一人もましまさず」（甲陽軍鑑）

ぶぎょうしゅう【奉行衆】鎌倉・室町幕府の職名。文書や記録などのことを司った。右筆衆。「従奉行衆対知恩寺幷拙者被申上候」（上杉家文書）

ふぐ【不具】不備。詳《つまびら》かでないの意で、手紙の末尾に謙虚さを記す語。「先《まず》肝要と為《な》す、委曲は重ねて伸述す可く、不具」（伊達正統世次考）「万事奉成父母之思畢、敢以不可被棄捐、併期参会、不具、謹言」（文明十四年鈔庭訓往来）

ふぐ【不虞】思いがけない危難。「此の如きなる自《よ》りは、弊邑不虞の事出《い》で来るに於て者」（伊達正統世次考）

ふくさに【ふくさに】物やわらかに。「惣別上方衆はふくさに仕かけ候て」（御家誡）

ふくじ【福事】良いこと。繁栄。（日葡辞書）

ぶくじ【夫公事】夫役《ぶやく》の代わりとして米銭を納める税。夫銭・夫米・夫金の類。「拾箇年、地頭江夫公事等、無勤者、不及改之」（甲陽軍鑑）「百姓年貢夫公事以下無沙汰之時、取質物、無其断令分散条、非拠之至也」（甲州法度之次第）

ぶくじき【服食】「ぶくしょく」とも。食ること。特に、強壮・滋養の目的で物を摂取すること。また、その食べ物。「服食トハ、或狼ヲ食、又ハ鼬ナド食テ良ナド云テ食也」（医方大成抄）

ふくそう【輻湊】一か所に集まること。またその様子。「長尾景勝、西国においては毛利輝元、皆、秀吉に輻湊《ふくそう》す」（柴田合戦記）

ふくぞう【腹蔵・覆蔵】打消の言い方を伴って、「隠すところなく」の意を表わす。「腹蔵もなう物を言ふ」（余すところなく話す）。心に思っていること。（日葡辞書）「其後双方実義の参差《しんし》覆蔵《ふくぞう》なく通達せしかば、互に意霧《いむ》を散じて元の如く和平を成せり」（北越軍談）「乍存寄不可有覆蔵之儀事」（東大寺文書）「於爰元茂、御用等共候者、無御腹蔵示預候者」（山口県文書館蔵松浦隆信書状）

ふくちゅう【伏誅】罪人などが処罰に従う。罪を責められ罰を加えられること。「斯く一年も踰えざる内に、寇讐《こうしゅう》悉く伏誅し、勝頼御父子の本懐」（武田三代軍記）

ふくちゅうげ【腹中気】腹の具合が悪い、下痢をしている。「ふしみどのは御ふく中けにてならず」（御湯殿上日記）

ふくちゅうしゃか【腹中瀉下】腹下り。下痢。「此節治少（石田治部少輔）は腹中瀉下とて食もさのみす、ます」（慶長記）

ふくびょう【腹病】腹が膨れ上がり、顔色が黄緑色になる病気。（日葡辞書）

ふくほん【復本】元の状態を取り戻すこと。回復すること。

「当庄多年寺家御不知行之処、復本之条目出候」（東寺百合文書）

ふくむ【銜む】 含む。「先方の諸将、信長に心を離し、狐疑を銜《ふく》まん事、然るべからず」（武田三代軍記）

ふくよう【服膺】 相手のことばを受け入れて実行すること。尊重する。「何の窈窕《ゆゆし》き事有てか会心せざらんと宣しかば、衆皆謹て服膺《よう》す」（北越軍談）

ふくらじんどう【膨ら神頭】 膨らんだ神頭（磁頭）。神頭は鏃の一つで、多くは木で造ってある。（元親記）

ふくりゅう【腹立】「腹立ち」と同じ。「御供の者ども腹立《ふくりゅう》して、しらぬ事をばのたまふなとて」（甲陽軍鑑）

ふくん【不君】 不道の君。君たるにふさわしくない君主。「尚義は塩松式部大輔也、尚義不君、此比《このころ》家中分離す」（伊達正統世次考）

ふけ【ふけ】［深田《ふけた》］の略。泥の深い田。「一村一里に渡、いくつ有、或はふけ、たまり池、萬《よろず》を遠州三河牢人衆に沙汰させ」（甲陽軍鑑　中）

ぶけい【武計】 戦争上の計略。（日葡辞書）

ふけた【深田】「ふけ」とも。泥の深い田。「脇は深田《ふけ》の足入り、一騎打の道なり」（信長公記）

ぶけもんぜき【武家門跡】 将軍家出身の門跡。「三宝院殿は御家さほどなく候へども、武家門跡たる間、於殿中各同前に御賞翫なり」（大舘常興書札抄）

ぶけやく【武家役】 中世、将軍家が家人そのほかに課した諸役。番役・軍役をはじめ、段銭・棟別銭も含めていう。武役。「近年、日本国の地頭御家人の所領に五十分の一の武家役を、毎年懸けられけるを、此管領の時に、二十分一になさる」（太平記）

ぶげん【分限】 富裕な身分。「名字をゆるし分限《ぶげん》になし」（老翁物語）

ぶげんしゃ【分限者】 金持ち。「所領沢山に持《もち》、金銀米銭持たる分限者《ぶげんしゃ》をば」（甲陽軍鑑　下）

ぶけんぼう【無憲法・不憲法】「ぶけんぽう」とも。不正。公正でないこと、あるいは、道理に合わないこと。（日葡辞書）

ぶご【部伍】 隊列の組を作ること、またその組。隊伍。「飯富《おぶ》兵部少輔虎昌が五百騎、部伍取次《しどろ》に成り見へし」（北越軍談）➡「部伍《たいご》」を参照

ふごう【腐毫】 禿筆《とくひつ》。また、その筆で書いたもの。転じて、自分の筆跡・文章・書状などをへりくだっていう語。「御上洛之砌可得御意候間、不能腐毫候」（島津家文書所収板倉勝重書状）「心事不及腐毫、併期面拝」（文明十四年鈔庭訓往来）

ぶこう【無功】 経験の少ないこと。未熟者。（日葡辞書）

ふごうご【不合期】 ①手が不自由で書くようなことができないこと。また、老衰や不具のため、手足を動かすことができないこと。「五体不合期《ふごうご》なるを陋《いやし》められ、其望達せず」（北越軍談）②間に合わないこと。上手くいかないこと。

「雖為節所、十八日押詰、鉄炮放候、通路も不可合期候、却而擒候」（永青文庫蔵織田信長黒印状）

ぶこく【無告】 自分の苦しみを人に告げることができないこと。「四民無告之人々、其日をすきかね、明日のいとなみを苦しむかも」。（太閤記）

ふさい【不才・不材】「ふざい」「ぶさい」とも。才のないこと。才能の乏しいこと。役に立たないこと。また、その人。「不才之質居顕職段不堪欣悦者也」（実隆公記）

ぶさい【無菜】 料理が少なく、膳部が貧弱なさま。「夕方大和守康賢入来、乍無菜、夕飯献之、依兼約也」（康富記）

ふさく【不作】 作物の出来が悪いこと。凶作。違作。「文明十五不作、為当起目立」（上杉家文書）

ふさぐ【杜】 塞ぐ。ふさぐ。「年令較《やや》劣れる公の為、城門を蹄の馬に懸け、都鄙《とひ》の人口杜《ふさぐ》に堪《たえ》ず」（北越軍談）

ふさくじ【不作事】 作事をしないこと。修繕を加えないこと。「蓮上院事、数ヶ年牢人之儀候者、坊舎等定可為不作事候条」（高野山文書）

ふさしりがい【房鞦】 馬の頭、胸、尾にかける「紐」のこと。「就出馬、祈禱之弓数幷菓子一合、房鞦ニ懸到来、悦入候」（賀茂別雷神社文書）

ぶさた【無沙汰】 ①挨拶・辞儀を欠くこと。また訪問しないこと。（日葡辞書）②すべきことを十分にしない。そのままほおっておくこと。「對内府、御入魂ニ付而、拙者へ御無沙汰被成間敷之段、御誓紙被懸御意候」（黒田家文書）③その方面に関して、然るべき情報・知識を持ち合わせていないこと。「愚身全分、於当世之式殊不存知茶之一事之上、無沙汰無極候間、一向可奉恃足下御扶持候」（異制庭訓往来）

ぶさたなく【無無沙汰・無々沙汰】 無沙汰しないように。気を抜かないように。「軍役御着到、少も無無沙汰、幷朝夕之奉公、無油断可走廻者也」（吉田新左衛門宛猪俣邦憲判物写）

ふし【符使】 中世、段銭徴収の使。「配符銭事、一所別二百文充、符使に下さるへく候」（毛利家文書）

ふじ【不時】 時はずれに。「振舞仕候外、傍輩寄相候刻、不時之酒出間敷事」（吉川氏法度）

ぶじ【無事】 和睦すること。講和。「於子細者可御心易候、仍爰元無事裁許之段、其听候歟」（東京大学史料編纂所所蔵文書）「就甲越無事儀、去々月相副使僧智光院申遣候」（上杉家文書）

ぶしあわせ【無仕合せ】 悪い首尾。（日葡辞書）

ぶしお【武塩】 愛嬌のない（もの）。魅力がない。「かたつき始而見候、（中略）口のきわのすぢ、こしの帯なく候へ共、ふしほにはなく候」（宗及他会記）　➡「無塩《ぶえん》」を参照

ふしかまる【伏蟠る】 待ち伏せする。「新発田迄の道筋、三淵といふ大節処にて、伏蟠《ふしかま》りて、景勝一騎打に通り給ふを引捉《ひっく》んで」（北越軍談）

ふしくさ【伏草】 待ち伏せ。伏兵。（日州木崎原御合戦伝記）

ふしくび【臥首】 倒れた者の首。「石河伊豆守（貞政）追懸、

は

よき武者つき臥首を取、大将軍の御目にかけ」（慶長記）

ふじごろも【藤衣】 喪服、また下等で粗末な着物。（日葡辞書）

ふしち【紛失】「紛失状《ふしちじょう》」に同じ。古文書の様式の一つ。土地財産などに関する証拠文書が火災盗難などによって紛失したり亡失した場合に、その文書の効力を否定して新しい文書を作製してこれに替えようとするもの。「立申ふしち状事、（中略）文書まいらせあぐべぐ候処に、ひきうしない候て候わずあひだ、ふしちを立候」（高野山文書）

ふじつ【不日】 ①日を決めないで、また、直ちに遅滞なく。「用竭事終者、不日ニ可被持参」（文明十四年鈔庭訓往来）②直ぐに。いち早く。「向後不日何様にも無隔心、諸事可申談候」（黒田家文書）

ふじつ【不実】 ①事実と違う。「此為躰《ていたく》ニ候条、其節一揆等ニ朝倉加勢不実候」（米沢市立図書館蔵新集古案）②確認できない。「御逗留不実候之条、定於遠国可為御流落候歟」（太田荘之進氏所蔵文書）

ふしづけ【罧漬・柴漬】 頸に石をつけて人を水の底に沈めること。（日葡辞書）

ぶしどう【武士道】 中世以降、わが国の武士階級の間に発達した独特の倫理。忠孝・尚武・信義・節操・廉恥・礼儀などを重んじる。「本より武士道不案内なれば」（甲陽軍鑑）「武士道といふは、死ぬ事と見付けたり」（葉隠）

ぶしゃ【無射】 陰暦九月の異名。（日葡辞書）

ぶしゃ【歩射】「武射」は「歩射」の充て字。歩きながら弓を射ること。かちゆみ。⇕騎射。「自三栖庄武射饗を備へ、神事を成と見へたり、三及打竹等進上之」（実隆公記）

ふしゅ【俛首】 首を垂れる。（南海通記）

ふしゅ【不須】 用いない。「須」は「用」と同じ。「悪逆を企《くわだつる》由、不須《ふしゅ》の罪甚し」（庄内陣記）

ぶしゅ【武主】 武頭。「物頭《ものがしら》」に同じ。鉄砲組の首領。（庄内陣記）　⬇「武主《ぶぬし》」を参照

ぶしゅうげん【不祝言】 不吉なこと。目出度くないこと。「女房云は、若も御台《たい》といわれがしうげん《祝言》だが、いわれぬ時のぶしうげん《不祝言》はの、御身きゝ給へ」（三河物語）

ふじゅのうったえ【膚受の愬】 讒言《ざんげん》や中傷などが、皮膚に付くほこりのように、知らぬ間に人の心に浸み込むこと。「大光寺が逆心の由を訴けり。実に浸潤の潜、膚受の愬《うったえ》明かなる世にしなければ」（奥羽永慶軍記　上）

ふしゅび【不首尾・無首尾】 ①不一致、矛盾。（日葡辞書）②自分の言ったことや約束を果たさないこと。（日葡辞書）

ふじゅもん【諷誦文】 坊主が死者のために、その人の行跡などを読み上げる書き物。（日葡辞書）

ふじょ【扶助】 ①困っている人を助けること。援助すること。「為扶助、播州完（宍）粟郡一職遣之候、可全領知之状如件」（黒田家文書）「不限此事、何事も被御芳言扶助事畏存候」（宣胤卿記）②その人の生計を支えるべく、給

料を与えて召し抱えること。「他国之者、当座宿をかりたるとて、被官の由申事、太曲事也、主従の契約をなし、扶助之約諾の上、証人あるにをいては、被官勿論也」(今川仮名目録)

ぶしょう【武将】兵士あるいは軍勢の大将。(日葡辞書)

ぶしょう【無性】怠惰。投げやりなこと。(日葡辞書)

ふしょうしゅう【不肖衆】とるに足らない衆。「佐竹より二頭、岩城より二頭、扨其外は不肖衆迄にて、城の旗本を取合せ百騎にはよも過候まじ」(政宗記)

ふじょうまけ【不浄負】病気、災い、失態など身の不浄から起こったと考えられる種々のもの。「蘇香円等賜之、沈酔歟、若不浄負歟、様々療治聊取直」(看聞御記)

ふしょく【不食】食物を食べないこと。「かん三ゐ殿このほとふしょくにて、こよひことききるる」(御湯殿上日記)

ぶしょく【武色】戦いのこと。「雪齋を先立られ、大崎へ武色ニ及ハルヘキ御覚悟なる」(伊達家治家記録)

ぶしょく【夫食】扶持、扶持給のことか。「種夫食《しゅぶしょく》と同じか。「當新田罷出輩、諸役御免許被成候、彌入精、田畠禮開発者、夫食被下者也」(北條家朱印状写) ➡「種夫食《しゅぶしょく》」を参照

ぶしょぞん【無所存】思慮の足りない考えや判断。(日葡辞書)

ぶしょたい【無所帯】だらしないこと。(日葡辞書)

ふしん【普請】建物の建築や道・橋などの土木工事。木工段階を「作事」といった。「都内御座所ニ可成所見計、申談、普請可申付候」(黒田家文書)「勝竜寺要害之儀付而、桂川より西在々所々門並人夫参ヶ日之間被申付、可有普請事簡要候」(米田氏所蔵文書)

ふしん【負薪】自分の病気の謙称。「氏康負薪の患に臥て、近日に起事能はず」(関八州古戦録)

ふしん【不審】①細かい点までよく分からないこと。はっきりしないこと。また、そのさま。「応永四年祖母伊予々譲状、時代不審之由真坂申」(東寺百合文書) ②覚束ないこと。不安である。また、そのさま。「若然者覚悟之儀一向不審候」(政基公旅引付)

ふじん【不仁】無情、または邪悪。(日葡辞書)

ぶしん【武臣】家臣。(日葡辞書)

ぶすい【撫綏】いたわり安んずること。「遂に一国之大乱を為《な》す、然りと雖も家中事無く撫綏せ見(ら)る、野老奉感之余り倭歌一首を詠ず」(伊達正統世次考)

ふすぼり【燻】「ふすぼる」の連用形の名詞化。ふすぼること。けぶること。くすぶること。「若鷹にて、つらふすほりをそろしきまなこのつきやう」(島津家文書)

ふする【賦】割り当てる。配る。割りつける。また、与える。授ける。「各に被賦云々、一条殿へ一、久我入道に二」(言継卿記)

ふせ【伏】物の長短を測る時、指一本を伏せた幅を一ふせ《伏》という。「鶴山懸《かくる》事、四寸也、上は二ふせに剪《きる》也」(甲陽軍鑑下) ➡「束《そく》」を参照

ふせ【風情】「ふぜい」とも。**趣のある。**「然も弓箭を取《とる》ふ《風》せ《情》、苟《いやしく》も剛強に相見ゆる所に」(甲陽軍鑑 中)

ふせぎぜい【防勢】敵の襲撃を防ぐための軍勢。「万喜をは国の押へ防き勢のためにと残し置たり」(里見九代記)

ふせぎや【拒矢】防戦ための矢。「去来《いざ》や各拒矢《ふせぎや》射よ、心閑《しずか》に切腹して、冥途《めいど》の鬼に成ぬべし」(北越軍談 中)

ふせぐ【禦ぐ・扞ぐ・捍ぐ】防ぐ。防御すること。(元親記)「騎馬三、四十人、雑兵三百人扞《ふせぎ》とし」(関八州古戦録)「世間の盛衰、時節の転変《てんぺん》、間髪を容る丶を捍《ふせ》ぐべくもあらず」(信長公記)

ふせぜい【伏勢】敵に攻めかかるために、待ち伏せをして隠れている軍勢。伏兵。「フセゼイ〈訳〉敵を襲うために待ち伏せのようにして隠れている兵」(日葡辞書)

ふせだ【臥田】「ふせた」とも。**隠れて耕作して領主に年貢を納めていない土地。隠田《おんでん》。**「阿弖川上村ふせたの注文」(高野山文書)

ふせのば【伏の場】伏兵・忍物《しのびもの》見《み》の隠れている所。「日下部石見は伏の場をさりて」(籾井家日記)

ふせをつかまつり【伏を仕り】伏兵。「家中井上又右衛門、伏を仕り、敵三人討捕り候」(桂岌圓覚書)

ふせん【不宣】書状の中で、これ以上書かない、述べないという意の語。「禿筆難掃辞場、頓首不宣」(天正本新撰類聚往来)「与風先々以参謁可懸御目候、御音信万々過当候、頓首々々不宣」(実隆公記紙背文書)

ぶせん【夫銭】鎌倉時代から江戸時代にかけて、夫役の代わりに納めさせた金銭をいう。夫金。ぶぜに。「右当庄殿原夫役事、(中略)於向後者、以夫銭、当公田現作員数、可沙汰申」(高野山文書)「三郡之儀、反銭・夫銭共一切可被召置候、其上手入次第可有知行者也」(備藩国臣古証文)

ふそ【扶疎】繁茂する。「一方はこぞり、一方は扶疎に足並浮立て高く上かふきして」(北越軍談 中)

ふそう【扶桑】日本国の異称。(庄内陣記)「今扶桑《ふそう》戦国の半なれば、六十六ケ国を三代治《おさめ》たるより」(甲陽軍鑑)

ふそう【敷奏】天子に奏上すること。君主に申し上げること。「ふそうの御れい頭弁申される」(御湯殿上日記)

ふそく【不足】知行する所領がわずかしかない。家臣の内でも身分のごく低いもの。「就御参洛、雖為無足不足之仁、任望可令供奉」(大内氏掟書)

ふそくをかく【不足をかく】至らなさを人前にさらす。恥をさらす。「三騎の朝比奈衆、敵にうたせては、勝頼が弓箭をとりて不足をかく」(甲陽軍鑑)

ぶだ【夫駄】荷馬。小荷駄のこと。「乗馬八十疋、夫駄三百可入由也」(上井覚兼日記)

ぶたい【不退】いつまでも。「至去年毎年不退進上申畢、御音信不通之由、為当伝奏承条驚入存候」(大乗院寺社雑事記)

ふだいしゅう【譜代衆】譜代の家臣たち。譜代の人々。「国

三ヶ国をも持給ふ大将の下に、奉公人其色々多し、一に譜代衆、大身小身共に、二に前方衆」（甲陽軍鑑）

ふだいそうでん【譜代相伝】 代々その家に受け継いで伝えること。「譜代相伝之地帯代々支証、無相違之処也」（東寺百合文書）

ふたえなし【二重成】 年貢を、別々のところに、二重に納めること。「年貢米銭諸成物、年々渡来領主江可相渡之、万一対別人相渡之者、弁出物可為二重成」（六角氏式目）
➡「二重成《にじゅうなり》」を参照

ふだがり【札狩】 室町時代、港津の関所で関銭を納入しない船舶を検査する特権。または、税を別に納めさせて、通常の過書札のみでは通行できない関所の通行特許の札を与えることか。さつがり。ふだふれ。「造興福寺料所摂州神崎一洲札狩事」（春日神社文書）

ふたごころ【二心】 反逆の心。夫婦間の不貞の心。「二道《ふたみち》」も同じ。（日葡辞書）

ふだせん【札銭】 山・野・川の用益などに関して、特別の許可を受ける札の代として納める銭。「九月十五日、三輪ノ藤四郎男、不打を取、札銭且百文、九郎口入」（永正年中記）

ぶたち【武太刀】 戦陣で用いる太刀。「武太刀と云ふは、軍陣にはく太刀の総名也、装束の時はく餝太刀、蒔絵太刀、衛府太刀などに紛れぬる為に、武太刀と云」（貞丈雑記）

ふたて【歩楯】「ほたて」と訓むか。人間が楯となること。「諸将坂口の丁場を定め、歩楯・械楯突双《つきなら》べ、仕寄《しよせ》を付《つけ》」（北越軍談）

ふため【二妻】 二人妻。（日葡辞書）

ふたりまい【二人舞】 二人で舞うのが普通であったところから、曲舞（幸若舞）をいう。「仍可有二人舞、可祇候由仰下之、仍祇候、於中門各見物、幸若大夫也、及半更帰家」（兼顕卿記）

ふたる【ふたる】 捨てる。落ちる。ダメになる。「兵法つかひの、手をふたると申は、一入武士道無案内なり」（甲陽軍鑑中）

ふだんのもの【不断者】 御不断組。御不断衆。伊達家直属の徒侍で、絶えず主君の身辺を警護する者。下士の鉄砲組。（伊達家治家記録）「政宗腰なる采幣かを取て、旗本と不断鉄炮五六百にて」（政宗記）

ふち【扶持】 給料、あるいは、俸禄。「尾張大ふおば、御地行を召上、北国におしこめ給ひて、御ふち、あてがいもなくしておき給ふ」（三河物語）

ふちかた【扶持方】 扶持を給付する事務に関する一切の事柄。また、それを司る職。「御蔵米衆之内にて五騎は、駿州むきの代官衆・御扶持方万のために御供也」（甲陽軍鑑）「末々之子共、家中を不離之様に可仕候、其内弓鉄放共能を仕候もの於有之者、僅之扶持かたにても可抱置之事」（吉川氏法度）

は

ふちかたぶぎょう【扶持方奉行】 安土桃山時代、豊臣家に置かれた職。扶持米給与に関する一切の事務を司る役。また、その人。扶持方渡奉行。「扶持方奉行は、建部寿徳、宮城長次郎、小西隆佐、吉田清右衛門」(武功雑記)

ふちかたわたしぶぎょう【扶持方渡奉行】「扶持方奉行」に同じ。「扶持方渡し奉行は、石田治部少輔・大谷刑部少輔・長束大蔵大夫也」(太閤記)

ふちきゅう【扶持給】 扶持を受けること。「其比人の内の者に成て、其主人にふちきう《扶持給》をうけて」(三河物語)

ふちにん【扶持人】 家臣。とくに俸禄として米を給与された者。「一、舟共扶持人計ニ申付、残る舟、ふちかた《扶持方》分のか《水》こ《手》にあま《余》り候舟在之ハ預ヶ候事」(東京大学史料編纂所所蔵文書)

ふちまい【扶持米】 主君から家臣に給与した俸禄の米。扶持方米。扶持。「諸卒に御扶持米被下之事」(信長公記)

ぶぢゃく【逢著】 他の人・ものに抱く愛着。また、何か物に執心する。「其くしま上総が子、父にはなれ牢々の体なるを、氏康公廿歳の時、くしまが子も廿歳にて、氏康公今のくしまが子に逢着ある故取立給ふ」(甲陽軍鑑)

ふちゅう【府中】 領国の中心の町。(日葡辞書)

ふちょう【不調】 不義密通などをはたらくこと。淫乱な行ないをすること。「日比院中昵近之時二位殿〈国母〉密通申、只今露顕之間、可被流罪由有御沙汰、内々奉之則逐電云々、二位殿不調無面目御事歟」(看聞御記)

ぶちょうほう【無調法】 過失。不始末。「奉對　内府様、兵庫頭無調法をいたし、嶋津家之越度不過之候」(黒田家文書)

ぶちょうほう【不調法】 行き届かないこと。物事につたないこと。手際が悪く下手なこと。また、そのさま。「無調法　ブテウハフ　」(文明本節用集)

ぶちょうれん【無調練】 経験の乏しいこと、または修練の乏しいこと。(日葡辞書)

ぶちん【夫賃】 荷運び人夫の賃銀。「御米二石、夫賃一貫二百五十文也」(大乗院寺社雑事記)

ふっかん【覆勘】 父母の代に出訴しなかった事件を、孫の代になって出訴すること。「覆勘、父祖代不申沙汰、今孫代申也」(庭訓往来註)

ふっき【富貴】 繁栄、富み豊かになる。(日葡辞書)

ぶつぎ【物議】 世間の批評、うわさ、もめごと、紛争。(黒田家文書)

ふづくり【文作】 あれこれ準備して、しかるべき体裁にととのえること。「其間に尼子へ申しふづくり」(老翁物語)「此景虎へ無事のふづくり候へ共、越後の内、一郡ほど村上義清とりて持候」(甲陽軍鑑)「一、中務大甫被来了、草子一冊ふつくらせ了」(言継卿記)

ぶっけい【物詣】 礼物のこと。謝礼のこと。「将又当口忩劇無止事候、執静物詣之望、無他事候」(国立公文書館蔵田村隆顕書状)

ぶっしょう【仏餉】「仏聖」「仏性」とも。仏に供える米飯。「一乾町　二段仏性、分米七石三斗内助衛門跡、次郎三郎」（東寺百合文書）「七堂毎日仏聖米事、以仏聖升一斗二升五合宛、下行大炊女房方云々」（大乗院寺社雑事記）

ぶっしんしゅう【仏心宗】禅宗の異称。自分の心にすぐ仏の心を悟ることから言う。「達磨は唐土へ帰給ふ事、定而日本に仏心宗、其比《そのころ》は時季相応なき故ならん」（甲陽軍鑑　下）

ぶっそう【物忩・物騒】混乱すること。不穏な事態。「鞍馬寺路次物忩、参詣輩被奪取太刀刀衣裳云々」（満済准后日記）

ふってい【払底】全くなくなる。「大方質物に払底しければ、せんかたなく上下京一同に検断所へ訴状を上る」（室町殿日記）

ふてき【腑調・腑倜】「不敵」の充て字。不敵のこと。「時々利觜を含で舌頭に懸ける故、素より腑調《ふてき》の猾者《あぶれもの》と云ひ」（北越軍談　中）「兜鍪《かぶと》の鉢を扠拘《はさみかかえ》しだも徧する程の腑倜《ふてき》者なる故」（北越軍談　中）

ふでとり【筆取】書記・書家。（日葡辞書）

ふでをそめ【染筆】手紙を書くこと。「態染筆候、其面事、早日向國へ乱入之由候」（黒田家文書）

ふでをなげうつ【抛筆】筆を擱く。「其听得候、目出肝要候、毎事ニ福寺任口舌、抛筆候」（東京大学文学部蔵二本松義国書状）「史記始皇本紀今日聊書之、自去六日以来忽々、沈酔等抛筆、疎懶也」（実隆公記）

ふてん【不腆】贈品の謙称で粗品、薄志。（日新菩薩記）

ふと【不図・不斗・与風・不度】①俄かに、思いがけも無く。（日葡辞書）「御修理相調候者、為御見舞与不斗可罷下、尚口上ニ申入候」（益田文書）②行為・状態の変化などが急で突然である様。「さても、、、御床敷事、中も不図ニ候、頓而御供候而帰洛待入候」（黒田家文書）「不度《ふと》の凶事出来なんも豫《あらかじ》め量《はか》り難《がた》く」（北越軍談）「存知之外なる敵舟三艘、与風来候て、及合戦、数多討捕」（毛利家文書）

ぶどう【武道】武士として常々なすべきこと。すなわち、弓、刀、槍、馬など武芸に関する術の鍛錬。弓矢の道。武術。武芸。「耽乱舞、遊宴、野牧、川狩等不可忘武道」（甲州法度）

ふどうげさ【不動袈裟】➡「結袈裟《ゆいげさ》」を参照

ふとうじん【不当仁】不当で当を得ぬこと、道理に叶わぬことをするような者。「不当仁《ふとうじん》の小山田を御憑《たの》み有て、是まで逃来り、卑夫の鏃《やじり》に懸りて」（甲乱記）

ふどうのばく【不動の縛】不動明王の持つ縄。悪魔を縛るためのもの。縛の縄。「則不動のばくの縄観じて、馬の額ニ取鞆テ卍ヲ書」（甲陽軍鑑　下）

ふとくたくましき【一二三行】太く逞しく。「同じ毛の冑に猩々緋の羽織着て、黒き馬の一二三行《ふとくたくましき》に打のり、二間鑓の穂二尺計《ばかり》なるを」（奥羽永慶軍記　上）

ふとどき【不届】道や法に背いた行いをすること。不埒《ふらち》。不法なことをすること。また、そのさま。「證人も証人も

今令及異儀者、去春之成敗不届哉に可相当也」（政基公旅引付）

ぶとどき【無届】「不届き」に同じ。「我等にことはり《断》をいはんといふ、無届《ぶとどき》なり」（甲陽軍鑑　下）

ふとん【布団】敷物。また、中に綿・鳥の羽根・藁を入れた布地で包んだ寝具。「御使札、殊帷六・生絹四・ふとん被懸御意候」（黒田家文書）

ふないくさ【船軍】海上の戦争。（日葡辞書）

ふなざし【船指】船差。船の棹をさす人。（三好記）

ふなて【船手・舟手】兵船の軍勢。水軍。船隊。艦隊。「船手之勢は、九鬼大隅守、島津陸奥守」（太閤記）「陸地之儀者、大河節所候間、以舟手可被及行事」（黒田家文書）「先年丹後江舟手を以御勢遣候処、如案一人も酔たる者無候」（宗滴話記）

ふなてしゅう【船手衆】「船奉行」に同じ。中世、武家の職名の一つ。船頭、水夫などを指揮し軍船のことを統轄する役。水軍の指揮官。船手衆。船手奉行。「しみづに舟手衆、土屋備前・向井・間宮兄弟に」（甲陽軍鑑）

ふなばんしょう【船番匠】「船大工」に同じ。木造船・和船を造る大工。船匠。「大工、大鋸引（中略）船番匠之賃者」（長宗我部氏掟書）

ふなもと【船本・船許】船着き場。「船本まで御酒など被持せ送にて候」（上井覚兼日記）

ふなもり【船盛・舟盛】①伊勢海老の盛り方で、高く盛り上げるもの。船積み。「御五ッ目　舟盛《ふなもり》　小串《こさし》　一献煮《いっこんに》」（甲陽軍鑑　下）②人を船に配分すること。「於彼宿有馬へ諸勢渡海之談合、又は船盛等仕候」（上井覚兼日記）

ふなやく【船役】船に課せられる税。「兵庫船役之事、六月十六日より晦日まで半月分鐚銭、合百六十貫文、右請取如件」（北風文書）

ぶなり【不形】形態が整っていないさま。格好の悪いこと。「我等ちんば《跛》でかため《片目》にて、色くろくぶなりにて、しかも無《ぶ》人前《にんぜん》にて、百貫の知行過たると思食《おぼしめし》」（甲陽軍鑑　中）

ぶにょう【豊饒】実りが豊富で、十分なこと。「本朝ふにょう《豊饒》に治まり、太閤秀吉公御慈悲もつぱらにましまし候ゆへ」（太閤さま軍記のうち）

ぶにん【補任】官位を授けること。（日葡辞書）

ふにんずう【不人数】人数が少ないこと。「時に舊拙齋申上るは、總して御不人數にして御對陣は大事なりといへとも」（伊達家治家記録）

ぶにんせん【補任銭】所職を補任された者が任命者に納める銭。「新蔵人補任を令拝領て、補任銭事此六七年に及て無沙汰之間」（大乗院寺社雑事記）

ぶにんぜん【無人前】一人前でない。人並みでない。「色くろくぶなりにて、しかも無人前《ぶにんぜん》にて、百貫の知行過たると思食《おぼしめし》」（甲陽軍鑑　中）

ぶぬし【武主】「さむらいぬし」と訓むか。士組の頭の意。「去春京都へ首被指上、其子、為武主彼地ニ」（伊達家治家記録）

は

➡「武主《ぶしゅ》」を参照

ふねい【不佞】 自称。男子がへりくだって用いる。才能がない。働きがない。「智辯の士嘆嗟《たんさ》深く、不佞《ふねい》だも遺憾なきにあらずとも」（北越軍談）

ふねのみ【船筎《まいはだ》】「船の筎《のめ》」に同じ。船のすき間に詰めて漏水を防ぐ槇皮のこと。「於船のみ者、酉時番衆必抜可返事」（高野山文書）

ぶねん【無念】 不注意。あまり注意を払わず、熱を入れないこと。また慎重でないこと。（日葡辞書）「人をつかふて見るに、鈍《どん》なる者は無念《ぶねん》にて、必ず卒爾《そつじ》なりと云う」（甲陽軍鑑 下）

ふのあしき【不の悪しき】 不運なこと。「我々迄も、ふ《不》のあし《運》き事成共、長親の御見あてか《宛》ゐ《行》のごとくにも被成」（三河物語）

ふば【駙馬】 手綱を引かれて行進する副え馬。（日葡辞書）➡「嬴驂《えいさん》」を参照

ふび【不備】 手紙文の最後に添える語。不一。不尽。（黒田家文書）「此ホ之趣可預御披露候、不備」（進藤筑後守宛牡丹花肖柏書状）

ぶひょう【夫兵・歩兵】 ともに「兵士」のこと。「今度は、美濃衆を先手へ夫兵《ぶひょう》に差遣はさるべしと」（信長公記）「一、乗馬（馬乗）・歩兵《ぶひょう》共に、一統の指物申し付け、戦場において、剛憶《ごうおく》歴然の様に申し付けらるべき事」（甲陽軍鑑 中）

ふびん【不便・不敏】 面倒を見ること。可哀想なこと。不愍。不憫。「去年以来、其方遣、苦労をさせ候儀、不便候へ共、法度之儀者」（黒田家文書）「余りに不便《ふびん》に存知せられ、食物を与えられ候へば」（信長公記）「去月十九日赤松刑部少輔祖母逝去、先年於東山令参会、一段不便」（実隆公記）「於深栖致討死候、不敏至、誠感思食、此上者可有御恩賞候」（赤堀文書）

ふびんをくわえる【加不便】 憐れみをかける。可愛がる。「家来・親類共ニ加不便、有付候分別肝要候」（黒田家文書）

ふぶ【歩夫】「夫兵・歩兵《ぶひょう》」に同じ。兵士のこと。「道也（太田氏資）討死以来仕来儀候間、彼歩夫壹人、自今以後、無相違可召仕、被仰出者也」（北条家裁許朱印状写）

ふふし【符節】 ➡「割符《わりふ》」を参照

ぶぶん【武文】「文武」と同意。「（加治）景英武文の才有て、宇佐美駿河入道を師として、神武の大道を学び、其蘊奥《うんのう》を究《きわめ》けり」（北越軍談）

ふへい【不平】 物事が平穏・無事でなく、わずらわされる事が多いこと。「一昨日揚虫候て、存命不定即往安楽世界と覚候き、（中略）近年種々不平、如今物残生不幾候哉心細候」（実隆公記紙背文書）

ぶべつ【武別】 戦いを引き分けること。「重信、敵味方の様子を見て、速かに武別せさせん事を謀る」（伊達家治家記録）➡「武別《ぶわかれ》」を参照

ぶへん【武辺・武篇】①武芸。武力。また戦いにおける勇敢さと意気を持ち合わせる。戦いの経験が豊富なこと。「武辺者」。（日葡辞書）「又ハ心中程相見候之間、させる儀武篇かた有之間敷候事」（黒田家文書）②武功。手柄。（昔阿波物語）③武事に関係する人、一郡一城を領するほどの侍大将をいう。「半五郎は其年廿五に成けれ共、武辺の者なれば、敵味方共に申けるは」（三河物語）④武道そのもののこと。「両国共ニ以武篇之一儀、非物之数候」（津田文書）

ふべん【不辨・不弁・不便】①経費の弁済ができない。「政宗不辨ニ付、借用イタシ候金子百枚」（伊達家治家記録）②知識・財産などが不足・欠乏していること。「次両人禰宜在庄不便之間、一結宛下行、承仕下向之時可持下云々」（多聞院日記）

ぶへんくじ【武辺公事】武事に関する訴訟。「広瀬・三科両人をあひ手にして武辺公事《ぶへんくじ》を仕る」（甲陽軍鑑　下）

ぶへんしゃ【武辺者】①武事に関係する人。勇敢な武士。「ブヘンシャヲ　キツイト　ユウテ　イヤガリ」（天草本伊曾保物語）②一郡一城を領するほどの侍大将。「先第一に国持をば弓矢取と申、第二に一郡一城計の侍大将をば武篇者と申」（甲陽軍鑑）

ふべんしゃ【不弁者】貧乏人。能力や財力の乏しい人。「小身なる者の奉公いたすをば取あげず、不弁者ノ忠節忠功つかまつるべき」（甲陽軍鑑　下）

ぶへんどう【武篇道】武辺のこと。「武篇道《ぶへんどう》ふがいなきにおいては、属詫を以て、調略をも仕り」（信長公記）

ふぼん【夫凡】普通の人。凡人。凡夫。「一、夫凡可加情事、尚書云、徳惟善政、政在養民」（甲陽軍鑑）

ぶま【夫馬】徴発して課役に供した馬。「牛馬取はなし候はば夫馬《ぶ》は見出し候者とるべし」（甲陽軍鑑　下）「近日者不申承候、夫馬之儀申付候キ」（岡部和泉守宛北條氏信書状）

ふまい【不昧】理解力・知識などが明晰なこと。（日葡辞書）

ぶまい【夫米】夫役の代わりに上納する米のこと。金で納める場合は、夫金、夫銀、夫銭という。「夫米夫金役之事、夫米夫金御料にはなく、私領に有る事なり」（地方凡例録）

ふまへどころ【地盤・踏所】判断のよりどころとする点。「一途《いちず》に地盤《ふまへどころ》まします、是より縡《こと》を病身に寄せ」（北越軍談）「意地きたなしと取沙汰するを聞給へど、強大将はふまへ所有に付、下劣の口に侵されず」（甲陽軍鑑）

ぶまる【夫丸】人足、すなわち荷物などを運搬する者。（日葡辞書）人夫。鎌倉以降使用される。「随て夫丸の事、折節御人足悉く使ひ盡《つくさ》れ」（伊達家治家記録）「松勘左所ニ振舞候、牧野番ニ夫丸出候」（家忠日記）　➡「仕丁《しちょう》」を参照

ぶみ【武見】偵察隊のこと。斥候のこと。「武見ヲ遣シテ、山上ヨリ見エサル木陰ノ深キ谷ヲ見立サセ」（伊達家治家記録）　➡「大武見《おおものみ》」を参照

ふみかわ【蹈皮】①革製の足袋。「泉州堺津に一宿し玉いけ

るが、亭主踏皮《ふみかわ》を著て謁見の為罷出し」（北越軍談）②雪駄のこと。「就踏皮到来喜悦之至候」（光源院文書）

ふみくずす【踏頽す】 踏み崩す。「重《かさね》て甲府え乱入し、踏頽《ふみくず》さん謀《はかりごと》肝要たらんか」（北越軍談）

ふみちらす【踏躙】 踏み散らす。蹂躙する。「株場を荒し麻畑を踏躙《ふみち》らさせ立毛《たちげ》を振て狼藉をなさしむ」（関八州古戦録）

ふみつけ【践著】 踏みつける。「透《すき》をあらせず打出《だし》し、射出けれ共、味方の兵、些《いささか》も畾《ひる》まず、目前に僵《たお》れ伏す死骸を践《ふみ》著《つけ》」（北越軍談）

ふみつぶす【踏禿・蹈禿】 踏み潰す。粉砕する。「白井、箕輪を踏禿《ふみつぶ》し川西を領せらるべし」（関八州古戦録）「最前令を下しつるは、一時攻に蹈禿《ふみつぶ》せとこそ云しに」（北越軍談 中）

ふみつぶす【踏潰】 敵を討ち滅ぼす。討滅する。「義元公の信長をふみつぶしなさるべきとて、尾州へ発向あり」（甲陽軍鑑）

ふみにじる【踏擦る】 踏みにじる。「庸常《よのつね》の敵の如く踏擦《ふみにじり》難くおもひしまゝ半途に迎への勝負は」（関八州古戦録）

ふむ【蹋む】 踏む。「昌幸の其の後を蹋《ふ》まんことを畏れ、敢へて大路に由らず」（長国寺殿御事蹟稿） ➡「蹋《した》う」を参照

ぶめい【武命】 軍事上の幸運。武運。（日葡辞書）

ふもつ【負物】「ぶぶつ」とも。負債。「ふもつのさた、人の代をかり、なすまじきと申は、以外悪逆人たるべく候」（結城氏新法度）

ふもつにん【負物人】 負物をした人。借財人。「負物人或号遁世、或号闕落、分国令徘徊事、罪科不軽」（甲州法度）

ふもと【埜】 麓。「爾に埜より放り矢は山上へ届き難く」（関八州古戦録）

ぶやく【夫役】 公用のために人々を強制的に使うこと。「従先規不仕付諸役夫役等、新儀不可被仰付事」（六角氏式目）

ふよ【不豫】 天子、または貴人の病気をいう。「主上御不豫未令本復給、経日大事御坐云々」（康富記）

ふよ【賦与】 分配し与えること。（日葡辞書）

ふよう【不用】 怠惰、無精。いい加減にすること。「御供可申之由一雲より度々承候へとも、不用仕候」（上井覚兼日記）

ふよう【附庸】 ①「附庸国」の略。他国に従属して、その保護および支配を受けている国。従属国。「城陥り、新川郡三分が一味方の附庸《ふよう》と成れり」（北越軍談）②支城のこと。「諸将を手分して小田原附庸《ふよう》の城々へ働きをそ懸られける」（関八州古戦録）

ぶよく【武翼】 武士が有名になり、良い評判を得ること。（日葡辞書）

ぶらんき【仏郎機】「バラカン」とも訓む。ポルトガル人の伝えた大砲。「片桐且元の営より仏郎機を発せし」（左衛門佐君伝記稿）

ふり【ふり】 裏切る。「氏政定メて信玄死したると聞候はゞ、人質をもすて、ふりを可仕候間、其心得候へと」（甲陽軍鑑 中）

ぶり【ぶり】 工事用の土とか石とかを入れて運ぶ籠。「もっこ」と同意。（日葡辞書）

ふりうり【振売】 中世、座の特権を持たず、自由勝手に行なう商売。また、その人。「為材木屋振売事は一向無其例事也」（大乗院寺社雑事記）

ふりがみ【振髪】「振りの髪」の方が一般的か。馬の額に垂れかかる髪。（日葡辞書）

ふりかわり【振変り】 挙動が変わる。心変わりすること。「奥平美作守子息ふりかはり候子細は、右の武士物をよみ」（甲陽軍鑑　下）

ぶりき【夫力】 力仕事をする労働者。人夫。「夫力者」とも。「両城之就修理、鍛冶、番匠、夫力之扶持方米参拾石、其許より三好筑前守方可被相渡候」（室町殿日記）

ふりづんばい【振飄石】 投石器。（日葡辞書）

ぶりゃく【武略】 戦争上の詭計と策略。（日葡辞書）

ぶりゃくもの【武略者】 武略の士。策謀に富んだ者。また、謀略をたくらむ人。武略人。「伊賀守武略者に付出家に申付訴人をさせ」（武家名目抄）

ふりゅう【風流】 芸能の一種。華麗な化粧をし、囃子物を伴って群舞した中世の民間芸能。「早々天神にて風流見物候、三好一番に能二番する也」（石山本願寺日記）

ぶりょう【夫料】 領主から課された夫役《ぶやく》を実際に勤仕する代わりに納める料銭。夫銭。「於殿原作者、夫料一人別に弐拾文宛請取之、自百姓中現夫を可進上申」（金剛峯寺文書）

ふりょうけん【不料簡】「ぶりょうけん」とも。考えが間違っていること。「連々不料簡之由候間、所領被召離候て可然通申候」（上井覚兼日記）

ぶりょく【無力】「無力《むりょく》」のこと。「いつれもぶ《無》りょく《力》仕間敷とて、被官ヲけたをし候様ニ仕候而ハ」（黒田家文書）

ふりょに【不慮に】 思いがけなく。（長元物語）

ぶりん【武林】 武士の世界。武士。武門。「汝は武林に生れ、稚けれども父が庭訓を守て常に武勇を励み」（奥羽永慶軍記　上）

ぶるい【部類】 仲間。「狼藉するに於ては、部類ともに死罪に行ふべしと札を建よ」（政宗記）

ふるごたち【古後達】 老女。「北の方、西の対・東南の局々の妾《おもいびと》・古後達《ふるごたち》・奴婢《ぬひ》雑人《ぞうにん》にいたるまで」（惟任謀反記）

ふるだぬき【古狸】 陰険な、悪い人。（日葡辞書）

ふるつか【古墓】 昔の古い墓、あるいは、塚。（日葡辞書）

ふるてや【古手屋】 古着や古道具などを商っている店。古着屋、古道具屋。「堺ゆるてや（中略）其儀古手屋千疋か質物に於堺置を僧のかたへかたへ候へ」（石山本願寺日記）

ふるまい【振廻・翔】「振舞」に同じ。「六人具して出るを、一所に請《しょう》じ振廻《ふるま》ひ、饗膳を尽し」（奥羽永慶軍記　下）「さして寄手の所得の翔《ふるまい》もなかりしとそ」（関八州古戦録）

ふるまいりょうり【振舞料理】 振舞に作る料理。客のために特別に作る料理。「能・さるがく・哥の会・茶湯がかり・

扨は振舞料理」（甲陽軍鑑）

ふれい【不例】 ①身体の具合が悪いこと。異常であること。「ほんこく寺御ふれいのよしき、まいらせ候て、御きたう申とて、御くわんず、ひきに御ぢんしん上申」（御湯殿上日記）②病気。「今朝より不例に罷り有り候条」（三好記）

ふれがしら【触頭】 室町時代、京都で奉行の命令を枝町に伝える親町と呼ばれた十三の町組。

ふれくち【触口】 注進の仕事をする走衆《はしりしゅう》。伝言を伝えたり、通知したりする役の人。触れ回る人。「向後万一公方公人并触口等来于地下、於有課役等催促事者」（東寺百合文書）「蔵奉行取請取可指上、無沙汰ニ付而者、小代官・百姓等・觸口共可為重科者也」（北条家朱印状）「公方の御ざう敷（雑色）、御こしかき、ふれくち皆々罷上候」（北野天満宮目代日記）

ふれし【触れ使】 ➡「触《ふ》れ手《て》」を参照

ふれじょう【触状】 公布される書状。または許可状。連名の宛名で、順次回覧する「廻状」のこと。「軍勢さいそくせよと下知し給へば、陶山口うけ給はって、四ヶ国の触状をなし、三万一千の着到を御目にかくる」（室町殿日記）

ふれて【触れ手】 告げ知らせて回る人。「触れ使」とも。（日葡辞書）

ふれん【賦歛】「賦斂」の充て字。租税を割り当てて、取り立てること。「境目の仕置幷道・橋の修補、農作の賦歛《ふれん》、彼是《かれこれ》を沙汰し玉ひ」（北越軍談）

ふろはじめ【風呂始】 正月にはじめて風呂を使うこと。「今日当村之風呂初也」（政基公旅引付）

ふろをとむ【風呂を留む】 風呂を貸し切って、自分たちだけで使う。「金剛大夫を今夕風呂をとめて入候へ、と申付候」（石山本願寺日記）

ぶわかれ【武別】 戦いを引き分けること。「成実等四人は少人数故に、不追して武別れす」（伊達家治家記録）➡「武別《ぶべつ》」を参照

ふん【刎】 冑を数える数詞。一刎二刎三刎。冑は一頭二頭三頭とも数える。「猶彼口上に有るへし、見來に任せ冑一刎贈賜る」（伊達家治家記録）「具足一領・甲一刎進之候、猶両使可申候」（米沢市上杉博物館蔵上杉景勝書状）➡「頭《かしら》」を参照

ぶんいち【分一】 全体の十分の一をいう。「分一銀」も。「以上参貫五百六十二文之内、参百五十六文分一ニ引申」（与志漏神社文書）「舟木よりこぞのみしんとて千疋まいる、このうち、いそがい五百疋御かり物にひきて、のこり五百疋まいる、はくにふん一百疋たぶ、のこりはながはしへおさまる」（御湯殿上日記）

ふんうん【紛紜】 入り乱れているさま。多いさま。「記する者も亦紛紜にして」（征韓録）

ふんおん【轒轀】 轒轀は兵車のこと。「松山城を七重八重に取巻、持楯・擱楯《おきたて》・轒轀《ふんおん》・車揚・矢倉等の攻具を用ひ」（北越軍談）

ぶんぎり【分切】①火薬の一回分の量を入れる一つの筒。②定められた分。「敵を追候て出候はん時も、分きりを過候て出候はん者は、是又面目うしなはせ候はん事、縦忠候共不可立事」（毛利家文書）

ぶんきん【文緊】厳格な。杓子定規な。「御扶持の義申し上げ候へども、一人も御許容なく候。余り文緊なる御諚《ごじょう》どもに候間」

ふんけい【奮繫】「奮勁」の充て字か。奮い立って強いこと。「味方些《いささか》も疼《ひる》む気なく、死人を踏着《ふみつけ》々々奮繫《ふんけい》をなし」（北越軍談）

ぶんげん【分限】①「分際」に同じ。それ相応の地位・身分・格・力量のほど。「三十七万石余の分限なる大名たりしか、此時改易せらる」（関八州古戦録）②金持ちだと認められるだけの富を持っていること。また、その持てる財産。さらにまた、その人をいう。「富貴万福猶以幸甚々々、富ハ財也、位也、米銭充満有分限云、貴又云高位也」（庭訓往来）「少分限同外様衆并無力之輩、衣裳不可為新調（中略）但分限之人者可為如例年、又有徳之仁可為同前之由」（大内氏掟書）

ぶんこく【分国】①自分の統治権や主権のもとにある領地。（日葡辞書）②守護や大名の領地。「分國向後ト之儀付而、御一通令拝領忝存候」（黒田家文書）「右七ヶ条、去廿日衆評有之、被相定上者、御分国中上下可守此旨之由、壁書如件」（大内氏掟書）

ふんこつ【粉骨】力の限り骨を折ること。尽力。「今度依御粉骨、天下平均ニ罷成、誠御手柄共候」（黒田家文書）

ぶんざい【分際】①身の程。分限。「高麗國代官所之儀、以絵図被割付候、別帋如一書、應分際、手前請取之所」（黒田家文書）②数量・程度などに関して、それに相当するだけのところ。「諒闇終儀御用脚事、可被如何哉、各可加評定、且員数分際大概可注申之由」（宣胤卿記）

ぶんざい【分在】知行高（分際・身分）のこと。「尚以人数之事、分在よりも一廉奔走簡要候」（武藤文書）

ふんさつ【焚殺】焼き殺すこと。焼殺。「納諸所人質三百余人於新府城中、以焚殺之」（織田信長譜）

ふんしつ【紛失】人が姿を消すこと。抜け出して逃げること。脱走。失踪。「昨日凶徒入宇治、不定在所、紛失境内」（園太暦）

ぶんじょう【文状】譲状のこと。「父真野兵部跡職之事、任文状之旨、田畠・野・林・屋敷并借付財宝以下、悉一職進退ニ申付上」（服部藤太郎氏所蔵文書）「東坊城早旦ニ来臨、兵衛大夫コンハウノ一書ニ誓文状被持来也、披見畢」（言国卿記）

ふんじょう【紛擾】ごたごた。もめること。紛争。「秀吉公聞し召れ、紛擾《ふんちょう》の折からこそ其心つかさりし」（関八州古戦録）

ぶんすいぶぎょう【分水奉行】➡「池奉行《いけぶぎょう》」を参照

ぶんせん【分銭】中世、田畑の租税として納めるべき米・

は

籾・絹などの代わりに金銭を納入したこと。また、代わりに納めた金銭。「米分銭一貫二百七十五文　米買返六升不足間先借に返」（政基公旅引付）「先年織田信長へ御使可遣候時分、惣國へ分銭懸り候、我々手前へも黄金三枚あたり候」（北條氏邦朱印状写）

ふんそう【粉忽】「粉粧」の充て字。装い飾ること。「只今使を奉じ将に越中に行かんとす、粉忽《ふんそう》重なり是自《これよ》り之を伸べん」（伊達正統世次考）

ぶんだい【文台】紙や書物などを載せて置く小机のような物。「文台をかざる事、哥、連歌の会専也、違棚の下板にかざる硯箱、懐紙、短尺等、如法組合べし」（南方録）

ぶんづけ【分附】➡「家抱《けほう》」を参照

ぶんどり【分捕】他人の手柄を横取りすること。「分捕《ぶんどり》なすべからず。打捨てになすべし。軍《いくさ》に勝ちぬれば」（信長公記）

ぶんない【分内】①そこと定めた領分。「是より先は分内《ぶんない》押ひらけて、敵数ヶ城に楯籠候」（奥羽永慶軍記　下）②領内。「宿所は要害堅く、分内広し」（三好記）

ぶんなか【分半】長さ一分〈イチブン〉の半分のこと。「蕪無ハ、高七寸分半、口四寸七分、（中略）クダハ下ヨリ三寸五分也」（宗湛日記）

ふんぷ【憤浮】憤りの多いこと。「総て乱世憤浮《ふんぷ》の説巷《ちまた》にみちて、賢愚斉《ひと》しく当否を弁ぜず」（北越軍談）

ふんぷん【紛々】細かい物がたくさん入り組んで混ざり合うこと。（日葡辞書）

ふんぷん【芬々】気持ちの良い匂い。良い香りが当たり一面に漂うさま。（日葡辞書）

ふんべつ【分別】物事の道理・善悪・損得などをわきまえること。「何も令得心可申付事、専要候、諸事無越度分別尤候也」（黒田家文書）

ふんぽう【芬芳】よい香り。香気。芬香。（黒田家文書）

ぶんまい【分米】中世、年貢として納めた米。一反歩当たりの斗代（とだい＝年貢徴収率）に面積を掛けて算出したもの。籾で上納する場合は分籾という。「分米七斛七斗七合内」（東寺百合文書）

ふんみょう【分明】明瞭で明白なこと。（日葡辞書）➡「高辻《たかつじ》」を参照

ぶんめ【分目】神社などの職務のこと。「一宮之儀、去年於安土如相定候、弥社務分目、所々之免田不可有相違候」（気多神社古文書等写）

ふんめつ【焚滅】火災・兵火により消滅すること。「軍歌も五・六十首連《つら》ね置れたりしが、彼も是も公没後の兵火に焚《ふん》滅《めつ》すと云々」（北越軍談　中）

ふんらん【紛乱】種々のものが、入り乱れたり、対立すること。（日葡辞書）

ぶんりょう【分領】①国人領主または大名の領地をいう。「一年会津に於て牢人払をなし給へば、分領悉く安穏の御代となる」（政宗記）「於譜代相伝之分領一所懸命之地者、不可

は

有相違者也」（文明十四年鈔庭訓往来）「雖然於無在城人体者、彼分領等可成城領之事」（古文書選所収伊勢国木造城領覚書）②**分国に対して、領主の支配権が及ぶ領地。**「其方当知行分内寺庵方、其方諸事可為如前々、縦新儀之課役雖為国並、其方於分領者、相除之状如件」（隠心帖）

ふんわん【憤惋】怒り嘆くこと。「其の煙焔に乗じ、殿《しんがり》して去る。直盛・勝成皆憤惋す」（左衛門佐君伝記稿）

へい【苪】本来は楯の裏につける紐《たてひも》のこと。（甲陽軍鑑 下）

へいあん【閉庵・閇庵】庵を閉ざすこと。僧などが庵の門を閉じて内に引き籠ること。また、世に隠れて、ひっそりと生活すること。「其元御閇庵之由、伝聞候間、令遠慮候」（高野山文書）

へいい【平衣】普段着。（日葡辞書）

へいが【平臥】横たわる、伏せる。また、病気で臥せっていること。「雖然自去廿八日所労以外平臥体之間、其由故障申処」（満済准后日記）「十月十三日より、さくびょうをかまへ、おくへひき入、へいぐわさふらいし」（太閤さま軍記のうち）

へいかい【炳誡】誰の目にも明らかな戒め。禁制、禁戒。（日葡辞書）「若有背此旨輩者、可加炳誡者也」（甲陽軍鑑）「声聞師間事以外狼藉之事、新発衆可加炳誡之由申聞之」（実隆公記）

へいがい【平懐】丁重さと礼儀を欠くこと。（日葡辞書）

へいかく【兵革】武器と鎧と冑。いくさ道具。「此の後稙宗古川に留まり、陣具を聚《あつ》め兵革を繕《つよ》くして」（伊達正統世次考）

へいきん【平均】①戦乱が静まること。平定すること。「肥後国平均候条、大隅歟薩摩か何へ成共可被成御発向候」（黒田家文書）「江北之事は属平均候」（津田文書）②**関係する全てが同じ状態になること。**「役夫工米事、諸国平均不可違先例歟」（尺素往来）

へいげい【睥睨】横目でにらむこと。流し目で見ること。「信仍、兵一人をして、睥《ひめがき》に乗じて睥睨《へいげい》して之を姍笑《さんしょう》せしむ」（左衛門佐君伝記稿）

へいけん【兵権】軍事面を指揮する職権。兵馬の権。「東奥を略せんの大志を含て、日夜兵権の道に心を労すと云へり」（北越軍談）

へいげん【平元】「平復」のことか。平癒。「御東へ御出也、御虫気にて御帰候、則御平元にて候」（伊達天正日記）「就御不例、抽精誠、巻数到来、喜入候、悉御平元、御心易可被存候」（鑁阿寺文書）

へいこう【平口・閉口】「平口」は「閉口」の充て字。①自ら口を閉ざして言わないこと。「各ナニトカ思ハレケル、閉口シテトカクノ儀モナカリケレバ」（大友記）②**比喩として、論争に負けること。言い詰められること。**（日葡辞書）

へいし【斃死】不慮の死をとげること。文書語。（日葡辞書）

へいじ【兵士】兵士。兵卒。（日葡辞書）

へいしやく【兵士役】中世、荘園で荷物の運送などの労役

に徴発されること。「領家公事申者、御熊野参詣御雑事、并合力等兵士役」（高野山文書）

べいじゅう【陪従】「ばいしょう」「べいじゅ」とも。目上の人などに付き従うこと。「識掌ノ神楽男者、合調拍子祇候拝殿、加之臨時之陪従当座ノ神楽」（文明十四年鈔庭訓往来）

へいしゅつ【平出】 貴人への尊敬表現の古文書用語。貴人の名称の前で行替し、その行の後半を空欄にする。

へいしょく【秉燭】「へいそく」とも。燭をともすこと。また、その頃。夕方をいう。「於甘露寺有夕飯、按察、右少弁等同導参内、秉燭時分、有御強供御之召出」（実隆公記）

へいしん【平津】 安全な港。（日葡辞書）

へいしん【幣進】「幷進・並進」の充て字。一斉に進むこと。並んで進むこと。「河尻与兵衛・内藤三左衛門両使を差越し、謙信公へ、御見舞の次手に詿進なり。幣進甚だ厚し」（松隣夜話）

へいじん【平人】 一般の人々。（日葡辞書）普通の者。「平人の口より御沙汰申し候事」（老翁物語）

へいじん【嬖人】 かわいがられている人。気に入りの人。「及晩有犬追物、嬖人彦次郎始加射」（実隆公記）

へいじん【兵刃】「兵刃を交える」で、戦闘状態になること。「於高幡・分陪河原、両日数箇度交兵刃終日攻戦」（武家事紀）

へいせん【兵燹】 兵乱のために起こる火事。「曳兵燹為烏有者居多矣」（伊達家治家記録）兵火。「仲政之時系譜兵燹に罹《かか》り、名諱・事蹟も亦皆亡すと云う」（伊達正統世次考）

へいせん【兵銭】「矢（箭）銭」と同義語か。軍費。「一、兵銭・兵粮《并》雖当座之取替、不可懸之事」（斑鳩古事便覧）

へいぜん【炳然】 明るいさま。著しいさま。「八幡の文字を書して捺物《さしもの》に用ひ、高名亦炳然《へいぜん》、坂東の俗呼て直《じき》八幡と称呼す」（北越軍談）

へいだん【兵談】「兵端」のようだ。戦いのはじまり、やり方の意。「様子如何、御聊爾なき兵談簡用なり」（性山公治家記録）

へいはく【幣帛】 神道儀式に用いる紙を細かに切ったもの。（日葡辞書）

へいはく【箆白】 梳き櫛のように空いている様子。「敵兵石弓・木弓を発し、爰《ここ》を破られじと防ぎし故、寄手箆白《へいはく》に成て見べし」（北越軍談）➡「箆白《のけしろ》」を参照

へいふく【獘服】 ぼろぼろの古びた着物。（日葡辞書）

へいほう【兵法】 ①剣術の技。「白石殿御参候、やから《矢柄》めしい《召出》たさせられ、へいほう《兵法》つかハせられ御らんし被成候」（伊達天正日記）②剣術。兵法者・兵法人（剣術者）。「平浜之事、是者武士に生る身上なれば、無余儀事候条、塚原卜伝之一流、又は新影流など、一篇稽古候」（上井覚兼日記）

へいほうし【兵法師】 剣術に巧みな人。「めくら打にひし、、と打つ、兵法師棒にてはねつけんと致せ共」（久知軍記）

へいほうしゃ【兵法者】 剣術の巧みな人。「兵法つかひ・兵

法者・兵法仁、三人有、（中略）第二に兵法者は、太刀の甲乙仕分《つかまつりわけ》、勝負の習《ならい》よくして、上手なる者は、某《それがし》かゝへ《抱》を《置》く前原筑前などにて候」（甲陽軍鑑　下）

へいほうじん【兵法仁】 剣術の巧みな人。「兵法つかひ・兵法者・兵法仁、三人有、（中略）兵法仁と申は、勿論上手につかひ、少々手前余り奇特なく共、度々勝負に勝チてがらをいたす人」」（甲陽軍鑑　下）

へいほうつかひ【兵法つかひ】 武芸に巧みな人。「兵法つかひ・兵法者・兵法仁、三人有、先第一に兵法つかひは、おもて《面》などつかふて習《ならい》のごとく人におしゆる」（甲陽軍鑑　下）

へいゆ【平癒】「へいゆう」とも。傷や病気が治ること。「やかんつき候て、きゐのわづらひあり、（中略）さまざまきとう候へども、つゐにへいゆうなく、ふし三人びゃうし」（太閤さま軍記のうち）

へいゆう【弊邑・敝邑】「自国」を謙遜してあらわした語。「老父（田村義顕）所自《よ》り数度弊邑（田村家）と貴国（伊達家）与《と》異議有る可からざる之旨」（伊達正統世次考）「敝邑」は弊邑に同じ。「自今以後貴邑と敝邑与《と》吉凶無二交契を為す可しこと」（伊達正統世次考）

へいれい【聘礼】 礼を尽くして招くこと。「真田左衛門佐幸村、高野山蟄居《ちっきょ》たりしが、秀頼、聘礼《へいれい》玲を厚くし」（左衛門佐君伝記稿）

へいろう【閉籠】 部屋に閉じこもる。蟄居すること。「抑八幡事昨日焼亡、猥雑之最中神人四人本社へ閇籠云々」（看聞御記）

へきあん【僻案】「自分の考え」をへりくだっていう語。愚考。「此事所存如何之由被命之、管見、僻案更雖不足思量、以前例更以不足准拠」（実隆公記）

へきじ【僻字】 間違った文字。誤字。「宝治百首新写御本校合、僻字可改進之由也、則改之進上了」（実隆公記）

へきしょ【壁書】 ①壁に貼り付けるか、吊りさげるかした紙に書いていている禁制。（日葡辞書）②幕府や守護大名の出した法令。家法。「右七ヶ条、去廿日衆評有之、被相定上者、御分国中上下可守此旨之由、壁書如件」（大内氏掟書）「被仰出意趣者、外様番不沙汰以外也、可被置壁書云々、然者予草案可書進由也」（慶長日件録）

へたかたぎ【下手形儀】「へた」は、下手で、「かたぎ」は、形儀で、下手なやり方という意。「ハヤク隙明候事ニ久カヽリ申候者、ヘタカタキニテ候」（伊達家治家記録）

べちぎ【別儀】 抹茶の一種で、「極」に次ぐ上質なもの。「飯過て、茶、別儀、薄茶、そゝり別儀」（宗達自会記）

べちそうでん【別相伝】 荘園制の所領について、特別の理由で伝領したものをいう。「然処称別相伝円兆僧坊領等沽却」（実隆公記）

べつかん【鼈羹】 すり立の山芋一升、砂糖一斤、赤小豆の漉し粉一升、小麦の粉五勺を練り合わせ亀甲の形に切っ

たもの。色は赤い。禅家の点心に用いた。（甲陽軍鑑 下）

べつぎ【別儀】 普通とは違った、特筆すべきこと。打消の言い方に用いて、差し当たって取り立てて問題とすべき事がない意を表わす。「自細川京兆以書状、河内国一揆事、従高屋相発之処、自此方依加制止、無別儀段、寔入魂之至、祝着之旨申来也」（証如上人日記）

べつぎょう【別業】「べつごう」とも訓む。別荘。「菟裘《ときゅう》の地と宣《のたま》ひ、御館《おたて》の別業《べつぎょう》を構《かまえ》られし始」（北越軍談）

へつくす【経尽す】 比喩的に、苦労などを凌ぎ通すこと。苦労に堪えること。（日葡辞書）

べつぐん【別軍】 本隊から独立した別の軍隊。主力とは別に作られた部隊。別動隊。「別軍・遊軍を定め用心厳しかりければ」（奥羽永慶軍記）

べっこうせん【鼈甲船】「鼈甲」は、「張形《はりがた》」の異称。張形の船のこと。「是に付て加藤主計頭（清正）、鼈甲船を作らせ」（政宗記）

べっさく【別作】「別作田」に同じ。「押領々家之別作事」（高野山文書）

べっさくでん【別作田】（特別に作った田の意）中世、雑事が免除されて年貢だけを負担する田地のこと。「村々別作田百六十六丁二反半」（高野山文書）

べっして【別而】 特に、打消の言い方と呼応して、取立てて問題するに及ばない意を表わす。「米石千六百一石ガ一貫六百シタゾ、別シテ貴ハナイゾ」（史記抄）

べつじょ【蔑如】 ないがしろにすること。見劣りすること。「主命を蔑如にし、法令を違犯せりとて大に怒り」（関八州古戦録）⬇「蔑如《ないがしろ》」を参照

べつじょう【別条】 打消の言い方と用いて、差し当たって、これといった問題がない意を表わす。「大坂ハ長袖ノ事ナレバ、別条更ニ有ベカラズ、唯平攻ニ攻ヨト下知シ給フ」（信長記）

べっしん【別心】 相手を裏切るような心。二心。「国侍共ニ御朱印之面知行をも不相渡付而、堪忍不成之故、構別心儀候」（黒田家文書）「去四月廿日ニ、信長至越前鶴賀ニ被相働、三日之ニ城四ッ被攻落、六百余被討捕、若州迄被引退候之砌、江州北之郡浅井別心候」（古文書選所収日乗朝山書状）

べつだん【別段】「べちだん」とも。普通とは違って特別のものである意を表わす。「雖然今度ハ参事為伝奏指南云々、別段之事也」（康富記）

べっとう【別当】 ①朝廷・幕府の各種役所の長官。②僧職の一。興福寺以下の大寺にあって、一山の法務を統御したもの。天台の座主、園城寺の長吏、東寺の長者、東大寺の寺務に相当する。③検校の下にあって、神宮寺を支配する者。

べつばん【別番】 本番に対して、別に、または臨時に受け持つ当番。「於新御願別番者、辰貝定鳴鐘」（高野山文書）

は

べつふく【別服】 別腹のこと。異母（兄）。「上総介殿別服の御舎兄三郎五郎殿、既に御謀叛おぼしめし立ち」（信長公記）

へど【反吐】 嘔吐すること。（日葡辞書）

へめぐる【歴回】「経巡」「経回」の充て字。あちこち回って歩く。遍歴する。「此犬恙《つつが》なく彼方《かなた》・這方《こなた》を歴回《へめぐ》り岩築え走り来る」（北越軍談）

へやずみ【部屋住】（親の家に部屋をあてがわれて住んでいるの意）親がかりの身分。また、その人。嫡男でまだ家督を継いでいない者や次男以下の家督相続できないものをいう。曹子《ぞうし》住《ずみ》。へやずまい。「来年元服とても傍に部屋住の躰にては」（甲陽軍鑑）

べんえい【鞭影】 教授者の心術のたとえ。道を学ぶものは、自得にあることを、良馬は鞭影を見て行くというふうに例えている。「其正鵠《せいこく》主将の心性《しんしょう》に本《もと》づくなれば、当座鞭《べん》影《えい》に靡《なびき》て幕下《ばくか》になり」（北越軍談）

へんえき【辺役】 辺境での労役。国境警備などの仕事。「辺役予備再撰に付奉窺候条々」（上杉家文書）

へんえつ【抃悦】 手を打ちながら喜ぶ意で、当面する事態を心からうれしく思う気持ち。「門徒中書状（中略）御入室事急被定申候者、一宗之光花、門徒之抃悦、不可如之候」（後法興院記）

へんがい【変改】 約束を違えること。一旦決めたことを無効にして一から変えること。（日葡辞書）

べんぎ【便宜】 都合のよいこと。便りのよいこと。手紙。「女共罷下ニ付、其注進として大坂への便宜ニ遣候」（黒田家文書）「久敷便宜《べんぎ》なければ死たるもしらずとある事にて」（甲陽軍鑑 下）

へんぎん【辺垠】 国ざかい。又、はて。かぎり。辺界。「汗馬忽々兵革ノ辰《とき》、東西戦鞁辺垠に轟き、世上の乱逆《げき》何に依てか起る」（甲乱記）

へんこう【貶降】 貶《おとし》め降《くだ》すこと。「特に一家を貶降《へんこう》し以て一族と為すと云う」（伊達正統世次考）

へんごう【返毫】 返信。（黒田家文書）

へんさい【辺際】 端、限界。行き着く果て、打消と用いることが多い。「辺際もない」。（日葡辞書）

へんさつ【返札】 手紙の返事。「返章」「返状」「返書」「返報」。「当月四日之返札、一昨廿六如披見者、信玄不時に其元へ取懸候歟」（歴代古案）

へんじ【片時】 ちょっとの時間。（日葡辞書）

へんじ【辺事・返辞】 贈り物の返礼。返礼の品。おかえし。「先度就被遣御状御礼也、御返事御太刀〈真次〉被遣之」（親元日記）

へんしゅ【偏執】 自分の嫌いな事について悪く言う、または軽んじ侮ること。（日葡辞書）

へんしゅう【扁舟】 小さい舟。小舟。「七尾の居城を出発、石動山の尾崎より扁舟《へんしゅう》に乗じて、越中婦負《めふ》郡滑川え著岸」（北

越軍談）

へんしゅう【偏執】 片意地。「赤尾津九郎に謀られ、大曲七郷に於ては偏執の思ひをなしけるが、今、案に相違して、赤尾津にたばかられ」（奥羽永慶軍記　下）

へんしょう【返章】「返札」に同じ。「晩来伊勢与一公、以折簡明日宗旦可参東府之命有之、乃遣返章」（蔭涼軒日録）

へんじょう【返上】 貴人に向かって返事を差し上げること。（日葡辞書）

へんじょう【返状】「返札」に同じ。「西御方ヨリ京都ヨリ返状有之」（言経卿記）

へんしん【返進】 借りていた物を返すこと。但し一頭の馬とか、一双の屏風とか、同じ物、同じ数を返す時に用いる。「此御本返進申候、長々申請候」（言継卿記紙背文書）

へんしん【遍身】 全身。（日葡辞書）

へんする【変する】 謀叛。「此の地居城の近辺の者皆変することを為す」（伊達正統世次考）

へんそう【扁倉】「扁鵲倉公」の略称。古代中国の伝説的な名医。「上洛し、扁倉が術を尽くすと雖も、其も験《しる》しなく」（柴田合戦記）

へんそく【辺塞】「辺側」の充て字か。ほとり。「偏《ひとへ》に御本居辺塞《へんそく》の損害にして、如何共せらるべき様なし」（北越軍談　中）

へんたか【鴘鷹】 若鷹のこと。「生易之鴘鷹御随身之条、可見給之由、任御内意之旨、鷹師差下候き」（上杉家文書）

へんちょ【片楮】 紙片。「予則此言を片楮《へんちょ》に記して、肌の衛護《まもり》に納め、今猶胸中に介《はさ》めり」（北越軍談）

へんど【辺土】 田舎、郊外。（日葡辞書）

べんとう【弁当・辨当・便道】 ①豊かなこと。裕福なこと。充足していること。また、そのさま。⇔不弁。「御寺物弁当候へば、不及申儀候、御検地候而以来、如何様に御不辨にても不苦儀候」（高野山文書）②「便当なもの」の意で、外来先での食事に便利なように携行する器。「予便当令携之間、於稲荷山中、令調義、傾数盃畢」（慶長日件録）③「便路」に同じ。都合のよいこと。ついで。「彼詣宇治神祠、以便道相訪云」（碧山日録）

へんぱ【偏頗】 公平でなく、一方だけを味方すること。贔屓すること。「座配などの時、ひいきへんは有べからず」（大諸礼集）

へんぱく【反覆】「へんぷく」とも。手の平を返すの意で、裏切ること。「其後至北国働候次第、拼江州浅井手之反覆之体、其聞之由候間、模様以別紙申候」（織田信長書状）

へんべん【返弁・返辨】 借りたものを返すこと。返済。弁済。「堤三郎兵衛去年借物返辨之」（実隆公記）負債を支払う。（日葡辞書）

へんぺん【篇篇】 事項が多岐にわたること。いろいろのこと。諸々の品物。「今度天下一乱以後、始而再興之間、篇々不弁、前後色々致計略」（多聞院日記）「甲斐入道が緩怠を攻

めんと、甲斐の近江安居の修理の臣以下、公儀に及で対論の基となり、篇々無量の申事出来す」（応仁略記）

へんぽう【返報】①仕返し、**復讐をすること。**（日葡辞書）②**「返札」に同じ。「御返報」の言い方で、返札の脇付として用いられる。**「一木三大郎庭田末子ヨリ一札有之、（中略）返報遣了」（言経卿記）

へんまん【遍満】世の中全体に満ちること。「但近日穢気世間遍満不可説事歟」（実隆公記）

へんもく【篇目】①**教義・陳述などの、それぞれの条項・箇条。**「彼等所訴申非無其謂、就御教書重令参洛、以已前之篇目可明申云々」（離宮八幡宮所蔵文書）②**喧嘩・紛争などについての訴訟。または交渉、折衝。**「使者納得候て被帰候、自然篇目之時は、拙者迄可承之由候也」（上井覚兼日記）「御弓箭為勝利由其聞候、大慶之至候、向後篇目之時者、互可申合事本望候」（東京大学史料編纂所蔵伊東義祐書状）

へんやく【抃躍】「べんやく」「へんゆ」とも。喜んで、躍り舞うこと。「此年於聚楽関白秀吉公金賦りあり、（中略）各も装束し、謹拝領之、大名小名不残如此也、非楊震賢、各抃躍不斜」（当代記）

ほい【布衣】「ほうい」「ふえ」とも。公家の供をする人が上に着用するもの。また、無官の者が着る麻の質素な衣服や衣。（日葡辞書）

ほい【本意】本義。（老翁物語）

ほい【本意】⬇「本意《ほんい》」を参照

ほいなし【本意無し】思うようにならず残念であること。「命を捨てしほい《本意》なさよ」（細川家記）「大まんどころさま御せんげなされたるよし御ちうしんこれあり、ほいなくおぼしめされ、御らくるいなゝめならず」（太閤さま軍記のうち）

ほう【弸】「ゆみ」とも訓む。弓の者。「合戦に取組む則《とき》は、弸《ほう》の者に人を射さする事なかれ」（北越軍談　中）

ほう【袍】束帯用の上衣。（伊達家治家記録）

ほう【方】薬の調合法。処方。「昨日良薬可然之由問答、令見方了」（実隆公記）

ほう【法】通常の程度。妥当な度合。普通。通例。「同名豊前守迷惑法之外候之由聞及候」（上杉家文書）

ぼう【旄】幢《はたぼこ》。**小さな旗を上げつけたほこ。**「元親自身、旄を取って押かけらる」（昔阿波物語）

ぼうい【妨意】「暴威」の充て字。乱暴な威勢。「妨意を振ひ国家を傾んと企《くわだつ》」（庄内陣記）

ほういつむざん【放逸無慙】我ままで残酷なこと。「木村父子は放逸無慙《ほういつむざん》の人にして民を憐まず、税斂《ぜいれん》を厚くし、一向我身のみ楽みにほこり」（奥羽永慶軍記　下）

ほういん【法印】中世以降、僧侶の称号に準じて、儒者・仏師・医師・連歌師・画工などに授けられた称号。（日葡辞書）

ほういん【芳音】訪問。他からの音信をいう敬語。（日葡辞書）

ほういん【宝印】「牛王宝印《ごおうほういん》」の略。東大寺・法隆寺その他の寺社で発行する牛王宝印。牛王宝命と記した厄除けの護符。起請文を記すのに用いた。「既此成敗之儀者、翻宝印、以誓詞被申合上者、努々違篇之儀不可有之事」（上杉家文書）

ほうえき【耗畧】「こうえき」が一般的な訓みか。消耗すること。損害。「累年の兵かくに資材甚だ耗畧《ほうえき》し」（関八州古戦録）

ほうえむ【包笑】「微笑む」の充て字。「其時包笑《ほをえませ》給ひて、老若共に不残罷出」（三河物語）

ほうか【放歌・放下】中世・近世に行なわれた芸能の一つ。小切子《こきりこ》を打ちながら行なう歌舞・手品・曲芸などの芸。また、それを専門的に行なう者。「抑放歌一人参、手鞠りうこ舞、又品玉ひいなを舞す」（看聞御記）

ほうが【奉加】仏堂・伽藍の造営にあたって財物を寄進して、その事業を助けること。勧進。「凡造営要脚令勧進、宮宮男女各奉加」（看聞御記）

ほうがい【法外】定まった法に背くこと。のりを超えること。法律の外。「堅固省略法外之事候へ共、畏候由申候」（言継卿記）

ほうがくしゅう【方角衆】その方面の兵たち。（老翁物語）

ほうがくたちがら【方角立柄】その方面の状況。「方角立柄之儀、先日以大津留宗久示給候之条、申遣旨候処、可然之由承候」（問注所文書）

ほうがせん【奉加銭】「奉加金《ほうがきん》」に同じ。社寺に奉加する金。奉納の金。「寂路庵恵光、為不出建仁寺修造高麗奉加銭、被罪科、被召置于聖護院」（蔭凉軒日録）

ほうがちょう【奉加帳・棒伽帳】神社に奉加する金品の目録や寄進者の氏名などを記した帳簿。「信貴山塔婆造立の棒伽帳」（大乗院寺社雑事記）

ほうかん【芳翰・芳簡】相手の手紙を敬っていう語。「芳札」「芳墨」とも。「寔久不得拝顔又不申通候、積鬱且相似狼藉候之処、芳翰尤恐悦候」（実隆公記紙背文書）「芳簡令披閲、欣然之至存候」（国立公文書館蔵白川晴綱書状）

ほうかん【方勘】「宝鑑」の充て字。手本。模範。「青沼忠吉は信州の先方《さきがた》にて、出納結解《すいとうけちげ》の方勘《ほうかん》弁《わきまえ》の者なる故、是を差副《そえ》て豆・相の土地、軍勢の分際、氏康所務の損益を積り」（北越軍談）

ほうがん【胞顔】「皰顔」の充て字。皰はあばた、にきびのこと。「佐渡は三年もすごさずして、顔にとうがさ《唐瘡》を出して、胞顔《はうがを》くつれてをくば《奥歯》の見えければ」（三河物語）

ほうがん【芳顔】相手に会うことを敬していう書札用語。「此表悉存分申付之条、可被心安候、旁期芳顔候」（多賀神社文書）

ほうぎ【方技】わざ。術。特に医術にいう。「東照神君其の善く方技に達するを以て毎《つね》に召して」（慶長記）

ほうぎ【法儀】 法の意をより具体化していう語。「さだまる法儀にあらざれば、しぜんの時のためにかきをく也」（岡本記）

ほうきょう【封疆】 封土。領知。（伊達家治家記録）

ほうけい【芳恵】 他からの贈物などを、好意によるものと感謝していう敬語。「野間左馬助入道実心貝蚫一折送之、不慮之芳恵也」（実隆公記）「不慮之芳恵也、則遣返事之次遣扇一本了」（実隆公記）

ぼうげき【矛戟】 ほこ。矛を持った兵。「次に二陣・三陣数千人の兵、東西に充満して矛戟《ぼうげき》の勢冷《さび》しく」（奥羽永慶軍記 下）

ほうける【蓬ける】 ぼける。のぼせる。「籠城する事ありと云共《いうとも》、蓬《ほう》けなく軍《いくさ》して」（北越軍談）

ほうけん【放券】「放券状」に同じ。「為後日証文、放券如件」（高野山文書）

ほうげん【芳言】 ①手紙。「懇切之芳言尤祝悦之旨謝之」（兼顕卿記）②他からの言葉を感謝していう敬語。「今度昇進事、予芳言之条、万端悦予之由也」（実隆公記）③一声かけていただければ。「鷹師両人差下候、過書、同路次番等之吏、被加芳言候者、本望候」（高橋文書）

ほうげん【法眼】 僧位は法印・法眼・法橋の順となっている。僧の称号に準じ、儒者・連歌師・医師・画工などにもこの称号を授けた。（伊達家治家記録）

ほうけんじょう【放券状】 中世、土地・家屋などを売却・譲与するときに、その旨を記して相手に渡す証書。沽却状。売券。「雖被相添御書奉書、放券状課略為必定者、可被勘落事」（六角氏式目）➡「放状《ほじょう》」を参照

ほうご【部伍】「たいご」「ぶご」とも訓む。隊列。「待事なく速に押出して、兼《かね》て奉《たてまつ》る処の部伍《たいこ》を勤む」（北越軍談）➡「部伍《たいご》」を参照

ほうこうだて【奉公立】 奉公に精励していることを殊更誇示すること。「於神明ハ御神物自分之儀不及申、屋形陶殿ノ奉公タテニ神馬共参候テ言上候キ」（房顕覚書）

ほうこうにん【奉公人】 主人に仕え、主人から俸禄とか給金などを受けている人。「成次第可召直候、縦雖為奉公人、百姓同前ニ被思召候間」（黒田家文書）「无官ノ者ヲバ郎トハイワヌゾ、唐ハホウコウ人ヲ郎ト云ゾ」（玉塵）

ぼうこひょうが【暴虎馮河】 危険な行動や向こう見ずな勇気をたとえること。「織田信長に仕へて走廻《はしりまい》の勇を揮《ふる》ひ、暴虎馮河《ぼうこひょうが》して死を肖《かへりみ》ず」（北越軍談 中）

ほうさく【芳策】 手紙。「芳翰・芳墨・尊書・尊墨・貴翰」など。（黒田家文書）

ほうさつ【芳札】 手紙。「芳翰・芳墨」に同じ。「先日者不存寄扳芳札、戌拝謁之思候」（実隆公記紙背文書）

ほうさん【褒讃】 褒め称える。「景虎公、中村伊勢を褒讃し給ひ、太田家の水を呑めば」（松隣夜話）

ほうし【芳志】 他からの好意を感謝していう敬語。「芳意」

「芳心」「芳情《ハウセイ》」とも。「自坊城干飯一盆、干鯛等被送之、毎年之芳志也」（康富記）➡「芳心《ほうしん》」を参照

ほうし【芳紙】 他人を敬って、その手紙をいう語。芳翰。貴翰。「青鳥飛来一芳紙《ハウシ》数日之鬱念一時解散」（源平盛衰記）

ほうし【鋒矢】「鋒矢形《ほうしがた》」に同じ。いくさの陣立の一つ。「鋒矢をあらはし、切崎をそろへて、打てかかりければ、」（応仁記）

ぼうじ【藐尓】「藐爾」とも。小さいさま。ちょっとしたこと。「向後《きょうご》懇志之交《まじわり》を為さんことを、愚拙藐尓たる進退為りと雖も」（伊達正統世次考）

ぼうじ【牓示・牓爾・放示・傍爾】 境界。また、境界の目印。境界を立てること。境界相論。「当浦山海傍示之事、如先々申付条、向後従何方相立候共、不可有承引候」（丹生浦共有文書）「其采邑の山林佐野領と隣て常に牓示《ぼうじ》を争ひ、秣《まぐさ》場《ば》・用水の為に双方の地下忍喧嘩に及ぶ」（北越軍談　中）「今度放示杭等打定之了」（大乗院寺社雑事記）

ぼうしつ【忘失】 忘れてしまうこと。忘れ去ること。忘れてなくすこと。もうしつ。「謙信在世中別而懇意、不可有忘失儀肝要候」（上杉家文書）

ぼうしつ【亡失】 無くなってしまうこと。「縦《たとい》窀穸《ちゅんせき》の中に埋没《まいぼつ》すと云《いう》とも、草を結ぶの報志を争か《いかで》亡失すべき」（北越軍談）「此忠功段、政虎在世中曾不可亡失候、弥相嗜、忠信簡要候」（新潟県立歴史博物館蔵上杉謙信感状）

ぼうじなどのぎ【傍尓等之儀】 境界線の策定に関すること。「對毛利被思召分、傍尓等之儀、我等可申上之通、被成御意候」（黒田家文書）➡「牓示《ぼうじ》」を参照

ほうじゅつ【方術】 手だて、策略。「信長より方術のことは羽柴筑前守に致す」（昔阿波物語）

ほうしょ【苞苴】 贈答品。賄賂の意でも用いる。「公の威風を仰て連々和親を約し、青鳥に付けて苞苴《おうしょ》を贈り、其機に応ぜん事を要む《もと》」（北越軍談　中）

ほうしょ【芳書】 相手を敬ってその手紙をいう語。芳翰。芳札。

ほうじょ【芳助】 援助、恩顧。「可然加芳吻、可令執申給之条、可為芳助之専一候」（実隆公記紙背文書）

ぼうしょ【芒所・亡所・茅所】 ①雑草のはびこる不毛の地にすること。荒地にすること。「村里を打破り、田野を芒所し」（南海通記）「取《とる》所領など茅所《ぼうしょ》に成事稀也」（甲陽軍鑑　中）②百姓が逃亡して無人となった所を亡所という。「出羽・奥州迄そさう二ハさせらる間敷候、たとへ亡所ニ成候ても不苦候間、可得其意候」（浅野家文書）

ほうじょう【方丈】 寺の住職。住持。また、仏教の師の敬称としてもいう。方丈和尚。「方丈再三歓喜之由被示仰者也」（実隆公記）

ぼうしょう【乏少】 必要を満たすには、余りに絶対量が少ないこと。些少。「嶋田打の刀、唐硯を献ず、乏少なりと雖も一儀を表す而已《のみ》」（伊達正統世次考）「随而此等式、乏少

候へ共、拙者餘分より罷出候」(高野山蓮華定院蔵真田信之書状)「将又乏少之至候へ共、漆小桶弐ツ令進之候」(東寺百合文書)

ほうしん【芳信】 相手を敬ってその手紙をいう語。芳翰。

ほうしん【芳心】「芳志」に同じ。「彼禅門宿老たるによりて、別而以芳心如此之書様、是等者臨時処分也」(桃花蘂葉)
➡「芳志《ほうし》」を参照

ほうじん【芳訊・芳尋】 他からの訪問、見舞いを受けること。「芳訊辱く候」。「今朝預芳尋候ける、紫野大徳寺鎮守遷宮事、懇望候間、罷向候」(宣胤卿記)「昨日累屈貴使、辱芳訊」(策彦和尚初度集)「昨日寄思召、愚宿へ芳尋之由承候、折節他行仕」(古文書纂三〇所収堀部功太郎氏所蔵豊前家文書)

ぼうしん【謀臣】 謀略にたけた臣下。特に、主君にとって油断のならない臣下。「昔年、唐吾朝に至るまで、計略のよき者をば謀臣と名付て誉たり」(甲陽軍鑑)

ぼうじん【坊人】「坊免人《ぼうめんじん》」の略。寺社の坊に対して免家役(公事)を納める百姓。坊人。「志富田庄山上人夫役之事、乍作公事地、近年号殿原・中間・坊人・下部等、任我意不勤夫役之間」(高野山文書) ➡「免家役《めんけやく》」を参照

ほうすん【方寸】 胸中。心そのもの。「誠方寸虚明ナル故ニ、人ノ思ツキ奉ル事、自西自東北自南思テ服セズト云事ナシ」(信長記)

ほうぜい【芳情】「ほうじょう」が普通か。他人を敬ってその人のなさけ。芳志。恩恵。「勝頼宣けるは、芳情《ほうぜい》の所は感悦せしむと雖も、一門一処に落行くべき事は、計略の少きに似たり」(甲乱記)「于今不始数度御芳情難言舌述候」(貴理師端往来)

ぼうせき【膀迹】「めぼしいところ」の意か。「分捕の所々巡見ましまし、本荘・鳥海辺の膀迹《ぼうせき》を糺し、羽黒・月山・湯殿の麓并《なら》びに」(北越軍談 中)

ほうそんをおく【ほうそんを置く】 亡損を除くこと。「ほうそんをおき、親子の間、是こそう《上》へなしの振舞」(御家誡)

ぼうだ【滂沱】 雨が激しく降るさま。激しく流れるさま。「其夜甚《はなはだ》雨滂沱《ぼうだ》して、猛風梶を折《おり》」(北越軍談)

ほうたい【芳体】 その人を敬って、その体、肉体をいう語。「近日残暑苦痛超于盛夏候、御芳体堅固に御座候哉」(実隆公記紙背文書)

ほうだい【放題・傍題・法第】 あるやり方や順序に任せるさま。そのまま。また、ある人の意志のまま。「それは其身之法第之由候」(上井覚兼日記)

ほうちゅう【庖厨】 くりや。台所。勝手。「如此の時節、逸《いち》早《はや》く伐従《きりしたが》へ、庖厨《ほうちゅう》の料所にも充《あて》られん事」(北越軍談)

ほうづ【方図】 量、際限。(日葡辞書)

ほうていせん【舫艇船】 舟。小舟。もやい舟。「かっこ舟」とも。「其方被官籾山、舫艇船壹艘之役銭、伊戸所へ済儀迷惑之由、侘言申上間」(北條氏光朱印状)「於獅子濱舫艇船貳艘新規ニ仕立由候、彼役銭於自今以後令免許者也」(北條氏光

朱印状）

ほうてき【芳擲】今している事を投げ出すこと。放置して手をかけないこと。（日葡辞書）

ほうとう【方等】「方等経」のこと。「大蔵経」のこと。「仏も花厳《けごん》・阿厳《あごん》・方等・般若・法華など、とき機に随て説《とか》れしとこそ承伝へぬ」（北越軍談　中）

ほうどう【宝幢】徳川家康の「厭離穢土、欣求浄土」と書いた旗の敬称かと思われる。「七十に成らせられて、をさめのほうどう《宝幢》の御旗がくづれては、何《いつ》の世にはぢをす、ぎ可被成哉」（三河物語）

ぼうとして【為某】私としては。それがしとしては。「依不慮之変化無首尾、不覃是非候、併為某聊非疎略之段」（東京大学史料編纂所蔵秋月種実書状）

ほうばい【傍輩】仲間。「然ども、傍輩いさかひなどと申事候はぬにても候はず」（上井覚兼日記）

ほうはん【芳飯・苞飯】「ほうばん」とも。法飯・苞飯とも書いた。細かに刻んだ食べ物の入っている飯で、その上に汁をかけて食べるもの。（日葡辞書）器に盛った飯の上に種々の煮物をのせ汁をかけた食物。（甲陽軍鑑　下）

ぼうはん【謀判】官印や私印を偽造すること。また、その印。にせ印。偽判。「天用料謀書謀判七千余疋在斎藤越前守、言語道断之由長橋局被語」（実隆公記）

ほうびきし【宝引師】「宝引」は福引の類で、数本の綱の一本もしくは全部に物をつけ、それを人に引かせて当たった者に賞品を与えること。「池田喜平次と云者、博奕《ばくち》打の宝引師《ほうびきし》也」（三河物語）

ほうぶん【鳳文】貴い文章。立派な文章。「此鳳文之趣、五畿七道之貴賤道俗、特更一宗之門徒、各勧懇志之奉加」（東寺百合文書）

ほうへんれんが【褒貶連歌】連歌の座で、各人が作った連歌を、その場で互いに批評し合って勝負を決めるもの。「雨中にて候間、終日囲碁又は褒貶連歌などにて打暮候」（上井覚兼日記）

ほうほう【芳報】相手の手紙に対する書札用語。「又一昨日巨細之芳報慥落手候ツ」（実隆公記紙背文書）

ほうほう【匍々・這々】這う這うの体で。今にもはい出さんばかりの様子。「成田衆散々に打なされて匍々《ほを》城に逃入たり」（関八州古戦録）「敗北して這這山之口へ逃皈る」（庄内陣記）

ほうぼう【鋒芒】相手を激しくせめること。「三宅備後守長盛彼《かの》国を押領して上方勢と鋒芒《ほうぼう》を争い」（北越軍談）

ほうほうのてい【辛々の躰】「這々の躰」の充て字。散々な目に遭って、そこから逃れるさま。「甲兵三百余人矢庭《やにわ》に同士討し、晴信も辛々《ほうほう》の躰《てい》にて、夜の間に行程一里余退散」（北越軍談　中）「輜重《しちょう》を南方へ奪ひ落され、匍々《ほうほう》の躰《てい》たらくにて」（北越軍談）

は

ほうぼく【芳墨】①相手の手紙に対する敬う称。「悃切《こんせつ》之芳墨快然之至也、幾回《いくたび》之を言うと雖も」(伊達正統世次考) ②書状。「芳墨拝見せしめ候」(日葡辞書)「芳墨喜披見候了」(実隆公記)

ぼうまんのいたり【暴慢之至】荒々しくわがままなこと。乱暴で自分勝手なこと。「今度二本松之為る所更に慮外に出ず、実に暴慢之至と為《な》す也」(伊達正統世次考)

ほうみそ【法論味噌】「ほろんみそ」とも。焼味噌を日に干し、胡麻、麻の実、胡桃、山椒などの香辛料を細かくして混ぜたもの。「自南都春日社御師積蔵院中時尭方、巻数神供油物ほろみそ一袋送之」(言継卿記)

ほうめい【芳茗】「茶」の美称。「霊龍院主聖秀長老泉涌寺前住来臨、(中略)被携芳茗廿袋、暫閑談」(晴富宿禰記)「為新年祝儀、御懇承候、祝着之至候、特芳茗贈給候、珍重候」(北條氏綱書状)

ほうめん【芳免】その人の好意によって与えられた許しを感謝していう語。放免のこと。「以次無興之申状に及候、芳免候哉」(実隆公記紙背文書)「今日、寺へ御案内被仰可被遣候、此中無音可有芳免候」(松永貞徳書状)

ぼうめんけ【坊免家】寺社の院坊が領有する免家。坊にその免家の納める公事を取得した。坊免。「已上里坊坊免家等数廿八宇歟」(勧学院文書)

ほうもん【芳問】他からの音信・手紙をいう敬語。「依無指事、常不申通疎略之至驚入候之処、芳問之条珍重々々」(文明十四年鈔庭訓往来)「御芳問披閲、畏悦之至候、仍御幕之儀令申候処、今度下給候、誠以本望此事候」(山口県文書館所蔵松浦隆信書状)

ほうや【鋒矢】「ほうし」とも訓む。陣立ての一つ。少勢で多勢を破ろうとする備えで、足軽を∧のように立てて射立て、後に武者を一の字のように立てて、機を見て足軽が両方へ開く時、武士が急に突進し、またそのような勢を示すために縦一列になるもの。「魚鱗《ぎょりん》、鶴翼《かくよく》、長蛇《ちょうじゃ》、偃月《えんげつ》、鋒矢《ほうや》、方向《ほうよう》、衡軛《こうやく》、井雁行《せいがんこう》」(甲陽軍鑑 下)

ほうやく【方薬】馬鹿々々しいこと。あるいは、愚かな所業。(日葡辞書) 実力がなく間に合わせのことなどをすること。また、そういう人。「氏真は扨も、、あほう人哉、抑《そも、、》竹千代様を鵜殿に代《かえる》と云方薬《ほうやく》哉と云たり」(三河物語)「もとより強過たる大将聞出し給ひてから、猿のごとくなる侍をことごとく方薬払と云者になさるれば、よき衆は打死し」(甲陽軍鑑)

ほうよ【方輿】大地。土地。「然共《しかれども》坂東は方輿寛博《ほうよかんはく》にして、中国に較《くらぶ》れば二倍三倍たるに依て、漸《ようやく》千貫・二千貫を進止《しんし》する族《やから》」(北越軍談)

ほうよう【方向】方圓とも。敵国深く働く時、夜合戦にはあわない陣取り。「魚鱗《ぎょりん》、鶴翼《かくよく》、長蛇《ちょうじゃ》、偃月《えんげつ》、鋒矢《ほうや》、方向《ほうよう》、衡軛《こうやく》、井雁行《せいがんこう》」(甲陽軍鑑 下)

ほうよう【放鷹】 鷹狩のこと。「遽《にわか》に放鷹之帰路を要して以て之を幽囚す」（伊達正統世次考）

ほうよう【方用・方向】「方円の陣取」に同じ。敵が「鋒矢」の備えで突進して来るとき、これを包んで討つか、左右に外すかのための備え。また、敵地に侵入した際、八方からの夜襲に対して備えるもの。「からの軍法（中略）五に鋒矢、六に方向《はうよう》、七に衡軛」（甲陽軍鑑）

ほうらいしま【蓬萊嶋】 蓬萊山を象って作った台上に、松竹梅・鶴亀・尉姥《じょううば》などを配し、祝儀などの飾物に用いたもの。蓬萊台。「御菓子七種　釣柿《つりがき》　紫菜《あまのり》　寸金羹《すんきんかん》　蓬萊嶋　金柑《きんかん》　姫胡桃《ひめくるみ》」（甲陽軍鑑　下）

ほうらつ【放埓】 放縦、気侭、無遠慮。（日葡辞書）

ほうり【祝】「はふり」とも訓む。神に仕えるのを職とする者の総称。また禰宜の次位。「下浅間拝殿造営被成候、番匠扱ヲハ祝衆イタシ候」（妙法寺記）

ほうりょ【芳慮】 相手の配慮・行為に対して敬っていう語。「如何様以手透可申上候、至其時者、可被懸芳慮候」（国立公文書館蔵白川晴綱書状）

ぼうりょう【坊領】 僧房の所領。坊に所属する所領。「不依多少、取坊領輩、小者不仕不可有独住、若於背此旨者、多分え坊領を可被上事」（高野山文書）

ほうれい【宝鈴】（諏訪社の）宝鈴を鳴らして誓うこと。「四日（諏訪）頼継宝鈴。五日頼継高遠へ帰城」（高白斎記）

ほえる【哮る】 吠える。「渓間《たにま》にて狼群が出、哮《ほえ》かかり」（細川家記）

ほかい【行器】 食物を入れて、携行したり、他人へ贈ったりするのに使う容器。弁当のようなもの。「ほっかい」とも。「西御方ヨリ彌々御料人ヘホッカイ送給了」（言経卿記）「行器ハザッショウ入テ持アルク物ゾ」（庭訓之鈔）　➡「外居《ほかい》」を参照

ほかい【外居】 たべものなどを他所に運ぶ器。「ミやうわう《明王》別当より御ほかい（外居・行器）上申候、御しやうはん《相伴》衆打月斎・伯蔵・浄庵・則休斎」（伊達天正日記）

ほかく【逋客】 ①世を遁れた人のこと。「今年になり長野は滅亡し、三楽は逋客と成」（関八州古戦録）②亡命者。「信州高井郡の逋客《ほかく》高梨摂津守政盛」（北越軍談）

ぼくじゅう【僕従】 召使。従僕。「於予州乎智嶋搦之時、僕従彦四郎被矢疵左頬之由」（白井文書）

ぼくじょう【目上】 身分の上の人を尊敬して、その人に盃をさすことをいう。「以御酌被下新盃、予盃被聞食之、過分之至、再三辞申、雖然押而被聞食間、目上重畳面目尤祝著也」（兼顕卿記）

ぼくす【卜す】 選ぶこと。「卜暖日來訪所希候也、餘寒漸退之間屈指俟之者也」（江雲老宛沢庵宗彭書状）

ぼくすう【牧芻】「牧す」の充て字。牛馬を飼いならすこと。「且《しばら》く馬を納め牧芻之比《ころ》に至って出張す可し」（伊達正統世次考）

ぼくぜい【卜筮】神の託宣のこと。「雖輝虎沼田在陣候、任卜筮出馬候間、信州衆早々参陣候由遣飛脚候キ」（歴代古案四所収武田信玄書状写）

ほくそえむ【北叟咲】ほくそ笑むこと。「将々《はたはた》蹴散して若者どもに分捕さすべしと北叟咲《ほくそえみ》し玉ひ」（北越軍談）

ほくら【禿倉】やしろ、ほこら。（征韓録）

ぼくり【木履】木履。下駄。足駄。「中あしく共うちとけがほにて、ぼくり《木履》はく人ぬぎたらば」（甲陽軍鑑 下）

ほけ【火気】水蒸気、湯気のこと。（日葡辞書）

ほこ【架】鷹をすえる台。「洛中本能寺にて進上。相模の御鷹居、御架《ほこ》に維《つなぎ》申されたり」（信長公記）

ほこぎ【架木】鷹が止まる木。（日葡辞書）

ほこさき【鉾芒・鋒】矛先。鉾先。「甲兵の鉾芒《ほこさき》強して、佐久・小県の所帯も半ば略せられ」（北越軍談）

ほこたて【鉾楯】争い。「甲（州）相（州）鉾楯之上」（伊達家治家記録）「和睦の義終に不済、鉾楯年久しと云ふ」（昔阿波物語）

ほごになす【為反古】「ほうぐ」とも。相手からの申し出などを、問題として取り上げないで、没にしてしまうこと。「捧文書之写訴訟輩、実書被書被召出被引合処、令柞違者、可為反故」（六角氏式目）

ほこり【靏】埃。「はけ敷して武者靏《ほこり》一面にうづまり物のいろ見えわかざるに」（関八州古戦録）

ほこり【夸】「誇」の充て字。誇ること。「武田晴信の長男太郎義信武勇に夸《ほこり》て父信玄の旨に違ひ、獄舎に下されて」（関八州古戦録）

ぼさつ【𦬇】「𦬇」は菩薩の異体字。菩提は𦬆と略す。「其手負を討捕《とれ》と云けれは、立帰て八幡大𦬇手負にてはなし」（三河物語）　参考：卄は卄卄（さっさ菩薩に点菩提と言って古くからの慣習訓み）

ほし【星】①目印。目星。「射手に下知し、夜討の松明を星にして、矢種を惜まず散々に射る」（奥羽永慶軍記 下）②鉄砲を試射する的、標的。「星的」ともいう。「一　天気よし御てつほう《鉄砲》野へ御出き候、御不断衆ニほしをうた《星撃》せられ候」（伊達天正日記）

ほしあい【星會】「星合《ほしあい》」の充て字。七夕のこと。「水無月《みなづき》の禊《みそぎ》、星會の奠《てん》も過て、残る暑未だ凌ぎ難きに」（北越軍談）

ほしい【乾糗】干飯のこと。「三寸計りの黒の嚢《うちかへ》に、干味噌・乾糗《ほしい》を入れ、鞍坪に置き」（北越軍談）

ほしいまま【擅・檀・縦】欲しいままにすること。「北条早雲布衣卑賤より起《おこ》って、父子三代擅《ほしいまま》に逆威を震ひ」（北越軍談）「只鴻毛《こうもう》の順風に遭ひ、巨魚の大海に縦《ほしいまま》なるが如く、心ら知らず」（北越軍談）

ほしいままに【恣に】恣意的に。（元親記）

ほしき【補職】自分の役職などすべてのもののことか。「補職《ほしき》を四郎憲政（時に八歳）に与奪し、其躬《み》は里見刑部大輔

義堯《よしたか》に合体」（北越軍談）

ほしころす【干殺す】 飢え死にさせること。「北国ハ早雪モツモリタル事ナレバ、兵郎米モツキ可申、然バ敵ヲホシ害（コロス）ベシト信長ハ思召処ニ」（三河物語）

ほしな【干菜】 菜や大根の葉を日陰で乾燥させたもの。「塩四十文、酒十文、ホシ葉百文ニ四連六連売也。且《カツ》紙ハ一束ヲ百五十文ニ売也」（妙法寺記）

ほしゃ【輔車】 あい助けて切り離せないもの。密接な関係にあるもののたとえ。「扇を以て渠《かれ》が輔車を撻《うち》玉う」（北越軍談）

ほじょう【放状】 「放券状」に同じ。中世、土地・家屋などを売却・譲与するときに、その旨を記して相手に渡す証書。沽却状。売券。「相副勧学院放状、（中略）奉寄進被衆中訖」（高野山文書） ➡「放券状《ほうけんじょう》」を参照

ほす【晞す】 干すこと。干し殺すこと。「垷《しがき》をゆゐ、へい・さく付て晞害《ほしごろ》させ給ひし時」（三河物語）

ほせん【歩跣】 裸足で歩くこと。「はや畑屋落城すと見えて、女童歩跣《ほせん》にて逃来る事引もきらず」（奥羽永慶軍記　下）

ほそいり【細入】 「ほそりいる」の名詞形「ほそりいり」の転。「ほそり盗人」とも。こそ泥。「近日ホソリ盗人ハヤル由、不安世界不珍々々」（多聞院日記）

ほそことば【細言葉】 優しいことば。情あることば。「いにしへは知者にむつんで其名を雲上にあけんとほっす今情ある人のほそ言葉をしたひより」（北条五代記）

ほぞをかむ【臍を噬む】 後悔すること。「下馬に迨《およ》ばず打過る儀あらば、外聞実義臍《ほぞ》を噬《かむ》共益あるまじ」（北越軍談）

ほだ【榾】 大きな材木のこと。「山の崖より金掘を入て、榾《ほだ》二ヶ所、漸《ようよう》に掘崩さしむ」（北越軍談）

ほだし【ほだし】 絆《ほだし》。行動の自由を妨げるもの。手かせ、足かせ。「弥四郎をば高手小手にいましめ、ほだし《絆》をはかせて」（三河物語）

ほだす【羈す】 絆すこと。縛りつけること。人の自由を束縛すること。「暑天の間林丘の栖遅《ちせい》に羈《ほだ》され、光陰を空《むなし》く過《すご》す」（北越軍談）

ほっき【発気】 考え出すこと。思いつくこと。「大光寺明長老自今日後燈禄被談、蔭蔵主発気也」（看聞御記）「其方依手柄、守以下所望之仁、可為發氣次第、横合非儀之族、不可有之候」（大道寺政繁判物）

ほっきょう【法橋】 僧位の一つ。法眼の次位で、俗人の五位に準ぜられた。中世以降、仏師・経師・医師・絵師・連歌師も与えられた。「則被成下法橋　宣旨云々」（黒田家文書）

ほっしんのう【法親王】 仏門に入った後に、親王宣下を受けた皇族の男子。親王宣下後に出家した場合は、入道親王という。（黒田家文書）「御出家以前、先俗名にて親王宣下ありて、さて御出家あるをば、入道親王と申て規摸とせらるる也、御出家已後宣下あるをば法親王と申」（官職難儀）

は

⬇「入道親王《にゅうどうしんのう》」を参照

ほっす【払子】 白熊の毛または馬尾・牛尾を束ね、これに柄をつけたもの。インドの僧が蚊や蠅を追い払うのに使った。後世は法要の具に。「仏所《ぶっしょ》ニテハ錫杖《しゃくじょう》、武士ニテハ兵杖《ひょうじょう》、鬼神国ニテハ死活杖《しかつじょう》ト云。禅家ニハ払子《ほっす》ト云」（甲陽軍鑑　下）

ほったい【法体】 僧形となること。剃髪すること。また、その姿。「其頃は法体して我斎となのる」（政宗記）

ぼつでき【没溺】 水におぼれること。溺没。「腹十文字に掻《かき》切《きっ》て、石和川に身を投じ、没溺《ぼってき》せられし分野《ありさま》、見る人肝を消し」（北越軍談）

ぼっとう【没倒】 滅ぼし倒すこと。また、強いて没収すること。「もっとう」とも訓むか。「所詮彼両家を没倒せば謙信手を広けたる」（関八州古戦録）

ほっとく【発得】 了解すること。（日葡辞書）　⬇「没倒《もっとう》」を参照

ほてした【払手下】「払手」は腹のこと。「鉄炮にて、鞍の前輪より払手下《ほてした》を、後へ打貫かれ、少しも堪《たま》らず」（武田三代軍記）

ほどあるべからず【不可有程】 まもなく。近々に。「諸城可為落去事不可有程候」（東京大学史料編纂所蔵秋月種実書状）「箱根山峠へ為陣取至小田原表可手遣候条、落去不可有程候」（黒田家文書）

ほどきどう【解胴】 解胴《ほどきどう》の具足のこと。「自岩城（常隆）御進物ともほと《解》きどう《胴》道呪（順）斎・（大和田）筑後守上申され候」（伊達天正日記）

ほとけどう【仏胴】 鎧の胴の制の一種。前後二枚に鉄にて打ち出したもの。「草摺《くさずり》に二ッあたり候へども、仏胴《ほとけどう》のためし具足なる故、疵になるほどうらへぬけず候」（甲陽軍鑑　下）

ほどこす【播す】「施す」に同じ。施すこと。「各《おのおの》御取り合ひにて、御前へ召し出だされ、面目を播《ほどこ》すなり」（信長公記）

ほととぎす【黄鸝】 ほととぎす。不如帰。杜鵑。「前栽《ぜんざい》の桜の馨《かおり》、穏かなる黄鸝《ほととぎす》の新哢《はつね》までも越路の初春様替りて」（北越軍談　中）

ほどらい【程合】 ちょうどよい程度。適度。（黒田家文書）「貴人の御盃、あまりにちやう上へあげても如何、凡いただくべきほどらいは定事候」（奉公覚悟之事）

ほとんど【殆】 凡そ。大部分。または最も頻繁に。（日葡辞書）

ほないしょうにん【保内商人】 鎌倉・室町時代における近江国（滋賀県）蒲生郡の商人。「前々依無其例、就保内商人歎申、被相留由候」（日吉神社文書）

ほね【骨】 物事にたえる気力。障害に耐え、意志を貫く気力。また、それを備えた人。気概。気骨。「凡広時天性有骨者也」（看聞御記）

ほねん【甫年】 陰暦正月の異称。「甫年　ホネン　正月名甫始也」（文明本節用集）

ほのかに【風かに】 ほのかに。「常に馬場美濃守、存正の時

申したる事を、風《ほの》かに承り候は、此奥山天目山こそ」（武田三代軍記）

ほのき【風記】 儀式などに際して、陰陽師から上申される意見書。「側記」とも。「抑広橋中納言来、御即位行事始、幷御修理事日次来月三日、高御座塗日同五日、在重朝臣風記被持来之、以此旨、可被申武家云々」（実隆公記）

ほのぼのと【朗々と】 ほのぼのと。「夜も朗々《ほのぼの》と明行儘、保良坂を見渡せば敵壱人もなかりけり」（関八州古戦録）

ほひつ【輔弼】 天子、君主の政務を助けること、またその人。（日葡辞書）

ほふる【屠る】 敵兵を蹴散らしてその城を守備に使う。「清野辺より海津え取懸け、一時攻に城を屠《ほうっ》て吾兵是に楯籠り」（北越軍談）

ほべつせん【帆別銭】 ➡「屠《はぶ》る」を参照 ➡「帆役《ほやく》」を参照

ほぼ【較・粗】 ほぼ。おおよそ。あらまし。「分刻を考れば較一時《ほぼいっとき》が程なり」（北越軍談）「就其豊州之使者中分粗承候、其通湍西堂ニ中渉候」（小早川文書）

ほほえみ【微哂】 微笑み。「勝頼是を聞て微哂《ほほえみ》、信長の表裏今に始《はじめ》ず」（北越軍談　中） ➡「較《やや》」を参照

ほめる【譏る】 褒めること。「助太夫は、能ねぎりたりとて、笑《わらい》　譏《ほめ》にけり」（三河物語）

ほやく【帆役】「帆別役銭」に同じ。港湾に停泊する船に対して課する税金。その船の帆一反につき何銭という割合で徴収し、港湾の整備などに充てた。帆別銭。帆別銀。帆別。「於彼船者、帆役湊役幷出入之役、櫓手立使、共免許訖」（駿河寺尾文書）

ほよく【輔翼】 補佐。たすけること。「長尾敏景入道教阿弥陀仏を守護代として輔翼《ほよく》たらしめ」（北越軍談）

ほり【隍】 空ら堀。（南海通記）

ほりのうち【堀内】 中世、在地領主の屋敷地内。「青砥四郎左衛門入道跡除堀内分事」（上杉家文書）

ほれもの【耄者】 確かな思考力、判断力を無くした者。間抜け者。耄者。「あのやうなほれ者を御取立之儀、偏に信玄公御目違なりと」（甲陽軍鑑）「ウツケタル事ヲ云マハル、（中略）ホレ物ニハアラズヤトテ、カラカラト笑ケリ」（三河物語）

ほろ【母衣・綊・武羅】「ぼろ」とも言う。①冑の上から馬の頭辺まで被って矢を防いだ防具。「黒母衣ニ金ノ半月ノ出シアリ」（伊達家治家記録）五幅ほどの布で作った背に負うて矢を防ぐ具。（長元物語）「両隊聊か躁《さわ》ぐを見て、越前の綊《ほろ》の士藤田大学」（左衛門佐君伝記稿）「白絹の武羅《ほろ》かけて、水練黒と名付たる逸物の馬に打乗」（奥羽永慶軍記　下）②戦争の際に兵士が背中に負う小型の幟《のぼり》に似た標識をいう。（日葡辞書）

ほろのもの【母衣の者】 母衣をつけた武者。「身体其外何事も母衣之者、幷使番次第可守其法事」（太閤記）

ほろばり【母衣張・幌張】 母衣串《ほろぐし》にかけた母衣の指物。「広

瀬は白幌はり、三科は金のわぬけ（中略）赤備の中に両人別色の指物を仕り」（甲陽軍鑑）

ほんい【本意】「ほい」とも。①心からの思い。②あるべき姿。③特に、戦いに関して、思い通りに敵地を陥れて、本望を遂げることをいう。「景虎への御広言に、村上を更科へ本意させ給ふまじと有儀」（甲陽軍鑑）「二人之兄弟承テ、主ヲ本居〈本意〉サセ申サンタメニ社、御跡ニハトドマリタリ」（三河物語）

ぼんか【犯科】犯罪をおかすこと。犯した罪科。「定景は犯科《ぼんか》脱《のが》るるに拠《よんどころ》なく、薄命旦暮に迫るを察し」（北越軍談）

ほんかいにあらず【非本懐】「非本意」と同じ。自分の意とは反すること。「于今此庄兵乱、万端取紛之間、延引非本懐候」（米沢市上杉博物館蔵大宝寺義興書状）

ほんかがり【本篝】陣営の篝火の一つ。本陣に燃やす篝火。威儀用の捨篝《すてかがり》に対していう。「脇備を先へくり、後備を脇にくり、すて篝《かがり》をたき、本篝をもちひなされれども、敵か、る事なし」（甲陽軍鑑 中）➡「捨篝《すてかがり》」を参照

ほんがん【本願】寺務を執る筆頭の者。「彼者坊・屋敷・銭箱以下不残、永代被成御寄進候、為本願、諸事可被申付之旨、被仰出候」（成就院文書）

ほんきゅう【本給】①古くから領有している給田《きゅうでん》のこと。「当庄両庄官、本給自名田并一族分公事銭事、半分宛可致其沙汰之由」（高野山文書）②以前から主人の扶持を受けている家臣。「後番之替目に、本給足軽弐百人余も」（上杉家文書）

ほんぎん【本銀】「本銭」に同じ。「一、借銭借米之事、（中略）一、家質之事、（中略）右五ヶ条、以本銀之十分の一白昼に取可申候之由被仰出候」（室町殿日記）➡「本銭《ほんせん》」を参照

ほんげき【叛逆】謀反。「ほんぎゃく」とも訓む。（日葡辞書）

ほんげじょう【本解状】訴人（原告）が最初に提出する訴状をいう。初問状。本解。「本解状とは、最初の訴状なり、又申状とも云」（沙汰未練書）

ほんけん【本券】家を買った人が持っている元の売渡状。今後、売る場合は、この売渡状を売券に添えて渡すのである。「雖然依有要用、直銭肆拾壱貫文仁限永代相副本券等、所売渡申沙彌道忍仁実正也」（古文書選所収僧承瑾名主職売券）➡「沽券状《こけんじょう》」を参照

ほんざん【本参】古くから仕えていること。古くからその職やその立場にあること。また、その人。古参。「新参本参共に能武士あつまり、其大将へ、忠節をつくして」（甲陽軍鑑）

ぼんさん【盆山】庭などに砂礫《されき》などを積んで築いた小さい山。また、庭などに置く山の形をした石。「此石不可為盆山、造観音像則可進内裏御乳母人」（実隆公記）

ほんしきじん【本式仁・本式人】正しい人。人らしい人。完全な人。「輝元、隆景事は本式仁にて」（桂岌圓覚書）「輝元日本一の大本式人にて、連々偽《いつわり》無く存ぜられ」（老翁物語）

は

ほんじく【本地供】 本地堂で行なう本地仏の供養。「天野四所勧進諸神本地供」(高野山文書)

ほんしゅ【本主】 元の城主。「就中小那淵之城、本主新井乗《のっ》執《とり》候歟」(長国寺殿御事蹟稿)

ほんじょ【本上】「本所」の充て字。織田信長の次男信雄のこと。「(御)本所」と呼ばれた。「関白殿(秀吉)、御本上(織田信雄)に腹をきらせ給はんと」(三河物語)

ほんじょ【本所】 ①所有権者のこと。「洛中・洛外寺社本所領、或号請本地、或手続代官、令押妨」(立入文書) ②話題にしている、この所。当所。「本所僧正両人被召加了」(満済准后日記)

ぼんじょう【梵場】 梵宇。梵刹。寺院のこと。「夢窓国師の開闢之梵場也」(甲乱記)

ほんじん【本陣】 陣詞で、味方の陣所で五日以上使っている陣所を特に本陣という。一軍の大将の居る陣所。「一、陣詞の事、味方の陣所を陣場と云、五日に過る則《とき》は、本陣と云」(北越軍談 中)「庄田に本陣を取ば、先手は大平河を前にあて、岡、大平に陳を取」(三河物語)

ほんせん【本銭】 貸借関係における元金のこと。「若於此名主職仁違犯煩申輩出来時者、以本銭一陪弁沙汰申候」(古文書選) ➡「本銀《ほんぎん》」を参照

ほんせんがえし【本銭返】 買戻約款付の土地売買。一定期間の後、または金子が出来た時、元本を償還して、一旦売った土地を請戻すこと。「卯花対馬方自《よ》り本銭返し之買地、上長井荘李山郷の内一宇、下見門在家」(伊達正統世次考) ➡「永地《えいち》返《がえし》」を参照

ほんせんがえしねんきち【本銭返年季地】 本銭返しのうちで、一定期間を経過したのちに、代価を支払って買い戻すもの。「本せんかへしねんき地の事、うりて、かいてたかひに証文とりわたし」(塵芥集)

ほんそう【奔走】 手厚くもてなすこと。馳走すること。供応すること。「一種一瓶者、衆中課役、賭引手者、亭主奔走歟」(庭訓往来註)

ほんぞなえ【本備】「本陣」に同じ。陣営で、総大将の居所の置かれている部分のこと。本営。「宗長公の御本陣の宗徒の人々」(籾井家日記)

ほんち【本知・本地】 本領のこと。「其方儀、本知事者不及申、新知等可被仰付候」(長国寺殿御事蹟稿)

ほんて【本手】 その道に明るいこと。また、その人。「内藤修理殿へなぞをかけらるる、糸げの具足敵をきるなに、内藤則ちとかかる。小太刀、馬場聞て本手よりはましなりとほめらるる」(甲陽軍鑑)

ほんでん【本田】 荘園制で、新開の田に対して、もとからあった田。「本田弐万八千参百拾五束苅」(上杉家文書)

ぼんてん【梵天】 ①修験道で祈禱に用いる幣束。「丹誠を抽《ぬきんじ》て御願の證《あか》しに梵天を以て、湯殿の御湯を嘗《なめ》て下向し」(伊

は

達家治家記録）②「真桑瓜」の異名。「御いままいりよりほんてんまいる、山よりとしどしの御うりまいる」（御湯殿上日記）

ほんのちゃ【本茶】 山城国栂尾産の茶。⇕「非の茶」。「栂尾阿伽井防（ママ）本茶二裹廿、献之」（看聞御記）

ほんのやぶみ【本の矢文】 当時、文書を矢柄《やがら》に結びつけ、または蟇目の孔の中に入れて、射飛ばしたもの。（庄内陣記）⬇「矢文《やぶみ》」を参照

ほんぷく【本復】「ほんぷく」とも。①病気が全快すること。「只今之分に御座候者、来春は大方本復可申と奉存候」（上杉家文書）「老官女所労大略本復之分也」（実隆公記）②所領などが元の状態に戻ること。「自室町殿御領等本復可申沙汰、可有還御之由再三被申之間、還御云々」（看聞御記）③「ほんぷく」と訓む。「ほんばら」とも。正妻から生まれた子。

ほんまい【本米】 ①荘園領主が年貢として実際に収納する米のこと。「若槻庄損免事、本米九十九石七斗七合五勺也」（大乗院寺社雑事記）②米による貸借関係において、元本にあたる米をいう。⇕「本物（ほんもつ）」「借米之事、わりは、其年一年は契約のごとくたるべし、次の年より、本米許に、一石にに一石、五ヶ年の間に本利合六石たるべし」（今川仮名目録）

ほんまる【本丸】 わが国の城郭で、最も主要な部分のこと。多く、天守閣を築き、周囲に石垣や濠をめぐらし、城主が戦時に起居する。「町郭も放火せられ、本丸計りに成りてけり」（奥羽永慶軍記）

ほんもう【本望】 望みを達して喜びを感じること。満足であること。「彼所へ不日有入部時宜御注進候はば本望候」（親元日記）

ほんもつ【本物】 利子に対して、その元金にあたる物資、特に米をいう。本米。「先年永享十一年歟、内々致本物返之契約之処、去々年九月就新御法、被彼契状了」（康富記）

ほんもつがえし【本物返】 中世、特殊な条件つきの売買契約の一つ。売主が年月にかかわらず代価を買主に支払って買い戻す、あるいは特定の期間を経過した後に同じく買い戻すことができるもの。「本物返に雖令沽却之」（東寺百合文書）

ほんやく【本役】 ①中世、加地子《かじし》のような加徴税に対して、国衙や荘園領主が収納する本来の年貢をいう。②中世・近世、収めなければならない正規の課役の全体。一定の課役の中で部分的に免除される半役・三分一役などに対して全部を負担するもの。「被定置諸酒屋役条々事、（中略）可為半役、至以後者、為本役可致其沙汰」（蜷川文書）「宣陽門院御仏事供米事（中略）所詮全別納名々幷本役無沙汰之下地等、悉可致寺役之由可被下御奉書之由申入」（看聞御記）

ほんろ【本路】 ①あらかじめ決めてある道。「忩伏見に帰、六地蔵辺に立輿、男女於此所見物、而又如本路被通」（看聞御記）②道理。由来。「以本路之次第令啓候也」（政基公旅引付）

は

ま行

まい【舞】幸若舞のこと。「幸若八郎九郎大夫に舞をまはせ、(中略)初之舞者大職冠」(信長公記)

まい【枚】金子を数える。「『金一枚』は『十両』、四両四匁」(大文典)「家康より関白殿へ被進候物、一、御馬十疋、金子百枚、なし地の御太刀」(家忠日記)

まいき【毎季】季節のたびごと。その季ごと。「於地子銭者、毎季卅文宛可有納所候」(言継卿記)

まいきゃく【埋却】地中に埋葬すること。(日葡辞書)

まいし【舞師】舞を舞うことを職とするもの。「壱斗参升舞師酒迎」(高野山文書)

まいす【売僧・売子】売僧。商行為をしたり、仏法にそむく行為をしたりする僧。「出羽の羽黒の者と申し上げ候。唯の売子《まいす》にてあり」(信長公記) **商行為をしたり、仏法にほむく行為をしたりする僧。**「弥々《いよいよ》此の両僧は売僧《まいす》なるべし」(奥羽永慶軍記　上)

まいそう【昧爽】早朝。「此月十六日昧爽ニ」(伊達家治家記録)

まいたゆう【舞大夫】幸若舞の舞い手。「平野といふ所より大頭《だいがしら》のながれ、舞大夫をよび、堂の祝に舞はする」(醒酔笑)

まいたる【味たる】「参到《まいいたる》」の変化した語か。やって来る。まいたる。「当時資正岩築《つき》に孤立して、南方の味《まい》たる上、松山を兼持《かねもち》、関東道三十里に迨《およ》ぶ道程」(北越軍談)

まいたん【毎端】いつも。「御在洛中、毎端被御意事、于今難忘存候処、御懇恩問誠畏悦、更難尽筆舌候、併期後信之時」(晴富宿禰記)

まいばやし【舞囃子】能の演奏形式の一つ。一曲中でシテが活躍する部分を、シテ一人が面・装束をつけず紋服のまま、地謡と囃子によって舞うもの。

まいふく【埋伏】待ち伏せ。「一手は迫戸の中に埋伏し」(庄内陣記)

まいへん【毎遍・毎篇】①その都度毎に。いつも。(日葡辞書)「頃年《としごろ》貴処の武勇に押妨《おしさまたげ》られ、毎篇素意《まいへんそい》に任せず」(北越軍談中) ②事ごとに。常に。また、ことごとく。すべて。「毎篇聴明丸に譲与也」(政基公旅引付)

まいまい【舞々】舞を職とする旅芸人。「年々上田へ来る春松大夫と云う舞々、秀吉公へも目見《まみ》えし」(長国寺殿御事蹟稿)

まいらす【参す】①相手を尊敬して、その人に手紙や物を差し上げること。②補助動詞として用いる。特に「まゐらせ候」の形で、丁寧な言い方をする。「女子の書状では、『申シ候』の代わりに、『マイラセ候』が使われる。例、上ゲマイラセ候、読ミマイラセ候」(大文典)「この五でうたしかにまいらせ候、なかなかをきまいらせ候て、返々御うれしく思ひまいらせ候」(言継卿記紙背文書)

まいる【参】(この手紙を差し上げますの意から)手紙の脇付

ま

に用いる語。男女ともに用いた。「正月廿三日　□公　まいる　侍者御中」（実隆公記）

まえ【前】 ①かつてあった事柄、事例。以前あった事例。前例。「於国役等之儀も各前不可見合申候」（上杉家文書）②既に知覚されたことを示す語句を受けて、それに合致すること、その通りであることを示す。……の通り。「取分中野御陣砌、御先考亡父御懇切候き、定可為御存知前候」（上杉家文書）③（父子の）持前、責任というぐらいの意味。「彼口《江》無油断助成之義、畢竟其方父子前に可有之候」（性山公治家記録）

まえがき【前書】 起請文で偽りのないことを書いた部分のこと。「一、朝倉誓帋写之趣　霊者起請文前書事」（尋憲記）

まえかど【前廉】 ①事が起こる以前。事前に。「御知行なとの儀ハ、前かとの首尾於相違仕者」（黒田家文書）②前もって。「前廉若宮まで下り候時」（昔阿波物語）「如御意被覚悟前廉淵底候間、致心持御返事申たる、自是以使者可申上候間、其刻具可申入候」（東京大学史料編纂所蔵波多野秀治書状）「マエカドカラ覚悟致イタ」（大文典）「そもじよりも、いよいよ申とつかわせ候て、まへかとに用意させ候べく候」（太閤真蹟）

まえぞなえ【前備】 陣立で、本陣の前に位置する軍勢。さきぞなえ。先陣。「原加賀守まへそなへなるが」（甲陽軍鑑）

まえたてもの【前立物】 兜の鉢の頂上・前後・左右などにつけて飾る金物。「役立物」とも。「一、みつまき・まえたてもの《前立物》・あひこと《相言》、是三ッをもつて、味方討ちをいとふなり」（甲陽軍鑑　下）

まえなが【前長】「前長に」と用いて、事前に余裕をもたせて、事を進めるさま。「町々のふしん（中略）人かずを以言付候に、をのをのの下人、寺門前之ものなりとも不出候者、きつくい、つけさせべく候、（中略）前長に下々に可被申付候」（結城氏新法度）

まえにあるべし【前に有るべし】「前可有」とも。眼前にあるもの、眼前のもので、その人の処置すべき責任分というような意味で使う。「其口の義畢竟氏家一味の者共前に有るへし、何篇の義も此方へ隔意なく」（伊達家治家記録）

まえびき【前引】 ①客の前に引出物を置くこと。また、その引出物。「茶ノ懸物ニ、百物百ノ外ニ又前引ノ置物ヲシケルニ、初度ノ頭人ハ、奥染物各百充六十三人が前ニ積ム」（太平記）②徴収すべき税の中から前もって差引くこと。「此代田名懸銭之内を以致前引、残員数如毎年可致進納者也」（小田原市史資料編北条家虎朱印状）

まがし【馬借】 馬方。（日葡辞書）

まかす【信す】 任す。任せる。「其の落着日無からんのみ、万端客僧口上に信《まか》せ之を省略す、恐々謹言」（伊達正統世次考）

まかない【賂賄・間叶】「間叶」は「賄賂」の充て字。「賄賂」のこと。賄い。食料など。「駅路の伝馬道すがらの賂《まか》賄《ない》を充課せられ」（関八州古戦録）「諏訪より大ケ原に至りて

御陣を移され、御座所の御普請、御間叶《まかない》以下、滝川左近将監に申しつけ」（信長公記）

まかないりょう【賄料】 ある事柄にかかる費用。経費。「為在京賄料、於江州蒲生生野洲高嶋三郡内、壱万石」（上杉家文書）

まかなう【賄・宰】 取り計らうこと。取り仕切ること。「宰マカナウ　所帯宰也」（文明本節用集）

まがり【曲】 ①油で揚げた菓子。中世、春日社の社前に供物として捧げられたもの。「今日のまかり、以外になまいりにして備中之間」（春日社司祐維記）②曲尺《まがりがね》の略。「曲金マガリ　番匠」（易林本節用集）

まかりいず【罷出】 ①尊敬すべき所から退出する。②参上する。「正月三日寅刻ヨリ城ニ罷出候時」（宗湛日記）③単に「出づ」の改まった言い方。「主君の菩提をとはんために国がたをまかりいでて」（室町殿日記）

まかりくだる【罷下】 都を出て地方へ下る。「当時者京堺商人等依路次忩劇、不被罷下候条、無曲候」（貴理師端往来）

まかりこうむる【罷蒙】「かうむる」の謙譲語。謹んでお受けする。「日本国中大小神祇氏神、神罰冥罰各まかりかうふるべき者也」（言経卿記）

まかりこす【罷越】 尊敬すべき所に出向いて行くことをいう謙譲語。参上する。「信虎談合のために今川へ被罷越候を幸と存じて」（室町殿日記）

まかりたつ【罷立】 ①尊敬すべき座を立って退出すること。②尊敬すべき所に、また、今いる所から、出かけて行くことをいう、改まった言い方。「此行既無日限、不移時剋可罷立候」（天正本新撰類聚往来）

まかりのぼる【罷上】 地方から都へのぼること。「仲時罷上シ後、重テ御上洛ノ事ハ、凶徒若蜂起セバ」（太平記）

まかりもうす【罷申】 出立にあたって、暇乞いをすること。また、別れを告げること。告別。「八幡ちかき薪酬恩庵、一休和尚遷化地あり、まかり申の焼香のために下り侍り」（宗長手記）

まかりよる【罷寄】 年を取ることをいう改まった言い方。近づく。「狩野申事には年罷寄候間、懸御目致上洛度之由申候間、於亭遂対面也」（証如上人日記）

まき【巻】 ①連歌で、歌仙（三十六句）、世吉（四十四句）、百韻などが終了後に書き上げた連句一巻のこと。②「巻板」の略。板に巻いた反物のこと。板物。

まきあみ【巻網・旋網】 巾着網、揚繰網《あぐりあみ》などの総称。「今日可帰宅之処、被逗留之間不及是非、申刻計葉室自身巻網被遣之」（言継卿記）

まきえ【巻絵】 巻物に描いた絵画。絵巻。「栂尾客坊光臨巻絵〈明恵上人行成記〉三巻持参也」（親元日記）

まきぜめ【巻攻】 敵の城を取り囲んで攻めること。「先手を以て白鹿の城を攻められる、後は巻攻にしたりければ」（中国治乱記）

ま

まきたる【巻樽】 蕨縄で巻いた酒樽。進物用とする。「若州武田殿よりも、三種の御肴・巻樽一荷」（室町殿物語）「若州武田殿より為御祝義御産衣幷昆布、塩、鴈、鯛、巻樽被成進上候」（室町殿日記）

まきちらす【巻播す】 囲みを解くこと。「諸勢を下知し、白川を巻播《ちら》し、人数をぞ引取ける」（奥羽永慶軍記 上）

まきつむ【巻詰】 まわりを隙間なく取り囲むこと。「巻詰マキツムル」（文明本節用集）

まきほぐす【巻解】 敵城を取巻いて落ちない時、その軍を解いて退くこと。「又城をまきて、巻解《まきほぐす》とき、跡へさがりて退ク」（甲陽軍鑑 下）「義久大軍ニテ後詰ニ来リナバ、終ニ巻ホグシ候ハン事疑ナシ」（大友記）「城をまきほぐして、引のき給ふ時」（三河物語）

まきもの【巻物】 ①反物を心軸を入れて巻いた物。また、一疋ごとに巻いてある唐織の絹布。「巻物板物二千端計積置、近習外様ノ人々召寄ラレ、各下シ給リケリ」（信長記）「若著《もし》者の物の上に旦紙《だんし》か巻物か何成共をきて」（甲陽軍鑑 下）②文書、書画などを表装して軸に巻き、一巻に仕立てたもの。➡「板物《いたもの》」を参照

まぎる【礙る】 隔てる、妨げる。「二、三ケ所計《ばかり》合戦城攻め等、之あり、その外は足手に礙《まぎる》者、之無し」（元親記）➡「礙《さまた》ぐ」を参照

まぎれ【紛れ】 ①多く「～のまぎれに」の言い方で用いられ、他のことに気をとられて、当面問題とすべきことが、疎かになっていること。「猿楽最中自南方空事出来、諸人猥雑以外キ、如此猥雑及両度了、併猥雑マキレニ物取ラム為歟」（満済准后日記）②あれこれ輻輳する事があって、当面する事態への対処が疎かなっていること。「御まきれの事共候て、御延引之由、懇可申入候」（実隆公記紙背文書）③「まぎれなし」の言い方で、そのことが明々白々であって、取り違えようのないものであること。「人のざいほうをとらんとして人をころすのとき、其ち、しらざるのよし申事まきれなくは、其つみにしょすべからざる也」（塵芥集）

まく【捲く】 取り囲むこと。「左右より手先を捲て苦戦を成す」（関八州古戦録）

まく【巻く】 連歌や連句が終了した後に、当座の句を書き上げるところから、挙行すること自体を巻くという。

まくぐし【幕串】 幕を立てるための細い棒。串。「狩の幕《まく》串《ぐし》をば、五のにあてがひ、地の堅《かたき》、やはらかによりてきる寸は不定」（甲陽軍鑑 下）

まくのち【幕の乳】 幕の縁に綱（手という）を通すためにつけた小輪。「幕ノ乳《ち》ノ中へ入事」（甲陽軍鑑 下）

まくばる【間配る】 割合によって分配する。「人数を間配り合はする」（軍勢を配分する）。（日葡辞書）

まくる【真繰る】「捲る」に同じ。追い散らす。追いのける。「佐久間が五千余人を、台より下に真繰下《まくりおと》し、先づ敵兵

四十三人討取りたり」（武田三代軍記）

まくわうり【甜瓜】 真桑瓜のこと。「後藤少三郎始めて甜瓜《まくわうり》一籠を献ずと云々」（駿府記）

➡「梵天《ぼんてん》」を参照

まくをうつ【幕を打つ】 陣詞では、味方の幕を張り巡らすことをいう。敵が間近な時や城の搦め手に張る時に言う。⇔「幕を張る」。「味方の幕、敵間近き則《とき》は打と云、遠き則は張と云、城大手のは張と云、搦手のは打という」（北越軍談 中）

まくをはる【幕を張る】 陣詞では、味方の幕を張り巡らすことをいう。敵が遠い時や城の大手に張る時に言う。⇔「幕を打つ」。「味方の幕、敵間近き則《とき》は打と云、遠き則は張と云、城大手のは張と云、搦手のは打という」（北越軍談 中）

まけ【輸け】 負ける。嬴輸《えいしゅ》。「嬴《か》たば則ち四将として是を蹎《たお》すと謂《いわ》ん、輸《まく》れば即ち信玄は四人懸の大将と謂《いわ》ん」（北越軍談 中）

まげえん【曲象】 曲木《まげき》で作った縁台、椅子。「時ニ 関白殿曲象ニ御腰ヲ掛ラレ」（伊達家治家記録）

まげて【枉て】 道理をまげて。道理に逆らってでも実現させてほしい。是非とも。「計略の少きに似たり。枉《まげ》て勝頼下知に任せられ候へと、再三仰せられける間」（甲乱記）

まけばら【負腹】「負腹を立つ」の言い方で、戦いなどに負けて、悔しさの余り腹を立てて八つ当たりすること。「両宗ノ檀那、爰ヲセンドトドシメク間、マケ腹立テ、喧嘩ナド仕出ス事モヤ有ト思召レテ」（信長記）

まげる【抂る】「枉げて」の充て字か。無理にでも。是非にでも。「左あれば抂《まげ》て堪忍あらん」（北越軍談）

まけわざ【負態・負業】 歌合・花合・碁・蹴鞠・相撲・賭弓などの勝負事で、負けた組が罰として勝った方の人々にする供応や贈物。「負けぶるまい」とも。「梅の事ろんにつきて、まけわざ三人申さたにて」（御湯殿上日記）「其後、予通光囲碁打、勝負酒肴也、初番予勝、次通光勝、今度参之時可有負態之由契約了」（看聞御記）

まことに【寔・良・諒】 ①本当に。実に。「去廿三日之書状幷首注文到来候、寔今度之合戦大軍候處」（黒田家文書）②真実。本当。「駿甲義絶して忽に矛盾に及ぶ。良《まこと》なる哉」（関八州古戦録）「諒」は「寔」の充て字。（日新菩薩記）

まことに【真以】 まことに。「前々之任筋目無二當方可被憑之由、今度時宜落居真以《まことに》不浅次第ニ候」（伊達家治家記録）

まことにもって【孚以】「孚」は、寔、誠の意。本当に。「敗北之段注進、孚以簡要、御満足候」（松戸市立博物館蔵足利義氏書状）「無二忠信之様躰、孚以感悦之至候」（小山氏文書）

まさかり【鈇】「鉞《まさかり》」に同じ。「浜松の大手に至り、城門に鈇《鉞》まさかりを打立て、既に乗らんとせし程の勢ひだに」（武田三代軍記）

まさな【正無】 よくないこと、いけないこと、困ったこと。（日葡辞書）

まさに【方に】まさに。将に。「而《しか》して時方《まさ》に寒方酷《はなは》だし、因りて両所守禦《しゅぎょ》を留め、転番を為《な》し而還り」（伊達正統世次考）

まさる【愈】「勝る」と同意。「増る」とも。優れていること。「勝〈マサル〉・優〈同〉・賢〈同〉・多〈同〉・愈〈同〉」（易林本節用集）「事已に遅しといへとも、猶止むには愈るへし」（伊達家治家記録）⬇「愈《いよいよ》」を参照

まじえる【参へる】交えること。「諸説を参《まじ》へて竊《ひそ》かに考ふるに」（信綱寺殿御事蹟稿）

まじえる【接る】交える。接すること。「一族の大軍に向て干戈を接《まじえ》んは、年来の宿望何事か是に如《しか》ん」（北越軍談）

ましがこ【増水子】「増水手《ましかご》」のこと。規定以上に増やした水手のこと。「味方は舟備を解いて、増水子《ましがこ》を以て、艪を早め、逸散に押懸け」（武田三代軍記）

ましちぎょう【増知行】知行を加増すること。俸禄を増し加えて支給すること。また、その俸給。「所領を取て、其の上に又増知行を取り、立身してこそ侍の本意なれ」（甲陽軍鑑）

まして【増て】況して。「何程の事か有へき、増て一族所従等の出張聊も恐るゝにたらず」（関八州古戦録）

ましてや【況してや】尚更。（日葡辞書）

ましばん【増番】増援軍。「小田原表へ参陣シ給フヘキ旨内々相決セラルニ就テ、相馬境駒嶺増番トシテ泉田安芸重光・石母田左衛門景頼以下数多仰付ラル」（伊達家治家記録）

ましぶん【増分】増し加えること。すでに決まっている分量に、さらに追加すること。また、その分量。「りん時の時は、増分とて令下行也」（大乗院寺社雑事記）

まじろぐ【目瞤ぐ】「瞬ぐ」の充て字。まばたくこと。「美濃守源三郎肌たゆます目瞤《ましろ》かす、敵思ふ図に引請」（関八州古戦録）

まず【尖】「先」の充て字。執り合えず。「連々御覚悟之趣、先日預御入魂候条、則刻鐘江紀伊介致進上、至親家・宗歴、尖令入魂候」（広島大学日本史学研究室蔵立花道雪書状）

ますがた《枡形》【枡形・桝形・斗形】城の一の門と二の門との間の広く平らな方形又は矩形の地。「山本勘助先ますがたの談義を委《くわしく》申上」（甲陽軍鑑　中）「諸卒はやく舛方の丸へ退去すべきよし、信昌下知す」（太閤記）

まずし【窶し】①「やつし」とも訓む。貧弱な。粗末な。「窶《まず》しき針目衣の単衣《ひとえ》に、苧屑頭巾《おこそずきんかぶ》被り、田夫の形に出立」（北越軍談）**②まずい。状況がよくない。**「湿々《しぶしぶ》と立帰りけるを、往来の京童《わらわべ》、阿那窶《あなまず》し。今日頃日《このごろ》上見ぬ鷲と奢れる三好殿の被官も」（北越軍談）

ますづき【枡掐】各筆《ひつ》の上・中・下の等級を決めて、一村の収穫高を算出し、これと高とを比べて田租の割合を決めること。「一、ねんぐのおさめやうの事、田刈らさる前に、田頭にて見はからひ、免之儀相定むべし、若給人、百姓ねんちがひの田あらば、升つきいたし、免定め可申候」（池野文書）

ますとり【枡取】枡を使って計ること。また、その人。「御ぶん国の内の市の升を被下候ゑ、升取を申付て置申物ならば、我等のすぎあいほどの儀は御座可有」（三河物語）

ますまい【斗米】法定枡（十合枡）ではかった米のこと。「当社御結鎮銭代米之儀、京中御定如斗米之、可被請取之由、被仰出候」（賀茂別雷神社文書）

ますます【倍】益々。増々。ますます。以前にも増して。➡「公斗免《くとめん》」を参照

「急度可為一着之間、豊・築行不可有余儀候、被得其意、倍馳走専一候」（問注所文書）「度々御勝利之由候、尤以専一候、倍此口之儀、毎篇御同前之外無他事候」（慶應義塾図書館蔵甲斐宗運書状）「何様永日中御賀瑞倍可申上加候」（東京大学史料編纂所蔵島津義久書状）

またうちのもの【又内の者】又家来。「目出度きの由にて、後又内の者迄聞き申す様に」（関原陣輯録）

またごもの【又小者】「またこもの」とも。**奉公する若者。**（日葡辞書）

またしょしだい【又所司代】室町幕府の職名の一つ。侍所の長官（所司）の代官である所司代の代官。小所司代。「侍所所司代、又所司代長松奉行也」（康富記）

またぞろ【又候・亦候】またしても。「帰路に及んで又候和義（議）を変じて」（庄内陣記）「万人の見知する処なるに、亦候《またぞろ》騎西の難義をも小田原勢は救はすして」（北越軍談）

またはら【亦腹】殉死者のそのまた殉死者。「右以上十五人、亦腹ともに二十人也。上下最後の覚悟無比類こと不及記」（政宗記）

またひかん【又被官】被官の被官。すなわち陪臣。「またげらい」。「又若党」とも。「長沼長助・同長八・石田長蔵・矢崎新蔵四人は、又被官なれ共、此手柄にて信玄公御意をもつて、義信公の衆になさるゝ」（甲陽軍鑑　下）

またもの【亦者】又者。陪臣。「供の士卒は云ふに及ばず、亦者迄も漏さずして五十余人打果す」（政宗記）

まち【町】税金。町税。「柴田修理亮殿を頼み、知恩院へ町を進上したりしかば、御機嫌よくおはして」（戴恩記）

まち【待】古い狩言葉《かりことば》。高い木の股に横木を結びつけ、その上にいて、鹿などが下にくるのを待って射ること。まち木。「御犬付之案内者申候て、朝かへり待に登候へと上意候儘、罷登候」（上井覚兼日記）

まちいる【待入】ひたすら待つ意を表わす書札用語。「憑約束之旨昼夜町入者也」（雑筆集）

まちお【待緒】結び合わす緒の一方をいう。胡簶《やなぐい》や空穂《うつぼ》など腰に当たる部分の内側につけた緒。「箞《うつぼ》の名所《ちゅうりゃく》まちを」（甲陽軍鑑）

まちかっせん【待合戦】「待軍《まちいくさ》」**に同じ。敵の襲撃を待って応戦すること。**「御旗を向けられ、境目にて待合戦になされ候て然るべく候事」（甲陽軍鑑）「木曾、小笠原両旗にて、小笠原方よりしかも懸て軍をはじめ、晴信公は待合戦にて勝

利を得給ふ」（甲陽軍鑑）

まちがまえ【町構】「町郭《まちぐるわ》」に同じ。「町構も破、本丸計に罷成」（伊達日記）

まちくち【町口】市街地の出入口。「備後守殿古渡新城へ人数を出し、町口放火候て御顔の色を立られ候」（信長公記）

まちぐるわ【町郭】城郭の内の町の家などのある所。「三方・四方の口々一度に破れければ、早町郭も放火せられ、本丸計りに成てけり」（奥羽永慶軍記）

まちさく【町作】町並みのように。「諸卒番所。陣屋無透間町作ニ被仰付候」（長国寺殿御事蹟稿）

まちじげ【町地下】町人百姓のこと。「甲斐国へ乱入なきゆへ、神社・仏閣・町地下《まちぢげ》その外非人《ひにん》までも、余国よりは少々富貴なり」（甲陽軍鑑　下）

まちじょうろう【待女郎】➡「待女房《まちにょうぼう》」を参照

まちぞなえ【待備】敵軍の来襲に備えての陣立て。「陣を堅めて待備を致す処を」（籾井家日記）

まちにょうぼう【待女房】「待女郎」に同じ。嫁入りの時、嫁を待ち迎えて世話をする婦人。「初者婚《はじめ》には、曳渡《ひきわたし》ノ時三ッ盃出シテ、待女房始ル也」（甲陽軍鑑　下）

まちぶぎょう【町奉行】戦国諸大名が、領国内の町を支配するために設けた職。町政を統べ、検断を司る。「金子廿枚の高札に被打置、町奉行曲事とて被追失之処」（多聞院日記）

まちやく【町役】町に住む者の義務として務める奉公（公役）のこと。「町役」を京では「ちょうやく」とも言う。（日葡辞書）➡「町役《ちょうやく》」を参照

まちろじ【町露地】町の道路。「松山より原田藤左衛門尉罷帰被申候、まちろし《町露地》つくり申候」（伊達天正日記）

まつ【俟つ・須つ】「俟つ」「須つ」は「待つ」に同じ。待つこと。（伊達家治家記録）「間道を経て茶磨山の南麓に出づるを須《ま》ち」（左衛門佐君伝記稿）

まつ【松】松明のこと。「四方より続き松をこしらへ、持ちよつて、投げ入るべく候旨」（信長公記）➡「続松《つぎまつ》」を参照

まづき【真搗】水に浸して麦を日に乾かし、水を注いで再び搗くこと。また、そのもの。「つきて、又ほして、其後まづき《真搗》と云を仕り、さるゑまし《曝笑》と申に成《なし》て、水を入、よくにて麦飯に成申」（甲陽軍鑑　中）

まっこう【正甲】「真っ向」の充て字。正面から。「公馬上より信繁の正甲《まっこう》を兜鍪《かぶとがね》ながら割付玉ひし故」（北越軍談）

まっさかさま【真倒】真っ逆さま。頭から落ちること。「千葉次郎矢に中《あた》て溜《たまり》も敢《あえ》ず、塀より真倒《まっさかさま》に成て城内へ堕《おち》けるを」（北越軍談　中）

まっしぐら【真驀】まっしぐら。「よせざる法や有ると、真驀《まっしぐら》に蒐《かか》り、、塀を引破」（左衛門佐君伝記稿）真っすぐに。（庄内陣記）

まっそう【真然】その通り、あなたの考え通り。（日葡辞書）

まっただなか【正只中】「真直中」のことか。ここぞとば

かりに。時宜を得た。「正只中と心得て放しけるか、如何はしたりけん」（関八州古戦録）

まっちゃ【抹茶】 上等の製茶を臼でひいて粉末にしたもの。主として、茶の湯に用いる。引き茶。散茶。「又送抹茶一器於仁木次郎殿」（蔗軒日録）

まつばやし【松囃子・松拍子】 室町時代に盛んに行なわれた正月の芸能。唱聞師や散所などの専業的な芸人の他に、村民・町人、諸家の青侍などが着飾ったり、仮装したりして幕府・諸邸に参上し、囃子や舞の祝福芸を催し、祝いごとを述べて禄物などを頂戴した。「地下〈山村木守〉、風流之松拍参、次殿原〈田向庭田青侍、御所侍石立等〉松拍参賜榼退出」（看聞御記）「就松囃子、自坊主衆、十合金銀かうだて十荷盃台一来、（中略）松囃者、巳刻半時計始之松囃人数卅三人也、狂言坊主衆申付了」（証如上人日記）

まっぴら【真平】 どうしても、是非。相手に一途に頼むさま。（日葡辞書）

まつめる【纏・集】 集める。まとめる。「其人数をまつめ候時は、入がいを吹候者」（上杉家文書）

までもの【真手者】「真丁寧者」、「真丁寧《までい》」は、慎重な、丁重な・丁寧ななどの意。「物主者真手者ニ候へ共、家中ニ徒者多候」（北條氏邦宛北條氏政書状）

まとい【䋻】 纏に同じ。纏の旗のこと。「寄手大勢といへども責あぐみたる体にて䋻《まとい》の下にぞこぞりける」（奥羽永慶軍記上）

まどい【圓居】 ①人々が円く並んで座することで、会議・軍議の形態を指す。「肥前は勇智謀略抜群の器量あり、總圓居《まどい》の軍配団扇を預けらる」（伊達家治家記録）②大将の陣屋を中心に、円くそれを取り巻いて陣を張ること。陣地。「今晩より一家一族老臣等各圓居付に野陣あり」（伊達家治家記録）⬇「圓居《えんきょ》」を参照

まといのはた【纏の旗】 戦陣で隊長の傍らに立てて、隊兵の所在を示した武具。竿の頭に飾りをつけ、多くはその下に馬簾を垂れる。「早々退き給へと云て、馬上より纏の旗を抜て歩卒に渡す」（伊達家治家記録）

まどお【間遠】 はるかに、遠く隔たって。次までの間隔が遠いこと。（日葡辞書）

まどおし【間遠し】 二つのものの間隔とか、関係とかがいかにも隔たっているさま。「惣ジテ上ヘノマリヲ余《仁》乞事狼藉也、乍去上ヘノマリ間トヲキヲ召サレニク、見ヘバ、合手ヨリ乞之ハシツケ也」（多聞院日記）

まとや【的矢】 的を射るのに用いる矢。稽古に用いるものと、儀礼の行事に用いるものとがある。「馬（月毛引三引両丸）御返事的矢（十川作被進之）」（親元日記）「的矢の羽たけは六寸也」（京極大草紙）

まどろかし【全輪】 反応が鈍い。まどろい。まどろかしい。「陣中に雑説出来《しゅったい》、互に狐疑《こぎ》を生じければ、全輪《まどろし》くや思けん」

（北越軍談）

まどろしく【全輪く】 歯がゆい。「自ら手を砕《くだき》玉ひけるが、全輪《まどろし》くや思しけん」（北越軍談）➡「全輪《もどかし》く」を参照

まどろむ【真眠】 まどろむ。「閑然として少し真眠《まどろ》む程、半天に杜鵑《ほととぎす》の音信《おとず》る丶を聞きて」（柴田合戦記）

まないた【末那板】 真魚板・俎板。普通は魚肉等を料理する時に用いる板。「末那板《まないた》末那梵語也」（甲陽軍鑑　下）※参考：「末那」は、仏教で煩悩の汚染の根拠であると言われる自我の観念のこと。

まなか【間半】 ①半畳、また半間をいう。「御かり屋宝成院よりひろげさせられ候也、但、西一間まなか、西へ一間つかれ候也」（北野天満宮目代日記）②「御まなか」の言い方で、便所をいう女房詞。「今日大工一人来、御マナカ沙汰ハテ畢」（言国卿記）

まなづる【鴟】 真鶴。真那鶴。「郡山父子被参候、御鴟《まなづる》被下候」（伊達天正日記）

まなづるどり【真那鶴取】 真鶴捕り用の鷹。「一、鴻取《こうどり》　一、鶴取《つるとり》　一、真那鶴取《まなづるどり》　一、乱取《らんどり》」（信長公記）

まにあい【間合・間爾合】 屛風用の鳥の子紙。（日葡辞書）間に合い紙。広く長い形に漉いて、半間の間に合うように作った紙。古来摂津国有馬郡塩瀬村の特産品。屛風、襖用の鳥子紙。「片桐市正殿より御進物として、間爾合紙五百枚到来す」（伊達家治家記録）

まぬる【まぬる】 的外れ。間違い。「信長衆大形《かた》の儀は、斎藤山城のごとく致《いたす》べく候。それはあながちまぬるにてなく共、浄土寺へゆけば、天然《てんねん》に念仏申度心有、と同事也」（甲陽軍鑑　中）

まね【似為】 まねること。「天の与ふる時節と悦び、乞食飢人の似為《まね》して」（細川家記）

まねき【招】 近世の旗や指物の棹の頂辺につける小旗。「旗竿の頭にまねきを付たり、招《まねき》は一幅にして長三尺ばかり也」（黒田家譜）

まのあたり【親】 目の当たり。「城衆悉く追罰して親《まのあたり》残る処なく掌内に握らる」（日新菩薩記）

まば【真羽】「真鳥羽《まとりば》」の略。鷹の羽のこと。「矢はまば本矢也」（甲陽軍鑑　中）

まばら【間原・間荒・疎】 疎らのこと。隙間の目立つ状態。「間荒〈マバラ〉」（饅頭屋本節用集）（広本節用集）「大将ノ前後モ間原ナリ」（伊達家治家記録）

まばらがけ【疎駆】 軍勢が隊列を乱して、バラバラに攻めかかること。「かけうずる時も兄弟つれてかけ、ひかうずる時も兄弟つれてひけ、まばらがけするな」（幸若・屋嶋軍）

まびき【目引】 目をしばたくこと。「目引もせず戦ふ」（日葡辞書）

まびさし【目庇・眉庇】 兜の鉢の正面下方につけた板の近世の名称。形状は鉢の構造によって相違する。「政宗の

冑の眉日さしより膝かしら鞍の前輪かけ切先はづれに切付」（会津陣物語）

まぶ【間府・間分・真吹】 鉱山の穴。鉱石を採るために掘った横穴。鉱坑。坑道。「間分よりむさと荷を出し候へば、かくし物御座候間、瀧の下御切山之所にて糾させ申候」（梅津政景日記）

まべつ【間別】「間別銭」とも。町屋敷の間口の広さに応じて一間四方の広さの地面ごとに支払う地子銭。「間別を出す」（日葡辞書）「去正長元年七月十八日領内間別銭事、以納帳記之、頭塔卅九間四尺慈性院、窪一間、同辻子ノ里卅一間、幸三十間半、松谷卅二間六尺五寸、岩井四十六間一尺（中略）合八十六貫文到来了」（大乗院寺社雑事記）

➡「地口銭《じくちせん》」を参照

まめしげ【まめしげ】 多くは打消を伴って、やろうとする気力が欠ける様子を表わす。「又わがみ、み、いまだよくも候はで、まめしけも候はず候」（実隆公記紙背文書）

まめん【真綿】 絹の綿。繭を煮て引き伸ばして作った綿。「しろあや《白綾》　うらもろうす《裏諸薄》　壱ッ　しろきまめん《白真綿》　はふたい《羽二重》　壱ッ」（黒田家文書）

まもり【守り】 護符のこと。「定禅寺・竜法寺より御まほ（も）り御しゆ《酒》被指越候」（伊達天正日記）

まもる【戍る】 守備すること。「吾妻の砦を戍《まも》るもの皆召し還さる」（長国寺殿御事蹟稿）

まやばし【厩橋】 甲陽軍鑑など当時の記録では、「うまやばし」とは訓んでいない。現在の前橋市（群馬県）。「汝曹《ら》急ぎ厩橋《まやばし》え馳行、成田長泰が人質として」（北越軍談）

まゆづくり【眉作】 眉墨で眉をかくこと。また、そのための道具。まゆかき。「暮々飛鳥井侍従来、烏帽子着事、眉作事等予沙汰了」（言継卿記）

まゆみがみ【檀紙】「まゆみのかみ」とも。「檀紙《まゆみ》」に同じ。

➡「旦紙《だんし》」を参照

まゆをぬぐう【眉を拭う】 ①貴族の家で喪に服すときに、眉墨を拭い取ること。眉を掃うこと。「生、拭眉、此事旧院御事切之後、女房去眉事可如何哉」（親長卿記）②「眉を掃う」に同じ。眉をそり落とすこと。「眉を拭《ヌグ》ふとは剃を祝して如此唱ふなり」（譬喩尽）

まゆをはらう【眉を掃う】「眉を拭う」②に同じ。「雖巻纓猶不掃眉」（和長卿記）

まゆをひそむる【眉を嚬る】 眉を顰める。「嚬」は「顰」に同じ。不利な情況に顔をしかめること。「武運漸く傾て、可有敗亡先表也と、眉を嚬《ひそむる》智臣も多かりけり」（甲乱記）

まりがき【鞠垣】 蹴鞠をする鞠の庭の周囲にめぐらした竹垣。四隅に樹木を植える。まりがこい。「飛鳥井へにか竹一荷遣了、鞠垣之用也」（言継卿記）

まりはじめ【鞠始】 新年になって、初めて蹴鞠の遊びをすること。また、その式。「文明十二年三月十四日将軍家于

ま

時宰相中将　御鞠始あり」（亜槐集）

まる【丸】①中世・近世の城郭で、本丸・二の丸・三の丸など、城を構成する部分。「一の宮の城、七つの丸を四も五つも切崩され」（元親記）②綿を数えるのに用いる。綿の一包をいうか。その他、砂糖・薬・紙などの一まとめにした一定の数量を数えるのに用いる語。「糸一マル、日本、八貫七百五十目三十五斤、（中略）砂糖、山帰来、薬、など、一マル、二百斤、紙一マル、すなわち、十束」（大文典）③銅・銀などの重量をいうのに用いる。貫。「大銀《おおがね》の員数貫を丸《マル》と唱ふ」（譬喩尽）

まる【虎子】（排泄する意の動詞「まる」から）病人や子どもの大小便を受ける円形の器。おかわ。おまる。褻器。「子西居士至、為大明之話、予日本のまる〈小便つつ〉と云者之形を問、西曰以及銀両造之、満之小便を、可怕々々、不用云々（中略）人をのる時作酒器」（蔗軒日録）

まる【丸・麻呂】（まろ「麻呂」の変化したもの。室町時代ごろから、「まる」の形となる）①人名、特に、幼名に用いる。（ロドリゲス日本大文典）②身分の卑しい者、下層の者に用いる。「夫丸」「仕丁丸」など。「仕丁丸は拝殿前に候了」（大乗院寺社雑事記）

まるうまだし【丸馬出】馬出は、城門前に築き、人馬の出入りを敵に知られぬようにした土手。丸馬出は∩型に築く。⇔角馬出。「城取の事　一、すみ馬《角》だしの事　付タリよこくるわ《横曲輪》の事　一、すみかけの城内《うち》せ《狭》はし　一、まる《丸》馬だしの事」（甲陽軍鑑　下）　➡「角馬出《すみうまだし》」を参照

まるぞなえ【丸備】円形に陣を備えること。「景虎兼て丸《まる》備《ぞなえ》につくり、さしかけて一戦をはじめ」（甲陽軍鑑　中）

まるひ【まるひ】山の崩れて石礫のごろごろしている所。「まるひ」は「転《まる》ぶ」のようだ。「此年（天文廿三）河尻マルヒ取去る候而、森ノ下へ水ヲ流シ申候」（妙法寺記）

まるひどり【丸日取】一年を通じて用いられる、吉凶の日取り。「其日取は山本勘介丸日取、前原筑前一月切の日取」（甲陽軍鑑）

まれ【罕】稀。まれ。稀なこと。「是《これ》併《しかしながら》当家の譜録世に罕《まれ》なる故に、真理を弁へざる俚俗の談を」（北越軍談）

まわすしゅう【まはす衆】取りまわす主人を持ちたる侍。「まわす」は「使いまわす」こと。「一手を三そなへ許《ばかり》にわけてまはす衆を持。」（甲陽軍鑑）

まわりこ【廻こ】「まわりもち」の俗語形。順番にすること。「一、方々番くばり之事、諸人うらみなき様に、まわりこに可申付事」（毛利家文書）

まわりじょう【回状】順次に回覧して要件や命令などを伝える書状。回文。かいじょう。（ロドリゲス日本大文典）

まわりすみ【廻り炭】茶会に参集した人たちが、順に炭を置いていくこと。「朝ニ原田左馬助へ御茶之湯にて御出被成候、御相伴旧拙斎参被申候、御まハりすミ《廻り炭》おかせられ候」（伊

達天正日記）

まわりどうろう【回燈籠・廻燈炉】 枠を二重に作り、内側に切り抜き絵を張り、その回転に従って、影絵が外側に映るようにした燈籠。走馬燈。舞燈籠。影燈籠。「自岡殿、宮御方へ廻燈炉一被進、結構殊勝也」（看聞御記）

まわりもち【廻持】 ある役割を順番に受け持つこと。「然者社務職之事蒙仰候、まわり持の儀にては御座候」（石清水文書）

まんいち【万一】 ①万分の一。万の内の一つ。「為御礼献胡銅香炉盆、謹奉謝恩栄之万一也」（蔭涼軒日録）②ひょっとして。もしや。もしも。「向後万一公方公人幷触口等来于地下、於有課役等催促事者」（東寺百合文書）

まんいつ【万乙・萬乙】「乙」は「一」に通ずるので、「万《まん》一《いつ》」の充て字。万が一にも。「岩城於末代、可為名誉候、万乙両篇其無曲候者、一途御覚悟旨候」（足利政氏書状写）「何分ニも堅固ニ可被申付候、萬乙無心元道理有之而、人衆所望ニ付者、出馬以前為加勢、一手も二手も可遣候」（原豊前守宛北條氏直書状）

まんえつ【萬悦】「萬悦申上候」。「お喜びを申し上げる」という手紙の常套句。（伊達家治家記録）

まんき【慢気】 高慢になること。（日葡辞書）

まんごう【万却】 長い長い時代、または年月。（日葡辞書）

まんさく【満作】 穀物がよく実ること。豊作。「今年者当郷満作候、於有限年貢者、百姓等不可有異儀」（鶴岡事書案）

まんざら【満更】 ある状況、判断を確かなものとして全面的に認める気持ちを表わす語。全く。ひたすら。「五奉行を始め、此の儀は満更徳善院と帯刀がしわざなれば」（玉露叢）

まんさん【満散】（「まんざん」とも。期満ちて散会する意から）法会など、日限を定めて行なった行事が終了すること。「大光明寺御仏事七ヶ日執行、今日満散之間、半斎諷経聴聞に参」（看聞御記）

まんざん【満山】 寺の中、境内にある僧堂や僧坊に居る、坊主全員。（日葡辞書）

まんぞう【万雑・万象・満蔵】「万雑公事」の略。公領・荘園の土地に賦課されるようになった雑役（夫役）・雑物（現物納）。「然停止万象」（上杉家文書）「殊更満蔵公事停止、此田地ニ公役無之候」（香取播磨守寄進状写）

まんぞうくじ【万雑公事】 年貢・課役などの総称。（昔阿波物語）

まんどき【真時】 正午時分。（日葡辞書）

まんどころ【政所】 ①貴人の妻。「伊賀守の内の政所は」（南海通記）②庄屋（西国での方言）。「居ながら所の政所を勤め候様にと仰出さる」（細川家記）

まんどころくにん【政所公人】 鎌倉・室町幕府の政所の下級職員。庶務・雑事の役に服するもの。政所下部。「政所公人御役事、（中略）一御成時、御物に付参事、一御産御時、

吉方之水致持参事」（蜷川文書）

まんどころさた【政所沙汰】鎌倉・室町幕府の政所で処置する事柄。また、その処置。「御著帯御帯用脚、政所沙汰なり」（親元日記）

まんどころだい【政所代】室町幕府の政所で、執事の職務を助けたもの。執事伊勢家の被官蜷川氏が世襲した。「政所代事、如先々、可執沙汰之由被仰付親元」（親元日記）

まんどころないだん【政所内談】室町幕府の政所で、執事・執事代・寄人らが行なう評議。原則として毎月三度定期的に行なわれた。「自今以後於政所内談披露事は斟酌也」（斎藤基恒日記）

まんどころや【政所屋】政所の置かれている建物。荘園、社寺などで、事務を取り扱う所。「為令無濫吹、日根野政所屋同此寺之末等押製札」（政基公旅引付）

まんばち【曲鉢】 ➡「麻小笥《おごけ》」を参照

まんべん【満遍・万遍】平均・平等。（日葡辞書）

まんようがき【万葉書】万葉仮名で書くこと。また、その書いたもの。「又野僧影像自逝哥二首万葉書染筆、新大納言被官大良所望也」（実隆公記）

みあい【見合】互いに顔を合わせること。見交すこと。見かけること。「任雅意者、見合搦取、可被処罪科候」（蜷川文書）

みあげ【見上】兜の部分の名。兜の鉢の庇。まびさし。「持チヤウハ左ノ手ニテ忍ノ緒《しのびのお》ヲカイタクリテ、右ノ手ニテミアゲノ右脇」（甲陽軍鑑 下）

みあげ【土産・見上】「土産《にやげ》」に同じ。「従持明院指貫事被申候間遣、針一、耳掻一、南都見上とて到」（言継卿記）

みあやまる【見誤る】見誤ること。「有吉え駈《はせ》帰けるを、里見勢見誤《あやまり》て、武蔵・下総の国侍後攻に来る」（北越軍談）

みあわす【見合】頃合いをよく見計らうこと。「折節身方少く、其上場所悪し、見合《みあわせ》肝要なりと仰せらる」（伊達家治家記録）

みあわせる【覧合】状況判断すること。「御糾明御遅々之所、無御餘儀存候、御手透被御覧合、御催促可為肝要」（北条氏照宛足利家奉行人連署状案）

みいつ【威稜】神霊の威力。「騰気威稜《みいつ》を震《ふるわ》して、雷声巌《いわお》を斫《きる》が如く」（北越軍談）

みえる【覩える】「見える」の充て字。見えること。「小侍共に届《いたる》までも、我に思ひ付ぬと覩《みえ》たり」（三河物語）

みおけ【績桶】 ➡「麻小笥《おごけ》」「曲鉢《まんばち》」を参照

みおよぶ【覃見】「見及ぶ」に同じ。……のように周りから見られること。「臆病者と被覃見候間、御座所之御普請を」（浅野家文書）

みがきちゃ【磨茶】上等なお茶のことか。「芳札拝見候、仍磨茶幷菓子一折送給候」（大徳寺文書）

みがく【瑩く】磨く。「御簾の内に一段高く、金を以て瑩《みが》き

立て、光り輝き」（信長公記）

みかくす【見隠】見ながら見ないふりをすること。また、知っていながら隠すこと。「おき地荒地少しも見隠し無之候」（高野山文書）「就中張本人兵衛四郎不可地下二隠置、自他不可見隠聞隠、若尋出者、召捕可進之由、告文、以連判書進了」（看聞御記）

みかた【闖】味方。「諸方の闖《みかた》根強く枝盛にして東国勢何と勇を働かす」（左衛門佐君伝記稿）

みかたのぜい【慈勢】味方の勢力。「閧を作り掛候故、慈勢《みかたのぜい》深入して」（庄内陣記）

みかど【御門】「帝」の充て字。みかど。天皇。「京中を焼払ひて、御門をこれへ行幸なし奉り」（政宗記）

みがまえ【身が前】自分のことや自分の利益ばかりを念頭に置くこと。（日葡辞書）

みがまえ【身架】身構えること。「江戸・川越の両城を介《はさ》み身架《みがまえ》をなす」（北越軍談）

みがまえ【身構】臣従することをやめて、離反するの意か。「兼ての沙汰悪きに依て、家中一同にさたち何れも身構をして久吉を申出で」（政宗記）

みかわざむらい【三河侍】「三河武士」に同じ。三河国（愛知県）出身の武士。「其使は小栗大六と申、家康譜代の三河侍なり」（甲陽軍鑑）

みぎかって【右勝手】普通の右利きの人の場合と逆に、右手を前にして槍を持ち、左手に力を入れて右方向に突くこと。（万代記）

みぎり【砌】時刻。〜の時。多少、重い使い方。「当時就豊筑乱忩、無実所巷説無盡期砌之間、先月始之比、豊州江進献候故」（慶應義塾図書館蔵甲斐宗運書状）「誠其已降良久不能音問条、内々可令啓述由、逼塞之砌預親封候」（米沢市上杉博物館蔵宇都宮国綱書状）

みきる【見切る】①見届けるの意。「山王山へ打上けて働く時、敵に少勢なるを見切らるへしと申す」（伊達家治家記録）②判断を下すこと。「自是彼使に一人相副差遣、趣を見切、又自此方無別儀印に遣事」（毛利家文書）③見極めること。特に、戦場で、敵情を探りきわめること。また、その人。「氏政公の人数を勝頼公見きり給へ共、更になりがたし」（甲陽軍鑑 下）「此日有馬より山田新介飛脚を以註進候、一昨日廿三、見切に少々深江へ被遣候」（上井覚兼日記）

みぎわ【身際】身体の近く。身体のきわ。「みぎはへ互ひによる程にて、脇指心なき故也」（甲陽軍鑑）

みくずれ【見崩】戦いが始まる前に敵の形勢を見て、おそれ崩れること。「手柄を仕リ度と申ても、見くずれに迯《にぐる》敵には此ごとくなる手柄は成まじき」（甲陽軍鑑 下）

みけ【御食】高貴な人の食事。「御物具《もののぐ》めされ、たちながら御食《みけ》を参り、御甲《よろい》をめし候て」（信長公記）

みけしき【御気色】貴人の気分、考え。「誠去年以来深々御

佗言就申上、御氣色如何存知候処」（黒田家文書）

みけんじゃく【眉間尺】 古代中国の説話に見える勇者のあだ名。「剣の遺恨に身を亡しし眉間尺《みけんじゃく》の霊なれば」（奥羽永慶軍記　上）

みこしかき【御輿舁】 御輿をかつぐ人。「御輿舁　九人　事各下行有之」（親元日記）

みごと【美観】「見事」の充て字。すばらしいこと。「公も信玄の武者扱《あつかい》良《まこと》に美観《みごと》なりと褒美し玉ひければ」（北越軍談）

みごらし【見懲】 みせしめ。「早々搦捕、かみの城戸にて見こらしみのため、彦助をいりころしあるべく候」（甲陽軍鑑　下）

みこらしみ【見こらしみ】 ①こらしめ・みごり。見懲。「早々搦捕《からめとり》、上《かみ》の城戸《きど》にて見こらしみのため」（甲陽軍鑑　下）②みせしめ。「されば御前狼藉諸人みごりのためなれば、原甚四郎も諸角助七郎も知行同心召上《あげ》られ」（甲陽軍鑑　中）

みごり【見懲り】 見て懲りること。見せしめ。人に見せて懲りさせる。「所詮、見ごりのために、かみの城戸《きど》に逆機物《さかはたもの》にあげよとて」（甲陽軍鑑　下）

みさい【微細】 子細なこと。びさいなこと。「政道・軍法の道をば、かつてもつて曰ニげず、微細《みさい》しごくなる事のみ申上げ候」（太閤さま軍記のうち）

みしまごよみ【三島暦】 室町時代、伊豆国（静岡県）の三島神社の下社家川合氏が発行した、きわめて細やかな仮名で記した暦。「三島暦、以是日為上巳節、故作詩記之」（空華日用工夫略集）

みしまずりごよみ【三島摺暦】「三島暦」に同じ。「三島摺暦事、六条経師良精掠領之」（実隆公記）

みじゃく【未若】 若くはないが。「後喜三未若ニ候条、大屋形様（六角承禎）被加御憐憫ハてハ不可成候」（蘆浦観音寺文書）

みじょう【実城】 中世、城郭の本城。本丸。「大窪相模殿は、近江之かたわらに御座候由、小田原をばみちやう計被差置、御破却之由被申候」（梅津政景日記）「実城、中城へは爰元より差越者共相うつり、其外之くるわには地衆さしをくべき事」（上杉家文書）

みしょぶん【身処分】 他人の所有でもあるものを、自分一人だけで取ること。（日葡辞書）

みしょぶん【未処分】 財主が財産を生前に譲渡しないで死亡すること。また、その財産。特にその所領をいう。「親の存生に領知財宝を譲り分ちたるは処分也、譲を不定して死たる跡を未処分と云也」（式目抄）

みしん【未進】 まだ納めていない租税や年貢のこと。「地下之代官、万一於御年貢等執納之分未進懈怠之時者、為本人可申弁沙汰」（古文書選所収東寺領丹波国大山庄代官請文）

みずいさかい【水諍】「水論〈スイロン〉」に同じ。「水相論」とも。用水をめぐっての争い。「然而彼井口依為朱雀之里際、所々輩水相論之喧嘩ニ馳集彼砌之処」（東寺百合文書）

みずうち【水打】 墨がにじまないように、紙の面に水を打

つころ。「鳥子廿五枚水打、今日打之、自近衛殿承也」（兼見卿記）

みずかかり【水懸】 農業用水を使用すること。「外水懸之在所等、相応仁可申付、於向後茂江川堤以下毎年可加修理」（氷室和子氏所蔵文書）

みすぎ【身過】 生計を立てること。「宗易ヲ初我人トモニ茶湯ヲ身スギニイタス事、口ヲシキ次第也」（山上宗二記）

みすくむ【視悚】「身竦《みすくむ》」の充て字か。身がすくむこと。⇔聴悚《ききすくむ》。「卒忽《そこつ》に挑み難きに視悚《みすくみ》をや仕《し》たりけん」（北越軍談）

みずぐり【水栗】 茹でた栗のこと。「水栗」は当時の茶会記に頻出する。但し、現在の遠州流では、「水栗」は、包丁で水の模様の巴型を切り込んだ栗をいう。「こほりざたう、水栗、すいせん、ほしいひ」「尤之双紙」「りしゃう院より水くり一をりまいる」（御湯殿上日記）

みずぐるわ【水曲輪・水駆輪】 ①「水駆輪」は「水曲輪」の充て字。水掘で囲ったもの。この水が城内の飲料水にも使われていた。「手痛く城を攻て、水曲輪を取る」（伊達家治家記録）②外濠郭。「力攻にと申合方々より取付責けれども、漸水駆輪計取て、其外は破れざる処に」（政宗記）

みずこぼし【水翻・水飜】 茶道具の一つ。茶碗をすすいだ水などを捨てる器。建水《けんすい》。「一　水こほしの茶碗」（親元日記）

みずさた【水沙汰】 水論。田の用水分配について争うこと。「此年（天文二）下吉田方々渡辺庄左衛門殿ト水沙汰御座候」（妙法寺記）

みずぜめ【水攻】 城を攻める兵法の一つ。水はけの悪い低地の城を攻める方法で、城の周囲に堤を築き、付近の湖川の水を導入して城を水びたしにするもの。「先の太閤、羽柴筑前守殿の時、大軍をもって水攻めにし給へば」（醒酔笑）

みずちょう【水帳】（「水帳」「水帖」はともに「御図帳」の充て字）検地帳のこと。「ミヅチャウ〈訳〉土地を測量する時、下書きとして書かれ、後で浄書される表、または線」（日葡辞書）「京ヨリ下料足三百五十文上コンへ遣之、米ノ水張写シ可尋之、ビゼンへ申遣之」（多聞院日記）

みずつき【水付】「みずき」とも訓む。「七寸、承鞚」と書くことも。①手綱の両端を云う。②轡の部分の名。手綱を結びつける轡の左方の引手。⇔「引手《ひきて》」。「轡《くつわ》ノ事。左ノ方ヲ水ツキト云。右ノ方ヲヒツテ云也」（甲陽軍鑑　下）
➡「引手《ひきて》」を参照

みずにつかまつる【水に仕る】 水に流す。「是非に及ばず誓段（談）を水に仕り、勝頼と一和して」（甲陽軍鑑　下）

みずのて【水手】 ①城や砦などに飲用水として引く水。またはその水路。「於取巻者、兵粮つめか、仕寄にてほりをうめ候か、水責か、水手を留候か」（黒田家文書）②水攻め。「荒木山城居城《いじろ》取り巻き、水の手を止め、攻められ候」（信長公記）

みずはじき【水はじき】 水弾。唧筒。空気の圧力を利用して水を噴出するしかけもの。ポンプ。竜吐水の類。「時

に城より武頭五、六騎、足軽・雑人五百人出で、大水はじきを手に々、持出し」（奥羽永慶軍記　上）

みずぶね【水船】飲料水を運送する船。水伝馬。水取船。「四郎次郎雇候て、水船作也」（石山本願寺日記）

みすぼらし【窶し】「俏し」に同じ。みすぼらしいこと。身をやつすこと。「濁悪《じょくあく》の澆季《ぎょうき》と云ながら、窶《みすぼら》しと云も余《あまり》あり」（北越軍談　中）➡「窶《やつ》し」を参照

みずむぎ【水麦】「冬水麦」とも。水かけ麦。冬、麦畑に水をまき凍るのを防いで栽培する麦。「殊ニ其水ニテ下吉田冬水麦ヲ悉押流申候」（妙法寺記）

みずむけ【水向】霊前に水を手向けること。また、その水。「晴、月忌、近所野僧遺斎食（中略）及晩水向等如例」（実隆公記）

みずもんどう【水問答】水論。水争い。「屋代にて水もん《問》とう《答》申候物（者）、五十嵐豊前御代官にてうた《討》せられ候」（伊達天正日記）

みずやく【水役】一人前の百姓。隷農でない者。「水役之人足可被指立候由、上意候」（長国寺殿御事蹟稿）

みずやのう【水屋能】四月五日（古くは旧暦四月の四日・五日）春日大社の摂社水屋神社での疫病祓いの祭で、神饌供進・祝詞奉仕のあと神前で行なわれる能のこと。水屋の能。

みずろう【水籠】水責めの牢獄。「男さへ堪難《たへがた》かるべきに、女・童水籠《ろう》に入て泣き悲しむ事目の当られず」（奥羽永慶軍記　上）

みせしめ【見懲】見せしめのこと。「他家の族《やから》見懲《みせしめ》の為、当城に於ては是非ともに抜捕玉ふべし」（北越軍談）「勁を切て軍門にさらし、近辺の見せしめに仕る」（甲陽軍鑑）

みせぜい【見勢】戦争の際、わざと敵に見せる軍勢。「サシモナキ野伏共百人計見セ勢ニ残シ置、此ノ木ノ梢、彼コノ弓蔵ノハヅレニ旗計ヲ結付、尚モ大勢ノ籠リタル体ヲ見セタリケル」（太平記）

みせぞなえ【見備】「見勢《みせぜい》」に同じ。敵を欺くために多勢であるかのように見せる軍勢。「そのうへ毛利家をは見せ備余勢の備はかりにして当家の勢々はかりを以てとりこにすへき次第に」（武家名目抄）

みぜに【身銭】自分の金銭。所持金。「料足は中の下にて、年頭には必々身銭可然候」（高野山文書）

みせばた【見旗】見せかけだけの旗。特に、合戦などで敵を欺いて大勢いるように見せかけて立てる旗。「伊達方には思ひの外小勢なれば爰かしこに見せ旗をのみ押立大勢籠城の体にして」（奥羽永慶軍記）

みせやぐら【見櫓】敵陣を偵察するために設けた櫓。井楼。「つけ城・ぢん《陣》城、是は大将の事。見せやぐら《櫓》有」（甲陽軍鑑　下）

みそうず【味噌水】「みそう」とも。味噌で仕立てた雑炊。「今朝みそうつ、方々無沙汰之由候間、此方にも仕候はず也」（山科家礼記）

みだいさま【御台様】「御台盤所《みだいばんどころ》」に同じ。大臣・大将・将軍などの妻を敬っていう語。「御たいさまへ御れいの御返事」（上杉家文書）「足利殿コソ御台君達マデ、皆引具シ進セテ御上洛候ナレ」（太平記）

みだす【見出】見つけ出すこと。探し出すこと。発見すること。隠し事、うそなどを暴く。見出す。「御法度背《そむく》輩これあらば、見出し聞出し申上る」（甲陽軍鑑）

みたてなし【無見立】見立てては良くないが。見かけはよくないが。「仍雖無見立候、馬一疋飛糟毛令進覧候」（小早川家文書）

みだめ【身為】自分のため。（日葡辞書）

みだりがまし【叨し】秩序や規律にも劣るさま。「持氏の行状法に背き、叨《みだりがま》しき事を歎き」（北越軍談）

みだりがわしき【猥敷】集《まと》まりがないこと。「御家中猥敷砌」（長元物語）

みだりがわしく【叩しく】「猥りがわしく」に同じ。てんでに。勝手に。「其地《そこ》はかとなき虫の声々、叩《みだりがわ》しく集《すだ》き合て物冷兢《すざまし》き梟妻《きょうさい》聞ひ侘《わび》る」（北越軍談）

みだりに【妄に・叨】みだりに。むやみに。「人前に於て、妄《みだり》に背語《はいご》すべからざる事」（甲陽軍鑑）「戦国に生れて武備を忘れ、臣下の堪否《たんぴ》も弁《わきま》へず、叨《みだり》に不器の輩を登庸して」（北越軍談　中）「一、叨ニ無之様ニ、仕置可被申付候」（和田信業覚書）「其方被官無意趣在所退出、叨他所徘廻之由候」（守矢家文書）

みちすがら【道終】道すがら。道中。「粮を運ぶものなし、人馬の飢疲を察し、道終《みちすがら》、村々里々に飛脚を以て、触れ遣はす」（柴田合戦記）

みちづくりざけ【道造酒】道路工事の慰労などに飲ませる酒。「五百八十文、十一月みちつくり酒」（高野山文書）

みちのくち【道の口】死出の道。（老翁物語）

みちのもの【道者】富士御師のような「道者（宗教者）」を指しているようだ。天正十年の甲斐国守は河尻秀隆。「屋敷・買徳之田地並道者、如前々相違有間敷者也　天正拾年」（河尻秀隆黒印状）「一、道者役之事、役人奉行以衆議相定之條、不可有違背、若於兎角申仁者、道者迄可召事」（北條氏綱法度写）

みちのり【里程】道のり。「最も此《ここ》自《よ》り援兵を遣わす可し、里程遠し、先其の地自《よ》り早打《はやうち》を為し」（伊達正統世次考）

みちばた【路髻】道端のこと。「其路髻《みちばた》に岩穴あり」（北越軍談）

みちひき【盈虚】潮の満ち引き。「潮の盈虚《みちひき》・風の順逆を本とし、克《よ》く伺て」（北越軍談　中）

みちぶり【道触・道振】「道行触〈みちゆきぶり〉」のこと。目的地まで行くところ。また、その道すがらの様子。「倉部伊勢ヨリ道振、家中男女上下飲酒与之、面々入興無極々々」（教言卿記）「入夜向藤沢宅、伊勢還向之道振也、家中皆向之」（康富記）

みちやる【道遣】契約を履行する。借金を返済する。「いつかたよりも乱違わつらひ出来候は、道やり可申候」（米良文書）

書）

みちょう【御帳】厨子などの小さい木製の扉。「御帳開之、用途被物一領代百疋進之」（経覚私要鈔）

みづ【みづ】「めど・みぞ」とも。本来は針の糸を通す孔。「馬ニ縄さす事。三尺縄あれば、轡の鑵《かん》より縄のみづをとをして」（甲陽軍鑑 下）

みつぎ【密儀】秘密の儀式。特別な資格を持つ者だけが参加できるか、またはそういう特別な資格を授けるために行なう内々の儀式。密教の加持・灌頂のような類。「青女向九条、密儀也、姫君帷沙汰進之、人々哥合等有談合事」（実隆公記）

みつぎぜい【見継勢】応援のための軍勢。加勢。援兵。「不然は宇喜多の見継勢とをぼへて候」（播州佐用軍記）

みつぎもの【調物・貢物】貢として献上する物。貢物。租税。「朝鮮王子相越候へハ尤候、不相越候共、御調物ニて可被相究候」（黒田家文書）

みつぎもの【見次者】助勢する者。支援する者。「御取合《とりあい》半《なかば》に候。御迷惑なる時、見次《みつぎ》者は稀なり」（信長公記）

みつく【密供】護摩をたき諸仏を供養する密教の修法のこと。「其願書に云、判ノ兵庫ノ助手をかりて、密供《みっく》を修す」（甲陽軍鑑 中）

みつぐ【見継・見次】救済する。援助する。力を添えて助ける。「高田方シカ殿ヲ見継候而、城ヲ守リ被食候」（妙法寺記）「数度防戦仕相支候へ共、肥前衆見次無爾々候間、不及力、豊州進退ニ罷成候」（上井覚兼日記）「相馬小三郎親胤も見次の為とて参陣し」（関八州古戦録）「田尻殿為御見続之兵船、近日中被指登候する御談合相定候」（上井覚兼日記）

みつまと【三的】小的を三つ並べて歩立《かちだち》で射ること。「三つの的の事、大・中・小三つ金輪に立べし、何も串一つ宛にて的二つ宛挟也、小的を上に、大・中を前後に、射手の好により立べし」（応永記）

みつり【密裏】秘密裏の略。秘密のうちに。「一々逆儀の事、縦《たとえば》密裏《みつり》に砒礵《ひそう》あるがごとく、錦《にしき》に毒石をつゝむ」（甲陽軍鑑 中）

みてのいぬ【三手犬】「三手犬追物《みてのいぬおうもの》」に同じ。「依雨京兆三手之犬延引、十三日一定」（蔭涼軒日録）

みてのいぬおうもの【三手犬追物】三十六騎の射手が十二騎ずつ三組に分かれて行う犬追物。「今日右京兆三手之犬追物興行」（蔭涼軒日録）

みどりこ【孩子】嬰児。「別所小三郎は、三歳の孩子《みどりこ》膝の上に置き、涕《なみだ》を推して差し殺し」（信長公記）

みな【咸】みんな。皆。「城中防ぐに勝《た》えず咸《みな》引き入りて火を着く」（伊達正統世次考）

みなおす【見直】病気や景気または相場などがいくらか良くなること。回復に向かうこと。「抑廿一日品俄発虫（中略）資直三位療治、聊見直之躰也」（実隆公記）

ま

みなごろし【鏖・殲】①皆殺し。「朝鮮を鏖にして、素懐を快くせん」(征韓録)「此方にて大坂勢を悉く殲《みなごろし》にして、明日一戦にも及ばず」(左衛門佐君伝記稿)②全滅。「北条一家を鏖《みなごろし》にして御所を鎌倉へ移しまいらせ」(関八州古戦録)

みにくい【蕞陋】「醜い」の充て字か。「忽《たちまち》に芝居を捨て蕞陋《みにく》き退足《ひきあし》たらんに、敵ながら神妙の至なり」(北越軍談)

みにくし【蓬し】「きたなし」とも訓む。醜い。汚いこと。「蓬《みにく》し、引《かえせ》など詞を番《つが》ひ、一足も退かず下知をなしける程に」(北越軍談)

みになる【身に成る】親身になること。「さて、、身に成り候者を」(御家誡)

みぬき【身抜】皮を剝いだ鳥。(黒田家文書)「将又乏少之至恥入候へとも鷹之雁壱ツ、身抜仕、羽ヲ添、贈進之候、遠路之播寸志迄候」(口文字屋宗俵老宛秋田実季書状)

みね【岫】峰。「故郷の音信《いんしん》をも聞召《きこしめさ》れ、岫分《みねわく》る月に心を澄《すま》し」(北越軍談)

みね【峯】大峯のこと。奈良県吉野から和歌山県熊野に及ぶ山脈。修験の根本霊場。「上意に付て、各血判を差上給ふ。是を聖護院へ渡し給ひ、峯へ納め奉れと宣ひければ、多くの山伏を引具し登山有て、大峯へ納め奉らる」(政宗記)

みねうち【背打】刀の背で討つこと。「氏政・義信が如きは、謙信が腕先にて、刀の背打《みねうち》にする共猶不足なる敵共なり」(北越軍談)

みのがみ【美濃紙】美濃国(岐阜県)から産出する和紙の総称。美濃は古くは、直紙《なおし》・書院紙・天具帖《てんぐじょう》など多く産出した。「いかにもあつき美濃帋可有進上」(親元日記)

みのこい【身拭】①入浴のとき、または入浴後に着る単衣。湯帷子。「ミの《身》こい《拭》　壱ツ　上しき　但ふくろあり　壱ツ　て《手》のこひ《拭》　壱ツ」(黒田家文書)②濡れた身体を拭くこと。また、そのための布。「沐浴ヲスルゾ、拭浴一身ノコイゾ」(勅規桃源鈔)

みのさんにんしゅう【美濃三人衆】氏家直元=常陸介、卜全・稲葉良通=伊予守、一鉄・安藤守就=伊賀守の三人のこと。「美濃三人衆者、早御馬を寄られ候へ、御手を取申さんと申せし処に」(三河物語)

みのぞき【見除】「見逃して」の意。「如此申付候上、見除仕、各二不申付候者」(伊達家治家記録)　➡「見除《けんじょ》」を参照

みのとき【巳の時・炳中】物の盛んなこと。血気盛んなこと。「家康三十九歳にて分別の巳の時なる故か、透間をかぞへ、もちふねを攻落し」(甲陽軍鑑)「総大将輝虎公今年三十一歳未だ炳中《みのとき》の齢にして、不測の兵権心に溢《あふ》れ」(北越軍談)

みのとき【昺中】「昺中」は勢いが盛んなこと。「巳の時」とも。「晴信、今年廿七歳弓矢昺中《みのとき》なるに、廿《はたち》にも足らぬ景虎、彼と対戦覚束なし」(北越軍談)

みはら【三原】備後尾道あたりで産する酒の総称。酒の名産地。天野・奈良など。(黒田家文書)「芳墨披見候、如仰

當春之御慶珍重候、為祝儀三原大樽弐銀子五枚送給候、誠幾久喜悦之至候」（星野加賀守宛教如書状）

みはん【未判】 判然としないこと。決着のつかないこと。「泉沢河内守以下を先陣とし、相挑《あいいど》みて雌雄未判《みはん》なる内、小田原勢」（北越軍談）

みまい【見廻・見舞】 ①実状を確かめるために、その場に出かけていくこと。「午時武家御城之普請、織田弾正忠見舞に罷向、西方石蔵大概出来、今少残了」（言継卿記）②特に、当人の様子を見、慰労のため、その人の許を訪れること。」「葉室所労見舞ニ薄被罷向了」（言経卿記）

みみ【馘】「聝」に同じ。殺して切り取った敵の左耳。「将軍（信長）の御幼少より、晨夕《しんせき》、武勇を尽くし、馘を献ずること多し」（柴田合戦記）

みみきき【耳聞】 うわさなどをすばやく聞き出す役。「御屋形御用にたち申べく候と存るわかものを御覧じ付、六人えらび出し、耳聞《みみきき》と思召定められ」（甲陽軍鑑　下）

みめす【目見す】 御意に叶って、出頭を請われること。目に懸けて贔屓すること。

みもち【身持】 妊娠すること。「又にのまるどの、みもちのよしうけ給候、めでたく候」（太閤真蹟）

みやげ【土産】「みあげ」とも。①遠隔地の産物などを送られた、あるいは入手した時に、近隣の者にお裾分けすること。また、その品。「二松方国々みやけとて、越後布一段長門守殿へ被進候也」（山科家礼記）②旅先・外出先で求めて、家に持ち帰る品。「頂妙寺住持来、此四五日自関東上洛云々、一乗和睦云々、みやけ綿一屯持来」（後法興院記）③他人の家を訪問する時に持参する贈物。手土産。献上物。「自長橋、秡箱以下宮笥給之」（実隆公記）

みやじ【宮司・宮仕】 下級の社僧。掃除など雑役に従事した。「社辺掃除者、宮司幷神人等、可致奔走事」（大内氏掟書）

みやまぎ【太山木】「深山木」の充て字。深山の歌語。「古哥を吟じ給へ。そのうたは、太山木《みやまぎ》の其梢《こずえ》とは見えざりき、桜は花にあらはれにけり」（甲陽軍鑑　中）

みょうが【冥加】 知らないうちに受ける神仏の加護のこと。「併冥加之所致候」（黒田家文書）

みょうがしごく【冥加至極】 この上もなく冥加であること。非常にかたじけないこと。「態御書御飛脚、誠々過分ミやうか至極に奉存候」（上杉家文書）

みょうがなし【無冥加】 この上もない冥加であるの意で、人から受ける過分の好意を、恐れ多いものと恐縮して言うこと。「御家門、御下向、忝過分至候、無冥加被存候」（政基公旅引付）

みょうけん【冥顕】 神の思召し。御加護。「報恩講七昼夜無其礙所致結願也、尤可謂皆令満足者哉、併冥顕之至也」（証如上人日記）

みょうご【命期】 寿命によってその人の命の尽きる時。「宗

長巳七十九、命期当年とてその御暇乞申て、紫野薪の末期覚悟の上は」（宗長手記）

みょうごねん【明後年】 再来年。「明後年、関白殿先名護屋迠動座候て」（黒田家文書）「せめて現銭之少々候はではいかが仕候べき、明年分ふたがくり、候者力候はず、明後年分にて堅被仰付候様に御計候はば、先可延申候」（建内記紙背文書）

みょうじ【名字・苗字】 名跡《みょうぜき》のこと。「自今以後、如元不可定預所名字事」（高野山文書）

みょうじはいりょう【名字拝領】 君主の名字を賜わって自分の名字とすること。「庄四郎五郎被成一色、名字拝領安堵之御判之由被仰出、尤恩栄之上意也」（蔭涼軒日録）

みょうしゅ【名主】 ①郷村内の有力農民として年貢徴収などを行ない、村役人的な存在であった者。「御領田堵、土民、名主、庄官等存野心際、条々未落居」（文明十四年鈔庭訓往来）②船頭。「楯・綱・碇、皆悉く相改め、名主檝取《かじとり》どもを相勇め、舷《ふなばた》を双《なら》べて押し競い」（小田原御陣）

みょうじをつぐ【名字を継ぐ】 家名を相続すること。「養子にして名字を可継之由」（多聞院日記）

みょうせき【名迹】 ①「名跡《みょうせき》」と同じ。苗字の跡目。「直江山城守兼続が弟を名迹とし、但馬守と号して」（北越軍談）②家と所領と。所領のみの場合も。「因って牧野安芸名跡を与うる者也」（伊達正統世次考）

みょうせん【名詮】 「名詮自性《みょうせんじしょう》」に同じ。仏語。名がその物の性質を表わすということ。名実の相応すること。「鱈の腸不来不来と云て正月用たつ不来不来と云は名詮あしきによりて中比より来々と書きたり」（親元日記）

みょうだい【名代】 名跡のこと。苗字と領地の相続。「今般正理を糺し奉公するに於ては、則ち名代之事末代に於て相違有る可からざる也」（伊達正統世次考）

みょうでん【名田】 所有者（名主《みょうしゅ》）の名を冠した土地。戦国武士の知行の客体としては祖先伝来の私有地観念が強く、恩地とは対蹠的存在である。「知行百貫とる者は、大形五十貫は名田《みょうでん》と申物にて、年貢少《しこし》づゝ出し、残《のこり》は其地知行にふみてとる」（甲陽軍鑑 下）

みょうもん【名聞】 世間での名声、評判。ほまれ。「公方万松院殿（義晴公）を拝奉り、景虎此世の名聞《みょうもん》に支度事」（甲陽軍鑑 中）

みより【身縁】 「身寄り」の充て字。近親者。「広瀬一不齊を相伴なひ、身縁《みより》の侍五十騎計にて打出」（関八州古戦録）

みらいをかね【未来を兼ね】 現在だけでなく将来を考えること。「上下万人、扨々未来を兼ねさせ給ふ」（元親記）

みらくきょ【未落居】 係争中の懸案の事柄が、まだ決着ついていない事態であること。「闕所事者、或御沙汰未落居歟、或御罪科未断歟、或有御思案可有御宥免歟也」（大内氏掟書）

みりき【身力】 腕自慢の意か。「往還の者を召捕り、射させられ、又あるときは、身力に御自慢なされ、試しものさせら

れ」（太閤さま軍記のうち）

みる【観る】「観」の充て字。「主をそし（卒爾か）に取替たるもの共よとて、人の観処《みる》は扨をきぬ」（三河物語）

みれん【未練】未熟なこと。「信長ため、且父子ため、諸卒苦労をも遁之、誠可為本意、一筋ニ存詰事、無分別モ、未練無疑事」（信長記）

みわき【身脇】上杉家では徒若党のこと。北条家では手脇衆。武田家は廿人衆。徳川家では走衆のことをいう。「総ての陣中身脇《みわき》（南方にては手脇衆、甲州にては廿人衆、徳川家にては走衆と云）の隊長を随鎧の武者と定め」（北越軍談）

みわきしゅう【身脇衆】戦国時代、上杉家での歩若党《かちわかとう》の称。「二十人衆」のこと。「歩若党を上杉家にて身わき衆」（甲陽軍鑑）

みんぎょう【民業】民の、生活のための仕事。「民業康楽之令辰」（実隆公記）

みんしゃ【民社】豊饒を祈願して田を守護するように田に建てられる社のこと。（日葡辞書）

みんぞく【民俗】農民。（日葡辞書）

みんめつ【泯滅・泯没】滅亡すること。「武将光源院義輝公ノ時ニ至テ、序次曾テ無則、綱常治法モ皆泯没《ミンメツ》シテ、壊乱爰ニ極リ」（信長記）

みんれい【民黎】民衆、百姓。（南海通記）

むい【無異・無為】①何事もなく平和に暮らすこと。平穏無事に暮らすこと。「一国御無異ニ成候」（妙法寺記）②無事におさまること。関係や被害が及ばないですむこと。「御和睦不可有子細旨（中略）無為之儀天下大慶万民歓娯不可過之歟」（満済准后日記）③取り立てて指摘する欠点がないこと。「年よりも心立もおとなしき無為成者にて候間、よき御宝にて候」（小早川弘景置文）

むかいうま【迎馬】客人を乗せてくるよう、先方につかわす馬。「大坂ヨリ宗及老御状ト迎馬ニ飛脚相添テ被遣候」（宗湛日記）「山門の法印へ御むかひ馬をのぼせらる、」（昨日は今日の物語）

むかいじろ【向城・対城】「むかいじょう」とも。付城《つけじろ》とも。敵城を攻めるために、それに対抗して築いた城。「敵地之間上道弐半里又一里又十町有之処も候に押詰、向城取立」（上杉家文書）「同八日ニ川口ニ向城ノ鍬初シ給フテ、平手監物、舎弟甚左衛門（中略）等ニ先陣ヲ張ラセ」（信長記）

むかいじん【向陣】攻撃に備えて、敵陣と対峙する位置に構えた陣。「最初去月合戦ニ、責手四五人雑兵被打了、其以後者三方ヲ取廻テ、向陣ニ取廻云々」（大乗院寺社雑事記）

むかえがい【迎買・向買】中世・近世、指定された場所または市場に選ばれる売り荷を中途で買いとること。また、生産地まで出向いて行って買うこと。幕府や領主によって禁止された不法行為であった。「山越之向買者堅停止候」（今堀日吉神社文書）

むかえぞなえ【迎備】 敵軍を迎えうつため敷く陣。「老少となく馳集りて、迎備を作り、旗数多く立てて中途迄押出す」（南海通記）

むかでのしゅう【むかでの衆】 武田信玄の御使番。蜈蚣《むかで》の差物を許された者たち。「馬場にわたせと御意なされ候へと申に付、むかでの衆或ハ廿人衆頭・御中間頭にふれされなされ候へば」（甲陽軍鑑　中）

むかでのつかい【蚣の使】 武田信玄直属の伝令使。ムカデの差物を差していたので、ムカデの差物衆という。「早先陣より軍を初むべしとて、蚣の使を諸軍へ配り、鯨波《ときのこゑ》を上げさせる」（一徳斎殿御事蹟稿）

むき【むき】 筋や縁故のこと。「さて又むきひきよき人々は、下の手柄を上にする意地なる故」（甲陽軍鑑　下）

むき【無愧】「むぎ」が一般的。世間を顧みないで粗暴な行ないや悪事を働くこと。またその人。「身命をかへりみず防ぐといへども、無慙・無愧《むき》の土民ども、親討れ子討るゝをも事ともせず」（奥羽永慶軍記　下）

むぎけ【麦毛】 麦作。麦の耕作。また、麦の収穫やその収穫量をいう。「急度染一筆候、和田辺麦毛純熟之由、頻而告来候条」（比毛関氏所蔵文書所収武田信玄書状）

むぎちょうぎ【麦調議】「調議」は、出陣して攻めること。敵を攻めて麦を刈り取ること。（伊達家治家記録）「一入人数等召つれ、竹刀を持せ出らるへし、麦調議其心得専要なり」（性山公治家記録）

むぎなぎ【麦薙】 敵の領内にはいり、その麦を刈ること。敵の抵抗力を弱めるための戦略の一つ。刈田狼藉。「富田へ麦なぎの御動被作候」（森脇覚書）

むきゅうにん【無給人】 中世、恩給・扶持を受けてない人。無禄の人。「但合戦・狩場、文武の交は給人・无給人の人に不可依」（世鏡抄）

むきょく【無曲】 案外なことで困惑すること。「猶愚に思召候事、無曲存候」（上杉家文書）

むく【無供】 供養料を受ける権利を持たないこと。また、その僧。「雖為無供、坊主分には、不論年紀、任臈次可渡事」（高野山文書）

むくろ【むくろ】 軀・骸。からだ、死骸。「首に押当左右の手をかけ前へ、矢声を以て押ける程に、首は膝に抱ひてむくろは上に重りぬ」（政宗記）

むげ【無下】 ①残酷な。「忽ち死罪に於ては余りに無下《むげ》に思ひ、片倉景綱を頼み、訴訟数度に及びければ」（政宗記）②ひどく卑しいこと。「世にも無下《むげ》なる女房共に養育せられ給ひて」（奥羽永慶軍記　下）③何とも言いようのないこと。「山形に連衆《つれしゅ》にならんもの無りければ、余り無下《むげ》成る事なり」（奥羽永慶軍記　下）

むげ【無碍】 障りがないこと。「馬は名誉の逸物《いつもの》なり。縦横無碍《むげ》に突て廻る」（奥羽永慶軍記　下）

むげ【無懈】「無懈怠」に同じか。しっかりと。「既其方板垣為横目之上者、悉皆無懈可遂内談者也」（静嘉堂文庫所蔵集古文書）

むげこうしゅ【無碍光衆】仏語。一向宗徒の異称。「無碍光衆、任高岳御不知、末代被払之事」（上杉家文書）

むげこうしゅう【無碍光宗】無碍光仏は阿弥陀仏の異称。無碍光宗は一向宗のこと。「此年（享禄五）ムケカウ《無碍光》宗ト云者天下ニハヒコリテ、諸宗ヲ責申候」（妙法寺記）

むげな【無下な】「無下ない」と同じようだ。あわれな、不憫な。（日葡辞書）

むげむげと【無下々々と】残酷に。むざむざと。むごたらしい。「か様に浅猿敷《あさましく》、無下《むげ》〻〻と御果たし、若公一人」（信長公記）

むこ【無告・无告】「むこく」と訓むのが一般的か。自分の窮状を訴えることもできない人々。窮民。「国郡に主宰たるの本意は无告《むこ》の窮民を撫育するに有」（北越軍談　中）

むこうざす【向指】ある目標を定め、それに向って励みすすむこと。また、競争の相手。敵対する者。「人には必ず向《ムカ》ふざすと白事を思設《おもひまう》けたるが然るべく候（中略）信玄は（中略）常に越後の謙信を以て向《ムカ》ふざすとして、謙信にまさるべきとつとめはげまれ候ひき」（常山紀談）

むこく【むこく】「無極」のことか、一生懸命に、いちずにの意か。「被官も大脇指《わきざし》をぬき、ふりながらむこくにかけいづる」（甲陽軍鑑　下）

むさい【むさい】①不快なこと。「家中の儀江戸にて、むさく候儀申候共」（御家誡）②意地や欲が強くて、心が汚いこと。下品であること。「もとより礼儀をつかふて身を立つる人には、心むさければ」（甲陽軍鑑）③きたならしい。不潔である。「御所中むさきよし御たくせんのおもむき申」（御湯殿上日記）

むさと【無作と・無差と】「むざと」とも。①「むさと」は、「無作と」であり、作為なく、思慮なく。不注意に、うっかりとの意。「ムサト人ズキ仕間敷事」（伊達家治家記録）「こび過たる仕舞をし、面をむさときるゆへに」（舞正語磨）②理由もなく。みだりに。むやみに。成行きにまかせて。「新参の輩に無差《むさ》と高禄を与ふる」（関八州古戦録）「其村々ににくきもの在之とて、御検地などむさとあしく仕まじく候」（島津家文書）「此間就寝殿作事、于今むさと有之間、於綱所可令勧盃通初に申置たる也」（証如上人日記）③場当たり的に事が成されること。「信長出馬之間は、むさとさきへ不越之様、瀧川相談、堅可申聞候」（織田信長文書）

むさます【武佐枡】天文三年（一五四四）に近江国の領主佐々木義実が武佐地方で作った八合入りの一升枡のこと。軍事、政策上の効用のために近江一国で用いられたもので焼き印がなかった。佐和山城主になった石田三成も用いた。

むざむざと【虚々と】 無分別に。うっかり。「左ありとて虚々《むざむざ》と当国に在住あらば」（北越軍談）

むしくいば【虫食歯】 虫歯のこと。「先太秦真珠院へ立寄、虫食歯相煩平臥」（言継卿記）

むしげ【虫氣】 小児の腹痛。単に腹痛。「はや我等むしけもよく候て、物をもくい申候」（太閤真蹟）

むしぜめ【蒸攻】 古い戦略の一つ。城などに立てこもった敵を攻める際、風上に火を掲げ、関をつくり、大軍が急に攻め寄せる勢を示して敵を疲れさせる攻撃法。「敵不出ば、毎日も蒸攻にして、城中を疲労去程ならば」（播州佐用軍記）

むしぞなえ【蒸備】 蒸攻めを行うために配備する隊。「所々に蒸備を作りて」（籾井家日記）

むしたえまつ【蒸松明】「蒸攻め」に用いる松明。「石見大分の地下雑人にて蒸松明夥しく調へ待かくるに」（武家名目抄）

むじな【無地な】 言うことに愛嬌がないが、人を怒らせたり、いやな感じを与えたりもしない人。（日葡辞書）

むしぶせ【蒸伏】 蒸攻めにしようとしてあらかじめ兵を伏せ隠しておくこと。「諸陣のむし伏符を合せ」（籾井家日記）

むしぶるい【蒸振】「虫干し」に同じ。「於六月十日、一切経虫振事、舎利講衆之年預より、承仕之一臈へ申追催也」（高野山文書）

むしむぎ【蒸麦】 蒸したうどん。（甲陽軍鑑 下）

むしめん【蒸麵】 蒸うどん。蒸し麦。「阿弥陀経一巻進之候了、早々むし麵候了」（言継卿記）

むしゃいでたち【武者出立】 武士が鎧・兜を身に着け、弓・刀をとった姿。武装した様子。「光秀（中略）西国立の武者出立を信長公へ御目に掛候と号し」（武家名目抄）

むしゃいろ【武者色】 武者ぶり。「隼人正を先として武者色花やかなるをば名ある武士とや思ひけん」（奥羽永慶軍記 下）

むしゃおし【武者押】 武者が隊を組んで進んでゆくこと。「神君辰の剋二条の城を御出馬あり、旗御道具、小馬標、武者押の行列にて」（武家名目抄）

むしゃぐみ【武者組】 中世の軍隊の編成法のこと。謙信流では、騎馬武者五隊を小組とし、小組五つ合わせて一組とする。一組二つで一備、その長を士大将または采配頭という。一備を三つないし五つ組み合わせて一虎口を持つのを一手とし、その長を一手の大将または旗頭といい、一手に二つ備・三つ備を合わせたのを一幡として、これをつかさどるのを一幡大将という。

むしゃけぶり【武者煙】 敵陣の蹴立てる塵埃《じんあい》のこと。自軍の蹴立てる塵埃を武者埃《むしゃほこり》という。

むしゃことば【武者言葉】 戦国時代の武士社会特有の言語。狭義には、戦場で武士の用いた特殊な用語をいう。

むしゃぞろえ【武者揃】 武者をひとところに集め、日ごろの調練の成果を検閲すること。軍勢をそろえること。勢

ま

ぞろえ。「唐の勅使又近日上洛と云々、仮武者揃御沙汰と云々」（義演准后日記）

むしゃだいしょう【武者大将】 戦国時代、戦時に武士を指揮する武家の職名。「舎弟孫三郎殿を武者大将として、敵の陣へ推向けしかば」（信長記）

むしゃだまり【武者溜】 戦闘の始まる前に、軍勢を配置させる城門内の、外部に沿った広い場所。「武者溜リノヨイ所」（日葡辞書）

むしゃため【武者溜】 「武者溜《むしゃだまり》」に同じ。城門内の外郭に沿った広い場所。軍勢の屯集《とんしゅう》、勢ぞろいなどに使われる。「武者ためは山城を下り、二の丸三の丸、心之所則武者ために御座候」（上杉家文書）

むしゃつかい【武者使・武者遣】 兵の動かし方、扱い方。戦場で士卒を指揮すること。（元親記）「大久保七郎右衛門・同次右衛門兄弟の者共を召出給ひて、さて〻、今度の武者づかい無比類」（三河物語）

むしゃはじめ【武者始】 初陣のこと。「織田三郎信長、御武《む》者始《しゃはじ》めとして、平手中務丞、其の時の仕立」（信長公記）

むしゃばしり【武者走】 城の土居の垣の後ろの通路のこと。幅三間の通路で武者が往来した。「城取の事（中略）一、塵とり　塵ふせぎの事　一、廊下橋の事　同引橋《ひきはし》の事　口伝一、武者走《ばしり》三段はがんぎ・あふさか・かさなり坂」（甲陽軍鑑下）

むしゃぶぎょう【武者奉行】 戦国時代に、武者の進退及び戦時の軍中の指揮を掌った役目。「武者奉行は、御大将とひとしく、さいはい《采牌》を不持して、不叶事」（甲陽軍鑑　下）

むしゃぶね【武者船】 武者の乗った船。兵船。「湊々浦々之武者船、是又兵具を以て我手我手をかざり」（信長公記）

むしゃほこり【武者埃】 自軍の蹴立てる塵埃《じんあい》のこと。敵陣の蹴立てる塵埃は武者煙《むしゃけぶり》という。

むしゃわらんじ【武者草鞋】 「むしゃわらじ」に同じ。乳《ち》と紐《ひも》を布で拵えた草鞋。武者が戦場ではいたもの。ごんずわらじ。「江戸にて云、ごんずわらぢを、関西にて、あとづけざうりといふ、九州にて、むしゃわらぢ」（物類称呼）

むじゅつ【無術】 学問・技術がないこと。何も芸がないこと。手練がないこと。「必ず之に雷同すること勿れ、或は才覚ある者将に無術之人を誣陥《ふかつ》せんとし」（伊達正統世次考）

むじゅん【矛盾・矛楯】 戦い。「此時手をかへしむじゅんに及び候はゞ」（関原陣輯録）

むしょう【無性】 正体をなくした状態とか、常軌を逸した狂乱状態にあること。正体も気力も無いこと。（日葡辞書）「たかはしのまつり、其外神事祭礼之場之けんくわ、何と聞候も理非なしの酒ぐるい也、然者無体無性之義、何と可侘言候哉」（結城氏新法度）

むじょう【無上】 宇治の銘茶。「次為書音之、乍さ少無上三斤、進覧候」（皆川文書）

むしようち【蒸夜討】「蒸攻め」の方法で夜討をかけること。「夜中に嵯峨の辺より出て、むし夜討の勢と定む」（籾井家日記）

むす【蒸】軍陣でかがり火をたき、鬨《とき》の声をあげて、今にも攻めかかろうとする気勢を敵に示すこと。「方々の峯に篝火を焼て、一蒸蒸《ムス》程ならば、坂東武者の習、程無く機疲て」（太平記）

むずかし【六借】「六ヶ敷」の充て字。難しい。容体が思わしくない。「然而御女儀故、下々六借相妨之由聞候、不可然候」（曇華院文書）「岡殿へ参見舞申、御脈診之、同篇、御様体六借了」（言継卿記）

むずかしく【六借敷・六ヶ布】「六借」に同じ。「難し」の充て字。難しい。「乍御六借敷、南方辺之儀、示預候者、畏可存候」（西田文書）「馬数にて八何□不罷成候間、御六ヶ布可有之候覧、切々申達候」（塚本文書三）

むずと【擇と】むずと。しっかりと。「南方の勇士・清水又太郎押双《ならん》て擇《むず》と掖《くみ》、大田を組伏せ」（北越軍談 中）
➡「擇《ひし》と掖《く》む」を参照

むずと【無手と】ぐっと。「徳川家の士卒本多主水に渡り合ひ、無手《むづ》と組んで捻合ひけれども」（武田三代軍記）

むすびじょう【結状】「結文《むすびぶみ》」とも。巻きたたんで端を折り結び、封に墨を引いた書状。「捻文上下共捻也、結状も同断宛人の下に此方の名は不書宛所下の名乗裏に名字官可書之也」（武家名目抄）

むすびだい【結題】和歌で題詠の際に出される歌題の一種。漢字三、四字から成り、二つないしそれ以上の事柄を結合した歌の題。「初春霞」「雪中子日」「旅宿夜雨」などの類。「結び題をば、一所におく事は無下の事にて侍とやらん」（毎月抄）

むすびはな【結花】糸をいろいろに結んで花の形に作ったもの。はなむすび。「御檜扇之結花蜷絲等、七十疋にて摂取院へ誂候」（言継卿記）

むせぶ【噎ぶ】咽ぶこと。「野人山賤《やまがつ》に至るまで、皆、感涙に噎《むせ》ぶのみ」（柴田合戦記）

むせる【哽る】咽ること。むせること。「萱に火を付投かけ、れば、寄手の者ども煙に哽《むせ》て多く死しけり」（政宗記）

むせんぎ【無詮議】評議が足りないこと。軽率なこと。「無詮議と一雅意に存じ候や」（老翁物語）

むそう【夢想】夢想連歌のこと。夢に神仏の示現があって歌または句を感得したとき、奉謝のために人に披露し、これを本として作る連歌のこと。「（天正十六年十月）廿八日天気雪風ことのほか仕候、御夢想ひらかせられ候」（伊達天正日記）

むぞう【無慙】同情と憐れみの心を抱くこと。（日葡辞書）

むそうびらき【夢想開】「夢想開連歌」と同じ。意は「夢想連歌」に同じ。「須田八兵へ所にて夢想開有」（梅津政景日記）

むそうれんが【夢想連歌】夢で歌や句を得た時、それを神

ま

仏のお告げだとみて、神仏への奉謝のために作る連歌。懐紙に「夢想連歌」あるいは「夢想之連歌」と端作りして脇句から始め、九十九句を付け、夢の句が短句もしくは歌一首の場合は百句付ける。「九時分四条へ罷向、夢想連歌有之、執筆者予仕了」（言継卿記）

むそく【無足】①知行・田禄を与えられていない、扶持米だけを与えられている下級の武士のことを無足、無足人という。（伊達家治家記録）②領地を持たないこと。または、領地や相応な物を貰わないで奉公すること。（日葡辞書）

むそくにん【無足人】所領もなく、それを補うに足るだけの食扶持もない人。「今度大宮城中、被楯籠無足人別而忠節之由候条、貴所依承旨、恩賞之儀聊無相違可遣之」（富士文書）

むたい【無体】「むだい」とも。①簡単に。「山の西道を四筋五筋より無体に上りけるに、義景は態《わざ》と兜も著《き》ず」（一徳斎殿御事蹟稿）②理不尽なことを無理に通そうとすること。「鋒矢につくり、小勢をもつて、無代（躰）に一戦を覚悟仕りたると」（甲陽軍鑑 中）「山城にても、平城にても、むたひに責べき事、大将のふかく也」（宗滴話記）

むだごと【徒事】無駄ごと。「少も御油断あらは此比の御辛労も徒事《むだごと》に成へき歟」（伊達家治家記録）

むたと【むたと】無造作に。やすやすと。「或《あるいは》死ぬまじき所にて、むたと命をすつる事もあり」（甲陽軍鑑 下）

むたむた【むた〻〻】やすやすと。「阿部加賀守申は、木曽路左様にむた〻〻と働事ならず候間、」（甲陽軍鑑 下）

むち【策】「鞭」の充て字。「猶馬を歩ませ行き、急に策《むち》を当て堤伝ひに件の道筋」（関八州古戦録）

むちあぶみをあわす【策鐙を合わす・鞭鐙を合わす】「策鐙」は「鞭鐙」の充て字。早がけする時、馬の尻を打つ拍子に合わせて鐙であおること。「岡の上より策鐙《むちあぶみ》を合はせ落し蒐れば」（左衛門佐君伝記稿）「三番斥候真砂丹波、駿馬に鞭《むち》鐙《あぶみ》を合はせ、忠直の本陣に至り」（左衛門佐君伝記稿）

むちかげ【策影】威勢のあること。「武蔵・上野・下野・上総・下総・常陸までも、多分其策影《むちかげ》に靡《なび》けり」（北越軍談）

むつき【襁褓】おむつ。産着。ふんどし。「三男喜平次殿其《その》頃未《ころいま》だ襁褓《むつき》の裏《うち》に坐《まし》ますといえども」（北越軍談）

むて【無手】①武術の心得がないこと。「名の高き者にむてなる事有まじと仰られ」（甲陽軍鑑）②特別な技芸を身に付けていないこと。何のたしなみもないこと。取り柄のないこと。無能。無芸。「歌道なき人は、無手に賤き事なり、学ぶべし」（早雲寺殿廿一箇条）③何も得ることがないこと。無駄なこと。「松雲は其時も江口が无手な働して、只今敵に返されなば、一人も残まじ」（小松軍記）「我等身上之儀者、時之事にてこそ候へ、数代家を子細無題目無手に可相捨事は口惜存候」（吉川家文書）④前後の見境のないこと。ある

いは強引なこと。無理なこと。「しうこ状なともなく、無手に人に代かし候などと言かかり候はんは」（結城氏新法度）

むてなる【無手成る】 ①思慮のないこと。「水天は入らざる者にて候、各無手成る事を申され候」（万代記）②無法。「名の高き者にむて《無手》なる事有まじと仰られ候」（甲陽軍鑑　中）

むてんなる【無点なる】 事が定かでなく、成り行きに任せること。「むてんなる者に成り候て」（御家誡）

むどう【無道】 ①無理やり。「人数無道に切かゝり候」（昔阿波物語）②人の道から外れるところから、人を裏切ること。敵対すること。「然下野守儀、連々無道覚悟依有之」（大阪城天守閣蔵赤松義祐書状）

むなし【損し】 空しいこと。「忠義の志す処、天鑑損《むな》しかるべからず」（北越軍談）

むなしかる【捐可】 空しいこと。虚しいこと。「若夫《もしそれ》謙信運怯《よわ》ふして、件《くだん》の者志捐可《むなしかる》くんば、速に病死を賜ふべし」（北越軍談）

むなしく【畆しく】 虚しく。「扶《たすかり》給ふ若君の御命を、却《かえっ》て畆《むなしく》せば、如何ニあらん哉」（三河物語）

むなすだれ【胸簾】 あばら骨。肋骨。また、肋骨が透けて見えるほど痩せていること。「むなすたれの下、又ほかみ細々痛み、肩の上まで筋いたみ引」（言継卿記）

むなづくし【胸尽】 着物の左右の襟が重なりあう部分。むなぐら。「赤口関左衛門がむなづくしをとりて、後《うしろ》のかべをしつくる」（甲陽軍鑑　下）

むなとい【棟木飛】「飛」は、「樋」の充て字か。棟木と樋のことか。「伏見天守も上の二重ゆりおとし、御殿むなとい《棟木飛》はふ《破風》のつくり物きつね《狐》かうし《格子》おち」（慶長記）

むなべつせん【棟別銭】「棟別銭《むねべちせん》」とも。「むねべつせん」とも。鎌倉時代から戦国時代にかけて行なわれた家屋税。家屋の棟数別に臨時に賦課したもの。「為京都礼銭、奈良中百棟別銭被懸了」（多聞院日記）

むなもと【心本】「胸元」に同じ。「水の如くなる脇指を引抜て、御心本《むなもと》につき立《たて》て」（甲乱記）

むに【無二】 二心を持たないこと。裏切る心を持たないこと。変化がなく一途な様。ひたすら。まったく。「急度致言上候、今度無二御奉公申上、心底立御耳」（黒田家文書）「被尽粉骨候而無二之働依有之、一百余之手負人有之由」（室町殿日記）「無二ニ彼一揆可被成御退治之御存分ニ而」（信長公記）

むにむさん【無二無三】 ①全く。専らの意。唯一の。「田村の輩は云ふに不及、各味方無二無三の心底なり」（伊達家治家記録）「御文書事きやうだいよりあひ申候て、惟郷にわたし申候上は、後々までも無二無三に可申承候」（阿蘇文書）②脇目を振らず。（庄内陣記）

むねうち【棟打】 刀のみねで打つこと。また、棒や杖で打つことをも刀に擬していう。みねうち。「義信も氏政も、

謙信が刀のむねうちに一打づつにも足らぬ事也」（甲陽軍鑑）

むねと【宗徒・棟人】①主だったもの。「棟人」は「宗徒」の充て字。「財満其外宗徒の衆相籠り居り候」（老翁物語）「城兵稠《きび》しく足を扞《ふせ》ぎ、南方棟人《むねと》の士若干《そこばく》討る」（北越軍談）「浅井雅楽助、浅井斎、狩野次郎左衛門尉、狩野次郎兵衛、細江左馬助、早崎吉兵衛尉、此外宗徒之者千百余討捕」（信長公記）②信頼する者。「坪下口心許なしとて、宗徒の士二百餘騎を猪苗代へ」（伊達家治家記録）③名高い。「宗との兵《つわもの》」（名高くて強い兵士）（日葡辞書）

むねとのさむらい【宗士】主だった侍のこと。「城主途中に出で向いて一戦し、相馬の宗士二十余人の首級を獲たり」（伊達正統世次考）

むねとのつわもの【崇の兵】「宗徒」に同じ。主だった者。「合戦は見えたりと思召所に、其外ことヽヽく崇《むねと》の兵《つはもの》討死をしたりければ」（三河物語）➡「宗徒《むねと》」を参照

むねにかなう【旨に称う】勅旨によって。「高宗の隆興の初め、画図を進め、旨に称《かな》う将仕郎に補せらる」（伊達正統世次考）

むねのつかへ【胸の痞】胸に差し込みの発作が起こる病気。（長元物語）

むねべつ【棟別】「むねべち」とも。一軒一軒の家に対してかけられる租税。「一、他郷へ有移屋人者、追而可執棟役銭事、（中略）一、其身或捨家、或売家、国中徘徊者、何方迄も追而、可取棟別銭」（甲州法度之次第）

むねやく【棟役】棟別銭とも言う。家屋の棟数別に賦課した課役で、臨時のものと定期のものがある。（伊達家治家記録）

むねやくせん【棟役銭】「棟別銭《むなべつせん》」に同じ。「他郷へ有移屋人者、追而可執棟役銭事」（甲州法度）

むのう【無能】神楽の囃子の一。「内裏舞御覧在之、室町殿御参、御一献以下御沙汰云々、無能着座」（満済准后日記）

むひ【無比】匹敵するものがない。（日葡辞書）

むひつ【無筆】自分の筆の拙さを謙遜していう語。「返答がき致候へと申付候へば、むひつに候間、爰元にて書中儀不罷成候由申候」（梅津政景日記）

むひょうぎ【無兵儀】「無兵儀ニ候而」の「兵儀」は、武器を持つこと。ここは、武器を持たないで、武装しないで。（伊達家治家記録）

むべつ【無別】条理をわきまえないこと。「龍門銭付、峯寺ヨリ慈院上、無別ナル申事、中々難成事申間、不能対面返了」（多聞院日記）

むほん【謀叛】反逆。（日葡辞書）

むみょう【無明】まったく知らないこと。また、そのさま。「細川与公方計也、其余は無明に致用意計也」（大乗院寺社雑事記）

むめくさ【埋草】城を攻める時、敵の城の堀を埋めるために用いる草。転じて、先に派遣される兵士や軍勢のこと。作戦上、殺されることが確かでありながら前線に送られ

ま

る兵士のこと。「但ふけ《武家》の方へもむめくさ《埋草》おほく候間、仕寄三方ゟ五口申付候」（黒田家文書）

むやく【無役】 課役のないこと。軍役の賦課がないこと。「本知号十万石之内、壱万石者可為無役」（太閤記）「以上拾万石、又壱万石、於安藝無役ニ被仰付候」（吉川史料館蔵黒田孝高書状）

むよ【無余】 剰余が無いこと。過不足のないこと。「嗟呼、設雖有無余之毀謗、於予者全不可痛之」（雑筆集）

むよう【無用】 してはならないこと。必要でないことの意で、ある行為を禁止することを示す語。「問答無用」「天地無用」「猥《みだり》に遊山・見物無用の事」（甲陽軍鑑）

むらおし【村押】 村々を一つ一つ占領していくこと。「黒川近辺マテ悉ク村押ニ働シメラル」（伊達家治家記録）

むらぎめ【村極】 室町時代から江戸時代において、村民が自主的に定めた村の取り極め（掟）。村寄合（村民集会）、村入用、入会、用水、共同農耕などを初め、博奕、作物泥棒、婦女暴行などの取り締まりについての規定が見られ、違反者には村八分、追放、過料などの独自の制裁を加えた。「村極之事」（滋賀県愛知郡三谷共有文書）

むらさめ【急雨】 村雨。叢雨。「急に急雨《むらさめ》、石水を投げ打つ様に、敵の輔《つら》に打ち付くる」（信長公記）

むらだか【村高】 豊臣秀吉以来の検地または石直《こくなお》しによって決定した田畑・屋敷の石高を一村限りに集計したもの。これによって年貢・諸役の賦課の基準とした。（地方凡例録）

むらむら【村々】「群々《むらむら》」の充て字。バラバラに。てんでに。「茂る木かげに、敵是を大勢と見誤り、村々《むらむら》に分れて引く処を、遁さじと追詰《おいつめ》々突伏せ」（奥羽永慶軍記 上）

むりょう【六糸鍛・無量】「無量」は「六糸緞《むりょう》」の充て字。中国から舶来した繻子「しゅす」、経糸が粗く、光沢の幾分劣ったもの。「ムリョウノ下着ニ、具足黒塗」（伊達家治家記録）「衣裳は無量のじゅばん《襦袢》に赤裏」（政宗記）「六日、於江戸高麗人出仕、人参弐百斤、（中略）むりょう百巻、大鷹五十羽、青皮廿枚也」（当代記）

むりょう【無量】 法華三部経の一つ、無量義経。浄土宗・真宗の根本経典である無量寿経のこと。「龍伯（嶋津）も御礼に被参、進物むりょう《無量》十巻、朝鮮馬一疋ぶち」（慶長記）

むりょく【無力】 能力、勢力、資力、働きなどのないこと。力が及ばないこと。「此上者無力、寄附不可有子細之由返事了」（看聞御記）

むろどう【室堂】 僧坊のこと。（元親記）

めあか【目赤】 目赤鶴。ここは目赤鶴取の鷹のこと。「関白殿（秀吉）よりの御使（伴）清三郎へ御目赤取ノ御鷹被指越候」（伊達天正日記）

めあわす【可妻・娶す】 目合わす。娶。結婚させて、妻とする。伴侶とすること。嫁とすること。「此後公の旨を受て、資正が女を成田左馬助氏長に娶す《めあわす》」（北越軍談）「公儀可

走廻者を可妻事肝要候」（豊島宮城文書）

めいか【名家】 公卿の家格の一つ。文筆を主とし、弁官を経て蔵人を兼ね、大納言まで昇進できる家柄。羽林家の下、諸大夫家の上に位する。「此外山中伺候の人々名家は清花を超、庶子は嫡家を越て」（太平記）

めいかい【命誡】「明誡」の充て字。はっきりとした誡め。「意《こころ》を安んずること能《あた》わず、因って厳に命誡《めいかい》を致す」（伊達正統世次考）

めいげ【めいげ】 恐れ多いこと。「信玄公の御舎弟同前に罷有ては、下々の武士めいげはなきとことはり、家より下へ飛下候へば」（甲陽軍鑑 中）

めいけい【明鏡】 ①はっきりしていて曇りのないこと。事柄が明らかであること。また、文書などに明瞭に記録されていること。明龜。「東寺領在上久世内、為買得明鏡上者、於後後末代、聊不可有他妨」（東寺百合文書）②優れた方法、技術。典拠になしうる証本。「官務来候て、牛玉円調合候、法印之用也、竹田家之明鏡也」（言継卿記）

めいけん【明顕】 隠れもなく、明白であること。「依有急用、臼葉屋孫太郎方、同小五郎方へ、以有銭永代売渡申処、実正明顕也」（輯古帖）

めいげん【鳴弦】 矢をはがずに手で弦を引鳴らして妖気を払う作法。天子が入浴の際、蔵人《くろうど》が戸外に控えて行なう。特に産湯の御湯殿の鳴弦の儀が盛大に行われた。古くは貴人の誕生或は病気の際などにも行われた。弦打《つるうち》。ゆみづるうち。弓鳴《ゆみならし》などともいう。「一切の不審ある物怪《もののけ》などには、ことには弓にて鳴弦《めいげん》の行《おこない》ある上は」（甲陽軍鑑 下）

めいさい【明才】 賢明な才能、優れた才能のこと。「二代の大身なる故、何としても萬《よろず》こまかに有まじ、又仕出《しいで》の侍は何事もめいさい《明才》なれば」（甲陽軍鑑 下）

めいし【目医師】 眼病専門の医師。目医者。「今日招目医師令見中将目」（実隆公記）

めいせい【盟誓】 固い約束。または誓約のこと。「結党類互令盟誓事、右令群集、結党類者、違背上、強張下之謂也」（新加制式）

めいそう【明相】 夜が白んでくること。「東天明相の比《ころ》に至て、公の命を蒙り」（北越軍談 中）

めいち【明智】 あらゆる方面に明るい、優れた智恵のこと。「信長公自然に明智なりし故に、誰実理をすゝめまいらせけるとはなかりしか共、佞僧等にばかし入られ給はざりしに因て」（太閤記）

めいぶつ【名物】 茶道などで、古くから由緒のある、優れた道具をいう。利休以前のものを「大名物」、利休の頃のものを「名物」、小堀遠州が選定したものを「中興名物」という。「名物又はから物など、客よりこい出す時、必御苦労ながら、小盆御取出しのせられて御出し候へ」（南方録）

めいほう【名方】 病気に対する、優れた処方の仕方。「昨

日者御秘蔵之名方被成御相伝、御礼短紙に難申上候」（伊達家文書）

めいめい【甲々】 銘々。各自の。「羽檄《うげき》を江州安土え飛《とば》せ、国中甲々《めいめい》の要害を固め、防戦の備配をなす」（北越軍談 中）

⇒「甲々《つまり》」を参照

めいめい【瞑々・冥々】 混沌として見通しが立たないこと。またそのさま。「陣中之式冥々之由被物語る」（後法興院記）

めいよあるまじきはたらき【名誉有間敷働】 比類なき働きのこと。「合戦をし果し、其場を除ずに討死なれば、名誉有間敷働哉と時の人々感じけり」（政宗記）

めいりょ【冥慮】 「みょうりょ」が一般的。神仏の配慮のこと。「冥慮の恐れ」は、神仏から見放されること。「箇《か》程《ほど》に貴き生身《しょうじん》の霊佛、澆漓《ぎょうり》戦世の時到る共、凡下悪行の狼藉冥慮《めいりょ》の恐ありぬべき」（北越軍談）

めいわ【茗話】 茶ばなし。茶話。「当時村老の茗話に申しけるは、猿松丸稚《おさな》く生先《おいさき》の程」（北越軍談）

めいわく【迷惑】 ①困ること。苦悩。「去間此方寄子近付陣立シケク候而、皆々迷惑イタシ候」（妙法寺記）「抑自室町殿昨日参上無御対面之条無心元被思食由、以武田彦五郎被仰下、祝著迷惑相半者也」（実隆公記）②不本意にも。「庶子割分之事、本知行五分一、十分一程の儀にをいては、大方相当すべき歟、半分、三ヶ一にいたりては、物領の奉行迷惑たるべき歟」（今川仮名目録）

めうち【目打】 ①重ねた紙に刺し通し、穴を開けるのに用いる先のとがった円錐状の小さな鉄棒に柄のついたもの。「甘露寺来談、鴨沓筒革之損補談合、目打印両種被借之間遣之」（言継卿記）②双六の賽《さい》を振ること。また、双六をして遊ぶこと。「降雨、侍従中納言来勧一盞、祗候男女有双六目打事、近々処々如此云々」（後法興院記）

めおと【娚】 夫婦のこと。「秀吉公上意にて、妹・娚とを籠より出す」（上杉三代日記）

めかけ【目掛】 妾。「関白秀次公、一年奥州御下向のとき、最上に御逗留の刻、義光息女（駒姫）を御目掛にと差上給ふ」（政宗記）

めかけばら【下戚腹】 妾腹。「更に驚く機なくしらぬ顔に持《もち》成《な》して下戚腹《めかけばら》の長男梶原源太左衛門資晴」（関八州古戦録）

めがね【目がね・目鏡・眼鏡・目曲尺】 目利き。鑑識。「太刀にも刀にも目がねと云事専一ニ候」（甲陽軍鑑 下）「目鏡」は「眼鏡」の充て字。「渠は陸奥守氏照目鏡にて近習より登庸《とふよふ》せられ」（関八州古戦録）「臆病の汚名、後代に残さん。よしヽヽ、御目曲尺は外すとも、不義の名は穢されまじ」（武田三代軍記）

めきき【目聞】 「目利き」の充て字。見立てる。「橋木ニ成り候木、壱本、越後少将様御用之由、被仰候間、きりて参り候ハヽ、目聞次第、壱本きらせ進上可申候」（石川康長書状）

めきれ【目きれ】 見張りをすること。「皆目きれをする間」（元

親記）

めぐすり【目薬】眼病の予防・治療に用いる薬剤。水溶液、油剤、軟膏、粉末として用いる。「中御門目薬所望之由可申伝」（言継卿記）

めくばせ【目加】目配せすること。「水主を始乗合の面々に潜に目加《めくばせ》して後申けるは」（関八州古戦録）

めぐらしじょう【廻状】「廻文《めぐらしぶみ》」に同じ。二人以上の宛名人に順次に回覧して用件を伝える文書。かいぶん。まわしぶみ。「信玄公の水野弥平大夫所へ、被下たる廻状《めぐらし》を、甲府へ」（甲陽軍鑑 中）

めぐらしぶみ【廻文】宛名を連記し、次から次へ回して用を達する書状。回章。回状。回書。かいぶん。「春中より計策《けいさく》の廻文《めぐらしぶみ》越《こし》給ふ」（甲陽軍鑑 下）「信玄の水野彌平大夫所へ被下たる廻状を、甲府へ駿河より御返事にそへられ越たまふ故、今川氏真と武田信玄と御中悪《アシク》なる也」（甲陽軍鑑）

めぐらすはかりごと【廻計】はかりごとを廻らすこと。「馬、廻計ニ而、南部江罷出候共」。（伊達家治家記録）

めくらぶね【盲船】戦国時代の軍船の一種。舟の上の四方を板、あるいは楯で囲った軍船。（万代記）「始めて盲舟《めくらぶね》といふ物を作り、工《たく》みに色々、攻め道具を製し」（紀州御発向記）

めぐりじんぷ【廻陣夫】戦時に物資輸送、架橋、陣地構築などの雑役を行わせる為に村々から動員された人々のことを陣夫というが、「廻陣夫」はどこの陣と固定していなかったようだ。固定していた陣夫は、「定夫」と言った。「若背此旨、申懸者有之者、百姓御庭へ参、可致直奏、但陣夫幷廻陣夫・大普請を八可致之」（北条家朱印状）

➡「定夫《ていふ》」を参照

めこ【妻子】妻子のこと。「それのみならず、妻子《めこ》眷属《けんぞく》共に、麦のかゆ・あわひゑのかゆをくわせ」（三河物語）

めざまし【冷眼・令眼】目覚ましいこと。「家富《とみ》権高ふして、冷眼《めざまし》き分野《ありさま》なるを」（北越軍談 中）「一家栄興し、傍《かたわら》に人無《なき》が若《ごと》く令眼《めざまし》き分野《ありさま》なりしを」（北越軍談）

めざましき【目醒敷】目覚ましい。（性新公御自記）

めしあぐ【召上ぐ】①高い地位・身分に取り立てるために呼び出すこと。「只今旁両人の仕形にては、我等式無之後は、我気を取者許召挙て」（甲陽軍鑑）②目上の人が買い上げること。「一、化狄、天王寺屋之龍雲所持候を、被召上、（中略）一、二銘のさしゃく是又被召上、三種之代物金銀を以て被遣」（信長公記）③お上の権力を行使して没収すること。「木むらひたちのかみ、（中略）だいもんじにてしゃうがひ、日ごろたくわへをき候、わふごんめしあけられさふらふ也」（太閤さま軍記のうち）

めしいだす【召出】出馬すること。「宮森より御馬めしいた《召出》され、本宮のうへ《上》の山ニ御そなへ《備》とらせられ候」（伊達天正日記）

めしおおす【召仰】上位者が下位者を呼び寄せて、行事の役職など特定の任務につくことを命じる。「中山相公羽林

来宿、内蔵寮年預職所役布単事俄被仰之、自此亭召仰家僕進之由物語」（実隆公記）

めしかえす【召返】 上位の者が、呼び返すこと。呼び戻すこと。また、物を取り戻すこと。「在々百姓、他郷へ相越儀在之者、其領主へ相届可召返」（紀伊芝文書）

めしくだす【召下】 上位者または官が、地方に呼び寄せること。「今日富森内検事召下中沢了」（実隆公記）

めしこめ【召籠】 召し寄せて押し込めること。「彼飛脚をめしこめに仕候へ共、次第に此儀つよる故」（甲陽軍鑑　下）

めしつぎ【召次】 取次ぎすること。その人。特に、院の庁での取次などを務める下級官をいう。「今日者幸末佐召次一献申沙汰云々、件召次院御愛物、異于他御気色云々」（看聞御記）

めしつける【召し着ける】 到着すること。着陣すること。「四時分宮森へ召《め》しつ《着》けられ候」（伊達天正日記）

めしなおす【召直】 呼び寄せて元の場所に納めること。逃散した百姓を還住させること。「成次第可召直候、縦雖為奉公人、百姓同前ニ被思召候間」（黒田家文書）「政道法度以下日本如置目申付、百姓召直、年貢・諸成物可取納候」（黒田甲斐守宛豊臣秀吉朱印状）

めしはなす【召放】 取り上げること。遠ざけること。「知行を召し放された」（領地を取り上げられた）（日葡辞書）「雖為一事背寺命、年貢等有無沙汰者、可被召放不日御代官職」（古文書選所収東寺領丹波国大山庄代官請文）

めしぶ【召符・召文】「めしぶみ」とも。人を召喚する旨を命ずる書状。また、幕府が御家人や裁判の当事者の呼び出しに用いた書状。「奉行人（中略）当参仁者成書下《カキクダシ》、下国之時者下奉書而無音之時下使者召文」（文明十四年鈔庭訓往来）

めしりょう【召料】 高貴の人の佩用、あるいは着用するもの。「殊に信玄公御めしれうにとて、御小袖一重づつをば、別に飛田びしを大きにまきゑしたる箱の、紅にて緒をしめたるに、（中略）甲府へ信長御音信申さる丶なり」（甲陽軍鑑）

めじるし【目験】「目印」の充て字。（性新公関原御合戦記）

めす【召】（上位者、官の命によって無理に取寄せるところから）命によって取り上げること。お取り上げになること。「一喧嘩事、（中略）万一雖被加御意、猶不致大法之沙汰者、是又被放被官、可被召所帯者也」（政基公旅引付）

めずらしき【珍布】 珍しい。（伊達家治家記録）

めだれがお【目垂顔】 いかにも相手の弱みに付け込んで、ことを強行するさま。「今熊野者、社家依為近所、不成違乱、当寺者依為遠所、毎度令病在地物之事、目垂皃至歟」（東寺百合文書）

めづかい【目遣・目使】 相手に意思を通じさせようと、目で合図を送ること。「又可被遊前句出来申候はば、好士執筆のかたへ細々御目づかひ可有者也」（三好長慶宛書状）

めっき【鍍金・滅金】 ①（古代、仏像に金メッキをするのに用いた金のアマルガムを滅金と呼んだところから）主に金属からなる固体の表面を他の金属の薄い膜で覆うこと。「金白代百文五枚宛（き法師于手土居鼻其外少々めつきの為）」（高野山文書）②比喩的に、一見それらしく見えても、それは表面だけの繕いであること。「世上之やわき事は、めつきはげ候、人々申くるはかし之由、皆々御物がたり候て、御わらいにて候」（石見吉川家文書）

めつけ【目付・擲姦】 ①監察役。軍勢に付された軍監の事。目付。「釜山浦城、筑前中納言・御目付太田小源五在番仕、先手之注進無由断可仕事」（黒田家文書）「有司《ゆうし》達聡《たっそう》の旨に従ひ、擲姦《めつけ》・睪人《よこめ》の輩に糺明有て」（北越軍談）②密偵。密偵を遣わすこと。「斥候トハ遠見ナリ、目ツケ也、軍中ニ無て叶ハヌ者也」（蒙求知抄）

めつけじ【目付字】「目付絵」と同様な遊戯で、絵の代わりに文字を用いたもの。文字を当てる遊戯。また、その道具。「万里小路に罷候て、阿古御料人と暫はなし候、目付字見渡由被申候間遣候了」（言継卿記）

めつじん【滅尽】 それまで存在したものが、悉く跡かたも無くなること。「勝家（中略）強敵也とゝへども、運つきぬれば須臾に滅尽したりけり」（室町殿日記）

めったと【めったと】「めたと」の強調形。事がその場の勢いに流されて、歯止めがかからない状態。「み城にかいたち候へば、ぜひなしにめつたとかけ出候事、更すまぬ事に候」（結城氏新法度）

めつにち【滅日】「めちにち」とも。一か月三十日と実際の月の運行の周期の異なることから生ずる残余の日をいう。この日は陰陽不足として悪日とした。六三日か六四日ごとにある。「滅日　メツニチ　見〈武備志〉」（書言字考節用集）「メチ日モチニ地トテ、日ノ数ニイラヌ日有リ、故ニ土用八十八日ニ定ルトモ、滅日、没日有ル時十九土用トイヘリ」（多胡辰教家訓）

めつもん【滅門】「滅門日《めつもんにち》」に同じ。陰陽家でいう悪日の一つ。正月の巳の日、二月の子の日のように月によって異なる。この日に事を成すと、その家門が滅びるという。「霜月は滅門之月にて候間難成候」（上井覚兼日記）「滅門日正二三四五六七八九十十一十二、巳子未刁酉辰亥午丑申卯戌」（静嘉堂本運歩色葉集）

めつら【目脥】「目面」に同じ。顔かたちや目つきのこと。「めづら」とも訓む。「我も早苗《さなえ》をせをゐて、目脥《めつら》まで土にして行処へ」（三河物語）

めて【馬手・雕手・右手】 ①馬の手綱を持つ方の手。右の手。右の方。「貴人左へ帰れば、吾弓手《ゆんで》先に出也。右へかへれば、吾馬手《めて》の方先へ出也」（甲陽軍鑑　下）「小国を一当当《ひこあてあて》て見（ら）んと、雄手《おて》雕手《めて》え駈《かけ》倒して、左近尉が側《かたわら》え廻り、擇《ひし》と捘《くん》で落累《おちかさな》り」（北越軍談）②戦いにおいて劣勢にある

こと。「敵はあとを引付たがり、戦ちとめてなり、板垣は身を捨《すて》て戦《たたかう》」（甲陽軍鑑 中）

めてくち【右手口】「めて」とも。劣っているさま。落ち目であるさま。「城内のやじうまと鑓あわせ、手をひ引とらる、、此方ちとめてくちの時」（甲陽軍鑑 中）

めでごと【目出事】目出度いこと。吉事。慶事。「三宮御方、御目出事有之」（左少将隆康私記）「御さか月の御かず七こん、めてことにてたれたれも御ゑいどもありて、めてたしめてたし」（御湯殿上日記）「自長橋局嘉例之目出度事、柳一荷両種干鯛、瓜十、被送之」（言継卿記）

めてざし【馬手差・右手差・妻手指】右にさす腰刀。通常の腰刀は左腰にさすが、組打などの便宜から特に右脇にさすために、差し方や栗形《くりかた》、折金《おりがね》の拵《こしらえ》を反対に取り付けたもの。めて。「主水妻手指を抜、敵を一刀突て」（会津陣物語）

めど【蓍】①「めどき」とも。占いに用いる具。めどはぎの茎五十本を用いた。今は竹の筮竹を使う。「蓍《めど》を三処にてとり、二処を本になされ、或は八卦を考させ」（甲陽軍鑑）②めどはぎ。占い。「両僧めど《蓍》をとりて、吉凶をみられよ、と仰付られ」（甲陽軍鑑 中）

めはちぶん【目八分】相手の力量を正当に評価せず、下に見ようとする思い上がった不遜な態度。「をのれが武道に自慢して、世間のものを目八分に見るようなるものと見をよび、某彼伝右衛門に常に貇もせず」（甲陽軍鑑）

めはなれ【目離れ】敵の追撃手から逃れること。「敵一人討捕り候。是にて目離れ仕り」（老翁物語）

めぼしをつける【目星を付ける】大体こうだろうと見込みを立てること。見当をつけること。「一、我等事御暇可被下と、目ほしを付候やうに存候処に」（伊達家文書）

めまい【目眩・目舞・眩暈】「目舞」とも。外界が動揺あるいは回転しているような感覚を生じる場合を総称する語。「俄に目舞して退出」（大乗院寺社雑事記）「けふは御めまいにて、さんざんの御事にて、御くすしどもめして御みやくみせらる」（御湯殿上日記）

めみえ【目見】目上の人のもとに出頭し、お目にかかること。「廿八日、イズミノ御城ニテ御目見仕、石治少御取合也、御進物之事、白鳥大壱、高麗胡桃十袋也」（宗湛日記）

めやす【目安】①訴状。陳状。「就捧尾崎常陸守目安、宮城四郎兵衛以相目安遂糺明了」（豊島宮城文書）「行儀其の外の法度以下に於て、旨趣相違の事あらば、貴賤を撰ばず、目安を以て申すべし」（甲陽軍鑑）「訴論致言上者、為訴訟銭一貫弐百文宛、訴人論人共以相添目安状、奉行所江可相渡之」（六角氏式目）②目安書。箇条を立てて書くこと。「おとなの陶《すえ》と申者、書付をもつて大内殿へ異見申上る。其めやすに」（甲陽軍鑑 中）

めやすじょう【目安状】読みやすいように箇条書きにした

文書。特に中世から近世にかけての陳状、訴状をいう。目安。「高野山雑掌賢成目安状案」（高野山文書）「各　公御逆意なきの旨、目安状を調へ、殿下御通りの路次に於て捧け奉る」（伊達家治家記録）

めやすばこ【目安箱】 広く庶民の要求や不満などの投書を受けるために設けられた箱。「目安の箱」とも。戦国時代には置かれていたという。「御陣留守には、御蔵の前衆、目安を請取、目安箱に入置也」（甲陽軍鑑）「たよりなき者訴訟のため、目安之箱毎日門之番所に出置上は、たしかにはこに入て、毎月六度之評定にこれをひらき、名を沙汰し定べき也」（今川仮名目録）

めり【罵詈】 辛辣な誹謗のこと。（日葡辞書）

める【減る】 ①気分が滅入ること。「悪者《あしきもの》は必ズ善キ事あればおごり、悪キ事にはめり、意地不雅意《ふがい》なきをもつて」（甲陽軍鑑　下）「過言申者は必奢易《おごりやす》く、めり《減》やすし」（甲陽軍鑑　中）②物のかさ、勢いなどが減ること。「第十五に、我仕合よき時はおごり、無仕合の時める事」（甲陽軍鑑）

めわたり【目渡】 目に留まること。「於城中無比類働共、諸人之目渡り、其かくれなき儀、難申尽候事」（犬飼家文書）

めんあい【免相】「免合」とも。年貢の賦課率のこと。戦国期は、「二公一民」としている。「一、免相に奉行幷よこ《横》目之ふさた《不沙汰》の者を聞出し候ハヾほうひ《褒美》之事」（東京大学史料編纂所所蔵文書）「急度以折紙申入候、仍物国免相、少もおろし申間敷之由」（橋本左右神社文書）

めんい【面意】 面子にかけてものの意か。信義にかけて。「重而秋中ニ可被過分ニ而候、如何様ニ静謐之上、懸面意申度念望迄候」（記録御用所本古文書二）

めんえつ【面謁】 目上の人に会うこと。面会して。「其表令出馬候條、其節萬事以面謁可申承候、恐々謹言」（伊達家治家記録）「前夜の火事驚入候、早速に落居候、めでたく候、尚々期面謁候、かしこ」（実隆公記紙背文書）

めんが【面雅】「面謁」「面会」に同じ。「如来意之下國之砌者、遂面雅本望候、雖然陣旅無指儀歸國」（成田氏長書状）

めんけ【免家】 荘園の下司・地頭以下の荘官や社寺の神官・供僧などに、領主が支給して領知させた在家のこと。免在家。「百姓等歎申之旨、非無其謂、仍ニ丁名田之内、一丁三段を、免家相共に可令耕作也」（高野山文書）

めんけやく【免家役】 免家の百姓がその領知者に対して負担する義務のこと。領知者の名田を耕作し、雑事にも従うなどの力役を原則としたが、室町時代には銭納化されるようになった。「免家役御免之殿原、自身之家屋敷之外者、従類下部等、不可陵怠免役御公事等事」（高野山文書）

めんご【面晤】 面会。晤は会う・対《むか》うこと。「旦夕想像を労《わずら》わす、彼是《かれこれ》面晤を願う之外他無し」（伊達正統世次考）

めんざいけ【免在家】「免家」に同じ。「先例者下司免在家者二宇也、何背先例、四五宇可領哉」（高野山文書）

めんしゃ【面謝】お会いした時に、また、お会いすることを云う書札用語。「猶々可然之様可被懸賢慮候、期面謝候也」（建内記）

めんじゅ【面授・面受】教えを直接伝授すること。師が弟子に口ずから教えを授けること。「節会事大概次第之儀、作法等面受申了」（実隆公記）

めんじゅつ【面述】会ってお話すること。（黒田家文書）

めんしょ【面所】①正面。「雄声を揚て不意に起り、面所に在るかと見れば忽焉《こつえん》と後《うしろ》え抜け」（北越軍談　中）②面会すること。「使札祝着候、誠不能面所存外候、万事無油断様ニ肝要候、謹言」（徳川美術館蔵徳川秀忠書状）

めんじょう【面上】①面会すること。「将亦如水御上洛、遂面上候、頓而可為御帰朝候条」（黒田家文書）「其節安土へ致祗候不遂面上、御残多次第に候」（称名寺文書）②直接会った上で。「面上を以て申すべく候」（日葡辞書）「近年之儀者、東西漂泊之故罷過候、如何様面上之時可申述候」（厳島野坂文書）

めんじょう【免状】朝廷、幕府、荘園領主などが年貢課役を免除することを認めた文書。免除状。免除帳。「守護方反銭事、色々御代官柚留木令申間、守護免状到来了」（大乗院寺社雑事記）

めんす【麺子】うどん・そうめんの類のこと。（甲陽軍鑑　下）

めんせん【免銭】南北朝・室町時代、免家役を銭納すること。また、その銭。「志富田免銭」（高野山文書）

めんそう【免相】年貢率のこと。「免付」「厘付」とも言う。「免相之事ハ、島左近・山田上野・四岡帯刀両三人ニ申付候」（長浜城歴史博物館蔵石田三成判物）⬇「厘付《りんつけ》」を参照

めんだし【面出】「おもで」とも訓むか。表面にでてくること。「当然武田晴信随分戦《いくさ》上手にて、信長などにさへ面出をさせぬ醞《かもし》を付、世以《もって》荒人神の如《ごとく》に謂成《いいなし》たるを」（北越軍談　中）

めんつう【面桶】茶道で曲げ物の建水のこと。「備前水下面桶」（宗及茶湯日記）

めんつけ【免付】⬇「免相《めんそう》」を参照

めんてん【面展】直接人に会うことの書札用語。「驚目候、懇切悦入候、近日可上洛候間、期面展之時候也」（細川家文書）「先度参申候処、不能面展之条無念之余、夜前又参申候処」（兼顕卿記）「余以無尽期候之間両篇唯今献之候、比興候、旁期面展候」（実隆公記紙背文書）「即賞翫無他候、ふと可為上洛候之間、以面展可申入候」（近衛家文書）

めんでん【免田】免税田のこと。年貢の納入を全部免除して与えられた田のことで、その代わりそれを特定の社寺に納入させた。「地下中家別弁寺庵免田以下悉令支配、五百疋下行之外ヲバ為地下致其償了」（政基公旅引付）「一宮之儀、去年於安土如相定候、弥社務分目、所々之免田不可有相違候」（気多神社古文書等写）

めんどう【面動】「面倒」の充て字。「根来寺面動事杉坊か

たへの覚候之間、先人数出之かけ可然思召候条」（細川家文書所収織田信長朱印状）

めんぱい【面拝】親しくお目にかかることをいう書札用語。拝顔。面展。「諸事期面拝之時候、恐々謹言」（東寺百合文書）「猶期面拝之時候」（貴理師端往来）「先日為御使御光臨畏入存候、かたがた期面拝候」（実隆公記紙背文書）

めんばく【面縛】両手を後ろ手に縛り、顔を前に差し出しさらすこと。「艱難を凌ぎ候へば、輝虎と対陣叶ひ難く、通りを面縛に申す」（松隣夜話）「後手ニ縛ヌレバ、両ノ手前ニ不見唯面許リ指出タレバ、面縛ト云也、面ヲシバル義ニハ非ズ」（壒嚢鈔）

めんぴ【面皮】①世間に顔向けできること。「乍去此度之儀は栄任一かどのめんひに御免と、返々被仰候間、ゆるし申」（北野社家日記）**②殊更に相手の顔を立ててやること。**「心経一巻もかなぐりはなしにおぼえ候へば、たしなみもの、きどく、とうときなどと、めんひにてとなへたて候」（結城氏新法度）

めんぺき【面壁】座禅すること。「依目労不出仕、如面壁而已」（実隆公記）

めんぼう【面貌】顔かたち。顔つき。面相。めんみょう。「姫宮御方始而奉見之、端厳之御面貌也」（実隆公記）

めんぼう【面肪・面頬】軍陣の際、顔面保護の防御具のこと。「一騎　自身、具足、甲大立物、手蓋、面肪、馬鎧、金」（豊島宮城文書）

めんぼくしだい【面目次第】面目を丁寧に言った語。多く「面目次第もない」などの打消表現で用いる。めんもくしだい。「於父子中、菟角申事、雖無面目次第候」（高野山文書）

めんぼくをうしなう【面目を失う】名誉を傷つけられること。自分の不手際によって世評を悪くすること。体面を損なう。面目を潰すこと。「面目をうしなはせ候て可然由候」（上井覚兼日記）

めんむけ【面向】「面と向かって」、「内証」に対する言葉。「此書中人に御みせ候ましく候、面向之状をは又進候」（伊達家治家記録）

めんめん【面々】連用形名詞に冠して、各人の裁量でそのことをする。「面々飲」「面々裁《さばき》」「面々挊《かせぎ》」など。「天神講（中略）帰路景秀、氏秋、為秋、景親、季英来、折節一献之間、面々飲也」（教言卿記）

めんめんかせぎ【面々稼・面々挊】各自が思い思いに稼ぐこと。夫婦などがそれぞれに仕事に出て収入を得ること。めいめいかせぎ。面面過《めんめんすぎ》。「去比於于駒峰大利、不及是非候、面々挊之義、不珍候、毎事下国之刻可及物語候」（伊達家文書）

めんやく【免役】「免家役」に同じ。「縦雖為田坊、免役之事計也、於作公事地於夫役等不可遁之事」（高野山文書）

めんをもって【以面】お会いして。「大町三河を其の地に同道す可し、万端面を以て之を言う」（伊達正統世次考）

もううつ【蒙鬱】暗く鬱陶しいこと。「散数日蒙鬱了、遺松

茸於了庵和尚許」（実隆公記）

もうえい【毛穎】 筆の異名。「次南禅寺語心院へ礼ニ行、毛穎五双遣之」（慶長日件録）

もうか【孟夏】 四月の異名。（日葡辞書）

もうき【朦気・蒙気】 ①父や子に死なれての悲しみ。②憂愁。病気。「他家へ遣書状に人の朦気を相尋候時は、御歓楽如何候哉と可認候」（伊勢貞親以来伝書）

もうきょ【毛挙】 筆を執ること。「毛挙に暇あらず」（筆を執るだけの暇がない）。（日葡辞書）「公私忩忙不遑毛挙」（文明十四年鈔庭訓往来）「於諸社降臨之奇瑞繁多、不遑毛挙者乎」（宣胤卿記）

もうぐ【蒙愚】 愚かでくらいこと。「基本源を辯《わきま》へずして、妄りに巷説を采《と》るは、蒙愚《もうぐ》の致す処なり」（北越軍談）

もうけ【儲】 予めの備えのこと。「俄に持口を割り渡し、防戦の儲《もうけ》をなす」（左衛門佐君伝記稿）

もうさく【毛作】 栽培してある稲麦。「その時々の毛作をなぎ《薙》て」（長元物語）

もうさんや【申さんや】 況《いわん》や。「有まじき所に、申さんや、あの曲淵めは昨日今日にいたるまで」（甲陽軍鑑 下）

もうし【もうし】「なう」「もうし」と呼びかける声。「喃、風味宜しければは是々吾分も呑れよとて」（関八州古戦録）

もうしあつかう【申扱・申噯】 ①交渉する。**掛け合う。**「早々返事可申処ニ、内外付、重々申噯ニ手間入延引候、聊無疎意候」（尋憲記）②**調停する。話をつける。**「一、伊丹事、敵方へ申噯之由候、就之和田令（ママ）■見之由神妙候、此節之儀者、一味候様ニ調略可然候歟」（細川家文書）「甲・越和与之儀、申噯候趣、都鄙可為其聞候き」（酒井利孝氏所蔵文書）③**斡旋する。**「雖然于今無入眼候、随而越・甲御間之儀、和談雖申噯度候」（歴代古案） ➡「申噯《もうしあわす》」を参照

もうしあわす【申噯・申合】 ①「噯」は、「合」の当て字。申し合わすこと。「其表總無事之儀、家康可申噯旨、従　殿下（秀吉）被仰下之間」（伊達家治家記録）②**親しくお付き合いすること。**「御当国え者、前代之任筋目、無二可申合外無他事候」（上杉家文書） ➡「申噯《もうしあつかう》」を参照

もうしいだす【申出】 出すように言上すること。**申上げて出すようにしてもらうこと。**「今夜当番候黒戸、初音巻申出親王御方御本電覧了」（実隆公記）

もうしいる【申入】 招待すること。お招きすること。「マウシイルル〈訳〉人を自分の家に招く」（日葡辞書）

もうしおくる【申後る】 言うべき時機を失してしまったことを、謹んで相手に詫びるのにいう書札用語。「面拝之後中絶良久、申後候事、非本懐候」（貴理師端往来）

もうしかえす【申返】 普通は「言い直す」の意だが、「申」は接頭語で、ここは「反らす・反駁する」の意。「御機嫌あしくなり候ては、申かへす事成候ましく候」（伊達家治家記録）

ま

もうしかく【申懸く】 他の人にある事を負わせること。「敵方より種々扱を申候条、先たるめ可申ため、種々難題を申懸候、定落著は有間敷候」（大沢文書）

もうしきかす【申聞す】 他人に言って聞かせること。（日葡辞書）

もうしきる【申切】（謙譲の意を失って）断言すること。はっきりと相手に言うこと。「於三位者自最前御脈至極御難儀由大略申切歟云々」（満済准后日記）「此事先年洞院与故源中納言就文書事、有確執事、於文書者、一切不可免一覧之由申切云々」（看聞御記）

もうしくだす【申下す】 ①下の者に通達すること。②お上に願い出て、派遣してもらうこと。「鎌倉よりのけむみには長崎の四郎殿を申下し給はりて」（幸若・高舘）

もうしぐち【申口】 ①ある事を申し立てること。また、朝廷・幕府などに告訴すること。また、その人。「今度訴訟之趣、申口可為何仁哉」（大乗院寺社雑事記）「地下輩禅啓訟申事不可然之間、申口可糺明之由奉行ニ仰之」（看聞御記）②内裏の常の御殿内の一室のこと。「申すの口」とも。天皇に奏上する者が座するところ。「於儀定所対面、其後申口にて給天盃」（後奈良天皇宸記）「藤宰相申次の口にて御さか月たぶ」（御湯殿上日記）

もうしこす【申越】 言ってくること。伝言すること。「山中方より一両日以前に申事は、（中略）町人之事自此方申付て見物させ候へ、と申こしたるを」（証如上人日記）

もうしごと【申事】 申し上げること。申し立てること。また、そのことば。主張。言い分。「其節申事におよび候といへども」（高野山文書）

もうしこむ【申込・申籠】 意志や願いなどを申しあげる。頼み込む。心から祝い言を述べることにいう書札用語。「左衛門大夫進退之事、度々申籠候之処之吉兆逐日発見、富貴万福自他一同幸甚々々、如然祝言最前向于貴方申籠之間」（尺素往来）

もうしさた【申沙汰】 ①理非を論じて趣意を申し述べること。弁論すること。「此の事勝て申沙汰したりける粟飯原下総守清胤、俄に心替りして告知せばやと」（太平記）②特に訴訟の事務手続きを進行すること。裁判所が判決を下すこと。「況乎《いわんや》己が身申沙汰する事をも諛《へつらふ》人あれば」（太平記）③事柄を処理すること。取り計らうこと。「大乗院興福寺再任幷転大事、今日同時宣下、内々申沙汰了」（満済准后日記）「彼等事拙者存知之者候、可然様御申沙汰奉頼候」（大舘常興日記）④酒宴や歌舞の宴などを開くこと。「今日於若宮御方例年之申沙汰有之」（実隆公記）

もうしじょう【申状】 ①訴訟における原告の訴状。本解状。目安。「今日濃州家領申状、幷目安等調之」（実隆公記）②言った言葉。言い分。主張。「此人申状も難捨候間」（去来芭蕉書簡）③申し開きをする手紙。または、文書。「マウ

シジャウ〈訳〉ある事柄を釈明する手紙、あるいは、文書」（日葡辞書）

もうしすてたく【申し捨て度く】 一方的に申しやること。「木津留守居の者ども言上仕り候由、申し捨て度く候」（関原陣輯録）

もうしたっす【申達】 意見をお伝えすること。上申すること。（文明本節用集）

もうしつうず【申通】 ①互いに通じ合うこと。親しく往来して交際すること。親しく付き合うこと。「至御動座之比、六角与越智申通、其使者春円大之由聞了」（大乗院寺社雑事記）②密通すること。「公方召方遁世物も密通切首、小弁被懸護云々、其外猶申通輩共悉被罪科或切腹云々」（看聞御記）

もうしつぎしゅう【申次衆】 室町幕府の職名。将軍御所に参上した者の名や用件などを取次ぐ役。また、その人。申次。「御対面所へ御出座之時、御供衆御部屋衆申次衆懸御目也」（年中恒例記）

もうしつぎどころ【申次所】 申し次ぎの役人の詰めている所。「申次大舘兵庫助也、申次所へ皆々礼に罷候了」（言継卿記）

もうしつぐ【申次】 取次ぐこと。また、その役。「関東其外隣国面々事、入魂次第可被申次由、猶別紙申顕候也」（米沢市上杉博物館所蔵豊臣秀吉直状）

もうしつたえらるべくそうろうや【可被申伝候哉】 宛名人の主君への披露文。申し伝えていただけませんか。「併冥加之所致候、此趣、可被申傳候哉」（黒田家文書）

もうしのべる【申展・申述・申伸】 申し上げること。「従屋形以佐枝若狭入道被申展候」（上杉家文書）「御存分之趣達上聞候、委曲先書ニ如申伸候」（伊達家文書所収前田利家書状）

もうしはなす【申放】 思い切っていうこと。遠慮せずに言うこと。言い放つこと。断言すること。「遣人於悲田院申放了」（実隆公記）

もうしはん【孟之反】 春秋時代の魯の大夫。斉との敗戦で殿軍《しんがり》を務めても、それを少しも誇らず、「敢てしんがりをするに非ず、馬進まざればなり」（『論語』雍也篇）と言ったという。「主《しゅう》の用にも立まじき者なり。猛之反がほこらぬ意地こそ武士の本意なれ」（甲陽軍鑑 下）

もうしひらく【申披】 説明すること。弁解すること。「今度誓書を以て存分申披《もうしひらき》、喜悦し玉ふ」（伊達家治家記録）

もうしふくめる【申含】 事の次第を詳しく述べてわからせること。「多久時来、御神楽之事等申含了」（実隆公記）

もうしふり【申旧】 過去に申したように。従前より申しているように。「数度申旧《もうしふり》候といえども、骨肉の味方中捨られ候而」（性山公治家記録）「此中申旧候、禁裏御料所山国庄枝郷所々、小野・細川如先規」（立入宗継文書）

もうしぶん【申分】 物事を申し出ること。申し立てること。また、その内容。主張。申事。「先年大仏供養之砌、雖及申分候」（高野山文書）

もうしゅう【孟秋】 七月の異名。（日葡辞書）

もうしょう【艨衝】 昔の舟。構造は堅固で細長く、敵船中に突入するのに用いる。「陸戦の営法に比して、艨衝《もうしょう》を五隊に備へ」（北越軍談）➡「艨艟《もうどう》」を参照

もうしわく【申分】 筋道を立てて詳しく説明しあげること。「書状には雖申分候間、可有推量候」（上杉家文書）

もうしわけなく【無申分】 言い分がないこと。取り立てて希望しないこと。「乍去備中八鳥山之儀者、無申分候事」（山内首藤家文書）

もうしわたる【申渉】「申渡」に同じ。申し渡すこと。「猶一書之趣、生田寺へ申渉之条、不能具候」（小早川家文書）

もうす【白す】 申すこと。神文などに用いられる。「相次で恭《うやうや》しく白《まふし》けるは、御屋形軍道の大綱に徹底ましまし」（北越軍談 中）

もうすやうに【申す様に】 味方するように。「内略を以て信長公へ申す様にと相すゝめ候へども」（老翁物語）

もうぜい【猛勢】 勇猛な軍勢。荒々しく強い軍隊のこと。「抑今夜丑下刻東隣放火、猛勢襲来揚時声」（実隆公記）

もうぜいせっしょなし【猛勢節所無し】 強力な軍隊の進路にあたっては、どんな要害でも防ぐことができないこと。大軍に関所なし。「誠哉、猛勢無節所、其城々置手当至桑名長島押寄」（柴田退治記）

もうそつ【孟卒】 勇猛な人々。例えば軍勢など。（日葡辞書）

もうと【間人】 武家の召使の男。中間《ちゅうげん》。「間人成敗之時者、其家財宝共々可被召上」（長宗我部氏掟書）

もうとう【毛頭】 打消を伴って全面的に否定すること。少しも～ない。「当口御用等、毛頭不可存如在候」（歴代古案五）

もうどう【艨艟】「蒙衝」に同じ。堅固で細長く、敵船中に突入するのに用いる船。「房総の軍衆艨艟《もうどう》八十余艘に取乗り」（北越軍談）➡「艨衝《もうしょう》」を参照

もうにち【没日】 不吉で、縁起の悪い日。（日葡辞書）

もうはつ【毛髪】「毛頭」に同じ。「すこしも」と訓か。打消を伴って全面的に否定すること。「如御紙面、自前代申合之間、於自今以後者、相応之儀毛髪無疎意、無二可入魂申候」（伊達家文書）

もうまい【耄昧・蒙昧】「耄昧」は「蒙昧」の充て字。物事の判断に暗いこと。愚かで道理に暗いこと。気が塞いでいること。「爰に於て万鬼斎耄昧《もうまい》の不覚に陥り」（北越軍談）「但馬守方昨日十五申刻被致死去候、拙者蒙昧可有御察候」（歴代古案）

もうむ【朦霧】「蒙霧」とも。心の晴れないこと。胸中のふさがること。「晴氏・氏康が阿党を平げ、大樹の朦霧《もうむ》を挑《くじ》きまいらすべき」（北越軍談）「良久隔面謁積鬱如山、何日披蒙霧哉」（文明十四年鈔庭訓往来）

もうもう【朦朦・蒙蒙】 気分のすぐれないこと。病気。「尤

罷上候てうけ給たて候へ共、以前よりのくわんらく于今もうもう仕候間不罷上候」（北野天満宮目代日記）「摂政院に罷候、久蒙々にて今日少減之由被申候」（言継卿記）

もうよう【孟陽】 正月の異称。「態令啓上候、抑到于孟陽、急速申入之處、于今此庄兵乱万端取紛之間、延引非本懐候」（米沢市上杉博物館蔵大宝寺義興書状）

もがり【雲雁・雲鴈・虎落・鹿垣・摸雁】「矢来」とも言う。竹矢来のこと。杭を打って横木を結び、竹を尖らせたものを上に腰の高さに植えたもの。「二重三重塀・柵・土居・雲鴈丈夫ニ相付」（黒田家文書）「道六間広く、両方に虎落《もがり》をゆひ、いな《稲》ばき《掃》を敷、其上に布をしき、其上に絹をしき」（甲陽軍鑑 下）「上には二重塀に石を入れ、摸雁《もがり》・昇楯《かきだて》高く結び」（播磨別所記）

もぎつけ【捥付】 戦陣で兜首《かぶとくび》を取ること。また、その首。➡「虎落《こらく》」を参照 「何の会釈もなく敵陣に攻入りしが、時も移さず、もぎ《捥》付の首一つ取て帰りけり」（奥羽永慶軍記 下）「かぶとをきたる者の頸を取ては、もぎ付と云事、昔はなければ、只今きく、とうせいりうか」（三河物語）

もぎとる【搴捕・捥取】 捥《も》ぎ捕る。「からめとる」とも訓む。「四郎勝頼東美濃へ押入、所々の要害を搴捕《もぎとる》と云へども」（北越軍談 中）➡「搴捕《からめとる》」を参照

もくさん【目算】 事を始めるに当たっての成否。計画通り。「善にも悪にも目算までに候、入らず」（関原陣輯録）「其国より来る諸牢人に、彼大将の万行政、一切の仕形の中に、侍の穿鑿批判の様子をよく尋て、能きいて、戦べきもくさんのならしむ之事」（甲陽軍鑑）

もくせん【目銭】 ①荘園領主などが年貢銭を収納する際に、あらかじめ悪銭が交じっている時の目減りを量って余分に徴収した銭。「壱貫三十文　公事銭所々納分〈無利分沙汰加目銭定〉」（高野山文書）②酒屋の酒壺を対象に課した雑税。酒屋役。「酒屋方柳桶壱荷充代目銭等事」（武家名目抄）③田畑に対して反別に課した租税。段銭。「反別六拾文宛、目銭口目銭」（栄山寺文書）

もくだい【目代】 ①「めしろ」とも。寺社の「執行」の下にあって、雑務を司った者のこと。「御門跡様へ目代出仕申候、（中略）御目にかゝりさかづきを被下候」（北野天満宮目代日記）②代官に同じ。「千葉兵庫頭が城岩谷（屋）堂の城には、溝口外記といふ者を目代として、浅野弾正長政下知して置にけり」（奥羽永慶軍記 下）

もくろ【もくろ】「モクロ」は、ムクロのこと。死骸。「モクロハ頓而三ハシニ、ハタモノニ可懸」（伊達家治家記録）

もくろく【目録】 贈物が馬・太刀・絹・樽・肴の場合は、「目録」と言う。（日葡辞書）➡「注文《ちゅうもん》」①を参照

もくろみ【目論み】「目録見」とも。前もってあれこれ計ること。「拙老寺作事指図之通、大工衆目録見書付共、御取候て持せ被下候」（本光国師日記）

もじ【絰・絰子】絰織の絹織物の一つで、主として経《たていと》は赤、緯《よこいと》に青を用いた目の粗い布。法衣などに用い、また、紗《しゃ》と同様、夏の衣にも使う。「もぢの御衣被下候」（石山本願寺日記）

もじり【もぢり】筌《もじり》。魚をとる漁具。「於橋上もちり之儀、折ふし馳走之由候」（静岡県芝川町佐野家文書）

もじれる【捩れる】物と物とが交差し入り組むこと、あるいは、もつれること。（日葡辞書）

もす【模・摸・摹】ある物に似せてつくること。まねること。また、ひきうつして書くこと。「不可及其儀之由、被示之間、令略了、不可摸後規者也」（実隆公記）「為後鳥羽院聖忌、十五首続歌興行之、模法楽」（実隆公記）

もだえ【悶へ】「悶え」の充て字。悶えること。「老若、児、若衆、踊り上り、飛び上り、互ひに抱《いだき》つき、悶焦《もだへこがれ》、焦熱、」（信長公記）

もだしがたい【難黙止】止むに止まれぬ状態をいう。「依彼黄門発句、於我第沙汰也、雖余元来人数、老耳不聞得之間、当年者雖不出此席、頻招引難黙止、所令出頭也」（宣胤卿記）「右之旨趣、難黙止之間、任承染筆頭候」（糟尾壽信判物写）

もだしがたし【黙止難し】如何ともし難いこと。「台命黙止難く、哀楽互に移替《うつりかわ》る定無き世ぞ転手《うたて》けれ」（庄内陣記）

もだしや【黙矢】敵の戦意を失わせるの意か。「高き家の上にて、太田又助、只壱人あがり、黙矢《もだし》もなく射付け候を、信長御覧じ、きさじに見事を仕り候と」（信長公記）

もち【持】「持太刀《もちだち》」に同じ。自分の差料《さしりょう》とする太刀。自分の差料として従者などに持たせる太刀のこと。「赤松殿御太刀（持）」（親元日記）

もちかかえる【持抱える】城を守って抵抗すること。「鐵砲悉く打懸けらる、少し持抱《もちかか》へたるを、頻りに攻させ、打敗り」（伊達家治家記録）

もちくち【持口】受持ちの方面。持ち場。「俄に持口を割り渡し、防戦の儲《もうけ》をなす」（左衛門佐君伝記稿）「あすけ、尾原、石河長土守る之もちくちは、いりゐの様成処なれば、城寄是をよわみとみて、きつて出ければ」（三河物語）

もちこらえる【持怺る】「もちこたえる」とも訓む。持ち堪《こた》えること。「然れば始終持怺《こらえ》なん事協《かな》ふべからず」（北越軍談）

もちささえる【持支】守り続けること。「毎々如申候、当城堅固被持支候事、忠儀無比類候」（問注所文書）

もちじろ【持城】所有している城のこと。「此辺に氏康の持城はなきかと尋給ふ」（謙信家記）

もちだし【持出】自分から言い出すこと。「同名孫六と云う者、三好実休様へ持出に仕へ」（昔阿波物語）

もちだち【持太刀】①「持太刀《もちだち》」に同じ。自分の差料《さしりょう》とする太刀。自分の差料として従者などに持たせる太刀のこと。「モチダチ〈訳〉後ろから持ち運ぶ刀」（日葡辞書）

②進物とする時の無銘の太刀。「持経初見参、為祝着給太刀、〈革袋、持太刀也〉」（看聞御記）「やはたへ御きたうに、もちたちまいる」（御湯殿上日記）

もちだて【持盾・持楯】「もったて」とも。**戦場で各人が使う片手で持つ楯のこと。杉板に鉄の筋を張り、矢狭間を開け、下部に車を付けたもので人夫がてんでに持つ楯。手楯とも。⇕置楯。**「杉板を以て戸板の如くにし、面々に鉄の筋を度《わた》し、矢狭間《やはざま》を明け、長五尺三寸幅一尺二寸、中に二つの鈎匙臂《ひじ》つぼを仕懸、下に車を付る也」「是に打れて人馬はいふに及ばず、持盾《もちだて》も微塵《みじん》に成り、石に当るも」（奥羽永慶軍記　下）「鯨〈トキノ〉声ヲ上、モッタテ、カイ立、セイ口ヲアゲ」（三河物語）　➡「置楯《おきだて》」を参照

もちづつ【持筒】その人が所有する鉄砲のこと。自分の持料の鉄砲。「物初めよしとて、御持槍御持筒の鉄炮を下せらる」（太閤記）

もちつむ【持詰】その土地を最後まで持ちこたえ守り抜くこと。「小山田備中が男道を専守故、城を持詰候て、よつて後づめありて、信玄公勝利を得給ふ事、偏に備中が武道の嗜勝たる故なり」（甲陽軍鑑）

もちとどけ【持届け】維持すること。「銀山の城、持届け候事相成らず下城候」（老翁物語）

もちぶ【持夫】荷物を運搬する人夫。「持夫食如常也、此外料足壱貫文下行、十二月八日給之」（大乗院寺社雑事記）

もちぶん【持分】土地のこと。「めうしん寺へあんない、かんろじしておほせられて、きた山もちふんにて、けふみなみなきた山へ下草きりになる」（御湯殿上日記）**ここは在郷をさす。**「村上義清与力の侍衆、降参申さる丶、者共の持分（在郷）を、大方放火被成」（甲陽軍鑑　中）

もちやり【持槍】大将のしるしとして持つ短い槍。「常の用心持槍には九尺壱丈にても可然候、長きに飽は有之間敷候」（武具要説）

もっけ【物怪】①意外なこと。不思議なこと。「けんごなる橋如此なるは、物怪《もっけ》なりとつぶやくもあり」（甲陽軍鑑　下）
②不幸なこと。あるいは、悪い事や堪え難い事が思いがけなく起こること。「物怪《もっかい》」とも訓む。（日葡辞書）

もっけい【牧谿・牧渓】十三世紀後半、宋末元初の僧。水墨画家として名高く、日本の絵画史のなかで、最も高く評価されてきた画家の一人である。「太刀一振無銘・絵三幅観音月舟、脇竜虎牧渓筆、盆一枚圭章を贈進す」（伊達正統世次考）

もっこ【畚・簣】土やその他の物を運ぶのに使う運搬用の吊り台。または、籠。「〈社内ノ掃除ノタメ〉もんこ十ちやう、かなつき、ゑぶり、御下行候」（北野天満宮目代日記）

もっこう【木香】①キク科の多年草。根を乾燥したものは芳香と苦みがあるので薬に使ったり、また、衣服などの防虫に用いた。「白芷・木香のたね申請植之了」（多聞院日記）

②①の根で作った薬品。健胃薬として用いた。「薬屋小山所へ薬種召寄、白朮、芍薬等半斤宛、青皮〈小半斤〉吉更〈二両〉木香、肉桂」（言継卿記）

もっこう【目耕】読書することを田を耕すことに例えて言った語。「目耕　モクカウ　見文字如耕田故云」（文明本節用集）

もっしゅ【没収】没収すること。「相抱之半、令逐電者、主人之所帯三ケ一可没収《もっしゅ》」（甲陽軍鑑）「上裁をそむくうへは、先出仕をとどめ、余の所領もあらば没収せらるべきか」（樵談治要）

もっそう【物相・盛相】①飯を盛る器。多く寺院などで用いられる。模相。「斎を行ふに、行者飯をもっさうにて盛りて」（多聞院日記）「汁、タヌキ、飯、モッソウ」（久政茶会記）**②「物相飯」に同じ。物相で抜いた飯のこと。**「この山のはいづれもいづれも物相にて候へば、うつは物の大小にはよらず候」（醒酔笑）

もったいない【無勿躰】①道理に外れ、とうてい容認できない。とんでもない。「朝夕の縁者親類其外はうばい間にて、ことごとしく酒を支度、さかなを支度し、ほんそう、更にもつたいなき義にて候」（結城氏新法度）**②その人の分際として、問題とすることが恐れ多いこと。**「自是直可持参云々、則又有使者、令披露之処、費筆之条無勿体、言語道断殊勝之由被仰云々、畏申了」（実隆公記）**③不都合であること。せっかくのものが無駄になること。**「惣別武者之時は、一切如何様なる大事之儀をも口上にて申付候間、少もうろんたる事にては無勿体事」（宗滴話記）「何《いずれ》の道も家職を失はん事勿躰なし」（甲陽軍鑑）

もっちゃく【持扱】「悶着」のことか。持て余すの意か。「喜本斎殿双方の敵に持扱《もっちゃく》し兼ね、立足もなく、打負けて引退き給ふ」（久知軍記）

もっとう【没倒】滅ぼし倒すこと。また、強いて没収すること。「代々の主君、今川上総介氏真を没倒《もっとう》し、数箇所の所領を安堵し」（甲乱記）「これによて、諸職をもつたうし、境内をつゐはうせられ了」（東寺百合文書）**➡「没倒《ぼっとう》」を参照**

もっぱら【純】もっぱら。専ら。「武義に怠ある輩を誡め勧め、軍備を純《もっぱら》にし」（北越軍談）

もつれ【縺】もめごと。「於于爰元、一点無余義候条勿論候、其口御縺干要第一候」（仙台市博物館蔵最上義守書状）

もつれあるまじく【縺有間布】縺れ（もめごと）が起こらないように。「何方も計策縺《もつれ》有間布之由以神血相定」。（伊達家治家記録）

もと【聯・連・本】鷹を数える助数詞。「御鷹十六聯幷《もとならびに》砂糖三千斤進上」（信長公記）「大鷹・小鷹三二　一もと《本》すゑさせて」（奥羽永慶軍記　上）

もと【許】～の所。～の元。「輝虎公は浜面の華表《とりひ》の許《もと》にて徐々と下り立玉ひ」（北越軍談）**➡「許《ばかり》」を参照**

もとい【髻】ゆうた髪。もとどり。「もとどり」とも訓む。

また、髻《もとどり》を結ぶ細い緒。「髻《もとい》をはらふべきと誓紙をいたして」（甲陽軍鑑　下）

もとおる【回・徘徊・繞】「もとをる」とも。思うようにはこぶこと。思うように自在に動くこと。自由になること。「人躰衆にふにふにて、もとをらす、のひのひにて口惜迄候」（上杉家文書）

もどかしく【全輪く】歯がゆい。じれったい。「季忠是を全輪《もどかし》くや思けん」（関八州古戦録）　➡「全輪《まどろし》く」を参照

もとく【悖く】覆すこと。「総大将輝虎公（中略）不測の兵権心に溢《あふ》れ、下地は長尾武辺の家、屋形の智略を悖《もと》く程の弓矢巧者なる家門宿老、百騎」（北越軍談）

もどく【擬く】まがえること。まちがわせる。「弓矢功者の家老、景虎を擬《もど》く程なる衆、百騎二百騎の侍大将三十人に余《あまり》、持給ふ」（甲陽軍鑑　中）

もどく【嫌く】咎める、非難すること。（日葡辞書）

もとくち【本口】「末口」の対。丸太の根元の方の切り口。「〈方広寺大仏殿大虹梁ノ材木〉此木可然候はば御のぼせ可有候、一、壱本長拾四間半、本口差渡五尺九寸、末口三尺八寸但そり壱尺九寸、七間めにて四尺八寸」（島津家文書）　➡「末口《すえくち》」を参照

もとこ【元子】元金と利子のこと。「弐万俵の米を一両日の中に皆借用いたし、暮に御算用あり、信州、甲州共に其筋譜代官衆へ、元子《もとこ》共に進上申候」（甲陽軍鑑　中）

もとづき【基】そこから事が始まるところ。そもそものところ。「爰元御一族中、其外組之衆中も、支度等之もとつき一円無之候て、各不及手に仕合との上下悔非太形候」（吉川家文書）

もとむ【須む・覓む】「求むる」に同じ。求めること。集めること。「京師に於て相応之須《もとむ》る所有ならば、馳走を為す可し」（伊達正統世次考）「敵急に来り攻めば、則ち城兵色を失ひ、先づ走路を覓《もと》む」（左衛門佐君伝記稿）

もとより【如法】元来。「如法《もとより》戦半《なかば》にして、殆《ほとんど》疲れたる更級勢」（北越軍談）　➡「如法《にょほう》」を参照

もの【者】「何々者」は、何々の家臣の意。「今度大崎表にて、政宗もの羽忠三へかけこみ」（伊達家治家記録）

ものあい【武際】戦場で敵味方の兵が睨みあう距離のこと。「敵人一手にして推来る時は、味方も一手にして押向、武際《ものあい》にて一手を二手に分け、左右の手前へ伐懸《きりかか》るべし」（北越軍談　中）

ものあい【物間・物合】タイミングを計って。「物合を能見つくろひて、然べき時分あらば、内野の御陣へかけ入て、一挙に勝負を決するか」（明徳記）

ものあさ【物浅】「もの」は接頭語。簡単に。軽々と。「可被及張陣之由候之条、及其擬候之処、去ニ一向物浅被相動、無時刻被引除候」（東京大学史料編纂所所蔵文書）

ものいり【物入】費用・出費のかかること。「諸公家各々礼之間、大乗院殿も今暁御上洛了、物入迄也」（多聞院日記）

ま

ものいろ【物色】 物事の様子。有様。特に、戦《いくさ》の様子。また、いくさ。「猶以濃州之内遠山へ信玄出物色候間、彌信長、家康無二無三当方へ浮沈共数通之誓詞被申合候」（大行院文書）

ものうし【懶し】 物憂し。鬱陶しいこと。「既に姑焼死し給ひぬ。是よりして蔵人主を見るも懶《ものう》し」（奥羽永慶軍記　下）

ものおじ【物悚】 物怖じする。「元来模稜《もりょう》の手を握て物悚《ものおじ》する集勢、なじかは猶予すべき」（北越軍談）

ものおと【物音】 噂。「義高公へ御譲り成さるべき様の物音ありしかば」（細川家記）

ものかき【物書】 文書、記録を書く役。書き役。右筆。書記。「物書他行之間追而可被進候」（政基公旅引付）

ものがしら【物頭】 弓組・鉄砲組などの長。足軽頭・同心頭の類。「高声など停止《ちょうじ》せよと、其の物頭《ものがしら》々々に堅く触れよ」（川角太閤記）「今度石戸にをひても、がくがんじが下にて、物頭仕ル武士、まっさきにすゝみ」（甲陽軍鑑）

ものかず【物数】 特に、狩りにおいて、獲物の数の多いこと。「十二月廿二日、三州吉良御出、三日之御逗留、ものかず被仰付」（信長公記）

ものかる【物軽】 機敏に。身軽に。「早町に火をかけ即時に生か城に被成候、（中略）翌日御普請くばり被仰付、（中略）信長は何事もケ様《かよう》に物軽に被成御沙汰候也」（信長公記）

ものぎき【物聞】 様子を探り聞くこと。様子をうかがうこと。また、武家で敵陣や人家に忍び込み様子をさぐること。また、その人。遠聞《とおぎき》。「討果とて方々に物聞を置指出候ば鉄炮を打候へ、それ次第に松が島より掛付可討捕」（蒲生氏郷記）

ものぎわ【物際】 さし迫った瞬間。物事を行なう間際。特に、合戦が行なわれようとする間際。せとぎわ。「はやりて鑓を入るれば物ぎはにて精がぬけて鑓が弱き物成り」（三河物語）

⬇「遠聞《とおぎき》」を参照

ものぐさ【物臭・懶】 短くて、かかとのない草履。足半《あしなか》。尻切れ草履。ものくさ草履。「ものくさ二足、是を銭五文づつに被売候とあり」（宗湛日記）

ものごと【物毎・武毎】 軍事に関するすべての事。「武毎油断無之様に入念簡要候」（伊佐早文書）

ものごもり【物籠】 神仏に祈願するため、寺院・神社などに籠ること。おこもり。参籠《さんろう》。「あんせん寺殿物こもりにて、をり三かう御たる二かまいる」（御湯殿上日記）

ものざた【物沙汰】 物事を処理すること。特に訴訟を受理して判定すること。裁判。御物沙汰《おんものさた》。「物沙汰につけて、道理・非道の差別をわかつ」（名語記）

ものしりだて【物知達】 物知りぶったもの達。（御家誡）

ものずき【物僻】 ものずき。あることに熱中して嗜好が偏ること。「去ば常々物僻にて御坐す。尓程に数寄道をも、日来心掛給へり」（政宗記）

ものたち【物たち】 布帛を裁つこと。転じて裁縫。物裁。

「軍陣の物たち縫《ぬう》日。庚申《かのへさる》を用《もちう》べし。物たちかき板は柳たるべし」（甲陽軍鑑　下）

ものちか【物近】 ①領土が隣接していること。「猶物近與云無二可有入魂ニ候」（伊達家治家記録）②接近して。「然るへし見合せを以て、物近に築山へ可押詰事肝要なり」（伊達家治家記録）「一日之内三度仕合敵数多討留防戦任存分候、物近之動只一日迄候」（栃木県立博物館蔵小田氏治書状）⇔物遠《ものどう》

ものづけ【物付】「物付」は、鞍の後輪につけてある紐のことで、馬で乗り寄せるという意。後から取り付くこと。「筑前敵を追散し、歩卒一人北《にぐ》るを物付せんと追懸け、馬を一四・五間道より脇へ乗廻す」（伊達家治家記録）

ものづよくて【物強て】 どことなく強く見え、条件がよいこと。「結局物強て然つべく候はんと」（元親記）

ものどう【物遠】 疎遠なこと。無沙汰をしていること。また、そのさま。「其後者、御物遠存候故、御無事候哉、承度存候」（「日本書流全史」下　二一三番所収三月十二日付小堀遠州書状）「将亦近日者御物遠之節ニ候、他事追而可申述候」（大道寺政繁書状）⇔物近《ものちか》

ものども【党儕】 いざと云う時に発する雄叫び。「一人当千の勇士六七騎【續け党儕《ものども》】と雄声を揚げ」（北越軍談）
➡「党儕《とのばら》」を参照

ものなみ【物並】 普通一般。（長元物語）

ものなり【物成】 田地に課せられる租税。年貢。「於豊前國かけ内知行壱万石、物成五千石、文禄四年分事」（黒田家文書）「諸侍之役之事、銀役に定、但、物成米五十石に付而壱人役也、一人に付銀二分五厘充、正月十六日より六月限迠、附払之儀者、米にても銀にても勝手次第可為事」（長宗我部氏掟書）

ものにつかまつらず【物に仕らず】 物ともしない。「豊後衆をも物に仕らず候」（老翁物語）

ものぬし【物主・武主】 ①戦陣での部隊の長。武主。物主。物頭のこと。「両三人之儀ハ物主之儀候間、辛労をも不及是非候」（黒田家文書）「北条境目者共令手遣、物主討果、彼用害北条方江法《のつとる》之旨候」（長国寺殿御事蹟稿）「敵方の武主《ものぬし》蒲田主税助・伊丹右京亮」（北越軍談）②持主、所持者の意。城主なども。「大里ノ城へ引移シ、自ラ物主トシテ籠城ス」（伊達家治家記録）
➡「武主《ぶしゅ》」「武主《ぶぬし》」を参照

もののかず【屑】 取るに足らないこと。「三戸・盛岡等の数ヶ城をば屑《もののかず》ならずとぞ思ひけり」（奥羽永慶軍記　下）

もののかずとせず【不屑】 取るに足らないこと。「江州に在之大坂門徒之者、発一揆、尾濃之通路可止行仕候へ共、百姓等之儀候間、不屑、木下藤吉郎、丹羽五郎左衛門、在々所々を打廻」（信長公記）

もののぐ【物具】 武具。兵具。また、武者が武具を身に付けること。軍装すること。武装。「戦　モノノグ〈史記本記〉戦栗恐」（文明本節用集）

ものふか【物深】 深入りした。深入りした戦い。「物深か

の働き」。「今度大崎へ御人数差遣さる、物深《ものふ》かの働き故に中途新沼に引入り」（伊達家治家記録）

ものまえ【武前・物前】 いくさの始まる直前。「一、武《もの》前《まえ》にて心得もなく、玉数多く矢も数多《あまた》渡すべからず」（北越軍談　中）「小軍ガ大軍ニカサヲ被懸、其ニ寐〈オドロキ〉テ武〈イサメ〉バ、物前ニテセイガヌクル者也」（太平記）

ものみ【遠候・物見・覘謀】「物見」の充て字。斥候のこと。物見のこと。「井楼を揚げて、遠候《ものみ》を居へ、敵間の近きには早鐘をつき」（関八州古戦録）「高枝川の沼を危み、蓬沢安芸守を覘謀《ものみ》に遣すに」（北越軍談）

ものみぞなえ【物見備】 合戦における陣立ての一つ。大将の隊伍を離れて別に一隊を構成し、敵軍の合戦における形勢を見て、それに応じて有効な戦いをするように配備すること。また、その陣形。「両人は、五百余きにて今朝早天より物見備なるが」（籾井家日記）

ものみばん【物見番】 合戦などで、敵状などを偵察する役目の兵卒。斥候《せっこう》。物見。「信玄今日の物見番を問ふに、諸賀入道来る」（松原自休居士手録）

ものもう【物まう】「物申す」の略。他人の家に行って案内を乞う声。たのもう。「十日の朝田野へ参り、物まうと案内申」（甲陽軍鑑　下）

ものわらい【胡虚】 物笑い。「却て世上の胡虚《ものわらい》たらん」（関八州古戦録）

もみあう【揉合】 多くの軍勢が入り乱れて激しく格闘すること。「馬場美濃殿小勢故、敵ともみあひ、勝負つかざる所を」（甲陽軍鑑）

もみおとす【捫落・揉落】 揉み落とすこと。一気に攻め落とすこと。「此城も、一息に捫落《もみおと》さんとて、信州川中島の五甘刑部丞」（武田三代軍記）「心ヲ一片ニ取テ、只一揉ニ揉落サント、同時ニ皆四方ノ切岸ノ下ニ著タリケル処ヲ」（太平記）

もみたつ【揉立】 刺激すること。激しく肉迫し、攻めたてること。「防手ノ上杉、畠山ガ五万余騎、楠木ガ五百余騎ニ被揉立テ、五条河原へ引退ク」（太平記）

もみつめ【揉詰】「揉む」は、攻めるという意。（今）攻め上げておかないと解決が難しくなるだろうの意。「其唱へには小野の事只今揉詰め玉はすんは」（伊達家治家記録）

もみにもんで【按に按て】 烈しく戦うこと。「此勢則按《もみ》に按て馳来り鉢形勢粋」（関八州古戦録）「揉に按て」とも。（北越軍談）

ももじり【桃尻】 金物の花入の一。尻が少しくぼんだ形のもの。「サテ上座ノヲシイタニハ文字懸テ、ソノ前ニ桃尻ニエノコ草ヲ生テ、薄板ニスワル」（宗湛日記）

ももて【百手】 弓術で、一度に一手、すなわち矢二本を射て、矢数二百を百度に射ること。「禁裏御楊弓有之、百手有之」（言継卿記）

もやう【催合・最合】 多くの人が集まって、事を行うこと。

共同で事をすること。「小屋を小路々々もやつて作りならべ」（太閤記）

もよおし【催】 物事を行うための計画や準備。したく。「鞍馬寺参詣、自早旦有其催」（元長卿記）

もよおしぜい【催勢】 強権を発動して駆り立てられた軍勢。召集された軍勢のこと。「今ハ末々ノ源氏国々ノ催勢ナンドヲ向テハ可叶共不覚トテ」（太平記）

もらしもうす【洩申】 相手の方にも申し伝えてください。「宜令洩申」は、定型の言い方。「仍絵一幅《猿》令献之候之趣、宜令洩申賜候」（曼殊院文書）

もり【盛】 人と、役割・任務・分担費用・所属集団・乗船などの事物との対応関係を作ること。また、その関係。また、その関係を同じくする人または事物の集合。任務や役割の割り当て。割り付け。配分。配置。なお、衆盛・番盛・船盛など。「明春御千句之盛被成候哉と御尋候」（上井覚兼日記）「其外諸所之軍衆、去春御盛同前也」（上井覚兼日記）「南林寺作釘、諸所へ盛候て賦申候」（上井覚兼日記）

もりかえす【盛返】 いったん衰えた勢いを元に返すこと。勢力を回復すること。「薩州勢もりかへし兵庫頭をたすけ戦相引にする」（武家名目抄）「其間に勘介信濃先方衆、備へ行て、もり返し、備をたてて、芝居をふまへて」（甲陽軍鑑）

もりした【森下】 美濃国森下原産の厚手の紙のこと。「昨日みのより上候物注文（中略）六百六十四文、もりした二束」（山科家礼記）

もりつく【盛付】 年貢を賦課するため、一定の基準のもとに、寸法や割合などを定めること。「今度就検地浦役之事、年貢づもりにもり付候歟、不然者当座々々見計可申付候」（古文書選所収石田三成覚書案）「今度就検地浦役之事、年貢つもり《積》ニ盛付候歟」（長谷場文書）

もりもの【盛物】 ①器に盛って膳部に出された食物。「垸飯、盛物、積物、以下尽時節、景物」（文明十四年鈔庭訓往来）②神仏への供え物。供物。「香之煙如雲似霞、供具、盛物、亀足、造花作七宝荘厳せり」（太閤記）「供具　クグ　霊前盛《モリ》物《モノ》」（文明本節用集）

もりょう【摸稜】 唐の蘇味道の故事にちなみ、事を明白にしないこと。はっきりさせないこと。事をあいまいにすること。「今迄心を模稜《もりょう》の手にしつる者、残らず味方に参り候べし」（奥羽永慶軍記　上）

もる【盛る】 一定の基準のもとに、それぞれに割り当てること。「然者、日州両院より三十壇之用意可申付之由也、即盛候て、次第次第に諸所へ申渡候」（上井覚兼日記）

もれもうさしめたもうべく【洩可令申給】 披露文（宛文）の文末に用い、宛名人の主君への披露を依頼するもの。「此等之旨、洩可令申給候、恐々謹言」（黒田家文書）

もろ【料】 材料。「渉《わた》しの船どもを打砕て欄楯《かいたて》の料《もろ》とし、乱杙《らんぐい》を設け大縄を引けり」（北越軍談　中）

もろあぶみ【諸鐙】 左右両方の鐙。諸角《もろがく》とも。「諸鐙を合わせる」は、馬を疾走させること。左右の鐙をあおること。「大将を打すな若者共。とて、諸鐙《もろあぶみ》を合せ、二、三十騎駆来り」（奥羽永慶軍記　上）

もろうす【諸薄】「諸薄青」のことか。これは、襲《かさね》の色目の一つ。「しろあや《白綾》　うらもろうす《裏諸薄》　壱ッ　しろきまめん《白真綿》　はふたい《羽二重》　壱ッ」（黒田家文書）

もろがく【諸角】 ➡「諸鐙《もろあぶみ》」を参照

もろくち【諸口】 ①馬を引く際に、二人で左右から手綱を取ること。「武田四郎父子、典厩、木曾謀叛之由承、新府今城より馬を出し、（中略）諸口之儀、被申付候」（信長公記）②提子などで、両方どちらにも注ぎ口のある容器。「片口」の対。「北御方ヨリ雑色烏帽子、又提子諸口、片口之事談合了」（言経卿記）③紙の一種。障子紙に用いるもの。「勧一盃、殊更引物、ミノ紙、モロクチ一束、扇居之」（教言卿記） ➡「片口《かたくち》」を参照

もろて【諸手】 諸軍。（南海通記）

もろはく【諸白】 ①麹米とともに白米を用いて醸した酒。白米と黒麹で醸した「片白」に対して言う。清酒誕生以前の酒の名称。「諸白樽五到来、悦思召候」（黒田家文書）②日本で珍重される酒で奈良で造られる上等の酒。「みやの御かたよりもならのもろはくとてすずまいる」（御湯殿上日記）

もろもろがた【諸方】 あちらこちら。「城中に引退き、大音揚げた、諸方《もろもろがた》、皆破れたり」（奥羽永慶軍記　上）

もろもろごと【諸毎】 いろいろな事々についての意。「何方に於ても御會面を遂けられ、諸毎御閑語ありたき御念望なり」（伊達家治家記録）「珍儀候者注進尤候、諸毎期来信候条、不具候」（新潟県立歴史博物館蔵葦名義弘書状）

もんか【門家】 寺内のこと。「当寺如前々、門家並末寺共申付迄、裁許可在之」（阿弥陀寺文書）

もんがいにうまをつなぐ【門外に馬を繋ぐ】「家来になる」の意。「山城が子供、たわけが門外に馬を繋《つな》ぐべき事、案の内にて候と計り申し候」（信長公記）

もんけん【聞見】 実際に、その対象を聞いたり、見たりして体験すること。「但、於戚里之儀申之歟、外舅贈官事近例不聞見、可為如何哉」（実隆公記）

もんし【門士】 門を守る武士のこと。「遠藤内匠基信、其比文七郎と称して宗時か門士なり」（伊達家治家記録）

もんしゅ【門主】 門跡寺院や真宗の管長を指していう。「勧修寺門主他界之由伝聞、（中略）兼日覚悟死期遺跡事毎事申置」（看聞御記）

もんしょう【文証】 疑問・事実などを確認するために引用される書付の証拠。典拠。（日葡辞書）

もんじょう【問状】「とひじやう」「とひぶみ」とも。訴訟などに関して裁判所が当否を質問する書状。「問状ト云

事ハ、罪科ノ人ノ問〈トヒ〉状也」（庭訓抄）

もんじょねんき【文書年紀】 室町時代、不知行の所領を回復する時にその所領の権限を証明する文書の有効期間。「寺社本所領訴訟事、不可依文書年記」（内閣文庫本建武以来追加）

もんぜき【門跡】 皇族・貴族の子弟が出家して、入室している寺格のある寺院。「門跡にも三門跡と申は、青蓮院殿、梶井殿、妙法院殿、此御衆は別而御賞翫の御事候、此外は少かろし」（大内問答）

もんぜきぶぎょう【門跡奉行】 室町幕府の諸奉行の一つ。門跡寺院に関する政務を分掌するもの。「於殿中命于門跡奉行飯尾兵衛大夫、仍渡彼門跡之訴状」（蔭涼軒日録）

もんぜん【問禅】 禅寺で、住持が説法する時、聴衆の中から質問のためにあらかじめ選ばれていた質問（禅）僧が出て、住持と問答すること。また、その質問僧。「超文問禅之案至」（蔗軒日録）

もんたい【問対】 問うことと、それに答えること。「問答」に同じ。「彼衆会不存由被申候間、伊備へ問対之儀共可有之候」（上井覚兼日記）

もんだん【問談】 出された不審・問題について説明すること。「今日新亜相携次第先来、条々問談、習礼中猶有不審」（宣胤卿記）

もんちゃく【捫択】「もんたく」とも訓む。「悶着」の充て字。つかみ捻るの意か。「大に驚き、上を下へと捫択《もんちゃく》す」（関八州古戦録）「偶人自然と踊躍《ゆうやく》して、機関《からくり》目を驚かし、事終て面々に陶器の中へ込入《こみいる》とて上を下へ捫択する」（北越軍談）

もんどう【問答】 ①中世の民事裁判で、訴人（原告）と論人（被告）が、裁判所を通じそれぞれ訴状と陳状（答弁書）を交換し合い、主張を行うこと。三回まで行うことができ、これを三問三答（三問答）という。これで決着がつかない時は、引付問答にかける。問注。問陳。「ゆいしよもんたうの事、地とうまかせのよしさたおはりぬ」（塵芥集）②「もんだい」とも。問うことと、それに答えること。「我らがをひ候九百文料足返弁可申候由返事仕候間、いろいろのもんたいになり候つれ共、北山の内田に入候た、まづまづぶひ〈無為〉になり候」（北野天満宮目代日記）

もんなん【問難】 難しいことや不審なことを質問すること。「問難を掛くる」（日葡辞書）

もんぴ【門楣】「もんび」とも。①棟梁。首領。「此梅雪斎の事は、武田の門楣《もんび》として、殊に勝頼の為には兄弟の因《ゆかり》あり」（甲乱記）②一家、一族の光栄となること。棟梁。「北条左衛門太夫は祖父より関東にて其名高く小田原の氏族門楣の将たり」（関八州古戦録）

もんぽう【聞法】 仏法を聴聞すること。「但大通院御時、於称名院有御聴聞事、先例之上聞法之志不少之間、不顧傍難令聴聞」（看聞御記）

もんめ【匁・文目】 重量・貨幣の単位。千で「貫目」。貫の千分の一、分《ふん》の十倍にあたる。一の位のみ「モンメ」で、十の位以上は、「メ」と呼ぶ。「二十メ、三十メ、（中略）百メ、百一、二、三モンメなど」（大文典）「一匁　イチモンメ　則一銭也　十分之量重如銭一文故支那俗借戔象制匁字自呼為銭音」（書言字考節用集）

もんよう【門葉】 血統の親族。血族のこと。（日葡辞書）

もんりゅう【門流】 ある祖師につながる宗派のこと。「御領内に五山の門流あまたあり」（室町殿日記）

ま

や 行

や【野】 ①**野鄙《やひ》、野蛮なこと。**「いづれもやさしき情あるに、流ざい死罪は野《や》なり」（甲陽軍鑑 下） ②**野暮なこと。無風流。**「花と承るにまいらぬは野《や》なりとて恵林寺へ立より給ふ」（甲陽軍鑑）

や【籟】 笛。「火の手頻《しきり》に映じ、籟《や》の声も亦夥《おびただ》しきに仰天して」（北越軍談）

やあいやみ【矢合止み】 停戦のこと。「遠藤文七郎方にて御談合御さ候てさうほう《双方》やあい《矢合》やミ《止》申候」（伊達天正日記）

やあわせ【矢合】 戦いにおいて、開戦通告の意で、敵味方両陣から互いに鏑矢を射出すこと。また、開戦。「けさやあわせそとありて、ひるすぎよりてきへよせ、大かつせんありて」（御湯殿上日記）

やいくさ【矢軍】 弓矢の合戦のこと。「数刻の矢軍《やいくさ》に手負数多出来《あまたしゅったい》、無人になり」（信長公記）

やいひ【焼火】「やいと」「やいとう」に同じ。灸のこと。「廿二日、うちかたにやいとうすへ候、（中略）、廿七日、うちかたへやい火候」（家忠日記）

やいれ【矢入】 敵陣に矢を射込んで、戦いを挑み、開戦すること。「去廿一日菩提山エ矢入在之云々、又廿二日長井エ矢入有之、以外物忩云々」（大乗院寺社雑事記）

やいん【夜陰】 深夜。夜更け方。（日葡辞書）

やうら【屋裏】「屋宇」のことか。家。屋舎のこと。「先月以来、向白川口出勢、屋裏及十ヶ城被属手裏、義親在城之地計ニ被取成之上」（宇都宮広綱書状）

やえきょうと【八重拱抖】 大きな壁のこと。「横曲輪《ぐるま》・八重拱抖《きょうと》・二重塀・火矢・石弓・地起・毒流・柵・逆茂木《さかもぎ》の類、地に因て時に臨み防禦の術如何程も侍るべし」（北越軍談 中）

やおい【矢負】 矢を負う者。武器を携行する者。「矢負百人、神人卅人分可付庄家之由仰了」（大乗院寺社雑事記）

やおくり【矢送】 戦場で敵から射た矢を、さらに敵にかえすこと。「矢をくりと申して、敵かたの矢を袖ずりのふしより折かけ、はしり羽を一つもぎ、敵へ返す也」（甲陽軍鑑）

やがかり【矢懸】 射る矢がそこまで達する所。射程内。「坊州警固舟矢カ、リニ無ケレバ、両方矢ノ一モ射チガヘズ、其儘敵舟下向ス」（房顕覚書）「寄手も矢懸りまでは不寄、はし口より鉄ほう一つも不打、鳴を鎮て居たりける」（播州佐用軍記）

やかた【屋形・館】 貴人を敬っていう語。また特に、中世、屋形号を許された大名の称。「来十四日永興忌、同誉康公状至云、屋形要予之赴忌斎拈香、以予之拒辞停止」（蔗軒日録）

やがため【屋固】 建築儀礼の一つ。新築の家の大黒柱などの主な柱を立てる時、御幣をつけて祈る儀式。また、家を新築して、そこに家移りする前に祝うわたましや上棟祝・竣工祝などをも言う。「在方朝臣屋固身固等献之、世

間病事以外流布之間為祈禱也」（看聞御記）

やがて【頓而・軈而】 すぐに。「頓而遂面談、可申述候条、不能一二候、恐々謹言」（黒田家文書）（伊達家治家記録）

やから【族】「輩《ともがら》」と同意。人々。（日葡辞書）

やがら【矢柄】 矢の幹の部分。「白石殿御参候、やから《矢柄》めしいた《召出》させられ、へいほう《兵法》つかハせられ御らんし被成候」（伊達天正日記）

やかん【野干】 きつねの別称。「おのづから野干《やかん》のすみかとあれはて、荊棘《けいきょく》扉を掩《おお》へり」（奥羽永慶軍記　上）

やきうち【焼討・焼打】 城砦・家屋・市街・船舶などに放火したり、石火矢などを打ちかけたりして攻撃すること。火攻め。焼き攻め。「所詮、焼討になさしめん」（関八州古戦録）

やきず【矢傷・矢疵】 矢を射かけられてできた傷。「矢疵鑓疵刀疵しげく手負たる衆多し」（甲陽軍鑑）

やきすて【焼捨】 焼き捨てること。また、そのもの。「矢織城（中略）焼捨にして候」（籾井家日記）

やきはたらき【焼き働】 敵方の陣営や民家などを焼き払うこと。「既に越前までやき働あそばし候へども」（甲陽軍鑑　下）

やきみそ【焼味噌】 味噌を焙り焼くこと。またその味噌。鰹節、おろし生姜を混ぜたものもいう。「今日藤中庭之鞠会也、予頭役也、おも湯〈かうの物、焼味噌〉、如例遣了」（言継卿記）

やきもの【焼物】 薫物（香を炷く）の意か。「其外刀掛万ず結構にて、関所に入給ふには、朝晩共に焼物なり」（政宗記）

やぎり【矢切・矢錐】 人の侵入を防ぐために、塀の上などに、先のとがったものを並べたもの。忍び返し。「矢錐に火矢を射懸しまま城兵是を消さんとし周章く有様を見て」（関八州古戦録）

やく【燔く】「焼く」に同じ。「森山が城を出るならば付入にして城を燔《やき》はらゐ可申」（三河物語）

やく【役】 貢納のこと。「大里に在陣の輩へも、餘義なき間、役の俵物の事相断る所に」（伊達家治家記録）

やくあて【役当】 役目を振り当てること。役を割り当てること。「僧名幷毎日役宛等、同被注送趣」（政基公旅引付）

やくぎ【役儀】 つとめるべき課役。払うべき税金のこと。「恒例之御礼、役儀等者、不可令退転」（六角氏式目）「町中之儀、誰々雖為家来、町並ニ役儀等可申付事」（言経卿記）

やくげつ【約月】 約束した期限の月。「矢野庄代官職事、泉光坊過約月、年貢無沙汰之上、新代官可被仰付云々」（廿一口方評定引付）

やくげん【約言】 約束したことば。「仍帰宅之処、壺一、青蚨一緡携之、約言之間罷向姉小路許」（実隆公記）

やくし【鑰匙】 ➡「鑰鏁《やくそう》」を参照

やくしゃ【役者】 役付の者のこと。「其ならしに、いましむる役者《やくしゃ》、不案内に候へば、結句、軍法あしく罷成候」（甲陽軍鑑　中）

やくしょ【役所】①戦陣で、各将士の本拠とする詰所。軍務を処理する所。「其の間に佐和善四郎は、己が役所《ヤク》に走入、火を懸て腹掻切て死にけり」（太平記）②中世、関所の異称。「信越之境幷妻籠え役所可申付事」（諸州古文書・甲州）

やくせん【役銭】課役銭のこと。伊達氏は自分に所属している豪族たちに役銭を課していた。「扨々其身領中役銭の義、去年より侘言に就て」（伊達家治家記録）

やくそう【鑰鑠】「鑰匙《やくし》」の充て字。鍵。大事なこと。「誠に鑰鑠《やくそう》を論じ難き四天・二天の士《さむらい》大将、忠貞に私なく」（北越軍談）

やくそく【阨塞】道がふさがること。「路次阨塞故不罷通之由」（伊達家治家記録）

やくたいなし【益体なし・薬帯なし】どうしようもない者。甲斐性無し。「一ノ兄ハ毒ガイニテ死了、其次ハ一向無薬帯ニテ博奕以下ニテハテテ行方シラズ」（多聞院日記）

やくば【役場】①賦役の対象となっている所、地所。「拾分一より上遠隠岐、雄勝茂兵衛書中越申候分は、今日役場請取候」（梅津政景日記）②九州地方では「戦場」のことを言う。（日葡辞書）

やくぶ【役夫】①公役を課せられた人夫。「家中糺明之処、役夫一両人於田舎鹿食之由白状申」（看聞御記）②特に、「役夫工米」の言い方で、伊勢神宮の式年造営の費用として諸国に課せられた造営料をいう。「太神宮は、諸国の役夫工米をもて、廿一年にかならず遷宮造替の事あり」（樵談治要）

やぐら【矢蔵】①城壁などの上に造られた建物で、防戦用としたもの。矢倉。櫓。「後剋、其方へ参申候て、向之矢蔵へ大筒かけ可申候」（黒田家文書）②武器倉庫、矢石を発射する高楼などの意。「家ノ義ハ矢倉等マテ損セサル様ニ仰付ラルヘシ」。（伊達家治家記録）

やくりょう【薬料】薬の材料。また、薬のこと。「今日薬料小分遣竹田周防了」（実隆公記）

やけあと【焼跡・焼痕】焼け跡。火事で焼けたあと。「焼跡に血下二服遣候」（言継卿記）

やけい【夜景】夜の気配が感じられる頃。夜中。「夜前御連哥被遊之、及夜景終百句功」（実隆公記）

やげん【薬研】薬種を砕く薬研のようにV字形の底の狭い場所のこと。「薬研《やげん》のやうなるから堀の底にぞ及び居る処に」（奥羽永慶軍記　下）

やごえ【矢声】矢を射当てた時にあげる叫び。「やさけび」とも。「首に押当左右の手をかけ前へ、矢声を以て押ける程に、首は膝に抱ひてむくろは上に重りぬ」（政宗記）

やごろ【矢ごろ】矢頃。鉄砲を撃つのに丁度よい距離。（昔阿波物語）

やさき【矢芒】矢の飛んでくる前面。矢おもて。矢前。「于時《ときに》下那須三輪村の野伏五拾余人[illegible]を揃て待懸る中に」（北越軍談）

やさし【艶し】①けなげにも。「秀吉公の為に亡ぼされし後、久右衛門、源六郎艶《やさ》しくも其仇を報せんと欲し」（関八州古戦録）②可愛らしい。「彼の男から、、と笑て艶《やさ》しの御坊の詞かな」（関八州古戦録）

やさしかり【やさしかり】健気。けなげ。殊勝なこと。「大里の城にぞ楯籠りける。実に蟷螂《とうろう》が斧とはか、る事にや。やさしかりし形勢たり」（奥羽永慶軍記 下）

やざま【矢狭間】「やさま」とも訓む。城中の兵が矢玉を撃つため、城の塀・櫓にあけた孔。⇔鉄砲狭間。「堀を深く掘切て土手を高く築き、上塀をぬり、矢ざま《狭間》を切り、所々に矢倉をかき並べ」（奥羽永慶軍記 下）「城取の事（中略）一、武者走《ばしり》三段はがんぎ・あふさか・かさなり坂 一、おもてに一ッ ニッは犬走と云 一、矢狭間《やさま》ひかへをいとふ」（甲陽軍鑑 下）

やし【夜師】夜戦のこと。「敵の後へ兵士を廻し、夜師を仕かけ」（南海通記）

やじ【屋地】住居用の土地。屋敷地。「山城国所々散在幷屋地等事、被返付訖」（鹿王院文書）

やしき【屋布】「屋敷」の充て字。「川中島の内、清野《きよの》殿、屋布《やしき》を召上られ、山本勘介道鬼に縄ばりをさせなされ」（甲陽軍鑑 中）

やしきがまえ【屋敷構・屋布構】屋敷のように簡略にした城の構え。「甲州のうちに城■《ママ》をかまへ、用心する事もなく、屋布がまへにて、罷在」（甲陽軍鑑）

やしきくばりのふだ【屋敷配札】（黒川城下における）家臣の屋敷の割り当ての吟味をして決められた札。「夜入、せんしゅいん《千手院》御参、御きねん《祈念》御さ候、御やしきくはりのふた《屋敷配札》ともつけさせられ候」（伊達天正日記）

やしきじろ【屋敷城】「屋敷構城」に同じ。屋敷のように簡略に作った小さな城。また、周囲に堀を掘り、塀をめぐらして、一応の防禦の体裁をととのえた武士の邸宅。「野ざはの城を明、前山之城をやきはらいてのきけるに、其城へうつりて有に、四方に、一理二理之内に、小城、屋敷城共に十二三有」（三河物語）

やしきてさく【屋敷手作】屋敷に付属した耕作地で、下人などに耕作させた。「伊達郡西根桑折之郷、一、中目方、一、完（宍）戸新左衛門屋敷手作」（伊達家文書）

やしきどころ【屋敷所】屋敷とする場所。屋敷地。また、統治する地。所領。領地。「彼宗旨蜂起事、至于申出族者、為褒美彼家財屋敷所可被出之事」（上杉家文書）

やじん【野陣】軍隊が野営すること。「都之外廻ニ野陣可仕候、上様御馬廻幷御番衆迠ニて」（黒田家文書）

やすらう【休ふ】休息すること。のんびりすること。「松の木下へ立寄人もあり、おもひ、、、に立やすらわる《休》、所へ」（慶長記）

やすらか【謐】安らか。「諸国の御政務摂行《たすけおこな》はせ給へば、四

海・八島の外までも謐《やすらか》ならざる所もなし」（奥羽永慶軍記　下）

やせざむらい【悴侍】 痩侍。雑役をする身分の低い侍。知行が少なく貧乏な侍。また、それらを見下げていう語。「かせぎさむらい」とも。「古《いにしえ》、平家の侍、湯川の一党、その外、悴侍《やせざむらい》、国司に随はず」（紀州御発向記）

やせしろ【やせ城】 貧弱な城。防御性の弱い城。敵に対して蔑視が込められている。「其子細ハ、今度嶋津相動候て、やせ城二三ヶ所以調略召置」（黒田家文書）

やせん【矢銭】（矢の費用の意）戦国武将などが一般庶民に軍用として課した金。軍用金。軍費。「当郷え矢銭之儀申懸候時、以棟別雖被遣之、猶不足之間」（厳助大僧正記）「一、為私相懸矢銭・兵粮米事」（離宮八幡宮文書）「彼徒党等踏散サン事ハ不便ナレドモ、方々矢銭等ヲカケ、万民ヲ悩ス事モ奇怪ナリ」（信長記）

やせん【家銭】 軍費調達のために徴収した矢銭は、国単位で懸けたが、家銭は寺家などに直接懸けたようだ。「昨日申渡候家銭之儀、銀子五十枚、早々今日中可被相立候」（法隆寺文書）

やぜん【夜前】 昨夜。「雨下、自夜前雨灑、今日頻下」（康富記）

やそう【野僧】 自称。僧侶が謙遜して用いる語。野衲《やのう》。拙僧。「野僧　ヤソウ　沙門謙辞」（書言字考節用集）

やそたける【八十猛】「八十梟帥」「八十建《やそたける》」に同じ。大勢の勇猛な首領たち。「公は客戦なり。八十猛に思すと云共、糧竭《つき》なば長陣叶ふべからず」（北越軍談）

やたけ【八十梟・矢たけ】 いずれも、「弥猛」の充て字。勇み立つこと。「速《すみやか》なるを要とするの兵略を知《しら》ず、為景心は八十梟《やたけ》なりき」（北越軍談）「然れども矢たけ功者とやらんにて」（長元物語）　➡「よたけから」を参照

やたて【屋立】 家を新築すること。「廿七日、カノエタツ　（中略）アリキ、ヤタテ」（応永十四年仮名暦）

やだな【矢棚】 矢を防ぐため竹木で垣を作ること。「三方ハ嶮危ニシテ石壁峻《けわし》ク、矢棚結構セリ」（伊達家治家記録）

やだね【矢種】 箙《えびら》などに入れて用意している矢のこと。「屯の軍勢共、矢種《やだね》の有《あら》ん限り射尽し」（久知軍記）

やだま【矢鉛子】 矢と鉄砲の弾のこと。「然るを矢鉛子《やだま》烈き虎口に御馬を立られ、敵の的と成り玉ふ事勿体至極の義也」（北越軍談）

やたまらず【矢たまらず】 矢も楯もたまらず。直ちに。（昔阿波物語）

やち【谷地】 湿地のこと。東日本で多く使い、西国は「牟田」という。「鹿子田も躵《たえ》兼て引退しに、谷地へ追入らる」（伊達家治家記録）

やつがれ【悴家】 我が家。別の訓みがあるカ。「悴家の大事と存じ候や」（老翁物語）

やつがればら【悴腹】 切腹。「則ち悴腹仕るべく候条」（老翁物語）

やつし【窶し】「俏し」に同じ。みすぼらしい。身をやつすこと。「柳営《りゅうえい》の窶《やつ》しきを富栄なさしめらるべきに」（北越軍談）

やづつ【矢筒】 矢を入れておく筒のこと。「揚弓之矢つつの木所望之由候」（言継卿記）

➡「窶《みすぼら》し」を参照

やつばら【奴原・怒原】 人々を卑しめていう語。やつら。複数には「やつばらども」を用いることも。「豊後之内對義統逆心之奴原有之由候」（黒田家文書）「怒原（腹）」の充て字。「聊爾《りょうじ》をしたる怒原《やつばら》有ば、一々に成敗せんと仰ければ」（三河物語）「法性寺左兵衛督、屹ト顧テ、悪ヒ奴原ガ云様哉」（太平記）

やつぼ【矢坪】 矢壺。矢を射る時に狙い定めるところ。矢どころ。的。「傘のしまを討れ候らへ、と云て、矢坪を扣《ひか》へて味方の陣にぞ帰りける」（奥羽永慶軍記　下）

やつら【奴曹】「やつばら」とも訓む。奴ら。「下知をなし、奴曹《やつら》は元来当家の被官なれば、終には旗をまき降参して来りなん」（関八州古戦録）

やと【哉与】 ～ではないか。「去年属当方、不経日相隔候之条、如何様之在分候哉与《やと》、不審千万候」（長国寺殿御事蹟稿）

やどいり【宿入】 陣詞では、味方の旗を揚げることをいう。「味方の旗は進る、揚る、亦宿入と云、敵のは出す、又は巻と云」（北越軍談　中）

やどめ【矢止・矢留】 戦いを一時止めること。休戦。「利家卿先近所悉焼払ハセ人数ヲ打入玉フ、其後北国ノ習ヒ、風雪夥シケレバ互ニ矢留ト見エニケリ」（末森記）「大坂之事赦免之条、賀州矢留之儀、堅可申付候」（南行雑録）

やどり【萱舎】 休憩する場所のこと。「野林藪の巷《ちまた》までも、軍衆の萱舎《やどり》ならずと云ふ処なし」（北越軍談）

やなぎ【柳】 京都の著名な酒屋の名。また、そこで作る銘酒。「五条坊門西洞院酒家曰柳也、毎月於公方献六十貫美酒也、一年之内以上七百二十貫文、以為月課云」（蔭涼軒日録）清酒。（毛利隆元山口滞留日記）

やなぎだい【柳代】 柳樽に代えて包む金銭。祝儀などに酒を贈る代わりに包む金銭。樽代。やなぎしろ。「樽代柳代、今俗樽代といへるは柳代といふべし」（松屋筆記）

やなみやく【家並役・家竝役】 棟別銭・間口銭などのことか。「一、於町竝居住之輩者、雖為奉公人幷諸職人、家竝役免除事」（近江八幡市所蔵文書）

やなり【家鳴】 家屋が鳴り動くこと。また、その音。「或は人のよりあふおとなひ、やなり等有奇異事」（看聞御記）

やにわ【矢庭】 ①突然。「綾小路坊城俄有闘諍事、一人矢庭損命、打手亦負手引退」（晴富宿禰記）②すぐさま、その時に。（日葡辞書）

やにわに【矢場に・矢庭に】 即座に。やにわに。（三好記）「五人張に十五束、さんゝゝに射ける。矢場《やには》に廿四・五騎射落され」（久知軍記）「扣へたる真中へ唯一騎乗込、矢庭に十

余人駆出し、勇を揮ふ」（関八州古戦録）

やのう【野衲】 ⬇「野僧《やそう》」を参照

やのね【矢之根・矢根】 鏃《やじり》のこと。（庄内陣記）「牛王到来、令頂戴候、殊矢根銭給候、祝着候」（西宮市吉井良尚氏所蔵文書）

やはぎ【矢作・矢矧】 竹に羽をつけて矢を作ること。また、それを職業とする人。矢師。「于今的あそはし候之由、能御慰と存候、此羽能ハ無之候へとも、御はか《矧》せ候て、御なぐさみニ、的可被遊候」（「日本書流全史」下　二一二三番所収三月十二日付小堀遠州書状）

やはく【夜白】 夜も昼も。夜昼。「寺内之儀奉頼候、夜白番衆可被仰付事、貴殿御一人御方便専一候」（貴理師端往来）「諸軍取詰、夜白無隙被責之候間、落居不可有程候」（鑁阿寺文書長尾景長書状）

やびらき【矢開】 武家の男児が狩場に臨んで、初めて鳥獣を射た時、餅をつき、射た鳥獣を料理して祝うこと。また、その儀式。矢口祝い。矢先祝い。矢開きの祝い。やひろめ。山祝い。「矢びらきにならざる物の事、猫・庭鳥にて候、其外の物をする物也」（甲陽軍鑑）

やぶいさかい【藪闘諍】 つまらない争いの意か。「氏郷宣ひけるは、政宗奥州にて数度軍するといふも、左こそあらぬ、京都にての藪闘諍《やぶいさかい》の風情《ふぜい》成るべし」（奥羽永慶軍記　下）

やぶいし【藪医師】「藪医者」に同じ。「只藪医師ばかり被聞食入之条如何」（康富記）

やぶがみ【藪神】 叢祠に祀る神。「それに大事なくば、家康果報の儀少々の藪神《やぶがみ》はかんがへなり《成》かね《兼》申さん」（甲陽軍鑑　下）

やぶさか【吝】 やぶさか。物惜しみ。ケチなさま。しみったれ。「当盛夏の比《ころ》より吝《やぶさか》なる僻《へき》出来て、動《やや》もすれば」（北越軍談　中）

やぶみ【矢文】 当時、文書を矢柄《やがら》に結びつけ、または蟇目の孔の中に入れて、射飛ばしたもの。「景綱、さらば矢文《やぶみ》を可遣、其子細左京処へ敵軍より矢文参りたり」（政宗記）⬇「本《ほん》の矢文《やぶみ》」を参照

やぶる【欠る】 破る。邪魔する。「天は驕《おごる》を悪み盈《みつ》るを欠《やぶ》るとかや」（奥羽永慶軍記　下）

やま【矢間】「矢狭間《やざま》」に同じ。城壁や櫓などの内側から外をうかがい矢を射るためにあけた小窓。「弓に手矢許取添て、矢狭間やまを押開ては」（播州佐用軍記）

やまいうた【病歌】 修辞上嫌うべきところのある和歌。「と詠じ給ふ。是は病歌なれども、其昔奥州にて名を得たる大将なれば、爰にあらはす」（政宗記）

やまいり【山入】 戦闘などが近づくと住民は山などに避難すること。「山入之者共早速可還住之旨、可被申付候」（柳川古文書館蔵徳川家康朱印状）

やまおとし【山落】「山立」に同じ。山中で金品を強奪する賊。山賊。「竊盗、強盗、海賊、山おとしの事」（塵芥集）「去年五月、雄勝峠において、平沢正左衛門子共、山落に合

申候」（梅津政景日記）

やまかえりおおたか【山帰大鷹】 鵤黄鷹のこと。「秋保より山帰大鷹、五十嵐豊前守指南にて上被申候」（伊達天正日記）

やまかえりしょう【山帰兄鷹】 直鵤兄鷹のこと。「名取もに《茂庭》ハ主膳山帰せう（兄鷹）一居すへ参申され候」（伊達天正日記）

やまがさんぽう【山家三方】 作手の奥平氏、長篠の菅沼氏、段嶺の菅沼氏を山家三方という。「吉田に十日御逗留の内に、山家三方・作手《つくで》・長問《ながしの》・段嶺《だみね》・野田・・・・」（三河物語）

やまだち【山立】 街道にいる強盗。山賊。「人よりやとはれ候而、夜討、山たち、屋焼之事、やとはれ主、雇主同前に成敗」（相良氏法度）

やまて【山手】 ①陸路の要地に設けられた関所の通行税。「なきのつじのやまて二百文候、三百文候、いま百文未進也」（山科家礼記）②山林の雑木などを薪として利用する代として支払う税金。「白石庄山手料足春季分且二貫文、自吐山方進之、及数年無沙汰、再興珍重々々」（大乗院寺社雑事記）

やまどり【山取】 山に陣を取ること。山中に砦を築くこと。軍隊が宿泊するとか陣地を作るとかで砦を築くこと。「中國衆・備前衆何も取出、山取仕、少も無越度様ニ堅申付」（黒田家文書）「小早川左衛門大夫隆景、吉川駿河守元春を大将として、卒五万騎、釈迦峯不動嵩に至て山取をし、ゆらへたり」（太閤記）

やまなり【山成】 地震・洪水など山稜が崩れて土砂が田畑を荒らし耕作不能となること。また、その分について税を免除すること。「彼庄之内西山の田地之内、永享中年に山成、川成に荒、不作在之」（大乗院寺社雑事記）

やまびと【山人】 山に住む人。杣人《そまびと》・炭焼きなど、山で働く人。また、そのような服装をした人。「又山人たき木をもとめにみやまへわけ入の時」（塵芥集）

やみくもに【無明暗に】 闇雲に。「旗本の勢を以て敵の握奇《はたもと》へ突掛、無明暗《やみくも》に攻撃すべし」（北越軍談）

やみやみと【闇々と】 ①訳も分からず。「我幼少なれども弓馬の家に生れ、一戦にも及ばず、やみ、、と城を渡す事あらんや」（奥羽永慶軍記　下）②むざむざと。「一合戦もせで、やみやみと無るべき事の義」（元親記）

やむ【歇む】 止む。「終日風雨、子刻歇」。（伊達家治家記録）

やむことをえず【止事を得ず】「止《やむ》を得ず」に同じ。仕方なく。「別当も衆徒に進められ、止事《やむこと》を得ずして湯殿・月山・羽黒三山の」（奥羽永慶軍記　上）

やむをえず【不得已】「不得止」の充て字。止むを得ず。仕方なく。「彼是の難儀に度を失ひ、不得已《やむをえず》軍を引揚られんは必定」（北越軍談）

やめ【矢目】 矢傷、矢傷の跡。「射鳥も矢目を見せて出也」（大諸礼集）

やや【較】 多少。「年令較《やや》劣れる公の為、城門を蹄の馬に懸け、都《と》鄙《ひ》の人口杜《ふさぐ》に堪《たえ》ず」（北越軍談）➡「較《ほぼ》」を参照

ややあって【良有て】 暫く時間がたって。「良有《ややあつ》て落る涙を押へて」（甲乱記）

ややこ【稚子】 あかご。赤ん坊。みどりご。やや。「大方殿はややこ、新大夫、いちや、如此」（石山本願寺日記）

ややしばらく【良且】 ややしばらく。「一足さらずた、かわせ給ふ所に、良且《ややしばらく》戦《たたかい》給ふか、多《をゝく》の疵をかふむり」（三河物語）

ややひさしく【良久】「しばらく」「いくひさしく」とも訓む。しばらくして。「色々咄《はなし》ともなり、良久有《ややひさしくあつ》て亦其旨伺ひければ」（政宗記）

ややもすれば【輙もすれば・動すれば・良すれば】 もしかしたら。ひょっとしたら。ひょっとすると。「政宗君常に隻眼を愧ち玉ひて、輙もすれは其方の御目を隠し玉ふ」「伊達治家記録」（伊達家治家記録）「父中務太夫政勝以来南方の合躰なりしか、頃年動《ややも》すれは北越の謙信」（関八州古戦録）「家務を助言するの余、志を南方に寄て、良《ややも》すれば公の味方を叛けり」（北越軍談　中）

やらい【馬行】「矢来」の充て字。竹や丸太で造った仮囲いのこと。「湊方馬行《やらい》の中より弓・鉄炮を雨の如く打出せば、寄手に手負死人五、六十人あり」（奥羽永慶軍記　上）

やらん【哉覧】 ～ということ。「良薬口に苦しと哉覧の古諺に」（元親記）

やり【鑓】 槍ぶすまのこと。「右の軍勢、三筋に分け、鑓《やり》を作って衝《かなめ》に懸かる」（惟任謀反記）

やりあわせ【槍合】 双方が互いに槍で戦うこと。また、戦闘をいう。「山県下にて鑓をあはせ候者は、初の度古畑伯耆（中略）辻彌兵衛、二度目のせりあひに鑓合するは広瀬江左衛門みしな内膳（中略）鑓下の高名、辻彌兵衛」（甲陽軍鑑）

やりこう【鑓虎口】 流れが速く危険な難所。「爰は鑓虎口とて逆巻く水滝の如く、二、三町下は海にて聞えし難所に候らへば」（奥羽永慶軍記　下）

やりさき【槍先】 ①槍の先端。槍の穂先。槍首。「槍さきに血をつけ」（甲陽軍鑑）②戦いの始まり。緒戦。「ヤリサキ〈訳〉槍の先端、また、争いの発端、あるいは戦力」（日葡辞書）

やりし【槍師・槍仕】 槍を巧みに扱う者。槍術にたけた者。「其頃の小唄に、槍仕々々は多けれど、那古野山三は、一の槍とぞ謡ひけり」（蒲生軍記）

やりした【鑓下・鎗下】 ①戦場で、敵を鑓で突き伏せること。また、突き伏せられること。論功行賞の対象とされた。「御敵猛勢にて、相叶はず、火花を散らし、終《つい》に鑓下《やりした》にて討死」（信長公記）「一番鑓高名、太刀打、鑓下、長刀打高名、右之外手柄、其時節見合を以、加増」（長宗我部氏掟書）「昔は小者、中間、不丸之頸成共、押つおされつ之処にての頸か、又はやり下之くびか」（三河物語）②戦闘の真最中。「味方ノ軍兵鑓下ニテ、悉頸ヲ取テ勝ドキヲ作リ懸作リ懸、小幡守

山マデ追討ニ討ツ程ニ」（信長記）

やりしたのこうみょう【槍下の高名】 戦場で、敵を槍で突き伏せて首をとること。「槍を二度仕る、槍下の高名二度」（甲陽軍鑑）

やりしるし【鑓験・槍印・槍幟】 戦陣または他行の時、槍印の環につけて、家名を明らかにした小帛《こぎれ》・白熊《はぐま》などのしるし。「一、立物《たてもの》・鑓験《やりしるし》に幷びに朱四手《しゅしで》等、累年の如く、相違すべからず、肝要に候」（甲陽軍鑑 中）

やりぞなえ【槍備】 槍をとって戦う隊のこと。「味方はゑしゃくしてかけ引し、楯備や槍備へ引かけて」（籾井家日記）

やりだまをとる【槍玉を取る】 槍を手玉にとるように自由自在に扱うこと。「諸軍勢八千余騎に詞を懸、鑓玉を取、待懸喚叫一同に鉄炮を放懸ば」（上杉輝虎注進状）

やりつく【槍突】 槍を突きつける。槍で突く。「小池新之丞駆来て、松村を押へし敵を槍付ぬ」（小松軍記）

やりて【槍手・鑓手】「槍傷《やりきず》」に同じ。槍で突かれた傷。槍によって受けた手傷。「甘利左兵衛は、門中にてかへし合て坊戦《ふせぎたたか》ひ候、鑓手《ヤリテ》二ヶ所負退かね候」（武藤叢話）

やりとり【やりとり】 分配する。「但、右々落来分ハ、右之跡職ニ可准之、知行之内より年貢・私得分等諸事やりとり、互如有来たるべし」（土佐国蠹簡集残編）

やりのぶし【鑓野武士・槍野伏】 野武士で鑓を持つことを認められた者。百姓でありながら、事あるときには馬に乗り、或は槍を持っことを許されている郷士的な存在か。野伏はおもに百姓から徴収した陣夫によって構成された。「上長井中の鑓野伏《やりのぶし》等ニ富澤出雲・泉澤左近を相添へ荒砥へ差遣さる」（伊達家治家記録）「一 天気曇申候、は《晩》ん方より雨ふり申候、荒砥へ上長井やりのふし《槍野伏》をのゝゝ、とミ《富》沢いつも《出雲》守」（伊達天正日記）

やりば【槍場】 槍を合わせて戦う場所。「於鎗場最初に討之歩行にして遅参す」（武家名目抄）

やりびらき【槍開】 初陣のこと。「一、初陣槍開の義は、一汁一菜、酒は乱酔に及ぶべからず、謡は吉凶に依て其の興有るべき事」（北越軍談 中）

やりぶぎょう【槍奉行】 武家の職制で、槍を持つ一隊を預かる職。長柄大将。槍大将。「御鑓奉行 一、安西平左衛門 騎馬拾騎 足軽五人」（甲陽軍鑑）

やりぶすま【鎗柵・鑓衾】 槍衾。やりぶすま。やりぶつまとも。衾のように槍を隙間なく並べること。「手廻《まわり》の騎兵を悉く下《お》り立《たた》せて、鎗柵《やりぶすま》を著《つ》け」（北越軍談）「勝に乗て弓・鉄炮を打かけ、鑓衾《やりぶすま》を作り」（奥羽永慶軍記 上）

やりぶすまをつくる【槍衾を作る】「槍衾を立てる」とも云う。衾のように、すき間なく一面に槍の穂先を揃えて突き出す。「味方の勢矢じりを揃、鑓ぶすまを作り」（信長記）

やりぶつま【鎗柵・鑓衾】 ➡「やりぶすま」を参照

やりわき【鑓脇・槍脇】 戦場で一番槍、二番槍の脇にいて刀・弓・鉄砲などを用いて働くこと。また、その人。「鑓脇上中下有リ、刀にて鎗脇をつむる事上なり。弓にて詰る事中なり」（甲陽軍鑑　下）「八左衛門は上州見が尻合戦に、鑓わきをよく射て、信玄公の御証文一ッ下さる、」（甲陽軍鑑）

やりわきのこうみょう【槍脇の高名】 槍脇（戦場で、一番槍、二番槍の脇にいて、刀・弓・鉄砲などを用いて働くこと）をしていて、てがらを立てること。「米津、後に槍脇の高名をとぐる」（増補家忠日記）

やろう【野老】 自分を卑下した称。田舎の老人。「遂に一国之大乱を為《な》す、然りと雖も家中事無く撫綏せ見《ら》る、野老奉感之余り倭歌一首を詠ず」（伊達正統世次考）

やわか【やはか】 ①その事態が決して有り得ないという気持ちを強めていう語。万が一にも。「たとへ柳の葉を出すとも、やはか打損ずべきにあらず、と広言吐て」（奥羽永慶軍記下）②どうして。「やはか劣り給ふべきやと」（元親記）

やわらかに【侚に】「柔らかに」の充て字。柔和に。「加様にうつくしく侚《やはらか》にあたらせ給ふ君の、伯父親にてましますし」（三河物語）

やわらぐ【媾ぐ】 和らぐ。「那須次郎資胤《すけたね》を始《はじめ》、部下の郡牧《ぐんぼく》大小となく皆媾《やわらぎ》を求ければ、公の満足大形《おおかた》ならず」（北越軍談）

やをはぐ【矢を矧ぐ】 羽を矢竹につけて矢を作ること。「于今的あそはし候之由、能御慰と存候、此羽能ハ無之候へとも、御はか《矧》せ候て、御なぐさみニ、的可被遊候」（「日本書流全史」下二一三番所収三月十二日付小堀遠州書状）

ゆあい【湯相】 湯の沸き具合。湯加減。特に茶湯で重視された。「風炉、湯アヒハ、熱タチタル湯ニ水ヲ一ヒサク打入、汲タテテ、一声ノタルミヲ茶碗へ入候ヘバ、湯アヒヤハラカニシテ、茶ノ気ヲタスケ相応スル也」（南方録）

ゆあがり【湯上】 ①湯あみを終えて浴場から出ること。風呂あがり。「八過時分従広橋とめられ候、風呂へ罷候、（中略）湯あかりに皆々小漬あり」（言継卿記）②湯治を終えること。「十一日、（中略）禅永、禅昭、乗海湯治也、（中略）廿六日、（中略）禅永湯あかりの迎に皆参也」（北野社家日記）

ゆい【結】 ①束ねたものの数え方。「向之大工妻ヨリ箸一ユイ送了」（言経卿記）②銭百文の称。「助房上洛了、信貴料足且十結沙汰進云々、是へハ三結五連上了」（東院毎日雑々記）

ゆいげさ【結袈裟】 山伏がつける袈裟のこと。不動袈裟とも。「結袈裟、守等如常被掛候、時三々九声也」（上井覚兼日記）

ゆいしょ【由緒】 ①現在問題としている事柄が、どうして始まったかということと、特に知行・家柄などに関する、そもそもの来歴についていう。「右田地事、去嘉慶年中称有知行之由緒、自幡根寺就被致訴訟糺明之処」（親元日記）②物事がそうなる正しい根拠、理由。特に、中世、所領諸職を知行するいわれのこと。「山口内々訴訟中、三河国本領替地以泉州由緒地可申入旨申入趣申間」（満済准后日記）「備前守が事ハ歴然縁者タレバ、可謀反由緒ナシ、可為虚説」（信

長記）

ゆいせき【遺跡】その人が死後に遺したもの。特に、その所領や跡目。後継者。「申下剋一品遂以薨去云々、（中略）遺跡毎事惘然、可察々々」（実隆公記）「実子次郎五郎を遺跡にせん為の計《はかりこと》と」（細川家記）

ゆいだる【結樽】たがをはめて作る円筒形の樽。「猿楽方結樽二荷各七升樽、台物壱」（於一乗院殿猿楽芸能之記）「例式之刺樝〈サシタル〉一個、縛樽〈ユイタル〉両三、檜破子、追取肴、風情可令用意候」（易林本尺素往来）

ゆう【衣鉢】「衣鉢《いふ》」と訓むようだ。手紙の脇付の一つ。僧侶に使う。「太平寺殿いふ《衣鉢》侍者の御事うけたまハり候　東慶寺　いふ侍者」（北条氏綱書状）

➡「衣鉢閣下《いはつかっか》」「衣鉢《えほつ》」を参照

ゆう【攸】「所・処」に同じ。「不知攸」は、知らざる攸《ところ》を謝す。「無異儀往還寔不知攸謝候」（武雄市金森家文書）

ゆうき【憂喜】憂いと喜び。心配したり喜んだりすること。うき。「門前成市、相訪憂喜之両端頗惘然不弁東西之式也」（実隆公記）

ゆうきゅう【誘弓】どのような種類の弓か詳細不明。「追而誘弓廿丁任現来候」（伊達家治家記録）

ゆうきょう【遊侠・游侠】強きをくじき、弱気を助け、信義を重んじ、義のためには命を惜しまないという意気地。おとこだて。また、その気風の人。侠客。「游侠　ユウケフ　虚腕立徒党者也」（文明本節用集）

ゆうぐん【遊軍】浮武者。浮勢のこと。本隊に属さず行動する者たち。「一、遊軍はいかほども。是は信玄流に浮勢也。口伝有」（甲陽軍鑑　下）

ゆうけい【幽景】ほの暗い静かな景色。「添微月之幽景、於事非無感」（実隆公記）

ゆうげき【遊撃】文禄慶長の役の際、明軍の講和のための実務担当者のこと。「貴所御事も可為御帰朝之旨、被仰出候処、（明の）勅使不慮之仕合出来付而、遊撃上洛候」（慶應義塾図書館蔵小西行長書状）

ゆうけん【勇健】健康であること。達者であること。また、そのさま。書簡文に用いることが多い。壮健。雄健。「昨日始而被梳御髪云々、御勇健之儀尤珍重也」（実隆公記）

ゆうげん【幽玄】ほのかではっきりしないこと。よくわからないこと。未知であること。「永享例幽玄、重被尋仰之処、両三箇度例注進」（親長卿記）

ゆうさい【雄才】すぐれた才智を備えていること。また、その人。「相国寺周興蔵主、去三日歟入滅云々、間出之雄才也、可惜々々」（実隆公記）

ゆうざい【勇材】武勇の才能のこと。「後終に塩松に属す、勇材有れ者尚義之《これ》を任用す」（伊達正統世次考）

ゆうさり【夕さり】夕方になること。また、その時。夕刻。「又夕さり御出之事ハ、藤佐渡次第ニ可被成候」（黒田家文書）

ゆうし【猶子】伯父・叔父が養子とした甥。（日葡辞書）

ゆうし【有司】官吏のこと。「大内・畠山・伊勢以下の有司《ゆうし》に談じて、大樹《たいじゅ》の御下文《おんくだしぶみ》を成され」（北越軍談）

ゆうし【右史】右筆。「振旅《しんりょ》の後猶是《なおこれ》を改め正し、右史《ゆうし》に命じて書面に挙て」（北越軍談）

ゆうじゃくぼう【有若亡】（有れども亡きが若《ごと》しの意）あるべき状態にないこと。存在する意味を持たないこと。必要な資格・能力を欠くこと。転じて、非礼であること。無能であること。「遣両守護馬代、各不請取云々、尤有若亡之扱也」（政基公旅引付）

ゆうじょ【宥恕】寛大な心で罪を許してやること。見逃してやること。「一旦叛くといへとも終に宥恕を蒙て家を不亡」（伊達家治家記録）

ゆうしょう【誘奘】「誘奬」に同じ。導いて、そうするように勧めること。「柏山《かしやま》伊勢守を誘奘し、共に来陣して兵談を為す」（伊達正統世次考）

ゆうしょう【勇将】強くて勇ましい将軍。勇気のある大将。雄将。猛将。「東八州之勇将、率帰氏康」（豆相記）

ゆうしん【雄臣】主だったすぐれた臣下のこと。「去レドモ武命猶仰デ、雄臣東西ヨリ義兵ヲ挙、乱ヲ撥《オサメ》義ヲ立、守護ヲ加奉ル」（信長記）

ゆうせい【幽栖】俗世の煩わしさを避けて隠れ栖むこと。またそのすみか。「清風朗月を残生の友とし、幽栖《ゆうせい》の閑疎を送られける」（北越軍談）

ゆうぜんじ【衣鉢禅師】手紙の脇付の一つ。僧侶に使う。「早雲寺へ寄進申候、巨細両人可申候、恐々敬白　九月十三日　氏綱（花押）　早雲寺　衣鉢禅師」（北條氏綱寺領寄進状）

ゆうてん【攸天】晴天。晴れ渡る。「連雨故千熊（曲）・犀川南瀬とも二往還断絶、（中略）但二三日之内渡出来、攸天之与候之間、明日令越河候」（寸金雑録五所収座藤刑部少輔宛武田信玄書状写）

ゆうふ【右府】右大臣の唐官名。「前ゆうふより御硯の石一面、御あまづら参る」（御湯殿上日記）

ゆうまい【勇邁】「雄邁」に同じ。雄々しく勇ましいこと。性質が雄々しく勝れていること。「相馬氏懸田従《よ》り日々出戦せらる、其の勇邁《ゆうまい》比類無し」（伊達正統世次考）

ゆうめん【宥免】赦免すること。（日葡辞書）

ゆうれい【揖礼】拝に次ぐ礼で、上体を少し前にまげて敬礼を示す礼のこと。（南海通記）

ゆえん【所以】理由。わけ。「自ら斯の文に託して敢へて一言烏する所以《ゆえん》也」（一徳斎殿御事蹟稿）

ゆえん【油煙】「油煙墨（ゆえんずみ・ゆえんぼく）」の略。「遣油煙一丁」（宣胤卿記）

ゆえんずみ【油煙墨・油烟墨】油煙で作った墨。油煙と膠とを混ぜて作った墨。特に、菜種油のすすで作った墨のことで、松のすすで作ったのは松煙墨という。「中御門

在国之間、吉田民部少輔に、後花園院御短冊一首、逍遥短冊二首、沈麝円拾粒遣之、慈善に油煙墨一丁遣候」（言継卿記）

ゆがけ【弽・湯掛・弓懸・决拾・鞈・韘】 弓懸。「幷御皮衣二・ゆかけ《弽》一具進覧之候」（黒田家文書）「軍陣ノ决拾《ゆがけ》、陰陽とて、昼夜に緒の結び様替《かわる》なり」（甲陽軍鑑 下）「軍陣ノ决拾《ゆがけ》、陰陽とて、昼夜に緒の結び様替《かわる》なり」（甲陽軍鑑 下）「鞈《ゆかけ》さし結《むすび》て人を剪《きる》ならば　劔《つるぎ》波ヨ敵モ水なり」（甲陽軍鑑 下）

⬇「韘《しょう》」を参照

ゆかし【床敷】 なつかしい。知りたい。聞きたい。「満足難中盡存候、久々不懸御目御床敷存候」（黒田家文書）

ゆきあたる【行當】 行き詰まること。窮すること。「御参内、公扈従し玉ふ、諸大名装束無くして、各行當らる」（伊達家治家記録）

ゆきうち【雪打】 雪を丸めて打ち合うこと。また、その遊び。雪合戦。雪投げ。「与東隣雪打有興」（実隆公記）

ゆきがき【雪垣】 大雪の降る地方で、雪を防ぐために家の軒の周りに丸太を立てかけ、それに簀《す》や筵《むしろ》を廻らして垣としたもの。「地方雪垣等之事」（上杉家文書）

ゆきけし【雪消】「ゆきけち」とも。陰暦十一月、雪の多く降る時期、無聊《ぶりょう》を慰め、寒気を忘れるために互いに粉餅・果実などを贈答したこと。また、初雪の降った日に、雪中見舞として菓子・果物などを贈ること。「松林院より雪けし進之、前夜より雪下、瓶子一双　素麺一積（中略）菓子一盆」（大乗院寺社雑事記）「初雪積、早旦征賞翫（中略）御所へ御雪消一献進之、如例御肴五種、柳三荷」（看聞御記）

ゆぎしょう【湯起請】 上代の探湯《クガタチ》の遺風で、中世に行なわれた裁判の一つ。起請文を書かせた上で、熱湯の中の石を拾わせ、手がやけどすれば有罪で、無事であれば無罪とするもの。また、その起請文。湯請文。「自内裏は猶御不審相残、彼等可被糺問歟、また湯起請可被書歟之由有御沙汰」（看聞御記）「去五日米商人張本六人侍所召捕糺明、被書湯起請、皆有其失糺問之間白状」（看聞御記）

ゆぎしょうしつ【湯起請失】 湯起請で有罪と判定されるべき反応が現れること。「定任湯起請失重可見事」（東寺百合文書）

ゆきしろみず【雪白水】「雪代」の充て字。暖気のために雪が融けて河海・野原へ一時にあふれ流れること。雪解け水のこと。「永禄元年午の春、越後謙信、さい川雪白水にて大きに出たるに、無理に謙信馬を乗込」（甲陽軍鑑 下）

ゆきぶれ【行触】 外出先で穢れにあうこと。「春日上卿帥中納言云々、依有行触之子細、不及神事」（後法成寺関白記）

ゆきもどり【往戻・行戻】 行くことと戻ること。また、行く時と戻る時。行き帰り。往復。いきもどり。「使の早川彌三左衛門、ゆきもどり共に鉄砲手二箇所負申候」（甲陽軍鑑）

ゆぎょうしゅう【遊行宗】 時宗のこと。「其頃山形に遊行宗

光明寺の住僧、武勇勝れて」（奥羽永慶軍記　下）

ゆぎょうしょうにん【遊行上人】 時宗総本山、遊行寺の歴代の住職の称。特に、開祖の一遍上人、また、その弟子で、時宗遊行派の開祖の真教上人をさしていう。諸国に遊行して念仏を勧め説いたところからの名。遊行。遊行和尚。「斎藤別当真盛霊、於加州篠原出現、逢遊行上人、受十念」（満済准后日記）

ゆく【適く】 赴く。行く。「汝、其の地に適《ゆ》きし自《よ》り已来未だ是非奈何を聞かず」（伊達正統世次考）

ゆくえ【行衛】「行方」の充て字。行方のこと。（元親記）結末。「此度逆意の行衛極り候迄は」（関原陣輯録）

ゆくすえ【向末】 行く末のこと。「近国の諸大将向末《ゆくすへ》公の下風に随順あらんは必定」（北越軍談　中）

ゆさん【遊山】 山野に遊びに出掛けること。花見や紅葉狩、茸狩などに出かけること。「我儘なる故、我身を忘、遊山・見物・月見・花見」（甲陽軍鑑）

ゆじる【湯汁】 あたたかな汁。「飛鳥井大納言歌思案之間に、先二献有之、次御湯汁於男末有之」（言継卿記）

ゆせいもん【湯請文】「湯起請《ゆぎしょう》」に同じ。「南禅賊党賀福寺、可及湯請文之由有命」（蔭凉軒日録）　➡「湯起請《ゆぎしょう》」を参照

ゆせん【湯銭】「湯賃」とも。入浴の料金。「ヲリ湯へ予、四条、阿茶丸、彌々御料人等入了、先日ヨリ今日マデ湯銭百文、四条同一身分相済了」（言経卿記）「九郎右衛門尉ヲリ湯へ入了、湯チン遣了」（言経卿記）

ゆたき【湯炊】「ゆだき」とも。湯の中に入れて物を煮ること。湯の中に米を入れて飯を炊くこと。「二百六十六文湯たき食」（高野山文書）

ゆたけし【ゆたけし】 豊かであること。裕福であること。「南方の猛軍に囲れなば、如何に心はゆたけにはやれとも」（関八州古戦録）

ゆだて【湯立】 神前の大釜で湯を沸かし、巫女や神職がその熱湯を笹の葉に浸して、自分の体や参列者に振りかける儀式。ゆだち。「参安禅寺、訪申御所労、於門前下五霊御前有湯立見物」（親長卿記）

ゆだん【弓断】「油断」の充て字。油断すること。「働の懸る事有べからずと弓断《ゆだん》し、民戸に憩ふと見へたり」（北越軍談）

ゆだんなく【無油断】 油断できない状態。緊迫した状態。「早々可申達之処、且遠方且此表無油断之故乍存候」（小早川隆景宛宇都宮豊綱書状）

ゆちん【湯賃】　➡「湯銭《ゆせん》」を参照

ゆづけ【湯浸・湯漬・湯付】 湯漬け。湯の中に飯をつけて食べたもの。後世は飯に湯をかけて食う。「湯浸《ゆづけ》之事　菜《さい》数《かず》七五三也」（甲陽軍鑑　下）「湯付」は「湯漬け」の充て字。「御一家・御一族御参候て、御談合にて候、過申候て湯付《ゆずけ》御酒御申なされ候」（伊達天正日記）

ゆづりじょう【譲状】 当主が、近親者を指名して、所領・

財産などを譲渡する旨を記した文書。遺言状。（日葡辞書）

ゆとう【湯桶・湯筒】 食後に飲む湯や茶などを入れる漆器の器。木製で注ぎ口と柄のついたもの。「勧一盞、伯二位携湯筒来、又一盞、終日酩酊躰也」（実隆公記）

ゆどめ【湯留】 借り切って風呂を立てることか。「於炎干抃寒深者、万一湯留事有者、当口より三方へ可被触事」（高野山文書）

ゆな【湯那・湯女】 ①寺社で、風呂を管理する役の者。「政所殿より彌六を御使被下候て被仰出候子細者、御ふろなく候程に湯那入間敷候」（北野天満宮目代日記）②「湯女」温泉宿にいて入浴客の世話や接待をする女。有馬にいたものが有名。「有馬中へ鳥目二百貫、湯女共に五十貫被下、谷中のにぎはひと目出見えし」（太閤記）

ゆはじめ【湯始】「湯殿始《ゆどのはじめ》」に同じ。新年になって初めて入浴して身を清めること。また、その儀式。「今日湯始也」（政基公旅引付）

ゆはず【弓筈】 弓の上下端末の弦をかける部分。「関口小十郎を始二千余騎の者ども、弓筈《ゆはず》を取組み、浮ぬ沈みぬ泳がせけり」（奥羽永慶軍記 下）

ゆひじり【湯聖】 中世、高野山金剛峰寺の院坊で、湯屋の雑役に従事した下級の僧。湯屋聖。「享禄二年自正月至五月晦日之分、壱貫文 湯聖二人恩」（高野山文書）

ゆぶくろ【嚢】 弓をおさめておく袋。ゆみぶくろ。弓袋。「嚢《ゆぶくろ》仕立事 縫ヤウハツマミヌイカ又給ヌイニモスル也」（甲陽軍鑑 下）

ゆみ【弸】「ほう」とも訓む。弓の者。「敵人岩の如く備えたるに伐懸には、幾度も弸《ゆみ》の者にて矢軍《やいくさ》をすべし」（北越軍談 中）

ゆみがくし【弓蔵】 戦陣で、射手の身が隠れるように筵などを張って設けたところ。「弓がくしは三尺ばかりに可在之、いなはざ筵先は可然候」（築城記）

ゆみがしら【弓頭】 戦国時代以降、諸大名家で弓組足軽を統率する役。弓大将。弓頭。「弓頭大島雲八は三万石」（慶長年中卜斎）「弓大将蒲生忠右衛門・梅原彌左衛門等は踏留て戦しとそ聞えし」（氏郷記）

ゆみだいしょう【弓大将】 諸大名配下の弓組足軽を統率する長。弓頭。「弓大将蒲生忠右衛門・梅原彌左衛門等は踏留て戦しとそ聞えし」（氏郷記）「上杉則政〈公〉は誠やらん弓をいる侍には武篇の覚なく共、弓大将にせらる由聞及て候」（甲陽軍鑑）

ゆみたろう【弓太郎】「ゆたらう」「ゆんだらう」とも。射礼や射場始の時、射手の頭となった者。これに次ぐ者を「弓次郎」という。「御所様御弓場始如例年、武田始テ弓太郎ニ参ズ」（山科家礼記）

ゆみとり【弓取】 一国を領有するほどの武家。「国持、度々合戦に勝、数ケ所城をせめとり、覇ありて、文を嗜、能人を

見しる大将を、文武二道の弓取とほめて、名大将と申者なり」（甲陽軍鑑）

ゆみぶぎょう【弓奉行】 戦国・江戸初期、武家の職名。弓衆（ゆみしゅう＝弓足軽）を統率するもの。弓頭。弓大将。「弓奉行　本田百介　小沢瀬兵衛　内藤甚五左衛門」（当代記）

ゆみや【弓箭】 戦いのこと。「既に弓箭に罷り成り候」（老翁物語）

ゆみやがみ【弓矢神】 武道や合戦をつかさどる神。「軍神《いくさがみ》」。「武士の寄会、互に中悪敷とも乗うち不可仕候、縦うち果候共、無礼は弓矢神への恐也」（甲陽軍鑑）

ゆみやとり【弓矢取】 国持ちの大名を称する言い方。「先第一に、国持をば弓矢取と申、第二に、一郡一城斗の侍大将をば、武篇者と申、第三に、小身なる人をば、兵《つわもの》と申」（甲陽軍鑑　中）

ゆみやぬし【弓矢主】 戦いの主。戦いの主唱者。「當年は弓矢主に被罷成事、畢竟小野に目を付られ」（伊達家治家記録）

ゆみやのこと【弓矢の事】 ①戦いのこと。（関原陣輯録）②勢力。ここは、日本の二大勢力（織田・毛利）の対決の場での意。「日本弐ッ之御弓矢於堺」（吉川史料館蔵吉川経家書状）

ゆみやのごほうし【弓矢之御芳志】 戦いにおける心遣い。「種々様之御心付故、相拘申候、弓矢之御芳志とハ可為此義旨」（黒田家文書）

ゆみやのみち【弓矢之道】 武芸の道。武道。「其外日本大小神祇、別而氏神之　蒙御罰、永可弓矢之道捨候」（黒田家文書）

ゆみゆぎ【弓靫】 弓靫は矢壺、矢を入れる器。「近日下々支度する所に、是も弓靫大形相調の由聞せらる」（伊達家治家記録）

ゆみわ【弓和】 和談の意か。「如御存知、義滋弓和共ニ雖調達候、為一無許容候」（慶應義塾図書館蔵菊池義武書状）

ゆめとたかはあわせがら【夢と鷹は合せがら】 ことわざ。物事はすべてそのものに合わせた取扱い方によるのがよいという意。「いかなる夢を御覧候哉。夢と鷹は合せから、と下劣の諺に申すなり」（奥羽永慶軍記　上）

ゆめゆめ【努々・努力・努】 決して〜ない。「是より罷り帰る儀、努々有《ゆめゆめある》間鋪《まじき》也と頻《しきり》に申上げければ」（甲乱記）「右条々、向後努力不可有御相違之旨、被仰出者也」（芹沢文書）「其条努々不可然、雖為内蔵頭、指置上首可勤其役条、管見不覚悟」（親長卿記）「尤奉存其旨候、随身之儀、努存無沙汰間敷候」（真木島玄番頭宛北條氏政書状）

ゆめゆめし【夢夢し】 ほんのわずかであることを言う。遣わす贈物を謙遜していうのに用いる。「粮物など、ゆめゆめしき贈物なるべし」（宗長手記）「ゆめゆめしく候へども、三百疋まいらせられ候」（実隆公記紙背文書）

ゆや【湯屋】 ①寺社で、浴場を設けた建物。②温泉・湯治場の浴場。「夫より湯治のため、湯の村と云処に留候、（中略）塚田湯屋へ御酒持せ候て会尺也」（上井覚兼日記）③料金をとって入浴させる家。銭湯。「南浜湯屋孫三郎妻産後腹痛云々」（言経卿記）「湯や壱間御座候」（梅津政景日記）「湯屋・風呂屋は傾城屋の下たるべし」（地方凡例録）

ゆやせん【湯屋銭】中世、寺院で湯屋を維持する費用として徴収される金銭。「定湯屋銭引物より外不可余事に遣事」（高野山文書）

ゆやひじり【湯屋聖】「湯聖《ゆひじり》」に同じ。「六斗　湯屋聖恩」（高野山文書）➡「湯聖《ゆひじり》」を参照

ゆやまもの【湯山物】摂津国有馬の湯山温泉名物の挽物細工のこと。「湯山引物」とも。「湯山引物香合、今日肖柏送之」（実隆公記）

ゆやめん【湯屋免】中世、荘園で課役を免除してその収入を、湯屋の経費にあてる田。「湯屋免　壱段半」（高野山文書）

ゆゆし【窈窕】「ようちょう」が一般的。上品なさま。山水などの奥深いさま。「何の窈窕《ゆゆし》き事有てか会心せざらんと宣しかば、衆皆謹て服膺《よう》す」（北越軍談）➡「窈窕《ようちょう》」を参照

ゆゆしき【勇々敷】「由々敷」の充て字。重大な。「彼両家に向て後度の合戦、勇々敷《ゆゆしき》御大事たらん乎《か》」（北越軍談）

ゆゆしく【由々しく】すばらしく立派で。「気味は天命由々しく在《おは》して、天下を治玉ふ」（南海通記）

ゆりょう【湯料】風呂を立てる費用として徴収される金銭。「所詮集置湯料、必雖為如形可取立風呂之間」（北野社家日記）

ゆりわる【揺割】揺り動かして割ること。「国々にて一在所を悉地震にゆりわり、人屋倒、人多死すと云々」（石山本願寺日記）

ゆるがせなく【無緩】物事をいい加減にすること。おろそかにすること。不注意。なおざり。「其方両人事も隆景申次第、無緩可相動候」（黒田家文書）

ゆるがせに【忽緒に】認めたら。許したら。「十河存保《まさやす》下国の初なれば、是を忽緒《ゆるがせ》にせば、後日の治道行はるべからず」（南海通記）

ゆるがせに【忽に】物事をいい加減にすること。おろそか。「火箭を射掛攻来るか、預《あらかじ》めこれを思ひ忽《ゆるがせ》にすべからざる事」（奥羽永慶軍記　下）

ゆるぎ【甘】くつろぐこと。「終日御対面無く御甘《ゆるぎ》成され候也」（御家誡）

ゆるむ【皐む】緩むこと。弛むこと。「敵の戦皐《ゆる》むと云へども、後陣の備堅くして」（北越軍談）

ゆんで【弓手】弓を持つ方の手。左の手。左の方。「貴人左へ帰れば、吾弓手《ゆんで》先に出也。右へかへれば、吾馬手《めて》の方先へ出也」（甲陽軍鑑　下）

よいくさ【夜軍】「夜合戦」とも。夜の戦闘。「然る間、夜陣に成、敵味方をみわけずして、進答〈＝震動〉する」（三河物語）

よいたぶね【四板舟】「四足舟」のような舟のことか。（『戦

や

国遺文』所収北條家朱印状写）

よいち【世一】最も勝れたもの。世に並びないこと。（日葡辞書）

よう【鷂】「敏鷹・はしたか」で、小形の鷹であり、性質は敏捷勇猛である。「長江播磨守晴清入道殿月鑑斎より、鷂贈進せらる」（伊達家治家記録）

よういん【容隠】「ようおん」とも。罪人などをかくまうこと。転じて、申告すべきことを知らぬ顔をしてすませること。「容穏ノ輩、陰田之族為罪科可注進交名」（文明十四年鈔庭訓往来）

ようがい【用害】「要害」の充て字。要害のこと。「北条境目者共令手遣、物主討果、彼用害北条方江法《のつとる》之旨候」（長国寺殿御事蹟稿）

ようがましき【用がましき】勿体ぶるようであること。「なにとやらん用かましきやと存ず」（長元物語）

ようぎ【容儀】礼儀にかなう身のこなし、または、その姿、礼容。「室町殿上様より大鯉一賜之、三中将執進、容儀驚目者也、芳志為悦」（看聞御記）「但女人やうぎ《容儀》よくは又めかけなどには不苦か」（甲陽軍鑑 下）

ようきゃく【要脚・用脚】「料足」に同じ。銭のこと。「所詮用脚をもとめ、利々売買をせんにはしかじ」（宗長手記）

ようきゅう【楊弓】遊戯用の小弓。また、それでする遊戯のこと。「上原豊前楊弓十一張送之」（実隆公記）

ようけつ【妖孽】災厄または悪夢のこと。（日葡辞書）

ようごう【影向】神仏が、仮にその姿を人前に現ずること。神仏の御開帳をもいう。「伊勢社大坂へ先日影向云々、ソレへ冷泉、阿茶丸等参詣了」（言経卿記）

ようしゃ【用捨】①その場において、適宜、取捨選択すること。「卒爾之動、呉々可用捨候也」（黒田家文書）「用舎」は「用捨」の充て字。「則ち国家之廃興存亡は、人臣之用舎進退に由る者」（伊達正統世次考）「定聚院詠草一帖加用捨清書、今日終功了」（実隆公記）②慎重に配慮すること。また、その配慮、斟酌。「香炉カザリアラバ、炭次タル時、風炉ニハ香タクコト用捨アルベシ」（南方録）③相手の事情などに配慮して、特別に穏便に対処すること。「重罪をば賄を取、令用捨、かろき科をば懲之由申候て、或張付に懸、或は討せられ」（信長公記）

ようしゃがち【用捨がち】控え目がちに。「後々《あと、、》用捨がちになる」（長元物語）

ようしゅ【臃腫・癰腫】はれもの。悪性のできもの。癰《よう》。「柳原一位自去月廿日比癰腫出来、両三日被煩云々」（言継卿記）

ようじゅ【榕樹】植物「がじゅまる」の漢名。「小庭榕樹令進上禁裏了」（実隆公記）

ようしょ【用所】「ようじょ」とも。なすべき事柄。任務。用事。所用。用いどころ。使いみち。「此間者少遠所ニ忍候て、用所申付罷在候キ」（黒田家文書）「藤吉郎に推参を申

や

越ものかな、汝これへ参りて勝家に用所あらば申べし」（室町殿日記）

ようじょう【庸常】つね。尋常。「其仁躰《じんてい》某甲《それがし》が老武を慕ひ、懇款《こんかん》の書信、感動庸常《ようじょう》の式にはあらず」（北越軍談　中）

ようじょうけ【養生気】身体の具合が悪いこと。「綾之地頭新納縫殿助殿養性気に候とて、子息越にて候」（上井覚兼日記）

ようしん【媵臣】嫁入りに従って来た臣。「大和田与六者《は》正室の媵臣也」（伊達正統世次考）

ようじん【用心・用身】万一に備えて注意を払うこと。あらかじめ警戒して怠らないこと。警戒。「此辺盗人可入之由風聞、御用身也」（言継卿記）

ようす【要す】待ち受ける。「遽《にわか》に放鷹之帰路を要して以て之」（伊達稙宗）を幽囚す」（伊達正統世次考）

ようす【様子】①表面からも窺われる、物事の内部にある具体的な事情。「堂上ノ人ト侍ト、事ノ子細有テ諍論有ケルガ（中略）双方ノ様子委細ニ聞召レツヽ、猶衆議評定シテ可決旨被仰出ケレバ」（信長記）②ある言動に対する具体的な反応、動きの実態をいう。「夜待今晩も申付候へ共、様子無し」（梅津政景日記）

ようすう【要枢】重要な。「桐生の城を繋き要枢《ようすう》の所なりとて」（関八州古戦録）

ようすぬし【鷂巣主】鷂は「はしたか」「はいたか」のこと。小型の敏捷な鷹のこと。巣主は巣に入っている幼鳥のこと。「杉目より鷂巣主三到来」（伊達家治家記録）

ようせん【用銭】ある事に要する負担金。費用の金。公用の金銭。用金。「尊教院、妙徳院以下両寺之衆、自赤沢用銭過分ニ申懸了」（多聞院日記）「公方御下向之時、坊々各御用銭体、学衆辻坊・阿みだ院　各千疋」（大乗院寺社雑事記）

ようそく【擁塞】塞がってしまうこと。「火を京師に縦《はな》たば、則ち畿内海西の道路擁塞《ようそく》し、天下の兵必ず来帰せん」（左衛門佐君伝記稿）

ようだい【様躰】「さまてい」とも。①実際の様子。体裁。「諸事かうらい《高麗》にての様躰、七人より御注進申上儀、正意にさせらるへき旨」（黒田家文書）「其様体彼此始末共、隼人佐方可被申候」（上杉家文書）②特に、病気の状況。病状。「岡殿へ参見舞申、御脈診之、同篇、御様体六借了」（言継卿記）③あることの規範となる具体的なやり方。作法。「御亥の子、諸家出仕様体之事、一、御対面所へ御出座候て、則申次御前へ参、面々と申入候て、則三職以下御相伴衆之大名一列に御前之被参、着座候て御膳参り候」（殿中申次記）④いろいろな状況から推察して、そうだと判断されるところをいう。「就右大将之儀、長橋局へ罷向、内々申入之様体有之」（言継卿記）

ようだん【用段】用向きのこと。「御賢慮を以て久敷く御用段仰せ付けられ」（老翁物語）

ようち【幼穉】幼稚なこと。「縫殿居住の初は幼穉なれば、

何の辨へもなかりける」（細川家記）

ようちゅう【陽中】 昼間。昼間中に。（日葡辞書）

ようちょう【窈窕】 上品な様子。「此金原七蔵今日初陣成りしが、殊に容顔窈窕《ようちょう》として」（北越軍談）　➡「窈窕《ゆゆし》」を参照

ようど【用途】「ようどう」「ようづ」「ようと」とも。必要な費用。また、「銭」の異名。「給酒後、用途一連遣畢」（経覚私要抄）

ように【様に】 ～を指して。「肥後表の様に御出成され」（桂岌圓覚書）

ようにん【容忍】「容認」の充て字。容認すること。「因って柴田辺の愚老之臣去秋逆心の者、皆赦降《しゃこう》を乞う、是に由りて之を容忍す」（伊達正統世次考）

ようびょう【癰病】 癰は悪性のできもの。顔・ぼんのくぼ・背などにできる。腫物。「成瀬藤蔵、同半左衛門御前に出づ、これは父隼人癰病の煩により江戸より参着と云々」（駿府記）

ようふ【庸夫】 凡庸な男。ごく普通の男。「運に乗じ利を得る時は庸夫《ようふ》も数国を併せ、運衰へ勢尽ては公侯も士大夫に下る」（奥羽永慶軍記　上）

ようまい【用米】 あることの用に充てる米。「京へ十御用米一石八斗上了」（多聞院日記）

ようめいのすけ【揚名介】 名目だけで実のないこと。単に揚名とも。「定家自筆奥入これを所持す。しこうして揚名介のところ、註釈の上却ってこれを鎖すと云々」（駿府記）

ようもつ【用物】 求められる必要な物品のこと。「抑被申入用物ノ事、任目録所被下之也」（文明十四年鈔庭訓往来）

ようやく【稍】 漸く。「我等に腹を切すへき由申すに依り、稍《ようや》く片平を引退き罷越すの由備前申す」（伊達家治家記録）

ようゆう【養由】 中国、春秋時代楚の弓の名人。「養由に弓を言う」は、釈迦に説法の意で使う。「とても遁れぬ所なれば、命を養由が矢先に懸て防ぐべし」（奥羽永慶軍記　下）

ようよう【要用】 用事。（日葡辞書）

ようよう【様々】「漸々《ようよう》」の充て字。暫く。「いかにも用心したる躰にて様々《ようよう》三百許《ばかり》の人数を下知し」（甲陽軍鑑）

ようよう【鷹揚】 ゆったりと威厳があること。こせこせしないこと。おうよう。「清子の連枝外戚の権に募り、頻《しきり》に鷹揚の思をなす」（北越軍談）

ようろ【要路】 重要な地位や職務のこと。権力威勢ある役のこと。「夫御三十講之論匠者、先途眉目後進之要路也」（大乗院寺社雑事記）

よおう【余殃】 悪事の報いとしてくる災い。「寔《まこと》に積悪の家には必ず余殃有り」（三好記）

よが【余賀・餘賀・餘嘉】 過度の喜びをあらわす文書語。（日葡辞書）「仍刀吉継一、進之候、表一儀計候、餘賀重可申述候」（北条氏政書状写）「仍扇子一合進入、表一儀迄候、餘嘉令期永日候」（北条氏照書状写）　➡「残賀《ざんが》」を参照

よかた【余方】そのことについて無関係の方面。「ひくわん、しもべよそへはしり入候とき、しうにんより申とどけ候処に、相かへさずして、よかたへこれをうり候事、ぬす人たるべし」（塵芥集）

よかる【可る】「良かる」の意。良し。良いこと。「然も太田三楽斎旧故たれば、便《すなわち》一段可《よか》るべしとて、頓可て飯富が備より」（北越軍談）

よかん【余酣】酒の飲みすぎが原因で起こる、二日酔いなどの身体的な故障。「余酣終日平臥」（実隆公記）

よぎ【夜着】夜寝るときにかける衾。「御ちうもん《中紋》　よき《夜着》　壱ッ　あかね《茜》のふとん《布団》　壱ッ」（黒田家文書）「梅庵へイトマゴイニ罷向了、ヨキノ袋、カラビツ等預了」（言経卿記）

よぎ【余儀】他の事。「余儀ない」（のがれられない）と使う。それ以上選択の余地がないこと。「日野黄門入来、清談移刻、勅授事一代一度之段無予義事也」（実隆公記）「被成　御下知之条、相應之忠貞、不存余儀之条、抛万事」（東京大学史料編纂所蔵大友義鑑書状）

よぎ【輿議】多くの人々の意見。重臣ら多くの意見。輿論。「衆皆是を以て之を言えり、因りて輿議に従っ而《て》彼を去り」（伊達正統世次考）

よぎ【予儀】事前にあれこれ相談・協議すること。また、いたずらに結論を引き延ばすこと。「更非停滞予儀之政道、訴詔若有悠々緩怠之儀者御在洛之費也」（文明十四年鈔庭訓往来）

よきつ【餘吉】手紙の末尾に使う文書語。その他のことは。「餘吉、重而恐々謹言」。（伊達家治家記録）

よぎなし【無余儀】①他にとるべき方法がない。やむを得ない。よんどころない。「然者、自訴之儀承候、尤雖無余儀候、当時無差闕所候」（肥後満願寺文書）②全くその通りで、他に議論の余地がない。その通りで異議がない。「旁以所被仰無余義候条、堅可被相止段、平六方へ申届候」（上杉家文書）「其御城之事、付、御内存承、無余儀候、無御隔心通、令満足候」（黒田家文書）

よく【翼】鶴の数え方。一翼、二翼。「すなわち御鷹の鶴二翼、これを進ぜらると云々」（駿府記）

よくぼり【欲々】「欲張り」に同じ。「種々よくぼりにて、又うけ候を主と取て」（石山本願寺日記）

よけい【余慶・余計】①「余殃」の対。善事の報いとして、子孫たちへも良い状態が続くことを言う。書札用語としても用いられる。②「余計」とも。必要以上に多くあること。「今度神領弐千五百貫被仰付候、然者五百貫之余慶、其分祭主殿神領為替地被遣之候、則御書進之候条、早々五百貫之分可被引渡候」（河辺家譜）

よげつ【余蘖】滅びた家の後に残った子孫。滅亡した家の余類。遺類。「（本庄）繁長は元武州児玉黨の余蘖《よげつ》なり」（北越軍談）

よこあい【横合】①第三者が出てくること、当事者以外の者が現れること。横から邪魔すること。「鮎貝父子の間に横合《よこあい》出來し、隠居表の面々数輩同心」（伊達家治家記録）②対象とその側面から向き合うこと。横向きにとか、斜めにとか。戦いの時は、攻撃すること。「殊大手口之寄居御急肝要候、其内自然横合到来候而者、大切存候間、如此申事候」（上杉年譜）③非業に、無体にの意。「横合ノ様ニ押禿《つぶ》サルベキ」④脇の方。側面。（日葡辞書）

よこあいひぎ【横合非儀】 第三者が邪魔をすること。「其方依手柄、守以下所望之仁、可為發氣次第、横合非儀之族、不可有之候」（大道寺政繁判物）

よこあいひぶん【横合非分】「横合非儀」に同じ。「虎之印判を請取、如彼文言剪、奉行可渡、少横合非分有之ハ、不及用捨、何時も可捧目安」（北條家朱印状写）

よこいり【横入】 ①横から割って入ること。途中から加わって入ること。「四月七日（中略）同十三日（中略）於横入輩者、当寺参住之後、過二夏、可被補云々」（東寺百合文書）②本来の道筋を外した、無理を介在させているさま。「誠如歎申入候、近来横入之輩、於奈良中商買之条、且違先規候歟」（大乗院寺社雑事記）

よこいれ【横入】 側面攻撃のこと。「人衆計立候へ共、ヨコイレヲ被成候而、入クツシ近国へ名ヲ上ケ被申候」（妙法寺記）

よこえ【横絵】 横長の紙に描いた絵。また、横長に表装した画幅。「涯分横絵之事相尋、可進之候」（上杉家文書）

よこがみ【横上】 長い旗を垂らして張るために、上端につける横木のこと。横手。手付竿。➡「手付竿《てつけざお》」を参照

よこぐるま【横曲輪・横郭】 城・砦などで横の方に張り出した廓。「横曲輪《ぐるま》・八重拱抖《きょうと》・二重塀・火矢・石弓・地起・毒流・柵・逆茂木《さかもぎ》の類、地に因て時に臨み防禦の術如何程も侍るべし」（北越軍談 中）

よこさま【横様】 ①仲が悪くなる。「信長公西国之馬を出され、横様に成り候刻」（老翁物語）②「横合《よこあい》」に同じ。（伊達家治家記録）

よこしま【横邪】 よこしまなこと。「成氏横邪《よこしま》にして、持氏が二の舞をなすを以て、追伐すべき」（北越軍談）

よこぶぎょう【横奉行】 中世、甲府武田氏での職名。訴訟沙汰の時、公事奉行人のそばにいて、監察するもの。「按横奉行は甲州にのみありて他家に於てきく所なし」（武家名目抄）

よこみ【夜込・夜籠】 夜中、敵地へ忍び入って荒らすこと。敵を夜襲すること。「夜駆け」と同じ。夜討。「信玄公に四天二天の御大将とせり合・合戦・城攻・夜込《よこみ》・かまりあひといへども」（甲陽軍鑑 下）「今夜の夜ごみはさてもしたり、未よき者共の有とみへたり」（三河物語）

よこめ【横目・睪人】 ①間諜。密偵。あるいは、監察する人（横目付）。（日葡辞書）②目付。監督者。「免相に奉行幷よこ目《横》之ふさた《不沙汰》の者を聞出し候ハゞ、ほうひ《褒美》之事」（東京大学史料編纂所所蔵文書）「有司達聡《ゆうしたっそう》の旨に従ひ、擲姦《めっけ》・睪人《よこめ》の

輩に紀明有て」（北越軍談）③武家の役職、『甲陽軍鑑』十三にあり。侍の行為・事務を監察する者。「北条丹後守長国か関東の摠横目として那波の城にあり」（関八州古戦録）

よこめしゅう【横目衆】 横目役の衆。監視する役目の衆。「此横目衆　一、荻原豊前守、一、久保田助之丞」（甲陽軍鑑）

よこや【横矢】 城の出塀《だしべい》の側面に作られた矢を射る所。横《よこ》矢狭間《やさま》。「城取の事（中略）一、矢狭間《やさま》ひかへをいとふ　一、城内の閑所《かんしょ》、高ク広キをもちゆる　一、横矢見様（三様）ノ事」（甲陽軍鑑　下）

よこやく【横役】 不条理な課役を命ずること。「夫伝馬、何成共横役有間敷候」（伊達家治家記録）

よこやり【横槍】 両軍が戦闘している時、横合いから別の一隊が槍で突きかかること。奇襲をかけること。「山の岨をつたひに押廻し、横鑓に突懸り、難なくつきくづしける」（信長記）

よこやりをいれる【横槍を入れる】「横槍」に同じ。横合いから別に攻めかかること。「わき備と遊軍は見物すべし、若味方敗軍せは、遊兵横鑓を入よ」（謙信家記）

よごろ【夜頃】 昨夜、また、昨夜来のこと。「こが、たけだせいほうのびぶつまいる、御ひら十まい、がん一、よころまいる」（御湯殿上日記）

よざとい【夜聡い】 眠りの浅い（人）。戦争と盗賊の出る時分の挨拶語。「夜聡うござれ」（用心して、警戒して居なさい）。

（日葡辞書）

よさん【余算】 年令。よわい。余りの寿命。「月の西山に傾くが如く、余算長かるべしとも覚へず」（北越軍談　中）

よさん【予参】 請われてその座に列席すること。「聯句御会、可予参之由、一昨日内々被仰之」（実隆公記）

よじ【余地】 使えるものとして残されている土地、また、ところ。あき。「各所給之地、過分限有分出余地幷余得事者、此余得事、以中途之儀可為公用之由御定法也」（大内氏掟書）

よじ【余事】「諸事」などに同じ。もろもろのこと。「可御心安候、余事自是可申述候間、期其節閣筆端候」（米沢市上杉博物館蔵宇都宮国綱書状）

よじつ【余日】 時間・日時。何かをするに、残された日時。「殊太刀・馬給之懇慮候、年内漸無余日候条、爰許不覃見舞候」（名古屋市博物館所蔵文書）「此度者せんさく又候へば余日もなく候間、（中略）御分別候て可然候はんと申処に」（北野天満宮目代日記）

よしのがみ【吉野紙】 奈良県吉野地方から産する楮紙。きわめて薄く柔らかいので化粧紙・漆漉しなどに用いられた。「吉野雑紙」とも。やわら紙。吉野。また、薄いもののたとえにも言う。「御内儀様へ吉野紙二束宛上る」（鈴鹿家記）「羽柴宰相殿留守、アメガモリ長介ニ吉野紙一束、大弐扇子二本等遣之」（言経卿記）「権大宮笥吉野雑紙一束、耳掻、錐、茶セン被送之」（実隆公記）

よじのぼる【攀躋る】 よじ登る。「峰を見れば、白旗に輪違・下鱗等の馬印・吹貫空に翻し二、三百騎攀躋《よじのぼ》る」（奥羽永慶軍記 下）

よしみ【欵・好み・好身】 ①誼《よし》み。御縁。「真田昌幸、欵《よしみ》を帰して駿府に来り、神祖に謁し、関白秀吉に謁さんことを請う」（長国寺殿御事蹟稿）「主従共、親族の好《よし》みをはなし、各々義をぞ立てにける」（長国寺殿御事蹟稿）②厚意。「先年公廣中国御入魂の好《よしみ》旁以て此時候条」（関原陣輯録）③親しい間柄の者。「此度其身好身《よしみ》之者共相捨此方江打越候」（伊達家治家記録）

よしょ【余緒】 末《すえ》。端。余り。緒余。「其の地の挙措《きょそ》肝要第一と為《な》す、余緒は氏家伊予守自《よ》り之を申送す可し」（伊達正統世次考）

よしよしに【従渠に】 「縦縦《よしよし》」と同じ。どうなりとも。ままよ。「従渠《よしよし》に運を天にまかせ、謙信城中へ」（関八州古戦録）
⬇「従渠《いで》」「従渠《そのまま》」を参照

よすい【余酔】 二日酔いのこと。「一日、（中略）今日武家御参内也、（中略）及深更有大飲、（中略）及暁天（中略）退出、二日、（中略）余酔以外也、大略終日平臥」（実隆公記）

よする【寄する】 「寄太鼓」のこと。細かに無数にとんとん幾つも打つこと。「一、押とまるに、よする。又作法に二ッ、一ッに序、ニッに破、三ッに急、口伝有」（甲陽軍鑑 下）

よせい【余勢】 外面や行動にあらわれる実力・活気・元気のこと。（日葡辞書）

よぜい【夜勢】 夜、敵を急襲するために行く軍勢のこと。（日葡辞書）

よせがき【寄書】 一枚の紙、また、冊子などに多くの人が和歌や短文などを書くこと。また、その書いたもの。「御法楽百首寄書沙汰之」（実隆公記）「むろまちどのの御はうらくのよせかきまいらるる」（御湯殿上日記）

よせき【余跡】 「余儀」と同じか。他に。「剰上総国兼而拘置分、悉相違、万事雖無余跡候」（総持院文書）

よせくち【寄口】 攻め寄せてくる方面。攻め口。「大光寺初度合戦条（中略）波岡よりの寄口を堅固に守れと被仰付」（武家名目抄）

よせしゅ【寄衆】 敵陣へ攻めていく軍勢。「よせて」とも。「川合ノツケ城へ箸尾ヨリ取懸、城ヨリ取出、寄衆散々送ハライ、手ヲイ三十アマリ、首八ッ取候由也」（尋憲記）

よせて【寄手】 城に攻め寄せる兵士のこと。あるいは、城に打ってかかる兵士のこと。「寄衆」とも。（日葡辞書）

よせのけ【寄せ退け】 選択すること。「食物のよせのけ肝要候」（御家誡）

よせば【寄端】 「のけば」の対。まさに攻撃を仕懸けようとするとき。「のけはにきさだてし、あとに残、よせはにぬきんで候はば、たれ成共すて候べく候」（結城氏新法度）

よせば【寄場】 人の寄り集まる場所。人を寄せ集めて置く所。比喩的に用いて、同じような物事がしばしば行われる場所をいう。「北の方は所狭く竹藪茂りて寄場なきまま然るべき人数をば差向ぬ」（関八州古戦録）

よぜめ【夜攻】 夜、城などを攻めること。「十三日ノ夜、雨風大ニアレシカドモ、夜セメニセヨト下知シ玉ヒケレバ」（信長記）

よぜん【余善】 善事の報いとして、後々になって、その子孫などが受ける恵みのこと。「余殃」の対。「与善」とも。「依此余善結縁子々孫々盤昌而、蒙現世安穏之徳、又後生善処何疑」（吉田文書）

よそ【余所】 他所。「すみやかなる衆にて、余所《よそ》にをひても数度の手柄をいたしたる由」（甲陽軍鑑　下）

よそありき【余所歩】 よそへ出かけること。よそゆき。外出。「人より合・大酒・よそありき・さへり口いたすまじく候事」（上杉家文書）

よそえごと【准へ事】 ある事を、それとなくよそ事のように言って、聞いた人に判断させるような事柄。（日葡辞書）

よそめ【余所目】 ほかの人々の目。（日葡辞書）

よそよそしく【疎々敷】 よそよそしい。（細川家記）

よたけから【よたけから】 弥猛仕。気分が物憂いこと。気詰まりであること。面倒であること。「両三人をも蜂須賀同前一所致同陣候ヘハ、かたまり人数候間、よたけからす候」（黒田家文書）※この言葉は、現在も大分県・宮崎県では「よだきぃ」という方言として健在する。➡「やたけ」を参照

よだつ【与奪・與奪】 ①奪い取る。「既に家督を与奪せらるべき」（関八州古戦録）「奉行人得差符方ノ与奪、当参、仁者成書下」（文明十四年鈔庭訓往来）②相続によって、与えること。すなわち父が子に財産を引き渡すこと。（日葡辞書）「あまつさへ、廿六の御とし、てんか御よたつなされ、くはんばくの御くらゐをす丶められ」（太閤さま軍記のうち）③譲渡すること。「補職《ほしき》を四郎憲政（時に八歳）に与奪し、其躬《み》は里見刑部大輔義堯《よしたか》に合体」（北越軍談）「御一跡之事、御息孫増殿へ與奪尤同意申候」（北條氏政判物写）

よつつじ【四辻】 十字路。（日葡辞書）

よって【仍】 ①公文書などで、前文を承けて、その結語に用いる。「ヨッテ起請文件ノ如シ、ヨッテ後日ノタメ一筆カクノ如ク、云々と述べる」（大文典）②書状において冒頭の文に次いで本題を述べるにあたって用いる言葉。「文ゴトニ仍ト書事有、三下ヨリ内之事也、三下過バ、随而、就中ナドト書」（書札大事案文）「御正作之新米送給候、祝着此事候、仍而秋成之事倍蓰多年之由承及候」（天正本新撰類聚往来）

よってくだんのごとし【仍如件】 「前記記載の通りである」の意で、書状、証文などの最後に書き記す語句で、奉書形式の名残りである。

よつはい【四盃】 甲斐国の郡内で通用する枡の単位を杯

や

（盃）といい、四杯で大枡（郡内升）の一升、京枡の二升五合。「春ノツマリカ打続候間、四盃入ニテ六升売申候」（妙法寺記）

よっぴく【能引】 よっぴく。弓を引く動作。「能して給へ八柏殿、と言葉をかけ、能引《よっぴい》て放つ矢に、真先に進みたる兵」（奥羽永慶軍記　下）

よづめ【夜詰】 ①夜襲をかけること。「夜詰後詰者陣旅之軍致也」（文明十四年鈔庭訓往来）「あけち日向守は（中略）にはかにぎやくしんをくわ立、丹波寄夜づめにして、本なふ寺へ押寄て、信長に御腹をさせ申」（三河物語）②夜通しの宿直や番を勤めるべく詰めること。夜勤。夜業。「山枡の朝くらよりも夜詰までからき目を見る小性たちかな」（室町殿日記）

よてい【輿丁】 輿《こし》を担ぐもの。こしかき。駕輿丁《かよちょう》。「小雨降及晩催輿丁参内」（実隆公記）

よとう【余党・与党】 ①討ち漏らされた残りの徒党。徒党のかたわれ。余類。残党。「抑玄蕃頭今度土一揆張行厳密成敗之間、余党等相引率之、可馳籠禁中之由児女子謳哥」（実隆公記）②主たる集団・徒党に加担している、また、連なっている、他の集団・徒党。「抑去月以来洛中辺土飢饉及餓死、是米商人所行之由露顕之間、去五日米商人張本六人侍所召捕糺明（中略）与党商人も皆被召捕、張本六人被籠舎可被斬云々」（看聞御記）

よどう【与同】 謀叛など同じ目的のもとに徒党を組むこと。「尋捜与同、党類等、可断罪者被誅之」（文明十四年鈔庭訓往来）

よとく【余得】 想定よりも多い得分、または多めの土地。余分の利益のこと。「各所給之地、過分限有分出余地幷余得事者、此余得事、以中途之儀可為公用之由御定法也」（大内氏掟書）

よどり【夜取】「夜取る」とも用いる。大声を出して、城中に包囲されている者を眠らせないこと。（日葡辞書）

よぬけ【夜脱】 夜の闇に紛れて密かに抜け出ること。夜逃げ。「軍兵ども退屈し和与の調法ありければ、やがて同心仕り夜ぬけにぞ引にける」（大内義隆記）

よねんぶつ【夜念仏】 夜のおつとめとして、念仏を唱えること。「よねぶつ」とも。「路頭夜念仏停止事」（大内氏掟書）

よのつね【庸常】 世間では。「卒爾の失諾《とりはづし》は庸常《よのつねに》有ぬへきを事成にかゝる」（関八州古戦録）

よはたらき【夜働き】「夜攻」とも。夜の戦闘のこと。（日葡辞書）

よびこす【呼越】 呼んで来させること。招き寄せること。「中国の大将細川右馬頭頼宗、讃岐国の守護と相論して、四国におはするに触《ふれ》送て其勢を呼《ヨビ》越し」（太平記）

よぶり【夜振・漁炬】 夜間に松明《たいまつ》などをともして魚を取ること。火振《ひぶり》。「川かりに夜ふりに越候」（家忠日記）「漁炬ヨブリ」（書言字考節用集）

よべ【昨夜】 昨日の宵のころ。「きのふは一日物がほしくも

候はで、いんかうく御もくわれ候はで、よへあわの御かゆにてくひて候」（言継卿記紙背文書）

よへき【余蘖】 血を引く者のこと。流れを引く者のこと。「当時柳営の執事三好氏は小笠原の余蘖《よへき》にして、同根枝を分つ事久しと云へども」（北越軍談）

よほう【四方】 周囲。ぐるり。しほう。「玉がきのそと西の方に骨堂とてあり、定間の一間よほう、南向、やねは常のとりぶき也」（石山本願寺日記）

よまい【余米】 余裕の生じた禄米のこと。余っている米のこと。「去壬寅備前国金吾果給ひ、已後改易之時、余米二万石羽柴三左衛門借用之通を、今相国寺之従家康公直に令寄進給ふ、是を以此三門立也」（当代記）

よまち【夜待】 夜、敵などを待ち伏せすること。「コヽニ居テ、夜待ヲセヨト云ゾ、合戦ヲバスベカラズ、万一敵降参セバ、ツレテ来レト云ゾ」（三略抄）

よみ【余味】 興味を添えるために設けられるもの。興趣を盛りあげるために、他の物事をつけ加えること。余興。「今日於新御所、殿上人等聊有田植興云々、伏見殿余味歟」（園太暦）

よみじ【黄泉】 冥途。「黄泉の障り」（後生の道の障り）。（日葡辞書）

よみびとしらず【読人不知】 歌を詠んだ人が誰かわからないこと。転じて、それをした者が、誰かわからないこと。「柳本弾正忠を内の者よみ人しらず生害させ候間」（細川両家記）

よみや【夜宮】 祭日の前夜に行う小祭事。「天満夜宮也、楽頭七郎次郎参申、明日神事猿楽共難参、宇智以下徳政物忩云々」（大乗院寺社雑事記）

よもぎもち【蓬餅・艾餅】 よもぎの若葉を入れてついた餅。草餅。よもぎもちい。「素経一荷・蓬餅・白壁等献之、午後賞翫」（実隆公記）

よもり【夜守】 夜もすがら見張ること。夜中見張ること。「若《もし》地の利を得ざるに於ては、或は逆茂木《さかもぎ》を結び、或は張番、夜守《よもり》の備を設けて然るべからん」（北越軍談　中）

よられ【被踞】「踞（キョ・よる）」は、うずくまる、座を占める、よるなどの意がある。「二之内ニ候者何方にも被踞《よられ》候事」（伊達家治家記録）

より【倚】（頭人らに）よって。「小田原へ参着、頭人等に倚《より》て件の趣を達しければ」（関八州古戦録）

よりあい【寄合】 集会。または人々がつくる仲間。また、親族のこと。「為侍者、歌道之寄合不苦事」（長宗我部氏掟書）

よりあいぐみ【寄合与】 決まった組に所属せず、援兵にまわる面々のこと。「旗頭《はたがしら》もなく組はずれにて、時に采《とつ》て何れの隊えも援兵に加えらる、恒には是を寄合与とも番外の面々共《とも》号し、戦に臨みては浮勢《うきぜい》と云」（北越軍談　中）

よりあいぜい【寄合勢】 方々から集まってきた者から成る軍勢のこと。寄せ集めの烏合の衆のこと。「よりあいぜい」

とも。「諸卒義の心ざしをおこす事なく、寄合勢のごとくなるによって」（太閤記）

よりあいぞなえ【寄合備】幾組かの軍勢が寄り合って敵に備えること。また、その陣。「寄合備衆は葦名平林波賀野を陣司として、一千余騎を三手分け候て」（籾井家日記）

よりい【寄居】農村の聚落のこと。山城の麓の城下のこともいう。「仍て苗代田近邊に寄居《よりい》構置かるへきの由可然思召さる」（伊達家治家記録）

よりうど【寄人】幕府の政所・問注所・侍所で、執事の下で雑務を掌った者。また、和歌所で、和歌の選定を掌った者。また、一般に、それぞれの場における後見人をいう。「管領ノ寄人トハ、管領ニ随ヒ贔屓ノ者ナリ」（庭訓抄）「撰集のみことのり侍し時、和歌の浦の波のよりうどのかずにさだまり侍しに」（公武歌合）

よりおや【寄親・頼親】戦国大名（今川・武田・北条）の家臣のうち、在地豪族を寄子として統制する有力武将。「去年令死去由候間、夫之事者、身類中幷寄親令相談、公儀可走廻者を」（豊島宮城文書）「与力寺庵等、不帯頼親〈寄親〉吹挙状、猥致訴訟儀、不可被聞召入」（六角氏式目）

よりかかる【倚りかかる】身を隠すこと。（日葡辞書）

よりかかる【靠】寄りかかること。依拠すること。「虎巌に靠《よりかかる》に似たりとて、老に随て困阨《こんやく》を脱《のが》れ、威勢を長ず」（北越軍談）

よりかくる【倚る】寄せ掛けること。「さらばとて竹たばを付、もつたてかめ《亀》のかう《甲》にて倚《よりかくる》」（三河物語）

よりき【与力・寄騎】①「郎従」を参照。従属している家臣。与力は従属性が薄く、外様的な性格を持つ。「新田遠江景綱、与力・郎従等百騎力戦す」（伊達家治家記録）②被官の士。「香宗我部親泰の与力に付き」（元親記）③諸大名・武将などに属する武士。助勢のため侍大将・足軽大将に付属する武士。「諸知行之地幷寺庵与力被官人等事、去永禄六年十月朔日已前当知行分、不可有相違」（六角氏式目）「寄騎」は（三好記）

よりくち【寄口】攻め口。攻め寄せる方面。寄席口。寄口。「併より口一切無御座付而、城中雖小勢候、可仕やう無之躰候」（黒田家文書）「信州かりやはらの城を信玄公攻取給ふ時、甘利左衛門尉より口にて竹をたばね持てたて置、城ぎはへより」（甲陽軍鑑）
➡「郎従《ろうじゅう》」を参照

よりこ【寄子】①寄親の庇護を受けている者、特に、その配下の家臣。「然間、城の大将にて有ける岡辺丹波おば、平助がたち付て、寄子の本田主水にうたせけり」（三河物語）②配下の奉公人。東国（武田・北条など）の戦国大名に見られる寄親・寄子のこと。寄子は、寄親に身を託し、又その配下となっている者。「引付け召仕はんとて取寄子に差置」（政宗記）
➡「寄親《よりおや》」を参照

よりづき【寄月】閏月のこと。三年ごとに該当する年に増

し加える月のこと。（日葡辞書）

よりのき【寄り退き】 元服の式場での坐作進退のこと。（毛利隆元山口滞留日記）

よりふね【寄船】 荒天で船を損じ、陸岸に漂着した難破船。その際に、乗組員が一人もいない場合は神社仏閣の造営費に充てた。また、乗組員が一人でもいれば、船主の所有権を認めた。「ヨリフネ〈訳〉座礁した船」（日葡辞書）「夜前之雨風に、折宇迫湊に寄船二艘有由申来候、一艘は種子嶋舟、一艘は赤江舟之由申来候」（上井覚兼日記）

よりみつ【よりみつ】「よりみず」という菓子。細長い板状のしんこ餅をよじったもの。「茶菓子　一枝柿　一くわい　一よりみつ　一砂糖豆粉」（政宗記）

よりより【よりゝゝ】 折々。「より丶丶申し成し候儀も候か」（老翁物語）

よるひる【夜白・夜日】 夜となく昼となく。いつも。昼夜ともに。「可被仰付与被思召候へハ、夜白相縮候様ニと思召候」（黒田家文書）「をのより御番しゅまいりて、よるひるゐる」（御湯殿上日記）「然而敵揺為必定者、不嫌夜日勝頼令出馬、凶徒討留」（彰考館蔵佐野家文書）「併夜日共無緩疎、御入魂之御談合肝要之由也」（上井覚兼日記）

よろい【黒介】 鎧。「あの黒介《よろひ》の武者を打つべしと指図して」（昔阿波物語）

よろいおや【鎧親】 鎧着初めの儀式で、鎧を着せる役の称。その家中や一門中で武名の優れた人があたる。具足親。「男子はじめて鎧着るには、吉日をえらみ祝儀有るべし、武功名高き人を頼みて鎧親として、貴人鎧着せしむるなり」（軍用記）　⬇「具足親《ぐそくおや》」を参照

よろいぎ【鎧着】 初めて鎧を身に着けること。「三つめの盃鎧きの子の親呑みて子にさし子呑みて後見の人へ誰にてもさす」（軍用記）

よろいぶぎょう【鎧奉行】 室町時代、将軍が諸大名家に渡御した際に、将軍に献ずる鎧の事をつかさどるために臨時に諸大名家に設けられた職。「永禄十一年五月十七日（中略）御弓征矢、御鎧奉行、小川三郎左衛門尉、中村藤内左衛門尉」（朝倉亭御成記）

よろう【擐う】 着す。武具を着けること。「手勢三千五百を率ひ、武具爽《さわやか》に擐《よろふ》て、小金驪《こがねぐろ》と云《いう》駿馬に打乗」（北越軍談）

よろこび【怡び】 喜び。「存じの外晴信公御座成されたるを怡び」（一徳斎殿御事蹟稿）

よろこびおぼしめし【悦思召】 自己の動作や行為にたいする敬意を表わす「自敬表現」である。「諸白樽五到来、悦思召候」（黒田家文書）

よろずかた【萬方】 いろいろなことで。「兼又當御備への事、萬方追日御存分に任せらる」（伊達家治家記録）

よわぐち【弱口】 守りの手薄なところ。防御の弱いところ。「かけ入之類、就中内者如申越者、明日十五・十六之間、必々

当城へ押詰、よわ口有之者、可責之由」（北條家朱印状写）

よわみ【弱】弱い気味。また、その度合い。「城を拵候事は、よはみの時可持ために候処」（島津家文書）

よんどころなし【拠所無・無所據・無拠】それ以外どうしようもない様であること。「常ノ蓋置、コボシノコトニテハナシ、名物ナレドモ、ヨンドコロナクヲロス時ノコト也」（南方録）「但大途惣國竝之御用歟、無所據御用有之時者供物を以、可被仰付」（北條氏照朱印状）

よんほんがかり【四本がかり】蹴鞠のかゝりの四隅に植える四種の木。「然《しかる》べき侍は、作法にて、庭の四本がゝりを仕る」（甲陽軍鑑　中）

や

ら行

らいい【来意】 文章、特に手紙の趣意。来書の趣旨のこと。「信玄公、家康と御無事の信長へ御返事の御書は、度々来意珍々重々候」（甲陽軍鑑）

らいいん【来音】 伝言、便りをいう書札用語。「来書」「来状」とも。「不謂御苦労可為尤候、猶々期来音候、恐惶謹言」（名古屋市立博物館蔵斎藤道三書状）「珍儀候者、重而可承候、委細期来音候、恐々謹言」（秋田藩採集文書）

らいが【来駕】「らいか」とも。行為者を尊敬して、その人の来訪をいう語。「慶首座、上野民部少輔かたへ来駕あって、修理の事申されければ」（室町殿日記）

らいかん【来翰】 よそから届いた手紙。来書。来状。来札。「來翰披見、本望之至候、殊為音信」（黒田家文書）

らいぎ【来儀】 身分の高い人の来訪。「早朝四相公来儀、文事迷惑之由被申」（守光公記）

らいさつ【来札】 よそから届いた手紙。来書。来状。「來札披見、祝着之至候」（黒田家文書）

らいし【礼紙】 書状に添える白紙のこと。「畾紙《らいし》」とも。「料紙の事、至てうやまふ書札には、いにしへは本紙二枚、礼紙二枚、立紙二枚なり」（大諸礼集）

らいしょ【来書】「来翰」に同じ。手紙。「来書披見候。然者、なくるみの事得其意候」（長国寺殿御事蹟稿）

らいしょう【来章】 手紙が来ること。「来書」「来状」とも。「石見所まで來章祝着し玉ふ」（伊達家治家記録）

らいちゃく【来着・来著】 来てその地につくこと。目的地に来ること。到着。「来著　ライチャク」（文明本節用集）

らいてい【雷霆】 かみなり。いかずち。「晴信余将に向て白旄《びゃくぼう》を揮はるる事、雷霆《らいてい》を編しながら」（北越軍談）

らいにゅう【来入】 やってきて中に入ること。訪来を改まっていう語。「聖深大徳来入」（実隆公記）「宮川殿来入、薦晩飡畢」（慶長日件録）

らいのう【来納】 来年分の年貢を、その年に前もって納めること。前納。「結句寄事於白馬節会出仕、令来納今年分訖」（東寺百合文書）

らいびん【来便】 やって来る使者。または来るはずの使いの者。「来音」に同じ。「御入洛之御催促候哉、実説不聞候、便ニ具可記給候、委曲期来便候」（北条氏康書状）

らいへい【遑兵】「來兵」のこと。「寺田小郎左衛門等遑《らい》兵七、八十人にて子の刻計に打出」（関八州古戦録）

らいめい【来命】 ある人を敬って、その人が手紙などで言ってよこした事柄をいう語。仰せ。来諭。来示。「御書并御詠草等有之、不慮之来命也、返事明朝可執来之由報了」（実隆公記）

らいゆ【来由】 原因、起源のこと。「石川弾正逆心の來由は、

ら

田村の家中内々二つに分れ」（伊達家治家記録）「佐々木右衛門督義弼、後藤父子ニ腹ヲ切セテ後、其身モ幾程ナクテ亡ケル、其来由ヲ尋ヌルニ」（信長記）

らいりん【来臨】 貴人の来訪のこと。「滋野井、拾遺等来臨、則又於南隣三献、祝著了」（実隆公記）

らくいち【楽市】 座の特権を廃止し、市場税・商業税を免除した市のこと。「定　安土山下町中　一、当所中為楽市被仰付之上者、諸座諸役・諸公事等、悉免許事」（近江八幡市所蔵文書）

らくいちらくざ【楽市楽座】 市座における税を撤廃して自由通商とし、独占的、特権的商工業を解体すること。また、そのための法令と政策。「楽市楽座之上、諸商買すべき事」（円徳寺立札）

らくいんばら【落胤腹】「下《さが》り腹の子」とも。妾腹の子。（日葡辞書）

らくえき【絡繹】 絶え間なく続くこと。人馬や車の往来が絶え間なく続くこと、また、その様子。「或は使節を呈し、或は自身参賀して、寒温交互し、東話西談絡繹《らくえき》せり」（北越軍談）

らくぐるい【楽狂】 酒色に奢ること。「諏訪の郡代は境目なるに、楽狂《らくぐるい》にふけり、無行義の事」（甲陽軍鑑　中）

らくさく【落索】 良い部分を取った、残り物のこと。「落索を振舞ふ」（残り物で人を招待する）（日葡辞書）「於落索者可被配分歟、朝々嗜厨膳、夜々味飯酒」（雑筆集）

らくじ【落地】 本来の領主の手から離れた土地のこと。「右社領雖為落地、今度令寄進之条、自今以後雖有横合、永不可有相違者也、仍如件」（駿河清水村八幡神社文書）

らくしゅ【落手】 手紙・贈物などを受取ることをいう書札用語。「又一昨日巨細之芳報慥落手候ツ」（実隆公記紙背文書）

らくしょ【楽書】「落書」の充て字。風刺の落書き。「一、順禮・往来ノ者、楽書之事、カタク可停止事」（北條氏康法度写）➡「落書《らくしょ》」を参照

らくしょ【落所】 ①人が身を隠しに行った所、または、逃げ延びて行った所。「千葉介胤鎮事、尋究落所、厳密可被致其沙汰」（古文書選）②比喩的に、「人のあやまち、失敗」。（日葡辞書）過失。「越度《おちど》」の表記に「落所」を充てたものか。「自本所違乱之売主無落所之上者、請人四条油小路兵衛次郎、可致其償之由御下知事」（親元日記別録）

らくしょ【落書】「らくがき」とも。風刺の貼り紙。（日葡辞書）「藤沢次郎和ノ義落書、十一日藤沢次郎身血、其上藤沢権次郎為人質穴山陣所へ参」（高白斎記）➡「楽書《らくしょ》」を参照

らくしょう【落掌】 頂戴する。（黒田家文書）「就同氣謙英事、美織落掌喜悦至存候、手足之働御察通候除俗忘候付」（尾張前大納言宛水戸光圀書状）

らくじょう【落城】 城が攻め落されること。「岩倉落城之事」（信長公記）

ら

らくしょく【落飾】 高貴な人が、髪を削り仏門に入ること。（伊達家治家記録）

らくそう【落僧】 破戒放逸の僧侶。戒律を守れず還俗した僧侶。破戒僧。「清僧落僧の隔てには、今の書立《かきたてたる》落堕僧達、妻帯役と中物を致《いたせ》とて」（甲陽軍鑑）

らくだい【落題】 和歌・連歌などで、題を詠み込むのを忘れてしまうこと。「閨の題に床と計よみては落題也」（時秀卿聞書）

らくちゃく【落着・落著】 紛糾していた問題に結論が出ること。「公事出沙汰ノ場江後、奉行人之外不可致披露、況ヤ於落着之儀哉」（甲陽軍鑑）

らくはく【落魄】「らくたく」とも。零落すること。落ちぶれること。志を通ぜず不遇なこと。「義輝卿に仕へて、恩遇を得、他界の後義昭卿に従い、江湖落魄《らくはく》の艱難克く其労を忍べり」（北越軍談）「義昭公（中略）若州サシテ落給フ、（中略）〈船上で〉蜂腰一首ヲ綴テ、聊落魄ノ御心ヲゾ慰ミ給ヒケル」（信長記）

らくはつ【落髪】 仏門に入ること。坊主になること。（日葡辞書）

らくよう【洛陽】 都。首府。（日葡辞書）

らせつ【縲紲】「るいせつ」と訓むが一般的。罪人となること。「姑く猶豫するの間に、如此縲紲《らせつ》の耻に逮《およ》べり」（北越軍談）

らっきょ【落居・落去】 ①落城すること。「今之分に候ハゞ、急度落居程有間敷候と存候」（黒田家文書）「今は頼む所なく、只、落居《らっきょ》の時剋を相待つ由」（播磨別所記）「遠州高天神之城、武田四郎相拘候、家康公御取詰之間、落居不可有幾程」（信長公記）②訴訟などが決定、決着すること。事が定まること。「自今以後は三ヶ年の後、公事を翻、理非を糺明し可有落居也」（今川仮名目録）

らっこ【浪虎】 ラッコのこと。「追而啓之候、任見来、浪虎皮十枚進献之」（秋田家文書）

らっし【﨟次】「ろうじ」とも。物事の順序、次第のこと。「﨟次も無い事」（乱雑な事）（日葡辞書）

らっぱ【乱波・乱破】 盗人。乱暴者。無頼漢。また、戦国時代、野武士や強盗などから出て間諜などの役を勤めた者。忍びの者。素破《すっぱ》。「時々乱破を以て敵陣を夜も驚かし」（奥羽永慶軍記）➡「素破《すっぱ》」を参照

らんあく【乱悪】 混乱の生ずるもとになる罪悪、あるいは、犯罪のこと。（日葡辞書）

らんぐい【乱橛・乱杙】「乱杭」に同じ。防禦の為に打つ杭。敵を通さないように立てた棒杙。（日葡辞書）「渉《わた》しの船どもを打砕て欄楯《かいたて》の料《もろ》とし、乱橛《らんぐい》を設け大縄を引けり」（北越軍談中）

らんげき【乱逆・乱劇】 反乱、騒乱のこと。「国乱劇之事候条、久敷者逗留いたし候まじく候」（証如上人日記）

ら

らんけつ【乱撅】四方八方に投げること。「胥議《しょぎ》して勢を払て打出《うちいで》、港通に乱撅《らんけつ》大縄を張《はら》せ、寄手の船の自由を得せしめざる」（北越軍談）

らんざ【乱座】無礼講の座のこと。「夜半時分各退出了、今日之御鞠出来、各祝着候了、御酒乱座乱盃不可説、各沈酔候了」（言継卿記）

らんじゃたい【蘭奢待】名香の名。聖武天皇に中国から献上され、東大寺に納められた。「南都東大寺蘭奢待御所望有タキ旨、奏問セラレケレバ、則日野大納言飛鳥井大納言勅使トシテ、南都へゾ参ラレケル」（信長記）

らんしょう【濫觴】①はじまり。「是葦名名家の滅亡すへき濫觴なり」（伊達家治家記録）②物事の初め。あるいは、起源。（日葡辞書）はじめ。最初。「姑《しばら》く公と運公との苟且《かうしょ》の相約の一条を挙けて以て之が濫觴《らんしょう》となす」（一徳斎殿御事蹟稿）

らんすい【濫吹】秩序を乱すこと。乱暴、狼藉。「抑四恩院以下放火、前代未聞之乱吹、誠而猶有余事候」（大乗院寺社雑事記紙背文書）

らんすい【乱酔】はなはだ酒に酔うこと。泥酔すること。「番衆以下又及乱酔」（実隆公記）

らんそ【濫訴】不正なやり方で、または筋も通さず訴えること。「去八月雖上卿已下参向、依神人濫訴延引、仍今日被行云々」（康富記）

らんそう【乱忩】争乱のこと。「当時就豊筑乱忩、無実所巷説無盡期砌之間、先月始之比、豊州江進献候故」（慶應義塾図書館蔵甲斐宗運書状）

らんたい【乱対】むやみに対抗すること。「岩村之城請取、籠置候人数、此時無用捨、岐阜（信長）江可乱対歟否、可為其馳走専候」（鷲見栄造氏所蔵文書）

らんだつ【乱脱】生活が乱れて締りのない人。（日葡辞書）

らんどり【乱取・乱捕】何でも捕る鷹のこと。「一、鴻取《こうどり》 一、鶴取《つるとり》 一、真那鶴取《まなづるどり》 一、乱取《らんどり》」（信長公記）

らんびき【乱引】乱れて散り散りに。「敵多兵なれば、追立てられて乱引に引く」（南海通記）

らんぶ【乱舞】「能」と同意。「酒宴始まり始りしかば、真田も小鼓取出し、乱舞あり。子息大介に曲舞を二三番舞はせて」（左衛門佐君伝記稿）

らんぼう【乱妨・濫妨】暴力を用いて略奪すること。「先へ相越候、乱暴者共追立来候付而、則其方先手衆取合追崩」（黒田家文書）「預ケ物乱妨物一切不可有糺明候、上様（織田信長）御物之事者慥之儀候者、預リ主ニ可相届置候」（天正十年八月十四日付豊臣秀吉書状）

らんぼうにん【濫妨人】戦場で死者の物を剝ぎ取ったり、落人を捕らえて盗み、又は捕虜にする者たちのことで、附近の野伏、農民などが集っていた。「竊《ひそか》に負《おう》て出つ、濫妨人共是を捕へて引連れ行を」（伊達家治家記録）

らんゆ【諂諛】「諂諛」は「てんゆ」の誤りか。こびへつ

らうこと。また、その人。「武義に怠り、遊学を事とし、諂諛《らんゆ》佞媚の出頭人等に粉幸せられ」（関八州古戦録）

らんる【襤褸】破れてぼろぼろになった着物。（日葡辞書）

り【里】距離の単位。一里は六丁のこと。「是より最上境へは既に二百里に及へり」（伊達家治家記録）

りうん【利運・理運】①勝利。戦勝。好軍（勝利）。（関原陣輯録）勝利を得る幸運。「打ち続き三度は内蔵助殿方利運《りうん》なり」（川角太閤記）「兎角、敵を引請候て一戦およひ候ハヽかならすゝゝゝゝりうん《利運》たるへく候」（真田丸図録所収慶長二十年五月七日付大野治房書状）②自分たちの正当性、主張を通すこと。「差遣検使等、令見之処、年々井手跡顕然之上者、任当所理運之旨、如絵図構井手、可専用水便者也」（郡家財産家所蔵三好長慶書下）

りか【利過】過剰。過ぎたること。「余り口の利過たる男にて、面魂《つらだましい》ただ者にあらず」（奥羽永慶軍記　上）

りかん【利勘】いつも自分の利益や儲けを考えて思案すること。「慮外非分のかんぢやうりかんをかんがへ、ろうぜきに事なし候義者、是又以外之悪逆人にて候」（結城氏新法度）

りくがい【六害】六合（陰陽道の説で、子と丑、寅と亥、卯と戌、辰と酉、巳と申、午と未が相合う）と互いに害し合う時をいう。「我、衰日《すいにち》・六害ノ日を用ことなかれ」（甲陽軍鑑　下）

りくぎ【六義】和歌のこと。「扨も政宗は若年より六義《りくぎ》の道に長じ、風花雪月には」（奥羽永慶軍記　下）

りくつ【理究】「理屈」の充て字。「歩者《かちもの》までに、其の理究《りくつ》を合点させ」（甲陽軍鑑）

りくつつめ【理究詰】理屈詰め。理屈を言い立てること。りづめ。「種々の物真似をし、或《あるいは》理究《りくつ》つめをいふて、中々物のなりも聞えぬほど」（甲陽軍鑑　下）

りこうもの【利口者・利巧者】かしこい人。また、損得を計算して機微に抜け目なく立ちまわる人。りこうじゃ。「三河侍も多き中に（中略）是等は若手に利口者也ときく」（甲陽軍鑑）

りこん【利根】賢い。「いまほどりこん《利根》のこしやう《小姓》なおほく候間」（御家誡）明敏さ、賢さ。（日葡辞書）

りしつ【痢疾】「痢病」に同じ。下痢。特に「しぶり腹」の症状を呈する病気をいう。「安禅寺宮御病悩痢疾也」（実隆公記）

りしょう【利生】神仏の加護・利益など。（日葡辞書）

りせん【利銭】利息をつけて銭を貸すこと。また、その利息。りぜに。りせんもん。「リセン〈訳〉高利で金を貸すこと」（日葡辞書）「アキナヒ利銭ノ事ハ申ニヲヨバズ、奉公シヨクゲイモ筭用ニモル、事ナシ」（多胡辰敬家訓）

りそく【利息・利足】「利子」「利平〈リビョウ〉」「利分」とも。貸し付けた金銭に対して、一定の割合で受け取る報酬の金。利子。「信長被廻御案、洛中町人ニ属詫ヲ被預置、

其利足毎月進上候様ニ被仰付候」（信長公記）

りたん【履端】正月の異名。（日葡辞書）

りつう【痢通】腹くだし。下痢。「去夜両三度痢通」（言継卿記）

りっか【六花・六華】①（その形が六つの弁を備えているところから）雪の異称。「六花少落」（実隆公記）②陣立ての一つ。唐の李靖が、諸葛亮の八陣の法に基づいて作った陣法。「古来の兵道に、孔明が八陣の図、李衡公が六華」（陰徳太平記）

りっか【立花】①仏前に供える花の法式。銅製の花器に松や梅などの花木を立て生けにするもの。池坊流、大受院流、周玉流、能阿弥流などがあった。「たてばな」。「立屏風絵三幅〈本尊観音脇猿〉懸之、茶埦瓶一対〈立花〉、卓に居」（看聞御記）「立花の事、是又、池房之流を粗立習候」（上井覚兼日記）②花道の基本的な様式。室町時代に定型化した、いけ花の初期の様式。「リックヮ　ハナヲ　タツル〈訳〉花束のように花瓶に花をいけること」（日葡辞書）

りっけん【立券】「立券文《りっけんもん》」に同じ。物件の取得・売買・譲渡に際して作成される公文書のこと。「謹辞、売渡進田地立券事」（高野山文書）

りっしゅう【律宗】律宗の本山は唐招提寺、真言律宗の本山は西大寺。「しかも律宗の事なれば、大和国の奈良にて学問仕ル故」（甲陽軍鑑　下）

りつだん【立談】立ったままで話すこと。立ち話。「晩涼詣前左相府、立談納涼」（実隆公記）

りっちゅう【立柱】家屋を建築する時、初めて柱を立てること。また、その祝いの儀式。はしらだて。「当時僧堂立柱」（蔭涼軒日録）

りっぷく【立腹】腹を立てること。怒ること。ふくりゅう。「我は何もせずして人の褒貶を申すとて、信玄公立腹ましまし」（甲陽軍鑑）

りつぶん【率分】➡「率分《そつぶん》」を参照

りっぽう【率法】新補地頭の得分の基準を定めた法。「只承久以後新補の率法《リッホウ》並国々の守護職」（梵舜本太平記）

りばい【利倍】高利貸しの仕事をすること。または高利で儲けること。「若百姓相隠候者、検地以来之遂算用、以利倍取、皆済上にて可追失」（長宗我部氏掟書）

りはつ【理髪】①僧侶が還俗して髪を蓄えること。「義政将軍（中略）御連枝浄土寺御門跡を還俗させ申されて、将軍を相続し（中略）再三辞退申させ玉ひ、理髪事夢々有まじき由御返事有ければ」（応仁記）②特に、元服、または裳着の時、頭髪の末を剪り、または結びなどをすること。また、その役を務める人。「御げんぶくよるの四時分也、（中略）かくわん二条の准后、りはつ頭中将」（御湯殿上日記）

りはつしゃ【利発者】諸芸は不器用でも武辺の方には優れている者。「座配よき人を、利発者、諸芸は無器用にても武辺仕そうなる人」（甲陽軍鑑　中）

りびょう【痢病】 ➡「痢疾《りしつ》」を参照

りぶん【利分】 高利で儲けること。その利子、利息をいう。「炭竈殿ニテ借米五石、リフン一石五斗返弁了、則借書来了」（多聞院日記）➡「利息《りそく》」を参照

りへい【利平】「りびょう」とも訓む。高利で儲ける。「仍去々年分加利平、本利一石二斗六升分、来十月中必々為愚身沙汰取進可申入候」（大乗院寺社雑事記）

りへい【利兵・利幷】 鋭い武器のこと。鋭利な刃物のこと。「堅甲利兵は尺地も余さず充満《みちみち》たり」（奥羽永慶軍記 下）

りべん【利弁】 利子・利息の弁済。また、その弁済すべき利子・利息のこと。「彌七兵衛方へ去月当月利弁百六十三文上申也」（北野天満宮目代日記）

りほう【理法】 のっとるべき道理のこと。のり。ことわり。「只理法に任身而為候人には、をかすへき外魔もあらしとこそ存候へ」（島津家文書）

りみん【黎民】「れいみん」とも訓む。「里民」とも。庶民のこと。（日葡辞書）

りむ【吏務】 国司、あるいは官吏の職務のこと。「又建武の御法には守護職は上古の吏務なり、国中の治否ただし此職による」（樵談治要）

りもつ【利物】 稲・粟などを人に貸して得る元利のこと。（日葡辞書）

りやく【利益】 人々を救うこと。あるいは、助けること。（日葡辞書）

りゃくぎ【略儀】 要略。省略されたこと。本式のものでなく、簡単な形式にしたもの。（日葡辞書）

りゃくせき【礫石】 石の雨を浴びせること。石つぶて。（日葡辞書）

りゃくち【略地】「りゃくぢ」とも。土地を奪い取ること。また、奪い取った土地。また、攻略された土地のこと。「略地　リャクヂ　師古注曰凡言略地謂行而取之左伝略地」（文明本節用集）

りゃくりゃく【掠略】「掠奪」の誤り。奪取すること。「武田入道西上野の地を掠略せんと欲し」（関八州古戦録）➡「劫掠《ごうりゃく》」を参照

りゅうえい【柳営】 陣営のこと。戦国時代は、江戸時代の「徳川幕府」を指すのとは違う。「廿九日の夜半に殿下（秀吉）の柳営に走り入る者なり」（四国御発向幷北国御動座記）

りゅうえい【立営】 築城すること。「境地すぐれておもしろきところなり。ここに立営《りゅうえい》なさるべきのむね、上意候て」（太閤さま軍記のうち）

りゅうごのり【立鼓乗り】 輪鼓。輪子。鼓の胴のように中のくびれた形。立鼓乗りは馬術の一つ。馬を乗り回すに輪鼓の形⧖に歩ませるもの。「一、馬上にて俄に足軽をはくるは、分《りう》立《ご》鼓《の》乗《り》の事」（甲陽軍鑑 下）

りゅうじん【龍陣】 山を前に川を後ろにする陣立のこと。

「南部大膳大夫信直は各役所を構へ陣々を囲む。或は龍陣・蛇陣、或は魚鱗・鶴翼」（奥羽永慶軍記　下）

りゅうじん【留陣】 一つの所にしばらく陣を構えていること。また、しばらく陣中に留まること。「江州に久しく御留陣おはしける頃一日御遊のために湖水之辺へ出御なり」（武家名目抄）

りゅうず【龍頭・竜頭】 ①釣鐘の頭部を竜の形にして、梁に吊すに便したもの。「能登守、莞爾《かんじ》と笑ひ、鐘の龍頭《りゅうず》に手を掛て、安々とぞ上げにける」（奥羽永慶軍記　上）②天子の用いる幢の頭の名称。「一、旗の頭を竜頭《りゅうづ》と云は、天子の御幢に限れるの辞なり、将軍家にては鳩居と云、諸侯より以下は蝉口と云」（北越軍談　中）

りゅうせい【隆車】 立派な車。「隆車に向う蟷螂」は無鉄砲なことの喩えとして使われる。「蟷螂臂《とうろうひじ》を揮《ふる》ふに、隆車心なし共、豈轅《ながえ》の下に敷《しか》ん乎《か》」（北越軍談　中）

りゅうびをあげん【竜尾を挙げん】「殉死しよう」という慣用句。（日新菩薩記）

りゅうもう【粒毛】 稲の栽培のこと。「故に粒毛年々に不足して」（細川家記）

りゅうもん【龍門・龍文・龍紋】 太い糸で平織りにした絹織物。織り目は斜めで地は厚い。（黒田家文書）

りゅうよう【立用】 ある用に立てること。弁済すること。「竹木、杉、楠、松、其外万木、公儀御用木のため付記置者、不及是非可立用」（長宗我部氏掟書）

りょう【両】 ①貨幣の単位。金一両は銭四貫文。秤量貨幣の銀五〇匁に相当する。「為端午之佳儀黄金十両到来、悦覚候」（黒田家文書）②具足を数える数詞。一両二両三両。「領」とも。（伊達家治家記録）

りょう【領】 ①腹巻や鎧を数える数詞。一領二領三領。（伊達家治家記録）②服の数え方。「生駒讃岐守、銀百枚、御服十領これを献ず」（駿府記）

りょうあん【諒闇・亮闇】 天子が父母の喪に服すこと、その期間。「諒陰」。「発句《ほっく》は誠に天下諒闇《りょうあん》の謂《い》ひに非ずや」（惟任謀反記）「当年依亮闇禁中無御楽」（実隆公記）

りょうい【凌夷】「陵夷」の充て字。物事の衰えること。「世変するに従つて宮所も凌夷《りょうい》し今は参詣の人」（関八州古戦録）

りょうい【稜威】 天子の威光のこと。「大神君古今に独歩まし、、神武の稜威輪矛の累卵を圧か如く」（関八州古戦録）

りょういん【諒陰】 ➡「諒闇《りょうあん》」を参照

りょうえ【領会】 了解すること。「郡山助兵衛昨日帰り来りて卿《なんじ》が心底を言う、旨趣条々領会す」（伊達正統世次考）

りょうえん【遼遠・凌遠】 遥か遠いこと。「会津は辺要　遼《りやう》遠《えん》の国地也といへとも」（関八州古戦録）「度々以脚力雖申上候、凌遠処之敵国、或於半途躊躇徒帰国」（大東急記念文庫所蔵文書）

りょうか【掠果】 手柄を横取りすること。「我々当所在住の根元敵方是を知さる故、掠果せんの企とみへたり」（関八州古

戦録）

りょうかい【領解】 了解する上で、二人が食い違う、合致しないこと。（日葡辞書）➡「領解《りょうげ》」を参照

りょうがえ【両替】 金銀と銭など、ある種の貨幣を他の貨幣と取り替えること。また、それを業とする人や家。「両替・金借両方糺決して」（多聞院日記）

りょうかん【寮官・僚官】 役人。官人。官吏。つかさびと。「次寮官御服をとりて退出、宮主者に渡候了」（言継卿記）

りょうがん【龍顔】 天子の顔のこと。「予候御前、早速拝龍顔、自愛々々」（実隆公記）

りょうきゃく【料脚】「料足《りょうそく》」に同じ。ある用件をはたすのにかかる費用。物品の代価。「可取納料脚之旨」（大乗院寺社雑事記）

りょうぎり【両切】 二つに切ること。折半すること。「相賀庄南庄　天神宮御供田小廿歩事、為両切間、任事書之旨、半分七十歩可有知行由」（高野山文書）

りょうきん【両金】 両面とも金箔をおいた扇のこと。「一貫文　杉原一束、両金扇一本　雲門庵」（入院之申次）

りょうぐ【霊供】 故人の霊前に供える供物のこと。「殊今月公御月忌也、宗旦供御霊供儀如毎月」（兼顕卿記）

りょうげ【領解】 理解し、納得すること。「右、双方共令領解出証人、既糺明之処、无理之一方、重而可出別之証人旨、雖謝申之、不可有挙用」（新加制式）➡「領解《りょうかい》」を参照

りょうけしき【領家職】 領家としての職務とその得分権。得分権のことを職《しき》といった。本所職・公文職。「御家領事、於領家職者已御下向之上者、不及力不可有相違候」（政基公旅引付）

りょうげしゅう【領解衆】 仏語。高野山で学侶方のうち、学道の最高指揮者である学頭の下にあって、学侶の指導にあたる能化の一つ。「就当年談義事、無懃仕、領解衆寺務改へき有へき由」（高野山文書）

りょうけん【料簡・了簡】 ①取り計らい。処置。「将軍逐電不実歟、又云、所詮師直了間歟」（園太暦）②対応策のこと。「料簡を加ゆる」（対策を講ずる）。（日葡辞書）

りょうけんなし【無了簡】 どうしようもないこと。手の下しようが無いこと。「懸御目御礼申上度存候へ共、無了簡仕合候」（黒田家文書）

りょうごく【料国】 ①内裏・寺社の造営など特定の目的を達成するのに必要な資金に充てるため租税を一定期間課する国。「是猶古の皇居に及ばねばとて、大内裏造らるべしとて、安芸・周防を料《レウ》国に寄られ」（太平記）②室町幕府の直轄領。具体的な支配は代官に任じられた幕府の奉公衆や政所の寄人などが行った。「城州為御料国重而被仰付之旨」（親元日記）

りょうごく【領国】 領有する国のこと。領地。領土。「所々を追伏し、このごろ当家の領国へこころざす」（義残後覚）

ら

りょうこくのへん【陵谷の変】 世事の変遷の甚だしいこと。「往昔より津軽三郡は南部の芻牧《ずぼく》の地なり。中比に至り陵谷の変ありて南部の指揮に属せず」（奥羽永慶軍記　上）

りょうこし【両腰】 武士が腰にさした大刀と小刀のこと。刀と脇差。大小。「少しき量の能き人、衣装両腰など物数寄に拵へたる人を見ては」（室町殿物語）

りょうさい【両載】 両年。二年間。（伊達家治家記録）

りょうさく【領作】 領有して耕作すること。「下司は、四十余年領作して過候了、住人は公験乍帯、空て経数年了」（高野山文書）

りょうさつ【諒察・了察・亮察】 相手の立場、あるいは事情などを思いやること。同情して推察すること。「諒察リャウサツ　誠察義也」（文明本節用集）

りょうし【両使】 ある事に関して立てる正副の使者の、二人ながらをいう語。「自然相替事候ハバ、以両使可申入候」（貴理師端往来）「小弐入道妙恵が方へ、南遠江守宗継、豊田彌三郎光顕を両使として、侍べき由を宣遣されければ」（太平記）

りょうし【料紙】 紙のこと。「御れうし、御すずりのいしまいる」（御湯殿上日記）

りょうじ【聊爾】 ①無思慮なこと。軽々しくいい加減なこと。軽率な行動。「聊爾ナク堅固ノ執刷ヒ」（伊達家治家記録）②無礼、不躾なこと。「中次直重之体、甚以聊爾也」（康富記）③仮初めなこと。「聊爾に川をば越《こえ》じ、川を越と敵も思ひてそこにて思ひ切、聊爾に川を越ても」（三河物語）

りょうしゅ【両種】 別種類のもの二つながらを取上げていう語。「宗旦三毬打三本囃之、胤窓樽一、両種鯛一、昆布持来」（宣胤卿記）

りょうしゅ【領主】 領土の主のこと。領国の元首のこと。「リャウジュ　〈訳〉領主、つまり知行や領地の主人」（日葡辞書）

りょうしゅう【両衆】 目付・横目の両役は一年代りである故に言う。「但《ただし》両衆其役たがひにかはり、不同なり」（甲陽軍鑑　中）

りょうしょ【両所】「両人」の敬称。「此御人数へハ皆々御書ヲ被遣也、此内岡崎竹内両殿へハ未被遣御書、但、此内青蓮院、梶井殿御両所へハ可為御宛所也」（上杉家文書）

りょうしょ【料所】 領地。特定の所用の料に充てるための所領のこと。（日葡辞書）

りょうしょ【領所】 主君が、自己所有の土地から、自分の家の用に毎年取り立てる地代。また、そこから上がる年貢のこと。「備前入道幷伊勢守等が領所之分、一切当年上納有べからず」（室町殿日記）

りょうしょう【領掌】 ①同意すること。（日葡辞書）事情をくんで承知する。領承。了承。「大明國へ御案内者可被仕領掌付而、被加御赦免候處」（黒田家文書）②領知・知行などと同じく、土地を直接支配すること。「為守護使不入之地、小野寺隠岐守家道領掌不可有相違之状、如件」（久我家文書）

ら

「出雲国三刀屋郷惣領分、同庶子等知行分事、三刀屋菊松丸領掌不可有相違之状、如件」（三刀屋文書）

りょうじょう【領状】 目上の人の命令を承諾して受け入れること。伏して従うこと。承知すること。（黒田家文書）「以兵庫助中候間、事御領状候者可為本望候、但相公之御心更不知之候」（若王子宛飛鳥井雅親書状）

りょうじょうこう【梁上公】 盗人のこと。「南御所夜前梁上公忍入、夜御小御衣以下取云々、言語道断也」（実隆公記）

りょうしょく【両職】 武田氏の行政主務官を職といい、普通二人いたので両職といった。「両職は成瀬吉右衛門・日下部兵右衛門、郡代は平岩七之助と申侍大将也」（甲陽軍鑑　下）

➡「職衆《しょくしゅ》」を参照

りょうしん【良辰】 何事かするに良い時。縁起の良い時。吉日。「これを奉行し、良辰《りょうしん》を撰びて作事を始めしむ」（関白任官記）「吉書令撰行吉日良辰耕作業最中也」（文明十四年鈔庭訓往来）「此幕仕立べきと思はば、吉日良辰を撰べし」（甲陽軍鑑）

りょうしん【凌晨】 朝早く行動すること。早朝。しののめ。「四百余騎にて、未だ凌晨《りょうしん》に春日山え押寄せ」（北越軍談）

➡「黎明《しののめ》」を参照

りょうせき【涼席】 夕涼みの席のこと。「幸今宵治重例の涼席へ出しなれば」（奥羽永慶軍記　下）

りょうせん【料銭】 料金。経費のこと。「於食堂斎、尽珍膳、予析銭三百文」（参天台五台山記）

りょうそう【領送】 罪人を配所まで護送すること。「右為領送流人浜方、差件等人、発遣如件」（園太暦）

りょうそく【料足】 ①そのことに要する金銭。代金。「井がへの料足拾疋、目代保〈役〉出候」（北野天満宮目代日記）②銭。銅の貨幣。「賞翫の白拍子、妾、傾城などに料足出す事」（大諸礼集）

りょうたつ【了達】 思案すること。（日葡辞書）

りょうち【領地・領知】 ①領有して支配すること。「所付目録相副進之候、全可有領知候」（黒田家文書）「早任御内書之旨、全領知、可被専所務之由、所被仰下也」（古文書選）「数百箇所の大庄を領《リヤウ》知す」（太平記） ②領有している知行地。領地。「敵ノ中ヘツト懸入、（勝家の馬験の）五幣ヲ取返テ勝家ニコソ捧ケレ、其恩賞ニ過分ノ領知ヲ遣シ」（信長記）

りょうち【陵遅】 規律・決まりなどが廃れておろそかになること。「御半尻者余為陵遅、只御直衣浮織物、御童御服、御指貫濃物、御元服已後可被通用之由被申之」（親長卿記）

りょうつい【両対】 「りょうたい」とも訓むか。二通の手紙をさす。「則実宝院へ乍両対渡進候、御仕合可然候て、於拙者満足候」（薬師寺文書）

りょうとう【潦倒】 老羸のさま。落ちぶれる。「三楽斎も朶雲《だうん》を呈し、委砕《いさい》を述たり、身は既に潦倒《りょうとう》して、拠《よんどころ》を失ふと云へども、公に対し忠信の志は更に以て変ぜざる赴」（北

ら

越軍談　中）

りょうのう【領納】①自分が領有し、支配するものとして受取ること。「又自甲州、酒井左衛門尉を信州江被遣、彼国可令領納由、家康下知給」（当代記）②了解すること。分別によってわかること。「答云、当門跡先規、上手下手一身而必請取之間、上手綱賜之後、下手縿可渡給之也、其外不可有殊事之由示之了、仍可存知之由領納了」（柳原家記録）

りょうひつ【良弼】忠実な臣下。誠実な家来のこと。（日葡辞書）

りょうへん【両篇】「両辺」に同じか。二つのこと。「余以無尽期候之間両篇唯今献之候、比興候、旁期面展候」（実隆公記紙背文書）「岩城於末代、可為名誉候、万乙両篇其無曲候者、一途御覚悟旨候」（足利政氏書状写）

りょうまい【粮米】糧米のこと。「故《ことさら》に啓す、其の地自《よ》り粮米を亘理に通ぜず」（伊達正統世次考）

りょうめ【両目】貨幣「両」の目方のこと。「こがねしろがねの両目の事は、京の大法として、いづれも一両四文半銭にて、弐両九文またる処に、金をば、一両五文めに売買事、其謂なし」（大内氏掟書）

りょうもつ【粮物】兵粮のこと。「矢楯・粮物《りょうもつ》・鉄炮・玉薬不足なければ」（甲乱記）

りょうもつ【料物】意図する御用にあてるための、物品とか金銭とかをいう。「料物壱貫文ぶさたせしめば永代めしつかうべき由、文言に書のするといへども、不限年月の間、彼人じちの事、ながれたるにあらず」（大内氏掟書）

りょうよう【療養】治療と養生。手当をし、体を休め養うこと。病気の保養をすること。「老宮女近日腹所労以外也、仍種々加療養者也」（実隆公記）

りょうり【料理】用意をととのえ、然るべく取り計らうこと。「かへり候ずるか、又かへる間敷物にて候歟、御料理にこそ候ずれと仰候」（上井覚兼日記）

りょうりゃく【陵轢・淩轢】人を人とも思わず、平気で押しのけ、踏みにじること。「次昨日小西使事、陵轢之間、重而可仰付之之由仰了」（大乗院寺社雑事記）

りょうりゃく【掠略】奪い取ること。「布川、小金までも掠略せんの謀を廻らし、戦ひ更に止さりけり」（関八州古戦録）

りょうりょう【掠了】思案し決定すること。「我等式掠了に及ばざる由返答仕り候」（関原陣輯録）

りょうれき【淩礫】人にひどい仕打ちをしたりして、行動によって侮辱を加えること。（日葡辞書）

りょがいせんばん【慮外千万】この上なく無礼なさま。「其以来者、以書状も不申承、慮外千万ニ罷成候」（黒田家文書）

りょこう【閭巷】ちまた。世間のこと。「輝虎公閭巷《りょこう》の案内に倶せられし京鴉《からす》を召てあれば」（北越軍談）

りょこうのせつ【閭巷之説】ちまたに流れる無責任なうわさ。「依閭后之説、不可生決智、世上之風聞、士女之謳歌歟」

ら

（雑筆集）

りょしょ【旅所】旅の宿所。旅先にあること。また、その所。たびどころ。「亜相対面談世事等頗如夢中者也、今夜彼旅所之近辺寺中一宿了」（実隆公記）「長途ノ窮屈、旅所之疲労、閑居曚気（中略）皆以禁忌ノ事候也」（文明十四年鈔庭訓往来）

りょしん【慮心】遠慮すること。「将亦国本江も自然相応之御用等候ハヽ、無御慮心可被仰付候、聊以疎意あるまじく候」（弘前市立博物館蔵津軽為信書状）

りょりょく【膂力】筋肉の力。腕力のこと。「上を下に捏合《もみあい》けるが、弥太郎膂力《りょりょく》増《まさ》りしにや、小国を討捕《うちとり》」（北越軍談）

りりし【りりし】きびきびとして、利発なさま。「御普請之所用也、人足九人、於当郷普請可至候、りゝしき者、僧俗自他之者を不嫌撰出、鍬もつこを致支度、来十日小田原へ可集」（相州古文書）

りりばいばい【利々倍々】利子や利益を大いに増やして儲けること。「泉州免田庄事、先師僧正代官根来寺山臥覚伝、号銭主令利々倍々知行、無尽期云々」（親元日記別録）

りん【厘】尺度や貨幣の単位。「分」の十分の一。「両、匁、分」などの重さによる貨幣の用法、（中略）「リン」が十で「分〈ブン〉」、「分」が十で「匁〈モンメ〉」（大文典）「此米壱俵に付、〈駄賃ガ〉銀三分七りんづつ罷成候由」（梅津政景日記）

りんう【霖雨】長雨のこと。（昔阿波物語）梅雨。「其の比霖《ころりん》雨止まず、郷土川《ごうどがわ》洪水にして、曽《かつ》て兵馬の渡りなし」（柴田合戦記）➡「霖天《りんてん》」を参照

りんかん【淋汗】禅家で、汗を流す程度の夏の風呂をいう。「菩提寺淋汗始之、予勤仕」（満済准后日記）

りんげ【林下】①仏語。禅宗で、京都・鎌倉など中央にある大寺（叢林）に対して、地方の大寺。また、禅門・禅宗の意にも。りんか。「縦ひ林下に在りとも、道業密ならず、志念純ならずんば、何ぞ室家に異ならん」（遠羅天釜）②林《りん》下紙《げがみ》の略。森下紙のことか。「自濃州〈□□法印〉、進上之物〈御茶百袋、干飯二十袋、団扇二本、林下百帖〉執進上了」（親長卿記）

りんげん【綸言】天皇のお言葉。（日葡辞書）

りんこう【臨幸】天皇がある所に行くこと。「りんかうなるべきざい所、御だゐの御方のしんざう、日野のしゆく所、いづれにてもゐいりよにまかせらるべきよし御申あり」（御湯殿上日記）

りんじ【綸旨】蔵人が勅旨を受けて紙屋紙《こうやがみ》に書いて出した文書。多く「宿紙」を用いた。「信玄公、大僧正と有御りんし《綸旨》下りて」（甲陽軍鑑 中）「此紙屋ニ結番シテ宿直セシ故ニ、宿紙ト書也、則是ヲカミヤガミト読也（中略）公家ノ料紙也、綸旨ナンドニ用ルガ故ニ、俗ニハ綸旨紙ト云歟」（壒嚢鈔）➡「宿紙《しゅくし》」を参照

りんじがみ【綸旨紙】綸旨を書く紙。紙屋紙《かみやがみ》のこと。「公

家の料紙也、綸旨なんどに用るが故に、俗には綸旨紙と云歟」（壒嚢鈔）

りんじゃく【悋惜・恡惜】 物を与えたり、貸したりするのを渋ること。「貴重之宝物也、可譲子々孫々、雖企所望、堅可被恡惜」（雑筆集）

りんしょう【林鐘】 陰暦六月のこと。「林鐘之節、毎事幸甚々々」（看聞御記）

りんぜつ【輪説】 自分でいろんな事を付け加えた伝言または、情報。（日葡辞書）

りんそう【林薪】 薪のこと。「山上に池有て飲水に渇する事なし。林薪《りんそう》も又乏からす」（関八州古戦録）

りんたん【隣旦・隣短】 隣家または、隣の在所のこと。「暮々冷泉へ罷向、冷隣旦カヂヤ親類ノ女房、来月産云々、所労之由申之間、令診脈了」（言経卿記）「以使者無御別心分候、隣短之間心易存候」（早稲田大学図書館所蔵文書）

りんつけ【厘付】 ➡「免相《めんそう》」を参照

りんてん【霖天】 長雨の天候。長雨の空模様のこと。「陰雲猶不散、已及霖天歟」（実隆公記）➡「霖雨《りんう》」を参照

りんぷ【稟賦】「ひんぷ」の慣用的な訓み。天から与えられた生まれつきの性質。「相模守房義稟賦《りんぷ》暴虎にして、土民困《くるしみ》を省《かえりみ》ず」（北越軍談）

りんめい【綸命】 天皇の命令のこと。「かつうは御慈悲、かつうは天下の御ため、ありがたき綸命《りんめい》なり」（太閤さま軍記のうち）

るいか【累家】「るいけ」とも。古くから代々続いてきた家のこと。旧家。「夜前頭羽林御奏慶、珍重々々、累家芳躅、列祖之規範、雖勿論候、当于時猶御自愛奉察候」（実隆公記紙背文書）

るいく【類句】 歌の各句ごとに、類似の表現のものを集め、いろは順に配列しなおした、当期成立の和歌集。「類句和歌集」。「昼間有召之間参内、類句和歌集書様之事等被仰談者也」（実隆公記）

るいこん【羸困】 ひどい疲れ、または衰弱すること。（日葡辞書）

るいしん【類親】 親類のこと。「殿《おくれ》武者なンどを馬にて踏《ふみ》ころばし、我類親《るいしん》の若き者共にうたせ」（甲陽軍鑑 下）

るいせい【累世】 ➡「累代《るいだい》」を参照

るいせつ【縲紲・累紲】 縄目の恥。囚われの身。捕縛され、獄につながれること。「異国の公冶長は、縲紲《るいせつ》の中にありと雖も、其の罪に非ず」（惟任謀反記）「加田次郎左衛門所指之番匠在累紲之中、断罪事、伝誉上人可申請之子細事被相談之」（実隆公記）

るいせん【類船】 船が行動を共にすること。また、その船。一団となって一緒に行く船のこと。「此日、有馬右衛門尉出船候、類船に新越州父子（中略）米良殿出船也」（上井覚兼日記）「酉刻計嶋原へ着岸候、吉作、和玄など指出也、新武

ら

類船仕候」（上井覚兼日記）

るいだい【累代】 代々。代々のこと。「累世」に同じ。（日葡辞書）

るいねん【累年】 多年。長年にわたっての意。「長学房昨日死去了、累年大酒故、去廿二日慈恩会遂業、則法用僧ノ処、俄ニ死了」（多聞院日記）

るいよう【累葉】 従兄弟、甥などたくさんの親類のこと。（日葡辞書）

るいらん【累卵】 「累卵危」という言葉があり、危険の甚だしいこと。「皆川の一城を屠《はぶ》らん事、輪矛の累卵を圧よりも猶安き」（関八州古戦録）

るいるい【羸々】 疲労すること。（日葡辞書）

るぐう【流遇】 「流寓」の充て字。他郷にさすらい住むこと。「落涙数行に及《およ》びけるが、黄金百枚取出《いだ》して、流遇《るぐう》資用の料《しろ》にとて進《まい》せたり」（北越軍談）

るご【留後】 戦闘に勝利し、戦後処理のために駐留した者たち。「手勢を卒て庄内え押入ける折節、新山の塁主小川紀八郎を留後《るご》に定め指置《さしおき》たりしに」（北越軍談）

るすい【留守居】 出陣しないで城に留まる守備隊のこと。「何時も動於有之者、隆景と増田右衛門尉可為留守居候」（黒田家文書）

るはん【流播】 「りゅうは」と訓む。伝わり敷くこと。広まること。「相坂関より東、陸奥・出羽に至て、利那の間に流播《るはん》して」（北越軍談）

るらく【流落】 「りゅうらく」とも。流浪すること。「御逗留不実候之条、定於遠国可為御流落候歟」（太田荘之進氏所蔵文書）

るれい【流例】 「りゅうれい」とも。古くからそうずべきだと世間に通用している、きまりとか、しきたりとかのこと。「国家ヲ治ルニ礼楽ノ正ヲ以スル事、和漢ノ流例ナリ」（信長記）

るろう【流牢】 「流浪」の充て字。「近習の侍も或は死罪と成り、或は所領を召放され、流牢《るろう》と成るもの多かりけり」（奥羽永慶軍記 上）

れいがえし【礼返】 返礼のために、訪れたり金品を贈ったりすること。「引出物ニ脇指馬ナドヲ平左衛門ニ給リ返サレケリ、利家卿ヨリ村井又兵衛を礼返ニ可被遣由案内被仰遣候処ニ」（末森記）

れいぎ【礼儀・礼義】 謝礼。報酬のこと。「在在百姓、其外従誰人も一切礼儀等取不申候事」（高野山文書）「礼儀いかほど入り候はんや」（醒酔笑）

れいごころ【礼心】 感謝の気持ち。また、謝礼の意を表すしるし。「為樽代二十疋遣了、馬之礼心也」（言継卿記）

れいし【令嗣】 跡継ぎ。後継者のこと。「此度、胤宗打死し、令嗣《れいし》なかりしまゝ」（関八州古戦録）

れいし【犂耜】 「犂鋤《れいじょ》」の転か。耕作すること。「或は自ら

ら

犂耜《れいし》を執るが故に、土民斉《ひとし》く力を尽して労苦厭《いと》はず」（北越軍談）

れいしき【例式】①いつもの。「原美濃守入道、例式のほそき金の半月、一方へ、一間の中づゝ出したる」（甲陽軍鑑　中）②きまりの儀式。慣例とする作法。いつものやり方。常のとおり。「於若宮御方又有盃酌、例式沈酔、候宸殿了」（実隆公記）「今日毎月風炉也、例式之衆大略会合」（康富記）

れいしき【礼式】①礼意を表すために贈る金や物品のこと。「官符は後に被出、礼式目録を以披露在之」（多聞院日記）②訪問の際などに、儀礼として贈る金銭のこと。「能信算用状以被来候、礼しき在之、かんにて酒在」（北野天満宮目代日記）

れいじつ【例日】常の日。（日葡辞書）

れいしゃ【礼者】命をうけて、儀礼として挨拶に赴く人。特に年始の挨拶に回る人をいう。「今日礼者小笠原又六被来云々」（言継卿記）

れいしゅ【醴酒】甘酒。ひとよざけ。「同れい《醴》しゅ《酒》又りゅう《龍》ほう《宝》し《寺》江年始参候」（伊達家治家記録）

れいしょう【例証】証拠となる先例。「承仕法師等依各別之子細、令追出之例証不足返答者歟」（東寺百合文書）

れいじょう【礼状】お礼の手紙のこと。「則九日七時ヨリ下ル、十一日ニ礼状上ル」（久好茶会記）

れいせん【礼銭】①礼をするために用いる金銭・礼物のこと。「或郡司或地頭、号段銭礼銭雖申懸、一切不可致承引事」（六角氏式目）②室町時代、特定の祝儀として幕府に贈った金銭。また、幕府の役人におくった賄賂のこと。（日葡辞書）

れいちゃ【礼茶】挨拶としてもてなす茶。「聽て内城へ申請候、先御礼茶也」（上井覚兼日記）

れいちょう【礼庁】上杉謙信の定めた四庁の一つ。編敷《あみしき》の作法のこと。「礼庁とは編敷《あみしき》の作法を云、諸士出仕の時幕を打、鱗次に従て謁見の礼あり」（北越軍談　中）

れいふ【霊符】霊験のある有り難いお札。護符のこと。「霊符之祈念別て仕候」（上井覚兼日記）

れいほう【霊方】「方」は方法。霊験のある医薬の方法のこと。すばらしい手当て。「既に其年名医迄も招き、霊方を尽すといへども、更に益なく、今は耆婆《きば》扁鵲《へんじゃく》が力にも及ばず」（奥羽永慶軍記　下）

れいほうたん【霊宝丹】「透頂香」とも云う。小田原名産の外郎薬のこと。「豆州の八丈織三十端・修禅寺紙二百帖幷《ならびに》に小田原の名産霊宝丹［今云透頂香］百裹を贈らる」（北越軍談　中）

れいめい【例名】代々襲名する名前のこと。「尾張親宗之子中務盛宗乎《か》、其の子宗重は刑部と称す、或は例名なる歟」（伊達正統世次考）

れいめい【黎明】➡「黎明《しののめ》」を参照

れいもつ【礼物】 謝礼の贈り物。進物のこと。「跡部大炊助邪欲をかまへ、万事礼物《れいもつ》をとり、賄賂《まかない》にて事をすます」（甲陽軍鑑　下）

れいもつさばき【礼物裁き】 謝礼次第の裁判をすること。「是に味《あじわい》欲に耽《ふけ》り、公事《くじ》沙汰も礼物《れいもつ》さばきに仕り」（甲陽軍鑑　下）

れいもん【令聞】 善いほまれ。令名のこと。「武威を五畿七道に発《おこ》して、万代の令聞《れいもん》を伝へんと欲す」（北越軍談）

れいらく【零落】 ①荒廃すること。さびれること。土地・建物などが荒れ果てること。器具・文書などが破損したり、散佚したりすること。「近年庄薗等零落」（東寺百合文書）②芸道や学術などが廃れること。「家と申し、天下の歌人と申、此の両人如此題よみ違へてはいかが侍るべき由、殊に道の零落と覚えたり」（東野州聞書）

れいらん【零藍】 「霊藍」の充て字。神聖な伽藍のこと。「四海の逆浪を静め、台嶺《たいれい》の諸伽藍・七社の零藍《れいらん》、建立を遂げ」（甲陽軍鑑　中）

れいり【発明・怜悧】 「発明」は「怜悧」のこと。（長元物語）巧妙であること。あるいは、器用なこと。（日葡辞書）

れきき【歴麾】 歴々の諸士という意か。「加旃《しかのみならず》歴麾《れきき》の諸士へ、常々含諭《ふくめさと》さるる旨趣は」（北越軍談）

れきらん【暦覧】 「歴覧」と同じ。みんなで観ること。「玉章殊更八朔梅ニ枝送給、大切之枝祝着候、其儘令暦覧候」（長野市西方寺文書）

れきれき【歴々】 明らかに。「生捕の者諸家に歴々に候」（老翁物語）

れん【連】 鷹などを数える数詞。「名取郡茂庭より若兄鷹《しょう》三連到来す」（伊達家治家記録）

れんがじ【連歌字】 連歌懐紙などに、高貴な人が用いる略名。または、一種の雅号。普通は「一字名《いちじな》」を用いた。たとえば、室（室町将軍義教）、二（摂政二条持基）、聖（聖護院准后満意）など。「連歌字事、如此一字つつ被書之了、被任鹿苑院殿御例也」（満済准后日記）

れんがはじめ【連歌始】 室町幕府の年中行事の一つで、正月十九日に行われ、発句を将軍が詠ずるのが慣習。

れんかんうち【連貫打】 鉄砲の乱れ撃ちのこと。「城卒等雀躍して、連貫打《れんかんうち》に打出したれど、中《あた》る鉛子《たま》一箇もなし」（北越軍談）

れんけつ【廉潔】 欲がなく、心や行いがきれいなこと。清廉で潔白なこと。「勝頼ハ随分正直廉潔にして、慈悲第一の大将也」（甲乱記）

れんし【連枝】 貴人の兄弟のこと。（日葡辞書）貴人の兄弟。「何れも　稙宗君の御息女、晴宗君の御連枝なり」（伊達家治家記録）「爰に小野寺義道連枝孫五郎康道、羽州平鹿郡大森に住居す」（奥羽永慶軍記　下）

れんじゃく【連雀】 連雀（連尺）は、二片の板に縄をつないで背につけ物を負うに用いる具。転じて連尺商《あきない》をする人、行商人の意。「猿・馬・牛の皮はぐ乞食《こつじき》が騎鞍馬《のりくら》にのり、下人をつれ、れんじゃくかうし《連雀小路》玉屋という酒屋」（甲陽軍鑑　下）

れんじゅ【連衆】 連歌の会の席に連なる人々。連句を作る仲間。「連衆　レンジュ　詩聯句歌連歌連衆」（文明本節用集）

れんじょ【連署】 同じ文書に多くの人が署名し、連判すること。また、その文書。「於講堂判ヲ得、略、其後連署ヲシ各名ヲ書キ、則証師五師加署也」（多聞院日記）　**参考：**上位者ほど後に署名する。

れんじょう【連畳】「つづけうち」とも訓むか。鉄砲を撃ち続けること。「城兵鉄炮を連畳に打懸けれとも」（関八州古戦録）

れんじょう【連状】「連署〈れんじょ〉」に同じ。同じ文書に多くの人が署名し、連判すること。また、その文書。「就若公之儀、自僧綱中以連状申入候」（後法興院記）

れんちゅう【簾中】 夫人のこと。「名護屋に御越年あるへきため、諸大名衆簾中方を呼寄せらる様にと」（伊達家治家記録）「其故は輝元簾中煩敷候て、于今無平腹候」（吉川家文書）

れんちょく【廉直】 公正なこと。（日葡辞書）

れんにく【蓮肉】 蓮《はす》の実の白い胚乳の部分。「薄所へ遣之、半さいは加木香、新内侍用、云々、半さい薄用加蓮肉二分宛了」（言継卿記）

れんねん【連年】 幾年も続くこと。何年か引き続いて毎年のこと。「昨日揚本名主等損免申之、以外事也、連年如此申入事先例無之」（大乗院寺社雑事記）

れんぱん【連判】 ①一通の文書に二人以上のものが連名で記名して、花押を書き、あるいは印を捺すこと。奥に宛名がある時は、宛名に近い方を上位者とし、宛名の無い時は、初めを上位者とする。連判には、傘連判《からかされんぱん》、列判《れっぱん》がある。「右、各連判之処、於被背彼条数、堅可為曲事虚言者也、仍如件」（上杉家文書）　②同盟すること。「当山衆僧以連判御敵令一味、度々及行剰構要害」（高野山恵光院文書）

れんぱんじょう【連判状】「れんぱんじょう」とも。同士の人々が名を連ね判を押した誓約書。また、願い状のこと。「一通　百姓等れんはん状」（東寺百合文書）

れんれん【連々】 ①引き続いて。「右の外連々出来《しゅったい》す」（元親記）　②かねがね。「たわけにてはなく候とて、山城連々《れんれん》申し候ひし」（信長公記）

ろ【壚】「くろつち」とも訓む。黒い土のこと。「簗田〈晴助〉在地戸張際ニ被陣取候、作毛悉壚ニ被致之候」（北条氏繁書状）

ろ【鲈】 鱸《すずき》のこと。「永井信濃守尚政、御使として伏見より参上。大鲈一箇を進ぜらる」（駿府記）

ろうえん【狼煙】 合図のために、あるいは、警報のために燃やした火のこと。（日葡辞書）

ろうかい【老懐】 老人の思い、考え。述懐のこと。「老懐百懶慈誨難打置候」（実隆公記紙背文書）

ろうかばし【廊下橋】 城内で廊下のように架した橋。側面を壁・竹・塀などに作り、狭間《さま》を設け、横矢を防ぐ用としたもの。「城取の事（中略）一、すき門の事　一、塵とり　塵ふせぎの事　一、廊下橋の事　同引橋《ひきはし》の事　口伝」（甲陽軍鑑　下）

ろうがん【弄翫】 もてあそぶ。夢中になる。「尤和国之風俗、自上古、誰歎此道不被弄翫候哉、不経年月、御増進、奇特千万候」（三浦文書）

ろうくつ【老屈・老啒】 老いて腰がかがむこと。老衰。「既及八十歳老屈匆論也」（看聞御記）「凌寒気老啒更不覃了簡付而」（足利頼淳書状）

ろうげつ【臘月・臈月】 十二月の異名。（日葡辞書）

ろうこう【陋巷】 ①俗世間のこと。「纔に弓馬の業を継ぐと雖も、未運の残生を東山陋巷《ろうこう》に投じ、賊の為、未だ功を拊《にぎ》らず」（奥羽永慶軍記　上）②十字路。または皆が通過する道路のこと。（日葡辞書）

ろうこう【労功】 苦労してつとめた結果得た大きな手柄のこと。功績。功労。「猶以紀軽重、可加褒美間、粉骨之輩労功、永不可失之条」（六角氏式目）

ろうこく【漏刻】「土圭」のこと。砂時計、水時計のような時計のこと。「いあんと申もの、ろうこくこしらへ候てしん上申」（御湯殿上日記）

ろうこし【牢輿・窂輿】「ろうごし」とも。①捕えた貴人を乗せる輿のこと。「牢輿《ろうこし》にのせ参らせ小田原に移し」（関八州古戦録）②囚人・罪人を護送する輿のこと。「軍《いくさ》散じて後、小笠原信濃守政康是《これ》を預り、窂輿《ろうごし》に舁乗《かきの》せ、豊景警護して上洛せしむ」（北越軍談）

ろうさい【癆瘵】 肺病のこと。（元親記）

らうじ【臈次】 長幼または年功序列のこと。「弓矢の業を取失ひ臈次《らうじ》を乱す中に」（関八州古戦録）

ろうしゃ【老舎・籠舎】 人を押し込めておく屋舎のこと。罪人・囚人を拘禁しておく建物のこと。牢屋。牢獄。獄舎。「自去年被置所司代〈浦上〉籠舎」（長興宿禰記）

ろうじゅう【郎従】 家士の身分の低い者。郎従は、本来の家来で従属性が大きい。「郎等」に同じ。「新田遠江景綱与力《よりき》・郎従《ろうじゅう》等百余騎力戦す」（伊達家治家記録）「侘傺の余に、子孫を以傍輩の被官になし、郎従の契約に及ぶ事、太以不可然」（大内氏掟書）　➡「所従《しょじゅう》」「与力《よりき》」を参照

ろうじゅう【老中】 ①室町時代、評定・引付の両衆の総称。年寄。「訴訟人条（中略）如何様明日其許へ致伺公御老中迄可申上之由各申候之間」（武家名目抄）②室町・戦国時代、諸家・諸大名の老臣の称。政務を総裁した重臣。家老中。宿老中。年寄中。「公事奏者之事、双方令内談上を以可言上、如先例老中者、可有遠慮事」（長宗我部氏掟書）③家臣の中で、年寄株の主だった人。「大屋形氏康、老中ヲメサレ仰ケルハ、抑今度景虎発向ノ事ニ付テ各々手合ノ沙汰最ナリ」（相州兵乱記）

ろうしょう【弄璋】男子が生まれること。「弄璋の喜び」。「初憲政北方の腹に弄璋《ろうしょう》の慶あらん事を頻《しきり》に欲せらると云へども、不幸にして」（北越軍談）

ろうしょう【粮餉】兵粮のこと。（南海通記）

ろうじょう【籠城】城中に閉じこもること。「致高政と一味を、要害ことごとしく普請を仕、籠城之支度紛無御座候」（室町殿日記）

ろうぜき【狼藉】「乱暴」が物に対する略奪行為を指すのに対し、「狼藉」は人に対する無法な態度をいう。「諸軍勢・甲乙仁等、濫妨狼藉之事、堅令停止畢」（黒田家文書）「剰當方牢人歴々令撫育、狼藉無盡期之条、参洛不任所存候」（東京大学史料編纂所蔵大友義鑑書状）

ろうせつ【老拙】手紙で、年老いた自分を指す称。「磐城重隆、其の家臣に与うる書有り、略に云《いわ》く、老拙戒心之事に於ける、若し聞く所有らば速やかに告喩せ見《ら》れよ」（伊達正統世次考）

ろうせつ【漏泄】心の内を吐露する。愚痴を漏らす。「将又昨日御入来、御掛物一覧、様子共略令漏泄候趣、御取成故、従霜臺公御禮状被下候、御念入候段、忝存候」（千坂伊豆守宛金地院崇傳書状）

ろうせん【楼船】屋形船のこと。（細川家記）

ろうそく【労足】老人の、足元のおぼつかない歩みのこと。「誠老足、殊炎天山路遠境、彼是可為御大儀候へ共」（上杉家文書）

ろうだつ【漏達・漏脱】①秘密の事柄を、関係者以外の者に漏らすこと。「敬定漏達評儀事」（東寺百合文書）②漏れたことを申し述べること。「於信長可為快然候、猶御使僧可有漏脱シ」（上杉家文書）

ろうとう【郎等】「郎党」の充て字。「一族郎等三十余騎、獅子のはがみをなして討て懸る」（奥羽永慶軍記　下）

ろうに【老耳】老耄して確かでない老人の耳、聴覚のこと。「依彼黄門発句、於我第沙汰也、雖余元来人数、老耳不聞得之間、当年者雖不出此席、頻招引難黙止、所令出頭也」（宣胤卿記）

ろうにんばら【牢人腹】牢（浪）人者のこと。「隣国・他国の牢人腹《ろうにんばら》是れを聞き、即時に集まり申し候事」（川角太閤記）

ろうねん【労念】気をつかうこと。気が疲れること。「如何、労念に勝《た》えず、惟《ただ》鎮靖せ見《ら》れんことを希《ねが》う而已《のみ》」（伊達正統世次考）

ろうはい【浪廃】「老廃」の充て字。年を取、役に立たないこと。「憲当随喜の泪を浮べ、来し方の昏愚《こんぐ》を述《のべ》て、浪廃の躬《み》用なしと而已《のみ》思いて」（北越軍談　中）

ろうはん【労煩・労繁】病気による疲労と衰弱のこと。心身ともに疲れ果てること。「武家へ御暇乞に参以荒川与三中入了、無御対面、従御鷹山只今還御、御労煩云々」（言継卿記）「極此一事候条、乍労煩以夜継目、弥入念可被相拵儀肝

ら

要候」（新編会津風土記六）

ろうひつ【籠櫃】牢獄のこと。「百姓の内、能むすめ子など持候をば、科のなき其親を籠ひつへ入、子共を取て、譜代にいだされ候間」（甲陽軍鑑）

ろうぶつ【粮物】道中などの糧食のこと。食糧。かて。「ろうもつ」とも。「粮米　ラウブツ　粮米義也」（文明本節用集）「遠国へ被召使候時は、粮物一・二貫文余も入候間、地下之疲無申計候処に、如此承候間」（東寺百合文書）

ろうへい【労兵】相次ぐ軍事行動で、兵士を疲れさせること。また、その疲れ果てた兵士。疲兵。「西上州御調儀、此度御労兵と申、村押之御動、無所詮間、極来御調儀存候」（上杉家文書）「只今御労兵之砌と云、窺御帰国、信玄擬之処、大切存候」（伊達家文書）

ろうまい【粮米】「粮物《ろうぶつ》」に同じ。「兵粮ハ、軍陣粮米ナリ」（庭訓之鈔）

ろうめつ【牢滅】牢浪に死すこと。「羽川は終に本望達すべき時節なしとて、山北にて牢滅《ろうめつ》す」（奥羽永慶軍記　下）

ろうもう【老耄・老毛】「老」は七十歳の老人、「耄」は八、九十歳の老人の意。おいぼれはてること。また、その人。「仍愚老連々御内談衆儀預御免候はば、可忝存候、以外老もう仕候、耳も不聞候、旁以御侘言之由申上候」（大舘常興日記）「然るに万鬼齊老耄《もう》の余りに平八郎を慈愛の厚きに犯され」（関八州古戦録）「我々儀老毛故忘却、就無正躰」（護国寺文書）

ろうりょう【粮料】⬇「粮物《ろうぶつ》」を参照

ろうりょく【労力】身を粉にして働くこと。「大名小名悉軍功励シ苦身労力セシカバ、旧冬ヨリ御暇給リ在国シ」（信長記）

ろうろう【玲々】琅々。美しい音の形容。「大般若を読誦し、御神楽を奉ずれば、殷々《いんいん》たる梵音、玲々《ろうろう》たる鈴の音に無明煩悩の眠をさまして」（奥羽永慶軍記　下）

ろうろう【牢籠】①世間から身を隠し、蟄居していること。牢獄に閉じ込められること。「織田孫十郎殿久々牢籠《ろうろう》なされ候を、不便《ふびん》におぼしめし、御赦免候て」（信長公記）「日向守内斎藤内蔵助、今度謀叛随一也、堅田ニ牢籠、則尋出、京洛中車ニテ被渡、於六条川原ニテ被誅了」（言経卿記）**②八方ふさがりの状態に弱りきること。**「日吉、祇園、両社馬上役事、京中有徳之仁、毎年牢籠、雖為不便、神慮既令然之間、自往古無断絶者也」（尺素往来）

ろうをつぐ【老を告ぐ】隠居すること。「福田備後は玄蕃の改名乎《か》、父備後老を告ぐるの後、公に奉ずること此の如き乎《か》」（伊達正統世次考）

ろが【露芽】茶の異称。「雖不珍候、自駿州到来之間、露芽二箱進之候、御賞翫所希候」（上杉家文書）

ろかいにおよぶ【及櫓械】どこまでも。「然者門下之者之事、男女ニ不寄、及櫓械程可成敗候」（聖徳寺文書）

ろくぐ【六具】六種で一揃となる武具。（昔阿波物語）

ろくさい【鹿砦】城砦や陣営などで敵の侵入を阻むために

ら

立て並べる障害物のこと。先のとがった竹や枝のついた木を組んだ柵で、形状が鹿の角に似ているところから言う。逆茂木。「麾《さいはい》推取り乗廻し、鹿砦《ろくさい》・逆茂木《さかもぎ》践《ふみ》倒させ」（北越軍談）

ろくしゃく【陸尺・六尺】 ①町衆の家中に仕える奉公人の若者のこと。②小間物を売りながらあちこちと行く者のこと。（日葡辞書）

ろくしゅ【六種】「六趣」に同じ。地獄・餓鬼・畜生・修羅・人間・天井の六種の迷界のこと。「稲麻竹葦の如く打《うち》囲《かこみ》て、鬨《とき》の聲をあげければ、六種忽ち震動して山岳須臾《すゆ》に砕け、大地も裂るかと夥し」（奥羽永慶軍記　下）

ろくじゅうろくぶ【六十六部】 六十六部廻国衆とか六部ともいう。日本六十六国の霊場を巡拝し、一国に一部づつの書写した法華経を納めながら廻国する行者のこと。「六拾六部之経聖当国往反事、如前々、不可有相違者也」（密蔵院文書）

ろくじょう【六条】 中世末ごろ、本圀寺の異称。「公方様六条に御座候を取詰、門前焼払、既寺中へ可乗入の行也」（信長公記）

ろくな【陸な】 平坦なこと。（日葡辞書）

ろさい【囉斎】「羅斎・邏斎」とも。僧が家々を回って食物や扶助を乞うこと。また、物乞いをして回る人。乞食。「隠遁の身と成りて諸寺諸山を囉斎《ろさい》して光陰をぞ暮されける」（甲乱記）

ろじん【露塵】 少しも。全く。露ほども。「不圖當（伊達）へ被打越候者、露塵不可有如在候」（伊達家治家記録）

ろせつ【路説】 うわさ話。（日葡辞書）

ろせん【路銭】 旅の費用のこと。旅費。路用。「路銭等引候へは、御寺納減候間、我々致散用進状候」（高野山文書）「千松丸母姉両人京ニアリ、為見廻常如引宗祐トツレテ上了、ロセン五十文トラセ了」（多聞院日記）

ろっぽう【六方】「ろくぼう」とも。中世、奈良興福寺の寺院制度の一つ。学侶とともに寺内の行政・宗教行事に従う組織で、時には軍事、検断などの武力活動を行った。「於水屋社学侶・六方神水集会」（大乗院寺社雑事記）　また、興福寺の僧坊は六方に分かれていたところから、寺の内外の実務にかかわる中下級の僧衆をいう。「六方衆」とも。「講衆与衆中確執事、学侶殊歎存候、（中略）既可属無為之由、六方衆申候間、目出存候処、又違乱之由重而六方書状到来候」（学侶引付写）

ろっぽうしゅう【六方衆】 奈良興福寺の六方組織に属する本寺・末寺の僧。「辰市・美濃庄対寺門致緩怠間、今日六方衆為進発下向了」（多聞院日記）

ろべつせん【櫓別銭】 中世、商船の大きさに比例する櫓の数に応じて、関所などで徴収した一種の通行税。「可令警固西国運送船幷廻船等、且櫓別銭貨百文為兵粮料足、於兵

庫島可宛取」（米良文書）

ろろん【魯論】 漢代の三論語の一つ、魯国に伝わっていた論語。「不義にして富且貴《とうとき》は我に於て浮雲の如しといふ事、是孔子の善言、魯論に記さる丶所とこそ承り候へ」（奥羽永慶軍記　下）

ろんじょ【論所】 訴訟、あるいは、争論のもとになっている領地や地所のこと。「緩怠之働於事実者、不被及元来之子細、可被付論所於敵人」（六角氏式目）

ろんそ【論訴】 提訴し、告発すること。（日葡辞書）

ろんなん【論難】 相手の非を指摘して論じたてること。「今日改元定也、（中略）〈勘文〉各一々見之、（中略）此時諸卿及論難、頭弁居上卿座下聞之、其間経数刻」（二水記）

ろんにん【論人】 訴訟の被告人のこと。「訴人」の対。「然而訴人申所、巧殊虚説為顕然者、同論所可被付論人方事」（六角氏式目）

わ　行

わいぞう【猥雑】　わけもわからず大混乱になること。「細川讃州宿焼失、御所近所、猥雑無申計、雖然無為、殊珍重々々」（満済准后日記）

わいらん【穢乱】　醜い争い。穢れた争いのこと。「抑《そもそも》可姦臣の謀計讒間より起りて、而して天地容《い》るる所無き之大穢乱《わいらん》と為る」（伊達正統世次考）

わいん【和韻】　他人から詩を贈られた時などに、それに応えて、その詩と同じ韻字を用いて詩を作ること。次韻。用韻。依韻の三体ある。「鏡書記和韻持来」（実隆公記）

わかうえ【若上】　①「若君《わかぎみ》」に同じ。「若上御曹子の伴には」（武家名目抄）　②若い御台所。若い北の方をいう。「若上様〈日野左大臣勝光公御息女〉御著帯御帯要脚事政所沙汰なり」（親元日記）

わかぎみ【若君】　幼い主君のこと。幼君。若上。「就若君様御一字之義、重而申入候之処」（上杉家文書）

わかげ【少気】　若気。わかげ。「万事少気《わかげ》之故と為す、於悒《おゆう》に堪えざる而已《のみ》」（伊達正統世次考）

わかじに【夭亡】　若死にすること。「同十四年丙戌《ひのえいぬ》十一月痘瘡に依り夭亡、三歳」（北越軍談　中）

わかしゅ【若衆】　年若い者のこと。若者。特に、元服前の男子。若衆髷《わかしゅまげ》の男子。「就其、若衆被申子細事、先寺家之掟、可任先規之条勿論也」（高野山文書）

わかしょう【若兄】　若兄鷹の略。「名取鬼（茂）庭よりわか《若》兄三ッ参候」（伊達天正日記）

わかしょう【若兄鷹】　兄鷹は雄鷹のこと。（伊達家治家記録）

わかだい【若弟鷹】　弟鷹は大鷹の雌で鷹狩に用いた。（伊達家治家記録）

わかたか【鴘鷹】　若鷹のこと。一歳は黄鷹、二歳は鴘鷹、三歳は青鷹という。「庭籠鴘鷹一居巣主大小差副へ進せらる」（性山公治家記録）

わかだち【若立】　新たに芽が生え出ること。また、その芽。ひこばえ。若ばえ。「老木は悪候、但若立にて候へは老木のも不苦候」（上杉家文書）

わかつ【施つ】　分かつこと。「軍慮の固を乱さず、行列の政（正）を失はず、人馬の力を施《わか》たず」（奥羽永慶軍記　下）

わかてき【若敵】　一度も戦場で手柄を立てたことのない敵の大将。また、年若く武勲のない敵の武将。「若敵とは、年はいくつにもなり候へ、よはくもつよくも落つかず、一度も誉なき大将は、其わざ若き故、是を若敵と云ふ、勿論年若くてがらなきは若敵也」（甲陽軍鑑）

わかと【若徒】　若い人のこと。若者。若衆。「就学侶之若徒訴訟之事書可有返事間事」（高野山文書）

わかね【若根】　若い根のこと。新たに生え伸びた根。特に

蓮根のそれをいう。「出世・々間御憑進上分（中略）若根三本」（大乗院寺社雑事記）

わかもち【若餅】正月三が日の間につく餅のこと。「河内御御厨ヨリ若餅三進之、目出恒例」（教言卿記）「将又、先度は若餅過分存候」（利休書簡）

わかものばら【壮士儕】若者たち。「陣頭の壮士儕《わかものばら》逆茂木《さかもぎ》を引除《ひきのけ》て」（北越軍談）

わかれまじる【頒斌】敵味方が入り乱れて戦うこと。「主客縦横に頒斌《わかれまじつ》て押返し推戻し、只混らに敵味方手を取組む計にして」（北越軍談）

わかん【和漢】「和漢聯句」の略。和句を発句、五言漢詩の一句を脇句にして以下和句と漢句を交互に連ねるもの。和漢連歌。和漢。⇳漢和聯句。「今日和漢月次御会也」（親長卿記）「為聖廟御法楽有御和漢、予執筆、御人数、若宮御方、伏見殿（中略）等也」（実隆公記）

わき【肱】「脇」に同じ。「折しきて待懸《まちかけ》て、引請て突《つき》くずせば、肱《わき》より又入替《いれかえ》て懸《かかる》を待請て」（三河物語）

わきあとぞなえ【脇後備】脇備《わきぞなえ》と後備《あとぞなえ》のこと。陣立てで、本陣の左右両脇にある隊と後方にある隊のこと。「御旗本は脇後備ばかりを以て、図書助かたへ手あてて陣取り」（甲陽軍鑑）

わきうり【脇売】中世の座や近世の株仲間などの特権商人以外の者が、その営業区域内で商品を販売すること。ま

た、その人。「朱之座事、脇売於猥者、従前々今以如有来、可加成敗候状如件」（玄以法印下知状）

わきざし【帯副】脇差のこと。「景政磤《いん》と睨《にら》み帯副《わきざし》を抜て、為継が甲装《くさずり》を畳《たた》み揚《あ》げ刺《さ》さんとす」（北越軍談）

わきざししん【脇指心】脇指を抜いてまでも勝負しようとする気持ちのこと。「いづれの口も両方ともに少し脇指心なし」（甲陽軍鑑　下）

わきさんざい【脇散在】中世、名主百姓より下級の階層の農民のこと。「右、名主百姓事者、当御陣堪忍仕候上者、脇散在之者、雖有緩怠私曲、蒙仰候て、堅可申付候」（吉川家文書）

わきじ【脇寺】本寺に付属する寺のこと。「是にわき寺十四五有」（甲陽軍鑑　下）

わきぞなえ【脇備】脇の方を警固すること。「真田是非御先をと望むといへ共、右の脇備《わきぞな》へに仰せ付けらるゝ」（一徳斎殿御事蹟稿）

わきたむ【わきたむ】弁償すること。「水田郷年貢弐拾貫文納、北小路殿御わきため分」（山科家礼記）「色々誰々とやらに、如右人に代物かり候て、興禅軒請に立候へば、不返弁候間、興禅軒わきだめ候程に申付てと候間」（証如上人日記）

わきだゆう【脇太夫】能で、ワキを演ずる役者のこと。脇師。「渋屋大夫召寄候（中略）脇大夫・小皷・太鼓打など随身也」（上井覚兼日記）

わきづけ【脇付】書状で、あて名の左下に書き添えて敬意

を表わす語。参、人々御中。侍史。机下。御中などの類。返書には、尊答。貴酬など。

わきつぼ【脇壺】 大鎧の胴の脇の隙間を防ぐ物。「一筋は右兵衛佐の右の脇壺にあたり」（関八州古戦録）

わきのう【脇能】（本来「翁《おきな》」の次に演じられたところから「翁」に対して脇にあたる能の意という）能の分類の一つ。正式の演能の催しの第一番目に上演され、神や天女などが現れて御代の泰平を祝う能。高砂・老松・東方朔など。神能。脇の能。「去年金剛・金晴脇能事及相論」（大乗院寺社雑事記）

わきびゃくしょう【脇百姓】 中世では、名主より低い身分階層の百姓のこと。平百姓。小百姓。「上守護披官人日根野打入、云地下云寺庵悉令乱法、先番頭刑部太郎と脇百姓と両人生取了」（政基公旅引付）

わきぼう【脇坊】「脇寺」に同じ。本寺に付属する寺のこと。一山内の塔頭。「新立寺にてわき坊十五間の間に」（甲陽軍鑑）

わきまえ【弁え】 弁償すること。「納米ニもミぬか《籾糠》あるにをいてハ、其代官ニわきまへさすへく候」（東大史料編纂所所蔵文書）「納九条左馬れう年ぐの事　合一石二斗三升　いや三郎わきまへ　右うけとる所如件」（東寺百合文書）

わきやり【脇槍】 横合いから槍の隊が攻撃を加えること。「わき鑓《ヤリ》になって、少しもためらはず懸入撞立ける」（信長記）

わくごう【惑業】 悪い行ない。堕落した行ないのこと。（日葡辞書）

わこ【若子】 身分の高い人の男の子ども。「晴宗若子、此方被相移候ニ付而、為祝儀、態之御届本望ニ候」（東京大学文学部所蔵文書）「若子共を他人之被官ニ出候に付而者、地頭・代官へ申断、徹所を取而可罷越候」（北條家朱印状）

わこう【和降】 平和的な降伏のこと。「彼の辺の衆過半和降《わこう》を請う」（伊達正統世次考）

わごれ【わごれ】 親愛の意を表して、男女を通じて用いる対称の人称代名詞。わぬし・おまえ。わがりょ・わがりょう（我御料・我御寮）ともいう。「信長は馬上にて近衛わごれなンどは木曾路を上《のぼ》らしませと申さる丶」（甲陽軍鑑　下）

わざと【態】 わざわざ。特に思い立って。思い立ち、事改まって言上する意で、書状の冒頭に用いられる。「態染筆候、藝州和平儀、弥無異儀候哉」（黒田家文書）「態卜捧一行候、抑御舘造営之由承条、先以目出度候」（天正本新撰類聚往来）

わざとばかり【態計】 御返事として。「尚以御祓幷山桃・尉〈熨〉斗五把送給之候、目出度令拝領、態計御初尾三十疋令進覧候」（伊勢古文書集）

わざわい【殃《ひ》】 災い。「賢を蔽ひ賢を妬む者は殃《わざわ》ひ三世に及び」（日新菩薩記）「いか様の殃をも知りがたければ」（細川家記）

わざん【和讒】 ①訴え、讒言。「一、自今以後、就身上之儀、自然和讒等申儀候者、直被成御尋之通、被仰聞候、千万忝、

わ

致安堵候」（毛利博物館蔵吉川元春起請文）②両者の仲を取成し、和解をはかること。「中御門大納言、姉小路宰相等入来、今年一向不対客之由令命処、推而可謁之由相公和讒也」（実隆公記）

わし【和市】 物資交換に際して立てられる相場・時価のこと。「和市安候へ共、爰元皆悉其分ニ候ツル間、無了簡候、今ワ少高ク成申候ヘドモ、不及力候」（真珠庵文書）

わしのほう【和市の法】 中世、物を銭貨に換算する時に市場価格によって計算すること。「わしのほうといへる事如何、これは和市の法とて市の売買沽価の高下をさだめおかれたる事也」（名語記）

わしゅ【和須】「和輯」と同じか。和らぎ安んずること。「父高逍軒は家督を長男下総守政頼に与奪して後父子和須《わしゅ》せず」（北越軍談）

わじゅん【和順】 良好な関係になること。「和順セラル様ニト只管ニ庶幾シ給ヘリ」。（伊達家治家記録）

わずか【讒】 わずかな量のこと。「長宗我部讒《わづか》の家なれば」（元親記）

わずらい【煩】 ①難儀なこと。「衣為遠国有煩往復、幸得便凬、誂愚札畢」（雑筆集）②特に、相手のもてなしに対して、手数をかけたことを感謝していうのに用いた。「長印房ヨリ白タビ一足給了、煩ノ至也」（多聞院日記）③病気。「やかんつき候て、きゐのわづらひあり、（中略）さまざまさとう候へども、つゐにべゆうなく、ふし三人びやうし」（太閤さま軍記のうち）

わずらわしい【愍】 わずらわしさ。（黒田家文書）

わた【綿】「綿百把二百目括」は、一つの括りを二〇〇匁とした真綿（絹綿）を一〇〇把。一匁は三・七五g。「な《名》こ《護》や《屋》くわん《還》きょ《御》ニつきて、わた《綿》百は《把》二百めつくり」（黒田家文書）

わたいもの【渡物】 祭礼の時、練り歩く、行列・山車などのこと。「渡物ハ日中ノ時分ニ渡了、渡物ノ数少々、梅ノスワヰ一番ニ仕丁二人（中略）ホコヲ持物八人、御コシ三丁（中略）田楽ハ一ノ後也」（多聞院日記）

わだかまる【蟠る】 欺き偽ること。腹黒い。邪悪な。（日葡辞書）

わたかみ【綿噛】「綿上・肩上」とも。鎧類の胴の両肩の部分の名称。「其の上、具足の左のわたかみにも似たる四手を付けさせよ」（川角太閤記）肩上の転。鎧の胸板を釣り上げる部分。「兜の吹返し、綿噛《わたがみ》の外れに薄手とは云ひながら、数ケ所の疵を蒙り」（一徳斎殿御事蹟稿）

わたこ【綿子】 真綿で作った防寒衣のこと。「中院前黄門綿子被送之」（実隆公記）

わたしぐち【渡口】 海や川で、渡船の発着所のこと。「被加御赦免候處、只今渡口ニ構城郭防戦候条、如此被仰付候」（黒田家文書）

わたしじょう【渡状】 ①室町時代の武家文書。将軍の命のもとに守護が遣わす遵《じゅん》行《ぎょう》状《じょう》が正当な知行人に交付する文書。打渡状。「守護の代官らをあいかたらいてわたし状をかすめとるか」(東寺百合文書)「飯尾大和守土野谷渡状進之、公方厳密依仰代官出渡状、珍重也」(看聞御記) ②中世、土地その他の財物が、売却・質流れなどで移動するときに、その旨を明記して新所有者に渡す証文。渡文。「一宮長門入道知行丹波国多紀郡内岡屋庄事、任借書幷渡状之旨可預御成敗」(親元日記)

わたしつかわす【渡遣】 金銭や物などを相手に遣わすこと。「二千疋事、依折紙方遅々、先以納銭可渡遣之由、被仰之間」(親元日記)「先謹而抑留鉤等被渡遣、逐而有子細者」(永弘家文書)

わたしのなかばのぎ【私之半之儀】 私的な間柄の関係のこと。「一、公儀幷私之半之儀も筋目於相違之子細八、無二ニ可申談事」(黒田家文書) ⬇「半之儀《なかばのぎ》」を参照

わたぬきのついたち【綿抜の朔日】 陰暦四月一日の称。綿抜き。「俗自此日不綿、故訓四月一日之字読為綿抜朔也」(碧山日録)

わたまし【移徙】 貴人の移動を敬った言い方。「吉日に付きて、信長、御天主《てんしゅ》へ御移徙《わたまし》」(信長公記)「宮の御方御しつらゐの御所へ、こよひ御わたましあり」(御湯殿上日記)

わたりざむらい【渡侍】 一定の主人を持たないで渡り奉公をしてあるく侍のこと。年季を限って勤める供侍のこと。「杉山主水正と云渡り士、旅館の辺に推参して」(関八州古戦録)

わちがい【輪違ひ】 二つの輪が打違いになった形のこと。「縦ざま横ざまに破り、輪違ひに追廻しけれども、土民は大勢なり」(奥羽永慶軍記 下)

わっぷ【割符・割賦】 ①「割賦《わりふ》」の変化した語。特に、「わっぷす」の言い方で用い、割り付けること。配り当てること。割り当て。配当。「我等札本にて横番いたさせ候間、九本之樋をもわっぷに致」(梅津政景日記)「有之御城米之儀、惣割符仕、御城之応御人数渡候而、可入替之由、被仰出候」(立花家資料館蔵福島正則書状) ②為替手形。「さいふ」とも。「湊々替銭、浦々問丸、同以割符《ワリフ》進上之」(庭訓往来)

わとう【和答】 他人から寄せられた詩歌に応えて詩歌を作ること。また、その詩歌。「おもはる、人しなければ世の行末　ひとり心をつくすばかりぞ　あづさ弓八幡宮のいかにしておろかなる身をひきもしつらん、御和答」(満済准后日記)

わどの【和殿・吾殿】 対等の相手に対して用いる自分の名乗り、呼称。そなた。あなた。「わとの《吾殿》のだちを初メ諸侍を大切に思ふ事至て信玄が身を思ふ故ぞ」(甲陽軍鑑 下)「能登守きつと見て和殿は是ほど目のあたり二人の討るゝ見て来るは」(奥羽永慶軍記 上)

わびかね【侘かね】 思い煩って思案を巡らすこと。(元親記)

わびごと【侘言・詫言】 ①詫びること。謝罪すること。「長陣於有之者、竜造寺初、敵方の何之城も可侘言候と察候」(黒

田家文書）②わびしい。苦しい心中を述べること。「然れとも不打捨御侘事然るへし」（性山公治家記録）③歎願する。「重而任侘言三拾貫つゝの所二箇所、合而六千疋之所可進置候」（伊達家治家記録）

わびすき【侘数寄・侘好】 茶の湯を好み、その道に専心精進すること。また、その人。「侘すきの面々、是は目出御代にあふて価貴き道具をも拝見し」（太閤記）

わびちゃのゆ【侘茶湯】 東山時代に流行した書院飾を中心とする書院の茶の湯に対して、珠光以後に流行したわびの境地を重んずる茶の湯のこと。千利休がそれを強調し、完成したといわれる。「侘茶湯のすたるべきもとゐ也」（南方録）

わぼく【和穆】「和睦」の充て字。和睦すること。「如何様無相違先和穆不可過御塩味ニ候」（毛利安芸入道宛北條氏照書状写）

わぼく【和睦】 仲直りをすること。争っていた人や国が、争いをやめて親しくすること。和解。講和。かぼか。「今度駿州仕合に付而、従小田原和睦之儀、被申寄候歟」（上杉家文書）

わゆう【和融】 敵味方が、互いに敵対心をなくし、友好関係を結ぶこと。「元宗如籌策者金山、小斎両地、永当方有相拘而和融可然之由候」（古文書選）

わよ【和与】 ①財産を子息・兄弟に、または他人に贈与すること。「右譲与所々の事、兄弟のなかにわよし、ゆづるべし」（辛島文書）②「一味」に同じ。訴訟の当事者が和解し、仲なおりをすること。その時、双方から奉行に提出した文書が「和与状」である。「第一諸国の武士を敵にせらるゝ、儀不可然、何之国守護等にも入魂せられ和与ありて、諸国の仏法を開山聖人御本意のごとく立られべく候之由被仰」（本願寺作法之次第）「信孝これを惨《いた》んで、偏《ひとへ》に和与《わよ》の儀を嘆慕して」（柴田合戦記）

わらいもの【笑物・咲物】 冷笑すべきもの。ものわらい。わらいぐさ。「氏政計愚与及対陣者、其方咲物《わらひもの》にせらるべき候」（上杉家文書）

わらう【咲う】 笑うこと。「忽被得勝利、御味方公私貴賤可開大慶之笑所、於　御神前、二夜一昼被凝精誠、巻数可有御進上候」（北條家年寄連署書状写）

わらう【咍】「笑う」に同じ。「定て小河よりも加勢もや可有と申ければ、からから打咍給ひて」（三河物語）

わらこんごう【藁金剛】 藁で編んだ金剛草履。わらばきもの。（日葡辞書）

わらじせん【草鞋銭】 わらじを買うための金銭。転じて、その程度のわずかな旅費のこと。少額の足代。また、旅立つ人に送る金銭のこと。わらじの料。わらんずせん。「不動坊主来、神崎下送者帰、艸鞋銭両人え五十片宛下行」（鹿苑日録）「座頭光一明日西国方へ下行、草鞋銭二百、扇与之」（教言卿記）

わ

わらわべのしろじぞう【童部の白地蔵】 ただ突っ立っているだけで何もできないことのたとえ。「公此告《このしらせ》を聞召《きこしめさ》れ更々動転《どうてん》の機色座《おわ》しまさず、高坂己が外聞《がいぶん》を思て、謙信が領内への働、悉皆《しっかい》童部《わらわべ》の白地蔵に斉《ひと》し」（北越軍談）

わりこ【樏子】 弁当箱のこと。携帯用の弁当箱のこと。「扈《こ》従の輩縁《えん》に円居《まどひ》して樏子《わりこ》取出《とりだし》、昼途飯を進《まい》らせ」（北越軍談）

わりなし【和理なし・割無し】「理無《しわりなし》」に同じ。どうしょうもなく。「千葉采女が息女伊勢と申せし無双の女房を御覧ぜられ、初互の御志、誠に和理《わり》なかりしを」（松隣夜話）「和利なし」とも。「尚も機嫌重かりけれども、和利なく上り給ふ」（政宗記） ➡「割無《しわりな》し」を参照

わりふ【割符】 木片や竹片に証拠となる文字を記し、それを二つに分割したもの。（日葡辞書） 合わせて見て後日の証とする文書。わっぷ。符節。「無二に御屋形後詰をなさるべきと思召候はゞ割符《わりふ》を下され、何月いくかにと御約束ありて」（甲陽軍鑑 下） ➡「割符《さいふ》」「割符《わっぷ》」を参照

わるが【悪我】 片意地を張ること。「たとへ秀吉に降参ありたきとも、悪我《わるが》をはるべきものなり」（川角太閤記）

われ【割・破】 割れ目の入った悪銭のこと。「われ銭」とも。「ゑみやう、おほかけ、われ、すり以五増倍用之」（四天王寺文書）

われぜに【破銭】 破損した銭のこと。ひびの入った銭のこと。室町時代には悪銭の一種として撰銭《えりぜに》の対象になった。われ。「日本ぜに、われぜにをのぞく、但少かけたるはよき銭の内たるべし」（東寺百合文書）

われら【吾儕】 我等。「桜井は吾儕《われら》取立し弟子にて秘蔵の手者《しゃ》たり」（関八州古戦録）

われらしき【我等式】 自分らのような者には。（関原陣輯録）

われわのかお【我はの顔】 自分がいるのだから大丈夫というような顔をすること。「佐渡（本多正信）が真田にたぶらかされて、我はのかほ《顔》して五三日日を送りける」（三河物語）

われわれに【我我に】 別々に。「割れ割れに」の充て字。「然間、早御一門の衆も我々《割れ割れ》に成てしたがゐ給ふ」（三河物語）

わろびれ【悪びれ】 病気・不快をいう女房詞。「久しきわろひれにて思ひまうけ候ながら、あわれさ申ばかりも候はず候」（実隆公記紙背文書）

おわりに

鈴木正人

本書の編集を終えて、安堵した。意を尽くせたか心元ないのも事実であるが、中世の古文書に興味のある方々に本書をお届けできるのは幸甚の極みに尽きる。

一〇〇〇〇語を超える用語を編集して気づいたことを二、三紹介してみたい。

古文書を長年扱ってきて、見過ごしてきた用語に、「此時候《このときにそうろう》」がある。本書のこの項目には、三点の史料が掲載されているが、古記録には見られない用語で、書状に限って使われる言葉のようだ。とにかく、この言葉が使用される背景が、発給者自身にとって一生を左右するような緊迫した局面に限られるところが面白い。

では、三点のうち吉川史料館所蔵足利義昭御内書の「此時候」の例を見てみると、「令吴見輝元馳走、尤可爲忠節候、當家（足利将軍家）再興此時候」という（天正元年）八月朔日付、吉川駿河守（元春）宛の書状は、織田信長から幕府倒壊を突き付けられた義昭が、河内の若江から吉川元春に遣わしたものである。同様の御内書は、毛利輝元・小早川隆景にも発給された。その内容は、遊佐氏・根来衆などは我らに同心いたしている。また、武田信玄・朝倉義景なども味方している。だから吉川・毛利・小早川に味方していただければ、足利幕府再興も叶うだろうと、誘いかけている。また、この御内書発給三日前の七月廿八日には、改元があり、時代は元亀から天正に移った。このような状況なので、もう一度足利幕府の再興の可能性は飛躍的に出てきた「この時だ」から、我らに味方してほしい、むしろ味方するのは。「此時候」と威圧しているのである。三好長慶によって一時将軍が朽木谷に追い詰められた天文二十二年（一五五三）のかつての記憶が、義昭の脳裏をよぎったのであろう。あの轍は踏めないと腹をくくった義昭の気持ちが、「此時候《このときにそうろう》」という言葉を書かせたのであろう。このように読み解けば、眼前の一通の書状を通して、当時の姿が彷彿して甦る。この快感を、古文書を愛する方々にも味わってほしい。

また、長く気になっていた料理言葉に、「桂むき」があった。大根を薄くむくのと、「桂」にどんな関係があるのか疑問であった。本書の「美男石《びなんせき》」の項目に、「美男葛《びなんかずら》」に同じとあり、その説明に、狂言で女装のとき、長い白い布を頭に巻き、その両端を左右の脇下まで垂らしたものとある。この布を伸ばした状態が、大根を薄くむいた時の大根と似ているところからの呼称という。やっと溜飲が下がった。つまり、日本料理店で板前が大根を薄くむいているのは「桂むき」ではなく「葛《かずら》むき」と呼ぶのが正しいことになる。

最後に、「よたけから」という方言が、今も九州、特に大分県・宮崎県あたりでは、面倒くさい時に、「よだきい」という形で健在している。「よたけから」は、『黒田家文書』の「両三人をも蜂須賀同前一所致同陣候へハ、かたまり人数候間、よたけからす候」を出典に挙げている。これは、播磨生まれの黒田孝高・長政父子が、天正十四年（一五八六）ころから開始された九州征伐の先鋒として活躍し、十九歳の長政は以後九州との縁を深くしていく。当然文書は右筆が書いたものだろうから、黒田家には九州の言葉を理解する右筆がいたことになる。可能性としては、九州攻略の過程で黒田家の家臣になったものがいて、九州方面での調略に必要なことを担当したことは想像に難くない。そして、四〇〇年以上も前の「よたけから」のような言葉が今も多少言い方を変えて健在しているのには感動した。

初めての辞書編集で、どのように進行してよいか迷うこと頻りであった私を優しく叱咤激励し、さらには、索引作成という私のわがままを叶えていただいた東京堂出版編集部長名和成人氏には筆舌に尽くせないほどお世話になり、感謝の言葉もありません。最後に、陰日向から支えてくれた妻今朝代には本書を捧げることで許していただきたい。

若上　わかうえ　670
若君　わかぎみ　670
少気　わかげ　670
夭亡　わかじに　670
若衆　わかしゅ　670
若兄　わかしょう　670
若兄鷹　わかしょう　670
若弟鷹　わかだい　670
鵤鷹　わかたか　670
若立　わかだち　670
施つ　わかつ　670
若敵　わかてき　670
若徒　わかと　670
若根　わかね　670
若餅　わかもち　671
壮士儕　わかものばら　671
頒斌　わかれまじる　671
和漢　わかん　671
肱　わき　671
脇後備　わきあとぞなえ　671
脇売　わきうり　671
帯副　わきざし　671
脇指心　わきざししん　671
脇散在　わきさんざい　671
脇寺　わきじ　671
脇備　わきぞなえ　671
わきたむ　わきたむ　671
脇太夫　わきだゆう　671
脇付　わきづけ　671
脇壺　わきつぼ　672
脇能　わきのう　672
脇百姓
　わきびゃくしょう　672
脇坊　わきぼう　672
弁え　わきまえ　672
脇槍　わきやり　672
惑業　わくごう　672
若子　わこ　672
和降　わこう　672
わごれ　わごれ　672
態　わざと　672
態計　わざとばかり　672
殃　わざわい　672
和讒　わざん　672
和市　わし　673
和市の法　わしのほう　673
和須　わしゅ　673
和順　わじゅん　673
纔　わずか　673
煩　わずらい　673
慭　わずらわしい　673
綿　わた　673
渡物　わたいもの　673
蟠る　わだかまる　673
綿嚙　わたかみ　673
綿子　わたこ　673
渡口　わたしぐち　673
渡状　わたしじょう　673
渡遣　わたしつかわす　674
私之半之儀
　わたしのなかばのぎ　674
綿抜の朔日
　わたぬきのついたち　674
移徙　わたまし　674
渡侍　わたりざむらい　674
輪違ひ　わちがい　674
割符・割賦　わっぷ　674
和答　わとう　674
和殿・吾殿　わどの　674
侘かね　わびかね　674
侘言・詫言　わびごと　674
侘数寄・侘好　わびすき　675
侘茶湯　わびちゃのゆ　675
和穆　わぼく　675
和睦　わぼく　675
和融　わゆう　675
和与　わよ　675
笑物・咲物　わらいもの　675
咲う　わらう　675
咍　わらう　675
藁金剛　わらこんごう　675
草鞋銭　わらじせん　675
童部の白地蔵　わらわべのしろじぞう　676
棵子　わりこ　676
和理なし・割無し
　わりなし　306, 676
割符　わりふ　530, 676
悪我　わるが　676
割・破　われ　676
破銭　われぜに　676
吾儕　われら　676
我等式　われらしき　676
我はの顔　われわのかお　676
我我に　われわれに　676
悪びれ　わろびれ　676

累家　るいか　660
類句　るいく　660
羸困　るいこん　660
類親　るいしん　660
累世　るいせい　660
縲紲・累紲　るいせつ　660
類船　るいせん　660
累代　るいだい　660, 661
累年　るいねん　661
累葉　るいよう　661
累卵　るいらん　661
羸々　るいるい　661
流遇　るぐう　661
留後　るご　661
留守居　るすい　661
流播　るはん　661
流落　るらく　661
流例　るれい　661
流牢　るろう　661
礼返　れいがえし　661
礼儀・礼義　れいぎ　661
礼心　れいごころ　661
令嗣　れいし　661
犂耜　れいし　661
例式　れいしき　662
礼式　れいしき　662
例日　れいじつ　662
礼者　れいしゃ　662
醴酒　れいしゅ　662
例証　れいしょう　662
礼状　れいじょう　662
礼銭　れいせん　662
礼茶　れいちゃ　662
礼庁　れいちょう　662
霊符　れいふ　662
霊方　れいほう　662
霊宝丹　れいほうたん　662
例名　れいめい　662
黎明　れいめい　662
礼物　れいもつ　663
礼物裁き
れいもつさばき　663
令聞　れいもん　663
零落　れいらく　663
零藍　れいらん　663
発明・怜悧　れいり　663
歴魔　れきき　663
暦覧　れきらん　663
歴々　れきれき　663
連　れん　663
連歌字　れんがじ　34, 663
連歌始　れんがはじめ　663
連貫打　れんかんうち　663
廉潔　れんけつ　663
連枝　れんし　663
連雀　れんじゃく　663
連衆　れんじゅ　664
連署　れんじょ　664
連畳　れんじょう　664
連状　れんじょう　664
簾中　れんちゅう　664
廉直　れんちょく　664
蓮肉　れんにく　664
連年　れんねん　664
連判　れんばん　664
連判状　れんばんじょう　664
連々　れんれん　664
壚　ろ　664
鲈　ろ　664
狼煙　ろうえん　664
老懐　ろうかい　664
廊下橋　ろうかばし　665
弄翫　ろうがん　665
老屈・老崛　ろうくつ　665
臘月・臈月　ろうげつ　665
陋巷　ろうこう　665
労功　ろうこう　665
漏刻　ろうこく　429, 665
牢輿・窂輿　ろうこし　665
癆瘵　ろうさい　665
老舎・籠舎　ろうしゃ　665
郎従
ろうじゅう　302, 644, 665
老中　ろうじゅう　665
弄璋　ろうしょう　666
粮餉　ろうしょう　666
籠城　ろうじょう　666
狼藉　ろうぜき　666
老拙　ろうせつ　666
漏泄　ろうせつ　666
楼船　ろうせん　666
労足　ろうそく　666
漏達・漏脱　ろうだつ　666
郎等　ろうとう　666
老耳　ろうに　666
牢人腹　ろうにんばら　666
労念　ろうねん　666
浪廃　ろうはい　666
労煩・労繁　ろうはん　666
籠櫃　ろうひつ　667
粮物　ろうぶつ　667
労兵　ろうへい　667
粮米　ろうまい　667
牢滅　ろうめつ　667
老耄・老毛　ろうもう　667
粮料　ろうりょう　667
労力　ろうりょく　667
玲々　ろうろう　667
牢籠　ろうろう　667
老を告ぐ　ろうをつぐ　667
露芽　ろが　667
及櫓械　ろかいにおよぶ　667
六具　ろくぐ　667
鹿砦　ろくさい　667
陸尺・六尺　ろくしゃく　668
六種　ろくしゅ　668
六十六部
ろくじゅうろくぶ　668
六条　ろくじょう　668
陸な　ろくな　668
囉斎　ろさい　668
露塵　ろじん　668
路説　ろせつ　668
路銭　ろせん　668
六方　ろっぽう　668
六方衆　ろっぽうしゅう　668
櫓別銭　ろべつせん　668
魯論　ろろん　669
論所　ろんじょ　669
論訴　ろんそ　669
論難　ろんなん　669
論人　ろんにん　669

わ 行

猥雑　わいぞう　670
穢乱　わいらん　670
和韻　わいん　670

履端　りたん　652
痢通　りつう　652
六花・六華　りっか　652
立花　りっか　652
立券　りっけん　652
律宗　りっしゅう　652
立談　りつだん　652
立柱　りっちゅう　652
立腹　りっぷく　652
率分　りつぶん　351, 652
率法　りっぽう　652
利倍　りばい　652
理髪　りはつ　652
利発者　りはつしゃ　652
痢病　りびょう　653
利分　りぶん　653
利平　りへい　653
利兵・利拌　りへい　653
利弁　りべん　653
理法　りほう　653
黎民　りみん　653
吏務　りむ　653
利物　りもつ　653
利益　りやく　653
略儀　りゃくぎ　653
礫石　りゃくせき　653
略地　りゃくち　653
掠略　りゃくりゃく　212, 653
柳営　りゅうえい　653
立営　りゅうえい　653
立鼓乗り　りゅうごのり　653
龍陣　りゅうじん　653
留陣　りゅうじん　654
龍頭・竜頭　りゅうず　654
隆車　りゅうせい　654
竜尾を挙げん
りゅうびをあげん　654
粒毛　りゅうもう　654
龍門・龍文・龍紋
りゅうもん　654
立用　りゅうよう　654
両　りょう　654
領　りょう　654
諒闇・亮闇　りょうあん　654
諒闇　りょうあん　654
凌夷　りょうい　654
稜威　りょうい　654
諒陰　りょういん　654
領会　りょうえ　654
遼遠・凌遠　りょうえん　654
掠果　りょうか　654
領解　りょうかい　655
両替　りょうがえ　655
寮官・僚官　りょうかん　655
龍顔　りょうがん　655
料脚　りょうきゃく　655
両切　りょうぎり　655
両金　りょうきん　655
霊供　りょうぐ　655
領解　りょうげ　655
領家職　りょうけしき　655
領解衆　りょうげしゅう　655
料簡・了簡　りょうけん　655
無了簡　りょうけんなし　655
料国　りょうごく　655
領国　りょうごく　655
陵谷の変
りょうこくのへん　656
両腰　りょうこし　656
両載　りょうさい　656
領作　りょうさく　656
諒察・了察・亮察
りょうさつ　656
両使　りょうし　656
料紙　りょうし　656
聊爾　りょうじ　656
両種　りょうしゅ　656
領主　りょうしゅ　656
両衆　りょうしゅう　656
両所　りょうしょ　656
料所　りょうしょ　656
領所　りょうしょ　656
領掌　りょうしょう　656
領状　りょうじょう　657
梁上公
りょうじょうこう　657
両職　りょうしょく　657
凌晨　りょうしん　273, 657
良辰　りょうしん　657
涼席　りょうせき　657
料銭　りょうせん　657
領送　りょうそう　657
料足　りょうそく　657
了達　りょうたつ　657
領地・領知　りょうち　657
陵遅　りょうち　657
両対　りょうつい　657
潦倒　りょうとう　657
領納　りょうのう　658
良弼　りょうひつ　658
両篇　りょうへん　658
粮米　りょうまい　658
両目　りょうめ　658
粮物　りょうもつ　658
料物　りょうもつ　658
療養　りょうよう　658
料理　りょうり　658
陵轢・凌轢　りょうりゃく　658
掠略　りょうりゃく　658
掠了　りょうりょう　658
凌礫　りょうれき　658
慮外千万
りょがいせんばん　658
閭巷　りょこう　658
閭巷之説
りょこうのせつ　658
旅所　りょしょ　659
慮心　りょしん　659
膂力　りょりょく　659
りりし　りりし　659
利々倍々　りりばいばい　659
厘　りん　659
霖雨　りんう　659, 660
淋汗　りんかん　659
林下　りんげ　659
綸言　りんげん　659
臨幸　りんこう　659
綸旨　りんじ　283, 659
綸旨紙　りんじがみ　659
悋惜・恡惜　りんじゃく　660
林鐘　りんしょう　660
輪説　りんぜつ　660
林薪　りんそう　660
隣旦・隣短　りんたん　660
厘付　りんつけ　598, 660
霖天　りんてん　659, 660
稟賦　りんぷ　660
綸命　りんめい　660

夜脱　よぬけ　642
夜念仏　よねんぶつ　642
庸常　よのつね　642
夜働き　よはたらき　642
呼越　よびこす　642
夜振・漁炬　よぶり　642
昨夜　よべ　642
余蘖　よへき　643
四方　よほう　643
余米　よまい　643
夜待　よまち　643
余味　よみ　643
黄泉　よみじ　643
読人不知
　よみびとしらず　643
夜宮　よみや　643
蓬餅・艾餅　よもぎもち　643
夜守　よもり　643
被踞　よられ　643
倚　より　643
寄合　よりあい　643
寄合与　よりあいぐみ　643
寄合勢　よりあいぜい　643
寄合備　よりあいぞなえ　644
寄居　よりい　644
寄人　よりうど　644
寄親・頼親　よりおや　644
寄親　よりおや　644
倚りかかる　よりかかる　644
靠　よりかかる　644
倚る　よりかくる　644
与力・寄騎　よりき　644, 665
寄口　よりくち　644
寄子　よりこ　644
寄月　よりづき　644
寄り退き　よりのき　645
寄船　よりふね　645
よりみつ　よりみつ　645
より丶丶　よりより　645
夜白・夜日　よるひる　645
黒介　よろい　645
鎧親　よろいおや　170, 645
鎧着　よろいぎ　645
鎧奉行　よろいぶぎょう　645
擐う　よろう　645
怡び　よろこび　645
悦思召
　よろこびおぼしめし　645
萬方　よろずかた　645
弱口　よわぐち　645
弱　よわみ　646
拠所無・無所據・無拠
　よんどころなし　646
四本がかり
　よんほんがかり　646

ら 行

来意　らいい　647
来音　らいいん　647
来駕　らいが　647
来翰　らいかん　647
来儀　らいぎ　647
来札　らいさつ　647
礼紙　らいし　647
来書　らいしょ　647
来章　らいしょう　647
来着・来著　らいちゃく　647
雷霆　らいてい　647
来入　らいにゅう　647
来納　らいのう　647
来便　らいびん　647
遑兵　らいへい　647
来命　らいめい　647
来由　らいゆ　647
来臨　らいりん　648
﨟次　らうじ　665
楽市　らくいち　648
楽市楽座
　らくいちらくざ　648
落胤腹　らくいんばら　648
絡繹　らくえき　648
楽狂　らくぐるい　648
落索　らくさく　648
落地　らくじ　648
落手　らくしゅ　648
楽書　らくしょ　648
落所　らくしょ　648
落書　らくしょ　648
落掌　らくしょう　648
落城　らくじょう　648
落飾　らくしょく　649
落僧　らくそう　649
落題　らくだい　649
落着・落著　らくちゃく　649
落魄　らくはく　649
落髪　らくはつ　649
洛陽　らくよう　649
縲紲　らせつ　649
落居・落去　らっきょ　649
浪虎　らっこ　649
﨟次　らっし　649
乱波・乱破　らっぱ　321, 649
乱悪　らんあく　649
乱橛・乱杙　らんぐい　649
乱逆・乱劇　らんげき　649
乱撅　らんけつ　650
乱座　らんざ　650
蘭奢待　らんじゃたい　650
濫觴　らんしょう　650
濫吹　らんすい　650
乱酔　らんすい　650
濫訴　らんそ　650
乱忩　らんそう　650
乱対　らんたい　650
乱脱　らんだつ　650
乱取・乱捕　らんどり　650
乱引　らんびき　650
乱舞　らんぶ　650
乱妨・濫妨　らんぼう　650
濫妨人　らんぼうにん　650
諂諛　らんゆ　650
襤褸　らんる　651
里　り　651
利運・理運　りうん　651
利過　りか　651
利勘　りかん　651
六害　りくがい　651
六義　りくぎ　651
理究　りくつ　651
理究詰　りくつつめ　651
利口者・利巧者
　りこうもの　651
利根　りこん　651
痢疾　りしつ　651, 653
利生　りしょう　651
利銭　りせん　651
利息・利足　りそく　651, 653

勇々敷　ゆゆしき　633
由々しく　ゆゆしく　633
湯料　ゆりょう　633
揺割　ゆりわる　633
無緩　ゆるがせなく　633
忽緒に　ゆるがせに　633
忽に　ゆるがせに　633
甘　ゆるぎ　633
阜む　ゆるむ　633
弓手　ゆんで　633
夜軍　よいくさ　633
四板舟　よいたぶね　633
世一　よいち　634
鷂　よう　634
容隠　よういん　634
用害　ようがい　634
用がましき
　ようがましき　634
容儀　ようぎ　634
要脚・用脚　ようきゃく　634
楊弓　ようきゅう　634
妖孼　ようけつ　634
影向　ようごう　634
用捨　ようしゃ　634
用捨がち　ようしゃがち　634
臃腫・癰腫　ようしゅ　634
榕樹　ようじゅ　634
用所　ようしょ　634
庸常　ようじょう　635
養生気　ようじょうけ　635
媵臣　ようしん　635
用心・用身　ようじん　635
要す　ようす　635
様子　ようす　635
要枢　ようすう　635
鷂巣主　ようすぬし　635
用銭　ようせん　635
擁塞　ようそく　635
様躰　ようだい　635
用段　ようだん　635
幼穉　ようち　635
陽中　ようちゅう　636
窈窕　ようちょう　633, 636
用途　ようど　636
様に　ように　636
容忍　ようにん　636
癰病　ようびょう　636
庸夫　ようふ　636
用米　ようまい　636
揚名介　ようめいのすけ　636
用物　ようもつ　636
稍　ようやく　636
養由　ようゆう　636
要用　ようよう　636
様々　ようよう　636
鷹揚　ようよう　636
要路　ようろ　636
余殃　よおう　636
余賀・餘賀・餘嘉　よが　636
余方　よかた　637
可る　よかる　637
余酣　よかん　637
夜着　よぎ　637
余儀　よぎ　637
輿議　よぎ　637
予儀　よぎ　637
餘吉　よきつ　637
無余儀　よぎなし　637
翼　よく　637
欲々　よくぼり　637
余慶・余計　よけい　637
余糵　よげつ　637
横合　よこあい　637
横合非儀　よこあいひぎ　638
横合非分
　よこあいひぶん　638
横入　よこいり　638
横入　よこいれ　638
横絵　よこえ　638
横上　よこがみ　411, 638
横曲輪・横郭　よこぐるま　638
横様　よこさま　638
横邪　よこしま　638
横奉行　よこぶぎょう　638
夜込・夜籠　よこみ　638
横目・睪人　よこめ　638
横目衆　よこめしゅう　639
横矢　よこや　639
横役　よこやく　639
横槍　よこやり　639
横槍を入れる
　よこやりをいれる　639
夜頃　よごろ　639
夜聡い　よざとい　639
余算　よさん　639
予参　よさん　639
余地　よじ　639
余事　よじ　639
余日　よじつ　639
吉野紙　よしのがみ　639
攀躋る　よじのぼる　640
欸・好み・好身　よしみ　640
余緒　よしょ　640
従渠に
　よしよしに　42, 352, 640
余酔　よすい　640
寄する　よする　640
余勢　よせい　640
夜勢　よぜい　640
寄書　よせがき　640
余跡　よせき　640
寄口　よせくち　640
寄衆　よせしゅ　640
寄手　よせて　640
寄せ退け　よせのけ　640
寄端　よせば　640
寄場　よせば　640
夜攻　よぜめ　641
余善　よぜん　641
余所　よそ　641
余所歩　よそありき　641
准へ事　よそえごと　641
余所目　よそめ　641
疎々敷　よそよそしく　641
よたけから　よたけから　641
与奪・與奪　よだつ　641
四辻　よつつじ　641
仍　よって　641
仍如件
　よってくだんのごとし　641
四盃　よつはい　641
能引　よっぴく　642
夜詰　よづめ　642
輿丁　よてい　642
余党・与党　よとう　642
与同　よどう　642
余得　よとく　642
夜取　よどり　642

鑓　やり　624
槍合　やりあわせ　624
鑓虎口　やりここう　624
槍先　やりさき　624
槍師・槍仕　やりし　624
鑓下・鎗下　やりした　624
槍下の高名
　やりしたのこうみょう　625
鑓験・槍印・槍幟
　やりしるし　625
槍備　やりぞなえ　625
槍玉を取る
　やりだまをとる　625
槍突　やりつく　625
槍手・鑓手　やりて　625
やりとり　やりとり　625
鑓野武士・槍野伏
　やりのぶし　625
槍場　やりば　625
槍開　やりびらき　625
槍奉行　やりぶぎょう　625
鎗柵・鑓衾　やりぶすま　625
やりぶすま　やりぶすま　625
槍衾を作る
　やりぶすまをつくる　625
鎗柵・鑓衾　やりぶつま　625
鑓脇・槍脇　やりわき　625
槍脇の高名
　やりわきのこうみょう　626
野老　やろう　626
やはか　やわか　626
俰に　やわらかに　626
媾ぐ　やわらぐ　626
矢を矧ぐ　やをはぐ　626
湯相　ゆあい　626
湯上　ゆあがり　626
結　ゆい　626
結袈裟　ゆいげさ　528, 626
由緒　ゆいしょ　626
遺跡　ゆいせき　627
結樽　ゆいだる　627
衣鉢　ゆう　45, 627
攸　ゆう　627
憂喜　ゆうき　627
誘弓　ゆうきゅう　627
遊侠・游侠　ゆうきょう　627
遊軍　ゆうぐん　627
幽景　ゆうけい　627
遊撃　ゆうげき　627
勇健　ゆうけん　627
幽玄　ゆうげん　627
雄才　ゆうさい　627
勇材　ゆうざい　627
夕さり　ゆうさり　627
猶子　ゆうし　628
有司　ゆうし　628
右史　ゆうし　628
有若亡　ゆうじゃくぼう　628
宥恕　ゆうじょ　628
誘奨　ゆうしょう　628
勇将　ゆうしょう　628
雄臣　ゆうしん　628
幽栖　ゆうせい　628
衣鉢禅師　ゆうぜんじ　628
攸天　ゆうてん　628
右府　ゆうふ　628
勇邁　ゆうまい　628
宥免　ゆうめん　628
揖礼　ゆうれい　628
所以　ゆえん　628
油煙　ゆえん　628
油煙墨・油烟墨
　ゆえんずみ　628
韘・湯掛・弓懸・決拾・鞈・韘
　ゆがけ　629
床敷　ゆかし　629
行當　ゆきあたる　629
雪打　ゆきうち　629
雪垣　ゆきがき　629
雪消　ゆきけし　629
湯起請　ゆぎしょう　629, 630
湯起請失
　ゆぎしょうしつ　629
雪白水　ゆきしろみず　629
行触　ゆきぶれ　629
往戻・行戻　ゆきもどり　629
遊行宗　ゆぎょうしゅう　629
遊行上人
　ゆぎょうしょうにん　630
適く　ゆく　630
行衛　ゆくえ　630
向末　ゆくすえ　630
遊山　ゆさん　630
湯汁　ゆじる　630
湯請文　ゆせいもん　630
湯銭　ゆせん　630
湯炊　ゆたき　630
ゆたけし　ゆたけし　630
湯立　ゆだて　630
弓断　ゆだん　630
無油断　ゆだんなく　630
湯賃　ゆちん　630
湯浸・湯漬・湯付　ゆづけ　630
譲状　ゆづりじょう　630
湯桶・湯筒　ゆとう　631
湯留　ゆどめ　631
湯那・湯女　ゆな　631
湯始　ゆはじめ　631
弓筈　ゆはず　631
湯聖　ゆひじり　631, 633
嚢　ゆぶくろ　631
弸　ゆみ　631
弓蔵　ゆみがくし　631
弓頭　ゆみがしら　631
弓大将　ゆみだいしょう　631
弓太郎　ゆみたろう　631
弓取　ゆみとり　631
弓奉行　ゆみぶぎょう　632
弓箭　ゆみや　632
弓矢神　ゆみやがみ　632
弓矢取　ゆみやとり　632
弓矢主　ゆみやぬし　632
弓矢の事　ゆみやのこと　632
弓矢之御芳志
　ゆみやのごほうし　632
弓矢之道　ゆみやのみち　632
弓靫　ゆみゆぎ　632
弓和　ゆみわ　632
夢と鷹は合せがら　ゆめとたかは
　あわせがら　632
努々・努力・努　ゆめゆめ　632
夢夢し　ゆめゆめし　632
湯屋　ゆや　632
湯屋銭　ゆやせん　633
湯屋聖　ゆやひじり　633
湯山物　ゆやまもの　633
湯屋免　ゆやめん　633
窈窕　ゆゆし　633, 636

矢合止み　やあいやみ　616
矢合　やあわせ　616
矢軍　やいくさ　616
焼火　やいひ　616
矢入　やいれ　616
夜陰　やいん　616
屋裏　やうら　616
八重拱枓　やえきょうと　616
矢負　やおい　616
矢送　やおくり　616
矢懸　やがかり　616
屋形・館　やかた　616
屋固　やがため　616
頓而・軈而　やがて　617
族　やから　617
矢柄　やがら　617
野干　やかん　617
焼討・焼打　やきうち　617
矢傷・矢疵　やきず　617
焼捨　やきすて　617
焼き働　やきはたらき　617
焼味噌　やきみそ　617
焼物　やきもの　617
矢切・矢錐　やぎり　617
燔く　やく　617
役　やく　617
役当　やくあて　617
役儀　やくぎ　617
約月　やくげつ　617
約言　やくげん　617
鑰匙　やくし　617
役者　やくしゃ　617
役所　やくしょ　618
役銭　やくせん　618
鑰鏁　やくそう　617, 618
阨塞　やくそく　618
益体なし・薬帯なし
　やくたいなし　618
役場　やくば　618
役夫　やくぶ　618
矢蔵　やぐら　618
薬料　やくりょう　618
焼跡・焼痕　やけあと　618
夜景　やけい　618
薬研　やげん　618
矢声　やごえ　618
矢ごろ　やごろ　618
矢芒　やさき　618
艶し　やさし　619
やさしかり　やさしかり　619
矢狭間　やざま　619
夜師　やし　619
屋地　やじ　619
屋布　やしき　619
屋敷構・屋布構
　やしきがまえ　619
屋敷配札
　やしきくばりのふだ　619
屋敷城　やしきじろ　619
屋敷手作　やしきてさく　619
屋敷所　やしきどころ　619
野陣　やじん　619
休ふ　やすらう　619
謐　やすらか　619
悴侍　やせざむらい　114, 620
やせ城　やせしろ　620
矢銭　やせん　620
家銭　やせん　620
夜前　やぜん　620
野僧　やそう　620, 622
八十猛　やそたける　620
八十梟・矢たけ　やたけ　620
屋立　やたて　620
矢棚　やだな　620
矢種　やだね　620
矢鉛子　やだま　620
矢たまらず　やたまらず　620
谷地　やち　620
悴家　やつがれ　620
悴腹　やつがればら　620
窶し　やつし　575, 621
矢筒　やづつ　621
奴原・怒原　やつばら　621
矢坪　やつぼ　621
奴曹　やつら　621
哉与　やと　621
宿入　やどいり　621
矢止・矢留　やどめ　621
菅舎　やどり　621
柳　やなぎ　621
柳代　やなぎだい　621
家並役・家竝役
　やなみやく　621
家鳴　やなり　621
矢庭　やにわ　621
矢場に・矢庭に　やにわに　621
野衲　やのう　622
矢之根・矢根　やのね　622
矢作・矢矧　やはぎ　622
夜白　やはく　622
矢開　やびらき　622
藪闘諍　やぶいさかい　622
藪医師　やぶいし　622
藪神　やぶがみ　622
吝　やぶさか　622
矢文　やぶみ　557, 622
欠る　やぶる　622
矢間　やま　622
病歌　やまいうた　622
山入　やまいり　622
山落　やまおとし　622
山帰大鷹
　やまかえりおおたか　623
山帰兄鷹
　やまかえりしょう　623
山家三方
　やまがさんぽう　623
山立　やまだち　623
山手　やまて　623
山取　やまどり　623
山成　やまなり　623
山人　やまびと　623
無明暗に　やみくもに　623
闇々と　やみやみと　623
歇む　やむ　623
止事を得ず
　やむことをえず　623
不得已　やむをえず　623
矢目　やめ　623
較　やや　554, 624
良有て　ややあつて　624
稚子　ややこ　624
良且　ややしばらく　624
良久　ややひさしく　624
輙もすれば・動すれば・良すれば
　ややもすれば　624
馬行　やらい　624
哉覧　やらん　624

持支　もちささえる　605
持城　もちじろ　605
持出　もちだし　605
持太刀　もちだち　605
持盾・持楯　もちだて　77, 606
持筒　もちづつ　606
持詰　もちつむ　606
持届け　もちとどけ　606
持夫　もちぶ　606
持分　もちぶん　606
持槍　もちやり　606
物怪　もっけ　606
牧谿・牧渓　もっけい　606
畚・簣　もっこ　606
木香　もっこう　606
目耕　もっこう　607
没収　もっしゅ　607
物相・盛相　もっそう　607
無勿躰　もったいない　607
持扱　もっちゃく　607
没倒　もっとう　553, 607
純　もっぱら　607
縺　もつれ　607
縺有間布
もつれあるまじく　607
許　もと　472, 607
聯・連・本　もと　607
髻　もとい　607
回・徘徊・繞　もとおる　608
全輪く　もどかしく　567, 608
悖く　もとく　608
擬く　もどく　608
嫌く　もどく　608
本口　もとくち　317, 608
元子　もとこ　608
基　もとづき　608
須む・覓む　もとむ　608
如法　もとより　456, 608
者　もの　608
武際　ものあい　608
物間・物合　ものあい　608
物浅　ものあさ　608
物入　ものいり　608
物色　ものいろ　609
懶し　ものうし　609
物悚　ものおじ　609
物音　ものおと　609
物書　ものかき　609
物頭　ものがしら　609
物数　ものかず　609
物軽　ものかる　609
物聞　ものぎき　425, 609
物際　ものぎわ　609
物臭・懶　ものぐさ　609
物毎・武毎　ものごと　609
物籠　ものごもり　609
物沙汰　ものざた　609
物知達　ものしりだて　609
物僻　ものずき　609
物たち　ものたち　609
物近　ものちか　610
物付　ものづけ　610
物強て　ものづよくて　610
物遠　ものどう　610
党儕　ものども　433, 610
物並　ものなみ　610
物成　ものなり　610
物に仕らず
ものにつかまつらず　610
物主・武主　ものぬし　610
屑　もののかず　610
不屑　もののかずとせず　610
物具　もののぐ　610
物深　ものふか　610
武前・物前　ものまえ　611
遠候・物見・覘諜　ものみ　611
物見備　ものみぞなえ　611
物見番　ものみばん　611
物まう　ものもう　611
胡盧　ものわらい　611
揉合　もみあう　611
押落・揉落　もみおとす　611
揉立　もみたつ　611
揉詰　もみつめ　611
按に按て　もみにもんで　611
桃尻　ももじり　611
百手　ももて　611
催合・最合　もやう　611
催　もよおし　612
催勢　もよおしぜい　612
洩申　もらしもうす　612
盛　もり　612
盛返　もりかえす　612
森下　もりした　612
盛付　もりつく　612
盛物　もりもの　612
摸稜　もりょう　612
盛る　もる　612
洩可令申給　もれもうさしめたもうべく　612
料　もろ　612
諸鐙　もろあぶみ　613
諸薄　もろうす　613
諸角　もろがく　613
諸口　もろくち　115, 613
諸手　もろて　613
諸白　もろはく　116, 613
諸方　もろもろがた　613
諸毎　もろもろごと　613
門家　もんか　613
門外に馬を繋ぐ　もんがいにうまをつなぐ　613
聞見　もんけん　613
門士　もんし　613
門主　もんしゅ　613
文証　もんしょう　613
問状　もんじょう　613
文書年紀
もんじょねんき　614
門跡　もんぜき　614
門跡奉行
もんぜきぶぎょう　614
問禅　もんぜん　614
問対　もんたい　614
問談　もんだん　614
椚択　もんちゃく　614
問答　もんどう　614
問難　もんなん　614
門楣　もんぴ　614
聞法　もんぼう　614
匁・文目　もんめ　614
門葉　もんよう　615
門流　もんりゅう　615

や　行

野　や　616
籟　や　616

目眩・目舞・眩暈　めまい　596
目見　めみえ　596
目安　めやす　596
目安状　めやすじょう　596
目安箱　めやすばこ　597
罵詈　めり　597
減る　める　597
目渡　めわたり　597
免相　めんあい　597
面意　めんい　597
面謁　めんえつ　597
面雅　めんが　597
免家　めんけ　597
免家役　めんけやく　547, 597
面晤　めんご　597
免在家　めんざいけ　597
面謝　めんしゃ　598
面授・面受　めんじゅ　598
面述　めんじゅつ　598
面所　めんしょ　598
面上　めんじょう　598
免状　めんじょう　598
麪子　めんす　598
免銭　めんせん　598
免相　めんそう　598, 660
面出　めんだし　598
面桶　めんつう　598
免付　めんつけ　598
面展　めんてん　598
免田　めんでん　598
面動　めんどう　598
面拝　めんぱい　599
面縛　めんばく　599
面皮　めんぴ　599
面壁　めんぺき　599
面貌　めんぼう　599
面肪・面頬　めんぼう　599
面目次第
めんぼくしだい　599
面目を失う
めんぼくをうしなう　599
面向　めんむけ　599
面々　めんめん　599
面々稼・面々拵
めんめんかせぎ　599
免役　めんやく　599
以面　めんをもって　599
蒙鬱　もううつ　599
毛穎　もうえい　600
孟夏　もうか　600
朦気・蒙気　もうき　600
毛挙　もうきょ　600
蒙愚　もうぐ　600
儲　もうけ　600
毛作　もうさく　600
申さんや　もうさんや　600
もうし　もうし　600
申扱・申曖
もうしあつかう　600
申曖　もうしあつかう　600
申曖・申合　もうしあわす　600
申出　もうしいだす　600
申入　もうしいる　600
申後る　もうしおくる　600
申返　もうしかえす　600
申懸く　もうしかく　601
申聞す　もうしきかす　601
申切　もうしきる　601
申下す　もうしくだす　601
申口　もうしぐち　601
申越　もうしこす　601
申事　もうしごと　601
申込・申籠　もうしこむ　601
申沙汰　もうしさた　601
申状　もうしじょう　601
申し捨て度く
もうしすてたく　602
申達　もうしたっす　602
申通　もうしつうず　602
申次衆
もうしつぎしゅう　602
申次所
もうしつぎどころ　602
申次　もうしつぐ　602
可被申伝候哉　もうしつたえらるべくそうろうや　602
申展・申述・申伸
もうしのべる　602
申放　もうしはなす　602
孟之反　もうしはん　602
申披　もうしひらく　602
申含　もうしふくめる　602
申旧　もうしふり　602
申分　もうしぶん　602
孟秋　もうしゅう　603
艨衝　もうしょう　603
申分　もうしわく　603
無申分　もうしわけなく　603
申渉　もうしわたる　603
白す　もうす　603
申す様に　もうすやうに　603
猛勢　もうぜい　603
猛勢節所無し　もうぜいせっしょなし　603
孟卒　もうそつ　603
間人　もうと　603
毛頭　もうとう　603
艨艟　もうどう　603
没日　もうにち　603
毛髪　もうはつ　603
耄昧・蒙昧　もうまい　603
朦霧　もうむ　603
朦朦・蒙蒙　もうもう　603
孟陽　もうよう　604
虎落　もがり　229
雲雁・雲鴈・虎落・鹿垣・摸雁
もがり　604
捥付　もぎつけ　604
搴捕・捥取
もぎとる　125, 604
目算　もくさん　604
目銭　もくせん　604
目代　もくだい　604
もくろ　もくろ　604
目録　もくろく　386, 604
目論み　もくろみ　604
綟・綟子　もじ　605
もぢり　もじり　605
捩れる　もじれる　605
模・摸・摹　もす　605
嘿へ　もだえ　605
難黙止　もだしがたい　605
黙止難し　もだしがたし　605
黙矢　もだしや　605
持　もち　605
持抱える　もちかかえる　605
持口　もちくち　605
持怺る　もちこらえる　605

無詮議　むせんぎ　586
夢想　むそう　586
無慙　むぞう　586
夢想開　むそうびらき　586
夢想連歌　むそうれんが　586
無足　むそく　587
無足人　むそくにん　587
無体　むたい　587
徒事　むだごと　587
むたと　むたと　587
むたゝゝ　むたむた　587
策　むち　587
策鐙を合わす・鞭鐙を合わす
むちあぶみをあわす　587
策影　むちかげ　587
襁褓　むつき　587
無手　むて　587
無手成る　むてなる　588
無点なる　むてんなる　588
無道　むどう　588
損し　むなし　588
損可　むなしかる　588
圇しく　むなしく　588
胸簾　むなすだれ　588
胸尽　むなづくし　588
棟木飛　むなとい　588
棟別銭　むなべつせん　588
心本　むなもと　588
無二　むに　588
無二無三　むにむさん　588
棟打　むねうち　588
宗徒・棟人　むねと　589
宗徒　むねと　589
宗士　むねとのさむらい　589
崇の兵
むねとのつわもの　589
旨に称う　むねにかなう　589
胸の痞　むねのつかへ　589
棟別　むねべつ　589
棟役　むねやく　589
棟役銭　むねやくせん　589
無能　むのう　589
無比　むひ　589
無筆　むひつ　589
無兵儀　むひょうぎ　589
無別　むべつ　589
謀叛　むほん　589
無明　むみょう　589
埋草　むめくさ　589
無役　むやく　590
無余　むよ　590
無用　むよう　590
村押　むらおし　590
村極　むらぎめ　590
急雨　むらさめ　590
村高　むらだか　590
村々　むらむら　590
六糸緞・無量　むりょう　590
無量　むりょう　590
無力　むりょく　590
室堂　むろどう　590
目赤　めあか　590
可妻・娶す　めあわす　590
名家　めいか　591
命誡　めいかい　591
めいげ　めいげ　591
明鏡　めいけい　591
明顕　めいけん　591
鳴弦　めいげん　591
明才　めいさい　591
目医師　めいし　591
盟誓　めいせい　591
明相　めいそう　591
明智　めいち　591
名物　めいぶつ　591
名方　めいほう　591
甲々　めいめい　401, 592
瞑々・冥々　めいめい　592
名誉有間敷働　めいよあるまじきはたらき　592
冥慮　めいりょ　592
茗話　めいわ　592
迷惑　めいわく　592
目打　めうち　592
娚　めおと　592
目掛　めかけ　592
下戚腹　めかけばら　592
目がね・目鏡・眼鏡・目曲尺
めがね　592
目聞　めきき　592
目きれ　めきれ　592
目薬　めぐすり　593
目加　めくばせ　593
廻状　めぐらしじょう　593
廻文　めぐらしぶみ　593
廻計
めぐらすはかりごと　593
盲船　めくらぶね　593
廻陣夫
めぐりじんぷ　405, 593
妻子　めこ　593
冷眼・令眼　めざまし　593
目醒敷　めざましき　593
召上ぐ　めしあぐ　593
召出　めしいだす　593
召仰　めしおおす　593
召返　めしかえす　594
召下　めしくだす　594
召籠　めしこめ　594
召次　めしつぎ　594
召し着ける　めしつける　594
召直　めしなおす　594
召放　めしはなす　594
召符・召文　めしぶ　594
召料　めしりょう　594
目験　めじるし　594
召　めす　594
珍布　めずらしき　594
目垂顔　めだれがお　594
目遣・目使　めづかい　594
鍍金・滅金　めっき　595
目付・擲姦　めつけ　595
目付字　めつけじ　595
滅尽　めつじん　595
めったと　めったと　595
滅日　めつにち　595
滅門　めつもん　595
目脥　めつら　595
馬手・雌手・右手　めて　595
右手口　めてくち　596
目出事　めでごと　596
馬手差・右手差・妻手指
めてざし　596
蓍　めど　596
目八分　めはちぶん　596
目離れ　めはなれ　596
目星を付ける
めぼしをつける　596

鏖・殲　みなごろし　578
蕞陋　みにくい　578
蓬し　みにくし　578
身に成る　みになる　578
身抜　みぬき　578
岫　みね　578
峯　みね　578
背打　みねうち　578
美濃紙　みのがみ　578
身拭　みのこい　578
美濃三人衆
　みのさんにんしゅう　578
見除　みのぞき　196, 578
巳の時・炳中　みのとき　578
昺中　みのとき　578
三原　みはら　578
未判　みはん　579
見廻・見舞　みまい　579
䤋　みみ　579
耳聞　みみきき　579
目見す　みめす　579
身持　みもち　579
土産　みやげ　579
宮司・宮仕　みやじ　579
太山木　みやまぎ　579
冥加　みょうが　579
冥加至極
　みょうがしごく　579
無冥加　みょうがなし　579
冥顕　みょうけん　579
命期　みょうご　579
明後年　みょうごねん　580
名字・苗字　みょうじ　580
名字拝領
　みょうじはいりょう　580
名主　みょうしゅ　580
名字を継ぐ
　みょうじをつぐ　580
名迹　みょうせき　580
名詮　みょうせん　580
名代　みょうだい　580
名田　みょうでん　580
名聞　みょうもん　580
身縁　みより　580
未来を兼ね
　みらいをかね　580
未落居　みらくきょ　580
身力　みりき　580
観る　みる　581
未練　みれん　581
身脇　みわき　581
身脇衆　みわきしゅう　581
民業　みんぎょう　581
民社　みんしゃ　581
民俗　みんぞく　581
泯滅・泯没　みんめつ　581
民黎　みんれい　581
無異・無為　むい　581
迎馬　むかいうま　581
向城・対城　むかいじろ　581
向陣　むかいじん　581
迎買・向買　むかえがい　581
迎備　むかえぞなえ　582
むかでの衆
　むかでのしゅう　582
蚣の使　むかでのつかい　582
むき　むき　582
無愧　むき　582
麦毛　むぎけ　582
麦調議　むぎちょうぎ　582
麦薙　むぎなぎ　582
無給人　むきゅうにん　582
無曲　むきょく　582
無供　むく　582
むくろ　むくろ　582
無下　むげ　582
無碍　むげ　582
無懈　むげ　583
無碍光衆　むげこうしゅ　583
無碍光宗
　むげこうしゅう　583
無下な　むげな　583
無下々々と　むげむげと　583
無告・无告　むこ　583
向指　むこうざす　583
むこく　むこく　583
むさい　むさい　583
無作と・無差と　むさと　583
武佐枡　むさます　583
虚々と　むざむざと　584
虫食歯　むしくいば　584
虫氣　むしげ　584
蒸攻　むしぜめ　584
蒸備　むしぞなえ　584
蒸松明　むしたえまつ　584
無地な　むじな　584
蒸伏　むしぶせ　584
蒸振　むしぶるい　584
蒸麦　むしむぎ　584
蒸麺　むしめん　584
武者出立
　むしゃいでたち　584
武者色　むしゃいろ　584
武者押　むしゃおし　584
武者組　むしゃぐみ　584
武者煙　むしゃけぶり　584
武者言葉　むしゃことば　584
武者揃　むしゃぞろえ　584
武者大将
　むしゃだいしょう　585
武者溜　むしゃだまり　585
武者溜　むしゃため　585
武者使・武者遣
　むしゃつかい　585
武者始　むしゃはじめ　585
武者走　むしゃばしり　585
武者奉行
　むしゃぶぎょう　585
武者船　むしゃぶね　585
武者埃　むしゃほこり　585
武者草鞋
　むしゃわらんじ　585
無術　むじゅつ　585
矛盾・矛楯　むじゅん　585
無性　むしょう　585
無上　むじょう　585
蒸夜討　むしようち　586
蒸　むす　586
六借　むずかし　586
六借敷・六ヶ布
　むずかしく　586
擇と　むずと　586
無手と　むずと　586
結状　むすびじょう　586
結題　むすびだい　586
結花　むすびはな　586
噎ぶ　むせぶ　586
哽る　むせる　586

まはす衆　まわすしゅう　569
廻こ　まわりこ　569
回状　まわりじょう　569
廻り炭　まわりすみ　569
回燈籠・廻燈炉
まわりどうろう　570
廻持　まわりもち　570
万一　まんいち　570
万乙・萬乙　まんいつ　570
萬悦　まんえつ　570
慢気　まんき　570
万却　まんごう　570
満作　まんさく　570
満更　まんざら　570
満散　まんさん　570
満山　まんざん　570
万雑・万象・満蔵
まんぞう　570
万雑公事　まんぞうくじ　570
真時　まんどき　570
政所　まんどころ　570
政所公人
まんどころくにん　570
政所沙汰
まんどころさた　571
政所代　まんどころだい　571
政所内談
まんどころないだん　571
政所屋　まんどころや　571
曲鉢　まんばち　79, 571
満遍・万遍　まんべん　571
万葉書　まんようがき　571
見合　みあい　571
土産・見上　みあげ　571
見誤る　みあやまる　571
見合　みあわす　571
覧合　みあわせる　571
威稜　みいつ　571
覩える　みえる　571
績桶　みおけ　79, 571
覃見　みおよぶ　571
磨茶　みがきちゃ　571
瑩く　みがく　571
見隠　みかくす　572
閾　みかた　572
慈勢　みかたのぜい　572
御門　みかど　572
身が前　みがまえ　572
身架　みがまえ　572
身構　みがまえ　572
三河侍　みかわざむらい　572
右勝手　みぎかって　572
砌　みぎり　572
見切る　みきる　572
身際　みぎわ　572
見崩　みくずれ　572
御食　みけ　572
御気色　みけしき　572
眉間尺　みけんじゃく　573
御輿舁　みこしかき　573
美観　みごと　573
見懲　みごらし　573
見こらしみ　みこらしみ　573
見懲り　みごり　573
微細　みさい　573
三島暦　みしまごよみ　573
三島摺暦
みしまずりごよみ　573
未若　みじゃく　573
実城　みじょう　573
身処分　みしょぶん　573
未処分　みしょぶん　573
未進　みしん　573
水諍　みずいさかい　573
水打　みずうち　573
水懸　みずかかり　574
身過　みすぎ　574
視悚　みすくむ　574
水栗　みずぐり　574
水曲輪・水駆輪
みずぐるわ　574
水翻・水飜　みずこぼし　574
水沙汰　みずさた　574
水攻　みずぜめ　574
水帳　みずちょう　574
水付　みずつき　496, 574
水に仕る
みずにつかまつる　574
水手　みずのて　574
水はじき　みずはじき　574
水船　みずぶね　575
窶し　みすぼらし　575, 621
水麦　みずむぎ　575
水向　みずむけ　575
水問答　みずもんどう　575
水役　みずやく　575
水屋能　みずやのう　575
水籠　みずろう　575
見懲　みせしめ　575
見勢　みせぜい　575
見備　みせぞなえ　575
身銭　みぜに　575
見旗　みせばた　575
見櫓　みせやぐら　575
味噌水　みそうず　575
御台様　みだいさま　576
見出　みだす　576
無見立　みたてなし　576
身為　みだめ　576
叨し　みだりがまし　576
猥敷　みだりがわしき　576
叩しく　みだりがわしく　576
妄に・叨　みだりに　576
道終　みちすがら　576
道造酒　みちづくりざけ　576
道の口　みちのくち　576
道者　みちのもの　576
里程　みちのり　576
路鬐　みちばた　576
盈虚　みちひき　576
道触・道振　みちぶり　576
道遣　みちやる　576
御帳　みちょう　577
みづ　みづ　577
密儀　みつぎ　577
見継勢　みつぎぜい　577
調物・貢物　みつぎもの　577
見次者　みつぎもの　577
密供　みつく　577
見継・見次　みつぐ　577
三的　みつまと　577
密裏　みつり　577
三手犬　みてのいぬ　577
三手犬追物
みてのいぬおうもの　577
孩子　みどりこ　577
咸　みな　577
見直　みなおす　577

罷申　まかりもうす　560
罷寄　まかりよる　560
巻　まき　560
巻網・旋網　まきあみ　560
巻絵　まきえ　560
巻攻　まきぜめ　560
巻樽　まきたる　561
巻播す　まきちらす　561
巻詰　まきつむ　561
巻解　まきほぐす　561
巻物　まきもの　32, 561
礙る　まぎる　250, 561
紛れ　まぎれ　561
捲く　まく　561
巻く　まく　561
幕串　まくぐし　561
幕の乳　まくのち　561
間配る　まくばる　561
真繰る　まくる　561
甜瓜　まくわうり　562
幕を打つ　まくをうつ　562
幕を張る　まくをはる　562
輸け　まけ　562
曲象　まげえん　562
枉て　まげて　562
負腹　まけばら　562
枉る　まげる　562
負態・負業　まけわざ　562
寔・良・諒　まことに　562
真以　まことに　562
孚以　まことにもって　562
鉄　まさかり　562
正無　まさな　562
方に　まさに　563
愈　まさる　47, 563
参へる　まじえる　563
接る　まじえる　563
増水子　ましがこ　563
増知行　ましちぎょう　563
増て　まして　563
況してや　ましてや　563
増番　ましばん　563
増分　ましぶん　563
目瞤ぐ　まじろぐ　563
尖　まず　563
枡形・枅形・斗形
　ますがた　563
窶し　まずし　563
枡掐　ますづき　563
枡取　ますとり　564
斗米　ますまい　173, 564
倍　ますます　564
又内の者
　またうちのもの　564
又小者　またごもの　564
又所司代
　またしょしだい　564
又候・亦候　またぞろ　564
亦腹　またはら　564
又被官　またひかん　564
亦者　またもの　564
町　まち　564
待　まち　564
待入　まちいる　564
待緒　まちお　564
待合戦　まちかっせん　564
町構　まちがまえ　565
町口　まちくち　565
町郭　まちぐるわ　565
町作　まちさく　565
町地下　まちじげ　565
待女郎　まちじょうろう　565
待備　まちぞなえ　565
待女房　まちにょうぼう　565
町奉行　まちぶぎょう　565
町役　まちやく　390, 565
町露地　まちろじ　565
俟つ・須つ　まつ　565
松　まつ　565
真搗　まづき　565
正甲　まっこう　565
真倒　まっさかさま　565
真驀　まっしぐら　565
真然　まっそう　565
正只中　まっただなか　565
抹茶　まっちゃ　566
松囃子・松拍子
　まつばやし　566
真平　まっぴら　566
纏・集　まつめる　566
真手者　まてもの　566
誷　まとい　566
圓居　まどい　70, 566
纏の旗　まといのはた　566
間遠　まどお　566
間遠し　まどおし　566
的矢　まとや　566
全輪　まどろかし　566
全輪く　まどろしく　567, 608
真眠　まどろむ　567
末那板　まないた　567
間半　まなか　567
鴟　まなづる　567
真那鶴取　まなづるどり　567
間合・間爾合　まにあい　567
まぬる　まぬる　567
似為　まね　567
招　まねき　567
親　まのあたり　567
真羽　まば　567
間原・間荒・疎　まばら　567
疎駆　まばらがけ　567
目引　まびき　567
目庇・眉庇　まびさし　567
間府・間分・真吹　まぶ　568
間別　まべつ　262, 568
まめしげ　まめしげ　568
真綿　まめん　568
守り　まもり　568
戍る　まもる　568
厩橋　まやばし　568
眉作　まゆづくり　568
檀紙　まゆみがみ　568
眉を拭う　まゆをぬぐう　568
眉を掃う　まゆをはらう　568
眉を嚬る
　まゆをひそむる　568
鞠垣　まりがき　568
鞠始　まりはじめ　568
丸　まる　569
虎子　まる　569
丸・麻呂　まる　569
丸馬出
　まるうまだし　322, 569
丸備　まるぞなえ　569
まるひ　まるひ　569
丸日取　まるひどり　569
罕　まれ　569

擅・檀・縦　ほしいまま　551
恣に　ほしいままに　551
補職　ほしき　551
干殺す　ほしころす　552
干菜　ほしな　552
輔車　ほしゃ　552
放状　ほじょう　545, 552
晞す　ほす　552
歩跣　ほせん　552
細入　ほそいり　552
細言葉　ほそことば　552
臍を噬む　ほぞをかむ　552
梢　ほだ　552
ほだし　ほだし　552
羈す　ほだす　552
発気　ほっき　552
法橋　ほっきょう　552
法親王
ほっしんのう　456, 552
払子　ほっす　553
法体　ほったい　553
没溺　ぼつでき　553
没倒　ぼっとう　553, 607
発得　ほっとく　553
払手下　ほてした　553
不可有程
ほどあるべからず　553
解胴　ほどきどう　553
仏胴　ほとけどう　553
播す　ほどこす　553
黄鸝　ほととぎす　553
程合　ほどらい　553
殆　ほとんど　553
保内商人
ほないしょうにん　553
骨　ほね　553
甫年　ほねん　553
風かに　ほのかに　553
風記　ほのき　554
朗々と　ほのぼのと　554
輔弼　ほひつ　554
屠る　ほふる　484, 554
帆別銭　ほべつせん　554
較・粗　ほぼ　554, 624
微哂　ほほえみ　554
誷る　ほめる　554
帆役　ほやく　554
輔翼　ほよく　554
隍　ほり　554
堀内　ほりのうち　554
耄者　ほれもの　554
母衣・絚・武羅　ほろ　554
母衣の者　ほろのもの　554
母衣張・幌張　ほろばり　554
本意　ほんい　543, 555
犯科　ぼんか　555
非本懐
ほんかいにあらず　555
本篝　ほんかがり　321, 555
本願　ほんがん　555
本給　ほんきゅう　555
本銀　ほんぎん　555, 556
叛逆　ほんげき　555
本解状　ほんげじょう　555
本券　ほんけん　215, 555
本参　ほんざん　555
盆山　ぼんさん　555
本式仁・本式人
ほんしきじん　555
本地供　ほんじく　556
本主　ほんしゅ　556
本上　ほんじょ　556
本所　ほんじょ　556
梵場　ぼんじょう　556
本陣　ほんじん　556
本銭　ほんせん　555, 556
本銭返
ほんせんがえし　67, 556
本銭返年季地　ほんせんがえしねんきち　556
奔走　ほんそう　556
本備　ほんぞなえ　556
本知・本地　ほんち　556
本手　ほんて　556
本田　ほんでん　556
梵天　ぼんてん　556, 562
本茶　ほんのちゃ　557
本の矢文
ほんのやぶみ　557, 622
本復　ほんぷく　557
本米　ほんまい　557
本丸　ほんまる　557
本望　ほんもう　557
本物　ほんもつ　557
本物返　ほんもつがえし　557
本役　ほんやく　557
本路　ほんろ　557

ま 行

舞　まい　558
枚　まい　558
毎季　まいき　558
埋却　まいきゃく　558
舞師　まいし　558
売僧・売子　まいす　558
昧爽　まいそう　558
舞大夫　まいたゆう　558
昧たる　まいたる　558
毎端　まいたん　558
舞囃子　まいばやし　558
埋伏　まいふく　558
毎遍・毎篇　まいへん　558
舞々　まいまい　558
参す　まいらす　558
参　まいる　558
前　まえ　559
前書　まえがき　559
前廉　まえかど　559
前備　まえぞなえ　559
前立物
まえたてもの　371, 559
前長　まえなが　559
前に有るべし
まえにあるべし　559
前引　まえびき　559
馬借　まがし　559
信す　まかす　559
賂賄・間叶　まかない　559
賄料　まかないりょう　560
賄・宰　まかなう　560
曲　まがり　560
罷出　まかりいず　560
罷下　まかりくだる　560
罷蒙　まかりこうむる　560
罷越　まかりこす　560
罷立　まかりたつ　560
罷上　まかりのぼる　560

法　ほう　543
旄　ぼう　543
妨意　ぼうい　543
放逸無慙
　ほういつむざん　543
法印　ほういん　543
芳音　ほういん　543
宝印　ほういん　544
耗睪　ほうえき　544
包笑　ほうえむ　544
放歌・放下　ほうか　544
奉加　ほうが　544
法外　ほうがい　544
方角衆　ほうがくしゅう　544
方角立柄
　ほうがくたちがら　544
奉加銭　ほうがせん　544
奉加帳・棒伽帳
　ほうがちょう　544
芳翰・芳簡　ほうかん　544
方勘　ほうかん　544
胞顔　ほうがん　544
芳顔　ほうがん　544
方技　ほうぎ　544
法儀　ほうぎ　545
封疆　ほうきょう　545
芳恵　ほうけい　545
矛戟　ぼうげき　545
蓬ける　ほうける　545
放券　ほうけん　545
芳言　ほうげん　545
法眼　ほうげん　545
放券状
　ほうけんじょう　545, 552
部伍　ほうご　545
奉公立　ほうこうだて　545
奉公人　ほうこうにん　545
暴虎馮河
　ぼうこひょうが　545
芳策　ほうさく　545
芳札　ほうさつ　545
褒讃　ほうさん　545
芳志　ほうし　545, 547
芳紙　ほうし　546
鋒矢　ほうし　546
貌尓　ぼうじ　546
牓示・牓爾・放示・傍爾
　ぼうじ　546
牓示　ぼうじ　546
忘失　ぼうしつ　546
亡失　ぼうしつ　546
傍尓等之儀
　ぼうじなどのぎ　546
方術　ほうじゅつ　546
苞苴　ほうしょ　546
芳書　ほうしょ　546
芳助　ほうじょ　546
芒所・亡所・茅所
　ぼうしょ　546
方丈　ほうじょう　546
乏少　ぼうしょう　546
芳信　ほうしん　547
芳心　ほうしん　546, 547
芳訊・芳尋　ほうじん　547
謀臣　ぼうしん　547
坊人　ぼうじん　547
方寸　ほうすん　547
芳情　ほうぜい　547
牓迹　ぼうせき　547
ほうそんを置く
　ほうそんをおく　547
滂沱　ぼうだ　547
芳体　ほうたい　547
放題・傍題・法第
　ほうだい　547
庖厨　ほうちゅう　547
方図　ほうづ　547
舫艇船　ほうていせん　547
芳擲　ほうてき　548
方等　ほうとう　548
宝幢　ほうどう　548
為某　ぼうとして　548
傍輩　ほうばい　548
芳飯・苞飯　ほうはん　548
謀判　ぼうはん　548
宝引師　ほうびきし　548
鳳文　ほうぶん　548
褒貶連歌
　ほうへんれんが　548
芳報　ほうほう　548
匍々・這々　ほうほう　548
鋒芒　ほうぼう　548
辛々の躰
　ほうほうのてい　548
芳墨　ほうぼく　549
暴慢之至
　ぼうまんのいたり　549
法論味噌　ほうみそ　549
芳茗　ほうめい　549
芳免　ほうめん　549
坊免家　ぼうめんけ　549
芳問　ほうもん　549
鋒矢　ほうや　549
方薬　ほうやく　549
方輿　ほうよ　549
方向　ほうよう　549
放鷹　ほうよう　550
方用・方向　ほうよう　550
蓬萊嶋　ほうらいしま　550
放埓　ほうらつ　550
祝　ほうり　550
芳慮　ほうりょ　550
坊領　ぼうりょう　550
宝鈴　ほうれい　550
哮る　ほえる　550
行器　ほかい　550
外居　ほかい　550
逋客　ほかく　550
僕従　ぼくじゅう　550
目上　ぼくじょう　550
卜す　ぼくす　550
牧芻　ぼくすう　550
卜筮　ぼくぜい　551
北叟咲　ほくそえむ　551
禿倉　ほくら　551
木履　ぼくり　551
火気　ほけ　551
架　ほこ　551
架木　ほこぎ　551
鉾芒・鋒　ほこさき　551
鉾楯　ほこたて　551
為反古　ほごになす　551
霾　ほこり　551
夸　ほこり　551
芥　ぼさつ　551
星　ほし　551
星會　ほしあい　551
乾糗　ほしい　551

奮繫　ふんけい　535
分限　ぶんげん　535
分国　ぶんこく　535
粉骨　ふんこつ　535
分際　ぶんざい　535
分在　ぶんざい　535
焚殺　ふんさつ　535
紛失　ふんしつ　535
紛擾　ふんじょう　535
文状　ぶんじょう　535
分水奉行
ぶんすいぶぎょう　535
分銭　ぶんせん　535
粉忽　ふんそう　536
文台　ぶんだい　536
分附　ぶんづけ　536
分捕　ぶんどり　536
分内　ぶんない　536
分半　ぶんなか　536
憤浮　ふんぷ　536
紛々　ふんぷん　536
芬々　ふんぷん　536
分別　ふんべつ　536
芬芳　ふんぽう　536
分米　ぶんまい　364, 536
分明　ふんみょう　536
分目　ぶんめ　536
焚滅　ふんめつ　536
紛乱　ふんらん　536
分領　ぶんりょう　536
憤惋　ふんわん　537
芮　へい　537
閉庵・閇庵　へいあん　537
平衣　へいい　537
平臥　へいが　537
炳誡　へいかい　537
平懐　へいがい　537
兵革　へいかく　537
平均　へいきん　537
睥睨　へいげい　537
兵権　へいけん　537
平元　へいげん　537
平口・閉口　へいこう　537
斃死　へいし　537
兵士　へいじ　537
兵士役　へいしやく　537
陪従　べいじゅう　538
平出　へいしゅつ　538
秉燭　へいしょく　538
平津　へいしん　538
幣進　へいしん　538
平人　へいじん　538
嬖人　へいじん　538
兵刃　へいじん　538
兵燹　へいせん　538
兵銭　へいせん　538
炳然　へいぜん　538
兵談　へいだん　538
幣帛　へいはく　538
箆白　へいはく　465, 538
敝服　へいふく　538
兵法　へいほう　538
兵法師　へいほうし　538
兵法者　へいほうしゃ　538
兵法仁　へいほうじん　539
兵法つかひ
へいほうつかひ　539
平癒　へいゆ　539
弊邑・敝邑　へいゆう　539
聘礼　へいれい　539
閉籠　へいろう　539
僻案　へきあん　539
僻字　へきじ　539
壁書　へきしょ　539
下手形儀　へたかたぎ　539
別儀　べちぎ　539
別相伝　べちそうでん　539
鼈羹　べつかん　539
別儀　べつぎ　540
別業　べつぎょう　540
経尽す　へつくす　540
別軍　べつぐん　540
鼈甲船　べっこうせん　540
別作　べっさく　540
別作田　べっさくでん　540
別而　べっして　540
蔑如　べつじょ　442, 540
別条　べつじょう　540
別心　べっしん　540
別段　べつだん　540
別当　べっとう　540
別番　べつばん　540
別服　べつふく　541
反吐　へど　541
歴回　へめぐる　541
部屋住　へやずみ　541
鞭影　べんえい　541
辺役　へんえき　541
抃悦　へんえつ　541
変改　へんがい　541
便宜　べんぎ　541
辺垠　へんぎん　541
貶降　へんこう　541
返毫　へんごう　541
辺際　へんさい　541
返札　へんさつ　541
片時　へんじ　541
辺事・返辞　へんじ　541
偏執　へんしゅ　541
扁舟　へんしゅう　541
偏執　へんしゅう　542
返章　へんしょう　542
返上　へんじょう　542
返状　へんじょう　542
返進　へんしん　542
遍身　へんしん　542
変する　へんする　542
扁倉　へんそう　542
辺塞　へんそく　542
鵤鷹　へんたか　542
片楮　へんちょ　542
辺土　へんど　542
弁当・辨当・便道
べんとう　542
偏頗　へんぱ　542
反覆　へんぱく　542
返弁・返辨　へんべん　542
篇篇　へんぺん　542
返報　へんぽう　543
遍満　へんまん　543
篇目　へんもく　543
抃躍　へんやく　543
布衣　ほい　543
本意　ほい　543
本意無し　ほいなし　543
硼　ほう　543
袍　ほう　543
方　ほう　543

扶持方渡奉行　ふちかたわたしぶぎょう　527
扶持給　ふちきゅう　527
扶持人　ふちにん　527
扶持米　ふちまい　527
逢著　ぶぢゃく　527
府中　ふちゅう　527
不調　ふちょう　527
無調法　ぶちょうほう　527
不調法　ぶちょうほう　527
無調練　ぶちょうれん　527
夫賃　ぶちん　527
覆勘　ふっかん　527
富貴　ふっき　527
物議　ぶつぎ　527
文作　ふづくり　527
物詣　ぶっけい　527
仏餉　ぶっしょう　528
仏心宗　ぶっしんしゅう　528
物忩・物騒　ぶっそう　528
払底　ふってい　528
腑調・腑倜　ふてき　528
筆取　ふでとり　528
染筆　ふでをそめ　528
抛筆　ふでをなげうつ　528
不腆　ふてん　528
不図・不斗・与風・不度　ふと　528
武道　ぶどう　528
不動袈裟　ふどうげさ　528
不当仁　ふとうじん　528
不動の縛　ふどうのばく　528
一二三行　ふとくたくましき　528
不届　ふとどき　528
無届　ぶとどき　529
布団　ふとん　529
船軍　ふないくさ　529
船指　ふなざし　529
船手・舟手　ふなて　529
船手衆　ふなてしゅう　529
船番匠　ふなばんしょう　529
船本・船許　ふなもと　529
船盛・舟盛　ふなもり　529
船役　ふなやく　529
不形　ぶなり　529
豊饒　ぶにょう　529
補任　ぶにん　529
不人数　ふにんずう　529
補任銭　ぶにんせん　529
無人前　ぶにんぜん　529
武主　ぶぬし　523, 529, 610
不佞　ふねい　530
船節　ふねのみ　530
無念　ぶねん　530
不の悪しき　ふのあしき　530
駙馬　ふば　530
不備　ふび　530
夫兵・歩兵　ぶひょう　530
不便・不敏　ふびん　530
加不便　ふびんをくわえる　530
歩夫　ふぶ　530
符節　ふふし　530
武文　ぶぶん　530
不平　ふへい　530
武別　ぶべつ　530, 534
不辨・不弁・不便　ふべん　531
武辺・武篇　ぶへん　531
武辺公事　ぶへんくじ　531
不弁者　ふべんしゃ　531
武辺者　ぶへんしゃ　531
武篇道　ぶへんどう　531
夫凡　ふぼん　531
夫馬　ぶま　531
不昧　ふまい　531
夫米　ぶまい　531
地盤・踏所　ふまへどころ　531
夫丸　ぶまる　269, 531
武見　ぶみ　76, 531
踏皮　ふみかわ　531
踏頽す　ふみくずす　532
踏躙　ふみちらす　532
践著　ふみつけ　532
踏禿・蹈禿　ふみつぶす　532
踏潰　ふみつぶす　532
踏撩る　ふみにじる　532
踊む　ふむ　267, 532
武命　ぶめい　532
負物　ふもつ　532
負物人　ふもつにん　532
梺　ふもと　532
夫役　ぶやく　532
不豫　ふよ　532
賦与　ふよ　532
不用　ふよう　532
附庸　ふよう　532
武翼　ぶよく　532
仏郎機　ぶらんき　532
ふり　ふり　532
ぶり　ぶり　533
振売　ふりうり　533
振髪　ふりがみ　533
振変り　ふりかわり　533
夫力　ぶりき　533
振飄石　ふりづんばい　533
武略　ぶりゃく　533
武略者　ぶりゃくもの　533
風流　ふりゅう　533
夫料　ぶりょう　533
不料簡　ふりょうけん　533
無力　ぶりょく　533
不慮に　ふりょに　533
武林　ぶりん　533
部類　ぶるい　533
古後達　ふるごたち　533
古狸　ふるだぬき　533
古墓　ふるつか　533
古手屋　ふるてや　533
振廻・翔　ふるまい　533
振舞料理　ふるまいりょうり　533
不例　ふれい　534
触頭　ふれがしら　534
触口　ふれくち　534
触れ使　ふれし　534
触状　ふれじょう　534
触れ手　ふれて　534
賦斂　ふれん　534
風呂始　ふろはじめ　534
風呂を留む　ふろをとむ　534
武別　ぶわかれ　530, 534
刎　ふん　113, 534
分一　ぶんいち　534
紛紜　ふんうん　534
轒轀　ふんおん　534
分切　ぶんぎり　535
文緊　ぶんきん　535

吹抜・吹貫　ふきぬき　519
吹減り　ふきべり　519
ぶきめく　ぶきめく　519
吹屋　ふきや　519
吹屋銭　ふきやせん　519
扶渠　ふきょ　519
不興・不孝・不教
　ふきょう　519
払暁　ふきょう　519
無興　ぶきょう　519
無器用　ぶきよう　519
不行儀・無行儀
　ふぎょうぎ　520
奉行衆　ぶぎょうしゅう　520
不具　ふぐ　520
不虞　ふぐ　520
ふくさに　ふくさに　520
福事　ふくじ　520
夫公事　ぶくじ　520
服食　ぶくじき　520
輻湊　ふくそう　520
腹蔵・覆蔵　ふくぞう　520
伏誅　ふくちゅう　520
腹中気　ふくちゅうげ　520
腹中瀉下
　ふくちゅうしゃか　520
腹病　ふくびょう　520
復本　ふくほん　520
銜む　ふくむ　521
服膺　ふくよう　521
膨ら神頭
　ふくらじんどう　521
腹立　ふくりゅう　521
不君　ふくん　521
ふけ　ふけ　521
武計　ぶけい　521
深田　ふけた　521
武家門跡　ぶけもんぜき　521
武家役　ぶけやく　521
分限　ぶげん　521
分限者　ぶげんしゃ　521
無憲法・不憲法
　ぶけんぽう　521
部伍　ぶご　359, 521
腐毫　ふごう　521
無功　ぶこう　521
不合期　ふごうご　521
無告　ぶこく　522
不才・不材　ふさい　522
無菜　ぶさい　522
不作　ふさく　522
杜　ふさぐ　522
不作事　ふさくじ　522
房鞦　ふさしりがい　522
無沙汰　ぶさた　522
無無沙汰・無々沙汰
　ぶさたなく　522
符使　ふし　522
不時　ふじ　522
無事　ぶじ　522
無仕合せ　ぶしあわせ　522
無塩　ぶしお　518
武塩　ぶしお　522
伏蟠る　ふしかまる　522
伏草　ふしくさ　522
臥首　ふしくび　522
藤衣　ふじごろも　523
紛失　ふしち　523
不日　ふじつ　523
不実　ふじつ　523
罧漬・柴漬　ふしづけ　523
武士道　ぶしどう　523
無射　ぶしゃ　523
歩射　ぶしゃ　523
俛首　ふしゅ　523
不須　ふしゅ　523
武主　ぶしゅ　523, 530, 610
不祝言　ぶしゅうげん　523
膚受の愬
　ふじゅのうったえ　523
不首尾・無首尾
　ふしゅび　523
諷誦文　ふじゅもん　523
扶助　ふじょ　523
武将　ぶしょう　524
無性　ぶしょう　524
不肖衆　ふしょうしゅう　524
不浄負　ふじょうまけ　524
不食　ふしょく　524
武色　ぶしょく　524
夫食　ぶしょく　524
無所存　ぶしょぞん　524
無所帯　ぶしょたい　524
普請　ふしん　524
負薪　ふしん　524
不審　ふしん　524
不仁　ふじん　524
武臣　ぶしん　524
撫綏　ぶすい　524
熏　ふすぼり　524
賦　ふする　524
伏　ふせ　348, 524
風情　ふぜ　525
防勢　ふせぎぜい　525
拒矢　ふせぎや　525
禦ぐ・扞ぐ・捍ぐ　ふせぐ　525
伏勢　ふせぜい　525
臥田　ふせだ　525
伏の場　ふせのば　525
伏を仕り
　ふせをつかまつり　525
不宣　ふせん　525
夫銭　ぶせん　525
扶疎　ふそ　525
扶桑　ふそう　525
敷奏　ふそう　525
不足　ふそく　525
不足をかく
　ふそくをかく　525
夫駄　ぶだ　525
不退　ぶたい　525
譜代衆　ふだいしゅう　525
譜代相伝
　ふだいそうでん　526
二重成　ふたえなし　454, 526
札狩　ふだがり　526
二心　ふたごころ　526
札銭　ふだせん　526
武太刀　ぶたち　526
歩楯　ふたて　526
二妻　ふため　526
二人舞　ふたりまい　526
ふたる　ふたる　526
不断者　ふだんのもの　526
扶持　ふち　526
扶持方　ふちかた　526
扶持方奉行
　ふちかたぶぎょう　527

兵楯　ひょうじゅん　511
評定　ひょうじょう　511
兵杖　ひょうじょう　511
病証・病症　びょうしょう　511
兵杖宣下
　ひょうじょうせんげ　511
評定人
　ひょうじょうにん　511
評定奉行
　ひょうじょうぶぎょう　511
表子　ひょうす　511
評談　ひょうだん　512
瓢簞公事
　ひょうたんくじ　512
表徳号　ひょうとくごう　512
評判　ひょうばん　512
屛風楯　びょうぶたて　512
表褙　ひょうほう　512
兵法者　ひょうほうしゃ　512
兵法仁　ひょうほうじん　512
兵法使
　ひょうほうつかえ　512
表褙・表補絵　ひょうほえ　512
表褙師・表布衣師
　ひょうほえ　512
表褙　ひょうほえ　512
漂没　ひょうぼつ　512
俵物　ひょうもつ　375, 512
表裏・表裡　ひょうり　512
表裏人　ひょうりじん　513
表裏を架る
　ひょうりをかまえる　513
兵粮つめ
　ひょうろうつめ　513
兵粮船　ひょうろうぶね　513
表六　ひょうろく　513
日より　ひより　513
平押　ひらおし　513
平織物　ひらおりもの　513
ひらき　ひらき　513
開靡く　ひらきなびく　513
平首・平頸　ひらくび　513
平座　ひらざ　513
平様　ひらざま　513
平攻め・平責　ひらぜめ　513
平　ひらに　514
平年期（売）
　ひらねんきうり　514
平百姓
　ひらびゃくしょう　514
披覧　ひらん　514
痺　ひりめく　514
比量　ひりょう　514
比倫　ひりん　514
賁臨　ひりん　514
昼討　ひるうち　514
昼途飯　ひるとはん　261, 514
昼這　ひるばい　514
阽む　ひるむ　18
疼む・皛む・阽む・白む
　ひるむ　304, 514
披露　ひろう　514
披露状　ひろうじょう　515
披露奉行
　ひろうぶぎょう　515
広縁　ひろえん　515
ひろうと　ビロード　515
便宜　びんぎ　515
秉炬　ひんこ　515
便札　びんさつ　515
擯出　ひんしゅつ　515
便書　びんしょ　515
便所　びんじょ　515
便状　びんじょう　515
泯尽　びんじん　515
禀性　ひんせい　515
擯斥　ひんせき　515
顰眉　ひんび　515
便隙　びんぴま　515
禀賦　ひんぷ　515
便風　びんぷう　516
貧窶　ひんる　516
便路　びんろ　516
夫　ふ　516
皀　ふ　516
不合　ぶあい　516
夫嵐子・夫荒子
　ぶあらしこ　516
不案内・無案内
　ぶあんない　516
武威　ぶい　516
無為　ぶい　516
撫育　ぶいく　516
鞴　ふいごう　516
不一　ふいち　516
分一　ぶいち　516
分一徳政
　ぶいちとくせい　517
符印　ふいん　517
無音　ぶいん　517
風花雪月
　ふうかせつげつ　517
諷諫　ふうかん　517
風儀　ふうぎ　504, 517
諷経　ふうきょう　517
封書　ふうしょ　517
風信　ふうしん　517
風塵　ふうじん　517
風説　ふうせつ　517
風体　ふうてい　517
風慮　ふうりょ　517
武運　ぶうん　518
布衣　ふえ　518
肮　ふえ　518
武衛　ぶえい　518
無塩　ぶえん　518, 522
醜男・無男　ぶおとこ　518
不快　ふかい　518
不会　ふかい　518
不甲斐　ふがい　518
不雅意なし　ふがいなし　518
附郭　ふかく　518
無覚悟・不覚悟
　ぶかくご　518
深草祭　ふかくさまつり　518
不覚を掻く
　ふかくをかく　518
武頭　ぶがしら　518
夫頭　ぶがしら　518
不可説　ふかせつ　519
深曾木・深除・深削
　ふかそぎ　519
深働　ふかばたらき　519
誣陥　ふかん　519
不堪　ふかん　519
武館　ぶかん　519
不換金　ぶかんきん　519
吹玉　ふきだま　519

必定　ひつじょう　503
引据　ひっすゆる　503
筆舌を抛つ
　ひつぜつをなげうつ　503
苾蒭　ひっそう　498, 503
逼塞　ひっそく　503
筆端　ひったん　503
備中紙　びっちゅうがみ　503
引付く　ひっつく　503
筆頭　ひっとう　503
筆道　ひつどう　503
逼迫　ひっぱく　503
匹夫　ひっぷ　503
筆墨　ひつぼく　504
畢命　ひつめい　504
筆料　ひつりょう　502, 504
人商　ひとあきない　504
人あひ　ひとあひ　504
倍に・一に・単　ひとえに　504
一折　ひとおり　504
人返　ひとがえし　504
一形儀・一気質
　ひとかたぎ　504, 517
一塊　ひとかたまり　504
一廉・一稜・一角
　ひとかど　504
人勾引　ひとかどい　504
一構　ひとかまえ　504
ひとかはに　ひとかわに　505
一皮計り
　ひとかわばかり　505
一涯　ひときわ　505
披読　ひどく　505
人口　ひとぐち　308, 505
一庫炭　ひとくらすみ　505
人気になき
　ひとけになき　505
一悈　ひとこらえ　505
一差し　ひとさし　505
人沙汰　ひとさた　505
斎し　ひとし　505
一入　ひとしお　505
一塩付け　ひとしおづけ　505
准　ひとしく　505
人質　ひとじち　505
一筋に　ひとすじに　506
人使　ひとつかい　506
一ッ書・一書
　ひとつがき　40, 506
為一　ひとつとして　506
一物　ひとつもの　506
一手・一備　ひとて　506
人手　ひとで　506
一隊伐　ひとてぎり　506
一行　ひとてだて　33, 506
一羽　ひとは　506
一幡の　ひとはしの　506
一鉢　ひとはち　506
人払・人掃　ひとばらい　506
人々御中
　ひとびとおんなか　507
一翰　ひとふで　507
一ふり　ひとふり　507
一先　ひとまづ　507
一途　ひとみち　35, 507
一村　ひとむら　507
一持　ひともち　507
一按　ひともみ　507
択日　ひどり　507
独高名
　ひとりこうみょう　507
独転　ひとりころび　507
独立　ひとりだち　507
単的に　ひとりでに　507
日無し　ひなし　507
日並・日次　ひなみ　508
美男石　びなんせき　508
陳米・古米　ひねごめ　508
捻　ひねり　508
捻文・拈書　ひねりぶみ　508
備配　びはい　407, 508
菲薄　ひはく　508
火腹・脾腹　ひばら　508
ひばり　ひばり　508
批判　ひはん　508
響　ひびき　508
磅く　ひびく　508
卑夫　ひふ　508
微服　びふく　508
非分之儀　ひぶんのぎ　509
非分横合
　ひぶんよこあい　509
罷弊　ひへい　509
弥望　びぼう　509
隙　ひま　509
隙明　ひまあけ　318, 509
暇入・隙入　ひまいる　509
日待　ひまち　509
隙を明ける
　ひまをあける　509
隙を取る　ひまをとる　509
睥　ひめがき　509
姫御所　ひめごしょ　509
眉目・美目　びもく　509
被物　ひもつ　509
火矢・火箭・火屋　ひや　510
百韻・百韵　ひゃくいん　510
百姓一揆
　ひゃくしょういっき　510
百姓前
　ひゃくしょうまえ　510
百姓名
　ひゃくしょうみょう　510
百姓役
　ひゃくしょうやく　510
百雉　ひゃくち　510
白旄　びゃくぼう　510
百匁　ひゃくめ　510
白癩黒癩
　びゃくらいこくらい　510
百錬千磨
　ひゃくれんせんま　510
日焼　ひやけ　510
冷物　ひやしもの　510
百貫草　ひゃっかんそう　510
白虎頭日
　びゃっことうじつ　510
冷麦　ひやむき　511
秘用　ひよう　511
美容　びよう　511
馮河　ひょうが　511
兵革　ひょうがく　511
標悍　ひょうかん　485, 511
兵義・兵儀　ひょうぎ　511
瓢げ　ひょうげ　511
剽物・剽者　ひょうげもの　511
表事・表示・標示
　ひょうじ　511

引負　ひきおい　494
引殿　ひきおくる　494
引折　ひきおり　494
引替　ひきかえ　494
引返　ひきかえし　494
引懸・引掛　ひきかけ　494
引方　ひきかた　494
引鐘・引鉦　ひきがね　494
引煩る　ひきかねる　495
引切　ひききる　495
碾砕く　ひきくだく　495
引き口　ひきくち　495
引組む　ひきくむ　495
引肴　ひきざかな　495
引下　ひきさがる　495
引敷　ひきしき　495
火起請　ひきしょう　495
挈る　ひきずる　495
引勢　ひきぜい　495
引側め　ひきそばめ　495
引違　ひきたがえ　495
引き立つ　ひきたつ　495
引立　ひきたて　495
引違　ひきちがえ　495
碾茶・引茶　ひきちゃ　495
引散　ひきちらす　495
引付　ひきつく　496
引付　ひきつけ　496
引付三つ物
ひきつけみつもの　496
引手　ひきて　496, 574
引出物　ひきでもの　496
引取る　ひきとる　57, 496
引退・引除　ひきのく　496
引端・引羽　ひきば　496
引場　ひきば　496
引橋　ひきはし　497
引伏　ひきぶせ　497
蟇目　ひきめ　497
飛脚篝　ひきゃくかがり　497
飛脚旗　ひきゃくばた　497
飛脚道　ひきゃくみち　497
貔貅　ひきゅう　497
非拠　ひきょ　497, 499
比興・非興　ひきょう　497
飛行　ひぎょう　497
日行事　ひぎょうじ　497
比興もの　ひきょうもの　497
引分　ひきわけ　497
曳渡・引渡　ひきわたし　498
引く・彎く　ひく　173, 498
彎く　ひく　498
苾蒭　びく　498, 503
非公事　ひくじ　498
籤屑　ひくず　498
火口　ひぐち　498
晡　ひぐる　498
引け　ひけ　498
卑怯　ひけ　498
卑下　ひげ　498
秘計　ひけい　498
微恙　びけい　498
飛檄　ひげき　498
秘結　ひけつ　498
披見　ひけん　498
非拠　ひこ　497, 499
鼻高・鼻広・鼻荒　びこう　499
尾刻　びこく　499
比日　ひごと　225, 499
日来・属日・日比　ひごろ　499
干殺し　ひごろし　499
火竿　ひざお　499
膝組　ひざぐみ　499
提子　ひさげ　499
庇をおろす
ひさしをおろす　499
飛札　ひさつ　499
火皿　ひざら　499
膝を抱く　ひざをだく　499
ひじ　ひじ　499
非時　ひじ　499
微志　びし　499
臑当　ひじあて　499
菱籠　ひしかご　499
肘金　ひじかね　500
挫合　ひしぎあう　500
拉ぐ・擘ぐ　ひしぐ　500
菱喰　ひしくい　500
擇と掖む
ひしとくむ　500, 586
犇々と　ひしひしと　500
閲めく　ひしめく　500
微者　びしゃ　500
飛錫　ひしゃく　500
匕首　ひしゅ　500
裨将・稗将　ひしょう　500
非事吏　ひじり　500
披陳　ひじん　500
美人揃　びじんぞろえ　500
微賤　びせん　500
檜曾・檜楚　ひそ　500
砒礵　ひそう　501
秘蔵者　ひぞうもの　501
竊に・陰に　ひそかに　501
疲卒　ひそつ　501
顰める　ひそめる　501
干損・日損・旱損　ひそん　501
鐚　びた　501
直打ち　ひたうち　501
悉甲・直冑・直甲
ひたかぶと　501
浸物　ひたしもの　501
只管・混ら・混空・只混ら　ひたすら　501
直攻め　ひたぜめ　501
浸責　ひたぜめ　501
非太刀　ひだち　501
非太刀を打つ
ひたちをうつ　501
直・頓　ひたと　502
浸々と・混々と
ひたひたと　502
直物　ひたもの　502
日帳　ひちょう　502
筆　ひつ　502
密懐・密会　びっかい　502
畢竟　ひっきょう　502
匹耦・匹耦　ひつぐう　502
引掬む　ひっくむ　502
火付人　ひつけにん　502
畢期　ひつご　502
越跛　びっこ　502
筆耕　ひっこう　502, 504
筆耕銭　ひっこうせん　502
筆号銭　ひつごうせん　503
筆紙　ひっし　503
坤　ひつじさる　503
苾蒭　びっしゅ　503

はらをかかえる　485
張合　はりあい　486
八付　はりつけ　481, 486
張抜　はりぬき　486
張番　はりばん　486
播磨瓢箪
はりまひょうたん　486
逸　はるか　486
杳に・遐迩・杳に・遥久
はるかに　486
杳々　はるばる　486
腹帯　はるび　486
半　はん　486
番　ばん　486
晩陰　ばんいん　486
萬悦　ばんえつ　486
番折　ばんおり　486
萬賀　ばんが　486
羿窠　はんかい　486
番替　ばんがえ　487
万方　ばんかた　487
反間　はんかん　487
半漢　はんかん　487
万吉　ばんきつ　300, 487
半弓　はんきゅう　487
判形　はんぎょう　487
万兕　ばんきょう　487
半切　はんぎり　487
半切紙　はんきりがみ　487
半具足　はんぐそく　487
晩気　ばんげ　487
半月燈籠
はんげつとうろう　487
萬戸一欣
ばんこいっきん　487
半更　はんこう　487
万幸　ばんこう　488
半国守護
はんこくしゅご　488
半作　はんさく　488
番指物　ばんさしもの　488
板札　はんさつ　488
晩湌・晩餐　ばんさん　488
判紙　はんし　488
班師　はんし　488
判者人　はんじゃにん　488
番衆　ばんしゅう　488
半守護　はんしゅご　488
番衆所　ばんしゅじょ　488
判書　はんしょ　488
万緒　ばんしょ　488
番所　ばんしょ　489
藩城　はんじょう　489
反常　はんじょう　489
番匠　ばんしょう　489
蛮触　ばんしょく　489
晩色　ばんしょく　489
半城　はんじろ　489
叛心　はんしん　489
晩炊　ばんすい　489
半済　はんぜい　489
番勢　ばんせい　489
判銭　ばんせん　489
番船　ばんせん　489
番銭　ばんせん　489
半俗　はんぞく　490
番卒　ばんそつ　490
番備　ばんぞなえ　490
繁多　はんた　490
番代　ばんだい　490
番大将　ばんたいしょう　490
番帳　ばんちょう　490, 491
万緒踈濶
ばんちょそかつ　347, 490
番包　ばんつみ　490
番手　ばんて　490
番手攻　ばんてぜめ　490
番手持　ばんてもち　490
晩天　ばんてん　490
半途　はんと　490
飯銅　はんどう　491
番頭衆　ばんとうしゅう　491
坂東路・坂東道
ばんどうみち　491
槃特が愚痴
ばんとくがぐち　491
番所　ばんどころ　491
頒百　はんぱく　491
判始　はんはじめ　491
班々　はんぱん　491
煩費　はんぴ　491
番文　ばんぶみ　491
藩屏　はんぺい　491
番兵　ばんぺい　491
万邦　ばんぽう　491
飯米　はんまい　491
判枡　はんます　491
半免　はんめん　492
番持　ばんもち　492
判物　はんもつ　492
半役　はんやく　492
番槍　ばんやり　492
万余・萬餘　ばんよ　492
藩籬　はんり　492
煩労　はんろう　492
熚　ひ　492
火焙　ひあぶり　492
贔屓　ひいき　492
贔屓偏頗　ひいきへんぱ　492
ひいとろ　ひいとろ　492
庇蔭　ひいん　492
冷頸　ひえくび　492
披閲　ひえつ　492
枳・扣　ひかえ　492
控中　ひかえちゅう　493
扣　ひかえる　493
晷　ひかげ　493
僻事・癖事　ひがごと　493
日数　ひかず　493
日数暇　ひかずいとま　493
日数物　ひかずもの　493
僻耳　ひがみみ　493
僻目　ひがめ　493
僻者　ひがもの　170, 493
日柄・日子・日次
ひがら　493
被管・被官　ひかん　493
被官会釈
ひかんあえしらい　493
被官探題
ひかんたんだい　493
被官人　ひかんにん　493
疋　ひき　493
非儀・非義　ひぎ　494
退足　ひきあし　494
引合　ひきあわせ　494
帥ゐる　ひきいる　494
引色　ひきいろ　494

旗色　はたいろ　477
裸城・生城　はだかじろ　477
肌帷　はだかたびら　478
叩・砕　はたく　478
叩け出す　はたけだす　478
旅籠銭　はたごせん　478
旗指　はたざし　478
跣　はだし　478
果し際　はたしぎわ　478
旗下　はたした　478
旗印　はたじるし　478
肌背　はだせ　478
旗大将　はただいしょう　478
畑地・畠地　はたち　478
はだつ　はだつ　478
礑と・襒と　はたと　258, 478
旗取・旆取　はたとり　478
旗奉行　はたぶぎょう　478
将又　はたまた　479
旗竜　はたまとい　479
旗持　はたもち　479
旗本・握奇　はたもと　479
旗本組　はたもとぐみ　479
旗本衆　はたもとしゅう　479
機物・機・旗物　にたもの　479
旗屋　はたや　479
動　はたらき　479
働き場　はたらきば　479
苓・截く・働く　はたらく　479
肌を合わす
　はだをあわす　479
旗を絞る・幡を絞る　はたをしぼる　480
把断　はだん　480
八座　はちざ　480
鉢開き　はちひらき　480
罰文　ばちぶみ　480
八木　はちぼく　480
八枚起請
　はちまいきしょう　480
八幡座　はちまんざ　480
八幡の詫
　はちまんのたく　480
八幡八幡
　はちまんはちまん　480
罸文　ばちもん　480
放　はつ　480
跋　ばつ　480
初尾　はつお　480
幕下　ばっか　480
未初儀候
　はつぎにそうらわず　481
八極　はっきょく　481
初首　はつくび　481
磔　はっけ　481
法眷　はっけん　481
跋扈　ばっこ　481
発向　はっこう　481
発興　はっこう　481
八朔　はっさく　481
末子　ばっし　481
発軫　はっしん　481
発声　はっせい　481
伐喪　ばっそう　481
八付　はっつけ　481, 486
法度　はっと　481
新哢　はつね　481
八方悪日
　はっぽうあくじつ　482
八方頭巾
　はっぽうずきん　482
破敵　はてき　482
花軍　はないくさ　482
場中の高名
　ばなかのこうみょう　482
場中の勝負
　ばなかのしょうぶ　482
訇相・訇合　はなし　482
放討・放打　はなしうち　482
放衆　はなししゅう　482
放状　はなしじょう　482
鼻験　はなじるし　482
縦つ　はなつ　482
鬫　はなっぱしら　482
絶だ　はなはだ　483
はなゝゝ　はなはな　483
花火・煙火　はなび　483
饍　はなむけ　483
鼻元・花許　はなもと　483
声花・色花　はなやか　483
端槍　はなやり　483
場慣・場馴　ばならし　483
はば　はば　483
刃場　はば　483
憚入　はばかりいる　483
鈿　はばき　483
行縢　はばき　483
沮む　はばむ　483
刃早し　はばやし　483
八幡・番舶・奪販
　ばはん　483
八幡船　ばはんせん　483
屠る　はぶる　484, 554
馬糞摑　ばふんつかみ　484
馬糞摑侍
　ばふんつかみさむらい　484
欛柄　はへい　484
浜端　はまはた　484
介む　はまむ　484
葉武者・羽武者
　はむしゃ　484
端者・葉者　はもの　484
甲矢　はや　84, 484
隼　はや　484
逸足　はやあし　484
蚤い　はやい　427, 484
早打・隼打　はやうち　484
驒　はやうま　484
早貝　はやかい　484
早鐘　はやがね　484
隼し　はやし　217, 485
囃子者　はやしもの　485
早引・走誦・早退
　はやびき　485
刃槍　はやり　485
早歌　はやりうた　485
慓悍・慓婥・逸雄・早雄
　はやりお　485, 511
儕・輩・原　ばら　485
払切・払斬　はらいぎり　485
厭ふ　はらう　485
昆弟　はらから　485
腹かはり　はらかわり　485
腹筋　はらすじ　485
漣漣と　はらはらと　253
漣々と　はらはらと　485
孕・妊・胎　はらむ　485
腹を抱える

拝上　はいじょう　470
拝進　はいしん　470
売臣・倍臣　ばいしん　470
拝趨　はいすう　470
拝瞻　はいせん　470
鴿・鶻　はいたか　470
佩楯　はいだて　470
配帙　はいちつ　470
拝呈　はいてい　470
拝答　はいとう　470
買得　ばいとく　470
背敗　はいはい　470
拝披　はいひ　470
配符　はいふ　470
拝復・拝覆　はいふく　471
配符銭　はいふせん　471
配分状　はいぶんじょう　471
拝面　はいめん　471
廃忘・敗亡　はいもう　471
灰寄　はいよせ　471
拝覧　はいらん　471
悖乱　はいらん　471
配立　はいりゅう　471
悖戻　はいれい　471
はへ　はえ　471
馬煙　ばえん　62
馬烟・馬煙　ばえん　471
はか　はか　471
端書　はがき　471
ばかくれ　ばかくれ　471
場数　ばかず　471
博士　はかせ　471
果敢ない　はかない　472
果敢々々　はかばかし　472
墓々敷　はかばかしく　472
袴のそば　はかまのそば　472
歯噛　はがみ　472
破家者　ばかもの　472
墓行・捗行く・果敢行
はかゆく　472
脛背　はからい　472
嘆　はからう　472
不計　はからず　472
計られず　はかられず　472
許　ばかり　472, 607
叵計　はかりがたし　472
籌　はかりごと　472
揣る　はかる　472
料る　はかる　472
不勝計事
はかるにたえざること　472
墓原　はかわら　473
齗　はぎしり　473
掃初　はきぞめ　473
潑機々々と　はきはきと　473
佩く　はく　473
箔　はく　473
駮　はく　473
陌　はく　473
伯王の兵
はくおうのへい　473
百億　はくおく　473
孚む　はぐくむ　473
駁雑　はくざつ　473
薄紙　はくし　473
白酒　はくしゅ　473
百姓　はくせい　473
莫太　ばくだい　473
白地　はくち　6, 473
薄地　はくち　473
爆竹　ばくちく　473
迫之事　はくのこと　474
莫鎁　ばくや　474
逸ぐれ　はぐれ　474
博労・馬口労　ばくろう　474
博陸　はくろく　474
励　はげしい　474
危敷　はげしく　474
羽子　はご　474
破口　はこう　474
峪　はざま　474
挟箱　はさみばこ　474
配盞・把盞　はさん　474
迦　はし　474
端裏書　はしうらがき　474
端書　はしがき　474
橋木　はしき　474
端不切　はしきらず　475
八十金　はしきん　475
はした　はした　475
はした衆　はしたしゅう　475
不始事　はじまざること　475
首め　はじめ　475
昉め　はじめ　475
端城・派城　はじょう　475
馬上　ばじょう　467, 475
馬上免　ばじょうめん　475
はしり　はしり　475
走馬　はしりうま　475
走笠　はしりがさ　475
走衆　はしりしゅう　475
走候族
はしりそうろうやから　475
走違　はしりちがい　475
走人　はしりびと　476
走廻・走回　はしりまわる　476
走廻　はしりめぐる　476
走者　はしりめぐる　476
走者　はしりもの　476
趨る・蹶る　はしる　476
愧る　はじる　476
端城　はじろ　476
把針者　はしんじゃ　476
筈・弭・彇　はず　476
弭絹　はずぎぬ　476
迦す　はずす　464, 474
はづす　はずす　476
遁す　はずす　476
迦す・逃す　はずす　476
筈に相ひ　はずにあい　477
筈にあたふる
はずにあたふる　477
蓮の飯・藕の飯
はすのいい　477
蓮飯　はすめし　477
はづれ申間敷
はずれもうすまじく　477
筈を相う　はずをあう　477
筈を合わす　はずをあわす
477
走返　はせかえし　477
走倒　はせこかし　477
騁る　はせる　477
馬氈　ばせん　477
機　はた　477
莫大　ばたい　477
馬代　ばだい　477
鰭板　はたいた　477

躯　ねらう　461
練柿　ねりがき　461
練酒　ねりざけ　461
練緯・練貫　ねりぬき　461
練貫酒　ねりぬきざけ　461
念　ねん　454, 461
年紀・年記　ねんき　461
年紀馳過
　ねんきはせすぎ　461
年紀馳過の文書　ねんきはせすぎのもんじょ　462
年紀法　ねんきほう　462
年紀を過ぐ
　ねんきをすぐ　462
年紀を封ず
　ねんきをふうず　462
年貢・年具　ねんぐ　462
年貢米　ねんぐごめ　462
年貢銭　ねんぐせん　462
年貢地　ねんぐち　462
年貢米　ねんぐまい　462
念頃・悃・念・念比・懇比　ねんごろ　462
年作　ねんさく　462
念者　ねんじゃ　462
年首　ねんしゅ　462
年序　ねんじょ　463
年筮　ねんせい　463
年税　ねんぜい　463
念仏一三昧
　ねんぶついっさんまい　463
年甫　ねんぽ　463
念望　ねんぼう　463
年預坊　ねんよぼう　463
念慮　ねんりょ　98, 463
幅　の　225, 463
野合・野相　のあい　463
野合の戦
　のあいのいくさ　463
能数　のうかず　463
能組　のうぐみ　463
能化　のうげ　463
納下　のうげ　463
能作　のうさく　463
能書　のうしょ　464
納銭　のうせん　464
納銭方　のうせんかた　464
納銭方一衆　のうせんかたいっしゅう　464
納銭方御倉
　のうせんかたおくら　464
曩祖　のうそ　464
篦打　のうち　464
能始　のうはじめ　464
納馬　のうま　464
能米　のうまい　464
納米　のうまい　464
納物　のうもつ　464
野送　のおくり　464
迦す　のがす　464, 474, 477
遁端　のがれは　464
遁れる　のがれる　465
退口・除口　のきぐち　465
仰姿　のけざま　465
篦白　のけしろ　465, 538
のける　のける　465
不貽　のこさず　465
貽す　のこす　465
残多　のこりおおく　465
宿雪　のこん　465
のし　のし　465
熨斗　のしあわび　465
野陣　のじん　465
除場　のぞきば　465
莅む　のぞむ　465
篦竹　のだけ　465
野太刀　のだち　465
篦撓形　のためがた　465
後太刀　のちだち　466
後の御沙汰
　のちのごさた　466
乗執・則り　のっとり　466
法・乗取　のっとる　466
吭・喉　のどぶえ　466
慇やか　のどやか　466
喉輪　のどわ　466
訇・云訇　ののしり　466
抒ふ・申ぶ・攄ぶ・舒ぶ
　のぶ　466
篦深に　のぶかに　466
野伏・野臥・野武士
　のぶし　466, 467
野伏備　のぶしぞなえ　467
野伏の衆　のぶしのしゅ　467
野伏　のふせり　475, 467
舒付　のべつけ　467
攄べる・舒る・嘱る・展る
　のべる　467
幟差　のぼりさし　467
幟大将・昇大将
　のぼりだいしょう　467
耳　のみ　467
のめる　のめる　467
乗うち　のりうち　467
乗懸　のりかけ　467
乗崩　のりくずす　467
騎鞍馬　のりくらうま　468
乗込　のりこむ　468
乗倒　のりたおす　468
糊付　のりづけ　468
乗取　のりとる　468
驀向　のりむかう　468
轎　のりもの　468
雲火・烽火・狼煙・烽
　のろし　468

は　行

破　は　469
敗懐　はいえ　469
拝謁　はいえつ　469
拝悦　はいえつ　469
拝應　はいおう　469
肺肝　はいかん　469
拝顔　はいがん　469
肺肝を砕く
　はいかんをくだく　469
悖却・背却・悖逆
　はいきゃく　469
買頸　ばいくび　469
配見　はいけん　469
背語　はいご　64, 469
廃興　はいこう　469
媒策　ばいさく　469
拝仕　はいじ　469
拝受　はいじゅ　469
佩盾　はいじゅん　470
拝請　はいしょう　470

拊る　にぎる　453
懐し　にくし　453
悪　にくしみ　453
肉従容　にくしょうよう　453
奔る・坎る・北る・迯る・辷る
にぐる　453, 454
逃崩し　にげくずし　453
逃口　にげくち　453
逃首　にげくび　454
北込　にげこむ　454
逃尻　にげじり　454
逃眼　にげまなこ　454
匿路　にげみち　454
北る·迯る·辷る　にげる　454
二間々中柄
にけんまなかえ　454
毳　にこげ　454
闇　にこつと　454
にごり　にごり　454
辛螺・螺　にし　454
念　にじゅう　454, 461
二重成
にじゅうなり　371, 454, 526
廿人衆・二十人衆　にじゅうにんしゅう　454
二城　にしろ　454
二世　にせ　455
二世の供　にせいのとも　455
日域　にちいき　455
二張の弓
にちょうのゆみ　455
日料　にちりょう　455
日下　にっか　455
似敷　につかわし　455
日供　にっく　455
莞爾と　にっこと　455
二伝　にでん　455
二の手　にのて　455
二の丸　にのまる　455
二の身・二の見　にのみ　455
二番受　にばんうけ　455
二番手　にばんて　455
二番成　にばんなり　455
二番槍　にばんやり　455
荷奉行　にぶぎょう　455
にほ　にほ　456
入精　にゅうせい　456
入帳　にゅうちょう　456
入道親王
にゅうどうしんのう　456, 553
入念　にゅうねん　456
入馬　にゅうば　456
入部　にゅうぶ　456
饒舌　にょうねつ　456
女房奉書
にょうぼうほうしょ　456
如法　にょほう　456, 608
如法念仏
にょほうねんぶつ　456
二六時中
にろくじちゅう　456
頓て　にわかして　456
遽に・暴に　にわかに　456
庭子　にわこ　456
庭作　にわつくり　456
燎　にわび　457
任入り存す
にんいりそんす　457
任槐　にんかい　457
人外　にんがい　457
忍闊　にんかつ　457
人脚　にんきゃく　457
任子　にんし　457
人数組　にんじゅぐみ　457
人参丁香散　にんじんちょうこうさん　457
人数船　にんずうふね　457
人数組　にんずぐみ　457
人体　にんたい　457
任託　にんたく　457
人躰・仁体
にんてい　313, 457
忍辱の衣
にんにくのころも　458
人夫·人賦·人歩　にんぷ　458
人別　にんべつ　458
繡い　ぬい　458
稽首く　ぬかづく　458
蹐　ぬきあし　458
抜句　ぬきく　458
抜公事　ぬきくじ　458
緯白　ぬきしろ　458
抜簾　ぬきす　458
貫入・抜入　ぬきれ　458
卓絶　ぬけ　458
抜駆　ぬけかけ　458
抜公事　ぬけくじ　458
太麻　ぬさ　458
竊　ぬすみ　459
偸出す　ぬすみだす　459
ぬたをこく　ぬたをこく　459
塗輿　ぬりご　459
温し　ぬるし　459
温麦　ぬるむぎ　459
佞奸　ねいかん　459
佞臣　ねいしん　459
佞人　ねいじん　459, 460
佞媚　ねいび　459
庶乎　ねがわくは　459
労ひ　ねぎらい　459
根伐・根切　ねぎり　459
根腐　ねぐさる　459
根小屋　ねごや　459
根来衆　ねごろしゅう　459
佞人　ねじけびと　459, 460
紛伏　ねじふせ　460
ねしる　ねしる　460
紾　ねじる　460
根城　ねじろ　68, 320, 460
不寝の番　ねずのばん　460
寝刃を合す
ねたばをあわす　460
熱気　ねっき　460
根培　ねつき　460
根継・根接　ねつぎ　460
音取　ねとり　460
根日記　ねにっき　460
ねばく　ねばく　460
粘公事　ねばくじ　460
寝浜　ねばま　460
根人　ねびと　460
根深　ねぶか　461
根太　ねぶと　461
子祭　ねまつり　461
合歓　ねむ　461
睨付　ねめつける　461
根矢　ねや　64, 353, 461
閨　ねや　461

長柄の槍　ながえのやり　444
長柄船　ながえぶね　444
中折　なかおり　444
中折紙　なかおりがみ　444
名書　ながき　444
長具足　ながぐそく　444
名懸衆　ながけしゅう　444
中小身　なかご　444
中言　なかごと　444
ながしついぢの馬だし　ながしついじのうまだし　445
滂す　ながす　445
長袖　ながそで　445
中備　なかぞなえ　445
中立　なかだち　445
長張・永張　ながちょう　445
中手　なかで　445
長道具　ながどうぐ　445
中直　なかなおり　445
中馴・中褻　なかなり　445
中塗　なかぬり　445
半之儀　なかばのぎ　445, 674
長夫　ながぶ　445
長文・永文　ながぶみ　445
長巻　ながまき　446
長巻の太刀
ながまきのたち　446
詠る　ながめる　446
長持楯　ながもちたて　446
無端　なかり　446
流矢　ながれや　116, 446
就中　なかんずく　446
月剣　なぎなた　446
無身　なきみ　446
抛つ　なげうつ　446
名子　なご　446
なごむ　なごむ　446
被成・為　なされる　446
済箇　なしか　446
成物　なしもの　447
何条　なじょう　447
詰る　なじる　447
為方　なすかた　447
呢く　なずく　447
号く　なずく　244, 447
執て　なずみて　447
泥む　なずむ　447
灘目　なだめ　447
宥める　なだめる　447
雪撫　なだれ　447
納所　なっしょ　447
納徳　なっとく　447
夏の虫　なつのむし　447
捺判　なつはん　447
納纜　なつらん　448
なでぎり　なでぎり　448
なてつけ　なてつけ　448
抔・杯　など　448
斜粉　ななこ　448
七下　ななつさがり　448
七物　ななつもの　448
不斜　なななめならず　448
斜に　ななめに　448
何角　なにかと　448
なにかに　なにかに　448
何様　なにさま　448
何卒　なにとぞ　448
何般　なには　448
何篇　なにへん　30, 449
何向　なにむき　449
于何　なにより　449
自何　なにより　449
自何以　なによりもって　449
名謁る　なのる　449
靡　なびき　449
那辺這辺　なへんこへん　449
何篇の義　なへんのぎ　449
背腸　なまこ　449
憖　なまじい　449
憖に　なましいに　449
鯰尾　なまずお　449
涊に　なまなかに　449
次居る　なみいる　449
褊す　なみす　250, 449
波平行安
なみのひらゆきやす　450
嘗方の謀
なめがたのはかりごと　450
坎壈・艱む・歎む
なやむ　450
奈良紙　ならがみ　450
奈良酒　ならざけ　450
媟す　ならす　450
弄　ならず　450
騈ぶ　ならぶ　450
奈良諸白　ならもろはく　450
姿合　なりあい　450
成相　なりあい　450
成叵し　なりがたし　450
成替る　なりかわる　450
成立　なりたつ　450
成る程の儀
なるほどのぎ　450
狎る　なれる　450
慣・馴・熟　なれる　451
縄　なわ　451
縄打　なわうち　451
縄下　なわした　451
縄付・索付　なわつき　451
縄張　なわばり　451
難堪　なんがん　451
難儀・難義　なんぎ　451
南京銭　なんきんせん　451
南座　なんざ　451
儞・卿・爾汝　なんじ　451
難渋　なんじゅう　451
何条　なんじょう　452
汝曹・卿等　なんじら　452
奚・渠・詎　なんぞ　25, 452
向　なんなん　452
垂んとす　なんなんとす　452
何彼　なんのかの　452
南蛮　なんばん　452
南蛮漬物
なんばんつけもの　452
何篇（辺）　なんべん　452
なんばう　なんぼう　452
南方　なんぼう　452
南呂　なんりょ　452
南鐐　なんりょう　452
于　に　453
荷足　にあし　453
贄役　にえやく　453
二階門　にかいもん　453
二階櫓・二階矢倉
にかいやぐら　453
苦茶　にがちゃ　453
苦哂　にがわらい　453

吊合戦
とむらいかっせん　435
留風呂　とめぶろ　435
乢る　とめる　435
土免　どめん　435
共崩・友崩　ともくずれ　435
供立　ともだて　435
纜　ともづな　435
倡う　ともなう　435
伴党　ともばら　435
供番　ともばん　435
鳥屋鷹　とやのたか　435
外矢来　とやらい　435
動響む　どよむ　435
乕頭　とらがしら　435
虎皮　とらかわ　436
鳥　とり　436
取相・取合・取逢・取曖・執相
とりあい　436
取合兼　とりあいかね　436
登庸　とりあげる　424, 436
取曖　とりあつかう　436
取曖　とりあわす　436
取合せ　とりあわせ　436
華表　とりい　436
取入の城
とりいりのしろ　436
取売り　とりうり　436
取得　とりえ　436
取置　とりおき　436
取替　とりかえ　436
取替の質
とりかえのしち　436
取り掛くる　とりかくる　436
舳　とりかじ　437
取剿　とりきる　437
擒　とりこ　437
取子　とりこ　437
取誘　とりこしらい　437
取越　とりこす　437
取壊　とりこわす　437
取支　とりさえる　437
取肴　とりざかな　437
取沙汰・執沙汰
とりさた　437
取静・取鎮　とりしずめる　437
按　とりしばる　437
取初　とりそめ　437
取出　とりだし　437
取立・取建　とりたつ　437
取次銭　とりつぎせん　438
取付・執付　とりつく　438
執刷　とりつくろう　438
取刷・取嘱・補理
とりつくろう　271, 438
取付　とりつける　438
取続　とりつづける　438
取裹　とりつつむ　438
執詰・取詰　とりつめ　438
取手　とりて　438
堡障・取出・寨・地利・執出　とりで　438
取手城　とりでじろ　438
取手武士　とりでぶし　438
取手やらい
とりでやらい　438
取直　とりなおす　439
執醫　とりなし　439
取退　とりのく　439
鳥の子　とりのこ　439
失諾　とりはずす　439
取放　とりはなつ　439
挫ぐ・揣ぐ　とりひしぐ　439
取伏　とりふせる　439
取廻し　とりまわし　439
取結ぶ　とりむすぶ　439
取申・執申　とりもうす　439
取もち　とりもち　439
取物・採物　とりもの　439
執分　とりわけ　440
拏る・乗る・臕る　とる　440
蕩ける　とろける　440
頓作　とんさく　440
頓写　とんしゃ　440
頓首　とんしゅ　440
頓生菩提・遁生菩提　とんしょうぼだい　440
遁世者　とんせいしゃ　440
頓顙　とんそう　440
頓速　とんそく　440
頓着・貧著・貪著
とんちゃく　440
遁避　とんぴ　440
頓病　とんびょう　440
蜻蛉頭　とんぼうがしら　440

な行

微　ない　442
内意　ないい　442
蔑如　ないがしろ　442, 540
蔑　ないがしろに　442
内観　ないかん　442
内儀　ないぎ　442
内検・内験　ないけん　442
乃刻　ないこく　359, 442
乃至　ないし　442
内室　ないしつ　442
内竪　ないじゅ　442
内書　ないしょ　442
内證・内消・内証
ないしょう　442
内状　ないじょう　443
内戚　ないせき　443
内存　ないぞん　443
内談　ないだん　443
内談衆　ないだんしゅう　443
内典外典
ないてんがいてん　443
内徳　ないとく　443
内府　ないふ　361, 443
内方　ないほう　443
内覧　ないらん　443
泥犁　ないり　443
内略　ないりゃく　443
喃　なう　443
地震　なえ　443
萎え　なえ　443
猶々　なおなお　443
中居　なかい　443
長違例　ながいれい　444
長柄　ながえ　444
長柄刀　ながえがたな　444
長柄組　ながえぐみ　444
長柄大将
ながえたいしょう　444
長柄倒　ながえたおし　444
長柄者　ながえのもの　444

鉾笠　とかり　426
則　とき　426
喊・凱歌・時・鯨波・鬨
　とき　426
土宜　どぎ　427
鬨頭　ときかしら　427
鴇毛　ときげ　427
伽衆　とぎしゅう　427
旹　ときに　427
時のけん　ときのけん　427
鯨波の声　ときのこえ　427
鯨波・鮫浪　ときのこえ　427
吐逆・吐却　とぎゃく　427
菟裘　ときゅう　427
渡御　とぎょ　427
とく　とく　427
蚤く　とく　427
蚤く　とく　484
土貢　とくう　427, 429
毒打　どくうち　427
毒飼　どくかい　427
得業　とくぎょう　427
独吟　どくぎん　428
禿毫　とくごう　428
読誦　どくじゅ　428
徳政　とくせい　327, 428
徳政法　とくせいほう　428
毒螫　どくせき　428
徳銭　とくせん　60, 428
徳銭役
　とくせんやく　428, 429
得替　とくたい　428
得達　とくたつ　428
得道　とくどう　428
疾々　とくとく　428
徳日・得日
　とくにち　316, 428
徳人　とくにん　429
禿筆　とくひつ　429
徳付す　とくふす　429
得米・徳米　とくまい　429
徳役　とくやく　428, 429
得理　とくり　429
泮る　とくる　429
毒を飼ふ　どくをかう　429
土圭　とけい　429
遂げる　とげる　429
土壙　どけん　429
左右　とこう　429
兎毫　とごう　429
土貢　どこう　427, 429
左右無く　とこうなく　429
長　とこなえ　429
所柄　ところがら　430
所質　ところしち　174, 430
所付　ところづけ　430
土佐紙　とさかみ　430
土作　どさく　430
鎖す　とざす　430
外様衆　とざましゅう　430
年切り　としぎり　430
年勾配　としこばい　430
年来・比来　としごろ　430
頃年　としごろ　430
年差・年指　としざし　430
年玉・歳贄　としだま　430
年違　としちがえ　430
年取　としとり　431
年日　としび　431
歳増次第
　としまししだい　431
閉目・閇目　とじめ　431
登城　とじょう　431
泥鰌汁・土長汁
　どじょうじる　431
老分　としより　431
年寄　としより　431
年寄衆　としよりしゅう　431
渡船　とせん　431
斗藪・抖藪　とそう　431
土蔵方衆
　どぞうかたしゅう　431
土蔵衆　どぞうしゅう　431
土倉帳　どぞうちょう　431
土倉役・土蔵役
　どそうやく　432
徒属　とぞく　432
蟊賊　とぞく　432
斗代　とだい　432
土代・土台　どだい　432
読経　どっきょう　432
取鞆　とつつか　432
咄と　どっと　432
突鼻　とつび　432
迚・迚も　とて（も）　432
途轍　とてつ　432
渡唐奉行
　ととうぶぎょう　432
渡唐役者
　ととうやくしゃ　432
蠱毒　とどく　433
届　とどけ　433
調　ととのえ　433
屯る　とどまる　374, 433
遏む　とどむ　433
動々目木　とどめき　433
留目を螫す
　とどめをさす　433
倡える・詢える
　となえる　29, 173, 433
訇る　どなる　433
刀禰　とね　433
殿様　とのさま　433
党儕　とのばら　433, 610
殿原　とのばら　433
とはず　とはず　434
とばつく　とばつく　434
外張　とばり　352, 434
戸張　とばり　434
飛様　とびよう　434
輿風・与風　とふ　434
徒肌　とふ　434
翰ぶ・翶ぶ　とぶ　434
蚪　どぶがい　434
斗柄　とへい　434
斗別　とべつ　434
十方　とほう　434
十方なし　とほうなし　434
十方を失う
　とほうをうしなう　434
頓に　とみに　434
土名百姓
　どみょうびゃくしょう　434
土民　どみん　434
土民一揆　どみんいっき　434
弔　とむらい　435
弔軍　とむらいいくさ　435
弔軍　とむらいいくさ　435

手塩　てしお　409
手下　てした　409
出城　でじろ　409
手自　てずから　409
手透　てすき　409
手筋　てすじ　409
手すまる　てすまる　409
手勢　てぜい　409
手攻　てぜめ　409
手備　てぞなえ　409
手達　てだち　409
行・手立・術　てだて　409
道　てだて　410
てだれ　てだれ　410
手違　てちがい　410
鉄火　てっか　410
稠・手遣・手挑　てづかい　410
手仕　てづかい　410
手遣　てづかい　414
鉄火の間
てっかのあいだ　410
手自　てづから　410
鉄火を握る
てっかをにぎる　410
鉄器　てっき　410
手継　てつぎ　410
手続　てつぎ　410
手続文書
てつぎもんじょ　280, 410
手作・手造　てづくり　411
手刷　てづくろい　411
手付　てづけ　411
手付竿　てつけざお　411, 638
徹書・徹所　てっしょ　411
徹上徹下
てつじょうてっか　411
鉄杖閉　てつじょうとじ　411
粘葉綴　でっちょうとじ　411
銕炮　てっぽう　411
鉄砲足軽
てっぽうあしがる　411
鉄砲軍　てっぽういくさ　411
鉄砲打　てっぽううち　411
鉄砲頭　てっぽうがしら　411
鉄砲狭間　てっぽうざま　412
鉄炮衆　てっぽうしゅう　412
鉄砲大将
てっぽうたいしょう　412
鉄砲放　てっぽうはなち　412
手詰　てづまり　412
手詰懸　てづめかかり　412
鉄屋　てつや　412
鐵役　てつやく　412
手遠　てとう　412
手取　てどり　412
拮　てなみ　412
手並を顕はす
てなみをあらはす　412
手成　てなれ　412
手日記　てにっき　412
手能　てのう　412
手拭　てのこひ　413
手延　てのばし　413
手の反覆　てのはんぷく　413
手延　てのべ　413
手端　てはし　413
手敏捷　てばしこ　413
出張　でばり　287, 413
手火矢　てびや　413
手便　てびん　413
手文　てぶみ　413
手振　てぶり　413
者　てへり　413
手鉾　てぼこ　413
手細　てぼそ　413
手前　てまえ　413
手前寄子　てまえよりこ　413
汰く　てまとく　413
手間取　てまどり　413
出丸　でまる　413
手廻之者
てまわりのもの　414
手向　てむかえ　414
手向き　てむき　414
出目　でめ　414
手持　てもち　414
手許・手元　てもと　414
手安　てやす　414
手遣　てやり　410, 414
手寄　てより　414
手弱　てよわい　414
寺入　てらいり　414
寺役　てらやく　414
手煉・手練　てれん　414
手脇衆　てわきしゅう　414
入手　てをいれる　414
手を拵つ　てをうつ　415
手を提て
てをこまねいて　415
手を披く　てをひらく　415
点合　てんあい　415
転位　てんい　415
輾磑包行
てんがいかねゆき　415
天下一　てんかいち　415
典客　てんかく　415
天気　てんき　415
典厩　てんきゅう　415
転経　てんぎょう　415, 418
天狗火　てんぐび　415
阽気　てんけ　415
天繾　てんけん　415
殿後　でんご　415
天幸　てんこう　416
碾碎　てんさい　416
田札・点札　てんさつ　416
天賜　てんし　416
点紙　てんし　416
田者　でんしゃ　416
天酌　てんしゃく　416
伝借　でんしゃく　416
天酒　てんしゅ　416
天守・殿守　てんじゅ　416
点定　てんじょう　416
傳説・伝節　でんせつ　416
輾然　てんぜん　124, 416
典座　てんぞ　417
伝奏　てんそう　417
田地役　でんちやく　417
殿中総奉行　でんちゅうそうぶぎょう　417
覘牒　てんちょう　417
手々に　てんでに　417
轉輾　てんてん　417
展転　てんでん　417
纏頭　てんとう　113, 417
點頭・点頭　てんとう　417
奠湯　てんとう　417

不能具
つぶさにあたわず　400
潰す　つぶす　400
礫を打つ　つぶてをうつ　400
つぶ身　つぶみ　400
つぶり　つぶり　400
坪　つぼ　400
坪軍　つぼいくさ　401
壺銭　つぼせん　401
壺袖　つぼそで　401
局　つぼね　401
つぼみ　つぼみ　373, 401
蟄む・蓓蕾　つぼむ　401
蓓む　つぼむ　401
つぼむ　つぼむ　401
妻戸　つまど　401
不能僟
つまびらかあたわず　401
不能一二
つまびらかにあたわず　401
不能審候
つまびらかにあたわず　401
撮縫　つまみぬい　401
拈　つまむ　401
甲々　つまり　401, 592
詰り　つまり　402
挧る・詰る　つまる　402
詰め　つめ　402
詰　つめ　402
詰軍　つめいくさ　402
詰衆　つめしゅう　402
詰城　つめじょう　402
詰陣　つめじん　402
詰の城戸　つめのきど　402
詰の城　つめのしろ　402
詰の丸　つめのまる　402
迫腹　つめばら　402
積　つもり　402
強儀　つよき　402
不及強義
つよぎにおよばず　403
つより　つより　403
輔　つら　403
面魂　つらだましい　403
熟々・倩々・倩
つらつら　403
洞く　つらぬく　403
釣鏡　つりかがみ　403
釣輿　つりこし　403
釣手　つりて　403
釣瓶　つるい　403
鶴髪　つるかみ　403
鶴頸　つるくび　403
鶴取　つるとり　403
弦走り　つるばしり　403
連　つるぶ　403
つるべ　つるべ　403
綆　つるべなわ　200, 404
連衆　つれしゅう　404
難面い　つれない　404
手合　てあい　404
出合　であい　404
手合能　てあいのう　404
手明・手空　てあき　404
手当　てあて　404
手合　てあわせ　404
霆　てい　404
出居　でい　404
底意　ていい　404
天主教　でぃうす　404
庭訓　ていきん　404
提月　ていげつ　404
亭午　ていご　404
締搆　ていこう　404
躰粧　ていさま　20, 405
定実　ていじつ　405
鼎争　ていそう　405
偵卒　ていそつ　405
為躰・体粧　ていたらく　405
庭中　ていちゅう　405
梯磴　ていとう　405
手痛う　ていとう　405
叮嚀　ていねい　405
躰の矢　ていのや　405
剃髪寺　ていはつじ　405
定夫　ていふ　405, 593
逞兵　ていへい　405
手入　ていれ　405
手印　ていん　405
者　てえれば　405, 413
手置　ておき　406
手厝く　ておく　406
手重　ておも　406
手蓋　てがい　406
手替　てがえ　406
手返　てがえし　406
手掛り　てがかり　406
手書　てかき　406
手替　てがわり　406
敵案　てきあん　406
敵方　てきがた　406
手利　てきき　406
敵讎　てきしゅう　406
敵人　てきじん　406
適済　てきせい　406
敵卒　てきそつ　406
的孫　てきそん　407
敵当　てきとう　407
適然　てきねん　407
的便　てきびん　407
出来分　できぶん　407
適慈　てきみかた　407
的面・覿面　てきめん　407
手切　てぎれ　407
手際　てぎわ　407
手際なく　てぎわなく　407
手天鼠・手天子　てぐすね　407
手賦・備配・手配
てくばり　407, 508
手組　てぐみ　407
手位　てぐらい　408
てくり　てくり　408
出狂坊・出狂房
でくるぼう　408
出郭・出曲輪　でぐるわ　408
手喰　てくわせる　408
手験　てけん　408
手子　てご　408
手越　てごし　408
手毎　てごと　408
手籠　てごめ　408
手懲・手艾　てごり　408
手先・隊先・手崎　てさき　408
手作　てさく　408
出作　でさく　47, 408
手差　てざし　409
手猿楽・手申楽
てさるがく　409

沈着　ちんちゃく　392
珍重廃忘
　ちんちょうはいもう　392
鴆毒　ちんどく　392
跛　ちんば　392
陳防・陳訪・陳方・陳法　ちんぽう　392
沈埋　ちんまい　392
沈瞑　ちんめい　392
沈淪　ちんりん　392
退院　ついいん　392
追却　ついきゃく　392
追啓　ついけい　392
堆紅　ついこう　392
追号　ついごう　392
追散　ついさん　392
追日　ついじつ　393
追従　ついじゅう　393
追出　ついしゅつ　393
追薦　ついせん　393
竟に・終に・纔に　ついに　393
追年　ついねん　393
追罰・追伐　ついばつ　393
追賁　ついひ　393
追捕　ついふく　393
追放　ついほう　393
続松　ついまつ　393, 395
通規　つうき　393
通屈　つうくつ　393
通仕　つうし　393
通次・通子　つうじ　393
通途　つうず　394
通判　つうはん　394
通法　つうほう　394
通融　つうゆう　394
通用　つうよう　394
通路　つうろ　394
通路切　つうろぎり　394
筇　つえ　394
機　つえ　394
使柄　つかいがら　394
使々に　つかいつかいに　394
使番　つかいばん　394
使者・遣者　つかいもの　394
使役　つかいやく　394
事る　つかえる　394
捽む　つかむ　31, 394
月会・月合　つきあい　394
次相　つぎあい　394
付合　つきあう　394
月宛・月充　つきあて　395
月頭　つきがしら　395
付来　つきくる　395
鴾毛　つきげ　395
次陣夫　つぎじんぷ　395
突捨　つきすて　395
付勢　つきぜい　395
附副　つきそい　395
突徴す　つきとうす　395
月並・月次　つきなみ　395
月成　つきなり　395
月参　つきまいり　395
続松　つぎまつ　393, 395, 565
築き廻し　つきまわし　395
継目・続目　つぎめ　395
継目御判・続目御判　つぎめごはん　396
鍛破　つきやぶる　396
築山　つきやま　396
竭く　つく　396
殄　つく　396
附く　つく　396
筑紫紙　つくしがみ　396
竭す・杭す　つくす　396
佃田　つくだ　396
佃手　つくだて　396
つくつく　つくつく　396
熟々・一々　つくづく　396
つくばう　つくばう　396
噤む　つぐむ　319, 396
作合　つくりあい　397
作合　つくりあわせ　397
作替借書
　つくりがえしゃくしょ　397
作事・作言　つくりごと　397
作名　つくりな　397
作病　つくりやまい　243, 397
刷う・嘲う・補理
　つくろう　397
付入　つけいり　397
付木　つけぎ　397
付来　つけきたる　397
付薬　つけぐすり　397
付郭　つけぐるわ　397
付込　つけこみ　397
付沙汰　つけざた　398
付状　つけじょう　398
付城　つけじろ　398
付立　つけたて　398
付年号　つけねんごう　398
付火　つけび　398
付もがり　つけもがり　398
付物　つけもの　398
都合　つごう　398
都合の事　つごうのこと　398
辻　つじ　233, 398
辻相う　つじあう　398
旋風　つじかぜ　398
辻相撲　つじすもう　398
伝城　つたえしろ　398
津出　つだし　399
脆う　つたなう　399
土一揆　つちいっき　399
土餌　つちえ　399
土井楼　つちせいろう　399
恙無・無恙　つつがなき　399
続　つづき　399
続衆　つづきしゅう　399
包討　つつみうち　399
樋　つと　399
駢う　つどう　399
湊ふ　つどう　399
夙に　つとに　399
疾に　つとに　399
羈馬　つなぎうま　399
繋ぎ鳥屋　つなぎとや　399
絆城・繋城　つなぎのしろ　399
綱鞦　つなしりがい　400
綱貫　つなぬき　400
彝　つね　400
毎々　つねづね　400
常御所　つねのごしょ　400
角とる　つのとる　400
鍔打たる刀
　つばうちたるかたな　400
鍔を鳴らす
　つばをならす　400
備に　つぶさに　400

中候　ちゅうこう　384
忠功　ちゅうこう　384
籌策・仲策
ちゅうさく　241, 384
忠志　ちゅうし　384
中酒　ちゅうしゅ　384
仲春　ちゅうしゅん　384
中書　ちゅうしょ　384
忠賞・抽賞　ちゅうしょう　384
中書君　ちゅうしょくん　385
注進　ちゅうしん　385
忠信　ちゅうしん　385
疇昔　ちゅうせき　145, 385
中説　ちゅうせつ　385
抽忠節
ちゅうせつをぬきんでる　385
柱礎　ちゅうそ　385
惆悵　ちゅうちょう　385
忠貞　ちゅうてい　385
肇年　ちゅうねん　385
誅罰・誅伐　ちゅうばつ　385
中半　ちゅうはん　385
中半太刀
ちゅうはんたち　385
忠憤　ちゅうふん　385
抽分　ちゅうぶん　385
抽分銭　ちゅうぶんせん　385
中坊・中方　ちゅうぼう　385
中媒　ちゅうぼう　386
中物見　ちゅうものみ　386
注文・註文
ちゅうもん　386, 604
中夜　ちゅうや　386
不捨昼夜
ちゅうやをすてず　386
中有　ちゅうゆう　386
仲陽　ちゅうよう　386
籌略　ちゅうりゃく　386
仲呂　ちゅうりょ　386
厨料　ちゅうりょう　181, 386
中老　ちゅうろう　386
注進状　ちゅしんじょう　386
窀穸　ちゅんせき　386
諜　ちょう　387
丁・町　ちょう　387
重　ちょう　387
輒易　ちょうい　387
寵育　ちょういく　387
鳥雲　ちょううん　387
鳥雲に陣を張る　ちょううんにじんをはる　387
鳥雲の陣
ちょううんのじん　387
調儀・張儀　ちょうぎ　387
張弓　ちょうきゅう　387
張行　ちょうぎょう　387
朝権　ちょうきん　387
長絹　ちょうけん　387
調護　ちょうご　387
牒合　ちょうごう　387
肇歳　ちょうさい　388
朝参　ちょうさん　388
停止　ちょうじ　388
長虵　ちょうじゃ　388
諜者　ちょうじゃ　388
長虵の備
ちょうじゃのそなえ　388
頂受　ちょうじゅ　388
諜書　ちょうしょ　388
招請　ちょうしょう　388
重畳　ちょうじょう　388
寵臣　ちょうしん　388
長臣　ちょうしん　388
長陣　ちょうじん　388
張陣　ちょうじん　388
手水の粉　ちょうずのこ　388
牒送　ちょうそう　388
町代　ちょうだい　388
長蛇の陣
ちょうだのじん　388
調談　ちょうだん　388
打擲　ちょうちゃく　389
挑灯　ちょうちん　389
帳付　ちょうつく　389
町積り　ちょうづもり　389
帳内　ちょうない　389
髫年　ちょうねん　389
蝶羽　ちょうのは　389
調備　ちょうび　389
調伏　ちょうぶく　389
調伏法　ちょうぶくほう　389
長符譲状
ちょうふゆずりじょう　76, 389
凋弊　ちょうへい　389
調法　ちょうほう　389
調法者　ちょうほうしゃ　389
調法に及ぶ
ちょうほうにおよぶ　389
張本人　ちょうほんにん　389
脹満　ちょうまん　389
釣命　ちょうめい　389
鳥目　ちょうもく　163, 389
聴聞　ちょうもん　390
町役　ちょうやく　390, 565
朝役　ちょうやく　390
朝陽　ちょうよう　390
長陽　ちょうよう　390
長吏　ちょうり　390
調略　ちょうりゃく　390
調練・調錬　ちょうれん　390
直枉　ちょくおう　390
勅額　ちょくがく　390
勅願所　ちょくがんじょ　390
直士　ちょくし　390
勅諚社
ちょくじょうしゃ　390
勅筆　ちょくひつ　390
勅諭　ちょくゆ　390
儲君　ちょくん　390
儲嗣　ちょし　390
楮上　ちょじょう　390
勅勘　ちょっかん　391
地利　ちり　391
塵取　ちりとり　391
塵払　ちりはらい　391
塵防　ちりふせぎ　391
沈痾　ちんあ　391
珍愛　ちんあい　391
珍悦　ちんえつ　391
珍翰　ちんかん　391
陳玄　ちんげん　391
陳言　ちんげん　391
珍札　ちんさつ　391
珍章　ちんしょう　391
沈酔　ちんすい　391
鎮靖　ちんせい　391
鎮西　ちんぜい　391
賃銭　ちんせん　391

團居　だんきょ　375
團居附与力
だんきょづきよりき　376
断金竹馬の好み　だんきんちくばのこのみ　376
断金の交わり　だんきんのまじわり　376
端午　たんご　376
短毫　たんごう　376
嘆嗟・歎嗟　たんさ　376
短札　たんさつ　376
探支　たんし　376
弾指　たんじ　376
旦紙　だんし　376, 568
断而　だんじて　376
短書　たんしょ　376
憚少之至
たんしょうのいたり　376
歎請　たんせい　376
丹誠・丹精　たんぜい　376
歎惜　たんせき　377
田銭　たんせん　377
段銭　たんせん　377
坦然　たんぜん　377
湛然　たんぜん　377
段銭国分奉行　たんせんくにわけぶぎょう　377
段銭所　たんせんしょ　377
担送　たんそう　377
短息・歎息・短束
たんそく　377
探題　たんだい　377
胆如　たんにょ　377
堪否　たんぴ　378
短筆　たんぴつ　378
擔負　たんぷ　378
丹府　たんぷ　378
短兵急・端兵急
たんぺいきゅう　378
段別　たんべつ　378
湯婆　たんぽ　378
反米・段米　たんまい　378
旦命　たんめい　378
短寮衆　たんりょうしゅ　378
檀林　だんりん　378
知音　ちいん　378
知恵粥　ちえがゆ　378
知恵付　ちえづく　378
血下　ちおろし　378
違目　ちがいめ　378
近比　ちかごろ　379
近習・近曾　ちかごろ　379
近付　ちかづき　379
力草　ちからぐさ　379
力責　ちからぜめ　114, 379
力に及ばず
ちからにおよばず　379
加力　ちからをくわえ　379
血起請　ちぎしょう　379
知行　ちぎょう　379
知行取　ちぎょうどり　379
知行配当
ちぎょうはいとう　379
知行役　ちぎょうやく　379
知行役程
ちぎょうやくほど　379
知行割　ちぎょうわり　380
竹園・竹苑　ちくえん　380
蓄懐　ちくかい　380, 381
逐日　ちくじつ　380
ちくちくと　ちくちくと　380
逐電　ちくでん　380
竹刀　ちくとう　380
竹葉　ちくよう　380
地検　ちけん　263, 380
馳参　ちさん　380
千入　ちしお　380
智識　ちしき　380
蹙む　ちじむ　380
馳陣　ちじん　380
薙染　ちせん　380
馳走　ちそう　380
遅怠　ちたい　381
遅々　ちち　381
踟蹰　ちちゅう　381
雉堞　ちちょう　381
蓄懐　ちっかい　380, 381
蟄居　ちっきょ　381
蟄死　ちっし　381
蟄す　ちっす　381
些も　ちっとも　381
乳局　ちつぼね　381
蟄竜　ちつりゅう　381
秩禄　ちつろく　381
釁る　ちぬる　381
治伐　ちばつ　381
血判　ちばん　381
禿る　ちびる　381
血祭　ちまつり　381
遅明　ちめい　381
茶技　ちゃぎ　381
ちゃく　ちゃく　381
嫡胤　ちゃくいん　382
着御　ちゃくぎょ　382
著語　ちゃくご　382
着座　ちゃくざ　382
嫡嗣　ちゃくし　382
着城　ちゃくじょう　382
着津　ちゃくしん　382
着陣　ちゃくじん　382
着帳　ちゃくちょう　382
ちゃくと　ちゃくと　382
着到・著到　ちゃくとう　382
着到状
ちゃくとうじょう　383
著到矢倉
ちゃくとうやぐら　383
着到和歌
ちゃくとうわか　383
嫡男　ちゃくなん　383
着府　ちゃくふ　383
着別　ちゃくべつ　383
茶筅　ちゃせん　383
嫡家　ちゃっけ　383
茶の息　ちゃのいき　383
茶湯　ちゃのゆ　383
茶湯者　ちゃのゆしゃ　383
茶屋　ちゃや　383
茶役　ちゃやく　383
忠意　ちゅうい　383
中隠　ちゅういん　384
中澣　ちゅうかん　384
注記　ちゅうき　384
中間　ちゅうげん　384
中間頭
ちゅうげんかしら　384
中間狼藉
ちゅうげんろうぜき　384

為け　たすけ　367
たすけ　たすけ　367
扶踈　たすけおろそか　367
助勢　たすけぜい　367
摂る　たすける　367
昏黒　たそがれ　232, 368
啻・特・止　ただ　368
戗う　たたかう　368
扣く・敲く　たたく　368
徒前・徒先　たださき　368
唯様　たださま　368
停立　たたずまい　368
直路　ただち　368
畳緞子　たたみどんす　368
臂　ただむき　368
直也者　ただもの　368
漂泪　ただよう　368
要る　たたる　368
立　たち　368
立置　たちおく　368
太刀折紙　たちおりがみ　368
太刀影　たちかげ　368
太刀風　たちかぜ　368
套る　たちきる　369
立競　たちくらべ　369
立毛　たちげ　254, 369
裁着・裁付・立付
　たちつけ　369
立処・立来　たちどころ　369
踟跗　たちどまる　369
太刀取　たちどり　369
立値　たちね　369
太刀場　たちば　369
立介　たちはさむ　369
匇・乍ち　たちまち　369
太刀目録　たちもくろく　369
方便・活計　たつぎ　369
田作　たづくり　369
塔頭・塔中　たっちゅう　369
達聴　たっちょう　370
遮而・達而　たって　370
手綱　たづな　370
対ぬ　たづぬ　370
伻　たて　370
侘傺　たてい　370
竪詠草　たてえいそう　370
竪紙　たてがみ　370
立紙　たてがみ　370
楯突　たてつく　370
立派　たては　370
竪文　たてぶみ　370
楯鉾　たてほこ　370
竪堀・縦堀・豎堀
　たてぼり　371
上る　たてまつる　371
立物　たてもの　371
假令・仮令・縦令・従令
　たとい　371
帖紙　たとうがみ　371
仮令・設・喩　たとえ　371
田所　たどころ　371
種田　たねだ　371
他納　たのう　371, 454
楽しい　たのしい　371
因み　たのみ　371
頼勢　たのみぜい　371
田実・憑　たのむ　371, 372
恃む　たのむ　372
田面　たのも　371, 372
憑母子　たのもし　372
憑敷　たのもし　372
頼母敷・憑母敷
　たのもしく　372
頼もしづく
　たのもしづく　372
田物　たのもの　372
方便　たばかり　372
忛る　たばかる　372
踏皮　たび　372
駄備　だび　372
足袋御免　たびごめん　372
旅所　たびしょ　372
他筆　たひつ　372
多筆　たひつ　372
給ぶ　たぶ　372
多太々々と　たふたふと　372
田文　たぶみ　373
誑かす　たぶらかす　373
他聞　たぶん　373
多分　たぶん　373
多分に付　たぶんにつき　373
多分は　たぶんは　373
他犯　たぼん　373
鉛子　たま　373
玉打・毬打　たまうち　373
玉会　たまえ　373
玉薬　たまぐすり　373
国章　たまずさ　373
適々　たまたま　373
命振　たまふるい　373
魂祭　たままつり　373
たまらざる　たまらざる　373
潴らず・屯ず・不屯
　たまらず　373
屯り　たまり　374, 433
屯り兼　たまりかね　374
忍　たまる　374
屯　たむろ　374
屯す　たむろす　374
様　ためし　374
試具足　ためしぐそく　374
ためしざね　ためしざね　374
様楯　ためしたて　374
試物・様物　ためしもの　374
擬議・猶予　ためらう　374
多聞　たもん　374
田役　たやく　374
絳やす　たやす　374
輙い・輒い　たやすい　374
不輙・不輒　たやすからず　374
疼む　たゆむ　374
手寄　たよる　375
誑す　たらす　375
陀羅尼　だらに　375
他慮　たりょ　375
垂樋　たるい　375
樽銭　たるせん　375
樽代　たるだい　375
誰哉者　たれかのもの　375
孰渠・甲乙人
　たれかれ　201, 375
足らう　たろう　375
俵子　たわらご　375
俵子船　たわらごぶね　375
俵物　たわらもの　375, 512
旦過　たんが　375
旦方　たんかた　375
短晷　たんき　375

大細　たいさい　359
岱崎　たいさき　359
大樹　たいじゅ　360
台書　だいしょ　360
魁首　たいしょう　95, 360
台章　だいしょう　360
大祥忌　だいしょうき　360
大相国　だいしょうこく　360
大身　たいしん　360
大人　たいじん　360
対陣　たいじん　360
退陣　たいじん　360
帯　たいす　360
大節　たいせつ　360
大漸　たいぜん　360
代銭　だいせん　360
大簇　たいぞく　360
対対　たいたい　360
迨逮　たいたい　360
代地　だいち　360
滞停　たいてい　360
太逞　たいてい　360
退転　たいてん　360
大都　たいと　361
大途　たいと　361
台徒　だいと　361
台頭　たいとう　361
台所入　だいどころいり　361
台に上る　だいにのぼる　361
台物　だいのもの　361
頽破　たいは　361
大半小　だいはんしょう　361
抬靡　たいび　361
内府　だいふ　361, 443
大府　だいふ　361
太平楽　たいへいらく　362
大変・大篇　たいへん　362
代坊主　だいぼうず　362
大方殿　たいほうでん　362
だいほね　だいほね　362
大犯三箇条　たいぼんさんかじょう　362
大満　たいまん　362
大名竹　だいみょうちく　362
怠務　たいむ　362
台目・大目　だいめ　362
題目　だいもく　362
代物　だいもつ　306, 362
大物　だいもつ　362
逮夜　たいや　362
対揚　たいよう　362
帯来　たいらい　362
たいらく　たいらく　363
大利　たいり　363
大略　たいりゃく　363
滞留・淹留　たいりゅう　72, 363
台嶺　たいれい　363
大老　たいろう　363
大粮　たいろう　363
朶雲　だうん　213, 363
勝え　たえ　363
不躾　たえず　363
殪す・仆す・踣す・躓す　たおす　363
田面　たおも　363
僵れ　たおれ　363
倒まに撃ち　たおれまにうち　363
鶻　たか　363
違目　たがいめ　363
差　たがう　363
高頭　たかがしら　364
鷹紙　たかがみ　364
鷹居　たかじょ　364
鷹逍遥　たかしょうよう　364
田頭　たがしら　364, 417
鷹居　たかすえ　364
鷹立　たかだち　364
高檀紙　たかだんし　364, 376
高辻　たかつじ　364, 536
高手小手　たかてこて　364
鷹野　たかの　364
鷹の鳥　たかのとり　364
亢る　たかぶる　364
高宮　たかみや　364
高宮細美　たかみやさいみ　364
打覊禁獄　だききんごく　364
薫物・焚物　たきもの　365
他行　たぎょう　365
磔　たく　365
倫無し　たぐいなし　365
侘際・侘傺　たくさい　365
卓散　たくさん　365
擇日　たくじつ　365
卓錐　たくすい　365
託胎・托胎　たくたい　365
磔に掛け　たくにかけ　365
啄木　たくぼく　365
巧夫　たくみ　365
槖籥　たくやく　365
たくらふ　たくらう　365
卓犖　たくらく　365
田蔵田　たくらた　365
濁醪　だくろう　365
涿鹿の川　たくろくのかわ　366
贏ひ　たくわひ　366
丈　だけ　366
武く　たけく　366
竹釘軍・竹釘戦　たけくぎいくさ　366
竹束牛　たけたばうし　55, 366
竹把の搔楯　たけたばのかきたて　366
他家洞共　たけどうとも　366
竹ながし　たけながし　366
闌　たけなわ　366
竹葉　たけのは　366
竹火縄　たけひなわ　366
簕鑓　たけやり　366
多幸　たこう　366
駄餉　だこう　366, 367
堕罪　ざざい　366
慥成　たしかなる　367
慥に　たしかに　258, 367
嗜　たしなみ　367
但馬紙　たじまがみ　367
足増し　たしまし　367
足目　たしめ　367
懦弱　だじゃく　367
出櫓・出矢倉　だしやぐら　367
他出　たしゅつ　367
駄餉　だしょう　366, 367
排ぐ　たじろぐ　367
打捶　たすい　367
方便　たずき　367

啐啄・啐喙　そつたく　351
率土の浜　そっとのひん　351
率分　そつぶん　351, 652
率法　そっぽう　351
袖書　そでがき　351
袖印　そでじるし　351
卒度　そと　351
外構　そとがまえ　351
外郭・外曲輪
　そとぐるわ　351, 352
外城　そとじろ　351
外除垣　そとのぞきがき　351
外張を掛ける
　そとばりをかける　351
外輪　そとわ　352
隊　そなえ　352
備立・備持　そなえだて　352
訴人　そにん　352
訴人奉行
　そにんぶぎょう　352
且夫　そのうえ　352
厥後　そのご　352
其様　そのさま　352
厥后　そののち　352
従渠　そのまま　42, 352, 640
側書　そばがき　315, 352
側白木　そばじらき　352
欹てる　そばだてる　352
傍付・側付　そばづけ　352
傍続　そばつづき　352
側女房　そばにょうぼう　353
側腹　そばばら　353
側むる　そばむる　353
衣物　そぶつ　353
租米　そまい　353
杣取　そまどり　353
杣番匠　そまばんしょう　353
畔く・乖く・偭く　そむく　353
抑　そもそも　353
そもそもに　そもそもに　353
征矢　そや　64, 353, 461
そやす　そやす　353
空起請　そらきしょう　353
天言　そらごと　353
空だるみ　そらだるみ　353
暗に　そらに　353
虚引　そらびき　353
虚無事　そらぶじ　353
空弁当　そらべんとう　353
疎懶・疏懶　そらん　353
疎略　そりゃく　354
厥　それ　354
疎冷　それい　354
某甲　それがし　354
某式　それがししき　354
夫彼　それかれ　354
其様　それさま　354
それしや　それしや　354
自爾　それより　230, 354
尓より・其寄　それより　354
汰える　そろえる　354
そろけ者
　そろけもの　342, 354
岨　そわ　354
尊意　そんい　354
存意　ぞんい　354
損壊　そんえ　354
存外　ぞんがい　354
尊翰　そんかん　354
尊顔　そんがん　354
尊儀　そんぎ　354
尊檄　そんげき　355
尊公　そんこう　355
尊作　そんさく　355
尊札　そんさつ　355
尊志　そんし　355
存知　ぞんじ　355
挙存　ぞんじあげ　355
存當　ぞんじあたる　355
存日　そんじつ　355
存詰　ぞんじつむ　355
尊宿　そんしゅく　355
尊書　そんしょ　355
尊丈　そんじょう　355
存生　ぞんじょう　355
そんじょうそこ
　そんじょうそこ　355
遜職　そんしょく　355
不存寄　ぞんじよらず　355
存寄　ぞんじよる　355
尊前　そんぜん　356
存知　ぞんち　356
尊答　そんとう　356
損徳　そんとく　356
尊牘　そんとく　356
存内　ぞんない　356
尊聞　そんぶん　356
存分　ぞんぶん　356
任存分
　ぞんぶんにまかせる　356
尊報　そんぽう　356
尊墨　そんぼく　356
損亡　そんもう　356
尊愈　そんゆ　356
尊慮　そんりょ　356
存慮　ぞんりょ　356
尊老　そんろう　357

た行

朶　だ　358
駄　だ　358
弟鷹　だい　358
だゐうす　だいうす　358
怡悦　たいえつ　24, 358
大過　たいか　358
台駕　たいが　358
大概　たいがい　358
代替　だいがわり　358
対捍　たいかん　358
対顔　たいがん　358
大義・大儀・太義
　たいぎ　358
対吟　たいぎん　358
大工　だいく　358
退屈　たいくつ　359
待軍　たいぐん　359
大慶　たいけい　359
怠隙　たいげき　359
大験　たいげん　359
部伍　たいご　359, 521, 545
大幸　たいこう　359
太閤　たいこう　359
対合　たいごう　359
乃刻・乃剋
　だいこく　350, 359, 442
太鼓楯　たいこたて　359
太歳　たいさい　359

左右次第　そうしだい　343
捴じて　そうじて　343
惣中　そうじゅう　343
相承　そうじょう　343
惣陣　そうじん　343
騒人　そうじん　343
率す　そうす　343
蔵主　ぞうす　343
総成敗　そうせいばい　343
草石　そうせき　343
雑説　ぞうせつ　344
総攻・惣攻　そうぜめ　344
嘈々　そうそう　344
早速　そうそく　344
走卒　そうそつ　344
躁卒　そうそつ　344
早卒・倉卒　そうそつ　344
雑卒　ぞうそつ　344
雑駄　ぞうだ　344
霜臺　そうだい　344
惣代　そうだい　344
奏達　そうだつ　344
僧檀　そうだん　344
総談合　そうだんこう　344
増秩　ぞうちつ　101, 344
惣地頭　そうぢとう　344
惣中　そうぢゅう　344
総積　そうつもり　344
惣手　そうて　344
宗弟　そうてい　344
相転　そうてん　345
左右無く　そうなく　345
惣並・惣竝
そうなみ　343, 345, 347
相人　そうにん　345
雑人　ぞうにん　345
相場　そうば　345
葬場　そうば　345
葬馬　そうば　345
増倍・相倍　そうばい　345
相博　そうはく　345
増番　ぞうばん　345
早筆・草筆　そうひつ　345
造畢　ぞうひつ　345
総無事・惣無事
そうぶじ　345
惣物　そうぶつ　346
贓物　ぞうぶつ　346
荘夫の涙
そうふのなみだ　346
上聞　ぞうぶん　346
惣分沙汰所
そうぶんさたどころ　346
左右分別　そうふんべつ　346
惣別　そうべち　346
怱忙・悤忙　そうぼう　346
総堀　そうぼり　346
草本　そうほん　346
惣名・総名　そうみょう　346
雑務　ぞうむ　346
雑務料　ぞうむりょう　346
聡明殿　そうめいどの　346
雑物　ぞうもつ　346
奏聞　そうもん　346
桑楡　そうゆ　346
惣様・惣容　そうよう　346
惣用　そうよう　347
総横目　そうよこめ　347
候半　そうらわん　347
惣領式　そうりょうしき　347
騣　そえうま　347
副子　そえご　347
添状　そえじょう　347
添番・副番　そえばん　347
添文　そえぶみ　347
素壊　そかい　347
疎槐　そかい　347
そがき　そがき　347
踈濶　そかつ　347, 490
麁簡　そかん　347
庶幾　そき　347
枌　そぎ　348
疎儀　そぎ　348
束　そく　348, 524
捉　そく　348
続飯　そくい　348
そぐい　そぐい　348
続飯付　そくいつけ　348
惻隠　そくいん　348
足下　そくか　348, 350
俗方　ぞくがた　348
息災　そくさい　348
属託　そくたく　342, 348
嘱託　そくたく　348
若干　そくばく　348
即墨　そくぼく　348
即夜　そくや　348
そくらをかう
そくらをかう　348
測量　そくりょう　348
楚る　そぐる　348
側陋　そくろう　349
底溜　そこだめ　349
疎忽・楚忽・粗忽・麤忽
そこつ　349
寇う・残う　そこなう　349
若許・若干　そこばく　349
底慢心　そこまんしん　349
麁細　そさい　349
疎鑿　そさく　349
庶子　そし　349
疎潤　そじゅん　349
訴訟顔　そしょうがお　349
譏嫉　そしりねたみ　349
疎心　そしん　349
素性　そせい　349
麁粗　そそ　349
粗相・麁相　そそう　349
沮喪　そそう　350
雪ぐ　そそぐ　350
そそける　そそける　350
揃り　そそり　350
そぞろなる　そぞろなる　350
唑に・坐に　そぞろに　350
そぞろ引く　そぞろひく　350
そゝろをかう
そゝろをかう　350
所帯　そたい　302, 350
所生　そだち　350
疎陳・訴陳　そちん　350
足下　そっか　348, 350
即下　そっか　350
卒伍・倅伍　そつご　350
即剋　そっこく　350, 359
卒忽　そっこつ　350
即今　そっこん　350
卒爾・卒示　そつじ　350
卒疾　そつしつ　351

施薬院　せやくいん　335
競合軍　せりあいいくさ　335
糶合　せりあう　335
迫付　せりつく　335
銭　せん　335
腨　せん　336
善悪一筋
ぜんあくひとすじ　336
専一　せんいつ　336
染衣　ぜんえ　336
泉下　せんか　336
専价　せんかい　336
先回　せんかい　336
善覚　ぜんかく　336
為ん方　せんかた　336
無為方　せんかたなし　336
専肝　せんかん　336
全義　せんぎ　336
千喜万悦
せんきばんえつ　336
僣逆　せんぎゃく　336
先繰り　せんぐり　336
千悔　せんけ　336
遷化・戩化・迁化
せんげ　336
嬋奸・嬋娟　せんけん　337
戦鼓　せんこ　337
先考　せんこう　337, 340
千幸　せんこう　337
線毫・繊毫　せんごう　337
禅閤　ぜんこう　337
前後残る所無き　ぜんごのこるところなき　337
専使　せんし　336, 337
宣旨　せんじ　337
撰糸　せんじ　337
漸写　ぜんしゃ　337
染著　せんじゃく　337
先者の覆すを見て　せんしゃのくつがえすをみて　337
銭主　せんしゅ　337
銭主方　せんしゅかた　338
先証・先蹤　せんしょう　338
先条　せんじょう　338
仙籍　せんせき　338
漸々に　せんぜんに　338
践祚　せんそ　338
喘息　ぜんそく　338
宣達　せんたつ　338
先達　せんだつ　338
蟬脱　ぜんだつ　338
先達て　せんだって　338
先段　せんだん　338
栴檀の板
せんだんのいた　338
浅智短才
せんちたんさい　338
戦忠　せんちゅう　338
船賃　せんちん　338
先手　せんて　338
銭定　せんてい　339
選擢　せんてき　339
煎点　せんてん　339
先途・専度・詮度　せんど　339
先登　せんとう　339
銭湯・洗湯　せんとう　339
船頭　せんどう　339
専当　せんどう　339
銭湯風呂　せんとうぶろ　339
善徳寺　ぜんとくじ　339
専人　せんにん　339
遷任　せんにん　339
阡陌　せんぱく　339
戦伐　せんばつ　339
先腹　せんばら　339
先判　せんぱん　340
先妣　せんぴ　340
先非　せんぴ　340
全備　ぜんぴ　340
染筆　せんぴつ　340
前表　ぜんぴょう　340
痊平　せんへい　340
節旄　せんぼう　340
胆望　せんぼう　340
先方　せんぽう　340
懺法　せんぽう　340
山北　せんぼく　340
先夜　せんや　340
専要　せんよう　340
先容　せんよう　340
詮用　せんよう　341
浅略　せんりゃく　341
先料　せんりょう　341
素意　そい　341
疎意・麁意　そい　341
添勢　そいぜい　341
左右　そう　341
叟　そう　341
総　そう　341
壮　そう　341
惣　そう　341
造意　ぞうい　341
送縁　そうえん　341
相應　そうおう　341
窓下　そうか　341
早歌　そうか　341
爪牙　そうが　341, 342
草鞋　そうかい　342
草艾　そうがい　342
総掛・総懸　そうがかり　342
皁角　そうかく　342
惣構　そうかまえ　342
藻鑒　そうかん　342
藻翰　そうかん　342
噪気　そうき　342
宗家　そうけ　342
爪牙　そうげ　342
雑餉　ぞうげ　342
争競　そうけい　342
忩劇・怱劇　そうげき　342
総検校
そうけんぎょう　342, 423
僧綱　そうごう　106, 342
相好　そうごう　342
相剋　そうこく　342
造作　ぞうさ　342
雑作　ぞうさ　342
造作失墜　ぞうさしっつい
342
惣様　そうざま　343, 345, 347
造次　そうし　343
掃除　そうじ　343
惣持　そうじ　343
雑事　ぞうじ　343
草紙紙・双紙紙
そうしがみ　343
雑色　ぞうしき　343
雑事銭　ぞうじせん　343

勢花　せいばな　325, 327
静謐　せいひつ　328
精兵　せいびょう　328
倩夫　せいふ　328
青鳧・青蚨　せいふ　325, 328
制符　せいふ　328
韲粉　せいふん　328
歳暮　せいぼ　328
生民　せいみん　328
政務　せいむ　328
制命　せいめい　328
誓文　せいもん　328
青陽　せいよう　328
正理　せいり　328
蠢侶　ぜいりょ　328
歳歴　せいれき　328
税斂　ぜいれん　328
世路　せいろ　328
井楼・勢楼・西楼
せいろう　328
精を入　せいをいる　329
精を入る　せいをいる　456
世外　せがい　329
倅・躮　せがれ　329
倅腹・悴腹　せがればら　329
螫　せき　329
関　せき　329
塞き合ひ　せきあい　329
積鬱　せきうつ　329
石火　せきか　329
赤国　せきこく　329
昔時　せきじ　329
寂々　せきせき　329
関銭　せきせん　133, 329
堰銭　せきせん　329
尺素　せきそ　329
関賃　せきちん　329
塞き付くる　せきつくる　330
関手　せきて　330
赤土　せきど　330
寂寞　せきばく　330
小謦咳声　せきばらい　330
関船　せきぶね　330
関米　せきまい　330
関務　せきむ　330
関役　せきやく　330
関役所　せきやくしょ　330
跼　せぐくまる　330
世間者　せけんじゃ　330
勢子・列率・列卒
せこ　330, 339
世事　せじ　330
令む　せしむ　276, 330
世上　せじょ（う）　330
世上ニ可存候　せじょうにぞんずべくそうろう　331
背摺　せすり　331
せせなぎ　せせなぎ　331
拵り　せせり　331
拵公事　せせりくじ　331
世帯・世諦　せたい　331
世帯する　せたいする　331
勢多折る　せたおる　331
虐ぐる　せたぐる　331
世知弁　せちべん　331
世知便　せちべん　331
利界　せっかい　331
折角　せっかく　331
折檻・切諫　せっかん　331
節季　せっき　331
赤気　せっき　331
絶言　ぜつげん　331
斥候　せっこう　331
斥候船　せっこうぶね　331
節朔　せっさく　332
節朔衆　せっさくしゅう　332
拙子　せっし　332
颯躧　せつし　332
殺入　せつじ　332
切偲懇惻
せっしこんそく　332
拙者式　せっしゃしき　332
絶寿　ぜっじゅ　332
節所・切所　せっしょ　332
絶章　ぜっしょう　332
拙子等　せっしら　332
責す　せっす　332
摂生　せっせい　332
切々　せつせつ　332
雪踏　せった　333
舌端　ぜったん　333
絶知　ぜっち　333
節度　せつど　333
切当　せっとう　333
舌頭　ぜっとう　333
刹那　せつな　333
説破　せっぱ　333
節迫　せっぱく　333
拙夫　せっぷ　333
截腹　せっぷく　333
截補　せつほ　333
節旄　せつぼう　333
節養　せつやしない　333
截余　せつよ　333
切論　せつろん　333
拙和　せつわ　333
背戸　せど　333
せなぎ　せなぎ　334
銭亀　ぜにがめ　334
銭轡　ぜにくつわ　334
銭施行　ぜにせぎょう　334
施入　せにゅう　334
銭を選る　ぜにをえる　334
無是非　ぜひなく　334
不及是非
ぜひにおよばず　334
せひらかし　せひらかし　334
世知便　せへん　331, 334
世法　せほう　334
畝町　せまち　334
逼まる　せまる　334
谷る　せまる　334
蟬口　せみぐち　334
迫合　せめあい　334
攻倦む・攻偃む・責飽む　せめあぐむ　335
責馬　せめうま　335
攻落・責落　せめおとす　335
攻鐘　せめがね　335
鬩く　せめぐ　335
攻具足　せめぐそく　335
攻死　せめころす　335
攻衆・責衆　せめしゅう　335
攻太鼓・責太鼓
せめだいこ　335
攻鼓　せめつづみ　335, 337
責而　せめて　335
攻捕　せめとる　335

酢菜　すさい　319
寒・冷競・冷　すさまし　319
途子・図子・辻子　ずし　319
筋子　すじこ　320
筋奉行　すじぶぎょう　320
筋気　すじめ　320
筋目　すじめ　320
巣城　すじろ　320, 460
雪　すすぐ　320, 350
生絹　すずし　320
跙む・前む　すすむ　320
雀舌　すずめした　320
驒める　すすめる　320
数多　すた　320
分々・寸々　ずたずた　320
簀立　すたて　320
禿れる　すたれる　321
素坏　すづき　321
素破・水破・スッパ・透波・出抜・逃波　すっぱ　321, 649
捨腹　すつばら　321
捨措　すておく　321
捨篝　すてかがり　321, 555
捨刀　すてがたな　321
捨かまり　すてかまり　321
既に・已に　すでに　321
既事　すでのこと　321
捨文　すてぶみ　321
捨策　すてむち　321
弃る　すてる　321
数度　すど　321
漁　すなどり　321
乃ち・仍ち・廼ち　すなわち　321
曾　すなわち　322
数輩　すはい　322
寸白　すばく　322
素肌　すはだ　322
州浜　すはま　322
頭風　ずふう　322
総る　すぶる　322
可為　すべ　322
術　すべ　322
辷る　すべる　322
芻牧　ずぼく　322
隅赤・角赤　すみあか　322
角馬出　すみうまだし　322, 569
隅不切　すみきらず　322
隅切　すみきり　322
墨印　すみじるし　322
隅違・角違　すみちがえ　322
墨附・墨付　すみつき　322
隅取髩　すみとりがみ　323
墨引　すみひき　323
角髪　すみまえがみ　323
遄　すみやかに　323
頓に・亟に　すみやかに　323
済むる・澄むる　すむる　323
相撲奉行　すもうぶぎょう　323
すもじ　すもじ　323
素槍・素鑓　すやり　323
手裡疵　すりきず　323
摺切　すりきり　323
受領　ずりょう　323
黠い　ずるい　218, 323
疋如　するすみ　323
すわ・驚破　すわ　324
牙儈　すわい　324
驚破隼　すわや　324
寸暇　すんか　324
寸胸　すんきょう　324
寸金羹　すんきんかん　324
寸隙　すんげき　324
寸志　すんし　324
寸忱　すんしん　324
寸心　すんしん　324
寸善尺魔　すんぜんしゃくま　324
寸斗　ずんと　324
寸法武者　ずんぼうむしゃ　324
聻武者　ずんぼうむしゃ　324
情　せい　324
井　せい　324
精衛　せいえい　325
砌下　せいか　325
勢花　せいか　325, 327
青蛾　せいが　325
井雁行　せいがんぎょう　324, 325
旌旗・旍旗　せいき　325
精義　せいぎ　325
逝去　せいきょ　325
制禁　せいきん　325
誓句　せいく　325
清健　せいけん　325
聖語　せいご　325
青甲　せいこう　203, 325
成功　せいこう　325
生合　せいごう　325
誠惶誠恐　せいこうせいきょう　325
制札　せいさつ　325
制札銭　せいさつせん　325
誓紙　せいし　326
正使　せいし　326
青腴　せいしゅ　326
清酒　せいしゅ　326
青州　せいしゅう　326
青州の従事　せいしゅうのじゅうじ　326
青春　せいしゅん　326
誓書　せいしょ　326
青女　せいじょ　326
西浄　せいじょう　326
逝水　せいすい　326
精誠　せいせい　326
済々　せいぜい　326
正説　せいせつ　326
精銭　せいせん　326
清僧　せいそう　327
勢揃へ・勢汰　せいぞろえ　327
勢溜り　せいだまり　327
誓段　せいだん　327
栖遅　せいち　327
青鳥　せいちょう　327
勢遣・勢使　せいづかい　327
政道　せいとう　327
斉東　せいとう　327
青銅　せいどう　327
西堂　せいどう　327, 428
整屯　せいとん　327
成敗　せいばい　327
政敗司　せいばいし　327
生伯　せいはく　327
精発　せいはつ　327

神水　しんすい　311
嚫施・信施　しんせ　311
心勢　しんせい　311
蓁蓁　しんぜい　311
晨夕　しんせき　311
荏苒　じんぜん　311
心疎　しんそ　311
親疎　しんそ　311
神ぞ・真ぞ　しんぞ　311
新造　しんぞう　311
陣僧　じんそう　311
進退　しんたい　311
身躰　しんだい　312
陣代　じんだい　312
人躰達　じんたいたち　312
申達　しんたつ　312
進達　しんたつ　312
陣立･陣起　じんだて　308, 312
震旦　しんたん　312
新知・新地　しんち　312
信庁　しんちょう　312
深長　しんちょう　312
神長官　じんちょうかん　312
陣詰　じんづめ　312
深泥　しんでい　312
陣庭　じんてい　313
仁体　じんてい　313, 327, 457
心頭　しんとう　313
陣頭　じんとう　313
真読　しんどく　313, 418
陣取　じんどる　313
神人　じんにん　273, 313
進納　しんのう　313
陣場　じんば　313
陣離　じんばなれ　313
陣払　じんばらい　313
陣開　じんびらき　313
陣夫　じんぷ　313
心腹　しんぷく　313
陣夫銭　じんぷせん　314
陣触　じんぶれ　314
陣壁　じんぺき　314
親封　しんほう　314
沈榾　じんほた　314
新発意　しんぼち　314
辛身　しんみ　314
神密　しんみつ　314
神妙　しんみょう　314
晨明　しんみょう　314
尽未来　じんみらい　314
神名　しんめい　314
神文　しんもん　314
陣屋　じんや　314
神役　しんやく　314
進覧　しんらん　314
振旅　しんりょ　315
陣旅　じんりょ　315
人倫　じんりん　315
甚労　じんろう　315
陣労　じんろう　315
明陣　じんをあける　315
すあひ　すあい　315
粋一　ずいいち　315
水駅　すいえき　315
衰躬　すいきゅう　315
吹挙　すいきょ　315
推参　すいさん　315
悴志　すいし　315
出師　すいし　315
推識　すいしき　315
推著　すいじゃく　315
随順　ずいじゅん　316
水定　すいじょう　316
推陣　すいじん　316
随身　ずいじん　316
瑞世　ずいせい　316
瑞相　ずいそう　316
随逐　ずいちく　316
推帳　すいちょう　316
随敵　ずいてき　316, 482
衰日　すいにち　316, 429
酔悖　すいはい　316
垂髪　すいはつ　316
杉原　すいばら　316, 318
蕤賓　すいひん　316
水風呂　すいぶろ　316
随分　ずいぶん　316
随分の者
　ずいぶんのもの　316
推望　すいぼう　317
吸毛（の剣）
　すいもう（のけん）　317
睡裏・酔裏　すいり　317
陬月　すうげつ　317
末口　すえくち　317, 608
末衆　すえしゅう　317
据判　すえはん　317
据物・居物　すえもの　317
据物斬　すえものぎり　317
透さず　すかさず　317
透　すかし　317
透門　すかしもん　317
数箇所　すかしょ　317
賺す・諭す・偽寄
　すかす　317
すかす　すかす　317
眇め　すがめ　317
縋る　すがる　317
方今　すき　317
生業　すきあい　318
明隙　すきあく　318, 509
僻事　すきごと　318
好者・数奇者　すきしゃ　318
杉障子　すぎしょうじ　318
透素襖　すきすおう　318
杉形・杉状　すぎなり　318
杉原　すぎはら　316, 318
過分　すぎぶん　318
透間かぞへ
　すきまかぞえ　318
透門　すきもん　317, 318
業　すきわい　318
明隙　すきをあけ　318
助　すく　318
不鮮　すくなからず　319
噤む　すくむ　319, 397
竦めて　すくめて　319
弐・助　すけ　319
助懸　すけかけ　319
助衆　すけしゅう　319
助勢　すけぜい　319, 367
助手　すけて　319
巣子　すこ　319
素頭　すこう　319
数剋　すこく　319
すこしき　すこしき　319
些も　すこしも　319
づこびる　ずこびる　319

所帯公事　しょたいくじ　302
諸端　しょたん　302
胥談　しょだん　302
所知　しょち　302
所知入り　しょちいり　303
初中後
しょちゅうご　269, 303
不能書中候　しょちゅうにあたわずそうろう　303
所体　しょてい　303
所当　しょとう　303
諸成物　しょなりもの　303
自余に混ぜず
じよにこんぜず　303
初入　しょにゅう　303
暑熱　しょねつ　303
且納　しょのう　303
所納　しょのう　303
諸父　しょふ　303
所分　しょぶん　303
諸篇　しょへん　303
椒房　しょぼう　303
所犯　しょぼん　303
所務　しょむ　303
初夜　しょや　304
諸役　しょやく　304
所役　しょやく　304
緒余・諸余・書余・諸餘
しょよ　304
叙用　じょよう　304
仕寄　しより　302, 304
所労　しょろう　304
至来　しらい　304
爾来　じらい　304
白壁　しらかべ　304
自落　じらく　304
白歯者　しらはもの　304
しらまし　しらまし　304
畠む　しらむ　304, 514
後足・尻足　しりあし　304
尻居　しりい　43, 304
鞦　しりがい　305
士力　しりき　305
黜ける・郤ける
しりぞける　305
尻払　しりはらい　305
尻持　しりもち　305
師旅　しりょ　305
思量　しりょう　305
寺領　じりょう　305
尻輪　しりわ　305
証　しるし　305
験氣　しるしけ　194, 305
印帳・首帳
しるしちょう　305
剛弼・剛強・強者
しれもの　305
白綾　しろあや　305
資粮　しろう　305
城抱　しろかかえ　305
城際　しろぎわ　305
城誘　しろさそい　306
白幣　しろして　306
城攻・城責　しろぜめ　306
白俵物　しろたわらもの　306
城取　しろとり　306
城乗　しろのり　306
城持　しろもち　306
代物　しろもの　306, 362
しわき　しわき　306
云為　しわざ　306
師趨　しわす　306
割無し・理無し
しわりなし　306
師を請う　しをこう　306
瞋恚・真意　しんい　306
心穢　しんえ　306
陣営　じんえい　307
心汚　しんお　307
陣押　じんおし　307
請客　しんか　307
請暇・身暇　しんか　307
陣下　じんか　307
陣替　じんがえ　307
尽渇　じんかつ　307
殿後・後騎・尻狩・陣がり・殿
しんがり　307
宸翰・真翰　しんかん　307
人気　じんぎ　307
賑給　しんきゅう　307
心経　しんぎょう　307
心経会　しんぎょうえ　307
辛勤　しんきん　308
陣与　じんくみ　308
身血　しんけつ　308
進献　しんけん　308
震眩　しんげん　308
寝寤　しんご　308
盡期・尽期　じんご　308
陣伍　じんご　308
進貢　しんこう　308
人口　じんこう　308, 505
沈香　じんこう　308
陣詞　じんことば　308
無尽期　じんごなし　308
真个の交わり
しんこのまじわり　308
陣小屋　じんごや　308
心根　しんこん　309
神載　しんさい　309
しんざす棒
しんざすぼう　309
陣参　じんさん　309
参差　しんし　252, 309
親子　しんし　309
進止　しんし　309
唇歯　しんし　309
心事　しんじ　309
親昵　しんじつ　309
人日　じんじつ　309
斟酌・斟杓　しんしゃく　309
心趣　しんしゅ　310
陣衆　じんしゅう　310
甚重　じんじゅう　310
深重　じんじゅう　310
申述・伸述　しんじゅつ　310
浸潤の潜
しんじゅんのそしり　310
心緒　しんしょ　310
陣所　じんしょ　310
深衝　しんしょう　310
進上　しんじょう　310
進状　しんじょう　310
尋常　じんじょう　310
陣城　じんしろ　310
深沈　しんじん　311
甚深・深甚　じんじん　311
森々たり　しんしんたり　311

笑止成　しょうしなる　294
荘主・庄主　しょうしゅ　294
城主　じょうしゅ　294
常住　じょうじゅう　294
捷書　しょうしょ　294
嬖女　しょうじょ　294
条書　じょうしょ　294
上所　じょうしょ　294
蕭墻　しょうしょう　294
賞性　しょうしょう　295
証状・證状
しょうじょう　295
賞状　しょうじょう　295
上章　じょうしょう　295
小祥忌　しょうしょうき　295
少身　しょうしん　295
賞心　しょうしん　295
精進　しょうじん　295
上進　じょうしん　295
将帥　しょうすい　295
条数　じょうすう　295
正税　しょうぜい　295
蹤跡　しょうせき　295
証跡・證跡　しょうぜき　295
樵蘇　しょうそ　295
請僧　しょうそう　295
城代　じょうだい　296
無正躰　しょうたいなし　296
兄鷹　しょうたか　296
上達　しょうたつ　296
上着　じょうちゃく　296
焼酎　しょうちゅう　296
浄躰　じょうてい　296
照徹　しょうてつ　296
城都　じょうと　296
焼動　しょうどう　296
承当　じょうとう　296
生得　しょうとく　296
浄土三部経
じょうどさんぶきょう　296
証人・證人　しょうにん　296
小納　しょうのう　296
樟脳　しょうのう　296
商売具足
しょうばいぐそく　297
松栢　しょうはく　297
証判　しょうばん　38, 297
上判　じょうはん　297
相伴衆
しょうばんしゅう　297
正筆　しょうひつ　297
上表　しょうひょう　297
丈夫　じょうぶ　297
傷風　しょうふう　297
菖蒲切　しょうぶぎり　297
証伏　しょうふく　297
小分限　しょうぶげん　297
少扶持　しょうふち　297
菖蒲作り
しょうぶづくり　297
上聞　しょうぶん　297, 346
上分　じょうぶん　297
承聞・承分　じょうぶん　298
上分米　じょうぶんまい　298
上分物　じょうぶんもつ　298
墻壁　しょうへき　298
上品　じょうぼん　298
城米　じょうまい　298
小名　しょうみょう　298
条目　じょうもく　298
唱門師・声聞師
しょうもんし　298
上聞に達す
しょうもんにたっす　298
醤油　しょうゆ　298
倡誘　しょうゆう　298
請用　しょうよう　298
逍遥　しょうよう　298
従容　しょうよう　298
上雒　じょうらく　299
備上覧
じょうらんにそなえ　299
正理　しょうり　299, 328
商律　しょうりつ　299
銷鑠　しょうりゃく　299
商量　しょうりょう　299
小量・少量　しょうりょう　299
城領　じょうりょう　299
正路　しょうろ　299
唱和　しょうわ　299
情を入
じょうをいる　299, 329
諸縁　しょえん　299
諸夏　しょか　299
諸賀　しょが　299
所懐　しょかい　299
女楽　じょがく　299
諸合　しょかつ　300
所感　しょかん　300
庶幾　しょき　300
暑気　しょき　300
胥議　しょぎ　2, 300
諸吉　しょきつ　300, 487
諸卿　しょきょう　300
食言　しょくげん　300
諸公事　しょくじ　300
職衆　しょくしゅ　300, 657
食政　しょくせい　300
燭迎　しょくむかえ　300
食邑　しょくゆう　262, 300
属鏤　しょくる　300
嘱賂　しょくろ　300
所化　しょけ　300
所化堪忍料
しょげかんにんりょう　301
所見　しょけん　301
諸毎　しょごと　301
初献　しょこん　301
所作　しょさ　301
諸細　しょさい　301
如在　じょさい　301
無如在　じょさいない　301
書札　しょさつ　301
諸侍　しょざむらい　301
所司代　しょしだい　301
所受　しょじゅ　302
所従　しょじゅう　302, 665
初重　しょじゅう　302
書信　しょしん　302
仕寄　しよせ　302, 304
所済官物
しょぜいかんもつ　295, 302
初祖　しょそ　302
除増　じょぞう　302
諸卒　しょそつ　302
所存之外
しょぞんのほか　302
所帯　しょたい　302, 350

出挙　しゅっこ　286
熟根　じゅっこん　286
入魂　じゅっこん　286
出仕停止
　しゅっしちょうじ　286
述職　じゅつしょく　287
出陣式　しゅつじんしき　287
卒す　しゅっす　287
出勢　しゅっせい　287
出銭　しゅっせん　287
出帯　しゅったい　287
出張　しゅっちょう　287, 413
出頭　しゅっとう　287
出頭（の）衆
　しゅっとうしゅう　287
出頭人　しゅっとうにん　287
出納　しゅつのう　287
出馬　しゅつば　287
出歩　しゅっぷ　287
出府　しゅっぷ　287
出米　しゅつまい　287
出物　しゅつもの　288
出者　しゅつもの　287
首途　しゅと　119
首途　しゅと　288
衆徒　しゅと　288
樹党　じゅとう　288
首尾　しゅび　288
執筆　しゅひつ　288
首服　しゅふく　288
種夫食
　しゅぶしょく　288, 524
衆分　しゅぶん　288
戍兵　じゅへい　288
主簿　しゅぼ　288
入木道　じゅぼくどう　288
樹木の役
　じゅもくのやく　288
須臾　しゅゆ　288
修羅　しゅら　288
入来　じゅらい　288
聚洛　じゅらく　289
手裏　しゅり　289
衆寮衆　しゅりょうしゅ　289
純一　じゅんいつ　289
順義・順儀　じゅんぎ　289
順逆　じゅんぎゃく　289
遵行状
　じゅんぎょうじょう　289
淳熟　じゅんじゅく　289
純熟　じゅんじゅく　289
準縄　じゅんじょう　289
潤筆　じゅんぴつ　289
俊髦　しゅんぼう　289
順路　じゅんろ　289
自余　じよ　289
介與　じよ　289
書案　しょあん　289
所為　しょい　290
書音　しょいん　290
書院　しょいん　290
兄鷹　しょう　290
小　しょう　290
韘　しょう　290, 629
大兄　しょう　290
兄鷹　しょう　290, 296
資用　しよう　290
諚　じょう　290
畳　じょう　290
鍾愛　しょうあい　290
正意　しょうい　290
承意　しょうい　290
承引　しょういん　290
正印・正員　しょういん　290
障雲　しょううん　290
霎雲　しょううん　290
承悦　じょうえつ　291
餉烟　しょうえん　291
庄縁　しょうえん　291
松煙　しょうえん　291
紹鷗　じょうおう　291
商賈　しょうか　291, 293
床下　しょうか　291
悚凱　しょうがい　291
生害・戕害　しょうがい　291
生涯　しょうがい　291
相看　しょうかん　291
賞翫　しょうかん　291
上澣　じょうかん　291
小勧進　しょうかんじん　291
小気　しょうき　291
床几・牀机　しょうぎ　291
上気　じょうき　64, 292
逃毀　じょうき　291
定器　じょうぎ　292
将棋頭　しょうぎがしら　292
床几替　しょうぎがわり　292
正儀なし　しょうぎなし　292
樵汲　しょうきゅう　292
少給　しょうきゅう　292
将軍　しょうぐん　292
障碍　しょうげ　292
勝計　しょうけい　9
上卿　しょうけい　292
捷径　しょうけい　292
勝計　しょうけい　292
上下　じょうげす　292
生気の方
　しょうげのかた　292
小見　しょうけん　292
少験・小験　しょうけん　293
照見　しょうけん　293
上元　じょうげん　293
商賈　しょうこ　293
証語・証拠　しょうご　293
聖護院　しょうごいん　293
相公　しょうこう　293
定業　じょうごう　293
相国　しょうこく　293
上国　じょうこく　293
証拠旗
　しょうこばた　225, 293
消魂・銷魂　しょうこん　293
傷嗟　しょうさ　293
盛歳　しょうさい　293
焼滓　しょうさい　293
正才　しょうさい　293
上裁　じょうさい　293
消散　しょうさん　293
逃散　じょうさん　294
承旨　しょうし　294
笑止　しょうし　294
小使　しょうし　294
勝事　しょうじ　294
上使　じょうし　294
情識　じょうしき　294
上使銭　じょうしせん　294
承日　しょうじつ　294

赦宥　しゃゆう　278
戯狭斜
じゃれきょうしゃ　278
示喩　じゆ　278
朱印　しゅいん　278
朱印状　しゅいんじょう　279
朱印銭　しゅいんせん　279
褶　しゅう　279
雌雄　しゆう　279
自由　じゆう　279
戎衣　じゅうい　279
重意　じゅうい　279
祝悦　しゅうえつ　279
衆悦　しゅうえつ　279
集悦　しゅうえつ　279
重恩　じゅうおん　279
期重音候　じゅうおんをごしそうろう　279
臭骸　しゅうがい　279
習翫　しゅうがん　279
自由緩怠
じゆうかんたい　279
執気　しゅうき　280
集議・集儀　しゅうぎ　280
什伍　じゅうご　280
讎寇　しゅうこう　280
収公　しゅうこう　280, 284
秋毫　しゅうごう　280
重湟　じゅうこう　280
住国　じゅうこく　280
十死一生
じゅうしいっしょう　280
柔弱　じゅうじゃく　280
重書　じゅうしょ　280, 411
住書　じゅうしょ　280
周章　しゅうしょう　280
終宵　しゅうしょう　280
重説　じゅうせつ　280
愁訴　しゅうそ　280
衆僧　しゅうそう　280
愁惣　しゅうそう　281
十双倍　じゅうそうばい　281
愁歎　しゅうたん　281
祝着・祝著　しゅうちゃく　281
愁腸　しゅうちょう　281
宗弟　しゅうてい　281
婿　しゅうと　281
十二時中
じゅうにじちゅう　281
周備　しゅうび　281
重筆　じゅうひつ　281
秋旻　しゅうびん　281
重便　じゅうびん　281
周遍　しゅうへん　281
愀変　しゅうへん　281
愁褒　しゅうほう　281
什物　じゅうもつ　281
十匁の鉄砲　じゅうもんめのてっぽう　281
習礼　しゅうらい　281
周流　しゅうりゅう　282
従類　じゅうるい　282
揖礼　しゅうれい　282
祝例　しゅうれい　282
収斂　しゅうれん　282
戍役　じゅえき　282
首夏　しゅか　282
酒菓　しゅか　282
守会　しゅかい　282
酒海　しゅかい　282
入眼　じゅがん　282
衆儀衆・集儀衆
しゅぎしゅう　282
守禦　しゅぎょ　282
入御　じゅぎょ　282
執行　しゅぎょう　283
入輿　じゅきょう　283
宿意　しゅくい　283
宿送　しゅくおくり　283
宿紙　しゅくし　283, 659
祝刺者
しゅくししゃ　162, 283
熟所　じゅくしょ　283
宿城　しゅくじょう　283
宿陣　しゅくじん　283
菽粟　しゅくぞく　283
熟談　じゅくだん　283
叔姪　しゅくてつ　80, 283
祝髪　しゅくはつ　283
宿奉行　しゅくぶぎょう　283
夙夜　しゅくや　283
熟覧　じゅくらん　283
宿老　しゅくろう　284
収公　しゅこう　280, 284
酒誥　しゅこう　284
准后　じゅごう　284
守護請　しゅごうけ　284
守護使不入
しゅごしふにゅう　284
守護代　しゅごだい　284
守護代官
しゅごだいかん　284
守護段銭
しゅごたんせん　284
守護役　しゅごやく　284
入魂　じゅこん　270, 284, 286
寿算　じゅさん　284
朱爾　しゅじ　284
朱四手　しゅしで　284
種子物　しゅしもつ　284
趣舎　しゅしゃ　284
手書　しゅしょ　285
主人　しゅじん　285
手迹　しゅせき　285
主戦　しゅせん　285
守戦　しゅせん　285
聚銭・集銭　しゅせん　285, 287
修禅寺紙・修善寺紙　しゅぜんじかみ　285
首座　しゅそ　285
首鼠　しゅそ　285
寿像　じゅぞう　285
酒樽　しゅそん　285
衆多　しゅた　285
手談　しゅだん　285
衆中　しゅちゅう　285
しゅつ　しゅつ　285
主対　しゅつい　286
述懐　じゅっかい　286
出角　しゅっかく　286
出御　しゅつぎょ　286
出京　しゅっきょう　286
出軍　しゅつぐん　286
出群　しゅつぐん　286
術計　じゅっけい　286
出家落　しゅっけおち　286
出家帰・出家返
しゅっけがえり　286

実城　じつじょう　270
執申　しっしん　270
執す　しっす　270
実説　じっせつ　270
直左右　じっそう　261
実左右　じっそう　270
失墜　しっつい　270
執当　しっとう　270
尻払・後払・殿候・殿除　しっはらい　270
実否　じっぴ　271
仕詰　しつめる　271
補理　しつらい　271
補理　しつらい　438
四手　しで　271
紫泥　しでい　271
死出三途　しでさんず　271
四天二天　してんにてん　271
四天王　してんのう　271
淄徒　しと　271
地頭　じとう　271
地頭職　じとうしき　271
祠堂銭　しどうせん　271
祠堂物　しどうぶつ　271
祠堂米　しどうまい　272
地頭役　じとうやく　272
私徳政　しとくせい　272
四度計なし　しどけなし　272
蔀　しとみ　272
蔀の土居　しとみのどい　272
四道路・取次・四度路　しどろ　272
撓い　しない　272
竹刀　しない　272
為なし　しなし　272
指南　しなん　272
指南備　しなんそなえ　272
死入　しにいる　272
仕醜い　しにくい　272
神人　じにん　272, 313
志念　しねん　273
思念　しねん　273
自然　じねん　266, 273
自然時　じねんのとき　273
地衆　じのしゅう　273
黎明・凌晨　しののめ　273, 657, 662
奸細　しのび　273
忍緒　しのびお　273
竊の者　しのびのもの　273
仕場　しば　273
芝居・仕場居・支配　しばい　273
芝打　しばうち　273
屢　しばしば　273
数　しばしば　273
芝摺　しばすり　273
柴礫　しばつぶて　274
芝見　しばみ　274
柴見番　しばみばん　274
仕拂　しはらう　274
姑く・少時・少選・良久・且く・少間く　しばらく　274
縛首　しばりくび　274
四半　しはん　274
地盤　じばん　274
地引　じびき　274
紙筆　しひつ　274
試筆　しひつ　274
使夫　しふ　274
四分一　しぶいち　274
時服　じふく　274
地幅　じふく　275
時分柄　じぶんがら　275
紙炮　しほう　275
四方　しほう　275
士峰　しほう　275
子母銭　しぼせん　275
島　しま　275
縞　しま　275
仕舞　しまい　275
為増され　しまされ　275
始末方　しまつかた　275
島つ鳥　しまつどり　275
始末有姿　しまつのあるすがた　275
しま針　しまはり　275
島物　しまもの　275
滋蔓　じまん　276
衣魚の栖　しみのすみか　276
令　しむ　276
令　しむ　330
四目　しめ　276
司命　しめい　276
卜合　しめしあう　276
示預　しめしあづかり　276
牒す　しめす　276
自面　じめん　276
下　しも　276
耳目を驚かす　じもくをおどろかす　276
下警固衆　しもけいごしゅう　276
梏　しもと　276
地焼・自焼　じやき　276
射御　しゃぎょ　276
積　しゃく　277
困厄　しやく　234, 276
籍　じゃく　277
寺役　じやく　277
斫顔　しゃくがん　277
借銀　しゃくぎん　277
積聚　しゃくじゅ　277
蛇崩　じゃくずれ　277
尺寸　しゃくすん　277
借銭　しゃくせん　277
尺地　しゃくち　277
尺の木　しゃくのき　277
借米　しゃくまい　277
借与　しゃくよ　277
赦降　しゃこう　277
邪侈　じゃし　277
車軸を流す　しゃじくをながす　277
叉手　しゃしゅ　277
斜照　しゃしょう　277
社稷　しゃしょく　278
且千　しゃせん　278
社訴　しゃそ　278
社僧　しゃそう　278
洒掃　しゃそう　278
若冠　じゃっかん　278
庶弟　しゃてい　278
捨別　しゃべつ　278
遮防　しゃぼう　278
暹羅　しゃむ　278
赦免　しゃめん　278
闍維・遮遺　じゃゆい　278

使脚　しきゃく　252
食邑　じきゆう　252, 300
執行　しぎょう　252
私曲　しきょく　252
頻而・荐に　しきりに　262
仕切る　しきる　262
尻切　しきれ　262
慈斤　じきん　262 264
資具　しぐ　262
地口　じぐち　262
地口銭　じくちせん　262, 568
しぐらふ　しぐらう　262
師家　しけ　263
地下　じげ　263
閙く　しげく　263
稠し　しげし　263
地下人　じげにん　263
地下の代官
じげのだいかん　263
蒼　しげみ　263
使間　しけん　263
地検　じけん　263
邇言　じげん　263
示現　じげん　263
指呼　しこ　263
伺候・伺公・祗候
しこう　263
紙毫　しごう　263
至剛　しごう　263
試毫　しごう　263
時刻なし　じこくなし　263
譖ぢ　しこぢ　263
仕ころばかす
しころばかす　263
自今以後　じこんいご　264
蓍策　しさく　264
慈削　じさく　262, 264
使札　しさつ　264
地侍　じざむらい　264
退　しさる　264
師資　しし　264
四至　しじ　255, 264
指示　しじ　264
地子　じし　264
爾々　じじ　264
鹿垣・垷　ししがき　257, 264
宍狩　ししがり　264
狻猿　ししさる　264
地子銭　じしせん　265
獅子のはがみをなす　ししのはがみをなす　265
醢　ししびしお　265
猟矢　ししや　265
旨趣　ししゅ　265
時衆　じしゅ　265
止住　しじゅう　265
侍従　じじゅう　265
市豎街童
しじゅがいどう　265
支庶　ししょ　265
支證・支証　ししょう　265
死生　ししょう　265
時正　じしょう　265
自焼　じしょう　265
治定　じじょう　265
字焼鉄　じしょうてつ　265
縮羅　しじら　266
志心　ししん　266
定る　しずまる　266
熾盛　しせい　266
咫尺　しせき　266
至切　しせつ　266
砥節　しせつ　266
祠銭　しせん　266
自然　しぜん　266, 273
自専　じせん　266
四禅天　しぜんてん　266
緇素　しそ　266
自訴　じそ　266
使僧　しそう　266
似相　じそう　266
止足　しそく　266
士卒　しそつ　266
次第繰　しだいくり　266
蹯う　したう　267, 532
下地　したじ　267
下々の　したしたの　267
健か　したたか　267
地軍　じたたかい　267
認　したため　267
仕立・為立　したつ　267
自他の覚悟
じたのかくご　267
下奉行　したぶぎょう　267
下目　したため　267
下館・下屋形　したやかた　267
下役人
したやくにん　125, 267
しだら　しだら　267
仕怠い　したるい　267
舌を掉う　したをふるう　267
師擅　したん　268
師旦　したん　268
紙端　したん　268
質　しち　268
質請　しちうけ　268
質券　しちけん　268
七五三　しちごさん　268
七書　しちしょ　268
質人　しちにん　268
質主　しちぬし　268
七仏の事
しちぶつのこと　268
質物　しちもつ　268
始中終
しちゅうじゅう　269, 303
輜重　しちょう　269
止長　しちょう　269
仕丁　しちょう　531
仕丁　じちょう　269
膝下　しっか　269
悉皆　しっかい　269
仕疲れ　しづかれ　269
実儀・実義　じつぎ　269
昵近　じっきん　269
仕付　しつけ　269
室家　しつけ　269
仕付方・躾方
しつけかた　269
躾方人　しつけかたにん　269
執権　しっけん　269
実検　じっけん　269
膝行　しっこう　270
入魂・昵近
じっこん　270, 286
執事　しつじ　270
失借　しっしゃく　270
実所　じっしょ　270

参陣　さんじん　253
讒臣　ざんしん　253
三寸に含む
さんずんにふくむ　253
斬藉　ざんせき　253
散銭・参銭　さんせん　253
潜然と　さんぜんと　253, 485
三双倍　さんぞうばい　253
さん候　さんぞうろう　253
三遅　さんち　254
参着　さんちゃく　254
三頭　さんづ　254
散田　さんでん　254
三冬　さんとう　254
参入　さんにゅう　254
残念　ざんねん　254
生飯　さんばん　249, 254
山筆海硯
さんぴつかいけん　254
三伏　さんぷく　254
三分一立毛　さんぶんのいちたちげ　254, 369
三明を曝す
さんみょうをさらす　254
参面　さんめん　254
山門　さんもん　254
讒諛　ざんゆ　254
散用・算用　さんよう　254
参礼　さんれい　255
参話　さんわ　255
算を乱す　さんをみだす　255
参を以て　さんをもって　255
師　し　255
仕合　しあい　255
時合　じあい　255
地悪銭　じあくせん　255
仕合　しあわせ　255
誣難し　しいがたし　255
四至　しいし　255, 264
弑す　しいす　255
仕出　しいで　255
四夷八蛮　しいはちばん　255
粃　しいら　256
嗣音　しいん　256
資縁　しえん　256
潮　しお　256
塩合　しおあい　256
塩合物・塩相物
しおあいもの　256
雌黄　しおう　256
仕課　しおおす　256
塩懸り　しおかかり　256
仕置　しおき　256
塩首・潮頸・入首
しおくび　256
地輿　じおこし　256
塩手　しおで　256
塩鳥　しおどり　256
塩のつけはじめ
しおのつけはじめ　256
塩風呂　しおぶろ　256
塩味　しおみ　257
塩をたる　しおをたる　257
塩を付ける
しおをつける　257
四花　しか　257
知客　しか　257
支解　しかい　257
使价　しかい　257
芝返　しかえし　257
鹿垣　しがき　257, 264
自格護　じかくご　257
為懸け　しかけ　257
聢々・然々・尓々・確々
しかじか　257
併　しかしながら　257
仕形　しかた　257
地方懸り　じかたかかり　257
直段　じかだん　258
持合戦　じかっせん　258
撘与　しかと　258
聢・慥と・礑と
しかと　258, 367
礑　しかと　478
四花の灸　しかのきゅう　258
加之・加旃
しかのみならず　183, 258
尓程　しかほど　258
柵・楗　しがらみ　258
爾り　しかり　258
雖然　しかりといえども　258
爾処　しかる　258
尓る　しかる　258
如然　しかるごとく　258
然則　しかるときんば　258
尓後　しかるのち　258
然而・爾共・然共
しかれども　258
然者　しかれば　259
使輸　しかん　259
視観察　しかんさつ　259
自堪忍　じかんにん　257, 259
式　しき　259
旨儀　しぎ　259
仕儀　しぎ　259
時宜・時儀・地宜　じぎ　259
閾　しきい　259
直印　じきいん　259
直恩　じきおん　259
敷皮　しきかわ　260
識察　しきさつ　260
直札　じきさつ　260
直参　じきさん　260
直参礼　じきさんれい　260
職事　しきじ　260
直書　じきしょ　260
式正・式掌　しきしょう　260
式条　しきじょう　260
直状　じきじょう　260
直進　じきしん　260, 261
敷銭　しきせん　260
直左右　じきそう　260
直奏　じきそう　261
実左右　じきそう　270
色代・式代・式躰・式対
しきだい　49, 261
直談　じきだん　261
敷途飯　しきとはん　261, 514
頻並　しきなみ　261
敷浪　しきなみ　261
直　じきに　261
直納　じきのう　260, 261
直判　じきはん　261
直風　じきふう　261
式法　しきほう　261
楗　しきみ　262
直務　じきむ　262
式目　しきもく　260, 262

座敷奉行
　ざしきぶぎょう　245
差下　さしくだす　245
差遣す・差越す
　さしこす　245
さしす　さしす　245
麾　さしず　245
差添　さしぞえ　245
指出　さしだし　245
指出銭　さしだしせん　245
指出分　さしだしぶん　246
差立つ・指立つ　さしたつ　246
為指　さしたる　246
指樽　さしたる　246
差攄　さしちらす　246
指搛・差支　さしつかえ　246
斥て　さして　246
挿　さしはさむ　246
差引・指引　さしひき　246
差塞　さしふさぐ　246
麾く　さしまねく　246
指躬　さしみ　246
指物・差物・捺物
　さしもの　246
左袵　さじん　246
擬す　さす　246
流石　さすが　247
逌・逌に　さすが（に）　247
差舛　させん　247
作善　さぜん　247
嘸　さぞ　247
沙汰　さた　247
清に　さだかに　247
沙汰聞き　さたきき　247
沙汰仕たる　さたしたる　247
騒立す　さだす　247
沙汰所　さたどころ　247
沙汰人　さたにん　247
沙汰主　さたぬし　247
沙汰之限　さたのかぎり　247
定　さだめて　247
定米　さだめまい　248
雑謂　ざつい　248
箚記　さつき　248
𦬇　さっきぼさつ　248
察識　さっしき　248
雑譚　ざつたん　248
偖・扨・儻　さて　248
諾こそ　さてこそ　248
最も　さても　248
儻者　さては　248
茶堂　さどう　248
左道　さどう　248
左道の至
　さどうのいたり　248
里御飯　さとごはん　248
暁す　さとす　248
里被官　さとびかん　248
宛然　さながら　248
札・実　さね　249
左而已　さのみ　249
さば　さば　249
生飯　さば　254
座牌　ざはい　249
裁き　さばき　249
捌く　さばく　249
鉆　さび　249
冷し　さびし　249
侍ふ　さぶろう　249
磚へる　さへる　249
作法　さほう　249
詐謀　さぼう　249
狭間　さま　249
ざまくなく　ざまくなく　249
俙す　さます　249
様する　さまする　249
礙ぐ　さまたぐ　249, 561
吟行・跉跰　さまよう　250
徧す・狭みす
　さみす　250, 449
雨々と　さめざめと　250
諸有　さもあり　250
任他　さもあれ　250
沙門　さもん　250
座問答　ざもんどう　250
鞘　さや　250
漉酌　さらえくみ　250
曝笑まし　さらえまし　250
更々　さらさら　250
廓躰・さらぬ躰
　さらぬてい　250
去又　さりてまた　250
去迚　さりとては　250
可去　さりぬべき　250
避渡・去渡　さりわたす　250
去に　さるに　251
猿頬當　さるぼうあて　251
玃待の哥
　さるまちのうた　251
左暦　されき　64, 251
駭ぐ　さわぐ　251
閙ぐ　さわぐ　251
醂す　さわす　251
爽に　さわやかに　251
障り　さわり　251
三衣　さんい　251
三衣一鉢
　さんえいっぱつ　251
参謁　さんえつ　251
参暇　さんか　251
参駕　さんが　251
残賀　ざんが　251, 636
斬穫　ざんかく　251
算竿・算勘　さんかん　251
讒間　ざんかん　252
三木　さんぎ　252
三教　さんぎょう　252
参决　さんけつ　252
三戸　さんこ　252
参扣・参向・参行
　さんこう　252
三更　さんこう　252
三業　さんごう　252
讒口　ざんこう　252
散在　さんざい　252
参差して
　さんさして　252, 309
参祗　さんし　252
散仕　さんし　252
参仕　さんじ　252
参謝　さんしゃ　252
讒者　ざんしゃ　252
三州表
　さんしゅうおもて　253
散所・産所　さんじょ　253
姍笑　さんしょう　253
散状　さんじょう　156, 253
散人　さんじん　253

さいしんぼち（ぼん）　237
細砕　さいすい　227, 237
最前　さいぜん　237
細粗　さいそ　237
西大寺　さいだいじ　237
妻帯役　さいたいやく　237
妻帯役の代官　さいたいやくのだいかん　237
啐啄・碎啄　さいたく　237
才太郎畠　さいたらばたけ　237
歳旦　さいたん　237
采地　さいち　237
在地　ざいち　237
近曾　さいつころ　237
柊槌　さいつち　237
済度方便　さいどほうべん　238
苛む　さいなむ　238
細軟　さいなん　238
再拝　さいはい　238
采幣・再幣・麾・指麾　さいはい　238
裁配分　さいはいぶん　238
才判　さいはん　238
在番　ざいばん　238
細筆　さいひつ　238
割符　さいふ　238
細分・割分　さいぶん　238
採幣　さいへい　238
細布・細美　さいみ　238
斎名　さいみょう　238
際目　さいめ　238
済物　さいもつ　239
再問　さいもん　239
採用　さいよう　239
在洛　ざいらく　239
宰領　さいりょう　239
豺狼　さいろう　239
剤和　ざいわ　239
遮而　さえぎって　239
要る　さえぎる　239
漉酌　さえくみ　239
寒る　さえる　239
さをゐなく　さおいなく　239
棹に立つ　さおにたつ　239
座下　ざか　239
境目・堺目　さかえめ　239
さかゝゝ　さかゝゝ　239
賢々しい　さかざかしい　239
賢し　さかし　240
扒す　さがす　240
卮・羽觴　さかずき　240
盃論　さかずきろん　240
榼　さかだる　240
酒手・酒直　さかて　240
不祥　さがない　240
逆機物　さかはたもの　240
逆礫・逆張付　さかばりつけ　240
坂迎・酒迎　さかむかえ　240
酒屋壺銭　さかやつぼせん　240
逆寄　さかよせ　240
下落銭　さがりせん　240
坂を越す　さかをこす　125, 240
殷ん　さかん　241
鎖龕　さがん　241
嚮・向郷　さき　241
先打　さきうち　241
魁・先懸　さきがけ　241
先方衆　さきかたしゅう　241
去比　さきごろ　241
向来　さきごろよりこのかた　241
又向来　さきごろらい　241
先衆　さきしゅ　241
先勢　さきぜい　241
先備　さきぞなえ　241
先達　さきだつて　241
左義長・三毬打　さぎちょう　241
先手・先隊　さきて　241
魁首　さきて　242
先武者　さきむしゃ　242
作合　さくあい　242, 397
作足軽　さくあしがる　242
作事　さくじ　242
作職　さくしき　242
作主　さくしゅ　242
簀牆　さくしょう　242
索心　さくしん　242
作跡　さくせき　242
朔旦　さくたん　242
作徳　さくとく　242
作人　さくにん　242
策配・作配・策媒　さくはい　242
作半　さくはん　126, 243
作病　さくびょう　243, 397
作分　さくぶん　243
座具辺　ざぐへん　243
昨木　さくぼく　243
作舞　さくまい　243
舴艋　さくもう　243
作毛　さくもう　243
作毛を振る　さくもうをふる　243
錯乱　さくらん　243
決　さくり　243
探題　さぐりだい　243
作料　さくりょう　243
捜る　さぐる　243
下緒　さげお　243
下墨・下黒　さげすみ　243
酒帘　さけはやし　244
下針　さげばり　244
号ぶ・噴ぶ・唬ぶ　さけぶ　244
号ぶ　さけぶ　447
鎖籠もり・差籠もり　さこもり　244
ささい　ささい　244
支　ささえ　244
支状　ささえじょう　244
支へ申す　ささえもうす　244
撐る　ささげる　244
ざざめく　ざざめく　244
咡き・耳語・嚅き・密語・私語　ささやき　244
縒　さし　244
差合・指合　さしあい　244
差当　さしあて　244
差出・指出　さしいで　245
不閣　さしおかず　245
閣く・擱く・差置く　さしおく　245
差懸り　さしかかり　245

交（々） こもごも 228
小者 こもの 228
小物成 こものなり 228
籠居 こもりい 228
御門役 ごもんやく 228
小屋落 こやおとし 228
此奴 こやつ 228
小指 こゆみ 228
御用に立つ
ごようにたつ 228
暦もどき こよみもどき 228
怺兼 こらえかね 229
虎落 こらく 229, 604
怺へる こらへる 229
垢離 こり 229
御料所 ごりょうしょ 229
御料人 ごりょうにん 229
艾る こりる 229
五倫の道 ごりんのみち 229
焉 これ 229
是併 これしかしながら 229
此式・是式 これしき 229
這般 これつら 229
云恰云給・云恰々々・給云恰云
これといいかれといい 229
如之哉 これにしかんや 229
因茲 これにより 229
是寄 これより 229
自爾 これより 230, 354
悉之 これをつくせ 230
胡盧 ころ 230
比及・頃及 ころおい 230
五六 ごろく 230
葫蘆子 ころし 230
剿す・害す ころす 230
頃刻 ころとき 185, 230
辷ぶ ころぶ 230
強紙 こわがみ 230
こわき こわき 230
強杉原 こわすいばら 230
諌直 こわばる 230
小割 こわり 230
喉 こん 230
献 こん 231
昏鴉 こんあ 231
悃意 こんい 231
昆逸 こんいつ 231
懇恩 こんおん 231
厳科 ごんか 194, 231
紺掻 こんかき 202, 231
懇欵・懇款 こんかん 231
懇簡 こんかん 231
悃祈 こんき 231
懇棘・懇曲 こんきょく 231
小鱧 ごんぎり 231
魂気を尽す
こんきをつくす 231
昏愚 こんぐ 231
渾淆 こんこう 231
婚媾 こんこう 231
懇交 こんこう 231
金剛 こんごう 231
昏黒 ごんこく 232, 368
懇々 こんこん 232
懇札・悃札 こんさつ 232
懇至 こんし 232
勤仕 ごんし 232
懇書・悃書 こんしょ 232
懇章 こんしょう 232
懇情 こんじょう 232
言上 ごんじょう 232
悃信・懇信 こんしん 232
懇心 こんしん 232
懇切・悃切 こんせつ 232
懇惻 こんそく 232
昆孫 こんそん 232
懇待 こんたい 232
権太根・献田根 ごんたね 233
懇丹・懇嘆 こんたん 233
懇忠 こんちゅう 233
懇忠之辻 こんちゅうのつじ
233, 398
昆弟 こんてい 233
懇答 こんとう 233
悃篤・懇篤 こんとく 233
困敦 こんとん 233
懇念 こんねん 233
混白 こんぱく 233
壼秘 こんぴ 233
懇筆 こんぴつ 233
懇報 こんぽう 233
懇墨 こんぼく 233
悃望・懇望 こんもう 233
困厄・困阨
こんやく 234, 277
困来 こんらい 234
悃慮 こんりょ 234
献料 こんりょう 234
金輪際 こんりんざい 234

さ 行

閣思・左有ば さあらば 235
左有・然有て さありて 235
左有とて さありとて 235
差異・差違 さい 235
麾 ざい 235
在 ざい 235
最為 さいい 235
最運謀策
さいうんぼうさく 235
済家 さいか 235
最花 さいか 235
才覚・才学 さいかく 235
最花銭 さいかせん 235
彩管 さいかん 235
才幹 さいかん 235
再顔 さいがん 235
裁許 さいきょ 235
催勤 さいきん 235
細勤 さいきん 235
済家 さいけ 236
在家 ざいけ 55, 236
罪譴 ざいけん 236
犀甲 さいこう 236
在国 ざいこく 236
最期所 さいごどころ 236
細々 さいさい 236
蕞爾 さいじ 236
再俊 さいしゅん 236
細書 さいしょ 236
細少 さいしょう 236
災障 さいしょう 236
在所を卜築す ざいしょをぼくちくす 236
再進 さいしん 236
在陣 ざいじん 236
再進鉢・再進盆

小姓衆　こしょうしゅう　220
御乗馬始
　ごじょうばはじめ　220
御所作事之用途　ごしょさくじのようと　220
拵　こしらえ　220
拵手　こしらえて　220
小尻　こじり　220
己心　こしん　220
御陣所　ごじんしょ　220
期す　ごす　220
小杉原　こすぎはら　220
こずみ合ふ　こずみあう　220
牛頭馬頭　ごずめず　220
小躮・小世倅　こせがれ　220
小迫合　こぜりあい　220
沽洗　こせん　220
御前衆　ごぜんしゅう　220
社　こそ　221
鼓操・鼓騒　こそう　221
挙て　こぞって　221
小袖脱　こそでぬぎ　221
挙る　こぞる　221
居多　こた　17
居多・巨多　こた　221
護袋紙　ごたいし　221
小高・小鷹　こたか　221
小高檀紙　こたかだんし　221
谺谺・樹神　こだま　221
語端　ごたん　221
後段　ごだん　221
忽焉　こつえん　221
骨骸人　こつがいにん　221
骨柄　こつがら　222
国禁　こっきん　222
小漬　こづけ　222
骨功の士　こっこうのし　222
忽緒　こっしょ　222
忽然　こつぜん　222
骨張　こっちょう　222
鼓頭役　こつとうやく　222
骨法　こっぽう　222
後詰　ごづめ　222
小手の輩　こてのやから　222
御殿料　ごてんりょう　222
縡　こと　222
後途　ごど　208, 222
虎韜　ことう　222
御動座　ごどうざ　222
事書　ことがき　223
事切　ことぎれ　223
ことく　ことく　223
五徳　ごとく　223
事々敷　ことごとしく　223
殊更　ことさら　223
故に　ことさらに　223
今茲　ことし　223
於事実者
　ことじつにおいては　223
小年寄　ことしより　223
言付く　ことづく　223
事点　ことてん　223
以事次
　ことのついでをもって　223
殊外　ことのほか　223
詞を食せず
　ことばをしょくせず　223
事故　ことゆえ　223
縡寄　ことよせ　224
理・断　ことわり　224
寄事於左右・寄縡於左右　ことをそうによせ　224
御内書　ごないしょ　224
こなす　こなす　224
這方　こなた　224
巨難　こなん　224
小荷駄　こにだ　224
小荷駄奉行
　こにだぶぎょう　224
後日　ごにち　224
木練　こねり　224
御懇之儀
　ごねんごろのぎ　225
五幅　ごの　225, 463
以往　このかた　225
比日　このごろ　225, 499
此比・日者・頃
　このごろ　154, 185, 225
此時候
　このときにそうろう　225
甲の丸　このまる　225
小男鷹　このり　225
小旗　こはた　225
拋旗　こばた　225, 293
小旗の地　こはたのじ　225
小花斬　こはなぎり　225
這般　こはん　225
御判　ごはん　225
御番　ごばん　226
小番衆　こばんしゅう　226
御判物　ごはんもつ　226
小引合　こひきあわせ　226
小人（衆）
　こびと（しゅう）　226
小人頭　こびとがしら　226
五百生　ごひゃくしょう　226
媚びる　こびる　226
御披露所仰候　ごひろうあおぐところに　226
辜負　こふ　226
躭　こぶ　226
拳の雁　こぶしのかり　226
御不人数　ごふにんずう　226
小文　こぶみ　226
子分　こぶん　227
吾分　ごぶん　227
顧眄　こべん　227
御辺・吾辺　ごへん　227
御辺達　ごへんたち　227
御報　ごほう　227
御房　ごぼう　227
翻れる　こぼれる　227
虎賁　こほん　227
古米　こまい　227
後巻　ごまき　227
細砕　こまごま　227, 237
小纏　こまとい　227
拱く　こまねく　227
濃　こまやか　227
駒寄　こまよせ　227
流塵　ごみ　228
顧命　こめい　228
五明　ごめい　228
籠者　こめじゃ　228
米積　こめつもり　228
米成　こめなり　228
こめみせ　こめみせ　228
罩る　こめる　228

高麗鷹　こうらいたか　211
口裏　こうり　211
合力　ごうりき　211
劫掠・掠略・劫略
　ごうりゃく　212, 653
蛟龍　こうりゅう　212
公領　こうりょう　181
校了　こうりょう　212
紅梁　こうりょう　212
公領　こうりょう　212
合力銭　ごうりょくせん　212
光臨　こうりん　212
紅涙　こうるい　212
隍塁　こうるい　212
光路　こうろ　212
更漏　こうろう　212
光録　こうろく　212
幸若　こうわか　212
五蘊　ごうん　212
五雲　ごうん　213
胡越の思
　こえつのおもい　213
梃　こえる　213
牛王（宝印）
　ごおう（ほういん）　213
牛王札　ごおうふだ　213
雀躍　こおどり　213
小折紙　こおりがみ　213
故家　こか　213
御会始　ごかいはじめ　213
小角　こかく　213
牛角　ごかく　213
御恪勤・御格勤
　ごかくご　213
小刀櫃　こがたなひつ　213
小返　こがへし　213
御感　ごかん　213
狐疑　こぎ　213
五器　ごき　213
沽却　こきゃく　214
賈客の海
　こきゃくのうみ　214
五逆の罪
　ごぎゃくのつみ　214
滬渉る　こぎわたる　214
斛・石　こく　214
黒印　こくいん　214
国王　こくおう　214
国衙　こくが　214
極月　ごくげつ　214
獄訟　ごくしょう　214
国人　こくじん　214
黒銭　こくせん　214
小具足　こぐそく　214
虎口・小口　こぐち　214
小口懸け　こぐちがけ　215
刻薄　こくはく　215
国柄　こくへい　215
国母　こくぼ　215
国民　こくみん　215
石盛　こくもり　215
獄門　ごくもん　215
国役　こくやく　215
告喩　こくゆ　215
国領　こくりょう　215
刻烈　こくれつ　215
後家役　ごけやく　215
沽券　こけん　215
沽券状
　こけんじょう　215, 555
晤語　ごご　215
肱肱・股肱　ここう　215
餬口　ここう　216
虎口　ここう　216
五更　ごこう　216
後功　ごこう　216
爰彼・此彼・此方彼方
　ここかしこ　216
小児性　こごしょう　216
粤・焉・惟・茲　ここに　216
九ッ時分
　ここのつじぶん　216
爰元・爰許　ここもと　216
地盤　こころえ　216
心得　こころえ　216
心得領く　こころえうく　216
意得る　こころえる　216
心置く　こころおく　216
心落　こころおち　217
心緒を転ぜず　こころおをてんぜず　217
意立・心立　こころだて　217
心付　こころづけ　217
心端・心操・意・心馳・心意
　こころばせ　217
心ほひ　こころほい　217
心許　こころもと　217
情逸し
　こころやすし　217, 485
協い　こころよい　217
爰を専途と
　ここをせんどと　217
小座　こざ　217
巨砕・巨細　こさい　217
胡塞　こさい　217
小黠　こざかしい　217, 323
小猿楽　こさるがく　218
木醂　こさわし　218
五三日　ごさんにち　218
五三年　ごさんねん　218
腰　こし　218
吾子　ごし　218
腰打ち　こしうち　218
轂　こしき　218
腰曲輪　こしぐるわ　87, 218
腰挿・腰差　こしさし　218
腰障子　こししょうじ　218
腰印　こしじるし　218
虎児爪角　こじそうかく　218
故実　こじつ　218
腰付　こしつけ　219
腰兵粮　こしひょうろう　219
腰文　こしぶみ　219
腰巻　こしまき　219
腰物　こしもの　219
沽酒　こしゅ　219
御朱印　ごしゅいん　219
股従・扈従　こじゅう　219
五十韻　ごじゅういん　219
御宿所　ごしゅくしょ　219
小姓・小性　こしょう　219
拒障・拒請・故障
　こしょう　219
御諚　ごじょう　219
御状　ごじょう　219
小姓頭　こしょうがしら　219
五障三従
　ごしょうさんじゅう　219

豪家　ごうけ　203
交契　こうけい　203
幸慶　こうけい　203
期後慶　こうけいをごす　203
甲袈裟　こうげさ　203, 325
後見　こうけん　203
効験・高験　こうげん　203
威言　こうげん　204
高言　こうげん　204
亢言　こうげん　204
向後　こうご　204
行伍　こうご　204
江湖　ごうこ　204, 328
合期　ごうご　204
抗衡　こうこう　204
光降　こうこう　204
口号　こうごう　204
闔国　こうこく　204
江湖僧　ごうこそう　204
後昆　こうこん　204
功磋　こうさ　204
江左　こうさ　204
業作　ごうさ　205
宏才　こうさい　205
口才　こうさい　205
甲刹　こうさつ　205
高札　こうさつ　205
郷侍　ごうさむらい　205
合子　ごうし　205
高直　こうじき　205
高質・郷質　こうじち　205
公室　こうしつ　205
膠漆の交り
　こうしつのまじわり　205
麹室役　こうじむろやく　205
功者　こうしゃ　205
拘惜　こうじゃく　205
甲首　こうしゅ　206
口入　こうじゅ　174, 206
寇讐　こうしゅう　206
膠州の責
　こうしゅうのせき　206
闔出　こうしゅつ　206
荒所　こうしょ　206
巷所　こうしょ　206
苟且　こうしょ　206
後衛　こうしょう　206
後証　こうしょう　206
向上　こうじょう　206
雇口上
　こうじょうにやとう　206
紅燭　こうしょく　206
合属　ごうしょく　3, 206
期後時　こうじをごす　206
後信　こうしん　200, 206, 210
罣人　こうじん　207
後陣　こうじん　207
拷訊推問
　ごうじんすいもん　207
行説　こうせつ　207
巷説　こうせつ　207
口舌　こうぜつ　207
後説之時
　こうせつのとき　207
香銭　こうせん　207
紅線　こうせん　207
向前　こうぜん　207
郷銭　ごうせん　207
合銭　ごうせん　207
縞素　こうそ　207
香象　こうぞう　207
甲族　こうぞく　207
降卒　こうそつ　207
郷村　ごうそん　207
口達　こうたつ　207
高談　こうだん　208
毫端　ごうたん　208
厚地　こうち　208
控中　こうちゅう　208
肯聴　こうちょう　208
後朝　こうちょう　208
公牒者　こうちょうしゃ　208
強敵　ごうてき　208
後途　こうと　208, 222
勾当　こうとう　208
公道　こうどう　208
鴻取　こうどり　208
郷次・郷並　ごうなみ　208
郷人腹　ごうにんばら　208
劫の立替
　ごうのたてかえ　209
甲の丸　こうのまる　209
広博　こうばく　209
芬し　こうばし　209
更発　こうはつ　209
毫髪　ごうはつ　209
劫はふる　ごうはふる　209
かふばり　こうばり　209
強張　こうばり　209
合判　ごうはん　209
光賁　こうひ　209
合眉　ごうび　209
剛弼　ごうひつ　209
高眉に接す
　こうびにせっす　209
幸便・好便　こうびん　209
後便　こうびん　210
黄吻　こうふん　210
広聞　こうぶん　210
高聞　こうぶん　210
首　こうべ　210
甲兵　こうへい　210
口篇　こうへん　210
公邊　こうへん　210
公篇　こうへん　210
鵠峰　こうほう　210
孔方　こうほう　210
衡茅　こうぼう　210
毫末　ごうまつ　210
高名　こうみょう　210
高名帳
　こうみょうちょう　210
郷民　ごうみん　210
向面　こうめん　210
高免　こうめん　210
後面　こうめん　211
膏盲　こうもう　211
毫毛　ごうもう　211
合木　ごうもく　211
告文・晧文　こうもん　211
高問　こうもん　211
黄門　こうもん　211
告文　こうもん　211
強文　ごうもん　211
衡軛　こうやく　211
高野聖　こうやひじり　211
香油銭　こうゆせん　211
こうより　こうより　211

喩喁　けんぎょう　195
現行　げんぎょう　195
現形　げんぎょう　195
喧狂仁　けんきょうじん　195
建渓　けんけい　195
兼契　けんけい　195
券契　けんけい　195
剣戟　けんげき　195
擬々　けんけん　195
懸弧　けんこ　195
堅固　けんご　195
顕向　けんこう　195
堅甲　けんこう　195
見在の　げんざいの　195
献策　けんさく　195
賢察　けんさつ　195
建盞　けんさん　195
検使　けんし　195
言詞　げんし　196
厳旨　げんし　196
兼日　けんじつ　196, 197, 420
黔首　けんしゅ　196
還住　げんじゅう　196
見除　けんじょ　196, 578
勧賞　けんじょう　189, 196
芫青　げんせい　196
譴責　けんせき　196
厳責　げんせき　196
譴責使　けんせきし　196
顕説　けんせつ　196
言宣　げんせん　196
現然　げんぜん　196
見相　けんそう　196
還俗　げんぞく　197
兼題　けんだい　196, 197
権高・見高　けんだか　197
厳達・言達　げんたつ　197
検断　けんだん　197
検断物　けんだんぶつ　197
検知・見知　けんち　197
検地　けんち　197
検注　けんちゅう　197
玄猪　げんちょ　197
厳重　げんちょう　78
元朝　げんちょう　197
厳重　げんちょう　197
謇直　けんちょく　197
権付　けんづけ　197
玄冬　けんとう　198
験に入る　げんにいる　198
還任　げんにん　198
遣念　けんねん　198
蹇跛　けんぱ　198
現馬　げんば　198
犬馬の患
けんばのわずらい　198
健筆　けんぴつ　198
現病　げんびょう　198
検封・撿符　けんぷ　198
現夫　げんぷ　198
賢不肖　けんぷしょう　198
現夫役　げんぷやく　198
健聞　けんぶん　198
権柄　けんぺい　198
間別銭　けんべつせん　198
還補　げんぽ　199
憲法　けんぽう　199
現米　げんまい　199
玩味　げんみ　199
見聞　けんもん　199
権輿　けんよ　199
賢用　けんよう　199
見来・現来　げんらい　199
賢覧　けんらん　199
賢慮　けんりょ　199
現量　げんりょう　200
牽連　けんれん　200
験を得る・減を得る
げんをえる　200
居　こ　200
碁石金　ごいしがね　200
御一分　ごいちぶん　200
覬覦・庶希　こいねがう　200
庶幾　こいねがわく　200, 300
冀く　こいねがわく　200
乞能　こいのう　200
乞矢　こいや　200
甲　こう　200
綆　こう　200
媾　こう　200
後案　こうあん　200
溝洫　こういき　200, 203
後闇　こういん　56, 200
後音　こういん　200, 207
好音　こういん　201
業因　ごういん　201
期後音之時候　こういんのときを
ごしそうろう　201
高悦　こうえつ　201
光越　こうえつ　201
交往　こうおう　201
剛憶　ごうおく　201
甲乙仁・甲乙人
こうおつじん　201, 375
甲乙の僉議
こうおつのせんぎ　201
高恩　こうおん　201
洪恩・鴻恩　こうおん　201
後架　こうか　201
光駕　こうが　201
劫果　ごうか　201
幸懐　こうかい　201
梗槩　こうがい　202
紺掻　こうかき　202, 231
溝壑　こうがく　202
校割・交割・公割
こうかつ　202
首上　こうがみ　202
蟀谷　こうがめ　202
校勘　こうかん　202
向顔　こうがん　202
合懽　ごうかん　202
硬起　こうき　202
後喜　こうき　202
恒規　こうき　202
公義・公儀　こうぎ　202
光儀　こうぎ　202, 212
合期　ごうき　203
後拒　こうきょ　203
光御　こうぎょ　203
薨御　こうぎょ　203
鴻業　こうぎょう　203
傲強　ごうきょう　203
溝洫　こうきょく　200, 203
郷切　ごうぎり　203
合香　ごうきん　203
高家　こうけ　203
闔家　こうけ　203

契諾　けいだく　186
啓達　けいたつ　186
鶏旦　けいたん　186
閨中　けいちゅう　186
径廷　けいてい　187
傾破　けいは　187
傾廃　けいはい　187
傾敗　けいはい　187
軽薄　けいはく　187
敬白　けいはく　187
饗府　げいふ　187
刑辟　けいへき　187
軽乏　けいぼう　187
慶面　けいめん　187
契約の者
　けいやくのもの　187
計略・経略　けいりゃく　187
経歴　けいれき　187
下往　げおう　187
撃散　げきさん　187
撃壌　げきじょう　187
下行　げぎょう　187
外教薬師
　げきょうくすし　188
下行枡　げぎょうます　188
毛切　けぎれ　188
逆浪　げきろう　188
下愚　げぐ　188
下国　げこく　188
警固見　けごみ　188
けささ　けささ　188
下散　げさん　188
見参に入る
　けざんにいる　188
下子　げし　188
下知　げじ　188
けしからぬ　けしからぬ　188
機色　けしき　188
下直　げじき　188
気色奪　けしきばう　189
けし飛ぶ　けしとぶ　189
解死人　げしにん　189
芥子程も　けしほども　189
下司蒙童　げしもうどう　189
解謝　げしゃ　189
外戚腹　げしゃくばら　189
下宿　げしゅく　189
化生　けしょう　189
仮粧　けしょう　189
勧賞　けじょう　189, 196
下城　げじょう　189
解状　げじょう　189
仮粧軍　けしょういくさ　189
けす　けす　189
下遷宮　げせんぐう　189
懈怠　けたい　189
下代　げだい　189
懈怠無し　けたいなし　189
けち　けち　190
下知　げち　190
掲焉　けちえん　34, 184, 190
結縁　けちえん　190
結願　けちがん　190
結解　けちげ　190
結日　けちにち　190
血脈相伝
　けちみゃくそうでん　190
決　けつ　190
結改　けっかい　190
欠画　けっかく　190
闕官　けっかん　76, 190
結句　けっく　190
結解・結計　けつげ　190
毛付　けづけ　190
潔仕　けっし　191
闕字　けつじ　191
決捨　けっしゃ　191
闕所　けっしょ　191
欠所方　けっしょかた　191
月夕　げっせき　191
蹶然・傑然　けつぜん　191
決則　けっそく　191
闕怠　けったい　191
闕退　けったい　191
結鎮銭　けつちんせん　191
月迫　げっぱく　191
挈瓶智　けつべいのち　191
月俸　げっぽう　191
結薬　けつやく　192
快顚　けでん　192
外典　げてん　192
戯道　けどう　192
健気者　けなげもの　192
実々敷　げにげにしく　192
実も　げにも　192
家人　けにん　192
下人　げにん　192
化粧　けはい　192
粧　けはい　192
下拝　げはい　192
褻晴　けはれ　192
下百姓　げびゃくしょう　192
下部　げぶ　121, 192
烟をあげる
　けぶりをあげる　192
外弁　げべん　192
家抱　けほう　193, 446, 456, 536
検見・毛見　けみ　193
仮名　けみょう　120, 123, 193
毛焼　けやき　193
下用　けよう　193
螻首　けらくび　193
梟　けり　193
家料　けりょう　193
下料　げりょう　193
下臈　げろう　193
化粧田　けわいでん　193
峨　けわしき　193
懸　けん　193
涓埃　けんあい　193
険隘　けんあい　194
剣争い　けんあらそい　194
萱庵　けんあん　194
険易　けんい　194
賢意　けんい　194
厳意　げんい　194
謙英　けんえい　194
玄英　げんえい　194
権家　けんか　194
厳科　げんか　194
喧豗　けんかい　194
懸隔　けんかく　194
犬牙睽違　けんがけいい　194
喧気　けんき　194
験気・減気　げんき　194, 305
言宜　げんぎ　194
厳急　げんきゅう　194
検校　けんぎょう　194

公方領中
くぼうりょうちゅう　177
熊引　くまひき　177
熊柳　くまやなぎ　177
くみ　くみ　177
組足・与足　くみあし　178
雲入　くみいり　178
与頭　くみがしら　178
組切　くみきり　178
組子　くみこ　178
組衆・与衆　くみしゅう　178
与す　くみす　178
組付　くみつけ　178
共命鳥　くみょう　178
組む・捺む・捉む　くむ　178
供面　くめん　178
愚蒙　ぐもう　178
口目銭　くもくせん　178
公物　くもつ　169, 178
蜘蛛舞　くもまい　179
公文　くもん　179
口門・口間　くもん　179
求聞持の法
ぐもんじのほう　179
公文帳　くもんちょう　179
公文目代
くもんもくだい　179
公役　くやく　179
公用　くよう　179
公用銭　くようせん　179
蔵預　くらあずかり　179
位詰・食詰　くらいづめ　179
喰物　くらいもの　180
蔵入　くらいり　180
鞍覆　くらおおい　180
蔵納　くらおさめ　180
鞍替袋　くらかいぶくろ　180
倉敷・蔵敷　くらしき　180
蔵衆　くらしゅ　180
倉付・蔵付　くらつけ　180
蔵納　くらのう　180
鞍宇　くらのき　180
擬　くらべ　180
蔵法師　くらぼうし　180
蔵米　くらまい　180
蔵前衆　くらまえしゅう　180
昧ます・罔す　くらます　181
蔵元・倉本　くらもと　181
蔵役　くらやく　181
厨　くり　181
転入　くりいれる　181
栗毛駮　くりげぶち　181
繰状　くりじょう　181
繰引　くりひき　181
転引く　くりびく　181
厨料　くりや　181, 386
愚慮　ぐりょ　181
公領　くりょう　181, 212
工料田　くりょうでん　181
繰割る　くりわる　181
撓挑　くるくる　181
車返し　くるまがえし　181
車懸　くるまがかり　181, 182
車引　くるまひき　182
曲輪・枢輪・駆輪　くるわ　182
愚魯　ぐろ　182
劬労　くろう　182
蔵人頭
くろうどうのとう　182
銀師　くろがねし　182
黒鍬　くろくわ　182
くろの中　くろのなか　182
黒坊主　くろぼうず　182
黒む　くろむ　182
緇　くろめん　182
钁　くわ　182
加旃　くわうる　183, 258
加　くわえ　183
啣へる　くわえる　183
桑酒　くわざけ　183
委敷　くわしく　183
委者　くわしくは　183
精　くわしくは　183
戉様つ　くわだつ　183
桑の門　くわのもん　183
軍歌　ぐんか　183
群兇　ぐんきょう　183
軍伍　ぐんご　183
薫誦　くんじゅ　183
薫章　くんしょう　183
軍陣　ぐんじん　183
軍代　ぐんだい　183
郡代　ぐんだい　183
薫読　くんどく　184
群難　ぐんなん　184
軍配　ぐんばい　184
軍法　ぐんぽう　184
郡牧　ぐんぼく　184
軍役　ぐんやく　184
軍役衆　ぐんやくしゅう　184
軍慮　ぐんりょ　184
軍旅　ぐんりょ　184
軍塁　ぐんるい　184
桂庵婆　けいあんば　184
掲焉　けいえん　184, 190
径回・経廻　けいかい　184
睽乖　けいかい　184
計会　けいかい　184
荊棘　けいきょく　184
化育　けいく　185
敬屈　けいくつ　185
睥睨　けいけい　185
警固　けいご　185
磬控　けいこう　185
頃刻　けいこく　185, 230
軽忽　けいこつ　185
計策　けいさく　185
警策　けいさく　185
啓札　けいさつ　185
敬札　けいさつ　185
携弐　けいじ　185
頃日　けいじつ　154, 185, 225
芸者　げいしゃ　185
芸者振　げいしゃぶり　185
稽首　けいしゅ　185
恵受　けいじゅ　186
啓述　けいじゅつ　186
勁捷　けいしょう　186
桂槳　けいしょう　186
形勝　けいしょう　186
慶祥　けいしょう　186
敬神　けいしん　186
経水　けいすい　186
傾城　けいせい　186
軽専　けいせん　186
径迁　けいせん　186
軽卒　けいそつ　186
恵澤　けいたく　186

挑く・拗く・折く　くじく　168
頓て　くじけて　168
公事沙汰　くじざた　168
公事銭　くじせん　168, 179
鬮取　くじとり　168
公事人　くじにん　168
公事文　くじぶみ　168
公事辺・公事篇　くじへん　168
公事向　くじむき　169
公事物　くじもつ　169, 179
公事役　くじやく　169
公事役銭　くじやくせん　169
ぐしゃつく　ぐしゃつく　169
駆集　くしゅう　169
九字を表す
くじをあらわす　169
抜公事　くじをぬく　169
苦身　くしん　169
毉師　くすし　169
薬　くすり　169
崩口の高名　くずれくちのこうみょう　169
禿る　くずれる　169
九寸五分　くすんごぶ　170
曲　くせ　170
曲事　くせごと　170
口説　くぜつ　170
愚拙　ぐせつ　170
曲無き　くせなき　170
曲舞　くせまい　170
僻者　くせもの　170, 493
口宣案　くぜんあん　170
具足　ぐそく　170
具足親　ぐそくおや　170, 645
具足下　ぐそくじた　170
具足初・具足始
ぐそくはじめ　170
具足武者　ぐそくむしゃ　170
具足餅　ぐそくもち　170
屎堀　くそぼり　170
愚存　ぐぞん　171
砕く・摧く　くだく　171
草臥　くたびれ　167, 171
下気　くだりげ　171
件之上　くだんのうえ　171
如件　くだんのごとし　171
口　くち　171
愚癡　ぐち　171
口相・口合　くちあい　171
口合戦　くちがっせん　171
口からかい
くちからかい　171
口切　くちきり　171
口状　くちじょう　171
口占・口号　くちずさむ　171
口付銭　くちつけせん　172
籠　くちとり　172
口嬲　くちなぶり　172
口振・口吻　くちぶり　172
口米　くちまい　156, 172
口目銭　くちめせん　172
口を汰る
くちをそろえる　172
口を箝む　くちをつぐむ　172
苦労　くつう　172
弘通所　ぐつうじょ　172
究竟　くっきょう　172
屈指　くっし　172
屈請　くつじょう　172
沓の子を打たる如く　くつのこをうたるごとく　172
轡　くつばみ　173
屈睦　くつぼく　173
堀峪　くつよく　173
頽れ　くづれ　173
寃ぐ　くつろぐ　173, 498
甘ぐ　くつろぐ　173
公田　くでん　173
詢く　くどく　173, 433
ぐどめく　ぐどめく　173
公斗免　くとめん　173, 564
百済鳥　くならちょう　173
国一揆　くにいっき　173
国人　くにうど　173
国切　くにきり　173
国さばき　くにさばき　174
国質　くにじち　174, 430
国衆　くにしゅう　174
国並　くになみ　174
国章　くにはた　174
国持　くにもち　174
国持衆　くにもちしゅう　174
国持大名
くにもちだいみょう　174
国持外様衆　くにもちとざましゅう　174
国役　くにやく　174
口入　くにゅう　174
国割　くにわり　174
公人　くにん　174
公人朝夕
くにんちょうじゃく　174
くねぎ　くねぎ　175
口能　くのう　175
賦　くばり　175
咬入　くひいる　175
首入　くびいれ　175
首桶　くびおけ　175
首播刀　くびかきがたな　175
首数　くびかず　175
首枷・頸枷　くびかせ　175
首金　くびかね　175
首供養　くびくよう　175
首化粧　くびげしょう　175
首捨　くびすて　175
廻踵　くびすをめぐらす　175
首銭　くびせん　175
首台　くびだい　176
首対面　くびたいめん　176
首壇　くびだん　176
首注文・頸注文
くびちゅうもん　176
首帳　くびちょう　176
愚筆　ぐひつ　176
首塚　くびづか　176
首墳　くびづか　176
首札　くびふだ　176
公平・公弁　くびょう　176
捺り殺す　くびりころす　177
供奉　ぐぶ　177
くふり　くふり　177
公方　くぼう　177
愚報　ぐほう　177
公方買　くぼうがい　79, 177
公方銭　くぼうせん　177
公方段銭
くぼうたんせん　177
公方米　くぼうまい　177

清祓　きよはらえ　159
拒防　きょぼう　159
虚名　きょめい　159
虚忘　きょもう　159
虚誉　きょよ　160
挙用　きょよう　160
魚鱗　ぎょりん　160
虚労　きょろう　160
鉅鹿　きょろく　160
倚頼　きらい　160
的皪　きらきら　160
綺羅美耀　きらびやか　160
的皪　きらやか　160
切埋　きりうめる　160
切起　きりおこし　160
切替・切換　きりかえ　160
切懸・切掛　きりかける　160
切紙　きりかみ　160
切崩　きりくずす　160
伐敷く　きりしく　161
伐死　きりじに　161
切斬・切捨　きりすて　161
切田　きりた　161
切付　きりつけ　161
切捕　きりとる　161
切上　きりのぼる　161
切羽　きりば　161
切払　きりはらう　161
切符　きりふ　161
切米　きりまい　161
切米取　きりまいとり　161
切増　きりまし　162
聝・馘　きりみみ　162
切向く　きりむく　162
機利者　きりもの　162
起立　きりゅう　162
羈旅　きりょ　162
蟻緑　ぎりょく　162
きり丶丶　きり丶丶　160
斫る　きる　162
切者　きれもの　162, 283
谷り　きわまり　162
氣を屈す　きをくっす　162
釁　きん　162
禁遏　きんあつ　162
禁囲　きんい　162
所慰・欣慰・欣怡　きんい　162
金烏　きんう　162
錦栄　きんえい　162
欣悦・忻悦　きんえつ　162
欣快　きんかい　163
禁戒　きんかい　163
槿花一命
　きんかいちめい　163
金革　きんかく　163
勤学　きんがく　163
欣感　きんかん　163
銀漢　ぎんかん　163
琴棋　きんき　163
金言瓓縷
　きんげんらろう　163
金吾　きんご　163
忻幸　きんこう　163
金骨　きんこつ　163
金鑿夫　きんさくふ　163
勤仕　きんじ　163, 232
錦紗　きんしゃ　163
懃書　きんしょ　163
金章　きんしょう　163
金子　きんす　163, 390
銀子　ぎんす　163
緊切　きんせつ　164
懃切　きんせつ　164
京銭　きんせん　58, 164, 451
欣然・忻然・忻全
　きんぜん　164
金瘡　きんそう　164
禁足　きんそく　164
巾着引　きんちゃくひき　164
金鳥　きんちょう　164
金打　きんちょう　164
禁庁　きんちょう　164
困内　きんない　164
金之地子　きんのじし　164
金風　きんぷう　164
窘歩　きんほ　164
禁防　きんぼう　164
近傍　きんぼう　164
掀翻　きんぽん　164
銀役　ぎんやく　164
緊要　きんよう　164
愚案短才
　ぐあんたんさい　165
噉いそらす　くいそらす　165
咬着　くいつく　165
捽と　ぐいと　165
咬留る　くいとめる　165
空書　くうしょ　165
空説　くうせつ　165
遇接　ぐうせつ　165
寓直　ぐうちょく　165
垢離　くうり　165
公界　くがい　165
公界者　くがいもの　165
句漢　くかん　165
供饗　くきょう　166
公饗・公卿　くぎょう　166
公卿衝重
　くぎょうついがさね　166
く丶い　く丶い　166
括銭　くくりぜに　166
口決　くけつ　166
苦患　くげん　166
公験・公検　くげん　166
供御　ぐご　166
口号　くごう　166
愚毫　ぐごう　166
草　くさ　166
草いたす　くさいたす　166
草鞍　くさくら　166
草鹿　くさじし　166
草摺・甲装　くさずり　166
草銭　くさぜに　167
草調儀　くさちょうぎ　167
愚札　ぐさつ　167
草苞　くさづと　167
草に臥す　くさにふす　167
草働き　くさはたらき　167
草臥　くさぶせる　167, 171
草脇　くさわき　167
草を争う
　くさをあらそう　167
草を入る
　くさをいれる　35, 167
草を起す　くさをおこす　167
公事　くじ　168
公事相手　くじあいて　168
公事落　くじおち　168

御意を得候事　ぎょいをえそうろうこと　151
皦　きょう　151
貴容　きよう　151
行　ぎょう　151
梟悪　きょうあく　151
疆域　きょういき　151
恐鬱　きょううつ　151
恐悦　きょうえつ　151
狂猿　きょうえん　151
竟宴　きょうえん　151
胸臆　きょうおく　152
交加　きょうか　152
教化　きょうか　152
凶禍　きょうか　152
教誨　きょうかい　152
凶害　きょうがい　152
驚駭　きょうがく　152
興がる　きょうがる　152
香輸・香簡　きょうかん　152
京儀　きょうぎ　152
澆季　ぎょうき　152
凝議　ぎょうぎ　152
行義　ぎょうぎ　152
梟逆　きょうぎゃく　152
恐々　きょうきょう　152
恐々かしく
きょうきょうかしく　152
恐々謹言
きょうきょうきんげん　152
恐々敬白
きょうきょうけいはく　153
恭薫　きょうくん　153
教誨　きょうけ　152, 153
校計　きょうけい　153
向後　きょうご　153
向後　きょうこう　153, 204
恐惶　きょうこう　153
夾合　きょうごう　153
恐惶かしく
きょうこうかしく　153
恐惶謹言
きょうこうきんげん　153
恐惶敬白
きょうこうけいはく　153
恐惶頓首
きょうこうとんしゅ　153
恐惶不宣
きょうこうふせん　153
暁告　ぎょうこく　154
軽忽　きょうこつ　154
京ことば　きょうことば　154
恐恨　きょうこん　154
梟妻　きょうさい　154
京済　きょうさい　154
校察　きょうさつ　154
興俙め　きょうさめ　154
驕肆　きょうし　154
饗事　きょうじ　154
頃日　きょうじつ　154, 185, 205
梟首　きょうしゅ　154
拱手　きょうしゅ　154
恐寿　きょうじゅ　154
軽重　きょうじゅう　154
胸次　きょうじゅう　154
京上　きょうじょう　154
驍将　ぎょうしょう　155
業情　ぎょうじょう　155
京上夫　きょうじょうふ　155
京進　きょうしん　155
京済・京成　きょうせい　155
軽浅　きょうせん　155
強僣　きょうせん　155
向前　きょうぜん　155, 207
凝滞　ぎょうたい　143, 155
暁暢　ぎょうちょう　155
嚮導・卿導・郷導
きょうどう　155
驚動　きょうどう　155
行人　ぎょうにん　156
行人方　ぎょうにんかた　156
京判　きょうばん　156
驚怖　きょうふ　156
京夫　きょうぶ　156
胸霧　きょうぶ　156
行歩　ぎょうぶ　156
堯風　ぎょうふう　156
校分　きょうぶん　156, 172
窮返　きょうへん　156
夾補　きょうほ　156
京間　きょうま　156
京枡　きょうます　156
交名　きょうみょう　156, 253
交名人
きょうみょうにん　156
京目　きょうめ　157
胸朦　きょうもう　157
驚目　きょうもく　157
竟夜　きょうや　157
暁喩　ぎょうゆ　157
誑誘　きょうゆう　157
驍勇　ぎょうゆう　157
澆漓　ぎょうり　157
京流　きょうりゅう　157
校量　きょうりょう　157
教令　きょうれい　157
享礼　きょうれい　157
経歴　きょうれき　157
魚羹　ぎょかん　157
踞詰　きょきつ　157
玉案下　ぎょくあんか　157
極運　きょくうん　158
極時　きょくじ　158
玉女　ぎょくじょ　158
玉床下　ぎょくしょうか　158
跼蹐　きょくせき　158
曲なし　きょくなし　158
局務　きょくむ　158
玉薬　ぎょくやく　158
極来　きょくらい　158
極﨟　きょくろう　158
曲彔　きょくろく　158
虚隙　きょげき　158
踞結　きょけつ　158
御札　ぎょさつ　158
居舎　きょしゃ　158
居諸　きょしょ　158
籧篨　きょじょ　158
挙状　きょじょう　158
居城　きょじょう　159
居陣　きょじん　159
挙陣　きょじん　159
圄人　ぎょじん　159
挙措　きょそ　159
虚損　きょそん　159
許諾　きょだく　159
挙達　きょたつ　159
魚脳　ぎょのう　159

凱旋　きせん　97, 143
貴前　きぜん　143
巍然　ぎぜん　143
箕箒　きそう　142, 143
危殆　きたい　143
疑殆　ぎたい　143
凝滞　ぎたい　143
黄鷹　きだか　143
気立　きだて　143
蓬負　きたなきまけ　143
穢し・蓬し　きたなし　143
北の方　きたのかた　143
来調儀　きたるちょうぎ　143
疑団　ぎだん　143
棄置　きち　143
吉賀　きちが　143
飢腸　きちょう　143
佶　きつ　144
気怪　きっかい　144
気遣・機遣・気仕
　きづかい　144
気遣貌　きづかいがお　144
乞丐人　きつかいにん　144
亀甲　きっこう　144
給主　きっしゅ　144
吉左右　きっそう　89, 144
啄木　きつつき　144
切付　きっつけ　144
切手　きって　144
切而　きって　144
急度・屹度・佐と　きっと　144
礅と　きつと　144
狐格子　きつねごうし　144
切刃　きっぱ　145
ぎつは　ぎっぱ　145
切符　きっぷ　145
議定　ぎてい　145
奇特　きとく　145
帰入銭　きにゅうせん　145
巫覡・宜禰　きね　145
木練　きねり　145
疇昔　きのふ　145, 385
棄破・毀破　きは　145
黄八幡　きはちまん　145
耆婆扁鵲
　きばへんじゃく　145
木場役　きばやく　145
嫌尾　きび　145
驥尾　きび　145
稠しい・緊い・生便敷
　きびしい　87, 146
気稟　きひん　146
帰付・帰附　きふ　146
帰服　きふく　146
木船　きふね　146
貴返　きへん　146
喜抃　きべん　146
疑辺　ぎへん　146
規模　きぼ　146
貴報　きほう　146
木鉾　きほう　146
危亡　きぼう　146
機謀　きぼう　146
君不知　きみしらず　146
究　きめる　146
貴面　きめん　146
肝煎　きもいり　146
肝引　きもびけ　147
肝を煎る　きもをいる　147
饋薬　きやく　147
隔意　きゃくい　147
逆儀　ぎゃくぎ　147
逆侍　ぎゃくし　147
瘧疾　ぎゃくしつ　147
隔心　きゃくしん　105, 147
逆心　ぎゃくしん　147
客戦　きゃくせん　147
客僧　きゃくそう　147
客対　きゃくたい　147
逆徒　ぎゃくと　147
脚夫　きゃくふ　147
脚布　きゃくぷ　148
隔別　きゃくべつ　148
格法　きゃくほう　106, 148
脚力　きゃくりき　148
瘧癘　ぎゃくれい　148
花奢・花車・香車
　きゃしゃ　148
彼奴　きゃつ　148
渠原・渠腹　きゃつばら　148
級　きゅう　148
急　きゅう　148
窮運　きゅううん　148
久遠　きゅうえん　148
給恩　きゅうおん　148
九夏　きゅうか　148
旧慣・旧貫　きゅうかん　148
窮期　きゅうき　149
休期　きゅうき　149
鳩居　きゅうきょ　149
窮屈　きゅうくつ　149
急啓　きゅうけい　149
糺決　きゅうけつ　149
九原　きゅうげん　149
旧功　きゅうこう　149
窮寇　きゅうこう　149
旧恨　きゅうこん　149
旧識　きゅうしき　149
旧借　きゅうしゃく　149
給主　きゅうしゅ　149
九州　きゅうしゅう　149
窮處　きゅうしょ　149
給所　きゅうしょ　149
九霄　きゅうしょう　150
汲尽　ぎゅうじん　150
究済　きゅうせい　150
九折　きゅうせつ　150
弓箭　きゅうせん　150
九泉　きゅうせん　150
窮達　きゅうたつ　150
給田　きゅうでん　150
求得　きゅうとく　150
九乳　きゅうにゅう　150
急迫の衆
　きゅうはくのしゅう　150
窮憤　きゅうふん　150
給分　きゅうぶん　150
究返　きゅうへん　150
弓炮　きゅうほう　150
躾方人　きゅうほうにん　150
糺明　きゅうめい　150
給物　きゅうもつ　151
急厄・急阨　きゅうやく　151
給役　きゅうやく　151
究易　きゅうよう　151
久要　きゅうよう　151
舊臘　きゅうろう　151
居　きょ　151

官途受領
かんとじゅりょう　135
鉋懸　かんなかけ　135
患難　かんなん　135
堪忍　かんにん　135
堪忍給　かんにんきゅう　135
堪忍分　かんにんぶん　135
堪忍料・堪忍領
かんにんりょう　135
棟　かんぬき　135
貫納　かんのう　135
感佩　かんぱい　135
寛博　かんぱく　135
顔せ　かんばせ　136
雁皮・雁鼻　がんぴ　136
坎標　かんひょう　136
官符　かんぷ　136
堪不堪　かんふかん　136
官符衆徒
かんぷしゅうと　136
勧物　かんぶつ　136
寒物　かんぶつ　136
官符棟梁
かんぷとうりょう　136
勘辨・勘弁　かんべん　136
歓抃・歓忭　かんべん　136
勘返状　かんべんじょう　136
勧発　かんほつ　137
勘発　かんほつ　137
欠米　かんまい　137
鰥民　かんみん　137
官務衆徒
かんむしゅうと　137
官物　かんもつ　137, 295, 302
勘物　かんもつ　137
貫文　かんもん　128, 137
勘文　かんもん　132, 137
関鑰　かんやく　137
寛宥　かんゆう　137
簡要・肝要・簡用
かんよう　137
冠落　かんらく　137
歓楽　かんらく　137
勘落　かんらく　138
歓楽気・冠落気
かんらくけ　138
閑覧　かんらん　138
奸濫・姧濫　かんらん　138
奸乱　かんらん　138
管領　かんりょう　138
勘料　かんりょう　138
感泪　かんるい　138
管領　かんれい　138
還礼　かんれい　138
含霊　がんれい　138
間路　かんろ　138
眼路　がんろ　138
漢和　かんわ　138
寸　き　138
気合・気相　きあい　138
気上・気升　きあがり　139
帰鞍　きあん　139
貴意　きい　139
喜怡　きい　139
帰隠　きいん　139
喜悦　きえつ　139
棄捐　きえん　139
生男　きおとこ　139
几下　きか　139
旗下　きか　139
季夏　きか　139
奇恠　きかい　139
疑怪　ぎかい　139
踦角　きかく　12, 139
黄紙　きがみ　139
亀鑑　きかん　139
起龕　きがん　139
機気　きき　140
聞落　ききおち　140
聞懸　ききかかり　140
巍々しく　ぎぎしく　140
聴悚　ききすくむ　140
聞繕う　ききつくろう　140
聞北　ききにげ　140
聞瞎を立てる
ききみみをたてる　140
箕裘　ききゅう　140
聞分　ききわける　140
鞠育　きくいく　140
掬する　きくする　140
きけい　きけい　140
亀鏡　きけい　140
喜慶　きけい　140
儀刑　ぎけい　140
劓刖　ぎげつ　140
規権　きけん　140
揆簸　きこ　140
綺語　きご　141
貴公　きこう　141
帰降　きこう　141
寄公　きこう　141
听　きこえ　141
聞召し入る
きこしめしいる　141
聞召届
きこしめしとどく　141
听召　きこしめす　141
肌骨　きこつ　141
起居動静
きこどうじょう　141
着籠　きごみ　141
義強な　ぎごわな　141
機根・気根　きこん　141
蓍策　きさく　141, 264
擬作　ぎさく　12, 15, 141
貴札　きさつ　141
階道　きざはし　141
木階　きざはし　141
衣更著　きさらぎ　142
帰参　きさん　142
気志　きし　142
季子　きし　142
規式　きしき　142
的皪　ぎしぎし　142
帰寂　きじゃく　142
箕箒　きしゅう　142
起証・祈誓・起請
きしょう　142
危墻　きしょう　142
喜辰　きしん　142
帰陣　きじん　142
気随　きずい　142
紲　きずな　142
瑾を課す　きずをおおす　142
祈誠　きせい　142
儀勢　ぎせい　142
着衣　きせぎぬ　142
着背長　きせなが　143

渠・渠儂　かれ　127
王餘魚　かれい　127
鰈　かれい　127
左右　かれこれ　127
改是　かれこれ　127
渠等・渠儕　かれら　127
唐櫃　かろうと　127
鞭　かわおび　127
川切　かわきれ　127
皮衣　かわごろも　127
替状　かわしじょう　127
替米　かわしまい　97, 127
河尻　かわじり　127
革袖物　かわそでもの　127
川立・河立　かわたち　127
河内　かわち　127
川手・河手　かわて　127
川並・河並・河竝
かわなみ　128
川成　かわなり　128
川除普請
かわよけふしん　128
土器物　かわらけもの　128
変わり衆　かわりしゅう　128
羹　かん　128
弖　かん　128
貫　かん　128
龕　がん　128
雁合せ　がんあわせ　128
看衣　かんい　128
寒雲　かんうん　128
歓悦　かんえつ　128
干戈　かんか　128
感荷　かんか　128
間販　かんか　128
勘過　かんか　129
函蓋　かんかい　129
閑懐　かんかい　129
逐蓋　かんがい　129
按うる　かんがうる　129
鰥寡孤独　かんかこどく　129
姦猾　かんかつ　129
桓々たり　かんかんたり　129
澗間之節
かんかんのせつ　129
勘気　かんき　129
関木　かんぎ　129
官儀　かんぎ　129
閑居・間居　かんきょ　129
還御　かんぎょ　129
雁行
がんぎょう　106, 129. 130
雁行書　がんぎょうがき　130
紆曲　かんきょく　129
看経　かんきん　130
艱苦　かんく　130
閑景　かんけい　130
管見　かんけん　130
看見　かんけん　130
乾枯　かんこ　130
款語・歓語　かんご　130
擐甲　かんこう　130
雁行　がんこう　130
驩交之験
かんこうのげん　130
関左　かんさ　130
感嗟　かんさ　130
閑札　かんさつ　130
簡札　かんさつ　130
雁札　がんさつ　130
関鎖を抜く
かんさをぬく　130
元三　がんざん　131
練紙　かんし　131
官仕　かんし　131
間使・間士　かんし　131
莞爾・莞尔　かんじ　131
緩仕　かんじ　131
雁字　がんじ　131
澣日　かんじつ　131
間者　かんじゃ　131
勘者　かんじゃ　131
監守　かんしゅ　131
巻数　かんじゅ　131
還住　かんじゅう　131, 196
翰書・簡書　かんしょ　131
閑所・閑処　かんしょ　131
感書　かんしょ　132
雁書　がんしょ　132
官上　かんしょう　132
勧賞　かんしょう　132, 196
灌頂　かんじょう　132
勘状　かんじょう　132, 137
感状　かんじょう　132
款状　かんじょう　132
五調・岩畳・頑丈・岩乗・強盛
がんじょう　132
管城子　かんじょうし　132
勘定奉行
かんじょうぶぎょう　132
姦臣　かんしん　132
勘進　かんしん　132
勧進　かんじん　132
官人衆　かんじんしゅう　133
寛仁大度
かんじんたいど　133
款す　かんす　133
監寺　かんず　133, 134
澗水　かんすい　133
弖数　かんずう　133
陥穽・坎穽　かんせい　133
厳石　がんせき　133
肝専　かんせん　133
官銭　かんせん　133
関銭　かんせん　133
貫銭　かんせん　133
間然　かんぜん　133
龕前堂　がんぜんどう　133
憪然として
かんぜんとして　133
緩疎　かんそ　133
監寺　かんぞ　134
紈素　がんそ　134
諫争　かんそう　134
含雑　がんぞう　134
緩怠　かんたい　134
眼代　がんだい　134
寰中　かんちゅう　134
看中　かんちゅう　134
間諜　かんちょう　134
陥溺　かんでき　134
勘渡　かんと　134
勘当　かんどう　134
強盗　がんどう　134
感牘　かんとく　134
感得　かんとく　134
看得　かんとく　135
勘得　かんとく　135

勝手案中
かってあんちゅう　118
勝手たるべし
かってたるべし　118
曾以　かつてもって　118
合点　がってん　118, 119
合比　がっぴ　118
かつへ　かつへ　119
甲兵　かっぺい　119
合壁　がっぺき　119
渇命　かつみょう　119
活命　かつめい　119
桂包　かつらつつみ　119
合点　がてん　118, 119
裹頭　かとう　113, 119
過當・過当　かとう　119
方人　かとうど　115, 119
過当之至
かとうのいたり　119
門送　かどおくり　119
廉がまし　かどがまし　119
加徳　かとく　111, 119
首途　かどで　119, 288
門並　かどなみ　119
角之子　かどのこ　120
門別　かどべつ　120
角目・廉目　かどめ　120
仮名　かな　120, 123, 193
愜う・恊う　かなう　120
鼎鐺　かなえなべ　120
鉄撮棒　かなさいぼう　120
適　かなしみ　120
憫む・慟む　かなしむ　120
左右東西　かなたこなた　120
鍾総　かなつな　120
金掘　かなぼり　120
不得　かね　120
銕漿・鉄漿　かね　120
金地子　かねじし　120
遐年　かねん　121
雅のつよい　がのつよい　121
牙婆　がば　121, 184
岸波　がば　121
囮媒　かばい　121
加陪・加倍　かばい　121
加判　かはん　121
加番　かばん　121
下部　かぶ　121
加扶持　かふち　121
鍪　かぶと　121
兜首　かぶとくび　121
兜付・甲付・胄附
かぶとつき　121
兜役・甲役　かぶとやく　121
壁書　かべがき　121
嘉篇　かへん　122
佳篇　かへん　122
過法　かほう　122
加程・斯程　かほど　122
過米　かまい　122
釜煎り　かまいり　122
構え　かまえ　122
構口　かまえぐち　122
架へる　かまえる　122
蒲差縄　かまさしなわ　122
叺　かます　122
鬧敷　かまびすしき　31, 122
奸　かまり　122
かまりあう　かまりあう　122
かまる　かまる　122
上　かみ　122
上懸　かみかけ　123
上口　かみくち　52, 123
上気　かみけ　64, 123
紙子　かみこ　123
紙小旗　かみこばた　123
上様　かみさま　52, 123
上勢　かみぜい　123
紙旗　かみはた　123
仮名　かみょう　120, 123, 193
甕腹　かめばら　123
鳬　かも　123, 516
鵝目　がもく　123
鴨沓　かもぐつ　123
かもさぎ　かもさぎ　123
かもじ　かもじ　123
夏間　かもん　123
過夜　かや　123
課役　かやく　123
粥酒　かゆさけ　123
和与　かよ　124
通衆　かよいしゅう　124
加用・荷用　かよう　124
柄　がら　124
唐織　からおり　124
唐金銭　からかねぜに　124
蹶然　からから　124, 417
轅々と　からからと　124
花洛　からく　124
空崩・虚崩　からくずれ　124
機関　からくり　124
絡繰る　からくる　124
唐納豆　からなっとう　124
唐の頭・唐頭
からのかしら　125
唐奉行　からぶぎょう　125
空風呂　からぶろ　125
隍　からほり　125
がらめかす　がらめかす　125
搦手　からめて　74, 125
搴捕　からめとる　125, 604
苅　かり　125
下吏　かり　125
借出　かりいだす　125
雁坂を越す
かりさかをこす　125, 240
仮且・苟且・仮初
かりそめ　125
苟　かりそめにも　125
刈田　かりた　126
刈立つ　かりたつ　126
苅田狼藉
かりたろうぜき　126
権に　かりに　126
雁股　かりまた　126
駆武者・仮武者
かりむしゃ　126
過料・科料　かりょう　126
我領ずる　がりょうずる　126
過料銭
かりょうせん　114, 126
刈分　かりわけ　126
刈分小作
かりわけこさく　126, 243
狩る　かる　126
芟る　かる　126
塑杖　かるか　126
軽物座　かるものざ　127

かざしの土居
　かざしのどい　110
かさ陣　かさじん　110
重頭・粗笨・粗雑・苛察
　がさつ　110
賀札　がさつ　110
嵩取る　かさとる　110
奕觸　かさなりふれ　110
傘に着る・笠に着る
　かさにきる　111
重々　かさねがさね　111
岌む　かさむ　111
鎊り　かざり　111
貢　かざり　111
飾飯　かざりめし　111
課試・科試　かし　111
嘉事　かじ　111
遐邇　かじ　111
姦侍
　かしがましきさむらい　111
かしく　かしく　111
加地子　かじし　111, 119
関鴻　かしだ　111
冊く　かしづく　32, 111
花奢　かしゃ　110, 111
下若　かじゃく　112
稼娶　かしゅ　112
鵝珠　がしゅ　112
賀酒　がしゅ　112
佳什　かじゅう　112
過書・過所　かしょ　112
加叙　かじょ　112
嘉祥　かしょう　112
過渉　かしょう　112
稼穡　かしょう　112, 113
和尚・和上　かしょう　112
加請　かしょう　112
科条　かじょう　112
過上　かじょう　112
火色　かしょく　113
頭　かしら　113, 534
柏餅　かしわもち　113
挂真　かしん　113
嘉辰・佳辰　かしん　113
寡人　かじん　113
果遂　かすい　113
賀瑞　がずい　113
火水に成て
　かすいになりて　113
嫁聚　かすう　113
数喩　かずかず　113
糟毛　かすげ　113
被物
　かずけもの　113, 119, 417
糟手　かすて　113, 114
数昇　かずのぼり　113
掠申す　かすめもうす　113
鬘銭　かずらせん　113
掠手　かすりて　114
佳声　かせい　114
加勢　かせい　114
家蹟　かせき　114
拵・加世義・かせぎ
　かせぎ　114
稼侍　かせぎさむらい　114
拵・加世義・かせぐ・虢
　かせぐ　114
悴侍　かせさむらい　114
我攻　がぜめ　114, 379
倅者・加世者　かせもの　114
過銭・科銭　かせん　114, 126
貨泉　かせん　114
方　かた　114
片あかし　かたあかし　114
過怠　かたい　115
過怠銭　かたいせん　115
片色　かたいろ　115
方人　かたうど　115, 119
旁・旁々　かたがた　115
片方　かたがた　115
旁以　かたがたもって　115
形儀　かたぎ　115
着衣　かたぎぬ　115
片崩　かたくずれ　115
片口　かたくち　115, 613
担くる　かたくる　115
片車　かたぐるま　115
叵　かたし　115
忝　かたじけない　115
辱し　かたじけなし　115
方違の矢　かたたがいのや
　116, 446
かたち　かたち　116
肩衝　かたつき　116
片手打・片手撃
　かたてうち　116
かたな　かたな　116
堅海苔　かたのり　116
片白　かたはく　116
鳩酢草　かたばみ　116
帷・帷子　かたびら　116
かだましき　かだましき　116
交割　かたみわけ　116
戻く　かたむく　116
片目　かため　116
奸　かたり　116
晤る　かたる　116
徒　かち　116
荷地　かち　117
勝色　かちいろ　117
徒頭　かちがしら　117
歩立　かちがた　117
徒具足　かちぐそく　117
徒小姓　かちこしょう　117
徒備　かちぞなえ　117
歩立　かちだち　117
勝時・勝凱・勝鬨
　かちどき　117
歩者　かちもの　117
家中衆　かちゅうしゅう　117
佳兆　かちょう　117
加徴　かちょう　117
嘉兆　かちょう　117
贏つ　かつ　117
かつへ　かつえ　117
学海　がっかい　117
舁　かつぐ　118
活計　かっけい　118
渇仰・竭仰　かつごう　118
学校　がっこう　118
かつこ船　かつこぶね　118
葛根湯　かっこんとう　118
喝食　かつしき　118
合爪　がっしょう　118
勝色　かっしょく　118
合躰　がったい　118
苅田働　かったばたらき　118
勝手　かって　118

屈む　かがむ　102
掛らぬ者　かからぬもの　102
雲火　かがり　102
蒐合　かかりあう　102
懸銭　かかりぜに　102
掛端・懸端　かかりは　102
篝飛脚　かがりひきゃく　102
懸目　かかりめ　102
浩る　かかる　103, 104
かかはる　かかわる　103
下浣・下澣　かかん　103
華緘　かかん　103
鵝眼　ががん　103
呵起　かき　103
佳儀・嘉儀　かぎ　103
掻揚屋敷
かきあげやしき　103
掻板　かきいた　103
書入る　かきいる　103
書入　かきいれ　103
鎰懸　かぎかけ　103
かききり　かききり　103
書出　かきだし　103
書止　かきとめ　103
鑰取免　かぎとりめん　104
墻に鬩ぐ　かきにせめぐ　104
牆の如く　かきのごとく　104
書判　かきはん　104
嗅物聞　かぎものきき　104
火急　かきゅう　104
限りある作法
かぎりあるさほう　104
限月　かぎりづき　104
瑕瑾　かきん　104
過銀　かぎん　104
浩・角　かく　103, 104
舁く　かく　104
膈　かく　104
赫奕　かくえき　104
鶴翁　かくおう　104
覚外　かくがい　104
覚悟　かくご　105
挌護・格護・恪懃
かくご　105
格護之地　かくごのち　105
格勤　かくごん　105
確執　かくしつ　105
学主　がくしゅ　105
隔心　かくしん　105
無隔心　かくしんなく　105
隔心の会釈
かくしんのあしらい　105
葬す　かくす　105
客戦　かくせん　105, 147
郭然　かくぜん　105
鶴頭　かくとう　105, 403
学頭　がくとう　105, 342
学道　がくどう　106
学頭職　がくとうしき　106
楽堂・額堂
がくのどう　97, 106
斯計・只且・寧只
かくばかり　106
擱筆・閣筆　かくひつ　106
隔別　かくべつ　106
岳辺　がくへん　106
格法　かくほう　106
革面　かくめん　106
楽屋奉行
がくやぶぎょう　106
鶴翼・鶴翍
かくよく　106, 129, 130
廓落　かくらく　106
霍乱　かくらん　106
霍乱氣　かくらんげ　106
学侶　がくりょ　106
学侶方　がくりょかた　107
獲麟　かくりん　107
蒐る　かくる　107
韜れる　かくれる　107
格勒　かくろく　107
家君　かくん　107
革勛高躅
かくんこうちょく　107
懸　かけ　107
和解　かげ　107
掛合う　かけあう　107
懸合　かけあわせ　107
懸入　かけいり　107
かけ入る・缺入
かけいる　107
影後　かげうしろ　107
掛絵　かけえ　107
欠落・駆落・馳落・駈落
かけおち　107
懸紙　かけがみ　108
暇隙　かげき　108
懸組　かけぐみ　47, 108
懸組む　かけくむ　108
懸路　かけじ　108
磴路　かけじ　108
懸城・掛城　かけしろ　108
懸硯　かけすずり　108
懸銭　かけせん　108
荷懸駄　かけだ　108
掛出・懸出　かけだし　108
影月　かげづき　108
懸留　かけとまる　108
掛盤　かけばん　108
磬控　かけひき　109
懸開・駆開　かけひらく　109
掛け船　かけぶね　109
懸米　かけまい　109
掛も　かけまくも　109
懸待　かけまち　109
翔る　かけまわる　109
影躬　かげみ　109
懸路　かけみち　109
欠道　かけみち　109
懸迎　かけむかい　109
駆結ぶ　かけむすぶ　109
懸召す　かけめす　109
蒐る　かける　109
梟ける　かける　109
加子　かこ　109
籠網代　かごあじろ　110
栫　かこい　110
囲　かこい　110
栫執・囲執　かこいどり　110
囲舟　かこいぶね　110
嘉肴　かこう　110
過更　かこう　110
籠口　かごくち　110
籠輿　かごこし　110
託言　かごと　110
かさ　かさ　110
崩　かさ　110
過差　かさ　110, 112

廻魚　かいぎょ　94
介具・皆具　かいぐ　94
搔笥　かいげ　94
会稽　かいけい　94
雪会稽　かいけいにそそぐ　94
邂逅　かいこう　94
開闔　かいこう　94
会交　かいこう　94
過合・会合　かいごう　94
廻国聖　かいこくひじり　94
骸骨を乞う
がいこつをこう　94
皆済　かいさい　94
睚眦　がいさい　94, 97
涯際　がいさい　94
改作　かいさく　94
回札　かいさつ　94
かいさまに　かいさまに　95
皆参　かいさん　95
介使　かいし　95
階次　かいじ　95
孩子　がいし　95
孩児　がいじ　95
皆式　かいしき　95
晦日　かいじつ　95
外実　がいじつ　95, 99
解謝　かいしゃ　95, 189
魁首　かいしゅ　95, 360
槐樹　かいじゅ　70, 95
会衆　かいしゅう　95
鎧袖　がいしゅう　95
回書・廻書　かいしょ　95
会所　かいしょ　96
回章・廻章　かいしょう　96
廻状　かいじょう　96
灰塵　かいじん　96
開陣　かいじん　96
帰陣　かいじん　96, 142
改陣　かいじん　96
凱陣　がいじん　96
班す　かいす　96, 100
魁帥　かいすい　96
皆済　かいせい　94, 96
睚眥　がいせい　97
会席　かいせき　97
替銭　かいせん　97, 100, 127
廻船　かいせん　97
快然　かいぜん　97
凱旋　がいせん　97
替銭屋　かいせんや　97
介輔　かいぞえ　97, 99
搔副・介添　かいぞえ　97
海賊　かいぞく　97
海賊衆　かいぞくしゅう　97
械楯・搔楯・欄楯
かいだて　97
回茶　かいちゃ　97
戒庁　かいちょう　97, 106
搔摑む　かいつかむ　98
孩提　がいてい　98
魁殿　かいでん　98
海東　かいと　98
回途　かいと　98
回頭　かいとう　98
海道　かいどう　98
解胴　かいどう　98
改動　かいどう　98
皆同　かいどう　98
垣内苫　かいととま　98
甲斐ない　かいない　98
凱入　がいにゅう　98
懐念　かいねん　98, 463
皆納　かいのう　98
飼料　かいば　98
快便　かいびん　98
改補　かいふ　98
外聞　がいぶん　98
涯分　がいぶん　98
外聞実儀
がいぶんじつぎ　95, 99, 269
魁兵　かいへい　99
介輔　かいほ　97, 99
頽暮　かいほ　99
回報・廻報　かいほう　99
介抱　かいほう　99
廻鳳　かいほう　99
皆亡　かいぼう　99
買迷　かいまよい　99
会盟　かいめい　99
會面　かいめん　69, 99
買免　かいめん　99
回面　かいめん　99
皆免　かいめん　99
回鯉　かいり　99
戒力　かいりき　100
皆料　かいりょう　100
涯領　がいりょう　100
廻鱗・回鱗　かいりん　100
乖戻　かいれい　100
回禄　かいろく　100
蚵を立つ・貝を立つ
かいをたつ　100
課役　かえき　100
班す　かえす　96, 100
返書・反書　かえすがき　100
替銭　かえせん　100
還而　かえって　100
還立・帰立　かえりだち　100
回忠・返忠・反忠
かえりちゅう　100, 101
帰り調儀
かえりちょうぎ　101
返参る・帰参る
かえりまいる　101
眄みる　かえりみる　101
肖みる　かえりみる　101
返り申し　かえりもうし　101
羅る　かえる　14, 101
皈る　かえる　101
蛙戦・蛙軍
かえるいくさ　101
蛙合戦　かえるかっせん　101
皃　かお　101
禍殃　かおう　101
蝸屋　かおく　101
顔扶持　かおぶち　101
荷恩　かおん　101
加恩　かおん　101
加恩増秩
かおんぞうちつ　101, 344
加妎　かがい　101
禍害　かがい　102
抱え　かかえ　102
抱来る　かかえきたる　102
抱扶持　かかえふち　102
抱分　かかえぶん　102
抱米　かかえまい　102
下学　かがく　102

男態　おとこふり　85
男道　おとこみち　85
坎穽　おとしあな　85
落来　おとしきたる　83, 85
落取　おとしとる　85
落文　おとしぶみ　85
貶す　おとす　85
殞す　おとす　85
音づる　おとずる　85
御届　おとどけ　85
大人・乙名・老　おとな　85
長気なし　おとなげなし　86
大人成・乙名成
おとななり　86
大人百姓
おとなびゃくしょう　86
御供衆　おともしゅう　86
驚入　おどろきいる　86
駭く　おどろく　86
御中　おなか　86
御成　おなり　86
おに　おに　86
己々　おのおの　86
儕栖　おのが　86
男伊達　おのこだて　87
悚く　おののく　87
斧初　おのはじめ　87
御走衆　おはしりしゅう　87
御咄衆・御噺衆・御放衆　おはなししゅう　85, 87
おびへ鯨波　おびえどき　87
偽引き出す　おびきだす　87
帯郭　おびぐるわ　87, 218
稠敷し　おびただし　87
生便敷　おびただし　87, 146
帯解　おびとき　87
帯取　おびとり　87
帯直　おびなおし　87
刧す・刦す・刼す・幹す　おびやかす　87
御拍子　おひょうし　87
緒太　おぶと　87
御部屋衆　おへやしゅう　88
覚え　おぼえ　88
おぼえの者　おぼえのもの　88
御的奉行　おまとぶぎょう　88
女郎花男
おみなえしおとこ　88
阿容々々・阿客々々
おめおめ　88
喚　おめき　88
思像　おもいやる　88
意う　おもう　88
意者　おもうに　88
以謂・以為　おもえらく　88
面掛　おもがえ　88
舵　おもかじ　88
重口　おもくち　88
表裏　おもてうら　88
表付・面付　おもてつき　89
表の座　おもてのざ　63, 89
表の侍・表の者
おもてのさふらい　89
阿る　おもねる　89
御物奉行　おものぶぎょう　89
趣く　おもむく　89
重る　おもる　89
以る　おもんみる　89
親気なし　おやげなし　89
慦悒　おゆう　89
御弓衆　おゆみしゅう　89
不覃　およばず　89
覃ぶ・迨ぶ・逮ぶ　およぶ　89
御吉左右
およろこびかれこれ　89, 144
折　おり　89
居合　おりあう　90
折入　おりいる　90
折掛・折懸　おりかけ　90
折紙　おりがみ　90, 370
下々　おりくだる　90
織紅梅　おりこうばい　90
折敷　おりしく　90
折立　おりたて　90
居湯　おりゆ　91
患者　おろかもの　91
御　おわします　91
終執　おわる　91
𠮷・訖　おわんぬ　91
御一字　おんいちじ　91
御入候　おんいりそうろう　91
恩簡　おんかん　91
遠行　おんぎょう　91
怨隙　おんげき　91
穏坐　おんざ　91
恩札　おんさつ　91
御字拝領
おんじはいりょう　91
恩潤・恩賙　おんじゅん　91
無御如在
おんじょさいなき　91
飲水　おんすい　92
恩地　おんち　92
隠地　おんち　92
隠田　おんでん　92
穏当　おんとう　92
女侍　おんなざむらい　92
恩補　おんぽ　92
音耗　おんもう　92
御申　おんもうし　92
恩問　おんもん　92
音問　おんもん　51, 92
厭離・遠離　おんり　92
園林　おんりん　92
恩禄　おんろく　92

か　行

貝　かい　93
かひ　かい　93
華夷　かい　93
碍　がい　93
我意　がい　93
雅意　がい　93
海晏　かいあん　93
艾安　がいあん　93
廻会　かいえ　93
改易　かいえき　93
快悦　かいえつ　93
懐臆　かいおく　93
精悍し　かいがいし　93
悔還　かいかん　93
廻雁・回雁　かいがん　93
乖企　かいき　93
廻脚　かいきゃく　93
懐旧　かいきゅう　94
懐旧の連歌
かいきゅうのれんが　94

おおものみ　76, 531
大用　おおよう　76
御かげ　おかげ　76
御菓子奉行
おかしぶぎょう　76
拝入　おがみいる　77
澳　おき　77
沖　おき　77
擱楯・置楯　おきだて　77, 606
掟　おきて　77
置兵粮　おきひょうろう　77
置文　おきぶみ　77
置目　おきめ　77
閣く　おく　77
舎く　おく　77
憶意　おくい　77
奥表　おくおもて　77
奥口　おくぐち　77
屋宅　おくたく　77
奥波島　おくはじま　77
奥武者　おくむしゃ　77
奥陽　おくよう　78
御蔵奉行　おくらぶぎょう　78
送状　おくりじょう　78
贈名・謚　おくりな　78
送夫　おくりぶ　78
送文　おくりぶみ　78
送費　おくりやしない　78
おくれ　おくれ　78
後口　おくれぐち　78
おくれの首　おくれのくび　78
後馳　おくればせ　78
桶側　おけがわ　78
御玄猪　おげんちょ　78
御厳重　おげんちょう　78
雄夸・痴　おこ　78
経廷　おこ　79
麻小笥　おごけ　79, 571
御腰　おこし　79
苧屑頭巾　おこそづきん　79
御事　おこと　79
御理　おことわり　79
操　おこない　79
押買・抑買
おさえがい　79, 177
押書　おさえがき　74, 79
押勢　おさえぜい　79
押取　おさえとる　79
樽の城　おさえのしろ　79
長々し　おさおさし　80
尾崎　おざき　80
長酒　おさざけ　80
おさおさ　おさゝゝ　80
納　おさめ　80
納枡・納斗　おさめます　80
押合せ　おしあわせ　80
押板　おしいた　80
叔姪　おじおい　80, 283
怕慴く　おじおののく　80
折敷　おしき　80
盪下　おしくだる　80
悚神付　おじけずく　80
御師職　おししき　80
押陣　おしじん　80
押太鼓　おしたいこ　81
押立人足
おしたてにんそく　81
押知行　おしちぎょう　81
押付　おしつけ　81
押踣す　おしつぶす　81
押詰　おしつめ　81
押手・推手　おして　81
盪上　おしのぼる　81
押躶脱・押肌脱
おしはだぬぎ　81
押前　おしまえ　81
押交　おしまぜ　81
啬む　おしむ　81
御相伴衆
おしょうばんしゅう　81
盪寄す　おしよす　81
盪す　おす　82
御末　おすえ　82
御末衆　おすえしゅう　82
おづき　おずき　82
御硯奉行
おすずりぶぎょう　82
悪阻　おそ　82
御側衆・御傍衆
おそばしゅう　82
悚る　おそれる　82
聳兢　おそろし　82
兢　おそろし　82
御代　おだい　82
雄声　おたけび　82
御頼・御憑　おたのむ　82
落ち　おち　82
落足　おちあし　82
落掛　おちかかり　82
落来　おちきたる　83, 85
悚く　おちく　83
落口　おちくち　83
不可寄遠近　おちこちによるべからず　83
落勢　おちぜい　83
御乳局　おちつぼね　83
越度　おちど　83, 84
乙度　おちど　83, 84
御乳の人　おちのひと　83
御茶湯奉行
おちゃのゆぶぎょう　83
御手水奉行
おちょうずぶぎょう　83
泗　おちる　83
越居　おっきょ　83
御付　おつけ　83
越山　おっさん　83
越次第　おつしだい　84
越訴　おっそ　84
追付・追着　おっつけ　84
追付首・追付頸
おっつけくび　84
北風南風
おっつまくっつ　73, 84
追て沙汰　おってさた　84
越度　おっと　83, 84
膃肭臍　おっとせい　84
押取巻・追取巻
おっとりまき　84
越年　おつねん　84
乙の丸　おつのまる　84
御詰衆　おつめしゅう　84
乙矢　おつや　84, 484
雄手　おて　84
御手長　おてなが　85
胡　おとがい　85
御斎　おとき　85
御伽衆　おとぎしゅう　85, 87

悦喜　えっき　68
悦哉・雀鯱　えっさい　69
越山　えつざん　69
笑壺　えつぼ　69
竭来　えつらい　69
荏の油　えのあぶら　69
夷子講　えびすこう　69
烏帽子名　えぼしな　69
衣鉢　えほつ　69, 627
江堀　えほり　69
会面　えめん　69, 99
得物　えもの　69
魞打　えりうち　69
撰銭　えりぜに　69
襟元に付く
　えりもとにつく　69
婉艶　えんえん　69
捐館　えんかん　69
遠去　えんきょ　70
燕居　えんきょ　70
圓居　えんきょ　70, 566
円鏡　えんきょう　70
遠業　えんぎょう　70
掩撃　えんげき　70
偃月　えんげつ　70
延口　えんこう　70
遠行　えんこう　70
縁者　えんざ　70
縁座　えんざ　70
円寂　えんじゃく　70
槐樹　えんじゅ　70
冤讎　えんしゅう　70
掩襲　えんしゅう　70
遠所　えんじょ　70
塩硝　えんしょう　70
遠人　えんじん　70
遠陣　えんじん　70
煙水　えんすい　70
塩噌　えんそ　71
偃息　えんそく　71
演達　えんたつ　71
淵底　えんてい　71
婉佞　えんねい　71
猿臂　えんぴ　71
縁便　えんびん　71
閻浮　えんぶ　71
閻浮提　えんぶだい　71
縁辺・縁変　えんぺん　71
塩味　えんみ　71
炎滅　えんめつ　71
轅門　えんもん　71
遠離　えんり　71, 92
塩梨　えんり　71
淹留　えんりゅう　72, 363
遠慮　えんりょ　72
遠類　えんるい　72
御預給主
　おあずかりきゅうしゅ　72
追蒐る　おいかける　72
追崩　おいくずす　72
追頸・追首　おいくび　72
生先　おいさき　72
追酒　おいざけ　72
老敷者　おいしきもの　72
逐番・追番　おいすがる　72
於被急候
　おいそがれそうろう　72
おいた　おいた　72
追立夫　おいたてふ　72
追番　おいつがふ　72
追綱　おいつな　72
于て　おいて　73
追腹　おいばら　73
追捲　おいまくる　73, 84
負目　おいめ　73
負物　おいもの　73
御祝方　おいわいかた　73
御祝奉行
　おいわいぶぎょう　73
殃　おう　73
桜穂　おうかん　73
扇切　おうぎきり　73
扇流　おうぎながし　73
黄金　おうごん　73
押作　おうさく　73
王氏　おうし　73
殃死　おうし　73
尩弱　おうじゃく　73
往昔　おうじゃく　74
奥州探題
　おうしゅうたんだい　74
押書　おうしょ　74
鏖戦　おうせん　74
往代　おうだい　74
応諾　おうだく　74
枉直　おうちょく　74
追手　おうて　74, 125
埦飯・椀飯・垸飯
　おうばん　74
横風　おうふう　74, 76
往反　おうへん　74
王法　おうほう　74
押妨　おうぼう　74
横妨　おうぼう　74
往亡日　おうもうにち　74
枉惑・誑惑・狂惑
　おうわく　75
套　おおい　75
巍なる　おおいなる　75
閹う・掩う　おおう　75
従祖母　おおおば　75
大形　おおかた　75
大方殿　おおかたどの　75
大方なし　おおかたなし　75
大形にあらず
　おおかたにあらず　75
大方にては無き　おおかたにては
　なき　75
大形　おおぎょう　75
忝　おおけなき　75
大坂御坊　おおさかごぼう　75
課す　おおす　75
仰出　おおせいだす　75
大備　おおぞなえ　75
大鷹餌　おおたかかん　75
大筒・国崩・仏郎機・石火矢　お
　おづつ　75
大手　おおて　76
大ぬる山　おおぬるやま　76
大風　おおふう　74, 76
大柄　おおへい　76
大平者　おおへいしゃ　76
大前　おおまえ　76, 82
大間書　おおまがき　76, 190
大間帳　おおまちょう　76, 389
大道　おおみち　76
大宮暦　おおみやごよみ　76
大物見・大武見

洞　うつろ　59
洞中　うつろなか　60, 422
任俠　うでこき　60
腕立　うでだて　60
腕貫　うでぬき　60
腕貫下緒　うでぬきしたお　60
うて持　うてもち　60
うてる　うてる　60
烏兎　うと　60
有徳　うとく　60
有徳銭
うとくせん　60, 61, 428
有徳人　うとくにん　60, 429
饂飩　うどん　60
耡・耕　うなう　60
項　うなじ　60
点頭・頓く　うなずく　60
うねゝ　うねゝ　60
卯の花くだし
うのはなくだし　61
畝目返　うのめかえし　61
右幕下　うばくか　61
有福　うふく　61
肯う　うべなう　61
宣なる　うべなる　61
馬打ち　うまうち　61
馬飼料　うまかいりょう　61
馬代　うましろ　61
馬責　うまぜめ　61
馬出　うまだし　61
馬溜　うまだまり　61
馬継・馬次　うまつぎ　61
馬刷刀　うまはだけ　61
馬槽　うまふね　61
馬船　うまぶね　62
馬ほこり　うまほこり　62, 471
馬廻　うままわり　62
厩方奉行
うまやかたぶぎょう　62
馬除　うまよけ　62
馬鎧　うまよろい　62
馬を入れる　うまをいれる　62
立馬　うまをたてる　62
馬をつなぐ　うまをつなぐ　62
寄御馬　うまをよせる　62
海山　うみやま　62
有無の合戦
うむのかっせん　62
埋草　うめぐさ　62
羽陽　うよう　62
裏崩　うらくずれ　62
裏付　うらづけ　63
裏座　うらのざ　63
裏判　うらはん　63
裏封　うらふう　63
浦役銭　うらやくせん　63
浦山敷　うらやましく　63
裏を封ず　うらをふうず　63
売寄進　うりきしん　63
売券　うりけん　63
売地　うりち　63
売文　うりぶみ　63
沽渡進
うりわたしまいらす　64
羽林　うりん　64
壬　うるう　64
うるほひ　うるおい　64
うるさい　うるさい　64
潤朱　うるみしゅ　64
右暦　うれき　64, 251
鱗次　うろこなみ　64
胡乱　うろん　64
上気　うわげ　64, 123, 292
背語　うわさ　64, 469
上敷　うわしき　64
上乗　うわのり　64
上盛　うわもる　64
上矢　うわや　64, 353, 461
上鎗　うわやり　64
雲脚　うん　65
瘟疫　うんえき　65
雲気烟気　うんきえんき　65
雲脚　うんきゃく　65
運心　うんしん　65
醞相　うんそう　65
雲朶　うんだ　65
温天　うんてん　65
云々　うんぬん　65
蘊奥　うんのう　65
醞を着ける　うんをつける　65
永　えい　65
塋域　えいいき　65
永々　えいえい　65
盈々　えいえい　65
曳々　えいえい　65
栄々応・曳々応
えいえいおう　65
影供　えいぐ　66
営功　えいこう　66
営或　えいこく　66
贏驂　えいさん　66, 347, 530
永日　えいじつ　66
贏輸　えいしゅ　66
詠進　えいしん　66
曳声　えいせい　66
栄遷　えいせん　66
詠草　えいそう　66
永地　えいち　66
永地返　えいちがえし　66, 556
映徹　えいてつ　67
永不　えいふ　67
永夜　えいや　67
贏輸　えいゆ　66, 67
永領　えいりょう　34, 67
営塁　えいるい　67
翳薈　えいわい　67
絵が解けぬ　えがとけぬ　67
江川酒　えがわざけ　67
繹故　えきこ　67
易筮　えきぜい　67
掖庭　えきてい　67
役夫　えきふ　67
疫癘　えきれい　67
靨　えくぼ　67
縿る　えぐる　67
会下　えげ　67
会下僧　えげそう　68
会下之衆　えげのしゅう　68
慧光　えこう　68
絵様　えざま　68
絵讃　えさん　68
会式　えしき　68
会釈　えしゃく　12, 68
会衆　えしゅ　68
会上　えじょう　68
穢多　えた　68
枝城　えだじろ　68, 460
えち者　えちもの　68

印本　いんぼん　51
音物　いんもつ　51
音問　いんもん　51, 92
陰陽　いんよう　51
允容　いんよう　52
初陣　ういじん　52
外郎　ういろう　52
上が上の　うえがうえの　52
上口　うえくち　52, 123
上様　うえさま　52, 123
上姿　うえすがた　52
上私　うえわたし　52
上童　うえわらわ　52
覘・攙・窺・覬覦
　うかがう　52
宇賀神　うかじん　52
腑潤者　うかつもの　52
盪　うかぶ　52
うかへたる　うかへたる　52
泛める　うかめる　52
浮れ者　うかれもの　53
浮公事　うきくじ　53
憂きこと　うきこと　53
浮地　うきじ　53
浮所務　うきしょむ　53
浮所領　うきしょりょう　53
浮勢　うきぜい　53
浮備　うきぞなえ　53
浮人数　うきにんずう　53
浮武者　うきむしゃ　53
浮矢　うきや　53
倩　うけ　53
請け　うけ　53
請納　うけおさめ　53
所耳　うけがい　53
肯う　うけがう　54
請返・受返　うけかえす　54
請懸手　うけかかりて　54
請懸る　うけかかる　54
羽檄　うげき　54, 56, 499
請切　うけきり　54
受切　うけきり　54
請口　うけくち　54
肯う　うけごう　54
請酒　うけざけ　54
▯状　うけじょう　54
受備　うけぞなえ　54
奉　うけたまわる　54
請筒　うけつつ　54
請詰　うけつめ　54
請取　うけとり　55
受取の曲輪
　うけとりのくるわ　55
請人　うけにん　55
受含　うけふくめる　55
請文　うけぶみ　55
請米　うけまい　55
雨顕　うけん　55
有験　うげん　55
烏合蟻同　うごうぎどう　55
揺・搖　うごき　55
胡盞　うさん　55
胡散　うさん　55
牛　うし　55
うじ　うじ　55
潮返　うしおかえし　55
牛起き　うしおき　55
有職免　うしきめん　55, 236
牛裂・牛割　うしざき　55
羽書　うしょ　54, 56
陰慝い・後闇
　うしろぐらい　56, 200
後攻・後責　うしろぜめ　56
後備　うしろぞなえ　56
後詰　うしろづめ　56
後走　うしろはしり　56
後巻　うしろまき　56
後穢　うしろめたい　56
有随　うずい　56
薄板　うすいた　56
菲し　うすし　56
瘞む　うずむ　56
鶉鷹　うずらたか　56
鶉餅　うずらもち　56
失人　うせびと　57
有相　うそう　57
空嘯・虎嘯　うそぶく　57
転手・うたて　うたて　57
転しき　うたてしき　57
討為れ　うたれ　57
裏　うち　57
打ちあげる　うちあげる　57
打入　うちいる　57, 496
卯地打　うちうち　57
打柄　うちえ　57
内覚　うちおぼえ　57
打飼　うちがい　57
内甲　うちかぶと　57
打害　うちころす　57
内座　うちざ　57, 63
打しめす　うちしめす　58
打出　うちだす　58
打立　うちだち　58
打立　うちたてる　58
内垂　うちたれ　58
打着　うちつく　58
打付書　うちつけがき　58
打刓す　うちつぶす　58
内名衆　うちなしゅう　58
内習　うちならい　58
内端　うちば　58
うちはもの　うちはもの　58
打平　うちひらめ　58, 164, 451
内間　うちま　58
打舞　うちまい　58
内股膏薬
　うちまたこうやく　58
打目　うちめ　59
打物業　うちものわざ　59
宇宙　うちゅう　59
団扇の役　うちわのやく　59
内輪弓矢　うちわゆみや　59
団扇を上げる
　うちわをあげる　59
撻つ　うつ　59
欝々　うつうつ　59
欝気　うつき　59
呆気・空気・倥侗　うつけ　59
鬱散・欝散　うっさん　59
移衆　うつししゅ　59
鬱然　うつぜん　59
堆　うづたかし　59
欝憤　うっぷん　59
空穂　うつぼ　59
内股膏薬
　うつまたこうやく　59
俛く　うつむく　59
欝朦　うつもう　59

田舎道　いなかみち　42
田舎目・鄙目　いなかめ　42
否然　いなさ　43
否状　いなじょう　43
稲掃　いなばき　43
居成　いなり　43
嘽る　いなる　43
居にねまる　いにねまる　43
犬　いぬ　43
犬合　いぬあわせ　43
犬居　いぬい　43
犬神人　いぬじにん　43
犬走　いぬばしり　43
犬戻し　いぬもどし　44
犬山　いぬやま　44
已念・意念　いねん　44
玄猪・亥子　いのこ　44, 197
亥子餅　いのこのもち　44
猪武者　いのししむしゃ　44
命掇　いのちとり　44
命を止む　いのちをやむ　44
亥の日の餅　いのひのもち　44
違背　いはい　44
日盃　いはい　44
日牌　いはい　44
帷幕　いばく　44
いば頸　いばくび　44
衣鉢閣下
いはつかっか　45, 69, 627
尿　いばり　45
異非　いひ　45
訝る　いぶかる　45
井奉行　いぶぎょう　45
畏伏　いふく　45
遺物　いぶつ　45
異振　いぶり　45
以聞　いぶん　45
意分　いぶん　45
異別　いべつ　45
違変　いへん　45
移封　いほう　45
嘶う　いぼう　45
異妨　いぼう　45
違犯　いぼん　45
禁忌　いまいまし　45
居負　いまけ　45
警　いましめ　46
戒沙汰・誡沙汰
いましめさた　46
戒取　いましめとる　46
縛しめる　いましめる　46
今銭　いません　46
新属　いまつき　46
于今・爾今　いまに　46
今焼　いまやき　46
艶じくも　いみじくも　46
井溝　いみぞ　46
諱　いみな　46
意霧　いむ　46
射向　いむけ　46
威名　いめい　46
居屋敷　いやしき　46
陋める　いやしめる　46
愈　いよいよ　46, 563
弥命　いよめずら　47
以来　いらい　47
倚頼　いらい　47
苛かす　いららかす　47
いららぐ　いららぐ　47
恚乱　いらん　47
違乱　いらん　47
藺履　いり　47
入合・入相　いりあう　47
入足　いりあし　47, 48
入々　いりいり　47
入方　いりかた　47
入組　いりくみ　47
煎殺し　いりころし　47
入作　いりさく　47, 409
入魂　いりたましい　47
入地　いりち　47, 48
烙礫　いりはりつけ　47
轇轕　いりみだれ　48
入目　いりめ　47, 48
井料・井析　いりょう　48
井料銭　いりょうせん　48
井料田　いりょうでん　48
井料米　いりょうまい　48
入領　いりりょう　47, 48
煎る　いる　48
倚類　いるい　48
違例　いれい　48
入替勢　いれがえぜい　48
入立　いれたて　48
入日記　いれにっき　49, 456
入紐　いれひも　49
綺　いろい　49
綺事・弄事　いろいごと　49
綺（綺）ふ　いろう　49
綺　いろう　49
色代　いろがわり　49, 261
色心　いろごころ　49
色立　いろたち　49
色直　いろなおし　49
色成　いろなり　49
得く　いろめく　49
色を立つ　いろをたつ　49
色を立てる
いろをたてる　49, 50
岩田帯　いわたおび　50
所謂　いわゆる　50
矧　いわんや　50
殷々　いんいん　50
員外　いんがい　50
引汲　いんきゅう　50
殷血　いんけつ　50
因言・威言　いんげん　50
音札　いんさつ　50
胤子　いんし　50
印地打　いんじうち　50
印地衆　いんじしゅう　50
堙種　いんしゅ　50
員数　いんじゅ　51
音書　いんしょ　51
音章　いんしょう　51
引接　いんじょう　51
陰森　いんしん　51
音信　いんしん　51
引率　いんそつ　51
飲啄　いんだく　51
茵陳　いんちん　51
引導　いんどう　51
陰徳　いんとく　51
引得　いんとく　51
印判衆　いんばんしゅう　51
引物　いんぶつ　51
陰僻　いんぺき　51
音墨　いんぼく　51

一勢　いちぜい　35
一族　いちぞく　35
一朶　いちだ　35
一代柵　いちだいさく　35
市立　いちたて　35
一道　いちどう　35
一同　いちどう　35
一の草　いちのくさ　35, 167
一の台　いちのだい　35
一の宮　いちのみや　35
一陪　いちばい　35
逸隼く　いちはやく　35
一番合戦
いちばんかっせん　36
一番首　いちばんくび　36
一番高名
いちばんこうみょう　36
一番備　いちばんぞなえ　36
一番手　いちばんて　36
一番槍　いちばんやり　36
一分　いちぶ　36
一分の敵　いちぶのてき　36
一分　いちぶん　36
一僕　いちぼく　36
一名字　いちみょうじ　36
一夜加用　いちやかよう　36
委注　いちゅう　36
一腰　いちよう　36
一葉　いちよう　36
一乱　いちらん　36
一領具足
いちりょうぐそく　36
一類　いちるい　37
一列　いちれつ　37
一列伺　いちれつうかがい　37
一蓮寺団扇
いちれんじうちわ　37
一臈　いちろう　37
一和　いちわ　37
佚　いつ　37
一和　いっか　37
一挾　いっかい　37
早晩々々　いつかいつか　37
一看　いっかん　37
一翰　いっかん　37, 507
一簡を呈す
いっかんをていす　37
一揆　いっき　37
一騎打を退かす　いっきうちをしりぞかす　38
一騎かけ　いっきかけ　38
一騎立　いっきだち　38
一騎当千日
いっきとうせんび　38
一揆原・一揆曹
いっきばら　38
一騎前　いっきまえ　38
一炬　いっきょ　38
一局　いっきょく　38
いつくしき　いつくしき　38
一見状　いっけんじょう　38
一間々　いっけんま　38
一己　いっこ　38
一向二裏備　いっこうにりのそなえ　38
一刻攻　いっこくぜめ　38
一国平均
いっこくへいきん　38
一献煮　いっこんに　39
一献料　いっこんりょう　39
一札　いっさつ　39
逸散　いっさん　39
何時しか　いつしか　39
早晩　いつしか　39
一職・一色　いっしき　39
一式進退・一色進退・一職進退
いっしきしんたい　39
一失　いっしつ　39
一炷　いっしゅ　39
一種一荷　いっしゅいっか　39
一首懐紙　いっしゅかいし　39
一縮　いっしゅく　40
一書　いっしょ　40, 506
一笑一笑
いっしょういっしょう　40
一所懸命
いっしょけんめい　40
一所を充つ
いっしょをあつ　40
一身に成り
いっしんになり　40
一跡　いっせき　40
一節　いっせつ　40
一銭斬　いっせんぎり　40
一左右　いっそう　40
一左右次第
いっそうしだい　40
一則　いっそく　40
一足を出す
いっそくをだす　40
日外　いつぞや　40
一樽　いっそん　40
一炬　いったい　41
一反　いったん　41
一端　いったん　41
一旦腹　いったんばら　41
一着　いっちゃく　41
一張一弛
いっちょういっち　41
一町切　いっちょうぎり　41
一天　いってん　41
一點　いってん　41
一天下　いってんか　41
一途　いっと　35, 41
一統　いっとう　41
一到来　いっとうらい　41
無一途　いっとなき　41
早晩に　いつに　41
いつぱ　いつぱ　41
一筆書写
いっぴつしょしゃ　41
一筆を進投す　いっぴつをしんとうす　41
一封　いっぷう　42
一片・一辺・一篇・一遍・一反・一返　いっぺん　42
一方むき　いっぽうむき　42
早晩　いつもの　42
佯　いつわり　42
従渠　いで　42, 352, 640
出立　いでたち　42
糸尻・居尻　いとじり　42
糸茶碗　いとちゃわん　42
暇　いとま　42
遑あらず　いとまあらず　42
居取　いとり　42
委頓　いとん　42
維那　いな　42

軍門出祝
いくさかどでいわい　27
軍大将　いくさだいしょう　27
軍立　いくさだち　27
師之時　いくさのとき　27
師場　いくさば　27
軍始　いくさはじめ　27
軍評定
いくさひょうじょう　27
軍奉行六具
いくさぶぎょうろくぐ　27
幾策　いくそ　27
幾回　いくたび　27
井口　いぐち　27
幾隊　いくて　27
彝訓　いくん　27
以下　いげ　27
生口　いけぐち　27
池田炭　いけだすみ　27
擒　いけどる　28
池成　いけなり　28
池奉行　いけぶぎょう　28, 535
池料　いけりょう　28
昊見　いけん　28
蠒験　いげん　28
誘語　いご　28
違期　いご　28
息う　いこう　28
蠒骨　いこつ　28
生駒竿　いこまざお　28
去来　いざ　28
委細・委砕　いさい　28
闘詳　いさかい　28
屑　いさぎよい　29
聊以　いささかもって　29
唠　いざなう　29
倡う　いざなう　29, 433
五十　いさば　29
武る　いさめる　29
移徙　いし　29
異事　いじ　29
石打　いしうち　29, 50
いしくも　いしくも　29
磊　いしぐら　29
石畳　いしたたみ　29
遺失・違悉　いしつ　29
委悉　いしつ　29
石突　いしづき　29
石矼　いしばし　29
石火矢　いしびや　30
石風呂　いしぶろ　30
意趣　いしゅ　30
移書　いしょ　30
囲繞　いじょう　30
威丈　いじょう　30
遺詔　いじょう　30
居城　いじょう　30
居城　いじろ　30
懿親　いしん　30
何方　いずかた　30
朧　いずれ　30
何へ　いずれへ　30
何篇　いずれへん　30, 449
何　いずれも　31
伊勢船　いせぶね　31
伊勢風呂　いせぶろ　31
異相　いそう　31
閙敷　いそがはしき　31, 122
夷則　いそく　31
莅・併　いそぐ　31
忩　いそぐ　31
板　いた　31
衣体　いたい　31
居高・居鷹　いたか　31
痛敷　いたがわし　31
遺託・遺托　いたく　31
捽く　いだく　31, 394
移他家　いたけ　31
板輿　いたごし　31
輸す　いたす　31
労き　いたずき　32
徒業　いたずらわざ　32
冊く　いただく　32, 111
已達　いたつ　32
居館　いだて　32
板引　いたびき　32
井霊祭　いたままつり　32
痛入　いたみいる　32
板物　いたもの　31, 32, 561
劬る　いたわる　32
一悪　いちあく　32
逸足　いちあし　32
一意　いちい　32
一宇　いちう　32
一会　いちえ　32
一ゑ一ゑ　いちえいちえ　32
一圓　いちえん　32
一円所務　いちえんしょむ　32
一円進止　いちえんしんじ　33
一円知行
いちえんちぎょう　33
一円領地
いちえんりょうち　33
一応・一往・一逢
いちおう　33
一長　いちおとな　33
一雅意　いちがい　33
一儀　いちぎ　33
一儀に及ばず
いちぎにおよばず　33
一行を用いる　いちぎょうをもちいる　33, 506
一儀を表す
いちぎをあらわす　33
一具沙汰　いちぐさた　33
一業所感
いちごうしょかん　34
一期分　いちごぶん　34
一期領主
いちごりょうしゅ　34
一在所　いちざいしょ　34
市座銭　いちざせん　34
一字闕・一字欠
いちじけつ　34
一七日　いちしちにち　34
一字名　いちじな　34
一事に　いちじに　34
一字の事　いちじのこと　34
一字拝領
いちじはいりょう　34
一術　いちじゅつ　34
一定　いちじょう　34
一事両様
いちじりょうよう　34
掲焉　いちじるし　34, 190
一途　いちず　35, 41, 507
非一途之儀
いちずのぎにあらず　35

異しむ　あやしむ　18
阽む　あやぶむ　18, 514
訔つ　あやまつ　18
俁り　あやまり　18
洗米　あらいごめ　18
顕形　あらかた　18
荒気　あらき　18
荒儀　あらぎ　18
散く　あらく　18
散去く　あらく　18
あらけなく　あらけなく　18
散破　あらけやぶる　18
苛る　あらげる　18
荒言　あらごと　18
荒子　あらしこ　18
粗城　あらしろ　19
新勢・荒勢　あらぜい　19
刷む　あらたむ　19
荒手・新手　あらて　19
鷙鳥　あらどり　19
荒働　あらばたらき　19
あらはに　あらはに　19
粗・粗載・荒増　あらまし　19
有増　あらまし　19
暴武者　あらむしゃ　19
所有　あらゆる　19
験　あらわす　19
在合ひ　ありあい　19
有合に売り渡す　ありあいにうりわたす　19
有明　ありあけ　19
有顔　ありがお　20
有来・在来　ありきたる　20
有際　ありぎは　20
躰粧・分野・勢粧・消息・有様　ありさま　20, 405
有様に　ありさまに　20
以有様・以在様　ありさまをもって　20
有姿　ありすがた　20
有丈　ありたけ　20
垤　ありづか　20
在付・有付　ありつく　20
有躰　ありてい　20
有儘　ありのまま　20
有実　ありのみ　20
在判　ありはん　21
有触たる　ありふれたる　21
在米・有米　ありまい　21
有目　ありめ　21
在る　ある　21
主取・主執　あるじとり　21
有所　あるところ　21
有間布　あるまじく　21
有様　あるよう　21
淡気　あわげ　21
嗑す・嗳す　あわす　21
交　あわせ　21
翕・勠　あわせる　21
鰒　あわび　21
琉球酒　あわもり　21
焼酒　あわもりい　21
吐嗟　あわや　21
案下　あんか　22
安閑　あんかん　22
安骨　あんこつ　22
暗昏・闇昏　あんこん　22
安座・安坐　あんざ　22
暗士　あんし　22
あんじき　あんじき　22
案者　あんじゃ　22
案中　あんじゅう　22
案書　あんしょ　22
安靖　あんせい　22
案前　あんぜん　22
篏輿　あんだ　22
案中　あんちゅう　22
安堵　あんど　22
安堵外題法　あんどげだいほう　23
安堵状　あんどじょう　23
安堵奉行　あんどぶぎょう　23
安堵奉行人　あんどぶぎょうにん　23
案内検見　あんないけんみ　23
諒以　あんにもって　23
安然　あんねん　23
案之内　あんのうち　23
塩梅　あんばい　23
塩梅則闕之臣　あんばいそっけつのしん　23
案文　あんもん　23
案利　あんり　23
帷幄　いあく　24
依違　いい　24
異違　いい　24
炊く　いいかしぐ　24
委一　いいつ　24
道ふ　いう　24
遺欝・為鬱　いうつ　24
家入嫁　いえいりよめ　24
家祝儀　いえしゅうぎ　24
慰悦・怡悦・為悦・怡　いえつ　24, 358
家別　いえべつ　24
家見　いえみ　24
家を承ける　いえをうける　25
已往・以往　いおう　25
違越　いおつ　25
奚　いか　25, 452
如何敷　いかがわし　25
争か　いかでか　25
奈何なる　いかなる　25
巍めし　いがめし　25
厳　いかめしやか　25
何様　いかよう　25
嗔・忿・恚・瞋・嗔・怒　いかる　25
何麼　いかん　25
如何となれば・所以者　いかんとなれば　25
依怖　いき　25
異儀・違儀　いぎ　26
いきあひ　いきあい　26
活延　いきのびる　26
息袋　いきぶくろ　26
生御霊・生見玉　いきみたま　26
気脈　いきみち　26
違却・違格　いきゃく　26
異香　いきょう　26
異形　いぎょう　26
委曲　いきょく　26
いきる　いきる　26
畏惧　いく　26
幾日　いくか　26
幾きれ　いくきれ　26
師・陣・軍・帥　いくさ　26

挙銭・上銭・揚銭　あげせん　8
上地　あげち　8
擧土　あげつち　8
上土門　あげつちもん　8, 13
不可勝計　あげてかぞうべからず　9, 292
上所　あげどころ　9
明退　あけのく　9
総角・了角・東方結　あげまき　9
上鞠　あげまり　9
扛る　あげる　9
播げる　あげる　9
下火　あこ　9
阿号　あごう　9
あごむ　あごむ　9
頤を樹つ　あごをたつ　9
頤を解く　あごをとく　9
浅々と　あさあさと　10
押書　あさえがき　14
朝駆　あさがけ　10
朝合戦　あさがっせん　10
浅青　あさぎ　10
浅湍　あさせ　10
朝番　あさばん　10
浅猿　あさまし　10
浅間敷　あさましい　10
寠しき　あさましき　10
擬　あざむき　4, 10
紿く　あざむく　10
嘲て　あざわらって　10
脚　あし　10
あしあい　あしあい　10
足々・粗　あしあし　10
足打　あしうち　10
足打折敷　あしうちおしき　10
足緒　あしお　10
足軽　あしがる　11
足軽軍　あしがるいくさ　11
足軽合戦　あしがるかっせん　11
足軽衆　あしがるしゅう　11
足軽を懸ける　あしがるをかける　11
魚端　あじきなし　11
味食　あじくい　11
味口　あじくち　11
驄　あしげ　11
足代　あししろ　11, 12
足城　あしじろ　11
夙　あした　11
足打　あしだ　11
足立　あしだち　11
足溜　あしだまり　11
足付・脚付　あしつき　11
掎る　あしとる　12, 139
足半・足中　あしなか　12
足長　あしなが　12
足半履　あしなかばき　12
足向　あしむけ　12
亜相　あしょう　12
足弱衆　あしよわしゅう　12
会釈　あしらい　12, 68
擬作　あしらう　12, 141
足代　あしろ　11, 12
預状　あずかりじょう　12, 13
預免　あずかりめん　12
憑る　あずかる　13
預状　あずけじょう　12, 13
預物　あずけもの　13
垜門　あずちもん　9, 13
汦　あせ　13
寇・讎・佗　あだ　13
宛然・宛　あたかも　13
安宅　あたけ　13
婀娜　あだし　13
天窗　あたま　13
化矢・徒矢・空矢・浮矢　あだや　13
可惜　あたらし　13, 14
属・丁・当・中　あたる　13
腆　あつい　14
厚板　あついた　14
扱う・曖う　あつかう　14
罹・預　あづかる　14
押書　あっしょ　14, 74, 79
可惜　あったら　13, 14
遖・天晴　あっぱれ　14
羅る　あつまる　14, 101
鳩める　あつめる　14
宛行・擬・碿・当合・擬作・充行　あてがい　14, 141
擬作　あてがふ　141
宛下・充下　あてくだす　15
宛状・充状　あてじょう　15
充所・宛所・当所　あてどころ　15
中になる　あてになる　15
宛文　あてぶみ　15
あてらし　あてらし　15
跡　あと　15
阿党　あとう　15
跡書　あとがき　15
跡形　あとかた　15
跡職　あとしき　16
跡衆　あとしゅう　16
跡備・後備　あとぞなえ　16
跡に替らず　あとにかわらず　16
後乗・跡乗　あとのり　16
跡辺　あとべ　16
後槍　あとやり　16
按内・案内　あない　16
強ち　あながち　16
謾・慢　あなづり　16
あなづりがほ　あなづりがお　16
油桶　あぶらおけ　16
泥章　あふり　5, 16
焙籠（子）　あぶりこ　16
炙る　あぶる　17
溢者・猾者　あぶれもの　17
阿防羅刹　あぼうらせつ　17
天離る　あまざかる　17
許多・余多・居多　あまた　17, 221
贍・剰　あまつさえ　17
嗜ふ　あまなう　17
普く　あまねく　17
天野　あまの　17
紫菜　あまのり　17
あまる　あまる　17
網する　あみする　17
雨山　あめやま　17
綾　あや　17
あやかし　あやかし　17
あやかり　あやかり　18
恠し　あやし　18

索　引

◇本文中に立項されている用語、および参照される用語を五十音順に配列し、その該当頁を示した。

あ行

嗟呼　ああ　1
嗚呼の者　ああのもの　1
相　あい　1
相討　あいうち　1
相卜　あいうらない　1
合音　あいおと　1
相拘　あいかかえ　1
相蒐・相懸　あいがかり　1
相蒐　あいがけ　1
合壁　あいかべ　1
相構　あいかまえて　1
不相易　あいかわらず　1
噫気　あいき　1
相聞　あいきこえ　1
胥議す　あいぎす　2, 300
相給　あいきゅう　2, 3
相究り　あいきわまり　2
相具　あいぐす　2
相拵　あいこしらえ　2
相言　あいこと　2
相詞　あいことば　2
相理　あいことわる　2
相支　あいささう　2
相持　あいじ　2
愛酒　あいしゅ　2
あいしらひ　あいしらい　2
合印　あいしるし　2
相城　あいしろ　2
相陣　あいじん　2
相澄・相済　あいすむ　3
合銭・間銭　あいぜに　3
愛崇　あいそう　3
相備　あいそなえ　3
間両日　あいだ　3
靉靆　あいたい　3
相嗜　あいたしなむ　3
相知行　あいちぎょう　2, 3
合属・合付　あいつく　3, 206
会津黒　あいづくろ　2
相詰　あいつめ　3
相践　あいつらなり　3, 4
相手掛　あいてがけ　3
相頭・合頭　あいとう　3
相当　あいとう　3
間遠　あいどお　4
相掇　あいとる　4
相狎れ　あいなれ　4
阨に臨む　あいにのぞむ　4
相の垣　あいのかき　4
相端　あいは　4
相擬　あいはかる　4, 10
相働　あいはたらく　4
相果　あいはて　4
相判　あいはん　4
相番　あいばん　4, 5
相掇　あいひろう　4
藍瓶役　あいびんやく　4
相践　あいふむ　3, 4
相まろみ　あいまろみ　4
相目安　あいめやす　4
相躮　あいやがて　5
相役　あいやく　4, 5
相鑓　あいやり　5
相色・文色　あいろ　5
相弁　あいわきまう　5
雑韲　あえまぜ　5
あおう　あおう　5
青皮　あおかわ　5
青侍　あおざむらい　5
簑輿・箳　あおだ　5, 22
青鷹　あおたか　5
白歯者　あおばもの　5
青葉者　あおばもの　5
あをや　あおや　5
あおり　あおり　5
障泥　あおり　16
赤足　あかあし　6
明き　あかき　6
赤袈裟　あかげさ　6
あかし　あかし　6
赤備　あかぞなえ　6
購う・贖う　あがなう　6
赤武者　あかむしゃ　6
白地　あからさま　6, 473
上がり　あがり　6
秋加地子　あきかじし　6
空国　あきぐに　6
空城　あきじろ　6
厭足　あきたらず　6
啻　あぎと　6
秋なし　あきなし　6
秋成　あきなり　6
秋成銭　あきなりせん　6
諒　あきらかにする　6
明　あきらめ　7
明沙汰　あきらめさた　7
明申　あきらめもうす　7
足切　あきり　7
惘れ　あきれ　7
咹果て　あきれはて　7
咹・惘　あきれる　7
挙ぐ　あぐ　7
悪逆　あくぎゃく　7
悪党　あくとう　7
悪盗　あくとう　7
悪日　あくにち　7
悪兵　あくひょう　7
悪名　あくみょう　7
噁・偪・飽　あぐむ　8
悪目　あくめ　8
悪名　あくめい　8
詰朝　あくるあさ　8
詰朔日　あくるあした　8
上げ　あげ　8
揚貝・揚螺・上貝　あげがい　8
寅酉・旦暮　あけくれ　8
上鎖・揚鎖　あげじょう　8
揚簀戸　あげすど　8

【監修者略歴】
小和田哲男（おわだ てつお）
1944年、静岡市に生まれる。1972年、早稲田大学大学院文学研究科博士課程修了。現在、静岡大学名誉教授、公益財団法人日本城郭協会理事長、文学博士。
主な著書に、『後北条氏研究』（吉川弘文館，1983）、『近江浅井氏の研究』（清文堂出版，2005）、『小和田哲男著作集（全7巻）』（清文堂出版，2000～2002）、『東海の戦国史』（ミネルヴァ書房，2016）、『明智光秀・秀満』（ミネルヴァ書房，2019）などがある。

【編者略歴】
鈴木正人（すずき まさんど）
1952年、福島県猪苗代町に生まれる。國學院大學大学院を修了。1980年、國學院大學『久我家文書』の嘱託編纂員、1983年、東京大学史料編纂所にて『兵庫県史』中世編の嘱託編纂員となる。現在、東久留米市市民大学講座講師。
主な編著に、『能楽史年表 古代・中世編』（東京堂出版，2007）、『能楽史年表 近世編（上・中・下巻）』（東京堂出版，2008～2010）がある。

戦国古文書用語辞典

2019年８月10日　初版発行
2024年５月30日　再版発行

監修者	小和田 哲 男
編　者	鈴 木 正 人
発行者	金 田 功
ＤＴＰ	有限会社 一企画
印刷製本	中央精版印刷株式会社

発行所　株式会社　東京堂出版
〒101-0051　東京都千代田区神田神保町1-17
電話 03-3233-3741
http://www.tokyodoshuppan.com/

ISBN978-4-490-10911-5　C1521